Herausgegeben von
Andreas Niederberger
und Philipp Schink

Globalisierung

Ein interdisziplinäres
Handbuch

Verlag J. B. Metzler
Stuttgart · Weimar

Die Herausgeber

Andreas Niederberger (geb. 1972), Prof. Dr.,
ist Dozent an der Goethe-Universität Frankfurt.
Philipp Schink (geb. 1975), M.A., ist Dozent
an der Goethe-Universität Frankfurt.

Bibliografische Information der Deutschen Nationalbibliothek
Die Deutsche Nationalbibliothek verzeichnet diese
Publikation in der Deutschen Nationalbibliografie;
detaillierte bibliografische Daten sind im Internet über
<http://dnb.d-nb.de> abrufbar.

Gedruckt auf säure- und chlorfreiem, alterungs-
beständigem Papier

ISBN 978-3-476-02272-1

© 2011 J.B. Metzler'sche Verlagsbuchhandlung
und Carl Ernst Poeschel Verlag GmbH in Stuttgart
www.metzlerverlag.de
info@metzlerverlag.de

Einbandgestaltung: Willy Löffelhardt/Melanie Frasch
Satz: Typomedia GmbH, Ostfildern
Druck und Bindung: Kösel, Krugzell
www.koeselbuch.de
Printed in Germany
April 2011

Verlag J.B. Metzler Stuttgart · Weimar

Inhaltsverzeichnis

Einleitung   1

I.   Phänomene von Globalisierung . .   9

1.   Ökonomie   9
2.   Politik   24
3.   Recht   42
4.   Sozialverhältnisse   48
5.   Kollektive Gewalt   58
6.   Natur   63
7.   Technik und technische Prozesse   71
8.   Religion(en)   77
9.   Wissenschaft   82
10. Geschlechterverhältnisse   88

**II.   Globalisierungsforschung in Kultur-
und Sozialwissenschaft 95**

1.   Wirtschaftswissenschaft   95
2.   Politikwissenschaft   106
3.   Rechtswissenschaft   122
4.   Soziologie   132
5.   Philosophie   142
6.   Religionswissenschaft   147
7.   Geschichtswissenschaft   157
8.   Literaturwissenschaft   162
9.   Medien- und Kulturwissenschaft   170
10. Geographie   180
11. Gender Studies   187
12. Ethnologie   196

**III.   Kernthemen der Globalisierungs-
diskussion 207**

III.1 Allgemeine Kontroversen   207

1.   Genese der ökonomischen
Globalisierung   207
2.   Genese der politischen
Globalisierung   215
3.   Räume und Reichweiten ökonomischer
Globalisierung   218

III.2 Ökonomisch-soziale Kontroversen . .   225

1.   Antriebskräfte ökonomischer
Globalisierung   225
2.   Hunger und Armut   231
3.   Normative Modelle globaler
Gerechtigkeit   241
4.   Migration und Flucht   249

**III.3 Politische Gestalt und politische
Konsequenzen 256**

1.   Nationale Souveränität und Menschen-
rechte   256
2.   Alte und neue Kriege   262
3.   Neue globale Regulierungsformen
jenseits von Markt und Staat   269
4.   Internationale Ordnung und Steuerung
zwischen Recht und Politik   277
5.   Demokratie jenseits der Einzelstaaten . .   284
6.   Globales Strafrecht   291
7.   Globalisierungskritik und globalisierungskritische Bewegungen   297

**III.4 Identität, Gemeinschaft
und Religion 304**

1.   Religiöser Fundamentalismus   304
2.   Politischer Islamismus   311
3.   Transformationen der Bürgerschaft   317
4.   Urbanisierung und Landflucht   324

**III.5 Neue Technologien
und Ökologie 333**

1.   Naturverhältnisse   333
2.   Netzwerke   339
3.   Internet   345
4.   Gentechnologie   351
5.   Klimawandel   355

III.6 Globalisierungskritik 362

1. Zivilgesellschaft und Öffentlichkeit 362
2. Kritische Theorie der Globalisierung ... 368
3. Postkolonialismus 374
4. Kultur 379

**IV. Glossar: Kernbegriffe der
Globalisierungsdiskussion** 387

V. Anhang 425

1. Auswahlbibliographie 425
2. Die Autorinnen und Autoren 438
3. Personenregister 441
4. Sachregister 446

Einleitung: Phänomene, Theorien und Kontroversen der Globalisierung

Rückblickend lässt sich feststellen, dass ›Globalisierung‹ sicherlich eines *der* Schlagwörter im wissenschaftlichen und öffentlichen Diskurs der 1990er Jahre gewesen ist. Knapp 50 Jahre lang hatte der Ost-West-Konflikt den Hintergrund für die Erfassung der weltweiten politischen wie auch ökonomischen Verhältnisse abgegeben. Die 1990er Jahren wurden dagegen von vielen, auch lebensweltlich, so wahrgenommen, als würde sich ein starker Schub an Transformationsprozessen vollziehen. Diese Prozesse waren allgemein durch eine Auflösung bisheriger ökonomischer, politischer und kultureller Schwellen und Grenzen gekennzeichnet. Im Zentrum der Aufmerksamkeit stand dabei einerseits die vermeintliche Erosion des wirtschaftspolitischen Handlungsspielraums der Einzelstaaten angesichts der sich verändernden Gestalt des Weltmarktes, während andererseits die Kriege im ehemaligen Jugoslawien, der Genozid in Ruanda und die Bürgerkriege in Haiti oder in Somalia die Bedrohlichkeit der neuen Situation vor Augen führten. In diesem Kontext wuchs den internationalen Organisationen auch eine stärkere Bedeutung zu, was sich darin zeigte, dass diese häufiger durch Hilfsorganisationen, Staaten oder Konfliktparteien angerufen wurden.

In den 2000er Jahren wird der Begriff der Globalisierung immer stärker in der Weise aufgefasst, dass er einen bestimmten Zustand der Welt bezeichnet. Globalität wird allgemein als eine der wesentlichen Handlungsbedingungen sowohl für wirtschaftliche und politische Akteure, als auch im kulturellen oder lebensweltlichen Bereich verstanden. Der Befund einer zunehmenden Interdependenz gesellschaftlichen Lebens auf diesem Planeten wird inzwischen allgemein akzeptiert.

Auch wenn die Diagnose einer rapiden Veränderung der gesellschaftlichen und politischen Verhältnisse seit den 1990er Jahren generell geteilt wird, so ist doch stark umstritten, was sich genau hinter dem Prozess der Globalisierung verbirgt oder was sich unter dem Zustand der Globalität verstehen lassen kann. So beschreibt der Ausdruck ›Globalisierung‹ für einige Transformationsprozesse in Ökonomie, Politik und Kultur; Veränderungen, die für andere besser durch Begriffe wie etwa diejenigen der Internationalisierung, der Regionalisierung, des Weltsystems, der Dependenzen oder einer globalen Hegemonie erfasst würden. Für eine dritte Gruppe ist er ein normativer Fluchtpunkt, den wiederum andere unter Referenz auf alternative normative Ziele oder die Errungenschaften nationaler bzw. lokaler Wirtschaften oder politischer Ordnungen problematisieren. Unter ›Globalisierung‹ wird dabei nicht nur die gegenwärtige oder zukünftige Entwicklung verstanden. Zum Teil wird mit diesem Begriff sogar die Vergangenheit erfasst, wenn beispielsweise herausgestellt wird, dass die Organisation von Ökonomie oder Politik über Volkswirtschaften oder Nationalstaaten historisch die Ausnahme und nicht die Regel ist, bzw. diese Organisation selbst als Schritt im Prozess der Globalisierung betrachtet wird, oder wenn betont wird, dass die Aufspaltung der Kultur in Sprachräume oder ethnische Zusammenhänge eine ideologisch betriebene, aber nie vollständig vollzogene Entwicklung der letzten beiden Jahrhunderte ist. Schließlich wird ›Globalisierung‹ genauso dazu gebraucht, die bestehenden globalen ökonomischen und politischen Strukturen auszuzeichnen, wie dazu, Entwicklungstendenzen zu identifizieren oder eine politische Perspektive zu präsentieren.

Diese Auseinandersetzungen um den Sinn und die Bedeutung des Begriffs der Globalisierung sind auch ein Ausdruck der Tatsache, dass die aktuellen Prozesse, die mit diesem Begriff zu Recht oder zu Unrecht erschlossen und bewertet werden – trotz aller Diagnosen eines Endes der Globalisierung, wie sie im Umfeld jeder größeren ökonomischen oder politischen Krise vorgebracht werden –, noch nicht abgeschlossen sind. Darüber hinaus spielt der Begriff in diesen Prozessen selbst eine wichtige organisatorische Rolle. Denn mit dem Begriff der Globalisierung werden Diskurse strukturiert und Phänomene in ein Verhältnis zueinander gesetzt, die ansonsten (relativ) unverbundenen gesellschaftlichen Bereichen zugerechnet würden. Es ist das Ziel des vorliegenden Handbuchs einerseits zu reflektie-

ren, welche Ereignisse und Entwicklungen es sinnvoll erscheinen lassen, den Begriff der Globalisierung zu nutzen, damit man sie bestimmen und in einen Zusammenhang mit anderen Ereignissen und
Entwicklungen bzw. deren Hintergründen setzen
kann. Andererseits soll nachgezeichnet werden, welche neuen, vielleicht auch problematischen Deutungen von Phänomenen bzw. entsprechenden Herangehensweisen in der human- und kulturwissenschaftlichen Forschung die Referenz auf diesen
Begriff ermöglicht hat.

Zur Geschichte des Begriffs der Globalisierung

In der 1795 veröffentlichen Schrift *Zum ewigen Frieden* formuliert Immanuel Kant einen Gedanken, der
im Kern die Grundaussage der Rede von der Globalisierung enthält. Unter den »Völkern der Erde«, so
Kant, sei es realgeschichtlich zu einer Form von »Gemeinschaft« gekommen, die nunmehr die materielle
Bedingung sei, dass »die Rechtsverletzung an einem
Platz der Erde an allen gefühlt« werde (Kant 1977,
216). Er schließt mit dieser These einer globalen
wechselseitigen Verbundenheit an die lange Tradition kosmopolitischen Denkens an, die seit der antiken griechischen Stoa immer wieder den Zusammenhang der gesamten Welt als entscheidenden
Bezugspunkt für die Begründung von sozialen, politischen und rechtlichen Verhältnissen unterstrichen
hat (Lutz-Bachmann et al. 2010). Zugleich geht er
aber auch insofern über sie hinaus, als weniger kos-
mologische Überlegungen den Ausgangspunkt bilden, denn vielmehr der Befund, Menschen würden
nunmehr in einem *praktischen* Zusammenhang
zueinander stehen. Kant formuliert gewissermaßen
die Diagnose einer aufgrund menschlicher Handlungen zunehmend interdependent gewordenen
Welt.

Im 19. und in der ersten Hälfte des 20. Jahrhunderts werden, trotz allen nationalistischen Furors
durch den diese Epoche gekennzeichnet ist, diese
kosmopolitischen Vorstellungen durch Überlegungen von Gesellschafts- und Modernisierungstheore-
tikern ergänzt, die in ihren Schriften einen als notwendig angenommenen globalen Charakter v.a. der
ökonomischen und sozialen Entwicklung betonen.
Pointiert bringen dies Karl Marx und Friedrich Engels im *Kommunistischen Manifest* von 1848 zum
Ausdruck, indem sie den ›Globalisierungsprozess‹

beschreiben, der sich in der Ausbildung und Durchsetzung kapitalistischer Gesellschaftsverhältnisse ihrer Ansicht nach notwendig aufgrund der Rationalität vollzogen hat, die den Produktionsweisen eigen
ist: »Das Bedürfnis nach einem stets ausgedehnteren
Absatz für ihre Produkte jagt die Bourgeoisie über
die ganze Erdkugel. Überall muß sie sich einnisten,
überall anbauen, überall Verbindungen herstellen.
Die Bourgeoisie hat durch die Exploitation des Weltmarkts die Produktion und Konsumtion aller Länder kosmopolitisch gestaltet. [...] An die Stelle der
alten lokalen und nationalen Selbstgenügsamkeit
und Abgeschlossenheit tritt ein allseitiger Verkehr,
eine allseitige Abhängigkeit der Nationen voneinander. Und wie in der materiellen, so auch in der geistigen Produktion. Die geistigen Erzeugnisse der einzelnen Nationen werden Gemeingut. Die nationale
Einseitigkeit und Beschränktheit wird mehr und
mehr unmöglich, und aus den vielen nationalen und
lokalen Literaturen bildet sich eine Weltliteratur.«
(Marx/Engels 1972, 465 f.)

Für diese Theorien mag die Rationalität sozialer
Prozesse in spezifischen historischen Situationen es
nahelegen, den Aufbau sozio-politischer Ordnungen
oder aber die wissenschaftliche Betrachtung auf jeweilige Einzelkontexte zu begrenzen oder zu konzentrieren. In ihrer allgemeinen Tendenz führt genau diese Rationalität jedoch zu einer Auflösung
partikularer gemeinschaftlicher Bindungen sowie
beschränkter ökonomischer Kreisläufe und somit zu
einer umfassenden globalen Integration (Wagner
1995, 264–269). Paradigmatisch bringt dies Niklas
Luhmann schließlich Mitte der 1970er Jahre mit
dem Begriff der Weltgesellschaft auf den Punkt, die
»dadurch entstanden [ist], daß die Welt durch die
Prämissen weltweiten Verkehrs vereinheitlicht worden ist« (Luhmann 1975, 55).

Obwohl sich also in der Geschichte eine fortwährende Reflexion auf die Verfasstheit globaler Zusammenhänge finden lässt, ist auffällig, dass die Erfassung politischer, ökonomischer und kultureller Vorgänge und Abhängigkeiten mit dem spezifischen
Begriff der Globalisierung doch erst jüngeren Ursprungs ist: 1944 finden sich im Buch *Planetary Democracy. An Introduction to Scientific Humanism* von
Oliver L. Reiser und Blodwen Davies das Verb ›globalisieren‹ (*globalize*) sowie das Substantiv ›Globalismus‹ (*globalism*). ›Globalisierung‹ (*globalization*)
selbst taucht zunächst 1961 als Wörterbucheintrag in
Webster's Third New International Dictionary of the

English Language Unabridged (Springfield/MA 1961) auf. Diese ersten Angaben verweisen bereits auf die wachsende Relevanz des Globalen, für die auch etwa die Weltgesellschaftstheorie von Luhmann steht. Prominent wird die Referenz auf Phänomene und Prozesse mit Hilfe der Globalisierungsterminologie allerdings erst in den 1980er Jahren: Nahezu zeitgleich gebrauchen 1983 der Ökonom Theodore Levitt, der heute von vielen als eigentlicher Urheber des Globalisierungsdiskurses betrachtet wird, den Ausdruck der »Globalisierung der Märkte« (Levitt 1983) und der Soziologe Roland Robertson denjenigen der »Globalität« (Robertson 1983), während in der Disziplin der Internationalen Beziehungen von ›globaler Interdependenz‹ die Rede ist (zu dieser Begriffsgeschichte vgl. Scholte 2002).

Zu Beginn der 1980er Jahre stößt die Globalisierungsterminologie auf großen Widerhall, und es kommt schnell zu einer ersten ›Welle‹ des Globalisierungsdiskurses. Diese ist dadurch gekennzeichnet, dass von Autoren wie u. a. Anthony Giddens oder Martin Albrow ein begrifflicher und theoretischer Rahmen entwickelt wird, in dem der Wandel, der an vielen Orten der Welt bzw. auf vielen gesellschaftlichen, ökonomischen und spätestens seit dem Ende der Ost-West-Konfrontation auch auf politischen Ebenen beobachtbar ist, als Ausdruck globaler Zusammenhänge versteh- und analysierbar wird (zu dieser Unterscheidung von Wellen vgl. Held/ McGrew 2007, 5–7). Bis heute ist etwa die Definition von Giddens einschlägig, in der er ›Globalisierung‹ als Intensivierung weltweiter sozialer Beziehungen und als ›Handeln auf Distanz‹ versteht. Weltweit seien gesellschaftliche Prozesse durch eine zunehmende Reflexivität, eine Lösung sozialer Institutionen aus traditionellen Zusammenhängen und sich dramatisch verändernde Raum-Zeit-Verhältnisse geprägt (Giddens 1999). Albrow hingegen betrachtet den Prozess der Globalisierung als im Wesentlichen abgeschlossen und vertritt die These, dass das heutige gesellschaftliche Leben unter den Bedingungen der ›Globalität‹ stattfinden würde. Das Leben im *Globalen Zeitalter* – so ein Buchtitel Albrows – sei geprägt durch einen Bedeutungsverlust des Staates, eine Relativierung von Kategorien wie ›Ort‹ oder ›Identität‹ etc. Albrow zufolge kann man die aktuellen globalen Verhältnisse nur dann verstehen, wenn man mit dem althergebrachten Analyseraster der Moderne bricht. Die Globalität der Weltgesellschaft hat die Begrenztheit des Globus deutlich ins Be-

wusstsein treten lassen und somit das eng mit der Moderne verbundene Expansions- und Fortschrittsdenken abgelöst (Albrow 1998).

Seit dem Beginn der 1990er Jahre kommt es zu einer proliferierenden Rede von ›Globalisierung‹ in nahezu allen sozialen, politischen, kulturellen und wissenschaftlichen Kontexten. Dabei wird der Begriff einerseits dazu genutzt, Verbindungen und Parallelen zwischen vermeintlich geschiedenen gesellschaftlichen Sphären zu erfassen und auf diese Weise Abhängigkeiten von gleichen Bedingungen bzw. die Angleichung von bis dato distinkten Bereichen aufzuzeigen. Andererseits werden aber unter dem Titel der Globalisierung ebenso lokale Phänomene in ihrer Verschiedenartigkeit analysiert, womit in diesem Zusammenhang unter ›Globalisierung‹ eine je spezifische Transformation lokaler Verhältnisse verstanden wird. Diese Dimension der Forschung zu Globalisierung (oder zur ›Glokalisierung‹, wie diese Dimension z. B. von Zygmunt Bauman 1996 bezeichnet wurde) steht u. a. in den wichtigen Arbeiten von Saskia Sassen im Zentrum, für die Globalisierung nicht allein die globale Angleichung von Lebens- und Handlungsräumen bedeutet, sondern auch deren neue Differenzierung mit sich bringt, die nur durch Verbindungen über den Globus hinweg zu erklären ist (u. a. Sassen 2007, 2008).

Perspektiven auf Globalisierung

Schon zu Beginn wurde festgehalten, dass verschiedene Autorinnen und Autoren sehr Unterschiedliches mit dem Globalisierungsbegriff verbinden. Aber auch jenseits der Ebene der allgemeinen Diskursstrategien und politischen Ziele, die mit der Bezugnahme auf den Begriff verfolgt werden, wird die Globalisierungsterminologie in verschiedenen Forschungskontexten zu sehr unterschiedlichen Zwecken und mit je eigenen Perspektiven gebraucht. So dient die Globalisierungsterminologie einigen dazu, (vermeintlich) neue Formen und Grade globaler Abhängigkeiten bzw. Verdichtungen beschreiben zu können, ohne durch die Verwendung überkommener Begriffe falsche Parallelen zu etablieren. Für andere erlaubt es der Rekurs auf das Begriffsfeld der Globalisierung, Differenzen zu bekannten oder früheren Formen der Überschreitung von Grenzen zu unterstreichen, wie sie etwa die Begriffe des Internationalen oder des Transnationalen angeben.

Dabei ist den meisten Autoren, die auf den Begriff

der Globalisierung zurückgreifen, durchaus bewusst, dass der Ausdruck missverständlich sein und zu Unrecht eine Homogenität von Bereichen, Phänomenen und Tendenzen insinuieren kann. In den meisten Ansätzen wird daher Globalisierung nicht als einheitliche Entwicklung über gesellschaftliche Teilbereiche hinweg und/oder innerhalb der Teilbereiche betrachtet. Zudem ist meist nicht klar, dass unter Rekurs auf die entsprechende Terminologie immer ein weiterer oder umfassenderer Betrachtungsrahmen gewählt wird, als er in Alternativen besteht. Zahlreiche Linien der Globalisierungsforschung interessieren sich gerade für die Differenzen, die zwischen oder innerhalb von Staaten oder Gesellschaften durch die Verdichtung von deren Beziehungen oder die Intensivierung ihres Wettstreits angesichts der neuen Möglichkeiten im globalen Raum zu Tage treten, bzw. für die Bedingungen, unter denen die Vielfalt an kulturellen, ökonomischen und politischen Optionen verfügbar wird, die weltweit die letzten Jahrzehnte geprägt haben.

Die Globalisierungsforschung hat daher auch kein einheitliches Verhältnis zu Fragen der Universalität von Phänomenen, Überzeugungen, Handlungsweisen oder Einrichtungen. Einige Autoren, auch in diesem Band, vertreten in der Tat die Auffassung, dass die Globalisierung etwa im Bereich von politischen Rechten oder Verfahren die Grundlage für deren (begrüßenswerte) Universalisierung bereitet (bzw. bereiten könnte) oder sogar selbst den Prozess dieser Universalisierung beschreibt. Andere verstehen dagegen die Globalisierung gerade als Fragmentierung oder Differenzierung des globalen Raums, so dass zuvor bestehende oder verfügbare allgemeinere Ansprüche, Zugänge oder Güter nun nach zunehmend partikularistischen Kriterien, z.B. nach dem Maßstab der Relevanz für jeweilige ökonomische oder politische Funktionen von einzelnen oder Gruppen, verteilt werden. So weisen Studien zur globalen, regionalen und innerstaatlichen Armuts- und Reichtumsverteilung nachdrücklich darauf hin, dass etwa die globale Angleichung der Lebens- und Konsummöglichkeit und -gewohnheiten von Eliten mit wachsenden Disparitäten innerhalb der Bevölkerungen nahezu aller Staaten der Erde und zwischen weniger privilegierten Bevölkerungsteilen in verschiedenen Staaten einhergeht (vgl. z.B. Mau 2004). Ähnlich unterschiedliche Tendenzen in verschiedenen Bevölkerungssegmenten zeichnen auch Studien zur Verfügbarkeit von Rechtsschutz v.a. in ökono-

misch peripheren Staaten nach (z.B. Fischer-Lescano 2005).

Und auch auf der Ebene der Überzeugungen oder Wahrnehmungen von Akteuren lassen sich einerseits sicherlich Vereinheitlichungstendenzen beobachten, die in bestimmten Situationen, wie etwa den globalen Protesten gegen den drohenden Irak-Krieg 2003, zu einer globalen Öffentlichkeit werden können und sogar als Ausdruck einer universellen politischen Kultur oder Moral deutbar sind (Stichweh 2000, 21–23). Andererseits steht die Globalisierung aber auch für den Niedergang bzw. Bedeutungsverlust universalistischer Überzeugungssysteme, was sich u.a. in der generellen Pluralisierung politischer Parteien, in der Vervielfältigung von medial repräsentierten politischen Meinungen und in der abnehmenden Bindungswirkung zumindest der christlichen großen, institutionalisierten Religionen sowie dem parallelen Wachsen mannigfaltiger, z.T. sektenartig organisierter religiöser Einzelgruppen zeigt. Je nach Forschungsperspektive wird unter dem Titel der Globalisierung also eine Universalisierung oder Partikularisierung von Bereichen, Handlungsweisen und Einstellungen erschlossen.

Eine Definition von Globalisierung?

Der Hinweis auf die Wellen des Globalisierungsdiskurses und die verschiedenen Weisen bzw. Perspektiven, in denen Phänomene und Tendenzen mit Hilfe des Globalisierungsbegriffes erfasst und erklärt werden, hat gezeigt, dass in der kurzen Geschichte dieses Diskurses sehr unterschiedliche Zwecke und Erkenntnisgegenstände mit diesem Begriff verbunden wurden. Dies hat einige Autoren zur Forderung nach einer klaren Definition des Begriffs geführt, um auf deren Grundlage überprüfen zu können, ob der Definition entsprechende Phänomene und Prozesse existieren bzw. ob deren Existenz wünschbar wäre – und v.a. auch, ob es etwas gibt, was die verschiedenen Teile des Globalisierungsdiskurses oder der Globalisierungsforschung miteinander verbindet. Diese Forderung hat zu einer Reihe von Vorschlägen geführt, die z.T. auch von den Beiträgen in diesem Handbuch angeführt werden, um ihren jeweiligen Gegenstand einzugrenzen. Gängige Definitionsvorschläge sind, dass es sich bei der Globalisierung um eine zunehmende internationale Verflechtung und/oder Verdichtung wirtschaftlicher Vorgänge handelt, dass sie die weltweite Verbreitung und Standardisierung von Produktionsprozessen, Waren und wirtschaftspolitischen Überzeugungen bezeichnet, aber auch dass Globalisierung die Herausbildung oder das Bestehen einer weltweiten Zivilgesellschaft bedeutet oder sogar, dass Globalisierung als Gesamtheit von Entwicklungen zu verstehen ist, die den Globus zu einem einheitlichen Raum machen und die Relevanz von nationalen Identitäten bzw. von Nähe und Ferne anderer Akteure reduzieren (zu dieser Liste vgl. u.a. Brysk 2002, 6). Insgesamt hat sich jedoch keine Definition bislang als allgemein verbindlich durchsetzen können, zu groß sind die Differenzen in der jeweiligen Fokussierung auf materielle, raum-zeitliche oder kognitive Aspekte, die mit der Globalisierung in Verbindung gebracht werden (Held/McGrew 2000, 3). Dabei besteht die Schwierigkeit, eine allgemeine Definition zu finden, weniger darin, entscheidende Phänomene zu identifizieren, sondern vielmehr darin, dass jede Definition bereits eine bestimmte Erklärung von Abhängigkeits- oder Kausalrelationen nahelegt.

Definitionen, die vorgebracht werden, unterscheiden sich nach den Disziplinen, in denen sie v.a. entwickelt oder gebraucht werden, aber eine wichtige Differenz zeigt sich, wie die oben angeführten Definitionsvorschläge belegen, auch in deren ›Positivität‹ oder ›Negativität‹ bzw. der jeweiligen Kombination derselben. ›Negative‹ Definitionen bestimmen die Globalisierung als Negation oder Aufhebung zuvor bestehender Verhältnisse (etwa in Bestimmungen von Globalisierung als De-Nationalisierung), während ›positive‹ Definitionen dasjenige anführen, was für Globalisierung ›an sich‹ kennzeichnend ist (etwa im Unterstreichen der Standardisierung von Gütern oder Dienstleistungen). Auch eine solche Entscheidung über eine negative oder positive Definition steht in Verbindung mit einer jeweiligen Erklärung der wesentlichen Faktoren für die Globalisierung. Eine besondere Dimension der Auseinandersetzung über eine Definition von Globalisierung wurde durch sprachliche Alternativen eröffnet, die es in verschiedenen romanischen Sprachen gibt und die auf die Unterschiede zwischen den lateinischen Ausdrücken *globus* und *mundus* zurückgehen. *Globus* bezeichnet die Erde als eine bloße Ansammlung aller auf ihr lebenden Menschen (von lat. *globare*: sich runden bzw. sich zu einem Haufen versammeln), wogegen *mundus* die interne oder organische Struktur der Erde als eines geschlossenen Ganzen beschreibt (*mundus* als Erde im Gegensatz zu den

Himmelskörpern). Aufgrund dieser beiden terminologischen Alternativen existieren z.B. im Französischen sowohl der Ausdruck der *globalisation*, der als Anleihe aus der anglo-amerikanischen Diskussion übernommen wurde, wie auch derjenige der *mondialisation*, der früher bereits existierte und wörtlich als ›Verweltlichung‹ (von *monde*: Welt) zu übersetzen wäre.

Verschiedene Autoren haben unter Verweis auf die Differenz von ›*monde*/Welt‹ und ›*globe*/Globus‹ auf die je unterschiedliche Bindung der Prozesse an den Menschen und sein Wirken hingewiesen, die die Begriffe implizieren. Die ›Globalisierung‹ bezeichnet in dieser Perspektive einen ›natürlichen‹, d.h. dem Menschen vermeintlich entzogenen Prozess, der durch die Konfrontation von widerstreitenden Akteuren in den Grenzen des Globus bedingt ist, wobei sich der Widerstreit einzelner Interessen und Ziele zwar regulieren, nicht aber aufheben lässt. In der Mondialisierung wird hingegen die Vereinheitlichung bzw. der Zusammenhang der Welt als des spezifisch menschlichen und von Menschen gemachten Umfelds ihres Lebens und Handelns herausgestellt, was beinhaltet, dass die Menschen die Verhältnisse, unter denen sie leben und in denen sie miteinander interagieren selbst erschaffen können (Badura 2006; Nancy 2002; zur Kritik an diesem Verständnis vgl. Beckmann 2009). Mit großer Breitenwirkung wird diese Unterscheidung in der Parole der globalisierungskritischen sozialen Bewegung Attac »Eine andere Welt ist möglich« vorgebracht, die genau darauf abzielt, die ›Sachzwanglogik‹ vieler politischer Bezugnahmen auf Globalisierung zu problematisieren, und dagegen betont, dass die Welt durch den Menschen in wesentlichen Bereichen gestaltet werden kann.

Ein Handbuch zum Thema Globalisierung?

Die Vielfalt der Definitionen, Phänomene, Tendenzen, Strukturen und Projekte, die mit dem Begriff der Globalisierung verbunden werden, legt es nahe, in einem Handbuch diese Vielfalt zu sichten, Parallelen und Divergenzen darzustellen und die Forschung zu bilanzieren. Das vorliegende Handbuch unternimmt diesen Versuch, wobei es allerdings vermessen wäre zu denken, in einem Handbuch könnte es wirklich gelingen, die komplexe Diskurs- und Forschungslandschaft vollständig abzubilden. Daher verfolgt das *Handbuch Globalisierung* v.a. das Ziel, wesentliche Phänomenbereiche, Veränderungen in der Forschung und Kontroversen herauszuheben, über die sich paradigmatisch die wichtigsten Aspekte des Globalisierungsdiskurses nachvollziehen lassen. Dabei beruht die Auswahl der Bereiche und Themen auf der Überlegung, dass sich die Überzeugungskraft von Beiträgen über und zum Globalisierungsdiskurs insbesondere an den deskriptiven, analytischen und normativen Leistungen bemessen lassen muss, die der Rekurs auf den Globalisierungsbegriff verspricht. Nur wenn sich unabhängig von den spezifischen ›diskursiven‹ oder politisch-strategischen Vorteilen eines modischen Jargons der Globalisierung nachvollziehen lässt, dass es Phänomene, Entwicklungen und Überlegungen gibt, die mit der angestammten Terminologie bzw. entsprechenden Analyseinstrumentarien nur unzureichend erfasst werden können, oder Forschungsperspektiven ausbildbar sind, die einen Zugriff auf Neues bzw. einen neuen Zugriff auf Bekanntes in Aussicht stellen, hat die Forschung unter dem Titel der Globalisierung ihre Berechtigung.

Phänomene der Globalisierung

Dieses Handbuch beginnt daher mit einem Abschnitt, in dem Phänomene und Tendenzen angeführt und diskutiert werden, die die Evidenz dafür bieten, dass neue deskriptive und analytische Instrumentarien notwendig geworden sind. Diese Evidenzen finden sich an erster Stelle in der Ökonomie, der Politik und dem Recht, die in der allgemeinen Wahrnehmung Kernbereiche der Globalisierung bilden. Es hat sich aber gezeigt, dass sich auch in anderen Sphären und Dimensionen, wie der Verfassung des Sozialen, den Formen des Krieges, der Religion, der Natur und der Technik, der Wissenschaft und in den Geschlechterverhältnissen, Tendenzen abzeichnen, die es erfordern, ihre jeweiligen Gegenstände in neuer Weise zu erfassen. Die Autorinnen und Autoren bemühen sich in diesen Beiträgen weniger um eine Darstellung der unterschiedlichen Weisen, in denen auf die Phänomene und Tendenzen in der Forschung oder im politischen Diskurs reagiert wird. Sie konzentrieren sich vielmehr auf das phänomenal Neue bzw. die Veränderungen, die sich in dem Maß von bisher Wahrgenommenem und Erklärtem unterscheiden, dass neue Terminologien und Herangehensweisen für eine angemessene Beschreibung und Analyse gesucht werden müssen.

Wenn sich die Plausibilität des Gebrauchs des Globalisierungsbegriffs daran bemisst, dass er Entwicklungen und Zustände zu erschließen und zu erklären vermag, dann hängt die Überzeugungskraft des gesamten Globalisierungsdiskurses wesentlich an der Bedeutsamkeit der Gegenstände dieses Diskurses. Die Beiträge des ersten Teils des Handbuches stehen daher bei den weiteren Teilen im Hintergrund und explizieren die Bezugspunkte für die Veränderungen in der Forschung und die Kontroversen, zu denen es in den letzten beiden Jahrzehnten gekommen ist.

Globalisierung und der Wandel der Forschungslandschaft

Spuren des Globalisierungsdiskurses finden sich in nahezu allen human- und kulturwissenschaftlichen Disziplinen, ja z.T. sogar in den Naturwissenschaften, etwa wenn der Klimawandel oder die Entwicklung der Biodiversität untersucht wird. Im zweiten Teil des Handbuches legen die Beiträge dar, welche Auswirkungen die Fokussierung auf die Globalisierung in wichtigen wissenschaftlichen Disziplinen gehabt hat bzw. aktuell hat. Dazu wird einerseits aufgezeigt, ob und in welcher Weise sich die Disziplinen und ihre Methoden grundsätzlich verändert haben, d.h. etwa im Fall vieler Sozialwissenschaften, ob und inwiefern die Untersuchung der Globalisierung zu einer Revision des bis dato vornehmlich nationalstaatlichen respektive einzelgesellschaftlichen Forschungsrahmens geführt hat. Andererseits werden Forschungsgebiete präsentiert, die erst im Zusammenhang der Betrachtung von Phänomenen und Tendenzen der Globalisierung entstanden bzw. zentral für die jeweiligen Disziplinen geworden sind.

Auch in diesem Teil musste eine Auswahl der Disziplinen getroffen werden, was in zwei Hinsichten zu Begrenzungen geführt hat: Erstens wurden ausschließlich Human- bzw. Sozial- und Kulturwissenschaften berücksichtigt, obwohl, wie bereits kurz angeführt, auch in den Naturwissenschaften im Kontext der Globalisierungsforschung z.T. neue Forschungsgebiete und Methoden entstanden sind. Eine Aufnahme dieser Disziplinen hätte jedoch die Kompetenzen der Herausgeber überstiegen und sicherlich auch den Charakter und Zuschnitt des Handbuchs grundlegend verändert. Einzelne Beiträge blicken aber über den human- und kulturwissenschaftlichen Rahmen hinaus, zumal sich einige wichtige Entwicklungen der Globalisierungsforschung an der Grenze der alten Unterscheidung von Geistes- und Naturwissenschaften zeigen.

Zweitens wurden auch viele neue wissenschaftliche ›Disziplinen‹ nicht berücksichtigt, die in einigen Fällen gerade mit Blick auf Phänomene der Globalisierung bzw. durch die Kritik an den Grenzen von Disziplinen gebildet wurden, die im Zeitalter nationaler Bildungs- und Forschungssysteme entstanden sind. Neue ›Disziplinen‹, wie die ›Postcolonial Studies‹, die ›International Studies‹ oder die Komparatistik im Feld von Literatur und Kunst, sind zur Diskussion und Erforschung von Phänomenen und Tendenzen entstanden, für die wenigstens eine Kombination der Methoden der angestammten Disziplinen, wenn nicht sogar deren grundlegende Revision als erforderlich erachtet wurde. Einige dieser neuen ›Disziplinen‹ sind unterdessen über eigene Zeitschriften, Institute und Lehrstühle im Universitätssystem verankert, es fehlt allerdings in den meisten Fällen noch ein hinreichend klar umrissenes Profil dieser Fächer, um ihre jeweiligen Perspektiven und Veränderungen im Kontext der Globalisierungsforschung in einer gewissen Allgemeinheit darstellen zu können. Aufgenommen wurden jedoch die Gender Studies, und auch in anderen Beiträgen wird die Herausbildung ›transdisziplinärer‹ Ansätze bzw. neuer, z. T. transdisziplinärer Methoden innerhalb ›klassischer‹ Disziplinen ausdrücklich reflektiert.

Die Globalisierung und ihre Kontroversen

Es wurde in dieser Einleitung mehrfach festgehalten, dass und in welch unterschiedlichen Hinsichten ›Globalisierung‹ ein wesentlich umstrittener Begriff ist. Nahezu jede Bestimmung von Globalisierung und fast jeder Gebrauch des Ausdrucks wird problematisiert sowie mit Alternativen und Rechtfertigungsansprüchen konfrontiert. Der dritte Teil dieses Handbuchs ist einigen der zentralen Kontroversen gewidmet, zu denen es im Kontext der Globalisierungsdiskussion gekommen ist. In der Auswahl der Kontroversen, die zur Darstellung kommen, wurde dabei sowohl deren jeweilige Allgemeinheit, wie auch deren Bedeutung berücksichtigt. Zudem wurden Kontroversen aus unterschiedlichen Bereichen des human-, sozial- und kulturwissenschaftlichen Spektrums berücksichtigt.

Das Handbuch endet mit einem Glossar, in dem zentrale Bezugspunkte für die Auseinandersetzung mit der Globalisierung aufgelistet und erläutert werden. Abschließend findet sich eine Gesamtbibliographie, die über die Einzelbibliographien der jeweiligen Beiträge hinaus nochmals die Titel versammelt, die für die Globalisierungsdebatte insgesamt wichtig sind.

Danksagung

Dieses Handbuch geht auf eine Idee von Ute Hechtfischer vom Metzler-Verlag zurück, die uns auch in allen Phasen der Entwicklung und Fertigstellung desselben mit Rat und wichtigen Kommentaren zum Gesamtaufbau und den einzelnen Beiträgen behilflich war. Für die Möglichkeit, dieses Handbuch herausgeben zu können, und für die Unterstützung bei dessen Entstehen und Abschluss danken wir ihr.

Sehr hilfreich bei der Bearbeitung und Vereinheitlichung dieses Handbuches war auch die Unterstützung von Ricarda Wawra und Eva Weiler, für die wir uns ebenfalls bedanken möchten.

Den wichtigsten Beitrag zum diesem Handbuch haben aber natürlich die Autorinnen und Autoren geleistet. Ihnen gebührt unser größter Dank.

Literatur

Albrow, Martin: *Abschied vom Nationalstaat. Staat und Gesellschaft im globalen Zeitalter.* Frankfurt a. M. 1998 (engl. 1996).

Badura, Jens (Hg.): *Mondialisierungen. ›Globalisierung‹ im Lichte transdisziplinärer Reflexionen.* Bielefeld 2006.

Bauman, Zygmunt: Glokalisierung oder Was für den einen die Globalisierung, ist für den anderen die Lokalisierung. In: *Das Argument* 217 (1996), 653–664.

Beckmann, Jan P.: Globalisierung und Ethik. In: Hubertus Busche (Hg.): *Philosophische Aspekte der Globalisierung.* Würzburg 2009, 35–54.

Brysk, Alison: Transnational Threats and Opportunities. In: Dies. (Hg.): *Globalization and Human Rights.* Berkeley/Los Angeles 2002, 1–16.

Fischer-Lescano, Andreas: *Globalverfassung. Die Geltungsbegründung der Menschenrechte.* Weilerswist 2005.

Giddens, Anthony: *Konsequenzen der Moderne.* Frankfurt a. M. 1995 (engl. 1990).

–: *Runaway World: How Globalisation is Reshaping our Lives.* London 1999.

Held, David/McGrew, Anthony: The Great Globalization Debate: An Introduction. In: Dies. (Hg.): *The*

Global Transformations Reader. An Introduction to the Globalization Debate. Cambridge 2000, 1–45.

Held, David/McGrew, Anthony: Introduction: Globalization at Risk? In: Dies. (Hg.): *Globalization Theory. Approaches and Controversies.* Cambridge 2007, 1–11.

Kant, Immanuel: *Zum ewigen Frieden.* In: Ders.: *Werkausgabe.* Band XI. Frankfurt a.M. 1977, 193–251.

Levitt, Theodore: The Globalization of Markets. In: *Harvard Business Review* 61. Jg. (1983), 92–102.

Luhmann, Niklas: Die Weltgesellschaft. In: Ders.: *Soziologische Aufklärung 2. Aufsätze zur Theorie der Gesellschaft.* Opladen 1975, 51–71.

Lutz-Bachmann, Matthias/Niederberger, Andreas/Schink, Philipp (Hg.): *Kosmopolitanismus. Zur Geschichte und Zukunft eines umstrittenen Ideals.* Weilerswist 2010.

Marx, Karl/Engels, Friedrich: *Manifest der Kommunistischen Partei.* In: *Marx-Engels-Werke.* Bd. 4. Berlin 1972, 459–493.

Mau, Steffen: Soziale Ungleichheit in der Europäischen Union. In: *Aus Politik und Zeitgeschichte* 38 (2004), 38–46.

Nancy, Jean-Luc: *Die Erschaffung der Welt oder Die Globalisierung.* Zürich/Berlin 2002.

Reiser, Oliver Leslie/Davies, Blodwen: *Planetary Democracy. An Introduction to Scientific Humanism.* New York 1944.

Robertson, Roland: *World Realities and International Studies Today.* Glenside, PA 1983.

Sassen, Saskia: *A Sociology of Globalization.* New York/London 2007.

–: *Territory – Authority – Rights. From Medieval to Global Assemblages* (Updated Edition). Princeton/Oxford 2008.

Scholte, Jan Aart: *What is Globalization? The Definitional Issue – Again. CSGR Working Paper 109/02.* Warwick 2002.

Stichweh, Rudolf: *Die Weltgesellschaft. Soziologische Analysen.* Frankfurt a.M. 2000.

Wagner, Peter: *Soziologie der Moderne.* Frankfurt a.M./New York 1995.

Andreas Niederberger / Philipp Schink

I. Phänomene von Globalisierung

1. Ökonomie

Mit der Entstehung konsistenter ökonomischer Theorien im 18. Jahrhundert rücken auch Fragen der internationalen Dimension wirtschaftlichen Handelns in den Mittelpunkt der Debatten. Adam Smith und David Ricardo formulierten maßgeblich die klassischen Positionen, die später zur Grundlage der modernen Außenwirtschaftstheorie wurden. Trotz dieser frühen Thematisierung tat sich die Wirtschaftswissenschaft schwer, internationale Aspekte ökonomischen Handelns in ihren Begriffsapparat aufzunehmen und zum integralen Bestandteil ihrer theoretischen Überlegungen zu machen. Bezeichnenderweise ist trotz wachsender weltwirtschaftlicher Integration bis ins späte 20. Jahrhundert stets von der ›Nationalökonomie‹ die Rede. Auch die bis heute verbreitete Unterscheidung zwischen realer und monetärer Außenwirtschaft zeugt angesichts der seit frühester Zeit zu beobachtenden internationalen Verflechtung von einer eher künstlichen Trennung eigentlich zusammenwirkender Phänomene. Zwar mag diese Differenzierung aus funktional-analytischen Erwägungen berechtigt sein, aber die theoretischen Grenzen dieser Interpretation sind aufgrund der engen Verflechtungen der Kapital- und Gütermärkte seit jeher offenkundig gewesen.

In dieser Hinsicht kann der Begriff der Globalisierung aus ökonomischer Perspektive durchaus als Fortschritt gewertet werden, thematisiert er doch grundsätzlich die enge Verzahnung der Ebenen der Produktion, des grenzüberschreitenden Tauschs von Gütern und Dienstleistungen sowie der Kapitalströme im Rahmen einer internationalen Arbeitsteilung. Während der Terminus also einerseits die Möglichkeit bietet, einige Unzulänglichkeiten der theoretischen Debatte auszuräumen, ist andererseits zu beobachten, dass der Metabegriff Globalisierung seit den 1990er Jahren in der wirtschaftswissenschaftlichen Literatur verwendet wurde, ohne dass über seinen qualitativen wie quantitativen Erklärungsgehalt eine fundierte Debatte geführt worden wäre. Das gilt in besonderer Weise für den deutschsprachigen Raum. Diese unzureichende Reflexion hat einen einfachen Grund, denn nimmt man die herrschende orthodoxe (Markt-)Ökonomie als Maßstab, ist Globalisierung einfach zu erfassen: Sie bedeutet dann nichts anderes als die verstärkte Integration nationaler Märkte, die über einen intensivierten internationalen Wettbewerb eine globale Annäherung der Faktorpreise (Arbeit, Boden, Kapital) bewirkt. Dem Verlust nationaler Steuerungsmöglichkeiten in der Wirtschafts- und Gesellschaftspolitik wird die Annahme einer Kompensation durch allgemeine (globale) Wohlfahrtsgewinne gegenübergestellt. Der universalistische Anspruch der orthodoxen Wirtschaftstheorie, unabhängig von Zeit und Raum zu bestehen, macht sie zu einem immer ›gültigen‹ normativen Ansatz auf der Basis spezifischer Annahmen wie dem Modell vollständiger Konkurrenz, der Gleichgewichtstendenz freier Märkte oder dem rationalen Verhalten der Akteure. Der orthodoxe Ansatz sagt deshalb viel darüber aus, wie eine offene internationale Marktökonomie unter rigiden Prämissen funktionieren *sollte* und welche Wirkungen sie haben *müsste*, kann aber die Realität internationaler ökonomischer Beziehungen nicht hinreichend erklären.

Wenn die Ökonomie den von den Sozialwissenschaften geprägten Begriff der Globalisierung übernommen hat, obwohl sich der dominierende orthodoxe Strang seit der hegemonialen Stellung des neoliberalen Paradigmas in den Wirtschaftswissenschaften (Ptak 2008) selbst als Leitwissenschaft und weniger als Teil der Sozialwissenschaften versteht, dann liegt dies zuvorderst an der Wirkungsmächtigkeit dieses politischen Schlagworts. Die begriffliche Anpassungsfähigkeit sollte allerdings nicht über die ›autistische‹ Trendwende in den Wirtschaftswissenschaften seit den 1970er Jahren hinwegtäuschen, denn bis dahin verstand sich das Gros der Ökonomen in einer sozialwissenschaftlichen Tradition. Versteht man Globalisierung als den Verlauf komplexer Veränderungs- und Transformationsprozesse von Ökonomie, Politik und Gesellschaft braucht es den interdisziplinären und historischen Ansatz einer sozialwissenschaftlich eingebetteten Ökonomie, um diesen Veränderungen auf die Spur zu kommen. Die ahistorische Orthodoxie der Neoklassik und des Neoliberalismus ist mit ihrer isolierten Betrachtung einer eigenständigen ökonomischen Sphäre demgegenüber nur sehr begrenzt in der Lage, die dynamischen Prozesse der Globalisierung mit ihren gesellschaftlichen Rückwirkungen zu erfassen.

Damit stellt sich die Aufgabe einer genaueren inhaltlichen Bestimmung des Phänomens. Globalisierung ist zunächst ein Begriff mit Doppelcharakter (Sablowski 2001): Erstens weist dieser ein ideologisches Moment von Herrschaft auf, das auf der politisch-ökonomischen Ebene Sachzwänge konstituieren soll, um Ziele wie mehr Markt und Wettbewerb durchsetzen und legitimieren zu können. Zweitens dient der Begriff als Moment der Analyse weitreichender gesellschaftlicher Veränderungen in den letzten Dekaden des 20. Jahrhunderts. Während das ideologische Moment im vorliegenden Text weitgehend unberücksichtigt bleiben muss, greift die folgende Analyse zunächst die sozialwissenschaftlichen Debatten der 1990er Jahre auf, in denen die Eckpunkte zur Interpretation der Globalisierung formuliert wurden. Exemplarisch arbeiten Held/McGrew (1999, 2–10) drei Hauptstränge dieser Diskussion heraus. Zum Ersten die Annahme einer *Hyperglobalisierung*, die von einer neuen, in erster Linie durch ökonomische Prozesse bedingten Epoche der Globalisierung ausgeht, in welcher sich der traditionelle Nationalstaat weitreichend modifiziert oder gar auflöst. Im Ergebnis wird der Nationalstaat als überkommenes Handlungsobjekt in einer entgrenzten globalen Ökonomie verstanden. Beim zweiten Strang, der als *skeptische Sichtweise* bezeichnet wird, stehen grundlegende Zweifel an der epochal neuen Dimension von Globalisierung im Vordergrund. Dieser eher empirisch geleitete Ansatz hält die Annahmen einer universalen globalen Integration von Märkten mindestens für übertrieben, teilweise gar für einen Mythos und kritisiert zugleich die These von der Auflösung des Staates. Im dritten Strang steht der *Transformationsprozess* der Gesellschaft im Zentrum der Betrachtung, wobei die gegenwärtige Globalisierung als ein qualitativ neues Phänomen verstanden wird. Welche konkreten Ziele und Richtungen sich aus der Transformation entwickeln, wird allerdings als ein offener Prozess gesehen.

Diese drei allgemeinen Diskussionslinien können helfen, Fragen zu formulieren, um die Globalisie-

rung als ökonomisches Phänomen besser zu verstehen. Zur Beantwortung der zentralen Frage, ob und wenn ja, inwieweit die Globalisierung eine neue Erscheinung des ausgehenden 20. Jahrhunderts ist, braucht es aber stets eine Bezugsgröße, also eine relationale Kategorie. Hier kann uns ein historisch-methodischer Ansatz weiterhelfen, der allerdings nicht die komplexe Geschichte der Globalisierung erzählen, sondern durch den Vergleich ausgewählter Indikatoren einen Analyserahmen formen soll, um eine ökonomische Einordnung der Globalisierung zu ermöglichen. Erst auf dieser Grundlage können die wirtschafts- und sozialpolitischen Handlungsspielräume im gegenwärtigen Globalisierungsprozess ausgelotet werden. Ausgangspunkt ist die These, dass die ökonomische Globalisierung – verstanden als zunehmende internationale Verflechtungen wirtschaftlicher Vorgänge – eine etwa im 16. Jahrhundert einsetzende Erscheinung ist, die wir als diskontinuierlichen und nichtlinearen Prozess beschreiben können, in dem sich Phasen und Schübe der Globalisierung und der De-Globalisierung abwechseln. Globalisierung ist in diesem Sinne weder ein statischer noch ein allumfassender Prozess, sondern eine Verdichtung von Interaktionsräumen und Vernetzungen mit historisch und geographisch je unterschiedlichen Reichweiten (Osterhammel/Petersson 2004, 22), in der immer wieder veränderte Verflechtungsstrukturen konstituiert werden. Durch gesellschaftliche Widersprüche, Konflikte und Krisen bewegt sich die ökonomische Globalisierung stets in einem Feld von interessengeleiteten Auseinandersetzungen und Praxen.

Als empirischer Maßstab dieser internationalen Verflechtungen gelten in der Regel folgende Indikatoren: (1) der Handel mit Waren und Dienstleistungen, (2) die Entwicklung der privaten Direkt- und Portfolioinvestitionen als Kernbestandteil des internationalen Kapitalverkehrs, (3) die Struktur des internationalen Währungssystems sowie (4) die Arbeitskräftemigration. Während diese ›harten‹ Indikatoren insbesondere quantitative Veränderungen verdeutlichen können, bedarf es weiterer Aspekte, um mögliche qualitative Verschiebungen der ökonomischen Globalisierung zu erfassen. Dabei spielt das Verhältnis von *Staat respektive Politik und Ökonomie* eine zentrale Rolle, das nicht allein die Debatten über den Zustand und die Entwicklung des modernen Interventionsstaates bestimmt, sondern auch für das Verständnis des liberalen Wettbewerbsstaates oder des ›Nachtwächterstaates‹ der Klassik von Bedeutung ist. Gerade im historischen Vergleich lässt sich zeigen, dass die vielfach angenommene Dichotomie von Markt und Staat eine Schimäre ist, hat der Staat auf nationaler und/oder supranationaler Ebene doch stets den *institutionellen Rahmen* geprägt und so die *regulative Struktur* weltwirtschaftlicher Integration oder Desintegration geschaffen. Ein weiteres Moment ist der *technische Fortschritt*, der maßgeblich die Möglichkeiten ökonomischer Globalisierung durch die Höhe der Transport- und Transaktionskosten bestimmt, vor allem in den Bereichen Verkehr, Logistik, Transport und Informationsbeschaffung. Die daraus resultierende Dynamik ist wiederum eng mit der technischen Entwicklung der *Produktivkräfte* verbunden, die über Möglichkeiten und Grenzen der internationalen Arbeitsteilung entscheiden. Die innovativen Schübe neuer Leittechnologien, sogenannte Basisinnovationen wie die Dampfmaschine oder die Eisenbahn, die langfristige Konjunkturwellen begründen (Kondratjeff-Zyklen), haben meist neue Globalisierungswellen ausgelöst. Als letzter Gesichtspunkt der folgenden Analyse ist schließlich die *Entwicklung der ökonomischen Theorie* im Hinblick auf die Formulierung von Grundfragen der ökonomischen Globalisierung einzubeziehen, denn »die ökonomische Theorie entspricht dem Reifegrad der gesellschaftlichen Wirklichkeit, auf welche sie sich bezieht« (Hofmann 1979, 19). In diesem Sinne kann die theoretische Verarbeitung realer Prozesse Auskunft über die diskutierten Fragen und Probleme des Globalisierungsprozesses geben.

Damit ist der Rahmen für eine Analyse der Entwicklungsdynamik der ökonomischen Globalisierung umrissen, der als Grundlage für die Diskussion der gegenwärtigen Globalisierungsprozesse dienen soll.

Von der merkantilen Expansion zur Industriellen Revolution

Vorläufer der Globalisierung lassen sich bis in die Antike und den Übergang zum Mittelalter zurückverfolgen. Weitblickende Herrscher erkannten durchaus, dass die Herausbildung großer territorialer Einheiten nicht nur machtpolitisch von Bedeutung ist, sondern durch die Verfügbarkeit über Rohstoffe und Ressourcen wie durch die Herstellung ungehinderten Handelsverkehrs auch ökonomischen Nutzen hat. Das Aufblühen des Fernhandels durch Karawanen und über den Schiffsweg zeugt ebenfalls von frühen Globalisierungstendenzen, insbesondere bei den Handelswegen, die sich wie die Seidenstraße als frühe Form einer dauerhaften Netzwerkstruktur etablierten. Von großer Bedeutung sind zudem die weitreichenden Migrationsströme, die in ihren Frühformen als Völkerwanderungen aus unmittelbarer Not geboren waren und deshalb zwar Brüche zum angestammten Gebiet bedeuteten, aber noch keine neue ökonomische Vernetzung begründeten. Das änderte sich mit den Migrationsströmen ab dem 16. Jahrhundert, die dann fester Bestandteil der frühen Globalisierung wurden.

Mit der frühen Neuzeit, die etwa um 1450 bis 1500 einsetzt, begann eine neue, systematische Form der ökonomischen Globalisierung. Es waren in erster Linie die spanischen und portugiesischen Kolonialreiche, die diese auf Gewalt gestützte Entwicklung erzwangen. Die Eroberung neuer Territorien ermöglichte die gewinnträchtige Aneignung von Edelmetallen, Konsum- und Luxusgütern, Rohstoffen und versklavter Arbeitskraft, die damit die materielle Basis für die Entstehung von Industrialisierung und Kapitalismus in Europa schuf. Technische Voraussetzungen dieser Expansionspolitik waren einerseits die Fortschritte im Schiffbau, welche die Überwindung großer Entfernungen mit erhöhter Transportkapazität zuließen und andererseits die Einführung neuer Militärtechnologie wie das Schießpulver, das die indigenen Völker in ihrer Verteidigung gegenüber den Eindringlingen chancenlos ließ. Das Gewaltverhältnis dieser Phase der Globalisierung wird in besonderer Weise an den Dimensionen des transatlantischen Sklavenhandels deutlich, der im Zeitraum zwischen 1450 und 1870 etwa 10,2 Millionen (überlebende) Afrikaner (Klein 1999, 210f.) zu rechtlosen Zwangsarbeitsmigranten werden ließ. Sie wurden als rechtlose Dienstleister an wohlhabende Haushalte verkauft, vor allen Dingen aber in der aufkommenden Plantagenwirtschaft Nord- und Südamerikas sowie der Karibik eingesetzt, die ihre Güter auf den neuen Märkten Europas anbot. Zumindest für die frühe Globalisierung ist deshalb die Behauptung, Afrika sei nicht in das globale System integriert, eine Verhöhnung. Sklavenhandel und Kolonisierung waren die erste systematische ökonomische Globalisierungspraxis.

Vor diesem Hintergrund ist es kein Zufall, dass die im 16. Jahrhundert in Europa langsam einsetzende

Umwälzung der Produktionsverhältnisse zur modernen Wirtschaftsgesellschaft durch die Entwicklung einer ökonomischen Theorie begleitet wurde, die den Außenhandel ins Zentrum ihrer Betrachtung rückte. Es ist die Phase des Merkantilismus, der zwar keine geschlossene Theorie hervorbrachte, aber dessen Praxisempfehlungen in großen Teilen Europas bis weit ins 18. Jahrhundert Einfluss auf die feudalen und absolutistischen Eliten ausübten. Dieser erste wirtschaftspolitische Ansatz begründete einerseits den modernen Interventionsstaat, indem er eine systematische Förderung und Kontrolle wirtschaftlicher Prozesse durch staatliche Institutionen einforderte. Anderseits sah der Merkantilismus die Wertschöpfung und Wohlstandsmehrung weniger in der Produktion als vielmehr in der Realisierung von Handelsüberschüssen, also einer positiven Leistungsbilanz, begründet. Eine Volkswirtschaft war dann erfolgreich, wenn sie mehr Produkte exportierte als importierte. Eng damit verbunden ist das statische Verständnis der Entstehung ökonomischer Überschüsse respektive von Reichtum, denn das Maß für nationalen Wohlstand sahen die Merkantilisten im permanenten Zufluss von Edelmetallen (vor allem Gold und Silber). Auf diese Weise entwickelten sich die Edelmetalle zu einem ersten umfassenden internationalen Zahlungsmittel bevor sich das Gold im 19. Jahrhundert als Standard der Währungsdeckung etablierte.

Trotz aller theoretischen Inkonsistenz beförderte die neue ›Wirtschaftsgesinnung‹ des Merkantilismus mit seinem Verständnis aktiver staatlicher Wirtschaftspolitik die Herausbildung territorialer Nationalstaaten im 17. und 18. Jahrhundert. Damit wurden zwei Voraussetzungen erfüllt, welche die Entstehung moderner Volkswirtschaften nachhaltig begünstigten: die Bildung großer, vereinheitlichter Wirtschaftsräume und der Aufbau rationaler staatlicher Verwaltungsstrukturen. Dieser historische Trend wurde durch die zweifache Revolution des 18. Jahrhunderts noch einmal beschleunigt, indem die Französische Revolution den Bruch mit dem unproduktiven Feudalsystem vollzog, das die Industrielle Revolution mit ihren produktiven Möglichkeiten zu einem neuen wirtschaftlichen und gesellschaftlichen System transformieren konnte. Anders als der merkantile Absolutismus rückte der Kapitalismus die Produktion und den Produktivitätsfortschritt ins Zentrum, wodurch die ökonomische Globalisierung nicht mehr nur als Handel, sondern zunehmend als

produktive internationale Arbeitsteilung organisiert wurde. Beispielhaft sei hier die englische Textilindustrie erwähnt, die als Leitbranche der frühen englischen Industrialisierung auf einer komplexen, modernen internationalen Arbeitsteilung basierte. Der vollständig importierte Rohstoff Baumwolle wurde in England verarbeitet und zu Fertigwaren veredelt, die dann als Textilien weltweiten Absatz fanden und sehr bald zum wichtigsten Exportgut der führenden Industrienation jener Zeit wurden.

Von den vielfachen Innovationen der Industriellen Revolution beeinflussten insbesondere die neuen Infrastrukturtechnologien das qualitative und quantitative Ausmaß der ökonomischen Globalisierung. Durch Eisenbahnen und dampfgetriebene Schifffahrt konnten die Transportkosten pro Stück einer Handelsware erheblich gesenkt und so neue Wirtschaftsräume kostengünstig erschlossen werden. Ein modernes Postwesen und die Telegraphie erhöhten die Übermittlungsgeschwindigkeit von Informationen in geradezu revolutionärer Weise, wodurch die Handelsgeschäfte und der internationale Kapitalverkehr – vor allen Dingen zwischen Europa und Übersee – um ein vielfaches beschleunigt wurden. Ab etwa Mitte des 19. Jahrhunderts etablierte sich sukzessive ein globaler Gütermarkt für Massenkonsumgüter sowie Investitions- und Militärgüter. Während also der Warenhandel der industriellen Zentren einen neuen Schub ökonomischer Globalisierung auslöste, blieb die Globalisierung der neuen, kapitalistischen Produktionsweise aufgrund unterschiedlicher institutioneller und gesellschaftlicher Voraussetzungen sowie fehlender Kapitalausstattung vieler Länder zunächst begrenzt.

Vor dem Hintergrund dieser ökonomischen und gesellschaftlichen Umbrüche entstand die klassische Wirtschaftstheorie, deren Vorstellungen und Annahmen das wirtschaftswissenschaftliche Denken bis in die Gegenwart beeinflussen. Die nach den Bewegungsgesetzen der neuen Produktionsverhältnisse fragende Klassik umfasste ein weites Spektrum verschiedenster Ansätze politischer Ökonomie. So wurde die Klassik zwar maßgeblich von der englischen Schule des Wirtschaftsliberalismus geprägt, umfasste aber auch dessen schärfste Kritiker wie Karl Marx und Friedrich Engels. Während letztere die Globalisierung als unabdingbare Implikation des dem Kapitalismus innewohnenden Zwangs zur Akkumulation und als Ungleichheit erzeugendes, strukturelles Gewaltverhältnis interpretierten (wie erstmals im *Manifest der kommunistischen Partei* von 1848 festgehalten), behaupteten die Verfechter freier Märkte, dass der ungehinderte Waren- und Kapitalverkehr den Wohlstand der Nationen (*The Wealth of Nations*, so der gleichnamige Titel des Hauptwerkes von Adam Smith von 1776) anheben werde und forderten deshalb allgemeinen Freihandel.

Smith, der die Funktionsmechanismen von Märkten zu ergründen suchte, beschäftigte sich auch mit der Arbeitsteilung als neuem Organisationsprinzip der Produktion. Der durch sie bewirkte Produktivitätsfortschritt könne durch Internationalisierung der Arbeitsteilung aufgrund der unterschiedlichen Ausstattung mit Produktionsfaktoren der einzelnen Länder noch weiter gesteigert werden. Dabei ging Smith von absoluten Kostenvorteilen aus, d.h. er vertrat, dass die internationale Arbeitsteilung sich immer dann lohne, wenn die beteiligten Länder sich auf Güter spezialisieren, bei denen ihre jeweiligen Produktionsfaktoren am kostengünstigsten eingesetzt werden. Allerdings verkannte er das Problem ungleicher ökonomischer Entwicklung, denn fortgeschrittene Länder wie England hatten bei der Herstellung fast aller Güter absolute Kostenvorteile, so dass es für potentielle Handelspartner keinen produktiven Anreiz zur Entwicklung der eigenen Volkswirtschaft gab. Dieses Problem griff der britische Ökonom David Ricardo in seinem 1818 erschienenen Hauptwerk *On the Principles of Political Economy and Taxation* auf. Mit seinem Theorem der komparativen Kostenvorteile plädierte er leidenschaftlich für die Vorteile des Freihandels. Die Beteiligung an der internationalen Arbeitsteilung lohne sich auch für die Länder, so Ricardo, die absolute Kostennachteile bei allen Gütern haben – mithin Ländern, die ökonomisch weniger entwickelt sind. Jedes Land solle sich auf die Produktion derjenigen Güter spezialisieren, die es *relativ* am kostengünstigsten herstellen kann und die übrigen Güter importieren. Durch diese Spezialisierung seien Wohlfahrtsgewinne für alle beteiligten Länder der Globalisierung zu realisieren, weil die Güterproduktion so den effizientesten Output hervorbringt. Allerdings war es eine Grundannahme des ricardianischen Theorems, dass es keinen signifikanten Kapitalverkehr und keine Mobilität der Arbeitskräfte gibt. Diese Annahme von der Immobilität der Produktionsfaktoren wird von den Vertretern der orthodoxen Außenhandelstheorie allerdings nicht ausreichend gewürdigt, was umso schwerer wiegt, weil das Theorem von den komparativen Kostenvorteilen bis

heute das wesentliche Leitbild der internationalen Arbeitsteilung ist.

In der Tat entwickelte sich der Welthandel seit 1800 sehr dynamisch, insbesondere in der Zeit zwischen 1840 und 1870, was sich in etwa mit der Ära des Freihandels bis 1880 deckt. Die Beteiligung am Freihandel war für die Länder außerhalb Europas allerdings meist keine ›freie‹ Entscheidung gleicher Vertragspartner, sondern wurde mit militärischem und ökonomischem Druck zum Vorteil der industrialisierten Länder erzwungen, weshalb die durch John Gallagher und Robert Robinson (1953) geprägte Bezeichnung »Freihandelsimperialismus« durchaus treffend ist. Betrachtet man den Zeitraum von 1800 bis zum Vorabend des Ersten Weltkriegs stieg das Volumen des Welthandels um das 25-fache und wuchs damit 11-mal schneller als das Weltsozialprodukt (Kenwood/Lougheed 1999, 78 f.). Allerdings konzentrierte sich der internationale Handel auf die industrialisierten oder sich industrialisierenden Länder: Mehr als 75 Prozent des Welthandels wurde durch West-Europa, Nordamerika, Australien und Japan abgewickelt, während die subsistenzorientierten Länder des Südens bis auf einzelne Kolonien wie Indien oder Südafrika von diesem Wachstum weitgehend ausgeschlossen blieben. Ähnlich verhielt es sich bei den internationalen Kapitalbewegungen und deren wichtigstem Indikator, den ausländischen Direktinvestitionen. Sie stiegen nach den Napoleonischen Kriegen deutlich an und verdreifachten sich bis 1870, um dann bis 1914 nochmals um das 6-fache zu wachsen (ebd., 27). Bedeutendster Kapitalexporteur war mit weitem Abstand Großbritannien vor Frankreich, gefolgt von den aufholenden Industrieländern Deutschland und USA.

Auch die (Arbeits-)Migration belegt den Schub der ökonomischen Globalisierung im 19. Jahrhundert. Trotz der Entstehung erster Demokratien, hatte der Sklavenhandel weiterhin beträchtliche Ausmaße: Im Zeitraum von 1811 bis 1867 wurden über 2,7 Millionen afrikanische Arbeitskräfte vorwiegend von europäischen Sklavenhändlern mit hohen Gewinnspannen auf den amerikanischen Kontinent ›exportiert‹ (Drescher/Engerman 1998, 387). Das Gros bildete allerdings die Migration aus Europa nach Übersee, in erster Linie nach Nord- und Südamerika. Zwischen 1820 und 1914 wanderten etwa 46 Millionen Europäer aus (Kenwood/Lougheed 1999, 45 f.), dazu kamen große Ströme asiatischer Migranten, die innerhalb des Kontinents wanderten, aber auch neue Existenzen in den USA, der Karibik und Teilen Afrikas aufbauten. Die zu beobachtende deutliche Zunahme der Migration nach 1880 war nicht zuletzt Ausdruck erster globaler Krisenerscheinungen. Nach einer ersten ›kleinen‹ Weltwirtschaftskrise Ende der 1850er Jahre folgte 1873 ein internationaler Börsencrash, der eine lange Depression auslöste, die mit einigen Zwischenkonjunkturen bis 1896 andauern sollte.

Krisen und Kriege: Grenzen der ökonomischen Globalisierung

Die weltwirtschaftliche Große Depression der 1870er Jahre, die für Deutschland als ›Gründerkrise‹ bezeichnet wird, und der darauf folgende Aufschwung bis zum Ersten Weltkrieg hatten weitreichende Konsequenzen für die Entwicklung der ökonomischen Globalisierung. Diese Krise verdeutlichte nicht nur das fortgeschrittene Ausmaß der globalen Kapitalverflechtung mit ihren Rückwirkungen auf die entwickelten und aufholenden Volkswirtschaften, sondern leitete auch das Ende des klassischen Wirtschaftsliberalismus ein, dessen goldene Regeln – das Freihandelspostulat und die Vision freier Märkte – mehr und mehr an ihre Grenzen stießen. Zwar wäre es verfehlt, vom Ende der ersten großen Phase der ökonomischen Globalisierung zu sprechen, aber die Krise brachte doch erstmals starke Gegenbewegungen hervor.

Wesentliche ökonomische Folge der Großen Depression war eine langanhaltende deflatorische Tendenz in den wichtigsten Volkswirtschaften der Erde. Die fallenden Preise machten insbesondere den privaten Unternehmen zu schaffen, deren Ertragslage sich deutlich verschlechterte, so dass sie von ihren Regierungen Schutz vor ausländischer Konkurrenz einforderten und damit die Position des Nationalstaates als institutionellem und politischem Gestalter der Globalisierung stärkten. Mit Ausnahme von England, das als dominierendes Industrieland in besonderem Maße vom Freihandel profitierte, führten praktisch alle an der Globalisierung beteiligten (Industrie-)Staaten seit Ende der 1870er Jahre Zölle im Warenhandel ein, um die eigenen Volkswirtschaften in der Krise zu stabilisieren. Die Idee von Schutzzöllen hatte der Deutsche Friedrich List bereits 1841 in seinem Werk *Das nationale System der Politischen Ökonomie* entwickelt. Darin problematisierte er den freien Warenaustausch zwischen Ländern mit un-

gleichen sozioökonomischen Entwicklungsvoraussetzungen, der zu einer strukturellen Verstetigung der unterschiedlichen Handelspositionen führen würde. Die Forderung nach Einführung von Schutzzöllen, die List auch als ›Erziehungszölle‹ bezeichnete, war demnach konsequent, um den weniger entwickelten, aufholenden Ländern die Chance zu geben, die industrielle Produktion und ihre gesellschaftlichen Voraussetzungen im eigenen Land aufzubauen oder zu verbessern und damit weniger von Importen abhängig zu sein.

Aus freihändlerischer Sicht wurde (und wird) die Listsche Position – wie jede Form des Protektionismus – entschieden mit der Begründung abgelehnt, dass sie dem ökonomischen Wachstum generell abträglich sei. Allerdings waren die Schutzmaßnahmen im letzten Drittel des 19. Jahrhunderts nicht zuletzt Ausdruck einer verschärften weltwirtschaftlichen Konkurrenz nach der Großen Depression. Die negativen Auswirkungen dieser protektionistischen Reaktionen hielten sich gleichwohl in engen Grenzen, denn trotz der Einführung von Schutzzöllen intensivierte sich die ökonomische Globalisierung: Die weltweite Produktion stieg kontinuierlich an, selbst der Welthandel wuchs weiterhin, wenngleich nicht im selben Tempo wie vor der Krise (Hobsbawm 1995, 56). Der freie Kapitalverkehr war ohnehin nicht oder kaum betroffen und die Migration aus wirtschaftlichen Gründen nahm aufgrund der Ungleichgewichte sogar zu, obwohl einige Regierungen die Migration erstmals beschränkten, um die eigenen Arbeitsmärkte zu schützen. Insgesamt zeigt sich zum Ende des 19. Jahrhunderts, dass regionale Arbeits-, Güter- und Kapitalmärkte im globalen Maßstab zeitnah aufeinander reagieren und relativ zügig Konvergenzen auslösen (O'Rourke/Williamson 1999).

Im Grundsatz kann die Phase des güterwirtschaftlichen Protektionismus zwischen 1880 bis 1914 als Bestätigung der Listschen These gedeutet werden, denn durch den Schutz der einheimischen Produktion wurde der Aufbau nationaler Industrien lohnenswert, weil der Absatz auf die heimischen Märkte gelenkt wurde, was mit dem Entstehen von Massenmärkten einher ging (Hobsbawm 1995, 62). Die Stärkung der Nationalstaaten schuf also die Voraussetzungen einer weiter expandierenden Weltwirtschaft. Erst so kam es zu einer Verbreitung der weltweiten Industriebasis durch den Eintritt neuer Akteure wie den skandinavischen Ländern, Norditalien, den Niederlanden, Ungarn, Russland oder Japan, während die Länder der ersten Phase der Industrialisierung, mit England an der Spitze und den rasch aufschließenden großen Zentren wie Deutschland, USA und Frankreich, aber auch den kleinen wie der Schweiz, Belgien oder Böhmen und Mähren weiterhin in hohem Tempo industriell expandierten. Diese Staaten bildeten den erweiterten Kern der in Folge der Großen Depression neu formierten Weltwirtschaft.

Die Einbeziehung der Länder des Südens beschränkte sich demgegenüber – soweit sie überhaupt gegeben war – meist auf die ökonomische Rolle als komplementärer Rohstofflieferant für die jeweilige Kolonialmacht, die keine eigenständige ökonomische Entwicklung erforderte und ermöglichte. Die dadurch wachsenden Unterschiede in den Produktionsmöglichkeiten spiegeln sich in der drastisch steigenden Einkommensungleichheit zwischen den industriellen Zentren und den subsistenzorientierten Ländern der Peripherie wieder: Lagen die Unterschiede im Pro-Kopf-Einkommen zu Beginn der Globalisierung um 1820 noch beim Verhältnis von 3:1, verschob sich die Relation bereits bis 1913 auf ein Verhältnis von 9:1. Das bedeutet für das letztgenannte Jahr in absoluten Zahlen für die USA (sowie die Dominions) ein Pro-Kopf-Einkommen von 5.257 US-Dollar, für Westeuropa von 3.473 US-Dollar und für Afrika (einschließlich des ökonomisch relativ starken Südafrikas) von 585 US-Dollar, berechnet auf Dollarbasis von 1990 (Maddison 2001, 126/Table 3–1b).

Aber die 1873er-Krise hatte nicht nur Protektion und industrielle Expansion ausgelöst, sondern auf Unternehmensebene auch nachhaltige Innovationsschübe mit strukturellen Veränderungen angestoßen. Ausgangspunkt war der durch die lang anhaltende Deflation ausgelöste Kostendruck auf die Unternehmen, der zu einer umfassenden Modernisierung der Produktion auf technologisch-organisatorischer und institutioneller Ebene führte. Ausgehend von den USA setzte eine Welle der *Verwissenschaftlichung der Produktion* ein, die darauf abzielte, die Produktivität der Unternehmen durch organisatorische Effizienzsteigerungen zu maximieren. Dieses später als Taylorismus bezeichnete Produktionsregime (intensivierte innerbetriebliche Arbeitsteilung, verstärkte individuelle Kontrollmechanismen, neue Lohnanreize), das nach 1918 im Massenproduktionskonzept von Henry Ford seine Fortsetzung fand, schuf zudem einen neuen Typus von Mana-

gern, der das bis dahin gängige Leitbild des privaten, meist patriarchal agierenden Einzelunternehmers durch den Typus des leitenden Angestellten ablöste. Ein zweites Moment der Transformation im Unternehmenssektor war die zunehmende wirtschaftliche Konzentration, die dazu führte, dass die Zahl großer Unternehmen in Folge der Krise stetig wuchs, die als *multinationale Unternehmen* oder *Free-Standing Companies* (nur im Ausland tätige Unternehmen) die ökonomische Globalisierung forcierten. Gerade die Unternehmen der ›neuen Industrien‹ (Chemie und Elektro) bildeten die Speerspitze des neu organisierten, auf weltweite Verflechtung ausgerichteten Produktionsregimes (Abelshauser 2001, 512).

Während sich die wirtschaftliche Macht in den USA durch in Fusionen entstandenen Trusts manifestierte, schlossen sich führende deutsche Unternehmen zu Kartellen zusammen, in denen sie ihre jeweilige Selbständigkeit wahren konnten. Beide Wege mündeten gleichermaßen in marktbeherrschenden Positionen weniger Unternehmen, was mit dem Ideal freier Konkurrenz nichts mehr gemein hatte. Das Oligopol wurde zur dominanten Marktform der Globalisierung. Auch die Annahme der klassischen liberalen Wirtschaftstheorie, dass der Staat sich auf eine ›Nachtwächterfunktion‹ beschränken solle, um die Gleichgewichtstendenz der Märkte nicht zu stören, konnte nicht länger aufrecht erhalten werden. Die Große Depression mit ihren globalen Ungleichgewichten hatte im Gegenteil den Boden für den modernen Interventionsstaat bereitet. Dieser Trend wurde durch die einsetzende Demokratisierung noch verstärkt, denn keine Regierung konnte es sich unter demokratischen Vorzeichen leisten, die negativen ökonomischen und sozialen Folgen der Krise für große Wählergruppen zu ignorieren. Das Bestreben, die wirtschaftlichen Prozesse stärker als bisher zu lenken, wurde auch in der rasch steigenden Gründung von staatlichen Zentralbanken nach 1870 deutlich. Damit wurde nicht nur die institutionelle Basis für eine nationale Geldpolitik geschaffen, sondern die Zentralbanken dienten auch der direkten Lenkung und Kanalisierung von Kapitalströmen im jeweiligen staatlichen Interesse (James 2003, 43). Zudem hatte sich im letzten Drittel des 19. Jahrhunderts in der Währungspolitik der Goldstandard international etabliert, der damit alle anderen Edelmetalle (vor allem Silber) als Währungssicherung ablöste. Damit wurden zwar einerseits die Möglichkeiten der nationalen Geldschöpfung und so die

Handlungsspielräume des Interventionsstaates bei der Ausweitung der Staatsausgaben begrenzt. Andererseits war die Einführung des Goldstandards in den wichtigsten Industrieländern die Voraussetzung für die Konvertierbarkeit der nationalen Währungen (Eichengreen 2000, 51), stabilisierte so die Geldmärkte und begründete eine internationale Geld- und Währungspolitik als weitere institutionelle Säule der Globalisierung.

Zusammengefasst ergibt sich für die Phase bis 1914 ein widersprüchliches Bild der ökonomischen Globalisierung. Trotz erster globaler Krisen und entsprechender Gegenmaßnahmen nationaler Regierungen beschleunigte sich die weltwirtschaftliche Integration. Die Weltwirtschaft integrierte geographisch deutlich größere Räume, die industrielle Basis hatte sich erweitert und das Wachstum der Rohstoffmärkte folgte den Anforderungen der immer spezifischer werdenden internationalen Arbeitsteilung. Die Direktinvestitionen wuchsen seit dem Aufschwung zur Jahrhundertwende in atemberaubendem Tempo und erreichten ein Niveau (gemessen am BIP), das erst zu Beginn der 1980er Jahre wieder erreicht werden konnte (Abelshauser 2001, 510f.). Andererseits legte das räumliche wie zeitliche Ausmaß der Großen Depression die strukturellen Defizite ungeregelter oder falsch regulierter Märkte offen. Der Laissez-Faire-Grundsatz der Klassik, der selbst in der Blüte des Wirtschaftsliberalismus mehr theoretische Annahme als konkrete Handlungsorientierung für die reale Wirtschaftspolitik war, wurde durch einen »punktuellen Interventionismus« (Walter Eucken) in der Praxis ersetzt, der seinerseits nicht in der Lage war, die strukturellen Instabilitäten der Weltwirtschaft zu überwinden.

Mit dem Ersten Weltkrieg endet das Kapitel der dynamischen Globalisierung des 19. Jahrhunderts. Der Versuch, die grundlegenden Probleme der verschärften internationalen Konkurrenz durch imperialistisch-territoriale Expansion aufzufangen, scheiterte auf ganzer Linie. Die ökonomische Globalisierung kam auf allen Ebenen zum Erliegen, sieht man einmal davon ab, dass die kriegsführenden Bündnisse neue – z.T. langfristig nachwirkende – Produktions- und Ressourcennetzwerke im Rahmen der Kriegswirtschaft installierten. Von diesem Schock erholte sich die Weltwirtschaft auch in der Zwischenkriegszeit nur langsam. Die Kriegswirtschaft hinterließ ihre Spuren, denn die Kriegskosten und Wiederaufbaulasten erdrückten die Volkswirtschaften

ebenso wie die kriegswirtschaftliche Produktionsstruktur, deren Kapazitäten in Friedenszeiten nicht mehr ausgelastet waren. Zudem hatte die umfassende staatliche Lenkung der Kriegsproduktion, wie sie in den meisten kriegsführenden Ländern praktiziert worden war, die wirtschaftspolitische Rolle des Staates abermals gestärkt, was für die folgende Entwicklung von großer Bedeutung sein sollte.

Die durch den New Yorker Börsencrash im Oktober 1929 ausgelöste internationale Krise beendete die leichte Erholung der Weltwirtschaft der Zwischenkriegszeit abrupt und entwickelte sich zu einer erneuten Großen Depression. Diese über zehn Jahre andauernde Weltwirtschaftskrise übertraf in ihren Wirkungen nochmals die 1870er-Krise, indem sie nicht nur eine Phase der ökonomischen Deglobalisierung hervorrief, sondern auch nachhaltig den Regulationsrahmen der Weltwirtschaft nach dem Zweiten Weltkrieg beeinflusste. »Der Große Crash von 1929«, so John Kenneth Galbraith (1962, xxiii), »führte zu einer Implosion der Güternachfrage, setzte zeitweilig die Mechanismen der Kreditmärkte außer Kraft, stoppte das Wirtschaftswachstum und entfremdete unzählige Tausende vom Wirtschaftssystem. Die Ursachen des Crashs lagen alle in der spekulativen Orgie, die vorausging.« Durch eine Reihe weiterer Gründe wurde aus der ursprünglichen Finanzmarkt- und Bankenkrise dann eine globale, gesamtwirtschaftliche Krise. Insbesondere die nach dem Ersten Weltkrieg begonnene Rückkehr zum Goldstandard erwies sich als problematisch, da sie die fiskalpolitischen Spielräume der Regierungen in der Krise beschränkte, die Deflation anheizte und so den Protektionismus beflügelte. Einige Länder wie Deutschland traf die Krise besonders schwer, weil einerseits die Finanzierung der Reparationsverpflichtungen aus dem Krieg in der Krise zusammenbrach und andererseits die Regierung Brüning durch ihre kontraktive Wirtschaftspolitik Produktion und Nachfrage belastete. Im Ergebnis geriet die Weltwirtschaft in einen Abwärtstrend, der die Kapitalströme und den Warenaustausch in kürzester Zeit auf historische Tiefstände sinken ließ. Auf dem Höhepunkt der Krise Mitte 1932 war der grenzüberschreitende Kapitalverkehr auf ein Drittel des Volumens von 1929 geschrumpft, die weltweite Industrieproduktion um fast 40 % eingebrochen und die Arbeitslosigkeit auf bis dahin ungekannte Ausmaße angewachsen (Arbeitslosenquoten: z.B. USA 23,6 %, GB 22,5 %, Deutschland 30,1 %).

Mit der Weltwirtschaftskrise der 1930er Jahre setzte sich das Primat der Politik im Wirtschaftsprozess durch. Der Interventionsstaat wurde endgültig zum lenkenden Akteur der ökonomischen Krisenbewältigung, der den nationalstaatlichen Raum ins Zentrum seiner Handlungen rückte – wenngleich mit sehr unterschiedlichen Strategien. Während die USA mit der Politik des »New Deal« auf eine – wenn auch verhaltene – Strategie der konsumtiven Binnenmarktorientierung setzten, bauten Deutschland und Japan im Rahmen ihrer radikalen Autarkiepolitik auf eine wirtschaftliche Belebung durch Aufrüstung und Schaffung einer »Großraumwirtschaft« und England wie Frankreich intensivierten die imperiale Einbindung ihrer Kolonien. Insgesamt kam es über diese Neuausrichtungen der Wirtschaftspolitik zu einem Schub der Deglobalisierung, der durch die Abnahme weltwirtschaftlicher Verflechtungen bei gleichzeitiger Zunahme eines »Regionalismus« in der Weltwirtschaft gekennzeichnet war.

Reguliert und dynamisch: Die weltwirtschaftliche Entwicklung der Nachkriegsära

Die Suche nach neuen wirtschaftspolitischen Ansätzen war nicht zuletzt eine Folge des Versagens der orthodoxen Ökonomie vor und während der Weltwirtschaftskrise, die sich im letzten Drittel des 19. Jahrhunderts zwar als Neoklassik neu formiert hatte, deren Glaube an die Selbstregulierungskräfte des Marktes sich aber noch gesteigert hatte. Die Vertreter des orthodoxen ökonomischen Ansatzes hatten weder die Ausmaße der Krise rechtzeitig erkannt, noch konnten sie konkrete Lösungen anbieten, zumal die Bekämpfung der Arbeitslosigkeit in den Mittelpunkt gerückt war. Vor dem Hintergrund dieser fundamentalen Legitimationskrise vollzog sich in den Wirtschaftswissenschaften ein Paradigmenwechsel, der in der zweiten Hälfte der 1930er Jahre einsetzte. Er stützte sich maßgeblich auf die Arbeiten des britischen Ökonomen John Maynard Keynes, der bereits 1926 in der gleichnamigen Schrift *The End of Laissez-Faire* prognostiziert hatte. Es folgten weitere bedeutende Schriften, aber erst sein Hauptwerk, *The General Theory of Employment, Interest and Money* von 1936, wurde zu einer der wichtigsten Grundlagen des modernen, systematischen Interventionismus, der nach 1945 als Keynesianismus seinen (vor-

läufigen) Siegeszug in der Wirtschaftstheorie und – mit Einschränkungen – in der Wirtschaftspolitik antreten konnte.

Die Notwendigkeit und Legitimation zur systematischen Intervention in den Wirtschaftsprozess leitete Keynes von der Annahme ab, dass insbesondere entwickelte kapitalistische Marktwirtschaften endogen instabil seien und durch Unsicherheit geprägt würden. Keynes problematisierte aus gesamtwirtschaftlicher Perspektive insbesondere die Entwicklung der effektiven Nachfrage und die Vollbeschäftigung und fragte nach den endogenen Ursachen der ökonomischen Instabilität. Für die Wirtschaftspolitik rückten damit die Binnenmarktorientierung, die Stärkung des Massenkonsums durch Umverteilung zugunsten der unteren Einkommen, die Verstetigung der Investitionen im Rahmen antizyklischer staatlicher Interventionen sowie die politische Steuerung der Zentralbankpolitik in den Mittelpunkt. Obwohl Keynes das Freihandelsdogma ablehnte, war er doch kein Gegner einer offenen Weltwirtschaft. Für ihn konnte allerdings eine Weltwirtschaft nur dann funktionsfähig sein, wenn sie erstens auf ›gesunde‹, d.h. gesamtwirtschaftlich stabile Volkswirtschaften gegründet ist und sie zweitens auf der Basis eines verbindlichen internationalen Regelwerks organisiert wird.

Als im Juli 1944 Vertreter aus 44 Staaten auf der Konferenz in Bretton Woods (New Hampshire/USA) über eine neue Architektur der Weltwirtschaft nach dem Zweiten Weltkrieg berieten, stand die Suche nach einem stabilen Ordnungsrahmen der Globalisierung im Vordergrund der Diskussion. Im Ergebnis verständigte man sich auf ein Abkommen, das zur Gründung regulierender internationaler Institutionen der Weltwirtschaft führte. Während die Etablierung einer internationalen Handelsorganisation scheiterte und erst 1947 durch ein zunächst provisorisch gedachtes GATT-Abkommen (Allgemeines Zoll- und Handelsabkommen) ersetzt wurde, verständigten sich die beteiligten Staaten unter Führung der USA auf die Gründung des Internationalen Währungsfonds (IWF) und der Weltbank, die den Wiederaufbau der kriegsführenden Staaten unterstützen und bei der Stabilisierung der (ehemaligen) Kolonien helfen sollten. Einigkeit bestand in der Frage, ein internationales Währungssystem einzurichten, das wirtschaftspolitisch auf Preisstabilität *und* Vollbeschäftigung sowie auf die Realisierung außenwirtschaftlicher Gleichgewichte ausgerichtet war. Zu diesem Zweck wurde ein System fester Wechselkurse etabliert, das sich am US-Dollar als Leitwährung orientierte, der seinerseits wiederum an das Gold gebunden war. Dieser Gold-Devisen-Standard mit dem US-Dollar als Reservewährung sollte die Souveränität der nationalen Geldpolitik und damit die Handlungsmöglichkeiten nationaler Wirtschaftspolitik gewährleisten. Um Spekulationen einzudämmen, wurde zur makroökonomischen Stabilisierung der kurzfristige Kapitalverkehr beschränkt (Kapitalverkehrskontrollen). Die insbesondere von Keynes favorisierte Idee, internationale Zahlungsbilanzungleichgewichte über eine verbindliche multinationale Clearingstelle zu bekämpfen, die vor allen Dingen extreme Exportüberschüsse oder -defizite sanktionieren sollte, scheiterte allerdings. Trotz des Fehlens geeigneter Instrumente zur Durchsetzung einer international koordinierten Außenwirtschaftspolitik, wurde durch das Bretton-Woods-Abkommen dennoch ein Regulierungsrahmen geschaffen, der zumindest in Teilen die Lehren aus der zweiten Großen Depression berücksichtigte und der Weltwirtschaft in den kommenden Jahrzehnten ungekannte Stabilität garantierte.

Die keynesianisch beeinflussten Nachkriegsjahrzehnte waren durch eine globale Prosperität geprägt, die in der alten Bundesrepublik als ›Wirtschaftswunder‹ bezeichnet wird, in den angloamerikanischen Ländern als ›Goldenes Zeitalter‹ gilt, während man in Frankreich von den ›30 glorreichen Jahren‹ spricht. Zumindest für die Industriestaaten sind hohes Wirtschaftswachstum, steigende Masseneinkommen, sinkende Arbeitslosigkeit bis hin zur Vollbeschäftigung und der Ausbau makroökonomisch gestützter Sozialstaatlichkeit grundlegende Merkmale dieser Phase eines »embedded liberalism« (John G. Ruggie). Die relativ konsequente politische Regulierung der Nachkriegsökonomien formte einen neuen Typus geordneter Globalisierung, der sich auf starke nationale oder regionale Volkswirtschaften stützte und dennoch durch eine hohe Internationalisierungsdynamik gekennzeichnet war. Zwischen 1950 und 1960 wuchs das Weltinlandsprodukt jahresdurchschnittlich um 4,2 %, während der Welthandel um 6,5 % anstieg. Diese Entwicklung potenzierte sich im folgenden Jahrzehnt nochmals von 1960 bis 1970 auf 5,3 % bzw. 8,0 % (Hübner 1999, 53), wobei über den gesamten Zeitraum die warenproduzierende verarbeitende Industrie der Träger des Prozesses war. Dabei wurden die Warenzölle (Ausnahme

Agrarerzeugnisse und Textilien) im Rahmen der GATT-Verhandlungsrunden in moderaten Schritten über Jahrzehnte reduziert, bis sie zum Abschluss der Uruguay-Runde kurz vor Gründung der Welthandelsorganisation (WTO) im Jahr 1995 auf durchschnittlich unter 4 % gesunken waren (bei allerdings zunehmendem Einsatz nichttarifärer Instrumente in der Handelspolitik). Im Unterschied zur schrittweisen Liberalisierung des Warenhandels blieben die ausländischen Portfolio- und/oder Direktinvestitionen zunächst stark reguliert und gewannen erst auf der Grundlage bilateraler Verträge ab den frühen 1960er Jahren an Bedeutung. Sie folgten den Strukturen der internationalen Arbeitsteilung und fanden so zumeist als produktives Kapital Verwendung. Entsprechend konzentrierten sich etwa 75 % der Direktinvestitionen auf die entwickelten, kapitalistischen Industriestaaten, die sich 1948 im Rahmen der Organisation für wirtschaftliche Zusammenarbeit und Entwicklung (OECD) zusammengeschlossen hatten.

Durch den in den 1950er Jahren beschleunigten Prozess der Dekolonialisierung änderten sich die politischen und ökonomischen Bedingungen der meisten Länder des Südens drastisch. Zwischen 1950 und 1970 stieg die Zahl der eigenständigen Nationalstaaten von 81 auf 134 und bis 1991 nochmals auf 167 (Held/McGrew u. a. 1999, 54), die damit zu potentiellen Akteuren der Globalisierung wurden. Allerdings standen die meisten Staaten vor großen Entwicklungsproblemen, da sie in der Regel durch die koloniale Abhängigkeit auf die Rolle als verlängerte Werkbänke bzw. Rohstofflieferanten reduziert wurden. Die Entwicklungshemmnisse manifestierten sich durch ein starkes Bevölkerungswachstum, einen geringen Bildungsstand der Bevölkerung und der Arbeitskräfte, eine vernachlässigte öffentliche Infrastruktur sowie durch schwache Agrarsektoren und eine geringe Industrieproduktion bei insgesamt unzureichender Kapitalausstattung.

Mit der Dependenztheorie entstand seit den 1950er Jahre eine weit gefächerte Strömung aus Wirtschafts- und Sozialwissenschaftlern wie André Gunder Frank, Fernando Henrique Cardoso, Dieter Senghaas, Raúl Prebisch oder Hans Wolfgang Singer, welche diese strukturellen Probleme der Unterentwicklung als Folge der Kolonisierung in den Vordergrund der Debatte rückten. Bei aller Unterschiedlichkeit war man gemeinsam der Ansicht, dass die ökonomischen Entwicklungshemmnisse in erster Linie auf exogene Ursachen einer auf ungleichem

Tausch basierenden kapitalistischen Weltwirtschaft zurückzuführen sind. Diese Ungleichheit zeigt sich nach der Prebisch-Singer-These vor allem in der Tendenz zur säkularen Verschlechterung der Terms of Trade – d.h. der Relation von Export- zu Importpreisindizes – der Entwicklungsländer, die überwiegend Primärgüter (Rohstoffe, Agrargüter) exportieren. Die Exporterlöse dieser Güter sinken aufgrund einer niedrigen Einkommenselastizität der Nachfrage (gegenüber Industriegütern), was letztlich zu Realtransfers aus den Entwicklungsländern in die Industrieländer führt und damit langfristig die ökonomische wie soziale Ungleichheit erhöht. In der Konsequenz forderten die meisten Vertreter der Dependenztheorie eine – zumindest mittelfristige – Abschottung vom Weltmarkt, um eine eigenständige ökonomische Entwicklungsbasis aufzubauen. Daraus wurde in den 1960er Jahren in Anlehnung an den Listschen Schutzzollgedanken die wirtschaftspolitische Strategie der Importsubstitution abgeleitet, welche die Entwicklungsländer in die Lage versetzen sollte, selbst Industriegüter zu produzieren und ihre Exportstrukturen zu diversifizieren. Auf politischer Ebene nutzten die Entwicklungsländer ihre neue Stimmenmacht im Rahmen der UN, um ihr Ziel einer Neuen Weltwirtschaftsordnung (NWWO) zu artikulieren. Tatsächlich gelang es 1974 Mehrheiten für die *Erklärung über die Errichtung einer neuen internationalen Wirtschaftsordnung* zu gewinnen, in der faire Rohstoffpreise, Technologietransfer, Schuldenreduzierung, ein neues Handels- und Währungsregime u.v.m. gefordert wurden. Allerdings blieb der politische Erfolg der Entwicklungsländer auf materieller Ebene weitgehend folgenlos, denn die frühen 1970er Jahre sind zugleich der Zeitraum, der einen erneuten Wendepunkt in der ökonomischen Globalisierung markiert.

Der Umbau der Weltwirtschaft im Kontext neoliberaler Globalisierung

Mit Beginn der 1970er Jahre bricht eine Phase an, in der die vormals bestimmenden nationalen wie internationalen Regulierungen sukzessive aufgelöst und in eine nach neoliberalen Grundsätzen geformte Weltwirtschaft transformiert werden. Die Gründe bzw. Einflussfaktoren für den dahinterstehenden Paradigmenwechsel sind ebenso vielschichtig wie umstritten. Auf jeden Fall waren die frühen 1970er Jahre durch das Auslaufen der Rekonstruktionsperiode

nach dem Ende des Zweiten Weltkriegs gekennzeichnet, die in Verbindung mit dem hohen Maß an politischer Regulierung und Steuerung des gesamtwirtschaftlichen Prozesses ein überdurchschnittliches Wirtschaftswachstum in den Industrieländern ermöglicht hatte. Das Wirtschaftswachstum pendelte sich nun auf historische Durchschnittswerte ein und die Profitraten gingen zurück (Hübner 1999, 38), wodurch die Investitionsbereitschaft der Unternehmen nachließ, obwohl sie aufgrund der in der Nachkriegsperiode erzielten Gewinne über eine hohe Liquidität verfügten. Wirtschaftspolitisch stand man damit an einem Scheideweg: Entweder man weitete die bis dahin erfolgreichen, keynesianisch inspirierten Instrumente und Maßnahmen zu einer konsistenten keynesianischen Strategie aus (etwa durch eine Verstetigung und Lenkung der Investitionen zur Generierung eines weiterhin hohen Wirtschaftswachstums und zur Stabilisierung der sozialen Beziehungen), oder man wechselte zu einer neoklassisch fundierten Angebotspolitik, die auf eine Steigerung der Exportüberschüsse und liberalisierte Kapitalmärkte ausgerichtet war. Bei der Richtungsentscheidung spielten die Ölpreisschocks von 1973 und 1979 eine gewichtige Rolle, welche die Energiekosten deutlich erhöhten und damit als außergewöhnliche Angebotsstörung mit Rückwirkung auf die Realwirtschaft zu interpretieren waren, was den Verfechtern einer angebotsorientierten Wirtschaftspolitik Auftrieb gab. Darüber hinaus sorgten die hohen Deviseneinnahmen des neu gegründeten Kartells ölexportierender Länder (OPEC) für eine Schwemme anlagesuchender Petrodollars, wodurch die Liberalisierung der Kapitalmärkte weiter beflügelt wurde.

Ausschlaggebend für den Richtungswechsel zur Liberalisierung und Deregulierung der Weltwirtschaft war allerdings die Abkehr von fixierten Wechselkursen, die letztlich das Ende des Bretton-Woods-Systems bedeuteten. Nachdem bereits seit Ende der 1950er Jahr durch Euro-Dollar gespeiste Offshore-Märkte entstanden waren (James 2003, 297), welche nicht nur die Beschränkung des grenzüberschreitenden Kapitalverkehrs umgingen, sondern auch neue Märkte für zinstragendes Geldkapital etablierten, sahen sich die USA ein Jahrzehnt später mit weit massiveren Dollarabflüssen konfrontiert. 1971 hob der US-Präsident Nixon die Goldeinlösegarantie auf, und zwei Jahre später ging die ökonomische Führungsmacht zu flexiblen Wechselkursen über, die

von den meisten Mitgliedsstaaten des IWF übernommen wurden. Durch diesen Regimewechsel
dienten Währungen nicht mehr nur allein als Trans-
aktions- und Zahlungsmittel für den internationalen
Handel, sondern es etablierte sich ein eigenständiger
Markt für Spekulationen von Devisenbesitzern und
für international tätige Unternehmen, die nunmehr
die ehemals politisch getragenen Wechselkursrisiken
selbständig absichern mussten. In Folge dessen ex-
plodierte förmlich das Volumen des Devisenhandels:
Betrug der arbeitstägliche Devisenumsatz 1979 noch
120 Mrd. US-Dollar, waren es 1989 bereits 590 Mrd.
US-Dollar, die sich 1998 nochmals auf 1490 Mrd.
US-Dollar steigerten (Huffschmid 2002, 44) und damit das Welthandelsvolumen bis heute um ein vielfaches übertreffen. Obwohl die nationalen Zentralbanken an politischer Bedeutung gewonnen hatten,
wirkten sie dieser Entwicklung nicht entgegen. Das
lag in erster Linie am Einfluss des von Milton Friedman geprägten *Monetarismus*, der die Geldpolitik
der OECD-Länder seit der zweiten Hälfte der 1970er
Jahre maßgeblich beeinflussen konnte. Der Monetarismus ignorierte nicht nur das Problem der Spekulation (Flassbeck 2002, 32), sondern verengte das
Ziel der Geldpolitik auf Inflationsbekämpfung im
Rahmen einer Geldmengensteuerung, wobei die
Zentralbanken ›autonom‹ von politischen Entscheidungen sein sollten.

Nach der Etablierung flexibler Wechselkurse im
internationalen Zahlungsverkehr wurden dann auch
die Kapitalverkehrskontrollen sukzessive aufgehoben, wobei dieser Prozess über zwei Jahrzehnte dauerte. Die Liberalisierung der Kapitalmärkte wurde
zum Kernziel der anstehenden Phase der ökonomischen Globalisierung neoliberaler Prägung. Neben
dem Profitinteresse der Banken waren es vor allem
die Regierungen Großbritanniens und der USA, die
durch Kapitalimporte ihre seit den 1980er Jahren
stetig wachsenden Handels- und Leistungsbilanzdefizite kompensierten, indem sie London und New
York zu den führenden globalen Finanzmarktplät-
zen ausbauten. Mit der Deregulierung des Finanz-
sektors wurde auch die Grundlage für die exzessive
Entwicklung von Finanzinnovationen gelegt, die immer weniger direkte Verbindungen zum Produkti-
onssektor aufwiesen. Am dynamischsten entwickelte
sich der globale Markt für Derivate, also von Ter-
mingeschäften abgeleitete Wertpapiere, die in der
Bretton-Woods-Periode praktisch kaum existierten.
Betrug das Volumen von börsengehandelten Deriva-

ten 1987 weltweit ca. 700 Mrd. US-Dollar wuchs es
bis 2001 um das 34-fache auf 23.500 Mrd. US-Dollar.
Das Wachstum der außerbörslich gehandelten Derivate ist im gleichen Zeitraum mit 900 Mrd. US-Dollar zu 95.200 Mrd. US-Dollar (2000) noch höher aus-
gefallen (Huffschmid 2002, 58) und beträgt damit
fast den 11-fachen Wert des nominalen Bruttoinlandsprodukts der USA im selben Jahr. Es ist deshalb
nicht verwunderlich, dass die Geldmenge seit Ende
der 1990er Jahre nicht mehr primär durch die Zentralbanken generiert, sondern durch private Finanz-
dienstleister bestimmt wird. Diese Entwicklung finanzieller Globalisierung ist eines der deutlichsten
Merkmale für den Verlust nationaler Souveränität in
der Wirtschafts- und Finanzpolitik.

Die wachsende Bedeutung der Finanzmarkt- und
Währungsgeschäfte als Kernelement der neoliberalen Globalisierung wurde nicht allein durch eine Politik der Liberalisierung und Deregulierung bewirkt.
Erst der technologische Fortschritt bei der Daten-
übertragung seit den 1980er Jahren ermöglichte
Handelsgeschäfte in annähernder Echtzeit und damit nicht nur einen globalen Renditevergleich in
Millisekunden, sondern auch eine drastische Senkung der Transaktionskosten. Der Fortschritt in den
Informations- und Kommunikationstechnologien
(IuK) revolutionierte durch den Einsatz computer-
gestützter Steuerungssysteme ebenso die Bedingungen der realen Produktion, insbesondere durch
Effizienzgewinne in der Logistik (verbunden mit
sinkenden Transportkosten) sowie flexible Ferti-
gungsprozesse, die neuen Formen der internationalen Arbeitsteilung den Weg ebneten. Das spiegelt sich
in einer veränderten Welthandelsstruktur wieder:
Die Steigerung der Weltexporte in den letzten Jahrzehnten stützt sich in erster Linie auf die wachsende
Bedeutung des intra-industriellen Handels zwischen
Industrie-, Schwellen- und Transformationsländern,
der durch neue vernetzte Wertschöpfungsketten gekennzeichnet ist. Maßgeblicher Träger dieses Prozesses sind die 78.000 transnationalen Konzerne
(TNC) mit ca. 780.000 ausländischen Tochterge-
sellschaften, die 2006 etwa 10 % des globalen BIP
und ein Drittel der Weltexporte generiert haben
(UNCTAD 2007, xvi).

Die Entwicklung auf den Finanzmärkten und die
Möglichkeit globaler Produktionsnetzwerke erklärt
auch das starke Wachstum der ausländischen Direktinvestitionen (FDI) seit den frühen 1980er Jahren,
das sich seit dem Zusammenbruch der realsozialisti-

schen Staaten in den 1990er Jahren nochmals beschleunigte. Betrugen die globalen abfließenden FDI 1982 noch 28 Mrd. US-Dollar, steigerten sie sich bis 1990 auf 230 Mrd. US-Dollar, um dann bis 2006 auf 1216 Mrd. US-Dollar anzusteigen. Die akkumulierten Bestände (*stocks*) der FDI stiegen in der gleichen Zeitreihe von 637 über 1815 auf 12477 Mrd. US-Dollar. Das bedeutet ein durchschnittliches jährliches Wachstum in der zweiten Hälfte der 1980er Jahre von 17,7 %, im Zeitraum 1991 bis 1995 von 10,6 % und zwischen 1996–2000 von 17,3 % (ebd., xxxvii), das damit deutlich über den Wachstumsraten des globalen BIP und des Welthandels lag. Nach dem kurzen Einbruch während der Dotcom-Krise zu Beginn des Jahrtausends setzte sich dieser Trend ungebrochen fort. Trotz geschwächter Position in der Weltwirtschaft blieben die USA weiterhin der bedeutendste Kapitalexporteur, gefolgt von Großbritannien, Deutschland, Frankreich und den Niederlanden. Auch die Kapitalimporte konzentrieren sich auf die entwickelten Ökonomien, seit den 1990er Jahren zusätzlich auf die Transformationsstaaten und Schwellenländer (vor allem: China, Brasilien, Mexiko, Singapur). Die Entwicklungsländer spielen bei den Direktinvestitionsflüssen in dieser Periode eine unbedeutende Rolle. Das ändert sich erst mit knapper werdenden Rohstoffen und Energieproblemen, die ab etwa 2005 zu massiven Investitionen in die extraktiven Industrien führen, wodurch die über Rohstoffe verfügenden Staaten des ›vergessenen‹ Afrikas wieder Teil der ökonomischen Globalisierung werden.

Die Situation der Entwicklungsländer ist in der Periode der neoliberalen Globalisierung durch eine starke *Fragmentierung* gekennzeichnet. Nach der selbstbewussten politischen Offensive der Länder des Südens in den 1970er Jahren zerbrach die Allianz der Entwicklungsländer mit der in den 1980er Jahren einsetzenden Schuldenkrise. Dabei spielten der IWF und die Weltbank eine zentrale Rolle, die von den führenden Industriestaaten in der Post-Bretton-Woods-Ära zu maßgeblichen Agenturen der neoliberalen Globalisierung umgebaut worden waren. Sie drängten die Entwicklungsländer über Strukturanpassungsprogramme, deren Erfüllung die Bedingung für die Kreditgewährung war, zu einer Integration in den liberalisierten Weltmarkt. Da das Gros der Entwicklungsländer jedoch nicht über ausreichende komparative Kostenvorteile verfügt, bedeutete dies für die meisten von ihnen zwangsläufig die

Marginalisierung in der Weltwirtschaft: Über 100 Staaten der Erde sind lediglich Zaungäste der ökonomischen Globalisierung. Das lag nicht zuletzt daran, dass im Rahmen der Handelspolitik der 1995 neu gegründeten Welthandelsorganisation (WTO, als Nachfolgerin des GATT) zwar eine weitere Liberalisierung für Industriegüter, Weichenstellungen für die Freigabe von Dienstleistungen (GATS) sowie der Schutz des geistigen Eigentums durchgesetzt wurden, aber der für die Entwicklungsländer bedeutende Agrarsektor abgeschottet blieb. Eine kleine Gruppe von Staaten konnte sich demgegenüber erfolgreich entwickeln und in das bestehende Handelssystem integrieren, vor allen Dingen die ›Tigerstaaten‹ Südostasiens (Südkorea, Singapur, Taiwan, Hongkong, später dann Thailand, Malaysia, Philippinen und Indonesien). Ihr Entwicklungsweg ist allerdings ähnlich wie der rasante Aufstieg von Indien und insbesondere China seit den 1990er Jahren weniger auf eine neoliberale Entwicklungsstrategie als vielmehr auf ein differenziertes Policymix mit einem planenden Entwicklungsstaat gegründet.

Etwa sei dem Jahr 2000 hat sich der Trend zur Fragmentierung der Weltwirtschaft weiter verstärkt. Insbesondere das ökonomisch selbstbewusste Ostasien wie auch das von neoliberalen Experimenten stark betroffene Lateinamerika haben sich sukzessive von internationalen Organisationen wie dem IWF abgewandt und stattdessen auf die regionale wirtschaftliche Zusammenarbeit durch die Gründung von Handelsbündnissen und die Etablierung einer unabhängigen Kreditpolitik gesetzt. Die ungleichen Entwicklungschancen haben auch die globale Arbeitsmigration massiv anschwellen lassen. Sichtbares Zeichen dieser Entwicklung sind das Wachstum der Remittances, also die Rücküberweisungen der Arbeitsmigranten in ihre Heimatländer, die nach (zurückhaltenden) Schätzungen der Weltbank von 31 Mrd. US-Dollar in 1990 auf rund 240 Mrd. US-Dollar in 2007 gestiegen sind. Damit übertreffen sie nicht nur bei weitem die internationale Entwicklungshilfe der Industrieländer, sondern entsprechen zwei Dritteln der in die Entwicklungsländer fließenden FDI. In kleinen, einkommensschwachen Volkswirtschaften wie Haiti oder dem Libanon tragen sie ca. 20 % zum jeweiligen BIP bei.

Fazit

Die ökonomische Globalisierung ist keine neue Erscheinung der späten 1990er Jahre, sondern als ein komplexer historischer Prozess im Spannungsfeld von Kontinuität und Veränderung zu verstehen. Am Anfang der aktuellen Phase der Globalisierung stehen die Aufhebung fester Wechselkurse und die Liberalisierung des internationalen Kapitalverkehrs ab den frühen 1970er Jahren. Deren treibende Kräfte stützen sich auf die theoretischen Grundannahmen des klassischen Wirtschaftsliberalismus und der neoklassischen Orthodoxie, die durch neoliberale Netzwerke zu einer modernen, flexiblen Handlungsstrategie mit den Grundsätzen der Liberalisierung, Deregulierung, Privatisierung und des Freihandels geformt wurden. Insoweit schließt die aktuelle Phase der Globalisierung an das wirtschaftsliberale Zeitalter des 19. Jahrhunderts an, ist aber zugleich durch strukturelle Veränderungen insbesondere auf *qualitativer* Ebene geprägt. Ihr wesentliches Strukturmerkmal ist die *Dominanz der finanziellen Globalisierung*, die den internationalen Warenhandel als dynamisches und strukturbildendes Prinzip der Weltwirtschaft abgelöst hat. Mit der ›Entfesselung‹ der Finanzmärkte sind auch die Renditeanforderungen an den industriellen Sektor gestiegen, der darauf nicht zuletzt mit der Einführung neuer globaler Produktionsstrukturen reagiert hat. Abzulesen ist diese Veränderung an der deutlich gewachsenen Zahl von TNCs, die über global organisierte Wertschöpfungsketten versuchen, immer neue Skaleneffekte zur Steigerung der Produktivität zu realisieren. Im Ergebnis ist die aktuelle Phase ökonomischer Globalisierung nicht mehr nur als intersektoraler, sondern zunehmend als intrasektoraler Prozess organisiert, was in Teilen die hohen Steigerungsraten des Welthandels seit den 1990er Jahren erklären kann.

Dass innerhalb des Welthandels die Dienstleistungen und die Vermarktung von Wissen an Bedeutung gewinnen (wie im GATS- und TRIPS-Abkommen der WTO deutlich wird), erklärt sich aus der verschärften Konkurrenzsituation auf den Weltmärkten, insbesondere im industriellen Sektor. Obwohl die OECD-Staaten auch weiterhin die Weltwirtschaft dominieren, sind ihre führenden Positionen durch den teilweise rasanten Aufstieg der großen Schwellen- bzw. Transformationsländer wie China, Indien, Brasilien oder auch Russland nicht mehr unangefochten. So gelang es der Niedriglohnökonomie China 2008 erstmals, durch die Massenproduktion einfacher Industriewaren zur führenden Exportnation der Welt zu werden. Die ökonomischen Erfolge einiger Entwicklungs- und Schwellenländer sollten allerdings nicht darüber hinwegtäuschen, dass die Mehrheit der nicht-industrialisierten Staaten trotz zunehmender Vernetzung und Verdichtung der Weltwirtschaft nicht signifikant am Globalisierungsprozess beteiligt ist. Bei differenzierter Betrachtung der Gesamtentwicklung lässt sich deshalb nicht nur eine Zunahme der globalen Ungleichheit im aktuellen Globalisierungsprozess konstatieren (auch durch wachsende Ungleichheit in den industriellen Zentren selbst), sondern es ist zugleich fraglich, ob die allgemeine Rede von *der* Globalisierung die weltwirtschaftlichen Prozesse der jüngeren Zeit trefflich erfasst.

Die internationale Finanz- und Wirtschaftskrise seit 2007/2008 verdeutlicht die strukturellen Probleme der Weltwirtschaft in geradezu dramatischer Weise. Neben den nunmehr deutlich sichtbar werdenden Folgen einer ungehemmten Liberalisierung der Finanzmärkte, die erst den Boden für spekulative Blasen bisher ungekannten Ausmaßes bereitet haben, sind es vor allen Dingen die außenwirtschaftlichen Ungleichgewichte, welche die Krise beflügelt haben. Eine hochgradig verflochtene Weltwirtschaft, die langfristig übermäßige Leistungs- und Zahlungsbilanzüberschüsse oder -defizite zulässt, führt – wie bereits die Weltwirtschaftskrise 1929 bis 1932 gezeigt – zu struktureller Instabilität. Deshalb bedarf es nicht allein einer durch starke, durchsetzungsfähige Institutionen abgesicherten Re-Regulierung der Finanzmärkte, sondern auch einer Korrektur der neoliberalen Wirtschaftspolitik in den führenden Staaten der Globalisierung. Das bedeutet vor allen Dingen eine Veränderung der in vielen Ländern zunehmende Ungleichheit produzierenden Einkommens- und Verteilungspolitik, die nicht nur ständig anlagesuchendes Kapital der Vermögenden auf die Finanzmärkte schwemmt, sondern auch gesamtwirtschaftliche Störungen hervorruft. So stützt sich das deutsche Wirtschaftswachstum der vergangenen Jahre fast ausschließlich auf die Erzielung von Exportüberschüssen (die Defizitstaaten wie z. B. die USA oder Spanien aufnehmen müssen), während das mit den Sachzwängen der Globalisierung begründete Sinken der Löhne die Binnennachfrage dämpft. Ein deutscher Beitrag zur Stabilisierung der Weltwirtschaft und damit zu einer tragfähigen ökonomischen Globalisierung läge in einem Abbau dieser Exportüberschüsse bei gleichzeitiger Stärkung des Binnenmarktes durch eine entsprechende tarifliche wie gesetzliche Lohn- und Arbeitsmarktpolitik.

Literatur

Abelshauser, Werner: Umbruch und Persistenz: Das deutsche Produktionsregime in historischer Perspektive. In: *Geschichte und Gesellschaft* 27. Jg., 4 (2001), 503–523.

Drescher, Seymour/Engerman Stanley L. (Hg.): *A Historical Guide to World Slavery.* New York/Oxford 1998.

Eichengreen, Barry: *Vom Goldstandard zum Euro. Die Geschichte des internationalen Währungssystems.* Berlin 2000 (amerik. 1996).

Flassbeck, Heiner: Das Ende von Bretton Woods, oder: Gibt es nationale Politik in einer internationalisierten Welt? In: *Jahrbuch für Wirtschaftsgeschichte. Wirtschaftspolitik nach dem Ende der Bretton-Woods-Ära.* Berlin 2002, 31–48.

Galbraith, John Kenneth: *The Great Crash 1929.* London [2]1962.

Gallagher, John/Robinson, Ronald: The Imperialism of Free Trade. In: *The Economic History Review* 6. Jg., 1 (1953), 1–15.

Held, David/McGrew, Anthony (Hg.): *Global Transformations. Politics, Economics and Culture.* Cambridge 1999.

Hobsbawm, Eric J.: *Das imperiale Zeitalter 1875–1914.* Frankfurt a.M. 1995 (engl. 1987).

Hofmann, Werner: *Theorie der Wirtschaftsentwicklung. Vom Merkantilismus bis zur Gegenwart.* Berlin [3]1979.

Hübner, Kurt: *Der Globalisierungskomplex. Grenzenlose Ökonomie – grenzenlose Politik?* Berlin 1999.

Huffschmid, Jörg: *Politische Ökonomie der Finanzmärkte.* Aktualisierte und erweiterte Neuauflage. Hamburg 2002.

James, Harold: *Der Rückfall. Die neue Weltwirtschaftskrise.* München 2003 (amerik. 2001).

Kenwood, Albert Georg/Lougheed, Alan L.: *The Growth of the International Economy 1820–2000* [1971]. London/New York [4]1999.

Klein, Herbert S.: *The Atlantic Slave Trade.* Cambridge 1999.

Maddison, Angus: *The World Economy: A Millennial Perspective.* Paris 2001.

O'Rourke, Kevin H./Williamson, Jeffrey G.: *Globalization and History. The Evolution of a Nineteenth-Century Atlantic Economy.* Cambridge, MA/London 1999.

Osterhammel, Jürgen/Petersson, Niels P.: *Geschichte der Globalisierung. Dimensionen, Prozesse, Epochen.* München [2]2004.

Ptak, Ralf: Grundlagen des Neoliberalismus. In: Christoph Butterwegge/Bettina Lösch/Ralf Ptak: *Kritik des Neoliberalismus.* Wiesbaden [2]2008, 13–86.

Sablowski, Thomas: Globalisierung. In: *Historisch-kritisches Wörterbuch des Marxismus*, Bd. 5. Hamburg 2001, 869–881.

UNCTAD: *World Investment Report 2007.* New York/Genf 2007.

Ralf Ptak

2. Politik

Globalisierung und Weltgesellschaft

Der Ausdruck ›Welt‹ ist mehrdeutig. Systematisch sollte man seine gegenständliche von seiner konstitutiven, transzendentalen oder welterschließenden Bedeutung unterscheiden. Diese Unterscheidung ist für ein angemessenes Verständnis der Globalisierung deshalb so wichtig, weil die Weltgesellschaft – mit ihrem global abrufbarem Wissensvorrat (Google), ihren Ideologien und Diskursen, ihren Klassen- und Herrschaftsstrukturen, ihren Ein- und Ausgrenzungsmechanismen und nicht zuletzt mit ihren Krisen – uns heute so vertraut und selbstverständlich geworden ist wie unsere unmittelbare Umgebung. Niemand erwartet heute noch, er würde an irgendeinem Ort der Welt wie ein rechtloser Fremder behandelt, während es zu früheren Zeiten jedem Reisenden selbstverständlich war, Vorsorge gegen diese fast ubiquitäre Gefahr zu treffen. Der frühere Reisende *erwartete*, wie ein rechtloser Fremder behandelt zu werden, auch wenn diese Erwartung gelegentlich angenehm enttäuscht wurde, der heutige Reisende erwartet das genaue Gegenteil, auch wenn solche Erwartung gelegentlich (aber nie regelmäßig) enttäuscht wird. Selbst Juristen, die das trotzig bestreiten, reisen, wie Luhmann einmal ironisch anmerkt, munter in aller Herren Länder, ohne irgendwelche Vorsorge zu treffen.

Das aber bedeutet, dass die Weltgesellschaft kein abstrakter Gegenstand mehr ist, der nur als wissenschaftliche Konstruktion existieren würde, sondern *für uns*, für die wenigen, die beständig um die Welt düsen, *ebenso* wie für die vielen, die zu Hause bleiben und die Folgen der Düserei auszubaden haben, zur allen Menschen gemeinsamen *Lebenswelt* geworden ist. Was aber heißt das?

Die Welt im Rücken

Anders als bei Prädikaten wie ›Auto‹ oder ›Baum‹, mit denen wir Gegenstände bezeichnen, die sich von anderen Gegenständen unterscheiden, gibt es zur Welt keine Gegenbeispiele, weil alles, was wir unterscheiden, schon *in* der Welt ist. Welt ist dasjenige, worin sich uns die gegenständliche Welt, an der unsere Annahmen *über* die Welt scheitern können, *erschließt*. Die konstituierende ist deshalb immer mit der konstituierten Welt verschränkt, gibt

es doch nur *in* der Welt *eine* Welt und ohne gegenständliche keine Welt. Die *Welt* – die Welt des Sports ebenso wie die Weltgesellschaft, der Weltstaat oder der Weltraum – kann immer nur in der Welt alltäglicher Lebensvollzüge zum Gegenstand werden. Heidegger spricht deshalb auch vom »In-Sein« ganz so, wie man später mit einem Anglizismus davon sprach, jemand wäre ›in‹ oder ›out‹ (in Anlehnung an *insider* vs. *outsider*). Die Welt unseres *In-der-Welt-Seins* (Heidegger), mit der wir immer schon vertraut sind, in der wir uns auskennen, auf die wir uns verstehen und in der wir uns verständigen oder auch nicht, in der uns Unvertrautes irritiert, Neues überrascht, die Konfrontation mit einer ganz anderen Welt schockiert oder zur Revolution beflügelt, ist eine Welt *vorhandener Sachen* (Dinge, Personen, Beziehungen, Aktionen, Argumente, Theorien, Programme, Stimmungen usw.), mit denen es sich so oder anders verhalten kann (Sachverhalte) und von denen wir wissen (oder auch nicht), dass es sich mit ihnen so und so verhält (*know that*). Die Sachen in der Welt sind den handelnden und redenden Menschen zunächst jedoch nicht als vorhandene Sachen, sondern als Werkzeuge, Spielsachen, Bücher oder Argumente, mit denen sie hantieren, vertraut oder fremd. Sie erschließen sich uns nur in ihrem jeweiligen Gebrauchs- und Verwendungszusammenhang. Sind sie uns unbekannt, probieren wir, was man mit ihnen machen kann. Heidegger spricht deshalb mit einem anschaulichen Kunstausdruck vom Modus ihrer *Zuhandenheit*. Zuhandene Sachen und mögliche Sachverhalte (z. B. *dass* das Buch verschwunden ist, *dass* der Computer abstürzen könnte etc.) und Beziehungen zwischen Personen und Sachen stellen zusammen mit den dauernd über sie redenden und um ihren richtigen Gebrauch streitenden Akteuren immer eine *konkrete Totalität* (Cassirer) kulturellen Wissens (*wie* man einen Hammer bedient, *dass* man nicht lügen soll, *wie* man Konkurrenten austrickst usw.) dar. Auf dieses Weltwissen, das wir immer schon im Rücken haben, greifen wir, ohne lange zu überlegen, zurück, um zu *handeln* oder uns im Handeln zu orientieren. Husserl nennt sie die *ursprüngliche Lebenswelt*. Sie ist eine Welt fraglos gültigen, im täglichen Gebrauch unstrittigen Wissens, das unserem Handeln, Hämmern, Hinsehen, Tasten, Schwatzen oder Fühlen *implizit* ist und deshalb den Charakter eines *know how* hat. Man greift zum Hammer, nicht, weil man glaubt, eine

These übers Hämmern wäre zutreffend, sondern weil man weiß, wie das Ding funktioniert oder weil man es wissen will.

Diese Welt begleitet unser alltägliches Handeln ganz so wie das Kantische »Ich denke, das alle meine Vorstellungen muss begleiten können«. In dem Kantischen »muss begleiten können« kommt die *Unvermeidlichkeit* solcher Begleitung, die der Akteur nicht abschütteln kann, zum Ausdruck. Aber anders als bei Kant, ist es nicht das *Subjekt* oder das ›Ich denke‹, sondern die »immer schon« (Heidegger) mit anderen geteilte, intersubjektive Lebenswelt, und sie begleitet nicht das *vorstellende Bewusstsein*, sondern das Handeln oder das Leben in seinen praktischen Vollzügen. Ohne ein solches, implizites und geteiltes Hintergrundwissen, dass zum Beispiel der Erdboden vor uns nicht im nächsten Moment aufreißt, sondern stabil bleibt, könnte keiner auch nur einen Schritt tun und auch nicht darüber streiten, ob der Boden wirklich erdbebensicher ist. Bei großen Erbeben bricht solch gewisses Wissen plötzlich zusammen und für viele eine ganze Welt.

Nur in der »quasi-transzendentalen« (Habermas) Lebenswelt, die unseren Horizont (Husserl) begrenzt und uns wie ein Horizont folgt, können wir Sterne und Steine, Personen und Lebewesen, Systeme und ihre Umwelten, Stimmungen und Schmerzen, Normen und Werte, Soft- und Hardwares, aber auch die je eigene Lebenswelt reflexiv *vergegenständlichen* und *als etwas* erkennen, das nicht nur zuhanden, sondern auch vorhanden ist und über das man reden, auf das man sich beziehen, das man erklären, theoretisieren, rationalisieren, begründen, kritisieren kann. Nur *in der Lebenswelt kann die Lebenswelt als Gegenstand konstituiert*, wie ein Arbeitsprodukt *erzeugt*, wie eine Ölquelle oder eine Wohnung durch den sich drehenden Wohnungsschlüssel *erschlossen* werden, oder sich ganz und gar verschlossen *zeigen*. In der reflexiven Einstellung des Beobachters können wir, wenn etwas schief geht, ein Angeklagter oder ein Forschungsprogramm in Erklärungsnöte gerät, das lebensweltliche *know how* jederzeit als *know that* explizit machen, nach Erklärungen suchen, schauen, wo der Fehler liegt und Abhilfe schaffen, sofern die Welt als Welt harter Sachen und objektiver Tatsachen das erlaubt. »Denn was man nicht von selber weiß, das muss man sich erklären.« (Willy Millowitsch) Wir haben als Handelnde die Totalität lebensweltlichen Wissens auch dann noch im Rücken (*know how*), wenn wir uns *über* die Richtigkeit

von Teilen dieses Wissens oder den Sinn einer ganzen Lebensform (*know that*), die es konstituiert, streiten.

Über die Möglichkeit des Wechsels von der partizipativen zur reflexiven Einstellung, die mit dem kommunikativen Sprachgebrauch gleichursprünglich ist, ist die *Lebenswelt* mit der *objektiven Welt* verschränkt und die im engeren Sinne *soziale Lebenswelt* mit der undurchdringlichen Komplexität der *gesellschaftlichen Wirklichkeit*. Der Begriff der Lebenswelt hat in jeder Welt, der des Stadtstaats ebenso wie der des Nationalstaats, derjenigen der regionalen ebenso wie derjenigen der Weltgesellschaft, eine Reihe *politischer* Implikationen.

Reservoir politischer Widerständigkeit

Das implizite Wissen der Lebenswelt ist durch Reflexion niemals vollständig einholbar. Da es zwar explizit gemacht, aber nie im Ganzen kontrolliert werden kann, hat es einen latent subversiven Charakter. Zwar kann die Lebenswelt als konkrete Totalität in die Krise geraten, zusammenbrechen und den Blick für *Totalitätserkenntnisse* (Lukács), für die *symptomatische Wahrheit* (Žižek) eines ganzen Lebens, einer ganzen Lebensform oder einer sozialen Klassenlage (Klassenbewusstsein), kurz: einer ganzen Welt freigeben und damit völlig neue Perspektiven öffnen. Schon das ist von größter politischer Bedeutung, gibt es doch keine Revolution ohne die Artikulation von Totalitätsbewusstsein und symptomatischer Erkenntnis.

Aber das implizite Wissen der Lebenswelt entzieht sich *als* ganzes externer Beherrschung und Manipulation. Auch Totalitätserkenntnis kommt immer erst hinterher. Das implizite Wissen ist deshalb ein unerschöpfliches Reservoir politischer Widerständigkeit gegen ökonomische Verdinglichung (Lukács), gegen polizeiliche (Rancière), technische (Arendt) oder bürokratische Herrschaft (Weber) jeder Art. Es ermöglicht den Akteuren, im politischen Handeln die Polizeisperren zu durchbrechen und eine neue Welt hervorzubringen, um submissive Passivität in kommunikative Macht (Habermas), um unpolitische Klassenlagen und ökonomische Ausbeutungsverhältnisse in politische Kämpfe (Marx), um »städtische Verkehrswege […] in öffentlichen Raum« zu verwandeln und dabei *explizit* und *sichtbar* zu machen, was als bloß implizites Wissen um Unrecht und Unterdrückung, als latenter *sense of injustice* (Barrington Moore) »keinen Ort hatte, gesehen zu werden« (Rancière 2002, 41).

Der diskursive Rückgriff auf das nicht institutionalisier-, kontrollier- und manipulierbare Wissen der Lebenswelt (z. B. um das, was Unrecht, Ausbeutung, Demütigung, Ungleichbehandlung, Freiheitsberaubung ursprünglich *ist*, wie perfide es *funktioniert*, wie man mit ihm *umgeht* und sich *gegen es wehrt*) verbindet den Widerstand gegen die »Kolonialisierung der Lebenswelt« (Habermas) durch Herrschaftsmedien wie Macht und Geld mit dem Widerstand der kolonisierten Völker gegen die Hegemonie des kolonialistischen Denkens und des imperialen Maßnahmerechts.

Da die Lebenswelt jeder gegenständlichen Welt, der des Staates ebenso wie derjenigen der Wissenschaft oder des gesamten Kosmos immer schon voraus liegt und doch mit ihnen verschränkt ist, untergräbt die Lebenswelt jeden Versuch totaler Verstaatlichung und Verdinglichung. Sie ist die Quelle immer wieder neuen Handelns. Das anarchisch implizite, intersubjektive und öffentlich ausgelegte Wissen der Lebenswelt kann kein noch so großes Staats- und Polizeiarchiv fassen, sondern muss es selbst in seiner Arbeit voraussetzen. Weil das *know how* immer schon ihrem *know that* voraus ist, ist in der Lebenswelt der Sicherheitsdienste niemand sicher. Es ist wie beim Wettlauf des Hasen mit dem Igel. Wenn das Wissen der Kontrolleure ankommt, ist das Wissen der Kontrollierten immer schon da, wie in dem Film *Salt* von Phillip Noyce (USA 2010). Der Staat, ob Weltstaat oder Kleinstaat, muss deshalb immer damit rechnen, dass staatsfremdes Weltwissen gegen ihn verwendet und jederzeit als unkontrollierbare Volks-, Diskurs- oder kommunikative Macht auf ihn und seine Herren zurückschlagen kann.

In dem Augenblick jedenfalls, in dem die Akteure ihr historisch, in qualvollen Klassenkämpfen und Lernprozessen erworbenes Wissen um das Unrecht *jeder* Herrschaft, die nicht tatsächlich durch die jeweils betroffenen Akteure selbst legitimiert ist, im widerständigen Handeln vor sich bringen und öffentlich diskutieren, bringen sie in ihrem eigenen politischen Diskurs das bestehende System der Herrschaft auf Distanz und unterwerfen es der rational motivierenden Macht der Kritik. Da der Diskurs – der institutionalisierte ebenso wie der spontane – in seinem Vollzug das, wie man mit Habermas und Foucault sagen könnte, schlechthin nicht Feststellbare, nicht Institutionalisierbare ist, wird in diesem Augenblick seiner »diskursiven Verflüssigung« (Habermas) das explizit gewordene Wissen der Akteure um Ausbeutung, Unrecht und Unterdrückung zu einer potentiell revolutionären Macht. Die latente Vernunft der Lebenswelt wird – mit Marx und Lukács gesprochen – revolutionär, und die »Faktizität« (Kant) der Revolution wird vernünftig. Deshalb hat Kant die Französische Revolution ein Geschichtszeichen genannt und Hegel die ursprüngliche Vernunft der Geschichte als Macht des Negativen identifiziert.

Der quasi-transzendentale Weltbegriff verweist darüber hinaus auf zwei weitere, für die Globalisierung von Politik und Staatlichkeit wichtige Einsichten und Forschungsperspektiven:

Fließende Horizonte

Unsere individuelle und kollektive Identität haftet zwar am jeweiligen Horizont unserer Lebenswelt, dieser jedoch an keiner *bestimmten* gegenständlichen Welt, schon gar nicht an der des Nationalstaats. Horizonte können sich schließen, erweitern und verschmelzen (Gadamer). Sie sind weder auf die Grenzen von Nationalstaaten noch auf die Grenzen einzelner Funktionssysteme oder Professionen von vornherein und unverrückbar festgelegt. Hier ist die reflexive Einstellung der Hebel zur Grenzüberschreitung und Dezentrierung des Egozentrismus der jeweiligen Lebenswelt und zur Selbstüberschreitung ihres identitär fixierten Horizonts. In der reflexiven Einstellung sieht man sofort, dass alle Grenzen erstens *endlich* und zweitens *veränderlich* sind. Sie schließen ihr Anderes durch Ausschluss ein und vermitteln es durch die Trennung. Das ›Anderssein‹ ist dem ›Dasein‹, das durch eine Grenze von jenem getrennt wird, »nicht ein Gleichgültiges außer ihm, sondern sein eigenes Moment« (Hegel 1971, 197).

Zwar ist die Verschiedenheit der Sprachen (je einer Lebenswelt oder einer Nation) »eine Verschiedenheit der Weltansichten« (Humboldt), aber anders als der bewegungsabhängige Horizont des Blicks kann der Horizont sprachlicher Weltansicht sich beliebig erweitern und mit anderen Horizonten verschmelzen (Gadamer). Man muss nur eine andere Weltansicht zum Thema machen, schon hat man den eigenen Horizont überschritten und den anderen einbezogen. So können auch Konflikte und Kriege nicht nur zur Schließung, sondern auch zur Öffnung, reziproken Überschreitung und Verschmelzung der jeweiligen politischen Horizonte führen. Provinzielles kann

dann durch nationales, nationales durch kontinentales und kontinentales durch globales und weltbür-
gerliches Selbstbewusstsein überlagert, ergänzt oder
aufgehoben werden. Die soziale Lebenswelt ist, gerade in ihrem konstitutiven Charakter, nicht an *bestimmte* Grenzen der je konstituierten Welt gebunden, auch wenn die je konstituierte Welt der konstituierenden Gewalt der Grenzüberschreitung immer
zugleich als objektive soziale Realität entgegensteht.
Der Hammer ist zuhanden, aber er kann auch abrut-
schen und auf dem Finger landen. Wie dem auch sei:
Die internationalrechtliche Öffnung vieler Staatsver-
fassungen seit dem Zweiten Weltkrieg ist ein ebenso
gutes Beispiel von Lern- und Dezentrierungsprozes-
sen, die zur Erweiterung, Öffnung und Verschmelzung nationaler Horizonte geführt haben, wie die
auf Europa bezogene Integrationsermächtigung des
Grundgesetzes, die Präambel der Vereinten Nationen
oder der Art. 1 der »Allgemeinen Erklärung der
Menschenrechte«. Die soziale Lebenswelt stellt zwar
immer eine sprachliche Weltansicht unter vielen dar
und ist in diesem Sinne provinziell. Die lebensweltliche Provinz kann aber, wie schon Campanella (s. u.)
und Marshall McLuhan erkannt haben, nicht nur
von der Neuköllner zur nationalen, sondern auch zur
globalen Welt erweitert werden.

Weltgesellschaft als Lebenswelt

Um zu erkennen, wie weit wir auf diesem Weg schon
fortgeschritten sind, muss man nur die parochiale
Kirchturmsperspektive der sozialwissenschaftlich
hegemonialen Mikrophänomenologie verlassen und
eine *makrophänomenologische* Perspektive einnehmen. Dann sieht man sofort, dass es längst ein *kulturelles Hintergrundwissen* gibt, das für die Weltgesellschaft im ganzen konstitutiv ist (Meyer 1997). Es
erschöpft sich weder im *Weltbürgerbewusstsein* aka-
demischer Mittel- und Oberschichten (*cosmopolitanism of the few*, Calhoun 2009) noch im *Menschen-
rechtsbewusstsein* sozialer Akteure und Bewegungen,
die von staatlichen und ökonomischen »Machthabern« (Kant) unterdrückt und ausgebeutet werden.
Das konstitutive kulturelle Wissen der Weltgesellschaft ist vielmehr ebenso erhellend, umfassend und
dicht, lückenhaft und blind wie das von Nationalgesellschaften, Verfassungsgerichten oder einer rusti-
kalen Nachbarschaft. Um das zu erkennen, muss
man nur mit John W. Meyer die mikrophänomeno-
logische Frage, warum die Kulturen so verschieden

und an jeder Straßenecke alles anders ist, einmal um-
drehen und nach dem fragen, was der mikrophäno-
menologische Blick verstellt: Warum gibt es heute
überall auf der Welt dieselben oder doch sehr ähnliche Sozialisationserfahrungen, Curricula, Schulty-
pen, Gerichte, Kasernen, Krankenhäuser und Ministerien? Warum gibt es überall Verfassungen mit ähnlichen Texten, auch unter der Herrschaft der Sharia
positives Recht, in jeder Regierung progressive politische Programme, die weit über das erreichbare hin-
ausschießen? Warum gibt es fast überall und gleichzeitig Frauenquoten, *affirmative action*, Umweltschutz, schülerzentrierten Unterricht, aber auch
Strafrechtsverschärfungen, Überwachungssysteme,
Blue Jeans, Pop-Musik, Hochsicherheitstrakte, Mini-
Röcke und private Sheriffdienste? Da die sozialen
Verhältnisse ebenso wie die herrschenden Ideologien, der religiöse oder säkulare Hintergrund aber
von Region zu Region so verschieden sind wie die
sprachlichen Weltansichten in Frankfurt, Darfur und
Shanghai, können weder die kulturellen Differenzen
der Mikrophänomenologen noch die strategischen
Planspiele der Entscheidungstheoretiker die verblüf-
fenden (und nicht in jedem Fall gleichermaßen
zweck- und entscheidungsrationalen) *Homogenitä-
ten in den Grundstrukturen der Weltgesellschaft* erklären. Genau das kann aber durch die Annahme einer für die Weltgesellschaft im Ganzen *konstitutiven
Weltkultur* erklärt werden, und nur so. Auch hier verschränkt sich die konstituierende Lebenswelt aller
Menschen mit der durch sie konstituierten Weltgesellschaft, an deren harter Wirklichkeit sich die globale Lebenswelt mit ihren immer wieder scheitern-
den Programmen abarbeiten muss.

Reise um die Welt

Wir unterscheiden in der Welt nicht nur Gegenstände und ihre Beziehungen, sondern machen auch
deren jeweilige Welt zum Gegenstand. Mit der konstituierten Welt aber kann auch im Besonderen die
Erde oder der *Globus* gemeint sein. So wird der Ausdruck verwendet, wenn man eine Reise um die Welt
macht. Auch Globalisierung ist eine Reise um die
Welt. Der Begriff meint vieles, aber in fast allen um-
laufenden Bedeutungsvarianten meint ›Globalisierung‹ immer auch den »Aufbau, die Verdichtung und
zunehmende Bedeutung *welt*weiter Vernetzung«
(Osterhammel/Petersson 2007, 24, Hervorh. H. B.).
In dem Zitat wird ›Globalisierung‹ mit dem aufs ir-

dische Dasein bezogenen Weltbegriff verbunden, und da die Vernetzung der Welt eine in jeder Hinsicht *kommunikative*, bedeutungsvolle, sprachlich-symbolische Veranstaltung und kommunikative Vernetzung *Gesellschaft* ist, ist die kommunikativ vernetzte Welt (einschließlich ihrer natürlichen und künstlichen Trabanten) *Weltgesellschaft*. Globalisierung wäre dann der Prozess der Entstehung einer einzigen, negativ und positiv integrierten Weltgesellschaft. In der vollständig und lückenlos globalisierten Weltgesellschaft sind auch Politik und Recht zu *Weltpolitik* und *Weltrecht* geworden.

Hier hängt freilich, wie in allen Fällen, in denen mögliche Welten und Weltausschnitte zum Gegenstand der Wissenschaft werden, alles von der jeweiligen Theorie ab, wird doch die Existenz einer Weltgesellschaft selbst von Sozialwissenschaftlern immer wieder bestritten, die von einem Weltkongress zum nächsten düsen und deren Weltbild, ebenso wie das der eingangs zitierten Luhmannschen Juristen, zusammenbrechen würde, wenn sie sich irgendwo auf der Welt in den Status eines rechtlosen Fremden zurückversetzt sähen. Die theoretische Verleugnung der eigenen Erfahrung weltgesellschaftlichen Daseins ist jedoch begrifflichen Ungenauigkeiten geschuldet, die sich sogleich aufklären werden.

Hobbessche Welten

Beginnen wir mit den Anhängern des Philosophen Thomas Hobbes. Sie müssten sich eigentlich schnell darauf einigen können, dass es eine Weltgesellschaft gibt, die *negativ integriert* ist. Man müsste sie, wenn sie auch das bestreiten, nur an die militärischen Einsatzpläne erinnern, die keinen Quadratzentimeter Erdoberfläche als Zielgebiet ihrer Lang- und Mittelstreckenraketen auslassen. Eine, so die zentrale Annahme aller realistischen Schulen der Politikwissenschaften und *International Relations Studies*, anarchische Welt (›zwischenstaatlicher Naturzustand‹), in der alle Akteure nur im Modus des Kriegszustands, der jederzeit als »Krieg aller gegen alle« (Hobbes) manifest werden könnte, aufeinander bezogen sind, ist so hoch integriert, dass man die Handlungen der jeweiligen Akteure besser berechnen kann als in jeder anderen sozialen Situation, sofern diese nämlich nicht durch den konstruierten *Grenzfall* rein strategischer Erwartungserwartungen, sondern durch den *Normalfall* reziprok bindender Normen vermittelt ist.

In der Situation des anarchischen Naturzustands der Weltgesellschaft aber erwartet jeder vom nächsten nur das eine, dass er jede Gelegenheit, die sicheren Zugewinn verspricht, nutzen wird, um zuzuschlagen. Unter solchen, überdies hypothetischen Laborbedingungen lässt sich Verhalten ähnlich gut berechnen wie das der Ratten des Burrhus Frederic Skinner. Den Protagonisten der realistischen Schulen schien die Welt des Wettrüstens zwischen Ost und West in den 1950er bis 80er Jahren nach diesem Modell gebaut, und wenn nicht als Skinner-Box, so doch als zweckrational berechenbares Gefangenendilemma: zwei Akteure, vier Möglichkeiten, eine Mauer.

Eine so einfach gebaute Welt existiert aber ebenso wenig wie die Modellwelten der liberalen Ökonomie – und schon Pokerspiele müssen durch Normen, die immer auch intrinsisch binden, institutionalisiert *und* organisiert werden. Dasselbe gilt für die auf Macht- und Geldgewinn hochspezialisierten Weltorganisationen der Mafia (Ganovenehre) oder der Internationalen Handelskammer (Kaufmannstugend), ganz zu schweigen von so komplexen Einrichtungen wie dem kapitalistischen Weltmarkt oder dem Privateigentum. Marktpreise sind nie und nirgends nach der Theorie des *Freihändlers vulgaris* (Marx) gebildet, sondern, wie die jüngere Marktsoziologie in zahllosen Studien gezeigt hat, zu 90 % konventionell festgelegt worden. Sonst wäre gar nicht zu erklären, warum der Kaffeepreis bei Starbucks exponentiell in den Himmel wächst, obwohl am Ende fast nur noch Milch drin ist (Diaz-Bone 2010).

Theorien, die – wie diejenigen der realistischen Schulen – einen rein strategisch organisierten *Naturzustand* von einem rechtlich organisierten *Gesellschaftszustand* unterscheiden, sind viel *zu abstrakt*, um den Übergang vom Natur- zum Gesellschaftszustand noch als zwei Stadien in der Entwicklung derselben Gattung sprachlich kommunizierender Akteure begreifen zu können. Sie sind zu abstrakt, weil die, wie immer idealisierende Konstruktion einer Gesellschaft *ohne* intrinsisch bindende Normen gar keinen möglichen Gesellschaftszustand mehr beschreibt und deshalb auch keinen denkbaren Naturzustand des menschlichen Geschlechts, beginnt doch die soziale Evolution mit der Emergenz *intrinsisch bindender Normen*. Gäbe es, wie in Primatengesellschaften, nur die Möglichkeit instrumentellen und strategischen Handelns (das ist die zentrale Prämisse aller ökonomisch-politischen Spieltheorien), könnte die kritische Masse abweichenden Verhaltens und negativer Stellungnahmen am Variationspool der Gesellschaft gar nicht entstehen, die für den *take-off* der sozialen Evolution unverzichtbar ist. Die *soziale* Evolution, die sich von der viel zu langsamen *organischen* abgekoppelt hat, wird dann durch kollektive Lernprozesse (vor allem infolge von Klassenbildung/ Stratifizierung) und dem, im Verhältnis zur Normdichte exponentiell wachsenden Pool negativer Kommunikationen immens beschleunigt und vollbringt in wenigen Jahren, wozu es in der Naturgeschichte Jahrmillionen bedurfte.

Vor diesem Hintergrund ist die Annahme eines Naturzustands, von dem aus ein System intrinsisch oder auch nur extrinsisch bindender Normen (die als *rein* extrinsische sofort wieder zerfallen würden) konstruiert werden könnte, selbst als methodische Fiktion sinnlos. Ein solcher Naturzustand ist der sozialen Evolution und ihrer *faktischen Genese* so fremd, dass er mit keiner *normativen Genese* (Paul Lorenzen) mehr vermittelt werden kann und genau deshalb eine »schlechte Abstraktion« (Hegel). Empirisch wie normativ kann der Übergang zu einer sich selbst produzierenden Gesellschaft *nur* durch die Gleichzeitigkeit negativer und positiver Integration *auf beiden Seiten des Übergangs* erklärt werden.

Menschliche Gesellschaften sind immer auch und immer schon, und zwar in demselben Sinn, wie der Ausdruck im Begriff des positiven Rechts verwendet wird, durch intrinsisch bindende Normen *positiv* integriert, können solche Normen doch, auch wenn sie nicht explizit gesetzt (positiv i.S.v. lat. *ponere*: setzen, herstellen) sind, explizit gemacht und (wie das positive Recht) jederzeit geändert werden.

Staatsfetischismus

Komplementär zur überabstrakten Konstruktion des Naturzustands ist der Begriff des Gesellschaftszustands in den an Hobbes anschließenden Theorien der inner- und zwischenstaatlichen Beziehungen (bis hin zu Rawls) viel *zu konkret* an die *Form des Staats* der Gesellschaft gekoppelt. Gesellschaft wird konkretistisch mit einer bestimmten, zwischen 1555 und 1918 modernen, aber keineswegs konkurrenzlosen Form des (vorgeblich) Gewalt monopolisierenden, nationalen Territorialstaats identifiziert. In diesem vorsoziologischen und vorevolutionären Verständnis von *Gesellschaft* ist die Gesellschaft bestenfalls eine Form der Binnendifferenzierung des

Staats im Allgemeinen (Hegel) oder wird gar (wie bis Kant und dann wieder in den realistischen Schulen, aber nach wie vor auch in weiten Teilen der Soziologie, die auf Nationalgesellschaften fixiert ist, und natürlich im Neo-Kontraktualismus) mit dem *Nationalstaat* im Besonderen identifiziert. Das hat Ulrich Beck treffend als *methodischen Nationalismus* kritisiert.

Von Kants Friedensschrift bis zum jüngsten Urteil des Bundesverfassungsgerichts behindert der methodische Nationalismus den Blick auf die Entwicklung *anderer* Formen kosmopolitischer oder auch nur kontinentaler Staatlichkeit wie sie zum Beispiel heute in China, Indien oder Europa entstehen und in den USA, der Schweiz und anderen (kon-)föderalen Gebilden (Deutscher Bund) immer bestanden haben. Die Blickverengung des methodischen Nationalismus ist vor allem der Identifikation des Staatsbegriffs mit dem, wie Kelsen schon 1920 gezeigt hat, inkonsistenten Begriff souveräner Staatlichkeit geschuldet.

Aber auch dort, wo die sogenannte Souveränität wie in den USA strikt geteilt (oder besser: verdoppelt) ist, oder wo es, wie in der Bundesrepublik, keinen Bundeszwang gibt, ist die Einhaltung von Verträgen und bindenden Entscheidungen zuverlässig und dauerhaft gewährleistet. Der methodische Nationalismus kann als buchstäbliche »Herrschaft einer Metapher« (Rorty) verstanden werden, die den Blick durch das hegemoniale *Bild* des Leviathan, der das Frontispiz von Hobbes' berühmtem Buch ziert, verzaubert hat. Nur selten wird das einseitige Bild des Leviathan durch andere, *gegenhegemoniale* Bilder und *visuelle Gegenstrategien* relativiert, und dann zumeist im Rückgriff auf ältere, kleinräumige republikanische Gegenbilder (Hoffmann 1997).

Weltverfassung

Aber auch ohne visuelle Hegemonialaspirationen konnte Talcott Parsons, der – wie die Soziologie seit Durkheim – den Begriff der Gesellschaft an normative Integration bindet (ohne ihn darauf zu reduzieren), schon in den frühen 1960er Jahren »the entire world as a social system« beschreiben, das – wie jedes soziale System – *negativ und positiv integriert* ist (Parsons 1961). Die globale ›international order‹ stellte auch schon in der Hochphase des Wettrüstens keine bloß internationale, sondern eine komplexe Gesellschaftsordnung dar, die nicht nur aus Staaten (internationalen Beziehungen), sondern ebenso aus grenzüberschreitenden privaten Assoziationen, globalen Handelsbeziehungen, *private public partnerships* bestand.

Nicht nur grenzüberschreitende Assoziationen und Handelsbeziehungen gab es schon am Anfang moderner Staatlichkeit, sondern auch *private public partnerships*, die schon damals *Staatsfunktionen* nicht nur intergouvernemental *ergänzt*, sondern auch transnational *substituiert* haben (Albert 2005, 229). Man denke in letzterem Fall nur an so mächtige juristische Körperschaften wie die calvinistisch geprägten East India Companies Englands oder der Niederlande im 17. Jahrhundert, die das ›Mutterland‹ mit den der ›väterlichen Gewalt‹ (abgeleitet aus dem 4. biblischen Gebot) anvertrauten ›Kolonien‹ verbanden und zwischen, mit und bisweilen auch über *beide* herrschten. Die Substitution von Staatsfunktionen durch inter-, trans- oder supranationale Organisationen ist eine *objektive* (funktionale) *Bedingung der Emergenz postnationaler Staatlichkeit* (Kriterium I globaler Staatlichkeit, zur komplementären ›subjektiven‹ oder handlungstheoretischen Bedingung bzw. Kriterium II s.u.).

Das Universum des Wettrüstens und des (vorgeblich) Kalten Kriegs der ›Systeme‹ ist 1961, dem Jahr, in dem Parsons' Aufsatz mit dem bezeichnenden Titel »Order and Community in the International Social System« erschien, aber nicht nur von Staaten, privaten und halbprivaten Assoziationen, sondern auch von internationalen Organisationen, übergreifenden Rechtsordnungen und (Schieds-)Gerichten, Institutionen und Foren der Weltöffentlichkeit (General Assembly usw.) bevölkert. Letztere hat sich bereits unmittelbar nach Verlegung der ersten transatlantischen Kabel und der weltweiten Implementation der Telegraphie im späten 19. Jahrhundert gebildet (Osterhammel 2010, 1012–1029).

In einer solchen Weltordnung stellt das *Weltrecht*, stellen die *lex mercatoria* ebenso wie die staatsbezogenen (Aggressionsverbot, Genozidkonvention etc.) und individualrechtlichen (von Kants Hospitalität bis zu den internationalen Menschenrechten unserer Tage) Normen des internationalen Rechts keine »simple function of the political policies of government« mehr dar (Parsons 1961, 123, zum Folgenden auch 120). Die faktische Stabilität globaler internationaler Beziehungen, die Parsons 1961 beobachten konnte, kann deshalb auch nicht einfach durch ›power relations‹ wie das berühmte ›Gleichgewicht des Schre-

ckens‹ oder die seit dem 19. Jahrhundert herrschende Lehre von der *balance of powers* allein erklärt werden. Auch hier verstellt eine alte Metapher, die der Waage, eher den Blick, als dass sie ihn öffnen würde.

Schon das globale politische System, das ja auf den Erhalt und die Steigerung von Macht spezialisiert ist, wird als autonomes System der Weltpolitik nicht nur durch *Macht* und *Machtbalancen* zusammengehalten, sondern, wie jedes komplexe soziale System, ebenso sehr durch *wirtschaftliche Austauschbeziehungen*, eine global verbindliche *normative Ordnung* und ein gemeinsames *kulturelles Wissen*, die nicht einfach verschwinden, wenn die Machtbalance zusammenbricht. Umgekehrt lassen sich Machtbalancen gar nicht stabilisieren ohne gemeinsames Wissen, geteilte Wertorientierungen und intrinsisch bindendes, nämlich *geltendes* Vertragsrecht.

Noch nicht einmal der bislang vermutlich katastrophalste und verbrecherischste aller Kriege, der Zweite Weltkrieg, hat zum völligen Zusammenbruch des global geteilten Wissens geführt – die deutsche Physik blieb eine skurrile Marginalie – oder gar zum Verschwinden eines übergreifend verbindlichen Normsystems, das sogar Hitler bewusst war, da er damit rechnete, nach verlorenem Krieg für seine Verbrechen zur Rechenschaft gezogen zu werden. Auch die Nürnberger Prozesse wären ohne den Rückgriff auf die kontinuierliche Geltung internationalen Rechts unmöglich gewesen. Selbst ein Teil der wirtschaftlichen Beziehungen wurde sogar über die Fronten hinweg aufrechterhalten.

Das Weltsystem des sogenannten Kalten Kriegs war jedoch weit mehr die Fortsetzung des Krieges mit anderen Mitteln. Im Vorgriff auf die völkerrechtlichen und politikwissenschaftlichen Debatten seit Ende des 20. Jahrhunderts beschreibt Parsons sie mit guten Gründen als »›constitutional‹ order«, die derjenigen von Verfassungsstaaten durchaus vergleichbar ist. Diese Beschreibung des *Weltrechtszustands* ist 1961 eine *alternative interpretation* zur damals herrschenden Lehre vom *Weltnaturzustand* (›internationale Anarchie‹). Zwar enthält auch die *constitutional order* der Welt des Wettrüstens »elements of sheer power – which of course are there«, aber sie erschöpft sich darin nicht, enthalten doch die einander entgegengesetzten Positionen der Sowjetunion und der Vereinigten Staaten auch »elements of genuine *leadership*« in der Weltgesellschaft, und »leadership in this sense exists only when there is a political support for the position, backed by interests other than the most elementary security and subject to an accepted (i. e. institutionalized) normative order« (Parsons 1961, 125 f.).

Schon in der globalen *constitutional order* von 1961 übergreift nämlich nicht nur der Anspruch auf globale politische Führung die Gegensätze der streitenden Supermächte, sondern der *Konflikt selbst* ist keineswegs Kalter Krieg. Er stellt vielmehr einen »internal partisan conflict« dar, der demjenigen zwischen konservativen und progressiven Parteien in parlamentarischen Regierungssystemen durchaus vergleichbar ist. Dementsprechend muss er auch in den Medien internationalen öffentlichen Rechts und einer rechtlich (wie schlecht und ungleich auch immer) institutionalisierten Weltöffentlichkeit (*world opinion*) ausgetragen werden (Parsons 1961, 126). Ein solcher Konflikt ist in seinen Wechselfällen und seinem Ausgang von der weltöffentlichen Meinung ebenso abhängig wie von der Mannschaftsstärke und Bewaffnung der jeweiligen Armeen. Ohne den Einmarsch in Prag 1968, der die weltöffentlichen Legitimationsreserven des Sowjet-Empires restlos aufzehrte, wäre die Sowjetunion 1989 vermutlich nicht verschwunden.

Nach dem Zusammenbruch des Sowjetimperiums ist politische Parteienbildung nach dem Muster des *internal partisan conflict* durch neue Frontstellungen sublimiert werden. Heute stellen sich die Konflikte zwischen ›östlichen‹ und ›westlichen‹, islamischen und christlichen, religiösen und säkularen Kulturen, zwischen reichem Zentrum und armer Peripherie, zwischen *Washington Consensus* und *Global Covenant*, zwischen Neoliberalismus und Sozialdemokratie, zwischen Umweltschützern und Ölkonzernen als Konfliktlinien einer allen Parteien, allen Staaten, Organisationen und Individuen *gemeinsamen* Weltinnenpolitik dar. Die neuen, weltpolitischen Parteibildungen verlaufen *analog zu den alten, innerstaatlichen* quer durch die Staatenwelt hindurch, und sie versammeln Staaten, Internationale Organisationen und Nichtregierungsorganisationen zu immer wieder neuen Koalitionen. Die Bildung politischer Fronten zwischen Machthabern (Laclaus *power blocs*) und Machtunterworfenen ist ein klares, *subjektivhandlungstheoretisches* Merkmal von *Staatsbildungsprozessen*, gleichsam die grammatische Tiefenstruktur des Wechselspiels von Regierung und Opposition in den von Rawls sogenannten »wohlgeordneten« Staaten (Kriterium II globaler Staatlichkeit, vgl. Tilly 1995).

Globalisierungsgeschichte

Die kurze Geschichte der Globalisierung hat eine lange Vorgeschichte, aber sie ist viel kürzer als die des Kosmopolitismus und des ihm durchaus zugehörigen Imperialismus, wenn man darunter auch schon die Gründung der ersten Weltreiche im antiken China und im antiken Rom (Imperium, Empire) versteht und nicht zwischen Kolonialismus und Imperialismus im (engeren) Sinne des 19. Jahrhunderts unterscheidet. Mit der gerade erst beginnenden historischen Forschung zur Globalisierung kann man vier große *Globalisierungsschübe* unterscheiden, die um 1500 beginnen und erst in der letzten Phase seit 1945 dann zu einem lückenlosen Netz globaler Kommunikation und zur Emergenz einer negativ und positiv integrierten Weltgesellschaft geführt haben (Osterhammel/Petersson 2007; Bardo/Taylor/Williamson 2003; Hopkins 2002; Reynolds 2000; Conrad/Eckert/Freitag 2007).

Alles was vor 1500 und damit vor der Europäischen Entdeckung Amerikas liegt, war Imperium und Weltreich, ja, wenn man an die katholische Kirche des Mittelalters denkt, sogar kosmopolitische Rechtsgenossenschaft. Aber die antiken und mittelalterlichen Weltreiche und Universalmonarchien und -kirchen waren nicht global. Sie waren trotz etlicher *Globalisierungsanläufe* (und der vermutlich 5000 bis 7000 Jahre zurückgehenden Ostwestverbindungen zwischen Europa und Asien, aber auch zwischen Nord- und Südeurasien) weit von der Bildung einer *globalen Weltgesellschaft* entfernt. Allenfalls könnte man von einer schwach vernetzten Eurasischen Kontinentalgesellschaft sprechen, die überdies noch einen stark insularen Charakter hatten und weitgehend autark waren. Immerhin gab es jedoch zu Beginn der eigentlichen Globalisierung nicht nur die großen (vorglobalen) *Weltreiche*, die bis in die Achsenzeit (800–200 v. Chr.) zurückgehen, sondern auch ein ebenso altes Netz relativ dichter *Fernhandelsverbindungen* sowie die großen *Weltreligionen*, die sich schon früh weit über die jeweiligen politischen Herrschaftsbereiche der Stadtstaaten und Imperien, in denen sie ihre Wurzeln hatten, ausgedehnt haben. Die ersten Anläufe zu einer sozialen und normativen Integration der Weltgesellschaft gehen also sehr weit zurück.

Der Weg zu einer »im Prinzip irreversiblen weltweiten Vernetzung« (Osterhammel/Petersson 2007) wurde jedoch erst durch den spanisch-portugiesi-

schen Teilungsvertrag vom 7. Juni 1494 (Vertrag von
Tordesillas) frei gemacht, der den gesamten Globus
mit Ausnahme des Teils der Welt, in dem Europas
souveräne Fürsten thronten, in einen portugiesischen und einen spanischen Herrschaftsbereich
teilte. Die global ausgreifenden *Kolonialreiche* und
Sklavenplantagen Spaniens und Portugals wurden
mit einer für die Geschichte des modernen Völkerrechts folgenreichen Unterscheidung begründet. Der
unter Federführung des Papstes (und dem *higher law*
päpstlicher Rechtsetzungsgewalt) zustande gekom-
mene Vertrag von Tordesillas erklärte die Teilung
der Welt in einen europäischen Raum, in dem das
Jus Publicum Europaeum, das öffentliche Recht Europas galt und den übrigen Teilen der Welt, in denen
es kolonialem Maßnahmerecht und kurzem Prozess,
legalisierter Versklavung, Selektion und Vernichtung
(vor allem in Amerika und Afrika) zu weichen hatte,
zu universell gültigem Recht.

Erster Globalisierungsschub: Im Vertrag von Tordesillas erhob das päpstliche Rechtssystem, dessen sa-
krales Schwert aus kanonischem Recht, kirchlicher
Gesetzgebung und Rechtsprechung Europa seit dem
12. Jahrhundert geprägt hatte, noch kurz vor Ende
seiner Herrschaft nicht nur einen universellen *Anspruch*, sondern konnte diesen durch das zweite, blu-
tige Schwert der Spanier und Portugiesen auch erstmals *global umsetzen*. Möglich geworden war dieser
erste große Schritt vom universellen Rechtsanspruch
zur (wie immer lückenhaften) globalen Umsetzung
durch die »wunderbaren Erfindungen der Buchdru-
ckerkunst, der Schießgewehre und der Magnetna-
del«, in denen Campanella an der Schwelle zum 17.
Jahrhundert, auf dem Höhepunkt der ersten Periode
Europäischer Weltherrschaft, die »großartigen Zeichen« für die »Vereinigung aller Erdbewohner in
einem Stall« erkannt hatte (Campanella 1960, 162).
Intellektuelle wie Campanella entwickelten in dieser
Epoche erstmals ein *globales Weltbild*, das, gut marxistisch, zur Entstehung eines *globalen Herrschafts-
und Wirtschaftsraums* passte.

Die konstitutive, tief in der Europäischen Lebenswelt verankerte Grundunterscheidung der ersten
Formation modernen Weltrechts sollte das Ende der
nur noch kurzen päpstlichen Führerschaft und der
etwas längeren spanisch-portugiesischen Weltherrschaft überleben und bestimmte in jeweils veränderter Gestalt auch die nachfolgenden Perioden der
Globalisierung noch (mindestens) bis 1945 (Anghie

2004). So reservierte, um nur dies Beispiel zu erwähnen, der Artikel 35 der Berliner Konferenz über die
Zukunft Afrikas von 1884–85 *jurisdiction* ausdrücklich den »zivilisierten« Völkern Europas und bot den
»primitiven« Völkern Afrikas in »the heart of dark-
ness« (Joseph Conrad) stattdessen *authority*. Auch
das Mandatssystem des Völkerbunds hielt noch an
der asymmetrischen Rechtsbeziehung zwischen den
früheren Kolonialmächten und den Mandatsvölkern
fest, die erst mit dem Recht der UN-Charter und der
Entkolonialisierung der 1950er und 60er Jahre des
letzten Jahrhunderts formell aufgehoben wurde.
Auch der zögerliche Rückzug widerstrebender, aber
infolge des Weltkriegs impotenter Imperialmächte
(England, Belgien, Frankreich, Portugal) von kolonialer Herrschaft (i. e. S.) vollzog sich in mehreren Phasen, die dem zweiten, dritten und vierten Globalisierungsschub gefolgt sind und war erst mit der Inau-
guration Zimbabwes am 17. April 1980 abgeschlossen
(Osterhammel 2009, 44 und 119).

Zweiter Globalisierungsschub: Er begann Mitte des
18. Jahrhunderts unter Führung der transnational
operierenden *East-India Companies* Hollands und
Englands und der *Royal Navy*. Er führte zur globalen
Durchsetzung des *Freihandels*, zum *Export europäischer Institutionen* und damit zur Entstehung der
Weltwirtschaft. Depression und Hochkonjunktur
wurden zu global folgenreichen Ereignissen. In dieser Zeit, in der Europas mehr oder minder revolutionär gesonnene Intellektuelle die neuen Verfassungs-
theorien um kosmopolitische Utopien ergänzten
und ein universelles und supranationales »Recht« aller Menschen, »Rechte zu erwerben« postulierten
(Fichte 1971, 384 [§ 22]), begannen *Weltpolitik* und
Weltkrieg (Siebenjähriger Krieg 1756–63, Revoluti-
onskriege 1793–1815). Englisch wurde zur *Weltspra-
che* und die *Migration* großer Bevölkerungsmassen
globalisierte sich.

Die Revolutionsverfassungen Frankreichs und
Nordamerikas erhoben *universelle Ansprüche*, schufen ein *neues Völkerrecht* (Menschenrechte, Selbstbestimmungsrecht der Völker) und begannen ihre
Reise um die Welt. Sie wurden, wie alle großen Revolutionen in Gestalt der klassisch imperialen Mixtur
aus humanitärer Intervention und Eroberungskrieg
exportiert (Moore 2001, 274), häufiger und erfolgrei-
cher jedoch aus freien Stücken *kopiert* und den jeweiligen kulturellen, politischen und ökonomischen
Herrschaftsverhältnissen angepasst. Überall in Eu-

ropa und in ganz Amerika folgte Verfassung auf Verfassung. Japan wurde in den 1880er Jahren zum ersten unabhängigen Verfassungsstaat Asiens und stieg seinerseits rasch zu finsterer imperialer Größe auf. Die Globalisierung verlief im 19. Jahrhundert »parallel und simultan zur Nationsbildung« (Osterhammel/Petersson 2007, 69). Der am Ende globale Prozess nationalstaatlicher Konstitutionalisierung ging zwar von Europa (und dem europäischen Nordamerika) aus, war aber nicht nur ein Prozess einseitiger *Assimilation*, sondern wechselseitiger *Akkommodation*, die dazu führte, dass *entangled modernities* entstanden, die den Eurozentrismus zur progressiven Dezentrierung nötigten (Randeria 2005).

Dritter Globalisierungsschub: Eine weitere Phase der Globalisierung datieren Osterhammel und Petersson auf die Zeit nach 1880 bis Ende des Zweiten Weltkriegs 1945. An deren Beginn steht die Berlin-Konferenz von 1884–85, die den *Scramble for Africa* in rechtlich geordnete Bahnen lenken sollte, aber die Politisierung der kapitalistischen Globalisierung nicht mehr aufhalten konnte. Dass die Weltbevölkerung eine einzige *Schicksalsgemeinschaft* darstellt, wird jetzt auch »im Alltagsleben spürbar« (Osterhammel/Petersson 2007, 63). Schon Ende der 1860er Jahre gab es keinen Kontinent mehr, der nicht ans Korrespondentennetz der Londoner Agentur Reuter angeschlossen war. In dieser Zeit entstehen die marxistischen Imperialismustheorien, die eine für den Export der sozialistischen Revolution nach Russland, Asien, Afrika und Südamerika entscheidende Weiche gestellt haben (Hobsbawm 1994, 78–115, 253–281).

Konflikt *und* Kooperation nehmen seit Ende des 19. Jahrhunderts eine globale Dimension an. Es kommt flächendeckend zu *Weltkrise, Weltkrieg, Weltrevolution*. Warenströme und Vireninfektionen werden, trotz einiger rückläufiger Perioden infolge von Krieg und Revolution, Penicillin und Hygiene, nicht mehr aufhören, um den Globus zu kreisen. Es entsteht ein *globaler Ressourcen-, Erfahrungs- und Handlungsraum*. Jetzt erst definieren Weltzeit, Weltklima, Weltökologie, Weltverkehr, Weltwirtschaft, Weltwährungssystem und Weltpolitik die Koordinaten der Probleme, die der gesamten Weltpopulation gemeinsam sind. Ende des 19. Jahrhunderts entstehen die ersten *Weltorganisationen*, aber auch global operierende Nichtregierungsorganisationen (Rotes Kreuz) und international vernetzte soziale Bewegungen

(Arbeiter-, Suffragetten- und Friedensbewegungen), die das Verlangen nach demokratischer Selbstbestimmung und sozialer Gerechtigkeit erstmals von unten universalisieren (Hobsbawm 1987; 1994, 37–77; Osterhammel 2010, 565–570, 674–682, 798–817, 1056–1064, 1105–1132).

Ende des 19. Jahrhunderts beginnt die Politisierung der globalen Schicksalsgemeinschaft. Die ›politische Schicksalsgemeinschaft‹ ist, wenn sie es je war, spätestens mit Beginn des 20. Jahrhunderts kein Alleinstellungsmerkmal des nationalen Staatsvolks mehr. Das *Globale* rückt in den Horizont einer von allen geteilten Welt, wird dadurch individuellen und kollektiven Akteuren *verfügbar* und »immer öfter zum Ausgangspunkt transnationaler Kooperation und Solidarität« (Osterhammel/Petersson 2007, 64 f.). Wirtschaftskrisen werden zwar noch durch nationale Wirtschaftspolitik unter Kontrolle gebracht, aber die funktioniert nur, weil (fast) *alle* Nationen *dieselben* wirtschaftspolitischen Strategien (Keynesianismus) *gleichzeitig* und zusammen mit den dazu passenden internationalen Vereinbarungen (Bretton Woods) und Organisationen implementieren (GATT, Weltbank). Dasselbe gilt natürlich auch für die neoliberal-neokonservative Globalisierungswelle seit 1980.

Die im Europa der Französischen Revolution Mitte des 19. Jahrhunderts geborene Idee einer *Weltrevolution* hat in Europa nie Fuß gefasst und es gleich wieder verlassen, kam aber 1918 in der doppelten Gestalt des sowjetischen Kommunismus und der US-amerikanischen Universaldemokratie nach Europa zurück und breitete sich gleichzeitig in der übrigen Welt, zusammen mit transnationalen Ideologien faschistischer und autoritärer Prägung aus. Der Zweite Weltkrieg wurde mehr noch als der durch und durch nationalistisch geprägte Erste Weltkrieg, der erst am Ende *quer* zu den Fronten politisiert wurde, nicht nur im nationalen Selbstinteresse, sondern auf der einen Seite um Menschenrechte, Demokratie und Sozialismus, auf der anderen um die übernationale Weltherrschaft faschistischer und rassistischer Imperien ausgefochten.

Die Programme aller Kriegsparteien »mobilisierten Loyalitäten quer zu den nationalen Grenzen« (Osterhammel/Petersson 2007, 85). Mitglieder eines jeden Volkes haben »auf beiden Seiten gekämpft«. Koloniale Befreiungsbewegungen kämpften je nach Lage und Ideologie mit oder gegen die Kolonialherren. Ganze Armeen von Kollaborateuren und Widerstandskämpfern beteiligten sich am Krieg gegen die jeweils eigene Nation, und nach dem Krieg wurden viele Rebellen und Exilanten Regierungschefs. Die Bezeichnung *Westen* schloss damals die Sowjetunion ein. Allein 83 % aller Amerikaner sah sich 1939, als ein Krieg zwischen Deutschland und der Sowjetunion bereits erwartet wurde, auf der Seite der Sowjetunion. »Nie zuvor«, schreibt Hobsbawm, »hatte es eine Zeit gegeben, in der Patriotismus – im Sinne der automatischen Loyalität des Bürgers gegenüber seiner nationalen Führung – weniger bedeutet hätte« (Hobsbawm 1994, 185).

Zumindest in den reichen Regionen der Welt hat der Patriotismus seitdem überall seine absolute und nationale Bedeutung (›patria o muerte‹) verloren und ist bestenfalls noch ein Wert unter vielen und ansonsten zum Gegenstand surrealistischer Aktionen abgesunken. Selbst stark national gesonnene Figuren wie Churchill oder de Gaulle vertraten im Zweiten Weltkrieg »a certain idea of England« und »une certaine idée de la France«, die weitgehend übereinstimmten und mit dem progressivistischen Universalismus der Amerikaner weit mehr gemeinsam hatten als mit dem Denken ihrer jeweiligen faschistischen oder halbfaschistischen Vorgängerregierungen (Petain und Chamberlain). Die Front im »internationalen Bürgerkrieg« verlief zwischen denen, die sich als »Nachkommen der Aufklärung und der großen Revolutionen« einschließlich der Russischen verstanden und dem transnationalen Faschismus (Hobsbawm 1994, 186 f.). Die wohl nach wie vor eindrucksvollste ästhetische Vergegenwärtigung der tiefen Ambivalenzen, der Hoffnungen und des Grauens der Epoche dürfte der Roman von Peter Weiss sein, der den spröden Titel *Ästhetik des Widerstands* trägt.

Vierter Globalisierungsschub: Er dauert bis heute an und beginnt in den frühen 1940er Jahren. Die massiven Veränderungen der Staatenwelt und der Weltgesellschaft infolge des Zweiten Weltkriegs halten jeden Vergleich mit den großen Europäischen Revolutionen aus. Am Ende des Zweiten Weltkriegs war von den vielen revolutionären Programmen der ersten Hälfte des Jahrhunderts nur das amerikanische Programm einer neuen Weltordnung, der Schaffung einer *politischen Weltgemeinschaft* vereinter Nationen, eines *globalen Institutionensystems*, eines neuen *Welt- und Völkerrechts*, eines globalen *New Deal*, der *Globalisierung der Demokratie* und *internationaler*

Menschenrechte übrig geblieben und wurde in den 10 Jahren zwischen der Atlantic Charter von 1941 und der Gründung der ersten Europäischen Gemeinschaft 1951 auch juristisch, institutionell und organisatorisch umgesetzt. Das amerikanische Programm »einer Welt« (Roosevelt) hatte jedoch viele Aspekte anderer revolutionärer Programme, besonders der sozialistischen, in sich aufgenommen, noch bevor es in den USA selbst zu einer scharf antikommunistischen Wende kam.

Die Jahrzehnte zwischen 1940 und 1970 »brachten die umfassendsten Transformationen von Wirtschaft, Gesellschaft und Kultur mit sich, die sich jemals im Zeitraum weniger Jahrzehnte ereignet hatten« (Osterhammel/Petersson 2007, 86). Das internationale Recht wurde von Koexistenz auf Kooperation umprogrammiert. Die UN-Charter lieferte den Formelkompromiss, der bis 1989 die Gleichzeitigkeit von Koexistenz (Art 2, Abs. 7: Nichteinmischung) und Kooperation (Art. 1, Abs. 2, 3: Freundschaftliche Beziehungen, Zusammenarbeit, Selbstbestimmung der Völker, Menschenrechte und Grundfreiheiten) ermöglichte und damit eine Basis für die Integration widersprüchlicher *policies* (Politiken, politischer Strategien) darstellte, Öffnung und Intervention im Westen, Schließung und Nichteinmischung im Osten. Aber der Kompromiss der UN-Charta hatte, da er gleichzeitig am Vorrang der Kooperation im Völkerrecht (von den Menschenrechtspakten der 1960er über die ›Friendly Relations‹-Declaration der 1970er bis zur KSZE der 80er Jahre) keinen Zweifel ließ, die Brücke für den vollständigen Wechsel von Koexistenz zu Kooperation schon gebaut.

Dieser Wechsel wurde dann auch in zwei großen Schritten vollzogen. Zunächst mit den *Menschenrechtspakten* und der bereits am Ende des Kriegs programmierten, aber anfangs noch am Widerstand der alten Kolonialmächte gescheiterten, *Entkolonialisierung* der 1960er Jahre. Sodann mit der vollständigen Globalisierung des international eingebundenen und weltrechtlich offenen Nationalstaats in den 1990er Jahren. Sie hat den letzten Winkel der Welt für die Weltöffentlichkeit und den Zugriff des internationalen Rechts geöffnet, indem sie das letzte informelle Imperium beseitigt und die kontinentale Landmasse der Erde bis auf den letzten Quadratmeter in Staatsterritorium verwandelt hat (Brunkhorst 2011). *Failed states* (Oeter 2008) sind seitdem ein zentrales, gemeinsames Problem einer internationalen Gemeinschaft »interdependenter Interventionsstaaten« (Osterhammel/Petersson 2007, 61). Alle Staaten sind damit durch gemeinsame Grenzen verbunden und die Grenzen, die der eine mit dem anderen Staat gemeinsam hat, hat ihre klassische Funktion, überhaupt erst ein internationales Rechtsverhältnis zu begründen, endgültig verloren. Grenzstreitigkeiten gibt es kaum noch. Die Zahl der wenigen, nach dem Zweiten Weltkrieg und den Wirren der unmittelbaren Entkolonialisierungszeit international nicht länger akzeptierten, aber bislang trotzdem erfolgreichen Annexionen lässt sich an wenigen Fingern abzählen (Walfischbai, Westsahara, Golan-Höhen, Ostjerusalem).

Beide Schritte, die jeweils die Weltgesellschaft erschüttert und zu erheblichen Umbauten genötigt haben, sind *innerhalb* und *vermittels* der globalen *constitutional order* (Parsons) der 1940er Jahre vollzogen worden. Die globale Verfassungsordnung hat sich in den Jahrzehnten, die der Gründung der Vereinten Nationen gefolgt sind, verstetigt. Am Ende ist das Koexistenzrecht endgültig hinter den völkerrechtlichen Primat der Kooperation zurückgetreten und Kooperation rechtlich, politisch, ökonomisch und kulturell unvermeidlich geworden. Weltpolitik ist heute »postinternational« (Rosenau) und der Staat »post-imperial« (Osterhammel/Petersson 2007, 90). Das globale Institutionensystem, das zwischen 1941 und 1951 gegründet wurde, hat den dramatischen Verlust westlicher Mehrheiten und die gewaltigen Erschütterungen der Entkolonialisierung ebenso überstanden wie den völligen Zusammenbruch der bipolaren Welt im Jahr 1989.

Die weltweiten Protestbewegungen der späten 1960er Jahre, die von Berlin bis Jakarta (wo sie immerhin zu Suhartos Sturz führten), von Prag bis Berkeley, von Paris bis Tokio reichten und im Vietnamkrieg ihr gemeinsames Objekt hatten, haben schließlich den entscheidenden Anstoß zur Entstehung einer unberechenbar artikulationsfähigen, diskutierenden und streitenden *Weltöffentlichkeit* gegeben. Sie haben der national und regional verdichteten, in West und Ost, Nord und Süd, in Erster, Zweiter und Dritter Welt gleichermaßen hegemonialen Einheitskultur aus Massenproduktion, Massenkonsum, Massenmedien und Volksparteien *alternative Orientierungen* entgegengesetzt, eine kulturrevolutionäre Daueropposition etabliert, eine Popkultur hervorgebracht, die es verstanden hat, Markt- und Konsumkritik als Konsumgut zu vermarkten. Sie haben eine

Menschenrechtskultur entstehen lassen, die im Zeichen von *political correctness* das *blaming and shaming* von Menschenrechtsverletzungen betreibt und heute die weltöffentliche Basis einer erstaunlich effektiven, nationalen *und* internationalen *Menschenrechtsjudikatur* darstellt (zum *blaming and shaming* vgl. Risse/Ropp/Sikkink 1999; zur Menschenrechtskultur vgl. Kreide 2008; zur Judikatur Fischer-Lescano 2005; Emmerich-Fritsche 2007; Bogdandy/Venzke 2009; Ley 2007; Möllers 2006). Indem sie die gemeinsamen Probleme der Weltpolitik zu Problemen eines *globalen Massenpublikums* gemacht hat, hat die im Zeichen des Vietnamkriegs entstandene, globale Protestkultur die *Politisierung* der weltbürgerlichen *Schicksalsgemeinschaft* aller Menschen zwar nicht zu einem guten Ende, aber zu einem vorläufigen Abschluss gebracht.

Legt man die beiden, oben formulierten Kriterien der Staatsbildung zugrunde, die in der organisatorischen Bündelung nicht substituierbarer Staatsfunktionen (Albert 2005) und der öffentlichen Polarisierung von Machthabern und Machtunterworfenen (Tilly 1995) bestehen, dann ist die Evolution von globaler Staatlichkeit bereits sehr weit fortgeschritten.

Die Globalisierung hat jedoch bislang keine demokratische Weltordnung hervorgebracht, weder einen demokratischen Weltstaat, noch eine demokratische Staatenwelt, auch wenn nahezu alle Länder der Welt sich zumindest symbolisch oder nominell an demokratische Verfassungs*texte* gebunden, nahezu alle wichtigen Internationalen Organisationen und Institutionen sich organisationsverfassungsrechtlich Prinzipien der Demokratie und der Menschenrechte (zumindest in Lippenbekenntnissen) unterworfen haben, sogar das erste, demokratisch direkt gewählte transnationale Parlament entstanden, mächtig geworden und die Zahl der Demokratien in großen Schüben seit 1945 gewachsen ist (120 von 193 Staaten sind mehr oder in erheblicher Anzahl weniger demokratisch regiert). Außerdem ist es im Zuge der Globalisierung zu einer *neuen sozialen Spaltung* der Welt in zwei große Klassen von *inkludierten* und *exkludierten Populationen*, von Leuten mit und ohne Internetanschluss, von Leuten mit guten und Leuten mit schlechten Pässen gekommen (Prien 2010; Kreide 2009; Niederberger 2009; Brunkhorst 2009). Sie ist zu den alten Polarisierungen von Glaubensgenossenschaften, von Machthabern und Machtunterworfenen, von Kapital und Arbeit, die zwar in reichen Segment der Welt in rechtliche und höchst produktive Bahnen gelenkt worden, aber keineswegs verschwunden sind, hinzugetreten (Brunkhorst 2011).

Co-Evolution von partikularer und universeller Staatlichkeit

Die meisten Globalisierungsdiagnosen nehmen den Nationalstaat auch da noch zum Ausgangspunkt, wo sie versuchen, sich empirisch und normativ von ihm zu lösen und (nach Stadtstaat und Nationalstaat) eine dritte demokratische Transformation, gar eine dritte (friedliche) demokratische Revolution, kosmopolitisches Regieren, zumindest ein Regieren jenseits des Nationalstaats, eine postnationale Konstellation oder einen deliberativen Supranationalismus ins Auge fassen. In der Mehrzahl dieser und ähnlicher Überlegungen bleibt die nationale Demokratie die *einzige Quelle* demokratischer Legitimation, oder das Modell des (föderalen) Nationalstaats wird in die projektierten Kontinental- und Globalregimes *einfach verlängert*. Das ist zwar naheliegend, zumal das einzige *demokratische* Modell des *Verfassungsstaats* die *herrschaftsbegründende Verfassung* der Französischen und Amerikanischen Revolution ist, wobei aber fast immer darüber hinweggesehen wird, dass zumindest die US-Verfassung ein föderales Gemeinwesen verfasst, das bis heute kein europäischer Nationalstaat, sondern eine Einheit identisch gebauter Einheiten ist.

Der *normativ* mit einigem Recht auf *demos, pouvoir constituant* und *constitutional moment* fixierte Blick bindet die Verfassung jedoch in der Regel *empirisch* (in der deutschen Staatsrechtslehre bisweilen auch ontologisch) an den *Nationalstaat*, der als eine *bestimmte* Form des Staats keineswegs am Beginn der modernen Demokratie stand. In der Französischen Menschenrechtserklärung von 1789 kommt das Wort Staat gar nicht vor. Statt ›Staat‹ heißt es *association* oder *société politique*. Der Staat war der Feind dieser Assoziation gleicher Bürger, die sich selbst, horizontal und reziprok, ihre Rechte zuschreiben. *Sie* erlauben nur soviel Staat, als *ihre* »Verfassung zum Entstehen bringt« (Arndt 1963, 25). Und in der US-Verfassung gibt es zwar das ›We the People‹, aber das ist von dem *demos* und *pouvoir constituant* der einzelnen *Staatsvölker* als *Unionsvolk* bis heute ähnlich deutlich unterschieden wie die *EU-Bürgerschaft* von der jeweils *nationalen*. Die (sehr verschiedenen) Vertragsverfassungen der USA und der EU konstitu-

ieren jeweils ein autonomes Legitimationssubjekt auf der Unionsebene, bringen aber die nicht minder autonomen nationalen Legitimationssubjekte nicht zum Verschwinden (Schönberger 2005, 517).

Schon aus diesen Gründen sollte die demokratische Verfassung nicht mit der Form des Nationalstaats, die sich im Verlauf der sozialen Evolution in einem Segment der Welt in geschichtlichen Kämpfen durchgesetzt hat, vermengt werden. Mögliche *win-win games* zwischen demokratischen Institutionen auf nationaler *und* auf transnationaler Ebene werden jedoch oft, wie etwa im Lissabon-Urteil des Bundesverfassungsgerichts, von vornherein mit dem Argument der souveränen Staatlichkeit ausgeschlossen, so dass dann jeder Zuwachs transnationaler Demokratie einem Verlust nationaler Demokratie gleichkommen muss (Ley 2010). Die mittlerweile wieder einmal bedrohlich gewordene Macht der Einzelstaaten in den Vereinigten Staaten zeigt aber, dass das Gegenteil der Fall sein kann. Die geballte Macht der amerikanischen Rechten und die Urteilsfindung der fundamentalistischen Hälfte des Supreme Courts, die heute, im Jahr 2010, dem US-Präsidenten und der Zentralregierung *entgegenschlagen*, stehen fest auf dem Boden der *Anti-Federalists* und haben ihre Basis in starken und unabhängigen, einzelstaatlichen Institutionen (einschließlich eigener Armeen) und autonomen Staatsvölkern (*demoi*), die immer wieder die Existenz einer gesonderten amerikanischen Nation mit legalen und extralegalen Mitteln bestreiten.

In jüngster Zeit wird jedoch im Zuge der Globalisierung die Möglichkeit, auch die Verfassung der Demokratie vom Modell des Nationalstaats abzulösen, immer öfter erkannt. Blickt man in die Geschichte von Recht und Politik zurück, so wird überdies deutlich, dass der ›europäische Nationalstaat des 19. und frühen 20. Jahrhunderts‹ »eine spät entstandene« *Ausnahme* war (Osterhammel/Petersson 2007, 109; Möllers 2000; Schönberger 2005).

Staatsbildung ist ein langer, vielfältiger und wechselreicher Prozess, der auf keinen erkennbaren Endzustand zuläuft und viele Formen hervorgebracht hat, und auch der moderne Staat hat ältere Wurzeln als die des sogenannten Absolutismus der frühen Neuzeit (kritisch Henshall 1992; Asch/Duchhard 1996). Weder beginnt der Staat mit der Jellinekschen Trias aus Staatsvolk, Staatsgebiet und Staatsgewalt, und schon gar nicht mit deren Monopol, das immer nur ein Traum deutscher Liberaler des 19. Jahrhunderts war, noch endet die Vielfalt der Formen mit der

Transformation der Staaten in souveräne Nationalstaaten mit deren demokratischer Verfassung.

Versteht man den *Staat* mit Weber und Kelsen als
zwangsbewehrte Legalordnung, die, zumindest nach
Tillys Kriterien, über konzentrierte Zwangsmittel
und eigene Jurisdiktion verfügt, sich organisatorisch
von Verwandtschaft und Religion abhebt und eine
wie immer strittige Vormachtstellung innerhalb des
eigenen Herrschaftsgebiets beanspruchen kann,
dann beginnt die Entwicklungsgeschichte des Staats
ungefähr 3000 Jahre vor Christi. Staaten, denen eine
bereits weit entwickelte Agrikultur zugrunde liegt,
entstehen gleichzeitig in vielen Formen an ganz verschiedenen Orten der Welt, und oft ganz unabhängig
voneinander (z.B. Mittel- und Südamerika). Von Beginn an gliedern sie sich in Stadtstaaten, Imperien,
Königreiche, später, ungefähr seit der Achsenzeit treten Föderationen (Griechischer Staatenbund 400
v.Chr.) und ›konsolidierte Staaten‹ mit einheitlicher
Regierung und Verwaltung großer Territorien
(Ägypten 1500 v.Chr., China 300 v.Chr.) hinzu (Tilly
2007). Legt man Tillys (immer noch etwas zu enge)
Kriterien zugrunde, dann sind die Einzelstaaten der
USA ebenso vollständig konsolidierte Staaten wie die
EU im Ganzen. Vor allem Föderationen entwickeln,
da sie die verschiedenen Elemente von Staatlichkeit
(Jurisdiktion, Zwangsapparat, Administration, Legis-
lation usw.) auf verschiedene Ebenen auseinander-
ziehen (Bundesrepublik) oder ineinander kopieren
und vervielfältigen (USA) können, hoch komplexe
Formen (vom Deutschen Bund über die EU bis Indien), die oft erhebliche Selektionsvorteile gegenüber
einfacher gebauten Formen wie dem europäischen
Nationalstaat des 19. Jahrhunderts haben.

Aus der, auch noch im Vergleich mit bereits hoch
abstrakten und entwicklungslogisch organisierten
(Globalisierungsschübe, Rationalisierung, Universalisierung usw.) welt- und strukturgeschichtlichen
Narrationen (z.B. Osterhammel, Tilly, Wehler,
Berman, Moore), noch einmal erheblich abstrakteren Perspektive der *sozialen Evolution*, in der nicht
Phasen und Epochen, Nationen und Regionen,
Strukturen und Ereignisse, sondern *Gesellschaftsformationen*, *Verständigungsverhältnisse* und *Differen-
zierungsformen* unterschieden werden, fällt zunächst
auf, dass der Staat ein universell verfügbares *Muster*
darstellt, auf das die Evolution immer wieder und in
ganz verschiedenen Gesellschaftsformationen und
Kontexten zurückgreifen kann. Genauso stellt aber
auch der *Kosmopolitismus überstaatlicher Netzwerke*,

der die heutige Globalisierung prägt, ein ›Muster‹
politischer Vereinigung dar, das »schon in früheren
Zeiten verfügbar war« (Osterhammel/Petersson
2007, 109).

Im Begriff des Musters (*pattern*) berührt sich die
Geschichte gesellschaftlicher Strukturen und Netzwerke mit der soziologischen Evolutionstheorie, die
in solchen Mustern *evolutionäre Universalien* oder
Errungenschaften erkennt, die, wie das Auge, Mehr-
facherfindungen der Evolution sind und immer wieder neu erfunden oder verwendet, exportiert und
kopiert werden (Parsons 1964; Luhmann 1997, 505–
516).

In der Evolutionstheorie wird die Geschichte, weit
über die jüngste Aufhebung der Triumph- und Sie-
gergeschichte des 19. und der ersten Hälfte des 20.
Jahrhunderts hinaus, von jeder Fixierung auf per-
fekte und vollständige Formen, Prachtexemplare
oder Gattungswesen abgelöst und auf die Wahrnehmung von Fehlern, abweichendem Verhalten, un-
vollständigen, hybriden, fragmentierten und patho-
genen Formen, auf Widersprüche, negative Stellungnahmen und Nonkonformismus, auf Verbrechen
und Innovation umprogrammiert (vgl. schon Durkheim 1961). Unter evolutionären Gesichtspunkten
sind abweichende Exemplare und Verhaltensmuster,
erfolglose Negativoperationen und Protestbewegungen wichtiger als die wohl angepassten Haupt- und
Staatsaktionen und die normkonformen Sieger der
Geschichte. *Failed States* können dann zu Brutstätten
evolutionärer Innovationen werden, Verbrecher zu
Staatengründern oder Religionsstiftern, die – wenn
man den mythischen Erzählungen glaubt – normative Muster oder Paradigmen (der Gesetzesherr-
schaft, gleicher Freiheit, prozeduraler Gerechtigkeit,
rationaler Begründung usw.) erfunden haben, auf
die spätere Generationen im »Kampf ums Recht«
(Ihering) zurückgreifen können. Das universelle
Muster einer Regierungsform, die, wie die antike Demokratie, gleich wieder verschwindet und über Jahr-
tausende nur noch als Negativbeispiel im historischen Gedächtnis haften bleibt, kann unter den ganz
anderen Bedingungen funktionaler Differenzierung
und posttraditionaler Verständigungsverhältnisse
(Verfassungsstaat) – mit Durkheim analog gesprochen: in einer anderen gesellschaftlichen Spezies –
plötzlich reaktualisiert werden und der Evolution
neue Entwicklungspfade erschließen, auf die man
dann auch im Zeichen der Globalisierung wieder zu-
rückkommen kann.

Solche Änderungen, in denen neue evolutionäre Muster etabliert werden, vollziehen sich oft abrupt, in extrem kurzen Zeiträumen, sind fast immer gewaltsam. Sie erschüttern die ganze Gesellschaft, wälzen sie um und begründen eine neue Gesellschaftsformation, die der fortlaufenden Evolution Weichen stellt (Weber) und ihren – hier endet das Fortschrittsbild von Zug und Weiche – unkontrollierbaren Kurs durch neue Institutionen, Rechtsformen und Verfassungen *normativ begrenzen* – zum Beispiel durch die korporative Freiheit der Kirche (12. Jh.), die anderen Mächten den Zugriff auf klerikale Institutionen verbietet, oder durch universelle, international konstituierte Menschenrechte, die insbesondere dem Nationalstaat evolutionäre Experimente mit Genoziden, ethnischen Säuberungen und Folterkellern verbieten, Experimente, die ohne solche Verbote durchaus evolutionären Erfolg haben könnten. Das war ja Nietzsches Punkt in der *Genealogie der Moral*.

Die normativen Muster, die sich infolge der Klassenkämpfe der Achsenzeit (in imperialen Gesellschaften extremer Ungleichheit und Ungerechtigkeit) zu kosmopolitischen Weltbildern, universalistischen Rechtsprinzipen und korporativen Organisationsmodellen ausgeformt haben, lassen sich nicht durch Mechanismen verbesserter *Umweltanpassung*, zu der es infolge kommunikativer Zufallsvariation und sozialer Selektion kommt, erklären. Letztere sind dem Gradualismus der *natural selection* im klassischen Darwinismus analog gebaut, und sie bestimmen im Verein mit sozialen Klassenkämpfen (kollektiven Konflikten) die soziale Evolution in langen Jahrhunderten gradueller Veränderung – wie beispielsweise im *evolutionären Konstitutionalismus* des langen 19. Jahrhunderts, der den *revolutionären Konstitutionen* der Französischen und Amerikanischen Revolution gefolgt ist (Sellin 2001), oder im *evolutionären Konstitutionalismus* der Europäischen Gemeinschaften, der den *revolutionären Um- und Neugründungen* der gesamten Weltgesellschaft zwischen 1917 und 1945 gefolgt ist (Wiener 2008).

Zumindest die großen, Weichen stellenden Revolutionen sind keine Anpassungsleistungen, sondern errichten *Schranken*, die dem evolutionären Erfolg durch beliebige Anpassungsprozesse *normative Hindernisse in den Weg legen*. Darin verhalten sie sich analog zu den punktuellen Equilibria des neodarwinistischen Punktualismus, der die relativ plötzliche, adaptiv und selektiv unerklärliche Entstehung neuer

Arten nach und vor weiteren Jahrmillionen, in denen fast nichts passiert (*punctuation*), durch die Isolation von Teilpopulationen in langfristig gleichbleibender Umwelt (*equilibria*) erklärt. Auch hier vollziehen sich punktuelle evolutionäre Sprünge über den Austausch der organischen Baupläne, die dem *external pushing* wechselnder Umweltbedingungen als *internal constraints* entgegenstehen (Mayr 1992; Gould/Lewontin 1979; Eldredge/Gould 1972; Gould1978).

In modernen Gesellschaften scheint es so, als würden *große revolutionäre Veränderungen* sich in mehreren, großen Schüben vollziehen, die – als Signum der Moderne – politischen Programmen folgen, in Klassenkämpfen ausgefochten werden und die Gesellschaft im Medium des Rechts neu verfassen, kurz: mit einem neuen Bauplan ausstatten. Die Folge der großen revolutionären Umbrüche (päpstliche Revolution 12. Jh., protestantische Revolutionen 16. und 17. Jh., Verfassungsrevolutionen 18. Jh., sozialistische und demokratische Weltrevolution des 20. Jh.) passt *prima facie* gut zu den historisch beobachtbaren Globalisierungsschüben (auch wenn hier noch sehr viel Forschungsbedarf besteht). Indem sie die Globalisierung normativ beschränken, erschließen die Revolutionen ihr jeweils neue Entwicklungspfade.

Die großen Weltreligionen und die klassische Philosophie der Achsenzeit, vor allem die prophetischen Religionen haben den negativen *sense of injustice* geschärft, sein Universalisierungspotential explizit gemacht und die Ausgestoßenen und Beleidigten, die Sklaven und Kriminellen, die verachteten Unterschichten und widerstrebenden Volksmassen der imperialen Klassengesellschaften zu den Subjekten moralischen Fortschritts erklärt. Sie haben den klassischen Imperien eine universalistische *Ideologie* verpasst, die sich vom philosophischen Kosmopolitismus bis zum universellen Reich Gottes erstreckt und entweder das Leben der Oberen preisen oder die Unteren auf den Sankt Nimmerleinstag vertrösten sollte. Sie haben aber gleichzeitig die Messer der *Kritik* so geschärft, dass die Unteren sie den Oberen an die Kehle setzen konnten.

Sie haben sich überdies selbst von Anfang an in grenzüberschreitenden, transstaatlichen und inklusiven Assoziationsformen organisiert. So haben sie in Theorie und Praxis nicht nur universalistische Weltbilder entworfen und in ihren Gemeinschaften verbindlich gemacht, sondern auch mit politischen und juristischen Organisationsprinzipien experimentiert, die von dem universellen Grundgesetz (*loi fondamentale*) der Goldenen Regel über Verfahrensnormen fairer und unparteiischer Gerichtsbarkeit und Streitschlichtung bis zum subjektiven Recht auf rechtliches Gehör reichen und universell auf alle Formen von Konflikten anwendbar sind (Berman 2005, 79). Sie haben, zunächst in ihren eigenen Assoziationen, ein Muster der *Universalstaatlichkeit* entwickelt, auf das die soziale Evolution immer wieder zurückgreifen konnte und zurückgegriffen hat. Das haben schon die alten Imperien gelegentlich getan, zumal, wenn es der Stabilisierung ihrer Herrschaft funktional entgegenkam. So ist rechtliches Gehör im Zivilrecht der römischen Oberschichten – das alte römische Recht war reine Klassenjustiz mit kurzem Prozess gegen die Unteren – als Prozessnorm (*audi alteram partem*) umgesetzt und ausgestaltet worden. Und die immer häufiger, komplexer und unübersehbarer werdenden Konflikte des gewaltigen Fernhandelsnetzes, dessen Fäden in Rom zusammenliefen, konnten die römischen Juristen im Rückgriff auf das Universalisierungspotential kosmopolitischer Rechtsprinzipien vereinfachen und neutralisieren, indem sie die parochialen Rechte römischer Bürger durch Erfindung des *ius gentium* auf die Handel treibenden Oberschichten ihrer Klientelvölker ausdehnten, die dem gesamtem Erdkreis zugerechnet wurden, der Rom als imperialer Horizont umgab.

Wie der Staat so ist auch die *civitas maxima*, die umfassende Bürgerschaft aller Menschen des Erdkreises eine evolutionäre Universalie, die sich seit der Achsenzeit mit der jeweiligen Staatenwelt in Beziehung setzt, sie ideologisch und funktional *ergänzt*, aber auch mit ihr in ein konfliktreiches Konkurrenz- und Spannungsverhältnis tritt und immer wieder neue Formen produziert, so dass man von einer bis in die Achsenzeit zurückgehenden *Co-Evolution von universeller und partikularer Staatlichkeit* sprechen könnte. Auch die Entwicklung des modernen Nationalstaats beginnt als Co-Evolution von Universal- und Territorialstaat.

So entwickelten sich die ersten Formen moderner Staatlichkeit im *universellen Kirchenstaat* des 12. und 13. Jahrhunderts. Der Kirchenstaat war in seinem institutionellen Kern, wie schon Max Weber beobachtete, ein legalistisch organisierter, moderner Anstaltsstaat, der fast schon das ganze Gebiet der heutigen Europäischen Union mit einer einheitlichen Verwaltung und Jurisdiktion durchzog. Sie verfügte über ein Heer von professionell ausgebildeten, akademischen Juristen und juristisch geschulten Kleri-

kern. Sie sorgte dafür, dass »Währungen und Konventionen des Handels galten, die in der ganzen Region jedermann vertraut waren« (Moore 2001, 275).

Das war aber nur möglich, weil sie auf einen, komplett neu geschaffenen, kanonischen Rechtskorpus zurückgreifen konnte, der auf dem erstmals professionell durchrationalisierten, im 11. Jahrhundert nach langer Suche wiederentdeckten Corpus des römischen Rechts beruhte und es ihren Klerikern ermöglichte, jede Sorte von Konflikten, von den großen Kriegen benachbarter Fürsten, deren Diplomaten seit dieser Zeit Juristen sind, bis zu den läppischsten Streitereien um Wasser-, Fisch- und Brückenrechte, die sich zwischen Trondheim, Neapel, Krakau und Sevilla ereigneten, in einen Rechtsfall zu verwandeln, der auf der Basis der überall gleichen Rechtstexte und Methoden von den jeweils zuständigen Instanzen einer vielzügigen Gerichtsorganisation gelöst werden musste. Das war die Basis der gewaltigen Pastoralmacht der westeuropäischen Kleriker, die sie so sehr von den chinesischen Mandarinen unterschied (Moore 2001, 275, 294).

In mancher Hinsicht ähnelt die Ordnung der heutigen Europäischen Union der hochmittelalterlichen Klerikalverfassung Europas. Das geht bis in Details des *Vorrangs päpstlichen Rechts*, der wie die heutige *European law supremacy* mit einem Pluralismus gleichrangiger Letztinstanzen juristisch kompatibilisiert wurde, oder des *direct effect* kanonischen Rechts, der den Appell ans oberste päpstliche Gericht in Rom juridisch allen Christen, faktisch freilich nur den reichen und mächtigen möglich machte. Diese und andere Ähnlichkeiten haben ihren Grund darin, dass in beiden Fällen dieselbe evolutionäre Universalie, wenn auch auf sehr verschiedene Weise und in verschiedenen Gesellschaftsformationen zum Zuge kommt.

Die Entwicklung der ersten, positivrechtlich durchorganisierten, universellen, aber noch nicht globalen Rechtsgenossenschaft vollzog sich in einem so rasanten Tempo und war von einer so umfassenden Umwälzung der gesamten Gesellschaft des Kontinents begleitet, dass dieser gewaltige Umbruch von vielen Autoren als *große Revolution* beschrieben wurde. Sie hatte, wie alle späteren großen Revolutionen, ihr Epizentrum im Recht und war in diesem Sinne eine *Rechtsrevolution* (Berman).

Die anstaltsstaatlich organisierte Universalkirche bildete zusammen mit den Mächten des weltlichen Schwerts eine komplex gestufte, föderale Einheit, die durch das erste akademisch professionalisierte und deshalb autonome *Rechtssystem* stabilisiert wurde. Sie war gleichsam die Avantgarde, an der sich die im Tross immer mächtiger werdenden *Territorialfürstentümer*, orientierten und deren Organisation und Legalordnung sie kopieren konnte.

Der *moderne Territorialstaat*, der sich in der Folge immer deutlicher herausbildete, konnte nur in Interaktion und bündischer Interpenetration mit der kosmopolitischen Klerikalordnung des Mittelalters, die selber rechtsstaatliche Züge trug, entstehen und am Ende der Epoche des klerikalen Kosmopolitismus im 16. Jahrhundert noch in der Stunde ihres Untergangs 1494 den *ersten Globalisierungsschub* auslösen. Einiges spricht dafür, dass sich die gesamte Geschichte der Globalisierungsschübe, die schließlich die moderne Gesellschaft in eine Weltgesellschaft verwandelt haben, als Co-Evolution von universeller und partikularer Staatlichkeit rekonstruieren lässt.

In dem Augenblick, in dem die Weltgesellschaft die funktionale Differenzierung vollständig globalisiert hat und auf der Basis eines entstehenden globalen Konstitutionalismus normativ integriert ist, sind die kosmopolitischen Ansprüche, die schon lange zum semantischen Vorrat der Evolution gehören, erneut in politische Programme, ins positive Recht und ins kulturelle Selbstverständnis einer entstehenden Weltbürgerschaft umgesetzt worden. Die dabei entstandenen nationalen und transnationalen Institutionen, Organisationen und Regimes sind zum ersten Mal in der Geschichte durch universelle Rechtsansprüche auf Demokratie und Menschenrechte festgelegt und in ihrer Anpassungskapazität begrenzt worden. Was die Evolution, die sich als allmähliche, plurale und vielstufige Konstitutionalisierung des Weltrechts, der Weltwirtschaft, der Weltpolitik, des immer monströser werdenden globalen Sicherheitssystems (einschließlich des Militärs) und der Weltgesellschaft im Ganzen vollzieht, aus diesen *normative constraints*, die das Erbe der großen Revolutionen sind, macht, ist unberechenbar, und die neuen Herren, die eine blinde Evolution nach oben spült, werden, von den Ressourcen- und Umweltproblemen einmal ganz abgesehen, schon dafür sorgen, dass die Bäume nicht in den Himmel wachsen.

Aber auch in der Weltgesellschaft bleibt die moderne Erfindung der herrschaftsbrechenden Revolution, der wir die Entwicklung eines Freiheitsbewusstseins universeller Selbstbestimmung und Gleichheit verdanken, eine der evolutionären Möglichkeiten, auf die herrschaftsunterworfene, ausgebeutete und entrechtete Akteure schon deshalb jederzeit zurückgreifen können, weil sie sich bislang noch »nicht vergessen« (Kant) haben.

Literatur

Albert, Mathias: Politik der Weltgesellschaft und Politik der Globalisierung: Überlegungen zur Emergenz von Weltstaatlichkeit. In: Bettina Heintz/Richard Münch/Hartmann Tyrell (Hg.): *Zeitschrift für Soziologie. Sonderheft Weltgesellschaft*. Wiesbaden 2005, 223–239.

Anghie, Antony: *Imperialism, Sovereignty and the Making of International Law*. Cambridge 2004.

Arndt, Adolf: Umwelt und Recht. In: *Neue Juristische Wochenschrift* 16 Jg. (1963), 26–28.

Asch, Ronald G./Duchhard, Heinz (Hg.): *Absolutismus – Ein Mythos. Strukturwandel monarchischer Herrschaft in West- und Mitteleuropa (ca. 1550–1700)*. Köln 1996.

Bardo, Michael D./Taylor, Alan M./Williamson, Jeffrey G. (Hg.): *Globalization in Historical Perspective*. Chicago 2003.

Berman, Harold: Faith and Law in a Multicultural World. In: Mark Juergensmeyer (Hg.): *Religion in Global Civil Society*. Oxford 2005, 69–89.

Bogdandy, Armin von/Venzke, Ingo: *In wessen Namen? Die internationale Gerichtsbarkeit diskurstheoretisch betrachtet*. Manuskript 2009.

Brunkhorst, Hauke (Hg.): *Demokratie in der Weltgesellschaft (Sonderheft Soziale Welt)*. Baden-Baden 2009.

–: »But when in doubt – send the marines«. Revolution and Evolution of Cosmopolitan Constitutionalism. In: Rainer Nickel (Hg.): *The Changing Role of Law in the Age of Supra- and Transnational Governance*. Baden-Baden 2011 (im Erscheinen).

–: The Return of Crisis. In: Poul Kjaer/Gunther Teubner (Hg.): *The Financial Crisis in Constitutional Perspective: The Dark Side of Functional Differentiation*. Oxford 2011 (im Erscheinen).

Calhoun, Craig: Cosmopolitanism and Hegemony. In: Brunkhorst 2009, 17–34.

Campanella, Tommaso: Sonnenstaat. In: Klaus J. Heinisch (Hg.): *Der utopische Staat*. Reinbek 1960, 111–169.

Conrad, Sebastian/Eckert, Andreas/Freitag, Ulrike (Hg.): *Globalgeschichte. Theorien, Ansätze, Themen*. Frankfurt a.M. 2007.

Diaz-Bone, Rainer: *Global Value Chains und die transnationale Verkettung von Qualitätskonventionen*

(Vortrag auf dem Panel Transnationale Ordnungen wirtschaftlichen Handelns, Deutscher Soziologentag Frankfurt 2010). Manuskript 2010.

Durkheim, Émile: *Regeln der soziologischen Methode.* Neuwied 1961.

Eldredge, Niles/Gould, Stephen Jay: Punctuated Equilibria: an Alternative to Phyletic Gradualism. In: Thomas J.M. Schopf (Hg.): *Models in Paleobiology.* San Francisco 1972, 82–115.

Emmerich-Fritsche, Angelika: *Vom Völkerrecht zum Weltrecht.* Berlin 2007.

Fichte, Johann Gottlieb: Grundriss des Völker- und Weltbürgerrechts. In: *Fichtes Werke III.* Berlin 1971, 369–385.

Fischer-Lescano, Andreas: *Globalverfassung: Die Geltungsbegründung der Menschenrechte.* Weilerswist 2005.

Gould, Stephen Jay: Episodic Change versus Gradualist Dogma. In: *Science and Nature* 2. Jg. (1978), 5–12.

– /Lewontin, Richard C.: The Spandrels of San Marco and the Panglossian Paradigm: A Critique of the Adaptationist Programme. In: http://www.aaas.org/spp/dser/03_Areas/evolution/perspectives/Gould_Lewontin_1979.shtml.

Hegel, Georg Wilhelm Friedrich: *Enzyklopädie der philosophischen Wissenschaften I.* Werke Bd. 8. Frankfurt a.M. 1971.

Henshall, Nicholas: *The Myth of Absolutism. Change and Continuity in Early Modern European Monarchy.* London 1992.

Hobsbawm, Eric J.: *The Age of Empire. 1875–1914.* London 1987.

– : *Das Zeitalter der Extreme.* München 1994.

Hoffmann, Hasso: *Bilder des Friedens oder Die vergessene Gerechtigkeit.* München 1997.

Hopkins, Anthony G. (Hg.): *Globalization in World History.* London 2002.

Kreide, Regina: *Globale Politik und Menschenrechte. Macht und Ohnmacht eines politischen Instruments.* Frankfurt a.M. 2008.

–: *Globale Gerechtigkeit und Transnationales Regieren* (Habilitationsschrift, Frankfurt 2009). Manuskript 2009.

Ley, Isabelle: Legal Protection Against the UN-Security Council. Between European and International Law: A Kafkaesque Situation? In: *German Law Journal* 8. Jg. (2007), 279–293.

–: Brünn betreibt die Parlamentarisierung des Primärrechts – Anmerkung zum zweiten Urteil des tschechischen Verfassungsgerichtshofs zum Vertrag von Lissabon vom 3.11.2009. In: *JuristenZeitung* 65. Jg., 4 (2010), 165–173.

Luhmann, Niklas: *Die Gesellschaft der Gesellschaft.* Frankfurt a.M. 1997.

Mayr, Ernst: Speciational Evolution or Punctuated Equilibria. In: Albert Somit/Steven A. Peterson (Hg.): *The Dynamics of Evolution.* Ithaca, NY 1992, 21–53.

Meyer, John W.: World Society and the Nation-State. In: *American Journal of Sociology* 103. Jg., 1 (1997), 144–181.

Möllers, Christoph: *Staat als Argument.* München 2000.

–: Das EuG konstitutionalisiert die Vereinten Nationen. In: Ders./Jörg Philipp Terhechte (Hg.): *Europarecht 3.* Baden-Baden 2006, 426–431.

Moore, Robert I.: *Die Erste Europäische Revolution. Gesellschaft und Kultur im Hochmittelalter* [2000]. München ²2001.

Niederberger, Andreas: *Demokratie unter Bedingungen der Weltgesellschaft? Normative Grundlagen legitimer Herrschaft in einer globalen politischen Ordnung.* Berlin/New York 2009.

Oeter, Stefan: Prekäre Staatlichkeit und die Grenzen internationaler Verrechtlichung: In: Regina Kreide/Andreas Niederberger (Hg.): *Transnationale Verrechtlichung: Nationale Demokratien im Kontext globaler Politik.* Frankfurt a.M. 2008, 90–114.

Ooyen, Robert C. van: *Die Staatstheorie des Bundesverfassungsgerichts und Europa. Von Solange über Maastricht zu Lissabon.* Baden-Baden ³2010.

Osterhammel, Jürgen: *Kolonialismus.* München 2009.

–: *Die Verwandlung der Welt. Eine Geschichte des 19. Jahrhunderts.* München 2010.

– /Petersson, Niels P.: *Geschichte der Globalisierung.* München 2007.

Parsons, Talcott: Order and Community in the International Social System. In: James N. Rosenau (Hg.): *International Politics and Foreign Policy.* Glencoe, IL 1961.

–: Evolutionary Universals in Society. In: *American Sociological Review* 29. Jg., 1–6 (1964), 339–357.

Prien, Thore: *Fragmentierte Volkssouveränität – Recht, Gerechtigkeit und der demokratische Einspruch in der Weltgesellschaft.* Baden-Baden 2010.

Rancière, Jacques: *Das Unvernehmen. Politik und Philosophie.* Frankfurt a.M. 2002.

Randeria, Shalini: Verwobene Moderne: Zivilgesellschaft, Kastenbildungen und nicht-staatliches Familienrecht im (post)kolonialen Indien. In: Hauke Brunkhorst/Sergio Costa (Hg.): *Jenseits von Zentrum und Peripherie. Zur Verfassung der fragmentierten Weltgesellschaft.* München/Mering 2005, 169–196.

Reynolds, David: *One World Divisible: A Global History Since 1945.* New York 2000.

Risse, Thomas/Ropp, Stephen C./Sikking, Kathryn, (Hg.): *The Power of Human Rights.* Cambridge 1999.

Sellin, Volker: *Die geraubte Revolution*. Göttingen 2001.
Schönberger, Christoph: *Unionsbürger*. Tübingen 2005.
Tilly, Charles: *European Revolutions 1492–1992*. Oxford 1995.
–: States, State Transformation, and War. In: Jerry Bentley (Hg.): *The Oxford Handbook of World History*. Oxford 2011 (im Erscheinen, zit. nach »draft chapter«, Columbia University 6.11.2007).
Wiener, Antje: *The Invisible Constitution of Politics*. Cambridge 2008.

Hauke Brunkhorst

3. Recht

Das Phänomen der Ausbreitung von Recht über die Grenzen von Nationalstaaten hinaus ist seit langem bekannt. Die Quelle für das Erlassen und die Anwendung von Rechtsnormen, die das Verhalten von Individuen und Gruppen regeln, ist heutzutage nicht mehr nur die nationale politische Gemeinschaft. Seit den 1980er Jahren spricht man sogar von einer historischen Wende, die, unter Berücksichtigung der qualitativen Neuartigkeit der Globalisierung des Rechts, einen Wandel des Rechtsbegriffs selbst mit sich bringen könnte. Das Recht entspreche nicht mehr ausschließlich einer territorial-nationalen Rechtsordnung und finde seine Durchsetzungskraft letztendlich nicht mehr in der Souveränität des Staates, sondern es beziehe sich auf eine vermehrte Selbstdifferenzierung über Prozesse, die globale und lokale Besonderheiten überwölben (Albert 1999/2000, 127 u. 131). Im folgenden Text werden fünf Aspekte der Globalisierung des Rechts behandelt: die historischen Ursprünge und entscheidenden Veränderungsfaktoren, die allgemeinen Merkmale, die qualitative Ausprägung der Globalisierung des Rechts und die für unterschiedliche Rechtsbereiche daraus zu ziehenden Schlüsse, die sich ergebenden Probleme und Diskussionen über die Auswirkungen der Globalisierung auf das Recht sowie über diejenigen des Rechts auf andere gesellschaftliche Bereiche.

Historische Ursprünge und entscheidende Faktoren der Globalisierung des Rechts

Die Globalisierung des Rechts bezieht sich auf einen Komplex von Normen, die sich an die Weltgemeinschaft richten und deren Auswirkungen in ihrer Reichweite und Stärke unterschiedlich sind. In gewissem Sinne bringt das Völkerrecht seit langem eine Art der Globalisierung des Rechts mit sich, da dieses, als ein Recht, das die Grenzen des Nationalstaats überschreitet und andere staatliche Akteure mit einbezieht, in der modernen Bedeutung des Terminus erst seit dem Westfälischen Frieden von 1648 existiert.

Seit der rasant voranschreitenden Globalisierung der 1990er Jahre ist allerdings eine radikale Veränderung der Transnationalisierung des Rechts zu beobachten. War das Territorium vorher ein wichtiges Element für die Ausdifferenzierung des modernen Rechts, verliert die territoriale Grundlage seitdem immer mehr an Bedeutung. Einige der wichtigsten Veränderungen im Kontext der Globalisierung des Rechts bis zum Ende des 20. Jahrhunderts sind: die Einführung und Verbreitung der Menschenrechte und die darauf folgende wachsende Relevanz von Individuen und ihres rechtlichen Status für das Völkerrecht; immer häufigere Ausnahmen vom Prinzip der Nicht-Intervention in andere Länder oder der internationalen Gemeinschaft in die inneren Angelegenheiten eines Landes; die zunehmende Wichtigkeit globaler Märkte; die Tendenz einiger Staaten, bestimmte Angelegenheiten vor der internationalen Schiedskommission und nicht vor nationalen Gerichten zu verhandeln.

Der erste entscheidende Faktor für die Globalisierung des Rechts ist die Einführung und Verbreitung der Menschenrechte und die in der Folge wachsende Zentralität von Individuen und ihres rechtlichen Status für das Völkerrecht. Neben der Gründung der Vereinten Nationen und der »Allgemeinen Erklärung der Menschenrechte« durch die Generalversammlung im Jahr 1948 gibt es seit dem Zweiten Weltkrieg weitere Tendenzen, internationale Gerichte zu gründen, die nicht von nationalem Strafrecht und nationaler Strafgerichtsbarkeit abhängen. Internationale Gerichte urteilen beispielsweise in Fällen von Völkermord, Verbrechen gegen die Menschlichkeit und Kriegsverbrechen.

Ein zweiter Faktor ist der Trend, andere Länder oder die internationale Gemeinschaft in die inneren Angelegenheiten eines Landes eingreifen zu lassen. Was am Anfang eine Ausnahme war (etwa bei den Nürnberger und Tokioter Prozessen, bei denen die Kriegsverbrechen geahndet wurden, die politische und militärische Führer der besiegten Länder begangen hatten), hat zur Gründung des Internationalen Strafgerichtshofs geführt, der 1998 durch das Statut von Rom zur Aburteilung von Völkermord, Verbrechen gegen die Menschlichkeit, Angriffskriegen und Kriegsverbrechen geschaffen wurde. Auf ähnliche Weise ermöglicht die Europäische Menschenrechtskonvention von 1953 das Folgende: Verletzt einer der Mitgliedstaaten des Europarates diese Konvention und wurden alle nationalen rechtlichen Instanzen erfolglos durchlaufen, kann sich eine betroffene Person an die Europäische Kommission für Menschenrechte wenden; falls dies anschließend erforderlich ist, kann sie sich im Anschluss daran zudem an den Europäischen Gerichtshof für Menschenrechte in Straßburg wenden.

Das Wachstum von globalen Märkten ist ein weiterer Faktor, der bewirkt, dass das Recht von Nationalstaaten seine Steuerungsfähigkeit verliert. Wenn die Regelungen bezüglich des Kapitals, der Arbeit, des Umweltschutzes, des Steuerrechts oder die Normen gegen die Monopolbildung in einem Staat zu streng sind, tendieren transnational operierende Firmen dazu, einen anderen Produktionsstandort zu suchen. Der Nationalstaat hat nur beschränkte Fähigkeiten, sich gegen die Monopolbildung zu schützen, zu der es durch extraterritoriale Firmenfusionen zu Mischkonzernen kommt. Nationale Rechtsordnungen sind aber nicht nur begrenzt in der Lage dazu, globale Regelungen zu treffen, sondern sie sind selbst zu einem enorm wichtigen Faktor bei der Standortentscheidung von Unternehmen geworden (Voigt 1999/2000a, 17). Da die nationalen Rechtsordnungen in Wettbewerb mit anderen Global Players um den Zugang zu globalen Märkten von Gütern und Dienstleistungen treten, sehen sich die einzelnen Staaten dazu gezwungen, alles zu vermeiden, was ihre Situation im Kontext des globalen Wettbewerbs verschlechtern könnte.

Die Tendenz von Staaten, internationale Schiedsrichter und nicht nationale Richter über bestimmte Sachverhalte befinden zu lassen, macht den vierten Faktor aus, der zur wachsenden Bedeutung der Globalisierung des Rechts führt. Besonders im Rahmen des Handels- und Wirtschaftsrechts ist allmählich eine ›dritte Rechtsordnung‹ geschaffen worden, die das nationale und internationale Recht überschreitet, indem ein nicht-staatliches, in Musterverträgen dargestelltes Recht entwickelt wird, d. h. es werden optionale, dispositive Rechtsklauseln geschaffen, die es erlauben, die Rechtsordnung auszuwählen, die im Konfliktfall Anwendung findet, oder es ermöglichen, sich an internationale Schiedsgerichtshöfe zu wenden, deren Aufgabe das Lösen des erwähnten Konflikts ist.

Die Flexibilisierung der verbindlichen Kraft staatlicher Rechtsnormen ist eine andere Eigenschaft des globalisierten Rechts. Die graduelle Entkopplung der Rechtsproduktion von der Nationalstaatlichkeit ist die Bedingung für die Rechtsnormenerzeugung durch andere Akteure als die Staatsgewalt (Möllers 2001, 46). Die Globalisierung des Rechts führt zu einer Pluralisierung der Rechtsquellen. Globale Akteure, wie Unternehmen oder zu einem geringeren Grad auch Arbeitnehmervertretungen, werden zu Erzeugern von Rechtsnormen: Sie geben ihren Normen mehr Reichweite, als diejenigen des nationalen Rechts haben, oder verhindern auf diese Weise die Geltung des nationalen Rechts. Die Globalisierung des Rechts zeigt sich hier als eine Reaktion auf die Mobilisierung verschiedener gesellschaftlicher Bereiche (z. B. des Kapitals und der Arbeit), die sich an die Rechtsnormen flexibel anpassen.

Allgemeine Merkmale der Rechtsglobalisierung

Das Überschreiten der nationalen Grenzen durch das Recht ist in unterschiedlichen Bereichen des Rechts zu sehen. Das Hauptmerkmal des Entgrenzungsprozesses des Rechts besteht darin, dass die Normenerzeugung und -differenzierung, die sich auf das Staatsgebiet beschränkten, obsolet geworden sind. Dies gilt insbesondere im Bereich der Rechtsgeltung von Gesetzen, entweder weil ein Gesetz in einer bestimmten Rechtsordnung außerhalb der nationalen Grenzen hegemonial angewendet wird (wie es z. B. beim US-amerikanischen »Helms-Burton-Act« geschieht), oder weil das nationale Recht porös wird, wenn die Anwendung ausländischer Normen auf seinem Territorium durch eine ausländische Gerichtsbarkeit akzeptiert wird (wie es z. B. im *Lockerbie*-Fall geschehen ist).

Die Globalisierung des Rechts zeichnet sich dadurch aus, dass sie ein mehrdimensionaler Prozess ist, in dessen Verlauf das nationale Recht dem einheitlichen Weltrecht untergeordnet und zuletzt von diesem ersetzt wird, entweder durch die Durchsetzungskraft eines politischen Akteurs (wie z. B. bei Napoleon und dessen ›Ausfuhr‹ des französischen Rechts) oder durch den globalen Konsens der Staaten (wie etwa im Fall der Vereinten Nationen). Diese optimistische Version der Globalisierung des Rechts zieht die Bedeutung und Unverzichtbarkeit nationaler Rechtskulturen angesichts der Homogenisierung der nationalen Rechtskulturen nach globalen Standards in Zweifel. Eine skeptischere Version mit Blick auf die Möglichkeit, ein einheitliches Weltrecht zu erreichen, betont die Entstehung lokaler Trends, die parallel zur Globalisierung zu beobachten sind. Zygmunt Bauman beschreibt dies als eine Pendelbewegung oder eine »Glokalisierung« (Voigt 1999/2000a, 21).

Zur qualitativen Ausprägung von Rechtsglobalisierung

Die Veränderungen des Rechts bezüglich der normativen Gültigkeit von Normen jenseits des Nationalstaates haben zu einer qualitativen Veränderung des globalen Zusammenhangs geführt. Diese qualitative Veränderung zeigt sich noch nicht in der rechtlichen Entgrenzung der einzelnen Staaten. Es handelt sich dabei vielmehr um die Entstehung eines transnationalen und nicht-staatlichen Systems im Bereich des internationalen Handels, d. h. der sogenannten *lex mercatoria*. Die Erzeugung und Kodifizierung von konventionellen Normen für die privatrechtliche Schlichtung von Streitfällen im internationalen Handel sind ein prototypisches Beispiel für die qualitativen Auswirkungen der Globalisierung auf das Recht. Das Modell der *lex mercatoria* zeigt, wie die Wirksamkeit von Regelungen in internationalen Bereichen angesichts des Verlustes von Regelungsbefugnissen durch die Nationalstaaten (Albert 1999/2000, 125) zu gewährleisten ist. Zusätzlich zur Harmonisierung der Konfliktlösungsmechanismen im internationalen Handel hat die *lex mercatoria* die Besonderheit, dass ihr Gegenstand weitgehend privatrechtliche Vorschriften sind, die von privaten Akteuren, wie privaten Schiedsrichtern, Anwälten von Kanzleien oder Rechtsabteilungen großer transnationaler Unternehmen, gemacht werden. Es handelt sich dabei um keine geschlossene und vom Staat verbindlich und hierarchisch geordnete, etablierte Rechtsordnung, sondern um einen offenen und dynamischen juristischen Bereich, der in ständigem Kontakt mit der Praxis unterschiedlicher Rechtsbeziehungen steht.

Was in der Entwicklung des Rechts radikal neu ist und sich in der *lex mercatoria* zeigt, ist, dass das neue transnationale Recht die Antithese zur vorherigen theoretischen Konzeption darstellt, die sich an einer nationalen und souveränen Rechtsordnung ausrichtete. Es geht hier nicht nur um eine Entgrenzung des Rechts, sondern um eine Veränderung des Rechtsbegriffs selbst. Die Entstehung des transnationalen Rechts, das in der *lex mercatoria* festzustellen ist, widerspricht dem Prinzip der Einheit von Recht und Staat, so dass private Akteure das Recht in eine dezentralisierte Form umwandeln.

Besondere Auswirkungen der Rechtsglobalisierung auf verschiedene Rechtsbereiche

In Zeiten der Globalisierung pendelt das Völkerrecht zwischen zwei Extremen: seiner Privatisierung und seiner Konstitutionalisierung. Die Privatisierung des Völkerrechts ergibt sich als Konsequenz der Verlagerung der Normenproduktion und -anwendung auf private internationale Akteure (internationale Schiedsgerichte) oder auf zwischenstaatliche Akteure (GATT, WTO). Dies hat zur Folge, dass die einzelstaatlichen Demokratien ihren Einfluss auf die Regeln des internationalen Handels verlieren.

Im Bereich des Privatrechts haben das internationale Wirtschaftsrecht sowie das internationale Handelsrecht das Vertragssystem der Welthandelsorganisation (WTO) übernommen. Dieses System setzt sowohl einen Rahmen für den Schutz des weltweiten Güter- und Dienstleistungshandels, und es liefert auch die rechtlichen Mittel, die die Stabilität des globalen Finanzsystems (IWF, WB) gewährleisten. Die Entwicklung eines globalen Marktes mit globalen Regeln gegen Wettbewerbsbeschränkungen ist nicht frei von Schwierigkeiten. Heutzutage werden die erforderlichen Regelungen von drei großen nationalen bzw. kontinentalen Regulierungsmächten (Brüssel, Washington und Tokio) informell festgelegt (Bothe 2008, 236). Nicht-staatliche, durch transnationale Körperschaften vertretene Akteure versuchen, unter einheitlichen Bedingungen mit Nationalstaaten zu interagieren, die ihre Exklusivität als Subjekte des internationalen Rechts nicht aufgegeben haben. Eine weitere Herausforderung für die Regulierung der Wirtschaft und des internationalen Handels ist die anhaltende Ungleichheit und Armut.

Die Notwendigkeit eines internationalen Sozialversicherungssystems führte am Ende des Ersten Weltkrieges zur Gründung der Internationalen Arbeitsorganisation (ILO), zu der es gleichzeitig mit der Etablierung des Völkerbundes kam. Die Schaffung von globalen Gesetzen auf dem Gebiet der Arbeit ist ein hervorragendes Beispiel für die Partnerschaft zwischen den Mitgliedstaaten der Internationalen Arbeitsorganisation (ILO) und den Vertretern von Arbeitnehmern und Unternehmern. Die dreiteilige Struktur der Internationalen Arbeitskonferenz der ILO und die Anerkennung gleicher Rechte für alle Teile sind ein gutes Beispiel für Integration von nicht-staatlichen Organisationen in Einrichtungen globaler Rechtsproduktion. Das globale System zum Arbeitsschutz und das Sozialversicherungssystem hängen bis heute von den Nationalstaaten ab, die als einzige Akteure über die finanzielle Fähigkeit verfügen, sie zu unterstützen (Bothe 2008, 237).

Im Bereich des Völkerrechts lassen sich die Auswirkungen der Globalisierung des Rechts vor allem im Umweltrecht, bei den Menschenrechten, in der Konstitutionalisierung des Völkerrechts und im Strafrecht spüren.

Seit den 1970er Jahren hat sich das internationale System zum Umweltschutz entwickelt. In den 1990er Jahren stellte das Kyoto-Protokoll den größten internationalen Versuch dar, eine Vertragsordnung zum Schutz der Umwelt und zur Kontrolle der Umweltverschmutzung durch alle beteiligten Staaten, vor allem die Industrieländer zu schaffen. Der Druck, den nicht-staatliche Akteure und zivile Organisationen zum Schutz des Rechts auf eine gesunde Umwelt ausgeübt haben, hat eine wichtige Rolle bei der fortschreitenden Sensibilisierung der Regierungen aller Länder für das Problem der Zerstörung der Ökosysteme und der globalen Erwärmung gespielt. Die ›flexiblen‹ Mechanismen zur internationalen Emissionskontrolle, die im Kyoto-Protokoll festgelegt wurden, führen allerdings zu noch ungewissen Ergebnissen.

Der internationale Schutz der Menschenrechte gilt als Beispiel schlechthin für die Globalisierung des Rechts (Schünemann 2004, 144). Die seit den 1990er Jahren bestehende Möglichkeit der Opfer von Menschenrechtsverletzungen, sich unmittelbar an internationale Gerichte – wie den Europäischen Gerichtshof für Menschenrechte (EuGHMR) – über die Europäische Menschenrechtskonvention (EMRK) oder den Internationalen Strafgerichtshof (IStGH) zu wenden, falls sie keine Antwort auf ihre Forderungen nach Gerechtigkeit im nationalen System bekommen, ist ein gutes Beispiel von einem Völkerrecht, das als eine komplexe Mehr-Ebenen-Struktur zu verstehen ist (Vierck 2008, 247–248).

Die Konstitutionalisierung des Völkerrechts entspricht wiederum einer Reaktion auf die wachsende Verknüpfung der staatlichen Regierungssysteme über ein Völkerrecht, das sich immer mehr vom Willen der einzelnen Staaten emanzipiert (vgl. Bogdandy 2003, 864). Die sogenannte ›Konstitutionalisierung des Völkerrechts‹ ist ein Instrument, um diktatorische Herrschaft zu bekämpfen, den demokratischen Rechtsstaat zu schützen und Rechtsgrundsätze (insbesondere die Menschenrechte) so zu etablieren, dass sie über der legislativen Souveränität stehen. Die wachsende Vernetzung der Welt ermöglicht die Demokratisierung verschiedener Regierungssysteme sowie den Schutz der Menschenrechte und der Demokratie durch Interventionen – sogar militärischer Art – mit Unterstützung des Völkerrechts. Das aus dem Völkerbundspakt resultierende Kriegsverbot, das nach dem Ersten Weltkrieg erlassen wurde, stellt einen qualitativen Sprung in der Entwicklung des Rechts dar (Habermas 2004, 155). Seit der Unterzeichnung der ›Charta der Vereinten Nationen‹ im Jahr 1945 ist die Abschaffung der Militärgewalt zur Hauptaufgabe der Vereinten Nationen geworden. Auch die Verrechtlichung der Gewaltanwendung, welche die bewaffneten Konflikte regelt (Genfer Abkommen), die Konventionen zur Kontrolle konventioneller Waffen und das Verwendungsverbot von nicht-konventionellen Waffen (chemischen und biologischen Waffen, Anti-Personen-Minen) sind neue Entwicklungen, die die bedeutende Rolle des Völkerrechts bei der Etablierung des ewigen Weltfriedens gefördert haben.

Internationale Interventionen zur Verbrechensverfolgung über Grenzen hinweg bringen allerdings Schwierigkeiten mit sich, wie die Einigung über grenzüberschreitende Verbrechen gegen die Menschheit belegt, die traditionelle kulturelle Praktiken nicht umfasst (z. B. Frauenbeschneidung). Ein anderes Problem sind die selektiven Interventionen in andere Länder zu humanitären Zwecken, wie die politische Entscheidung der NATO im Kosovo-Krieg 1999. Die Fragmentierung der transnationalen Rechtsordnung, nicht nur auf der Ebene der Normenproduktion von hoch komplexen Rechtssystemen mit der Beteiligung nicht-staatlicher Akteure (Kyoto-Protokoll, Statut von Rom zur Gründung des Internationalen Strafgerichtshofs), sondern auch auf der Ebene der Rechtsanwendung (internationale Gerichtshöfe, Schiedsgerichte, Mechanismen zur Lösung im Streitfall um das Seerecht etc.), hat zur Folge, dass die Rechtsadressaten unvereinbaren Verhaltensnormen folgen müssen, ohne dass mit einer internationalen Organisation zu rechnen ist, die solche Unvereinbarkeiten löst.

Ein weiteres Zeichen für Auswirkungen der rechtlichen Globalisierung auf internationale Organisationen ist die wachsende Forderung nach der Demokratisierung ihrer Führungsorgane und Verfahren, was zum Beispiel für die Vereinten Nationen gilt.

Probleme und Diskussionen der Auswirkungen der Globalisierung auf das Recht sowie des Rechts auf andere soziale Bereiche

Die Globalisierung des Rechts zieht nicht nur die Geltung der nationalen Rechtskultur und ihre Aufrechterhaltungsmöglichkeiten angesichts des Faktums der rechtlichen Homogenisierung auf supranationaler Ebene in Zweifel. Die Globalisierung des Rechts fördert auch lokale Trends (Glokalisierung), d. h. ein ›lebendiges‹ Recht. Dieses Recht ist ein normativer Komplex, der durch vielfältige regionale und lokale Äußerungen und Dialekte zum Ausdruck kommt (Albert 1999/2000, 123). In ihrer radikalsten Form stellt die Entgrenzung des Rechts die zentrale Herausforderung eines sehr differenzierten Rechtssystems dar, das den Vergleich zwischen den nationalen Untersystemen verhindert.

Im anthropologischen Rahmen des Multikulturalismus kann diese Vergleichsherausforderung zu einer absoluten Unvergleichbarkeit zwischen verschiedenen Rechtssystemen werden, die die globalen Trends im Recht nicht einmal erkennen lassen. Der Grund dafür ist, dass es Rechtsbereiche in einigen Kulturen und Regionen der Welt gibt, die von westlichen Beobachtern nicht als Teile des Rechtssystems anerkannt werden (unter Verweis auf Lyotard: Albert 1999/2000, 128).

Aus einer anderen Perspektive, die sich auch auf anthropologische Forschung gründet, legt jedoch die Globalisierung des Rechts – verstanden als Glokalisierung – Nachdruck auf die Vielfältigkeit der Rechtskulturen auf lokaler und regionaler Ebene. Diese Rechtskulturen können auf einen gemeinsamen Nenner gebracht werden, der nur Kontaktpunkte zwischen ihnen identifizieren lässt, das heißt, die Einheit des globalen Rechts zeichnet sich durch ihre Vielfalt und ihre Unterschiedlichkeit aus. Ohne auf eine ›postmoderne‹ Konzeption der Globalisierung des Rechts zurückzugreifen, zeigt sich diese als eine Ära von »multiple networks of legal orders, of a constant interplay of local, national state law and world law« (Wilhelmsson zit. nach Albert 1999/2000, 129). Aus dieser Perspektive führt die Globalisierung des Rechts nicht zum Zusammenbruch der territorial eingegrenzten Rechtsordnungen, sondern zur Auflösung der Erwartungen an die soziale Ordnung, die auf der Konzeption der Weltrechtsordnungen und der Wirksamkeit der Rechtssysteme gründet.

Die Vorstellung eines umfassenden Rechtssystems mit großen internen Unterschieden lässt keine vielversprechende Zukunft einer Rechtseinheit in der Vielfältigkeit vorhersehen. Sowie die Entstehung und Vereinheitlichung eines transnationalen Rechts die Integration von Minderheiten und benachteiligten Gruppen in eine bestimmte Rechtsordnung ermöglichen, so können sie auch zu ihrer Ausgrenzung oder Ablehnung beitragen (Albert 1999/2000, 129). Ein Beweis dafür ist das Überlappen von verschiedenen nationalen Rechtsordnungen in Bezug auf die unterschiedliche Anerkennung der doppelten Staatsangehörigkeit im Kontext von ständiger internationaler Migration.

Politisch gesehen bedeutet die Konstitutionalisierung des Völkerrechts auf der einen Seite den Verzicht auf die Idee des traditionellen Völkerrechts als zwischenstaatliches und zur Regelung des Friedens geschaffenes Recht und auf der anderen Seite seine Ersetzung durch ein kosmopolitisches Recht, das die Individuen sowohl als Rechtssubjekte wie auch als Staatsbürger und Mitglieder einer kosmopolitischen Gemeinschaft betrachtet (Habermas 2004, 123). Die Konstitutionalisierung der internationalen Beziehungen bedeutet, die verschiedenen Rechtsordnungen den Grundprinzipien, insbesondere den Menschenrechten und den Regeln von Entscheidungsprozessen, zu unterwerfen. Aber in der post-nationalen kosmopolitischen Gesellschaft muss die Legitimität durch technische Rechtsmechanismen nicht mehr in souveräner Ausübung nationaler Bevölkerungen erreicht werden, sondern, nach den Kriterien von Frieden, Schutz gegen Gewalt, finanziellem Wohlstand, Verteilungsgerechtigkeit, Umweltschutz und des Schutzes der Interessen künftiger Generationen in einem Netzwerk von nicht-staatlichen Akteuren (Bothe 2008, 241). Diese Entwicklung des Völkerrechts nach republikanischen Prinzipien zu einem globalen kosmopolitischen Recht (Kant 1964, 213) fordert ein Wiederaufwerfen der Frage nach der staatlichen Souveränität und deren Ergänzung durch eine nicht-staatliche Weltinnenpolitik, die mit der Bewahrung des Friedens und der Achtung vor den Menschenrechten beauftragt wird.

Literatur

Albert, Mathias: Entgrenzung und Globalisierung des Rechts. In: Voigt 1999/2000, 115–137.

Anderheiden, Michael/Huster, Stefan/Kirste, Stephan (Hg.): *Globalisierung als Problem von Gerechtigkeit und Steuerungsfähigkeit des Rechts.* Stuttgart 2001.

Bogdandy, Armin von: Demokratie, Globalisierung, Zukunft des Völkerrechts – eine Bestandsaufnahme. In: *Zeitschrift für ausländisches öffentliches Recht und Völkerrecht* 63. Jg. (2003), 853–877.

Bonß, Wolfgang: Globalisierung unter soziologischen Perspektiven. In: Voigt 1999/2000, 39–68.

Bothe, Michael: Wandel des Völkerrechts – Herausforderungen an die Steuerungsfähigkeit des Rechts im Zeitalter der Globalisierung. In: *Kritische Vierteljahresschrift für Gesetzgebung und Rechtswissenschaft* 3. Jg. (2008), 235–246.

Habermas, Jürgen: *Der gespaltene Westen.* Frankfurt a. M. 2004.

Härtel, Ines: Globalisierung des Rechts als Chance? Zum Spannungsverhältnis von Umweltvölkerrecht und Welthandelsrecht. In: *Jahrbuch des Umwelt- und Technikrechts 2008.* Berlin 2008, 185–224.

Kant, Immanuel. Zum ewigen Frieden. In: Ders.: *Werke in 6 Bänden.* Bd. VI. Darmstadt 1964, 195–251.

Möllers, Christoph: Globalisierte Jurisprudenz – Einflüsse relativierter Nationalstaatlichkeit auf das Konzept des Rechts und die Funktion seiner Theorie. In: Anderheiden et al. 2001, 41–60.

Röhl, Klaus F.: Das Recht im Zeichen der Globalisierung der Medien. In: Voigt 1999/2000, 93–137.

Rosenkranz, Rolf: Der Wandel der materiellen Grundlagen des Rechts im Zeitalter der Globalisierung. In: Dirk Fischer (Hg.): *Transformation des Rechts in Ost und West.* Berlin 2006, 611–633.

Schünemann, Bernd: Globalisierung als Metamorphose oder Apokalypse des Rechts? In: *Recht und Politik* (ARSP BEIHEFT 93). Stuttgart 2004, 133–156.

Stober, Rolf: *Globales Wirtschaftsverwaltungsrecht. Eine wirtschaftsrechtsprinzipielle Antwort auf die Globalisierung der Wirtschaft.* Köln/Berlin/Bonn/München 2001.

Teubner, Gunther (Hg.): *Global Law without a State.* Aldershot, UK/Brookfield, USA 1997.

–: Globale Zivilverfassungen: Alternativen zur staatszentrierten Verfassungstheorie. In: *Zeitschrift für ausländisches öffentliches Recht und Völkerrecht* 63. Jg. (2003), 1–28.

Vierck, Leonie: Das Völkerrecht als komplexe Mehr-Ebenen-Struktur. In: *Kritische Vierteljahresschrift für Gesetzgebung und Rechtswissenschaft* 3. Jg. (2008), 247–264.

Voigt, Rüdiger (Hg.): *Globalisierung des Rechts.* Baden-Baden 1999/2000.

–: Globalisierung des Rechts. Entsteht eine »dritte

Rechtsordnung«? In: Voigt 1999/2000, 13–36 (=1999/2000a).

Ziegert, Klaus A.: Globalisierung des Rechts aus der Sicht der Rechtssoziologie. In: Voigt 1999/2000, 69–92.

Zolo, Danilo: *Los señores de la paz. Una crítica del globalismo jurídico.* Madrid 2005.

Rodolfo Arango

4. Sozialverhältnisse

Die kapitalistische Expansion

Die gesellschaftstheoretisch bedeutungsvollen Prozesse, die seit den 1980er Jahren als Globalisierung beschrieben werden, stellen eine neue Stufe der kapitalistischen Vergesellschaftung dar. Gerade deswegen müssen sie im Zusammenhang einer langen, Jahrhunderte währenden Dynamik gesehen und begriffen werden. Denn die Globalisierung gehört von Anbeginn der kapitalistischen Produktionsweise zur gesellschaftlichen Natur des Kapitals, durchläuft aber verschiedene progressive Stufen und Formen (vgl. Altvater 2005, 59 f.; Conert 1998).

Die Formen menschlichen Zusammenlebens waren kaum über längere Phasen ausschließlich lokal beschränkt. Menschen wandern seit zehntausenden Jahren auf der Erde. Archäologische Funde zeigen, dass es auch über weite Entfernungen hinweg einen regelmäßigen Austausch von Wissen, Techniken oder Gebrauchsgegenständen gab. Es gibt sogar Hinweise auf die Existenz von gewerblichen Manufakturen und auf einen regelmäßigen Fernhandel, der schon lange vor unserer Zeitrechnung stattfand. Es war eine gängige Praxis, dass Regionen und Menschen über weite Entfernungen hinweg erobert, ausgeplündert und auch langfristig zu Tributzahlungen oder Sklaverei gezwungen wurden. Solche Eroberungen, die am Ende zu großen Imperien führten, setzten zwar neue Eigentümer ein, also Machtgruppen, die sich den geringen, zumeist agrarischen Überschuss der Gesellschaft oder Menschen aneigneten. Doch blieben die sozialen Verhältnisse in den eroberten Gebieten bestehen, weil die Eroberer selbst keine andere Form der Produktion des gesellschaftlichen Lebens kannten oder sich mit den vorgefundenen Produktionsformen arrangierten. Es mochte auch vorkommen, dass sie sich den vorgefundenen Produktionsverhältnissen einfügten, um ihre Herrschaft erhalten zu können. Wenn die Formen des Eigentums, die Formen der Herrschaft oder der Religion – als eine Praxis kulturell-politischer Herrschaft – im Zuge der Eroberung dennoch verändert wurden, blieben die Möglichkeiten der Reichtumsaneignung auf diese Weise immer noch begrenzt und durch die äußeren Bedingungen einer weitgehend agrarischen und handwerklichen Produktion bestimmt.

Mit der kapitalistischen Expansion, wie sie allmählich seit dem 15. Jahrhundert von Europa, insbesondere den italienischen Stadtstaaten, ausgehend in Gang kam, setzte weltgeschichtlich eine neue Dynamik ein. Dies lassen ökonomische Indikatoren erkennen. Im Jahr 1000 unserer Zeitrechnung betrug das Bruttosozialprodukt pro Kopf in der Region der heutigen OECD-Länder (also Europa, Nordamerika, Australien, Japan; in Tab. 1 die Gruppe A) 405 Dollar, das der anderen Regionen (Lateinamerika, Osteuropa und Russland, Asien (mit Ausnahme Japans) und Afrika, in Tab. 1 die Gruppe B) 440 Dollar. Die Wirtschaftsleistung dieser Regionen war also zu diesem Zeitpunkt deutlich höher. Der Wendepunkt hat vor dem Jahr 1500 eingesetzt, und seitdem lässt sich eine sich beschleunigende Entwicklung der zunehmenden Ungleichheit feststellen.

Während in den Regionen des sogenannten globalen Südens bis in die erste Hälfte des 19. Jahrhunderts die Wirtschaftsleistung nur geringfügig zunahm, kommt es in den Zentren des Kapitalismus zu einer progressiven Akkumulation des ökonomisch messbaren Reichtums, so dass der Abstand zwischen beiden Regionen sich in den vergangenen fünfhundert Jahren stetig weiter vergrößert hat. Das bildet sich auch in der durchschnittlichen jährlichen Wachstumsrate ab. Sie lag für die Gruppe A im Zeitraum von 1820 bis 1998 bei 1,67, in der Gruppe der Länder des Südens bei 0,95 Prozent.

Sehr anschaulich wird diese Entwicklung auch am Beispiel einzelner Länder. Die folgende Tabelle zeigt nicht nur, wie überdurchschnittlich das Pro-Kopf-Wachstum in Großbritannien ausfiel, sondern auch,

dass eine relevante Zunahme des allgemeinen Reichtums in Indien überhaupt erst nach der Unabhängigkeit 1947 gelang.

Betrachtet man die ausländischen Investitionen Großbritanniens stichprobenartig im Jahr 1914, dann werden von den insgesamt 18,3 Mrd. Dollar 8,25 Mrd. in Nordamerika und Australien investiert, 3,68 in Lateinamerika, 2,87 in Asien, 2,37 in Afrika und nur 1,1 Mrd. in Europa (vgl. Maddison 2001, 99).

Die seit dem 15. Jahrhundert erfolgende beschleunigte wirtschaftliche Reichtumsakkumulation des Nordens und die dynamische Unterentwicklung des Südens haben wesentlich mit einer langanhaltenden Ausplünderung der Regionen des Südens zu tun. Dies gilt in mehrerlei Dimensionen: asymmetrische Handelsbeziehungen, die militärisch oder ökonomisch (durch niedrige Preise oder Freihandelsverträge) erzwungen werden; die Nutzung von landwirtschaftlichen Flächen für monokulturelle Massenproduktion (Gewürze wie Pfeffer, Zucker, Kaffee, Kakao, Kautschuk, Bananen, Soja, Fleisch); direkter Diebstahl von für wertvoll gehaltenen Edelmetallen wie Gold, Silber oder Diamanten; Aneignung von Rohstoffen (Metalle oder, aktueller, genetische Ressourcen); lebendiges Arbeitsvermögen in der Gestalt der Sklaverei oder billiger Lohnarbeitskräfte. Zudem werden die Regionen des Südens als Senken für den Abfall des Nordens genutzt, oder die Staaten mit billigen Krediten verschuldet, um sie langfristig abhängig zu machen. Zwei historische Beispiele mögen dies deutlich machen.

– In den dreihundert Jahren zwischen 1500 und

	1000	1500	1600	1700	1820	1998
Gruppe A	405	704	805	907	1130	21470
Gruppe B	440	535	548	551	573	3102

Tab. 1: Bruttosozialprodukt pro Kopf, 1000–1998 (in internationalen Dollar auf der Grundlage von 1990; nach Maddison 2001, 46)

	1500	1700	1820	1913	1950	1998
Großbritannien	762	1405	2121	5150	6907	18714
Indien	550	550	533	673	619	1746

Tab. 2: Bruttosozialprodukt pro Kopf in Großbritannien und der früheren Kolonie Indien 1500–1998 (nach Maddison 2001, 90)

1800 wurden von Amerika nach Europa 2.708 Tonnen Gold und 22.825 Tonnen Silber transferiert. Von Europa aus wurde mit diesen Edelmetallen selbst wieder weiter gehandelt (vgl. Maddison 2001, 64 f.).

– Zwischen 1701 und 1800 gab es einen umfangreichen Handel mit Sklaven aus Afrika, der auf der einen Seite die dortige Wohlfahrtsentwicklung beeinträchtigte, den Sklavenhändlern und den die Sklaven nutzenden Unternehmern in Amerika und Europa auf der anderen Seite große Gewinne brachte. Englische Schiffe brachten 2,5 Mio. Sklaven über den Atlantik, portugiesische 1,7 Mio., die Frankreichs 1,18 Mio., die der Niederlande 351.000 und die Nordamerikas 194.000. Insgesamt handelte es sich um 6,132 Mio. Menschen, die in diesem Jahrhundert als Menschenware über den Atlantik transportiert wurden. Auch nachdem Großbritannien 1833 die Sklaverei aufhob, wurde von britischen Unternehmen weiter mit Sklaven gehandelt (vgl. Maddison 2001, 58, 73).

Die kapitalistische Produktionsweise und die Schaffung einer globalen Klasse von Lohnabhängigen

Entscheidend in diesem Gesamtprozess der gewaltsamen Eroberung, der Kolonisierung, des Handels und schließlich der grundlegenden Dynamik zunehmender Ungleichheitsentwicklung dürfte sein, dass er mit dem historisch neuen, kapitalistischen Produktionsverhältnis verbunden war. Es bildete sich in mehreren Phasen eine Form der Produktionsweise heraus, deren Grundlage nicht die Befriedigung von Bedarf ist, sondern die Erzeugung von Reichtum um des Reichtums willen, und die die Tendenz beinhaltet, dass die Akteure sich bemühen, sich von den konkreten Bedingungen von Zeit, Raum und sozialen Verhältnissen abzulösen. In ihrer reinsten Form soll Geld mehr Geld erzeugen – ideologisch heißt das: ›Geld arbeitet‹.

Um diese Dynamik zu verstehen, ist es notwendig, kurz zu erläutern, was das Besondere der kapitalistischen Produktionsweise ist. Historisch neu ist, dass Menschen vollständig die Mittel verlieren, die sie zur Erzeugung ihres Lebensunterhalts besitzen: also Land oder Werkzeuge. Sie werden freigesetzt durch private und staatliche Gewalt oder ökonomischen Druck, es entsteht die moderne Form der Lohnarbeit. Die Individuen verfügen nur noch über ihre Arbeitskraft, also durch Ausbildung mehr oder weniger entfaltete körperliche oder intellektuelle Fähigkeiten. Diese Fähigkeiten können sie auf einem Markt für Arbeitskraft anbieten. Obwohl es nach wie vor Sklavenarbeit in verschiedenen Formen wie Schuldabhängigkeit oder Zwangsprostitution gibt, gelten die Arbeitskräfte in der kapitalistischen Gesellschaft in der Regel als freie und gleiche Individuen, die aus freier Entscheidung einen Arbeitsvertrag eingehen. Im Prozess der Herausbildung der modernen Produktionsweise hat es in Europa mehrere Jahrhunderte gedauert, bis Menschen in dieser Weise ihrer unmittelbaren Subsistenzmittel enteignet waren.

In vielen Regionen hat sich in den vergangenen Jahrzehnten dieser Prozess wiederholt und verläuft oftmals sehr schnell. Bäuerliche und subsistenzwirtschaftliche Produktionsformen geraten in die Krise, so dass Menschen gezwungen sind, vom Land in die Städte abzuwandern und sich der Form der freien Lohnarbeit zu unterwerfen. Aufgrund der zunehmenden kapitalistischen Entwicklung von China oder Indien sind heute so viele Menschen proletarisiert wie noch in keiner früheren Phase der Geschichte des Kapitalismus. Der Arbeitsmarkt kann in hohem Maße verrechtlicht und vermachtet sein, so dass es zu verbindlichen Vereinbarungen zwischen Kapitaleignern und Lohnarbeitenden kommt; die Macht kann, wie in freien Produktionszonen, sehr asymmetrisch zugunsten der Kapitalseite wirken, auch wenn es in solchen Fällen noch eine gewisse minimale Kontrolle durch Standards gibt, die von der Internationalen Arbeitsorganisation festgelegt sind; im informellen Sektor hingegen sind Lohnarbeitskräfte vielfach weder durch eigene Organisationen noch durch staatliche Regelungen geschützt. Für die Form der kapitalistischen Vergesellschaftung ist es von größter Bedeutung, dass viele Menschen dieser Existenzform der freien Lohnarbeit auch dann noch unterworfen bleiben, wenn ihr viele zu entkommen suchen, indem sie entweder Staatsbeamte werden, was ihnen zwar keine Produktionsmittel verschafft, aber eine gewisse Sicherheit vor den Risiken des Marktes, oder indem sie selbständig werden, um sich vor der Willkür derjenigen zu schützen, die über die Produktionsmittel verfügen.

Ein zweites Merkmal der kapitalistischen Produktionsweise ist die Tatsache, dass Privateigentümer Waren für einen anonymen Markt herstellen lassen. Für die Lohnarbeitenden ist es gleichgültig, was sie produzieren. Sie tun dies nicht für ihren unmittelbaren Bedarf – im Unterschied zu früheren Produktionsformen –, sondern allein für den Verkauf auf dem Markt. Nicht sie verfügen über das Produkt, sondern der Eigentümer der Produktionsmittel. Da von Privaten für einen anonymen Markt produziert wird, wissen die Hersteller nicht, ob ihre Waren auf dem Markt überhaupt benötigt werden und sie Käufer finden werden. Es könnte auch sein, dass ein anderer Hersteller derselben Ware diese günstiger herstellen und damit den Preis senken und andere Anbieter verdrängen kann. Dies hat zur Folge, dass die menschliche Arbeitskraft, die bei der Herstellung in die Produkte eingegangen ist, unnötigerweise verausgabt wurde. Dies führt regelmäßig zu Krisen in kapitalistischen Gesellschaften. Es kommt zu einer Überproduktion von Gütern. Mit der Erwartung, ihre Waren am Markt verkaufen zu können, wenn sie produktiver hergestellt werden, werden in der Konkurrenz der Einzelunternehmen immer wieder Produktions- und Verteilungskapazitäten sowie Infrastrukturen geschaffen, die sich später als überflüssig erweisen. So wird angenommen, dass in der weltweiten Automobilindustrie eine Überkapazität von etwa 34 Mio. Autos besteht; das entspricht der Produktion von etwa 100 Fabriken (vgl. Sablowski 2009, 122). Das wissen alle Beteiligten, die den Markt ja genau beobachten. Allerdings können sie nur bei Strafe des eigenen Untergangs darauf verzichten, weitere Autos zu bauen und dafür die Produktionsprozesse zu reorganisieren und in neue Technologien zu investieren, die sie wenigstens kurzzeitig ihren Konkurrenten überlegen machen. Das dies aber im Kampf um Marktanteile alle machen, entstehen auf neuer Stufenleiter immer wieder neue Überkapazitäten. Da unter kapitalistischen Bedingungen auch das Arbeitsvermögen der Individuen eine Ware ist, hängt es vom Markt ab, ob ihre Arbeitskraft, ihre körperliche oder intellektuelle Fähigkeit, nachgefragt wird. Das Schicksal der Individuen hängt also in modernen, kapitalistischen Gesellschaft nur im kleineren Maße von der Natur ab und wird maßgeblich von den Dynamiken an den Märkten bestimmt. Die Märkte überlagern auch natürliche Vorgänge: Fällt die Ernte in einer Region der Erde schlecht aus, kann dies durch weltweiten Handel und staatliche oder private Vorratsbildung kompensiert werden. In diesem Fall hängt der Ausgleich aber von der Kaufkraft oder der Kreditwürdigkeit eines Landes ab. Umgekehrt werden solche Staaten, die ein Überangebot an landwirtschaftlichen Produkten haben, diese zu vergleichsweise niedrigeren Preisen auf den Markt bringen – wie das für den Export von Nahrungsmitteln aus den USA oder der EU nach Afrika gilt – und dort die Grundlage für lokale Produzenten zerstören, so dass auf diese Weise Unterentwicklung, Arbeitslosigkeit, Armut und Hunger entstehen oder verstärkt werden. Seit der Finanzkrise 2008 wird Spekulation in Rohstoffen beobachtet. In diesem Fall werden von Staaten wie Russland oder Getreidegroßhändlern die Getreide zurückgehalten, um auf ein Ansteigen der Preise zu spekulieren. In ähnlicher Weise gelten beide Dynamiken – also Überangebote schaffen und Produzenten zerstören oder Produkte verknappen, um ihren Preis spekulativ zu manipulieren – für alle Produkte und geben denjenigen mit der größeren Zahlungsfähigkeit und den produktiveren Produktionsmethoden bessere Chancen und mehr Macht, das Marktgeschehen in ihrem Sinn zu bestimmen.

Der Eintritt der Menschheit in ihre weltgeschichtliche Phase

Mit der kapitalistischen Produktionsweise und der von ihren herrschenden Kräften geschaffenen bürgerlichen Gesellschaft tritt die Menschheit weltgeschichtlich in eine neue Phase ein. Denn der Kapitalismus durchdringt die regionalen Formen des Zusammenlebens, formt sie um und beseitigt, wo notwendig, die lokalen Besonderheiten. Von Europa und den USA ausgehend, werden die Menschen sich der Tatsache bewusst, dass sie die *eine Menschheit* bilden, dass sie eine Geschichte teilen, gemeinsam auf dem Planeten leben und ihre Lebensformen in einer wechselseitigen Abhängigkeit zueinander stehen.

Einer der ersten, der den geschichtlichen Verlauf derart gedeutet hat, dass es sich um einen von der Natur verfolgten Plan handelt, der zu einem weltbürgerlich-aufgeklärten Zustand führen sollte, in dem die Menschen friedlich miteinander leben würden, war Kant. An ihn konnte Marx anschließen: »Je weiter sich im Laufe dieser Entwicklung nun die einzelnen Kreise, die aufeinander einwirken, ausdehnen, je mehr die ursprüngliche Abgeschlossenheit der einzelnen Nationalitäten durch die ausgebildete Produktionsweise, Verkehr und dadurch naturwüchsig hervorgebrachte Teilung der Arbeit zwischen verschiedenen Nationen vernichtet wird, desto mehr wird die Geschichte zur *Weltgeschichte*, so dass z.B., wenn in England eine Maschine erfunden wird, die in Indien und China zahllose Arbeiter außer Brot setzt und die ganze Existenzform dieser Reiche umwälzt, diese Erfindung zu einem weltgeschichtlichen Faktum wird […]. Hieraus folgt, daß diese Umwandlung der Geschichte in *Weltgeschichte* nicht etwa eine bloße abstrakte Tat des ›Selbstbewußtseins‹, Weltgeistes oder sonst eines metaphysischen Gespenstes ist, sondern eine ganz materielle, empirisch nachweisbare Tat, eine Tat, zu der jedes Individuum, wie es geht und steht, ißt, trinkt und sich kleidet, den Beweis liefert.« (Marx/Engels 1969, 46; Herv. AD) Marx und Engels wenden die Vernunftmetaphysik Kants ins Materialistische: »Die Tendenz den Weltmarkt zu schaffen, ist unmittelbar im Begriff des Kapitals selbst gegeben. Jede Grenze erscheint als zu überwindende Schranke.« (Marx 1983, 321) Jenseits jeder Geschichtsphilosophie geht es demnach darum, die gesellschaftlichen Verhältnisse unter dem Gesichtspunkt zu analysieren, ob sich, in und durch die sozialen Kämpfe hindurch, eine reale historische Tendenz zur weltbürgerlichen Gesellschaft, also zur Überwindung aller die Menschen trennenden Grenzen finden ließe. Die Tatsache, dass das Kapital diesen Prozess in Gang setzt, halten Marx und Engels für eine bedeutende zivilisatorische Leistung; dass alles – und bis auf den heutigen Tag – gewaltsam und ausbeuterisch geschieht, gab ihnen den Grund, für eine schnelle Überwindung dieser Art der Logik der Vergesellschaftung zu plädieren, so dass die Menschheit in eine versöhnte und von ihr selbst bestimmte Form des Zusammenlebens übergehen könnte.

In diesem Prozess der kapitalistisch betriebenen Weltvergesellschaftung gibt es einen bemerkenswerten Einschnitt, der sich in mehreren Schritten und im Wesentlichen seit Ende des Zweiten Weltkrieges vollzogen hat. Über Jahrhunderte war der Kapitalismus gekennzeichnet von einer Zweiteilung des Globus in die großen kapitalistischen Zentren, die Imperien, die sich den Reichtum der Erde aneigneten, und das Land, das niemandem zu gehören schien und deswegen besiedelt und unterworfen werden konnte. Jene Zentren nahmen in Anspruch, den Menschen der kolonisierten Gebiete die Zivilisation und Kultur, den wahren Glauben sowie Entwicklung und Fortschritt zu bringen. Die jahrhundertelange Ausbeutungserfahrung führte zu vielen gewaltsamen Konflikten und mündete in antikoloniale Befreiungskriege, deren Endpunkt schließlich in den 1970er Jahren die Befreiung Vietnams, Angolas oder Mosambiks war. Von großer Bedeutung für diesen Prozess waren auch die Überwindung des Apartheidregimes in Südafrika und die Zurückdrängung der Vormachtstellung der USA sowie der hispanischen Minderheiten durch die indigene Bevölkerung in Ländern wie Bolivien oder Ecuador. Dies hat das Verhältnis zwischen den Ländern des reichen Nordens und des armen Südens verändert. Es kam zu formeller Unabhängigkeit der früheren Kolonialgebiete, und diese formierten sich als eigenständige Nationalstaaten. Insofern lässt sich davon sprechen, dass die Form des Nationalstaats eines der ersten gesellschaftlichen Verhältnisse war, das globalisiert und zu einem scheinbar alternativlosen Muster wurde, an dem sich Gesellschaften orientieren mussten, wenn sie sich als Völkerrechtssubjekte konstituieren wollten.

Der Nationalstaat

Es hat sich also in den vergangenen Jahrzehnten eine Vielzahl von Staaten gebildet, die sich wechselseitig als unabhängige, selbstbestimmte Völkerrechtssubjekte anerkennen. Gegenwärtig sind 192 Staaten bei den Vereinten Nationen und in ihren Unterorganisationen vertreten, schließen verbindliche Verträge ab, haben eine eigene Verwaltung, jeweils spezifische Formen politischer Herrschaftsausübung, ein eigenständiges Rechts- und Bildungssystem, eine Binnenwirtschaft, einen Außenhandel, zumeist eine eigene Währung, sind im Regelfall militärisch souverän und entscheiden über Infrastrukturen wie Straßenbau, Eisenbahnen oder Wasserwege, gesellschaftliche Entwicklungspfade etc. In vielen dieser Staaten besteht eine formale Demokratie und sind die Menschenrechte anerkannt. Das alles ist idealisierend gesagt, denn real verhält es sich sehr oft völlig anders. In vielen Staaten kontrolliert die Zentralregierung nicht das Territorium, weil sie nicht über die Verwaltung und Infrastrukturen verfügt oder die organisierte Kriminalität oder lokale Mächte sehr stark sind. Staaten entscheiden nicht über den militärischen Ernstfall, sondern tun dies im Rahmen eines Verteidigungsbündnisses oder haben dazu nicht die Fähigkeit, weil die Regierung nicht entscheidungsfähig ist oder keine militärische Macht hat. Die formelle und die reale Währung können in einem Land voneinander abweichen, so dass zwar vielleicht eine Landeswährung existiert, real aber bspw. der Dollar die reale Währung ist. Im Fall der unabhängigen Staaten des Südens haben viele Länder nicht die materiellen Ressourcen oder die entsprechend geschulten Individuen, um überhaupt staatliche Entscheidungen vorzubereiten, zu planen, umzusetzen und auf Dauer aufrechtzuerhalten. Verwaltungsaufgaben werden deswegen oftmals internationalen Agenturen, Hilfswerken oder Nichtregierungsorganisationen überlassen. Auch Formen der ökonomischen oder ökologischen Selbstbeobachtung müssen solche Staaten Dritten überlassen. Hinzu kommt, dass die Länder des Nordens für ihre Hilfe die Mitsprache beanspruchen, sich also bei der Formierung des Rechtssystems, der Medien, der Bildungseinrichtungen, der politischen Institutionen massiv in die Gestaltung einmischen. Teilweise werden die Staaten direkt unter die Kontrolle mächtiger Staaten des Westens gestellt. Das gilt für Afghanistan, Bosnien oder den Irak.

Es ist auch noch ein weiterer Gesichtspunkt anzusprechen. Parallel zur Ausdehnung des Nationalstaatsprinzips kam es zur Entwicklung von überstaatlichen regionalen Einheiten (Nordamerikanische Freihandelszone, Mercosur), von denen die Europäische Union die am weitesten fortgeschrittene ist. Zudem hat sich eine Vielzahl von zwischenstaatlichen Organisationen wie die Vereinten Nationen, die Weltbank, der Internationale Währungsfonds oder internationale Standardisierungsagenturen gebildet, es gibt die Treffen der Regierungen wie G7, G8 oder G20 sowie die zahlreichen internationalen Regimes und Governance-Mechanismen, die oftmals das Recht haben oder sich es nehmen, die Politik der einzelnen Staaten zu kontrollieren, zu bewerten und in sie einzugreifen. Hinzu kommen eher informelle Treffen und Absprachen wie das Weltwirtschaftsforum in Davos oder zivilgesellschaftliche Organisationen wie das Rote Kreuz, Amnesty International, Greenpeace, Lions Club, Rotary International oder die Mont Pèlerin Society, die alle – wenn auch mit unterschiedlicher Macht – zu einer Vernetzung der politischen Prozesse und einer globalisierten Willensbildung beitragen. Dies alles spricht dafür, dass der Nationalstaat selbst nur eine besondere und eher untergeordnete Praxis politischer Globalisierung darstellt.

Gesellschaftliche Formierungsprozesse umfassen nicht allein rechtliche oder politische Verhältnisse, die von den Zentren aus in mehr oder weniger intensiver Form auf andere Gesellschaften ausgedehnt werden. Es handelt sich um ungleichzeitige Prozesse, in denen oftmals bestimmte ökonomische oder politische mit sprachlichen oder kulturellen Prozessen zusammengehen oder kulturelle Prozesse einen Vorlauf haben. Kulturelle Prozesse sollen hier in einem sehr umfassenden Sinn verstanden werden und schließen auch jeweils Elemente einer bestimmten westlichen, imperialen Lebensweise ein.

Die Dimension der globalisierten Wirtschaft

Der Prozess der Globalisierung ist also nicht allein das Ergebnis der Bildung eines internationalen Staatensystems, sondern ist Ergebnis umfassender vergesellschaftender Prozesse. Deren Dynamik geht nach wie vor von den klassischen Zentren des Kapitalismus aus, also von Nordamerika und Westeuropa. Allerdings konnte in den vergangenen Jahrzehnten Japan zu einem der führenden Industriestaaten aufsteigen. Die USA, Japan, Deutschland, Großbritannien und Frankreich hatten 2004 zusammen einen Anteil von 56,8 Prozent am Welt-Bruttoinlandsprodukt (vgl. BPB 2007). Seit den 1980er Jahren nahm das Gewicht einiger sog. Schwellenstaaten wie Süd-Korea, Thailand, Taiwan oder Singapur zu, in jüngerer Zeit gilt das auch für Brasilien, Südafrika, Indien und ganz besonders für China.

Globalisierung umfasst eine Vielzahl von Dimensionen. Das meint zunächst die Wirtschaft, die hier ebenfalls als ein gesellschaftliches Verhältnis verstanden werden soll. Wirtschaftlich kommt es seit den 1970er und 1980er Jahren hinsichtlich des Handels, der Wertschöpfungsketten, der Direktinvestitionen, der finanziellen Transaktionen zu Globalisierung. Der nominale Wert der exportierten Waren hat sich zwischen 1950 und 2004 auf neun Billionen US-Dollar verhundertachtzigfacht. Insbesondere seit 1980 ist eine deutliche Steigerung des Exports zu beobachten. Dabei spielen im Verhältnis Landwirtschafts- und Bergbauprodukte sowie Brennstoffe gegenüber Fertigwaren eine geringer werdende Rolle (vgl. BPB 2007). Der Ausdruck ›Globalisierung‹ legt allerdings eine falsche Assoziation nahe, da die Verflechtungen deutliche Schwerpunkte und Asymmetrien aufweisen. Denn der weltweite Ex- und Import ist auf drei Regionen konzentriert: Nordamerika, Europa und Ostasien.

Region	Import		Export	
	1980	2004	1980	2004
Nordamerika	216	1.109	205	581
Asien-Pazifik	193	863	190	1.134
West-Europa	335	984	263	1.017
Restliche Staaten	313	642	399	866

Tab. 3: Warenimporte und -exporte in Mrd. Dollar, nach Regionen (zit. nach BPB 2007)

Die Daten in Tabelle 3 lassen neben der Gewichtung des Welthandels auch Verlagerungen erkennen. Der ostasiatische Raum ebenso wie der Westeuropas haben deutlich an weltwirtschaftlichem Gewicht zugenommen. Beide Regionen tragen in besonderer Weise zum Export bei, Nordamerika – und hier insbesondere die USA – hat überproportional viele Waren importiert, während Lateinamerika, Afrika sowie große Teile Asiens weiterhin eine weltwirtschaftlich geringere Rolle spielen. Ungleichgewichte der Weltwirtschaft haben zugenommen und sich in der Weltwirtschaftskrise 2008/09 zur Geltung gebracht: die Verschuldung der Privathaushalte in den USA, die zunehmende Bedeutung vor allem Chinas in der Weltwirtschaft, die Abhängigkeit der Europäischen Union und insbesondere Deutschlands vom Export. Die Zahlen weisen also auf ein großes Maß an wirtschaftlicher Ungleichheit zwischen den Regionen hin.

Zur Lebenslage der Bevölkerung

Seit dem Ausbruch der Weltwirtschaftskrise 2008 haben sich für viele Länder die wirtschaftlichen Bedingungen deutlich verschlechtert. Die chinesischen Exporte gingen zurück, mindestens 25 Mio. Wanderarbeiter/innen verloren ihre Arbeit; im letzten Quartal 2008 wurden in Indien mehr als 500.000 Beschäftigte in der Exportindustrie arbeitslos; in Kambodscha mussten 49 von 307 Textilfabriken geschlossen werden, mehr als 60.000 Textilarbeiter/innen verloren ihren Job, das sind 18 Prozent der Beschäftigten in diesem Sektor (vgl. Martens/Schultheis 2010, 15 f.). Mit der Arbeitslosigkeit gehen auch Rücküberweisungen von Arbeitsmigranten an ihre Familien zurück, viele Arbeitsmigranten verlieren mit ihrem Arbeitsplatz zudem ihr Aufenthaltsrecht

und sind zur Rückkehr in ihre Herkunftsländer gezwungen.

Doch wie auch in früheren Krisen stellt sich die Frage danach, wen sie trifft. Zwar hat die Krise kurzzeitig auch das Vermögen der Reichsten vermindert: »Mit insgesamt 1125 gab es 2008 179 Milliardäre mehr als 2007, und im Schnitt waren sie mit 3,9 Mrd. Dollar um 250 Mill. reicher als 2007. Insgesamt besaßen sie 4387,5 Mrd. Dollar. Die Top 20 wurden durchschnittlich in beiden Jahren jeweils um 3,3 Mrd. Dollar reicher. 2009 gab es ›nur‹ noch 793 Milliardäre (–30 %). Im Durchschnitt verloren sie 23 % und besitzen (März 2009) 3 Mrd. Dollar.« (Eißel 2010) Doch faktisch trägt die Krise zu einer sozialen Polarisierung bei. Während die Armen ärmer werden, nahm die Zahl der Millionäre zu. Im Jahr 2009 gab es 11,2 Mio. Millionärshaushalte, 14 Prozent mehr als 2008. Auch das ihnen zur Verfügung stehende Vermögen wuchs: »Insgesamt stiegen die Vermögenswerte von Privatanlegern, die in Aktien, Anleihen, Fonds oder in Bargeld investiert sind, [im Jahr 2009] um 11,5 Prozent auf 111,5 Billionen Dollar. Damit ist der Ende 2007 erzielte Rekordstand von 111,6 Billionen Dollar nahezu wieder erreicht. Europa blieb dabei die reichste Region. Mit 37,1 Billionen Dollar entfiel auf Europa ein Drittel des weltweit verwalteten Vermögens. Die Summe übertraf sogar das Niveau vor der Finanzkrise. Relativ gesehen, wuchsen die privaten Vermögenswerte in der Asien-Pazifik-Region jedoch am stärksten.« (*FAZ*, 11.6.2010)

Die Regionen selbst aber sind in sozialer Hinsicht keineswegs homogen, sondern durch deutliche soziale Ungleichheiten und Widersprüche gekennzeichnet. Weltweit gab es 2005 1,375 Mrd. arbeitende Personen in Haushalten mit weniger als 2 US-Dollar pro Tag. Die große Mehrheit davon lebt in Südasien, Ostasien und im subsaharischen Afrika. Weltweit stieg die Zahl der Hungernden von 845,3 Mio. in der Periode 1990 bis 1992 auf 1002 Mio. im Jahr 2009. In den USA galten 2004 etwa 17,6 Mio. Menschen als ›working poor‹, also als Menschen, die zwar arbeiten, aber damit ihre Existenz nicht sichern können; 2003 galten in der Europäischen Union 15 Prozent der Bevölkerung als von Armut bedroht. In Lateinamerika verfügen 25 Prozent der Bevölkerung über 60 Prozent des Gesamteinkommens, 40 Prozent der Gesellschaft nur über 10 Prozent. In Deutschland besitzen die reichsten 10 Prozent der Bevölkerung 60 Prozent aller Vermögen, dieses Vermögen hat im Zeitraum 2002 bis 2007 um 10 Prozent zugenommen (vgl. Globale Trends 2007, 146, 176; Atlas der Globalisierung 2009, 69).

Arbeitslosigkeit, Armut und Hunger sind wiederum Ergebnis weltwirtschaftlicher Prozesse und Abhängigkeiten. Es wurde schon angesprochen, dass die Unternehmen aus den Ländern des Nordens ihre Produktion in einige Länder des Südens (Thailand, Brasilien, Mexiko, China) verlagern. Sie wollen aus Profitabilitätsgründen die Möglichkeit nutzen, dass die Lohnkosten niedrig, abgeschriebene Maschinen weiter nutzbar, die sozial-, arbeits- und umweltrechtlichen Standards gering sind und vom Staat aus Wettbewerbsgründen oftmals nicht durchgesetzt werden (können): Überausbeutung durch prekäre und informelle Beschäftigung, niedrige Löhne, überlange Arbeitszeiten, hohe Gesundheitsrisiken, Kinderarbeit sind ebenso wie die Behinderung der Bildung von Gewerkschaften und die gewalttätige Unterdrückung von Lohnabhängigen an der Tagesordnung. Verschärft wird die Situation durch die Zoll- und Subventionspolitik der Industrieländer, die die Wirtschaften der Länder des Südens schwächen, durch die Verdrängung von Lebensmittelanbau zugunsten der Erzeugung von Agrotreibstoff, der Flucht und Vertreibung vom Land (wegen Rohstoffausbeutung, Verkauf von Land an internationale Investoren oder hoher Kosten für Saatgut und Düngemittel).

Globalisierung von Transport und Verkehr

Mit der globalen Ausdehnung der Wertschöpfungsketten und des Handels kommt es auch zu einer Zunahme der Transporte. Die Luftfrachtmenge hat zwischen 1986 und 2003 von 5 Mio. auf 20 Mio. Tonnen zugenommen. Diese Transporte konzentrieren sich weitgehend auf zehn Staaten. Neue Transporttechnologien wie standardisierte Container erlauben eine Rationalisierung des Transports hinsichtlich der Umschlagzeiten und des benötigten Personals auf den Schiffen und an den Terminals.

Diese objektiven Zusammenhänge können sich den Menschen mit etwas Aufmerksamkeit erschließen, doch bleiben sie in mancher Hinsicht immer noch abstrakt und sind im Alltag nicht ohne Weiteres Gegenstand unmittelbarer Erfahrung. Allerdings gibt es Bereiche, in denen der Zusammenhang der Weltgesellschaft unmittelbar greifbar wird. Dazu ist das Phänomen des Tourismus zu zählen, der nicht nur ein wichtiger Faktor innerhalb der Weltwirtschaft darstellt, sondern auch ein kulturelles Phänomen. Die Zahl der weltweit einreisenden Touristen betrug 1950 25 Mio. Personen, 1990 waren es 441 Mio., 2004 dann 763 Mio. Ein Drittel dieser Touristen reiste in nur fünf Staaten ein (Frankreich, Spanien, USA, China und Italien). Die Einnahmen stiegen in dieser Zeit zwischen 1950 und 2004 von zwei auf 623 Mrd. US-Dollar.

Tourismus kann als eine Form von kurzzeitiger Migration verstanden werden, die erheblich zu Strukturveränderungen in Gesellschaften beitragen kann: Touristen verlagern Kaufkraft in erheblichem Umfang in Zielländer, für die der Tourismus zu einer wichtigen Einnahmequelle wird. Hier wiederum müssen Infrastrukturen in erheblichem Ausmaß für oftmals kurze, saisonale Nutzungszeiträume geschaffen werden (Flughäfen, Badeorte, Häfen, Skilifte, Hotels, Restaurants und Bars, Personal, Wasser- und Energieversorgung, Müllentsorgung, Shopping Malls).

Während Tourismus trotz erheblicher negativer Folgen selten umstritten ist, ist die Migration aufgrund von Arbeitssuche oder Flucht Gegenstand heftiger Konflikte. Dies betrifft in besonderem Maße die europäischen Staaten, in die viele Menschen aus den früheren Kolonialgebieten einwandern. Faktisch trägt auch die Migration, die aus ökonomischen, politischen oder kulturellen Gründen stattfindet, in bedeutender Weise zur Erfahrung der Weltgesellschaft bei. Denn Menschen kommen tatsächlich mit anderen Sprachen, Lebensgewohnheiten, Mustern der Geschlechtlichkeit, Religionen, Musik, Geschmacksrichtungen, Kleidungsstilen oder Ernährungsweisen in Berührung. Das, was vielen in den Einwanderungsländern im Urlaub noch als exotische Ausnahme erscheinen konnte, wird zum Bestandteil des

Alltags. Aber Migration hat nicht nur diesen kulturellen Aspekt, sondern ist mit prekären und informellen Arbeitsverhältnissen, mit politisch oder kulturell begründeter Verfolgung verbunden.

Die Repräsentationen der Weltgesellschaft und die globale Kommunikation

Für die Weltvergesellschaftung ist nicht nur die Verflechtung der Produktion, des Handels und des Transports von Bedeutung, die Erfahrungen des Reisens und der Migration. Wichtig ist auch die wissenschaftliche und alltägliche Repräsentation eben dieses Zusammenhangs. Der Globus wird von den Wissenschaften als ein Zusammenhang zur Erkenntnis gebracht. Sie tragen gemeinsam mit Politik oder Medien dazu bei, dass sich auch die Alltagsvorstellungen verändern und sich ein Selbstverständnis bilden kann, in einer Weltgesellschaft zu leben. Die Schlussfolgerung liegt nahe, dass, wenn alle Menschen an dieser Weltgesellschaft teilhaben, alle auch das Recht haben, über ihre weitere Entwicklung mit zu entscheiden. Vielleicht ist dieses Bewusstsein im Bereich der ökologischen Zusammenhänge am weitesten entwickelt, seitdem es 1992 die Weltumweltkonferenz in Rio de Janeiro gab und – im Anschluss daran – die CO_2-Emissionen und deren Folgen für das Weltklima vielfach Gegenstand von politischen Konferenzen, Nachrichten und sozialen Protesten wurden. Doch trotz einer breiteren öffentlichen Diskussion scheinen die Auswirkungen auf das alltägliche Verhalten gering. Zu den Formen, in denen sich die ›eine Welt‹ repräsentiert, können neben den Wissenschaften auch kulturelle Praktiken gehören, also Musik, Film, die Wetterberichterstattung, der Sport in Form von Olympischen Spielen oder Weltmeisterschaften.

Immer noch ist es möglich, dass im öffentlichen Bewusstsein nationalstaatlich verfasster Gesellschaften die Ansicht vorherrscht, sie seien keine Einwanderungsländer und die Migranten würden früher oder später wieder gehen. Der internationale Sport wird nach wie vor nach dem nationalstaatlichen Prinzip organisiert, obwohl doch viele Sportler/innen (wie im Fußball) auf einem transnationalen ›Arbeitsmarkt‹ tätig sind. Für die kulturelle Repräsentation ist entscheidend, wer diese Repräsentationen materiell ausarbeitet, wer also Musik, Bilder, Film, Literatur, Nachrichten, Kommunikation schafft. Auch in diesen Bereichen wiederholt sich das Mus-

ter der ungleichen Verteilung und Teilhabe sowohl an der Produktion als auch am Konsum. In den Industrieländern gab es 1996 auf 1000 Einwohner 1005 Radio- und 524 Fernsehgeräte, in Afrika waren es 264 Radio- und 35 Fernsehgeräte, in Osteuropa 412, resp. 228; auf 1000 Einwohner kamen in Europa 190 Tageszeitungen, in Afrika 16 (vgl. Globale Trends 2002, 183 f.). In den USA nutzten im Jahr 2005 68 Prozent der Bevölkerung das Internet, in Europa waren es 36 Prozent. Das bedeutet, dass 17,6 Prozent der Weltbevölkerung 52 Prozent der Internetnutzer stellen (vgl. Globale Trends 2007, 212 f.). 70 Prozent der Websites sind in den USA angesiedelt, lediglich 5 bis 10 Prozent des Inhalts sind nicht-westlichen Ursprungs. Arme und Menschen des Südens sind also auch in diesem neuesten globalen Kommunikationsmedium kaum repräsentiert. Die Weltwissens- und Informationsordnung ist also sehr ungleich und wenig demokratisch – zumal dort, wo der Zugang zu Medien vergleichsweise gut ist, diese hochgradig vermachtet sind und von wenigen Kapitaleignern (Springer, Murdoch, Berlusconi, Mohn) kontrolliert werden. Dies lässt sich durch die Zahlen zu Analphabetismus, zum Zugang zu höherer Bildung und Hochschulen sowie zu neueren Forschungsergebnissen und Technologien weiter vertiefen.

Schluss

Von Marx wurde der lange vor ihm schon gehegte aufklärerische Gedanke, dass die Menschen im Zusammenhang der Weltgesellschaft leben, von einer philosophischen Vorstellung zu einem konkreten, empirisch begründeten Begriff ausgearbeitet. Konnte Kant noch erwarten, dass eine sich ihrer selbst bewusste Menschheit dazu übergehen würde, die Verhältnisse vernünftig zu gestalten, kann im Anschluss an Marx immer noch plausibel festgehalten werden, dass der Fortschritt sich nach wie vor nur durch die Antagonismen hindurch zur Geltung bringt. Es ist eine altbekannte Dialektik auf höherer Stufenleiter am Werk. Die Menschheit ist reicher als je, verfügt über ein komplexes wissenschaftliches Wissen über globale Zusammenhänge, es existieren zahlreiche politische und rechtliche Institutionen zur Regulierung globaler Zusammenhänge. Gleichzeitig hat die Zahl der Schrecken vielleicht nicht ab-, sondern noch zugenommen. Es gibt die Atomwaffen, die die Menschheit vernichten können, die große Zahl der Kriege und die wiederkehrenden Genozide; viele

Einzelne werden um ihre Lebensmöglichkeiten gebracht; eine Lösung für die bedrohliche Klimafrage ist nicht in Sicht. Zahlreiche politische Bemühungen, die Dynamik, die die Menschen in die Weltgesellschaft hineinzieht und sie oft genug darin untergehen lässt, zu gestalten und gestaltbar zu machen, haben sich bislang als hilflos erwiesen oder sogar die Probleme noch verschärft. Es gibt keine geschichtsphilosophische Garantie dafür, dass aus der bloßen Tendenz zur Weltgesellschaft auch eine von den Menschen beherrschte Form des gemeinsamen Zusammenlebens wird. Die Gefahr des kollektiven Selbstmords ist vorhanden; doch ebenso die materiellen Grundlagen dafür, dass die Menschheit einmal ihrem Begriff entsprechen könnte und sich zu einem versöhnten Zusammenleben findet (vgl. Adorno 1966, 149; Demirović 2004).

Literatur

Adorno, Theodor W.: Negative Dialektik [1966]. In: Ders.: *Gesammelte Schriften*. Bd. 6. Frankfurt a.M. 1973.

Altvater, Elmar: *Das Ende des Kapitalismus, wie wir ihn kennen. Eine radikale Kapitalismuskritik*. Münster 2005.

Atlas der Globalisierung. Berlin 2009.

BPB (Bundeszentrale für politische Bildung): *Zahlen und Fakten: Globalisierung*. Bonn 2007.

Conert, Hansgeorg: *Vom Handelskapital zur Globalisierung. Entwicklung und Kritik der kapitalistischen Ökonomie*. Münster 1998.

Demirović, Alex: Freiheit und Menschheit. Zur Idee der Gattung in Freiheit bei T.W. Adorno. In: Jens Becker/ Heinz Brakemeier (Hg.): *Vereinigung freier Individuen. Kritik der Tauschgesellschaft und gesellschaftliches Gesamtsubjekt bei Theodor W. Adorno*. Hamburg 2004, 18–33.

Eißel, Dieter: *Umverteilung in Deutschland. Sozialpolitisch: brisant/Konjunkturpolitisch: ein Flop*. Manuskript 2010.

Globale Trends 2002. Frankfurt a.M. 2001.

Globale Trends 2007. Bonn 2006.

Maddison, Angus: *The World Economy. A Millenial Perspective*. Paris 2001.

Martens, Jens/Schultheis, Antje: *Die globale Entwicklungskrise. Auswirkungen – Reaktionen – Konsequenzen*. Bonn 2010.

Marx, Karl: *Grundrisse der Kritik der politischen Ökonomie* [1859]. In: Ders./Friedrich Engels: *Werke Bd. 42*. Berlin 1983, 19–875.

– /Engels, Friedrich: *Die deutsche Ideologie* [1845]. In: Dies.: *Werke Bd. 3*. Berlin 1969, 9–530.

Sablowski, Thomas: Die Ursachen der neuen Weltwirtschaftskrise. In: *Kritische Justiz* 42. Jg., 2 (2009), 116–131.

Alex Demirović

5. Kollektive Gewalt

Der Wandel internationaler Sicherheitspolitik als vernachlässigtes Feld der Globalisierungsforschung

Die Auswirkungen der Globalisierung auf den Bereich kollektiver Gewalt sind in der sozialwissenschaftlichen Forschung und in der politischen Debatte lange vernachlässigt worden (Devetak 2008, 1). Hartnäckiger als in vielen anderen Feldern behauptete sich mit Blick auf Gewaltphänomene eine staatszentrierte bzw. nationalstaatliche Perspektive im Zeichen eines »methodologischen Nationalismus« (Beck 1997). Bedrohungen für die eigene Sicherheit wurden bis zum Ende des Kalten Krieges primär in Begriffen von zwischenstaatlichen Kriegseskalationsrisiken, Rüstungsdynamiken und Sicherheitsdilemmata definiert, d.h. »Sicherheit« war in erster Linie militärisch konnotiert und bedeutete Schutz vor Angriffen gegnerischen staatlichen Militärs. Das Ende der Blockkonfrontation führte schließlich zu einer wesentlich komplexeren Wahrnehmung von Sicherheitsrisiken und Bedrohungen, die auch transnationale Aspekte aufwiesen (Zangl/Zürn 2003). Wie von zivilgesellschaftlichen Akteuren in progressiver Absicht schon länger gefordert, etablierte sich in der internationalen Politik in den frühen 1990er Jahren ein erweiterter Sicherheitsbegriff, der sich vom Staat und einer Fixierung auf klassische Formen von Kriegen ablöst und das menschliche Individuum ins Blickfeld rückt. Menschliche Sicherheit (*human security*) solle diesem Begriff zufolge weltweit nicht bloß als Schutz vor militärischen Angriffen verstanden werden, sondern als Schutz vor Hunger, Armut, Umweltzerstörungen, Krankheiten und groben Menschenrechtsverletzungen (kritisch Brock 2004). Die Wiederbelebung des UN-Sicherheitsrates, die weitere Ausdifferenzierung des gesamten UN-Systems und die Stärkung regionaler Sicherheitsorganisationen trugen massiv dazu bei, dass diese Veränderungen im Verständnis regionaler, transnationaler oder globaler Sicherheitsrisiken nicht nur bei westlichen Akteuren einsetzten, sondern sich insgesamt in der internationalen Staatengemeinschaft ausbreiten konnten. So fand ein allmählicher Normwandel im Bereich der internationalen Sicherheitspolitik statt, der zivile Maßnahmen der Konfliktbearbeitung betonte, jedoch in der Praxis auch militärische Gewalt

als Mittel von Global Governance ›rehabilitierte‹ (Duffield 2001): Prävention und zivile Konfliktbearbeitung gingen Hand in Hand mit der Ausdehnung der sog. dritten Generation der UN-Friedenseinsätze (›robuste‹ Mandate auf Basis von Kapitel VII der UN-Charta) und dem zunehmenden militärischen Engagement westlicher Staaten im Rahmen eines ›liberalen Interventionismus‹ (Zangl/Zürn 2003; Geis et al. 2006).

Diese Veränderungen im Sicherheitsverständnis ermöglichten schließlich auch im Bereich kollektiver Gewalt eine ›Globalisierungsdebatte‹; im engeren Sinne entwickelte sich eine solche jedoch erst ab den späteren 1990er Jahren, als der Wandel des Kriegsgeschehens im Zeichen von Denationalisierung und globalisierten Kriegsökonomien thematisiert wurde. Hinzu trat im Gefolge der Terroranschläge des 11. Septembers 2001 die Analyse eines ›neuen‹ transnationalen Terrorismus, der von Seiten der USA und einiger Verbündeter die politisch-militärische Reaktion eines ›globalen Krieges gegen den Terror‹ auslöste (Schneckener 2006; Lutz-Bachmann/Niederberger 2009). Der vorliegende Artikel wird sich im Weiteren auf die Darstellung dieser drei Phänomene – sog. neue Kriege, transnationaler Terrorismus, globaler Krieg gegen den Terror – beschränken.

Obgleich die genannten drei Phänomene in den letzten Jahren explizit mit der jüngeren Globalisierungsdebatte verbunden wurden und daher hier im Zentrum stehen, ist im Bereich der kollektiven Gewalt ebenso wie in anderen Phänomenbereichen umstritten, inwieweit die unter ›neu‹ gefassten Entwicklungen seit 1990 wirklich ›neu‹ sind (s. Kap. III.3.2) und ob die Anfänge der Globalisierung von (Militär-)Gewalt nicht sehr viel früher diagnostiziert werden müssten. So erörtern beispielsweise David Held et al. (1999, 87–148) in ihrem Standardwerk zur Globalisierung bereits die militärisch durchgesetzte europäische Expansion seit dem 15. Jahrhundert, frühe Formen von zwischenstaatlichen Rüstungsdynamiken oder die beiden Weltkriege als Indikatoren einer militärischen Globalisierung.

Auch im Bereich der Kriegsursachenforschung existieren Ansätze, die sich auf ein Konzept von ›Weltgesellschaft‹ stützen, deren Genese bereits in der früheren Neuzeit identifiziert wird. So erklärt der sog. ›Hamburger Ansatz‹ (Jung et al. 2003) die Kriege des ›Zeitalters des Kapitalismus‹ epochengeschichtlich-strukturell: »Der bis heute unabgeschlossene kapitalistische Transformationsprozeß traditionaler Vergesellschaftungsformen bildet die zentrale, dem Kriegsgeschehen in der Moderne unterliegende strukturelle Konfliktlinie. [...] Insgesamt läßt sich das weltweite Kriegsgeschehen seit dem 16. Jahrhundert entlang den innergesellschaftlich wie international verlaufenden Ausbreitungsmustern kapitalistischer Vergesellschaftung verfolgen.« (Jung et al. 2003, 28–29)

›Neue Kriege‹ und Schattenglobalisierung

Wie eingangs skizziert, herrschten in der (westlichen) sicherheitspolitischen Diskussion während des Kalten Krieges staatszentrierte Perspektiven vor, die den Blick für innerstaatliche bewaffnete Konflikte verstellten bzw. diese lediglich als ›Stellvertreterkriege‹ für die beiden Supermächte betrachteten. Erst durch den weltpolitischen Umbruch 1989/1990 wuchs das allgemeine Interesse an den komplexeren Ursachen und Verlaufsformen innerstaatlicher Kriege, die bereits seit 1945 das weltweite Kriegsgeschehen dominieren: Mehr als 90 Prozent der nach 1945 geführten Kriege waren innerstaatliche Kriege und fanden in ›Dritte-Welt‹-Regionen statt. Innerstaatliche Kriege dauern länger und sind schwieriger zu beenden als zwischenstaatliche Kriege (Chojnacki 2008). Obwohl lang anhaltende innerstaatliche Kriege an sich also nichts Neues darstellten, zogen bestimmte Merkmale einiger dieser Kriege (etwa in Bosnien-Herzegowina, Liberia, Sierra Leone, Angola, Kongo, Afghanistan) in den 1990er Jahren besondere Aufmerksamkeit auf sich und lösten eine intensive Debatte um den Formwandel politischer Gewalt aus, die sich um die Dichotomie ›alte‹ versus ›neue‹ Kriege drehte (s. Kap. III.3.2).

Wie im Folgenden knapp erläutert wird, stellen die Verfechter einer These des ›neuen‹ Krieges (z. B. Münkler 2002; Kaldor 2006) im Hinblick auf Gewaltakteure, -mittel, -strategien, -folgen, -motive und -ökonomien Entwicklungen fest, die auf der normativen Folie des alten Referenzmodells klassischer zwischenstaatlicher Kriege vor dem Hintergrund robuster Staatlichkeit als degenerative Prozesse erscheinen: Entstaatlichung, Entmilitarisierung, Entzivilisierung, Entgrenzung, Entpolitisierung und Entterritorialisierung. Demnach würden sich die Konflikte im Kontext schwacher Staatlichkeit durch eine weitere Entstaatlichung auszeichnen; anstelle staatlichen Militärs beeinflussten private Akteure wie Warlords, kriminelle Banden, Söldnergruppen,

private Sicherheitsfirmen, Kindersoldaten den Konfliktverlauf. Die Kriegführung in den neuen Kriegen sei daher durch Entmilitarisierung und Entzivilisierung (im Sinne des systematischen Bruchs völkerrechtlicher Regeln der Kriegführung) charakterisiert. Da die Gewalt vorwiegend privatisiert sei, dominierten leichte Waffen und asymmetrische, regellose Strategien der Kriegführung, wie die massenweise Tötung von Zivilisten und terroristische Akte. Die sich gezielt gegen Zivilisten richtenden Gewaltstrategien seien besonders brutal (Verstümmelungen, Massenvergewaltigungen und -vertreibungen). Internationale Regeln der Kriegführung, die der ›Zivilisierung‹ und ›Einhegung‹ des Krieges dienen sollen, wie die gebotene Trennung von Kombattanten und Nonkombattanten, würden nicht mehr beachtet. Diese Entgrenzung der Gewalt zeige sich an den hohen Opferzahlen unter Zivilisten sowie der hohen Flüchtlingszahl durch Vertreibung. Im Hinblick auf die Motive der Gewalt seien die Konflikte entpolitisiert, da sich die ökonomischen Interessen an der Kriegführung gegenüber den politischen Motiven, die den Kriegen zugrunde lägen, verselbständigt hätten. Die Gewaltakteure würden relativ stark von Motiven der Bereicherung angetrieben, sie hätten daher ein dauerhaftes Interesse an der Fortsetzung der Gewalt und an schwacher staatlicher Herrschaft. In den ›neuen‹ Kriegen sei Gewalt durch ›Gewaltunternehmer‹ kommerzialisiert, so dass sich Gewaltmärkte und offene Bürgerkriegsökonomien herausbildeten. Diese indizierten eine Entterritorialisierung der Gewalt, da sie vermittels transnationaler Netzwerke an den kriminellen Sektor der Weltwirtschaft angeschlossen seien und so einen Bestandteil der Schattenglobalisierung bildeten.

Während viele dieser Thesen als nicht ›neu‹ oder unzureichend empirisch bzw. theoretisch fundiert kritisiert werden (z. B. Siegelberg/Hensell 2006), ist im Hinblick auf den letztgenannten Aspekt tatsächlich eine qualitative Veränderung einzuräumen, die auf die veränderten politischen und ökonomischen Rahmenbedingungen bewaffneter Konflikte der letzten beiden Jahrzehnte zurückgeht (Ruf 2003). Innerstaatliche Konfliktakteure können seit Ende der ›großen‹ ideologischen Kämpfe nicht mehr mit der finanziellen Unterstützung der Supermächte rechnen, sondern müssen sich alternative Einkommensquellen erschließen. Kriegsökonomien sind im Unterschied zu den Zeiten der Blockkonfrontation »heute viel komplexere Konstrukte, die sich über die

Grauzonen des Weltmarktes mit den legalen Waren-, Finanz- und Dienstleistungsströmen filigran vernetzen müssen. Diese enge Verschränkung wirkt selbstverständlich auf die wirtschaftlichen Reproduktionsbedingungen, militärischen Ziele und Operationen der Gewaltakteure zurück.« (Siegelberg/Hensell 2006, 23)

Bürgerkriegsökonomien reproduzieren sich zum einen über eine Vielfalt an ›kriminellen‹ Tätigkeiten innerhalb der betroffenen Territorien wie Plünderung der Bevölkerung, ›Besteuern‹ und Stehlen von internationalen Hilfslieferungen oder Entführungen. Zugleich nutzen viele ›Kriegsunternehmer‹ die Profitsteigerungsmöglichkeiten, die sich durch eine Schattenglobalisierung, d.h. transnationale kriminelle Netzwerke, eröffnen (Kurtenbach/Lock 2004). So wird etwa die im Ausland lebende Diaspora teils freiwillig, teils erzwungen zur Finanzierung der Gewalt herangezogen. Gewaltakteure eignen sich zudem legale oder illegale Ressourcen im Konfliktgebiet an, um sie über transnationale kriminelle Netzwerke in den legalen bzw. illegalen Weltmarkt einzuschleusen. Beispielsweise finanzierten sich die UNITA in Angola und die RUF in Sierra Leona vor allem über den Handel von Diamanten; in der Demokratischen Republik Kongo bezogen Rebellenbewegungen ihre Einkünfte aus dem Handel mit Coltan, Gold, Kupfer, Diamanten und Kaffee; in Afghanistan finanzieren sich Warlords über Drogenschmuggel (Heupel 2005). Die Gewaltakteure organisieren dabei entweder selbständig Ausbeutung und Handel mit solchen Ressourcen oder vergeben Konzessionen an private Unternehmen.

Die Problematik der Gewaltökonomien hat in den letzten Jahren viel Aufmerksamkeit erregt (Ruf 2003; Kurtenbach/Lock 2004), zumal sie eine besondere Herausforderung für internationale Friedensstrategien darstellt (Heupel 2005). Die Annahme, dass Konfliktgebiete mit offenen Bürgerkriegsökonomien sich kaum befrieden ließen, da die Gewaltunternehmer ein starkes Eigeninteresse an der Verstetigung der Gewalt ausgebildet hätten, ist allerdings widerlegt worden. So wurden die Kriege in Angola, Liberia und Sierra Leone, die als beispielhaft für ›neue Kriege‹ galten, in den letzten Jahren (vorläufig) beendet. Insgesamt erweist sich die These, dass sich in den ›neuen‹ innerstaatlichen Kriegen ökonomische Motive gegenüber politischen verselbständigt hätten, als zu einseitig. Zum einen haben auch Warlords und Rebellengruppen (identitäts-)politische, herrschafts-

bezogene Interessen, zum anderen wird die politische Dimension ökonomischer Aktivitäten in dieser These ausgeblendet (Daase 2003, 193; Siegelberg/Hensell 2006).

Ungeachtet dieser Relativierung lässt sich an den offenen Bürgerkriegsökonomien sehr deutlich die enge Verknüpfung zwischen Globalisierung und kollektiver Gewalt aufzeigen, da diese Konfliktphänomene sowohl auf Globalisierung angewiesen sind (Integration in den Weltmarkt) als auch eigene Globalisierungsschübe hervorrufen (Schattenglobalisierung).

Transnationaler Terrorismus

Die Terroranschläge auf das World Trade Center in New York und das Pentagon in Washington am 11. September 2001 rückten schlagartig auch terroristische Gewalt in das Blickfeld von Globalisierungsperspektiven. Die von dem islamistischen Terrornetzwerk Al-Qaida verantworteten Terrorakte markierten in der Wahrnehmung vieler eine weltpolitische Zäsur, nicht nur wegen der präzedenzlosen Zerstörungswirkungen der Anschläge (mit nahezu 3000 Toten), die von den USA als »Kriegsangriff« auf ihr Territorium angesehen wurden, sondern auch wegen der weitreichenden Folgen des anschließend von US-Präsident George W. Bush ausgerufenen »globalen Kriegs gegen den Terror« (National Commission 2004).

Das Terrornetzwerk Al-Qaida, das 1988/89 in Afghanistan und Pakistan entstand und sich allmählich vom lokalen zum globalen Akteur entwickelte, gilt als Prototyp eines ›neuen‹, transnationalen Terrorismus, der seit den 1990er Jahren zunehmend sichtbar wurde. Der ›alte Typ‹ von Terrorismus kann in zwei Varianten unterschieden werden, einen nationalen und einen international operierenden Terrorismus (Schneckener 2006, 40–48): Ersterer bezieht sich auf Terroristen, die in ihrem Heimatstaat Gewalt gegen andere Bewohner (zumeist ›Repräsentanten‹ des Staates oder einer bestimmten Gruppierung) ausüben und auf die Veränderung einer nationalen Ordnung abzielen (Beispiele: ETA, IRA, PKK). Letzterer bedient sich Strategien der Internationalisierung, um seinen partikularen Forderungen Nachdruck zu verleihen; hier greifen Terroristen Bürger oder Territorien eines anderen Landes an. Als paradigmatisch für den international operierenden Terrorismus der 1970er und 1980er Jahre, der grenz-

überschreitende Kooperation mit anderen Terrorgruppen sowie teils auch die Unterstützung durch
staatliche ›Sponsoren‹ einschließen konnte, galten
palästinensische Terrorgruppen.

Der ›neue‹, transnationale Terrorismus hebt sich
in vier Merkmalen von ›konventionellen‹ Terrorgruppen ab (Schneckener 2006, 57–86): internatio-
nale/regionale Agenda, transnationale Ideologie,
multi-nationale Mitgliedschaft, transnationale Netzwerkstrukturen. Der transnationale Terrorismus verfolgt als politisches Ziel die Änderung einer internationalen oder regionalen Ordnung. Im Falle von Al-
Qaida richten sich deren Anschläge auf der Basis
einer konstruierten religiösen Konfliktlinie zwischen
›Ungläubigen‹ und ›Rechtgläubigen‹ gegen den
›Westen‹ und die Vormachtstellung der USA sowie
gegen aus Sicht Al-Qaidas ›abtrünnige‹ Regierungen
im Mittleren und Nahen Osten und in Nordafrika.
Die Mitgliederstruktur transnationaler Terrornetz-
werke ist zwar multi-national, muss jedoch durch
eine möglichst einheitliche ideologische Ausrichtung zusammengehalten werden. Grenzüberschreitend existierende religiöse Vorstellungen können
diese integrative Funktion erfüllen (so wie bei
Al-Qaida eine sunnitisch-islamistische Ideologie),
jedoch prinzipiell auch ›Pan‹-Bewegungen wie
Pan-Arabismus oder Pan-Slawismus. Die Organisationsstruktur eines flexiblen und dezentralen transnationalen Netzwerks, das strategisch und ideologisch von einem inneren Führungszirkel gesteuert
wird, ermöglicht dem ›neuen‹ Terrorismus die weltweite Kooperation mit weiteren Terrorgruppen sowie den Anschluss an kriminelle Netzwerke der
Schattenglobalisierung, die auch für die offenen Bürgerkriegsökonomien eine wichtige Rolle spielen
(s.o.). Auch transnationale Terroristen profitieren so
von transnationalen Schwarzmärkten, von illegalem
Waffen-, Rohstoff-, Drogenhandel, von Menschenhandel, Schutzgelderpressung und Geldwäsche (Laqueur 2001, 262–280).

Obwohl die Mehrzahl aller terroristischer Anschläge heute noch auf ›konventionelle‹ Art mit
Bombenanschlägen und Schusswaffen verübt wird,
bedient sich der ›neue‹ Terrorismus in technischer,
logistischer und operativer Hinsicht inzwischen
auch komplexerer Methoden. Seit den 1990er Jahren
ist zudem eine Zunahme von Anschlägen auf symbolische Ziele mit immer höheren Opferzahlen zu
verzeichnen (Hirschmann 2001, 8–9, 13). Da das Er-
regen medialer Aufmerksamkeit und die Verbrei-

tung von Angst und Schrecken zu den Hauptzielen
von Terroristen gehören, profitiert der transnationale Terrorismus heute insbesondere von den neuen
Kommunikationsmedien, die Bilder und Nachrichten blitzschnell global verbreiten. Trotz der anti-mo-
dernistischen Rhetorik Al-Qaidas sind diese in hoch-
moderne Prozesse der Globalisierung eingebunden
und nutzen die Möglichkeiten des Internets beispielsweise auch zur Verbreitung von Propaganda,
Taktiken und Strategien (Devetak 2008, 19).

›Globaler Krieg gegen den Terror‹

Die US-Regierung unter Präsident George W. Bush
reagierte politisch und militärisch auf die Anschläge
des 11. September 2001 mit der Ausrufung des »globalen Kriegs gegen den Terror«, der keineswegs nur
metaphorisch gemeint war und geographisch wie
zeitlich nicht begrenzt sein sollte (Rogers 2007). Der
Afghanistan-Krieg, der in breiter politischer Übereinstimmung mit den NATO-Verbündeten geführt
wurde, und teils auch der weltweit wesentlich um-
strittenere Irak-Krieg wurden von den USA als militärische Terrorbekämpfungsmaßnahmen gerechtfertigt. Nachdem die Taliban-Regierung in Afghanistan sich geweigert hatte, die auf ihrem Territorium
vermuteten Al-Qaida-Verantwortlichen auszulie-
fern, begann am 7. Oktober 2001 die Operation
»Enduring Freedom«, die gemeinsam mit der am
Boden kämpfenden Nordallianz, welche aus afgha-
nischen Gegnern des Taliban-Regimes bestand, geführt wurde. Die USA beriefen sich dabei rechtlich
auf mehrere, aus ihrer Sicht klar kriegsermächti-
gende UN-Resolutionen vom September 2001 und
das in der UN-Charta verankerte Recht auf individuelle und kollektive Selbstverteidigung.

Neben zahlreichen juristischen und politischen
Counterterrorism-Maßnahmen der US-Regierung
im Innern der USA, die zu einer Einschränkung der
Bürgerrechte führten, leiteten die umfassenden internationalen Maßnahmen im Rahmen des »global
war on terror« zudem eine sehr umstrittene Militarisierung der US-Außenpolitik ein, die faktisch auf
eine Aushöhlung des völkerrechtlichen Gewalt-
bots hinauslief. Die Militarisierung der Terrorbe-
kämpfung verwischte schließlich auch die Unterschiede zwischen Krieg und Terror (Duffy 2005). In
der Nationalen Sicherheitsstrategie von 2002 nahm
die US-Regierung für sich ein unilaterales Recht auf
›prä-emptive Selbstverteidigung‹ gegen nach Mas-

senvernichtungswaffen strebende ›Schurkenstaaten‹ und die von ihnen unterstützten Terroristen in Anspruch. Dieses Recht wurde von der US-Regierung allerdings in einer bewussten Begriffskonfusion im Sinn einer (völkerrechtlich illegitimen) ›präventiven Selbstverteidigung‹ verstanden: als *vorbeugende* Abwehr antizipierter Gefahren, nicht als Abwehr *unmittelbar* drohender Gefahren (Schneckener 2006, 236). Der Irak-Krieg von 2003 war in diesem Sinne ein ›präventiver‹ Krieg. Die USA und ihre Verbündeten rechtfertigten ihn mit Verweis auf die fortgesetzte Verletzung verschiedener UN-Abrüstungsresolutionen durch das irakische Regime, aber auch mit explizitem Verweis auf die angebliche Unterstützung des transnationalen Terrorismus durch den Irak. Auf diese Weise stellte die US-Regierung selbst die Verbindung zwischen globalem Krieg gegen den Terror und dem Irak-Krieg her, die sich im Nachhinein jedoch als nicht zutreffend erwies (und auch schon seinerzeit von vielen angezweifelt wurde).

Auch wenn die US-Außen- und Sicherheitspolitik unter der Präsidentschaft George W. Bushs international stark kritisiert worden ist und sich sein Amtsnachfolger Barack Obama in vielerlei Hinsicht von dieser zu distanzieren sucht, zeigt die Entwicklung insbesondere seit 2001, dass sich die westlichen Staaten inzwischen konzeptionell und langsam auch strukturell auf globalisierte, transnationale Sicherheitsrisiken einstellen. In den seither neuformulierten Sicherheitsstrategien einzelner Staaten (die erwähnte Nationale Sicherheitsstrategie der USA 2002, aber z. B. auch die Verteidigungspolitischen Richtlinien der Bundesrepublik Deutschland 2003 oder das *Weißbuch zur deutschen Sicherheitspolitik* 2006) wie auch internationaler Organisationen (z. B. die Europäische Sicherheitsstrategie von 2003) ist die Wahrnehmung ›asymmetrischer‹ und transnationaler Bedrohungen klar artikuliert. In struktureller Hinsicht werden derzeit auch die westlichen Verteidigungsapparate und Streitkräfte umstrukturiert, da sie ein stark erweitertes Aufgabenspektrum erfüllen sollen, das die Abwehr oder Bekämpfung nicht-staatlicher Sicherheitsprobleme in weit entfernten Territorien einschließt.

Insgesamt stehen so transnationalisierte Gewaltphänomene und die Transformation der Sicherheitsstrategien westlicher Staaten im Zuge einer veränderten Wahrnehmung nationaler und globaler Sicherheitsrisiken in einem Wechselverhältnis. Heute werden auch territorial weit entfernte Konflikte als potenziell gefährlich für die eigene Sicherheit eingestuft, da die daraus resultierenden Gewaltphänomene nicht an staatlichen Grenzen Halt machen. Die militärisch-politischen Reaktionen westlicher Staaten auf transnationalisierte Gewalt verdichteten sich seit den 1990er Jahren zu einer erhöhten Interventionsbereitschaft. Die Globalisierung der Gewalt wird insofern von nicht-staatlichen Gewaltunternehmern ebenso befördert wie von westlichen Staaten, die sich weltweit militärisch engagieren. Das völkerrechtliche Gewaltverbot könnte in dieser Perspektive langfristig durchaus als weiteres Globalisierungsopfer verstanden werden.

Literatur

Beck, Ulrich: *Was ist Globalisierung?* Frankfurt a. M. 1997.

Brock, Lothar: Der erweiterte Sicherheitsbegriff. Keine Zauberformel für die Begründung ziviler Konfliktbearbeitung. In: *Die Friedenswarte* 79. Jg., 3–4 (2004), 323–344.

Chojnacki, Sven: *Wandel der Gewaltformen im internationalen System 1946–2006* (Forschung DSF Nr. 14). Osnabrück 2008.

Daase, Christopher: Krieg und politische Gewalt. In: Gunther Hellmann/Klaus Dieter Wolf/Michael Zürn (Hg.): *Die neuen Internationalen Beziehungen.* Baden-Baden 2003, 161–208.

Devetak, Richard: Globalization's Shadow. In: Ders./ Christopher Hughes (Hg.): *The Globalization of Political Violence.* London 2008, 1–26.

Duffield, Mark: *Global Governance and the New Wars.* London 2001.

Duffy, Helen: *The ›War on Terror‹ and the Framework of International Law.* Cambridge 2005.

Geis, Anna/Brock, Lothar/Müller, Harald (Hg.): *Democratic Wars.* Houndmills 2006.

Held, David/McGrew, Anthony/Goldblatt, David/Perraton, Jonathan: *Global Transformations. Politics, Economics and Culture.* Cambridge 1999.

Heupel, Monika: *Friedenskonsolidierung im Zeitalter der ›neuen Kriege‹.* Wiesbaden 2005.

Hirschmann, Kai: Terrorismus in neuen Dimensionen. In: *Aus Politik und Zeitgeschichte* B 51 (2001), 7–15.

Jung, Dietrich/Schlichte, Klaus/Siegelberg, Jens: *Kriege in der Weltgesellschaft.* Wiesbaden 2003.

Kaldor, Mary: *New and Old Wars* [1999]. Cambridge ²2006.

Kurtenbach, Sabine/Lock, Peter (Hg.): *Kriege als (Über) Lebenswelten.* Bonn 2004.

Laqueur, Walter: *Die globale Bedrohung. Neue Gefahren des Terrorismus*. München 2001.

Lutz-Bachmann, Matthias/Niederberger, Andreas (Hg.): *Krieg und Frieden im Prozess der Globalisierung*. Weilerswist 2009.

Münkler, Herfried: *Die neuen Kriege*. Reinbek 2002.

National Commission on Terrorist Attacks Upon the United States: The 9/11 Commission Report. In: http://www.9-11commission.gov/report/911Report.pdf, 2004 (3.8.2009).

Rogers, Paul: *Why We're Losing the War on Terror*. London 2007.

Ruf, Werner (Hg.): *Politische Ökonomie der Gewalt*. Opladen 2003.

Schneckener, Ulrich: *Transnationaler Terrorismus*. Frankfurt a. M. 2006.

Siegelberg, Jens/Hensell, Stephan: Rebellen, Warlords und Milizen. In: Jutta Bakonyi/Stephan Hensell/Jens Siegelberg (Hg.): *Gewaltordnungen bewaffneter Gruppen*. Baden-Baden 2006, 9–37.

Zangl, Bernhard/Zürn, Michael: *Frieden und Krieg*. Frankfurt a. M. 2003.

Anna Geis

6. Natur

Die gesellschaftliche Aneignung der Natur ist derart grundlegend, dass sie in den Sozialwissenschaften lange Zeit als gegeben angenommen wurde. Die disziplinäre Aufteilung der Wissensfelder in Wirtschafts-, Sozial- und Geisteswissenschaften einerseits, sowie Natur- und Technikwissenschaften andererseits, ›überließ‹ Fragen von Natur und Umwelt Letzteren. Auch gesellschaftlich wurden und werden die historisch-konkreten Formen, in denen Natur angeeignet wird – um sich zu ernähren, fortzubewegen, zu wohnen, sich fortzupflanzen – meist als selbstverständlich angenommen. Soziale Verhältnisse sowie Fragen von Macht und Herrschaft, die sich im Verhältnis von Natur und Gesellschaft ausdrücken, bleiben unberücksichtigt.

Dies hat sich seit den 1970er Jahren teilweise verändert. Die immer weitere Ausbeutung bzw. Beherrschung der Natur, beispielsweise im Rahmen der landwirtschaftlichen ›Grünen Revolution‹ mit ihren problematischen Konsequenzen, erzeugte Kritik. Die ›ökologische Krise‹ wurde gesellschaftlich relevant. In Stockholm fand 1972 eine erste internationale United Nations Conference in Human Environment (UNCHE) statt, in deren Folge das United Nations Environmental Program (UNEP) mit Sitz in Nairobi gegründet wurde. Die Konferenz gilt als der Ausgangspunkt globaler Umweltpolitik.

In den 70er Jahren wurden verschiedene internationale Abkommen geschlossen, wie das über Feuchtgebiete (die sog. »Ramsar Konvention« von 1971, in Kraft getreten 1975), die Konvention zum Schutz des Weltkultur- und Naturerbes (»World Heritage Convention« von 1972/1975), das Washingtoner Artenschutzabkommen CITES (1973/1975) oder die »Konvention zum Schutz wandernder wildlebender Tierarten« (sog. Bonner Konvention von 1979/1983). In den 1980er und 1990er Jahren kamen u.a. die Wiener Konvention zum Schutz der Ozonschicht von 1985/1988 bzw. deren Konkretisierung im Montrealer Protokoll von 1987/1989 hinzu.

Von Globalisierung sprach damals niemand, aber es wurde zunehmend erkannt und politisch relevant, dass viele Umweltprobleme nicht nur auf lokaler oder nationalstaatlicher Ebene bearbeitet werden konnten, sondern internationaler politischer Kooperation bedurften. Seit den 1970er Jahren entwickelte sich eine Diskussion um ein neues Leitbild als Antwort auf die ökologische Zerstörung. Bekannt wurden das *Ecodevelopment*-Konzept in den 70er Jahren und die *World Conservation Strategy* der 1980er. Diese Diskussionen sind seit Mitte der 1980er Jahre in das Leitbild einer ›nachhaltigen Entwicklung‹ überführt worden. Der überragende Beitrag hierfür ist der Bericht »Our Common Future« (Deutsch als Hauff 1987; zur neueren Diskussion Meier/Wittich 2007; Spangenberg 2008) der World Commission on Environment and Development, der sog. Brundtland-Kommission.

Ein Kristallisationspunkt der konflikthaften Herausbildung globaler Umweltpolitik wurde die 1992 in Rio de Janeiro veranstaltete UN Conference on Environment and Development (UNCED), auf der mehrere internationale Abkommen unterzeichnet wurden: Die Konvention über biologische Vielfalt (engl. CBD) und die Rahmenkonvention über Klimawandel (FCCC), wurden 1993 und 1994 für jene Staaten, die die Konventionen ratifiziert hatten, völkerrechtlich verbindlich. Aktuell sind dies 193 Staaten in der CBD und 194 in der FCCC (Stand Februar 2011). Zudem wurden auf der UNCED die völkerrechtlich nicht verbindlichen Deklarationen zu Wäldern und Wüsten, sowie die ebenso unverbindliche, aber enorm umfangreiche Agenda 21 verabschiedet und der Council on Sustainable Development eingerichtet. Auch in der neu gegründeten Welthandelsorganisation bildete sich, fast schon selbstverständlich, eine Commission on Trade and Environment (CTE).

Die Umweltdiskussion der 1990er Jahre hatte zum Resultat, dass der globale und umfassende Charakter der ökologischen Krise anerkannt wurde: Dieser bestand u.a. in dem Verlust der biologischen Vielfalt, dem von Menschen verursachten Klimawandel, der in einigen Regionen sich zuspitzenden Wasserknappheit, der zunehmenden Knappheit fossiler Energieträger etc.

Seit der ›Rio plus 10‹-Konferenz in Johannesburg im Jahr 2002 ist das Globalisierungsthema in den offiziellen Diskursen und Debatten angekommen. Globalisierung wird als neue Epoche begriffen, die zwar Probleme erzeuge (zunehmender Welthandel, eine enorme Zunahme der Ressourcennutzung durch die Industrie- und Schwellenländer und dortiger ressourcenintensiver Produktions- und Konsummuster), aber auch ein zunehmendes Problembewusstsein, eine noch schnellere Diffusion von Technologien und *best practices* politischen und sozialen Handelns mit sich bringen würde.

Seit 2006/2007 scheint es einen weiteren Bruch in der Diskussion zu geben. Die politische Umweltdebatte und die Umweltforschung betonen seither stärker als zuvor, dass die politisch-institutionellen wie auch unternehmerischen, nationalen wie auch internationalen Umweltpolitiken – bei allen Teilerfolgen im Einzelnen – die grundlegende Dynamik der Umweltzerstörung nicht stoppen konnten.

Der Optimismus gelingender internationaler Kooperation scheint gewichen. Zudem rückt durch die aktuelle Wirtschafts- und Finanzkrise das ›Umweltthema‹ tendenziell nach hinten auf der politischen Agenda. Allerdings gibt es auch eine gegenläufige Tendenz: Die Existenz und langjährige Thematisierung der ökologischen Krise hat dazu geführt, dass die Überwindung der Krise durchaus etwas mit der Bearbeitung der ökologischen Krise zu tun haben könnte. Begriffe wie *Green New Deal* oder ›grüner Kapitalismus‹ haben durchaus eine gewisse Prominenz (Kaufmann/Müller 2009).

Die kritische sozialwissenschaftliche Umweltforschung weist bereits seit einiger Zeit auf die unzureichende Umsetzung der Umweltpolitiken hin. Die ökologische Krise sei kein reines Managementproblem, sondern hänge mit machtvoll gesetzten Produktions- und Konsumnormen sowie mit tief in der Bevölkerung verankerten Lebensweisen zusammen. Jenseits symbolischer und inkrementeller Politik scheint die grundlegende Transformation des Verhältnisses zwischen Gesellschaft und Natur hin zu nicht zerstörerischen Praktiken aktuell eher unwahrscheinlich.

Forschungsansätze

Der Begriff der Globalisierung bezeichnet einerseits eine neue Phase gesellschaftlicher Entwicklung seit den 1980er Jahren und andererseits die Tatsache, dass internationale Strukturen und Prozesse für lokale und nationale Entwicklungen wichtiger werden. *Explizite* Untersuchungen zum Zusammenhang von Globalisierung und Umwelt machen – trotz wachsender interdisziplinärer Forschung – innerhalb der natur-, technik- und sozialwissenschaftlichen Umweltforschung insgesamt nur einen geringen Anteil aus.

In sogenannten internationalen Assessments wird das bestehende, insbesondere das naturwissenschaftliche Wissen gebündelt (Reid et al. 2006). Zudem spielt wirtschaftswissenschaftliches Wissen eine wichtige Rolle und in wachsendem Maße werden sozialwissenschaftliche Erkenntnisse berücksichtigt.

Empirisch werden die sozialwissenschaftlichen Untersuchungen meist in einzelnen Politikfeldern (Klimawandel, Erosion der biologischen Vielfalt), teilweise auch vergleichend durchgeführt. Die sozialwissenschaftlichen Forschungsansätze, die sich mit der globalen ökologischen Krise und internationaler Umweltpolitik befassen, lassen sich folgendermaßen unterteilen. Neben den genannten Ansätzen gibt es weiterhin viele Akteursanalysen (von Regierungen, Unternehmen, NGOs und sozialen Bewegungen), die sich jedoch unterschiedlichen theoretischen Paradigmen zuordnen lassen.

1. *Institutionalistische Ansätze* untersuchen die Bedingungen und Wirkungen der sich zunehmend internationalisierenden Umweltpolitik (Axelrod et al. 2005). Die seit den 1980er Jahren entstandene Regimetheorie ist hier der prominenteste und in vielen Untersuchungen angewendete Ansatz, der auch den Hintergrund vieler Beiträge zu Global (Environmental) Governance darstellt (Breitmeier et al. 2007; Young et al. 2008). Sie geht davon aus, dass grenzübergreifende Umweltprobleme effektiv über politische Institutionen bearbeitet würden, mittels derer klare Prinzipien, Normen, Regeln und Entscheidungsverfahren entwickelt und umgesetzt würden, an die sich die Regierungen und andere Akteure hielten. Als entscheidende Triebkraft der grenzüberschreitenden Kooperation werden die Verringerung der Transaktionskosten, der Abbau von Erwartungsunsicherheit, transparente Informationen und das Interesse an einem guten Ruf der Staaten angenommen. Daneben werden die Entstehung, das Design, der Wandel und die Effektivität der Regime untersucht. Auch das Wissen um Umweltprobleme und Politikprozesse wird als wichtig angenommen und spielt in den Untersuchungen eine entsprechende Rolle (Haas et al. 1993). Die Regimetheorie geht mehrheitlich davon aus, dass die Produktion internationaler Normen eine gewisse Eigenständigkeit gegenüber den nationalstaatlichen Machtkonstellationen erlange (lediglich eine eher unbedeutende neorealistische Variante der Regimetheorie, s.u., nimmt an, dass Regime Ausdruck bestehender Machtverhältnisse und Interessen sind).

2. Das *(neo-)realistische Paradigma* der politikwissenschaftlichen Disziplin der Internationalen Beziehungen geht davon aus, dass es angesichts eines fehlenden Weltstaates auf internationaler Ebene, eine Art ›hobbesschen Urzustands‹ des latenten Krieges aller gegen alle geben würde. Daher müssten eine oder mehrere Mächte, die über die politischen, ökonomischen und militärischen Ressourcen verfügen, für Ordnung und Sicherheit sorgen. In der Umweltdebatte sind ein Aufsatz von Robert Kaplan (1994) und die Arbeiten von Thomas F. Homer-Dixon (1999) bedeutend und einflussreich in der US-amerikanischen Regierung sowie in Think-tanks wie dem World Resources Institute. Zentral ist der Gedanke, dass Ressourcenknappheit und Umweltänderungen zu Konflikten und Gewalt führen (vor allem in den sog. Entwicklungsländern), ein Sicherheitsproblem für die (Erste) Welt darstellten und mittels Sicherheitspolitiken bekämpft werden müssten. Während Kaplan vom neo-malthusianischen Argument der Überbevölkerung ausgeht, argumentiert Homer-Dixon, dass Knappheit sich komplexer herstelle. Im Zentrum steht die Analyse von Ressourcenkonflikten – insbesondere um Energieträger –, deren politische Bearbeitung eng mit den Machtressourcen der Staaten zusammenhänge. Der Begriff der Umweltsicherheit im Sinne eines gesicherten Zugangs zu Ressourcen ist hier wichtig und wird mit dem Begriff der globalen Sicherheit verbunden.

3. Innerhalb des *Paradigmas der Modernisierungstheorie* können neben Arbeiten zur Ressourceneffizienz (etwa Weizsäcker et al. 2010) zwei Ansätze hervorgehoben werden, die sich aus sozialwissenschaftlicher Sicht mit dem Zusammenhang von ökologischer Krise und Umweltpolitik befassen. Aus *politikwissenschaftlicher* Sicht wird untersucht, warum und inwieweit einzelne hochentwickelte Länder eine umweltpolitische Vorreiterrolle einnehmen. Die Ergebnisse zahlreicher empirischer Untersuchungen zeigen, dass es nicht unbedingt zu einem umweltpolitischen *race to the bottom* in der globalen Konkurrenz kommen muss. Zum einen kann es durch innovative Umweltpolitiken zu umwelttechnisch bedingten Standortvorteilen kommen, wobei hierfür leistungsfähige Verwaltungen notwendig sind, die die Aufgaben und entstehende Probleme überhaupt bearbeiten können. Eine weitere Motivation zu weitreichenden Umweltpolitiken ist der politische Wettbewerb auf internationalen Konferenzen, das heißt die Demonstration politischer Initiative und Willenskraft durch die jeweiligen Regierungen, woraus wiederum Legitimitätsgewinne erhofft werden. Die Umweltpolitik der Pionierländer diffundiert möglicherweise, indem sie Nachahmer findet; hier sind in-

ternationale Institutionen oder Regime als ›Diffusionsagenten‹ wichtig (Jänicke 2003; Sturm et al. 2000).

Im Rahmen der *soziologischen* Modernisierungstheorie stellt die These von der ›(Welt-)Risikogesellschaft‹ von Ulrich Beck explizit die Verbindung mit der ökologischen Krise her (2008). Ökologische Risiken und Großgefahren, so die These, seien ein unhintergehbarer Teil der ökologischen Krise und Verteilungsfragen seien von Risikofragen abgelöst worden. Zudem entzögen sich die Umweltprobleme in vielen Fällen der unmittelbaren sinnlichen Wahrnehmung, was auf die gestiegene Bedeutung wissenschaftlichen Wissens und ebensolcher Expertise – die wiederum von Gegenexpertise herausgefordert würde – hindeute.

4. Die im Folgenden skizzierten Ansätze haben gemeinsam, dass sie allesamt herrschaftskritisch sind und Selbstverständlichkeiten des dominanten Verständnisses von ökologischer Krise und Umweltpolitik hinterfragen. *Diskurstheoretische Ansätze* beziehen sich vielfach auf die Arbeiten des französischen Philosophen Michel Foucault und dessen sehr weiten Diskursbegriff, der mehr umfasst als lediglich öffentliche Äußerungen. Das herrschaftsförmig strukturierte, aber in vielen Fällen zur Selbstverständlichkeit gewordene Feld des Denk- und Sagbaren im Bereich der ökologischen Krise und der Umweltpolitik wird hier untersucht. Die konstruktivistisch ausgerichteten Diskursanalysen zeigen, wie die vorherrschenden Umweltpolitiken durch Diskurse vorstrukturiert werden (Hajer 1995; Escobar 1996). Dies wird deutlich beim Diskurs der ›ökologischen Modernisierung‹, der einen präventiven Ansatz (Vorsorgeprinzip) mit dem Einsatz ökonomischer Instrumente der Umweltpolitik verknüpft.

Die *poststrukturalistischen Gouvernementalitätsstudien* gehen über die Diskursanalyse hinaus und analysieren die Dominanz ökonomischer Instrumente in der Umweltpolitik als neoliberale bzw. fortgeschritten liberale Gouvernementalität (Oels 2005). Dabei gehen sie davon aus, dass umweltpolitische Diskurse durch die Verbindung mit wissenschaftlicher Wahrheitsproduktion wirkten, sowie durch Verknüpfung mit Technologien, Architekturen und Praktiken des Regierens, wodurch wiederum bestimmte Normalitäten und Subjektivitäten erzeugt würden (Luke 1999). Die zunehmende Einbeziehung nicht-staatlicher Akteure in das Regieren als ›Partner‹ sei Ausdruck der Tatsache, dass

heute indirekter und basierend auf Selbstdisziplin regiert werde.

5. Die ökologische Krise und Umweltpolitik sind ebenfalls systematisch innerhalb *feministischer Forschungen* bearbeitet worden, die stark ausdifferenziert sind. Die Ursache der Krise liege in einem männlichen, rationalistischen und westlichen Entwicklungsverständnis, das zuvorderst und als Bestandteil patriarchaler Dominanzverhältnisse an der Beherrschung der Natur orientiert sei (Vinz 2005). Kritisiert wird, dass die herrschenden Formen der Umweltpolitik – samt ihrer epistemischen Macht – dies nicht infrage stellen und damit alternative Ansätze sowie Erfahrungen ausblenden würden. Entsprechend werden der Begriff der nachhaltigen Entwicklung und die damit verbundenen Politiken hinterfragt (Wichterich 2002). Zudem wird die herrschende neoliberale Globalisierung, samt der sie vorantreibenden politischen Institutionen und internationalen Verhandlungsprozesse, als integraler Bestandteil der ökologischen Krise verstanden (Katz et al. 2004). Auf der normativen Ebene geht es der feministischen Forschung bei der Bearbeitung der ökologischen Krise auf vielen Ebenen um Selbstbestimmung und Geschlechtergerechtigkeit, sowie expliziter als in anderen Ansätzen um die Frage der Demokratie (Braunmühl/Winterfeld 2003). Zudem wird ein ökofeministisches Projekt gesellschaftlicher Transformation formuliert (Mies/Shiva 1993).

6. Die aktuell in den Wirtschaftswissenschaften vorherrschende neoklassische Orthodoxie versteht sich in weiten Teilen nicht als Sozialwissenschaft. Jedoch verortet sich ein heterodoxer wirtschaftswissenschaftlicher Ansatz, die *ökologische Ökonomie*, durchaus in einem breiteren sozialwissenschaftlichen Kontext (Martínez-Alier 1990). Dieser Ansatz begreift die Ökonomie als eine Art Subsystem, die den Metabolismus (Stoffwechsel) der Gesellschaft mit der Natur in Form von materialen und energetischen Zuflüssen und Abflüssen (in Form von Emissionen oder Reststoffen) regelt. Wirtschaftliche Entwicklung könne daher nicht begriffen werden, ohne die konkreten Formen des Metabolismus zu analysieren. Die Übernutzung der natürlichen Ressourcen und Senken werde angesichts der kapitalistischen Dynamik von Wachstum und profitorientierter Warenproduktion zunehmend krisenhaft und konfliktiv. Die einzelnen Gesellschaften könnten nicht nur hinsichtlich ihrer Wirtschaftsleistung, sondern auch in Bezug auf ihr ›metabolisches Profil‹ analysiert

werden, d. h. dahingehend, inwiefern sie etwa primär auf die Ressourcen aus anderen Ländern zurückgreifen (USA, Westeuropa, China) oder solche über den Weltmarkt zur Verfügung stellen (Öl exportierende Länder, Brasilien). Innerhalb des Ansatzes der ökologischen Ökonomie wurde auch der Begriff der ›ökologischen Konflikte‹ geprägt, die sich etwa um die Extraktion von energetischen und mineralischen Ressourcen sowie Verschmutzung und Müllablagerung drehen. Dieser Gedanke wurde vom soziologisch ausgerichteten Ansatz der Erforschung des gesellschaftlichen Stoffwechsels aufgenommen und über die Ökonomie hinausgehend weiterentwickelt (Fischer-Kowalski et al. 1997). Mit dem an Stoffströmen orientierten HANPP-Ansatz (Human Appropriation of Net Primary Production) sollen die gesellschaftlich und durch Hilfe von Photosynthese terrestrisch hergestellten organischen Materialien in den Blick geraten. Diese Nettoprimärproduktion kann quantitativ als Biomasse, Energie oder gebundene Kohlenstoffe erfasst und regional wie sektoral zugeordnet werden (Haberl et al. 2007). Popularisiert wurde dieser Ansatz durch den Begriff des ›ökologischen Fußabdrucks‹.

7. Innerhalb der *kritischen politischen Ökonomie* geht es um den systematischen Zusammenhang zwischen politischen und ökonomischen Entwicklungen des Kapitalismus und seine Auswirkungen auf die Umwelt (Altvater 1991). Auch hier spielt der Begriff des Stoffwechsels menschlicher Gesellschaften mit der Natur eine Rolle. Dieser Stoffwechsel nehme in kapitalistischen Gesellschaften eine besondere Form an: Die Produktion von Gebrauchswerten um des Tauschwerts bzw. Profits Willen, eine herrschaftsförmige Arbeitsteilung zwischen Kapital und Lohnarbeit, sowie anderer Formen von Arbeit und zudem die Entwicklung eines modernen, von der kapitalistischen Ökonomie und den Klassenverhältnissen getrennten Staates. Diese gesellschaftlichen Formen sind zentral für die Organisation des Stoffwechsels zwischen Natur und Gesellschaft. Die Dynamik der kapitalistischen Wirtschaft bestehe darin, Menschen bzw. Arbeitskraft und Natur in Wert zu setzen (Görg 2003). Die moderne kapitalistische Ökonomie basiere auf einem quantitativen, d. h. expansiven Zuwachs von Geldwerten, wobei das auf Krediten basierende Produktionssystem zur Überschusserzielung zwinge, während hingegen eine natürliche Evolution vor allem in der qualitativen Veränderung von Stoffen und Energien bestehe (Altvater 1991).

8. Seit den 1980er Jahren hat sich in der Tradition der älteren Kritischen Theorie unter dem Begriff der *gesellschaftlichen Naturverhältnisse* ein Forschungsprogramm entwickelt. Es ist eng verwandt mit dem gerade skizzierten Ansatz, geht jedoch an einigen Punkten über ihn hinaus. Dabei werden neben den materiellen und kapitalistisch-formationsspezifischen Dimensionen stärker die konstruktivistischen Aspekte, also die symbolisch-diskursiven Aspekte der Naturverhältnisse, betont (Görg 2003; Becker/Jahn 2006; Brunnengräber et al. 2008). Ausgegangen wird von ineinander verschränkten materiell-stofflichen und kulturell-symbolischen Dimensionen natürlicher Gegebenheiten, sowie gesellschaftlich hergestellter materiell-technischer Artefakte. Natur existiere eigenständig und werde gleichzeitig erst dadurch zugänglich, indem sie gesellschaftlich wahrgenommen und bearbeitet werde. Damit sei sie gestaltbar, jedoch nicht umfassend kontrollierbar. Das konflikthafte Verhältnis von Individuum, Gesellschaft und Natur wird dann als eine durchaus kontingente, durch soziale Auseinandersetzungen hegemonial konstituierte Beziehung von materiellen und kulturellen (kognitiven, normativen und symbolischen) Aspekten begriffen. Die Regulation der widersprüchlichen gesellschaftlichen Naturverhältnisse fände in Institutionen und mittels Normen und Wertvorstellungen statt, in denen die Widersprüchlichkeit über einen bestimmten Zeitraum hinweg stabilisiert wird. Dabei sei die Wahrnehmung von und der Umgang mit ›Natur‹ hegemonial hergestellt und damit notwendigerweise selektiv. Die globalisierungsvermittelten Transformationsprozesse wurden in diesem Ansatz in zweifacher Hinsicht aufgenommen und führten zu einer Ausdifferenzierung. Zum einen wird in einigen Arbeiten die qualitativ neue Phase kapitalistischer Entwicklung unter dem Begriff des Postfordismus gefasst, der aus anderen Diskussionen (innerhalb der Regulationstheorie und Wirtschaftsgeographie) in die Umweltdebatte importiert wurde. Um die qualitativ neue Phase der Naturaneignung zu begreifen, wurde die Kategorie der postfordistischen Naturverhältnisse entwickelt. Zum Zweiten wird die zunehmende Bedeutung internationaler Politik berücksichtigt und mit dem Begriff der Internationalisierung des Staates zu fassen versucht (Brand et al. 2008; Wissen 2011). Die Arbeiten unter dem Begriff der gesellschaftlichen Naturverhältnisse können international in das breitere Paradigma der politischen Ökologie eingeordnet werden (Köhler 2008), zu der auch die

›Third World Political Ecology‹ (Bryant/Bailey 1997)
zu rechnen ist. Dieser Ansatz der politischen Ökologie weist darauf hin, dass in Ländern des globalen
Südens der Zugang zu Ressourcen und die Verteilung der Belastungen viel direktere Auswirkungen
auf Lebensverhältnisse hätten.

Kontroversen

Eine zentrale Kontroverse in der Debatte um ökologische Krise und Umweltpolitik besteht darin, wer
bzw. was die Krise verursacht hat, worin der Kern der
Krise besteht und wie ihr zu begegnen ist. Einige Positionen – prominent im Rahmen der Regimetheorie
– gehen davon aus, dass es sich bei der ökologischen
Krise um einen Trend moderner, zunehmend international interdependenter Gesellschaften handle,
der mit angemessenen Politiken umgekehrt werden
könne. Kapitalismuskritische Ansätze – wie jener
von Altvater – sehen eher einen Zusammenhang mit
politisch-ökonomischen Dynamiken und gesellschaftlichen Macht- und Herrschaftsverhältnissen.
Arbeiten im Kontext der politischen Ökologie und
Forschungsansätze bezüglich gesellschaftlicher Naturverhältnisse nehmen dies auch an und erweitern
diese Perspektive, indem sie die Verankerung krisen-
hafter Naturverhältnisse auch in den Alltagsprakti-
ken – insbesondere den Konsummustern – und im
Alltagsverstand der Menschen verorten. In diesen
und anderen kritischen Ansätzen wird der Zusammenhang zwischen dominanten Formen der Naturaneignung und deren Krisenhaftigkeit, sowie der In-
wertsetzung der Natur thematisiert. Dies führte etwa
in der angelsächsischen Debatte dazu, von ›neoliberaler Natur‹ zu sprechen, um eben den Zusammenhang von neoliberaler Gesellschaftstransformation
und Naturaneignung in den Blick zu bekommen
(Überblick bei Castree 2008).

Die zunehmende Liberalisierung, Privatisierung
und Deregulierung der Wirtschaftsbeziehungen –
die 1995 mit der Gründung der Welthandelsorganisation institutionalisiert wurde – prägt ganz wesentlich die Instrumente der Umweltpolitik und die damit einhergehende Transformation von Staat und
Zivilgesellschaft. Diskutiert werden in den Sozialwissenschaften wie auch in der breiteren Öffentlichkeit die Rolle und Effektivität marktwirtschaftlicher
Instrumente in der Umweltpolitik und ihr Verhältnis
zu ordnungspolitischen Mitteln. Einige sehen dazu
keine Alternative, andere argumentieren, dass die

zerstörerische Dynamik kapitalistischer Marktwirtschaften nicht beseitigt werde.

Eine weitere Kontroverse betrifft das Leitbild der
nachhaltigen Entwicklung, welches sich in vielen politischen und wissenschaftlichen Ansätzen als dominante Orientierung durchgesetzt hat. Jedoch wird
dieses Leitbild von verschiedener Seite kritisiert. Die
Wirtschaftsliberalen sehen darin eine Behinderung
des freien Welthandels und befürchten im Falle zu
starker politischer Eingriffe eine Fehlallokation
von Ressourcen. Machtkritische Ansätze kritisieren
wiederum, dass mit dem herrschenden Begriff der
nachhaltigen Entwicklung bestimmte Sichtweisen
und institutionelle Praktiken gestärkt und andere geschwächt oder gar ausgeblendet würden: Umweltprobleme wie der Klimawandel würden als abstrakte
Probleme konstruiert, wodurch die konkreten Konflikte um die Aneignung der Natur aus dem Blick geraten würden. Es handle sich zudem um ein top
down-Verständnis von Politik, das die internationale
Politikebene und die offizielle staatliche Politik fo-
kussiere. Zudem gebe es in der Diskussion ein Primat von westlichem und naturwissenschaftlichem
Wissen und Optionen der Krisenbearbeitung und
korrespondierend eine Orientierung an Effizienz
und Technologien, des Weiteren sei es zu einer Dominanz von Umwelt- gegenüber Entwicklungsfragen gekommen. Insbesondere blendeten die mit dem
Begriff nachhaltige Entwicklung angestrebten Umo-
rientierungen und neuen bzw. veränderten Institu-
onen gesellschaftliche Macht- und Herrschaftsverhältnisse aus und hätten einen zu starken Fokus auf
pragmatischen Problemlösungen. Damit werde jedoch das westliche Produktions- und Konsummo-
dell nicht grundlegend infrage gestellt.

Die Diskussion über ›Umwelt und Sicherheit‹
bzw. ›Umweltsicherheit‹ (*environmental security*)
(s. o.), die in den 1980er Jahren – der Spätphase des
Kalten Krieges – bereits Konjunktur hatte (Homer-
Dixon 1999; Dalby 2002), verschwand in den 1990ern
und gewinnt seit dem 11. September 2001 und der
Erklärung des Krieges gegen den Terrorismus durch
die US-Regierung neue Bedeutung. Für die Ansätze,
die sich dem (neo-)realistischen Paradigma zuordnen, geht es zuvorderst um die Sicherung des Zugangs zu natürlichen und agrarischen Ressourcen,
die durch entsprechende weltpolitische und -wirt-
schaftliche Dominanzstrukturen gesichert sein
müssten. Und die Grenzen müssten gesichert werden, weil es zu einer Umweltmigration käme. Die

kritische Diskussion hingegen nimmt den Begriff der *human security* des Entwicklungsprogramms der UNO (UNDP) von Mitte der 1990er Jahre auf und versucht ihn dahingehend zu wenden, dass es nicht um den machtgestützten Zugang der starken Staaten zu Ressourcen, sondern generell den Zugang von Individuen und Kollektiven – und zwar insbesondere den Schwächeren – zu ihren Lebensmitteln gehen würde. In diesem Kontext gewinnt auch die Diskussion um Umweltgerechtigkeit (*environmental justice*; Parks/Roberts 2006) größere Bedeutung.

Eine weitere, derzeit beginnende und kontroverse Diskussion versucht zu klären, inwieweit es sich in der aktuellen wirtschaftlichen, ökologischen und energetischen Krise um einen tiefen Strukturbruch handelt. So wurde etwa auf dem Weltsozialforum 2009 im brasilianischen Belem der Begriff der multiplen ›Zivilisationskrise‹ prominent verwendet, um den Zusammenhang von ökologischer, wirtschaftlicher, energetischer und Ernährungskrise herzustellen. Ein anderer Diskussionsvorschlag unter dem Label des ›Postneoliberalismus‹ versucht, die unterschiedlichen Strategien in den Blick zu nehmen, mit denen die aktuellen Krisen bearbeitet werden, auch und gerade die ökologische Krise (Brand/Sekler 2009).

Und schließlich gibt es wissenschaftlich-politische Debatten um alternative Formen der Naturaneignung und die entsprechenden Wege und Politiken ihrer Realisierung. Dissens besteht hier darin, welche Rolle der Staat bzw. (nationale wie internationale) politische Institutionen im weiteren Sinne bei der Bearbeitung der ökologischen Krise spielen sollten. Manche Ansätze sehen im Staat und in internationalen politischen Institutionen eine Art Vertreter des gesellschaftlichen Allgemeininteresses, die für die Bearbeitung der Umweltprobleme (über rechtliche, finanzielle und Wissenspolitiken) zuständig seien. Die Kritik an dieser Sichtweise lautet, dass der Staat und das internationale politische System (beispielsweise die Welthandelsorganisation oder die Weltbank) zentral an der Verursachung der vielfältigen Umweltprobleme beteiligt seien. Das Dogma der Wettbewerbsfähigkeit sei tief in staatliche Politiken eingelagert. Daher, so die kritischen Einschätzungen, sollte man diese nicht per se als Problemlöser begreifen, sondern zunächst einmal in ihrer Ambivalenz zwischen umweltschützenden und umweltzerstörenden Politiken sehen (Wissen 2011).

Die Diskussion um Alternativen wird insbesondere in sozialen Bewegungen und kritischen Nichtregierungsorganisationen sowie in Räumen wie dem Europäischen oder Weltsozialforum geführt. Prominenz haben Begriffe wie Gemeingüter, das gute Leben oder Ernährungssouveränität (Überblick in Brand/Lösch/Thimmel 2007). Hier wird der Begriff der nachhaltigen Entwicklung kaum verwendet.

Literatur

Altvater, Elmar: *Die Zukunft des Marktes*. Münster 1991.

Axelrod, Regina S./Downie, David Leonard/Vig, Norman (Hg.): *The Global Environment. Institutions, Law, and Policy*. Washington 2005.

Beck, Ulrich: *Weltrisikogesellschaft*. Frankfurt a.M. 2008.

Becker, Egon/Jahn, Thomas (Hg.): *Soziale Ökologie. Grundzüge einer Wissenschaft von den gesellschaftlichen Naturverhältnissen*. Frankfurt a.M./New York 2006.

Brand, Ulrich/Görg, Christoph/Hirsch, Joachim/Wissen, Markus: *Conflicts in Environmental Regulation and the Internationalisation of the State. Contested Terrains*. London/New York 2008.

Brand, Ulrich/Lösch, Bettina/Thimmel, Stefan: *ABC der Alternativen*. Hamburg 2007.

Brand, Ulrich/Sekler, Nicola (Hg.): *Postneoliberalism. A Beginning Debate*. Development Dialogue Nr. 51 der Dag-Hammarskjöld-Stiftung. Uppsala 2009.

Braunmühl, Claudia von/Winterfeld, Uta von: *Global Governance. Eine begriffliche Erkundung im Spannungsfeld von Nachhaltigkeit, Globalisierung und Demokratie*. Wuppertal Paper 135. Institut für Klima, Umwelt, Energie. Wuppertal 2003.

Breitmeier, Helmut/Young, Oran R./Zürn, Michael: The International Regimes Database: Architecture, Key Findings, and Implications for the Study of International Regimes. In: *Politische Vierteljahresschrift. Sonderheft ›Politik und Umwelt‹* (2007), 41–59.

Brunnengräber, Achim/Dietz, Kristina/Hirschl, Bernd/Walk, Heike/Weber, Melanie: *Das Klima neu denken*. Münster 2008.

Bryant, Raymond L./Bailey, Sinéad: *Third World Political Ecology*. London/New York 1997.

Castree, Noel: Neoliberalising Nature: Processes, Effects, and Evaluations. In: *Environment and Planning A* 40. Jg., 2 (2008), 153–173.

Dalby, Simon: *Environmental Security*. Minneapolis 2002.

Escobar, Arturo: Constructing Nature. Elements for a Poststructural Political Ecology. In: Richard Peet/Michael Watts (Hg.): *Liberation Ecologies: Environment, Development, Social Movements.* London/New York 1996, 46–68.

Fischer-Kowalski, Marina/Haberl, Helmut/Hüttler, Walter/Payer, Harald/Schandl, Heinz/Winiwarter, Verena/Zangerl-Weisz, Helga: *Gesellschaftlicher Stoffwechsel und Kolonisierung von Natur. Ein Versuch in Sozialer Ökologie.* Amsterdam 1997.

Görg, Christoph: *Regulation der Naturverhältnisse. Zu einer kritischen Theorie der ökologischen Krise.* Münster 2003.

– /Brand, Ulrich (Hg.): *Mythen globalen Umweltmanagements. ›Rio+10‹ und die Sackgassen nachhaltiger Entwicklung.* Münster 2002.

Haas, Peter M./Keohane, Robert O./Levy, Marc A. (Hg.): *Institutions for the Earth. Sources of Effective International Environmental Protection.* Cambridge, MA/London 1993.

Haberl, Helmut et al.: Quantifying and Mapping the Human Appropriation of Net Primary Production in Earth's Terrestrial Ecosystems. In: *PNAS – Proceedings of the National Academy of Sciences of the USA* 104. Jg., 31 (2007), 12942–12947.

Hajer, Maarten A.: *The Politics of Environmental Discourse. Ecological Modernization and the Policy Process.* Oxford 1995.

Hauff, Volker (Hg.): *Unsere gemeinsame Zukunft. Bericht der Weltkommission für Umwelt und Entwicklung.* Greven 1987 (engl.: http://www.un-documents. net/wced-ocf.htm).

Homer-Dixon, Thomas: *Environment, Scarcity, and Violence.* Princeton, NJ 1999.

Jänicke, Martin: Die Rolle des Nationalstaats in der globalen Umweltpolitik. Zehn Thesen. In: *Aus Politik und Zeitgeschichte* B27 (2003), 6–11.

Kaplan, Robert D.: The Coming Anarchy. In: *The Atlantic Monthly* 273 (1994), 44–76.

Katz, Christine/Müller, Christa/Winterfeld, Uta von: *Globalisierung und gesellschaftliche Naturverhältnisse.* Wuppertal Papers 143. Wuppertal 2004.

Kaufmann, Stefan/Müller, Tadzio: *Grüner Kapitalismus. Krise, Klimawandel und kein Ende des Wachstums.* Berlin 2009.

Köhler, Bettina: Die Materialität von Rescaling-Prozessen. Zum Verhältnis von Politics of Scale und Political Ecology. In: Markus Wissen/Bernd Röttger/Susanne Heeg (Hg.): *Politics of Scale.* Münster 2008, 208–225.

Kütting, Gabriela/Lipschutz, Ronnie D. (Hg.): *Environmental Governance, Power and Knowledge in a Local-Global World.* London/New York 2009.

Luke, Timothy W.: Environmentality as Green Govern-

mentality. In: Eric Darier (Hg.): *Discourses of the Environment.* Oxford 1999, 121–151.

Martínez-Alier, Joan: *Ecological Economics. Energy, Environment and Society.* Oxford 1990.

Meier, Klaus/Wittich, Evelin (Hg.): *Theoretische Grundlagen nachhaltiger Entwicklung.* Berlin 2007.

Mies, Maria/Shiva, Vandana: *Ecofeminism.* Halifax u.a. 1993.

Oels, Angela: Rendering Climate Change Governable: From Biopower to Advanced Liberal Government? In: *Journal of Environmental Policy and Planning* 7. Jg., 3 (2005), 185–208.

Parks, Bradley C./Roberts, Timmons: Environmental and ecological justice. In: Michele M. Betsill/Kathryn Hochstetler/Dimitris Stevis (Hg.): *International Environmental Politics.* Houndmills/New York 2006, 329–360.

Reid, Walter V./Berkes, Fikret/Wilbanks, Thomas/Capistrano, Doris (Hg.): *Bridging Scales and Epistemologies: Linking Local Knowledge and Global Science in Environmental Assessments.* New York 2006.

Spangenberg, Joachim H. (Hg.): *Sustainable Development – Past Conflicts and Future Challenges. Taking Stock of the Sustainability Discourse.* Münster 2008.

Sturm, Andreas/Wackernagel, Mathias/Müller, Kaspar: *The Winners and Losers in Global Competition. Why Eco-Efficiency Reinforces Competitiveness: A Study of 44 Nations.* Chur/Zürich 2000.

Vinz, Dagmar: Nachhaltigkeit und Gender – Umweltpolitik aus der Perspektive der Geschlechterforschung. In: *gender...politik...online*, web.fu-berlin.de/ gpo/pdf/dagmar_vinz/fragen_vinz.pdf (2005).

Weizsäcker, Ernst Ulrich von et al.: *Faktor Fünf: die Formel für nachhaltiges Wachstum.* München 2010.

Wichterich, Christa: Sichere Lebensgrundlagen statt effizienterer Naturbeherrschung. Von der Transformationsschwäche des Konzepts nachhaltiger Entwicklung aus feministischer Sicht. In: Christoph Görg/Ulrich Brand (Hg.): *Mythen globalen Umweltmanagements.* Münster 2002, 72–92.

Wissen, Markus: *Gesellschaftliche Naturverhältnisse in der Internationalisierung des Staates.* Münster 2011.

Young, Oran R./Schroeder, Heike/King, Leslie A. (Hg.): *Institutions and Environmental Change: Principal Findings, Applications, and Research Frontiers.* Cambridge 2008.

Ulrich Brand

7. Technik und technische Prozesse

In Definitionen der Globalisierung als Verdichtung oder Beschleunigung grenzüberschreitender Transaktionen, Kommunikationen, Transfers oder sonstiger Handlungen und Verbindungen ist vorausgesetzt, dass es technische Einrichtungen, Medien, Träger und Infrastrukturen gibt, die es überhaupt erst ermöglichen, dass es zur Verdichtung oder Beschleunigung kommen kann. Ohne die Existenz von Konservendosen, Containern, Satelliten, Glasfaserkabeln, digitalen Speichermedien, Software, Flugzeugen, Hochgeschwindigkeitszügen etc. wären viele Phänomene ökonomischer und politischer Globalisierung undenkbar. Denn der Transfer von Daten und Informationen oder der Transport von Waren über weite Strecken wäre so aufwendig und eventuell auch risikobehaftet, dass es klare Grenzen für die globale ökonomische und wahrscheinlich auch für die politische oder kulturelle Integration gäbe. Es lassen sich heute Blumen für den europäischen und nordamerikanischen Markt in Afrika produzieren, da sich Setzlinge aus Europa oder Nordamerika weitgehend sicher nach Afrika bringen lassen, die Blumen in Afrika standardisiert und technisch avanciert angebaut, bewässert, gepflegt und gepflückt und wieder nach Europa oder Nordamerika geflogen werden können, bevor sie verblühen. Von den Schnittblumen, die derzeit in Europa verkauft werden, kommen daher mehr als 50 % aus afrikanischen Staaten und weitere nahezu 30 % aus Südamerika (vgl. Gebreeyesus/Iizuka 2010, 39). Noch offensichtlicher ist die Reduktion des Zeitfaktors und der Gefahren eines Verlusts von Informationen oder eines ungewünschten Zugriffs bei der elektronischen Übertragung von (v.a. logistischen oder finanziellen) Daten in firmeninternen oder öffentlichen Netzwerken: Durch die technische Entwicklung sind unterdessen sowohl der Geschwindigkeit als auch der Menge zugleich möglicher Übermittlung nach Standards erreichbar, nach denen Daten zeitgleich mit ihrer Eingabe an einer Stelle an nahezu jedem anderen Ort des Globus verfügbar sind (vgl. Sassen 2007, 90–96). Mit der Möglichkeit ihrer augenblicklichen Überbrückung verlieren räumliche Distanzen damit in vielen Abläufen ihre kritische Bedeutung und werden in wesentlichen Hinsichten vernachlässigbar.

Andere Aspekte räumlicher Distanz, etwa kulturelle Unterschiede, politische Grenzen oder die jeweils aktuelle Tageszeit bleiben hingegen davon – zunächst – unangefochten.

Es lassen sich drei Arten des Zusammenhangs von technischer Entwicklung und Globalisierung identifizieren, die sich jeweils wechselseitig unterstützen: Technische bzw. technologische Entwicklungen sind erstens ein entscheidender *Ermöglichungsgrund* für die Globalisierung in anderen Bereichen. In einigen Feldern ist zweitens der technische Wandel oder der Einsatz neuer Technologie sogar *an sich* als Globalisierung zu verstehen. Und in wiederum anderen Dimensionen bringt drittens der Gebrauch neuer Technologien oder der technische Wandel, selbst wenn er sich nur lokal vollzieht, eine *Notwendigkeit* weitergehender politischer Globalisierung bzw. wenigstens von regulatorischen Reaktionen mit sich.

Technischer Wandel und technologische Innovation als Bedingungen der Globalisierung

Zwei zum Teil zusammenhängende Bereiche technischer Entwicklung bestimmen bereits seit den Anfängen der menschlichen Geschichte die Ausdehnung von Räumen sozialen Handelns, nämlich einerseits die Entwicklung von Verkehrswegen und Transportmitteln, andererseits die schon sehr früh (etwa in der optischen oder der akustischen Kommunikation über weite Strecken mittels Rauch- oder Trommelsignalen) vorhandenen und zunehmend erweiterten Möglichkeiten, Nachrichten von einem Ort zu einem anderen zu übertragen. Damit kontinuierliche ökonomische, soziale oder kulturelle Beziehungen etabliert werden können, sind Straßen und Wege sowie Vehikel erforderlich, mit denen die Distanzen zwischen Interagierenden in überschaubaren und kalkulierbaren Zeiträumen überwindbar sind. Das Römische Reich konnte unter anderem dadurch seine Ausdehnung erreichen und v.a. (im Unterschied etwa zum Reich Alexanders des Großen) erhalten, dass es ein Netz von Straßen etablierte, auf denen weite Distanzen zurücklegbar waren (Landels 2000, 133–185).

In der gesamten nachfolgenden Geschichte sind wesentliche Aufwendungen in das Entdecken von See- und Landwegen gerade für große Distanzen, in die Sicherung und Unterhaltung existierender Wege und Straßen sowie in die Entwicklung von immer schnelleren bzw. immer größere Mengen an Personen und Güter tragenden Transportmitteln investiert worden. Durch die industrielle Revolution seit dem 19. Jahrhundert wurde auch das Verkehrswesen grundlegend verändert: Der Einsatz zunächst von Dampfmaschinen und Dampflokomotiven sowie schließlich von Autos und Flugzeugen seit dem Beginn des 20. Jahrhunderts, aber auch der Einsatz standardisierter Container im intermodalen Warenverkehr seit der zweiten Hälfte des vergangenen Jahrhunderts hat zu einer immensen Beschleunigung, Ausweitung und Verbilligung von Transporten und Transaktionen und damit direkt zu einer Verdichtung und Ausdehnung von sozialen und ökonomischen Handlungsräumen geführt (Robertson-von Trotha 2005; Hummels 2007).

Auch die Geschichte des Findens neuer und der Verbesserung bestehender Wege der Kommunikation reicht weit zurück. Diese Geschichte ist in Teilen, wie bereits erwähnt, eng mit derjenigen der Verkehrswege und -mittel verbunden. Daneben geht es in ihr aber auch um die Entwicklung von Medien unterschiedlichster Art von Lichtsignalen bis hin zu Kurzschriften, die es ermöglichten, zunehmend viele und zunehmend kompliziertere Daten, Informationen oder sonstige Botschaften über immer weitere Distanzen immer schneller zu übermitteln. Gerade für die Geschichte der europäischen Post wurde unterdessen in vielen Dimensionen nachgezeichnet, wie das Bestehen standardisierter, schneller und kostengünstiger Übermittlungsoptionen eine wesentliche Bedingung für den Ausbau ökonomischer und sozialer Kontakte, aber auch für die Integration von lokalen in übergreifende Strukturen bzw. für das Entstehen umfassender kultureller Räume war. Die technologische Innovation der elektronischen Telekommunikation, die im 19. Jahrhundert zunächst das Telegraphieren (erfunden 1837) und wenig später auch das Telefonieren (entwickelt 1876) über den gesamten Globus hinweg ermöglichte, führte zu einer weitgehenden Emanzipation der Kommunikation von der Entwicklung des Verkehrswesens. Auf diese Weise konnten Aktivitäten an unterschiedlichen Orten koordiniert und synchronisiert werden, ohne dass andauernde direkte Kontakte zwischen den Orten erforderlich waren. Bereits mit dieser Voraussetzung konnte die globale Arbeitsteilung auf eine äußerst komplexe Ebene gehoben werden – und mittlerweile ist die technische Entwicklung so weit

fortgeschritten, dass sich über ein einziges Glasfaserkabel bis zu 1,6 Milliarden Telefongespräche gleichzeitig übermitteln lassen (zu Beginn der 1980er Jahre waren es noch 6.000 und Mitte der 1990er Jahre 600.000 gleichzeitige Telefongespräche, vgl. Scholte 2000, 100).

In diesem Zusammenhang ist auch zu sehen, dass bereits in den 1860er bzw. 1870er Jahren mit der Internationalen Fernmeldeunion (ITU), der Internationalen Telegraphieunion und der Universellen Postunion (UPU) ein globaler Kommunikationsraum allgemein anerkannt und rechtlich gesichert wurde. Durch den Einsatz von Satelliten seit dem Ende der 1950er Jahre sowie von gerichteten (d. h. entlang gewünschter und festgelegter Strecken operierenden) und ungerichteten (d. h. durch die ungebundene Ausbreitung von Wellen Signale aussendenden) Funknetzen und Drahtlostechnologien schon seit dem Ende des 19. Jahrhunderts kam es zu einem weiteren qualitativen technologischen Fortschritt im Bereich der Telekommunikation. Die Kommunikation wurde auf dieser Grundlage weitgehend von geographisch ausgedehnten Infrastrukturen, wie v. a. Straßen-, Schienen- oder sogar Kabelnetzen und einem sicheren postalischen Dienst, ablösbar, die aufgrund der hohen Einrichtungs- und Erhaltungskosten nur mit staatlicher Unterstützung bestehen konnten oder nur von wenigen Großunternehmen finanzierbar waren. Allerdings blieben auch die funkbasierten Kommunikationsnetze aufgrund der notwendigen Installation von lokalen Sende- und Empfangseinrichtungen, Kabeln, Anschlüssen etc. und aufgrund der in den allermeisten Fällen staatlich, häufig sogar international koordinierten Vergabe von Frequenzbereichen von staatlicher Zustimmung abhängig. Auch Satelliten und Einrichtungen für den Gebrauch von Mobiltelefonen sind weiterhin von den Forschungs- und Entwicklungsleistungen einzelner Staaten bzw. von deren Genehmigungen abhängig. Diese Abhängigkeit ist jedoch nicht eine gegenüber jedem Territorialstaat, in dem entsprechende Kommunikationsmöglichkeiten verfügbar gemacht werden sollen. Sie ist vielmehr v. a. eine Abhängigkeit von den technologisch avanciertesten und politisch mächtigsten Staaten sowie von internationalen Abstimmungsprozessen.

Als wichtige Ausprägung des letzten qualitativen Technologiewandels ist auch die sogenannte Digitale Revolution zu sehen, die seit dem Beginn der 1970er Jahre zu beobachten ist. Darunter wird auf der

grundlegendsten technologischen Ebene die Umwandlung von kontinuierlich variierenden Daten jeden Typs in einzelne, distinkt voneinander unterscheidbare Signale, etwa 0 und 1, und deren weitere
Verarbeitung und Kommunikation verstanden.
Diese Umwandlung macht beliebige Daten für die
im Zuge wesentlicher Innovationen in der Halblei-
ter- und Miniaturisierungstechnik seit den 1970er
Jahren verfügbaren Mikroprozessoren und -control-
ler bearbeitbar, welche ihrerseits billig und massenhaft produziert werden können, da sie sich durch die
Einfachheit der elementaren Schalter und die flexible Einsetzbarkeit der Prozessoren aufgrund der Verlagerung von Programmfunktionen aus spezialisierter Hard- in die einfach auszuwechselnde Software
auszeichneten. So lassen sich digitalisierte Informationen praktisch verlustfrei und unter geringem Auf-
wand vervielfältigen, über verschiedenste Medien
hinweg kommunizieren und auf Seiten des Empfän-
gers in das Format verwandeln, das dem jeweiligen
Bedarf entspricht. Anwendungsgebiete reichen von
der Sammlung und statistischen Auswertung seis-
mographischer Daten über die Automatisierung von
Fertigungs- und sogar Qualitätskontrollverfahren
bis zur gewichts- und verschmutzungsabhängigen
Steuerung von Spül- und Waschmaschinen, von der
Darstellung von Texten auf einem Braille-Terminal
bis zur Unterhaltungselektronik. Insgesamt hat sich
der Computer bzw. der Mikrocontroller als omni-
präsentes Steuerungs- und Kommunikationsinstru-
ment durchgesetzt (Zysman/Newman 2006).

Neben der Entwicklung von informationsverar-
beitenden Technologien ist im Zusammenhang mit
der Digitalen Revolution schließlich auch die allgemeine Entwicklung von Netzwerken als technologische Innovation zu sehen, die die Globalisierung in
anderen Bereichen ermöglicht. Jakob Nielsen formulierte (1998) auf der Basis der Technik- und Markt-
entwicklung seit 1984 das jährliche Wachstum der
für anspruchsvolle Benutzer verfügbaren Internet-
Bandbreite um 50% als allgemeines Entwicklungs-
gesetz und prognostizierte damit die Entwicklung
bis heute erstaunlich genau (s. Kap. III.5.3). Unter
dem Begriff ›Netzwerk‹ sind technologische mit organisatorischen und funktionalen Strukturen unauf-
löslich verbunden (s. Kap. III.5.2) – die Existenz solcher Strukturen ist allerdings *Bedingung* der Existenz
von Netzwerken im Sinne *sozialer Zusammenhänge*.

Schließlich ist die biotechnologische Entwicklung
zu nennen, die es erlaubt, in Organismen und lebende bzw. nicht-lebende Teile derselben in einer
Weise einzugreifen, dass ihre ›natürliche‹ Entwicklung und Bindung an je spezifische, z. T. geographisch begrenzte Habitate, Lebensräume, Ökosysteme und Reproduktionszyklen überwind- oder wenigstens modifizierbar wird. Dies ermöglicht u. a. die
Optimierung der landwirtschaftlichen Produktion,
führt aber auch dazu, dass einerseits Agrarprodukte
zu regulären Waren werden, die unabhängig von jeweiligen Bedürfnissen (v. a. in den ärmsten Ländern)
mit einem Interesse an Profiten auf dem Weltmarkt
gehandelt werden und andererseits insgesamt eine
Reduktion der Biodiversität zu beobachten ist, da
optimierte Saatgutarten die älteren Arten verdrängen oder gar ältere Arten zum Schutz von Patenten
vom Markt genommen werden. Pflanzen und Tiere
werden zu ›nachwachsenden Rohstoffen‹, die etwa
als Alternative zu Treibstoffen, aber auch als ›abbau-
bare‹ Grundlagen für Verpackungen, Geräte und
selbst Computerchips genutzt werden. Zugleich entstehen Diskurse über die ethische Zulässigkeit vieler
Arten biotechnologischer Eingriffe sowie über das
Gefahrenmanagement, wobei deutlich wird, dass
erstens noch wenig Wissen über die Verbreitungs-
wege biotechnologisch modifizierter Organismen
besteht und zweitens kaum global einheitliche Wahrnehmungen von Möglichkeiten und Gefahren solcher Organismen existieren (Barben 2007).

Technischer Wandel und technologische Innovation als Globalisierung

Technischer Wandel und technologische Innovationen haben aber nicht nur die Globalisierung etwa
der Ökonomie oder der Politik ermöglicht, sondern
sie stellen in einigen Fällen auch selbst Phänomene
der Globalisierung dar. Bestimmte technische Fortschritte auf dem Gebiet der Gewinnung, der Spei-
cherung und des Transports von Energie sind beispielsweise auf das Engste mit einer Tendenz zu weiter geographischer Trennung zwischen den Orten
der Wind- oder Solarstromerzeugung und denjenigen der Energiekonsumtion verknüpft. Neben der
Weiterentwicklung von Transport- und Kommunikationstechnologien im engeren Sinne ist auch auf
die Diversifizierung von Diensten hinzuweisen, die
auf diese Techniken aufsetzen. Beide Entwicklungen
tragen ihrerseits auf jeweils indirekte oder direkte
Weise zur Entwicklung der Globalisierung bei: Die
Containerisierung oder die Entwicklungen in der

Kältetechnik verändern die Frachttransporttechnik, die ihrerseits zu einem zentralen Faktor der Globalisierung geworden ist; durch technische Protokolle wird die Möglichkeit geschaffen, auf öffentlich zugänglichen Kabeln durch Verschlüsselung sichere und nur für bestimmte Teilnehmer transparente, sogenannte ›virtuell private‹ Netzwerke zu betreiben. Dies erlaubt eine kostengünstige und ressourceneffiziente globale Vernetzung von Interaktionspartnern, die auf die Vertraulichkeit ihrer Daten und Kommunikationen angewiesen sind – von staatlichen Ministerien über die Verwaltung global operierender Wirtschaftsunternehmen bis hin zu individuellen Telearbeitsplätzen. Die Entwicklung von Ultralangstreckenflugzeugen im Transportwesen oder, in der Kommunikationslandschaft, von Suchdiensten (wie z.B. IssueCrawler, Google oder OCLC Worldcat) bzw. von spezialisierten Netzwerken der globalen Datenerhebung (wie z.B. in den PISA-Studien, im sog. Global Consciousness Project, im Zusammenhang des sog. Tsunami-Frühwarnsystems oder in der Meteorologie insgesamt), die weltweit verfügbare Informationen erheben, zusammenführen und synthetisieren, sind hingegen von vornherein durch ihren globalen Zuschnitt gekennzeichnet oder definiert.

Was die wirtschaftlichen Prozesse angeht, werden auf den globalen Märkten unter Inanspruchnahme moderner Kommunikations- und Transporttechniken Arbeitskräfte und Dienstleistungen nicht weniger als Kapitalinvestitionen, Nachrichten und Waren gehandelt und verschoben. So erfordert die technische Entwicklung heute in verschiedenen Bereichen die Kooperation von Spezialisten, die aufgrund gesunkener Mobilitätskosten an wenigen Orten der Welt ausgebildet und dann über die Welt, oder genauer über die entwickelten und sogenannten Schwellenländer, häufig insbesondere die sog. BRIC-Länder (Brasilien, Russland, Indien, China und eine Handvoll weiterer Länder, die, je nachdem, zu jenen ersten vier hinzugezählt werden) verteilt, in speziellen Zentren, wie etwa dem Silicon Valley in den USA, in Sophia Antipolis in Frankreich, in Bangalore, Indien oder Zhongguancun, China, zusammengebracht und eingesetzt werden können. Die Mobilitätsanforderungen an jene Spezialisten sind immens gewachsen und werden durch die permanent erforderliche Weiterbildung und den Austausch in einer globalen Workshop- und Konferenzlandschaft auch nach Antritt einer Position an einem der genannten

Orte aufrechterhalten. Zudem ist die alltägliche Arbeit jener Spezialisten häufig unmittelbar mit globalen Kommunikationen und Transporten verbunden (vgl. Castells 2005, 221–255). Die (durch den technischen Fortschritt selbst provozierte) zunehmende Spezialisierung führt zu einem arbeitsteiligen und zugleich in vielen Einzelschritten intern synchron-kollaborativen Charakter der Forschung und Entwicklung sowie der Produktion und des Vertriebs. Die klassische Arbeitsteilung wird also radikalisiert, indem die jeweilige Einzelleistung immer partikularer wird, während zugleich der vornehmlich additive Charakter früherer Arbeitsteilung z.T. durch die zeitgleiche Bearbeitung desselben Objekts ersetzt wird. Dabei reichen die Beispiele von der allfällig zitierten verteilten Softwareentwicklung, der Rund-um-die-Uhr-Aktivität der Finanzmärkte und der logistischen Organisation von Just-in-time-Produktionsketten über den angesprochenen Aus- und Fortbildungsbetrieb und die akademische Forschung bis zur Tourismus- und Unterhaltungsindustrie. Gerade letztere erschließt nicht nur weltweit Orte für den Besuch (und richtet sie z.T. entsprechend zu), sondern sie repräsentiert auch umgekehrt die Orte weltweit medial, so dass viele Menschen in gewisser Weise mit dem Stadtbild von New York, San Francisco, Rom, Paris oder Venedig vertraut sind, obwohl sie noch nie dort waren.

Technischer Wandel und die Notwendigkeit der Globalisierung

Der technische bzw. technologische Wandel eröffnet nicht nur neue Möglichkeiten, sondern er erzeugt in vielen Fällen auch einen Handlungsbedarf, der insofern neuartig ist, als nunmehr allein global konzertierte Aktionen angemessen und zielführend sind. So lassen sich z.B. durch die globale Erhebung und Zusammenführung empirischer Daten Gefahren erkennen, die bislang als bloße Kontingenz erfahren wurden, wobei allerdings keine Konvergenz von Orten der Datenerhebung, -auswertung und Gefährdung vorliegen muss. Daraus resultieren Verantwortlichkeiten zur Koordinierung, Kommunikation und Integration von Erkenntnissen, die den Rahmen einzelstaatlicher hoheitlicher Zuständigkeiten sowie Kompetenzketten überschreiten. Das Beispiel der nach der Tsunami-Katastrophe von 2004 aufgebauten globalen Frühwarnsysteme zeigt, dass die Daten über Sensoren erhoben werden, die vielen unterschiedlichen Betreibern gehören, dass diese Daten in wenigen zentralen, teils privaten, teils öffentlichen Forschungseinrichtungen ausgewertet werden, und Warnungen möglichst direkt, d. h. häufig unter Umgehung staatlicher Verantwortungsketten, an effektive lokale Sicherheitsakteure, zumeist im pazifischen Raum, weitergegeben werden müssen. In der Folge müssen Regelungen auf unterschiedlichsten Ebenen gefunden werden, die sich auf eine heterogene Vielfalt von Akteuren beziehen, wie v. a. die zunehmende öffentliche Relevanz privatwirtschaftlicher Risikoabschätzungsunternehmen (Wetterdienste, Rating-Agenturen etc.) zeigt. Es ist also erforderlich, Prozesse transnational zu implementieren und supranational zu regulieren, auf deren zumindest weitgehend ungehindertes Funktionieren die globalen sowie alle einzelnen ökonomischen bzw. sozialen oder kulturellen Zusammenhänge angewiesen sind. Dies zeigt sich auch bei dem Entstehen globaler Märkte und Öffentlichkeiten (und zudem der weite Teile des Globus betreffenden Arbeitsmigration, der globalen Investitionsakquise oder dem weltweiten Filmverleih etc.), bei der Nutzung von nicht mehr an nationalen Grenzen haltmachenden Lang- und Mittelwellenfrequenzen zur Kommunikation sowie beim Einsatz von biotechnologisch modifizierten Pflanzen und Tieren. In einem engeren technischen Sinn ist in dieser Hinsicht weiterhin an die neuen Möglichkeiten der verlustfreien Kopie und nahezu instantanen weltweiten Verteilung von digitalen Daten, an die grenzüberschreitende Ausstrahlung von Satelliten- oder Internetfernsehprogrammen oder an die bewusst verschleierte, aber auch aufgrund der ohnehin intransparenten Komplexität globaler Produktionsketten schwer zu verfolgende Produkt- und Markenpiraterie zu denken. Diese Phänomene werden durch dramatische Fortschritte in der Verkehrs- und Kommunikationsinfrastruktur ermöglicht, und sie erfordern sowohl eine international koordinierte Regulierung wie auch eine jeweils lokale Implementierung von Rechtsstrukturen und Institutionen, vermittels derer eine solche Regulierungsbemühung überhaupt erst erfolgreich sein kann. Dabei ist es nicht ungewöhnlich, dass verschiedene Hinsichten und Ziele einer Deregulierung und einer Regulierung miteinander in Konflikt treten. Denn es geht in den meisten Fällen nicht allein darum, die ökonomische Verwertbarkeit von neuen Technologien, die häufig nur durch den Einsatz umfangreicher Forschungsförderungssubventionen ent-

wickelt werden konnten, zu gewährleisten, was oft als wesentlicher Grund für Patentierungsmöglichkeiten und damit verbundene Gewinne angeführt wird. Derartige Regulierungen, die z. T. gravierende Konsequenzen für bestehende Rechtsordnungen und politische Systeme haben (vgl. Oeter 2007), können innerhalb von Staaten aber auch Kompetenzverlust und d. h. Deregulierung bewirken, so dass sie in Widerspruch zu Zielen demokratischeren und transparenteren Regierungshandelns treten können. Dies hat sich insbesondere bei den Auseinandersetzungen um das sogenannte TRIPS-Abkommen (»Agreement on Trade-Related Aspects of Intellectual Property Rights«) im Rahmen der Welthandelsorganisation (WTO) gezeigt.

Zwar führen technische Fortschritte zu einem ressourceneffizienteren Wirtschaften, diese Ersparnis wird allerdings durch das Bevölkerungswachstum weitgehend wieder aufgezehrt, so dass selbst die Bedeutung der ›klassischen‹ Bodenschätze wie Kohle, Holz, Kupfer, Eisen und v. a. von Öl weiterhin steigt. Hinzu kommt ein immenser und wachsender Bedarf der technisch avancierten Industrien an neueren Rohstoffen – was sich z. B. in der Forcierung von Programmen des mit nicht weniger dramatischen Umweltfolgen behafteten Abbaus von Silizium, Bauxit oder Uran oder sogenannten ›Seltenen Erden‹ niederschlägt (vgl. Duchin 1998). Selbst die Agrarwirtschaft wird über Raps- und Sojaanbau etwa zur Energiegewinnung in Anspruch genommen. Von einem durch die Technik reduzierten Bedarf an Ressourcen dürfte dementsprechend also kaum zu reden sein – insbesondere wenn man in Rechnung stellt, dass sich auch so basale Lebensressourcen wie saubere Luft und (Trink-)Wasser sowie eventuell im Rahmen des Klimawandels auch Ackerbauflächen verknappen.

Mit den Auswirkungen der veränderten Rohstoffwirtschaft und der Verknappung überlebenskritischer Ressourcen ist auch eine weitere Variante des globalen Handlungsbedarfs angezeigt, der durch moderne Technik erzeugt wird: Mit der technischen Entwicklung geht die Erzeugung neuartiger ›Kosten‹ einher, bei denen zumeist zunächst nicht klar ist, wer sie in welcher Höhe zu tragen oder zu kompensieren hat (wenn sie überhaupt so zu verstehen sind, dass sie kalkulier- und tragbar sind). Die Verlängerung der Transportwege und die Verlagerung von Transportkapazitäten von Bahn und (Binnen-)Schifffahrt auf Straße und Flugzeuge führt zu einer enormen

Umweltbelastung durch den Waren- und Reiseverkehr, der mit der Globalisierung in Verbindung steht (vgl. Enquete-Kommission 2002, 138–141). Der Einzug von Mikroprozessoren in alle Bereiche des Lebens führt zu einer Steigerung des Sondermülllaufkommens – welches häufig genug seinerseits auf globalen Märkten ›entsorgt‹ wird. Ähnliches gilt für die Abfallprodukte der nuklearen Stromerzeugung, deren Umweltauswirkungen nicht mehr an den Grenzen von Deponien, Landstrichen oder auch nur Ländern halt machen. Die höchsten Kosten, die sich derart ergeben, fallen (zumindest zunächst) weiterhin dort an, wo die technischen Einrichtungen direkt zur Anwendung kommen. Allerdings können auch die ›weniger hohen‹ Kosten so hoch sein, dass es keine *prima facie* Berechtigung gibt, sie Dritten aufzubürden. So hat die Explosion im Kernkraftwerk Tschernobyl 1986 die verheerendsten Auswirkungen sicherlich auf die Region in unmittelbarer Nähe des Kraftwerks gehabt. Die Schäden für die Gesundheit und v.a. die Landwirtschaft im Rest Europas waren jedoch so hoch, dass die Möglichkeit solcher ›Unfälle‹ dazu nötigt, globale oder wenigstens regionale Strukturen zu etablieren, in denen über die Zulässigkeit von Gefährdungen Dritter entschieden werden kann, im Fall von Unfällen hinreichende Maßnahmen zur Eindämmung von Schadenspotentialen ergriffen und im Nachgang dazu, Kosten erstattet bzw. Schäden behoben werden können.

Literatur

Barben, Daniel: *Politische Ökonomie der Biotechnologie: Innovation und gesellschaftlicher Wandel im internationalen Vergleich*. Frankfurt a.M./New York 2007.

Castells, Manuel: *Die Internet-Galaxie. Internet, Wirtschaft und Gesellschaft*. Wiesbaden 2005.

Duchin, Faye: Global Eco-Restructuring and Technological Change in the Twenty-First Century. In: Robert U. Ayres/Paul Michael Weaver (Hg.): *Eco-restructuring. Implications for Sustainable Development*. Tokyo 1998, 259–275.

Enquete-Kommission des Deutschen Bundestages ›Globalisierung der Weltwirtschaft – Herausforderungen und Antworten‹: *Schlussbericht*. Bundesdrucksache 14/9200 vom 12.6.2002. Online: http://www.bundestag.de/gremien/welt/glob_end/ (01.06.2010).

Gebreeyesus, Mulu/Iizuka, Michiko: *Discovery of the Flower Industry in Ethiopia: Experimentation and Coordination* (United Nations University Merit Working Paper Series 2010–025). Maastricht 2010.

Hummels, David: Transportation Costs and International Trade in the Second Era of Globalization. In: *Journal of Economic Perspectives* 21. Jg., 3 (2007), 131–154.

Landels, John G.: *Engineering in the Ancient World*. Berkeley/Los Angeles 2000.

Nielsen, Jakob: Nielsen's Law of Internet Bandwidth. Jakob Nielsen's Alertbox for April 5, 1998. In: http://www.useit.com/alertbox/980405.html (10.8.2010).

Oeter, Stefan: Regieren im 21. Jahrhundert: Staatlichkeit und internationales System. In: Stefani Weiss/Joscha Schmierer (Hg.): *Prekäre Staatlichkeit und Internationale Ordnung*. Wiesbaden 2007, 70–84.

Robertson-von Trotha, Caroline Y. (Hg.): *Mobilität in der globalisierten Welt*. Karlsruhe 2005.

Sassen, Saskia: *The Global City. New York, London, Tokyo*. Princeton ²2001.

– : *A Sociology of Globalization*. New York/London 2007.

Scholte, Jan Aart: *Globalization. A Critical Introduction*. Houndmills/Basingstoke 2000.

Zysman, John/Newman, Abraham (Hg.): *How Revolutionary Was the Digital Revolution? National Responses, Market Transitions, and Global Technology*. Princeton 2006.

Andreas Niederberger/Andreas Wagner

8. Religion(en)

Es kann kein Zweifel daran bestehen, dass Religionen ebenso wie andere kulturelle Subsysteme heute den Bedingungen der Globalisierung unterliegen. So werden Religionen in zunehmendem Maße von den allgemeinen Globalisierungsmechanismen wie Mediatisierung und Ökonomisierung erfasst, und sie reproduzieren Muster, welche zum Teil auch aus anderen Bereichen geläufig sind. Symptomatisch hierfür sind z. B. die Inszenierung des Streits um die in der dänischen Tageszeitung *Jyllands-Posten* im September 2005 veröffentlichten Karikaturen des Propheten Mohammed oder die weltweite mediale Aufmerksamkeit, die der Vorlesung Papst Benedikts XVI. im September 2006 an der Universität Regensburg zuteil wurde. Zur gleichen Zeit boomt das Geschäft mit den Religionen: der internationale Vertrieb von Religionen im ›religiösen Supermarkt‹ und das sogenannte ›Konfessions-Branding‹ dokumentieren dies eindrücklich (Ruthven 1989; Graf 2007a).

Dabei ist es vor allem die Potenzierung bestimmter in den Religionen selbst angelegter Momente, die dieselben im Prozess der Globalisierung vor besondere Herausforderungen stellt. Denn durch Mediatisierung, Ökonomisierung, Migrationen usw. ist es nicht nur zu einer bisher ungekannten Beschleunigung und Dynamisierung des religiösen Feldes gekommen. Darüber hinaus hat die Globalisierung zu einer kaum mehr zu überschauenden Pluralisierung der religiösen Landschaft geführt, die die einzelnen Gemeinschaften immer enger in Kontakt miteinander bringt – sei es in Form eines interkulturellen Austauschs oder in direkten Konkurrenzsituationen – und damit der Dialektik von partikularer Identität und universalem Geltungsanspruch, die für das religiöse Bewusstsein kennzeichnend ist, heute eine neue Qualität und Sprengkraft verleiht.

Einerseits führt die Vielfalt der Angebote auf dem realen und virtuellen Religionsmarkt von Kirchen, Konfessionen, Denominationen, Freikirchen und kleineren Gemeinschaften so zu neuen Aufbrüchen, die sich durch eine stark individualistische Ausrichtung auszeichnen. Mit der Allgegenwart auch der exotischsten religiösen Sinn- und Deutungsangebote bzw. Lebensformen ist das allgemeine Interesse und die Offenheit des breiten religiösen Publikums für verschiedene, auch und gerade außereuropäische Formen der Spiritualität und Religiosität in den letzten Jahrzehnten exponential gewachsen. Begierig werden diese vermeintlich neuen Formen der Religiosität aufgesogen und dabei zugleich in ihrem Kern transformiert: Die Konsumenten bilden auf diesem bunten Markt der Religionen durch eine zum Teil raffinierte eklektische *bricolage* Privatformen von Religiosität aus (vgl. Berger 1963; Krech 2007), die oftmals hochgradig individuell sind. Als Fluchtpunkt dieser Patchwork-Religiosität zeichnet sich aktuell der sogenannte »plurale Monotheismus« (Graf 2007a) ab, also jene Form von Religion bzw. Religiosität, bei der zwar jeder an den einen Gott glaubt, aber eben jeder an seinen eigenen: so entsteht der Mythos vom »eigenen Gott«, wie Ulrich Beck treffend formuliert (Beck 2008). Die globale Pluralisierung geht also mit einem klaren Trend zur Individualisierung einher.

Zugleich und in gewisser Weise als gegenläufiges Phänomen in Bezug auf diesen Trend der konsumentenorientierten Individualisierung der Religionen, die flexibel den je eigenen Interessen und Bedürfnissen angepasst werden, ist in Reaktion auf die Pluralisierung eine deutliche und weltweite Radikalisierung bestimmter Religionsangebote und -segmente zu beobachten. Im selben Maße, in dem sich im Zuge der Globalisierung institutionalisierte Gesprächforen und Dialogplattformen, Weltparlamente und -kongresse sowie andere Initiativen den Dialog der Religionen und Kulturen mit dem Ziel eines ökumenischen Ausgleichs zu eigen gemacht haben, wächst paradoxerweise das Bedürfnis nach klaren Verhältnissen bzw. eindeutiger Positionalität (vgl. Berger 1963; Krech 2007). Die Aufweichung der Unterschiede und die Milderung der scharfen religiösen Gegensätze hat offenbar den Wunsch nach einer erneuten klaren Abgrenzung von Innen und Außen wachgerufen. So ist es zu erklären, dass im Verlauf der Globalisierung neben den eklektischen Formen weicher und inklusiver Religiosität gerade auch wieder traditionell autoritäre Gemeinschaften mit strenger Disziplin und unbedingten, auf Exklusivität pochenden Geltungsansprüchen Zulauf erhalten.

Die identitätsstiftende Funktion von Religion oszilliert dergestalt in der (reflexiven) Moderne zwischen individualistischen Entwürfen und radikaler Konfessionalisierung bis hin zur absoluten Selbstermächtigung bestimmter Individuen und Gruppen im Namen Gottes.

Religionen: Globalisierungskritiker oder Global Players?

Fragt man vor dem Hintergrund dieses ambivalenten Szenarios nach dem bereichsspezifischen Zusammenhang von Religion und Globalisierung in der Moderne, also danach wie sich Religion qua Religion zur Globalisierung verhält und umgekehrt, so herrscht in der Forschung keineswegs Einigkeit. Auf der einen Seite finden sich (1) Positionen, die in bestimmten Ausprägungsformen der Religion, namentlich im Hinblick auf deren Individualisierung und Radikalisierung, das Ende der Globalisierung sehen. Andere betonen dagegen (2) den Zusammenhang von Globalisierung und religiösem Universalismus und stellen die Religionen, oder zumindest die Weltreligionen, an den Anfang des Globalisierungsnarrativs; die universale Orientierung der Religionen gilt dabei geradezu als Archetyp von Globalisierung. Diese beiden Extreme deuten die Vielschichtigkeit und Komplexität in den Relationen zweier an sich bereits schwer zu definierender Kategorien an.

1. Auf der einen Seite gilt: Insofern es zu den Kernkompetenzen von Religion gehört, gesellschaftliche Prozesse kritisch zu verfolgen und vor der Verabsolutierung bestimmter sozialer und politischer Entwicklungen zu warnen, ist es alles andere als verwunderlich, dass verschiedene Religionen eine globalisierungskritische Haltung eingenommen haben. Mediatisierung, Ökonomisierung und Migration, von denen die Religionen selbst größtenteils direkt betroffen sind, stehen dabei im Mittelpunkt ihrer Kritik. Zu nennen sind hier etwa die Katholische Soziallehre sowie die Evangelische Sozialethik, die sich mit Entwicklungsfragen und dem Problem weltweiter gerechter Verteilung befassen; man denke beispielsweise an die Verlautbarungen der lateinamerikanischen Bischofskonferenz in Medellín von 1968, die Hirtenbriefe der amerikanischen Bischöfe zu Frieden und Wirtschaft während der 1980er Jahre sowie das Dokument »Our Responsibility to Make Globalisation an Opportunity for All« der Kommission der Europäischen Katholischen Bischöfe (CO-MECE) (vgl. Coleman 2005; O'Donovan 2007).

Aber auch strikt alternative bzw. die Globalisierung offen ablehnende Modelle und Überlegungen gehören in den Zusammenhang des kritischen Verhältnisses, das Religion und Globalisierung charakterisiert. Im muslimischen Kontext etwa gewinnt die Idee einer islamischen Weltgemeinde (*umma*) in den letzten Jahren an Zuspruch und etabliert sich als ein islamspezifisches Konzept von Globalität, das der Globalisierung verstärkt als Gegenmodell entgegengehalten wird (vgl. Mandaville 2001). Bisweilen artikuliert sich diese religiös motivierte Kritik an der Globalisierung und ihren ökonomischen wie auch politischen Implikationen ferner in der direkten Unterstützung der Anti-Globalisierungsbewegungen seitens bestimmter religiöser Gruppierungen (vgl. u. a. Beckford 2003, 106). Nicht zuletzt sind dabei auch extreme Haltungen, im Sinne einer radikalen Ablehnung oder Verweigerung der Globalisierung gegenüber, zu verzeichnen. So definiert sich heute eine Reihe (neo-)fundamentalistischer Gruppierungen programmatisch in scharfem Gegensatz zur Globalisierung (vgl. Lane 2006, 89).

Es ist diese Entwicklung, die einige Globalisierungstheoretiker in der jüngsten Zeit dazu veranlasst hat, bestimmte Gestalten des Religiösen mit dem Ende der Globalisierung in eins zu setzen. Besonders mit Blick auf die Ereignisse des 11. September 2001 und ihren religiös-fundamentalistischen Hintergrund betonen Autoren wie John Ralston Saul neuerdings das Deglobalisierungspotential der Religionen. Sie machen geltend, dass das Wiedererstarken der Nationalismen sowie bestimmter Kategorien des Ethnischen und v. a. des religiösen Radikalismus im Anschluss an den Terroranschlag auf das World Trade Center in aller Deutlichkeit vor Augen führen, dass das Erklärungsmodell der Globalisierung nicht in der Lage ist – und vielleicht nie wirklich imstande war –, die komplexen sozialen, politischen und wirtschaftlichen Phänomene hinreichend zu beschreiben und zu erklären. Statt von Globalisierung sei angesichts der gegenwärtigen weltpolitischen Situation von einem eindeutigen Kräfteungleichgewicht zu sprechen, das nicht zuletzt durch den ›clash‹ der Kulturen und Religionen gekennzeichnet sei. In dieser Perspektive seien es vor allem die im Feld des Religiösen zu beobachtenden Trends, die die »Religion der Globalisierung« (Saul 2005, 241) Lügen strafen und ihr schließlich ihr Ende bereiten.

Diese Analyse ist allerdings nicht unwidersprochen geblieben, und zwar insbesondere im Hinblick auf die nachhaltigen und empirisch nur schwer zu widerlegenden ökonomischen Auswirkungen der Globalisierung (vgl. Held/McGrew 2007, 1–11). In jedem Fall ist jedoch festzuhalten, dass Religionen ein nicht unwesentliches globalisierungskritisches und bisweilen globalisierungsfeindliches Potential entfalten.

2. Andererseits jedoch gilt: Reduziert man Globalisierung nicht auf finanz-ökonomische und weltpolitische Vorgänge, sondern versteht darunter allgemein die Entgrenzung der Staatenwelt und die kulturelle Hybridisierung, dann gehören Religionen unbestreitbar zu den ersten Motoren derselben. So entspringen die Weltreligionen vor-nationalen Konstellationen und zeichnen sich in ihrer Geschichte durch ein universales Sendungsbewusstsein aus, das selten an territorialen und ethnischen Grenzen Halt macht und sich vielmehr bewusst transnational und transhistorisch definiert.

Diese Strukturaffinität von Religion und Globalisierung gilt freilich nicht nur im Hinblick auf den ›katholischen‹ (also: allumfassenden) Auftrag und die Ökumene (ursprünglich: die gesamte bewohnte Welt, vgl. z. B. Mt 24,14) des Christentums, wie etwa Samuel Huntington und andere es mit ihrem Verständnis der Globalisierung als Resultat oder Verlängerung eines christlichen Zivilisationsprojektes zu suggerieren scheinen. Vielmehr eignet der transnationale und -historische Charakter von Religion, der diese aufs Engste mit dem Phänomen der Globalisierung verknüpft, in gleicher Weise auch zahlreichen weiteren Religionsgemeinschaften wie etwa dem Islam.

Angesichts dieser Tatsache betonen gegenwärtig Sozialphilosophen, Soziologen wie auch Theologen und Religionswissenschaftler die Tatsache, dass die Globalisierung die Religionen nicht wie andere kulturelle Subsysteme nur von außen trifft, sondern selbst ein konstitutives Merkmal derselben darstellt. Jürgen Habermas etwa hat immer wieder auf die Rolle der Religionen, besonders der jüdisch-christlichen Tradition, aber auch des Islam für die Modernisierung des Westens hingewiesen ebenso wie er die spezifische Bedeutung von Religion für die Grundlegung eines ethischen Universalismus unterstrichen hat (vgl. Habermas 2002, 147–151). Und Ulrich Beck – um nur zwei Wortmeldungen aus dem breiten Spektrum der aktuellen Diskussion anzuführen – spricht jüngst gar davon, dass »Globalisierung kein Produkt machtvoller, massenmedialer, politischer und wirtschaftlicher Globalisierung am Beginn des 21. Jahrhunderts, kein spätes, äußerliches, mögliches Merkmal [ist]. Globalisierung, genauer: die Frage nach dem multiplen, kontradiktorischen Grenzregime von Religion, gehört zum Wesen, oder, weniger pathetisch gesagt, zum Definitionsmerkmal von Religion von Anfang an.« (Beck 2008, 73)

In dieser Perspektive erweisen sich die Religionen gleichsam als ältester Global Player und damit zugleich als eine ausgesprochen wichtige Ressource für die Lösung gegenwärtiger Probleme der Globalisierung bzw. der post-nationalen Konstellation. Denn die Kehrseite dieses globalen Wesenskerns der Religionen besteht darin, dass diese von Anfang an mit den für die gegenwärtige Globalisierung insgesamt charakteristischen Schwierigkeiten konfrontiert sind. Besonders in soziokultureller Hinsicht zeigen sich dabei wichtige strukturelle Parallelen: So sehen sich Religionen vom Beginn ihrer Geschichte an der Schwierigkeit gegenüber, ihren universalen Anspruch mit der partikularen Lebenswelt und der Gesellschaft, in der sie sich entfalten, zu vermitteln. Die Präsenz des Islam in Europa etwa und seine Harmonisierung mit bestimmten tradierten kulturellen Vorstellungen und Werten stellt eine besondere Herausforderung auch und gerade für diesen selbst dar, während das Christentum zugleich einen Prozess der Enteuropäisierung durchläuft. In dieser Hinsicht sind Religionen somit nicht nur wichtige Motoren der Globalisierung, sondern stehen zudem als ein paradigmatisches Beispiel für einen der für die Globalisierung insgesamt kennzeichnenden Widersprüche oder Scheinwidersprüche, nämlich die Glokalisierung, also die Verknüpfung bzw. das Wechselverhältnis von transnationaler und lokaler Ebene (vgl. Leggewie 2007).

Diese letzte Bemerkung macht zugleich darauf aufmerksam, dass mit den beiden hier skizzierten Positionen, nämlich Religion als Kritik von Globalisierung und Religion als deren Motor, nicht einfachhin – wie dies zuweilen in den diesbezüglichen Debatten erscheinen mag – zwei miteinander konkurrierende oder sich gar ausschließende Theoriepositionen im Hinblick auf die vielschichtigen Formen der Interaktion von Religion und Globalisierung benannt sind, die es gegeneinander abzuwägen oder gar auszuspielen gilt. Vielmehr lassen sich die divergenten Einschätzungen in dieser Frage auch und gerade als Ausdruck eines der grundsätzlichen Strukturmerkmale von Religion interpretieren. Denn insofern als Religionen von Anfang an durch ein starkes Wechselverhältnis von partikularen Identitäten und universalem Geltungsanspruch gekennzeichnet sind, welches unter den medialen und politisch-ökonomischen Bedingungen der Moderne

noch verstärkt wird, nehmen sie im Prozess der Globalisierung zum Teil verschiedene Haltungen ein, die
sich nicht ohne Weiteres ineinander überführen lassen.

Die besondere Verantwortung der Religionen im Prozess der Globalisierung

Angesichts dieser kritisch-produktiven Verzahnung
von Globalisierung und Religion kommt den Glau-
bensgemeinschaften ebenso wie den Theologien im
anhaltenden Prozess der weltweiten Vernetzung und
ökonomischen wie politischen Interdependenz eine
besondere Verantwortung zu. Denn Religionen sind
nicht nur passiver Gegenstand der Globalisierung:
Vielmehr nehmen sie – auch dort, wo sie sich dessen
nicht bewusst sind – in ihrer charakteristischen Dop-
pelgestalt als globalisierungskritische Instanzen und
Global Players aktiv an ihr Teil.

Dabei liegt die große Herausforderung für die Religionen heute mehr denn je in der rechten Vermittlung von kultureller Partikularität und grenzüber-
schreitendem Universalismus. Das Ziel muss ein
Ausgleich sein, der nicht so sehr in privaten Religi-
onskompositionen und -kollagen liegt, aber auch
nicht in einer rückwärtsgewandten Politik harter Exklusion und Positionalität zu suchen ist, sondern in
erster Linie in einem echten, nicht-paternalistischen
»interkulturellen Universalismus« (Habermas 2002,
150) besteht.

In besonderer Weise gilt die Verantwortung der
Religionen im Prozess der Globalisierung der Sicherung des Weltfriedens, der zwar nicht nur, aber zu einem wesentlichen Teil auch eine Angelegenheit der
Religionen ist. In diesem Sinne hat Hans Küng mit
seinem ›Projekt Weltethos‹ in den vergangenen Jahren immer wieder auf die Schlüsselrolle der Religionen und ihres kollektiven ethischen Substrats für die
Sicherung des Weltfriedens hingewiesen. Sein bekanntes Motto lautet: kein Weltfrieden ohne Frieden
der Religionen und kein Religionsfriede unter den
Religionen ohne Dialog und ohne eine globale Ethik,
die sich auf eben dieses kollektive Substrat der Weltreligionen ebenso wie dasjenige der großen philosophischen Traditionen zurückbesinnt. Hierbei kann
es selbstverständlich nicht um eine Homogenisierung der Religionen im Sinne der Auflösung derselben in ein Einheitsbekenntnis gehen; vielmehr sol-

len die historisch gewachsenen Religionen in ihrer je
eigenen kulturellen Gestalt ernst genommen werden.
Angesichts der allgemeinen Globalisierung sieht
Küng in dieser universalen Besinnung der verschiedenen religiösen Traditionen auf ihr friedensethi-
sches Potential gegenwärtig eine der größten Herausforderungen für die Weltreligionen, die alleine in
der Lage seien, einen profunden und nachhaltigen
Mentalitätswandel zu motivieren und damit den von
vielen heraufbeschworenen Zusammenprall der Kulturen zu vermeiden (vgl. v. a. Küng 1997 u. 2002).

Auch wenn sich heute die Zweifel an der faktischen Erreichbarkeit einer wirklich tragfähigen und
gehaltvollen Übereinkunft mehren, die mehr als ein
Minimalkonsens sein kann, ist die Stoßrichtung dieses Projekts, das interkulturell bzw. -religiös und universal zugleich sein will, zu begrüßen. So räumen
selbst Kritiker ein, dass es sich um einen ernst zu
nehmenden Schritt in Richtung auf einen verant-
wortungsvollen Umgang mit den Problemen der
Globalisierung und der Globalisierung der Religionen handelt (vgl. Ratzinger 2005, 203). Denn es kann
kaum ein Zweifel daran bestehen, dass es gegenüber
der nicht geringen weltweiten Gewaltbereitschaft
der Religionen und ihrer Anhänger heute gilt, ihr
noch viel größeres universales bzw. globales Frie-
denspotential zu mobilisieren und sich gegen ihre
teils schleichende, teils galoppierende Instrumentalisierung zur Wehr zu setzen. Hier liegt gewiss die derzeit dringendste Aufgabe und ureigene Verantwortung der verschiedenen Religionen im Prozess der
Globalisierung.

Eine Metabetrachtung zur gegenwärtigen Diskussion um Globalisierung und Religion

Eine letzte Bemerkung sei schließlich den Auswirkungen der Globalisierung und v. a. ihrer ökonomischen Dimensionen auf die analytischen Kategorien
gewidmet, in denen heute von Religion unter den
Bedingungen der Globalisierung gehandelt wird.

In den letzten Jahren hat sich die Perspektive der
sogenannten Religionsökonomie (*religious economics*) zunehmend als hilfreicher analytischer Fokus
auf den Problemzusammenhang von Religion und
Globalisierung erwiesen (vgl. Graf 2007b, 19–30).
Insbesondere im Hinblick auf die Beschreibung und
Interpretation der auf der phänomenalen Ebene zu

verzeichnenden, teilweise widersprüchlichen Entwicklungen von Pluralisierung einerseits und Individualisierung und Radikalisierung andererseits bietet diese Disziplin gute Erschließungskompetenzen. So hat Peter L. Berger bereits 1963 in seinem unterdessen klassischen Aufsatz »A Market Model for the Analysis of Ecumenicity« (Berger 1963) eine trennscharfe Analyse der Entwicklung und Situation der Religionen in den USA vorgelegt, die noch immer beispielhaft ist. Und in der Tat sind viele der auf dem religiösen Feld zu beobachtenden Phänomene aus einer (religions-)ökonomischen Perspektive und ihrer spezifischen Sprache heraus gut zu rekonstruieren.

Allerdings gilt es, sich auch der Grenzen einer solchen Beschreibung bewusst zu sein, die die Ökonomie als Globaltheorie bestätigt: die Religionsökonomie liefert gewiss gute Modelle zur Erfassung der Globalisierung der Religionen; gleichwohl ist das Verhältnis zwischen Globalisierung und Religion nicht auf die ›Globalisierung der Religionen‹ im *genitivus obiectivus* zu beschränken: also auf die Religionen als Gegenstand der Globalisierung. Vielmehr wirft dieses Verhältnis, wie oben dargestellt, auch eine Reihe grundlegender Fragen nach dem intrinsischen Wechselspiel beider Phänomene auf. Denn die Globalisierung trifft auf die Religionen nicht als rein externe Größe, so als wären diese allein ihr passives Material. Vielmehr findet der Prozess der Globalisierung in den Religionen selbst einen aktiven *(Pro-) Motor* und/oder Kritiker. Um aber dieses wechselseitige Verhältnis in seiner ganzen Weite und Tiefe differenziert erfassen zu können, sind nach wie vor auch andere wissenschaftliche Disziplinen mit ihren spezifischen Methoden gefragt, wie etwa die Philosophie und Soziologie sowie freilich auch die ganze Bandbreite theologischer Fächer und hier v. a. die sogenannte ›Theologie der Religionen‹. Dass gerade aus diesen Disziplinen heraus in der letzten Zeit verstärkt über Religion und Globalisierung reflektiert wird, wie etwa die Publikationen von Ulrich Beck, Friedrich Wilhelm Graf und Jürgen Habermas dokumentieren, unterstreicht einmal mehr die allgemeine Bedeutung der Religion(en) für die systematische Globalisierungsdebatte.

Literatur

Beck, Ulrich: *Der eigene Gott. Friedensfähigkeit und Gewaltpotential der Religionen.* Frankfurt a. M./Leipzig 2008.

Beckford, James A.: *Social Theory and Religion.* Cambridge, MA. 2003.

Berger, Peter L.: A Market Model for the Analysis of Ecumenicity. In: *Social Research* 30. Jg. (1963), 77–93.

Bertelsmann Stiftung (Hg.): *Religionsmonitor.* Gütersloh 2007.

Coleman, John A. (Hg.): *Globalization and Catholic Social Thought.* New York 2005.

Graf, Friedrich Wilhelm: Religion und Gesellschaft unter den Bedingungen der Globalisierung. In: Müller/Reder/Graf 2007, 3–12 (zitiert als 2007a).

–: *Die Wiederkehr der Götter. Religion in der modernen Kultur.* München 2007b.

Habermas, Jürgen: *Religion and Rationality. Essays on Reason, God, and Modernity.* Oxford 2002.

Held, David/McGrew, Anthony (Hg.): *Globalization Theory. Approaches and Controversies.* Cambridge 2007.

Krech, Volkhard: Exklusivität, Bricolage und Dialogbereitschaft. Wie die Deutschen mit religiöser Vielfalt umgehen. In: Bertelsmann Stiftung 2007, 33–43.

Küng, Hans: *Weltethos für Weltpolitik und Weltwirtschaft.* München 1997.

–: *Wozu Weltethos? Religion und Ethik in Zeiten der Globalisierung. Gespräch mit Jürgen Hoeren.* Freiburg i. Br. 2002.

Lane, Jan-Erik: *Globalization and Politics: Promises and Dangers.* Aldershot 2006.

Leggewie, Claus: Religion in der transnationalen Gesellschaft. In: Müller/Reder/Graf 2007, 13–21.

Mandaville, Peter: *Transnational Muslim Politics. Reimagining the Umma.* London 2001.

Müller, Johannes/Reder, Michael/Graf, Friedrich Wilhelm (Hg.): *Religionen und Globalisierung.* Stuttgart 2007.

O'Donavan, Leo J.: Globale Ethik zwischen Ideologie und Notwendigkeit. In: Müller/Reder/Graf 2007, 22–41.

Ruthven, Malise: *The Divine Supermarket: Travels in Search of the Soul of America.* London 1989.

Ratzinger, Joseph: *Glaube – Wahrheit – Toleranz. Das Christentum und die Weltreligionen* [2003]. Freiburg i. Br. ⁴2005.

Saul, John Ralston: *The Collapse of Globalism and the Reinvention of the World.* London 2005.

Schmidt, Thomas M./Lutz-Bachmann, Matthias (Hg.): *Religion und Kulturkritik.* Darmstadt 2006.

Alexander Fidora

9. Wissenschaft

Der Phänomenbereich Wissenschaft lässt sich auf unterschiedlichen Ebenen beobachten: Als Kommunikationssystem, als Organisationsstruktur und als Beziehungsnetzwerk. Betrachtet man erstens Wissenschaft als *Kommunikationssystem*, dann geht es hier um die Erzeugung, die Veröffentlichung und die Rezeption von wissenschaftlichem Wissen. Hierfür gelten vielfältige informelle und formelle Regeln, die dazu führen, dass zwischen wissenschaftlichen und nichtwissenschaftlichen Kommunikationen unterschieden werden kann. Der universalistische Geltungsanspruch von Wahrheit liefert die Grundvoraussetzung dafür, dass Wissenschaft inhärent einen globalen Zuschnitt hat: Erkenntnis macht nicht vor Landesgrenzen oder Weltregionen halt, und die Regeln für wissenschaftliche Geltung wechseln nicht mit der jeweiligen Jurisdiktion. So ist zumindest der normative Anspruch, dem das Wissenschaftssystem unterliegt, von vornherein auf weltweite Ausdehnung und unterschiedslose Verbreitung angelegt. Allerdings zeigen sich bei näherer Betrachtung sowohl verdichtete als auch quasi ausgegrenzte Kommunikationsräume.

Zweitens beruht dieses Kommunikationssystem auf einer *Organisationsstruktur*, durch die die notwendigen Ressourcen gebündelt und kanalisiert werden. Damit sind beispielsweise Personalstellen für Forscherinnen und Forscher gemeint, aber auch die Finanzierung von Laboreinrichtungen, wissenschaftlichen Instrumenten, Forschungsreisen und Konferenzen. Wissenschaft kennt in diesem Sinne sehr unterschiedliche Organisationsformen: Erkenntnisproduktion ist organisiert in Instituten und Forschungseinrichtungen im universitären System, in der außeruniversitären Forschungslandschaft sowie in den Forschungs- und Entwicklungsabteilungen von Wirtschaftsunternehmen. Im Unterschied zum wissenschaftlichen Kommunikationssystem ist die Organisationsstruktur weitestgehend angewiesen auf eine konkrete räumliche Verortung und einen spezifischen Rechtsraum. Für die Organisationsstruktur der Wissenschaft bildet der nationale Bezugsrahmen weiterhin eine wichtige Rolle, aber auch hier lassen sich Globalisierungstendenzen feststellen, die im nächsten Abschnitt dargestellt werden.

Drittens lassen sich *Beziehungsnetzwerke* zwischen Personen und zwischen Forschungseinrichtungen als Teil der Wissenschaft beobachten. Hierbei spielen Forschungskooperationen und gemeinsame Publikationen eine Rolle. Die Formen von Netzwerken der Wissenschaft haben sich im Laufe der Zeit stark verändert. Das ist insbesondere auf die technologischen Möglichkeiten der Kommunikation in Echtzeit zurückzuführen. Während ein wissenschaftlicher Austausch zu Beginn des 20. Jahrhunderts brieflich geführt wurde und mehrere Wochen vergehen konnten, bis Anfragen oder Antworten die jeweiligen Adressaten erreichten, überwiegt zu Beginn des 21. Jahrhunderts die elektronische Kommunikation für den schnellen Austausch zwischen vielen verschiedenen Kooperationspartnern. Dies wirkt sich auch auf die Entwicklung von wissenschaftlichen Communities aus: Es findet eine Ausweitung der Communities statt, die aus informell zusammengehörigen Personen bestehen, die sich zumindest potentiell gegenseitig wahrnehmen und füreinander einen wichtigen Referenzrahmen im Kommunikationssystem der Wissenschaft darstellen. Auch auf dieser Ebene lässt sich Globalisierung beobachten.

Globalisierungsprozesse in der Wissenschaft

Die Wissenschaftsforschung stellt eine Reihe von Indikatoren und Messverfahren bereit, anhand derer Globalisierung gemessen werden kann. Forschungsergebnisse beziehen sich dabei vor allem auf das Ausmaß, die Geschwindigkeit und die Verbreitung der Globalisierungsprozesse, die für die Wissenschaft konstatiert werden können. Die folgende Übersicht orientiert sich an der Unterscheidung von Wissenschaft als Organisationsstruktur, als Kommunikationssystem und als Beziehungsnetzwerke.

Wissenschaft als Organisationsstruktur: Die Betrachtung von Wissenschaft als Organisationsstruktur verweist darauf, dass Erkenntnisproduktion angewiesen ist auf die Bereitstellung von Ressourcen. Selbst ein Erkenntnisprozess, der allein durch die Gedankenleistung einer Wissenschaftlerin oder eines Wissenschaftlers bestimmt ist, erfordert die Bereitstellung von Mitteln zum Lebensunterhalt, damit Zeit für das Erbringen dieser gedanklichen Leistung erübrigt werden kann. Erst recht gilt dieser Zusammenhang für geräteabhängige und personalintensive Großforschungsvorhaben. In den meisten Weltregionen stellen nationale Regierungen Gelder bereit, die die organisatorischen Grundlagen der Wissenschaft finanzieren sollen. Zusätzlich existieren internationale und supranationale Forschungsprogramme sowie zahlreiche andere Finanzierungsmöglichkeiten. Diese gesellschaftliche Ermöglichung von Wissenschaft ist jedoch verhältnismäßig neu. Man kann die weltweite Verbreitung staatlicher (und anderer) Forschungsfinanzierung sowie die daran geknüpfte Verbreitung wissenschaftlicher Einrichtungen als einen Globalisierungsprozess betrachten, der sich in verschiedenen Wellen vollzogen hat. Als Indikatoren hierfür gelten Daten über Forschungsausgaben, über die Existenz von Hochschulen und Forschungseinrichtungen sowie über wissenschaftliches Personal.

Zu Beginn des 17. Jahrhunderts hatte Wissenschaft in Europa vielerorts zwar ein hohes Ansehen, aber eine vergleichsweise geringe Autonomie, denn die wissenschaftliche Erkenntnisproduktion wurde sehr stark durch politische und religiöse Autoritäten kontrolliert, in deren Augen die Wissenschaft gegenüber der göttlichen Ordnung nachrangig erschien. Das änderte sich im Laufe des 17. Jahrhunderts von England ausgehend und verbreitete sich über Europa hinaus in die neue Welt. Die Freiheit der rational verankerten und empirisch gesicherten Wissenschaft wurde theoretisch begründet. Durch die wachsende materielle Unterstützung gewann die Wissenschaft zunehmend an Handlungsautonomie gegenüber weltlichen und religiösen Autoritäten. Das verblieb jedoch lange Zeit im Geltungsbereich der ›westlichen Zivilisation‹; wissenschaftliche Traditionen beispielsweise in Indien oder China wurden nicht als solche von der westlichen Wissenschaft anerkannt (Raina 1996). Vor allem im 19. Jahrhundert wurden weite Regionen in Afrika und Asien kolonialisiert und in diesem Prozess als Objekt der Wissenschaft entdeckt, z.B. im Bereich der Forst- und Agrarwissenschaft, der Botanik oder der Medizin. Sie waren jedoch bis auf wenige Ausnahmen nicht als Subjekte der wissenschaftlichen Erkenntnisproduktion anerkannt – der Zugang zu wissenschaftlicher Ausbildung oder gar zu einer eigenständigen Forschungsleistung blieb der Bevölkerung der Kolonien zumeist verwehrt.

Zu Beginn des 20. Jahrhunderts setzte eine neue Phase der Wissenschaftsorganisation ein. Nationale Regierungen identifizierten zunehmend die Förderung von Wissenschaft und Forschung als nationale Aufgabe. Das war eingebettet in Diskurse über eine enge instrumentelle Verknüpfung zwischen Wissenschaft und Wohlstand bzw. wirtschaftlicher und gesellschaftlicher Entwicklung einerseits und dem Einsatz von Forschungsergebnissen für die Kriegsführung andererseits. In Deutschland wurden unter der nationalsozialistischen Herrschaft umfangreiche Forschungsarbeiten u.a. im Bereich der Waffenproduktion gefördert. Der berühmteste Fall staatlicher Forschungsförderung aus dieser Anfangszeit ist das sogenannte Manhattan Project, das in den USA ab 1942 die Bemühungen um die Entwicklung und den Bau einer Atombombe bündelte. Mit dem Ende des Zweiten Weltkrieges und der Entstehung der Vereinten Nationen wurde jedoch stärker der Frieden und Wohlstand schaffende Aspekt von Wissenschaft in den Vordergrund gerückt. In diesem Zusammenhang warben zwei supranationale Organisationen dafür, dass Forschungsförderung als Staatsaufgabe in immer mehr UN-Mitgliedsstaaten verankert wurde. Zunächst unterstützte die OECD den Aufbau von Forschungsinfrastruktur und Forschungsförderung in Industrieländern, später die UNESCO in Entwicklungsländern, die um 1960 herum überwiegend aus dem Kolonialstatus entlassen und zu unabhängigen Mitgliedern der Staatengemeinschaft wurden. So waren in den 1950er und den 1960er Jahren zwei Wellen der Verbreitung staatlicher Forschungsförderung zu beobachten. Insgesamt kann dies als ein globaler Diffusionsprozess verstanden werden: Die Idee, dass eine öffentliche Förderung von Wissenschaft und Forschung zu moderner Staatlichkeit dazu gehört, hat sich in den vergangenen Jahrzehnten weltweit etabliert (Jang 2003; Finnemore 1992). Auch Hochschulsysteme und zumindest rudimentäre nationale Wissenschaftssysteme haben inzwischen eine weltweite Verbreitung erfahren. Wissenschaft als Organisationsstruktur ist daher globalisiert im Sinne einer weltweiten Verbreitung (Drori et al. 2003). Es kommt hinzu, dass spätestens seit den 1950er Jahren immer häufiger international finanzierte Forschungsprogramme aufgelegt werden, die eine wachsende Anzahl von Partnerländern beteiligen. Das gilt häufig für Forschungsfelder, in denen enorme Kosten für die apparative Ausstattung anfallen, die nicht mehr unilateral aufgebracht werden könne, z.B. für Teilchenbeschleuniger, Satellitenprogramme oder Forschungsschiffe. Außerdem gibt es inzwischen zahlreiche Programme, die innerhalb einer geopolitisch definierten Region die internationale Forschungskooperation fördern. In besonderem Maße gilt das für die Europäische Union, die sich selbst das Ziel gesetzt hat, einen europäischen Forschungsraum zu schaffen. Die gemeinsame Finanzierung möglichst großer und möglichst internationaler Forschungskonsortien ist hierbei ein wichtiges Mittel.

Dass Wissenschaft heute im Prinzip überall auf der Welt betrieben werden kann und überall durch öffentliche Mittel gefördert wird, bedeutet jedoch keineswegs, dass ungleiche Ausgangsbedingungen überwunden sind. Zwar wiesen die Hochschul- und Wissenschaftssysteme in den Entwicklungsländern in den 1960er und 1970er Jahren z.T. stärkere Zuwachsraten auf als in den Industrieländern (Gaillard/Waast 1992, 41), jedoch ist die Differenz nach wie vor gewaltig (Gaillard et al. 1997). Es lassen sich enorme Diskrepanzen in den Forschungsausgaben nachweisen; selbst innerhalb der Gruppe der OECD-Staaten schwankt der Anteil der Forschungsausgaben am Bruttoinlandsprodukt zwischen 0,49 % (Slowakei) und 3,74 % (Schweden) (2005; vgl. OECD 2009, 18). Die Forschungsförderung in vielen Entwicklungsländern insbesondere in Afrika und Südostasien ist zudem zu einem Großteil abhängig von externer Finanzierung im Rahmen der Entwicklungszusammenarbeit. Das beeinträchtigt die Möglichkeiten, in diesen Ländern eigenständig Forschungsprioritäten zu setzen. Diese Ungleichheitsbedingungen im Weltmaßstab haben auch Auswirkungen auf die Wissenschaft als Kommunikationssystem.

Wissenschaft als Kommunikationssystem: Die Grundlage für eine Betrachtung von Wissenschaft als Kommunikationssystem bieten Publikationen, die das wissenschaftliche Wissen in schriftlicher Form für andere zugänglich machen. Hier ist also von Bedeutung, wie viel wissenschaftlicher ›Output‹ weltweit generiert wird und wie der Austausch darüber stattfindet, d.h. wo und durch wen dieses Wissen rezipiert und weiterentwickelt wird. Im Unterschied zu der notwendigen organisatorischen Verankerung wissenschaftlicher Erkenntnisproduktion kann die Kommunikation wissenschaftlichen Wissens über alle Grenzen hinweg erfolgen. Wissenschaft als Kommunikationssystem kann als unendlicher Verweisungszusammenhang gedacht werden, die Rezeption und Weiterverarbeitung von Wissen kann weltweit erfolgen. Dennoch bringt eine genauere Analyse hervor, dass Wissenschaft als Kommunikationssystem sowohl regionale Verdichtungen als auch Ausgren-

zungen erkennen lässt. Diese Analyse kann sich auf umfangreiche Publikationsdatenbanken stützen, die seit den 1960er Jahren aufgebaut und kontinuierlich erweitert werden, so dass sie inzwischen den Anspruch erheben können, ein gewisses Abbild der weltweiten wissenschaftlichen Publikationstätigkeit bereitzustellen. Darin werden sowohl die wissenschaftlichen Publikationen wie das Produkt des Erkenntnisprozesses aufgelistet und auch die Quellen, die in den jeweiligen Publikationen zitiert werden. Die Publikationsdaten werden als wissenschaftliche Outputindikatoren verwendet; die Daten über Zitationen werden herangezogen, um etwas über die Sichtbarkeit von wissenschaftlichen Publikationen und über Rezeptionsmuster auszusagen.

Legt man diese beiden Messmethoden an, ergibt sich im Hinblick auf die Globalisierung der Wissenschaft folgendes Bild: Die Zahl der wissenschaftlichen Publikationen wächst kontinuierlich, jedoch verteilt sich dieses Wachstum ungleich zwischen verschiedenen Zentren der wissenschaftlichen Produktion und den sogenannten Peripherien. Die USA erzeugen im Zeitraum seit der Schaffung der Datenbanken den höchsten wissenschaftlichen Output, lange Zeit gefolgt von der EU und Japan. Daher sprach man von der Triade nicht nur im Sinne der ökonomischen sondern auch in Bezug auf die wissenschaftliche Produktion. Seit wenigen Jahren gewinnt jedoch ein weiterer Wissenschaftsraum sehr schnell an Bedeutung: China ist mit seinem wissenschaftlichen Output in die Gruppe der Wissenschaftszentren aufgerückt und ist in manchen Forschungsbereichen an die zweite Stelle hinter den USA gelangt (Glänzel et al. 2008; Leydesdorff/Wagner 2009). Fragt man nach der Sichtbarkeit der Forschungsergebnisse (gemessen in Zitationsraten), so führt die globale Betrachtung zu einem ähnlich zentralisierten Bild. Man kann beispielsweise zeigen, dass die USA den höchsten Anteil der weltweit am häufigsten zitierten Forscherinnen und Forscher aufweisen; in vielen Fachbereichen konzentrieren sich hier sogar mehr Meistzitierte als in allen anderen Ländern zusammen (Basu 2006). Zitationsdaten können auch herangezogen werden, um räumliche Verteilungsmuster der Aufmerksamkeit für Publikationen abzubilden. So entsteht ein Bild von unterschiedlichen Verdichtungsräumen im globalen Kommunikationssystem der Wissenschaft. Regionale Verdichtungen beziehen sich in diesem Zusammenhang auf eine Segmentierung des globalen Systems in Regionen, in denen die wechselseitige wissenschaftliche Wahrnehmung besonders dicht ist (Schott 1993). In den 1980er Jahren ließen sich sechs regionale Verdichtungsräume identifizieren (Schott 1988).

Es gibt allerdings auch Länder bzw. Weltregionen, deren wissenschaftlicher Output sehr gering ist und zudem kaum im wissenschaftlichen Kommunikationssystem zur Kenntnis genommen wird. Diese gehören zur Peripherie des Wissenschaftssystems, man kann aber auch sagen, dass sie einem Ausgrenzungsprozess unterliegen. Da international nicht wahrgenommen wird, was hier erforscht und wissenschaftlich publiziert wird, sind manche Weltregionen vom wissenschaftlichen Kommunikationssystem geradezu ausgeschlossen. Dies gilt insbesondere für viele Länder Afrikas, deren Anteil an der weltweiten Wissenschaftsproduktion kontinuierlich abnimmt und im Wissenschaftssystem kaum zitiert wird (Tijssen 2007). Es ist aber umstritten, bis zu welchem Grad diese mangelnde Sichtbarkeit nur ein Artefakt der Datenbanken ist, die einen nordamerikanischen Bias aufweisen und ein systematisches Abbildungsproblem in Bezug auf die wissenschaftliche Produktion in den sogenannten Entwicklungsländern aufweisen (z. B. Tijssen et al. 2006; Zitt et al. 2003).

Wissenschaft als Beziehungsnetzwerk: Die Wissenschaftsforschung hat die große Bedeutung von Netzwerken für die Erzeugung wissenschaftlichen Wissens herausgearbeitet. In den 1960er Jahren wurde bereits darauf hingewiesen, dass informelle Netzwerke eine wichtige Funktion bei der Kanalisierung von Wissensflüssen und Aufmerksamkeiten erfüllen (Crane 1972). Beziehungsnetzwerke lassen sich auf unterschiedlichen Ebenen abbilden; für den Zweck dieses Beitrags sei auf zwei gesondert hingewiesen. Dabei handelt es sich erstens um die Ebene formaler Netzwerke von Wissenschaftlerinnen und Wissenschaftlern, zweitens um Muster konkreter Forschungszusammenarbeiten, die typischerweise in gemeinsamen Publikationen ihren Ausdruck finden.

Formale Netzwerke nehmen häufig die Form wissenschaftlicher Fachvereinigungen an. Diese wissenschaftlichen Fachvereinigungen sind vielfach schon im 19. Jahrhundert gegründet worden und haben sich frühzeitig international zusammengeschlossen. Die bedeutendste internationale Wissenschaftsvereinigung, der International Council for Science (ICSU), bildet den weltweiten Dachverband sowohl für nationale als auch für internationale Wissenschaftsvereinigungen und blickt, wenn man die Vorläufer – die International Association of Academies (1899–1914) und den International Research Council (1919–1931) – hinzuzählt, auf eine mehr als hundertjährige Vergangenheit zurück. Solche internationalen Wissenschaftsvereinigungen bilden einen wichtigen organisatorischen Rahmen für grenzüberschreitenden Austausch und Zusammenarbeit und die weltweite Durchsetzung wissenschaftlicher Werte. Insbesondere während des Kalten Krieges war dieser Rahmen wichtig, um den regimeübergreifenden wissenschaftlichen Austausch aufrechtzuerhalten. Der ICSU verfolgt explizit die Ziele, den Austausch zwischen Wissenschaftlern aller Länder und aller Disziplinen zu erleichtern und die Beteiligung von Menschen aller Hautfarben, Nationalitäten, Sprachzugehörigkeiten, politischer Überzeugungen und Geschlechtszugehörigkeiten an der wissenschaftlichen Erkenntnisproduktion zu fördern.

Konkrete Forschungszusammenarbeiten sind häufig nicht formalisiert, münden aber typischerweise in gemeinsame Publikationen. Um über einen Indikator für die Globalisierung von Beziehungsnetzwerken in der Wissenschaft zu verfügen, wird daher auf Daten über Publikationen zurückgegriffen, die in internationaler Koautorenschaft entstanden sind, d.h. Publikationen mit mindestens zwei Autorinnen oder Autoren mit institutioneller Adresse aus unterschiedlichen Ländern. Der Anteil dieser internationalen Publikationen an allen wissenschaftlichen Publikationen ist in den letzten Jahrzehnten kontinuierlich gestiegen, in manchen Fachbereichen stärker als in anderen. Zwischen 1980 und 1990 ist der Anteil internationaler Publikationen weltweit von 11,3 % auf 20 % angestiegen, wobei die Erdsystem- und Weltraumforschung überdurchschnittlich internationalisiert sind, andere Bereiche wie z. B. die klinische Medizin unterdurchschnittlich (Leclerc/Gagné 1994). Auch einzelne Länder erreichen ganz unterschiedliche Werte auf diesem Indikator (Glänzel 2001); große Länder wie insbesondere die USA, die über eine große und differenzierte nationale Wissenschaftscommunity verfügen, haben einen eher niedrigeren Internationalisierungsgrad, während einige kleine, aber wissenschaftlich gut etablierte Länder wie z. B. die Niederlande wesentlich höhere Werte aufweisen. Hier findet in sehr viel stärkerem Ausmaß Forschung in internationalen Kooperationen statt.

Auch mit dem Indikator der internationalen Publikation können Verdichtungsräume aufgezeigt werden, wenn nämlich genauer untersucht wird, wie häufig spezifische Länderzugehörigkeiten in internationalen Publikationen vorkommen. Zum einen kann man damit zeigen, dass die zunehmende Internationalisierung nicht unbedingt auf Globalisierung sondern in einigen Fällen eher auf eine Regionalisierung zurückzuführen ist. Für die Europäische Union kann z. B. gezeigt werden, dass das Wachstum bei den internationalen Publikationen eher als Europäisierungsprozess gedeutet werden muss, d. h. eher als eine innereuropäische Zunahme der Zusammenarbeit denn als eine wachsende Zusammenarbeit mit Partnern außerhalb der EU (Mattson et al. 2008). Zum anderen kann nachgewiesen werden, dass bestimmte Weltregionen von dem Internationalisierungstrend ausgeschlossen bleiben. Im Forschungsfeld ›Globale Umweltveränderungen‹, das bereits im Zuschnitt seines Forschungsgegenstandes auf weltweite wissenschaftliche Kooperation angelegt ist, kann man z. B. sehen, dass die Verdopplung des Anteils internationaler Publikationen zwischen 1993 und 2002 in einigen Wissenschaftsnationen auch auf eine Ausweitung der Kooperationen mit Partnern in Entwicklungsländern zurückzuführen ist. Einige Länder insbesondere in Afrika und Südostasien bleiben von diesem Trend aber weitestgehend ausgeschlossen (Engels/Ruschenburg 2006).

Wissenschaft – ein globalisierter Bereich?

Die Betrachtung der drei Ebenen von Wissenschaft hat gezeigt, dass einerseits deutliche Globalisierungstendenzen zu beobachten sind, dass sich andererseits diese Globalisierungstendenzen aber nicht gleichmäßig über die gesamte Welt erstrecken. Faktoren, die die Globalisierung bewirken, sind sowohl innerhalb als auch außerhalb der Wissenschaft zu finden. Die erkenntnistheoretischen Grundlagen der Wissenschaft sichern die weltweite und unterschiedslose Geltung wissenschaftlichen Wissens ab. Wissenschaft als Kommunikationssystem ist daher zunächst inhärent auf Globalisierung ausgerichtet und kann als unbegrenzter Verweisungszusammenhang gedacht werden. Die globale Grundausrichtung ist zudem auch in vielen Forschungsgebieten verankert, die globale Systeme (die Erde, das Klima, die Atmosphäre) zum Forschungsgegenstand haben. Als wissenschaftsexterner Faktor kommt hinzu, dass mit

der gesellschaftlichen Finanzierung von Forschung inzwischen häufig die Forderung nach internationaler Zusammenarbeit verbunden wird. Viele Großforschungsvorhaben übersteigen zudem die finanziellen Möglichkeiten einzelner Länder, so dass Zusammenschlüsse in internationalen Programmen zunehmen. Gleichzeitig zeigt sich aber, dass wissenschaftliche Kommunikation durch spezifische materielle Grundlagen und Beziehungsnetzwerke kanalisiert wird, so dass sich Verdichtungsräume und Ausgrenzungsprozesse ergeben. So haben die USA nach wie vor eine zentrale Position inne, die sich sowohl im wissenschaftlichen Output als auch in der weltweiten Rezeption dieses Outputs zeigt. Viele Länder Afrikas oder Südostasiens hingegen lassen dauerhaft einen niedrigen Beitrag zur weltweiten Erkenntnisproduktion erkennen, und die vorhandenen Beiträge werden kaum wahrgenommen. Wissenschaft ist sowohl als Kommunikationssystem als auch als Organisationsstruktur und Beziehungssystem von enormer Ungleichheit im Weltmaßstab geprägt.

Die Wissenschaft gilt als eine den Normen der Gleichheit und des Universalismus verpflichtete Institution. Die aufgezeigte fortbestehende Ausgrenzung einiger Weltregionen, die typischerweise ehemalige Kolonialgebiete sind, läuft daher den Normen der Wissenschaft unmittelbar zuwider. Internationale Programme insbesondere im Rahmen der Vereinten Nationen fördern seit Jahrzehnten den Aufbau wissenschaftlicher Einrichtungen in diesen Weltregionen, um die Grundlagen für eine gleichberechtigte Teilhabe an der weltweiten Produktion wissenschaftlicher Erkenntnisse zu ermöglichen, allerdings können diese Programme nicht die bestehenden extremen Ungleichheitsverhältnisse in dem Maße ausgleichen, das erforderlich wäre, um allen Weltregionen gleichermaßen eine autonome und leistungsfähige Wissenschaft zu ermöglichen (Engels/Ruschenburg 2008). So muss derzeit eher eine wachsende Kluft zwischen den Zentren und den Peripherien der Wissenschaft befürchtet werden.

Neben den ausgrenzenden Faktoren gibt es auch Faktoren, die eher den grenzüberschreitenden Austausch verhindern. Erstens ergeben sich konkrete Forschungskooperationen nicht von selbst, sondern sie bedürfen eines zusätzlichen Aufwandes. Trotz der verbesserten technologischen Möglichkeiten erfordern sie zusätzliche Abstimmungsprozesse und vor allem einen zusätzlichen Zeitaufwand. Zweitens gibt es Bereiche, in denen die Hürden für eine Globalisierung besonders hoch sind. Das betrifft zum einen den Bereich der Industrieforschung. Hier lässt sich häufig ein technologischer Nationalismus beobachten, der sich in der Befürchtung ausdrückt, dass nationale technologische Entwicklungsvorsprünge durch internationale Zusammenarbeit verlorengehen und eine Schwächung der Wettbewerbsposition erfolgt (Ponds 2009). Zum anderen geht es um den Bereich der Militärforschung, die weitestgehend der Geheimhaltung innerhalb eng definierter nationaler Grenzen unterliegt. Die Globalisierung der Wissenschaft ist daher insgesamt bei weitem nicht so weit und so gleichmäßig durchgesetzt, wie es gemäß der erkenntnistheoretischen Fundierung zunächst zu erwarten wäre.

Literatur

Basu, Aparna: Using ISI's ›Highly Cited Researchers‹ to Obtain a Country Level Indicator of Citation Excellence. In: *Scientometrics* 68, 3 (2006), 361–376.

Crane, Diana: *Invisible Colleges: Diffusion of Knowledge in Scientific Communities.* Chicago 1972.

Drori, Gili. S. et al.: *Science in the Modern World Polity. Institutionalization and Globalization.* Stanford 2003.

Engels, Anita/Ruschenburg, Tina: Die Ausweitung kommunikativer Räume: Reichweite, Mechanismen und Theorien der Globalisierung der Wissenschaft. In: *Soziale Welt* 57. Jg., 1 (2006), 5–29.

–/–: The Uneven Spread of Global Science: Patterns of International Collaboration in Global Environmental Change Research. In: *Science and Public Policy* 35. Jg., 5 (2008), 347–360.

Finnemore, Martha: *Science, the State, and International Society.* Dissertation. Stanford 1992.

Gaillard, Jacques et al. (Hg.): *Scientific Communities in the Developing World.* New Delhi u. a. 1997.

– /Waast, Roland: The Uphill Emergence of the Scientific Communities in Africa. In: *Journal of Asian and African Studies* 27. Jg., 1–2 (1992), 41–67.

Glänzel, Wolfgang: National Characteristics in International Scientific Co-authorship Relations. In: *Scientometrics* 51, 1 (2001), 69–115.

– et al.: ›Triad‹ or ›Tetrad‹? On Global Changes in a Dynamic World. In: *Scientometrics* 74, 1 (2008), 71–88.

Jang, Yong Suk: The Global Diffusion of Ministries of Science and Technology. In: Drori et al. 2003, 120–135.

Leclerc, M./Gagné, J.: International Scientific Cooperation: The Continentalization of Science. In: *Scientometrics* 31, 3 (1994), 261–292.

Leydesdorff, Loet/Wagner, Caroline: Is the United States Losing Ground in Science? A Global Perspective on the World Science System. In: *Scientometrics* 78, 1 (2009), 23–36.

Mattsson, Pauline et al.: Intra-EU vs. extra-EU Scientific Co-publication Patterns in EU. In: *Scientometrics* 75, 3 (2008), 555–574.

OECD: *Main Science and Technology Indicators.* Bd. 2008, 2. Paris 2009.

Ponds, Roderik: The Limits to Internationalization of Scientific Research Collaboration. In: *Journal of Technology Transfer* 34. Jg., 1 (2009), 76–94.

Raina, Dhruv: Reconfiguring the Centre: The Structure of Scientific Exchanges Between Colonial India and Europe. In: *Minerva* 34. Jg., 2 (1996), 161–176.

Schott, Thomas: International Influence in Science: Beyond Center and Periphery. In: *Social Science Research* 17. Jg. (1988), 219–238.

–: World Science: Globalization of Institutions and Participation. In: *Science, Technology & Human Values* 18. Jg., 2 (1993), 196–208.

Tijssen, Robert J. W.: Africa's Contribution to the Worldwide Research Literature: New Analytical Perspectives, Trends, and Performance Indicators. In: *Scientometrics* 71, 2 (2007), 303–327.

– et al.: How Relevant are Local Scholarly Journals in Global Science? A Case Study of South Africa. In: *Research Evaluation* 15. Jg., 3 (2006), 163–174.

Zitt, Michel et al.: Correcting Glasses Help Fair Comparisons in International Science Landscape: Country Indicators as a Function of ISI Database Delineation. In: *Scientometrics* 56, 2 (2003), 259–282.

Anita Engels

10. Geschlechterverhältnisse

Zum Begriff der Geschlechterverhältnisse

Der Begriff der Geschlechterverhältnisse bezeichnet die institutionalisierte Form der sozialen Verhältnisse zwischen den Geschlechtern (Becker-Schmidt/ Knapp 2001, 7). Geschlechterverhältnisse sind in gesellschaftliche Macht- und Herrschaftsverhältnisse eingebettet und zugleich Ausdruck dieser. Sie sind in verschiedenen Gesellschaften ein durch Hierarchien gekennzeichnetes Ungleichheitsverhältnis (Nickel 2001, 70): Frauen und Männer werden durch Rollenzuweisungen und Verhaltensnormierungen jeweils in einer spezifischen Weise zueinander in Beziehung gesetzt. Die Zuweisung von Geschlechterrollen geht stets mit einer Auf- und Abwertung und daher stets mit einer hierarchischen Positionsbestimmung von Frauen und Männern innerhalb einer Gesellschaft einher. Ausgangspunkt hierfür sind Vorstellungen über (natürliche) Geschlechterdifferenzen, woraus geschlechtsspezifische Eigenschaften sowie Rollen- und Handlungserwartungen abgeleitet werden. Geschlechtsidentitäten und -eigenschaften sind folglich nicht angeboren, sondern sozial konstruiert, wobei die Rollenerwartungen an Frauen und Männer kontextspezifisch sind – also je nach historischem und sozio-kulturellem Umfeld variieren. Entsprechend können in verschiedenen Gesellschaften jeweils unterschiedliche Formen der Arbeitsteilung und Machtbeziehung zwischen den ›Genus-Gruppen‹ zutage treten.

Geschlechterverhältnisse sind ein zentraler Bestandteil von Globalisierungsprozessen, da sie auf ökonomische und politische Prozesse strukturierend wirken und dadurch den Gang der Globalisierung maßgeblich prägen (Salzinger 2004; Seguino 2000). Umgekehrt wirken sich sowohl die ökonomische als auch die politische Globalisierung in vielfältiger Weise auf Geschlechterverhältnisse aus und verändern diese auf lokaler Ebene im positiven wie im negativen Sinne (Marchand/Runyan 2000).

Ökonomische Globalisierung und Geschlechterverhältnisse

Die ökonomische Globalisierung ist nicht nur als ein Prozess der zunehmenden Integration von nationalen Ökonomien in den Weltmarkt zu verstehen. Zwar ist die Intensivierung der zwischenstaatlichen Finanz- und Handelsbeziehungen ein zentraler Aspekt der Globalisierung, doch sie charakterisiert nicht das Neue an der Globalisierung. Sie stellt vielmehr eine zunehmende Internationalisierung der Wirtschaft dar, deren Beginn bereits im kolonialen Zeitalter zu verzeichnen ist. Globalisierung hingegen ist wesentlich weitreichender, nämlich insofern als es sich um einen Prozess der Entgrenzung und ›Entbettung‹ handelt: Innovative Neuerungen in den Bereichen der Informations- und Kommunikationstechnologien, sinkende Transportkosten und der Abbau von Kapitalverkehrs- und Handelsschranken haben die internationale Verflechtung der Marktökonomien bewirkt und den globalen Wettbewerb verschärft (Altvater/Mahnkopf 1997). Dies hat die Herauslösung ökonomischer Prozesse und Mechanismen aus nationalstaatlichen sozialen Zusammenhängen befördert. So verlagern transnational operierende Unternehmen ohne Rücksicht auf soziale Folgen ihre Standorte mit dem Ziel, ihre Produktivität und somit ihre Wettbewerbsfähigkeit maximal zu steigern. Daraus erwächst die globale Konkurrenz der Standorte – das heißt, Standorte wetteifern um die besseren Produktions- und Investitionsbedingungen. Die Einrichtung sog. freier Produktionszonen in peripheren und semi-peripheren Ländern, in denen zum einen besondere Steuererleichterungen gelten und zum anderen nationale Arbeits- und Umweltgesetze außer Kraft gesetzt sind, ist Ausdruck einer solchen Standortkonkurrenz. Prominent für diese Entwicklungen sind vor allem die sog. *Maquiladoras* an der Nordgrenze Mexikos. Um die Wettbewerbsfähigkeit herzustellen bzw. den Effizienzkriterien der internationalen Märkte zu entsprechen, findet auf der nationalen und lokalen Ebene eine tiefgreifende ökonomische und soziale Restrukturierung statt, die die Produktions- und Lebensverhältnisse vor Ort verändert (Marchand/Runyan 2000, 1). Demzufolge ist die Entgrenzung nicht nur an der Weltmarktintegration von nationalen Ökonomien – also an den Finanz-, Kapital- und Handelsströmen – festzumachen, sondern auch an der Verflechtung bzw. der zunehmenden Interdependenz der internationalen, nationalen und lokalen Ebenen. Globalisierung ist ein Prozess, in der die Marktlogik alle diese Ebenen umspannt und durch ihre Wirkmacht die Grenzen zwischen diesen verwischt (Altvater/Mahnkopf 1997, 27 f.).

Geschlechterverhältnisse sind in der ökonomischen Globalisierung sowohl auf der nationalen bzw.

volkswirtschaftlichen Ebene als auch auf der lokalen Ebene von Bedeutung:

1. Auf volkswirtschaftlicher (nationaler) Ebene ruhen ökonomische Restrukturierungsprozesse auf der geschlechtlichen Arbeitsteilung, wonach Männer als Haupternährer der Familie der Erwerbsarbeit nachgehen und Frauen vornehmlich für die unbezahlte Hausarbeit zuständig oder höchstens als Zuverdienende erwerbstätig sind. Die unbezahlte Hausarbeit – auch oft als nicht-marktförmige Reproduktionsarbeit bezeichnet – wird qua biologischen Geschlechtes stets Frauen zugeschrieben. Makroökonomische Politikmaßnahmen legen bei der Restrukturierung von Volkswirtschaften diese Arbeitsteilung stillschweigend zugrunde (Çaglar 2009, 91 f.). Deutlich wurde dies beispielsweise im Zuge der sog. Stabilisierungs- und Strukturanpassungsprogramme, die in den 1980er Jahren den hoch verschuldeten Ländern des Südens (z. B. Mexiko) von der Weltbank und dem Internationalen Währungsfonds als Kondition für die weitere Kreditvergabe auferlegt wurden (Benería 2003, 48–49). Die Reformpolitik der Geberorganisationen zielte auf eine Reallokation der vorhandenen Ressourcen (z. B. Arbeitskräfte, Boden, Kapital) von der Produktion nicht-handelbarer Güter (z. B. staatlicher Dienstleistungen im Gesundheitswesen) in die Produktion handelbarer Güter (Exportprodukte): Durch strikte Einsparungen im Staatshaushalt, die Privatisierung staatseigener Betriebe und durch die Deregulierung sowie Liberalisierung der nationalen Märkte sollten Ressourcen für die Exportproduktion freigesetzt werden. Damit wurde beabsichtigt, das nationale Exportvolumen zu steigern und höhere Wirtschaftswachstumsraten zu erzielen. Empirische Studien zeigen, dass solche marktorientierten Reformen massive soziale Einschnitte in den betroffenen Ländern nach sich ziehen, wobei die Auswirkungen auf Frauen besonders negativ ausfallen. Mit der Privatisierung der öffentlichen Dienstleistungen wird nämlich de facto ein beträchtlicher Teil der Betreuungs- und Pflegearbeit auf private Haushalte abgeschoben und somit Frauen aufgebürdet (Elson/Çagatay 2000). Denn oft können arme Haushalte nicht für die privatwirtschaftlich angebotenen Gesundheits- und Pflegeleistungen aufkommen. Die geschlechtliche Arbeitsteilung stellt also eine wichtige Grundlage ökonomischer Restrukturierungsprozesse dar – werden doch die negativen sozialen Folgen der Restrukturierung von Frauen und durch die Ausweitung ihrer unbezahlten Reproduktionsarbeit aufgefangen. Auf der gesamtwirtschaftlichen Ebene haben die Reformen den Anschein, eine höhere Markteffizienz herzustellen. Dies liegt vor allem daran, dass auf der makroökonomischen Ebene lediglich marktförmige Zusammenhänge berücksichtigt werden und der gesamte Bereich der nicht-marktförmigen Reproduktionsarbeit daher ausgelassen wird (Çaglar 2009; Fraune 2008). Es wird ausgeblendet, dass die Restrukturierung auf Kosten von Frauen geht, da sie mehr Zeit und Kraft für die Versorgung von kranken und bedürftigen Haushaltsmitgliedern aufwenden müssen.

2. Auf lokaler Ebene fließen Vorstellungen von Weiblichkeit und Männlichkeit bzw. stereotype Rollenerwartungen in die Produktionsstrategien von transnationalen Unternehmen mit ein (Salzinger 2004). Die mit den geschlechtsspezifischen Rollenzuschreibungen einhergehenden Asymmetrien zwischen Frauen und Männern auf dem Arbeitsmarkt stellen eine zentrale Grundlage für die Wettbewerbsfähigkeit von lokalen Standorten dar. Da Frauen und die mit ihnen verbundenen Tätigkeiten meist als defizitäre Gegenstücke zu Männern und ihren Tätigkeiten erachtet und Frauen zudem lediglich als zuverdienende Haushaltsmitglieder betrachtet werden, wird ihrer Arbeit gesellschaftlich ein deutlich geringerer Wert beigemessen. Sie erhalten für ihre Arbeit daher in der Regel einen geringeren Lohn als Männer (Acker 2004, 23). Aus diesem Grund werden in den Freien Produktionszonen vorzugsweise junge Frauen eingestellt, da die dort angesiedelten Unternehmen (vor allem in den Bereichen der arbeitsintensiven Textil- und Elektronikindustrie) davon ausgehen, dass Frauen besonders billige und zugleich flinke und fingerfertige Arbeitskräfte sind (Pearson 1998). Darüber hinaus wird angenommen, dass Frauen fügsamer und angepasster sind als Männer und sich nicht gegen die geringere Entlohnung und die schlechteren Arbeitsbedingungen auflehnen bzw. (gewerkschaftlich) organisieren (Salzinger 2004, 45 f.). Neben der formellen Erwerbstätigkeit werden Frauen jedoch auch informell als Heimarbeiterinnen (*home-based workers*) in die exportorientierte Produktion eingebunden. Diese Form der informellen Arbeit wird in vielen Ländern des Südens vornehmlich von Frauen verrichtet: Teile der Produktion beispielsweise der Textil- oder Spielzeugindustrie werden in die Wohnstätten von Heimarbeiterinnen ausgelagert. Sie erhalten lediglich einen festgelegten Betrag pro produziertem Stück und müssen für die

Kosten der Produktion (z.B. Produktionsgeräte, Miete, Elektrizität) und der sozialen Absicherung selber aufkommen (Carr/Chen 2000, 129). Durch die Auslagerung der Produktion in den informellen Sektor sparen transnationale Unternehmen nicht nur Kosten, sondern umgehen auch arbeitsrechtliche Regelungen (z.B. Unfallschutz).

Die Feminisierung der Arbeit in der Exportindustrie hat zugleich den Effekt, dass Männer ihre Jobs verlieren (Salzinger 2004, 47). Es ist in gewisser Hinsicht eine paradoxe Situation, da Männer aufgrund der höheren Bewertung ihrer Arbeit einen Nachteil in der arbeitsintensiven Exportindustrie erleiden. Zusammenfassend kann festgehalten werden, dass die geschlechtsspezifische Segregation des Arbeitsmarktes (Frauenberufe, Männerberufe) sowie die damit einhergehende Benachteiligung von Frauen ökonomisch verwertet werden. Dadurch wird sichergestellt, dass Frauen einerseits als billige Arbeitskräfte zur Verfügung stehen und andererseits ihrer reproduktiven Rolle im Haushalt nachkommen. Solche Asymmetrien sind ein Resultat lokal vorherrschender konservativer Geschlechternormen, die oft durch nationale Programme und gesetzliche Regelungen institutionell festgeschrieben werden. So existiert beispielsweise in Taiwan ein Programm namens »Living Rooms as Factories«, wodurch die Heimarbeit von verheirateten Frauen gefördert wird (Seguino 2000, 34). Je größer also die Geschlechterhierarchien sind, je größer das Reservoir an Frauen als billiger Arbeitskräfte ist, desto konkurrenzfähiger ist ein Produktionsstandort. Auf der volkswirtschaftlichen Ebene drückt sich dies – wie empirische Studien über Ostasien beweisen – in höheren Exportquoten und Wirtschaftswachstumsraten aus (Seguino 2000).

3. Es sind jedoch nicht nur die Geschlechterhierarchien, die auf die ökonomische Globalisierung strukturierend wirken, sondern auch die Globalisierung ihrerseits wirkt sich auf die Geschlechterverhältnisse aus, wobei die Implikationen dieser Entwicklung höchst ambivalent sind: Einerseits eröffnen sich im globalen Süden durch die Feminisierung der Arbeit in den Exportindustrien größere Erwerbschancen für Frauen, was durchaus positiv zu bewerten ist, da die gestiegene Erwerbstätigkeit eine emanzipatorische Wirkung hat. So bietet etwa die Lohnarbeit im öffentlichen Raum Frauen die Möglichkeit, aus starren familiären Strukturen in der privaten Sphäre auszubrechen (Koggel 2003, 175). Darüber hinaus verbessert sich durch das Verfügen über ein eigenes Einkommen die Verhandlungsposition von Frauen gegenüber ihren Familien oder Ehemännern. In den Industrieländern steigen für gut ausgebildete Frauen aus der Mittelschicht die Karrieremöglichkeiten in hochqualifizierten Tätigkeitsbereichen, wie etwa im Finanzsektor (Young 1998). Allerdings sei darauf hingewiesen, dass dies bisher keine fundamentalen Veränderungen im Hinblick auf die geschlechtliche Arbeitsteilung mit sich gebracht hat. Die reproduktiven Pflichten im Haushalt werden unverändert Frauen zugeschrieben. Hochqualifizierte Frauen aus der Mittelschicht lösen das Problem der Doppelbelastung durch Vollzeitbeschäftigung und Hausarbeit jedoch, indem sie Migrantinnen als Hausarbeiterinnen einstellen. Folglich werden durch die Globalisierung nicht nur die Verhältnisse zwischen Frauen und Männern verändert, sondern auch die zwischen Frauen. Die Ungleichheiten zwischen Frauen vertiefen sich entlang schichtspezifischer und ethnischer Unterschiede.

Positive Effekte der gestiegenen Erwerbstätigkeit von Frauen dürfen zudem nicht über die Tatsache hinwegtäuschen, dass sie vor allem in Exportindustrien mit schlechten Arbeitsbedingungen und geringeren Löhnen konfrontiert sind. Oft sind diese Jobs zudem äußerst unbeständig – verlagern doch transnationale Unternehmen ihre Produktion in andere Länder oder in den informellen Sektor, sobald der Kostendruck wächst (Pyle/Ward 2003, 467). Folglich geht die Feminisierung der Arbeit mit einer Flexibilisierung einher. Darüber hinaus haben empirische Studien gezeigt, dass im Zuge ökonomischer Restrukturierungsprozesse die Arbeitszeit von Frauen beträchtlich steigt. Unter dem Druck der Überlebenssicherung stehen Frauen vor einer dreifachen Arbeitsbelastung, nämlich in den Bereichen der Lohnarbeit, der nicht-marktförmigen Reproduktionsarbeit und der ehrenamtlichen Arbeit (z.B. in kommunalen Suppenküchen) oder Subsistenzwirtschaft (Moghadam 2005, 39 f.).

Die bisherigen Ausführungen zeigen, dass die ökonomische Globalisierung zwei gegenläufige Entwicklungen in den Geschlechterverhältnissen verstärkt: Zum einen hat die Globalisierung emanzipatorische Effekte, da die Ansiedlung der exportorientierten Industrie die Handlungsmöglichkeiten von Frauen erweitert und dadurch teilweise patriarchale Strukturen auf lokaler Ebene aufbricht. Zum anderen werden traditionelle bzw. konservative Vorstellungen über Geschlechterrollen verstärkt, wodurch die geschlechtliche Arbeitsteilung fortwährend bestätigt und reproduziert wird (Young 1998, 195).

Global Governance und transnationale Frauenorganisationen und -netzwerke

Die Globalisierung bezieht sich nicht nur auf ökonomische Zusammenhänge, sondern darüber hinaus auch auf politische und zivilgesellschaftliche Prozesse. Mit dem Ende des Kalten Krieges hat sich der Charakter der internationalen Politik geändert: Die übliche Vorstellung von internationaler Politik als Regierungshandeln wurde um das normative Leitbild von *Global Governance* erweitert. Diesem Leitbild zufolge sind grenzüberschreitende Probleme (z. B. Umweltverschmutzung, Wirtschafts- und Finanzkrisen oder Menschrechtsverletzungen) nicht mehr nur durch zwischenstaatliche Politikformen, sondern über vielfältige multilaterale Kooperationsmechanismen zu lösen. Entsprechend ist seit den 1990er Jahren zu beobachten, dass an der Steuerung der internationalen Politik neben Staaten bzw. Regierungsvertretern auch private Akteursgruppen, wie z. B. Privatunternehmen, klassische Verbände (z. B. Gewerkschaften), entwicklungspolitische Nicht-Regierungsorganisationen (NGOs) und Medien beteiligt sind (Brand/Scherrer 2005, 113). Internationale Vereinbarungen, Normen und Regeln werden also unter Beteiligung verschiedener Akteursgruppen auf der internationalen, regionalen, nationalen und lokalen Ebene geplant, verabschiedet und umgesetzt.

Die Möglichkeiten der politischen Einflussnahme für Frauen auf der internationalen Ebene waren während des Kalten Krieges aufgrund der Staatszentriertheit der internationalen Politik eher begrenzt, da wichtige politische Entscheidungspositionen vornehmlich mit Männern besetzt wurden. Die Situation änderte sich im Zuge des neuen Politikverständnisses, dessen Ausdruck sich beispielsweise auch an den Weltkonferenzen der Vereinten Nationen (UN) zeigen lässt. Die UN-Konferenzen, wie z. B. die UN-Konferenz zu Umwelt und Entwicklung 1992 in Rio, die UN-Menschenrechtskonferenz 1993 in Wien, die UN-Konferenz zu sozialer Entwicklung 1995 in Kopenhagen oder die UN-Konferenz zur Entwicklungsfinanzierung in Mexiko, eröffneten transnationalen Frauenorganisationen und -netzwerken politische Partizipationsmöglichkeiten, und zwar jenseits der UN-Weltfrauenkonferenzen in Mexiko (1975), Kopenhagen (1980), Nairobi (1985) und Peking (1995). Dadurch hatten Frauen die Chance, ihre frauen- und geschlechterpolitischen Forderungen in internationalen Verhandlungen und Vereinbarungen verschiedener Politikbereiche einzubringen (Hawkesworth 2006; Meyer/Prügl 1999). Am Beispiel der UN-Konferenzen lässt sich zeigen, dass staatszentrierte Politikformen von vielfältigen Kooperationsmechanismen abgelöst werden. Aus diesem Grund sei im Folgenden etwas ausführlicher auf die Partizipationsmöglichkeiten innerhalb der UN eingegangen.

Die UN sichert die Partizipation von NGOs über den folgenden Mechanismus (Çaglar 2009, 133 f.): Möglichkeiten der direkten Einflussnahme bestehen formal über die sog. Akkreditierung, welche die Teilnahme an den UN-Konferenzen, aber auch an regulären Sitzungen von UN-Fachgremien ermöglicht. Für transnationale Frauenorganisationen sowie -netzwerke, die sich im weitesten Sinne mit sozialen und ökonomischen Themenfeldern beschäftigen, ist die Akkreditierung mit einem Konsultativstatus im sog. Economic and Social Council (ECOSOC – Wirtschafts- und Sozialrat) verbunden. Der Wirtschafts- und Sozialrat koordiniert die UN-Arbeit in diesen Themenbereichen, arbeitet der Generalversammlung inhaltlich zu und bestimmt dadurch maßgeblich die UN-Agenda in diesen Themenfeldern. Der Konsultativstatus erlaubt frauenpolitischen Akteurinnen die Teilnahme an den offiziellen Sitzungen der ECOSOC-Fachkommissionen, wodurch der Austausch mit UN-Mitarbeiter/innen und Regierungsvertreter/innen bzw. UN-Botschafter/innen möglich wird. Für Frauenorganisationen und -netzwerke ist die Fachkommission Commission on the Status of Women (CSW) der zentrale Ort, um auf die Agenda der UN Einfluss zu nehmen. Diese Kommission tritt einmal im Jahr zusammen, berichtet über aktuelle Entwicklungstendenzen in den Bereichen der Frauenrechte und Geschlechtergleichstellung und diskutiert anschließend ausgewählte Themen tiefergehend aus einer geschlechterpolitischen Perspektive (z. B. Armut oder Migration). Der Grad der Einflussnahme variiert je nach Konsultativstatus: Der sog. *General Status* gewährt ein allgemeines Rederecht sowie das Recht, Themen auf die Tagesordnung zu setzen. NGOs mit dem sog. *Special Status* haben ein eingeschränktes Rederecht in bestimmten

Handlungsfeldern und dürfen lediglich kürzere Erklärungen abgeben. Der sog. *Roster Status* entspricht einem einfachen Beobachterstatus, der keinen Eingriff in den Diskussionsverlauf zulässt. Dieser abgestufte Konsultativstatus ist insofern einzigartig, als es keinen vergleichbaren institutionalisierten Mechanismus der politischen Partizipation von NGOs auf internationaler Ebene gibt (Finke 2005). In anderen internationalen Organisationen, wie beispielsweise der Weltbank, eröffnen sich Möglichkeiten der Einflussnahme meist nur punktuell und zeitlich begrenzt auf Nachfrage von externer Expertise (z.B. über institutionalisierte Beratungsgremien oder Beratungsaufträge).

Die UN hat maßgeblich zur Mobilisierung und Professionalisierung der internationalen Frauenbewegung beigetragen. Diese hat gelernt, entgegen vieler Differenzen gemeinsame Strategien zu entwickeln und Einfluss auf die Formulierungen und Inhalte der internationalen Vereinbarungen zu nehmen (Moghadam 2005). Einen entscheidenden Durchbruch erzielte die Frauenbewegung vor allem auf der UN-Menschenrechtskonferenz 1993 in Wien. Hier gelang es ihr, Gewalt gegen Frauen als Menschenrechtsverletzung zu definieren und somit die »Unverletzbarkeit der Würde von Frauen als Bestand der internationalen Menschenrechtsnorm« festzuschreiben (Ruppert 2004, 706). Der zuvor als privat angesehene Tatbestand der Gewalt gegen Frauen ist auf diese Weise zum Gegenstand von internationalen Verhandlungen und Politikmaßnahmen geworden. Gestärkt durch diesen Erfolg, knüpften zahlreiche Frauenorganisationen im Verlauf der 1990er Jahre an die Frauen-Menschenrechte als Bezugsrahmen an und erweiterten den Rechtsanspruch auf andere Politikfelder. Seit dem Inkrafttreten der »Convention on the Elimination of all Forms of Discrimination Against Women« (CEDAW – Konvention zur Beseitigung jeder Form der Diskriminierung von Frauen) im Jahr 2000 ist dieser Rechtsanspruch international rechtsgültig geworden. Durch die Konvention sind alle Vertragsstaaten dazu verpflichtet, »Geschlechtergerechtigkeit in allen Bereichen des politischen, wirtschaftlichen und gesellschaftlichen Lebens festzuschreiben und die Umsetzung dieser Rechtsetzung zu gewährleisten« (Ruppert 2004, 707). Solche internationalen Normen und Abkommen haben eine enorme Wirkmacht – stellen sie doch einen Bezugsrahmen für politische Akteurinnen auf lokaler und nationaler Ebene dar.

Seit Beginn der 1990er Jahre setzen sich transnationale Frauen-NGOs und -netzwerke zunehmend mit Fragen der internationalen Wirtschafts- und Handelspolitik auseinander, wobei der Frauen-Menschenrechtsansatz ein normatives Dach für ihre Forderungen in diesen Themenbereichen bietet (Liebowitz 2008). Das gestiegene Interesse an wirtschafts- und handelspolitischen Themen hängt eng mit den negativen Folgen der Stabilisierungs- und Strukturanpassungsmaßnahmen in den Ländern des Südens zusammen (siehe oben). Aktivistinnen argumentieren, dass durch solche wirtschaftspolitischen Reformen die sozialen und ökonomischen Rechte von Frauen verletzt würden.

Die geschlechterpolitischen Aktivitäten im Feld der internationalen Wirtschafts- und Handelspolitik zeichnen sich maßgeblich durch ein wissensorientiertes Handlungsmuster aus: Frauen-NGOs und -netzwerke konzentrieren sich vor allem darauf, Wissen über die konzeptionellen Grundannahmen und über die geschlechtsspezifischen Implikationen der internationalen Wirtschafts- und Handelspolitik zu generieren. Ziel ist es anschließend, dieses Wissen sowohl innerhalb der Frauenbewegung als auch in internationalen Organisationen zu verbreiten. Die Wissensgenerierung und Wissensdiffusion sind damit ein zentraler Bestandteil ihrer Arbeit, wobei vor allem dem Prozess der Wissensproduktion in einem bisher nicht bekannten Maße Bedeutung beigemessen wird (Çaglar 2009). Aus diesem Grund kooperieren Aktivistinnen eng mit Wissenschaftlerinnen aus dem Bereich der feministischen Ökonomie.

Thematisch konzentrieren sich die politischen Aktivitäten vor allem auf zwei Themen, nämlich zum einen auf das Thema der geschlechtergerechten Finanz- und Fiskalpolitik (*Gender Budgeting*) und der geschlechtergerechten Handelspolitik (*Gender and Trade*). In beiden Themenbereichen hat eine starke politische Mobilisierung stattgefunden, wobei das Thema *Gender Budgeting* im Gegensatz zu *Gender and Trade* eine größere Beachtung in internationalen Organisationen findet. *Gender Budgeting* wird als ein *Gender Mainstreaming*-Ansatz im Bereich der Finanzpolitik verstanden. Das heißt, es wird gefordert, finanzpolitische Entscheidungen systematisch aus einer Geschlechterperspektive zu analysieren und diese unter Berücksichtigung von geschlechterpolitischen Zielen zu reformulieren. Ausgangspunkt ist die These, dass finanzpolitische Entscheidungen nicht geschlechtsneutral sind, sondern ein Resultat gesellschaftlicher (und geschlechtsspezifischer) Kräfteverhältnisse. Der Staatshaushalt spiegelt demzufolge die gesellschaftspolitischen Prioritäten einer Regierung hinsichtlich der Fragen, von wem Einnahmen erhoben und für welche Zwecke bzw. für wen die Ausgaben speziell getätigt werden, wider. Die Forderung nach *Gender Budgeting* ist vor allem im Zusammenhang mit der Spar- und Privatisierungspolitik während makroökonomischer Restrukturierungsprozesse zu verstehen (Elson/Çagatay 2000). Aktivistinnen sowie feministische Ökonominnen wollen durch *Gender Budgeting* sicherstellen, dass die geschlechtliche Arbeitsteilung und die reproduktiven Pflichten von Frauen bei der Konzeptualisierung makroökonomischer Restrukturierungsmaßnahmen sowohl seitens internationaler Organisationen als auch seitens nationaler Regierungen adäquat berücksichtigt werden (siehe oben).

Die politische Mobilisierung in diesem Themenbereich kann durchaus als erfolgreich gewertet werden – haben doch internationale Organisationen, wie die UN oder gar die Weltbank, im Laufe der 1990er Jahre *Gender Budgeting* in ihre Agenda aufgenommen und in vielen Ländern des Südens entsprechende Projekte lanciert. Bei näherer Betrachtung der Projekte wird jedoch deutlich, dass *Gender Budgeting* meist nur im Sinne einer geschlechtergerechten Finanz- und nicht Fiskalpolitik verstanden wird (Çaglar 2009, 116 ff.). Die Finanzpolitik konzentriert sich auf das Ausgabe- und Einnahmeverhalten des Staates. Das heißt, neben der Frage, für welchen Politikbereich mehr Mittel verausgabt werden (z. B. Gesundheitssektor oder Straßenbau) geht es darum, welche Steuern und Abgaben angehoben werden (z. B. Einkommen- oder Mehrwertsteuer). Unter Fiskalpolitik werden diejenigen Teilbereiche der Finanzpolitik gefasst, die in den Dienst der nachfrage- oder angebotsorientierten Konjunkturpolitik gestellt werden. Im strengeren Sinne wird unter Fiskalpolitik die Umsetzung der keynesianischen Wirtschaftstheorie mit Hilfe einer antizyklischen Finanzpolitik verstanden. *Gender Budgeting* im fiskalpolitischen Sinne zu begreifen, bedeutet dementsprechend, das Volumen der Staatsausgaben in Zeiten wirtschaftspolitischer Krisen nicht so drastisch zu reduzieren, wie dies während der Strukturanpassungsprogramme der Fall war (Elson/Çagatay 2000, 1359).

Während bei *Gender Budgeting* der Gegenstandsbereich der Forderungen klar abgegrenzt ist, sammelt sich unter dem Thema *Gender and Trade* ein divergentes Bündel an Forderungen seitens transnationaler Frauen-NGOs und -netzwerke. Handlungsoptionen bestehen auf verschiedenen Ebenen: zum einen auf der Ebene der multilateralen Handelsregeln, zum anderen auf der Ebene konkreter nationaler und regionaler Handelsmaßnahmen und schließlich auf der Ebene der exportorientierten Produktion. Die Adressaten der Forderungen nach einer geschlechtergerechten Handelspolitik reichen entsprechend von der Welthandelsorganisation (WTO) mit all ihren Abkommen und Mechanismen bis hin zu den Mitgliedstaaten in ihrer Rolle als handelspolitische Akteure auf internationaler und regionaler Ebene (z. B. NAFTA, APEC, EU). Eine der zentralen Forderungen an die WTO ist, dass diese ein Prozedere für geschlechterdifferenzierte Auswirkungsanalysen einführt und institutionell verankert. Dadurch soll sichergestellt werden, dass die geschlechtsspezifischen Implikationen von Liberalisierungsmaßnahmen bereits im Vorfeld eingeschätzt und entsprechend gestaltet werden können.

Zusammenfassend kann festgehalten werden, dass neue Steuerungsformen in der internationalen Politik Frauen politische Partizipationsmöglichkeiten eröffnet haben. Dadurch haben sie z. B. die Chance, auf wirtschaftspolitische Entscheidungen, die die ökonomische Globalisierung forcieren, aus geschlechterpolitischer Sicht Einfluss zu nehmen. Doch selbst wenn die erhöhte Partizipation die Ermächtigung von Frauen auf der politischen Ebene mit sich bringt, ändern sich nicht automatisch die Geschlechterverhältnisse. Internationale Normen und Abkommen stellen einen wichtigen Bezugsrahmen dar, um asymmetrische Geschlechterverhältnisse auf lokaler und nationaler Ebene anzuprangern. Doch eine Veränderung kann letztlich nur über lokale und nationale Politikprozesse bewirkt werden.

Literatur

Acker, Joan: Gender, Capitalism and Globalization. In: *Critical Sociology* 30. Jg., 1 (2004), 17–41.

Altvater, Elmar/Mahnkopf, Birgit: *Grenzen der Globalisierung. Ökonomie, Ökologie und Politik in der Weltgesellschaft* [1996]. Münster 1997.

Becker-Schmidt, Regina/Knapp, Gudrun-Axeli: *Feministische Theorien zur Einführung* [2000]. Hamburg 2001.

Benería, Lourdes: *Gender, Development, and Globalization. Economics as if All People Mattered.* New York/London 2003.

Brand, Ulrich/Scherrer, Christoph: Contested Global Governance: Konkurrierende Formen und Inhalte globaler Regulierung. In: Maria Behrens (Hg.): *Globalisierung als politische Herausforderung. Global Governance zwischen Utopie und Realität.* Wiesbaden 2005, 115–130.

Çağlar, Gülay: *Engendering der Makroökonomie und Handelspolitik. Potenziale transnationaler Wissensnetzwerke.* Wiesbaden 2009.

Carr, Marilyn/Chen, Martha Alter: Globalization and Home-Based Workers. In: *Feminist Economics* 6. Jg., 3 (2000), 123–142.

Elson, Diane/Çagatay, Nilüfer: The Social Content of Macroeconomic Policies. In: *World Development* 28. Jg., 7 (2000), 1347–1364.

Finke, Barbara: *Legitimation globaler Politik durch NGOs. Frauenrechte, Deliberation und Öffentlichkeit in der UNO.* Wiesbaden 2005.

Fraune, Cornelia: Feministische Kritik an makroökonomischen Ansätzen. In: Heike Brabandt/Bettina Roß/Susanne Zwingel (Hg.): *Mehrheit am Rand? Geschlechterverhältnisse, globale Ungleichheit und transnationale Handlungsansätze.* Wiesbaden 2008, 51–68.

Hawkesworth, Mary E.: *Globalization and Feminist Activism.* Lanham u. a. 2006.

Koggel, Christine M.: Globalization and Women's Paid Work: Expanding Freedom? In: *Feminist Economics* 9. Jg., 2/3 (2003), 163–183.

Liebowitz, Debra J.: Governing Globalization: Feminist Engagements with International Trade Policy. In: Shirin Rai/Georgina Waylen (Hg.): *Global Governance. Feminist Perspectives.* Houndmills/New York 2008, 207–233.

Marchand, Marianne H./Runyan, Anne Sisson: Introduction. Feminist Sightings of Global Restructuring: Conceptualizations and Reconceptualizations. In:

Dies. (Hg.): *Gender and Global Restructuring. Sightings, Sites and Resistance.* London/New York 2000, 1–25.

Meyer, Mary K./Prügl, Elisabeth: *Gender Politics in Global Governance.* Lanham u. a. 1999.

Moghadam, Valentine M.: *Globalizing Women. Transnational Feminist Networks.* Baltimore/London 2005.

Nickel, Hildegard Maria: Gender. In: Wiltrud Gieseke (Hg.): *Handbuch der Frauenbildung.* Opladen 2001, 65–74.

Pearson, Ruth: ›Nimble Fingers‹ Revisited: Reflections on Women and Third World Industrialization in the Late Twentieth Century. In: Cecile Jackson/Ruth Pearson (Hg.): *Feminist Visions of Development: Gender Analysis and Policy.* London/New York 1998, 171–188.

Pyle, Jean L./Ward, Kathryn B.: Recasting our Understanding of Gender and Work during Global Restructuring. In: *International Sociology* 18. Jg., 3 (2003), 461–489.

Ruppert, Uta: FrauenMenschenrechte: Konzepte und Strategien im Kontext transnationaler Frauenbewegungspolitik. In: Ruth Becker/Beate Kortendiek (Hg.): *Handbuch Frauen- und Geschlechterforschung. Theorie, Methoden, Empirie.* Wiesbaden 2004, 704–711.

Salzinger, Leslie: From Gender as Object to Gender as Verb: Rethinking How Global Restructuring Happens. In: *Critical Sociology* 30. Jg., 1 (2004), 43–62.

Seguino, Stephanie: Accounting for Gender in Asian Economic Growth: Adding Gender to the Equation. In: *Feminist Economics* 6. Jg., 3 (2000), 27–58.

Young, Brigitte: Genderregime und Staat in der globalen Netzwerkökonomie. In: *Prokla. Zeitschrift für kritische Sozialwissenschaft* 28. Jg., 2 (1998), 175–198.

Gülay Çağlar

II. Globalisierungsforschung in Kultur- und Sozialwissenschaft

1. Wirtschaftswissenschaft

Der Begriff der Globalisierung tauchte in wirtschaftswissenschaftlichen Zusammenhängen schon in den späten 1950er und frühen 1960er Jahren auf. Primär verwandt wurde er zu dieser Zeit im wirtschaftsjournalistischen Kontext und hatte eine eher neutrale Konnotation. Der Begriff bezog sich auf Phänomene, die bislang nationalen oder regionalen Charakter hatten, nun aber globale Züge annahmen. In der akademischen Debatte begann der Begriff der Globalisierung erst ab Mitte der 1980er Jahre an Bedeutung zu gewinnen. Die Debatte über Weltmarktzusammenhänge verstärkte sich allerdings bereits in den 1970er Jahren. Bezugspunkte hierfür waren vor allem die Zunahme des internationalen Handels sowie von Auslandsinvestitionen. Im deutschsprachigen Bereich war ein Markstein der Debatte das Buch von Fröbel, Heinrichs und Kreye zur »neuen internationalen Arbeitsteilung«, das zudem über eine reine Internationalisierungsdebatte hinausging, da es explizit von der Herausbildung eines »Weltmarkts für Produktionsstandorte« (Fröbel et al. 1977, 155–178) ausging. In den 1980er und 1990er Jahren stand hingegen in den Debatten zur Globalisierung die Bedeutung der Finanzmärkte im Zentrum. Ein durchgängiges Thema war, welche Spielräume Weltmarktzwänge für die nationalstaatliche Wirtschaftspolitik beließen.

In der wirtschaftswissenschaftlichen Diskussion wird der Begriff der Globalisierung unterschiedlich gefasst. Einem weitverbreiteten Verständnis nach werden unter Globalisierung Prozesse eines im Zeitablauf verstärkten quantitativen wie qualitativen Anwachsens grenzüberschreitender Ströme und Aktivitäten gefasst, wobei es hierbei vor allem um Ströme von Gütern, Dienstleistungen, Arbeitskräften und Kapital geht. In dieser Perspektive steht die Zirkulationssphäre im Vordergrund, während die Produktionssphäre eher vernachlässigt wird. Zudem ist bei einer solchen Definition die Abgrenzung von Internationalisierungsprozessen äußerst unscharf. Globalisierung verweist in einem schärferen Verständnis auf einen relativ hohen Grad wirtschaftlicher Integration. So gehen Altvater und Mahnkopf (1996, 21) in ihrer Definition etwas weiter: »Aus der Perspektive des Weltsystems erscheint der Prozess der Globalisierung als zunehmende Integration von Regionen und Nationen in den Weltmarkt.« Aus einem in dieser Richtung präzisierten Globalisierungsbegriff kann einerseits auf global aktive Konzerne und mit ihnen verbundene Güterketten, andererseits auf eine Schwächung der Nationalstaaten und eine damit einhergehende globale Vereinheitlichung von wirtschaftspolitischen Mustern abgestellt werden. Vielfach werden derartige Integrationsprozesse zumindest implizit als irreversibel begriffen.

Sowohl im weiten wie im engeren Verständnis ist die Angemessenheit des Globalisierungsbegriffes oder zumindest die Neuigkeit der damit beschriebenen Phänomene in der wirtschaftswissenschaftlichen Diskussion immer wieder infrage gestellt worden. Anhand historischer Statistiken arbeitete beispielsweise der bekannte Wirtschaftshistoriker Paul Bairoch heraus, dass bei Handel wie Kapitalverkehr rasche Internationalisierungsprozesse mit starken Rückgängen alternierten, was eine »andere Perspektive auf die These der Globalisierung als einer irreversiblen Bewegung« (Bairoch 1996, 190) ergibt. Bezogen auf ein engeres Verständnis von Globalisierung wird auf die nationalstaatlichen Verankerungen multinationaler Konzerne im Hinblick auf Management-, Buchhaltungs- oder auch fiskalische Praktiken verwiesen. Der These von einer Schwächung der Nationalstaaten und globalen Vereinheitlichung wirtschaftspolitischer Muster wird die Persistenz unterschiedlicher (nationalstaatlicher) Wirtschaftsmodelle und der damit verbundenen Variation wirtschaftspolitischer Muster entgegengehalten (Boyer 1997). Globalisierungsskeptische Sichtweisen werden eher aus heterodoxen wirtschaftswissenschaftlichen Ansätzen – Keynesianismus, Postkeynesianismus, Marxismus, Regulationstheorie – sowohl in analytischer als auch in normativer Perspektive heraus artikuliert. Das heißt, sie verweisen eher darauf, dass ökonomische Globalisierungsprozesse über Veränderungen politischer und rechtlicher Regulierungen auf nationalstaatlicher und internationaler Ebene ermöglicht worden sind (und damit auch prinzipiell wieder eingrenzbar wären) und auf negative soziale Folgen ökonomischer Globalisierungsprozesse. Den wirtschaftswissenschaftlichen Mainstream zeichnet ein stark normativ geprägtes affirmatives Globalisierungsverständnis aus. Globalisierung wird aus dieser Sicht als unausweichlich gesehen und ist eindeutig positiv konnotiert. Heterodoxe Ansätze analysieren stärker als der Mainstream das wechselseitige Verhältnis von ökonomischen Globalisierungsprozessen (sowie deren Grenzen) und Veränderungen der politischen Regulierung auf verschiedenen territorialen Ebenen. Soweit Mainstream-Ökonom/innen auf Fragen der wirtschaftspolitischen Regulierung von Globalisierungsprozessen eingehen, ist ihr Zugang weitgehend normativ.

Es gibt eine Reihe von breit angelegten und stark rezipierten Arbeiten zur Globalisierung und Ökonomie – beispielsweise im englischen Sprachraum und global Stiglitz (2007), im deutschen Sprachraum Altvater und Mahnkopf (1996), im französischen Sprachraum Boyer (1997) oder in Lateinamerika etwa Furtado (1998). Ein Großteil der sonstigen, sich im weitesten Sinne mit Globalisierung beschäftigenden Arbeiten ist jedoch auf engere Fragestellungen fokussiert. Im Folgenden wird auf einige Kernbereiche der wirtschaftswissenschaftlichen Globalisierungsdebatte – Handel, Direktinvestitionen, Arbeitsverhältnisse, Migration und Verteilung sowie Finanzmärkte und Krisen – näher eingegangen.

Handel von Waren und Dienstleistungen

Die Zunahme des internationalen Handels mit Gütern und Dienstleistungen ist einer der sichtbarsten und meist diskutierten Aspekte der Globalisierung der Weltwirtschaft. Ein Blick auf historische und aggregierte Daten rechtfertigt diesen Fokus jedoch nicht unbedingt: schon vor dem Ersten Weltkrieg wies die Weltwirtschaft einen hohen Integrationsgrad auf, und ein ähnliches Niveau wurde erst in den 1970er Jahren wieder erreicht (s. Tabelle unten). Seit damals ist der Anteil der Güterexporte am Bruttoinlandsprodukt zwar nochmals deutlich angestiegen und hat 2005 weltweit knapp 20 % erreicht, die dramatischen und vor allem auch für die breite Öffentlichkeit wahrnehmbaren Änderungen im Welthandel verstecken sich jedoch hinter diesen globalen Daten.

Paul Krugman (1995, 332) nennt in diesem Zusammenhang den Anstieg des intra-industriellen Handels, die geographische Aufspaltung von Wertschöpfungsketten – beide eng verbunden mit der Herausbildung internationaler Großkonzerne –, das Aufkommen von Ländern mit extrem hohen Außenhandelsanteilen und die stark ansteigenden Exporte von verarbeiteten Gütern aus Niedriglohnländern in den Rest der Welt. Diese Phänomene hängen eng zusammen und haben sowohl in den industrialisierten als auch in Entwicklungs- und Schwellenländern zu massiven sozioökonomischen Veränderungen und zu wirtschaftspolitischen und wissenschaftlichen Debatten geführt.

In den Industrieländern hat der vermehrte Import von verarbeiteten Gütern, insbesondere aus Asien, zu einem Verlust von Arbeitsplätzen im sekundären Sektor geführt, der von Ökonom/innen für die steigende Lohnungleichheit mitverantwortlich gemacht wird. In Entwicklungs- und Schwellenländern hat der Erfolg der exportorientierten Wachstumsstrategien der ostasiatischen Staaten sowie Chinas ein neues Entwicklungsmodell geschaffen, wobei die Frage der Umsetzbarkeit in anderen Regionen sowie die konkreten wirtschaftspolitischen Implikationen umstritten sind. Die Lesarten reichten von einer Bestätigung liberaler handelspolitischer Vorstellungen – erst der Abbau von Zollschranken und die Öffnung der betreffenden Volkswirtschaften hätten den Exporterfolg ermöglicht – bis hin zu einer Rehabilitation selektiv protektionistischer Handelspolitik und des industriepolitischen Interventionismus, wobei die letztgenannte Interpretation auch Eingang in den Mainstream der wissenschaftlichen Diskussion gefunden hat (Chang 2003).

	1870	1913	1929	1950	1973	1998	2005
Exporte/BIP	4,6	7,9	9,0	5,5	10,5	17,2	19,4

Anteil der Güterexporte am Bruttoinlandsprodukt, weltweit (Quelle: Maddison 2006, 362 und WTO 2007, 244)

Weshalb hat der Außenhandel so stark an Bedeutung gewonnen? Technologische Veränderungen, insbesondere das Sinken von Transportkosten, spielen zweifellos eine Rolle. Der weitaus wichtigere Grund ist aber der globale Abbau von Handelsschranken, der mit dem Abschluss des GATT (»General Agreement on Tariffs and Trade«) nach dem Ende des Zweiten Weltkrieges eingeleitet wurde, und der internationalisierte Akkumulationsprozesse in einer auch qualitativ neuen Dimension ermöglichte. Der GATT-Vertrag war ursprünglich nur als Provisorium gedacht, das die in den ersten Nachkriegsjahren erzielten Einigungen auf Zollsenkungen festschreiben sollte, bis diese Agenden von der noch einzurichtenden Internationalen Handelsorganisation übernommen und fortgeführt würden. Die Verhandlungen über die Einrichtung einer Internationalen Handelsorganisation und über einen multilateralen Abbau von Handelshemmnissen wurden parallel geführt. Die sehr ambitioniert gedachte Internationale Handelsorganisation, in der Handelsfragen auch mit Beschäftigungspolitik verknüpft waren, kam jedoch niemals zustande; sie scheiterte letztlich am Widerstand der USA. In der Folge bekam das GATT einen dauerhaften Charakter. Es enthielt die den Warenaustausch betreffenden Eckpunkte, die in hauptsächlich zwischen den USA und Großbritannien geführten Verhandlungen fixiert worden waren: Das Meistbegünstigungsprinzip schrieb fest, dass bilateral vereinbarte Zollsenkungen auch allen anderen Vertragsparteien einzuräumen seien; das Prinzip der Inländerbehandlung sah vor, in- und ausländische Firmen in Bezug auf Besteuerung und Regulation gleich zu behandeln (Wilkinson 2000, 11–13). In sukzessiven multilateralen Verhandlungsrunden einigten sich die Vertragsparteien auf einen weitreichenden Abbau von Zöllen, in der sogenannten Uruguay-Runde schließlich auf die Gründung der World Trade Organisation (WTO), die seit 1995 formal für die Einhaltung der international vereinbarten Handelsregeln zuständig ist.

Trotz des auf Regeln basierenden und formal demokratischen Charakters der WTO gelingt es Industrieländern, insbesondere den Ländern der Europäischen Union und den USA, ungleich besser als Entwicklungsländern, ihre handelspolitischen Interessen durchzusetzen, auch wenn diese keineswegs ohne Widersprüche sind. Die Normenbildung spiegelt dominante Formen der Akkumulation wider, ist aber gleichzeitig ebenso von Ansprüchen anderer gesellschaftlicher Gruppen beeinflusst (Becker/Blaas 2007, 7). Dies zeigt sich beispielhaft an der anhaltenden Sonderstellung des Agrarsektors, von dessen Liberalisierung nicht nur Entwicklungsländer profitieren würden, sondern durchaus auch Akteure in Industrieländern. Der Widerstand von Entwicklungs- und Schwellenländern gegen die Inklusion neuer Agenden wie etwa Wettbewerbspolitik und öffentliche Auftragsvergabe führten zum wiederholten Scheitern der letzten Verhandlungsrunde der WTO, der sogenannten Doha-Entwicklungsrunde, die auf die Uruguay-Runde folgte und 2001 eröffnet wurde. Die EU und die USA weichen daher auf andere Ebenen aus und versuchen, Freihandelsabkommen mit einzelnen Ländern oder mit regionalen Blöcken zu verhandeln – so zurzeit insbesondere in Afrika und Lateinamerika. Aufgrund der hohen Abhängigkeit dieser Regionen von den Zentren ist ihre Verhandlungsposition schwächer als auf multilateraler Ebene, die erzielten Abkommen dementsprechend vorteilhafter für die EU und die USA (Becker/Blaas 2007).

Im Mainstream der ökonomischen wissenschaftlichen Debatte spielt die Analyse der Handelspolitik, insbesondere die Analyse von multilateralen und bilateralen Verhandlungen, eine untergeordnete Rolle. Der wirtschaftswissenschaftliche Mainstream beschränkt sich meist auf die Abschätzung von Wohlfahrtsgewinnen, die vom Abbau von Handelsschranken erwartet werden, oder diskutiert die Legitimität von temporären Abweichungen vom Freihandelsprinzip. Eine akteurszentrierte Perspektive, die die Normenbildung, deren Widersprüchlichkeit und die dahinterliegenden Interessen in den Vordergrund rückt, fehlt weitestgehend. Die Arbeiten, die tatsächlich direkt internationale Handelsverhandlungen analysieren, sind überwiegend auf die WTO bezogen. Daneben gibt es auch Arbeiten, die sich mit regionalen oder bilateralen Verhandlungen auseinandersetzen. Das Ineinandergreifen unterschiedlicher Verhandlungsebenen und die verhandlungsstrategische Verlagerung von Verhandlungsebenen, das sogenannte Forum-Switching, ist hingegen nur ausnahmsweise Gegenstand von Analysen. Starken Akteuren ermöglicht das Forum-Switching, auf eine andere Verhandlungsarena auszuweichen, wenn bestimmte Forderungen in einer bestimmten Verhandlungsarena auf starke Widerstände stoßen. So setzte beispielsweise die EU bestimmte Forderungen, die in den WTO-Verhandlungen nicht durchsetzbar waren, in bilateralen Verhandlungen auf die Tagesordnung.

Direktinvestitionen

Direktinvestitionen sind definiert als Vermögensanlagen im Ausland, wobei der Investor im Unterschied zu Portfolioinvestitionen Kontrolle über das Management der erworbenen Gesellschaft oder Firma ausübt (Dunning/Lundan 2008, 7). Die Akteure sind institutionelle Investoren, insbesondere multinationale Firmen. Hymer (1972) unterscheidet die multinationalen Konzerne, die den globalen Kapitalismus entscheidend prägen, von der Marshallschen Firma, die charakteristisch für die Frühphase des Kapitalismus war, und von nationalen Konzernen, die in der ersten Hälfte des 20. Jahrhunderts die amerikanischen und europäischen Volkswirtschaften dominierten. Die Expansion der Unternehmen brachte eine Ausweitung der hierarchischen Organisation und Kontrolle mit sich, die in der Marshallschen Firma noch auf den Einzelunternehmer und seine Fabrik beschränkt war, im multinationalen Unternehmen jedoch eine globale Dimension annimmt. Dementsprechend ist auch die Weltwirtschaft hierarchischer geprägt und zentralisierte Entscheidungen treten an die Stelle einer marktgetriebenen Allokation (Hymer 1972, 115). Die Motive für die Expansion von transnationalen Konzernen sind ein zentrales Thema bei der Untersuchung von Direktinvestitionen. Dabei sind die Analyseschemata noch relativ stark auf die industrielle Produktion zugeschnitten, obwohl der Dienstleistungsbereich bei Direktinvestitionen stark an Bedeutung gewonnen hat. Aus einer kritischen Perspektive stellt etwa Zeller (2007, 134–139) darauf ab, dass Konzerne expandierten, um sich den Zugang zu Ressourcen, Rohstoffen und Wissen zu sichern, um die Produktion durch eine tiefergreifende Arbeitsteilung auf globaler Ebene zu rationalisieren oder auch um weitere Märkte zu erschließen. Die Kontrolle von globalen Wertschöpfungsketten und die daraus resultierenden oligopolistischen Strukturen sicherten Marktmacht und Gewinne auch langfristig ab.

Empirisch kommen diese Entwicklungen in einer massiven Ausweitung der Auslandsinvestitionstätigkeit insbesondere seit den 1980er Jahren zum Ausdruck. Ähnlich wie im Handel mit Gütern und Dienstleistungen ist dieser Anstieg jedoch nicht ohne historische Parallele: Im Zeitalter des globalen *laissez-faire*-Kapitalismus vor dem Ersten Weltkrieg stiegen die Direktinvestitionen ebenfalls überproportional schnell an. Der weltweite Bestand an Direktinvestitionen erreichte das Niveau von 1913 – 9 % des globalen Bruttoinlandsprodukts – erst wieder in den späten 1990er Jahren (Nayyar 2006, 139). Der explosionsartige Anstieg in den letzten Jahren ließ diesen bis 2007 allerdings auf knapp 30 % hochschnellen (UNCTAD 2008, 10). Wichtigste Investoren sind die Konzerne in den Industrieländern, die 2005 beinahe 90 % des gesamten Bestands an Direktinvestitionen kontrollierten (Dunning/Lundan 2008, 24). Innerhalb dieser Gruppe verlieren die USA gegenüber Europa und Japan an Boden, bleiben aber der wichtigste Einzelstaat. Auch der Aufstieg von Unternehmen einiger Schwellenländer als signifikante Direktinvestoren – zu nennen sind Hong-Kong und China, Singapur, Taiwan, Brasilien und Russland – ändert an der Dominanz der entwickelten Länder nichts, hat allerdings in den letzten Jahren das zunehmende Interesse der wirtschaftswissenschaftlichen Forschung gewonnen. Die geographische Aufteilung der Empfängerländer ist etwas weniger konzentriert, zeigt aber insgesamt ein ähnliches Bild. Mehr als 70 % des Direktinvestitionsbestands befindet sich in den Industrieländern. Innerhalb der Schwellen- und Entwicklungsländer ist Asien die wichtigste Destination. Neben der ersten und zweiten Generation der sogenannten Tigerökonomien ist hier seit den 1990er Jahren vor allem China zu nennen (ebd., 29 f.).

In Bezug auf die sektorale Aufteilung hat aufgrund des Anstiegs der Nachfrage nach Rohstoffen in den letzten Jahren der primäre Sektor wieder mehr an Bedeutung gewonnen (UNCTAD 2008, 9). Jedoch ist der Anteil viel geringer als in der ersten Phase der Globalisierung und wird überschattet vom Anteil des sekundären Sektors und insbesondere von der Investitionstätigkeit im Dienstleistungssektor, die beinahe zwei Drittel aller Direktinvestitionen ausmacht. Vor allem in Letzterem stellen Fusionen und Übernahmen einen Großteil der Direktinvestitionen dar – es handelt sich also nicht um Neugründungen, sondern um die Übernahme bestehender Firmen. Im Jahr 2007 etwa wurden Direktinvestitionen im Ausmaß von knapp zwei Billionen US Dollar getätigt, grenzüberschreitende Übernahmen machten mehr als 1,6 Billionen US Dollar aus (UNCTAD 2008, 10).

Ein stark diskutiertes Thema sind die Wirkungen von Direktinvestitionen auf Wirtschaftswachstum, Beschäftigung, Außenwirtschaftsbilanzen oder Forschungs- und Entwicklungsaktivitäten. Besonderes Interesse wurde hierbei der Frage des Wachstums geschenkt. Obgleich internationale Finanzinstitutionen vielfach von der Prämisse einer Wachstumsbeschleunigung ausgehen, wurde diese in ökonometrischen Untersuchungen, die mit statistischen Methoden nach einer Korrelation in der Höhe von Direktinvestitionen und Wachstumsraten suchen, oft nicht bestätigt. Einige Untersuchungen zu semiperipheren Ländern vermochten unter bestimmten Voraussetzungen (wie Bildungsstand der Arbeitskräfte) positive Wachstumsimpulse nachzuweisen, für Osteuropa hingegen ermittelte Mencinger (2003) in einer stark rezipierten Arbeit bezüglich der Jahre 1994 bis 2001 für acht osteuropäische Länder eine negative Korrelation zwischen dem Verhältnis ausländischer Direktinvestitionen zum BIP und dem Wirtschaftswachstum. Auch der Anteil der Bruttoanlageinvestitionen am BIP korrelierte nicht mit dem Anteil der ausländischen Direktinvestitionen. Als Gründe für einen derartigen Befund sieht Mencinger unter anderem die Ausprägung der Direktinvestitionen in überwiegender Form als Übernahme bestehender Betriebe statt der Errichtung neuer Produktionsstätten. Zudem seien die Direktinvestitionen in der Region im Finanzbereich, im Einzelhandel und der Telekommunikation konzentriert, so dass es zu wenig Technologietransfer gekommen sei. Negative Spill-Over-Effekte könnten auch von der Ersetzung lokaler Lieferanten durch Importbezug seitens der ausländischen Industrie- und Handelsunternehmen ausgehen.

Obgleich die Neuregulierung von Direktinvestitionen (sowie eine ausgeprägte Privatisierungspolitik) eine wichtige Rolle beim zeitweise starken Anstieg der ausländischen Direktinvestitionen spielte, bleibt die Aufarbeitung der wirtschaftspolitischen Neuregulierung hinter der Analyse der Direktinvestitionsflüsse und der Investitionsmotive zurück. Dies dürfte unter anderem auch mit der Fragmentierung der Regulierung grenzüberschreitender Direktinvestitionen zusammenhängen. Sie ist noch stärker als der Güterhandel auf bilateraler Ebene verhandelt worden. Mit Jahresende 2007 waren 179 Länder Vertragspartner einer oder mehrerer solcher bilateralen Vereinbarungen, die den investierenden Firmen üblicherweise Rechte wie Gleichbehandlung mit inländischen Unternehmen und den Schutz vor Enteignung garantieren (UNCTAD 2008, 15). Entwicklungsländern fällt es in diesem komplexen Umfeld besonders schwer, ihre Interessen durchzusetzen; zum einen weil ihre Verhandlungsposition in bilateralen Verhandlungen besonders schwach ist, zum anderen weil sie die Vielzahl an Verhandlungen mit ungleich knapperen Ressourcen führen müssen. Auf multilateraler Ebene sind Bemühungen der EU und der USA, ein Investitionsabkommen im WTO-Rahmen zu verankern, bis jetzt am Widerstand der Entwicklungsländer gescheitert. Auch der Versuch, auf die Ebene der OECD auszuweichen und durch die Implementierung des »Multilateral Agreement on Investment« (MAI) eine Präzedenz für die Weltwirtschaft zu setzten, sind durch öffentlichen Druck auf europäischer Ebene verhindert worden. Das MAI hätte Unternehmen weitreichende Rechte gegenüber Nationalstaaten eingeräumt, etwa gegen nationale Gesetzgebung dann zu klagen, wenn diese eine »Investitionserschwernis« darstellt (Mark-Ungericht/Fuchs 2004, 141). Der Vorschlag des MAI hat eine vergleichsweise starke Aufmerksamkeit in der wirtschaftswissenschaftlichen und -publizistischen Diskussion erfahren.

Arbeit, Migration, Verteilung

Im Gegensatz zu Waren und Kapital, die in der gegenwärtigen Globalisierung nahezu grenzenlos mobil sind, ist die internationale Migration von Arbeitskräften so restriktiv wie nie zuvor in der Geschichte. Dies gilt insbesondere für gering qualifizierte Arbeitskräfte aus Entwicklungsländern. Der globalen Freiheit des Waren- und Kapitalverkehrs stehen nationale Einwanderungsbeschränkungen gegenüber, die Zuwanderung, vor allem aus den ärmeren Ländern in reichere Regionen, unterbinden. Diese Beschränkung der Mobilität der Arbeitskräfte ist ein historisch eher junges Phänomen und gilt als wesentliches Kennzeichen der Globalisierung seit den 1980er Jahren. In der ersten Phase der Globalisierung von 1870 bis 1913 war der grenzüberschreitende Strom der Arbeitskräfte deutlich umfangreicher als heute (Nayyar 2006; Rodrik 2000, 16). Geschätzte 50 Millionen Menschen (etwa 20 % der Gesamtbevölkerung) verließen in dieser Zeit den europäischen Kontinent, um sich in den USA, Kanada, Australien, Neuseeland, Südafrika, Argentinien oder Brasilien niederzulassen. Mit dem Ausbruch des Ersten Weltkriegs versiegten die Migrationsströme weitgehend. In der Zwischenkriegszeit wurden Einwanderungsbeschränkungen eingeführt und Reisepässe gebräuchlich, Wanderungsbewegungen fanden in geringem Ausmaß statt. Vermehrte Migrationsbewegungen setzten erst im Zeitraum zwischen den späten 1940er Jahren und Anfang der 1970er Jahre wieder ein. Neben der Auswanderung aus dem Nachkriegseuropa zu Beginn der Periode kamen viele Menschen aus Entwicklungsländern in die USA, nach Kanada oder Europa auf der Suche nach Arbeit und besseren Lebensbedingungen. Als jedoch zu Beginn der 1970er Jahre Arbeitsmarktprobleme auch die reicheren Länder des Nordens erfassten, wurden die Einwanderungsgesetze restriktiver und selektiver. Die Zuwanderung in die USA belief sich auf etwa 17 Millionen Menschen zwischen 1970 und 1995, jene nach Kanada auf etwa vier Millionen. Die Zuwanderung nach Europa kam nahezu zum Stillstand. Gleichzeitig stieg der Druck zur Auswanderung aus ärmeren Ländern durch den Anstieg der weltweiten Einkommensungleichheit und die Verschlechterung der Lebensbedingungen im Süden stark an. Die bestehende Asymmetrie zwischen der Mobilität von Waren und Kapital auf der einen Seite und Arbeitskräften auf der anderen Seite stellt einen enormen Nachteil für die weniger entwickelten Regionen der Welt dar.

Die ungleiche Mobilität von Kapital bzw. von Waren und Arbeit nimmt in der wirtschaftswissenschaftlichen Globalisierungsforschung einen unterschiedlichen Stellenwert ein. Auch über die Auswirkungen der Globalisierung auf die Lohnabhängigen insgesamt sind sich die Ökonom/innen nicht einig. In polit-ökonomischen Erklärungsansätzen ist die Asymmetrie zwischen Arbeit und Kapital der Hauptgrund für die Stagnation der Löhne und die Prekarisierung der Beschäftigungsverhältnisse, die mit der Globalisierung in Zusammenhang gebracht werden (Rodrik 2000; Onaran 2007). In der neoklassischen Ökonomie hingegen dominiert die Vorstellung, Arbeitsmarktprobleme und zunehmende Ungleichheiten hätten mit der Globalisierung unmittelbar wenig zu tun. Sie seien in erster Linie die Konsequenz neuer Technologien, die die Nachfrage nach unqualifizierter Arbeitskraft reduziert hätten (vgl. Cline 1997). Im Folgenden werden die beiden Forschungsstränge kurz skizziert.

In polit-ökonomischen oder heterodoxen Ansätzen wird die Lohnhöhe in erster Linie durch die relative Verhandlungsmacht von Arbeitgebern und Arbeitnehmern bestimmt. Zudem werden Löhne nicht nur als Kostenfaktor wahrgenommen, sondern auch als Nachfragefaktor – je mehr die Arbeitnehmer verdienen, desto mehr wird konsumiert, wovon indirekt auch die Arbeitgeber profitieren. Die gegenwärtige Globalisierung, in der Waren und Kapital ungleich mobiler seien als Arbeitskräfte, ermögliche jedoch den Arbeitgebern, sowohl den Produktionsstandort als auch den Absatz der Erzeugnisse räumlich zu verlagern. Das bedeute einerseits, dass Arbeitnehmer/innen über die Grenzen hinweg ersetzbar seien, und andererseits, dass die Bedeutung des Inlands als Absatzmarkt zurückgehen würde. Folglich erlangten Löhne stärkeres Gewicht als Kostenfaktor denn als Nachfragefaktor. Unternehmen reagierten sensibler auf Veränderungen der Lohnhöhe, und meist diene die bloße Drohung einer Produktionsverlagerung ins Ausland der Disziplinierung der Arbeiterklasse und der Zurückdrängung von Lohnforderungen.

Mit der zunehmenden Mobilität des Kapitals, so die Argumentationskette der kritischen Anätze, habe der Nachkriegssozialvertrag zwischen Arbeitgebern und Arbeitnehmern, der steigende Löhne als Gegenleistung für Arbeitsfrieden sicherte, zu bröckeln begonnen. Unternehmen könnten nunmehr die von Land zu Land unterschiedlichen Lohnniveaus und Standortbedingungen systematisch ausnutzen. Im globalen Wettstreit um mobiles Produktionskapital stünden Arbeitnehmer/innen weltweit in direkter Konkurrenz zueinander. Ihre Verhandlungsmacht würde erodieren, und der unternehmerische Kampf um Wettbewerbsvorteile ginge zulasten der Entlohnung, der Arbeitsbedingungen und Sozialstandards. Vor allem gering qualifizierte Arbeitnehmer/innen, deren Leistungen besonders leicht über die Grenzen hinweg ersetzbar sind, gerieten weltweit unter Druck. Zugleich werde es für Regierungen immer schwieriger, soziale Sicherung zu gewährleisten, weil ein bedeutender Teil der Steuerbasis ungebunden sei. Die Folgen seien niedrigere Löhne, prekäre Beschäftigungsverhältnisse, Instabilität und steigende Armut und Ungleichheit (Rodrik 2000; Onaran 2007).

In der neoklassischen Mainstream-Ökonomie hingegen spielt die ungleiche Mobilität von Arbeit und Kapital keine Rolle. Es dominiert die Vorstellung, die ›relative Knappheit‹ der Produktionsfaktoren (Kapital, Arbeit) bestimme deren jeweilige Anteile am Gesamteinkommen. Je mehr Arbeitskräfte in Relation zum verfügbaren Kapitalstock zur Verfügung stünden, desto geringer sei der Lohn. Von der Integration in den Weltmarkt profitiere nun immer der in einem Land jeweils reichlich vorhandene Produktionsfaktor, weil die mit der Öffnung verbundene Spezialisierung die Nachfrage nach diesem Faktor erhöhen würde. Das bedeute, dass Arbeitseinkommen im Vergleich zu Kapitaleinkommen in den ärmeren Ländern ansteigen, in den reichen Ländern hingehen fallen würden. In ähnlicher Weise würden sich die Löhne gering qualifizierter Arbeitnehmer/-innen im Süden erhöhen, im Norden würden sie jedoch zurückgehen. In Summe sollte die Ungleichheit in den Ländern des Südens und auf globaler Ebene sinken und die Armut zurückgehen. In den entwickelten Ländern hingegen könnte die Ungleichheit zunehmen.

Die empirischen Befunde bestätigen eher die heterodoxen Theorieansätze. Die Ungleichheit ist nicht nur in den Ländern des Nordens angestiegen, sondern auch in den ärmeren Ländern des Südens sowie auf globaler Ebene. Darüber hinaus zeigte sich, dass seit den 1980er Jahren der Lohnanteil am Gesamteinkommen in fast allen Ländern gefallen ist und insbesondere gering qualifizierte Arbeitnehmer/innen weltweit Lohneinbußen hinnehmen mussten (Cornia 2004). Im Jahr 1965 etwa betrug das Verhältnis zwischen dem Einkommen des reichsten Fünftels der Weltbevölkerung zum Einkommen des ärmsten Fünftels der Weltbevölkerung 31:1. Bis 1997 ist dieses Verhältnis um mehr als das Doppelte angestiegen, auf 74:1. Die 20 reichsten Länder der Welt verdienten im Zeitraum 1960 bis 1962 etwa 54 Mal so viel wie die 20 ärmsten Länder. In den Jahren 2000 bis 2002 verdienten sie bereits 121 Mal soviel. Zusätzlich ist im Zeitraum 1960 bis 1990 in zwei Drittel aller Länder die Einkommensungleichheit angestiegen (Nayyar 2006, 154).

Empirische Studien zeigen außerdem, dass vor allem die Liberalisierung des Kapitalverkehrs negative Verteilungswirkungen hatte. Insbesondere im Gefolge wiederkehrender Finanzkrisen in verschiedenen Teilen der Welt wurde das Einkommen der Lohnabhängigen stark reduziert (Onaran 2007). Zudem werden die Deregulierung des Arbeitsmarktes sowie Steuerreformen für steigende Ungleichheiten verantwortlich gemacht (Cornia 2004).

Insgesamt haben sich die positiven Verteilungswirkungen der Globalisierung, die die dominante ökonomische Theorie erwarten ließe, nicht bestätigt. Eine Erklärung für das Auseinanderdriften der Ent-

lohnung von gering und hoch Qualifizierten wird nunmehr in dem technologischen Fortschritt als Ursache für eine weltweite Reduktion der Nachfrage nach unqualifizierter Arbeitskraft gesehen. Keinerlei Anstrengungen wurden hingegen unternommen, um den Verfall der Lohnquoten seit den 1970er Jahren zu erklären.

Tatsächlich sind Verteilungsfragen, insbesondere die Einkommensverteilung zwischen Kapital und Arbeit, ein sehr heikles Terrain für die Vertreter/innen der Mainstream-Ökonomie. Zum einen ist die Verteilungstheorie allgemein der Schwachpunkt im neoklassischen Modell; zum anderen ist das Thema politisch sensibel und dazu geeignet, die Zustimmung zur gegenwärtigen Form der Globalisierung – als deren Anwalt die neoklassische Ökonomie sich begreift – kippen zu lassen. Insofern ist es nicht verwunderlich, dass die Kritik an den Verteilungswirkungen der Globalisierung vor allem heterodoxen Theorieströmungen vorbehalten ist, und dass die weltweite Integration der Waren- und Kapitalmärkte von ihrer Verantwortung für steigende Ungleichheiten weitgehend freigesprochen wird.

Finanzmärkte, globale Ungleichgewichte und Krisen

Seit den 1990er Jahren haben die Entwicklungen auf den Finanzmärkten stark im Vordergrund der wirtschaftswissenschaftlichen und -publizistischen Diskussion gestanden. Gefördert durch eine liberalisierende Politik war einerseits ein starkes Wachstum der Volumina auf den internationalen Finanzmärkten, andererseits deren Formwandel zu beobachten. Der Formwandel drückte sich in zunehmender Verbriefung aus, das heißt, Finanzgeschäfte wurden immer weniger in Form von Bankkrediten und zunehmend in Form von Wertpapiergeschäften getätigt. Ein besonders rasches Wachstum wiesen Derivatgeschäfte auf. Institutionell bedeuteten diese Entwicklungen eine Erosion der bankzentrierten Finanzierungssysteme, die auf relativ langfristigen Bindungen zwischen Banken und Industrie beruhen, zugunsten finanzmarktzentrierter Finanzierungssysteme, die sich durch kurzfristige Engagements und nur sehr lockere Verbindungen zwischen Finanzinstitutionen und Industrie auszeichnen. Als Vorteile der finanzmarktbasierten Finanzierungssysteme und der zunehmenden Verbriefung wurden deren hohe Flexibilität und Liquidität benannt. Als Vorzug der Verbriefung wurde die Risikoteilung angeführt. Kritiker wie Lordon (2008, 73–91) verwiesen hingegen darauf, dass aufgrund der Möglichkeit der vermeintlichen Risikoteilung immer höhere Risiken eingegangen würden und hierdurch systemische Risiken entstünden.

Aus einer langfristigen historischen Perspektive verweist der Weltsystemtheoretiker Giovanni Arrighi (1994) darauf, dass sich bei der Erschöpfung eines produktiven Entwicklungsmodells Investor/innen auf liquide Investitionsformen konzentrierten und finanzbasierte Akkumulationsformen in den Vordergrund träten. Zu einer ähnlichen Diagnose bezogen auf die letzten drei Jahrzehnte kamen postkeynesianische, marxistische und regulationistische Wirtschaftswissenschaftler/innen. Aber auch Vertreter/innen des Mainstreams mit Affinitäten zum Keynesianismus kamen zu ähnlichen Schlussfolgerungen. So unterstreicht etwa Wolf (2008, 65–76) die relativ geringen produktiven Investitionen in den westlichen Industrieländern.

Die auf den Finanzmarkt zentrierten (nationalstaatlichen) Wirtschaftsmodelle werden in der heterodoxen Literatur als »finanziarisiert« (Epstein 2005) oder »finanzgetrieben« gekennzeichnet (Guttmann 2008). Verteilungspolitisch zeichneten sie sich durch besonders hohe Einkommensansprüche der Anleger/innen, die Orientierung auf den sogenannten Shareholder-Value, aus. Die Lohnquote hingegen sank. Massenkonsum wurde, speziell in den angelsächsischen Ländern, zunehmend kreditfinanziert. Hier war auch die Sparquote der Haushalte besonders gering, in den USA sogar zeitweise negativ, was bedeutet, dass die Haushalte mehr für den Konsum ausgaben, als sie verdienten. Eine zweite Gruppe von Industrieländern, zu denen Deutschland oder auch Japan gehörten, wies zwar auch Elemente der Finanziarisierung auf, war aber relativ stark auf die Erzielung von Exportüberschüssen orientiert. Wie heterodoxe Ökonom/innen unterstrichen, hatten diese Länder mit den dominant finanziarisierten Ländern eine restriktive Lohnpolitik gemein. Während die Kernländer der Finanziarisierung, wie die USA und Großbritannien, hohe Handels- und Leistungsbilanzdefizite aufwiesen, zeichneten sich die exportorientierten, neo-merkantilistischen Industrieländer durch spiegelbildliche Handels- und Leistungsbilanzüberschüsse aus. Die Leistungsbilanzdefizite der ersten Gruppe wurden durch Kapitalexporte der zweiten Gruppe finanziert. Auf der einen Seite akku-mulierten sich die Auslandsschulden, auf der anderen Seite die Vermögenspositionen. Sowohl heterodoxe Ökonomen (z.B. Aglietta/Berrebi 2007) wie auch einzelne Mainstream-Ökonomen mit keynesianischen Anklängen (z.B. Wolf 2008) verwiesen auf das in diesen sich hochschaukelnden Ungleichgewichten angelegte Krisenpotenzial. Abgesehen von einzelnen (post-)keynesianischen Ökonom/innen spielten diese Ungleichgewichte und die damit verbundenen Krisengefahren in der deutschsprachigen Diskussion kaum eine Rolle.

Wie Altvater, Hübner und Stanger (1983, 63–66) schon frühzeitig aufzeigten, führte Überliquidität in Industrieländern schon in den 1970er Jahren zu einem erheblichen Export von Geldkapital in Länder der (Semi-)Peripherie und dort spiegelbildlich zu rasch steigender Auslandsverschuldung. Der Kapitalimport finanzierte Defizite der Handels- und Leistungsbilanz sowie teils produktive Investitionen, teils abhängige Formen finanziarisierter Entwicklung. Ein zweiter derartiger Zyklus war in den 1990er Jahren (in Osteuropa sogar bis 2008) festzustellen. Beide Zyklen endeten in schweren Finanzkrisen, auf die verstärkte Exportorientierung und wirtschaftspolitische Interventionen des Internationalen Währungsfonds im Interesse der Gläubiger folgten. Wie speziell lateinamerikanische Ökonom/innen (z.B. Fiori 1999, 72–73, 80–82) herausarbeiteten, erodierte im Rahmen abhängiger Finanziarisierung vielfach die nationale Geldordnung, kam es in Ländern der (Semi-)Peripherie zu informeller Dollarisierung (oder Euroisierung) und der Herausbildung stark auf Leitwährungen orientierter Währungsräume mit deutlichen Einschränkungen der nationalstaatlichen wirtschaftspolitischen Handlungsspielräume. Die chinesische Regierung bewahrte den nationalstaatlichen Währungsraum, suchte derartigen Krisen wirtschaftspolitisch entgegenzusteuern und setzte zunehmend auf eine neo-merkantilistische Wirtschaftspolitik. China stieg ab den 1990er Jahren zu einem führenden Lieferanten und Financier des Leistungsbilanzdefizites der USA auf. Somit war auch die (Semi-)Peripherie maßgeblicher Teil der globalen Ungleichgewichte.

Wie sowohl heterodoxe (z.B. Arrighi 2008, 209, 245–251) wie auch manche Mainstream-Autoren (z.B. Wolf 2008, 58f.) hervorheben, war die globale Konstellation der Ungleichgewichte insofern historisch präzedenzlos, als die finanziell dominante Macht mit der wichtigsten internationalen Reservewährung zu Beginn des 21. Jahrhunderts der größte internationale Importeur von Kapital war und hartnäckige Leistungsbilanzdefizite in kritischer Größenordnung aufwies. Für einen Teil der Wirtschaftswissenschaftler/innen war aus diesen Gründen nicht nur die hegemoniale, sondern auch dominante Position der USA auf den Finanzmärkten und der US-Dollar in seiner Stellung als vorherrschender Reservewährung gefährdet. Sie sahen und sehen die wirtschaftspolitischen Handlungsspielräume der USA durch die Gefahr einer sich wechselseitig verstärkenden Spirale von Kapitalflucht und Währungsabwertung eingeschränkt. Andere Ökonom/innen meinen, dass aufgrund der hohen Kapitalanlagen in den USA die Anlegerländer leichter bei der Re-Stabilisierung der US-Ökonomie in Dienst genommen werden können.

Die durch Finanziarisierung geprägten letzten drei Jahrzehnte zeichneten sich, noch stärker als die Periode einer ersten Ära ›finanzieller Globalisierung‹ vom späten 19. Jahrhundert bis 1929, durch eine Vielzahl von Finanzkrisen aus. Zählungen kommen auf bis zu 139 Krisen für die Jahre 1973 bis 97, denen für die Jahre 1945 bis 71 nur insgesamt 38 Krisen gegenüberstehen (Wolf 2008, 31). Die (semi-)peripheren Länder waren von diesen Krisen besonders stark betroffen, aber auch westliche Industrieländer erwiesen sich gegenüber Finanzkrisen anfällig – zu denken wäre an die Krise des US-Sparkassensektors in den 1980er Jahren oder an die Finanzkrisen Japans oder Schwedens. Diese Vielzahl von Finanzkrisen hat bereits vor der Zuspitzung der Ungleichgewichte zu einer globalen Krise eine lebhafte Debatte zur Neuregulierung der Finanzmärkte ausgelöst, die allerdings zunächst politisch folgenlos blieb.

Die 2007 einsetzende US-Finanzkrise hat sich seit 2008 zu einer globalen Krise ausgeweitet, die sich durch faktische Insolvenz eines Teils der Finanzsektoren in den kapitalistischen Zentrumsländern, Preisverfall der Rohstoffe und verbreitete Produktions- und Exporteinbrüche auszeichnet und mit einer ökologischen Krise zusammenfällt. Die Krise hat sich nicht allein durch finanzielle Kanäle, direkte Ansteckung durch ›faule‹ Kredite und ›toxische‹ Papiere sowie Beschränkung der internationalen und nationalen Kreditvergabe, sondern auch über die Außenhandelskanäle verbreitet. Die relevanten Kanäle und das Ausmaß der Krisenbetroffenheit sind von Region zu Region, von Land zu Land unterschiedlich (Becker/Küblböck 2009).

Die Interpretationen der regional begrenzten wie der derzeitigen globalen Krise gehen auseinander. Der harte Kern des Mainstreams tut sich aufgrund seines konzeptuellen Apparates mit Krisenerklärungen grundsätzlich schwer. Er sucht Ursachen vor allem außerhalb der ökonomischen Sphäre, vor allem bei sogenanntem Staatsversagen (beispielsweise in Form zu lockerer Geldpolitik oder vorgeblich exzessiver Staatsverschuldung). Interpretationen in der Tradition von Keynes oder Minsky legen den Akzent relativ stark auf die monetäre Sphäre, den euphorischen Aufbau von Spekulationsblasen, das Herdenverhalten von Investor/innen und eine derartige Tendenzen begünstigende Regulierung der Finanzmärkte. Eine dritte Interpretationsrichtung sieht Produktions- und Finanzsphäre stärker in ihren Zusammenhängen und stellt auf die grundlegenden Spannungen und Widersprüche ab, die sich auf nationalstaatlicher, makroregionaler und internationaler/globaler Ebene aufgebaut haben und durch dominanten Interessen verpflichtete Regulierung zementiert worden sind. Aus dieser Sicht sind die kapitalistischen Entwicklungsmodelle der letzten drei Jahrzehnte in der Krise. Allein eine Neu-Regulierung der Finanzmärkte wäre nicht ausreichend, um die Krise zu bewältigen und ihre Wiederholung zu vermeiden.

Als Konsequenz der globalen Krise zeichnet sich eine De-Globalisierung – zumindest im Sinne eines deutlichen Rückgangs der internationalen Flüsse – ab. Ein zentrales wirtschaftswissenschaftliches Forschungsthema dürfte der Zusammenhang von wirtschaftlichen Globalisierungs- bzw. Internationalisierungsprozessen und der großen globalen Krise zu Beginn des 21. Jahrhunderts werden.

Ökonomische Globalisierung und Ökologie

Durch die globale Wirtschaftskrise ist eine andere Krise – die ökologische Krise – vorübergehend in der öffentlichen Debatte in den Hintergrund getreten. Sie macht sich sowohl auf der Inputseite – u.a. über die strukturelle Verknappung wesentlicher Ressourcen (speziell energetischer Ressourcen) – als auch auf der Outputseite – u.a. über den Treibhauseffekt – zunehmend bemerkbar. Nur wenigen Ökonom/innen gelingt es, die ökologisch-materiellen Grundlagen der kapitalistischen Ökonomie sowie ihrer Globalisierungsprozesse in ihre theoretischkonzeptuellen Ansätze zu integrieren. Altvater (2005, 87), der aus der Tradition einer kritischen politischen Ökonomie kommt, verweist darauf, dass »fossile Sekundärenergien – vor allem die Elektrizität und der Treibstoff von Verbrennungsmotoren – alle Eigenschaften (besitzen), mit denen Mobilität, Dezentralisierung der Produktion, flexible Einsätze in allen Lebenslagen und Arbeitsbereichen unterstützt werden können«. Damit ruht für ihn die kapitalistische Globalisierung mit ihrer hohen Transportintensität auf einer spezifischen materiell-energetischen Grundlage und entsprechenden staatlichen Regulierungen. Diese Grundlage erodiert, während gleichzeitig die Emissionen immer deutlich sichtbarere Folgen zeigen. Mainstream-Ökonom/innen mit neoklassischer Orientierung haben hingegen keinen Begriff für die materielle Spezifität der ökologischen Grundlagen kapitalistischer Ökonomien. Sie suchen ökologisch unerwünschte Folgen ökonomischer Aktivitäten über den Preismechanismus in den Griff zu bekommen. Dies kann beispielsweise auch die Auktion von ökologischen Emissionsrechten beinhalten. Vertreter/innen kritischer Strömungen argumentieren hingegen mit dem Fehlen einer (preislichen) Kommensurabilität verschiedener ökologischer Alternativen und verweisen auf die absolute Endlichkeit spezifischer Ressourcen. Von daher greifen Preisinternalisierungen von Umweltschäden für sie zu kurz. Den Handel mit Emissionsrechten kritisieren sie als eine Eingliederung der Naturnutzung in die finanziarisierte Akkumulation (Smith 2006, 31). Sie thematisieren globale Nutzungskonkurrenz und ökologische Verteilungskonflikte und analysieren aus dieser Perspektive auch internationale Umweltverhandlungen. Abschließend lässt sich sagen, dass im Bereich des Zusammenhangs von ökonomischen Globalisierungs- und Internationalisierungsprozessen und Ökologie ein deutlicher Forschungsbedarf besteht und gleichzeitig eine besonders ausgeprägte Notwendigkeit Disziplinen übergreifender Forschung.

Schlussbemerkung

Die Wirtschaftswissenschaften sind multiparadigmatisch. Sie zeichnen sich durch unterschiedliche Zugänge zu Fragen der Globalisierung, kontrastierende Einschätzung hinsichtlich des Ausmaßes der aktuellen Globalisierung im historischen Vergleich und unterschiedliche Bewertungen der wirtschaftlichen, sozialen und politischen Folgen von Globalisierung aus. Der wirtschaftswissenschaftliche Mainstream sieht Globalisierungsprozesse als quasi naturwüchsig an und bewertet deren wirtschaftliche Folgen als überwiegend positiv. Dementsprechend befürworten Mainstream-Ökonom/innen Regulierungen, die ein hohes Maß an Mobilität von Waren und Kapital ermöglichen – allein im Hinblick auf den kurzfristigen internationalen Kapitalverkehr gibt es auch skeptische Stimmen. Ökonom/innen, die aus kritischen theoretischen Strömungen kommen, verweisen hingegen eher darauf, dass wirtschaftliche Globalisierungsprozesse nicht im Selbstlauf entstanden sind, sondern der Durchsetzung entsprechender politischer Regulierungen bedurften. Damit gibt es aus dieser Sicht Gestaltungsspielräume, die durch die politischen Konstellationen konditioniert werden. Die Einschätzungen der wirtschaftlichen und sozialen Globalisierungsfolgen sind beispielsweise im Hinblick auf die wirtschaftliche Stabilität oder die Einkommensverteilung skeptisch. Die aktuelle Weltwirtschaftskrise gibt den Vertreter/innen der kritischen Strömungen neue empirische Argumente im Hinblick auf das Krisenpotenzial der Globalisierungsprozesse der letzten Jahrzehnte in die Hand. Länder, die relativ wenig in die internationalen Finanzmärkte integriert waren und/oder eine relativ begrenzte Export- und Importabhängigkeit aufwiesen, haben bislang die Krise überdurchschnittlich gut überstanden. Im Gegensatz dazu wurden stark in den Weltmarkt integrierte Länder vom krisenbedingten Rückgang des internationalen Handels und Kapitalverkehrs massiv getroffen. Insofern könnte die aktuelle Krise ein zumindest teilweises Umdenken in der Wirtschaftspolitik und -theorie auslösen.

Literatur

Aglietta, Michel/Berrebi, Laurent: *Désordres dans le capitalisme mondial*. Paris 2007.

Altvater, Elmar: *Das Ende des Kapitalismus wie wir ihn kennen. Eine radikale Kapitalismuskritik*. Münster 2005.

– /Hübner, Kurt/Stanger, Michael: *Alternative Wirtschaftspolitik jenseits des Keynesianismus. Wirtschaftspolitische Optionen der Gewerkschaften in Westeuropa*. Opladen 1983.

– /Mahnkopf, Birgit: *Grenzen der Globalisierung. Ökonomie, Ökologie und Politik in der Weltgesellschaft*. Münster 1996.

Arrighi, Giovanni: *The Long Twentieth Century. Money, Power, and the Origins of Our Times.* London/New York 1994.

–: *Adam Smith in Beijing. Die Genealogie des 21. Jahrhunderts.* Hamburg 2008.

Bairoch, Paul: Globalization Myths and Realities. One Century of External Trade and Foreign Investment. In: Robert Boyer/Daniele Drache (Hg.): *States Against Markets. The Limits of Globalization.* London/New York 1996, 173–192.

Becker, Joachim/Blaas, Wolfgang: Introduction. In: Wolfgang Blaas/Joachim Becker (Hg.): *Strategic Arena Switching in International Trade Negotiations.* Aldershot 2007, 1–31.

Becker, Joachim/Küblböck, Karin: Die große Krise und die Peripherie. In: Thomas Sauer/Silke Ötsch/Peter Wahl (Hg.): *Das Casino schließen! Analysen und Alternativen zum Finanzmarktkapitalismus.* Hamburg 2009, 72–83.

Boyer, Robert: *Les mots et les réalités.* In: Ders. et al.: *La Mondialisation au-delà des mythes.* Paris 1997, 13–56.

Chang, Ha-Joon: *Kicking Away the Ladder: Development Strategy in Historical Perspective.* London 2003.

Cline, William R.: *Trade and Income Distribution.* Washington, D.C. 1997.

Cornia, Giovanni A.: Inequality, Growth, and Poverty: An Overview of Changes over the Last Two Decades. In: Ders. (Hg.): *Inequality, Growth, and Poverty in an Era of Liberalisation and Globalization.* New York 2004, 3–25.

Dunning, John/Lundan, Sarianna: *Multinational Enterprises and the Global Economy.* Cheltenham ²2008.

Epstein, Gerald A. (Hg.): *Financialization and the World Economy.* Cheltenham/Northampton, MA 2005.

Fiori, José Luís: Estados, moedas e desenvolvimento. In: José Luís Fiori (Hg.): *Estados e moedas no desenvolvimento das nações.* Petrópolis 1999, 49–85.

Fröbel, Folker/Heinrichs, Jürgen/Kreye, Otto: *Die neue internationale Arbeitsteilung. Strukturelle Arbeitslosigkeit in den Industrieländern und die Industrialisierung der Entwicklungsländer.* Reinbek 1977.

Furtado, Celso: *O capitalismo global.* São Paulo 1998.

Guttmann, Robert: A Primer on Finance-Led Capitalism and Its Crisis. In: *Revue de la régulation* 3/4 (2008), http://regulation.revues.org/document5843. html (23.12.2008).

Hymer, Stephen: The Multinational Corporation and the Law of Uneven Development. In: Jagdish Bhagwathi (Hg.): *Economics and World Order from the 1970's to the 1990's.* New York 1972, 113–140.

Krugman, Paul: Growing World Trade: Causes and Consequences. In: *Brookings Papers on Economic Activity* 1. Jg. (1995), 327–377.

Lordon, Frédéric: *Jusqu'à quand? Pour en finir avec les crises financières.* Paris 2008.

Maddison, Angus: *The World Economy – A Millennial Perspective* [2001]. Paris 2006.

Mark-Ungericht, Bernhard/Fuchs, Manfred: Vom GATT zur OECD (MAI) zur WTO – Versuche der Durchsetzung eines multilateralen Investitionsabkommens. In: ATTAC (Hg.): *Die geheimen Spielregeln des Welthandels.* Wien 2004, 136–149.

Mencinger, Jože: Does Foreign Direct Investment Enhance Economic Growth? In: *Kyklos* 56. Jg., 4 (2003), 491–508.

Nayyar, Deepak: Globalisation, History and Development: A Tale of Two Centuries. In: *Cambridge Journal of Economics* 30. Jg. (2006), 137–159.

–: Cross-border Movements of People. In: Ders. (Hg.): *Governing Globalisation. Issues and Institutions.* New York 2007, 144–173.

Onaran, Özlem: Die Auswirkungen von neoliberaler Globalisierung und von Krisen auf die Lohnquote in Entwicklungsländern. In: Joachim Becker/Karen Imhof/Johannes Jäger/Cornelia Staritz (Hg.): *Kapitalistische Entwicklung in Nord und Süd.* Wien 2007, 184–207.

Rodrik, Dani: *Grenzen der Globalisierung. Ökonomische Integration und soziale Desintegration.* Frankfurt a. M. 2000 (engl. 1997).

Smith, Neil: Nature as Accumulation Strategy. In: Leo Panitch/Colin Leys (Hg.): *Socialist Register 2007: Coming to Terms with Nature.* London 2006, 16–36.

Stiglitz, Joseph E.: *Making Globalization Work.* New York 2007.

UNCTAD: *World Investment Report 2008.* New York/ Genf 2008.

Wilkinson, Rorden: *Multilateralism and the World Trade Organisation.* London 2000.

Wolf, Martin: *Fixing Global Finance.* Baltimore 2008.

World Trade Organization: *World Trade Report 2007.* Genf 2007.

Zeller, Christian: Direktinvestitionen und ungleiche Entwicklung. In: Joachim Becker/Karen Imhof/Johannes Jäger/Cornelia Staritz (Hg.): *Kapitalistische Entwicklung in Nord und Süd.* Wien 2007, 123–142.

Joachim Becker/Karin Fischer/Oliver Schwank

2. Politikwissenschaft

Die Bedeutung von ›Globalisierung‹ wird in der Politikwissenschaft kontrovers diskutiert. Gemeinhin verweist der Begriff auf eine Vielzahl verschränkter ökonomischer, demographischer, ideeller, technologischer, sozialer, kultureller, rechtlicher und politischer Integrationsprozesse und Interdependenzen jenseits nationalstaatlicher Grenzen (Haas/Hird/McBratney 2009). Über neue Medien und den beschleunigten weltweiten Transfer von Technologien, Nachrichten, Menschen und Gütern sind politische Kommunikationen, Öffentlichkeiten, Ökonomien und *Demoi* global diffundiert. Inwieweit diese Prozesse indes Ursache oder Effekte politischen Wandels darstellen und was ›politische Globalisierung‹ als Forschungsgegenstand überhaupt umfasst, ist höchst umstritten.

Beispiele politisch relevanter global beschleunigter und intensivierter Verzahnungen finden sich freilich allerorten: Französische Bauern reklamieren protektionistische Handelsbarrieren und Subventionen durch die Common Agricultural Policy der Europäischen Union, während nigerianische Bauern gegen ihren Ausschluss vom Weltmarkt und zugleich gegen die dürftigen umweltpolitischen und arbeitsrechtlichen Standards multi-nationaler Ölkonzerne vor Ort demonstrieren. Unterstützt werden die Bauern z. B. von Studierenden in Oslo – über den *cyberspace* konstituieren sich bedeutende politische Netzwerke. Die Oppositionsbewegung im Iran 2009 zog einen guten Teil ihrer Kraft und Effektivität aus neuen, für das Regime schwer zu kontrollierenden globalen Medien und der durch diese bewirkten Mobilisierung einer Weltöffentlichkeit. Nicht nur Güter, Informationen und Arbeitskräfte bewegen sich beschleunigt über den Globus, sondern auch toxischer Müll umschifft die Welt, um teils in armen Ländern entsorgt zu werden – was im Falle eines panamaischen Schiffs, das unter holländischer Flagge hochgiftigen Müll in der Elfenbeinküste entladen hatte, dort 2006 zum Sturz der Regierung führte.

Die politische und politikwissenschaftliche Relevanz dieser Phänomene ist kaum von der Hand zu weisen. Selbstverständlich sind sie nicht allesamt neuartig; präzedenzlos ist jedoch ihr Ausmaß und ihre Intensität. Und sie erzeugen neue Herausforderungen für politisches Handeln in Räumen *deterritorialisierter Politik* (Benhabib 2006). Zudem können

nicht nur ökonomische und technologische, sondern auch politische Prozesse selbst als Triebkräfte jenes beschleunigten globalen Wandels, ja der Entstehung neuer globaler Räume und Interaktionen gelten. Vom Zusammenbruch des Warschauer Paktes über die Liberalisierung des Handels bis zur Entstehung der supra-nationalen *polity* der Europäischen Union haben politisches Handeln und politische Entscheidungen Globalisierungsprozesse mitbestimmt. Dies gilt auch für die gestiegene Bedeutung globaler Institutionen (wie den UN, dem IMF, der WTO und der Weltbank) oder die Entstehung bindender internationaler Konventionen und Menschenrechtsregime. Internationale Institutionen und Verträge sowie transnationale Öffentlichkeiten haben ihrerseits Einfluss auf nationale Gesetzgebung (Simmons 2009) und *domestic politics*, das heißt nationale und regionale Akteure, Konfliktlinien, Interessensformationen und Politikinhalte. Nicht zuletzt rufen diese Wandlungsprozesse politikwissenschaftliche Fragen über die Kollision zwischen globaler Vergesellschaftung und territorialstaatlicher Souveränität hervor. Sie betreffen die Grundlagen internationaler Ordnung und die Zukunft der Demokratie.

Politikwissenschaftliche Forschung hat dabei das Ziel, zu verallgemeinerbaren Modellen zu gelangen. Indes bewegt sich die politikwissenschaftliche Forschung bis heute in einem Spannungsfeld. Zum einen zählt die Disziplin – nicht nur, aber insbesondere in ihren theoretisch ausgerichteten Arbeitsgebieten – zu den innovativsten der Globalisierungsforschung, und dies seit deren Anfängen. Mit der Analyse neuer post-nationaler und globaler Formen des Regierens – von der europäischen Integration mit ihrem legislativen Kompetenzzuwachs und multiplen Bürgerschafts- und Regierungsformen bis zur Erforschung von Mechanismen der Global Governance – sowie dem erweiterten Blick auf den Bedeutungsgewinn von internationalen Nichtregierungsorganisationen, haben sich politikwissenschaftliche Forschungen früh als wegweisende Schrittmacher in einer Diskussion erwiesen, die noch zu Beginn der 1990er Jahre in den meisten kultur- und sozialwissenschaftlichen Disziplinen marginal war. Zum anderen jedoch zeigt sich auch und gerade in der Politikwissenschaft die besondere Beharrlichkeit von Grenzziehungen und disziplinärer Pfadabhängigkeit: Trotz nachhaltiger Forderungen, konventionelle innerdisziplinäre Begrenzungen zu überwinden (Schmitter 2009), operiert etwa die empirisch vergleichende Politikwissenschaft oft weiterhin unter der Prämisse, dass geschlossene (nationale) politische Systeme das jeweilige institutionelle Spielfeld für spezifische Akteurskonstellationen bereitstellen. Trotz der gestiegenen Bedeutung ›post-westfälischer‹ und ›konstruktivistischer‹ Ansätze, welche die Relevanz internationaler Normen und Regeln im globalen Raum betonen, folgen etliche Vertreter der internationalen Beziehungen analog dazu immer noch einem neo-realistischen Paradigma, nach dem sich Staaten als mehr oder minder autonome politische Einheiten in einer Anarchie der Staatenwelt gegenüberstehen. Demnach erscheint die Globalisierung als zu vernachlässigende Variable, die die Grundfesten einer auf souveränen Staaten basierenden internationalen Ordnung nicht in Frage stellt.

Dass der Globalisierungsprozess noch nicht zu einem weitreichenden Paradigmenwechsel geführt hat, hat freilich nicht nur mit selbstreferentiellen Sichtweisen oder der Kraft der Tradition auch in der Politikwissenschaft zu tun, sondern auch mit empirischen Befunden. Trotz eines weithin diagnostizierten Strukturwandels politischer Rahmenbedingungen und Interaktionen ist die Globalisierung des Rechts und der Politik – normativ die »Kosmopolitisierung der Demokratie« (Archibugi 2008; Held 1995) – bis heute offenkundig weniger vorangeschritten als andere Globalisierungsentwicklungen. David Singh Grewal (2008) behauptet gar provokativ: »Everything is being globalized except politics.« Jürgen Habermas hat dies weniger zugespitzt in der Vorstellung eines *structural gap* gefasst: Während sich Wirtschaft und Gesellschaft in einem rapiden dynamischen Prozess zunehmend globalisiert haben, seien die sozialen und demokratischen Kontrollmöglichkeiten dieses Prozesses und die Einflussmöglichkeiten darauf mit den Handlungskompetenzen des Nationalstaates zunehmend geschrumpft. Der Kontrollverlust des Nationalstaates schreite voran, ohne dass es dafür – trotz Mechanismen der Global Governance und der EU – bisher einen angemessenen politisch-institutionellen Ersatz mit Rechtsautorität und demokratischer Legitimität gäbe (Habermas 1998).

Spannungen zwischen politischer Globalisierung und anderen Globalisierungsdimensionen sowie die unterschiedliche Bewertung des Wandels internationaler Ordnung strukturieren in mannigfacher Hinsicht die Forschung, die hierbei zu teils kontrastreichen empirischen Befunden gelangt ist. Im Folgenden

sollen zentrale der mit diesem Grundkonflikt zusammenhängenden Fragen, Kontroversen und Befunde der politikwissenschaftlichen Globalisierungsforschung beleuchtet werden.

In der Untersuchung von politischer Globalisierung stechen dabei vier Fragekomplexe hervor: (1) Was verstehen politikwissenschaftliche Forschungsansätze als ›Globalisierung‹ – und mit welchen Modellen erklären sie ihren Gegenstand? (2) Wie fortgeschritten ist die Entwicklung zu trans- und supranationalen *polities* und wie wirkungsmächtig sind Formen der Global Governance oder universaler Jurisdiktion? Inwieweit hat also ein supra- und transnationaler Strukturwandel des Politischen und des Rechts stattgefunden? (3) Was sind die neuen funktionalen und inhaltlichen Herausforderungen der Globalisierung für politisches Handeln? Inwieweit haben sich neue grenzüberschreitende *policies* in unterschiedlichen Politikfeldern herausgebildet – und welchen Einfluss hat die Globalisierung auf *politics*, d.h. auf politische Willensbildungsprozesse, Konflikte, Interessensformationen und Akteurskonstellationen? Schließlich ist (4) im Rahmen neuer Diskussionen der politischen Theorie danach zu fragen, wie *legitim* supra-nationale und globale Institutionen aus normativer Sicht sind – und welche Alternativen es zur Dichotomie zwischen nationaler Autonomie und globaler Ordnung gibt, die sowohl demokratischen als auch liberal-kosmopolitischen Geltungsansprüchen gerecht werden.

Politische Globalisierung – Konzeptionen und Erklärungsmodelle

Globalisierungsdefinitionen sind teils deshalb problematisch, weil es sich bei den Prozessen, auf die sie verweisen sollen, um heterogene, dynamische und fortlaufende handelt (Steger 2009). Dies gilt auch für die politische Globalisierung und folgerichtig für das Verhältnis von Globalisierung und Politik (Berger 2000). Kontrovers ist zudem, inwieweit es sich bei ›Globalisierung‹ um einen deskriptiven Oberbegriff für multiple neue globale Interdependenzen handelt, oder ob dieser selbst als erklärende Variable für politische Veränderungen operationalisierbar ist.

Globalisierungsskeptiker vs. Hyperglobalisten: Sogenannte Globalisierungsskeptiker lehnen den Begriff in toto ab. Er sei empirisch unzutreffend und irreführend, da Ökonomien auch heute wesentlich nationaler organisiert seien als vielfach angenommen. Staaten gäben heute weit größere Anteile des Bruttosozialprodukts aus und seien entsprechend interventionistischer als in der *belle époque* vor 1914; und während über 60 Millionen Personen im Jahrhundert nach 1815 Europa im Kontext globaler Migrationsprozesse verließen, werde heute Migration stark reguliert. Ebenso wenig sei klar, dass der angenommene Trend zu größerer Internationalisierung staatliche ›Souveränität‹ untergrabe. ›Globalisierung‹ sei, so Paul Hirst, primär eine liberalistische ökonomische Ideologie, die die Politik nationaler Akteure beeinflusse (Hirst 2000, 180). Dem diametral gegenüber stehen ›hyperglobalistische‹ Ansätze, welche die fortschreitende Dynamik der Globalisierung der Weltgesellschaft in Form eines globalkapitalistischen Marktes und das Verschwinden des Nationalstaates als Faktum erachten (Bhagwati 2007; Stiglitz 2003; Wolf 2004). Sie interpretieren Globalisierung als weltweite Homogenisierung gesellschaftlicher, politisch-ökonomischer und kultureller Bedingungen (hierzu Leggewie 2003).

Beide Schulen, Skeptiker und Hyperglobalisten, verweisen auf Teilaspekte der Globalisierung und ihrer politisch-diskursiven Reflexion, vermögen deren komplexe und widersprüchliche aktuelle Dynamik aber nicht zureichend zu fassen. Zwar sind Prozesse der Globalisierung nicht neu: Es gibt verschiedene historische Globalisierungswellen – allen voran die industrielle Globalisierung mit ihren Massenmigrationen und der Konsolidierung globaler Märkte im ausgehenden Kolonialzeitalter (1870–1914) –, die durch Wellen der De-Globalisierung, etwa im Anschluss an Weltkriege (Osterhammel/Petersson 2003), abgelöst wurden. Doch die gegenwärtigen Formen, Dynamiken und Intensitäten globaler Interaktion und Kommunikation markieren einen qualitativen Sprung, der kaum auf einen interessegeleiteten Diskurs reduziert werden kann. Vielmehr kann die aktuelle Globalisierung als ›post-industrielle Globalisierung‹ konzeptionalisiert werden (Markovits/Rensmann 2010). Hyperglobalisten wiederum verabsolutieren nicht nur das Neue der aktuellen Globalisierung, sondern überschätzen auch deren Homogenisierungstendenz. Der Globalisierungsprozess produziert nämlich seinerseits neue Differenzen, Spannungen, Konflikte und Hybriditäten.

Transformationstheoretische Begriffe politischer Globalisierung: Als einer der ersten hat David Harvey die Spezifik jener post-industriellen Globalisierung als »Raum-Zeit-Verdichtung« erfasst, die durch den Bedeutungsverlust von räumlicher Entfernung und Zeitspannen für menschliche Interaktion und Organisation bestimmt wird (in jüngerer Version Harvey 2007). ›Transformationstheoretische‹ Autoren wie David Held et al. (2000) haben im Anschluss daran Globalisierung in ›raum-zeitlichen‹ Dimensionen der Ausdehnung (*extensity*) von Aktivitäten jenseits nationaler Grenzen, der Verdichtung (*intensification*) von globalen Interaktionen, sowie der rapiden Beschleunigung (*velocity*) weltweiter Beziehungen begriffen. Entfernte Ereignisse würden dadurch in ihrer Bedeutung vergrößert, während selbst lokale Entwicklungen mitunter globale Konsequenzen (*impact*) hätten, so dass die Grenzen zwischen nationalen und globalen Angelegenheiten unterlaufen würden. Globalisierung erscheine als »process (or set of processes) which embodies a transformation in the spatial organization of social relations and transactions – assessed in terms of their extensity, intensity, velocity and impact – generating transcontinental or interregional flows and networks of activity, interaction, and the exercise of power« (Held et al. 2000: 55). ›Ströme‹ (*flows*), d.h. Bewegungen von Menschen, Dingen und Informationen durch Raum und Zeit, sowie ›Netzwerke‹ (*networks*), d.h. nach Mustern verlaufende Interaktionen zwischen Akteuren, sind ihrerseits zentrale Begriffe von Globalisierungstheorien (Kerner 2004, 191).

Als ›politische Globalisierung‹ werden folgerichtig die politischen Dimensionen dieses multiplen Verdichtungsprozesses verstanden: der Ausbau supra- und transnationaler politischer Strukturen und Rechtsformen, aber auch das geradezu exponentielle Wachstum internationaler Nichtregierungsorganisationen, transnationaler politischer Öffentlichkeiten und globaler Netzwerke. Unklar bleibt allerdings auch bei Held et al. die Frage nach Kausalverhältnissen und Effekten der (politischen) Globalisierung. Ein dynamischer Begriff konzeptialisiert Globalisierung im Unterschied zu Hyperglobalisten zugleich als nicht-linearen und widerspruchsvollen Wandlungsprozess, ohne damit weitreichende Annahmen über Homogenisierung oder Fragmentierung von Politik, Kultur und Gesellschaft zu verbinden.

Globalisierung und Global Economic Governance: Ein zentraler Ansatz innerhalb der Politikwissenschaften situiert politische Globalisierung im Kontext der Internationalen Politischen Ökonomie, d.h. im Horizont der *Global Economic Governance* von Finanzmärkten und des Welthandels (insbesondere durch multilaterale Wirtschaftsorganisationen wie Internationaler Währungsfond, die Welthandelsorganisation und die Weltbank) sowie regionaler wirtschaftlicher Integration und Kooperation, z.B. EU und ASEAN (Schirm 2006). Die im Fokus stehende ökonomische Globalisierung wird bisweilen definiert als der »zunehmende Anteil grenzüberschreitender privatwirtschaftlicher Aktivitäten an der gesamten Wirtschaftsleistung von Ländern« – und wird dergestalt als Anteil des Außenhandels messbar gemacht (Becker/John/Schirm 2007, 12). Die wirtschaftliche Globalisierung umschließt diesem Ansatz zufolge aber auch den Ausbau globaler Finanzmärkte, das Wachstum transnationaler Konzerne und globale Arbeitsmigration, also insgesamt die Relokalisierung ökonomischer Aktivitäten außerhalb der Nationalstaaten (Breznitz 2007).

Eine weitere zentrale Forschungsfrage richtet sich auf das Kausalverhältnis von Globalisierung und Liberalisierungs- bzw. Deregulierungspolitik. Auf der einen Seite erscheint Deregulierung als unausweichliche Reaktion auf (ökonomische) Globalisierung und deren Sachzwänge. Nationalstaaten reagieren demnach mit anti-keynesianischen Maßnahmen und Verschlankungen des Staates, um global wettbewerbsfähig zu bleiben. Andere Forschungsstränge erklären die Globalisierung dagegen im Wesentlichen als die Folge politischer Entscheidungen demokratisch legitimierter Regierungen der Industrienationen sowie von Übereinkommen in internationalen Organisationen, nicht etwa als ökonomisch induzierter ›struktureller Automatismus‹. Ohne die politischen Entscheidungen von Regierungen, den Welthandel zu liberalisieren und Finanzplätze und Märkte zu deregulieren, um wirtschaftliches Wachstum zu fördern, wäre demnach die beschleunigte Globalisierung seit den 1970er Jahren nicht möglich gewesen (Garrett 2000).

In diesem empirischen Forschungskontext wird seit den Anfängen in den 1990er Jahren zudem die These kontrovers diskutiert, ob der (National-)Staat durch die wirtschaftliche Globalisierung geschwächt sei oder nicht. Hier treten wiederum zwei Stränge hervor (Grande/Risse 2000): Stellvertretend für etliche Autoren diagnostiziert Zürn (2005), dass eine denationalisierte Ökonomie und Gesellschaft einen

defizitären, geschwächten Staat hervorbringen, da er in seiner gestalterischen Autonomie und seinen redistributiven Ressourcen zunehmend eingeschränkt sei. Da grundlegende Staatsfunktionen nicht länger intakt seien, sei analog hierzu ein Ausbau von Regierungsformen jenseits des Nationalstaates notwendig. Dagegen sehen andere Autoren durch die Globalisierung zwar die Rahmenbedingungen für staatliches Handeln durch grenzüberschreitende Aktivitäten verändert (u.a. Schirm 2006), was aber nicht notwendig zu einer ›Schwächung des Staates‹ führe. Der Staat sei weiter gestaltungsfähiger Akteur in ökonomischen Prozessen. Wenn auch durch globale Märkte unter Druck, weltmarktorientierte Politik zu betreiben und diese auf marktliberale Reformen anzupassen, so seien Staaten doch weiterhin weitgehend autonom in anderen politischen Bereichen. Dies manifestiere sich u.a. in international teils stark divergierenden Haushaltspolitiken und Mittelverwendungen (Mosley 2000; Schirm 2006). Gegen die These einer Schwächung des Staates als Folge außenwirtschaftlicher Öffnung spreche zudem, dass diejenigen Staaten mit großer Offenheit auch einen hohen Staatsanteil am Bruttosozialprodukt aufweisen (Becker/John/Schirm 2007, 21). Auch die These, dass Globalisierung automatisch einen wohlfahrtsstaatlichen Abbau hervorbringe (*race to the bottom*), ist umstritten.

Die Debatte über Konvergenz und Divergenz staatlicher Steuerungsmacht: Der Konflikt um die These von der globalökonomisch bedingten Schwächung des Staates spiegelt sich ferner in der Konvergenz-Divergenz-Debatte. Die Konvergenz-These betont die sukzessive globale Angleichung von nationalen Wirtschaftspolitiken auf marktliberale Reformen und dementsprechend eine Reduzierung staatsinterventionistischer Politik (Drezner 2001). Die Divergenz-These betont dagegen den fortexistierenden Spielraum nationalstaatlicher Entscheidungskompetenzen. Unbestritten hat die ökonomische Globalisierung den Wettbewerbsdruck auf Unternehmen und Staaten erheblich verstärkt. Untersuchungen zu *varieties of capitalism* zeigen indes, dass unterschiedliche Anpassungen an ökonomischen Globalisierungs- und Liberalisierungsdruck auf verschiedene nationale Kapitalismusmodelle schließen lassen (Hall/Soskice 2001). Bereits früh hat Saskia Sassen aufgezeigt, dass Nationalstaaten als Akteure der Globalisierung alternative Handlungschancen haben, die nicht Marktimperativen folgen müssen, ebenso wenig wie erhöhter transnationaler Regelungsbedarf privaten Institutionen übertragen werden müsse (Sassen 1998; Hay 2010). Die unterschiedliche Steuerung der Ökonomie durch politische Regelungssysteme (und etwa Subventionspolitiken) wird zumeist mit verschiedenen nationalen Prägungen von sozioökonomischen Institutionen und gesellschaftlichen Normerwartungen erklärt (Cox 2001), letztlich also insbesondere mit spezifischen politisch-kulturellen und institutionellen *legacies*.

Indes kann gefragt werden, inwiefern neue, supranationale institutionelle Kontexte (wie die EU) in der wirtschafts- und finanzpolitischen Gesetzgebung bisher genügend berücksichtigt wurden. Auch indirekte Effekte von Globalisierungsdruck auf gesellschaftspolitische Handlungs- und Denkweisen wären stärker in den Blick zu nehmen: so etwa die gestiegene Bedeutung raumzeitlicher Flexibilisierungsimperative und die Prekarisierung bzw. Informalisierung von Arbeitsverhältnissen. Schließlich stellt die politische Entwicklung seit der Weltwirtschaftskrise 2008 nicht nur einige empirische Befunde, sondern auch Prämissen der Forschung in Frage. Die Kriterien dessen, was bisher auch in der politikwissenschaftlichen Forschung als ›finanzielle Stabilität‹ definiert wurde, sind heute alles andere als eindeutig. Die bisher hegemoniale monetaristische Theorie, wonach fiskalpolitische Maßnahmen Anreize für private Investitionen verringern, wird seither zunehmend kontrovers diskutiert.

›Globale politische Kultur‹ und politische Globalisierung als Logik der Kosmopolitanisierung: Oftmals wird die auf politisch-ökonomische Dimensionen orientierte Literatur – einschließlich ›globalisierungskritischer‹ Arbeiten – insgesamt der Komplexität des politischen Globalisierungsprozesses nur bedingt gerecht. Der lange hervorgehobene Prozess der ökonomischen Verflechtung über globale Märkte erscheint als einer der reversibelsten Aspekte der Globalisierung. Dies belegt das jüngste Schrumpfen des Welthandels auf das geringste globale Handelsvolumen seit 80 Jahren. Vor allem aber nehmen jüngere theoriegeleitete Untersuchungen innerhalb und außerhalb der politischen Ökonomie zunehmend andere Globalisierungsdimensionen und -Strategien in den Fokus. David Jacobsons Begriff der »global political culture« (Jacobson 2001) verweist auf ein komplexes Gewebe von teils widersprüchlichen po-

litischen, administrativen und rechtlichen Strukturen, Normen, Regeln und Regulationsmechanismen jenseits nationaler Souveränität. Trans-, interund supra-staatliche administrative und rechtliche Regeln werden »ever more significant in mediating and regulating the kaleidoscope-like complexity of the world« (Jacobson 2001, 161). Das heißt nicht, dass damit lokale und nationale Differenzen verschwänden. Doch die Logik der internationalen Regulation und ihrer Institutionalisierung in einem immer dichteren globalen Netz rechtlicher Beziehungen, politischer Körperschaften und Normen – u.a. auch internationale Konventionen und globalöffentliche Menschenrechtsregime – begrenzt und verändert die Logik nationaler Souveränität (Benhabib 2006). Jacobson schlägt vor, die komplexen Stränge der globalen politischen Kultur in Einzeluntersuchungen zu erforschen. Hierzu zählt Jacobsen auch die gestiegene Bedeutung kosmopolitischer menschenrechtlicher Geltungsansprüche, die qua Person (nicht qua Mitgliedschaft in einem politischen Gemeinwesen) angemeldet werden – und doch zugleich mit neuen restriktiven Grenzregimen auf nationaler und supra-nationaler Ebene konfrontiert sind. Die Entwicklung globaler, menschenrechtsbasierter Normen und Regeln bleibe indes bis auf Weiteres wesentlich durch territoriale Staaten institutionalisiert, gleichwohl in einem »interlocking and mutually reinforcing framework« von nationalen und globalen Ebenen (Jacobson 2001, 177; jüngst auch Simmons 2009).

Ulrich Becks Begriff der *cosmopolitanisation* führt in eine ähnliche Richtung. Er versteht darunter den »non-linear dialectical process in which the universal and the particular, the similar and the dissimilar, the global and the local are to be conceived, not as cultural polarities, but as interconnected and reciprocally interpenetrating principles« (Beck 2006, 72 f.). Beck diagnostiziert eine Kosmopolitanisierung der Weltgesellschaft, die eine veränderte Zugangsweise in der Politikwissenschaft und den internationalen Beziehungen erfordere mache. Ein kosmopolitischer Zugang umschließe multiple Perspektiven auf national-globale, lokal-globale und global-globale Interaktionen, welche politische Globalisierungseffekte zeitigten und die Bedeutung und Reichweite des Politischen selbst veränderten. Jene Interaktionen unterliefen die ›falsch postulierte‹ Alternative zwischen einseitig universeller Homogenisierung (McDonaldisierung) durch den globalen

Weltmarkt und der Betonung der Beharrlichkeit kultureller Differenz (Inkommensurabilität) genauso wie Visionen vom »Ende der Geschichte« (Francis Fukuyama) in einer globalen Marktgesellschaft mit demokratischen Ordnungsprinzipien oder die pessimistische Betonung eines globalen *clash of civilizations* (Samuel Huntington). Becks normativ unterfütterte Konzeptionalisierung ermöglicht es auch, eine Dialektik von Kosmopolitanismus und Anti-Kosmopolitanismus zu erkennen: Anti-Kosmopoliten, die universelle Menschenrechte ablehnen, nutzen demnach die neuen Bedingungen, um ihre Ziele zu verfolgen. Und sie sind dabei selbst Produzenten einer (repressiven) Kosmopolitanisierung: so im Fall von global organisierten terroristischen Gruppen und Netzwerken.

Globalisierung und globale ›Netzwerkmacht‹: Eine neue Schneise in die politische Globalisierungsdiskussion schlägt David Singh Grewal (2008), der den Begriff der globalen ›Netzwerkgesellschaft‹ von Manuel Castells (2000) aufgreift. Nach Castells wird globaler sozialer Wandel durch post-industrielle Technologien, ökonomische Restrukturierung und soziale Bewegungen hervorgerufen. Die entstandene wissensbasierte globale Gesellschaft im ›Informationszeitalter‹ sei geprägt durch erhöhte Flexibilität und eine netzförmige Sozialstruktur mit multiplen horizontalen Verbindungen, die an die Stelle zentraler hierarchischer Kontrollinstanzen getreten seien (Castells 2000; vgl. Kerner 2004, 200 f.). Grewal nun stellt sich die Frage, warum die Globalisierung, die offenkundig Grenzen unterlaufe, herausfordere und überschreite, vielfach zugleich als Zwang, Druck und Verlust von Freiheit erfahren werde. Die Antwort auf dieses Paradox findet Grewal in der ›Netzwerkmacht‹, die sich nicht auf ökonomische Dimensionen globaler Vergesellschaftung beschränke. Er sieht sie als neue kontingente Macht, die multiplen globalen Netzwerkbeziehungen eingeschrieben sei, und mit der die Globalisierung am besten erklärt werden könne. Netzwerkmacht wird konzeptionalisiert als dezentrales Ventil, über das Globalisierung sich realisiert – und dabei als subtilerer Weg, Entscheidungen zu beeinflussen und zu erzwingen als über traditionelle Machtressourcen oder offenen Zwang. Grewal betont, dass allen Netzwerken bestimmte Standards eingeschrieben seien. Theoretisch würden die global agierenden Bürger/innen dadurch freier, dass sie zwischen diversen Standards

auswählen könnten. In der Empirie würden unsere Wahloptionen jedoch dazu tendieren, durch selbst auferlegte Konformität verringert zu werden. Für Grewal erfordern große bzw. globale soziale Aktivitäten Netzwerke, d.h. Gruppen von Personen deren Interaktion durch Standards oder Praxismuster koordiniert werden – und dabei alternative Formen sozialer Kooperation unterminieren sowie etablierte politische Souveränitäten herausfordern, die ihre traditionellen Machtkompetenzen verteidigen. Grewal fokussiert hierbei die Dezentralisierung *und* die Entstehung neuer, post-territorialer Machtkonzentrationen – sowie eine Vielzahl von neuen Akteuren als Triebkräfte politischer Globalisierung, die indirekt und direkt politisches Handeln und den Willensbildungsprozess in der Gesellschaft beeinflussen. Sie reichen von formalen zu informellen Akteuren, die globale Öffentlichkeit erzeugen, zu lokalen Bewegungen und Nichtregierungsorganisationen der »globalen Zivilgesellschaft« (Kaldor 2003).

Polities – Konturen post-westfälischer Ordnung? Zur Diskussion um Global Governance und Global Public Law

Globale Öffentlichkeiten sowie neue globale Akteure, Institutionen und Netzwerke stehen auch im Zentrum der Debatte um den Strukturwandel des internationalen politischen Systems. Ihren Ausgangspunkt nimmt sie in der Frage nach dem Grad der globalen politischen Integration und der Verflechtung politischer Institutionen und Akteure, einschließlich nicht-staatlicher politischer Organisationen wie internationaler Nicht-Regierungsorganisationen (INGOs), Parteien und Gewerkschaften. Während weitgehend unstrittig ist, dass verschiedene Globalisierungsentwicklungen – nicht zuletzt rechtliche, kulturelle und politische – Einfluss auf die Bedingungen und Grenzen (national)staatlicher Autonomie haben, so gibt es große Divergenzen in der Bewertung ihrer Implikationen: Sind jene globalen Transformationen Indikatoren eines weitreichenden Strukturwandels des Politischen, in dem internationale Organisationen und post-nationale Regulationsmechanismen der Global Governance nationale Souveränität sukzessiv ablösen? Die übergreifende Frage, inwieweit sich die Staatenwelt und die institutionellen Grundlagen der internationalen Beziehungen unter den Bedingungen der Globalisie-

rung verändert haben, wird im Kontext unterschiedlicher methodologischer und konzeptioneller Zugänge auf je andere Weise beantwortet. Dabei lassen
sich verschiedene theoretische Schulen und Zugänge
ausmachen. Einen Hauptgegensatz bilden *realistische Theoretiker*, welche die nationale Souveränität
in einem modernen ›westfälischen‹ System unabhängiger Territorialstaaten betonen, und *post-westfälische Theoretiker*, die in einem Gewebe ›post-sou-
veräner‹, deterritorialisierter Bedingungen und Institutionen signifikante Verlagerungen von Autorität
in unterschiedliche Sphären jenseits des Nationalstaates sehen.

*Realistische Theorien – Von der Beharrlichkeit der
›westfälischen‹ Ordnung:* Die realistische Schule af-
firmiert die ›westfälische Ordnung‹ als unverbrüch-
liches Faktum internationaler Politik. Demnach
seien (National-)Staaten politisch mehr oder minder geschlossene, unabhängige, interessengeleitete
Entitäten und Akteure in einer Anarchie der internationalen Staatenwelt. Hier würden Staaten je nach
Machtressourcen eine unterschiedliche globale Stellung einnehmen. Staaten würden demnach (1) gegenseitig ihre Souveränität und Autonomie anerkennen, d.h. zugleich (2) die staatliche Herrschaft
über ein begrenztes Volk, und zwar (3) mit einem
Monopol über Macht- und Gewaltmittel (entsprechend Max Webers Definition von Staatlichkeit) (4)
innerhalb eines klar fixierten, umgrenzten Territoriums. Hierbei erscheine (5) rechtliche Autorität jenseits der Nationalstaaten als nicht existent oder irrelevant. Als Hauptakteure internationaler Politik hätten alle Staaten das primäre Ziel, die interne und
externe Verteilung ihrer Macht aufrechtzuerhalten.
Nationalstaaten würden dem Realismus nach grundsätzlich auch in einer globalisierten Welt ihrem ›nationalen Interesse‹ – was immer dieses ›Interesse‹
sein mag – folgen. Neo-realistischen Theorien zufolge werde die Definition dieses ›Staatsinteresses‹
zumindest in demokratischen Gemeinwesen an innere öffentliche Willensbildungsprozesse zurückge-
bunden.

Diese Neuansätze konzedieren zwar eine gestiegene Bedeutung internationalen Rechts, beharren
aber auf der Vorstellung, die internationale Ordnung
seit weitgehend unberührt von politischer Globalisierung. Selbst neue supra-nationale *polities* wie die
Europäische Union werden nicht als neue politische
Autoritäten gedeutet, sondern als Ausdruck reversi-
bler, an nationale Interessen gebundener Verträge
zwischen souveränen Staaten, die jederzeit aufge-
kündigt werden könnten. Geo-Governance wird
durch dieselbe Linse gesehen: Sie erscheint als
Machtmittel von Hegemonialstaaten, die ihren Status nicht ohne Zwang verändern würden. Radikale
Versionen des Realismus sehen deshalb internationale Organisationen fast ausschließlich als Illusio-
nen erzeugende Strukturen, die falsche Versprechen
machten (Mearsheimer 1994), da das internationale
Rechtssystem sich grundlegend von der Rechtsstaatlichkeit eines *enforceable domestic law* unterscheide
und keine Legitimität und Durchsetzbarkeit besitze.
Diese staatszentrierten Ansätze beruhen nicht nur
auf Fiktionen über die Geschlossenheit von Staaten
und Kulturen. Darüber hinaus ignorieren sie politische Transformationen und neue Interdependenzen
aufgrund einer geradezu monistischen Perspektive,
die strukturellen globalen Wandel a priori weitgehend für unmöglich erklärt.

*›Post-westfälische‹ Theorien – Vom Niedergang natio-
nalstaatlicher Souveränität:* Dagegen messen verschiedene ›post-westfälische‹ Ansätze Formen der
Global Governance, der Entwicklung des internationalen Rechts und globaler Normen strukturverän-
dernde Bedeutung zu – entgegen dem nationalstaatlichen Souveränitätsparadigma und der Staatszen-
trierung im internationalen System. Vielmehr sei (1)
die politische Souveränität von Nationalstaaten zunehmend durch ein Netz von trans-, inter- und supranationalen Vereinbarungen, Institutionen und
Akteuren in Frage gestellt. Auch gehe im Zuge der
Globalisierung durch *Disaggregation* von Staatsbürgerschaft und kollektiven Identitäten (2) ein klar definierter Demos als Herrschaftsobjekt und Legitima-
tionsinstanz verloren. In *Demoi* von *Denizens*,
Flüchtlingen und multiplen, sich überlappenden
Mitgliedschaften sei nicht länger deutlich, wer »We,
the People« konstituiere. Komplexe transnationale
Willens- und Normbildungsprozesse diffundierten
(3) auch die territorialen Grundlagen der Staatsgewalt. Entscheidungsmacht und *enforcement*, ja sogar
militärische Gewalt werde von exogenen Faktoren
abhängig und internationalisiert. Dabei seien (4) die
Grenzen zwischen internationaler und einer vormals
klar territorial umgrenzten nationalen *polity* sukzessiv poröser geworden und durch Regulationsimpera-
tive herausgefordert. Die Autorität des Nationalstaats sei dergestalt (5) in einem komplexen Gewe-

be von bindenden internationalen Konventionen, Rechtsformen und Verträgen stark eingeschränkt, wenn auch nicht aufgelöst. Dies zeige sich insbesondere in Menschenrechtsregimen, die sich in humanitäre Interventionen, bindenden Konventionen und individuellen Rechten manifestierten.

Die bedeutendsten Schneisen zur Konzeptionalisierung des Übergangs von Global Governance zu Nuklei von post-westfälischen Formen des *global public law* hat David Held geschlagen. Er sieht empirisch bereits eine weitgehende Transformation politischer Vergemeinschaftung jenseits nationaler Identitäten und Problemhorizonte. Erkennbar sei ein gradueller Wandel des internationalen Rechts weg vom Primat staatlicher Souveränität hin zu Rechten von Individuen, Gruppen und Organisationen. Global Governance sei hierbei ein Teil neuer, überlappender und globaler politischer Organisations- und Autoritätsformen, nicht schlicht eine interessengeleitete Kooperation formal autonomer Staaten (Held 1995). Sich in vielfältiger Weise überschneidende Sphären von Einfluss, Loyalität, Interessen und Problemfeldern schafften fundamentale Herausforderungen für konventionelle demokratische Autorität. Dieser Umstand erfordere eine weitere Ausdehnung von Formen der *cosmopolitan governance* und kosmopolitischem Recht als übergreifendem *global public law* – einen Rechtsrahmen mit universeller Jurisdiktion zur Sicherstellung von alten und neuen Arenen demokratischer Autonomie. Held avisiert eine kosmopolitische *polity* auf der Grundlage multipler Bürgerschaften in mehreren untergeordneten, aber regional, national und lokal dezentralisierten und selbst-regulierten Sphären.

James Rosenau wiederum rückt die ›post-souveräne‹ empirische Praxis internationaler *compliance* (die Einhaltung von Normen und Rechtsformen) in den Vordergrund, die nicht eine bloße Folge von internationalen Machthierarchien und Machtressourcen sei und deren Praxis oberhalb und unterhalb des Nationalstaates die westfälischen Souveränitätsvorstellungen in Frage stelle. Global Governance erscheint in dieser Perspektive als eine Vielzahl normativ-kommunikativ beeinflusster *steering mechanisms* und *systems of rule*, die sich auch jenseits formaler rechtlicher Autorität realisieren würden. Politische Globalisierung verweise insofern auf einen irreversiblen Prozess, »wherein authority is increasingly disaggregated, resulting in a system of global governance comprised of more and more centers

of authority in every corner of the world and at every level of community« (Rosenau 2002, 71). In der komplexen, zunehmend fragmentierten und zugleich integrierten globalisierten Welt entstünde eine Vielzahl neuer formaler und informeller Regelungssysteme, die traditionelle Orte der Autorität ersetzten bzw. ergänzten. Rosenau konzeptionalisiert diese als Multiplizität von »spheres of authority« (SOA) mit »compliance-generating capacities« (ebd., 74). Trotz der globalen Komplexität (Urry 2003) entstünden seit langem neue effektive Koordinationen, Verhandlungen und Arrangements zwischen verschiedenen staatlichen und nicht-staatlichen Akteuren, die *compliance* erzeugten. Sie funktioniere u.a. durch entstehenden transnationalen normativen Konsens, mobilisierte Öffentlichkeiten sowie eine Vielzahl politischer Initiativen von unten und von oben, die globale Steuerungsmechanismen ohne zentrale Machtakkumulation ermöglichten.

Liberaler Internationalismus – Vom sukzessiven Ausbau globaler Kooperation: An diese Einsicht knüpft der liberale Internationalismus an. Dieser akzeptiert konträr zu realistischen Modellen als empirisch gegeben, dass die Globalisierung die Entstehung postwestfälischer Ordnungsformen begünstige, in welchen die Institution souveräner Staatlichkeit rekonstituiert werde. Liberal-internationalistische Modelle konzeptionalisieren das Staatensystem als pluralistische, dezentralisierte Polyarchie mit vielfältig institutionalisierten Kooperationen. Im Einklang mit radikaleren post-westfälischen Ansätzen wird die Ausdehnung internationaler Jurisdiktion in vormals autonome Zonen der Territorialgewalt als historischer Wendepunkt der Institutionalisierung von Weltpolitik gesehen, die es ermögliche, zwischenstaatliche Beziehungen zu domestizieren (Keohane 2001). Die gestiegene Interdependenz von Staaten und Gesellschaft habe Nationalstaaten längst zu größerer internationaler Kooperation gezwungen; Verletzungen von Normen und Abschottungen zögen negative Sanktionen nach sich. Allerdings betonen liberale Internationalisten auch pragmatisch die Grenzen einer globalen Demokratisierung. Staaten hätten weiterhin eine zentrale Bedeutung, um schrittweise Reformen von Global Governance hin zu mehr verbindlichem Recht und Demokratie zu ermöglichen. Globale Institutionen hätten keine »superior coercive force to that of state«; stattdessen basierten sie, anknüpfend an Kant und Rawls, auf freiwilliger Kooperation und fänden mittels »rational persuasion« Ausweitung (Keohane 2001).

Konstruktivistische Theorien – Die Macht kommunikativer Normen: An dieses Paradigma rationaler Überzeugungskraft schließt auch der ›post-souverän‹ orientierte Konstruktivismus an, der sich in der wissenschaftlichen Kontroverse mit der realistischen Schule einerseits, in jüngerer Zeit mit *rational choice*-Ansätzen andererseits, entwickelt hat. Konstruktivistische Ansätze sehen die (Macht-)Strukturen und ›nationalen Interessen‹ der internationalen Politik nicht als gegeben an, sondern als durch gesellschaftliche Praxis konstruiert und re-konstruiert. Werden Identitäten sowie Interessen als Produkt von sich verändernden kommunikativen und sozialen Konstruktionen der Akteure und Institutionen gefasst, hat dies erhebliche Konsequenzen für die Theorie politischer Globalisierung und ihrer Konturen. Kulturellen Konstruktionen und gesellschaftlichen Ängsten wird genauso eine bestimmende Rolle in der Transformation internationaler Strukturen zugemessen wie dem Werte- und Normenwandel. Akteure würden in einem erweiterten Referenzrahmen, der durch formale und informelle Kommunikationen und Netzwerke geprägt werde, neue Handlungsalternativen lernen. Thomas Risse (2000) richtet im Anschluss an Habermas den Blick auf spezielle Prozesse der Deliberation, des Überzeugens und der normativen wie politischen Verständigung. Risse erklärt dadurch Effekte auf transnationale *policies* und neue Formen (legitimer) Global Governance. Bestimmend sei dabei der endogene Präferenzwandel, der durch kommunikatives Handeln der Akteure erzeugt werde.

Rationalistische Ansätze und die Kritik der These vom endogenen Präferenzwandel: Rational choice-Theoretiker hingegen wenden ein, dass jegliches Modell, das Präferenzwandel zulasse, ohne die Anreize konstant zu setzen, zu keiner Prognose fähig sei (Schneider 2007). Die These vom endogenen Präferenzwandel, also eines aus sich selbst erzeugten Wertewandels, der nicht auf äußere Faktoren oder isolier- und kontrollierbare Kausalmechanismen zurückzuführen ist, erscheine dadurch als Zirkelschluss. In der Perspektive dieser rationalistischen Ansätze handeln politische Akteure wie Individuen in einem strategischen Feld, in dem sie mit Entscheidungen optimal ihren Nutzen zu maximieren suchen – unter Berück-

sichtigung von möglichen negativen und positiven Effekten ihres Handelns (*costs and benefits*). Der spezifische Nutzen eines Akteurs wird definiert auf Basis seiner gegebenen, selbst definierten Präferenzen und Präferenzordnung (dabei müssen jene exogenen Präferenzen genauso wenig wie exogene Anreize keineswegs selbst ›rational‹ sein). Die ›Rationalität‹ von Handlungen sei nicht nur eingeschränkt durch die jeweiligen individuellen Präferenzen und den institutionellen Rahmen des Handelns, sondern auch durch die den Akteuren bekannten Entscheidungsalternativen in einer spezifischen Entscheidungssituation (Becker/John/Schirm 2007, 36). Akteure suchten demnach die Steigerung ihres jeweiligen selbstdefinierten Nutzens und entschieden auf der Grundlage zunächst beschränkter Handlungsoptionen sowie der Kalkulation angenommener Konsequenzen danach, was ihren idealen *policy*-Präferenzen am nächsten komme. Institutioneller Wandel hin zu neuen supranationalen oder globalen politischen Strukturen und Regulationen – die Veränderung der *rules of the game* – werde nach der Abwägung von Kosten und Nutzen des nationalen institutionellen Rahmens durch Verhandlungen unter politischen Akteuren erzeugt, wenn deren Kosten durch nationale Beschränkungen deren Nutzen dauerhaft übersteigen und hierzu also entsprechende Anreize bestehen würden – wobei dies aufgrund komplexer Akteurskonstellationen keineswegs zu kohärenten Lösungen führen müsse. Im akteurszentrierten Institutionalismus der *rational choice*-Tradition wird dabei den (formal-rechtlichen und informellen) institutionellen *rules of the game* hohe Wirkungsmacht für das Handeln von Akteuren zugesprochen. Die institutionellen Regeln strukturieren deren ›Gelegenheitsraum‹. Hierbei werden Institutionen als weitgehend stabiler Handlungskontext angenommen, deren u.a. supranationalistische Transformation nur sukzessiv und im Kontext der gegebenen institutionellen Horizonte erfolge, die sich über unterschiedliche historische Pfade und Institutionenkulturen etabliert hätten.

Trotz unterschiedlicher Prämissen und teils scharfer Kontroversen zwischen rationalistischen und konstruktivistischen Forschungsorientierungen – exogene Anreize und Konstellationen vs. endogener Präferenzwandel – gibt es durchaus auch analytische Überschneidungen: Beide Ansätze betonen die Bedeutung rationaler Deliberation von *policy*-Optionen und sehen letztlich institutionelle Veränderungen als Ergebnis von Verhandlungen. Beide richten zudem den Blick weg von Großtheorien auf theoriegeleitete Modelle der Forschung und die Überprüfung von Hypothesen, die sich auf spezifische Interaktionen und Akteurskonstellationen richten, um Prozesse der politischen Globalisierung und des Strukturwandels des Politischen zu erforschen.

Policies und Politics der Globalisierung: Neue Dimensionen, Akteure und Konflikte im globalen Wandel

Die Frage nach dem Grad des internationalen politischen Strukturwandels verweist schließlich zurück auf den Wandel konkreter *policies* sowie die Reichweite von *policy domains* im globalisierten Zeitalter. Unstrittig in der Forschung ist, dass neue globale Themen und Herausforderungen entstanden sind, die neue grenzüberschreitende Politiken erfordern; vom global vernetzten Terrorismus, der neue globale Sicherheitskonzepte erforderlich macht, über globale ökologische, armuts- und gesundheitspolitische Herausforderungen bis zur globalen Migration und Menschenrechtspolitik. Neue *policies* sind freilich teils selbst Effekte und Antworten auf neue nicht-staatliche politische Integrationsformen und grenzüberschreitende Regulationsregime – am augenfälligsten in der entstehenden EU-Polity.

Globalisierte Policies: Theoriegeleitete *policy*-Forschungen konzentrieren sich auf die spezifischen inhaltlichen Veränderungen von globalisierten Politikfeldern und deren Reichweite. Ihr Zustandekommen wird u. a. vor dem Hintergrund rationalistischer Kosten-Nutzen-Kalkulationen oder von Normenveränderungen gedeutet. Einen Ansatz liefert die spieltheoretische *veto player theory* (Tsebelis 2002). Sie argumentiert, dass die Zahl der *veto players* die Wahrscheinlichkeit von politischen Veränderungen minimiere. Je höher die Anzahl der Vetos, je weniger sei Wandel wahrscheinlich. Sie verhinderten die Anpassung von *policies* an veränderte Bedingungen. Je höher die Anzahl der nationalen institutionellen Vetos, desto unwahrscheinlicher erscheine folgerichtig die Transformation von nationalen *policies* in Reaktion auf globalisierte Probleme und Politikfelder. Der *veto player*-Ansatz kann so auch dazu genutzt werden, länderspezifische Variationen zu erklären – und sichtbar zu machen, warum *policies* vielfach den ver-

änderten globalisierten gesellschaftlichen Bedingungen und Herausforderungen hinterherhinken. Indes müsste sich der Blick auf die politische Kultur und Institutionenkultur erweitern, welche die Implementierung neuer grenzübergreifender *policies* beeinflusst. Neue *policy*-Forschungen zeigen darüber hinaus, dass dabei der Grad der Offenheit gegenüber post-nationalen *policies* zudem im Hinblick auf spezifische Politikfelder national variiert. In Deutschland z. B. besteht eine vergleichsweise große Akzeptanz für ökologische Regelungen. Am Beispiel der Transformation von *policies* im Feld globaler Sicherheitspolitik illustriert Emilian Kavalski (2008) Möglichkeiten neuer politikwissenschaftlicher Komplexitätsforschung. Er problematisiert ungenügend komplexe Modelle, die Entscheidungsprozesse als kausal zurückführbare Kette simplifizieren und ein kontrollierbares Muster der Entwicklung von *policies* unterstellen. Gerade sicherheitspolitische Modelle blieben vielfach ›eingefroren‹, ohne die Dynamik globaler Vielfalt genügend zu berücksichtigen.

Globalisierte Policies und globaler politischer Wertewandel: Mit den Durchsetzungschancen global orientierter *policies* im politischen Raum verbunden ist die Frage nach Globalisierungseffekten in nationalen Gesellschaften, die sich im politisch-kulturellen Wertewandel und in der wachsenden Relevanz transnationaler Akteure (wie INGOs und transnationale Verbände) und Öffentlichkeiten zeigen. In demokratischen Gesellschaften sind politische Reformen in hohem Maße abhängig von gesellschaftlicher Zustimmung. Hierbei sind Wahlen und politische Repräsentation im Zeitalter der Globalisierung immer weniger bloß nationale Angelegenheiten (Kayser 2007). Sondern politische Willensbildungsprozesse und Wahlen werden von transnationalen bzw. ›exogenen‹ Faktoren beeinflusst. Globale Erhebungen der *World Value Surveys* diagnostizieren trotz national unterschiedlicher sozioökonomischer Entwicklungen und politisch-kultureller Varianzen insgesamt eine global ansteigende Zustimmung zu kultureller Inklusion und demokratischen *self-expression values*, die u. a. eine Befürwortung von Toleranz, Pluralismus und kosmopolitischen Werten signalisieren würden. Die revidierte Modernisierungstheorie von Ronald Inglehart und Christian Welzel (2005) geht dabei davon aus, dass sozioökonomische Modernisierungen, die Bürger/innen erweiterte gesellschaftliche Entfaltungsmöglichkeiten eröffnen, einen pro-demokratischen kulturellen Wertewandel beförderten, der die effektive Etablierung von demokratischen Institutionen ermögliche – nicht also Institutionen den Werten vorgelagert seien. Während sozioökonomische Entwicklung im Stadium der Industrialisierung kulturellen Wandel befördert hätte, der zur Bürokratisierung, Rationalisierung und Säkularisierung der politischen Autorität führte, induzierten post-industrielle Gesellschaften einen neuen kulturellen Wandel, bei dem post-materielle und politisch-kulturell inklusive Werte an Bedeutung gewinnen würden. Der Wertewandel in der globalisierten Gesellschaft zeitige Öffentlichkeiten, die zunehmenden Wert auf individuelle und demokratische Selbstverwirklichung legten (Inglehart/Welzel 2005, 25, 116). Obschon *self-expression values* selbst von sozioökonomischen Ressourcen geprägt seien, seien sie auch unabhängige Variablen der Demokratieentwicklung (ebd., 182) in der globalen Moderne. Dabei könnten, so jüngst eine Studie von Norris und Inglehart (2009), auch globale Massenmedien zur kulturellen Diversität und gesellschaftlichen Akzeptanz kosmopolitischer Werte beitragen. Der Rückfall in ›existentielle Unsicherheiten‹ allerdings begünstige anti-demokratische Reaktionen – und kulturelle Schließungen.

Neue Konfliktdimensionen und die Politics der Globalisierung – Kosmopolitanismus vs. Anti-Kosmopolitanismus: Unabhängig davon, ob man den modernisierungstheoretischen Annahmen folgt oder nicht: Demokratische Gesellschaften sehen sich einem transnationalen Wertewandel hin zu mehr liberal-kosmopolitischen Öffnungen ausgesetzt. Sie sind aber auch mit anti-kosmopolitischen bzw. national-protektionistischen politischen Reaktionsbildungen und Mobilisierungen konfrontiert, die jener soziokulturellen Modernisierung gegenüberstehen – einem *counter-cosmopolitanism*, der sich in Teilen der öffentlichen Meinung, des Elektorats und politischer Parteien niederschlägt (Markovits/Rensmann 2010). Kontrovers ist in der Forschungslandschaft allerdings, inwieweit jene neuen gesellschaftlichen/politischen Konflikte, die sich auf Globalisierung beziehen und selbst in den mit dem Globalisierungsprozess verbundenen transnationalen Wertewandel verwoben sind, bisher zu veränderten *cleavages* geführt haben, die den politischen Wettbewerb und die Parteiensysteme in Demokratien strukturieren. Suzanne Berger machte bereits zu

Beginn des Jahrtausends erste Zeichen eines *realignments* zwischen linken und rechten politischen Parteien aus, und zwar über Themen wie nationale Souveränität, Globalisierung und Freihandel (Berger 2000).

Edgar Grande sieht Indikatoren dafür, dass die Transformation territorialer Grenzen im Globalisierungsprozess eine »new critical juncture« darstelle, »which is likely to result in the formation of new political cleavages. i. e. a new structural conflict between ›winners‹ and ›losers‹ of ›de-nationalization‹« (Grande 2006, 101). Diese neue Konfliktachse sei überwölbt von einer kulturellen Dimension. Die Spaltung zwischen Nationalismus und Kosmopolitanismus verlaufe quer zu traditionellen politischen Konfliktlinien. Die politischen Räume seien somit zunehmend anhand von zwei Polen geprägt: an einem Extrem nationalistische Positionen, die Einwanderung und supranationale Integration kategorisch ablehnen, an dem anderen Extrem Einstellungen und Haltungen, die jedweder kosmopolitischen politischen und gesellschaftlichen Integration gegenüber offen seien (Grande 2006, 104). Hanspeter Kriesi et al. (2006) zeigen auf, dass der globale Wettbewerb bei der ersten Gruppe zunehmend weniger ›wirtschaftspolitisch‹ gedeutet, sondern mit ›Fremdarbeitern‹ und ›ausländischem Kapital‹ identifiziert werde. Die ökonomische Basis dieser anti-kosmopolitischen Orientierungen stellten Beschäftigte mit geringer Bildung und Unternehmer in traditionell geschützten Sektoren, die sich stark mit ihrer nationalen Identität identifizierten. Sie stehen u. a. hochqualifizierten Beschäftigten und international ausgerichteten Unternehmern sowie Bürger/innen gegenüber, die kosmopolitische Wertorientierungen hätten. Bisher ist indes empirisch unklar, wie sich genau die skizzierte ökonomische Basis der neuen Konfliktlinie (Globalisierungsverlierer und -gewinner) zu kulturellen Deutungsmustern verhält – sowohl auf der Ebene individueller Einstellungen als auch auf der Makroebene dominanter Selbstverständnisse. Inwieweit überlagert kultureller Anti-Kosmopolitanismus Haltungen, die herkömmlich als ›Globalisierungskritik‹ identifiziert werden, welche post-nationale Integration nicht per se ablehnt, sondern vornehmlich auf ›Fehlentwicklungen‹ der Globalisierung zielt? Dies zu klären, bedarf es robusterer Tests. Alternativ zu einer den politischen Raum strukturierenden Kosmopolitanismus-Achse ließen sich idealtypisch vier allgemeine Positionen und

Gruppen in einem zwei-dimensionalen Raum fassen: (ökonomisch) globalisierungsfreundliche Kosmopoliten, globalisierungskritische Kosmopoliten, globalisierungskritische Anti-Kosmopoliten, sowie die marginale Gruppe globalisierungsfreundlicher Anti-Kosmopoliten.

Ferner betonen jüngere konkurrierende Ansätze stärker die Rolle von Parteien als ›Produzenten‹ der neuen Konfliktlinie(n) und ihres Formationsprozesses. Es geht demnach nicht nur um politische Potenziale der elektoralen Nachfrageseite, die von politischen Organisationen – mithin rechtsextremen Parteien – artikuliert werden. Parteien und andere intermediäre Akteure prägen und erzeugen Einstellungen, Werte und *policy*-Orientierungen sowie die Struktur des politischen Konflikts (und die Modi seiner Austragung) selbst. Diese Dimensionen der *politics* der Globalisierung auf Ebene des politischen Wettstreits und ihre Bedeutung für das politische Verhalten bzw. die Programmatik von Parteien sind erst jüngst verstärkt in den Blick der Forschung gerückt (Kriesi et al. 2008).

Normative Theorien zur politischen Globalisierung: Kosmopolitisierung der Demokratie?

Der Konflikt um Kosmopolitanismus und Globalisierung spiegelt sich auch in normativen Theorien, die nach dem Verhältnis von politischer Ordnung und demokratischer Legitimität fragen. Hierbei stehen sich seit den 1990er Jahren im Grundsatz zwei konkurrierende Schulen gegenüber: einerseits diejenigen Ansätze, die im Sinne eines ›liberalen Nationalismus‹ den nationalstaatlichen Ordnungsrahmen gegenüber einer Aushöhlung seiner Regulationskompetenzen im globalen Zeitalter verteidigen, andererseits verschiedene Konzeptionen des Post-Nationalismus und des demokratischen Kosmopolitanismus. Einig sind sich beide Gruppen von Theoretikern darin, dass ökonomische, soziale und kulturelle Globalisierungsentwicklungen zu einem Legitimationsdefizit demokratischen Regierens geführt haben. Während jedoch liberale Nationalisten die Legitimität post-nationaler Ordnungsmodelle in Frage stellen und den auch normativ unter Druck geratenen Nationalstaat zu rehabilitieren suchen, unterstützen kosmopolitische Theoretiker neue politische Integrationsmechanismen und Rechtsformen

jenseits des Nationalstaates, um demokratische Legitimationsdefizite zu kompensieren, die mit den neuen globalen Herausforderungen entstanden seien (Zürn 2005) und unterstützen kosmopolitische (Menschen-)Rechtsansprüche von Individuen unabhängig von staatlicher Zugehörigkeit (Archibugi 2008).

Liberale Nationalisten vs. demokratische Kosmopoliten: Liberale Nationalisten argumentieren, dass eine post-nationale oder gar globale politische Integration die Grundbedingungen demokratischer politischer Vergemeinschaftung verletze: eine funktionierende Öffentlichkeit, gewachsene kollektive Identität und Solidarität unter Staatsbürgern, Partizipationsmöglichkeiten der Bürger im politischen Prozess sowie geteiltes Vertrauen in die demokratischen Institutionen. Die Unterstützung des Nationalstaates geht freilich auch einher mit der Verteidigung liberaler Rechte, die demokratische Nationen innerhalb ihrer Territorien garantieren (Miller 2000; Kymlicka 2006). Kosmopolitische Theoretiker stärken dagegen den Ausbau supra-nationaler demokratischer Institutionen (wie im Fall der EU-Polity) und die Demokratisierung globaler Institutionen. Sie kritisieren den Rückzug auf nationalstaatliche Ordnungsmacht als praktisch illusionär und normativ fragwürdig, da transnationale Probleme sowie die »Rechte der Anderen« (Benhabib 2006) ausgespart würden. Obschon kaum ein politischer Theoretiker in Folge der Globalisierung die ideengeschichtlich stets marginalisierte Vorstellung vom Weltstaat rehabilitiert, so haben Theoretiker wie Jürgen Habermas und David Held in Erweiterungen des kantischen Weltbürgerrechts verschiedene Modelle eines weitreichenden *global public law* und *cosmopolitan law* vorgeschlagen, d.h. letztlich in bestimmten Feldern die Unterordnung nationaler, regionaler und lokaler Souveränität unter einen übergreifenden globalen Rechtsrahmen jenseits des traditionellen Völkerrechts. Dieser solle nicht nur durch die Durchsetzung universaler Menschenrechte charakterisiert, sondern auch demokratisch gebunden sein: etwa an die Weltöffentlichkeit und Mechanismen der demokratischen Repräsentation auf Ebene einer reformierten UN. Habermas z.B. taxiert Möglichkeiten einer Weltgerichtsbarkeit, eines Weltparlaments mit frei gewählten Repräsentanten, welche die mehrheitlich aus undemokratischen Staatsvertretern bestehende UN-Vollversammlung ersetzen solle, und eines demokratisierten Sicherheitsrates als Exekutiv-gewalt (Habermas 1996; jüngst Archibugi 2008). Zudem wird auch nicht-gewählten Akteuren der globalen Zivilgesellschaft – wie menschenrechtlich orientierten INGOs – demokratische Legitimität zugesprochen.

Neue Theorien zu Kosmopolitanismus und Demokratie: Jüngere Ansätze kosmopolitischer Demokratisierung sind institutionell weniger ambitioniert und plädieren u. a. für die Kosmopolitisierung nationaler und lokaler Institutionen oder für einen »enlarged thought that cultivates a general perspective by critically working through particulars« (Gould 2004). Dabei profilieren sich weiterhin unterschiedliche Akzentsetzungen. James Bohmans ›republikanischer Kosmopolitanismus‹ verortet die entscheidenden neuen Räume demokratischen politischen Handelns in überlappenden Öffentlichkeiten und *demoi* jenseits nationalstaatlicher Organisation. Transnationale, legitime Demokratie hätte sich von der konventionellen Souveränitätsprämisse kollektiver Selbstbestimmung zu lösen, ohne sich neu zu zentralisieren. In innovativer Weise proklamiert Bohmans Vorstellung deterritorialisierter Demokratie jenseits partikularer Vergemeinschaftung ein universales, fundamentales politisches Recht, Deliberation zu initiieren und gehört zu werden (Bohman 2007, 55). Seyla Benhabib (2006) dagegen setzt den Akzent stärker auf die Kosmopolitanisierung von existierenden demokratischen und rechtlichen Normen durch ›jurisgenerative Politik‹, d.h. die kommunikative gesellschaftliche Reflexion und Transformation von Recht innerhalb demokratischer Gemeinwesen. Deliberative Demokratie und die Neuauslegung von bestehendem Recht sind hierbei die Medien, um die zwei zentralen, potenziell gegensätzlichen Geltungsansprüche, welche demokratischer Legitimität eingeschrieben sind – kollektive demokratische Autonomie einerseits, universalistische liberale Normen andererseits –, in besonderen politisch-kulturellen Kontexten kosmopolitisch neu zu balancieren. Wie dem auch sei: Die Frage nach der Vermittlung von politischer Autonomie mit der Realisierung universaler Menschenrechte bleibt eine der dringendsten normativen und empirischen Aufgaben (Rensmann 2007).

Desiderate der Forschung

Die politikwissenschaftliche Globalisierungsforschung steckt noch in den Kinderschuhen. Vielfach hat die Disziplin sich zwar dem Gegenstand ›Globalisierung‹ gewidmet und weitreichende empirische Forschungen etwa zur Global Governance und zur Politikfeldforschung in durch die Globalisierung veränderten Handlungskontexten und Akteurskonstellationen vorgelegt. Doch zeigt sich die Forschung zugleich oftmals immer noch konventionellen Prämissen verhaftet.

Kosmopolitische Politikwissenschaft zwischen globalen Räumen und politischer Glokalisierung: Besonders vielversprechend ist vor diesem Hintergrund der Vorschlag Edgar Grandes (2006), an einem weitreichenderen Paradigmenwechsel zu arbeiten, der eine *cosmopolitan political science* begründet. Grande verweist dabei auch auf die Notwendigkeit, den immer noch vorherrschenden »methodologischen Nationalismus« (Beck/Grande 2004) und die kosmopolitischen Bedingungen von Politik anzuerkennen. Diese würden sich in mindestens dreifacher Weise darstellen: Erstens formierten sich ›kosmopolitische politische Räume‹, die trans-, supra- und internationale Akteure, Netzwerke, Organisationen, Institutionen und nicht zuletzt Normen vermitteln bzw. integrierten. Diese sich überlappenden und differenzierten Räume seien nicht mit einem globalen Raum und auch nicht mit einer spezifischen Struktur internationaler Ordnung identisch. Zweitens erzeugten diese Räume und ihre Akteure neue Konflikttypen, *cleavages* sowie politische Dynamiken, verstanden als *dialectics of de-nationalization and re-nationalization* (Grande 2006, 106). Vor allem diese konfliktreichen Dynamiken würden drittens zu dem beitragen, was Grewal pointiert als fehlende Globalisierung der Politik fasst: dass die durch die Globalisierung entstandenen kosmopolitischen Bedingungen bisher nur bedingt zu einer Re-Konstituierung politischer Autorität in post-westfälischen Strukturen geführt habe. Die reaktive Mobilisierung nationaler Selbstverständnisse ist Ausdruck von defensiven politisch-kulturellen Selbstbehauptungen gegen kosmopolitische Veränderungen, aber auch selbst deren Produkt (Grande 2006). Ein paradigmatisches Verständnis der neuen kosmopolitischen Bedingungen schlösse folgerichtig ein, statt einer Dichotomie von Globalisierung und Nationalstaatlichkeit (Bisley 2007) die wechselseitige Verschränkung von Globalisierung und Lokalisierung anzuerkennen. Diese unterläuft konventionelle Vorstellungen von Politik. *Glokalisierung* verweise auf komplexe Konstellationen und Dynamiken: Globalisierung *erzeuge* mithin selbst Partikularität und eine ›Universalisierung von Partikularismen‹, u.a. manifestiert in der Erfindung von Tradition, sowie eine ›Partikularisierung von Universalismen‹, u.a. in der spezifisch lokalen Adaption globaler Entwicklungen und Normen (Giulianotti/Robertson 2004).

Neuere Forschungen sollten in problembezogenen Studien bisherige, auf den Paradigmen des methodologischen Nationalismus beruhende Subdisziplin-Grenzen – wie die zwischen vergleichender und internationaler Politik – ebenso überwinden wie die noch vorherrschende Reduktion auf politische Ökonomie und Mechanismen der Global Governance im engeren Sinn. Erforderlich ist eine engere Verbindung von theoretischen und empirischen Analysen der politischen Globalisierung, welche mannigfache Veränderungen des sozialen Lebens in der medialisierten Netzwerkgesellschaft berücksichtigen (Brady/Beckfield/Zhao 2007). Auch die Einbeziehung neuer Input-Daten und Datentypen – große globalisierte Datensätze, wie Millionen von meinungsbildenden Kommentaren in der Blogosphäre und komplexe Netzwerke, die globale Öffentlichkeit erzeugen – steht erst am Anfang. Deren Verarbeitung erfordert innovative Zugänge der Forschung. Einen Schritt in diese Richtung offeriert die Komplexitäts- und Netzwerkforschung, die auch informelle Sphären des Politischen und transnationale öffentliche Räume der globalen Zivilgesellschaft jenseits eines verengten Begriffs von Politik avisiert, um politische Globalisierungsstrategien und -mechanismen zu erklären. Dabei gewinnen zudem Netzwerke neuer globaler Regelungssysteme und Institutionen auch außerhalb politischer Organisationen im engeren Sinn an Bedeutung – Körperschaften wie die FIFA oder das IOC, die mit globaler sportpolitischer Steuerungskompetenz und Macht ausgestattet sind und Einfluss auf Entscheidungen nationaler Regierungen nehmen (Markovits/Rensmann 2010). Ein besseres Verständnis der Wirkungsweisen globalisierter Öffentlichkeiten ist u.a. auch bedeutend für normative politische Theoriebildung und unser Nachdenken über die Legitimität von Entscheidungen. Die über globale Öffentlichkeiten artikulierten Ansprüche auf politische Inklusion, universale Verwirklichung von Menschenrechten und die Bekämpfung weltweiter sozialer Ungleichheit betreffen indes nicht nur Fragen normativer Theorie.

Glokalisierungen des Politischen – Lucca ist überall: Ein besonders anschauliches Beispiel zum Studium der politischen Glokalisierung – sowie veränderter politischer Konflikte und neuer Formen ›glokaler‹ Willensbildung – bietet die kulturprotektionistische Gesetzgebung der toskanischen Stadt Lucca. In Lucca hat die (konservative) Mehrheit des Stadtrates jüngst beschlossen, innerhalb des mittelalterlichen historischen Stadtkerns keinen weiteren ›ethnischen‹, also nicht-italienischen bzw. nicht-toskanischen Gaststätten mehr eine Gewerbeerlaubnis zu erteilen. Auf den ersten Blick erscheint dies als ein klassisches Beispiel anti-kosmopolitischer Politik: als der Versuch, mit politischen Mitteln italienische (Ess-)Kultur und die lokale Wirtschaft gegen drohende ökonomische und multi-kulturelle Konkurrenz zu bewahren. Dieser protektionistische Versuch der Rückgewinnung lokaler politischer Handlungsfähigkeit offenbart freilich zugleich die Komplexitäten soziokultureller und politischer Globalisierung. Erstens ist Lucca eine globale Touristenattraktion. Die Bewahrung toskanischer ›Authentizität‹ entspricht insbesondere den Bedürfnissen der kosmopolitischen Besucher – und einer globalisierten Öffentlichkeit – und ist nicht unbedingt Ausdruck lokaler Identitätsbehauptung oder Willensbildung. Im Gegenteil: Die ›ethnischen‹ Restaurants sind sowohl ausgesprochen populär bei jungen Bürgern aus alteingesessenen Luccheser Familien als auch bei längst ›einheimischen‹ Immigranten der post-industriellen Demokratie, die mit dieser Entscheidung sozialer Exklusion ausgesetzt werden und deren lokale Stimme im politischen Willensbildungsprozess nicht gehört worden ist. Zweitens kristallisiert sich in Lucca ein fundamentaler Konflikt politischer Autorität. Es ist offen, inwieweit die Gesetzgebung in Lucca, deren konservative Stadtregierung sich mit ihrem repräsentativen Mandat auf demokratische Souveränität beruft, supranationale Gesetze der EU verletzt und im Widerspruch zu Prinzipien der Gewerbefreiheit und Niederlassungsfreiheit steht. Die Entscheidung von Lucca hat längst eine breite globale Debatte ausgelöst, die das Partikulare universalisiert. Was immer die Zukunft des Essens in der Stadt sein mag: nicht nur in dieser Hinsicht ist Lucca heute kein Sonderfall – sondern überall.

Literatur

Archibugi, Daniele: *The Global Commonwealth of Citizens: Toward Cosmopolitan Democracy*. Princeton 2008.

Beck, Ulrich: *The Cosmopolitan Vision*. Cambridge 2006.

– /Grande, Edgar: *Das kosmopolitische Europa*. Frankfurt a.M. 2004.

Becker, Maren/John, Stefanie/Schirm, Stefan: *Globalisierung und Global Governance*. Paderborn 2007.

Benhabib, Seyla: *Another Cosmopolitanism*. Oxford 2006.

Berger, Suzanne: Globalization and Politics. In: *Annual Review of Political Science* 3. Jg. (2000), 43–62.

Bhagwati, Jagdish: *In Defense of Globalization*. Oxford 2007.

Bisley, Nick: *Rethinking Globalization*. New York 2007.

Bohman, James: *Democracy across Borders. From Demos to Demoi*. Cambridge, MA 2007.

Brady, David/Beckfield, Jason/Zhao, Wei: The Consequences of Economic Globalization for Affluent Democracies. In: *Annual Review of Sociology* 33. Jg. (2007), 313–334.

Breznitz, David: *Innovation and the State*. New Haven 2007.

Castells, Manuel: Materials for an Exploratory Theory of the Network Society. In: *British Journal of Sociology* 51. Jg., 1 (2000), 5–24.

Cox, Robert H.: The Social Construction of an Imperative. Why Welfare Reform Happened in Denmark and the Netherlands but not in Germany. In: *World Politics* 53. Jg., 3 (2001), 463–498.

Drezner, Daniel W.: Globalization and Policy Convergence. In: *International Studies Review* 3. Jg., 2 (2001), 53–78.

Garrett, Geoffrey: The Causes of Globalization. In: *Comparative Political Studies* 33. Jg., 6/7 (2000), 941–991.

Giulianotti, Richard/Robertson, Roland: The Globalization of Football. A Study of the Glocalization of the ›Serious Life‹. In: *British Journal of Sociology* 55. Jg., 4 (2004), 545–568.

Gould, Colin: *Globalizing Democracy and Human Rights*. Cambridge 2004.

Grande, Edgar: Cosmopolitan Political Science. In: *British Journal of Sociology* 57. Jg., 1 (2006), 87–111.

– /Risse, Thomas: Konzeptionelle Anforderungen an die politikwissenschaftliche Analyse von Globalisierungsprozessen. In: *Zeitschrift für Internationale Beziehungen* 7. Jg., 2 (2000), 235–266.

Grewal, David Singh: *Network Power. The Social Dynamics of Globalization*. New Haven 2008.

Haas, Peter M./Hird, John A./McBratney, Beth (Hg.): *Controversies in Globalization. Contending Approaches to International Relations*. Washington, D.C. 2009.

Habermas, Jürgen: *Die Einbeziehung des Anderen*. Frankfurt a.M. 1996.

–: *Die post-nationale Konstellation*. Frankfurt a.M. 1998.

Hall, Peter A./Soskice, David: An Introduction to Varieties of Capitalism. In: Dies.: *Varieties of Capitalism. The Institutional Foundations of Comparative Advantage*. Oxford 2001, 1–68.

Harvey, David: *A Brief History of Neoliberalism*. Oxford 2007.

Hay, Colin: *Globalization and the State. Myth and Reality*. New York 2010.

Held, David: *Democracy and the Global Order*. Stanford 1995.

– et al.: Rethinking Globalization. In: Ders./Anthony McGrew (Hg.): *The Global Transformations Reader*. Cambridge 2000, 54–60.

Hirst, Paul: Globalization, Nation State, and Political Theory. In: Noel O'Sullivan (Hg.): *Political Theory in Transition*. London 2000, 172–189.

Inglehart, Ronald/Welzel, Christian: *Modernization, Cultural Change, and Democracy: The Human Development Sequence*. Cambridge 2005.

Jacobson, David: The Global Political Culture. In Mathias Albert/David Jacobson/Yosef Lapid (Hg.): *Identities, Borders, Orders: Rethinking International Relations Theory*. Minneapolis 2001, 161–179.

Kaldor, Mary: *Global Civil Society*. Cambridge 2003.

Kavalski, Emilian: The Complexity of Global Security Governance. In: *Global Society* 22. Jg., 4 (2008), 423–443.

Kayser, Mark Andreas: How Domestic is Domestic Politics? Globalization and Elections. In: *Annual Review of Political Science* 10. Jg. (2007), 341–362.

Keohane, Robert: Governance in a Partially Globalized World. In: *American Political Science Review* 95. Jg., 1 (2001), 1–13.

Kerner, Ina: Globalisierung. In: Gerhard Göhler/Mattias Iser/Ina Kerner (Hg.): *Politische Theorie*. Wiesbaden 2004, 190–208.

Kriesi, Hans-Peter et al.: Globalization and the Transformation of the National Political Space: Six European Countries Compared. In: *European Journal of Political Research* 45. Jg., 6 (2006), 921–956.

– et al.: *West European Politics in the Age of Globalization*. Cambridge 2008.

Kymlicka, Will: Liberal Nationalism and Cosmopolitan Justice. In: Robert Post (Hg.): *Another Cosmopolitanism*. Oxford 2006, 128–144.

Leggewie, Claus: *Die Globalisierung und ihre Gegner*. München 2003.

Markovits, Andrei S./Rensmann, Lars: *Gaming the World*. Princeton 2010.

Mearsheimer, John: The False Promise of International Institutions. In: *International Security* 19. Jg. (1994), 5–49.

Miller, David: *Citizenship and National Identity*. Cambridge 2000.

Mosley, Layna: Room to Move. International Financial Markets and National Welfare States. In: *International Organization* 54. Jg., 4 (2000), 737–773.

Norris, Pippa/Inglehart, Ronald: *Cosmopolitan Communications. Cultural Diversity in a Globalized World*. Cambridge 2009.

Osterhammel, Jürgen/Petersson, Niels: *Geschichte der Globalisierung*. München 2003.

Rensmann, Lars: Menschenrechtsregime zwischen Kosmopolitanismus und staatlicher Souveränität: Zur politischen Theorie einer Global Good Governance. In: *Zeitschrift für Genozidforschung* 8. Jg., 1 (2007), 131–160.

Risse, Thomas: Let's Argue! Communicative Action in World Politics. In: *International Organization* 54. Jg., 1 (2000), 1–40.

Rosenau, James N.: Governance in a New Global Order. In: David Held/Anthony McGrew (Hg.): *Governing Globalization. Power, Authority and Global Governance*. Cambridge 2002, 70–86.

Sassen, Saskia: *Globalization and its Discontents*. New York 1998.

Schirm, Stefan A.: Analytischer Überblick: Stand und Perspektiven der Globalisierungsforschung. In: Ders. (Hg.): *Globalisierung. Forschungsstand und Perspektiven*. Baden-Baden 2006, 11–34.

Schmitter, Philippe C.: The Nature and Future of Comparative Politics. In: *European Political Science Review* 1. Jg. (2009), 33–61.

Schneider, Gerald: Wer hat Angst vor John Nash? Zum Stellenwert des Rational-Choice-Ansatzes in Deutschland und Frankreich. In: http://www.uni-konstanz.de/FuF/Verwiss/GSchneider/downloads/papers/WerhatAngstvorJohnNash200707.pdf (12.1. 2010).

Simmons, Beth: *Mobilizing for Human Rights. International Law in Domestic Politics*. Cambridge 2009.

Steger, Manfred: *Globalization. A Very Short Introduction*. Oxford 2009.

Stiglitz, Joseph E.: *Globalization and its Discontents*. New York 2003.

Tsebelis, George: *Veto Players*. Princeton 2002.

Urry, John: *Global Complexity*. Cambridge 2003.

Weinstein, Michael (Hg.): *Globalization. What's New?* New York 2005.

Wolf, Martin: *Why Globalization Works. The Case for the Global Market Economy*. New Haven 2004.

Zürn, Michael: *Regieren jenseits des Nationalstaates. Globalisierung und De-Nationalisierung als Chance*. Frankfurt a. M. 2005.

Lars Rensmann

3. Rechtswissenschaft

Die Internationalisierung des Rechts ist kein neues Phänomen. Bereits mit dem Westfälischen Frieden von 1648 bildeten sich erste Regeln heraus, die das Verhalten von Staaten auf internationaler Ebene regulieren sollten und ihrem Anspruch nach global waren. Es handelt sich um die Anfänge des *ius gentium*, des Völkerrechts. Dass es heute universelle Rechtsregeln gibt, ist also nichts Neues. Was sich allerdings in den letzten Jahrzehnten radikal gewandelt hat, ist der Charakter dieser universellen Regeln.

Traditionell war das Völkerrecht eine Ordnung zur Koordination des Verhaltens von Staaten. Es bestand aus Regeln zu Krieg und Frieden, zum diplomatischen Verkehr, zur korrekten Anwendung militärischer Gewalt in bewaffneten Konflikten. Zentrale Bausteine dieser Ordnung waren die staatliche Souveränität und das Konsensprinzip. Jeder Staat war grundsätzlich nur den Regeln unterworfen, denen er selbst zugestimmt hatte. Mangels einer zentralen Normsetzungsinstanz sah man keine Möglichkeit, Staaten gegen ihren Willen an bestimmte Regeln zu binden. Auch der Staat selbst und seine interne Organisation war folgerichtig eine *black box*, um die sich das Völkerrecht nicht gekümmert hat.

Dies änderte sich nach dem zweiten Weltkrieg. Die *black box* des Staates wurde langsam aufgebrochen, indem mit den Menschenrechten erste Regeln über das Verhältnis zwischen Staatsgewalt und Staatsbürgern gesetzt wurden. Aus der reinen Koordinationsordnung wurde zudem eine Kooperationsordnung – die Gründung internationaler Organisationen wie der Vereinten Nationen oder der Welthandelsorganisation ist Ausdruck dieser Entwicklung. Schließlich gibt es in der Völkerrechtswissenschaft angesichts der Probleme globaler öffentlicher Güter inzwischen immer stärkere Tendenzen, vom Konsensprinzip bei der Bildung neuer Regeln abzurücken. Denn bei öffentlichen Gütern sind die Anreize so strukturiert, dass es für Staaten kollektiv das Beste ist, zur Erhaltung oder Bereitstellung des öffentlichen Gutes beizutragen. Individuell bestehen jedoch Anreize, nicht dazu beizutragen. Verlangt man nun, dass Regeln für Staaten nur bindend sein können, wenn sie diesen zugestimmt haben, dann erlaubt das ihnen, eine Vetoposition auszuüben, die dem Gemeinschaftsinteresse zuwiderläuft.

Auf der anderen Seite gibt es aber auch eine Entwicklung, die der Einheitlichkeit und damit auch der Universalisierung des Völkerrechts entgegenwirkt. Es lässt sich eine immer stärkere Spezialisierung globaler Rechtsregime beobachten. Zudem gibt es nicht mehr nur *das* Völkerrecht, sondern unterschiedliche, spezialisierte Teilrechtsordnungen. Diese beschäftigen sich mit einzelnen, isolierten Materien, wie etwa der Umwelt, den Menschenrechten oder dem Welthandel.

Dementsprechend vielfältig sind daher auch Versuche, die gegenwärtigen Entwicklungen des internationalen Rechts zu konzeptualisieren. Dabei gibt es in erster Linie zwei gegenläufige theoretische Ansätze. Die Konstitutionalisierungslehre unterstreicht die Universalisierungstendenzen des Rechts und geht davon aus, dass sich die Herausbildung einer hierarchischen Ordnung von Rechtsnormen, die das Völkerrecht stärker an nationale Rechtsordnungen heranrückt, beobachten lässt. Demgegenüber verweisen die Vertreter der Fragmentierungsthese auf eine zunehmende Ausdifferenzierung des Rechts, die es zunehmend unmöglich mache, von einer Rechtsordnung zu sprechen.

Globalisierungs- und Universalisierungstendenzen im Recht

Die Universalisierungstendenzen lassen sich in erster Linie an drei verschiedenen Debatten darstellen. Die älteste dieser Kontroversen dreht sich um die Universalisierung von Werten – gelten die Menschenrechte universell, oder müssen sie Rücksicht auf kulturelle Differenzen nehmen? Die zweite Debatte in der Rechtswissenschaft ist im Wesentlichen ein Kind der letzten beiden Jahrzehnte: Staatsgewalt wird heutzutage nicht mehr nur innerhalb des Nationalstaates ausgeübt, sondern zunehmend auch auf internationaler Ebene. Insofern müsse die Rechtswissenschaft neue Konzepte entwickeln, um die Bewertung der Legitimität dieses Phänomens in den Griff zu bekommen. Die dritte Diskussion versucht schließlich, eine konzeptionelle Antwort auf die Probleme zu finden, die sich im Zusammenhang mit globalen öffentlichen Gütern stellen. Im Folgenden sollen diese drei Debatten näher beleuchtet werden. Dabei soll analysiert werden, inwieweit sie die These von den Universalisierungstendenzen stützen, und an welcher Stelle Einschränkungen vorgenommen werden müssen.

Menschenrechte – Universalisierung der Werte? Eine der bedeutendsten Errungenschaften der Nachkriegsordnung war die Positivierung der Menschenrechte. Am 10. Dezember 1948 wurde ein Katalog unterschiedlicher individueller Rechte als Allgemeine Erklärung der Menschenrechte durch die UN-Generalversammlung in Form einer Resolution verabschiedet. Es dauerte zwei Jahrzehnte, bis 1969 zwei große Menschenrechtsverträge verabschiedet wurden – der Pakt für bürgerliche und politische Rechte sowie der Pakt für wirtschaftliche, soziale und kulturelle Rechte. Beide sind inzwischen von mehr als 160 Staaten ratifiziert worden. Heute gibt es auf universeller Ebene ein weit verzweigtes System an unterschiedlichen menschenrechtlichen Garantien, die zumindest einen Großteil der Staaten binden. Nach Auffassung vieler prominenter Völkerrechtler sind die zentralen menschenrechtlichen Garantien sogar Teil des universellen Völkergewohnheitsrechts und damit für alle Staaten verbindlich, selbst wenn diese keine entsprechenden menschenrechtlichen Verträge ratifiziert haben.

Heutzutage werden drei unterschiedliche Dimensionen der Menschenrechte unterschieden – die politischen Rechte, die sozialen Rechte, sowie Gruppenrechte, wie etwa das Recht auf Entwicklung oder Selbstbestimmung, das in erster Linie Gesellschaften zusteht. Weiterhin bezieht sich die Universalisierung von Wertvorstellungen nicht mehr nur auf Menschenrechte im klassischen Sinne. Nach dem Ende des kalten Krieges stießen einige Rechtswissenschaftler eine Debatte an, ob die Demokratie ein universeller, durch das Völkerrecht anerkannter Wert sei. Einige Autoren vertreten die Auffassung, dass sich im Völkerrecht ein Recht auf Demokratie herausbilde (Franck 1995).

Die Auffassung einer zunehmenden Universalisierung von Wertvorstellungen ist jedoch nicht unwidersprochen geblieben. Kritisch wird angemerkt, dass insbesondere durch die politischen Menschenrechte und die Forderung nach Demokratie als universellem Maßstab für die interne Staatsorganisation es zu einem westlichen Werteimperialismus komme, von einer tatsächlichen *Universalisierung* also nicht die Rede sein könne. Die Universalisierungsthese berücksichtige nicht, dass Werte kulturell bedingt seien und dass sich etwa asiatische oder islamische Wertvorstellungen vom westlichen Modell unterschieden. So stellten etwa viele ostasiatische Kulturen die Gemeinschaft und nicht das Individuum in den Vor-

dergrund. Ordnungen würden von Verpflichtungen gegenüber der Gemeinschaft und nicht von individuellen Rechten her gedacht. Ähnliches gilt für den afrikanischen Kontext. So werden in der Afrikanischen Menschenrechtscharta ausdrücklich nicht nur individuelle, sondern auch Gruppenrechte garantiert.

Hinter der Kritik an einer Fokussierung auf individuelle Rechte können zwei unterschiedliche Motivationen stecken. Soweit der Anspruch von Staatsführern erhoben wird, ist er oft strategischer Natur. Wenn ein Machthaber sich gegen die Einführung von demokratischen Verfahren wendet, weil demokratische Wertvorstellungen nicht der kulturellen Prägung der Staatsbürger entsprächen, dann steckt dahinter meist nicht mehr als eine Verteidigung des Status quo. Allerdings muss das Argument nicht zwingend strategisch gemünzt werden. Vielmehr sind Werte in der Tat oft kulturell bedingt. Um der Kritik des Werteimperialismus zu begegnen, wird man das Völkerrecht in Bezug auf Wertvorstellungen daher eher als Rahmenordnung betrachten müssen.

Ansatzpunkte für ein solches Verständnis sind im positiven Recht mehrere angelegt. Zum einen sind Rechte interpretationsoffen. Das Verständnis von Menschenwürde oder Meinungsfreiheit ist in unterschiedlichen kulturellen Kontexten oft verschieden ausgestaltet. Um der kulturellen Vielfalt Rechnung zu tragen, wird man nicht eine bestimmte Interpretation herausgreifen und als alleinig gültige ansehen können. Zum anderen werden individuelle Rechte selten absolut gewährt, da es immer zu Kollisionen zwischen konkurrierenden Rechtspositionen kommen kann. So kann eine breite Gewährleistung sozialer Recht oder kommunitaristischer Gruppenrechte eine Schwächung individueller Abwehrrechte zur Folge haben. Auch individuelle Rechte selbst können teilweise miteinander in Konflikt geraten. Die internationalen Menschenrechtsverträge tragen diesen Konfliktsituationen dadurch Rechnung, dass viele ihrer Garantien Vorbehalte enthalten, die unter bestimmten Bedingungen eine Einschränkung individueller Rechte ermöglichen. Diese Einschränkbarkeit erlaubt es Staaten, bei der Ausbalancierung konkurrierender Werte und politischer Ziele eigene Prioritäten zu setzen.

So betreibt etwa China eine Politik, mit der es die Mobilität seiner Staatsbürger reguliert. Lebt ein Bürger auf dem Land, ist es ihm nicht ohne weiteres möglich, in die Stadt zu ziehen. Bei dieser Regulierungspolitik handelt es sich um einen extremen Eingriff in die individuelle Freizügigkeit. Auf der anderen Seite ist es China mit dieser Politik zumindest teilweise gelungen, eine Verslummung seiner Großstädte, wie man sie in vielen anderen Entwicklungs- und Schwellenländern beobachten kann, weitgehend zu verhindern und die sozialen Folgen der Industrialisierung abzufedern. Ein Beispiel für die Kollision individueller Rechte ist die in der westlichen Welt vieldiskutierte Abtreibungsfrage. Hier stehen sich das Lebensrecht des Embryos und das Recht der Mutter auf die Selbstbestimmung über ihren Körper und ihre Lebensgestaltung gegenüber.

Es ist dabei nicht Funktion des Völkerrechts, diese Konflikte aufzulösen und absolute Hierarchien zwischen unterschiedlichen Werten zu etablieren. Dies ist schon auf nationalstaatlicher Ebene kaum möglich und erscheint daher im globalen Kontext noch weniger angebracht. Ein Muster im Umgang mit Konflikten dieser Art bietet dabei die Rechtsprechung des Europäischen Gerichtshofs für Menschenrechte, der den Staaten bei der Auflösung solcher Konflikte einen Ermessensspielraum zugesteht und nur die Überschreitung der äußeren Grenzen dieses Spielraums überprüft. Damit mögen die Menschenrechte in gewissem Maße an normativer Kraft einbüßen. Immerhin können aber solche Argumente aus dem Diskurs ausgeschieden werden, die nicht eine Lösung gesellschaftlicher Konflikte zum Ziel haben, sondern rein strategischer Natur sind. So dürfen Regierungen nicht Regimegegner unterdrücken oder die Meinungsfreiheit einschränken, wenn dies allein dem eigenen Machterhalt dient. Natürlich wird eine Trennung zwischen strategischen und legitimen Maßnahmen nicht immer trennscharf möglich sein. Letztlich obliegt die Beurteilung der Legitimität einer Maßnahme den zuständigen Gerichten und judikativen Organen. Immerhin erlaubt eine derartige Konzeption, einem westlichen Werteimperialismus entgegenzuwirken, ohne gleichzeitig einem vollständigen Relativismus anheim zu fallen.

Globalisierung der Institutionen: Ein wesentliches Phänomen der Globalisierung ist die Herausbildung globaler öffentlicher Güter. Umweltschutz oder Gewährleistung von Sicherheit können nicht mehr allein durch den Nationalstaat gewährleistet werden, sondern sind eine Herausforderung, der sich die gesamte internationale Gemeinschaft stellen muss. Aufgrund der zunehmend internationalen Natur vieler gesellschaftlicher Probleme haben sich nach dem zweiten Weltkrieg verschiedene internationale Institutionen herausgebildet, die in unterschiedlicher Form Hoheitsgewalt ausüben. Die Erscheinungsform dieser Institutionen ist dabei relativ divers.

Es handelt sich zum einen um klassische internationale Organisationen, die durch einen multilateralen Vertrag zwischen Staaten begründet werden. Beispiele für solche Organisationen sind etwa die Vereinten Nationen, die Welthandelsorganisation (WTO), die Weltbank oder die Weltgesundheitsorganisation (WHO). Auch wenn die Errichtung einer internationalen Organisation noch den Konsens aller Staaten voraussetzt, können diese, wenn sie einmal errichtet sind, oft sehr weitreichende Entscheidungen treffen, an der nicht mehr alle betroffenen Staaten oder gar betroffenen Individuen beteiligt sind. Beispiele sind etwa Schiedsgerichtsentscheidungen im WTO-Kontext oder die weitreichenden Entscheidungskompetenzen der Sekretariate von IWF und Weltbank beim Auflegen von Hilfsprogrammen für bedürftige Staaten.

Auch der Sicherheitsrat der Vereinten Nationen trifft teilweise Entscheidungen mit erheblicher Wirkung für Einzelne mit qualifizierter Mehrheit seiner Mitglieder. Dabei steht allein den ständigen Mitgliedern ein Vetorecht zu. So hat der Sicherheitsrat etwa nach dem 11. September 2001 durch die Resolutionen 1267 und 1333 eine schwarze Liste geschaffen, auf die des Terrorismus verdächtige Individuen aufgenommen werden können. Die Aufnahme auf die schwarze Liste hatte direkte Individualwirkung, ohne dass gegen diese Maßnahme ein Rechtsschutz bestanden hätte.

Die Ausübung von Hoheitsgewalt auf internationaler Ebene muss aber nicht immer von internationalen Organisationen ausgehen. Vielmehr gibt es auch informelle Netzwerke zur Abstimmung zwischen nationalen Behörden, private Organisationen, die Regulierungstätigkeit ausüben, oder hybrid privat-öffentliche Institutionen. Beispiele für informale Netzwerke sind etwa das Basel Committee oder das International Competition Network (ICN), in denen sich die zuständigen nationalen Behörden auf gemeinsame Strategien der Finanzmarktaufsicht oder der Wettbewerbspolitik verständigen. Eine private Organisation, deren Entscheidungen erhebliche wirtschaftliche Folgen hat, ist etwa die International Standardization Organization (ISO), die Standards zur Produkt- und Prozessharmonisierung herausgibt. Eine hybrid privat-öffentliche Institution ist schließlich die Codex Alimentarius Kommission der WTO, die Nahrungsmittelstandards aufstellt und sich jeweils aus Regierungsrepräsentanten und aus Mitgliedern privater sachverständiger Organisationen zusammensetzt.

Diese Ausübung von Herrschaftsgewalt auf internationaler Ebene wirft erhebliche Legitimitätsprobleme auf, da sie sich wesentlich von der Ausübung von Regierungsgewalt auf nationalstaatlicher Ebene unterscheidet. Im demokratischen und rechtsstaatlichen Nationalstaat westlicher Prägung finden wir eine große Anzahl institutioneller Garantien, die sicherstellen, dass Entscheidungen im Wesentlichen nach rechtsstaatlichen Grundsätzen getroffen werden. Aus der Rechtmäßigkeit einer Entscheidung folgt damit zugleich eine Legitimitätsvermutung, so dass die juridischen Organe sich bei der Überprüfung von Hoheitsgewalt auf eine Legalitätsprüfung beschränken können.

Auf internationaler Ebene besteht eine solche Vermutung jedoch mangels einheitlicher rechtsstaatlicher Standards nicht. Eindringlichstes Beispiel in dieser Hinsicht sind etwa die bereits erwähnten schwarzen Listen des UN-Sicherheitsrates. Ein Terrorverdächtiger kann auf Antrag eines Staates mit qualifiziertem Mehrheitsbeschluss auf diese Liste gesetzt werden, ohne dass ihm ein vorheriges Anhörungsrecht oder nachträglicher Rechtsschutz gewährt wird.

Die Völkerrechtswissenschaft hat es daher als ihre Aufgabe verstanden, nicht nur die rechtlichen Strukturen dieser neuen internationalen Institutionen zu analysieren, sondern auch Standards für ihre Legitimität zu diskutieren und zu entwickeln. Vorreiter war hier die an der New York University initiierte Schule des *Global Administrative Law* (Kingsbury/Krisch/Stewart 2005), die in Deutschland unter dem Begriff des internationalen Verwaltungsrechts diskutiert wird (Bogdandy/Dann/Goldmann 2008). Diese Schule verfolgt ein doppeltes Ziel: Zum einen versucht sie deskriptiv, verschiedene Institutionen zu analysieren und aus dieser Analyse induktiv allgemeine Standards von Rechtsstaatlichkeit zu gewinnen, die sich in allen oder zumindest einer Mehrheit der Institutionen beobachten lässt. Zum anderen geht sie deduktiv vor und versucht – im Austausch mit der Theorie der Internationalen Beziehungen –, externe Legitimitätsstandards zu entwickeln.

Dabei ist sich die völkerrechtliche Literatur mittlerweile weitgehend einig, dass die nationalstaatliche Demokratie kein angemessener Maßstab für die Beurteilung der Legitimität von internationalen Institutionen ist (Weiler 2004). Die derzeit überwiegend diskutierten Kriterien werden zumeist dem nationalen Verwaltungsrecht entlehnt und ergeben sich aus rechtsstaatlichen Erwägungen. So sollen Verfahren auf internationaler Ebene transparent sein und die Betroffenen einbeziehen. Weiterhin sollen Entscheidungen begründet werden und Rechtsschutzmöglichkeiten gegen sie bestehen (Kingsbury/Krisch/Stewart 2005).

Das wichtigste legitimitätsstiftende Merkmal ist aber wohl das der Verantwortlichkeit. Indem internationale Institutionen für ihre Entscheidungen verantwortlich zeichnen, haben sie Anreize, diese Entscheidungen im öffentlichen Interesse zu treffen. Dabei werden die traditionellen nationalstaatlichen Verantwortlichkeitsmechanismen – Wahlen (Parlament) und Hierarchie (Verwaltung) – durch weitere, soziale und marktbasierte Mechanismen ergänzt (Grant/Keohane 2005). Dazu zählen etwa der Druck durch Peer-Gruppen oder die bewusste Schaffung regulativer Konkurrenz. Dennoch kann ein alleiniges Abstellen auf Verantwortlichkeit nicht überzeugen. Verantwortlichkeit setzt immer ein Subjekt voraus, dem gegenüber bestimmte Akteure verantwortlich zeichnen müssen (Krisch 2006). Allerdings ist in vielen Fällen unklar, wer dieses Subjekt normativ sein soll. Sind es bei der Kreditvergabe durch die Weltbank etwa die betroffenen Staaten, die einen Kredit bekommen und dafür bestimmte Auflagen erfüllen müssen, oder gar deren Bevölkerung? Oder sind es – so wie das System derzeit ausgestaltet ist – doch die Geberländer, die die entsprechenden Gelder für die Kredite zur Verfügung stellen? Je nachdem, wem gegenüber die Verantwortlichkeit besteht, besteht zudem eine erhebliche Gefahr, dass das System für die Interessen bestimmter Gruppen missbraucht wird.

Eine weitere Möglichkeit der Kontrolle internationaler Institutionen bieten nationale Gerichte. Auch wenn internationale Regulierung teilweise weitreichende Folgen hat, fehlt es bisher an einer globalen Exekutivgewalt. Die Umsetzung erfolgt daher immer noch über die Nationalstaaten. Hier haben sich die Gerichte in den letzten Jahren zunehmend das Recht herausgenommen, internationale Entscheidungen auf ihre Legitimität an rechtsstaatlichen Kriterien zu überprüfen. So hat etwa der Europäische Gerichtshof im *Kadi*-Urteil (Urt. v. 3.9.2008, Rs. C-402/05 P und C-415/05 P) die schwarzen Listen des UN-Sicherheitsrates für rechtswidrig erklärt und die Umsetzung innerhalb der Europäischen Union verweigert, da diese Listen keinen Rechtsschutz für Individuen gewährten und somit rechtsstaatlichen Ansprüchen nicht genügten.

Auch wenn die angemessenen Legitimitätsstandards für internationale Institutionen in der Wissenschaft sicherlich noch einigen Diskussionsbedarf hervorrufen werden, bilden sich so in der Praxis durch den Dialog von Institutionen und nationalen Gerichten gewisse Legitimitätsmaßstäbe heraus, die durchaus kritisches Potential haben und somit die Abkehr von der diplomatischen hin zur rechtsstaatlichen Entscheidungsfindung auf globaler Ebene beschleunigen dürften.

Globale öffentliche Güter: Eines der wesentlichen Charakteristika des Völkerrechts ist das Fehlen einer zentralen Normsetzungsinstanz. Es gibt kein Legislativorgan. Vielmehr werden alle völkerrechtlichen Regeln dezentral durch die Staaten gesetzt. Dabei sind grundsätzlich zwei unterschiedliche Arten von Normen zu unterscheiden – geschriebene und ungeschriebene. Die Setzung geschriebenen Rechts erfolgt durch den Abschluss völkerrechtlicher Verträge. Diese Verträge reichen dabei von einfachen bilateralen Austauschverträgen bis hin zu Verträgen, die ganze Sachbereiche kodifizieren oder gar institutionelle Strukturen schaffen und universellen Anspruch haben. Beispiele für komplexe Vertragsgefüge sind etwa die Menschenrechtspakte oder das WTO-Vertragsregime. An vertragliche Pflichten sind dabei nur diejenigen Staaten gebunden, die diesen Vertrag auch ratifiziert haben.

Da die Normsetzung über Verträge immer nur punktuell erfolgen kann, kommt dem ungeschriebenen Recht im globalen Kontext eine sehr viel bedeutendere Rolle zu als auf nationalstaatlicher Ebene. Die Hauptquelle des ungeschriebenen Rechts ist das Völkergewohnheitsrecht. Dessen Entstehung setzt eine kohärente Staatenpraxis voraus sowie eine mit dieser einhergehende Überzeugung der Staaten, dass sie mit ihrer Praxis tatsächlich eine rechtliche Pflicht erfüllen (*opinio iuris*). Traditionell erfolgte auch die Herausbildung dieser gewohnheitsrechtlichen Regeln nach dem Konsensprinzip. Wenn ein Staat einer bestimmten Regel nicht zustimmt, dann kann er von

ihr nicht gebunden werden. Einzelne Staaten können sich nach herkömmlicher Lehre der Bindung durch Gewohnheitsrecht entziehen, indem sie der Bildung einer entsprechenden Regel ausdrücklich widersprechen (*persistent objector*).

Macht man die Bildung völkerrechtlicher Regeln vom Konsensprinzip abhängig, dann wird man die Herausbildung von gewohnheitsrechtlichen Normen in der Regel in zwei Situationen beobachten können: zum einen dann, wenn eine bestimmte Regel für alle beteiligten Staaten vorteilhaft ist oder sie der Regel zumindest indifferent gegenüberstehen, oder wenn es sich um ein Koordinierungsproblem handelt, bei dem es lediglich darauf ankommt, dass ein Verhaltensgleichgewicht gefunden wird, es aber nicht entscheidend ist, wie dieses Gleichgewicht genau aussieht.

Das Konsensprinzip mag daher in einer reinen Koordinationsordnung ein tragfähiges Konzept der Normbildung sein. In einer Weltordnung, in der die zu lösenden Probleme zunehmend globaler Natur sind, verändert sich jedoch die Anreizstruktur für die einzelnen Staaten. Kriege oder Umweltschäden betreffen nicht nur die Staaten, die für sie verantwortlich sind, sondern sie haben signifikante externe Effekte. Die Situation gleicht der eines Gefangenendilemmas, dessen Anreizstruktur so gestaltet ist, dass es für Staaten individuell rational ist, nicht zu kooperieren, obwohl eine Kooperation das soziale Optimum wäre. Setzt man daher bei der Herausbildung rechtlicher Normen auf das Konsensprinzip, dann schützt das zwar den Status quo, kann aber nicht verhindern, dass sich einige Staaten auf Kosten der internationalen Gemeinschaft der Herausbildung von Schutznormen widersetzen. Sie agieren damit als Trittbrettfahrer, die zwar von strengen Umweltstandards (anderer) profitieren, sich selbst an diese aber nicht binden wollen.

Ein ähnliches Problem stellt sich bei individuellen Rechten, wie etwa den Menschenrechten oder Vorgaben an das politische System. Diese betreffen nicht die Beziehungen zwischen Staaten, sondern nur die interne Beziehung zwischen dem Staat und seinen Bürgern. Staaten gehen jedoch in der Regel nur dann Verpflichtungen ein, wenn sie im Gegenzug ein ähnliches Verhalten von anderen Staaten erwarten können, das für sie günstig ist. Ein Staat, der sich menschenrechtliche Verpflichtungen auferlegt, zieht daraus in der Regel jedoch wenige substantielle Vorteile, so dass ein Festhalten am Konsensprinzip in diesem Fall zu Lasten der Staatsbürger gehen würde.

Die Völkerrechtswissenschaft hat auf diese beiden Entwicklungen mit einer Fortentwicklung der Theorie des ungeschriebenen Völkerrechts reagiert (Simma/Alston 1992; Charney 1993). Während die klassische Doktrin in erster Linie versucht hat, Verhaltensmuster zu identifizieren und aus diesen abstrakte normative Prinzipien abzuleiten, wird heutzutage überwiegend ein interpretativer Ansatz zugrunde gelegt, der sich in erster Linie auf die Rechtsüberzeugung der Staaten bezieht. Diese wird vor allem über die sogenannte Dokumentenpraxis ermittelt, also über bestehende Resolutionen und Deklarationen internationaler Organisationen, die für sich genommen nicht unmittelbar verbindlich sind. Die Staatenpraxis ist danach nur noch ein Indiz für die Rechtsüberzeugung, sie ist allerdings in der Rechtsprechungspraxis kein konstitutives Element mehr.

Dieser Ansatz hat für die Lösung der Probleme öffentlicher Güter zwei Vorteile: er erlaubt Ausnahmen von dem Konsenserfordernis, da eine mit großer Mehrheit angenommene Resolution der UN-Generalversammlung bereits Ausdruck von oder zumindest Indiz für eine entsprechende Rechtsüberzeugung ist. Ein Konsens ist in diesem Zusammenhang nicht erforderlich. Zweitens erlaubt er die Herausbildung einer völkerrechtlichen Norm bei widersprüchlichem Verhalten. Wenn ein Staat der Verabschiedung einer bestimmten Menschenrechtsresolution zustimmt, die Garantien dieser anschließend aber verletzt, dann kann er sich nicht darauf berufen, dass die gewohnheitsrechtliche Norm mangels kohärenter Praxis nicht zu Entstehung gekommen sei.

Die theoretische Beschreibung des Völkerrechts: Konstitutionalisierung vs. Fragmentierung

Beim Versuch, den Charakter des gegenwärtigen Völkerrechts theoretisch zu beschreiben, gibt es in der Rechtswissenschaft zwei gegenläufige Ansätze. Eine Schule betont die Herausbildung hierarchischer Normstrukturen und rechtsstaatlicher Elemente und beobachtet eine Konstitutionalisierung des Völkerrechts. Der gegenläufige Ansatz verweist hingegen auf das Entstehen spezialisierter Regime und sieht eher eine Fragmentierung der Völkerrechtsordnung.

Normativer Anspruch des Völkerrechts – Konstitutionalisierung: Die Konstitutionalisierungsthese geht davon aus, dass sich im Völkerrecht die Herausbildung verfassungsähnlicher Strukturen beobachten lässt. Die diese These verfolgende Schule ist keinesfalls einheitlich und kohärent, rekurriert aber auf ähnliche Gesichtspunkte, so dass im Folgenden versucht werden soll, die These anhand der wichtigsten für sie ins Feld geführten Merkmale zu rekonstruieren. Versucht man das Konzept der Verfassung aus einer funktionellen Perspektive zu bestimmen, dann liegt ihre Aufgabe im Wesentlichen darin, Staatsgewalt zu konstituieren, zu legitimieren und sie zu begrenzen.

Die Annahme, dass sich Konstitutionalisierungstendenzen der internationalen Rechtsordnung feststellen lassen, wird sowohl auf formelle als auch auf materielle Phänomene gestützt. Formell wird darauf verwiesen, dass innerhalb der Völkerrechtsordnung eine Hierarchisierung stattfinde. Eine Verfassung könne ihre Legitimationsfunktion nur erfüllen, wenn sie gegenüber anderen Normen Vorrang besitze und ihre Abänderung gleichzeitig erschwerten Bedingungen unterliege. Die Hierarchisierung der Völkerrechtsordnung finde ihren Ausdruck insbesondere in Art. 103 der Charta der Vereinten Nationen und der Herausbildung zwingenden Völkerrechts.

Art. 103 der UN-Charta bestimmt, dass die Verpflichtungen aus der Charta gegenüber allen anderen vertraglichen Verpflichtungen von Staaten Vorrang haben. Dieser Vorrang bezieht sich auch auf Entscheidungen von UN-Organen, weshalb dem UN-Sicherheitsrat von einigen rechtswissenschaftlichen Kommentatoren die Stellung einer Weltregierung eingeräumt wird. Allerdings ist die UN-Charta inhaltlich zu stark auf das Gebiet der internationalen Sicherheit beschränkt, um ihr tatsächlich Verfassungscharakter zusprechen zu können. Zwar ist die Friedenssicherung sicherlich ein wichtiger Aspekt der internationalen Beziehungen. Dennoch ist die Gewährleistung von Sicherheit nicht der einzige Aspekt, der einer rechtlichen Ordnung Legitimität verschafft. Vielmehr müssen staatlicher Macht Schranken auferlegt werden – solche finden sich in der UN-Charta jedoch nicht.

Ein zweiter Ansatzpunkt einer formalen Hierarchisierung ist das zwingende Völkerrecht. Bestimmte völkerrechtliche Normen werden von der internationalen Gemeinschaft als so bedeutend erachtet, dass von ihnen nicht mittels eines völkerrechtlichen Vertrages abgewichen werden kann. Beispiele sind etwa das Verbot militärischer Gewalt in den zwischenstaatlichen Beziehungen oder bestimmte Kernmenschenrechte wie das Folterverbot oder das Verbot der Sklaverei. Dennoch sind auch die Normen des zwingenden Völkerrechts zu fragmentarisch, als dass man ihnen Verfassungscharakter zuerkennen könnte.

In materieller Hinsicht finden sich im Völkerrecht zunehmend legitimitätsbezogene Normen. Dabei handelt es sich vor allem um rechtsstaatliche Elemente, die insbesondere in der Ausbreitung menschenrechtlicher Standards und der Zunahme der internationalen Gerichtsbarkeit ihren Ausdruck finden. Die Ausübung von Hoheitsgewalt findet auf internationaler Ebene nicht zentral, sondern dezentral statt – durch Staaten und verschiedene internationale Institutionen. Dementsprechend richten sich diese Standards auch vor allem an die Ausübung von Staatsgewalt durch Nationalstaaten, indem sie sicherstellen, dass bestimmte fundamentale Werte der Rechtsordnung eingehalten werden (Tomuschat 1999).

Andere Autoren stellen ein etwas bescheideneres Verständnis von Konstitutionalisierung in den Vordergrund, indem sie darin in erster Linie die Herausbildung von Charakteristika einer modernen rechtlichen Ordnung in den Vordergrund stellen (Kadelbach/Kleinlein 2007). Diese zeichne sich nicht in erster Linie durch eine Hierarchisierung, sondern vielmehr durch die Auflösung von (Wert-)Hierarchien aus. Je komplexer eine rechtliche Ordnung ist, desto stärker kommt es zu Konflikten zwischen unterschiedlichen Ziel- und Wertvorstellungen. In einer modernen und pluralistischen Gesellschaftsordnung können solche Konflikte dabei nicht durch die Aufstellung abstrakter Werthierarchien aufgelöst werden. Vielmehr komme es in der Völkerrechtsordnung immer stärker zur Ausbildung von Rechtsprinzipien, die lediglich den Rahmen für solche Konflikte absteckten und eine Auflösung von Kollisionen anhand der konkreten Umstände des Einzelfalls mit Rücksicht auf den zeitlichen und kulturellen Kontext erlaubten.

Insofern wird von einer Verfassung der internationalen Gemeinschaft noch keine Rede sein können. Zwar haben sich seit dem Zweiten Weltkrieg Prinzipien herausgebildet, die geeignet sind, die Ausübung von Staatsgewalt zu legitimieren. Diese Prinzipien sind bisher jedoch noch sehr rudimentär. Insbeson-

dere fehlt es, wie wir gesehen haben, noch an anerkannten Legitimitätsstandards für die Ausübung von Hoheitsgewalt auf supranationaler oder globaler Ebene. Daher wird man wohl allenfalls von einem bescheideneren Konstitutionalisierungsverständnis ausgehen müssen, das die Herausbildung übergeordneter Rechtsprinzipien innerhalb der Völkerrechtsordnung unterstreicht.

Fragmentierung als Ausdruck hegemonialer Strukturen? Während die Lehre von der Konstitutionalisierung die Konvergenztendenzen innerhalb des Völkerrechts in den Vordergrund rückt, betonen die Anhänger der Fragmentierungsthese in erster Linie die zunehmende Ausdifferenzierung völkerrechtlicher Teilregime. Das Völkerrecht sei keine einheitliche Rechtsordnung, die von einer zentralen Normgebungsinstanz kodifiziert und durch zentrale Rechtsprechungsorgane konkretisiert werde. Kodifizierungen erfolgten vielmehr durch einzelne völkerrechtliche Verträge, die sich jeweils auf einen bestimmten Teilbereich konzentrierten. So gibt es eigene Verträge, die sich in besonderem Maße auf Menschenrechte, auf die Meeresumwelt, den Klimaschutz, den Welthandel oder die Stabilisierung des Finanzsystems beziehen.

Diese Verträge regeln diese Lebensbereiche nicht nur inhaltlich, sondern etablieren jeweils spezielle Institutionen, die mit der Überwachung und Durchsetzung der entsprechenden Rechtsmaterien betraut sind. So kümmern sich Streitbeilegungsorgane der WTO um den Welthandel, der Internationale Seegerichtshof um die Meeresumwelt und Weltbank und Internationaler Währungsfonds um das Weltfinanzsystem. Die Anhänger der Fragmentierungsthese fürchten nun, dass diese inhaltliche Ausdifferenzierung dazu führe, dass von einer einheitlichen völkerrechtlichen Ordnung eigentlich keine Rede mehr sein könne, sondern dass diese einheitliche Ordnung jeweils in inhaltliche Teilsysteme zerfalle.

Grundsätzlich ist eine inhaltliche Ausdifferenzierung kein Makel einer Rechtsordnung. Mit zunehmender Komplexität des Rechts wird sie vielmehr zur Notwendigkeit. Ausdifferenzierungen finden wir auch in modernen nationalstaatlichen Rechtsordnungen, die einzelne Lebensbereiche oft getrennt kodifiziert haben, und diesen – zumindest in Kontinentaleuropa – teilweise auch eigene Institutionen zur Konkretisierung und Rechtsdurchsetzung zugeordnet haben. Man denke in Deutschland nur an die

Herausbildung spezialisierter Gerichtsbarkeiten, die Unterscheidung zwischen Zivil-, Arbeits-, Sozial- oder Finanzgerichtsbarkeit.

Problematisch wird diese Ausdifferenzierung dann für die Kohärenz einer Rechtsordnung, wenn es keine einheitlichen Prinzipien und Institutionen mehr gibt, die zwischen den Teilregimen eine Verbindung herstellen. Anhänger der Fragmentierungsthese verweisen darauf, dass gerade diese Abspaltung vom allgemeinen Völkerrecht in vielen Teilrechtsordnungen angelegt sei. So bestimmt etwa Art. 3 (2) Satz 3 des WTO Dispute Settlement Understandings, dass die Entscheidungen der Streitbeilegungsorgane den in den WTO-Verträgen enthaltenen Verpflichtungen nichts hinzufügen und sie in keiner Weise mindern dürfen. Dies wird von einigen Autoren so interpretiert, dass als rechtliche Basis der Urteile allein die WTO-Verträge und nicht sonstiges Völkerrecht herangezogen werden dürften. Ähnlich heißt es in Art. III § 5 lit. b des Gründungsstatuts der Internationalen Bank für Wiederaufbau und Entwicklung, einer Institution der Weltbankgruppe, dass bei den Vergabeentscheidungen der Bank allein ökonomische Erwägungen zugrunde gelegt werden sollten. Politische oder andere nicht-ökonomische Überlegungen dürften keine Rolle spielen, was ebenfalls als Isolierungstendenz gegenüber dem allgemeinen Völkerrecht begriffen werden kann.

Nun mag man diese Herausbildung von sogenannten *self-contained regimes* als Beschreibung einer völkerrechtlichen Entwicklung zur Kenntnis nehmen, diese *per se* aber noch nicht als normativ problematisch betrachten. Dies wäre sie auch nicht, wenn es entweder keine Überschneidungen der unterschiedlichen Lebensbereiche gäbe, oder das Völkerrecht eine einheitliche Sanktionsinstanz kennen würde, die für eine Koordinierung der unterschiedlichen Bereiche sorgen würde. Beides ist aber nicht der Fall. Sicherlich gibt es Rechtsfragen, die beispielsweise allein Spezifika des Welthandels betreffen. Bei vielen der problematischen und besonders diskutierten Rechtsfragen kommt es aber zu Zielkonflikten, bei denen etwa Ziele des Welthandels mit solchen des Umwelt- oder Menschenrechtsschutzes konkurrieren. Darf beispielsweise ein Staat die Einfuhr von Thunfisch aus solchen Staaten beschränken, die für den Fang nicht bestimmte Umweltauflagen beachten und erfüllen?

Je stärker ein Rechtsprechungsorgan gehalten ist, nur die Vorschriften des eigenen Rechtsregimes zu beachten, desto stärker kommt es zu einer einseitigen Berücksichtigung bestimmter inhaltlicher Belange, so dass zumindest faktisch abstrakte Werthierarchien geschaffen werden, ohne zwischen konkurrierenden Zielen einen Ausgleich zu suchen. Welches Regime am Ende die Oberhand behält, bestimmt sich nach der Schärfe der Sanktionsmechanismen. Und diese sind im Völkerrecht unterschiedlich effektiv. Eine Sanktion, die durch ein WTO-Streitbeilegungsorgan beschlossen wird, kann für die unterliegende Partei erhebliche wirtschaftliche Folgen haben und ist daher wesentlich effektiver als eine Verurteilung durch den UN-Menschenrechtsausschuss.

Insofern führt die Ausbildung inhaltlich abgeschotteter Regime zu einer faktischen Hierarchisierung, die zur Folge hat, dass bestimmte Belange innerhalb der Völkerrechtsordnung *de facto* mehr Gewicht haben als andere. Daher gibt es einige Autoren, die die völkerrechtliche Fragmentierung als Ausdruck hegemonialer Tendenzen in der Völkerrechtsordnung sehen (Benvenisti/Downs 2007). Selbst wenn man hinter diesen Entwicklungen keine Intention zur Herausbildung hegemonialer Strukturen erkennen möchte, bleibt doch festzuhalten, dass eine gewisse Einheitlichkeit der Völkerrechtsordnung Voraussetzung ihrer Legitimität ist, um zu verhindern, dass bestimmte politische Belange durch das globale Recht automatisch bevorzugt werden.

Pluralismus der Völkerrechtsordnung: Die große Herausforderung an das Völkerrecht innerhalb der nächsten Jahrzehnte wird darin bestehen, einerseits einen verbindlichen Rahmen zu schaffen, um die Menschheit auf bestimmte fundamentale Wertvorstellungen zu verständigen und dem Problem globaler öffentlicher Güter zu begegnen, andererseits aber flexibel genug zu sein, kulturelle Differenzen zu würdigen und Zielkonflikte einem den Umständen angemessenen Ausgleich zuzuführen. Um dieser Spannung zwischen globaler Geltung und lokaler Kontextsensitivität zu begegnen, kann auf Lösungsansätze zurückgegriffen werden, die in der Rechtswissenschaft bereits entwickelt worden sind. Dafür muss jedoch von dem immer noch vorherrschenden hierarchischen Verständnis von Recht Abstand genommen und auf eine zunehmend pluralistische Perspektive rekurriert werden (Krisch 2006).

Mit Blick auf den Respekt kultureller Differenzen, kann dabei vor allem auf die *margin of appreciation* Doktrin des Europäischen Gerichtshofs für Menschenrechte zurückgegriffen werden. Diese gesteht Staaten bei der Auflösung von Wertkonflikten einen gewissen Ermessensspielraum zu, wobei lediglich die Grenzen dieses Ermessensspielraums kontrolliert werden. Ob ein Staat den Schutz des ungeborenen Lebens oder die Wahrung der Autonomie der Frau höher wertet, hängt im Wesentlichen von den gesellschaftlichen Rahmenbedingungen des jeweiligen Staates ab. Diese Bewertung wird in Irland anders ausfallen als in Schweden, und es ist nicht Sache des Völkerrechts, dies zu vereinheitlichen. Das Völkerrecht zeigt lediglich Grenzen auf, indem es etwa strategisches Verhalten politischer Eliten zu unterbinden sucht.

Der wohl schwierigere Bereich ist die Koordinierung völkerrechtlicher Teilsysteme. Doch auch hier gibt es Lösungsansätze. Sowohl die Gründungsstatute der internationalen Finanzinstitutionen als auch der WTO-Vertrag bieten normative Ansatzpunkte, Menschenrechte oder Umweltbelange bei den Entscheidungen zu berücksichtigen (Pauwelyn 2003). Die konstitutionellen Normen des Völkerrechts haben dabei das Potential, auf die spezialisierten Regime einzuwirken und somit einen einheitlichen Rahmen zu bilden, der weiterhin die Annahme einer einheitlichen Rechtsordnung erlaubt. Auch hier sollte sich die Aufgabe der Streitentscheidungsorgane darauf beschränken, strategisches Verhalten von Regierungen zu sanktionieren, die grundsätzliche Wertentscheidung bei der Abwägung zwischen Umwelt- und Handelsbelangen jedoch von den gesellschaftlichen Rahmenbedingungen abhängig zu machen.

Allerdings hat die hitzig geführte Debatte innerhalb der Völkerrechtswissenschaft um die Berücksichtigung von Umwelt und Menschenrechten bei Entscheidungen von Finanzinstitutionen und WTO-Streitbeilegungsorganen bisher nur kleine Erfolge erzielt. Es lässt sich eine zunehmende Öffnung der Regime feststellen, gleichzeitig eine inhaltliche Voreingenommenheit der Entscheidungsträger zugunsten der Regime, innerhalb derer sie wirken, aber nicht verleugnen. Insofern ist es wichtig, innerhalb der völkerrechtlichen Debatte *normativ* an dem Ideal der Einheitlichkeit der Völkerrechtsordnung festzuhalten, da diese Legitimationsvoraussetzung der völkerrechtlichen Teilregime ist. Gleichzeitig sollte man *positiv* vor der Gefahr einer zunehmenden Fragmentierung nicht die Augen verschließen.

Fazit

Die Trennung zwischen Recht und Moral, zwischen Sein und Sollen, zwischen Legalität und Legitimität gilt gemeinhin als eine der großen Errungenschaften des Positivismus. Durch die Trennung sollte die praktische Jurisprudenz von schwierigen Legitimitätsfragen entlastet werden, um sich allein am binären Schema der Legalität orientieren zu können. Die Entwicklung in der Völkerrechtswissenschaft innerhalb der letzten Jahrzehnte hat diese Unterscheidung jedoch aufgeweicht. Im Zuge der Globalisierung werden immer mehr hoheitliche Aufgaben vom Nationalstaat auf die supranationale oder globale Ebene übertragen. Gleichzeitig ist die Ausübung von Hoheitsgewalt im internationalen Bereich aber noch nicht in ähnlicher Form in ein rechtsstaatliches Gewand gekleidet wie im Nationalstaat. Insofern können sich Rechtswissenschaftler, die sich mit globalen Entwicklungen beschäftigen, nicht allein auf eine Analyse des positiven Rechts beschränken.

Vielmehr ist das Konzept der Legitimität der Dreh- und Angelpunkt der meisten modernen theoretischen Konzeptionen des Völkerrechts. Die Debatte um die Universalität von Menschenrechten kann nicht allein mit einem Hinweis auf das positive Recht erstickt werden. Zwar sind dort viele individuelle Garantien normiert, doch bedürfen diese zum einen der Konkretisierung und müssen zum anderen zueinander ins Verhältnis gesetzt werden, was ohne eine nicht im Recht selbst verankerte theoretische Konzeption kaum möglich erscheint. Noch offensichtlicher erscheint dies für die Ausübung supranationaler Hoheitsgewalt. Da es hier bisher in vielen Fällen an anerkannten rechtsstaatlichen Standards mangelt, verwundert es kaum, dass die rechtswissenschaftliche Literatur sich mehr mit der Legitimitätsfrage als mit der Auslegung des positiven Rechts beschäftigt.

Eine letzte Dimension betrifft schließlich die Legitimität des Völkerrechts selbst. Den beschriebenen Universalisierungstendenzen steht eine zunehmende inhaltliche Ausdifferenzierung des Völkerrechts gegenüber. Soweit die Herausbildung völkerrechtlicher Teilregime dazu führt, dass diese gegen allgemeine völkerrechtliche Strukturprinzipien abgeschottet werden, führt diese Tendenz zu einer faktischen Hierarchisierung von Werten, die die Legitimität dieser Teilordnungen in Frage stellt. Aus diesen Gründen ist es erforderlich, die Einheit des Völkerrechts als normatives Leitbild aufrecht zu erhalten, um eine Lösung von Wert- und Zielkonflikten innerhalb des Rechts zu ermöglichen und diese nicht faktisch bereits vorherzubestimmen.

Literatur

Benvenisti, Eyal/Downs, George W.: The Empire's New Clothes: Political Economy and the Fragmentation of International Law. In: *Stanford Law Review* 60. Jg. (2007), 595–631.

Bogdandy, Armin von: Globalization and Europe: How to Square Democracy. In: *European Journal of International Law* 15. Jg. (2004), 885–906.

– /Dann, Philipp/Goldmann, Matthias: Developing the Publicness of Public International Law: Towards a Legal Framework for Global Governance Activities. In: *German Law Journal* 9. Jg. (2008), 1375–1400.

Byers, Michael: *Custom, Power and the Power of Rules.* Cambridge 1999.

Charney, Jonathan I.: Universal International Law. In: *American Journal of International Law* 87. Jg. (1993), 529–551.

Dupuy, René-Jean: L'unité de l'ordre juridique international. In: *Recueil des Cours* 297. Bd. (2002), 9–489.

Franck, Thomas: *Fairness in International Law and Institutions.* Oxford 1995.

Grant, Ruth W./Keohane, Robert O.: Accountability and Abuses of Power in World Politics. In: *American Political Science Review* 99. Jg. (2005), 29–43.

Kadelbach, Stefan/Kleinlein, Thomas: International Law – A Constitution of Mankind? Attempt at a Re-Appraisal with an Analysis of Constitutional Principles. In: *German Yearbook of International Law* 50. Jg. (2007), 303–347.

Kingsbury, Benedict/Krisch, Nico/Stewart, Richard: The Emergence of Global Administrative Law. In: *Law and Contemporary Problems* 68. Jg. (2005), 15–61.

Koskenniemi, Martti: *The Gentle Civilizer of Nations.* Cambridge 2004.

–: *Fragmentation of International Law: Difficulties Arising from the Diversification and Expansion of International Law* (UN-Dok. A/CN.4/L.682). New York 2006.

Krisch, Nico: The Pluralism of Global Administrative Law. In: *European Journal of International Law* 17. Jg. (2006), 247–278.

Pauwelyn, Joost: *Conflict of Norms in Public International Law. How WTO Law Relates to Other Rules of International Law.* Cambridge 2003.

Simma, Bruno/Alston, Philip: The Sources of Human Rights Law: Custom, Jus Cogens, and General Principles. In: *Australian Yearbook of International Law* 12. Jg. (1992), 82–108.

Slaughter, Ann-Marie: International Law and International Relations Theory: A Dual Agenda. In: *American Journal of International Law* 87. Jg. (1993), 205–239.

Tomuschat, Christian: International Law – Ensuring the Survival of Mankind on the Eve of a New Century. In: *Recueil des Cours* 281. Bd. (1999), 13–438.

Weiler, Joseph H.H.: The Geology of International Law – Governance, Democracy and Legitimacy. In: *Zeitschrift für ausländisches öffentliches Recht und Völkerrecht* 64. Jg. (2004), 547–562.

Niels Petersen

4. Soziologie

Einleitung: Der *global shift* und die Soziologie

Die Soziologie ist mit Beginn des neuen Millenniums in ihrem Verhältnis zur Globalisierungsproblematik an einem kritischen Punkt angelangt. Nach einer enthusiastischen Phase Anfang der 1990er Jahre, als der Begriff und die Problematik nach anfänglichen Berührungsängsten überschwänglich debattiert, und Globalisierung als Metatheorem für eine Soziologie des 21. Jahrhunderts favorisiert wurde, ist mittlerweile Ernüchterung bezüglich der analytischen Tragfähigkeit des Begriffs eingetreten. Meldeten sich bereits Ende der 1990er Jahre erste kritische Stimmen, die den analytischen Mehrwert des Konzepts für die Analyse der Gegenwartsgesellschaft hinterfragten, wird heute offen von einem eindeutig ›vorparadigmatischen Zustand‹ des Globalisierungsansatzes gesprochen (Abu-Lughod 2008, 353).

Dadurch befindet sich die Soziologie in einer recht ambivalenten Situation, sowohl was die Nachbardisziplinen als auch ihr inneres Gefüge angeht. Im Vergleich zu den sozialwissenschaftlichen Nachbardisziplinen ging sie zunächst mit einem methodologischen Handicap in die Debatte. Während die Soziologie lange nicht über eine sozialstrukturell vergleichende Analyse nationalstaatlicher Gesellschaften hinauskam, war im Bereich der Politikwissenschaften beispielsweise der *International Relations*-Ansatz frühzeitig am interaktiven Verständnis von zwischenstaatlichen Prozessen und Strukturen (Diplomatie, Welthandel etc.) interessiert. Nachdem allerdings die Soziologie für sich die radikale sozialräumliche Restrukturierung des Sozialen als Programm entdeckt hatte, forderte sie eine entscheidende Rolle in einer ›transdisziplinären Globalisierungstheorie‹ ein (Robertson 2001). Auch wenn sich mittlerweile eine dezidierte Zurückweisung einer solchen disziplinenübergreifenden ›Globalisierungstheorie‹ artikuliert (Rosenberg 2005), so ist dies dennoch kein *post mortem* einer soziologischen ›Theorie der Globalisierung‹.

Diese steht vielmehr vor drei grundlegenden Herausforderungen. Zum einen ist die Abkehr vom ›methodologischen Nationalismus‹ (Beck 1997, 115) als selbstverständlichem Bezugsrahmen soziologischer Erklärung geboten. Die Soziologie ist heute gefordert zu erklären, wie sich das Soziale jenseits der Kongruenz von Territorium, Staat und Nation entfaltet. Daraus ergibt sich angesichts der zunehmenden Drift zwischen räumlicher und sozialer Nähe/Ferne zum Zweiten die Notwendigkeit der Auseinandersetzung mit der Bindungskraft sozialer Beziehungen und insbesondere deren klassischer Einordnung als primärer (basierend auf Intimität und Nähe) und sekundärer Beziehungen (versachlicht und auf Distanz) (Albrow 2008). Letztlich folgt daraus drittens das Ziel, um begriffliche Klarheit zu ringen, deren Mangel und die daraus resultierende analytische Überspanntheit in der Globalisierungsdiskussion dazu geführt haben, dass sich signifikante Autoren auf der Suche nach (auch empirisch) tragfähigeren Begriffen in Richtung ›Transnationalisierung‹ gewendet haben (Hannerz 1998, 6).

Die Klassiker und ihre Kernthesen

Roland Robertson wird wohl mit Recht als der Gründungsvater der soziologischen Globalisierungstheorie gesehen. In seinem Bemühen, die Globalisierungssoziologie von der *International Relations*-Theorie, aber auch von ökonomistisch (Wallerstein) oder politisch (Gilpin) definierten Weltsystemtheorien zu emanzipieren, erfolgt in Robertsons Ansatz eine Refokussierung auf die kulturellen Dynamiken der Gesellschaft. Neben David Harveys Idee der ›time-space-compression‹, Giddens' Konzept der ›time-space distanciation‹ und Albrows bzw. Becks Einordnung der Gegenwartsgesellschaft als ›Globales Zeitalter‹ oder ›Reflexive Moderne‹, stellt Robertsons ›globales Feld‹ (1992, 25–31) einen wesentlichen Theoriebaustein für die soziologische Globalisierungsdiskussion bereit. Schon seine Definition von Globalisierung arbeitet diesem Modell vor. Hier wird eine zunächst ungelenk wirkende Dualität subjektiver und objektiver Faktoren postuliert: »Globalization as a concept refers both to the compression of the world and the consciousness of the world as a whole.« (Robertson 1992, 8) Im Grunde geht es aber um eine makrosoziologische Anwendung des Thomas-Axioms, insofern die geweckte Aufmerksamkeit für Globalität als neuer *conditio humana* in ihrer Handlungskonsequenz dazu beiträgt, dass sich das Zusammenrücken der Menschheit tatsächlich realisiert. Dementsprechend bezieht sich das ›globale Feld‹ weniger auf materielle Vernetzungen denn auf eine phänomenologische Zuständlichkeit, in der unterschiedliche soziale Akteure (Individuen, Nationalstaaten, internationale Organisationen usw.) ihr Handeln zunehmend mit Bezug aufeinander und in Bezug auf die Welt als Ganze (auch widersprüchlich) interpretieren. Während sich das ›globale Feld‹ noch im Bereich abstrakten Theoretisierens verortet, trägt Robertsons zweiter wesentlicher Beitrag zur soziologischen Globalisierungsdiskussion zu einer empirisch-pragmatischen Wende bei. Mit dem Konzept der ›Glokalisierung‹ (Robertson 1998) versucht Robertson eine Aufhebung der Polarisierung zwischen Globalem und Lokalem in einer Dynamik (logischer) Gleichzeitigkeit von globaler Lokalisierung und lokaler Globalisierung, wie sie sich beispielsweise in der globalen Verbreitung generalisierter Milieus wie Bahnhöfen und Fast Food-Ketten und ihrer dennoch lokalspezifischen Nuancierung und Einbettung zeigt.

Während Robertson eine ›voluntaristische‹ Theorie der Globalisierung vorlegt, die Globalisierung als einen komplexen, von sozialen Handlungsentwürfen und kulturellen Interpretationen mitbestimmten und daher potentiell offenen Prozess begreift, ist Giddens' Ansatz als ›institutionelles Modell‹ in die Diskussion eingegangen. Für Giddens (1995, 75–80) ist es das um bestimmte institutionelle Cluster (etwa der bürokratischen Verwaltung und Überwachung oder der industriellen Produktion) gebündelte Potential für ökonomische Expansion, technologische Effizienz und Zentralisation administrativer Kontrolle, das den globalen Siegeszug der westlichen Moderne erklärt. Westliche Moderne ist hier aber nicht deckungsgleich mit westlicher Zivilisation und Kultur. Im Gegenteil, Giddens argumentiert, dass mit der Universalisierung westlicher institutioneller Cluster globale Zusammenhänge und Abhängigkeiten geschaffen werden, die den transatlantischen Hegemonieanspruch unterlaufen. Globalisierung ist somit für Giddens ausdrücklich nicht Verwestlichung, sondern als Übersetzung der institutionellen Muster der westlichen Moderne in einen globalen Kontext zu verstehen, wobei diese selbst einem Transformationsprozess unterliegen. Gebündelt wird dieser Ansatz im zentralen Theorem einer der Moderne inhärenten Globalisierungstendenz (Giddens 1995, 84).

Mehr noch als durch den Institutionenansatz hat Giddens durch drei weitere Theoreme gewirkt, die die inhärente Globalisierungstendenz der Moderne weiter plausibilisieren sollen. Mit dem Begriff der »time-space-distanciation« (Giddens 1990, 14) be-

schreibt Giddens die grundlegende Reorganisation raum-zeitlicher Kontexte im Prozess der Modernisierung. Das beinhaltet zum einen die Universalisierung einer standardisierten Zeitmessung die unabhängig von den lokalen Rhythmiken und regionalen Zyklen des Alltagslebens die Koordination von sozialem Handeln zulässt (etwa in Fahrplänen). Die darauf aufbauende Dynamik von »disembedding/reembedding« (ebd., 21) beschreibt das Herauslösen sozialer Beziehungen aus lokalen Interaktionskontexten und ihre Restrukturierung über raum-zeitliche Distanzen hinweg. Man kann dies etwa am Aufrechterhalten von Familienbanden zwischen Kontinenten, unter Hilfe von Telefon, Flugzeug und Internet verdeutlichen. Die globalisierte Moderne beruht demnach nicht nur auf dem Aufbrechen lokaler und traditional verankerter Lebensmuster in komplex erweiterten sozialen Beziehungen, sondern auch auf dem zwangsläufig alltäglichen Vertrauen auf universelle Austauschmittel (vornehmlich Geld) und dekontextualisiertem, vornehmlich technischem, Expertenwissen (beispielsweise des Flugzeugpiloten). Darin kommt letztlich ein weiterer Aspekt der radikalisierten oder globalen Moderne zum Tragen, nämlich die ›institutionelle Reflexivität‹ (Giddens 1990, 36). Gemeint ist damit nicht die habituelle Selbstkontrolle unseres Handelns und auch nicht die reflexive Interpretation von Tradition. Reflexivität in der globalisierten Moderne heißt für Giddens vielmehr, dass mehr oder weniger alle sozialen Praktiken fortlaufend im Licht neuer Informationen reexaminiert und gegebenenfalls transformiert werden. Dies betrifft Individuen und Institutionen gleichermaßen. Globalisierung ist somit eine sich aus den Ausdehnungstendenzen der westliche Moderne ergebende Form translokaler Vernetzung, definiert als »Intensivierung weltweiter sozialer Beziehungen, durch die entfernte Orte in solcher Weise miteinander verbunden werden, dass Ereignisse an einen Ort durch Vorgänge geprägt werden, die sich an einem viele Kilometer entfernten Ort abspielen, und umgekehrt« (Giddens 1995, 85).

Fast noch wirkungsvoller als Giddens' Konzept der ›time-space distanciation‹ hat der Sozialgeograph Harvey (1990) mit seinem Konzept der ›time-space compression‹ in der soziologischen Globalisierungsdiskussion gewirkt. Zunächst weil von vielen Kommentatoren Giddens' Begriff der ›time-space distanciation‹ dahingehend kritisiert wurde, dass er missverständlich das ›Strecken‹ von Raum und Zeit impliziert, während es vielmehr soziale Beziehungen sind, die sich aufgrund der technologischen Minimierung raum-zeitlicher Distanzen in ihrer Reichweite ausgedehnt haben. Zudem macht Harveys Konzept der time-space-compression auf die zeitlichen Implikationen von Ausbettungsprozessen aufmerksam: Durch das immer schnellere Überwinden räumlicher Barrieren scheinen verschiedene soziale Kontexte buchstäblich ineinander zu kollabieren und wird umgekehrt unser (Er-)Leben stark beschleunigt. Den Eindruck, einer völligen Auflösung von Raum durch Zeit hin zur quasi-Simultanität eines *global village* das Wort zu reden, kontert Harvey (1990, 295) mit einem zweiten wichtigen Theorem, dem ›central paradox of space and place‹. Damit wird zum Ausdruck gebracht, dass das Verschwinden räumlicher Schranken nicht mit der globalen Homogenisierung sozialer Räume und lokaler Unterschiede gleichzusetzen ist. Vielmehr verschärft der potentiell globale Zugriff auf Raum die Sensibilität sozialer Akteure für lokale Unterschiede und Vorteile, sowie umgekehrt die Notwendigkeit, lokale Alleinstellungsmerkmale in der globalen Arena zu propagieren. Deutlich wird also, dass Harveys Kernthesen kaum einer ›Enterritorialisierung‹ das Wort reden, sondern vielmehr einer verfeinerten Analyse der Spannungsfelder, die sich zwischen Raum und Lokalität, lokaler Identität und globaler Mobilität, zwischen technologischer Neuordnung globaler Räume und deren versuchter reflexiver Wiederaneignung durch verschiedene soziale Akteure ergeben. Es geht Harvey letztlich um eine ›Geographie der Differenz‹, die die Bedeutung historisch-geographischer Verortung für die Teilhabe an globaler Gesellschaft nicht weginterpretiert, sondern aufdeckt.

Ulrich Beck ist zunächst vor allem durch seine Arbeit zur ›Risikogesellschaft‹ (1986), die in englischer Übersetzung 1992 ins Zeitfenster der ersten Welle der Globalisierungsliteratur fiel, zu deren ›Klassikern‹ zu zählen. Diese Konzeptualisierung der nachindustriellen Moderne als Risikogesellschaft steht zum einen für die ökologische Erweiterung der soziologischen Globalisierungsdebatte. Hier wird ausdrücklich auf die Globalität induzierenden ökologischen Konsequenzen industrieller Modernisierung verwiesen, die den Planeten Erde zu einem potentiellen ›Schleudersitz‹ für die gesamte Menschheit machen. Nachfolgend entwickelte sich ein Forschungsprogramm, das die Globalisierungsdebatte mit drei weiteren wesentlichen Ideen beeinflusste. Um den

Begriff der ›Weltrisikogesellschaft‹ (1997, 168–172) sammelten sich erstens Argumente die nicht nur die ökologische Dimension weltgesellschaftlicher Vernetzung weiterverfolgten, sondern zugleich deren Verknüpfung und Resonanz mit anderen Dimensionen von Globalisierung (etwa die zivilgesellschaftliche oder kommunikationstechnische) beleuchteten und so nicht nur dem ›methodologischen Nationalismus‹, sondern gleichermaßen einem monokausalen Globalisierungsbegriff entgegen dachten. Zum Zweiten wird der Begriff der Weltrisikogesellschaft in das paradigmatische Programm der ›Reflexiven Modernisierung‹ oder ›Zweiten Moderne‹ (Beck 1994) überführt. Gemeint ist damit eine Selbsttransformation der Moderne als eine durch Nebenfolgen industrieller Modernisierung (u. a. ökologische Probleme, die Krise der Erwerbsgesellschaft) hervorgerufene Selbstthematisierung der Basisinstitutionen und Lebensformen der modernen Gesellschaft (u. a. Wohlfahrtsstaat, Familie). Gemeinsam ist diesen Prozessen die Erfahrung der ›Entgrenzung‹, verstanden als Infragestellung traditional und lokal verfasster Milieus und als Überschreitung nationalstaatlicher Regulierungsversuche. Insofern dies auch die Freisetzung von Individuen aus kollektiv gesicherten Traditionsbeständen und die Notwendigkeit des Gestaltens der eigenen Biographie jenseits stabiler institutioneller Einbindung einerseits und zugleich zunehmender widersprüchlicher Informationsflüsse andererseits meint, steht die Theorie der Reflexiven Modernisierung somit drittens auch für die These der ›Individualisierung‹ als komplementären Elements eines umfassenden Transformationsprozesses von ursprünglich industriegesellschaftlichen Strukturen und Institutionen.

Unter den Klassikern der Soziologie der Globalisierung ist es Albrow (2007), der mit seiner These vom ›globalen Zeitalter‹ am konsequentesten den konzeptionellen Abschied von der Moderne einfordert. Während wir insbesondere in den Theorieansätzen von Giddens (die inhärente Globalisierungstendenz der Moderne hin zu einer radikalisierten Moderne) und Beck (die Reflexive Moderne als Auseinandersetzung mit den ungewollten Nebenfolgen der industriellen Moderne), den Versuch erkennen, Globalisierung aus der Antriebslogik der Moderne zu erklären, unterstreicht Albrow demgegenüber die agendasetzende Wirkung von Globalität, definiert als räumliche Ganzheit und Endlichkeit des Planeten Erde. Das globale Zeitalter als Abschied von der

Moderne zu begreifen, bedeutet, dass das Projekt der Moderne durch die unrevidierbare materiell-räumliche Faktizität von Globalität als dominantem Handlungs- und Sinnzusammenhang abgelöst oder doch zumindest radikal relativiert wird: Statt des Narrativs universeller Rationalität, immerwährenden Fortschritts, und dadurch legitimierter räumlicher Expansivität wird jetzt die planetare Ganzheit und Endlichkeit zum Bezugspunkt biographischer und institutioneller Verankerung. Globalisierung ist dann kein selbsttreibender Prozess, sondern das konfigurative Zusammenspiel historischer Veränderungen, die den Globus zum neuen Nexus sozialen Handelns machen (Albrow 1996, 95). In diesem Sinne kann Albrow dann, ganz im Kontrast zu Giddens' Ansatz, formulieren: »Globality is inherently demodernizing.« (1996, 99) Daraus folgt dann aber auch, dass das Globale Zeitalter keineswegs das Ende der konstitutiven Elemente moderner Entwicklung meint, sondern deren Entkopplung vom Projekt der Moderne und deren *Aufhebung* in einer neuen, durch Globalität bestimmten gesellschaftlichen Konfiguration.

Zum Klassiker ist mittlerweile auch Appadurai (1992) durch seinen vielzitierten Essay zur neuen ›globalen Kulturökonomie‹ geworden, der die Globalisierungsdiskussion auf eine Makroethnographie der globalisierten Beziehungen kultureller Reproduktion hin öffnet. Appadurai stellt essentialistischen Fassungen von Ökonomie, Kultur und Identität eine ›Landschaft‹ sich überlappender und durchkreuzender entterritorialisierter ›Flüsse‹ (*flows*) von Menschen (*ethnoscapes*), Technologien (*techno-scapes*), Geld und anderen Finanzmitteln (*finance-scapes*), Kommunikationsmitteln (*mediascapes*), sowie von Ideen und Ideologien (*ideoscapes*) gegenüber. Die Metapher der ›Landschaft‹ ist mit Bedacht gewählt und vermittelt den perspektivischen (je nach Akteur und Positionierung) und veränderlichen Charakter der globalen Kulturlandschaft und ihrer Reproduktion. Erfasst werden soll durch diesen auf den ersten Blick ›chaostheoretischen Globalisierungsansatz‹ (Robertson 1992, 103) das Ineinanderverschieben lokaler, regionaler und globaler Lebensweltkontexte, das Gegeneinanderstreben territorialer und symbolischer Verortungen, sowie das Auseinanderdriften alltagsweltlicher Involviertheit und Makroloyalität.

Tendenzen und Schwerpunkte in der soziologischen Globalisierungsforschung

Nach dem erwähnten ursprünglichen Enthusiasmus und einer gewissen Ernüchterung ist eine neue Unübersichtlichkeit als Ausgangsbasis für die mittlerweile dritte Runde der Globalisierungsdebatte festzustellen. Obwohl der Perspektivenwechsel auf das Globale eine ungeheure Flut von Literatur hervorgebracht hat, ist eine kraftvolle Zusammenschau und Synthese dieser Bemühungen bisher ausgeblieben bzw. mehrfach ob der offensichtlichen Komplexität verschoben worden (Robertson/Inglis i.E.). Ohne Anspruch auf Vollständigkeit, sowie in Anbetracht unweigerlicher Überlappungen konnte man dennoch zu Beginn des Millenniums folgende Kernpunkte festhalten, um die die soziologische Globalisierungsdebatte kreiste und immer noch kreist (vgl. Robertson 2001):

Periodisierung und Brüche: Neben verschiedenen Versuchen, unterschiedliche Phasen des Globalisierungsprozesses voneinander zu unterscheiden, ist das Kernproblem hier das Verhältnis zwischen Moderne und Globalisierung. Hier soll es genügen, zunächst auf eine allgemeine Zuordnung von aktuellen Theorieansätzen zu verweisen. Demnach wird bezüglich der Anfänge von Globalisierung angenommen, dass:

– Globalisierung einen weit in die Geschichte zurückreichenden Transformationsprozess beschreibt; dieser Prozess zunehmend und kontinuierlich an Wirksamkeit gewann, zugleich aber in jüngster Zeit eine Beschleunigung erfahren hat. Der Theorieentwurf von Robertson (1992) kann hier als klassisches Beispiel angeführt werden.

– Globalisierung und Modernisierung sowie die Herausbildung einer kapitalistischen Produktionsweise parallele und komplementäre (institutionelle) Entwicklungen sind. Giddens (1990) kann als prominenter Vertreter dieser Sichtweise betrachtet werden.

– Globalisierung ein vergleichsweise neues Phänomen ist, das an die technologischen Möglichkeiten der Herausbildung einer entterritorialisierten Ökonomie kultureller Reproduktion geknüpft ist. Als relevantes Beispiel sei hier auf Appadurais (1992) Analyse der entterritorialisierten ›Landschaften‹ kultureller Flüsse (zurück-)verwiesen.

Viel radikaler stellt sich aber die Frage nach der epochalen Zäsur. Auf der einen Seite kann argumentiert werden, dass Globalisierung eine mehr oder weniger direkte Konsequenz der industriellen Moderne ist und wir somit von einer ›Radikalisierten Moderne‹ (Giddens 1990) oder ›Zweiten Moderne‹ (Beck 1994) sprechen sollten. Ebenso plausibel lässt sich jedoch argumentieren, dass der Zustand von Globalität (verstanden als planetare Ganzheit und zugleich Endlichkeit) und seine Konsequenzen für das Menschsein auf diesem Planeten, alle Aspekte der Modernen Gesellschaft, einschließlich des Projekts der Moderne selbst, radikal in einen neuen Handlungs- und Sinnzusammenhang stellen, und man demzufolge von einem ‹globalen Zeitalter‹ sprechen müsste (Albrow 2007).

Antriebslogik: Dies betrifft die Frage, was sich denn nun eigentlich als die treibende Kraft hinter dem Phänomen der Globalisierung verbirgt. Hier kann zunächst zwischen monokausalen und multikausalen Erklärungsmustern unterschieden werden. Auf der einen Seite steht also der Versuch, eine singuläre treibende Kraft zu identifizieren, wobei diese vornehmlich in der ökonomischen Sphäre der Gesellschaft angenommen wird. Als prominentes Beispiel ist hier auf Wallerstein (1987) zu verweisen, der diese treibende Kraft in der kapitalistischen Weltökonomie sieht. Demgegenüber steht der Anspruch, Globalisierung aus dem Zusammenspiel unterschiedlicher Konfigurationen von globalen Akteuren (z. B. Robertsons Konzept des ›globalen Feldes‹, 1992) zu erklären. Zu beobachten ist hier in gewissem Sinne eine Weiterführung des alten Konflikts zwischen ökonomistischen und sozio-kulturellen Erklärungsversuchen, der sich durch die gesamte Soziologiegeschichte zieht. Im Grunde haben wir es hier immer noch mit Nachwirkungen fundamentaler Wendungen in den Anfängen der Globalisierungstheorie zu tun. In seinem Versuch, eine eigenständige soziologische Globalisierungstheorie jenseits der *International Relations*-Theorie und der Weltsystemtheorie Wallersteins zu begründen, überbetont beispielsweise Robertson die Eigenlogik kultureller Entwicklungen, so das ihm unter der Hand der voluntaristische Ansatz (siehe oben) zum eindimensionalen, weil politökonomische Entwicklungen weitestgehend ausblendenden, Erklärungsmuster wird (Robertson 2001, 461).

Homogenisierung vs. Heterogenisierung: Dies ist die wohl am heißesten geführte und zugleich weitgefächertste Teildebatte, berührt sie doch die Frage der Identität auf verschiedensten Ebenen, vom Nationalstaat bis hin zur eigenen Biographie. Während auf der einen Seite die Annahme verfochten wird, dass Globalisierung zwangsläufig zu einer Nivellierung kultureller Unterschiede und somit zu einer ›McDonaldisierung‹ von Gesellschaft führen muss (z.B. Ritzer 1993), bestehen andere Autoren auf dem Optionsräume generierenden und insofern herausfordernden und (re-)vitalisierenden Einfluss, den Globalisierungsprozesse für lokale Kulturen und Identitäten haben können (z.B. Hannerz 1998). In einer dritten Perspektive wird auf die konfliktuale Dialektik von Homogenisierung und zugleich Heterogenisierung verwiesen (Appadurai 1992). Das heißt zunächst nicht mehr und nicht weniger, als dass sich die diskursive Logik von kultureller Reproduktion ändert. Es scheint dieser Konfiguration neuer kultureller Vernetzungen und Verknüpfungen zunächst angemessen, mit Hannerz von einem Verschwinden alter kultureller Distinktionen, aber gleichzeitigem Hervorbringen neuer kultureller Differenzierungen zu sprechen (vgl. Hannerz 1998, 64).

Wie immer bei polar zugespitzten Diskussionen kann auch beim Problem Homogenisierung oder Heterogenisierung von globaler Kultur eine gewisse Nachlässigkeit im Auseinanderhalten von Problemebenen beobachtet werden. Argumente zu ›Massenkultur‹, ›Amerikanisierung‹, ›Verwestlichung‹, ›Standardisierung‹ meinen scheinbar dasselbe, zwingen uns aber gerade deshalb, über die Bedeutung des Kulturbegriffs in der ›global culture‹ nachzudenken: Bezieht sich die Rede von einer ›global culture‹ auf kulturelle Güter, Konsumartikel und Modestile oder auf einen umfassend strukturierten und weltweit geteilten Sinnhorizont? Mit Featherstone (1990, 1 f.) ließe sich dann in einer ersten Annäherung argumentieren, dass die Existenz einer einheitlich-integrativen ›global culture‹ im Sinne einer Nationalstaatskultur, also einer nur auf die Weltgesellschaft erweiterten integrativen Sinnklammer, zu verneinen wäre, während eine Globalisierung partieller kultureller Muster, wie sie sich im Konsumverhalten und in der Alltagskultur zeigen, durchaus gegeben ist. Hiervon wiederum wären die sich u. a. um transnationale Berufswelten entwickelnden ›third cultures‹ zu unterscheiden. Hiervon wiederum lässt sich ein vergleichsweise abstraktes Verständnis von ›global culture‹ im Sinne eines ganzheitlich-globalen Wertehorizonts unterscheiden, wie er etwa im Konzept des ›Globalismus‹ angedacht ist, also dem Verpflichtetsein menschlichen Handelns gegenüber Werten, die sich aus dem Zustand des Planeten Erde herleiten (vgl. Albrow 1996, 166). Nicht zu vergessen wäre letztlich der recht unterschiedliche Bezug von z.B. Hoch- und Volkskultur, oder Berufskultur und Stadtkultur auf das Potential einer ›global culture‹.

Unterminierung des Nationalstaates: Daniel Bells bekannte These, dass der Nationalstaat zu klein für die großen Probleme des Lebens, und zugleich aber zu groß für die kleinen Probleme des Lebens ist, hat sich mittlerweile zum Gemeinplatz entwickelt. Dabei wird die sich in Bells These verbergende Provokation einer komplexen Fragestellung oftmals verkürzt als Ende oder Untergang des (National-)Staates gelesen. Mit Sicherheit sind Globalität bzw. Globalisierung eine Herausforderung für den Nationalstaat, denkt man nur an die Lösung ökologischer Probleme, die Zugehörigkeitsformen mobiler Bevölkerungsgruppen und Wirtschaftseinheiten, die gegenüber dem Nationalstaat zumindest ambivalente Rolle der *global cities*, oder genereller ausgedrückt: die zunehmende Nichtkongruenz von sozialen und politischen Räumen (Held 2000). War es in den 1990er Jahren noch sinnvoll, zwischen den ›globalists‹, ›sceptics‹ und ›transformationalists‹ in dieser Debatte zu unterscheiden, so ist die Transformation der Position des Nationalstaates zum Konsens geworden und man hat sich der Analyse konkreter Kapazitäten des Nationalstaates und ihrer Transformation zugewandt. Wie Diskussionen um *multi-level governance* zeigen, führt das Delegieren von nationalstaatlicher Souveränität zu Machtkonstellationen, die von Fall zu Fall differieren, wobei in diesem *power bargaining* nationalstaatliche Regierungen durchaus nicht immer am kürzeren Hebel sitzen (Sassen 2007). Zu fragen bleibt dennoch, ob nicht in diesem Einüben ins *power bargaining* des Nationalstaates mit anderen Akteuren und Institutionen auf lange Sicht eine ›Aufhebung‹ der Nationalstaats-Gesellschaft stattfindet, insofern nicht nur Formen zivilgesellschaftlicher Verantwortung auf lokaler, regionaler und globaler Ebene (wieder-)entdeckt werden, sondern auch Nation und Staat sich über Grenzen hinweg (re-)organisieren (Albrow 2007).

Globale Städte: Keine Debatte im Globalisierungsdiskurs reflektiert diesen so sehr wie die Debatte über den neuen Stadttypus der *global city*. Nach der enthusiastischen Umarmung der *global city*-Hypothese (Sassen 1991), der zufolge einige wenige Metropolen eine den Nationalstaat aushebelnde strategische Funktion in der Restrukturierung postfordistischer Produktionsprozesse wie auch der entterritorialisierten Kulturökonomien übernehmen würden, ist nun, ähnlich wie beim Globalisierungsbegriff selber, eine Phase der Ernüchterung eingetreten. Dennoch hatte die *global city*-Debatte nachhaltigen Einfluss insofern die zweifache Dualität der räumlich-sozialen Logik einer globalen Ökonomie und Kultur aufgezeigt wurde, in deren Zentrum sich die Metropolen neuen Typs befanden: zum einen die flexible räumliche Dispersion bei gleichzeitiger strategischer Bündelung an bestimmten urbanen ›Knotenpunkten‹; zum anderen die Gleichzeitigkeit einer äußeren intensiven Verknüpfung mit anderen globalen Städten über eine standardisierte globale Metropolenkultur einerseits und innerer Abkopplung von den funktional überflüssigen, lokalen Bevölkerungsgruppen andererseits, die die *global city* zur ›geteilten Stadt‹ macht.

So einleuchtend diese Analysen auch sind, so haben sie andererseits die (irritierende) Vorstellung von der globalen Gesellschaft als eines freischwebenden Netzwerks globaler Metropolen befördert. Dadurch wurde nicht nur der historische Blick auf die Pfadabhängigkeiten der urbanen Entwicklung dieser *global cities* verstellt, sondern die Realität der *ordinary city* und ihre Rolle in der globalen Gesellschaft (zu lange) aus dem analytischen Horizont gedrängt (Berking/Faber 2002).

Global/lokal: Die Auseinandersetzung mit der Dynamik der Durchdringung von Globalem und Lokalem ist einer der zentralen Punkte der Globalisierungsdiskussion, und das aus zwei Gründen. Zum einen ist der ›global-lokal-Nexus‹ weniger abstrakt als der ›Universalismus-Partikularismus-Nexus‹, da er eine deutliche raum-zeitliche Konkretisierung vornimmt und damit auch einen empirischen Zugang zur Analyse von Formen globaler Lokalisierung und lokaler Globalisierung erleichtert, wie sie etwa in der Anpassung der McDonalds Filialen an örtliche Geschmäcker und Vorschriften exemplifiziert werden kann. Zum anderen will diese Reformulierung des Strukturierungsproblems der tendenziellen Fehlinterpre tation von Globalisierung als eines gleichschaltenden und unkontrollierbaren Makrophänomens, das lokale und kulturelle Unterschiede auslöscht bzw. nivelliert, entgegenwirken. ›Glokalisierung‹, der Begriff, der von Robertson (1998) für die unmittelbare Durchdringung und Gleichzeitigkeit des Globalen und Lokalen in die Diskussion gebracht wurde, impliziert die Aufhebung der Polarität zwischen dem Globalen und dem Lokalen, allerdings um den Preis der Nivellierung der in der globalen Gesellschaft stattfindenden Stratifizierungen durch die unterschiedliche Teilhabe an den durch globale Flüsse gestalteten Optionsräumen.

Die wohl radikalste Ausformulierung dieser globalen Restratifizierung zwischen Globalisierungsgewinnern und Globalisierungsverlierern findet sich in Castells' (2001) *Netzwerkgesellschaft*. Er proklamiert eine zunehmende Polarisierung zwischen dem durch die Mobilität und Flexibilität globaler Netzwerke generierten *space of flows* (Ströme von Information, Kapital, Kultur) einerseits, und dem sich auf lokaler Kultur und Gemeinschaft begründenden *space of place* andererseits. Während sich die Eliten der ›Netzwerkgesellschaft‹ zunehmend global bewegen und kosmopolitan ausgerichtet sind, bleibt für den Rest nur ein Leben in selbstbezogenem Lokalismus. Dieses Szenario hat mehr als nur ökonomische Relevanz. Castells spekuliert in letzter Konsequenz auf ein Szenario in der die eine Welt sich spaltet in »parallele Universen […], deren Zeiten sich nicht treffen können, weil sie in unterschiedlichen Dimensionen eines sozialen *hyperspace* verstrickt sind« (ebd., 423). Während hier wiederum eine quasi-Ontologisierung des Globalen (*space of flows*) und des Lokalen (*space of place*) impliziert wird, haben demgegenüber verschiedene Autoren den Begriff der ›Translokalität‹ (Appadurai 1996, 192) unterstrichen. Mit ihm wird betont, dass im Grunde jede auch sozial benachteiligte Lokalität durch regionale, transnationale und globale Kontextualisierungen lebt, die u. a. durch Migration, Geldtransfer, Medien und Touristen erfolgt.

Es hat neben diesen Gravitationszentren der Globalisierungsdiskussion verschiedene Absetzbewegungen gegeben, die die Diskussion durch Zugriff auf neue Konzepte und/oder andere Disziplinen zu bereichern vermochten. Die wesentlichen seien hier angeführt.

Complexity turn: John Urry (2003) hat den Versuch unternommen, mit Anleihen bei der Komplexitätstheorie die Grenzen des Globalisierungsansatzes auszuleuchten und ihm zugleich einen neuen Impetus zu geben. Die Grenze sieht er vor allem im eindimensionalen und linearen Kausalitätsdenken vieler Ansätze im Globalisierungsdiskurs, das die Problematik (was ist Globalisierung?) zu einer kausalen Kraft mit normativer Geltung macht. Dem gegenüber stellt Urry eine Sicht auf Globalisierung als Zusammenspiel komplexer Systeme, die durch Irreversibilität, Nicht-Linearität und Unvorhersehbarkeit gekennzeichnet sind. Globalisierung ist dann nicht mehr als Resultat des bewussten Handelns individueller Akteure oder territorialer Einheiten (Staat) zu fassen. Vielmehr ist es das emergente Charakteristikum des Zusammenspiels von drei sozialräumlichen Konfigurationen, in dem Struktur und Handeln untrennbar verbunden werden: Region (als ein relativ klar abgegrenztes Cluster von Objekten und Personen – z.B. Nationalstaatsgesellschaft), Netzwerk (Netze aus stabilen und berechenbaren Verbindungen zwischen Menschen, Objekten, Fähigkeiten und Technologien – z.B. Fast Food-Ketten) und Fluide (die durch unterschiedliche Viskosität enterritorialisierte Bewegungsmuster nach dem Prinzip des *überall und nirgends* aufrechterhalten können – z.B. digitalisierte Information oder internationaler Terrorismus). Im Zusammenspiel dieser sozial-räumlichen Organisationsformen verliert Gesellschaft ihre stabile Gestalt.

Kosmopolitischer Blick: Mit seinem Perspektivenwechsel von Globalisierung auf Kosmopolitanisierung macht Beck (2004) auf ein grundlegendes Problem der Globalisierungsdiskussion aufmerksam: Weltgesellschaftliche Vernetzung mit dem Anderen wird oft als ein zusätzliches und äußeres Moment an ansonsten intakten Gesellschaften und Lokalitäten wahrgenommen. Demgegenüber verweist die ›real existierende Kosmopolitanisierung‹ auf die unfreiwillige innere Globalisierung der Gesellschaft, die uns bereits unwiderruflich mit dem und gegen das Andere und die Anderen gemischt hat. Sie ist eine nicht-intendierte Erfahrung der Alltagswelt im Gegensatz zum normativen Kosmopolitanismus in weltbürgerlicher Absicht. Der ›kosmopolitische Blick‹ als methodisches Gegenstück zum ›methodologischen Nationalismus‹ schärft unsere Aufmerksamkeit für die ›sowohl-als-auch Logik‹ der unreinen Identitäten und Lebensformen zwischen intern und extern, lokal und global, zwischen Wir und den Anderen, die den ›deformierten Kosmopolitanismus‹ kennzeichnen.

Transnationale Soziale Räume: Schon recht früh in der Debatte äußerte sich Unbehagen über den überambitionierten Gebrauch des Globalisierungsbegriffs, denn nicht jede Interaktion über Distanzen hinweg umfasst den ganzen Globus. Um den Begriff der Transnationalisierung formierte sich ein Forschungsprogramm, das die ethnographisch grundierte Analyse von konkreten Aus- und Einbettungsprozessen verfolgt. Anders als in der Diskussion um die Globalisierung geht es dabei weniger um abstrakte Phänomene wie Kapitalströme und Umweltrisiken als um die komplexen Praktiken individueller sozialer Akteure, die die Landschaft der globalen Kulturökonomie erst in Bewegung bringen. Zudem hatte der Begriff den Vorteil, dass er die kontinuierliche Bedeutung des Nationalen zurück in den Blick brachte (Hannerz 1998, 6). Insbesondere die neue Migrationsforschung hat sich der empirischen Untermauerung der Idee des ›Transnationalen‹ verschrieben, z.B. anhand von langfristigen Untersuchungen zu den sich im Kontext der Arbeitsmigration zwischen Mexiko und den USA aufspannenden ›Transnationalen Sozialen Räumen‹ (Pries 2007). Der Begriff verweist auf sozialräumliche Bezugseinheiten, die nationalgesellschaftliche Territorialität überschreiten, zugleich aber durch nationalstaatliche Regularien beeinflusst bleiben. Sie sind als sozial wirksame (real in ihren Konsequenzen) Verflechtungsbeziehungen zu verstehen, die angesiedelt sind zwischen bloßer imaginierter Gemeinschaft einerseits und territorial verdichteter und gefestigter Gemeinschaft andererseits.

Offene Fragen mit Blick auf eine soziologische Theorie der Globalisierung

Dass die Soziologie keine paradigmatische ›Globalisierungstheorie‹ als Konzept für das 21. Jahrhundert geliefert hat, liegt in erster Linie daran, dass sie mit einer Grundlegung derselben durch eine ›Theorie der Globalisierung‹ (Sassen 2007) nicht wirklich vorangekommen ist. Eine Soziologie der Globalisierung müsste zunächst klären, was die Determinanten dieses Prozesses sind, der so viel Vorschuss an intersubjektiver Plausibilität besitzt, dass er scheinbar nicht mehr erklärt werden muss. Erst dann wäre eine weiterreichende ›Globalisierungstheorie‹ fundiert, in der Globalisierung als Determinante für andere soziale Sachverhalte und Transformationen plausibel wäre. Bisher rettet man sich zu oft mit einem Taschenspielertrick, bei dem Globalisierung als das zu Erklärende in das Erklärende umgedeutet wird (Rosenberg 2005). Wenig hilfreich erscheint es unter diesen Voraussetzungen, wenn nicht nur sehr verschiedene Begriffe von Globalisierung unterwegs sind (von ›Vernetzung‹ bis ›Entortung‹ und ›Entterritorialisierung‹), sondern auch Zustände mit Prozessen gleichgesetzt werden (die Globalisierung als Prozess; Moderne als Zustand). Eine radikale Lösung des Problems wäre die Reduzierung von Globalisierung auf einen Zeitgeist-Begriff, der die radikalen Veränderungen der 1990er Jahre (u.a. den Fall der Mauer, die Deregulierung der Finanzmärkte, neue Transport- und Kommunikationsmedien) griffig vor allem für diejenigen bündelt, die als mobile Eliten aktiv durch diese Zeit geprägt wurden. Darüber hinaus aber würde der Begriff dann keine Ansprüche zur Beschreibung eines gesellschaftsverändernden Prozesses machen (Rosenberg 2005). Ein anderer Vorschlag, der Globalisierung nicht auf Zeitgeist reduziert, sondern seine materielle Verbindung mit dem Zustand der Globalität aufrechterhält, war von Anfang an in Albrows (2007) These vom globalen Zeitalter enthalten: Hier wird Globalisierung als Summe historischer Veränderungen begriffen, die den Zustand der Moderne in den Zustand der Globalität überführen oder besser ›aufheben‹. Globalisierung ist dann kein linearer und gesetzmäßiger Prozess, sondern eine Transformation, die in ihrer Ursächlichkeit und Komplexität noch der weiteren Erklärung bedarf.

Ein weiterer Problemkreis öffnet sich mit dem Zusammenhang von Lokalem und Globalem. Globale Raumproduktion und transnationale Formen von Sässigkeit sind durch Begriffe wie ›Entterritorialisierung‹ bzw. ›Translokalität‹ nicht wirklich umfasst. Was genau ist das kontextgenerierende Potential von Orten in einer Welt der Ströme und Mobilitäten? Wo genau kippt ein sozialräumliches Alltagsmuster von Sesshaftigkeit in Nomadentum? Wie viel Ortsbindung brauchen Milieus als gelebte Alltagsvollzüge? All diese Fragen gehen letztlich auf die unaufgeklärte raumtheoretische Frage nach dem Verhältnis von Raum und Ort zurück, die sich in der Frage nach dem Verhältnis von Lokalem und Globalem wiederholt (Berking 2006). Die Auflösung der Opposition in der zunächst griffigen Formel von der Glo*k*alisierung ist analytisch ebenso wenig befriedigend wie ihre Quasi-Ontologisierung, etwa in der Gegenüberstellung einer Welt der Flüsse und einer Welt der Orte, wie sie in Castells' Porträt der Netzwerkgesellschaft versucht wird. Ganz in Zusammenhang damit hat die gängige Formel von der ›Entterritorialisierung‹ (Scholte 2003) die Globalisierungsdiskussion in eine Richtung gedrängt, die verkennt, dass die Verschiebung sozialräumlicher Bezüge nicht mit deren Verschwinden gleichzusetzen ist (Berking 2006). Hier wird analytisch weit hinter Giddens' (1990, 64) Idee der ›time-space-distanciation‹ zurück gegangen, die von einem intrinsischen Zusammenhang von Interaktion über Distanz und lokaler Involviertheit ausgeht. *Flow speak*, wie er sich im Mainstream der Globalisierungsdiskussion festgesetzt hat, betont die Mobilität und Virtualität bestimmter sozialer Praxen, vernachlässigt dagegen aber die im wahrsten Sinne erdende Kraft lokaler Bezüge im Kontext anderer, stärker auf Körperlichkeit und Rekursivität bezogener Alltagsvollzüge. James (2005) hat dies treffend als den diskursiven Siegeszug eines ›disembodied globalism‹ bezeichnet, in dem die soziale Welt in eine Zirkulation abstrakter Ströme von Information, Symbolik und Gütern aufgelöst wird und der soziale Akteur auf seine Eigenschaft als passiver Konsument und Rezipient dieser Ströme reduziert wird.

Dieser dominanten Sichtweise auf Globalisierung haftet etwas Künstliches, um nicht zu sagen Elitäres an. Die unbeschwerte Teilhabe an einer ›cut and mix culture‹ der globalen Ströme mag durchaus der Lebenserfahrung einer bestimmten globalen Elite entsprechen, die ihr Leben jenseits einer bestimmten Mobilitätsschwelle im Modus des ›travelling light‹ und der Weltzugewandtheit über den guten ›Geschmack‹ lebt. Unterhalb dieser Schwelle ist das Leben nicht nur durch globalisierte Optionsräume gekennzeichnet, sondern auch durch die Zwänge die die Teilhabe an lokalisiertem Alltag mit sich bringt. Darüber hinaus aber kommt hier eine andere Schwachstelle der soziologischen Globalisierungsdiskussion zum Vorschein: ihre Überbetonung von Raum und Option gegenüber Zeit und Obligation. Die Welt der Ströme und Flüsse ist nicht nur abstrakt, sondern auch zeitlos, sie vergisst, dass Globalisierung auch etwas mit dem spezifisch menschlichen In-der-Welt-Sein zu tun hat. Das bedeutet, dass die

neuen Horizonte des Auch-Anders-Sein-Könnens, die sich aufgetan haben, vor jeder konsumtiven Wahl immer schon einen Sinn durch die Nichtumkehrbarkeit unseres Lebens bekommen (Bauman 1995). Aus der Sicht des *flow speak* hingegen erscheint es, als könne man das Problem existentiell gerichteten Wahlzwangs durch technologisierte Omnipräsenz aufheben: immer in Kontakt, immer erreichbar, niemals die Bürden von Abwesenheit, Verlust und Abschied tragen müssen. Verantwortung für das eigene Leben zu übernehmen, heißt auch, Verantwortung für die Konsequenzen der eigenen Entscheidungen für sich und andere zu übernehmen, sich in diesem Sinne auf Zugehörigkeit einlassen. Der Globus oder das Globale können diese Zugehörigkeit nur in sehr eingeschränktem Maße vermitteln. Vielmehr muss diese Zugehörigkeit vermittelt werden über Formen heimatlicher Zugehörigkeit, die jedoch offen sind zur Welt.

Für eine soziologische Theorie der Globalisierung bedeutet dies, die Alltagsphänomenologie der Globalisierung stärker in den Blick zu nehmen, und Überlegungen zu Heimat im Zeitalter der Globalisierung nicht umstandslos dem ›nostalgischen Paradigma‹ zu überantworten (Robertson 1992, 146). Nachdem die ersten Runden des Nachdenkens über Globalisierung (verständlicherweise) die Ausbettungstendenz favorisiert hatten, scheint es an der Zeit, die Wiedereinbettungstendenzen im ursprünglichen Globalisierungsansatz (Giddens) programmatisch ernster zu nehmen.

Literatur

Abu-Lughod, Janet: Globalization: In Search of a Paradigm. In: Rossi 2008, 353–360.

Albrow, Martin: *Das Globale Zeitalter*. Frankfurt a.M. 2007 (engl. 1996).

–: Situating Global Social Relations. In: Rossi 2008, 317–332.

Appadurai, Arjun: Disjuncture and Difference in the Global Cultural Economy. In: Mike Featherstone (Hg.): *Global Culture: Nationalism, Globalization and Modernity*. London 1992, 295–310.

–: *Modernity at Large: Cultural Dimensions of Globalization*. Minneapolis 1996.

Bauman, Zygmunt: *Life in Fragments: Essays in Postmodern Morality*. Oxford 1995.

Beck, Ulrich: *Risikogesellschaft: Auf dem Weg in eine andere Moderne*. Frankfurt a.M. 1986.

–: The Reinvention of Politics: Towards a Theory of Reflexive Modernization. In: Ders. et al.: *Reflexive Modernization: Politics, Tradition and Aesthetics in the Modern Social Order*. Cambridge 1994, 1–55.

–: *Was ist Globalisierung? Irrtümer des Globalismus – Antworten auf Globalisierung*. Frankfurt a.M. 1997.

–: *Der kosmopolitische Blick oder: Krieg ist Frieden*. Frankfurt a.M. 2004.

Berking, Helmuth: Raumtheoretische Paradoxien im Globalisierungsdiskurs. In: Ders. (Hg.): *Die Macht des Lokalen in einer Welt ohne Grenzen*. Frankfurt a.M. 2006, 7–22.

– /Faber, Richard (Hg.): *Städte im Globalisierungsdiskurs*. Würzburg 2002.

Castells, Manuel: *Der Aufstieg der Netzwerkgesellschaft*. Opladen 2001 (engl. 1996).

Featherstone, Mike: *Global Culture: An Introduction*. London 1990.

Giddens, Anthony: *Die Konsequenzen der Moderne*. Frankfurt a.M. 1995 (engl. 1990).

Hannerz, Ulf: *Transnational Connections: Culture, People, Places*. London 1998.

Harvey, David: *The Condition of Postmodernity: An Enquiry into the Origins of Cultural Change*. Oxford 1990.

Held, David: Regulating Globalization? The Reinvention of Politics. In: *International Sociology* 15. Jg., 2 (2000), 394–408.

James, Paul: Arguing Globalizations: Propositions towards an Investigation of Global Formation. In: *Globalizations* 2. Jg., 2 (2005), 193–209.

Pries, Ludger: *Die Transnationalisierung der sozialen Welt: Sozialräume jenseits der Nationalgesellschaft*. Frankfurt a.M. 2007.

Ritzer, Georg: *The McDonaldization of Society: An Investigation into the Changing Character of Contemporary Life*. London 1993.

Robertson, Roland: *Globalization: Social Theory and Global Culture*. London 1992.

–: Glokalisierung: Homogenität und Heterogenität in Raum und Zeit. In: Ulrich Beck (Hg.): *Perspektiven der Weltgesellschaft*. Frankfurt a.M. 1998, 192–220 (engl. 1995).

–: Globalization Theory 2000+: Major Problematics. In: Georg Ritzer/Barry Smart (Hg.): *Handbook of Social Theory*. London 2001, 458–471.

– /Inglis, David: *Globalization and Social Theory: Redefining Social Science*. Maidenhead (im Erscheinen).

Rosenberg, Justin: Globalization Theory: A Post Mortem. In: *International Politics* 42. Jg. (2005), 2–74.

Rossi, Ino (Hg.): *Frontiers of Globalization Research: Theoretical and Methodological Approaches*. New York 2008.

Sassen, Saskia: *The Global City: New York, London, Tokyo*. Princeton 1991.

–: *A Sociology of Globalization*. London 2007.

Scholte, Jan Aart: What is ›global‹ about Globalization? In: David Held/Anthony McGrew (Hg.): *The Global Transformations Reader: An Introduction to the Globalization Debate*. Cambridge 2003, 84–91.

Urry, John: *Global Complexity*. Cambridge 2003.

Wallerstein, Immanuel: *The Politics of the World Economy: The States, the Movements and the Civilizations*. Cambridge 1987.

Jörg Dürrschmidt

5. Philosophie

Im strengen Sinn gibt es keinen philosophischen Begriff ›Globalisierung‹. Den Ausdruck übernimmt die Philosophie aus dem wirtschafts- und sozialwissenschaftlichen Diskurs, um das empirische Phänomen einer beschleunigten Zunahme der weltweiten, staatenübergreifenden sozialen Beziehungen und die Verdichtung technologiebasierter Kommunikation zu reflektieren. In Verbindung von Zeitdiagnostik und philosophischer Deutung des Globalisierungsprozesses als einer Zunahme des Kooperationszwangs hat Lübbe den Begriff der »Zivilisationsökumene« geprägt (Lübbe 2005), der als das philosophische Korrelat des sozialwissenschaftlichen Globalisierungsbegriffs betrachtet werden kann. Die empirische Theorie der Globalisierung wird in der Philosophie mit universalistischen Konzeptionen der Vernunft, Gerechtigkeit und menschlichen Gemeinschaftlichkeit in Verbindung gebracht, auf kultur- und geschichtsunabhängige Bedingungen hin befragt (Reder 2009) oder als große Erzählung des 21. Jahrhunderts gedeutet (Pailer 2008). Als Grundlage einer auf die Globalisierung hin angelegten *conditio humana* gelten der begrenzte planetarische Lebensraum einer sich vermehrenden und verdichtenden Menschheit sowie die Sprach- und Vernunftbegabung, die es Menschen erlaubt, mit allen sprachfähigen Wesen zu kommunizieren und in Beziehung zu treten (Höffe 1999, 21).

Die sozialwissenschaftliche Globalisierungstheorie arbeitet universalanthropologischen und universalmoralischen Traditionen der Philosophie in die Hand und kann als das empirische Korrelat einer allgemeinen Vernunftwissenschaft oder teleologischen Geschichtsphilosophie verstanden werden. Die philosophische Beschäftigung mit geschichtsphilosophischen, anthropologischen und normativen Aspekten des Globalisierungsbegriffs ist deshalb so alt wie die Philosophie selbst (Nancy 2002). In der Philosophiegeschichte fand der universelle Vernunftanspruch seine sozial- und politikphilosophische Ausprägung zuweilen unter den Stichworten ›Weltfrieden‹, ›Universalmonarchie‹, ›Völkerbund‹ und ›Weltgesellschaft‹ (*societas humana, societas magna, civitas maxima*) (Cheneval 2002). Die Philosophie führte seit ihren Ursprüngen Auseinandersetzungen über die moralische, gesellschaftliche, kommunikative und politische Einheit oder Integration der

Menschheit und verstand sich als deren Fürsprecherin. Insbesondere die verschiedenen Traditionen des Kosmopolitismus können als Philosophie der Globalisierung *ante litteram* verstanden werden (vgl. auch Lutz-Bachmann/Niederberger/Schink 2010).

Der Ausdruck *global village* findet sich ähnlich schon bei Rousseau (1964 [1755], 245), der von der »grande ville du monde« spricht, als Antikosmopolit diesem Ausdruck aber eine negative Konnotation gibt. Eine die Menschheit als soziale Einheit und ihre universellen Vernunftgründe in den Blick nehmende Philosophie steht während der gesamten Philosophiegeschichte bis in die Gegenwart denn auch in Spannung zu einer beharrlichen antikosmopolitischen Tradition, deren normative und realistische Bezugseinheit das einzelne politische Gemeinwesen, die partikulare Sprache und ein begrenzter hermeneutischer Horizont getrennter Gruppen bleiben. Eine negative Geschichtsphilosophie und zivilisationskritische Tradition, als einer deren moderner Hauptvertreter Rousseau gelten kann, deutet die Globalisierung als Dekadenz- und Zerstörungsprozess, in dem Humanität und Freiheit nicht fortentwickelt, sondern von technischen und ökonomischen Prozessen erstickt werden. Das Zusammenwachsen der Menschheit zu einer sozio-technischen Einheit unterhöhle das Menschliche *proprium*, das sich nur in partikularen und unmittelbaren Beziehungen und kleinen, abgegrenzten Gruppen verwirkliche. Im Licht dieser auch historisch argumentierenden Kritik erscheinen philosophische Entwürfe einer kosmopolitischen Weltordnung in der Geschichte als das Menetekel der nächsten Zivilisationskatastrophe.

Zeitgenössische kosmopolitische Philosophen hingegen nehmen die Globalisierung zum Anlass, um den historischen Durchbruch des Kosmopolitismus und sogar die »Entmachtung des Einzelstaates« zu reklamieren (Höffe 1999, 13–14). Kants Aussage, dass in dem Moment, wo »es nun mit der unter den Völkern der Erde einmal durchgängig überhand genommenen (engeren oder weiteren) Gemeinschaft so weit gekommen ist, dass die Rechtsverletzung an einem Platz der Erde an allen gefühlt wird« (Kant 1910 [1795], 350), wird als Antizipation der heutigen Globalisierung verstanden, in der Geltungs- und Realisierungsbedingungen des Kosmopolitismus konvergieren.

Überblick über die Entwicklung der Forschung zur Globalisierung: Tendenzen, Schwerpunkte

Die philosophische Diskussion der kosmopolitischen Thematik wurde gegen Ende des 19. Jahrhunderts und bis in die 1920er Jahre im Zusammenhang mit der Planung und Gründung von weltumspannenden funktionalen Organisationen wie des Weltpostvereins (1874) und des Genfer Völkerbunds intensiv gepflegt. Sie stand auch schon in dieser Zeit im Kontext einer starken Zunahme des Welthandels und von neuen, weltumspannenden Kommunikationsformen und einer entscheidenden Verbesserung des Transports. Nach dem Aufflackern des kosmopolitischen Gedankens zu Beginn des 20. Jahrhunderts wurde dieses Thema in der politischen Philosophie während sechs Jahrzehnten vergessen, obschon nach dem Zweiten Weltkrieg mit der Gründung der UNO, der allgemeinen Menschenrechtserklärung und dem Beginn des europäischen Integrationsprozesses der realpolitische Hintergrund dazu wieder gegeben gewesen wäre. Von Ausnahmen abgesehen hat die Philosophie erst durch die Arbeit von Beitz (1979) den Anschluss an die in den Sozial- und Rechtswissenschaften gepflegte Globalisierungsdiskussion wieder gefunden. Der kosmopolitischen Lektüre von Rawls' Gerechtigkeitstheorie durch Beitz folgte Pogge (1989; 1992; 1998), dessen normative Wirtschaftskritik auf der empirischen Voraussetzung einer globalen wirtschaftlichen Interdependenz beruht. Seither hat sich eine die philosophische Diskussion um Themen der globalen menschlichen Sicherheit, Gerechtigkeit und politischen Gemeinschaftlichkeit im philosophischen Diskurs nachhaltig etabliert (Caney 2005; Appiah 2006; kritisch: Miller 2007).

Die Philosophie des späten 19. und frühen 20. Jahrhunderts hat in ihren Reflexionen zur globalen sozio-politischen Integration der Menschheit keine grundsätzlich neuen Paradigmen entwickelt, sondern im Anschluss an Kants Friedensprojekt diskutierte Optionen aktualisiert. Auch der zeitgenössische Beitrag der Philosophie zur Globalisierungsdebatte beruht auf verschiedenen und zum Teil divergierenden Interpretationen des Kontraktualismus und des Friedensprojekts Kants. Das gilt auch für Habermas (1995; 1998), der seine kosmopolitische Wende in Auseinandersetzung mit Kants Friedensprojekt vollzog. Seither gehört die Reflexion der Globalisierung zu einem der Hauptgegenstände des Habermasschen Denkens. Seine kosmopolitische Brechung des internationalen Rechts durch das Konzept einer menschenrechtlichen Verfasstheit des Rechts überhaupt hat die philosophische Globalisierungsdebatte entscheidend beeinflusst. In Distanz zu Habermas' sozialwissenschaftlichen und diskurstheoretischen Differenzierungen weisen Kantianer wie Höffe (1990) und Kersting (1993; 1994) auf den ›wahren‹, weltstaatlichen Gehalt der kantischen Rechts- und Friedenstheoreme hin. Höffe (1990, 249–279) vertritt die Position, dass der kategorische Friedensimperativ mit dem kategorischen Staatsimperativ zusammenfalle, dass also unter normativem Gesichtspunkt mit Kant – aber *gegen* dessen Projekt des freiwilligen Völkerbundes – ein subsidiärer und föderaler Weltstaat gefordert werden müsse. Kersting (1993, 76; 1994, 212–216) hält fest, dass »die kosmopolitische Republik, die Republik der Republiken«, aus rechtsbegrifflichen Gründen notwendig sei und den systematischen Höhepunkt der politischen Philosophie Kants bilde. Von den kantischen Ansätzen zu unterscheiden ist derjenige Mohrs' (1995), der die weltstaatliche Rechtslogik aus der Sozialphilosophie Hobbes' ableitet und unter Einbezug soziobiologischer und globalökologischer Gesichtspunkte aktualisiert.

Die Philosophie Hegels und eine an ihn anschließende kommunitaristische Tradition wird in der Regel als globalisierungskritischer Ansatz verstanden. Die Polarisierung zwischen einem kantischen, die Globalisierung durch das Recht gestalten wollenden und einem hegelschen, globalisierungskritischen Ansatz hat sich aber in den letzten Jahren entschärft. Autoren wie Avineri (1972: 207), Mitias (1990a; 1990b; 1991; 1992), Harris (1995), Peperzak (1994) und Hicks (1999) haben Hegels Philosophie für eine von Sittlichkeit geprägte Philosophie der Globalisierung fruchtbar gemacht. So versteht Hicks den Globalisierungsprozess als Chance einer graduellen Kommunitarisierung und Versittlichung der Menschheit, in der die Philosophie Hegels als Ergänzung zu der auf den Formalismus des Rechts beschränkten Philosophie Kants trete. Der universalistische Gestus (kantischer oder hegelscher Prägung) ist aber in der Philosophie auch auf Kritik gestoßen. Hauptkritikpunkte sind die lebensweltfremde Abstraktheit, das Verkennen der nationalen Resistenz des Politischen, sowie die ethische und bürokratische Überforderung durch globale Verteilungsgerechtigkeit (Walzer 1987; Zolo 1995; Ebeling 1997; Saward 2000; Miller 2007).

Offene Probleme und Debatten

Universell geltende Menschenrechte und ein globaler Demokratieimperativ werden von vielen als Kerngedanken einer Philosophie im Zeichen der Globalisierung verstanden. Zu unterscheiden gilt es hier zunächst zwischen der Position der Allgemeinheit und der Position der kosmopolitischen Universalität. Allgemeine Menschenrechts- und Demokratieprinzipien können für jedes politische Gemeinwesen einzeln eingefordert werden, wobei, wie im liberalen Nationalismus, verschiedene Gründe gegen eine globale Implementierung und für nationale Selbstbestimmung eingebracht werden können (Tamir 1993; Miller 1995). Universelle kosmopolitische Theorien dagegen reklamieren zumindest in der Tendenz eine weltumspannende Realisierung in gemeinsamen kosmopolitischen Institutionen. Sie setzen dabei empirisch eine weltumspannende Interdependenz wirtschaftlicher, technischer und sozialer Zusammenhänge voraus (Beitz 1979; Pogge 1989; Höffe 1999).

Innerhalb der kosmopolitischen Position muss man sowohl zwischen minimalistischen oder maximalistischen Begründungsformen von Menschenrechten als auch zwischen den zum Teil gegenläufigen Rechtfertigungspositionen von Menschenrechten und Demokratie unterscheiden. Deshalb trennt sich das Lager der Kosmopoliten in eine liberale Tradition, die nur die universelle Geltung allgemeiner Gerechtigkeitsprinzipien und eines menschenrechtlichen Minimums reklamiert, und in eine demokratische, die für einen internen Zusammenhang von Menschenrechten und Volkssouveränität und für eine weltumspannende Demokratie einsteht. Die wirtschaftliche und technische Globalisierung soll durch eine politische reguliert und in die Bahnen zivilisierten und umweltverträglichen Zusammenlebens gelenkt werden.

Die von Habermas vertretene Notwendigkeit einer diskursiven Meinungs- und Willensbildung in der Rechtssetzung fundiert zwar einen gemeinsamen universalen Anspruch von Menschenrechten und Demokratie (Habermas 1997, 133), lässt sich auf Grund der sprachlich und lebensweltlich gebundenen Meinungs- und Willensbildung auch zu Gunsten der genannten liberalen Position der allgemei-

nen Geltung aber partikularen Realisierung von Menschenrechten und Demokratie sowie gegen den Begriff einer ›Weltinnenpolitik‹ interpretieren. Wellmer (1998, 265) spricht zwar von einem »unleugbaren Zusammenhang zwischen dem Begriff der Menschenrechte und dem der bürgerlichen Grundrechte«, Jürgen Habermas (1997, 632 f.), angesichts erhöhter Mobilität und Migration, aber vom »Widerstreit zwischen den universalistischen Grundsätzen des demokratischen Rechtsstaates einerseits und den partikularistischen Ansprüchen auf die Integrität eingespielter Lebensformen andererseits«. Habermas hebt die Tatsache hervor, dass die demokratischen Nationalstaaten in Sachen Demokratie, Ökologie und Ökonomie ein politisches Programm verfolgen, das sie im Zeichen der Globalisierung erst jenseits ihrer Grenzen verwirklichen können (Habermas 1998, 125). Die Globalisierung stellt demnach eine auf eingespielte Kommunikation separierter Gesellschaften eingerichtete Politik vor eine immense Herausforderung. In Ergänzung zum Bürgerrecht tritt nun auch die Residenz und Betroffenheit als Kriterium politischer Grund- und Teilhaberechte in den Blickpunkt (Delanty 2000, 51–67; kritisch: Kymlicka 1999).

Es gibt Autoren, welche die Feststellung einer globalisierten Welt grundsätzlich in Frage stellen, damit der institutionellen kosmopolitischen Position die empirische Grundlage entziehen und nur noch einen moralischen Kosmopolitismus gelten lassen (Hirst/Thompson 1996). Eine philosophische Kritik erwächst dem institutionellen Kosmopolitismus auch aus relativistischen Positionen. Rorty (1991a; 1991b) verneint die allgemeine Menschennatur, auf der eine menschenrechtliche Begründung globaler Institutionen bei zahlreichen Autoren fußt. Walzer (1987) und Bell (1993) stellen die Globalisierung nicht in Abrede, argumentieren aber im Sinne einer lebensweltlichen Aneignung und kulturimmanenten Interpretation für die begrenzte, nicht mit der wirtschaftlichen und technischen Globalisierung Schritt haltende Reichweite der politisch durchgesetzten Normen. Dieser historisch-hermeneutischen Relativierung des Universalismus wird Selbstwidersprüchlichkeit und mangelnde Plausibilität vorgeworfen (Nussbaum 2000, 49; Gutmann 1993, 177; Caney 2005, 38–56), am politikphilosophischen Imperativ einer prozeduralen Verbindung von Normgenese und Normgeltung und einer daraus folgenden Notwendigkeit der kommunikativen Aneignung oder

Produktion der Normen in einen Meinungs- und Willensbildungsprozess von Bürgerinnen und Bürgern ändert diese Kritik aber nichts, denn sie bewegt sich nur auf der Ebene abstrakter Geltungsbedingungen. Das philosophische Fazit der Diskussion ist, dass alle universalistischen Normen einer lebensweltlichen Aneignung und Vermittlung bedürfen und insofern keine unmittelbare Rechtfertigung globaler politischer Zwangsinstitutionen darstellen, dass aber nicht für alle lebensweltlich dominanten Normen eine universalistische Geltung in Anspruch genommen werden kann.

Auch angesichts zweier globaler Herausforderungen totaler Zerstörung, nämlich der Nuklearwaffen und der Klimaerwärmung, plädieren verschieden Philosophen für eine kosmopolitische Revision der modernen Staatsphilosophie. Von Autoren, die wegen dieses Befunds einem Weltstaat das Wort reden (Mohrs 1995; Höffe 1999), setzt sich ein Autor wie Cerutti (2007) mit der These ab, dass eine Neugründung des Staates auf höherer und höchster Stufe ein sinnloses Unterfangen wäre. Auch Weltstaatsentwürfe blieben letztlich dem obsoleten Staatsverständnis verpflichtet. Positiv setzen Autoren, die das moderne Staatsverständnis im Zeichen der Globalisierung menschlichen Zerstörungspotenzials in Frage stellen auf moralisch geleiteten Zivilisationsfortschritt, auf eine neue Ethik des Politischen, oder zumindest auf eine Reform der UNO, die Privilegien der Supermächte zugunsten von rechtsstaatlichen Prozessen aufheben würde. Gemäß Cerutti (2007) impliziert die globale Bedrohung allseitig garantierter Vernichtung mittels Nuklearwaffen die Negation der Möglichkeit einer höchste Sicherheit garantierenden Staatsmacht. Das hobbesianische Sicherheitskalkül könne in keiner staatlichen Form mehr aufgehen, auch nicht in einer weltstaatlichen. Diese im Kern kantische These stellt die globale Ausprägung dessen dar, was in der Forschung und bereits im Anschluss an zeitgenössische Kritiker das hobbessche Dilemma genannt wurde: Die notwendige, höchste staatliche Schutzmacht birgt selbst das Potenzial zur größten Bedrohung in sich. Der kontrafaktisch antizipierte nukleare Winter führt zu einer makabren Radikalisierung dieser These. Unter Berücksichtigung des genannten Sicherheitsdilemmas sowie verschiedener Plausibilitätsdefizite einer auf das nackte Überleben und den absoluten Souverän reduzierten politischen Philosophie entwickelte die politische Philosophie der Moderne nach (und vor) Hobbes

ein zunehmendes Arsenal von Ideen der Gewaltenteilung, Rechtsstaatlichkeit, individuellen Freiheit, demokratischen Partizipation, sozialen Rechte und zwischenstaatlichen Integration. Kurz, die politische Moderne zeichnet sich durch Theorien und Institutionen aus, die Souveränität mit Reflexivität vielschichtig durchbrechen, ohne auf eines der beiden Elemente verzichten zu können. Die nukleare Bedrohung bildet keine Ausnahme und kann letztlich nur durch zivilisatorische Prozesse und institutionalisierte Reflexivität entschärft werden. Klimaerwärmung gilt durch die Ubiquität der Atmosphäre als globales Problem schlechthin (Singer 2002). Angesichts fehlender Gewissheit bezüglich Art, Ausmaß oder Eintrittswahrscheinlichkeit von irreparablen und massiven Klimaschäden soll gemäß einer verbreiteten Ethik so gehandelt werden, dass diese Schäden von vornherein vermieden werden (Gardiner 2004). Dieses Vorsorgeprinzip hätte den Vorteil, dass eine spezielle Begründung der Verantwortung für spätere Generationen gar nicht erst von Nöten ist, weil auch der unsichere Zeitpunkt des möglichen Eintretens eines Schadens nicht davon entlastet, ihn von vornherein zu vermeiden. Viele Autoren halten aber das Vorsorgeprinzip für zu allgemein und zu anspruchsvoll für die gegenwärtige Generation (Lomborg 2001). Cerutti verwirft zwar die herkömmlichen Begründungen generationenübergreifender Gerechtigkeitsprinzipien, setzt an deren Stelle aber einen einfachen Imperativ: »Tue dein Bestes, um ein von Menschen herbeigeführtes Ende der menschlichen Zivilisation zu verhindern.« (Cerutti 2007, 145)

Als Bilanz der philosophischen Diskussion kann festgehalten werden, dass die Globalisierung das in der politischen Philosophie immer schon präsente weltbürgerliche Gedankengut zu neuer Aktualität gebracht hat. Sie hat aber gleichzeitig die Tradition einer ethischen Zivilisations- und Technologiekritik auf den Plan gerufen. Antikapitalistische Autoren scheinen sich von der Globalisierung ebenso bestätigt zu fühlen wie die Verteidiger des globalen Marktes oder der kosmopolitischen Weltordnung. Es ist festzustellen, dass der philosophische Deutungsstreit um die Globalisierung in vollem Gang ist und das Ferment schlechthin der zeitgenössischen Gesellschaftsphilosophie darstellt (Sloterdijk 2007).

Literatur

Appiah, Kwame Anthony: *Cosmopolitanism: Ethics in a World of Strangers*. Princeton 2006.

Avineri, Shlomo: *Hegel's Theory of the Modern State*. Cambridge 1972.

Beitz, Charles: *Political Theory and International Relations*. Princeton 1979.

Bell, Daniel: *Communitarianism and its Critics*. Oxford 1993.

Caney, Simon: *Justice Beyond Borders. A Global Political Theory*. Oxford 2005.

Cerutti, Furio: *Global Challenges for Leviathan. A Political Philosophy of Nuclear Weapons and Global Warming*. Lanham 2007.

Cheneval, Francis: *Philosophie in weltbürgerlicher Bedeutung. Über die Entstehung und die philosophischen Grundlagen des supranationalen und kosmopolitischen Denkens der Moderne*. Basel 2002.

Delanty, Gerard: *Citizenship in a Global Age. Society, Culture, Politics*. Buckingham 2000.

Ebeling, Hans: Habermas und die Idee des ewigen Friedens. Die Unsterblichen und ihr Weltbürgerrecht. In: *Logos* N.F. 4 (1997), 83–95.

Gardiner, Stephen M.: Ethics and Global Climate Change. In: *Ethics* 114. Jg., 3 (2004), 555–600.

Gutmann, Amy: The Challenge of Multiculturalism in Political Ethics. In: *Philosophy and Public Affairs* 22. Jg., 3 (1993), 171–206.

Habermas, Jürgen: Kants Idee des Ewigen Friedens – aus dem historischen Abstand von 200 Jahren. In: *Kritische Justiz* 28. Jg. (1995), 293–319.

–: *Faktizität und Geltung. Beiträge zur Diskurstheorie des Rechts und des demokratischen Rechtsstaats*. Frankfurt a.M. ⁵1997.

–: *Die postnationale Konstellation. Politische Essays*. Frankfurt a.M 1998.

Harris, Erroll: World Government and Universalism. In: *Dialogue and Universalism* 1. Jg. (1995), 87–96.

Hicks, Steven V.: *International Law and the Possibility of a Just World Order. An Essay on Hegel's Universalism*. Amsterdam 1999.

Hirst, Paul/Thompson, Grahame: *Globalization in Question: The International Economy and the Possibilities of Governance*. Cambridge 1996.

Höffe, Otfried: *Kategorische Rechtsprinzipien. Ein Kontrapunkt der Moderne*. Frankfurt a.M. 1990.

–: Eine Weltrepublik als Minimalstaat. Moralische Grundsätze für eine internationale Rechtsgemeinschaft. In: *Zeitschrift für Kulturaustausch* 1. Jg. (1993), 39–44.

–: *Demokratie im Zeitalter der Globalisierung*. München 1999.

Kant, Immanuel: Zum Ewigen Frieden [1795]. In: *Kant's gesammelte Schriften VIII*. Hg. von der Königlich Preußischen Akademie der Wissenschaften. Berlin 1910, 341–386.

Kersting, Wolfgang: Pax Kantiana. Towards a Political Philosophy of International Relations. In: *Prima Philosophia* 6. Jg. (1993), 153–168.

–: *Die politische Philosophie des Gesellschaftsvertrags*. Darmstadt 1994.

Kymlicka, Will: Citizenship in an Era of Globalization: A Response to Held. In: Ian Shapiro/Casiano Hacker-Cordón (Hg.): *Democracy's Edges*. Cambridge 1999, 112–126.

Lomborg, Björn: *The Skeptical Environmentalist*. Cambridge 2001.

Lübbe, Hermann: *Die Zivilisationsökumene: Globalisierung technisch, ökonomisch und politisch*. München 2005.

Lutz-Bachmann, Matthias/Niederberger, Andreas/Schink, Philipp (Hg.): *Kosmopolitanismus. Geschichte und Zukunft eines umstrittenen Ideals*. Weilerswist 2010.

Miller, David: *On Nationality*. Oxford 1995.

–: *National Responsibility and Global Justice*. Oxford 2007.

Mitias, Michael: International Law and World Peace. In: *Dialectics and Humanism* 3. Jg. (1990a), 186–199.

–: The Possibility of World Community. In: *Coexistence* 27. Jg. (1990b), 199–214.

–: Challenges of Universalism. In: *Dialogue and Humanism* 1. Jg. (1991), 5–15.

–: Toward a Concept of Universal Justice. In: *Dialogue and Humanism* 3–4 (1992), 105–122.

Mohrs, Thomas: *Vom Weltstaat. Hobbes' Sozialphilosophie, Soziobiologie, Realpolitik*. Berlin 1995.

Nancy, Jean-Luc: *Die Erschaffung der Welt oder Die Globalisierung*. Berlin 2002.

Nussbaum, Martha: *Women and Human Development: The Capabilities Approach*. Cambridge 2000.

Pailer, Ulrike: *Die Globalisierung als große Erzählung des 21. Jahrhunderts: Philosophische Betrachtung eines globalen Phänomens*. München 2008.

Peperzak, Adrian: Hegel contra Hegel in His Philosophy of Right: The Contradictions of International Politics. In: *Journal of the History of Philosophy* 32. Jg. (1994), 241–263.

Pogge, Thomas: *Realizing Rawls*. Ithaca 1989.

–: Cosmopolitanism and Sovereignty. In: *Ethics* 103. Jg. (1992), 48–75.

–: Menschenrechte als moralische Ansprüche an globale Institutionen. In: Stefan Gosepath/Georg Lohmann (Hg.): *Philosophie der Menschenrechte*. Frank-furt a. M. 1998, 378–400.

Reder, Michael: *Globalisierung und Philosophie*. Darm-stadt 2009.

Rorty, Richard: Solidarity or Objectivity? In: Ders.: *Objectivity, Relativism, and Truth: Philosophical Papers Volume 1*. Cambridge 1991a, 21–34.

–: On Ethnocentrism: A Reply to Clifford Geertz. In: Ders.: *Objectivity, Relativism, and Truth: Philosophical Papers Volume 1*. Cambridge 1991b, 203–210.

Rousseau, Jean-Jacques: Discours sur l'économie politique [1755]. In: Ders.: *Œuvres complètes III*. Hg. von Bernhard Gagnebin/Marcel Raymond. Paris 1964, 239–278.

Saward, Michael: A Critique of Held. In: Barry Holden (Hg.): *Global Democracy: Key Debates*. London 2000, 32–46.

Singer, Peter: *One World. The Ethics of Globalization*. New Haven 2002.

Sloterdijk, Peter: *Im Weltinnenraum des Kapitals. Für eine philosophische Theorie der Globalisierung*. Frank-furt a. M. 2007.

Tamir, Yaël: *Liberal Nationalism*. Princeton 1993.

Walzer, Michael: *Interpretation and Social Criticism*. Cambridge 1987.

Wellmer, Albrecht: Menschenrechte und Demokratie. In: Stefan Gosepath/Georg Lohmann (Hg.): *Philosophie der Menschenrechte*. Frankfurt a. M. 1998, 265–291.

Zolo, Danilo: *Cosmopolis: la prospettiva del governo mondiale*. Mailand 1995.

Francis Cheneval

6. Religionswissenschaft

Die Relevanz der Globalisierung für die Religionswissenschaft

Beim Wort ›Globalisierung‹ handelte es sich zunächst um einen ökonomischen Fachbegriff, der die inter- und transnationale Integration von vormals getrennten regionalen oder nationalstaatlichen Märkten für Güter und Dienstleistungen, Arbeit und Kapital bezeichnete. Vor allem seit Ende der 1960er und Anfang der 1980er Jahre entwickelten die Sozialwissenschaften unterschiedliche Konzepte von Weltgesellschaft (u.a. Niklas Luhmann, Peter Heintz, John W. Meyer), die bis heute auch im Rahmen einer interdisziplinären Beschäftigung mit den Phänomenen der Globalisierung nachwirken. Der historisch wie konzeptionell eng mit dem Konzept der Modernisierung verbundene Begriff der Globalisierung bezeichnet demnach die Vorstellung, dass die globale soziale Welt zu einem »Weltsystem« (Wallerstein 1974–1988) oder einer »Weltgesellschaft« (Luhmann 1971) mit zunehmend ähnlichen Funktionsprinzipien zusammengewachsen ist. So entwarfen mit Blick auf das Verhältnis von Religion(en) und Weltgesellschaft seit den 1990er Jahren vor allem Religionssoziologen religionswissenschaftliche Globalisierungstheorien.

In Deutschland wurde die Auseinandersetzung um das Verhältnis von Religion und Globalisierung bis zum Ende der 1990er Jahre zumeist mithilfe traditionellerer Begriffe wie Säkularisierung, Modernisierung oder Pluralisierung geführt. Erst in den letzten Jahren fand der Begriff der Globalisierung im deutschsprachigen Raum zunehmend Eingang in die sich zumeist kulturwissenschaftlich verstehende religionswissenschaftliche Forschung (vgl. z.B. Hock 2002, 181).

Inwiefern die Globalisierung auf die Religionswissenschaft einwirkt, wird in diesem Artikel in fünf Schritten untersucht. Nachdem einleitend auf die Ambivalenz vieler die religionswissenschaftliche Debatte prägender Begriffe und des Religionsbegriffes selbst aufmerksam gemacht wird, werden zwei theoriebildende Ansätze der letzten 20 Jahre eingeführt, die stellvertretend für zwei Weisen des Umgangs und der Aufnahme des Globalisierungsbegriffs in der Religionswissenschaft stehen. Hieran schließt sich die Darstellung des traditionellen Untersuchungsgegenstandes, der Geschichte und des Selbstverständnisses der Religionswissenschaft als universitäres Fach an. Entlang der religionswissenschaftlichen Auseinandersetzung mit dem Fundamentalismus, der Modernisierung, der Säkularisierung und des religiösen Pluralismus wendet sich dann die Untersuchung der Globalisierung zu. Anhand des interreligiösen Dialogs und von Peter Beyers Globalisierungstheorie der Religionen werden zwei Weisen vorgeführt, mit der Globalisierung im Rahmen religionswissenschaftlicher Methodik und Theoriebildung umzugehen. Abschließend wird noch einmal auf die theoretische und methodologische Vielfalt der Religionswissenschaft am Beispiel eines religionsphänomenologischen Ansatzes auch im Umgang mit der Globalisierung hingewiesen und es werden einige offene Probleme und Desiderate des Fachs benannt.

Begriffe und Theorien der Religionswissenschaft

Wie am Phänomen des Fundamentalismus besonders deutlich zu sehen ist, steht in religionswissenschaftlichen Untersuchungen der letzten Jahre häufig die Ambivalenz der Religion schlechthin oder der Religionen im Einzelnen im Fokus des Interesses. So wird der Fundamentalismus oft als partikularistische Reaktion auf Globalisierungsprozesse gedeutet. Auch die 2008 vom Münchner Religionswissenschaftler Michael von Brück herausgegebene Studie *Religion. Segen oder Fluch der Menschheit?* widmet sich den konstruktiven und destruktiven Potentialen der Religionen und versteht sich als ein Modell des mehr denn je als notwendig empfundenen interreligiösen Dialogs. Angesichts des lange Zeit vorherrschenden Selbstverständnisses der Religionswissenschaft als wert- und kulturneutraler Mediatorin zwischen den Religionen lässt sich die Tatsache, dass sich überhaupt ein Religionswissenschaftler an einem solchen Dialog beteiligt, als ein Wandel im disziplinären Selbstverständnis deuten. So hat die Religionswissenschaft nach von Brück nicht die Religionen im herkömmlichen Sinne ›von außen‹ her im Gegensatz zum ›von innen‹ her der Theologie zu betrachten, sondern selbst Position im Dialog der Religionen zu beziehen (zum Selbstverständnis der Religionswissenschaft vgl. z. B. Stolz 2001).

Im englischsprachigen Raum verfolgt hingegen der Kanadier Peter Beyer im Anschluss an die Systemtheorie Luhmanns seit der Mitte der 1990er Jahre

das Ziel, das Verhältnis von Religion und Weltgesellschaft systematisch zu reflektieren und mit der Globalisierungsdebatte zu verknüpfen. Angesichts der erst langsam einsetzenden Beschäftigung der Religionswissenschaft mit diesem Themenkomplex beschreibt Beyer zwei die Debattenlandschaft strukturierende Faktoren: »[Z]um einen das Ausmaß, in welchem Religion in der theoretischen Literatur zur Globalisierung beharrlich marginalisiert wird, obwohl sie immer wieder im Hintergrund oder am Rande dieser Literatur auftaucht, zum anderen die Tatsache, daß die Veröffentlichung einer beachtlichen Zahl empirischer Arbeiten, die Globalisierungsperspektiven ausdrücklich zu ihrem Ausgangspunkt nehmen, gerade erst am Anfang steht.« (Beyer 2001, LV)

Die in der Religionswissenschaft allmählich zunehmende Berücksichtigung der Globalisierung wirft die Frage auf, in welchem Sinne, d. h. ob in einem deskriptiv-analytischen oder normativ-programmatischen Sinne die Religionswissenschaft vom Begriff der Globalisierung Gebrauch macht. Ungeachtet der Künstlichkeit einer solchen Unterscheidung angesichts derart schillernder, terminologisch schwer zu fassender Begriffe wie Globalisierung und Religion wird im Rahmen dieses Beitrags am Beispiel des interreligiösen Dialoges (verstanden als globales Diskursmodell) eine normativ-programmatische Verwendung des Globalisierungsbegriffs vorgeführt. Auf die Ansicht Peter Beyers, im Zuge von Globalisierungsprozessen würde sich bei allen inhaltlichen Differenzen ein einheitliches religiöses Feld herausbilden, soll im Folgenden exemplarisch für einen deskriptiv-analytischen Gebrauch des Globalisierungsbegriffs eingegangen werden. Beide idealtypisch überzeichneten Varianten des Gebrauchs setzen dabei ein Verständnis von Religion voraus, das mittels medialer Propagierung andere Phänomenbereiche von Globalisierung beeinflusst und umgekehrt auch durch sie beeinflusst wird. Daher lassen sich die Gegenstandsbereiche der Religionswissenschaft häufig nur schwer gegen die anderer Disziplinen abgrenzen.

Untersuchungsgegenstand, Geschichte und disziplinäres Selbstverständnis

Nicht nur in Anbetracht der sich von jeher transnational verstehenden Weltreligionen stellt sich für die Religionswissenschaft daher die Frage, ob und in welcher Hinsicht der Prozess der Globalisierung den Gegenstandsbereich und das disziplinäre Selbstverständnis der Religionswissenschaft beeinflusst und verändert. Weder bleiben hiervon die nie im Sinne monolithischer Blöcke verstehbaren traditionell organisierten Formen des Religiösen wie in den klassischen Weltreligionen unberührt, noch andere, teilweise neue Formen religiöser Organisation (Hödl 2007, 272). So zeichnet sich der Gegenstandsbereich der Religionswissenschaft zwar einerseits dadurch aus, dass Religion immer schon ein globales Phänomen darstellte, doch scheinen anderseits die zunehmenden Verdichtungsprozesse der Globalisierung ihre Spuren auch im Selbstverständnis des Fachs zu hinterlassen, wie am Beispiel der eingangs erwähnten Studie von Brücks zu sehen ist. Gemäß ihres heutigen von einem Großteil der Fachvertreter geteilten Selbstverständnisses begreift sich die Religionswissenschaft als eine im Kontext der Human- und Kulturwissenschaften stehende Disziplin (Figl 2003, 16). Sie erforscht auf empirischer, historischer und systematischer Ebene Religion und Religionen, weswegen sie eine Vielzahl von Disziplinen umfasst, die sich im Hinblick auf ihre jeweils spezifischen Fragestellungen unterscheiden (wie Soziologie, Ethnologie, Psychologie, Geographie, Ästhetik, Ökonomie; nach Hock 2002).

In Deutschland blickt die Religionswissenschaft als eigenständige Disziplin auf eine recht kurze Geschichte zurück, und ihr Platz in der universitären Landschaft ist bis heute umstritten (vgl. Figl 2003, 16; zum wissenschaftsorganisatorischen Status der Religionswissenschaft vgl. Hock 2002, 171–174). Seit ihrer Emanzipation Ende des 19. Jahrhunderts als eigenes Fach ringt die Religionswissenschaft um ihren methodisch oder inhaltlich spezifischen Zugang zum Phänomen der Religion, der sie von Nachbardisziplinen wie der Theologie, der Philosophie, der Soziologie oder der Psychologie klar absetzen würde. Die heutige Religionswissenschaft über ihren interdisziplinär vielfältigen Zugang zu definieren, dessen Charakteristikum gerade in der Ausdifferenzierung in mehrere Teildisziplinen besteht (so z.B. Hock 2002), erscheint einigen Fachvertretern als zu unspezifisch. So wird die geringe öffentliche Beteiligung der Religionswissenschaft in Deutschland an teilweise hitzig geführten Debatten um Phänomenbereiche der Religion als ein Indiz für ihre unklare theoretische und methodologische Positionierung betrachtet.

Dass häufig in der Literatur und so auch in diesem Artikel von Religion im Singular gesprochen wird, ist mit der Annahme zu erklären, dass es sich hierbei um einen Allgemeinbegriff handelt, der alle historischen Religionen umfasst und auf etwas allen innewohnendes Gemeinsames Bezug nimmt. Trotz einer Unzahl von Definitionen wurde bisher jedoch kein allgemein akzeptierter Vorschlag entwickelt, Religion in ihrem Kern zu bestimmen.

Berücksichtigt man darüber hinaus den christlich-westlichen Entstehungshintergrund des Begriffes ›Religion‹, verdichtet sich der Verdacht, dass es sich – so der Züricher Religionswissenschaftler Fritz Stolz – um »eine Sammelbezeichnung für das Christentum mit seinen Werten und Erscheinungsformen sowie Analogieerscheinungen in anderen Kulturen (oder wenigstens Phänomenen, die wir als Analogieerscheinungen empfinden)« handelt (Stolz 2001, 12). Die erforderliche Sensibilität für das Problem des Perspektivismus und genauer des Eurozentrismus teilt die Religionswissenschaft mit anderen Disziplinen, die sich mit außereuropäischen Kulturen befassen (Ahn 1997).

Doch selbst im Horizont der abendländischen Geistesgeschichte wird der Religionsbegriff uneinheitlich verwendet und seine Etymologie bleibt umstritten (hierzu Feil 2000; Figl 2003, 63 f.; Hock 2002, 10–21). Angesichts dieser Vielfalt von terminologischen Schwierigkeiten wurde von einigen (z. B. Hans Kippenberg 2003) dafür plädiert, auf eine Definition des Religionsbegriffes zu verzichten (Hock 2002, 18). Um nicht die Eigenständigkeit der Religionsforschung als wissenschaftlicher Disziplin mangels bestimmbaren Gegenstandsbereichs in Frage zu stellen, wird vorgeschlagen, Religion als »offenes Konzept« zu bestimmen (Waardenburg 1993, 33). Derartige Ansätze versuchen zumeist zwischen funktionalistischen und substantialistischen Definitionen zu vermitteln, deren zugrunde liegendes Vorverständnis von Religion sich forschungsleitend auswirkt.

Substantialistische bzw. essentialistische Religionsdefinitionen beziehen sich auf bestimmte inhaltliche Merkmale von Religion verbunden mit dem Anspruch, dass diese das Wesentliche der Religion erfassen bzw. die wesentlichen Merkmale von Religion charakterisieren. In ihren inhaltlichen Ausdeutungen jeweils höchst verschieden ist substantialistischen Definitionen gemeinsam, dass sie mehr oder weniger präzise das Spezifische und Allgemeine dessen, was Religion ist, bestimmen und gegen nichtreligiöse Bereiche abgrenzen.

Funktionalistische Religionsdefinitionen dagegen enthalten sich einer derartigen stets angreifbaren substanziellen Festlegung von Religion und stellen die Funktion der Religion in den Mittelpunkt ihres Forschungsinteresses. Häufig dominiert hierbei ein gesellschaftsintegrierendes Verständnis von Religion, mit dem oftmals ein Harmoniemodell von Kultur einhergeht (Durkheim). Demnach bestehe die Hauptfunktion von Religion darin, dass sie zum reibungslosen Zusammenspiel der verschiedenen kulturellen Teilbereiche (wie Wirtschaft, Recht, Wissenschaft, Technik) beitrage, indem sie die Individuen in die Gesellschaft integriere. Hier steht die Annahme im Hintergrund, dass die spezifische Funktion der Religion darin bestehe, das harmonische Funktionsgefüge der Gesellschaft zu gewährleisten (Hock 2002, 17). Nicht nur aufgrund der mit einfließenden Homogenitätsunterstellungen von Gesellschaften und angesichts jüngster Beispiele der desintegrierenden und destabilisierenden Wirkung von Religion (wie der sogenannte Karikaturenstreit in den Jahren 2005/06) erscheint ein derartiges Religionsverständnis fragwürdig.

Traditionell nähert sich die Religionswissenschaft ihrem sich immer wieder entziehenden Gegenstandsbereich auf religionsgeschichtliche und religionsvergleichend-systematische Weise. Während sich die religionsgeschichtliche Forschung mit einzelnen vergangenen oder heute bestehenden Religionen, ihrer Vergangenheit und Gegenwart beschäftigt, setzt die systematisch-vergleichende Methode bei bestimmten Themen an, die den Religionen entweder gemeinsam sind oder sie unterscheiden, wie Vorstellungen über das Absolute, die Bedeutung von Mythen oder Riten etc. (Figl 2003, 13). Für die religionsgeschichtliche Forschung steht das geschichtliche Werden der Religionen im Vordergrund, das sie mit Hilfe empirischer Daten, oft in Gestalt historischer Längsschnitte zu erfassen sucht. Die religionssystematische Forschung konzentriert sich hingegen mehr auf das in Form von Querschnitten herausgearbeitete Allgemeine und entwickelt unter Zuhilfenahme empirischen Materials Kriterien, Kategorien und Typologien, mit denen die geschichtliche Vielfalt erfasst und geordnet werden kann (Hock 2002, 7). Dementsprechend eng sind beide Zugangsweisen zum Phänomen der Religion und der Religionen miteinander verzahnt.

Zu den Beschäftigungsfeldern der Religionswissenschaft oder genauer der Religionsgeschichte zählen von Beginn an intra- und interreligiöse Religionskontakte sowie die wissenschaftstheoretische und gegenstandsspezifische Grenzziehung zwischen Religion und anderen Disziplinen und Bereichen. Im interreligiösen Bereich reicht dabei das Spektrum im Umgang mit der interreligiösen Differenz bis zum heutigen Tag von der Nihilierung der anderen Religion, z.B. in Form der Mission, über öffentlich vorgenommene Abgrenzungen und Konflikte bis hin zu Ansätzen einer interreligiösen Verständigung. Innerhalb einer Gemeinschaft von Gläubigen sind hiermit systematisierende Klassifikationen wie Konfessions-, Sekten- oder Schulbildungen ebenso gemeint wie die Unterscheidung von Orthodoxie und Häresie.

Modernisierung, Säkularisierung und religiöse Pluralisierung

Nach diesen allgemeinen Ausführungen zum Gegenstandsbereich, zur Geschichte und Methodik soll nun anhand einiger für die religionswissenschaftliche Forschung einschlägiger Begriffe zur Globalisierung übergeleitet werden. Denn neben diesen traditionellen Forschungsfeldern, die immer schon von transnationaler Natur gewesen sind, sieht sich die Religionswissenschaft mit dem Phänomen der Globalisierung in seiner jüngeren Form konfrontiert. Die Beschäftigung der Religionswissenschaft mit der Globalisierung wird dabei entlang der Stichworte Fundamentalismus, Modernisierung, Säkularisierung und religiöse Pluralisierung geführt. Ebenso wie bei diesen handelt es sich auch bei Globalisierung um ein ambivalentes Phänomen im Rahmen religionswissenschaftlicher Forschung. Verengt man dabei die öffentliche Auseinandersetzung auf die destruktiven Anteile von Religionen, entsteht jenseits der Fachgrenzen schnell ein verzerrtes Bild von Religionen. Beispielhaft sei hier auf den Islam hingewiesen, der vor allem in einigen westlichen Ländern im Verdacht steht, eine der Hauptursachen von Konflikten und weltweiter politischer Instabilität des 21. Jahrhunderts zu sein (am Beispiel Deutschlands vgl. Noelle/Petersen 2007). Durch die stark rezipierte These Samuel Huntingtons vom »clash of civilizations« gewissermaßen in den zweifelhaften Rang des Paradigmas der neuen Weltordnung schlechthin erhoben (Huntington 1996), geraten so Religionen im Allgemeinen (vgl. Kippenberg 2008) und der Islam im Speziellen ins Zwielicht einer pauschal unterstellten Modernitätsfeindlichkeit (zum Umgang mit dem Islam am Beispiel der EU vgl. Casanova 2004).

Da sich moderne Gesellschaften zunehmend in einzelne gesellschaftliche Bereiche ausdifferenzieren und diese sich zu eigenen Teilsystemen verfestigen, bildet Religion ein System neben anderen, ohne steuernd die Teilsysteme zu einander in ein Verhältnis setzen oder gar integrieren zu können. Aus kulturvergleichender und religionssoziologischer Perspektive stellt sich angesichts der Globalisierung daher für die Religionswissenschaft die Aufgabe, zum Verhältnis von Modernisierung und Religion Stellung zu nehmen. So stehen die Annahmen eines im Zuge der (westeuropäischen) Säkularisierung zunehmenden Bedeutungsverlusts der Religion in modern organisierten Gesellschaften einerseits und einer weltweit zu beobachtenden Revitalisierung von Religionen anderseits (vgl. Joas/Wiegandt 2007) erst einmal in einem erklärungsbedürftigen Gegensatz. Dass der Globalisierungsprozess den Religionen eine offensichtlich auch aus religionswissenschaftlicher Perspektive stark veränderte Stellung verleiht, zeigt sich nicht nur anhand der wachsenden Bedeutung von Religionen in der politischen, medialen und diskursiven Öffentlichkeit. Auch die religionswissenschaftliche Forschung sieht sich herausgefordert, ihre theoretischen und methodischen Grundlagen kritisch zu reflektieren und theorieimmanent zu revidieren, wie sich am Beispiel der Säkularisierungsthese zeigt, die sich zunehmend als europäischer Sonderweg herauskristallisiert.

Die Säkularisierungsthese, die einen unterstellten Bedeutungsverlust von Religion in modernen Gesellschaften diagnostiziert, gründet zunächst auf dem statistisch feststellbaren Schwund an Mitgliedern in kirchlich organisierter Religion in europäischen Ländern (Gabriel 2008, 169–174; zur »Entkirchlichung« vgl. Stolz 2001, 188–190). Diese Entwicklung mit der durch den religiösen Pluralismus forcierten inneren Auflösung der Religionen zu erklären – wie es lange Zeit in der Religionssoziologie vorherrschende Meinung war –, wurde von der Deutung abgelöst, dass sich zwar im Zuge des Modernisierungsprozesses und der Globalisierung die Pluralität im Inneren religiöser Traditionen verstärke, dies sich aber vitalisierend auf die Religionen in der Weltgesellschaft auswirke (Gabriel 2008, 16–20). Verbunden mit der »Rückkehr der Religionen« (Riesebrodt 2000) ist die Zunahme von Religions- und Identitätskonflikten, deren gesellschaftspolitische Befriedung und verfassungsrechtliche Einhegung nicht schlicht durch den unbestimmten Rekurs auf die Trennung von Religion und Politik zu leisten sind.

Besonders von Seiten der amerikanischen Religionssoziologie wird das europäische Säkularisierungsparadigma scharf kritisiert. Rodney Stark und Laurence Iannaccone (1994) beispielsweise erklären die im Besonderen im Gegensatz zu den USA bestehende mangelnde religiöse Vitalität in Europa mit dem geringen Grad an religiösem Wettbewerb. Aus dieser religionsökonomischen Perspektive ist der europäische Säkularisierungsprozess nicht durch einen Bedeutungsverlust von Religion verursacht, sondern durch die monopolistische Struktur des Religionsmarktes, die der Religion wenige Entwicklungschancen böte.

José Casanova dagegen wählt einen anderen Bezugspunkt im Umgang mit der Säkularisierungstheorie. Gestützt auf Fallstudien, die die Entwicklung des Katholizismus in Spanien, Polen, Brasilien und den USA und das Profil des amerikanischen, freikirchlichen Protestantismus betreffen, unterscheidet Casanova drei Dimensionen religiösen Wandels, die im europäischen Säkularisierungsprozess zufällig zusammen aufträten, theoretisch jedoch getrennt zu behandeln seien. Demnach sei unter Säkularisierung erstens die Ausdifferenzierung von religiöser und weltlicher Sphäre, zweitens der Niedergang religiöser Überzeugungen und Verhaltensweisen und drittens die Abdrängung der Religion in die Privatsphäre zu verstehen (Casanova 1994). Anhand der um einen Transzendenzbezug der europäischen Verfassung entzündeten Debatte argumentiert Casanova für einen (selbst-)kritischeren Umgang mit dem innerhalb der EU »herrschende[n] säkularistische[n] Dogmatismus« (Casanova 2004). Am Beispiel der USA weist er nach, dass es sich beim europäischen Verständnis von Säkularisierung um ein historisch kontingentes, nicht allgemein übertragbares Modell handele, mit dem viele aktuelle Probleme der EU, wie die Frage nach einem möglichen Beitritt der Türkei, verknüpft seien. Die USA hingegen mit ihrem spezifisch anderen Umgang mit Religionen und säkularer Öffentlichkeit verspreche – so Casanova idealisierend – »die erste neue globale Gesellschaft‹ zu werden, in der alle Religionen und Kulturen der Welt versammelt sind« (Casanova 2004).

Interreligiöser Dialog

Zu einem ähnlichen Befund kommt Casanova auch im Hinblick auf die Rezeption der »clash of civilizations«-These Samuel Huntingtons (Huntington 1996): Demzufolge würden nach dem Ende des Ost-West-Konflikts kulturelle Orientierungen im Hinblick auf ihre identitätsstiftende und konfliktträchtige Bedeutung an die Stelle der Ideologien des 20. Jahrhunderts treten. Interessanterweise, so Casanova, habe diese These Huntingtons in Europa im Gegensatz zu den USA ein breites Echo gefunden.

Zu diesen sich aus dem Verhältnis von Religion und weltlicher Sphäre speisenden Unterschieden in der theoretischen europäischen bzw. US-amerikanischen Bewertung der Säkularisierung kommt hinzu, dass verstärkt durch die neuen Kommunikationsmittel im Besonderen die Wahrheitsansprüche einiger Religionsvertreter miteinander in Konflikt geraten. Die jeweils zugrunde liegenden Lesarten von universaler Lebensdeutung und Daseinsordnungen sind dabei aufs engste mit dem Verständnis ihrer Religion verknüpft. Vor diesem Problemhintergrund bringt sich die Religionswissenschaft in zunehmendem Maße in den sogenannten interreligiösen Dialog ein. Dieser stellt einen Bereich dar, an den vielfältige Interessen herangetragen werden und auf den diverse akademische Disziplinen Ansprüche anmelden.

Dies ist in mindestens zweierlei Hinsicht problematisch: Erstere betrifft zwei konträre Weisen, wie die Religionswissenschaft sich als wissenschaftliche Disziplin selbst versteht; zweitens ist der christliche Entstehungshintergrund des interreligiösen Dialoges konzeptuell und methodisch zu thematisieren.

So ist zum einen festzuhalten, dass unter den religionswissenschaftlichen Fachvertretern kein einheitliches Selbstverständnis besteht. Im Kontext des interreligiösen Dialoges stellt sich die Frage nach dem Selbstverständnis der Religionswissenschaft als entweder Neutralität beanspruchende historisch-vergleichende Disziplin oder als Akteur des interreligiösen Dialoges, der sich darum bemüht, verständigungsorientiert religiöse Überzeugungen zwischen religiösen Traditionen zu kommunizieren. Klaus Hock weist der Religionswissenschaft z. B. aufgrund ihrer spezifischen Expertise eine Mittlerfunktion zu, die ihr zwar nicht erlaube, selbst einen Dialog der Religionen zu führen, aber sie in besonderer Weise ausweise, »an entsprechenden Prozessen […] als

Moderatorin und Wissensvermittlerin teilzuhaben« (Hock 2002, 179). Michael von Brück hingegen schlägt ein Modell interreligiösen Dialoges vor, dessen Schwerpunkt angesichts des nicht feststehenden Gegenstandes der Religionen ein intersubjektiver, hermeneutischer Prozess der Verständigung bilde (zur Bedeutung des hermeneutischen Prozesses als genuin interreligiöses Verstehen vgl. Panikkar 1979 und 1990). Demnach sei der »interreligiöse[…] Dialog […] nicht nur ein Dialog über verschiedene Religionen, sondern – mit aller sich selbst bescheidenden Redlichkeit – auch eine Neuschöpfung bzw. Aktualisierung von Religion überhaupt« (Brück 2002, 201).

Diese Auffassung berührt die Abgrenzung der die Rolle eines neutralen, objektiven Beobachters einnehmenden Religionswissenschaft von der Theologie, die eine normative Sicht auf die Religion entwickelt und das subjektive Beteiligtsein des Theologen an seiner Religion mit einschließt (Danz 2005, 21–49; vgl. auch das Projekt Weltethos Hans Küngs 1990–2011). Doch gerade aufgrund der nicht hintergehbaren Standortgebundenheit und irreduziblen Vielfalt des Religiösen erscheint aus religionswissenschaftlicher Perspektive das Modell einer Theologie der Religionen (als Teildisziplin der Systematischen Theologie) im Feld des interreligiösen Dialoges als zu begrenzt; eine Form der disziplinären Aufgabenteilung, die die Religionswissenschaft bei aller gebotenen methodischen Zurückhaltung zur verstärkten Teilhabe auffordert (Figl 2003, 844–847).

Zum anderen birgt der Ausdruck des Dialogs zwischen den Religionen selbst eine problematische Begriffsgeschichte, da er im Christentum den Missionsgedanken ergänzt oder gar ablöst (Stolz 2001, 216). Hiermit in Zusammenhang steht die Frage nach dem Status des Dialoges der Religionen als entweder religionsgeschichtlich inhärente Struktur interreligiöser Traditionsprozesse oder erst angesichts jüngster Entwicklungen der Weltgesellschaft systematisch notwendig gewordener Prozess. Religionsgeschichtlich ist unstrittig, dass sich Religionen stets implizit oder explizit mit religiös Anderem auseinandergesetzt und konsolidiert haben. Trotz dieser identitätskonstituierenden Wahrnehmungsprozesse und einer sich in unterschiedlicher Weise vollziehenden Wechselwirkung zwischen den Religionen begreift die religionswissenschaftliche Forschung die Religionsgeschichte nicht als ein komplexes, unabgeschlossenes Gesamtwerk interreligiöser Begegnungen. In systematischer Hinsicht sind hiermit Fragen nach der kultur- und religionsübergreifenden Vergleichbarkeit, der Analogiefähigkeit bzw. einem impliziten Dialogkonzept oder der spezifischen Differenz interreligiöser Traditionsprozesse verbunden. Eine mögliche konzeptuelle Erfassung des Spektrums interreligiöser Prozesse reicht von der Reduzierung auf einige Grundtypen interreligiöser Kommunikation und Hermeneutik bis zu einer Vielzahl verschiedener Relationsvarianten und -modelle (vgl. Figl 2003, 835).

Neben diesen systematisch offenen Fragen ist begriffsgeschichtlich festzuhalten, dass es sich beim interreligiösen Dialog als Modell der Kommunikation zwischen religiösen Traditionen bislang eher um ein Randphänomen handelte und der Begriff Dialog erst in der zweiten Hälfte des 20. Jahrhunderts gebräuchlich wurde. Zwar lassen sich religionsgeschichtlich einige Vorläufer bis ins Mittelalter zurückverfolgen (besonders Raimundus Lullus ist hier zu nennen, vgl. Berner 1994; Panikkar 1986), doch bleiben aus heutiger Perspektive zumeist asymmetrische Machtverhältnisse und nicht explizit gemachte Gesprächsabsichten, die diesen ›Dialogen‹ zugrunde lagen, problematisch.

Als ein weiteres historisches Beispiel des interreligiösen Dialoges ist das 1893 in Chicago tagende Weltparlament der Religionen zu nennen. Es stellte im Hinblick sowohl auf die interreligiöse Begegnung als auch auf das intrareligiöse Selbstverständnis eine historische Zäsur dar. Dass sich Vertreter verschiedenster Religionen und Länder in Chicago auf Einladung amerikanischer Christen versammelten, stellte insofern eine Neuerung dar, als zum damaligen Zeitpunkt Begegnungen fremder Religionen im Wesentlichen nur in eine Richtung stattfanden. Während sich asiatische Religionen im Kontext ihres eigenen geographischen Entstehungshintergrundes mit bislang fremden Religionen auseinanderzusetzen hatten, suchten Europäer und Amerikaner bis dahin den Kontakt zu anderen Religionen außerhalb ihrer Territorien. Diese Versammlung von konfessionell gemischten Christen verschiedenster Nationalitäten, japanischer Buddhisten, amerikanischer Juden und indischer Theosophen zog eine angesichts der damals zur Verfügung stehenden Verkehrsmittel beeindruckende Zahl von bis zu 7000 Zuhörern an. Zwar wurden die Teilnehmer des Weltkongresses häufig aus den eigenen Reihen ihrer Religionsgemeinschaften für ihr Engagement angefeindet, doch

intensivierten sich interreligiöse Kommunikationsprozesse und das Verständnis für die Bedeutung der Religionen, ihrer Gemeinsamkeiten und Unterschiede vertiefte sich (Lüddeckens 2002).

Peter Beyers Globalisierungstheorie der Religionen

Bereits diese ersten, frühen Schritte eines interreligiösen Dialogs warfen religionstheoretische und methodologische Fragen auf, z. B. wie Religionen als Religionen und damit der Kreis von an diesem Dialog beteiligten Akteuren zu bestimmen seien. Seit Beginn der 1990er Jahre arbeitet der kanadische Religionssoziologe Peter Beyer an einem heuristischen Modell, das unter Verwendung der Systemtheorie Luhmanns eine spezifisch moderne, globalisierte Form des religiösen Handelns anhand geschichtlicher Prozesse rekonstruiert. Ausgehend vom christlichen religiösen System der katholischen Kirche des Mittelalters beschreibt Beyer die historische Transformation der europäischen Gesellschaft von einer primär stratifizierten zu einer primär funktional differenzierten Gesellschaft und die sich vollziehende konfessionelle Spaltung dieses religiösen Systems. Da Religion in dieser Gesellschaft nicht mehr länger als Einheit stiftende Institution zu verstehen gewesen sei, wäre der Begriff Religion zunehmend als spezifischer, von anderen zu differenzierender Bereich menschlichen Lebens begriffen worden, der in sich selbst pluralistisch gestaltet sei. Im Zuge der globalen Ausdehnung des europäischen Einflussgebietes hätte sich der Religionsbegriff weiter transformiert, um andere, neu entdeckte Religionen konzeptionell mit aufzunehmen. An dieser von Europäern vorangetriebenen Ausdehnung des im Sinne von Weltreligionen verstandenen Religionsbegriffs hätten Eliten der entsprechenden Regionen mitgewirkt, wie Beyer sowohl für das Judentum, Christentum und den Islam als auch für den Buddhismus und den Hinduismus im 18. und 19. Jahrhundert zeigt (Beyer 1998a). Dass es sich bei dieser Begriffsformierung keineswegs um eine logische oder historische Notwendigkeit handele, belege das Beispiel der in China (mit Indien in vergleichbarer Vielfalt) vorhandenen religiösen Traditionen und Praktiken. Obwohl sich auch hier überwiegend westliche Beobachter im 19. und 20. Jahrhundert bemüht hätten, die Lehren des Konfuzianismus, Daoismus und Buddhismus zu den drei Religionen Chinas auszuarbeiten, wäre dieses vereinheitlichende Projekt gescheitert. Die Gründe hierfür lagen nach Beyer im Fehlen einer entsprechenden Elite, im Widerstand einiger Vertreter der konfuzianistischen Tradition gegen den Religionsbegriff oder der Zurückweisung des chinesischen Buddhismus durch die chinesische Elite als nicht indigen chinesische Religion (Figl 2003, 839).

Im Zusammenspiel mit Europäern und Amerikanern hätten so Vertreter anderer religiöser Traditionen an deren Revision und Rekonstruktion im Sinne von (Welt-)Religionen mitgewirkt, die zusammen ein globales System von Religionen konstituieren würden. Daher sei das Christentum nicht schlicht als global-kulturelles Modell für Religion zu verstehen, sondern es enthalte wie auch die übrigen abrahamitischen Religionen nur zufällig viele Elemente eines global-kulturellen Modells (Beyer 2001). Diese moderne Herausbildung von Weltreligionen bleibe unabgeschlossen, da sie nicht im Sinne einer westlichen Moderne zu verstehen sei, sondern viele Modernen überall auf der Welt umfasse. Daher wandele sich das Verständnis dessen, was Religion ist, wenn neue oder als solche rekonstruierte Religionen z. B. im interreligiösen Dialog als Religion akzeptiert würden (Beyer 1998b). In diesem Sinne sei der interreligiöse Dialog nur als Folge der modernen Herausbildung von religiösen Traditionen als Religionen zu verstehen. Indem sich diese Religionen zueinander in ein Verhältnis setzen, konstituieren sie im fortwährenden geschichtlichen Prozess ein globales religiöses System.

Die Modelle des interreligiösen Dialoges einerseits und der Begriffsbildung von Religion als globales Projekt im Sinne der Theorie Beyers anderseits stellen zwei Varianten dar, wie die Religionswissenschaft auf die Phänomene der Globalisierung theorieimmanent bzw. theoriebildend reagiert. Theorieimmanent insofern, als im Rahmen des interreligiösen Dialoges die enge Verflochtenheit des Religionsbegriffs sowohl mit der abendländischen Ideen- und Geistesgeschichte, als auch mit der kolonialen Vormachtstellung des Christentums und des Westens im Allgemeinen problematisch bleibt. So bleibt neben der ökonomischen und politischen Asymmetrie der interreligiöse Dialog vor allem eine Initiative der christlichen Welt, gegen den sich auf Seiten der nicht-christlichen Religionen (postkoloniale) Skepsis hält (Figl 2003, 840).

Angesichts der durch die Globalisierung verstärkten weltweiten Migrationsbewegungen und des zunehmenden Nebeneinander der Religionen auf engstem Raum erscheint das Modell des interreligiösen Dialogs dennoch alternativlos. Aus religionswissenschaftlicher Perspektive wird es notwendig sein, die Bedingungen der Ermöglichung und Durchführung konkreter interreligiöser Dialogprozesse zu erfassen und deren Methodik zu spezifizieren (zur Skizze einer Methodik des interreligiösen Dialoges vgl. Figl 2003, 840–844).

Offene Probleme und Desiderate der Disziplin

Was hat sich daher im Zuge der als qualitativ neues Phänomen verstandenen Globalisierung in der religionswissenschaftlichen Forschung verändert? Unter den Bedingungen der Globalisierung thematisiert die Religionswissenschaft zunehmend ihren europäisch-abendländischen Entstehungshintergrund. Dies eröffnet angesichts der im Besonderen im deutschsprachigen Raum bestehenden entwicklungsgeschichtlichen Nähe von Religionswissenschaft und Theologie die Möglichkeit, sich mit dem Vorwurf des Eurozentrismus auseinanderzusetzen, eine kritische Bestandsaufnahme der vorhandenen akademischen Standards und der Methodik vorzunehmen und diese auf ihre Universalisierbarkeit hin zu überprüfen (vgl. Ahn 1997; zur Exklusivität der kulturell-entstehungsgeschichtlichen Einbettung der Religionswissenschaft vgl. Stolz 2001, 39).

Dominierten bislang aufgrund der dargestellten Schlüsselrolle der Sozialwissenschaften die systemtheoretisch-funktionalistischen, religionswissenschaftlichen Ansätze diesen Beitrag, darf dies nicht über die Vielfalt anderer (wie religionsphänomenologischer, essentialistischer) Ansätze und deren Potentiale, den Zusammenhang von Globalisierung und Religion(en) zu erfassen, hinwegtäuschen.

Der Frankfurter Religionswissenschaftler Wolfgang Gantke z. B. argumentiert im Sinne einer problemorientierten, engagierten Religionswissenschaft für eine selbstkritische Problematisierung des eigenen wissenschaftstheoretischen Standortes. Nach Gantke behinderten, wenn nicht gar versperrten, eine rein aufklärerisch-säkularistisch orientierte Kultur und die ihr innewohnenden Desakralisierungs- und Entzauberungstendenzen eine gerade angesichts einer global zusammengerückten Welt so dringend erforderliche Verständigung zwischen den Religionen und das Verständnis füreinander. Denn ein solch profan-säkularistisches Selbstverständnis stelle religionsgeschichtlich »ein relativ neues und durchaus unvergleichbares Produkt des menschlichen Geisteslebens [dar], das nur aus den besonderen Bedingungen des jüdisch-christlichen Traditionszusammenhanges erklärbar und nicht einfach auf andere Traditionen übertragbar ist« (Gantke 2006, 244). Angesichts zunehmender interkultureller und -religiöser Konflikte fragt er nach den »Grenzen einer demaskierenden Aufklärung«, deren Anspruch auf Toleranz von einigen ihrer sich atheistisch oder antireligiös-humanistisch verstehenden Vertreter in der Auseinandersetzung mit religiösen Gefühlen und Überzeugungen anderer nicht immer eingeholt werde. Darüber hinaus seien auch in der interkulturellen Diskussion um das Heilige – um einen der in der Religionswissenschaft umstrittensten Begriffe zu nennen (Gantke 1998) – auf allen Seiten Tendenzen zur Verständigungsunwilligkeit und zum Fundamentalismus zu beobachten, die ihrer Struktur nach über monologische Beiträge nicht hinauskämen. Ein auf gegenseitigem Respekt und Toleranz beruhender Dialog verlange einer engagierten Religionswissenschaft daher nicht eine wert- und kulturneutrale Position ab, sondern fordere zu klaren, begründeten Stellungnahmen und zur steten Bereitschaft der Selbstrelativierung des eigenen Begriffs- und Wertesystems auf (vgl. hierzu Hock 2002, 190–192). Denn gerade die Religion weltweit sei es, die einen Sinn beherberge, der über alle »endlich-anthropozentrischen Sinngebungsversuche« menschlicher Lebenswelt hinausgehe, und die in Zeiten »innerweltliche[r] Enttäuschungserfahrungen« (wie ökonomische und ökologische Krisen, Terrorismus etc.) einer globalisierten Welt als »Hüterin des traditionellen, sicherheits- und schutzgewährenden Weltbewahrungswissens« daran mitwirken könne, gemeinsame Grundlagen des Dialoges, der Kooperation und der Toleranz zu entwickeln (Gantke 2006, 261, 255).

Diese Ergänzung des dargestellten Spektrums religionswissenschaftlicher Forschung um einen religionsphänomenologischen Zugang hebt die theoretische und methodologische Vielfalt der Disziplin hervor. So beherbergt die Religionswissenschaft heutzutage systematische, phänomenologische, soziologische, ethnologische, psychologische, geographische, ökonomische, ästhetische und religionsphilosophische Zugänge, deren wissenschaftsimmanentes Verhältnis zueinander häufig nicht eigens thematisiert wird. Nach diesen methodologischen

Bemerkungen sollen im Folgenden abschließend noch einige Desiderate und offene Probleme des Fachs benannt werden.

So stellen die Menschenrechte eine weitere, teilweise nicht problematisierte Bezugsgröße in der Diskussion darüber dar, wie die Bedingungen der Möglichkeit einer Koexistenz einzelner Personen und Gruppen beschaffen sein müssen, um auf friedliche Weise individuelle und kulturelle Unterschiede zu gewähren und tolerieren zu können. Nach Hödl geben sie als »›säkulare‹ Option […] einen letzten Bezugsrahmen – so etwas wie die globale *civil religion*« vor, die »alle religiösen Orientierungen, die sich in diesem Rahmen aufhalten, zulässt« (Hödl 2007, 274). Was es im Einzelnen mit dieser proklamierten ›Freiheit von‹ und ›Freiheit zur‹ Religion auf sich hat und auf welche Weise die verschiedenen Religionen mit den Menschenrechten umgehen, bleibt zu beobachten. Dies berührt auch Fragen nach der rechtlichen Stellung religiöser Gemeinschaften z. B. im geeinten Europa, d. h. nach dem Verhältnis von öffentlichem bzw. privatem Raum und der rechtlichen Legitimierung von Religion.

Darüber hinaus sieht sich die Religionswissenschaft mit der Aufgabe konfrontiert, über das Wirken und den Einfluss von der Globalisierung zugerechneten Phänomenen auf ihren Gegenstandsbereich zu forschen; hierzu zählen Studien zu Migrationsbewegungen und zur Diasporabildung ebenso wie zu religiös-politischem Radikalismus und traditionelleren Themenkomplexen des religiösen Pluralismus und des Umgangs mit neuen religiösen Bewegungen. Dies beinhaltet die Untersuchung der Funktion von Religionen innerhalb von Globalisierungsprozessen und deren Bewertung als unterstützend oder bremsend. Auch bleibt zu erforschen, ob die Globalisierung eher vereinheitlichend auf Religionen wirkt (wie Beyer 1998a argumentiert), oder sich immer schon global verstehende Religionen im Prozess ihrer Vermittlung in verschiedene lokale Kontexte ausdifferenzieren (zu Letzterem vgl. *Glokalisierung*, Reinhard 2007, 37; Robertson 1998; Hock 2002, 181). Darüber hinaus ergeben sich für die Religionswissenschaft unter Einbeziehung der die Globalisierung u. a. kennzeichnenden neuen Kommunikationsmedien neue Beschäftigungsfelder. Im Sinne des »Desktop-Researchs« (ebd., 177) steht eine rasant anwachsende Internetpräsenz religiöser Gemeinschaften und Organisationen als religionswissenschaftliches Forschungsfeld zur Verfügung, zwischen deren virtuellem und realem Auftritt bisweilen jedoch große Unterschiede bestehen.

Die genannten, unter dem Einfluss der Globalisierung modifizierten oder neu aufgetretenen Phänomenbereiche stellen nur Beispiele der heutigen unübersichtlichen Forschungslandschaft dar. Als fachimmanente Konstante bleibt auch vor dem Hintergrund der Globalisierung das seit Anbeginn der Emanzipation der Religionswissenschaft als eigenständigem universitärem Fach ungelöste Normproblem eines sich definitorisch entziehenden Gegenstandsbereiches bestehen.

Literatur

Ahn, Gregor: Eurozentrismen als Erkenntnisbarrieren in der Religionswissenschaft. In: *Zeitschrift für Religionswissenschaft* 5. Jg. (1997), 41–58.

Berner, Ulrich: Zur Geschichte und Problematik des interreligiösen Dialoges. In: Christoph Elsas (Hg.): *Tradition und Translation. Festschrift für Carsten Colpe zum 65. Geburtstag.* Berlin 1994, 391–404.

Beyer, Peter: The Modern Emergence of Religions and a Global Social System for Religion. In: *International Sociology* 13. Jg. (1998a), 151–172.

–: Global Migration and the Selective Reimagining of Religions. In: *Horizontes Antropológicos* 8. Jg. (1998b), 12–33.

– (Hg.): *Religion im Prozeß der Globalisierung.* Würzburg 2001.

Brück, Michael von (Hg.): Der Beitrag der Religionswissenschaft zum Dialog der Weltreligionen. In: Peter Koslowski (Hg.): *Philosophischer Dialog der Religionen statt Zusammenstoß der Kulturen im Prozeß der Globalisierung.* München 2002, 163–201.

–: *Religion. Segen oder Fluch der Menschheit?* Frankfurt a. M. 2008.

Casanova, José: Religion und Öffentlichkeit im West-/Ostvergleich. In: IWM (Hg.): *Transit Europäische Revue* 8 (1994), 21–41.

–: Der Ort der Religion im säkularen Europa. In: http://www.eurozine.com/articles/article_2004–07–29-casanova-de.html, 2004 (2.9.2010).

Danz, Christian: *Einführung in die Theologie der Religionen.* Wien 2005.

Feil, Ernst (Hg.): *Streitfall ›Religion‹.* Münster 2000.

Figl, Johann (Hg.): *Handbuch Religionswissenschaft. Religionen und ihre zentralen Themen.* Innsbruck 2003.

Gabriel, Karl: Religion und Globalisierung. Die öffentliche Präsenz der Religionen in der Weltgesellschaft

und die (europäische) Säkularisierungsthese. In: Ders. (Hg.): *Technik, Globalisierung und Religion. Gegenmodelle zum Kampf der Kulturen.* Freiburg i. Br. 2008, 169–200.

Gantke, Wolfgang: *Der umstrittene Begriff des Heiligen.* Marburg 1998.

–: Wege zu Theorie und Praxis der Toleranz. Eine interkulturelle Orientierung. In: Hamid Reza Yousefi/Klaus Fischer/Ina Braun (Hg.): *Wege zur Kommunikation. Theorie und Praxis interkultureller Toleranz.* Nordhausen 2006, 243–262.

Gladigow, Burkhard: *Religionswissenschaft als Kulturwissenschaft.* Stuttgart 2005.

Hock, Klaus: *Einführung in die Religionswissenschaft.* Darmstadt 2002.

Hödl, Hans Gerald: Religion als ›Global Player‹, Globalisierung als ›Religion‹. In: Gerald Faschingeder/Clemens Six (Hg.): *Religion und Entwicklung. Wechselwirkungen in Staat und Gesellschaft.* Wien 2007, 265–277.

Huntington, Samuel P.: *The Clash of Civilizations and the Remaking of World Order.* New York 1996.

Joas, Hans/Wiegandt, Klaus (Hg.): *Säkularisierung und die Weltreligionen.* Frankfurt a. M. 2007.

Lüddeckens, Dorothea: *Das Weltparlament der Religionen von 1893.* Berlin 2002.

Luhmann, Niklas: Die Weltgesellschaft. In: *Archiv für Rechts- und Sozialphilosophie* 57. Jg. (1971), 1–35.

Kippenberg, Hans G./von Stuckrad, Kocku: *Einführung in die Religionswissenschaft.* München 2003.

–: *Gewalt als Gottesdienst. Religionskriege im Zeitalter der Globalisierung.* München 2008.

Noelle, Elisabeth/Petersen, Thomas: A Foreign, Frightening World: The Germans' Attitude towards Islam. In: Michel Korinman/John Laughland (Hg.): *The Long March to the West. Twenty-First Century Migration in Europe and the Greater Mediterranean Area.* London 2007, 99–101.

Panikkar, Raymond: *Myth, Faith and Hermeneutics.* New York 1979.

–: Religiöse Eintracht als Ziel. Einführung. In: Raimundus Lullus: *Das Buch vom Heiden und den drei Weisen.* Freiburg 1986, 10–18.

–: *Der neue religiöse Weg. Im Dialog der Religionen leben.* München 1990.

Reinhard, Wolfgang: *Globalisierung des Christentums?* Heidelberg 2007.

Riesebrodt, Martin: *Die Rückkehr der Religionen. Fundamentalismus und der ›Kampf der Kulturen‹.* München 2000.

Robertson, Roland: Glokalisierung – Homogenität und Heterogenität in Raum und Zeit. In: Ulrich Beck

(Hg.): *Perspektiven der Weltgesellschaft.* Frankfurt a.M. 1998, 192–220.

Stark, Rodney/Iannaccone, Laurence: A Supple-Side Reinterpretation of the Secularization of Europe. In: *Journal of the Scientific Study of Religion* 33.Jg. (1994), 230–252.

Stolz, Fritz: *Grundzüge der Religionswissenschaft.* Stuttgart 2001.

Waardenburg, Jacques: *Perspektiven der Religionswissenschaft.* Altenberge 1993.

Wallerstein, Immanuel: *The Modern World-System.* San Diego 1974–1988.

Kirstin Bunge

7. Geschichtswissenschaft

Globalisierung: grundlegendes Paradigma oder modisches Etikett?

Vor einigen Jahren bezeichnete der niederländische Historiker Pieter Emmer Globalisierung polemisch als einen von Journalisten geprägten Begriff, der lediglich dem Ziel diene, jene Menschen zu beeindrucken, die von Geschichte keine Ahnung haben (Emmer 2006, 151). Dieses hier zum Ausdruck gebrachte radikale Unbehagen am Globalisierungsparadigma ist in der Geschichtswissenschaft durchaus noch präsent, doch seit einiger Zeit nehmen sich auch Historiker/innen verstärkt des Globalisierungsthemas an. Eines ihrer zentralen Argumente – die Globalisierung sei kein neues Phänomen, sondern bereits in früheren Epochen zu beobachten – kam zunächst freilich von Kritikern des Globalisierungskonzepts. Der Soziologe Paul Hirst und der Ökonom Grahame Thompson etwa argumentierten, dass Globalisierung kaum als Begriff der Gegenwartsdiagnose tauge. Denn bereits im 19. Jahrhundert hätten Güter-, Kapital- und Arbeitsmärkte einen Verflechtungsgrad erreicht, welcher den gegenwärtigen Verhältnissen in nichts nachstünde (Hirst/Thompson 1997; Nützenadel 2005).

Über die Bedeutsamkeit des Begriffs Globalisierung besteht in der Geschichtswissenschaft freilich weiterhin Uneinigkeit (Conrad/Eckert 2007). Bezeichnet er einen Prozess, der so einschneidend ist wie zum Beispiel die Industrialisierung, oder ist er doch nur modisches Etikett? »›Globalisierung‹ hat einen Sinn als Sammelbegriff für konkret beschreibbare Strukturen und Interaktionen mit planetarischer Reichweite. Hingegen geht es nicht um einen autonomen Prozess, der als unaufhaltsame historische Bewegung und unabweisbarer politischer Sachzwang daherkommt. Gerade bei einem solch umfassenden Prozess muss man sich vor ›Verdinglichung‹ hüten und immer wieder darauf beharren, dass auch die großen Makroprozesse Resultate individuellen oder kollektiven Handelns sind.« (Osterhammel/Petersson 2003, 112) Dieses Urteil kann als eine Art geschichtswissenschaftlicher *common sense* angesehen werden, doch bleibt festzuhalten, dass das Konzept der Globalisierung theoretisch vage und relativ unbestimmt ist. Es macht wenige Annahmen über die Qualität des historischen Wandels, und anders als der Begriff der Modernisierung zielt Globalisierung auch kaum darauf, die historischen Akteure mit einer Zukunftsvision auszustatten und zu aktivieren. Globalisierung ist daher aus geschichtswissenschaftlicher Sicht auch nicht eine Metatheorie, sondern eher eine Perspektive, die dazu beitragen kann, historische Prozesse in einem umfassenden Kontext zu situieren und den ›methodologischen Nationalismus‹ der Geschichtswissenschaft zu unterminieren.

Der Ausgangspunkt für einen solchen Zugriff ist das Interesse an der Verdichtung von Beziehungen auf unterschiedlichen Ebenen: ökonomische Integration, das veränderte Verhältnis von Nationalstaat und Markt, verbunden mit der Frage nach Entstehung und Auflösung von Nationen im Zuge der Globalisierung, kulturelle Homogenisierung und Herausbildung von Differenz sowie die Veränderung der Vorstellung von Zeit und Raum, die mit der Veränderung der Transport- und Kommunikationsmedien einhergegangen ist. Aber nicht nur grenzüberschreitende Verflechtungen und die Zunahme globaler Interaktionen finden das Interesse der Historiker, sondern auch gegenläufige Prozesse und Widerstand. Hinzugefügt sei, dass auch das von der Computertechnologie geförderte Denken in Netzwerken geschichtswissenschaftlichen Perspektiven auf die Globalisierung wichtige Impulse gegeben hat. Das unilineare Stammbaumdenken, in dem weder Platz für Rückkopplungen noch für Überlagerungen war, ist einem Denken in offenen Strukturen gewichen, in dem Historiker es mit einer Vielzahl konkurrierender Geschichten zu tun haben und in dieser Vielstimmigkeit eine Tugend erkennen.

Die eifrige Suche nach früheren Globalisierungswellen hat noch keinen endgültigen Konsens über den Beginn der Globalisierung produziert. Jeremy Bentley, international einer der profiliertesten Vertreter der Weltgeschichtsschreibung, hat etwa den Vorschlag gemacht, eine globale Geschichte der transkulturellen Interaktion (Migrationsbewegungen, imperialistische Ausdehnung und Handel) bis ins 4. Jahrtausend vor Christus zurückzuverfolgen und in sechs Makroepochen bis in die Gegenwart zu untersuchen (Bentley 1996). Versteht man jedoch unter Globalisierung »den Aufbau, die Verdichtung und die zunehmende Bedeutung weltweiter Vernetzung« (Osterhammel/Petersson 2003, 10), so wurde dieser Prozess wohl frühestens im 16. Jahrhundert irreversibel. Seit dieser Zeit setzten Entdeckungsrei-

sen und regelmäßige Handelsbeziehungen Europa, Afrika, Asien und Amerika erstmals in einen direkten Kontakt. Aus diesen sich vor allem seit dem frühen 19. Jahrhundert zügig vertiefenden Verbindungen zwischen verschiedenen Gesellschaften gingen zahlreiche hybride politische Ordnungen, gemischte Ideologien und komplexe Formen wirtschaftlicher Aktivitäten hervor. Diese Verknüpfungen erhöhten jedoch das Bewusstsein von Differenz oder gar Antagonismus vornehmlich zwischen den Eliten verschiedener Gesellschaften (Bayly 2006).

Die wachsende Betonung von Vernetzungen und Verflechtungen im Prozess der Globalisierung steht für die Einsicht, dass die Entstehung der modernen Welt als ›gemeinsame‹ bzw. ›geteilte‹ Geschichte gedeutet werden kann, in der verschiedene Kulturen und Gesellschaften eine Reihe zentraler Erfahrungen teilen und durch ihre Interaktion und Interdependenz die moderne Welt gemeinsam konstituieren (Randeria 1999). Der Verweis auf Interaktionen birgt die Gefahr, Ungleichheit, Macht und Gewalt in der Geschichte der Globalisierung aus den Augen zu verlieren. Ob die globale Ordnung auch eine imperiale Ordnung sei, ist jedoch eine seit dem 16. Jahrhundert virulente Frage (Pagden 1995). Beziehungen etwa zwischen Europa und der außereuropäischen Welt waren und sind häufig hierarchisch oder gar repressiv (Conrad/Randeria 2002, 17–22). Diese Beziehungen werden in der Regel mit den Begriffen Kolonialismus oder Imperialismus erfasst. Mit dem wachsenden Interesse an der Globalisierung und ihrer Geschichte geraten Kolonialismus und Imperialismus (wieder) verstärkt in das Blickfeld von Öffentlichkeit und Wissenschaft. Denn wenn das, was heute als Globalisierung in aller Munde ist, eine frühere Phase hat, so ist diese untrennbar mit der kolonialen und imperialen Expansion der europäisch-westlichen Staaten seit den ›Entdeckungsfahrten‹ des 16. Jahrhunderts verknüpft (Eckert 2006).

Historiographische Ansätze und Debatten

Nachdem der Begriff der Globalisierung zunächst vor allem bei Wirtschaftshistorikern Verwendung fand, ist die Geschichte der Globalisierung seit etwa der letzten Jahrtausendwende auch jenseits der Frage nach der Entstehung eines Weltmarktes zu einem legitimen Gegenstand der Geschichtswissenschaft geworden. Bislang liegen vor allem programmatische Entwürfe (Mazlish/Iriye 2005), aber nur wenige

Überblickdarstellungen vor (Ausnahme etwa: Oster-hammel/Petersson 2003). Die Geschichte der Globalisierung wird dabei in der Regel nicht als lineare Erzählung von der immer größeren Verdichtung der Welt konzipiert. Denn Hochphasen der Vernetzung und Interaktion – etwa im 18. Jahrhundert oder um 1900 – wurden stets abgelöst von Phasen der Distanzierung und Abschottung. Anthony Hopkins und C.A. Bayly differenzieren zwischen unterschiedlichen Stadien einer Geschichte der Globalisierung, jeweils getragen von unterschiedlichen Akteuren und mit unterschiedlichen regionalen Zentren: archaische Globalisierung, Proto-Globalisierung (1600–1800), moderne Globalisierung sowie eine Phase der postkolonialen Globalisierung nach 1950 (Hopkins 2002; Bayly 2006).

In diesem Zusammenhang wäre es falsch, eine allzu dichotomische Trennung zwischen Phasen globaler Integration und Desintegration zu entwerfen, wie es einige Historiker/innen getan haben, indem sie etwa die Zeit nach dem Ersten Weltkrieg als eine Phase der ›De-Globalisierung‹ charakterisierten, in der nicht nur das internationale System des 19. Jahrhunderts zerbrach, sondern auch die Weltwirtschaft durch Nationalismus und Autarkiedenken in eine schwere Krise geriet. Dem ist zu Recht entgegengehalten worden, dass sich in der Zwischenkriegszeit auch weltweite Integrationsprozesse beobachten lassen. So entstand in dieser Zeit eine globale Medienindustrie und es gab Versuche, mit Hilfe des Völkerbundes eine multipolare Weltordnung zu errichten, die auf friedlicher Kooperation und ökonomischem Austausch beruht. »Es macht daher wenig Sinn, fein säuberlich zwischen einer ›ersten‹ Globalisierung bis 1914, einer ›Ent-Globalisierung‹ in der Zwischenkriegszeit und einer ›zweiten‹ Globalisierung nach 1945 zu unterscheiden.« (Nützenadel 2005)

Zu beachten ist schließlich, dass Prozesse der ökonomischen Verflechtung auch mit politischer Abgrenzung einhergehen konnten; kulturelle Öffnung sowie Phasen des politisch-ökonomischen Austauschs verliefen keineswegs immer synchron. Die Geschichtsschreibung der Globalisierung muss daher der Gefahr begegnen, lediglich als gewendete Modernisierungstheorie aufzutreten, bei der ›Tradition‹ durch Isolation und ›Moderne‹ durch Verflechtung ersetzt wird (Schwentker 2005). Der Afrika-Historiker Frederick Cooper sieht im Globalisierungskonzept gar ähnliche Schwächen wie in der Modernisierungstheorie: Modernisierung wie Glo-

balisierung erschienen in diesen Ansätzen jeweils wie Prozesse, die einfach passieren und auf Eigendynamik beruhen. Er warnt davor, das Konzept der Globalisierung zu verabsolutieren und zu einem Metanarrativ zu stilisieren, das die Schwächen des früheren Modernisierungsbegriffes, inklusive seiner Teleologie, reproduziert. Tatsächlich, so Cooper, spielen grenzüberschreitende Interaktionen eine wichtige Rolle, aber sie weisen von Fall zu Fall eine unterschiedliche Dynamik auf und lassen sich nicht ohne Gewaltanwendung unter ein Großkonzept subsumieren. Das Plädoyer für genaues Hinsehen, für raum-zeitliche Spezifik und die Berücksichtigung lokaler Dynamik führt Cooper dazu, eher konkrete Netzwerke in den Blick zu nehmen – und sich überdies für die Regionen und Menschen zu interessieren, die von diesen Netzwerken ausgeschlossen blieben (Cooper 2007).

Die historische Globalisierungsforschung seit etwa 2000 hat Coopers Warnungen zumindest partiell rezipiert. Bislang sind vor allem Teilgebiete des Globalisierungsprozesses behandelt worden. Das späte 19. und frühe 20. Jahrhundert stehen im Zentrum der meisten einschlägigen Publikationen. Dies ist sinnvoll, denn für keine andere historische Epoche lässt sich eine vergleichbare Zunahme globaler Verflechtungen nachzeichnen. Diese reichen von der Formierung global integrierter Güter- und Kapitalmärkte über den signifikanten Anstieg transkontinentaler Migration bis zur ›Zeit-Raum-Kompression‹, die am Ende des 19. Jahrhunderts den technologischen Wandel begleitete. Grundlage dafür war die Informationsrevolution seit den 1850er Jahren. Das Dampfschiff, die Ausweitung der Postverbindungen und vor allem der Telegraph trugen zum Eindruck einer schrumpfenden Welt bei. Schließlich bietet das 19. Jahrhundert, lange als ›Zeitalter des Nationalstaats‹ charakterisiert, besonders großes Potential für eine Geschichtsschreibung, die aus dem stählernen Gehäuse nationalhistorischer Paradigmen ausbrechen will. Damit ist jedoch nicht die historische Bedeutung des Nationalstaats in Frage gestellt. Etwa am deutschen Beispiel ist überzeugend gezeigt worden, dass die Stabilisierung und Territorialisierung des Nationalstaates einen der zentralen Effekte der globalen Vernetzung vor dem Ersten Weltkrieg darstellt (Conrad 2006).

Für den genannten Zeitraum weist die Forschungsliteratur bislang drei Schwerpunkte auf: Zum einen gibt es zahlreiche Studien zur ökonomischen

Verflechtung der Welt und zur Herausbildung eines Weltmarktes seit etwa 1850. Vor allem Kevin O'Rourke und Jeffrey Williamson haben viel dazu beigetragen, die Verflechtung von Arbeitsmärkten, die Anpassung von Preis- und Lohnstrukturen und die Ströme transnationaler Finanzmärkte historisch zu rekonstruieren (O'Rourke/Williamson 1999). Neben diesen stark quantitativ orientierten Arbeiten liegen inzwischen Studien vor, die auch die gesellschaftliche und politische Einbettung wirtschaftlicher Transaktionen stärker berücksichtigen (Fischer 1998; Torp 2005; Petersson 2009). Daneben hat, zweitens, vor allem das Feld der Migrationsgeschichte eine weitere Konjunktur erfahren. Während lange Zeit Migration vor allem im transatlantischen Raum wahrgenommen wurde, sind in den letzten Jahren zunehmend globale Wanderungsströme in den Blick genommen worden: Chinesische Migration, koloniale Mobilität, unfreie Arbeit und die Debatte über ›neue Sklaverei‹ haben das Feld der Migrationsgeschichte zu einem Schwerpunkt der Globalisierungsforschung gemacht (McKeown 2008; Hoerder 2002; Northrup 1995). Schließlich hat auch, drittens, im Feld der internationalen Beziehungen das Interesse für Globalisierungsprozesse zugenommen (Loth/Osterhammel 2000). Zu den privilegierten Themen gehören die Entstehung internationaler Verbände und Organisationen und die Debatte über ein Regime des ›Internationalismus‹ um 1900. Aber auch die Diskussion über die Formierung einer globalen Ordnung, etwa am Beispiel des Völkerbundes, ist in den letzten Jahren erneut auf Interesse gestoßen (Manela 2007; Conrad/Sachsenmaier 2007).

Perspektiven

Die Anstrengungen, Globalisierung zu historisieren, sollten sich freilich nicht auf das 19. Jahrhundert konzentrieren, sondern künftig noch stärker andere Epochen in den Blick nehmen. Darüber hinaus liegt der Schwerpunkt der meisten globalgeschichtlichen Untersuchungen weiterhin auf dem Feld der Wirtschafts-, Migrations- und Politikgeschichte. Die kulturgeschichtliche Dimension der globalen Verflechtung ist bislang hingegen kaum im Zusammenhang untersucht worden – mit wenigen Ausnahmen wiederum vor allem für das 19. Jahrhundert (Bayly 2006; Osterhammel 2009). Hier besteht somit ein dringendes Desiderat. Überdies sind bislang viele Untersuchungen ganz makrohistorisch ausgerichtet

und stellen die Akteure der Globalisierung nur selten in den Vordergrund. Und schließlich ist der vorherrschende Blick auf die Geschichte der Globalisierung häufig noch ein westlicher; außereuropäische Standpunkte kommen meist nur am Rande vor. Was wäre zu untersuchen? Ein Beispiel nur: Die technologischen Neuerungen des 19. Jahrhunderts waren ein wichtiger Faktor bei der Herausbildung von Öffentlichkeiten in Lateinamerika, Süd- und Ostasien oder dem Osmanischen Reich. Häufig griffen sie dabei auf bestehende Diskussionsforen und Teilöffentlichkeiten zurück. Aber vor allem in den urbanen Zentren und Hafenstädten bildeten sich rasch neue Formen der öffentlichen Kommunikation, häufig getragen von neu formierten metropolitanen Eliten, die sich über die neu entwickelten Bildungssysteme rekrutierten. Wer genau waren diese Eliten? Vor allem die Ausbreitung des Pressewesens und die entstehende Zeitungskultur trugen seit Mitte des 19. Jahrhunderts zur raschen Verbreitung von Ideen bei. Inwiefern waren kulturelle Aneignungen von einem Bewusstsein globaler Strukturen und Zusammenhänge geprägt? Unterschied sich das Verständnis von ›Welt‹ an unterschiedlichen Orten? Welche Rolle spielten hier sich herausbildende transnationale Öffentlichkeiten? Wie weit reichten diese Interaktionszusammenhänge – und wohin nicht?

Dies führt abschließend zu dem Hinweis, dass um 1900 nur eine winzige Minderheit der Weltbevölkerung an technische Systeme als Gebrauchs- und Einrichtungsgegenstände angeschlossen war. Der Telegraph etwa stand in Indien in den Amtsstuben, nicht in Privatwohnungen. »Virtuelle Chancen müssen von realisierbaren Möglichkeiten unterschieden werden.« (Osterhammel 2009, 1012) In achtzig Tagen um die Welt zu reisen, war im letzten Drittel des 19. Jahrhunderts möglich geworden, aber außer Jules Vernes Protagonist Phileas Fogg hat dies kaum jemand realisiert. Das Verhältnis von Mikro- und Makrogeschichte gehört mithin zu den großen methodischen Herausforderungen der historischen Globalisierungsforschung.

Literatur

Bayly, Christopher A.: *Die Geburt der modernen Welt. Eine Globalgeschichte 1780–1914.* Frankfurt a.M. 2006.

Bentley, Jeremy: Cross-Cultural Interaction and Periodization in World History: In: *American Historical*

Review 101. Jg., 3 (1996), 749–770.

Conrad, Sebastian: *Globalisierung und Nation im deutschen Kaiserreich*. München 2006.

– /Eckert, Andreas: Globalgeschichte, Globalisierung, multiple Modernen: Zur Geschichtsschreibung der modernen Welt. In: Dies./Ulrike Freitag (Hg.): *Globalgeschichte. Themen – Theorien – Ansätze*. Frankfurt a. M. 2007, 7–49.

– /Sachsenmaier, Dominic (Hg.): *Competing Visions of World Order: Global Moments and Movements, 1880s–1930s*. New York 2007.

– /Randeria, Shalini (Hg.): *Jenseits des Eurozentrismus. Postkoloniale Perspektiven in den Geschichts- und Kulturwissenschaften*. Frankfurt a. M. 2002.

Cooper, Frederick: Was nützt der Begriff der Globalisierung? Aus der Perspektive eines Afrika-Historikers [2001]. In: Sebastian Conrad/Andreas Eckert/Ulrike Freitag (Hg.): *Globalgeschichte: Theorien – Ansätze – Themen*. Frankfurt a. M. 2007, 131–161.

Eckert, Andreas: *Kolonialismus*. Frankfurt a. M. 2006.

Emmer, Pieter C.: The Dutch and the Atlantic Challenge, 1600–1800. In: Ders./Olivier Pétré-Grenouilleau/Jessica V. Roitman (Hg.): *A Deus ex Machina Revisited: Atlantic Colonial Trade and European Economic Development*. Leiden 2006, 151–177.

Fischer, Wolfram: *Expansion, Integration, Globalisierung. Studien zur Geschichte der Weltwirtschaft*. Göttingen 1998.

Hirst, Paul/Thompson, Grahame: *Globalisation in Question. The International Economy and the Possibilities of Governance*. Cambridge 1997.

Hoerder, Dirk: *Cultures in Contact. World Migrations in the Second Millennium*. Durham, NC 2002.

Hopkins, Anthony G. (Hg.): *Globalization in World History*. London 2002.

Loth, Jürgen/Osterhammel, Jürgen (Hg.): *Internationale Geschichte. Themen – Ergebnisse – Aussichten*. München 2000.

Manela, Erez: *The Wilsonian Moment. Self-Determination and the International Origins of Anticolonial Nationalism*. New York/Oxford 2007.

Mazlish, Bruce/Iriye, Akira (Hg.): *The Global History Reader*. New York 2005.

McKeown, Adam: *Melancholy Order. Asian Migration and the Globalization of Borders*. New York 2008.

Northrup, David: *Indentured Labor in the Age of Imperialism, 1834–1922*. Cambridge 1995.

Nützenadel, Alexander: Globalisierung und transnationale Geschichte. In: http://hsozkult.geschichte.hu-berlin.de/forum/id=583&type=artikel (23.2.2005).

O'Rourke, Kevin H./Williamson, Jeffrey G.: *Globalization and History. The Evolution of a Nineteenth-Century Atlantic Economy*. Cambridge, MA 1999.

Osterhammel, Jürgen: *Die Verwandlung der Welt. Eine Geschichte des 19. Jahrhunderts*. München 2009.

– /Petersson, Niels: *Geschichte der Globalisierung. Dimensionen – Prozesse – Epochen*. München 2003.

Pagden, Anthony: *Lords of all the Worlds. Ideologies of Empire in Spain, Britain and France 1500–1800*. New Haven 1995.

Petersson, Niels: *Anarchie und Weltrecht. Das Deutsche Reich und die Institutionen der Weltwirtschaft 1890–1930*. Göttingen 2009.

Randeria, Shalini: Jenseits von Soziologie und soziokultureller Anthropologie. Zur Ortsbestimmung der nichtwestlichen Welt in einer zukünftigen Sozialtheorie. In: *Soziale Welt* 50. Jg. (1999), 373–382.

Schwentker, Wolfgang: Globalisierung und Geschichtswissenschaft: Themen, Methoden und Kritik der Globalgeschichte. In: Ders./Margarete Grandner/Dietmar Rothermund (Hg.): *Globalisierung und Globalgeschichte*. Wien 2005, 36–59.

Torp, Cornelius: *Die Herausforderung der Globalisierung. Wirtschaft und Politik in Deutschland 1860–1914*. Göttingen 2005.

Andreas Eckert

8. Literaturwissenschaft

Der Begriff ›Vergleichende Literaturwissenschaft‹

Literaturwissenschaft, insofern sie sich als eine allgemeine und vergleichende Disziplin versteht, ist seit ihren Anfängen inter- und transnational, d. h. sie orientiert sich nicht wie nationalsprachlich organisierte Philologien an sprachlichen und politischen Grenzen. Vielmehr ist dem akademisch-wissenschaftlichen Umgang mit Literatur bereits an ihrem Ursprung eine explizit globale Perspektive eingeschrieben. Diese Form der Globalisierung um 1800 findet ihren Niederschlag in dem von August Wilhelm Schlegel geprägten und von Johann Wolfgang von Goethe weiterentwickelten Begriff der Weltliteratur. Der Eintrag »Vergleichende Literaturwissenschaft« in Gero von Wilperts *Sachwörterbuch der Literatur* definiert: »Vergleichende Literaturwissenschaft oder Komparatistik, literaturwissenschaftliche Methode und Forschungsrichtung greift über die nationalen Schranken der literarischen Entwicklung hinaus auf die Weltliteratur aus, erfaßt alle übernationalen und internationalen literarischen Phänomene, die sich aus der Beschränkung auf einzelne Nationalliteraturen heraus nicht klären lassen.« (Wilpert 1989, 994) Im Zentrum ihres Selbstverständnisses steht das Vergleichen, wie es sich in den Begriffen ›Allgemeine und Vergleichende Literaturwissenschaft‹ oder ›Komparatistik‹ niederschlägt. Diese Begriffe sind an die anglo-amerikanischen bzw. französischen Begriffsbildungen *comparative literature* und *littérature compareé* angelehnt. Der Vergleich kann sich dabei auf Gemeinsamkeiten oder auf Unterschiede ausrichten, also entweder generalisierend das Allgemeine oder individualisierend das Besondere betonen.

Das Vergleichen verschiedener literarischer Texte wie auch ganzer Literaturen oder Epochen ist nicht auf die Entwicklung der Literaturwissenschaft als einer akademischen Disziplin beschränkt, sondern lässt sich in verschiedensten Ausprägungen und Konfigurationen von der Antike bis zur Renaissance und darüber hinaus feststellen. Ziel solcher Vergleiche und Parallelen war es, die Überlegenheit einer Epoche, Nation oder Sprache gegenüber einer anderen zu garantieren. In diesem Rahmen fungierte zumeist die griechische oder römische Antike als das Ideal einer allgemeingültigen Norm, die es galt, möglichst genau zu imitieren. Aus dem Imperativ der *imitatio* erwuchs die Notwendigkeit des Vergleichs, denn nur so konnte der Wert von aktuellen literarischen Texten bestimmt werden.

Die Auffassung der Antike als eines klassisch-zeitlosen Standards, der nur eine approximierende Nachahmung erlaubt, ohne das vergangene Ideal je zu erreichen, erfährt mit der in Frankreich am Übergang vom 17. zum 18. Jahrhundert stattfindenden *Querelle des Anciens et des Modernes* eine entscheidende Modifikation. Ausgelöst von Perraults Gedicht »Le siècle de Louis le Grand«, vorgetragen am 27. Januar 1687 in der Académie Française, und seiner vierbändigen Abhandlung *Parellèle des anciens et des modernes en ce qui regarde les arts et les sciences* sowie Fontenelles *Digression sur les anciens et les modernes* (1688–1696) kommt es zu einer Debatte über den Status des zeitgenössischen französischen Theaters und zur Problematisierung ästhetischer Normativität, repräsentiert durch die Dramen des antiken Griechenland. Die Gegenposition zu den sogenannten ›Modernen‹ Perrault und Fontenelle stellt, neben Racine, de la Fontaine, de la Bruyère und Boileau dar, der im *Traité sur le sublime* (1674) auf der Überlegenheit der Antike besteht. Eine vorläufige Auflösung der *Querelle* zeigt sich in der Unterscheidung zwischen einer *beauté universelle* und einer *beauté relatif*. Hans Robert Jauß beschreibt diesen Vorgang als eine temporalisierende Relativierung des Schönheitsbegriffs: »Auf diesem Wege führte der allmähliche Abbau der klassischen ästhetischen Normen zu einem ersten historischen Verständnis der antiken Kunst.« (Jauß 1970, 32) Ein historisches Verständnis sowohl von antiker als auch von moderner Kunst macht es nötig, die verschiedenen Entstehungsbedingungen von Kunst und Literatur vergleichend zu untersuchen. Waren diese Entstehungsbedingungen etwa bei Fontenelle noch naturgeschichtlich gedacht, so wird im Laufe des 18. Jahrhunderts der Begriff der Nation als politische und linguistische Einheit das Konzept, welches zur Beschreibung und Charakterisierung von Kunst im Allgemeinen und von Literatur im Besonderen dient. Seit Dantes *De vulgarum eloquentia* gibt es in allen Teilen Europas Versuche, volkssprachliche Traditionen nicht nur gegen das Lateinische der humanistischen Tradition zu etablieren, sondern als Träger kultureller und nationaler Identität durchzusetzen. Die gemeinsame Sprache wird zum Medium, in dem sich kulturelle und politische Einheit manifestieren soll. In diesem Zusammenhang veröffentlicht Daniel Morhof, der »als eine Art Vater des Komparatismus bezeichnet werden kann« (Corbineau-Hoffmann 2000, 60), im Jahr 1682 den *Unterricht von der Teutschen Sprache und Poesie*. Nicht nur leitet Morhof zum richtigen Gebrauch der deutschen Sprache an, sondern er situiert die deutschsprachige Literatur im Kontext anderer europäischer Nationalliteraturen.

Den herausragenden deutschen Vertreter eines sprachlich-kulturell fundierten Nationalcharakters im 18. Jahrhundert stellt Johann Gottfried Herder dar. Er übernimmt und verallgemeinert die in der *Querelle* angelegte Historisierung von Kunst derart, dass er jeder Epoche und Nation ihren eigenen Wert zugesteht. In seinen frühen Schriften *Auszug aus einem Briefwechsel über Ossian und die Lieder alter Völker* und *Shakespeare*, zuerst veröffentlicht im Jahr 1772 in den fliegenden Blättern *Von deutscher Art und Kunst*, wird der Dichter zum Schöpfer, welcher der Nation Charakter und Geist verleiht. Damit verbindet sich ein Wechsel der Aufmerksamkeit von der klassischen Antike zu individuellen Volks- bzw. Nationalsprachen. Goethe, in *Dichtung und Wahrheit* auf seine Zeit mit Herder in Straßburg zurückblickend, stellt fest: »Die hebräische Dichtkunst, welche er [Herder, J.K.] nach seinem Vorgänger Lowth geistreich behandelte, die Volkspoesie, deren Überlieferungen im Elsaß aufzusuchen er uns antrieb, die ältesten Urkunden als Poesie, gaben das Zeugnis, daß die Dichtkunst überhaupt eine Welt- und Völkergabe sei, nicht ein Privaterbteil einiger feinen gebildeten Männer.« (Goethe 1986–1999, Abt.I, Bd. 14, 445; zit. n. Birus 1995, 2)

Weltliteratur als Gegenstand der Literaturwissenschaft

Goethes Begriff der Weltliteratur stellt den nächsten Schritt in der Entwicklung vergleichender Literaturbetrachtung dar. Die zum Gemeinplatz gewordene Formulierung »Nationalliteratur will jetzt nicht viel besagen, die Epoche der Weltliteratur ist an der Zeit« (Goethe 1986–1999, Abt.II, Bd.12, 224 f.; zit. n. Strich 1946, 397) aus einem späten Gespräch mit Eckermann vom 31.3.1827 bedarf jedoch der Kontextualisierung, stellt sie doch den Endpunkt einer langen und komplexen Entwicklung im Denken Goethes dar. Der junge Goethe, ganz unter dem Einfluss Herders, glaubte in den volkssprachlichen Traditionen

partikularer Nationalliteraturen ein Mittel zur Überwindung aufklärerischer Regelpoetiken gefunden zu haben. Trotz der Extensität der Goetheschen und Herderschen Interessen, die weit über die Grenzen Europas hinausgehen, geht es ihnen um mehr als eine bloß quantitative Ausweitung des literarischen Kanons. Vielmehr basiert ihr Projekt auf dem universalistischen Glauben, Literatur gehöre der ganzen Menschheit. Hier zeigt sich exemplarisch ein zentrales Paradox vergleichender Literatur-, Kultur- und Sprachwissenschaft. Um vergleichen zu können, müssen die untersuchten Phänomene sowohl unterschieden sein, als auch etwas Gemeinsames enthalten. Dichtung ist sowohl partikular als auch universell, sie gehört jedem individuellen Volk und gleichzeitig der ganzen Menschheit. Die versuchte Vermittlung von Einzelnem und Allgemeinem wird besonders deutlich in der Konzeption der von Goethe zwischen 1816 und 1832 herausgegebenen Zeitschrift *Über Kunst und Althertum*. Trotz des im Titel angedeuteten Verweises auf die klassische Antike, versammelt Goethe – besonders in der Zeit nach 1818 – nicht nur unterschiedlichste Textformen wie Literaturkritik, Übersetzung oder Lyrik, sondern fasst sämtliche europäischen und eine Großzahl außereuropäischer Literaturen ins Auge. Hendrik Birus fasst zusammen: »Ihren Höhepunkt erreicht diese panoramatische Tendenz in den beiden ersten Heften des 6. Bands (1827/28) mit Aufsätzen über Homer, Euripides und Shakespeare so gut wie über die neuesten Werke Byrons und Manzonis, über chinesische Lyrik und morgenländische Märchen so gut wie über die Volkspoesie in verschiedensten Sprachen, aber auch mit […] maßstabsetzenden Beiträgen zur allgemeinen Poetik.« (Birus 1995, 7 f.)

Das bei Goethe trotz aller Offenheit für die Alterität fremder Literaturen letztlich doch ein humanistischer, am Kanon der griechischen Antike orientierter Kulturbegriff vorauszusetzen ist, wird durch ein längeres, in Teilen bereits weiter oben angeführtes Zitat aus dem berühmten Gespräch mit Eckermann über die kommende Epoche der Weltliteratur deutlich. Dort heißt es: »National-Literatur will jetzt nicht viel sagen, die Epoche der Welt-Literatur ist an der Zeit und jeder muß jetzt dazu wirken, diese Epoche zu beschleunigen. Aber auch bei solcher Schätzung des Ausländischen dürfen wir nicht bei etwas Besonderem haften bleiben und dieses für musterhaft ansehen wollen. Wir müssen nicht denken, das Chinesische wäre es, oder das Serbische, oder Calderon, oder die Nibelungen; sondern im Bedürfnis von etwas Musterhaftem müssen wir immer zu den alten Griechen zurückgehen, in deren Werken stets der schöne Mensch dargestellt ist.« (Goethe 1986–1999, II. Abt., Bd. 12, 225; zit. n. Birus 1995, 5) Goethe unterscheidet im Folgenden zwischen einer historisch-vergleichenden Betrachtungsweise, die auf das Besondere jeder einzelnen Literatur eingeht, und einer normativ-universalen, die das Musterhafte der klassischen Antike behandelt.

In späten Bemerkungen Goethes aus der zweiten Hälfte der 1820er Jahre wird die im Eckermann-Gespräch prophezeite Epoche einer kommenden Weltliteratur explizit mit dem zu Beginn des 19. Jahrhunderts drastisch steigenden internationalen Handelsverkehr in Verbindung gebracht. So wie Waren immer schneller und leichter zwischen Handelspartnern in verschiedenen Ländern zirkulieren, so soll es in der Epoche einer allgemeinen Weltliteratur zur Öffnung und Erleichterung internationaler Kommunikation kommen, die zur Befriedung von Konflikten zwischen Staaten beizutragen in der Lage ist. Hendrik Birus macht in diesem Zusammenhang auf die Nähe des goetheschen Modells einer am Weltmarkt orientierten Konzeption der Weltliteratur mit der von Karl Marx und Friedrich Engels aufmerksam. Im *Kommunistischen Manifest* heißt es: »Die Bourgeoisie hat durch die Exploitation des Weltmarkts die Produktion und Konsumtion aller Länder kosmopolitisch gestaltet. [...] Und wie in der materiellen, so auch in der geistigen Produktion. Die geistigen Erzeugnisse der einzelnen Nationen werden Gemeingut. Die nationale Einseitigkeit und Beschränktheit wird mehr und mehr unmöglich, und aus den vielen nationalen und lokalen Literaturen bildet sich eine Weltliteratur.« (Marx/Engels 1974, 466) Ökonomie und Literatur sprengen nationale Grenzen und lassen sich daher nur inter- und transnational verstehen.

Wenige Jahre vor Goethes verstreuten Überlegungen zur Weltliteratur lässt sich dieser Begriff als Kompositum in August Wilhelm Schlegels Berliner *Vorlesungen über die schöne Kunst und Literatur* aus den Jahren 1801 bis 1804 finden. Im Werk Schlegels manifestiert sich ein universales Literaturverständnis, das sowohl über den Kanon der humanistischen Antike als auch über die geläufigen europäischen Nationalliteraturen hinausweist. Schlegels zahlreiche Übersetzungen aus europäischen und nicht-europäischen Sprachen stellen den Hintergrund dar, vor

dem sich seine Theorie der Weltliteratur als ein *Wettstreit der Sprachen* und Literaturen abzeichnet. Übersetzung wird zum Medium des Austauschs zwischen Kulturen und Nationen. Claudia Becker kommentiert: »Mit der Betonung des Vermittlungscharakters integriert er [Schlegel, J.K.] die literarische Übersetzung in ein Programm weltliterarischer Verständigung bzw. interkultureller Hermeneutik.« (Becker 1998, 112) Schlegels »literarischer Kosmopolitismus« (Wellek 1978, 296) zeigt sich programmatisch, wie bereits oben angedeutet, in den Berliner (1801–1804) und Wiener Vorlesungen (1809–1811). Durch die Methode des Vergleichens verschiedener Literaturen soll die Grundlage einer allgemeinen, transnationalen und transhistorischen Ästhetik als *Naturgeschichte der Kunst* gelegt werden.

In Schlegels *Geschichte der romantischen Literatur* bringt dieser, auf die Aufgabe des Übersetzers reflektierend, die Spannung zwischen Kosmopolitismus und Nationalismus, wie sie sich schon bei Goethe abzeichnete, zur Sprache: »Es ist auf nichts Geringeres angelegt, als die Vorzüge der verschiedensten Nationalitäten zu vereinigen [...] und so einen kosmopolitischen Mittelpunkt für den menschlichen Geist zu stiften. Universalität, Kosmopolitismus ist die wahre deutsche Eigentümlichkeit.« (Schlegel 1965, 36; zit. n. Birus 1995, 24 f.) Wie bei Goethe wird deutlich, dass trotz aller Bekenntnisse zum Kosmopolitismus, Schlegels Konzept von Weltliteratur letztlich am Wert des Eigenen – der deutschen Nation und ihrer Literatur – und nicht an der Alterität fremder Kulturen ausgerichtet ist.

Durch August Wilhelm Schlegels Freundschaft mit Madame de Staël wirkten sich seine Ideen auf Frankreich aus. De Staëls dreibändige Schrift *De l'Allemagne* (1810) machte nicht nur die deutsche Literatur der französischen Öffentlichkeit bekannt, sondern legte den Grundstein für eine vergleichende Literaturwissenschaft, wie sie sich im Folgenden in den Arbeiten von Jean-Jacques Ampère und Abel François Villemain manifestiert. Ampère, Sohn des berühmten Physikers André Marie Ampère, Student von Schlegel in Bonn, entwickelt eine Theorie der Komparatistik, die sich an zeitgenössischen naturwissenschaftlichen Methodologien des Vergleichs wie z. B. Cuviers *Anatomie comparée* oder Bopps *Über das Konjugationssystem der Sanskritsprache im Vergleich mit jenem der griechischen, lateinischen, persischen und germanischen Sprache* orientiert. Der Begriff der *littérature comparée*, obgleich er schon früher bei Jean-François Sobry wie auch bei François Noël und Guislain de La Place auftaucht, bezeichnet ab jetzt, d. h. der ersten Hälfte des 19. Jahrhunderts, eine im akademischen Kontext lehrbare Methode. Villemain betitelt seine im Jahr 1828 an der Sorbonne gehaltene Vorlesung: *Examen de l'influence exercée par les écrivains français du XVIIIe siècle sur les littératures étrangères et l'esprit européen*. Diese Vorlesung gilt, laut Angelika Corbineau-Hoffmann (2000, 67), »als die Geburtsstunde der Komparatistik«. Die mit Ampère und Villemain einsetzende Institutionalisierung und Professionalisierung der *littérature comparée* setzte sich jedoch nur recht zögerlich durch. Erst im Jahr 1861 kommt es in Italien an der Universität Neapel zur Einrichtung des ersten Lehrstuhls für Komparatistik. Es folgen Harvard (1890), Lyon (1897), Columbia University, New York (1899) und die Sorbonne (1910).

Die Entwicklung der Komparatistik in Deutschland im 19. Jahrhundert ist eng mit der Auslegung des goetheschen Begriffs der Weltliteratur verbunden. Ab 1877 gibt der in Ungarn geborene Professor für Germanistik Hugo Meltzl die Zeitschrift *Acta Comparationis litterarum universarum* heraus, deren programmatische Ausrichtung sich explizit als eine Verteidigung der kosmopolitischen Tendenzen Goethes gegenüber seinen patriotisch-volkstümelnden Interpreten begreift. Es gilt für Meltzl, die deutschnationale Fehllektüre des goetheschen Begriffs Weltliteratur bei Gervinus und anderen Vertretern der sich etablierenden Germanistik zu bekämpfen und eine vergleichende und transnationale Literaturbetrachtung einzufordern. Dieser ›Supranationalismus‹ (Dyserinck) wird schon durch den Titel der Zeitschrift, der nicht nur in Latein und Deutsch, sondern auch in zehn weiteren Sprachen abgedruckt wurde, deutlich. Ab 1887, dem Jahr in dem das Erscheinen der *Acta* eingestellt wird, beginnt Max Koch, Professor der Germanistik in Marburg, die *Zeitschrift für Vergleichende Literaturgeschichte* herauszugeben, die als Ziel vergleichender Literaturgeschichte ein besseres Verständnis der eigenen, d. h. deutschen Literatur erreichen will. Unter dem Titel »Zur Einführung« stellt Koch, sich von Meltzl abgrenzend, fest: »Die deutsche Litteratur und die Förderung ihrer historischen Erkenntnis soll den Ausgangs- und Mittelpunkt der in der Zeitschrift für vergleichende Litteraturgeschichte geförderten Bestrebungen bilden.« (Koch 1887, 12)

Eine solch nationalistische Konzeption von ver-gleichender Literaturwissenschaft behält auch in den zeitgenössischen Debatten über die Einführung komparatistischer Lehrstühle an den deutschen Universitäten die Oberhand. Es verhallen Forderungen wie die des Schweizer Komparatisten Louis Paul Betz oder des Straßburgers Wilhelm Wetz nach der Institutionalisierung einer Literaturwissenschaft, deren Aufgabe es ist, »nachzuforschen, wie sich die Nationen untereinander umgeschaut haben, sich loben und tadeln, nehmen oder verwerfen, nachahmen und entstellen, verstehen oder nicht verstehen, sich gegenseitig ihre Herzen öffnen oder verschließen« (Betz 1986, 151). Ernst Elster vertritt in einem einflussreichen, 1901 veröffentlichten Aufsatz *Weltliteratur und Literaturvergleichung* die Auffassung, dass die komparatistische Vergleichung nur als Teil einer übergreifenden ›philologischen Methode‹ Sinn mache. In dieser Hinsicht wird das grenzüberschreitende bzw. transnationale Projekt eines Meltzl oder Betz auf eine Methodik reduziert, welche die traditionelle, nationalsprachliche Literaturbetrachtung zwar erweitert, diese letztlich jedoch nur »zur Intensivierung des nationalen Elements in der Literatur und Literaturwissenschaft« (Dyserinck 1977, 37) führen soll. Elster interpretiert Goethes Idee einer allgemeinen Weltliteratur im Sinne einer Fokussierung des Eigenen durch die Abgrenzung vom Anderen. Durch den Vergleich mit anderen Nationalliteraturen soll die Singularität und der »hohe innere Wert der deutschen Litteratur« (Elster 1901, 38) deutlich werden. Das hermeneutische Prinzip des Verstehens, indem es sich auf das Einzelne richtet, schließt das Vergleichen aus: »Durch die Akzentuierung des Singularen als dem Gegenstand der Geisteswissenschaften im Sinne Diltheys wird der ›Vergleich‹ durch das ›Verstehen‹ verdrängt.« (Zelle 2004/05, 28) Diese Priorität einer auf nationalsprachlich gegliederten Philologien aufbauenden Literaturwissenschaft hat zur Folge, dass sich die Komparatistik als eine akademische Disziplin in Deutschland in den Jahren bis 1945 institutionell kaum etabliert. Nicht zufällig – betrachtet man den Siegeszug der *littérature comparée* in Frankreich – sind die wenigen Ausnahmen nicht an die Germanistik, sondern an die Romanistik gebunden. Zu diesen Ausnahmen gehört Victor Klemperer, der im Jahr 1927 in Leipzig die erste doppelte *venia legendi* für Romanistik und Vergleichende Literaturwissenschaft erhält. Ihm folgt im Jahr 1934 der Tübinger Kurt Wais.

Literaturtheorie im 20. Jahrhundert

Der französische Einfluss auf die Entwicklung der Literaturwissenschaft in Deutschland zeigt sich deutlich in den ersten Instituten für Allgemeine und Vergleichende Literaturwissenschaft, die in Mainz (1946) und Saarbrücken (1949) im Bereich der französischen Besatzungszone eingerichtet werden. Es sind zudem deutsche Romanisten wie Ernst Robert Curtius oder Erich Auerbach, die in epochalen Studien wie *Europäische Literatur und lateinisches Mittelalter* (1948) und *Mimesis. Dargestellte Literatur in der abendländischen Literatur* (1946) die Forderung nach einer transnationalen, europäischen Perspektive aufstellen. Curtius nennt die moderne Literaturwissenschaft im ersten, »Europäische Literatur« betitelten Kapitel von *Europäische Literatur und lateinisches Mittelalter* ein »Phantom«, da diese sich einerseits auf Nationalliteraturen beschränkt und andererseits als eine Variante traditioneller Literaturgeschichte nicht über eine positivistische Faktensammlung hinausgeht. Europäische Literatur stellt für Curtius eine »Sinneinheit« dar, die es gilt, analytisch, d.h. philologisch zu untersuchen. Eine solch historische Philologie, will sie die »Sinneinheit« europäischer Literatur erfassen, kann »nur aus vergleichender Durchmusterung der Literaturen gewonnen, das heißt empirisch gefunden werden« (Curtius 1948, 23).

Die Entstehung von Auerbachs *Mimesis* in Istanbul zeigt paradigmatisch die neuen Konstellationen und Verwerfungen, die durch das erzwungene Exil zahlreicher europäischer Philologen in den 1930er und 1940er Jahren entstehen. Es sind insbesondere die Vereinigten Staaten von Amerika, wo es durch den Einfluss zahlreicher Emigranten – es seien hier nur solch zentrale Figuren wie René Wellek, Erich Auerbach, Leo Spitzer oder Paul de Man genannt – zu einer neuen Begriffsbestimmung von *Comparative Literature* kommt.

Es ist besonders der in Wien geborene und in Prag aufgewachsene Wellek, der in den 1950er Jahren an der Yale University ein Modell von Literaturwissenschaft entwickelt, welches in Opposition zur französischen *littérature comparée* auftritt. Dessen prominentester Vertreter nach dem Krieg, Jean-Marie Carré, hatte sich in *Les écrivains français et le mirage allemand* (1947) und seinem Vorwort zu François Guyards *La Littérature Comparée* (1951) gegen die Komparatistik als einer bloß positivistischen Ein-

flussforschung ausgesprochen und für eine weiter gefasste transnationale Kulturrezeption plädiert. Seit Paul van Tieghems Handbuch *La littérature comparée* aus dem Jahr 1931 war die Unterscheidung zwischen einer *littérature générale* und einer *littérature comparée* zum Allgemeinplatz geworden. Gegen diese Vorstellung richtet sich der von Wellek im zweiten Band der neugegründeten Zeitschrift *Yearbook of Comparative and General Literature* veröffentlichte Aufsatz »The Concept of Comparative Literature«. Wellek betrachtet die europäische Literatur nicht als ein in distinkte Nationalliteraturen geteiltes Gebilde, sondern, ganz im Sinne von Curtius und Auerbach, als eine Einheit: »Zumindest die westliche Literatur bildet eine Einheit, ein Ganzes.« (Wellek 1973, 106) Dieses Ganze westeuropäischer Literatur gilt es, zum Gegenstand der Literaturwissenschaft zu machen. Daher macht es für Wellek keinen Sinn, zwischen einer allgemeinen und einer vergleichenden Literaturwissenschaft zu differenzieren, da zwischen beiden kein methodologischer Unterschied festzustellen sei. Wellek, vom Prager Strukturalismus und dem amerikanischen New Criticism geprägt, kritisiert den Positivismus bloßer Faktensammlung und Stoffgeschichte, wie er sich für ihn in der Einflussforschung manifestiert, als auch die den älteren Konzepten von Literaturwissenschaft inhärenten nationalistischen Tendenzen. Es geht Wellek um das Literarische an sich, die *literariness*, die sich nur durch ein aufmerksames *close reading*, nicht aber durch historische, soziologische oder psychologische Modelle dem Leser erschließt und die nicht an nationalsprachliche Literaturen bzw. deren Philologien gebunden ist. In der 1949 von Wellek zusammen mit Austin Warren veröffentlichten *Theory of Literature* wird dementsprechend die Etablierung von schlicht *Literature* genannten Komparatistik-Instituten in den USA gefordert. Die Fokussierung auf die reine Literarizität wirft Fragen nach dem epistemologischen und linguistischen Status des sprachlichen Kunstwerks auf, welche stark zur Entwicklung dessen beitragen, was heute unter dem Schlagwort Literaturtheorie firmiert. Der vielleicht bedeutendste Vertreter dieser Richtung, Paul de Man, war nicht zufällig Welleks Nachfolger als Sterling Professor of Comparative Literature an der Yale University. De Man radikalisiert Welleks Konzept der Literaturwissenschaft, indem er die Bedingungen der Möglichkeit einer allgemeinen, d.h. universellen Wissenschaft der Literatur analysiert. Das traditionelle

Projekt der Literaturwissenschaft, definiert als vergleichende oder als allgemeine, droht, die Singularität des literarischen Texts im literaturwissenschaftlichen Begriff zu nivellieren.

Das Problem der Wissenschaftlichkeit von Literaturwissenschaft wurde zeitgleich mit Wellek und de Man in Deutschland von Peter Szondi, dem ersten Lehrstuhlinhaber am 1965 neugegründeten Institut für Allgemeine und Vergleichende Literaturwissenschaft an der Freien Universität Berlin, diskutiert. In seinen Aufsätzen »Über philologische Erkenntnis«, »Zur Erkenntnisproblematik in der Literaturwissenschaft« und »Traktat über philologische Erkenntnis« untersucht Szondi die Bedingungen der Möglichkeit hermeneutischen Verstehens und kommt in diesem Zusammenhang auf die prinzipielle Unvergleichbarkeit jedes literarischen Kunstwerks zu sprechen: »Kein Kunstwerk behauptet, daß es unvergleichbar ist (das behauptet allenfalls der Künstler oder der Kritiker), wohl aber verlangt es, daß es nicht verglichen werde.« (Szondi 1962, 21) Szondi geht, wie Wellek, von einer Ganzheit der Literatur aus, der es gilt, in der Dialektik von Einzelnem und Allgemeinem gerecht zu werden. In Szondis Vision einer allgemeinen und vergleichenden Literaturwissenschaft geht das Vergleichen in letzter Instanz im hermeneutischen Verstehen auf.

Ebenfalls in den 1960er Jahren entwickelt Julia Kristeva, an Michael Bachtins Konzept der ›Dialogizität‹ anschließend, die Theorie der Intertextualität. »Jeder Text«, so Kristeva, baut sich »als Mosaik von Zitaten auf, jeder Text ist Absorption und Transformation eines anderen Textes« (Kristeva 1972, 245). Als Teil der Narratologie sind sowohl Bachtins ›Dialogizität‹ als auch Kristevas ›Intertextualität‹ Konzepte, die von einem prozessualen Austausch zwischen Texten als Grundlage der grundsätzlichen Polyphonie literarischer Werke ausgehen. Zitate, Anspielungen und Interferenzen konstituieren eine mehrsprachige Literatur, die sowohl intersubjektiv als auch international verstanden werden muss und deren Polyphonie die »autorativen Ansprüche der dominanten Sprachkulturen« (Böhler 2002, 12) unterläuft. Aufgabe der Literaturwissenschaft im engeren Sinne ist es, Texte wie Palimpseste im Sinne Gérard Genettes zu lesen, d. h. Literatur als transtextuelles Phänomen zu begreifen und die verschiedenen Relationen, die zwischen Texten auftauchen, zu analysieren und systematisieren. Jüngst hat Dieter Lamping versucht, Intertextualität als Kennzeichen

eines Sprachen und Nationalliteraturen übergreifenden Begriffs von Weltliteratur fruchtbar zu machen. Weltliteratur »in einem intertextuellen Sinn gebraucht« ist »als ein Beziehungssystem von Texten verschiedener Literaturen zu verstehen« (Lamping/ Zipfel 2005, 12).

Postkoloniale Literaturwissenschaft der Gegenwart

Mit dem Erscheinen von Edward Saids Studie *Orientalism* im Jahr 1978 beginnt die Öffnung der Literaturwissenschaft und Literaturtheorie für Theorien der Differenz und Alterität, wie sie sich im postkolonialen Diskurs herausbilden, d. h. explizit über den europäischen Kontext hinausweisen. An Michel Foucaults diskursanalytischer Aufdeckung sogenannter ›Dispositive der Macht‹ anschließend, entlarvt Said die vom 18. Jahrhundert bis in die Gegenwart vorherrschende Repräsentation des Orients als eine eurozentrische Fiktion zur Sicherung der kulturellen und politischen Hegemonie Westeuropas. Said definiert ›Orientalismus‹ als »a Western style for dominating, restructuring, and having authority over the Orient« (Said 1978, 3). Der Orient als solcher existiere nicht, vielmehr handele es sich um eine imaginäre Projektion bzw. Konstruktion des Westens. Für Said nimmt die Literaturwissenschaft aktiv an der von ihm kritisierten Erfindung des Orients teil. Die Gegenüberstellung von Orient und Okzident beinhaltet, folgt man Said, immer schon ein implizites Werturteil, das vom Zentrum der europäischen Kultur und Literatur nur periphere und zweitrangige Traditionen wahrzunehmen in der Lage ist. Ein Gegenmodell zu einer solch kolonialistisch-imperialistischen Ideologie stellt für Said Erich Auerbach dar. Im Vorwort zur amerikanischen Neuauflage von *Mimesis* wird Auerbachs Studie über *Dargestellte Wirklichkeit in der abendländischen Literatur* als Paradigma für Saids eigenes Schreiben dargestellt: »To my way of thinking, its humanistic example remains an unforgettable one, fifty years after its first appearance in English.« (Said 2004, 34) Neben Auerbach, dessen *Philologie und Weltliteratur* er 1969 übersetzt, ist es Goethes Idee der Weltliteratur, welche für Said die utopische Vision einer Komparatistik entwirft, die nicht an nationale Sprachen und Grenzen gebunden ist, sondern die die Gesamtheit der Weltliteratur erfasst, ohne Singularität und Alterität zu nivellieren: »For many scholars – including myself – Goethe's grandly utopian vision is considered to be the foundation of what was to become the field of comparative literature, whose underlying and perhaps unrealizable rationale was this vast synthesis of the world's literary production transcending borders and languages but not in any way effacing their individuality and historical concreteness.« (Said 2004, 18)

Als Kritik und Fortsetzung des Saidschen Ansatzes kann Homi Bhabhas Theorie (post-)kolonialer Diskurse angesehen werden. In der Aufsatzsammlung *Die Verortung der Kultur* entwickelt Bhabha das Konzept einer kultureller Hybridität, welches versucht, binäre Schematisierungen wie Orient vs. Okzident zu dekonstruieren. Erneut fungiert Goethes Begriff der Weltliteratur als Referenzpunkt, diesmal jedoch nicht um ein utopisches Projekt von Vergleichender Literaturwissenschaft zu etablieren, sondern um die prekäre Nähe von Kultur und Nation zu demonstrieren. Laut Bhabha, Bachtins Interpretation des Bildungsromans in *The Bildungsroman and Its Significance in the History of Realism* diskutierend, muss Weltliteratur im Sinne Goethes als Reaktion auf die politische und kulturelle Spaltung Deutschlands gelesen werden. Die Entstehung des Begriffs Weltliteratur zeigt für Bhabha exemplarisch die Unmöglichkeit, in einem globalisierten, post-kolonialen Zeitalter, Nation und Kultur als stabile, klar definierte Einheiten zu betrachten. John Pizer kommentiert: »Bhabha has posed, on a universal scale, the question of national spiritual fragmentation in the face of all-encompassing cultural border crossings, which Goethe had perceived as a purely domestic difficulty for his people.« (Pizer 2006, 31) Der Ort der Kultur und damit auch der Literatur ist immer ein Zwischenraum, international, interkulturell und interdisziplinär.

Unter dem provokanten Titel *Death of a Discipline* untersucht Gayatri Chakravorty Spivak die Bedingungen der Möglichkeit der akademischen Disziplin Allgemeine und Vergleichende Literaturwissenschaft in einer multikulturellen, globalisierten Gesellschaft. Der Ort der von Spivak entworfenen Literaturwissenschaft ist weder durch nationale noch durch linguistische Grenzen beschränkt. Spivaks Konzept geht dabei über Said und Bhabha hinaus, indem sie explizit eine neue globale Vision von Literaturwissenschaft entwirft: »The new Comparative Literature will touch the older minorities: African, Asian, Hispanic. It will take in its sweep the new postcoloniality of the post-Soviet sector and the special place of Is-

lam in today's breaking world.« (Spivak 2003, 84) Gegen die Idee der Globalisierung als einer ›financialization of the globe‹, die alle kulturellen Differenzen in der universellen Ökonomie des Warentauschs auslöscht, stellt Spivak die Forderung nach einer neuen *Planetarity*. ›Planetarität‹ ist durch Alterität und Differenz gekennzeichnet, die Spivak nicht nur durch globalisierte Ökonomie, sondern gerade auch durch traditionelle Vorstellungen von Weltliteratur oder Komparatistik gefährdet sieht. Eine Literaturwissenschaft im Zeichen der ›Planetarität‹ zeichnet sich dagegen durch ›transnational literacy‹ aus, die unablässig Grenzen überschreitet als eine »permanent from-below interruption of a Comparative Literature to come, the irony of globalization« (Spivak 2003, 15 f.).

Literaturwissenschaft als die Ironie der Globalisierung ist auf konkrete ethische und politische Fragestellungen fokussiert, die von ›multicultural empires‹ oder ›para-state collectivities‹ aufgeworfen werden. Im Sinne Sam Webers ließe sich von einem ›Differential‹ sprechen, das Sprache und Nation miteinander vermittelt, ohne diese als bündige Einheit noch als bloße Opposition zu denken. Allgemeine und Vergleichende Literaturwissenschaft wird zu einer Methode der Darstellung eines nicht national markierten linguistischen Pluralismus jenseits politischer Grenzen. Diese Darstellung versteht sich explizit als eine »permanent from-below interruption« (Spivak 2003, 15 f.) von politischen, wirtschaftlichen und kulturellen Globalisierungsprozessen als auch der akademischen Disziplin Allgemeine und Vergleichende Literaturwissenschaft selbst. Die Frage, wie ihr globaler als auch historischer Standort als ›Unterbrechung in Permanenz‹ zu denken als auch institutionell umzusetzen ist, bleibt, Problemstellungen vom Beginn literaturwissenschaftlicher Forschung um 1800 aufnehmend, zukünftigen Entwicklungen eingeschrieben.

Literatur

Becker, Claudia: *Naturgeschichte der Kunst. August Wilhelm Schlegels ästhetischer Ansatz im Schnittpunkt zwischen Aufklärung, Klassik und Frühromantik.* München 1998.

Betz, Louis Paul: Kritische Betrachtungen über Wesen, Aufgabe und Bedeutung der vergleichenden Litteraturgeschichte. In: *Zeitschrift für französische Sprache und Literatur* 18. Jg. (1896), 141–156.

Birus, Hendrik: Goethes Idee der Weltliteratur. In: Manfred Schmeling (Hg.): *Weltliteratur heute. Konzepte und Perspektiven.* Würzburg 1995, 5–28.

Böhler, Michael: ›Nationalliteratur will jetzt nicht viel sagen; die Epoche der Welt-Literatur ist an der Zeit, und jeder muss jetzt dazu wirken, diese Epoche zu beschleunigen.‹ Überlegungen zu den kulturtopographischen Raumstrukturen in der Gegenwartsliteratur. In: *Goethezeitportal.* http://www.goethezeitportal.de/db/wiss/epoche/boehler_raumstrukturen.pdf (1.3.2009).

Corbineau-Hoffmann, Angelika: *Einführung in die Komparatistik.* Berlin 2000.

Curtius, Ernst Robert: *Europäische Literatur und lateinisches Mittelalter.* Tübingen/Basel 1948.

Dyserinck, Hugo: *Komparatistik. Eine Einführung.* Bonn 1977.

Elster, Ernst: Weltlitteratur und Litteraturvergleichung. In: *Archiv für das Studium der neueren Sprachen und Litteraturen* 107 (1901), 33–47.

Goethe, Johann Wolfgang: *Sämtliche Werke. Briefe, Tagebücher und Gespräche.* Frankfurter Ausgabe. 40 Bde. Hg. von Friedmar Apel, Hendrik Birus u.a. Frankfurt a.M. 1986–1999.

Jauß, Hans Robert: Literarische Tradition und gegenwärtiges Bewußtsein der Modernität. In: Ders.: *Literaturgeschichte als Provokation.* Frankfurt a.M. 1970, 11–66.

Koch, Max: Zur Einführung. In: *Zeitschrift für Vergleichende Literaturgeschichte* AF 1. Jg. (1887), 1–12.

Kristeva, Julia: *Probleme der Textstrukturation.* Köln 1972.

Lamping, Dieter/Zipfel, Frank: *Was sollen Komparatisten lesen?* Berlin 2005.

Marx, Karl/Engels, Friedrich: Manifest der Kommunistischen Partei. In: Dies.: *Werke.* Bd. 4. Berlin [7]1974, 459–493.

Pizer, John: *The Idea of World Literature. History and Pedagogical Practice.* Baton Rouge 2006.

Said, Edward: *Orientalism.* New York 1978.

–: Erich Auerbach. Critic of the Earthly World. In: *Boundary 2* 31. Jg., 2 (2004), 11–34.

Schlegel, August Wilhelm: *Geschichte der romantischen Literatur.* Hg. von Edgar Lohner. Kritische Schriften und Briefe Bd. IV. Stuttgart 1965.

Spivak, Gayatri Chakravorty: *Death of a Discipline.* New York 2003.

Strich, Fritz: *Goethe und die Weltliteratur.* Bern 1946.

Szondi, Peter: Über philologische Erkenntnis. In: Ders.: *Hölderlin Studien. Mit einem Traktat über philologische Erkenntnis.* Frankfurt a.M. 1967, 9–30.

Wilpert, Gero von: *Sachwörterbuch der Literatur* [1955]. Stuttgart [7]1989.

Wellek, René: Die Theorie der Vergleichenden Literaturwissenschaft. In: Hans Norbert Fügen (Hg.): *Vergleichende Literaturwissenschaft.* Düsseldorf/Wien 1973, 101–107.

–: *Geschichte der Literaturkritik 1750–1950.* Bd.1: Das späte 18. Jahrhundert. Das Zeitalter der Romantik. Berlin/New York 1978.

Zelle, Carsten: Komparatistik und comparatio – der Vergleich in der Vergleichenden Literaturwissenschaft. In: *Komparatistik.* Jahrbuch der DGAVL 2004/05, 13–34.

Jörg Kreienbrock

9. Medien- und Kultur-
wissenschaft

Relevanz der Globalisierungsfrage
für die Disziplinen

Die Globalisierung ist ein prominenter Gegenstand der Medien- und Kulturwissenschaft, weil diese selbst Produkt der Globalisierung sind. Neben politischen, ökonomischen, rechtlichen und technischen Faktoren wird der nach dem Ende des Zweiten Weltkriegs und verstärkt nach der Überwindung des Ost/West-Konflikts ausgelöste Globalisierungsschub vor allem auch durch wissenschaftliche und kulturelle Prozesse befördert und zugleich thematisiert. So wenig Zahlungsströme an staatlichen Grenzen Halt machten, so wenig konnte es gelingen, den Austausch und die Kommunikation von Ideen und Informationen auf den durch Nationalstaaten kontrollierten Raum zu begrenzen. Was für die Wissenschaft zutrifft, gilt umso mehr für die Kommunikation von Nachrichten und massenmedialen Informationen, für die sich in der Zeit nach dem Zweiten Weltkrieg die Rede von den Medien oder dem Mediensystem etablierte. Medien und Kommunikation avancieren im Verlaufe der 60er Jahre zu Leitbegriffen der vormaligen ›Geisteswissenschaften‹, deren Transformation man in der wissenschaftspolitischen Debatte vor allem im Anschluss an die Studentenbewegung und dem durch sie herbeigeführten »Niedergang der deutschen Mandarine« (Fritz K. Ringer) vehement gefordert hatte. Die Medien- und Kulturwissenschaft der Bundesrepublik hat es aber keineswegs bei der berühmten »Austreibung des Geistes aus den Geisteswissenschaften« (Friedrich A. Kittler) belassen. Sie hat die von Ringer und anderen angestoßene Beschäftigung mit der wissens- und herrschaftssoziologischen Besonderheit der deutschen Spezialität einer Wissenschaft vom Geist zu einer vertieften Auseinandersetzung mit der Rolle des (deutschen) Staates für die Entstehung des Verbundes aus Dichtern, beamteten Experten für Literatur (Philologen) und Lesepublikum genutzt, der sich um 1800 im Zuge der preußischen Reformen auf der kulturtechnischen Grundlage von Massenalphabetisierung formiert.

Wenn sich heute die zu Medien- und Kulturwissenschaften transformierten Geisteswissenschaften nicht zwischen ihren beiden Titeln zu entscheiden wissen, dann deshalb, weil nicht schon die Befassung mit der Kultur als solcher, sondern erst ihre Betrachtung unter funktionalen und technischen Gesichtspunkten dem Idealismus des Geistes entkommt. Hatte man in der ersten Hälfte des 20. Jahrhunderts im Anschluss an das marxistische Programm die Kultur als den Überbau der Ökonomie einer Gesellschaftsformation betrachtet, wird mit dem Kommunikations- und Medienbegriff erstmals eine universale Perspektive auf Kulturen möglich, die diese nicht auf eine vermeintlich ›materielle‹ Basis reduziert, sondern die kulturellen Operationen – ganz gleich zu welchem Zeitpunkt der menschlichen Geschichte und ganz gleich an welchem Ort der Welt – in ihrer spezifischen Materialität und Funktionalität analysiert. Die Medien- und Kulturwissenschaften ergänzen allerdings keineswegs bloß den bisherigen geistes- und sozialwissenschaftlichen Fächerkanon, sie ›infizieren‹ ihn auch mit ihren Leitbegriffen, wie sich insbesondere in der theoretischen Soziologie, aber auch in der Geschichtswissenschaft und in den diversen Philologien zeigt, die sich in kritischer Distanz zu ihren ehemaligen Grundbegriffen und Gegenstandsselbstverständlichkeiten bewegen. Der subjekt- oder intersubjektivitätstheoretische Handlungsbegriff in der Soziologie gerät ebenso unter Druck wie die dominante Ausrichtung auf das staatspolitische Akteursverständnis in der Geschichtswissenschaft und eine an den Grenzen nationaler Sprachgemeinschaften orientierte Philologie. So ist etwa für Niklas Luhmann der soziologische Ausgangspunkt bei der Weltgesellschaft ganz selbstverständlich, weil er das Soziale als einen kommunikativen Zusammenhang begreift, dessen Grenzen nicht territorialer Art sind; Luhmann ergänzt den subjektlos gedachten Kommunikationsbegriff folgerichtig um den Begriff des Mediums, der ihm dazu dient, die Frage nach der Reichweite und dem Erfolg kommunikativer Operationen und damit zugleich nach der Komplexität des Sozialen zu beantworten (Luhmann 1997). In der Geschichtswissenschaft hat die Loslösung vom »Fetischismus der Nationen« nicht nur das Wissen von der »Durchlässigkeit der Zivilisationen« (Schüttpelz 2002) und deren innerer Heterogenität gefördert, sondern die Globalisierung selbst in einen historischen Gegenstand transformiert, der es erlaubt, so unterschiedliche Phänomene wie Imperienbildung, Fernhandel, Ökumenen, Heiratsbeziehungen und Allianzen, Weltsysteme ebenso wie die aktuell im Mittelpunkt stehenden Netzwerke voneinander zu unterscheiden und damit vielfältigen Globalisierungs- und De-Globalisierungsschüben in der Geschichte Rechnung zu tragen.

In den Kultur- und Medienwissenschaften selbst schließlich ist seit den programmatischen Schriften Marshall McLuhans aus den 1960er Jahren die Erkenntnis, dass ein bestimmter medientechnischer Entwicklungsstand den ›Ort‹ unserer Existenz in ein ›globales Dorf‹ verwandelt hat, selbstverständlicher Ausgangspunkt der Theoriebildung und wissenschaftlichen Forschung. In dem gemeinsam mit Quentin Fiore herausgegebenen mediengeschichtlichen ›Bilderbuch‹ The Medium is the Message, heißt es demzufolge: »Wir leben in einer brandneuen Welt der Gleichzeitigkeit. Die ›Zeit‹ hat aufgehört, der ›Raum‹ ist dahingeschwunden. Wir leben heute in einem globalen Dorf […] in einem gleichzeitigen Happening. […] Augenblicklich und unablässig strömt Information auf uns ein. Sobald eine Information erworben ist, wird sie sofort durch eine neuere Information ersetzt.« (McLuhan/Fiore 1984, 63) Die reißerische Sprache des Textes wirkt weniger befremdlich, wenn man sich vergegenwärtigt, dass es sich um ein medienwissenschaftliches Manifest handelt, das sich auch in seiner text-bildlichen Gestaltung an die von ihm diagnostizierte neue mediale Lage anzupassen versucht, ohne deshalb sein kritisches Potential einzubüßen. Mit den Begriffen der Gleichzeitigkeit, des (konnotierten) Posthistoire (›die Zeit hat aufgehört‹), der Deterritorialisierung (›der Raum ist dahingeschwunden‹) sowie der zeitpunktbezogenen Relativität von Informationen, die Luhmann zwanzig Jahre später zum Dreh- und Angelpunkt seiner ›temporalisierten‹ Sozialtheorie machen wird, hat McLuhan in kaum mehr als zwei Sätzen einen Fächer von Konzepten und Problemstellungen geöffnet, die bis heute die medien- und kulturwissenschaftliche Theoriebildung bestimmen.

Ein Gutteil der diversen ›turns‹, die die Kultur- und Medienwissenschaften in den letzten zwei Jahrzehnten bestimmt haben – es ist hier vor allem an den postcolonial turn, den translational turn und den spatial turn zu denken – erweisen sich bei genauerem Hinsehen als Umcodierungen oder Ausbuchstabierungen von Befunden, die die Klassiker der Medientheorie bereits unmissverständlich vorgelegt hatten. Ob es um die ›Deplatzierung‹ des europäischen Definitionsmonopols von Weltliteratur geht, ob man das reaktionäre Konzept einer globalen ›Leitkultur‹ durch die Analyse der Praktiken der Kreolisierung, Hybridisierung und des Synkretismus kontert (postcolonial turn), ob man die vertrauten textzentrierten Kategorien literarischer Übersetzung wie Original, Sinnäquivalenz, ›Treue‹ zum Vorbild zurückweist und auf neue Übersetzungsnotwendigkeiten im Zuge von Globalisierungsprozessen hinweist (translational turn), die Bilder mindestens ebenso wie Texte betreffen, oder ob man im »Überhandnehmen der Telekommunikation und anderer Informationsströme in ihrer translokalen Ausbreitung« eine neue medientechnisch induzierte ›Raumrevolution‹ diagnostiziert (spatial turn) (Bachmann-Medick 2006, 287): In allen drei Fällen lassen sich die Begriffe und Figuren leicht identifizieren, die sich bereits bei McLuhan finden, um dieselben Sachverhalte zu beschreiben. Mit den neuen elektronischen Medien fällt das Schrift- und Buchmonopol, relativiert sich mithin die Rolle der (National-)Literatur als eines Leitmediums und lässt sich die Tendenz zu einer technisch ermöglichten Re-Oralisierung weltumspannender Kommunikation (Radio, Fernsehen) beobachten, die jede Möglichkeit einer Blockierung von Informationen und einer wirksamen oder dauerhaften Ausschließung von Gesellschaften vom kommunikativen Geschehen verhindert.

Entwicklung der Globalisierungsforschung in der Medien- und Kulturwissenschaft: Tendenzen, Schwerpunkte, Standardwerke

Selbst dort, wo die Medien- und Kulturwissenschaften keine explizite Globalisierungsforschung betreiben, wo sie sich mit regional oder national spezifizierten Konfigurationen beschäftigen, ist die Globalisierung ihren Begriffen und Fragestellungen bereits vorthematisch einbeschrieben. Die basalen Medienfunktionen – Übertragen, Speichern, Verarbeiten – können auf kulturell und gesellschaftlich sehr verschiedene Weise implementiert und ›entwickelt‹ sein. Dennoch lässt sich keine Kultur, wie ›fremd‹ und ›andersartig‹ sie auch erscheinen mag, vorstellen, die nicht Institutionen, Techniken und Apparate ausbildet, um diese Funktionen zu bedienen. Vom Kulturbegriff, wie er in der zweiten Hälfte des 18. Jahrhunderts in Europa entsteht, hat man gezeigt, dass er auf eine paradoxe Weise mit den Bestrebungen der modernen Gesellschaften verbunden ist, sich eine ›nationale Identität‹ zu verschaffen. Paradox ist dieser Versuch deshalb zu nennen, weil das kulturell

›Eigene‹, dem die Distinktionsbemühungen gelten, sich nur auf dem Wege der impliziten Anerkennung des Anderen, mit dem man Umgang pflegt und von dem man sich im selben Moment abzugrenzen oder gar zu ›reinigen‹ versucht, entstehen kann. Gregory Bateson hat für diesen Vorgang der Produktion einer Trennung auf dem Wege der Verwerfung dessen, was längst Teil der eigenen ›Identität‹ ist, den Begriff der »Schismogenese« (Bateson 1985) geprägt, der bis in die aktuellen Debatten darüber nachwirkt, ob sich – nach dem Ende der Nationalstaaten und der Ausbildung von supranationalen politischen Einheiten – Europa als ein ›Nationalstaat zweiter Ordnung‹ verstehen müsse oder ob es sich um ein ›offenes Projekt‹ handle, das weder am Ural noch am Bosporus ›aufhöre‹, also auf keiner vorgängigen geographisch oder kulturell definierten Identität oder Homogenität beruhe. Eine Kultur ist »die Form der Bearbeitung des Problems, daß es auch andere Kulturen gibt. Sie ist eine Distinktionsformel, die ohne einen vorausliegenden Kulturkontakt leer wäre« (Becker 2000, 17). Die Nationalisierung der modernen Gesellschaften und die Ausbildung eines partikularistischen Kulturverständnisses, wie es bis heute in der Vorstellung von sogenannten ›Kulturkreisen‹ und in einem weltpolitisch instrumentalisierten ›Kampf der Kulturen‹ zum Ausdruck kommt, ist daher paradoxerweise nur unter der Voraussetzung einer extremen Verdichtung von Kulturkontakten möglich geworden. Vor diesem Hintergrund bezeichnet ›Globalisierung‹ nicht so sehr die faktische Aufhebung aller regionalen, nationalen oder territorialen Grenzziehungen und die Herbeiführung eines ›Weltstaates‹, sondern die Erfahrung weltumspannender Kommunikationsverhältnisse auf nahezu allen sozialen Betätigungsfeldern: Wirtschaftskontakte, wissenschaftliche Beziehungen, künstlerischer Austausch, Religionsgemeinschaften, Intimbindungen, rechtlich kodifizierte Regulierungen übergreifen politisch definierte und aufrechterhaltene Territorialgesellschaften und limitieren zugleich die Möglichkeiten solcher Einheiten, die global zirkulierenden Daten-, Waren- und Menschenströme effektiv zu kontrollieren. Unter den Bedingungen der aktuellen, von den gesellschaftlichen Zentralfunktionen getragenen Globalisierung wird daher darüber diskutiert, inwiefern der Kulturbegriff von einem primär normativen auf einen kognitiven Erwartungsstil umgestellt werden sollte. Verfolgte der Kulturbegriff in der Phase seiner Herausbildung zunächst das Ziel, wider besse-

res Wissen bestimmte Lebensformen, Sitten und Gebräuche als nationale Formen zu kanonisieren und festzuschreiben, so bestünde die Aufgabe einer zeitgemäßen »Metakultur« (Becker 2000, 22) darin, der Differentialität einer Kultur Rechnung zu tragen und das Wissen über ihre historisch-evolutionäre »Neigung zu variieren« (Darwin) dazu zu nutzen, nach ihren zukünftigen Potentialen zu fragen, statt sie auf die Konstruktion und Verteidigung einer imaginären Herkunft (Anderson 1988) festzulegen.

Dass es »keine Kultur und keine kulturelle Identität ohne diese Differenz *mit sich selbst*« gibt, dass also die »Monogenealogie […] immer eine Mystifikation in der Geschichte der Kultur« (Derrida 1992, 13) darstellt, erweist sich kulturwissenschaftlich im Übrigen keineswegs als eine der Postmoderne oder der Dekonstruktion ›eigene‹ Erkenntnis, die vielmehr an zentrale Einsichten der anthropologischen und ethnologischen Kulturtheorien anschließt. Diese Theorien, die in der gegenwärtigen kulturwissenschaftlichen Theorieproduktion auch außerhalb der *Postcolonial Studies* eine verstärkte Rezeption erfahren, betonen zum einen die bedürfnisgenerierende Funktion der ›künstlichen Umwelten‹, die keineswegs auf ihre Funktion für die Aufrechterhaltung des ›bloßen Lebens‹ reduziert werden dürfen; wichtiger aber noch ist, dass bereits Funktionalisten wie Malinowski ›das Element Zeit‹ als einen entscheidenden Faktor jeder Kulturanalyse eingeführt haben und damit den Schwerpunkt der Forschung auf das Gebiet der Entwicklungs- und Ausbreitungsvorgänge kultureller Prozesse gelegt haben. Malinowski führt das Beispiel einer neuen technischen Möglichkeit an, die auf dem Wege der Erfindung oder der »Entlehnung« »einem bereits gesichert organisierten System des Verhaltens einverleibt wird und langsam eine völlige Umgestaltung der betreffenden Institutionen bewirkt« (Malinowski 1944/2005, 79 f.). Dass Erfindungen häufig Entlehnungen sind oder sich bestimmter entlehnter Elemente verdanken, die mit lokal bereits vorhandenen Elementen kombiniert werden, erklärt das Interesse der zeitgenössischen Kulturforschung an der Heterogenese symbolischer wie technischer Formen, d. h. an Gefügen oder Anordnungen, die aus zahlreichen heterogenen Gliedern bestehen und nicht auf einen idealen Ursprung oder eine erste Identität zurückgeführt werden können. Gleichzeitig verfügt bereits die funktionale Kulturanalyse über eine Erklärung für die ›kulturalistische‹ Versuchung: Wenn sich auch Kulturen grundsätzlich nicht nach dem Grad ihrer ›Vollständigkeit‹ unterscheiden lassen und daher jede Hierarchisierung zwischen primitiven und komplexen Kulturen zum Scheitern verurteilt ist, unterscheiden sie sich doch ›auf den ersten Blick‹ durch das, was Malinowski ironisch ihre »Grillen und Absonderlichkeiten« nennt, zu denen aus der Sicht (ehemaliger) europäischer Kolonialmächte gerne bestimmte Phänomene wie Kopfjägerei, extravagante Leichen- und Bestattungsbräuche oder magische Praktiken zählen. Diese »scheinbar exotischen ›Einzeltatsachen‹« dienen häufig als Ausgangspunkt für die konstatierte ›Fremdartigkeit‹ oder Andersartigkeit einer Kultur, obwohl die Kulturanalyse in der Lage ist, diesen Effekt dadurch zu reduzieren, dass sie die entsprechenden Phänomene in ihrer Verwandtschaft mit »ganz allgemeinen und grundlegenden Elementen menschlicher Kultur« offenlegt (Malinowski 1944/2005, 79). Globalisierungsforschung auf dem Feld der Kulturwissenschaften ist also immer auch von einem universalistischen Impuls getragen, der allerdings nicht mit dem intellektualistischen Universalismus der Aufklärung und ihrem Kampf gegen Religion, Aberglaube und Vorurteil zu verwechseln ist. Vielmehr beruht der Universalismus der Kulturwissenschaften auf dem Projekt einer »symmetrischen Anthropologie« (Latour 1998), die Kulturen nicht nach abstrakten Normen oder Rationalitätsstandards beurteilt oder sie in evolutionäre Stufenmodelle einträgt, sondern sie als umfassende Funktionszusammenhänge mit unscharfen Rändern begreift, die Menschen, Dinge bzw. Artefakte und Zeichen auf je spezifische und *konfliktreiche* Weise zusammenbringen: »Nirgendwo läßt sich ein Objekt oder ein Subjekt beobachten, nirgendwo eine Gesellschaft, die primitiv, und eine andere, die modern wäre. Sondern Serien von Ersetzungen, Verschiebungen, Übersetzungen mobilisieren Völker und Dinge in immer größerem Maßstab.« (Latour 1998, 114)

Auch wenn die Medienwissenschaft weit davon entfernt ist, eine verbindliche Definition ihres Begriffs erarbeitet zu haben – ob eine solche Definition möglich oder überhaupt zu wünschen ist, sei an dieser Stelle einmal dahingestellt –, lassen sich doch zu heuristischen Zwecken eine funktionale, eine dinghafte sowie eine topologische Dimension des Begriffs voneinander abheben. Was Medien sind, wird an ihrer Leistung erfahrbar, die man als Vermittlung oder Präsentierung beschreiben kann, insofern das, was sie thematisieren und zeigen, ohne ihre Mitwir-

kung schlicht nicht vorhanden wäre; greifbar werden Medien natürlich an den technischen Apparaten und Vermittlungssystemen (Manuskripte, Bücher, Rundfunk, Fernsehen, Kino, Internet), die ihnen eine dingliche Qualität verleihen; Medien umfassen aber keineswegs nur solche Funktionen, Leistungen und Objekte, die wir *heute* so nennen; bereits McLuhan, der ja für seine Definition der Medien als Körperextensionen berühmt ist und neben verschiedenen weiteren Bestimmungen der Leistungen von Medien seine *Understanding Media* als eine offene Serie von äußerst heterogenen Mediendingen organisierte, war sich der Bedeutung von Umgebungen und Umwelten als medialen Arrangements bewusst, die häufig unterhalb der Wahrnehmungs- und Aufmerksamkeitsschwelle der Akteure verbleiben. McLuhan sieht daher ausdrücklich die Rolle des Gesellschaftskritikers für den Medienanalytiker vor und bindet diese Kompetenz an die Fähigkeit, in Distanz zum Wissen der Experten zu treten: »Der Fachmann ist umweltorientiert, der Amateur umweltkonträr eingestellt. Als Fachmann ist der einzelne völlig mit den Strukturen einer totalen Umwelt verwoben. Als Amateur sucht er sein gesamtes Bewußtsein und ein kritisches Bewußtsein der gesellschaftlichen Grundregeln zu entwickeln.« (McLuhan/Fiore 1984, 93) Die Medienanalyse ist daher untrennbar von der Arbeit an einer spezifischen Sichtbarmachung von Vorgängen, die dem soziologischen oder anthropologischen Spezialisten entgehen. Im Unterschied zum soziologischen Funktionalismus, der die Kommunikationsmedien nach ihrem Beitrag für die Reproduktion von weltweit operierenden, aber längst etablierten sozialen Teilsystemen befragt, sieht McLuhan in der medialen Globalisierung einen viel dramatischeren Vorgang, einen totalen Umbruch, der aus der Ablösung von Schrift und Buchdruck als Leitmedien durch die »elektrische Schaltungstechnik« bewirkt wird: »Die Aufgliederung von Tätigkeiten, die Gewohnheit, unsere Gedanken wie Segmente anzuordnen – ›Spezialisierung‹ –, spiegelte den linearen, schrittweisen Prozess der Auffächerung, der für die Technik des Alphabets typisch ist.« (McLuhan/Fiore 1984, 45) Mit der Veränderung dieser medialen Verhältnisse »ändern sich die Menschen« (ebd., 41), tritt ein »totaler Wandel« ein, »der aller Beschränktheit, sei sie psychischer, sozialer, ökonomischer oder politischer Art, ein Ende setzt. Die städtischen, staatlichen und nationalen Gruppierungen der Vergangenheit sind unbrauchbar geworden. Nichts ist dem Geist der neuen Technik fremder als ›ein Platz für alles und alles an seinem Platz‹. Es gibt keinen Weg zurück.« (McLuhan/Fiore 1984, 16)

Die medialen Umwelten erbringen also nicht nur spezifische Leistungen für soziale Systeme oder gesellschaftliche Funktionen, sie irritieren und perturbieren auch die soziale Strukturbildung. Die Klassifizierungen und Einteilungen kognitiver, psychischer oder sozialer Art werden ›unbrauchbar‹ und diese Verwirrung oder Produktion von ›Unordnung‹ – nicht länger findet sich alles ›an seinem Platz‹ – muss zugleich als der eigentlich politische Einsatz dieser Globalisierungsforschung verstanden werden: »Unsere Zeit ist eine Zeit, in der es gilt, Schranken niederzureißen, mit alten Kategorien aufzuräumen – nach allen Seiten zu sondieren. Wenn zwei scheinbar unvereinbare Elemente auf phantasievolle Weise gegenübergestellt oder auf neue und einzigartige Weise kombiniert werden, ergeben sich oft überraschende Entdeckungen.« (ebd., 10) Medien lassen sich eben nicht auf bloße Mittel zur Erreichung von Zwecken reduzieren, die ›der Mensch‹ ihnen setzt. Die Pointe oder Dialektik des Begriffs liegt darin, dass sie, »indem sie funktionieren, d.h. dienen, mehr oder weniger hinterhältig sich wie Herren durchsetzen [und andere Herren von der Macht entfernen, FB]. Dieses ›Machtspiel‹ ist das Entscheidende bei den Medien.« (Seitter 2002, 49) McLuhans medienwissenschaftlicher Aktualismus hat viele Nachfolger gefunden, die im Einzelnen seine These ausbuchstabieren, dass wir im gegenwärtigen »Zeitalter der Elektrizität« »immer mehr in die Form der Information verwandelt werden und einer technischen Erweiterung des Bewußtseins entgegengehen« (McLuhan 1995 [1964], 97), die man entweder, in der optimistischen Lektüre, als eine neue Form der weltumspannenden Vergemeinschaftung verstehen kann, oder aber, mit Blick auf ebenfalls bereits bei McLuhan anklingende düstere Prophezeiungen als den Eintritt der modernen Gesellschaften in das Zeitalter ihrer totalen Mobilmachung, die, nachdem sie in der Ära der Industrialisierung zunächst die Dinge und Personen ergriffen hat, mit der digitalen Revolution auch die Zeichen, Symbole und Wissensbestände oder ›Daten‹ erfasst. Dass das Wissen in den sogenannten postindustriellen Gesellschaften sein ›Statut‹ gewechselt hat, dass es sich von den vormals legitimierenden Diskursen – den großen Erzählungen der Aufklärung, der Bildung und des Fortschritts – gelöst hat und einer neuen Normierung, Miniaturisie-

rung und Kommerzialisierung unterliegt, stand bereits am Beginn jener philosophischen Debatte, die um die Postmoderne geführt wurde – im Grunde nur ein anderer Begriff für die bereits in den 1960er Jahren ausbuchstabierten Befunde einer Krise der Gutenberggalaxis und der auf dem Schriftmedium beruhenden Technik der ›Verinnerlichung‹ des Wissens: »Das alte Prinzip, wonach der Wissenserwerb unauflösbar mit der *Bildung* des Geistes und selbst der Person verbunden ist, verfällt mehr und mehr.« (Lyotard 1994, 24)

Der spezifisch medienwissenschaftliche Zugriff auf das Problem der Globalisierung hängt mit einer Verlagerung der wissenschaftlichen Aufmerksamkeit für die diesen Prozess steuernden Faktoren zusammen. Statt vorschnell Akteure, Institutionen oder Systeme zu benennen, die die Globalisierung verursachen oder in deren Interesse sie sich vollzieht, richtet sich das Interesse der Medienforschung auf ihre strukturellen und häufig implizit bleibenden Voraussetzungen. Zudem hat die Medienforschung lange, bevor sich die Geschichtswissenschaft dieses Themas angenommen hat, die Variabilität von Globalisierungsschüben in der Menschheitsgeschichte in Rechnung gestellt und damit dieses Thema nicht den publizistischen Grabenkämpfen von ›Globalisierungsbefürwortern‹ und ›Globalisierungsgegnern‹ überlassen. Die Globalisierung ist aus medienwissenschaftlicher Sicht keine Frage des politischen Standpunkts, obwohl sie natürlich im Rahmen politischer Auseinandersetzungen sehr gut als ein ideologischer Vorwand genutzt werden kann. Woran denken also Medienwissenschaftler zuerst, wenn es um Globalisierung geht? Keineswegs sofort an die neuen digitalen Informationstechnologien und das *World Wide Web*, sondern z.B. an Straßen, Kanäle, Routen, Verbindungswege. Es verdient in diesem Zusammenhang erwähnt zu werden, dass das Wort *Kommunikation*, »als es in der frühen Neuzeit auftauchte, vor allem das Straßen- und Postwesen bezeichnete« (Seitter 2002, 129) – und einer der Pioniere mediengeschichtlicher Untersuchungen, der freilich noch ganz ohne den Begriff des Mediums auskam, hat die Geschichte des Nachrichtenwesens als einer Voraussetzung für die Entstehung raumgreifender Imperien bereits im Altertum erforscht – »mit besonderer Rücksicht auf die Römer« (Riepl 1972). Einen ersten großen Entwurf einer Geschichte der Speicher- und Übertragungsmedien unter dem Gesichtspunkt ihrer Ermöglichung von großräumigen Macht- und Herrschaftsgebilden hat Harold Innis vorgelegt, dessen 1950 erschienenes Buch *Empire and Communciations* ein Gründungstext der Toronto School of Media ist, der neben McLuhan und Eric Havelock weitere wichtige Medienwissenschaftler angehören. Ausgehend von Innis paradigmatischem Text, der bis heute den Stil der Mediengeschichtsforschung und ihre Sicht auf das Phänomen der Globalisierung entscheidend prägt (Siegert 2003), sollen die wichtigsten Forschungsfelder und wissenschaftlichen Positionen skizziert werden, die mehr oder weniger explizit an Innis anschließen und seine Fragestellungen mit teilweise sehr anderen Mitteln fortsetzen.

Bereits der Titel seines Buches signalisiert, dass Innis nach der Rolle von Kommunikationstechnologien oder ›Medien‹ für die Konstitution von großräumigen Herrschaftsformationen fragt, wie sie Imperien darstellen. Die Funktion von Medien besteht für Innis in ihrer Fähigkeit zur Verdichtung von Raum und Zeit (*space-time-compression*), also in der Überwindung zeitlicher und räumlicher Distanzen. Medien lassen sich Innis zufolge danach unterscheiden, ob sie Medien der Zeit oder Medien des Raums sind. Medien der Zeit sind dauerhaft, von schwerer Materialität, wie Pergament, Ton oder Stein und eignen sich für die Verwendung zu architektonischen oder bildhauerischen Zwecken; Medien des Raums dagegen sind leicht und weniger lang konservierbar: Papyrus und Papier sind aber besonders geeignet, um raumgreifende Handelsströme und große Verwaltungseinheiten zu koordinieren. Den basalen Medientypen entsprechen verschiedene Formen der Kultur: Auf der einen Seite stehen Palast- und Tempelkulturen, die geographisch dezentralisiert sind, aber über hierarchische soziale Systeme und religiös abgesicherte Regierungsformen verfügen; die Medien des Raums ermöglichen einen höheren Grad der Zentralisierung bzw. eine bessere Kommunikation zwischen Zentrum und Peripherie und können daher weniger hierarchisch strukturierte Regierungsformen ausbilden. Die Pointe dieser medienanalytischen Geschichtsschreibung liegt darin, dass Innis die Ursache der historischen Dynamik im Konfliktpotential zwischen Raum- und Zeitmedien begründet sieht: Kulturelle Systeme müssen eine ›Balance‹ zwischen räumlicher und zeitlicher Kontrolle anstreben.

Zivilisationen, die sich ausschließlich den Medien und Kommunikationstechnologien des Raumes anvertrauen, können zwar territorial expandieren, laufen aber Gefahr, dass diese Ausdehnung zulasten der Dauerhaftigkeit des Imperiums geht; umgekehrt erzielen religiös und dynastisch hochintegrierte Gesellschaftsformen zwar ein Maximum an innerer Stabilität, das aber mit dem Verzicht auf territoriale Ausdehnung und Integration auch solcher Gebiete einhergeht, deren Bevölkerungen ganz anderen symbolischen Ordnungen und rituellen Praktiken unterliegen. Die Schrift hängt also im Hinblick auf ihre kulturelle Wirkung nicht nur davon ab, ob sie mittels schwer handhabbarer Werkzeuge auf Stein oder Papyrus aufgebracht wird, oder aber als Träger Pergament oder Papier nutzt; ihre Wirksamkeit ist nicht zuletzt eine Frage der institutionellen Dispositive und Operationsketten, in die das Medium eingebunden ist, im Fall der Schrift also etwa ihre Verschaltung mit einem imperialen Postsystem, das den reibungslosen Nachrichten- und d.h. dem Wortsinn nach: Befehlsfluss von der Zentrale zu beliebigen Punkten eines Imperiums gewährleistet. Das Christentum expandiert auf der Grundlage der römischen Post nicht zufällig mittels Briefen an die im Reich verstreuten Gemeinden; und mit der Umstellung des Schriftspeichermediums von der Buchrolle auf den Codex beschleunigt sich die Schriftkommunikation ein weiteres Mal, da dieses Schriftformat zusammen mit den sich ausbildenden bibliothekarischen Archivierungsformen die Zugriffsgeschwindigkeit auf beliebige Stellen eines Textes drastisch steigert. Mit so unscheinbaren Erfindungen wie der Pagina schließlich wird die Adressierbarkeit von Bücherinhalten noch einmal entscheidend optimiert, da der Buchdruck die Konstanz der Seitenumfänge über alle Kopien hinweg zu garantieren vermag. Der Siegeszug der modernen Wissenschaft und die Herausbildung dessen, was man dann die Wissensgesellschaft des 20. Jahrhunderts nennt, hängt nicht so sehr von den neuen Erkenntnissen und Entdeckungen ab, als von den Möglichkeiten, den jeweiligen Stand der Forschung durch beschleunigte Zugriffsmöglichkeiten auf die entsprechenden Daten jederzeit verfügbar zu haben. Einer an Innis anschließenden Mediengeschichtsschreibung geht es daher zentral um die Erforschung von medialen Infrastrukturen, die – analog zur Funktion von Straßen für den Transport von Personen und Dingen – die Kommunikation und das heißt: den Verkehr der Gedanken, Ideen und des Wissens insgesamt garantieren: »Eine Weltgesellschaft entsteht – durch Kommunikationstechniken:

die Geschichte der Technik ist eine Weltgeschichte der Mobilität und der symbolischen Mischung von Personen, Sachen, Handlungsweisen und Zeichen.« (Schüttpelz 2002, 172)

Dem Wissenschaftshistoriker Bruno Latour kommt das Verdienst zu, mit seinem Begriff der Inskription den medial-semiotischen Mechanismus zu beschreiben, der dafür verantwortlich ist, dass wegen ihrer Entfernung oder Größe für den Menschen schwer oder gar nicht erreichbare Dinge auf kleinen, mit einem Blick überschaubaren Oberflächen (Skizzen, Karten, Diagrammen, perspektivischen Zeichnungen etc.) maßstabsgetreu präsent werden, denn: »Wenn Wissenschaftler die Natur, die Wirtschaft, die Sterne oder die Organe betrachteten, würden sie nichts *sehen*.« (Latour 2006, 279) Nicht die Inskription als solche, sondern die »Kaskade immer simplifizierterer Inskriptionen« (ebd., 281) ist das wissenschaftsgeschichtlich entscheidende Phänomen, das für die Beschäftigung mit dem ›umfassenden‹ Objekt der ›Welt‹ und globaler Strukturen und Prozesse umso wichtiger ist, als auch in diesem Fall alle Theorie- und Wissensbildung von den zur Verfügung stehenden Techniken der Sichtbarmachung und Verzeichnung (in Form von Texten, Bildern, Graphiken etc.) abhängt. Die Diagnose der Weltgesellschaft (vgl. Luhmann 1997; Stichweh 2000) bedarf also nicht nur einer geschichtswissenschaftlichen Spezifizierung, da es, historisch betrachtet, verschiedene Anläufe zu Weltsystemen gegeben hat (Osterhammel/ Petersson 2006; Castells 2001), sondern vor allem auch einer medienhistorischen Präzisierung, weil spezifische Darstellungs- und Inskriptionstechniken notwendig waren, um die *heutige* Weltgesellschaft als »Transaktionswelt« (Burton 1972) sichtbar zu machen, in der nicht länger politische Grenzziehungen, sondern Telefongesprächsraten, Reiseaktivitäten, Warenbewegungen, Transportkapazitäten und Energieumsatzintensitäten globale Zusammenhänge erkennbar machen und »Verflechtungsbilanzen« zu erstellen erlauben.

Arbeiten zum Verhältnis von Geopolitik und Technologie wie Peter J. Hugills *Global Communications since 1844* (1999) haben im direkten Anschluss an Innis' Geschichte von Transport- und Verkehrswegen, von Kommunikationsnetzen und medialen Infrastrukturen Innovationsschübe in den Kommunikationstechnologien seit der Mitte des 19. Jahrhunderts (Telegraphie, Telefonie, Radio und Radar) als zentrale Bedingungen und Einsätze im Kampf um globale Vorherrschaft analysiert. Weil weder Amerika noch Deutschland in der Lage waren, am Ende des 19. Jahrhunderts die Position Großbritanniens als Welt(see)macht zu übernehmen, musste die Nachfolge des »failing hegemon« (ebd., 237) über eine lange Periode von zwei Weltkriegen bestimmt werden: »The struggle for hegemony between Britain, Imperial Germany, and America at the end of the nineteenth century and the beginning of the twentieth is best analyzed by looking at the geopolitics and technologies of their respective communications systems.« (ebd., 16) Die Kommunikationstechnologien umfassen keineswegs bloß die technischen Erfindungen der Apparate im engeren Sinne, sondern auch die Fähigkeit eines Staates, sie industriell zu produzieren und massenhaft zu verbreiten bzw. rasch zu implementieren, die Netze (z. B. unterseeische Kabel) zu verlegen und die über sie kommunizierten Botschaften möglichst wirksam gegen Abhörversuche zu sichern. Hugills detailreiche Untersuchung der Rolle von Telekommunikation im Rahmen geopolitischer Hegemoniebestrebungen verdient in der medienwissenschaftlichen Globalisierungsforschung umso mehr Aufmerksamkeit, als sie dazu beiträgt, die weitverbreitete Vorstellung von einer netzwerkbasierten und heterarchischen, also nicht länger von einer Organisation oder Institution zentral steuerbaren, hyperkomplexen Weltgesellschaft zu korrigieren. Die Medien- und Kommunikationsgeschichte ist auf eine äußerst intensive Weise mit den Zentren politischer und militärischer Macht ›vernetzt‹, so dass es im besten Falle naiv ist, von medientechnologischen Innovationen unmittelbar Sozialformen abzuleiten, denen zugetraut wird, an die Stelle der strategischen Kalküle von Staaten und Imperien sowie ihrer Bereitschaft, sie gegebenenfalls auch kriegerisch durchzusetzen, die Utopie einer globalen Konvivialität zu realisieren.

Die kulturwissenschaftliche Medienforschung hat die Globalisierung nicht nur als Effekt der berühmten Entdeckung und Landnahme der Neuen Welt durch die europäischen Kolonialmächte am Ende des 15. Jahrhunderts beschrieben, sondern ist vor allem den wissensgeschichtlichen und kulturtechnischen Voraussetzungen dieses Vorgangs nachgegangen. Dabei hat sie sich teilweise leiten lassen von einem paradigmatischen Aufsatz Martin Heideggers von 1938, in dem der Philosoph die Neuzeit mit dem Begriff des ›Weltbildes‹ zu fassen versucht. ›Weltbild‹ ist für Heidegger keineswegs einfach synonym mit

›Weltanschauung‹ oder ›Ideologie‹, es geht nicht um die Entlarvung des neuzeitlichen Szientismus, sondern um die Aufdeckung des Zusammenhangs zwischen perspektivisch geordnetem Bildraum und punktgenauer Erfassung der ›Welt‹ als der Gesamtheit des Seienden in seiner ganzen Kontingenz (und nicht nur: der Gesamtheit seiner Wesensformen): »Bild meint hier nicht einen Abklatsch, sondern jenes, was in der Redewendung herausklingt: wir sind über etwas im Bilde.« (Heidegger 1991, 82) Die Welt als Bild zu begreifen heißt, sie in den »Bescheid- und Verfügungsbereich« des Menschen (ebd., 83) zu stellen, wozu medien- und kulturtechnische Errungenschaften nötig sind, wie sie nur die Neuzeit ausgebildet hat, weshalb Heidegger es auch völlig zurecht ablehnt, von einem Weltbild des Mittelalters oder der Antike zu sprechen. Samuel Edgerton hat gezeigt, dass die Durchsetzung der Perspektive in der frühneuzeitlichen Malerei auch gravierende Konsequenzen für die kartografischen Repräsentationstechniken hatte, die als eine zentrale Dimension dessen, was Heidegger ›Weltbild‹ nennt, anzusprechen sind. Mit der neuen Gitternetzprojektionstechnik gelingt es erstmals, die Welt systematisch und im Zusammenhang ins Bild zu setzen, während die vorherige Kartografie hochgradig fragmentierte und inkonsistente Repräsentationen hervorbrachte, die dem distanzierten Betrachter den Überblick über ›das Ganze‹ verwehrten (Edgerton 2002, 103).

Was für die Geschichte der medien- und kulturtechnischen Eroberung des Raumes gilt, lässt sich um die Wende vom 19. zum 20. Jahrhundert ebenfalls für die Feststellung einer Weltzeit beschreiben. Peter Galison hat die radikale Umwälzung des Zeitverständnisses, wie sie durch Einsteins spezielle Relativitätstheorie in der Physik ausgelöst wurde, zum Anlass genommen, um die Voraussetzungen und Auswirkungen dieser wissenschaftlichen Revolution auf die institutionelle Ordnung der Zeit zu untersuchen. Die »Arbeit an der Ordnung der Zeit« ist keineswegs allein eine wissenschaftliche Leistung gewesen, sondern erfordert die Berücksichtigung vielfältiger politischer, juristischer und technischer Aspekte, ohne die die Herstellung von globaler Gleichzeitigkeit unmöglich gewesen wäre. Neben Höchstleistungen auf dem Gebiet der theoretischen Physik muss auch »der profan materialistische und imperialistische Ehrgeiz« in Rechnung gestellt werden, »ein erdumspannendes, telegraphisch nutzbares Kabelnetz einzurichten, um Eisenbahnen aufeinan-

der abzustimmen und die geographischen Karten zu vervollständigen« (Galison 2003, 8). Die Zeit wird wieder zu einem empirischen Begriff, freilich nicht in dem Sinne, den Kant meinte, wenn er davon spricht, dass sie nichts sei, »was für sich selbst bestünde, oder den Dingen als objektive Bestimmung anhinge« (Kant 1976, 76). Ein empirischer Begriff *wird* sie in dem Sinne, dass sie die Synchronisation von Uhren – durch das Aussenden von telegraphischen Simultaneitätssignalen – voraussetzt, die die Vergleichbarkeit von Zeiten an weit voneinander entfernten Orten ermöglicht. Galisons Studie ist daher eine Untersuchung all der Faktoren, die die Gleichzeitigkeit als Effekt der Koordination von Uhren ermöglichen. Die Zeit ist weiterhin die Bedingung der Möglichkeit von globaler Erfahrung, aber dieser Transzendentalismus ist nicht länger in der menschlichen Anschauung verankert, sondern beruht auf wissenschaftlichen Erkenntnissen, technischen Konventionen und politischen Entscheidungen.

Offene Probleme

Die medien- und kulturwissenschaftliche Globalisierungsforschung fragt nach den häufig unscheinbaren Verfahren und Techniken, mittels derer die Welt von einem Gegenstand kosmologischer, religiöser oder philosophischer Spekulation zu einem universell zugänglichen und handhabbaren Objekt wird – und damit in einem mehr als nur bewusstseinsmäßigen Sinne ›vorstellbar‹. Heideggers Begriff des »Gerüstetseins« (Heidegger 1991, 82) hat Bruno Latour das entscheidende Stichwort geliefert, wenn er den Begriff der »Ausrüstung« (Latour 2007, 363) dazu nutzt, um all die kleinen *tools* und *devices* zusammenzufassen, die in einer gegebenen Situation vorhanden sein müssen, damit sich Kollektive bilden, die sich zu umfassenden sozialen Kontaktsystemen oder weltumspannenden Netzwerken ausdehnen können. Es ist Latours Verdienst, die Problematik der Globalisierung aus ihrer unfruchtbaren Gegenstellung zu einer bloß ›lokalen‹ Form der Sozialität herausgelöst und damit die Vorstellung zurückgewiesen zu haben, als bezeichne die Differenz von global und lokal zwei grundsätzlich voneinander getrennte Handlungsbereiche. Eine kultur- und medienwissenschaftlich orientierte Globalisierungsforschung ist immer zugleich auch ›Lokalisierungsforschung‹, weil sie alles daran setzt, das abrupte Alternieren zwischen einer Mikro- und Makro-Perspektive zu vermeiden – ebenso wie die in der Soziologie übliche Gegenüberstellung zwischen akteurs- und systemorientierten Ansätzen. Die gegenwärtige Debatte kreist dabei um die Frage, ob die Erfindung des Gesellschaftsbegriffs in der Soziologie des 19. Jahrhunderts als ein verhängnisvoller ›Fehlgriff‹ anzusehen ist, weil er zur Ausbildung und Verfestigung eines Gegensatzes zwischen (lokalen) Interaktionen und (globalen) Strukturen geführt hat. Die Gesellschaft wird im Rahmen dieser sozialwissenschaftlichen Konzeption als der umfassendste Kontext allen sozialen Handlungen vorgeordnet, sie fungiert als ihr »Klebstoff« (Latour 2007, 16), ohne dass diese Theorie in der Lage ist, die Erzeugung und Reproduktion dieses vorausgesetzten Kontextes zu erklären. Latour schlägt vor, diesen unfruchtbaren Gegensatz durch einen Handlungsbegriff zu überwinden, der, ohne seine lokale Vollzugsdimension zu leugnen, doch zugleich auf all die Bestandteile hin geöffnet ist, »die bereits in der Situation vorhanden sind und aus einer anderen Zeit, von einem anderen *Ort* stammen und von anderen *Existenzformen* hervorgebracht worden sind« (ebd., 288).

Latour plädiert also für eine methodologische Erweiterung des Globalisierungsbegriffs, indem er die sozial- und kulturwissenschaftliche Aufmerksamkeit auf die weit vom Schauplatz des Handelns wegführenden Instanzen und Ressourcen lenkt, ohne die eine bestimmte Handlung nicht zustande käme. ›Sozial‹ bezeichnet also keine Seinsregion, sondern einen Verknüpfungstyp, der für jede Handlung im Einzelnen nachzuzeichnen ist, weil nur so deren Transaktionskosten zu ermitteln sind. Handeln ist »stets dislokal, artikuliert, delegiert und übersetzt« (ebd., 288) – Handelnde sind demzufolge nicht exklusiv menschliche Akteure, weshalb auch Dingen, die eine gegebene Situation verändern, indem sie einen Unterschied machen, Akteursqualität zugebilligt wird. Soziologie wird zur Wissenschaft nicht so sehr der *Akteure* als vielmehr der *Mediatoren* und ist eben deshalb nicht länger von den Medien- und Kulturwissenschaften grundbegrifflich zu unterscheiden. Objekte in ihrer Rolle als Vermittler zu Beteiligten an einer Handlung zu machen und es nicht dabei zu belassen, ihnen eine instrumentelle Funktion zuzuweisen, ist bei den Soziologen erwartungsgemäß auf massive Kritik gestoßen. In dieser Situation unfruchtbarer Prinzipienstreiterei lohnt ein Blick in die globalisierungsinteressierte Geschichtswissenschaft,

die ganz im Sinne Latours die Globalisierung nicht nur als einen von Menschen gemachten (oder verhinderten), häufig gewaltsamen Vorgang der Welteroberung konzeptualisiert, sondern auch all die anderen dinghaften Träger und häufig unfreiwilligen Verstärker eines globalen Zirkulationsprozesses – Güter, Waffen, Krankheitserreger, Biota und die ihnen eigenen, ungesteuerten Proliferationsdynamiken – systematisch mit in Rechnung stellt. Im Anschluss an die ethnologische Zurückweisung der Vorstellung vermeintlich einfacher und immobiler Gesellschaften, die die Kritik an der Gegenüberstellung von lokal abgeschotteten sozialen Schauplätzen und global operierenden sozialen Systemen vorweggenommen hat, korrigiert inzwischen auch die Geschichtswissenschaft das konventionelle Bild einer exklusiv der Moderne zugeschriebenen sozialen und kulturellen Mobilität: »Galten lange Zeit unbewegliche Bauerngesellschaften als die Norm der vormodernen Welt, so findet man heute überall Kontakt, Transfer und Austausch in einem Maße, das selten als marginal betrachtet werden kann.« (Osterhammel/Petersson 2003, 29) Die »abgeflachte Topologie« des Sozialen, für die Latour eintritt, weil sie den »Abgrund« zwischen dem Globalen und dem Lokalen schließt, indem sie die Verbindung zwischen beiden in Form einer Operations- und Übersetzungskette rekonstruiert, verdankt sich einer genuin medienwissenschaftlichen Intuition, insofern sie das Soziale als Effekt von Übertragungsmedien denkt: »Die vollen Kosten der Verbindung können jetzt vollständig bezahlt werden. Wenn ein Ort einen anderen beeinflussen will, muss er die Mittel bereitstellen.« (Latour 2007, 300) Kein Ort ist daher per se ›größer‹ als ein anderer, die Weltgesellschaft ist kein neuer Leviathan. Ein Ort ist unter Umständen nur machtvoller als ein anderer, weil er »von weitaus sichereren Verbindungen mit sehr viel mehr Orten profitieren« kann als andere (ebd., 304). Das Globale ist also nicht das Größere oder Umfassendere, der Ort, der alle Orte umfasst, das System der Systeme, sondern ein Ort wie jeder andere auch – mit dem entscheidenden Unterschied, dass er mittels diverser Transportmittel, Spuren, Bahnen und Fährten den permanenten Zufluss von Personen, Dingen und Zeichen sicherstellt: »klein sein heißt unverbunden sein, groß sein heißt verbunden sein« (ebd., 310). Die gegenwärtige Debatte um die Reichweite der Akteur-Netzwerk-Theorie und um die mit ihr verbundene Entgrenzung des Sozialen kreist im Kern um den manchmal allzu ›großspurig‹ vorgetragenen Anspruch Latours, durch die von ihm betriebene methodische Subtilisierung der Globalisierungsvorstellung einen sozial- und kulturwissenschaftlichen Paradigmenwechsel vollzogen zu haben, der die spezifisch moderne Verfassung einer Differenzierung zwischen Tatsachen und Normen ebenso wie die zwischen einer nichts als immanenten Welt und dem ›gesperrten‹ Gott überwindet (vgl. Lindemann 2008).

Literatur

Anderson, Benedict: *Die Erfindung der Nation. Zur Karriere eines folgenreichen Konzepts.* Frankfurt a.M./ New York 1988 (engl. 1983).

Bachmann-Medick, Doris: *Cultural Turns. Neuorientierungen in den Kulturwissenschaften.* Reinbek 2006.

Bateson, Gregory: Kulturberührung und Schismogenese. In: Ders.: *Ökologie des Geistes. Anthropologische, psychologische, biologische und epistemologische Perspektiven.* Frankfurt a.M. 1985, 99–113 (engl. 1935).

Becker, Dirk: *Wozu Kultur?* Berlin 2000.

Burton, John W.: *World Society.* Cambridge 1972.

Castells, Manuel: *Das Informationszeitalter I. Der Aufstieg der Netzwerkgesellschaft.* Opladen 2001 (engl. 1996).

Derrida, Jacques: Das andere Kap. Erinnerungen, Antworten und Verantwortungen. In: Ders.: *Das andere Kap/Die vertagte Demokratie. Zwei Essays zu Europa.* Frankfurt a.M. 1992, 9–80 (frz. 1991).

Edgerton, Samuel Y.: *Die Entdeckung der Perspektive.* München 2002 (engl. 1975).

Galison, Peter: *Einsteins Uhren, Poincarés Karten. Die Arbeit an der Ordnung der Zeit.* Frankfurt a.M. 2003 (engl. 2002).

Heidegger, Martin: Die Zeit des Weltbildes [1938]. In: Ders.: *Holzwege.* Frankfurt a.M. 1991, 75–113.

Hugill, Peter J.: *Global Communications since 1844. Geopolitics and Technology.* Baltimore/London 1999.

Innis, Harold: *Empire and Communication* [1950]. Victoria/Toronto 1986.

Kant, Immanuel: *Kritik der reinen Vernunft.* Nach der ersten und zweiten Original-Ausgabe neu hg. von Raymund Schmidt. Hamburg 1976.

Latour, Bruno: *Wir sind nie modern gewesen. Versuch einer symmetrischen Anthropologie.* Frankfurt a.M. 1998 (frz. 1991).

–: Drawing Things Together: Die Macht der unveränderlich mobilen Elemente. In: Andréa Belliger/David J. Krieger (Hg.): *ANThology. Ein einführendes Hand-*

buch zur Akteur-Netzwerk-Theorie. Bielefeld 2006, 259–307 (engl. 1990).

–: *Eine neue Soziologie für eine neue Gesellschaft. Einführung in die Akteur-Netzwerk-Theorie.* Frankfurt a.M. 2007 (engl. 2005).

Lindemann, Gesa: »Allons enfants et faits de la patrie …«. Über Latours Sozial- und Gesellschaftstheorie sowie seinen Beitrag zur Rettung der Welt. In: Georg Kneer/Markus Schroer/Erhard Schüttpelz (Hg.): *Bruno Latours Kollektive. Kontroversen zur Entgrenzung des Sozialen.* Frankfurt a.M. 2008, 339–360.

Luhmann, Niklas: Weltgesellschaft. In: Ders.: *Die Gesellschaft der Gesellschaft.* Frankfurt a.M. 1997, 145–170.

Lyotard, Jean-François: *Das postmoderne Wissen. Ein Bericht.* Wien 1994 (frz. 1979).

Malinowski, Bronislaw: *Eine wissenschaftliche Theorie der Kultur.* Frankfurt a.M. 2005 (engl. 1944).

McLuhan, Marshall: *Die magischen Kanäle/Understanding Media.* Dresden/Basel 1995 (engl. 1964).

–/Fiore, Quentin: *Das Medium ist Massage.* Frankfurt a.M./Berlin/Wien 1984 (engl. 1967).

Osterhammel, Jürgen/Petersson, Niels P.: *Geschichte der Globalisierung. Dimensionen, Prozesse, Epochen.* München 2003.

Riepl, Wolfgang: *Das Nachrichtenwesen des Altertums. Mit besonderer Berücksichtigung auf die Römer* [1913]. Hildesheim/New York 1972.

Schüttpelz, Erhard: Der Fetischismus der Nationen und die Durchlässigkeit der Zivilisation. Globalisierung durch technische Medien bei Marcel Mauss (1929). In: Stefan Andriopoulos/Bernhard J. Dotzler (Hg.): *1929. Beiträge zur Archäologie der Medien.* Frankfurt a.M. 2002, 158–172.

Seitter, Walter: *Physik der Medien. Materialien, Apparate, Präsentierungen.* Weimar 2002.

Siegert, Bernhard: Translatio imperii: Der cursus publicus im römischen Kaiserreich. In: Lorenz Engell/Bernhard Siegert/Joseph Vogl (Hg.): *Archiv für Mediengeschichte – Medien der Antike.* Weimar 2003, 41–59.

Stichweh, Rudolf: *Die Weltgesellschaft. Soziologische Analysen.* Frankfurt a.M. 2000.

Friedrich Balke

10. Geographie

Analog zur Rede vom »Ende der Geschichte« (Fuku-yama 1992) machten Anfang der 1990er Jahre die Thesen vom »Verschwinden des Raumes« (Virilio 1990) und vom »Ende der Geographie« (Neidhart 1996) die Runde. Mit der scheinbaren Enträumli-chung von Gesellschaft, der Auflösung von Grenzen und geographischen Differenzen sowie der Erzeu-gung und Nutzung virtueller Räume schien die Geo-graphie, die Lehre vom Menschen im Raum, ihren genuinen Gegenstand verloren zu haben.

Gegen Ende der 1990er Jahre erlebte das Geogra-phische dann im Zuge der intensiven Auseinander-setzung mit den im Globalisierungskomplex ange-sprochenen Widersprüchen und Ambivalenzen eine unübersehbare und gleichsam überraschende Re-naissance. Als Folge des sogenannten *spatial turn* beschäftigten sich nun nahezu alle kultur- und sozialwissenschaftlichen Disziplinen mit raumtheo-retischen Fragestellungen und Diskursen zum Glo-balisierungskomplex. Viele der dabei angesproche-nen Veränderungen beinhalten im Kern geographi-sche Themen, wie die Zunahme globaler Interaktion, die beschleunigte Distanzüberwindung, die räumli-che Ausdehnung sozialer Praktiken, aber auch die Erzeugung neuer sozialräumlicher Ungleichheiten oder die Bedeutungsverschiebung territorialer Inte-grationsformen. Nach Gebhardt/Reuber (2007, 571) hatte »die neue ›Raumbegeisterung‹ in den Gesell-schaftswissenschaften sicher damit zu tun, dass die [...] Globalisierung nicht, wie Anfang der 1990er Jahre noch häufig vermutet, räumliche Unterschiede im ›globalen Dorf‹ zunehmend einebnete [...], son-dern dass vielmehr umgekehrt erdumspannende Kommunikations- und Austauschbeziehungen die Konstruktion regionalisierter Identitäten und einen entsprechenden Rückgriff auf Formen räumlich symbolisierter Wir-Gemeinschaften nachgerade zu beflügeln schien«.

Dieser Beitrag liefert zunächst einen Überblick über grundlegende geographische Forschungsper-spektiven zu Globalisierung und *Global Change*. Im Anschluss daran werden exemplarisch einige der auch für die Kultur- und Sozialwissenschaften rele-vanten Themenfelder geographischer Globalisie-rungsforschung vorgestellt. Das sind die Debatten um Globalisierung und die neuen Geographien ei-ner transnationalen Ökonomie, die veränderte Rolle der sogenannten Entwicklungsländer im Nord-Süd-Gegensatz, transnationale und translokale Räume sowie die Diskussion um ›Postmetropolis‹ und die *Global Cities* als Knotenpunkte einer globalen Netz-werkgesellschaft. Am Ende steht eine eher kursori-sche Zusammenschau relevanter Fragestellungen und *emerging fields* der geographischen *Global Change*-Forschung.

Überblick über geographische Forschungs-perspektiven zu Globalisierung und *Global Change*

Angesichts des zunehmend kontrovers ausgetrage-nen Globalisierungsdiskurses und der stärker in den Vordergrund gerückten Problematiken des globalen Wandels der Umwelt erlebte der humanwissen-schaftliche Zweig der deutschsprachigen Geographie zum Ende der 1990er Jahre einen Perspektivenwech-sel in der Betrachtung des Gesellschaft-Raum-Ver-hältnisses. Dies geschah auch unter dem Eindruck der angloamerikanisch geprägten *New Geography* (Johnston 1993; Harvey 1996; Massey 1999). Die gleichzeitige Renaissance des Kulturellen (*cultural turn* in der Geographie) und der beobachtbare Über-gang von territorial verfassten Gemeinschaften zur globalisierten Netzwerkgesellschaft bedeutete für die Geographie, dass das bisher dominierende Konzept vom ›Behälter-(Container-)Raum‹, das von der Vor-stellung objektiv strukturierter territorial verfasster Räume und Gemeinschaften ausging, durch syste-misch-relationale Raumvorstellungen erweitert bzw. ersetzt wurde (Werlen 1997; Miggelbrink 2002, Los-sau 2008). Dies leitete eine Abkehr vom klassisch-raumwissenschaftlichen geographischen Paradigma ein. Dessen Grundannahme von einer Erde »als ei-nem Mosaik hierarchisch gekammerter Raumein-heiten und der damit verbundenen Annahme räum-lich segmentierter Gesellschaften, Kulturen und Ökonomien« (Blotevogel 2000, 25) erwies sich in ei-ner zunehmend stärker globalisierten Weltgesell-schaft als Antagonismus. Die neuen Raumkonzepte konzentrieren sich nun mehr auf die Analyse der technischen und gesellschaftlichen Konstruiertheit von Raum. Es wird danach gefragt, wer unter wel-chen Bedingungen, aus welchen Motiven und auf welche Art und Weise über bestimmte Räume kom-muniziert und sie durch alltägliches Handeln (›Geo-graphie-Machen‹) fortlaufend produziert und reproduziert. Diese Perspektive eröffnet der Geographie erstmals eine Sicht der Erde als sozial konstruiertes und global verflochtenes System.

Damit hat sich die Humangeographie zu einem »Multiperspektiven-Fach« (Gebhardt/Reuber 2007) entwickelt, das durch sich teilweise überlappende, teilweise eigenständige Konzeptionalisierungen von Raum charakterisiert ist. Da steht die quantitativ-szientistische Sichtweise, die Raum mithilfe standardisierter Verfahren analysiert, neben der strukturalistischen Perspektive, die Raum als Ressource, Regelsystem, Text oder Medium begreift, in dem soziales Handeln kodiert und koordiniert wird. Aus handlungsorientierter Perspektive betrachtet, stellt sich Raum als eine Art Ressource dar, die einzelne Akteure oder Akteursgruppen je nach Interessenlage und Zielsetzung nutzen und in Wert setzen. Aus sprach- und zeichentheoretischer Sicht schließlich wird ›Raum‹ nicht nur als ein mit Symbolen aufgeladenes Bezugssystem interpretiert, sondern er spiegelt und regelt auch auf spezifische Art und Weise Machtbeziehungen.

In der Vielfalt der Sichtweisen liegt eine wesentliche Stärke geographischer Globalisierungsforschung. Je nach Themenstellung stehen unterschiedliche wissenschaftstheoretische und methodologische Positionen zur Verfügung, die dann selektiv zur Analyse der spezifischen Sachverhalte und Ausgangsdaten von Globalisierung und globalen Umweltveränderungen (*Global Change*) eingesetzt werden können. Im Zentrum explizit humangeographischer Globalisierungsforschung steht dabei die Untersuchung des widerspruchsreichen Spannungsfeldes zwischen dem globalen Raum des Weltsystems und den konkreten Orten sozialer Lebenszusammenhänge. Mit den Theoremen der Glokalisierung, des permanenten und systematischen Zusammenspiels zwischen global und lokal (Robertson 1998), der Hybridisierung oder auch Kreolisierung, bei denen durch das Aufeinandertreffen des Lokalen mit dem Globalen durch Vermischung und wechselseitige Beeinflussung völlig neue kulturelle Muster entstehen (Pieterse 1994), verfügt das Fach über geeignete konzeptionelle Werkzeuge, um die Faktoren, Prozesse und Folgen von Globalisierung besser verstehen zu können. Hinzu kommt die Mehr-Ebenen-Analyse mit einer Ausrichtung auf hierarchisch verknüpfte Akteursbeziehungen und vielskalige ökologische Systemzusammenhänge.

Die Geographie hat sich immer auch als ›Brücken-fach‹ zwischen Natur- und Geistes- bzw. Sozialwissenschaften, als Gesellschafts-Umwelt-Geographie gesehen. Damit berühren Fragen des *Global Change* und globaler Ressourcenkonflikte, von *hazards* und Umweltkatastrophen eine geographische Kernkompetenz. Unter *Global Change* werden im Wesentlichen der Klimawandel, insbesondere die Temperaturerhöhung seit der Industrialisierung infolge der Zunahme von Treibhausgasen, der Verlust biologischer Vielfalt, die Bodendegradation sowie die Verknappung und Verschmutzung von Süßwasser verstanden. Beschleunigt werden die anthropogenen Eingriffe in die natürliche Umwelt durch die Ausbreitung nicht nachhaltiger Lebensstile, anhaltende absolute Armut und das Bevölkerungswachstum. In der Geographie wird die Diskussion um diese Problemkreise heute vor einem veränderten und erweiterten Verständnis von Natur, Kultur und Gesellschaft geführt. Die bisher gängige Natur/Umwelt-Gesellschaft/Kultur-Dichotomie wurde inzwischen ersetzt durch eine relationale, system- und problemorientierte Sicht der Mensch-Umweltbeziehungen (Weichart 2007). Dennoch stellt sich die fachinterne Auseinandersetzung mit diesem Problemkreis vielfältig und nicht immer eindeutig dar. Während die naturwissenschaftlich ausgerichtete Physische Geographie das kausale Wechselverhältnis zwischen Mensch und Natur untersucht und sich nach wie vor von der Überzeugung leiten lässt, dass Natur in starkem Maße menschliches Handeln bestimmt, geht der humanwissenschaftliche Zweig der Geographie von der Gesellschaft aus und analysiert die sozialen Akteure in ihren Auseinandersetzungen um Macht, Einfluss und Verfügungsrechte über natürliche Ressourcen (Krings 2007). Fachintern besteht immerhin weitgehende Einigkeit darin, dass *Global Change*-Problematiken heute stark durch menschliche Eingriffe geprägt sind und dass der globale Wandel regional differenziert in seinen spezifischen Intensitäten und Auswirkungen untersucht werden muss. *Global Change* und *regional response* werden daher als eng miteinander verflochtene Kontexte gedeutet. Damit steht die geographische *Global Change*-Forschung »im Schnittfeld sowohl der Umweltanalyse als auch der menschlichen Gesellschaft und ist in besonderem Maße auf die Wechselwirkungen zwischen menschlicher Gesellschaft und den übrigen Komponenten des Erdsystems gerichtet« (Gebhardt/Glaser et al. 2007, 962).

Geographische Themenfelder zu Globalisierung und globalen Umweltveränderungen

Im Zeitalter von Globalisierung und globaler Erwärmung entwickelte sich in der Geographie eine Reihe neuer Themenfelder, die vielfach eng miteinander verknüpft sind und sich gegenseitig überlappen. Im Mittelpunkt des Forschungsinteresses stehen nun entsprechende Fragen zu sozial-räumlichen Fragmentierungen, sozialer Inklusion und Exklusion, neuen Migrationsmustern und politischen Steuerungsformen und den Möglichkeiten der Risikovermeidung (*mitigation*) und Risikohandhabung (*adaptation*). Dazu kommt die Beschäftigung mit der Frage nach der Widerstandsfähigkeit sozial-ökologischer Systeme (Bohle 2008). Die Hinwendung des Faches zu Globalisierungs- und *Global Change*-Thematiken zeigt sich auch an der Leitthemenauswahl des alle zwei Jahre stattfindenden Wissenschaftskongresses »Deutscher Geographentag«. Im zurückliegenden Jahrzehnt widmeten sich allein vier Geographentage unter den Leitthemen »Lokal verankert – weltweit vernetzt« (Hamburg 1999), »Grenzwerte« (Trier 2005), »Umgang mit Risiken; Katastrophen – Destabilisierung – Sicherheit« (Bayreuth 2007), »Geographie: Für eine Welt im Wandel« (Wien 2009) explizit der geographischen Globalisierungs- und *Global Change*-Forschung. Gleichzeitig wird auch die inhaltlich-konzeptionelle Schnittmenge zu den Debatten in den benachbarten Wissenschaftsdisziplinen immer deutlicher. Ähnlich fokussierte Fragestellungen und sich ergänzende methodische Herangehensweisen werden immer häufiger als Ansatzpunkte für eine stärker inter- und transdisziplinäre Forschung und Einbindung der Geographie genutzt, z. B. das an der Universität Köln angesiedelte DFG-Schwerpunktprogramm »Megacities-Megachallenge; Informal Dynamics of Global Change«, oder das vom Bundesministerium für Bildung und Forschung geförderte Programm »Future Megacities; Megastädte von morgen«.

Globalisierung und globale Umweltveränderungen fordern insbesondere das geographische Verständnis für die raumzeitliche Strukturierung wirtschaftlicher, politischer und alltagsweltlicher Organisationsformen heraus. Fachintern herrscht weitgehender Konsens darüber, dass die unter dem Ausdruck ›Globalisierung‹ zusammengefassten raumzeitlichen Veränderungsprozesse nicht eindeutig gerichtet sind, sondern sich durch vielfältige Ambivalenzen und Paradoxien auszeichnen. Zahlreiche Einzelstudien weisen inzwischen nach, dass dabei auf allen Maßstabsebenen neue Arenen der Aushandlung und Gestaltung entstehen, die ihrerseits mit Legitimationsdefiziten, Ungleichheiten und einer Neuverteilung von Ressourcen, Risiken und Handlungschancen verbunden sind.

Ein wesentliches Themenfeld geographischer Globalisierungsforschung befasst sich daher in Anlehnung an Positionen der Politischen Ökonomie und hier insbesondere der Regulationsschule mit Strukturen und Transformationen der politischen Raumökonomie (Ossenbrügge 2007). Hierbei geht es im Gegensatz zu neoklassischen Gleichgewichtsannahmen, die Marktkräfte als bestimmendes Regulativ für optimale wirtschaftliche Leistungen herausstellen, um die Erklärung der Ursachen und der Dynamik ungleicher Wirtschafts- und Raumentwicklung. Es gilt das Postulat, dass sich innerhalb der Logik spätkapitalistischer Entwicklung eine Raumökonomie etabliert hat, in der die Vernichtung von Raum und die Produktion von Raum zeitgleich ablaufen, was immer neue räumliche Konfigurationen und Ungleichheiten hervorbringt (Geographie der Akkumulation). Diese geschieht institutionell eingebettet in ein spezifisches Arrangement aus Regeln, Normen und Ordnungssystemen, ohne die der kapitalistische Akkumulationsprozess nicht dauerhaft funktionieren könnte (Geographie der Regulation). Zum Verständnis gegenwärtiger Globalisierungsprozesse wird zunächst das fordistisch-keynesianisch geprägte Zeitalter betrachtet, um aus den anschließenden Veränderungen Kontinuitäten und Brüche im Übergang zum postfordistisch-neoliberalen Wettbewerbsstaat bestimmen zu können. Zu den strukturellen Veränderungen gehören v. a. das Aufbrechen territorial integrierter Formen der Akkumulation und Regulation. Nach Ossenbrügge (2007) lässt sich dieses Aufbrechen in den Kategorien ›Entgrenzung‹, ›Beschleunigung‹ und ›Flexibilisierung‹ beschreiben. Diese Kategorien verweisen ihrerseits auf die zunehmende räumliche Reichweite wirtschaftlicher Interaktionen auf der Basis veränderter institutioneller Rahmenbedingungen. Bei der Beschäftigung mit diesem Themenfeld geht es bevorzugt um die Untersuchung von konfliktträchtigen Veränderungen und geographischen Folgen der Intensivierung globaler wirtschaftlicher Vernetzung, um Fragen von

Deterritorialisierung, Reterritorialisierung und um die *politics of scale*.

Mit den Auswirkungen von Globalisierung und *Global Change* auf das Nord-Süd-Verhältnis und die risikoträchtigen Lebenswelten von Benachteiligten beschäftigt sich die Geographische Entwicklungsforschung (Bohle 2007; Müller-Mahn 2007). Befürworter der Globalisierung sehen hier neue Chancen für eine weltweite Angleichung der Lebensverhältnisse, wohingegen die Kritiker eindringlich vor einer Vertiefung von Disparitäten und einer Auflösung der Welt in Bruchstücke des Wohlstands und der Armut warnen. Der Sozialwissenschaftlicher Ulrich Menzel (1998) hat dieses Phänomen als ›Fragmentierung‹ bezeichnet. Für die Geographische Entwicklungsforschung hat Fred Scholz (2002) die Theorie der fragmentierenden Entwicklung konzipiert. Seine Hypothese lautet, dass die Globalisierung eine wirklich umfassende nachholende Entwicklung für die Mehrheit der Menschen des Südens unmöglich mache. Vielmehr führe die durch grenzenlose Konkurrenz und Wettbewerb verursachte fragmentierende Entwicklung zur Herausbildung funktionaler Einheiten mit einem unterschiedlichen Grad der globalen Integration und materiellen Teilhabe im globalen wie auch im lokalen Maßstab. Industrie- und Entwicklungsländer seien unter den Bedingungen der Globalisierung nicht mehr als abgrenzbare Großräume zu verstehen, sondern sie würden in Fragmente gespalten, die oftmals eng benachbart nebeneinander liegen. Scholz' Begriff des »neuen Südens« umfasst aber nicht nur die Armutsregionen in Afrika und Asien, sondern auch kollabierte altindustrialisierte Gebiete in den Kernökonomien, Migrantenviertel westlicher Metropolen oder schrumpfende Städte in der europäischen Peripherie. Auch wenn sich das Ausmaß von Armut und Verwundbarkeit in diesen Regionen sehr unterschiedlich darstellt, haben sie nach Müller-Mahn (2007, 867) doch eines gemeinsam: »Sie sind aus den Prozessen des globalen Wettbewerbs und der damit einhergehenden Kapitalakkumulation ausgegrenzt, sie dienen lediglich als Reserveräume und Rohstofflager.« Inzwischen konnte in zahlreichen Studien belegt werden, dass sich Fragmentierung beispielsweise in den Metropolen des Südens im kleinräumigen Nebeneinander räumlich segregierter Stadtfragmente mit unterschiedlichem globalem Integrationsgrad artikuliert. Dabei sind insbesondere einige der global integrierten neuen urbanen Wachstumszentren nicht nur durch eine hohe Wachstumsdynamik der weltmarktintegrierten Sektoren und abgeschirmte Wohngebiete der Reichen (*gated communities*) gekennzeichnet, sondern auch geprägt von extremen sozialen Unterschieden und räumlich-sozialer Fragmentierung (Dittrich 2004).

Ein noch relativ junger Zweig innerhalb der entwicklungsgeographischen Globalisierungsforschung befasst sich vor dem Hintergrund der globalen Verflechtung umweltrelevanter ökonomischer Aktivitäten und der Verschärfung weltweiter Ungleichheiten mit der Entstehung von Widerstand und Widerstandsformen gegen ›externe‹ Entwicklungsmaßnahmen und Großprojekte, die häufig auf Kosten der Umwelt und lokalen Bevölkerungen umgesetzt werden (Soyez 2000). Damit verbunden sind ökologische und politisch-soziale Themen sowie Fragen zum lokalen Wissen und zur kulturellen Identität. Im Mittelpunkt des Forschungsinteresses stehen dabei die sogenannten ›neuen sozialen Bewegungen‹ in den Ländern des globalen Südens, die sich vor allem der Verteidigung von Zugangsrechten zu natürlichen Ressourcen und dem Umweltschutz verschrieben haben. Wichtige Ziele dieser Bewegungen bestehen darin, sich den Akteuren eines Projekts neoliberaler Globalisierung entgegenzustellen und alternative Entwicklungswege aufzuzeigen. Ein besonderes Interesse geographischer Forschung gilt den ›Arenen des Widerstands‹. Damit gemeint sind lokale/regionale Konfliktkonstellationen um die Nutzung natürlicher Ressourcen in ihrer Einbindung in übergeordnete Handlungsebenen. Eine jüngere Entwicklung stellt die Transnationalisierung des Widerstands dar. Dies geschieht über die Verknüpfung lokaler Widerstandsarenen mit den Aktivitäten transnationaler Bewegungsorganisationen. Damit gelingt es den Betroffenen immer häufiger, ihre Anliegen weltweit zu kommunizieren, Widerstandsformen zu koordinieren und auf diese Weise letztlich Druck auf Regierungen und transnationale Konzerne auszuüben. Ein Beispiel hierfür ist der Widerstand gegen die Großstaudammvorhaben am Narmadafluss in Indien (Dittrich 2007).

Das Paradoxe und Widersprüchliche von Globalisierung wird auch an den Folgen der Migration und der Herausbildung translokaler und transnationaler sozialer Räume deutlich. Zahlreiche Studien belegen, dass unter den Bedingungen der Globalisierung neue Migrationsmuster entstehen, die sich nicht mit Hilfe herkömmlicher *push-pull*-Modelle erklären lassen, sondern durch zirkuläre Verflechtungen und Netzwerke zwischen Herkunfts- und Zielgebieten der Migranten strukturiert sind (vgl. u.a. Müller-Mahn 2002; Ossenbrügge 2004).

Ein weiteres Themenfeld geographischer Globalisierungsforschung beschäftigt sich mit den sich verändernden Rahmenbedingungen städtischer Entwicklung, von denen nicht nur die Gebäude und Infrastrukturen tangiert sind, sondern auch die urbanen Muster der Lebensführung und die Vergesellschaftung des Einzelnen. Die deutschsprachige Debatte um ›Postmetropolis‹ und postmoderne Urbanität unter globalisierten Rahmenbedingungen empfing wichtige Impulse im Wesentlichen aus drei Richtungen. Da wäre erstens die französische Soziologie um Alain Touraine zu nennen, der in seinem Essay vom »Ende der Städte« ein Bild von der sich auflösenden und sozial polarisierenden Stadt im Informationszeitalter entwirft (Touraine 1996). Inzwischen konnte vielfach empirisch nachgewiesen werden, dass sich nicht nur die gesellschaftlichen Rahmenbedingungen des Städtischen verändert haben, sondern auch die Art und Weise, wie das Wechselspiel zwischen gesellschaftlicher und räumlicher Strukturierung konzeptualisiert wird. Immer mehr Städte werden heute nicht mehr von einem ordnenden Zentrum gelenkt, sondern durch Entscheidungen in den Unternehmenszentralen an den Rändern der Städte restrukturiert, z.B. Hightech-Korridore wie Orange County (Kalifornien) in der urbanisierten Peripherie (Wood 2007). Ein zweiter Impuls stammte aus dem nordamerikanischen Sprachraum, wo erstmals der Zusammenhang zwischen ›neuer Urbanität‹ und der allgemeinen postmodernen Gesellschaftsentwicklung erkannt und theoretisch verarbeitet wurde. Einer ihrer prominentesten Vertreter Ed Soja (1997, zit. nach Wood 2007, 869) identifiziert im Rahmen postmoderner Stadtentwicklung sechs besonders augenscheinliche Prozesse: »de[n] Umbau fordistischer Produktionsweisen zu flexiblen Produktionssystemen, die Herausbildung bzw. Rekonfiguration von *Global Cities*, die Restrukturierung urbaner Formen, die Zunahme sozialräumlicher Polarisierungen, die Befestigung der Stadt durch private Sicherheitssysteme sowie der tief greifende Bruch in den Vorstellungen über das Urbane«. Als dritter wichtiger Impulsgeber wirkte die französische Regulationsschule. Hier geht es um das Aufdecken von Widersprüchen in der räumlichen Organisation der Stadt im Übergang vom Fordismus zum Postfordismus. Im Zuge dieses Übergangs verändern sich auch die weltweite Städtehierarchie sowie die Funktionen einzelner Städte innerhalb des Städtesystems. Diese Überlegung bildet einen der Ausgangspunkte der geographischen *Global City*-Debatte. Eine Kernthese der *Global City*-Forschung besagt, dass einige urbane Zentren, die nicht unbedingt zu den größten Städten zählen müssen, im Zuge der im Postfordismus stattfindenden Reorganisation ökonomischer Aktivitäten, die politischen Hauptstädte als Orte der Macht und Steuerung ablösen und zu bevorzugten Standorten weltweit agierender Konzerne und hoch spezialisierter Dienstleistungen werden. Als Zentralen der Globalisierung werden diese *Global Cities* als die neuen Verankerungspunkte der kapitalistischen Weltwirtschaft immer unabhängiger von Nationalstaaten, weil sie deren steuernde und verknüpfende, machtkonsolidierende und verwertungsintensivierende Funktionen übernehmen. Nachdem sich die frühe geographische *Global City*-Forschung stark und überwiegend quantitativ mit Kriterienfragen und Städterangfolgen beschäftigt hatte, interpretieren jüngere Arbeiten den *Global City*-Ansatz eher dahingehend, dass die Weltstädte die primären Orte für tiefgreifend qualitative Restrukturierungsprozesse darstellen. Demnach konzentrieren sich in ihnen die ganze Widersprüchlichkeit der Globalisierung sowie das paradoxe Verhältnis zwischen Globalem und Lokalem auf engstem Raum. In Anlehnung an die Fragmentierungsthese ist die neue räumliche Repräsentation dieser Metropolen durch multizentrische Strukturen gekennzeichnet. Hochgradig spektakuläre Zentren und symbolträchtige Großprojekte der ›Globalisierungsgewinner‹ grenzen sich stark ab von den ›Räumen der Verlierer‹.

Weitere bevorzugte Themen der globalisierungsorientierten geographischen Stadtforschung sind soziale Polarisierung, Segregation und Gentrifizierung. Inzwischen gewinnen auch Diskurse über globalisierte Stadträume und (Un-)Sicherheit sowie über das verschobene Verhältnis zwischen privatem und öffentlichem Raum an Bedeutung (Glasze et al. 2005). Unter dem Eindruck des globalen Wandels und der Nachhaltigkeitsdebatte rücken verstärkt auch Fragen der Vulnerabilität und Regierbarkeit von Megastädten in den Fokus des geographischen Forschungsinteresses (Kraas/Mertins 2008). Als *hot spots* der weltweiten Urbanisierung werden sie zum einen als globale Risikogebiete bewertet, zum Beispiel mit Blick auf ihren hohen Ressourcenverbrauch, Emissionen und die Folgen von Naturgefahren. Zum anderen finden sich in ihnen aber auch vielfältige innovative Milieus mit großem Nachhaltigkeitspotenzial hinsichtlich Ressourcenschutz, Lebensstile und zivilgesellschaftlicher Entfaltung sowie eine breite Palette einsetzbaren Humankapitals.

Ein weiteres Themenfeld stadtgeographischer Globalisierungsforschung beschäftigt sich mit der massiven Ausweitung informeller Strukturen und Beziehungen jenseits staatlich erfasster und regulierter Aktivitäten. In konzeptioneller Hinsicht wird Informalisierung dabei als konstituierendes Merkmal eines neuen wirtschaftlichen Paradigmas interpretiert, was sich auszeichnet durch flexible und hoch spezialisierte Organisations- und Produktionsformen und das Anwachsen ungeregelter Kapital-Arbeit-Beziehungen in den urbanen Zentren (Parnreiter 1997). Frühere Auffassungen des informellen Sektors als Auffangbecken und Teil einer vormodernen Ökonomie werden heute stark infrage gestellt. Aktuelle Diskussionen richten sich mehr auf informelle Dynamiken der Globalisierung sowie auf die Frage nach den Potenzialen der informellen Sphäre, auf Dauer ihre überlebenssichernde Funktion aufrecht zu erhalten und auszubauen.

In der interdisziplinären *Global Change*-Forschung fällt der Geographie konzeptionell eine Schlüsselrolle zu, weil sie als integrative Wissenschaft der Erde an der Nahtstelle zwischen natur- und kulturwissenschaftlicher Weltsicht steht und dezidiert sowohl die Beziehungen zwischen Mensch und Umwelt als auch den Systemzusammenhang zwischen globalisierter Welt und lokalen/regionalen Prozessen analysiert. Geographische Forschungen haben inzwischen eine Vielzahl von globalen/lokalen Spannungsfeldern und Umweltdegradationen ermittelt. Als die sechs schwerwiegendsten Umweltprobleme wurden die globale Erwärmung, Umweltwirkungen von Chemikalien (Ozonabbau, persistente organische Schadstoffe), die Gefährdung der Weltmeere, der Verlust biologischer Vielfalt und Entwaldung, Bodendegradation und Süßwasserverknappung bzw. -verschmutzung identifiziert. Aus diesen Problemfeldern leiten sich die wichtigsten Fragestellungen geographischer *Global Change*-Forschung ab. Es geht um den Zusammenhang zwischen globalem Wandel und den Grenzen des Wachstums, um die Widerstandsfähigkeit sozialökologischer Systeme gegenüber Naturrisiken und Sozialkatastrophen sowie um Klimadiskurse in Wissenschaft und Gesellschaft.

Zusammenfassung und Ausblick

In Zeiten von Globalisierung und globalen Umweltveränderungen, in denen die Wechselbeziehungen zwischen globalen und lokalen Kräften immer komplexer und das Leben jedes Einzelnen mehr und mehr von Entwicklungen in anderen Weltregionen beeinflusst wird, kommt einer gesellschaftsrelevanten Fachwissenschaft wie der Geographie eine wachsende Bedeutung zu. Sie hat die Aufgabe, die raumrelevanten Dimensionen der konfliktträchtigen gesellschaftlichen Restrukturierungen und den tiefgreifenden Wandel in den Mensch-Umweltbeziehungen theoriegeleitet auf miteinander verflochtenen Maßstabsebenen zu verfolgen, zu hinterfragen und empirisch festzuhalten. Die Multiperspektivität des Faches sowie die breit gefächerte wissenschaftliche Auseinandersetzung mit dem Themenfeld ›Umwelt und Gesellschaft‹ erweisen sich dabei als Vorteil, weil damit die immer komplexeren Problemlagen in einem weiteren Sinne verstanden werden können, als das in vielen anderen natur- und kulturwissenschaftlichen Nachbardisziplinen der Fall ist. Diese holistisch angelegte und menschenzentrierte Perspektive wird fachintern immer häufiger als Grundlage für die Erarbeitung ressourcenschonender und lokal angepasster Problemlösungsstrategien eingesetzt. Die ethisch-normative Grundorientierung vieler praxisorientierter geographischer Forschungsvorhaben mit Globalisierungsbezug hat sich der Entwicklung neuer bzw. der Fortsetzung bestehender Handlungsoptionen für sozial integrative und kollektive Projekte verschrieben. Diese Vorhaben fokussieren in der Regel auf keinen privilegierten Maßstab, sondern können gleichermaßen auf die nachhaltige Gestaltung von Nachbarschaften, Stadtregionen und internationalen Organisationen ausgerichtet sein. Im Vordergrund des Interesses der *Global Change*-Forschung steht im transdisziplinären Austausch die Erarbeitung von Handlungsstrategien zur Minimierung des menschlichen Einflusses auf das Erdsystem sowie ressourcenschonende und sozial nachhaltige Anpassungsformen an die Folgen der globalen Umweltveränderungen. Gleichzeitig besitzt die Geographie aufgrund ihrer verbindenden Brückenfunktion zwischen Natur- und Gesellschaftswissenschaften auch das Potenzial unterschiedliche Wissenssysteme und Wissenschaftssprachen einander näher zu bringen, was zunehmend im Rahmen inter- und transdisziplinärer Forschungsvorhaben genutzt wird.

Literatur

Blotevogel, Hans Heinrich: Die Globalisierung der Geographie. Eröffnungsansprache am 52. Deutschen Geographentag 1999 in Hamburg. In: Ders./Jürgen Ossenbrücke/Gerald Wood (Hg.): *Lokal verankert – weltweit vernetzt*. Tagungsbericht und wissenschaftliche Abhandlungen. Stuttgart 2000, 15–29.

Bohle, Hans-Georg: Geographische Entwicklungsforschung. In: Gebhardt/Glaser et al. 2007, 797–815.

–: Leben mit Risiko – Resilience als neues Paradigma für die Risikowelten von morgen. In: Carsten Felgentreff/Thomas Glade (Hg.): *Naturrisiken und Sozialkatastophen*. Berlin/Heidelberg 2008, 435–441.

Dittrich, Christoph: *Bangalore; Globalisierung und Überlebenssicherung in Indiens Hightech-Kapitale*. Saarbrücken 2004.

–: Umstrittener Nutzen – gravierende Folgen: Das Narmada-Staudammprojekt in Indien. In: Rüdiger Glaser/Karl-Heinz Kremb (Hg.): *Planet Erde; Band Asien*. Darmstadt 2007, 171–182.

Fukuyama, Francis: *The End of History and the Last Man*. London 1992.

Gebhardt, Hans/Glaser, Rüdiger/Radtke, Ulrich/Reuber, Paul (Hg.): *Geographie. Physische Geographie und Humangeographie*. München 2007.

Gebhardt, Hans/Reuber, Paul: Humangeographie im Spannungsfeld von Gesellschaft und Raum. In: Gebhardt/Glaser et al. 2007, 569–577.

Glasze, Georg/Pütz, Robert/Rolfes, Manfred (Hg.): *Diskurs Stadt – Kriminalität. Städtische (Un-)Sicherheiten aus Perspektive von Stadtforschung und Kritischer Kriminalgeographie*. Bielefeld 2005.

Günzel, Stephan (Hg.): *Raum. Ein interdisziplinäres Handbuch*. Stuttgart/Weimar 2010.

Harvey, David: *Justice, Nature and the Geography of Difference*. Oxford 1996.

Johnston, Ron (Hg.): *The Challenge for Geography. A Changing World, a Changing Discipline*. Oxford 1993.

Kraas, Frauke/Mertins, Günter: Megastädte in der Dritten Welt. Vulnerabilität und Regierbarkeit. In: *Geographische Rundschau* 60. Jg., 11 (2008), 4–10.

Krings, Thomas: Politische Ökologie. In: Gebhardt/Glaser et al. 2007, 949–958.

Lossau, Julia: Kulturgeographie als Perspektive. Zur Debatte um den cultural turn in der Humangeographie – eine Zwischenbilanz. In: *Berichte zur Deutschen Landeskunde* 82. Jg., 4 (2008), 317–334.

Massey, Doreen: Space-time, ›Science‹ and the Relationship between Physical Geography and Human Geography. In: *Institute of British Geographers, Transactions* 24. Jg. (1999), 261–276.

Menzel, Ulrich: *Globalisierung versus Fragmentierung*. Frankfurt a. M. 1998.

Miggelbrink, Judith: *Der gezähmte Blick. Zum Wandel des Diskurses über ›Raum‹ und ›Region‹ in humangeographischen Forschungsansätzen des ausgehenden 20. Jahrhunderts*. Leipzig 2002.

Müller-Mahn, Detlef: Ägyptische Migranten in Paris. Transnationale Migration und die Relativierung des Lokalen. In: *Geographische Rundschau* 54. Jg., 10 (2002), 40–44.

–: Die Auflösung von Norden und Süden: geographische Aspekte der Entwicklungsdebatte. In: Gebhardt/Glaser et al. 2007, 853–867.

Neidhart, Christoph: Das Ende der Geographie. In: *Weltwoche* 21.3.1996, 1.

Ossenbrügge, Jürgen: Transstaatliche, plurilokale und globale soziale Räume – Grundbegriffe zur Untersuchung transnationaler Beziehungen und Praktiken. In: Ders./Mechthild Reh (Hg.): *Transnational Social Spaces of African Societies*. Münster u. a. 2004, 37–57.

–: Globalisierung und Fragmentierung als Pole der gesellschaftlich-räumlichen Differenzierung im neuen Jahrtausend. In: Gebhardt/Glaser et al. 2007, 832–842.

Parnreiter, Christof: Die Renaissance der Ungesichertheit. Über die Ausweitung informeller Beziehungen zwischen Kapital und Arbeit im Zeitalter der Globalisierung. In: Andrea Komlosy/Ders./Irene Stacher/Susan Zimmermann (Hg.): *Ungeregelt und unterbezahlt. Der informelle Sektor in der Weltwirtschaft*. Frankfurt a. M./Wien 1997, 203–220.

Pieterse, Jan Nederveen: Globalisation as Hybridisation. In: *International Sociology* 9. Jg., 2 (1994), 161–184.

Robertson, R.: Glokalisierung: Homogenität und Heterogenität in Raum und Zeit. In: Ulrich Beck (Hg.): *Perspektiven der Weltgesellschaft*. Frankfurt a. M. 1998, 192–220.

Scholz, Fred: Die Theorie der ›fragmentierenden Entwicklung‹. In: *Geographische Rundschau* 54. Jg., 2 (2002), 6–11.

Soja, Edward: Six Discourses on the Postmetropolis. In: Sally Westwood/John Williams (Hg.): *Imagining Cities, Scripts, Signs, Memory*. London/New York 1997, 10–30.

Soyez, Dietrich: Lokal verankert – weltweit vernetzt: Transnationale Bewegungen in einer entgrenzten Welt. In: Hans Heinrich Blotevogel/Jürgen Ossenbrücke/Gerald Wood (Hg.): *Lokal verankert – weltweit vernetzt.* Stuttgart 2000, 29–46.

Touraine, Alain: Das Ende der Städte? In: *Die Zeit* 31.5.1996, 24.

Virilio, Paul: Das dritte Intervall. Ein kritischer Übergang. In: Edith Decker/Peter Weibel (Hg.): *Vom Verschwinden der Ferne. Telekommunikation und Kunst.* Köln 1990, 335–348.

Weichart, Peter: Humanökologie. In: Gebhardt/Glaser et al. 2007, 941–949.

Werlen, Benno: *Sozialgeographie alltäglicher Regionalisierungen. Bd. 2: Globalisierung, Region und Regionalisierung.* Stuttgart 1997.

Wood, Gerald: Die Postmodernisierung der Stadt. In: Gebhardt/Glaser et al. 2007, 867–876.

Christoph Dittrich

11. Gender Studies

Ein Großteil der Globalisierungsforschung befasst sich mit ökonomischen Makroprozessen, die angeblich geschlechtsneutral verlaufen. Die Geschlechterforschung kritisiert dieses Verständnis von Globalisierung. Sie macht auf strukturelle, symbolische und individuelle Geschlechterdimensionen dieses ökonomiezentrierten Globalisierungsdiskurses aufmerksam. Außerdem erweitert sie das Terrain der Globalisierungsforschung auf nicht-ökonomische Dynamiken. Denn es geht ihr primär darum, Macht- und Herrschaftsverhältnisse in Globalisierungsprozessen sichtbar zu machen.

Die Geschlechterforschung ist aus der Frauenforschung entstanden, deren zentrales Anliegen es war, Frauen in ihren Lebenszusammenhängen sichtbar und ihre Unterdrückungs-, Diskriminierungs- und Ausschluserfahrungen verstehbar zu machen. Politische Bewegungen wie der Feminismus, Antirassismus, Antiimperialismus oder die Lesben- und Schwulenbewegung haben die transdisziplinäre Wissenschaft von Anfang an mitgeprägt. Sie haben dazu beigetragen, dass aus der Frauen- eine integrale Geschlechterforschung wurde, die heute Frauen-, Männlichkeits-, Geschlechterverhältnis- und Geschlechterforschung, feministische (Wissenschafts-)kritik, *Queer* und *Postcolonial Studies* umfasst. Diese Entwicklung ist jedoch nicht als lineare Fortschrittsgeschichte zu denken, sondern als Feld der unentwegten, produktiven Bedeutungs- und Repräsentationskämpfe.

Von zentraler Bedeutung für die Ausdifferenzierung der Geschlechterforschung war und ist die Kritik des *Schwarzen-* und des *Dritte Welt-Feminismus*. Beide Strömungen problematisieren die Konzentration der Frauenforschung auf weiße Mittelklassefrauen der USA und Westeuropa. Ihre Vertreterinnen heben hervor, dass das, was unter ›Geschlecht‹ verstanden wird, historisch und kulturell variabel ist, plädieren für einen Bruch mit der Vorstellung, Frauen seien eine homogene Gruppe und votieren für eine Stärkung des Begriffs der Differenz. Denn weder seien alle Frauen weiß, noch kämen sie alle in den Genuss des Komforts der Bourgeoisie (Davis 1983, 63). Mit dem Begriff der Differenz geraten aber auch die Ähnlichkeiten und Verschränkungen unterschiedlicher Unterdrückungsformen in den Blick. Davis arbeitet beispielsweise an der Geschichte der

USA heraus, wie die gesellschaftliche Unterdrückung von Frauen, die Versklavung schwarzer Menschen und die Ausbeutung der Arbeiter systematisch miteinander verbunden waren. Unter den Stichworten der Intersektionalität, Multisektionalität und Interdependenz wird seither der konstitutive Charakter von Geschlecht, ›Rasse‹, Klasse, Sexualität und weiteren Kategorien unterstrichen.

Vertreterinnen des *Dritte Welt-Feminismus* machen zudem deutlich, dass sich nicht nur die Erfahrungen von Ungleichbehandlung, Diskriminierung und Ausgrenzung von Frauen des Südens stark von denjenigen von Frauen des Nordens unterscheiden, sondern auch die daraus resultierenden feministischen Forderungen und Theorien. Denn erstens erscheint das, was von europäischen und US-amerikanischen Aktivist/innen und Theoretiker/innen als zentrale Anliegen erachtet werden, für marginalisierte Menschen im Mittleren Osten, Südamerika, Südostasien oder Afrika häufig weniger relevant (Basu 2000). Umgekehrt werden sauberes Trinkwasser, angemessener Wohnraum oder Kolonialisierungserfahrungen – seit längerem Themen des *Dritte Welt-Feminismus* – von Feministinnen des Nordens lange Zeit als zweitrangige Anliegen behandelt. Zweitens lassen sich auch die Geschlechterkonzepte, die entwickelt wurden, um die ungleiche Geschlechterordnung des Nordens zu verstehen, nicht ohne Weiteres auf die Gesellschaftsverhältnisse des Südens übertragen. Beispielsweise trägt die Erkenntnis, dass die Diskriminierung von Frauen in westlichen Gesellschaften mit der Konstruktion einer öffentlichen, Männern vorbehaltenen, und einer privaten, für Frauen reservierten Sphäre oder der Trennung von bezahlter Lohn- und unbezahlter Reproduktionsarbeit legitimiert wurde und wird, nur bedingt dazu bei, die Gesellschaften des Südens besser zu verstehen (Hess/Lenz 2001, 17).

Vor diesem Hintergrund votiert Chandra Mohanty in ihrem bedeutenden Aufsatz »Under Western Eyes« (1991) dafür, Konzepte der Frauen- und Geschlechterforschung zu kontextualisieren sowie Analysen auf Kurzschlüsse, Reduktionen und kausale Erklärungen hin zu überprüfen (s. Kap. III.6.3). Werde die Erwerbstätigkeit von Frauen und Männern analysiert, müsse nach der ›Bedeutung gefragt werden, die den unterschiedlichen Arbeitsbereichen in unterschiedlichen geopolitischen Konstellationen zukomme. So könne zwar sowohl in den USA als auch in Südamerika eine Zunahme von Haushalten mit Frauen in der

Allein- oder Haupternährerinnenrolle statistisch nachgewiesen werden. Während diese Entwicklung für weiße Frauen der US-amerikanischen Mittelklasse eine Vergrößerung von finanzieller Unabhängigkeit und Wahlmöglichkeiten von Familienformen (z. B. lesbische Partnerschaften) bedeuten möge, habe die Anzahl von Allein- und Haupternährerinnen Lateinamerikas vor allem in den untersten Schichten zugenommen, deren Handlungsspielraum ökonomisch stark eingeschränkt sei. Doch auch in den USA könne kein einheitliches Bild gezeichnet werden: Unter den Haupternährerinnen gäbe es zahlreiche alleinerziehende, arme schwarze Frauen, denen durch ihre Erwerbstätigkeit nicht zwingend mehr Handlungsmöglichkeiten offen stünden. Vielmehr müsse in diesem Fall von einer USA-spezifischen Ethnisierung und Feminisierung erwerbstätiger Armer, sogenannter *working poor*, gesprochen werden. Mohantys Kritik zielt also auf Verallgemeinerungen der ethnozentrischen Geschlechterforschung: Auch wenn zahlreiche Gesellschaften durch eine geschlechtsspezifische Arbeitsteilung strukturiert würden, könne daraus nicht automatisch eine Abwertung von Frauenarbeit oder gar eine universale Unterdrückung der Frau abgeleitet werden.

Blinde Flecken der Globalisierungsforschung

Es ist vor allem die vom *Dritte Welt-Feminismus* inspirierte transnationale Geschlechterforschung, die eine elaborierte Kritik an der herkömmlichen Literatur über (ökonomische) Globalisierung formuliert (Grewal/Kaplan 1994). Sie moniert die Unsichtbarkeit von Geschlecht und Geschlechterforschung in herkömmlichen Globalisierungsanalysen: Entweder ignoriere die Globalisierungsforschung Geschlechterfragen gänzlich, oder aber Geschlecht werde als entkontextualisierte Analysekategorie berücksichtigt, ohne auf die Differenzen unter Frauen und unter Männern oder auf die individuelle Ebene der Erfahrungen einzugehen. Dies verleite zu pauschalen, ethnozentrischen Aussagen vom Typus ›Globalisierung bewirkt die Emanzipation von Frauen‹.

Die Geschlechterforschung benennt die Auslassungen und Vereinfachungen solcher Fortschrittserzählungen. Sie kritisiert (1) deren einseitigen Fokus auf die formelle Wirtschaft, (2) die Privilegierung der Makroebene multinationaler Konzerne, supranationaler Organisationen und Nationalstaaten, (3)

die mangelnde Verortung von Globalisierungsprozessen und (4) die Konstruktion abstrakter, eindi-
mensionaler Akteure.

1. Der Fokus der herkömmlichen Globalisierungsforschung liegt auf ökonomischen Makroprozessen
des formellen Sektors. Die Gender Studies zeigen
nun, dass eine Analyse des globalen Kapitalismus Fa-
milien- und Gemeinschaftssysteme zwingend mit
einbeziehen muss: Erstens entschieden die jeweiligen gesellschaftlich-kulturellen Vorstellungen von
Häuslichkeit und Fürsorge, Männlichkeit, Weiblichkeit und Sexualität darüber, wer wo wofür arbeite.
Zweitens würden Haushalts-, Fürsorge- und Freiwil-
ligenarbeit die formelle Ökonomie überhaupt erst
ermöglichen. Drittens trage die räumliche Restrukturierung von formellen und informellen Ökonomien – weg von gewerkschaftlich regulierten Fabriken hin zu unregulierten Fabriken, Sweatshops und
Heimarbeit in *global cities* und Regionen des Südens
– zum Florieren des globalen Kapitalismus bei.

Die Geschlechterforschung unterstreicht also sowohl die *Interdependenz* von formellen und informellen Produktionskreisläufen als auch deren konstitutive Verwobenheit mit asymmetrischen Geschlechterverhältnissen. Sie zeigt auf, dass die
Unterscheidung in formelle und informelle, bezahlte
und unbezahlte Arbeit, Produktion und Reproduktion die Diskriminierung, aber auch die Privilegierung gewisser Frauen und Männer im Norden und
Süden ermöglicht und perpetuiert (Sassen 1998).

2. Nach Massey (1994) hat sich die bisherige Globalisierungsforschung auf vermeintlich ›abstrakte‹
Maßeinheiten wie das Supranationale, das Nationale
oder auch die öffentliche Sphäre konzentriert. Welche Maßstabseinheiten die Analyse ökonomischer
Globalisierungsprozesse rahmen, unterliege jedoch
spezifischen Interessen und produziere Hierarchien,
die in der Regel entlang rassisierten, vergeschlechtlichten und klassisierten Linien verliefen. Die Ausrichtung der bisherigen Globalisierungsforschung
perpetuiere die weitverbreitete Sichtweise eines
nicht-reziproken Eindringens des globalen Kapitalismus, der sich unaufhaltsam ausbreite, verein-
nahme und nicht-kapitalistischen Ökonomien wie
beispielsweise traditionellen Wirtschaftssystemen,
›Dritte Welt‹-Ökonomien, sozialistischen oder ge-
nossenschaftlichen Systemen unweigerlich überlegen sei.

Gibson-Graham zeigt, dass die Globalisierungs-
metaphorik – ›Penetration‹, ›Invasion‹ und ›Verge-

waltigung‹ von ›jungfräulichem Territorium‹ – geschlechtlich und (hetero-)sexuell konnotiert ist
(Gibson-Graham 1996, 121). Die Analogie von Vergewaltigung und Globalisierung zementiere die Vorstellung einer Dominanz des westlichen Kapitalismus über die ›Wachstumsmärkte‹ des Südens und
trage damit zu der fast widerstandslosen Akzeptanz
des »Sachzwangs Globalisierung« bei (Hess/Lenz
2001, 10). Nach Freeman wird dieser Sachzwang
durch die stereotype Gleichsetzung der sogenannten
Dritten Welt mit dem Lokalen bestärkt (Freeman
2001): Globalisierung werde als Einbahnstraße imaginiert, die von den globalen Konzernen der Ersten
Welt in die Lokalitäten der Dritten Welt führt. Auch
werde implizit davon ausgegangen, dass sich das
Globale auf das Lokale auswirke und nicht umgekehrt. Dies verleite zudem dazu, die durch Globalisierungsprozesse produzierten Ungleichheiten im
Westen auszublenden.

Diese Kritikpunkte zielen darauf ab, die dem all-
tagsweltlichen und wissenschaftlichen Globalisierungsverständnis inhärente symbolische Geschlechterordnung sichtbar zu machen. So ist nach Freeman
(2001) die dichotome Unterteilung in globale Prozesse und lokale Auswirkungen doppelt verge-
schlechtlicht: Zum einen strukturieren geschlechtlich konnotierte, bipolare Begriffspaare wie Täter-
Opfer, Zentrum-Peripherie, aktiv-passiv oder ab-
strakt-konkret unser Verständnis von Globalisierung.
Der westliche Kapitalismus wird entweder als mas-
kuliner Täter oder als entkörperter Geist der Globalisierung imaginiert, der Süden als Opfer und Verkörperung der Globalisierung feminisiert. Zum anderen werden Maßeinheiten, die von bürgerlichen
Männern des Westens entwickelt wurden, unhinterfragt auf Länder des Südens angewendet. Massey
(1994) plädiert dafür, die jeweils gewählten Maßstäbe – Nationalität, Kulturalität, Lokalität und Staatlichkeit – in ihrer gesamten Widersprüchlichkeit und
Heterogenität zu historisieren. Erst so werde auch
deutlich, dass Raum und Maßstabseinheiten gesellschaftlich konstruiert, relational und veränderbar
seien.

3. Der Gottessicht nicht unähnlich, verleiht die
Makroperspektive der Globalisierungsforschung
den Eindruck, alles von überall her sehen zu können,
unverortet und somit unparteilich zu sein. Nun hat
jedoch – die feministische Wissenschaftskritik hat
sich tiefgründig damit auseinandergesetzt – der geo-
politische Entstehungsort von Forschung einen

grundlegenden Einfluss auf deren Erkenntnisse. Konsequenterweise ist es aus einer Geschlechterperspektive für Analysen von Globalisierungsprozessen unabdingbar, die Macht von Wissen und Wissensproduktion ernst zu nehmen, indem sie ihr Erkenntnisinteresse (geo-)politisch verorten.

Aus einer Geschlechterperspektive werden aber auch diejenigen Studien problematisiert, die Globalisierungsprozesse zwar verorten, diese jedoch ausschließlich mit der Finanzindustrie urbaner Zentren in OECD-Ländern in Verbindung bringen. Mit dieser Konzentration auf weiße Businessmänner des Nordens werden ländliche Orte des Südens als randständig, irrelevant oder als passive Empfänger finanzieller Unterstützung dargestellt. Darüber hinaus, und damit beschäftigt sich Sassen hauptsächlich, werden auch die Menschen, die die Arbeit dieser wissens- und informationsintensiven Elite ermöglichen, aus dem hegemonialen Bild von Globalisierung zum Verschwinden gebracht (Sassen 1998). So fokussiert zwar auch Sassens Forschung auf *global cities*, beleuchtet aber die Arbeit der meist ignorierten vermeintlichen ›Zudiener‹ der Globalisierung, beispielsweise der Putzteams, die die Büros der ›globalen‹ Businessmänner sauber halten. Dass ein Großteil dieser Arbeit von Frauen und Migrant/innen erledigt wird, hat nach Sassen systematischen Charakter.

Um sich von der einseitigen Vogelperspektive herkömmlicher Globalisierungsanalysen zu lösen, widmen sich einige dem konstitutiven Zusammenhang von globalen und intimen Prozessen (Mountz/Hyndman 2006). Dadurch, dass das Globale und das Intime keine direkten Gegensätze darstellen, soll vermieden werden, selber reduktionistischen Modellen aufzusitzen. Mit dieser Perspektivenverschiebung geraten nun vernachlässigte Orte wie Grenzen, Heim bzw. Haushalt und Körper in den Blick. Sie stellen Schnittstellen des Intimen und Globalen dar. Körper von Migrant/innen werden nicht nur bei der Überquerung nationalstaatlicher Grenzen überwacht, diszipliniert und normalisiert, sondern auch beim Überschreiten der Grenze zwischen öffentlicher und privater Sphäre, wenn sie als Hausangestellte die intime Pflege von Kindern und älteren Menschen in westlichen Metropolen verrichten. In diesem Zusammenhang wird häufig von erzwungener Intimität gesprochen. Das private Heim ist in der Regel ein unregulierter, ungeschützter Arbeitsort, der aufgrund fehlender Aufenthalts- bzw. Arbeitsbewilli-

gung zudem häufig ein Geheimnis bleiben muss. Aus diesem Grund sind die Körper von Hausangestellten in besonderem Maße Überwachungs- und Disziplinierungsmaßnahmen, nicht selten auch sexuellen Übergriffen, ausgesetzt. Welch bedeutsame Rolle der Geschlechtskörper für ökonomische Globalisierungsprozesse spielt, zeigt sich auch am Beispiel der Arbeitsverhältnisse von Fabrikarbeiterinnen in den zollfreien Produktionszonen im Norden Mexikos (Wright 2006). Darauf verweist bereits die Tatsache, dass vorwiegend jugendliche Frauen angestellt werden, während junge Männer der Arbeiterklasse aufgrund ihrer vermeintlichen Macho-Männlichkeit als unattraktive Arbeiter gelten. Berichte über wiederkehrende sexuelle Belästigung dieser Arbeiterinnen, der Zwang zu öffentlichen Schwangerschaftskontrollen, die fristlose Entlassung im Fall von Schwangerschaft sowie die große Zahl sexueller Gewaltverbrechen in den Freien Produktionszonen macht deutlich: Der niedrige Wert von Frauenarbeit und der mangelnde Schutz von Frauenrechten soll den Freien Produktionszonen einen Wettbewerbsvorteil garantieren. Der Geschlechterforschung geht es also nicht nur darum, Globalisierungsdiskurse mit den Intimitäten des (privaten) Alltags anzureichern. Vielmehr verweist sie auf die konstitutive Verwobenheit des Intimen und des Globalen.

4. Die herkömmliche Globalisierungsforschung stellt politische und ökonomische Institutionen häufig als Ingenieure der Globalisierung dar. Wenn von Menschen als Akteur/innen die Rede ist, dann werden sie als eindimensionale Individuen, zum Beispiel als ›globale Manager‹, ›Businessgurus‹ oder aber als ›Dritte Welt-Frau‹ konzipiert. Aus einer Geschlechterperspektive wird die Figur der ›Dritte Welt-Frau‹ in der globalisierungskritischen Literatur als quasinatürliches Opfer von Globalisierung instrumentalisiert, um die gravierenden, unvermeidbaren Auswirkungen der Globalisierung zu exemplifizieren. Diese homogene, eindimensionale Konzeption der Akteur/innen der Globalisierung blende die multiplen Differenzierungsprozesse aus, die eine Person konstituieren und ihr Verhältnis zu Produktion, Politik und Alltag prägten.

In diesem Sinne begnügt sich die Geschlechterforschung nicht damit, Akteur/innen in ihre Analysen einzubeziehen, die in herkömmlichen ökonomischen Globalisierungsstudien nicht vorkommen. Sie betont auch die komplexen Subjektivitäten dieser Akteur/innen, die kontextspezifischen Geschlechter-, Klassen-, Rassen- und Sexualitätsregimes unterworfen sind und Zugriff auf unterschiedliche Ressourcen – beispielsweise Gewerkschaften, feministische und schwul-lesbische Organisationen – haben, um mit Globalisierungsprozessen umzugehen, sie zu verändern oder gegen sie vorzugehen. In den Blick geraten somit auch Subjekte, die sich der binären Opfer-Täter-Logik der Globalisierung entziehen, beispielsweise ›Migrantinnen‹ (FeMigra 1994), *global women* (Ehrenreich/Hochschild 2004) und ›Mestizinnen‹ (Anzaldua 1987). Mestizinnen brechen das starre moderne Identitätsmodell auf, nicht zuletzt dadurch, dass sie neben nationalen und staatlichen Bezügen in neue Akkumulationsregime und Mobilitätszwänge eingebunden sind (Gutiérrez Rodríguez 1999). Auch Migrantinnen sind als politische Identität zu begreifen, die durch das Sichtbarmachen des Prozesses der Wanderung die vermeintliche Einheitlichkeit und Abgeschlossenheit nationalstaatlicher Gebilde aufbrechen und die bipolare Unterscheidung zwischen ›Eigenem‹ und ›Fremdem‹ auflösen (FeMigra 1994, 49). *Global women* sind diejenigen Migrantinnen, die entfernt von ihrem Herkunftsland in einem privaten Haushalt arbeiten und zum Teil auch darin leben (Ehrenreich/Hochschild 2004). Mit ihren Geldsendungen tragen sie maßgeblich zum Auskommen ihrer Herkunftsfamilien bei. Sie sind also einerseits an der Zirkulation von transnationalen Geld- und Kommunikationsflüssen beteiligt, andererseits an der Aufrechterhaltung fragmentierter Familienformen, die die klare Ineinssetzung von Heim und Heimat sowie die eindeutige Globalisierungsbewegung von Norden nach Süden in Frage stellen.

Die Geschlechterforschung kritisiert also die fehlende Spezifizierung und Verortung des Globalen und die Unsichtbarkeit und Anonymität derjenigen, die die globalen Prozesse antreiben. Außerdem zeigt sie die Konsequenzen einer Verabsolutierung des Kapitalismus auf: Wer den globalen Kapitalismus als uneinschränkbare, wenn auch wandelbare Größe betrachtet, der alles und alle durchdringt und vereinnahmt, selber aber von der Begrenztheit spezifischer Orte, Akteur/innen und Subjektivitäten unbetroffen bleibt, trägt dazu bei, Globalisierung als geschlechtsneutrale, ökonomische Makroprozesse festzuschreiben.

Neukonzeptionalisierung des Globalisierungsphänomens

Angesichts der blinden Flecken der Globalisierungsforschung betrachten einige Geschlechterforscherinnen den Begriff der Globalisierung als ungeeignet, um die komplexen transnationalen Verbindungen auf der individuellen, strukturellen und symbolischen Ebene in den Blick zu bekommen (Nagar et al. 2002). Dies mag auch erklären, weshalb nur selten der Versuch unternommen wird, den Begriff der Globalisierung in seinem Verhältnis zu Geschlecht und Geschlechterverhältnissen zu definieren. Doch verspricht gerade die nähere Bestimmung des Verhältnisses von Globalisierung und Geschlecht, Aufschluss darüber zu geben, weshalb *weltweiten* Zusammenhängen, insbesondere ökonomischen Beziehungen auf der supranationalen Ebene, zunehmende Bedeutung beigemessen wird (Osterhammel/Petersson 2006), die Geschlechterdimensionen in aller Regel jedoch ignoriert werden. So wird sexualisierten oder rassisierten Geschlechterbildern, die via Film, Fernsehen, Musik und Büchern weltweit zirkulieren, mit resigniertem Achselzucken begegnet. Kommunikationstechnologien wie Telefon oder Internet werden, obwohl längst geschlechtsspezifische Unterschiede in ihrer Produktion und Nutzung nachgewiesen wurden, als neutrale Botschafter des Fortschritts betrachtet und der Umstand, dass Geschlechterverhältnisse und -bilder transnationale Märkte – nicht nur die Porno-Industrie oder die Sexarbeit – grundlegend prägen, als partikuläres Problem behandelt. Nicht zuletzt spielt die Tatsache, dass Geschlecht den Bewegungsfluss von Menschen organisiert, seien dies Migrant/innen, Tourist/innen, Geschäftsleute, Personen in Fernbeziehung oder Mitglieder transnationaler Familien, oder aber auch deren Identitäten maßgeblich formt, im dominanten Globalisierungsdiskurs lediglich eine marginale Rolle.

Werden diese unterschiedlichen Geschlechterdimensionen berücksichtigt, so verändert sich auch das Verständnis von Globalisierung auf grundlegende Weise. Globalisierung muss dann als Diskurs begriffen werden, der aus einer komplexen Verbindung vergeschlechtlichter Alltagsverständnisse und Erfahrungen von Globalisierung, institutionalisierten Geschlechterpraxen von Nationalstaaten, internationalen Organisationen und supranationalen Märkten sowie geschlechtlich aufgeladenen politischen Debatten und Medienrepräsentationen von Globalisierung entsteht. Globalisierung ist somit konstitutiv mit dem bürgerlichen Geschlechterdiskurs verwoben. Dieser Geschlechterdiskurs fasst das Männliche als das Allgemeine und Neutrale, während er geschlechtsspezifische Ungleichheiten und Ausgrenzungen in aller Regel als unbedeutende Ausnahmen taxiert. Es ist diese Verschränkung, die die Neutralisierung von Geschlecht in Globalisierungsdebatten zu erklären vermag. Ein solches Verständnis von Globalisierung geht davon aus, dass das, was als geschlechtsspezifische Auswirkung einer vorangegangenen (ökonomischen) Globalisierung erscheint, maßgeblich daran beteiligt ist, Globalisierung als gesellschaftliche Realität hervorzubringen und zu formen. Vor diesem Hintergrund ist der Bedeutungszuwachs transnationaler Verflechtungen, insbesondere ökonomischer Art, durchaus ernst zu nehmen. Die ökonomischen Aspekte von Globalisierung gilt es jedoch nicht isoliert zu betrachten. Vielmehr ist nach den Geschlechterdiskursen zu fragen, die ökonomische Globalisierungsprozesse mitstrukturieren und -produzieren (Hess/Lenz 2001, 20).

Ökonomische Globalisierung und die Feminisierung von Arbeit

Die Frauen- und Geschlechterforschung, die sich mit ökonomischen Globalisierungsprozessen befasst, kann in vier Phasen unterteilt werden: In den 1970er und 1980er Jahren befasst sich vor allem die Entwicklungssoziologie mit den Geschlechterverhältnissen in Internationalisierungsprozessen, wobei das Interesse vornehmlich den Auswirkungen der ökonomischen Internationalisierung auf Frauen gilt (Boserup 1970). Studien zeigen, wie die exporttorientierte Landwirtschaft in Ländern des Südens erst durch die Hausarbeit und Subsistenzlandwirtschaft von Frauen ermöglicht wurde, die die Lohnarbeit von Männern in den meist ausländischen Unternehmen unterstützte. Maria Mies spricht in diesem Zusammenhang von einer geschlechtsspezifischen, internationalen Arbeitsteilung (1986, 2). Für sie sind Frauen nicht Opfer der ökonomischen Internationalisierung, sondern bewusst oder auch unbewusst an der Aufrechterhaltung der Geschlechter- und Gesellschaftsordnung beteiligt (ebd., 6) oder um es mit Christina Thürmer-Rohr zu sagen: Frauen sind »Mittäterinnen« (1999). Die Ausbeutung von Frauen

wird somit als Tat beider beteiligter Geschlechter begriffen.

Analysen der zweiten Phase konzentrieren sich auf die Internationalisierung der industriellen Manufaktur und Produktion und der damit einhergehenden Ver- und Auslagerung von Arbeit (Enloe 1989). Sie beziehen sich auf die These des Ökonomen Guy Standing (1989), dass die zunehmende Globalisierung der Produktion und die Flexibilisierung der Arbeiterschaft einer Feminisierung von Arbeit und Arbeitsverhältnissen Vorschub leisten werde. Standing prophezeit eine Zunahme erwerbstätiger Frauen sowie eine Verschlechterung der Arbeitsbedingungen für diese Arbeitnehmerinnen. Gemeint ist die Ablösung der bisher männlich konnotierten lebenslangen Vollbeschäftigung und existenzsichernder Löhne durch Teilzeitarbeit, Schein-Selbstständigkeiten oder Erwerbslosigkeit (Hess/ Lenz 2001, 17). Tatsächlich erledigten immer mehr Frauen die schlecht bezahlten Arbeiten dieser Welt. Gleichzeitig führten prekäre, unsichere Arbeitsbedingungen zu einer Feminisierung all derjenigen, die diese Arbeiten erledigten. Sie wurden zu unsichtbaren, ausbeutbaren und ungeschützten Arbeitskräften. Mit der Feminisierung von Arbeit wurde somit nicht nur eine personelle, sondern vor allem auch eine strukturelle und symbolische Restrukturierung des Arbeitsmarkts benannt. Der Wandel in den Produktions- und Arbeitsverhältnissen ließ auf den konstitutiven Zusammenhang der Diskriminierung von Männern der Arbeiterklasse im Norden und der Formierung einer weiblichen Arbeiterklasse im Süden schließen.

Die Forschung der ersten und zweiten Phase zeichnet das Verhältnis zwischen kapitalistischer Ausbeutung und patriarchalem Haushalt als ein komplementäres: Die Herkunftsfamilien profitierten vom Lohn der jungen Frauen und der Disziplinierung, die sie am Arbeitsplatz erfuhren, das Konzernmanagement vom niedrigen Wert der Arbeitskraft von Frauen und ihrer in patriarchalen Familienstrukturen erworbenen Fügsamkeit. In der dritten Phase wird zunehmend von eigenständigen, sich teils verschränkenden, teils widersprechenden Logiken des Patriarchats und des Kapitalismus ausgegangen. Während sich ein Großteil der Forschung weiterhin mit der Frage beschäftigt, wie asymmetrische Geschlechterverhältnisse durch die globale Neoliberalisierung hergestellt, erhalten und verändert werden, setzen sich nun einige auch mit marginalisierten Akteur/innen und mit der Art, wie diese Globalisierungsprozesse mitformen, auseinander (Sassen 1998). Nun geraten nicht mehr nur die Beziehungen *zwischen* Akteur/innen in den Blick, sondern Veränderungen in den Akteur/innen selbst rücken ins Zentrum des Erkenntnisinteresses.

Allgemeiner Konsens scheint zu diesem Zeitpunkt darüber zu bestehen, dass die Zunahme supranationaler Steuerpolitiken das patriarchale Verständnis von nationalstaatlicher Alleinherrschaft in Frage stellt, während die Bedürfnisse von Multinationalen Konzernen, Finanzmärkten und Organisationen begünstigt, ungeschützte Wirtschaftssektoren eröffnet und Menschen – insbesondere arme Frauen und Minderheiten – in prekäre Arbeitssituationen gedrängt werden. Wie Sassen hervorhebt, kann die Destabilisierung der Souveränität des Nationalstaats jedoch auch von Nichtregierungsorganisationen und transnationalen Aktivist/innen-Netzwerken – Frauengruppen und feministische Organisationen inbegriffen – genutzt werden. Sie bringen eine transnationale Bürgergesellschaft hervor und eröffnen neue Möglichkeiten der politischen Mitbestimmung für bisher marginalisierte Bevölkerungsgruppen. Neuere Migrationstudien verweisen wiederum auf die Bedeutung der von Migrantinnen aufgebauten transnationalen Beziehungsnetze, die durch die globalisierte Arbeitsmarktsituation, moderne Kommunikations- und Transporttechnologien möglich wurden. Beobachtet wird die Entwicklung neuer weiblicher Subjektivitäten fernab von unbezahlter familienzentrierter Arbeit im Haus, Heirat und Mutterschaft. Dieser neue Frauentypus erfüllt zwar die Nachfrage Multinationaler Konzerne. Auch lässt er sich zu westlichen Weiblichkeits- und Professionalitätsnormen disziplinieren. Dennoch schafft er es, das Primat des Lohns für Frauen durchzusetzen. Das Verfügen über ein eigenes Einkommen eröffnet den zumeist unverheirateten Frauen neue Möglichkeitsräume, indem sie einen Teil für Freizeitvergnügungen und auch Reisen ausgeben oder in ein eigenes Geschäft investieren (Hess/Lenz 2001, 18). Nach Freeman können sogenannte Pink Collar-Büroangestellte in der Karibik ihre Autonomie durchaus vergrößern (Freeman 2001, 1018). Auch werden sie zunehmend als aktive, selbstbestimmte (männliche) Subjekte wahrgenommen. In diesem Sinne müsste also nicht nur von einer Feminisierung der Beschäftigung, sondern auch von einer Maskulinisierung weiblicher Lebensentwürfe gesprochen werden.

Dementsprechend gilt das Interesse in einer vierten Phase auch ›neoliberalen‹ Subjektivierungs-, Normalisierungs- und Disziplinierungsprozessen, die neue, geschlechtsspezifische Zwänge und Anforderungen, aber auch Handlungsspielräume, Identifizierungen und Zugehörigkeiten schaffen. Dies wiederum zieht eine Rekonzeptionalisierung traditioneller Staats-, Identitäts- und Staatsbürgerschaftskonzepte nach sich. In post-industriellen Gesellschaften des Nordens legitimiert der ›Sachzwang Globalisierung‹ neoliberale Maßnahmen, zum Beispiel den Wandel des Wohlfahrtsstaats zu einem ›aktivierenden‹ Sozialstaat, dessen Maxime nun Chancengerechtigkeit ist (Pühl 2008, 112). Scheinbar geschlechtsneutrale Individuen werden motiviert, eigenverantwortlich ein Leben lang an sich zu arbeiten, um (arbeits-)markttauglich zu bleiben. Diese Ökonomisierung und Individualisierung ist mit veränderten Geschlechterverhältnissen, neuen Beziehungskonzepten und Lebensformen aufs engste verzahnt: Die stärker auf Wahl und Selbstverwirklichung ausgerichteten Lebensweisen, der Umstand, dass lebenslange Ehen Lebensabschnittspartnerschaften weichen, oder, dass sich zur Kernfamilie längst neue Familienkonzepte gesellt haben, hängt mit dem Abbau des sozialen Ausgleichs des Sozialstaats und dem Wissen darüber zusammen, dass insbesondere Frauen und Migrant/innen mit Zusatzarbeit zu Hause diesen Abbau kompensieren. Am eindrücklichsten zeigt sich dies am Wandel von der bereits erwähnten Versorgungs- bzw. Care-Arbeit. Was vormals in unbezahlter Arbeit von ›nationalen‹ Hausfrauen geleistet wurde, wird nun zur (schlecht-)bezahlten und ungeschützten Arbeit von Migrant/innen mit prekärem Aufenthaltsstatus. Historische Vorgängerinnen dieses Phänomens sind beispielsweise die Dienstmädchen, die im späten 19. Jahrhundert aus Europa in die USA und nach Australien auswanderten (Harzig 1997). Heute stellt die Haus- und Fürsorge-Arbeit in Privathaushalten den größten Arbeitgeber für Migrantinnen in der Europäischen Union dar (Lutz 2007). Die Ethnisierung der Care-Arbeit westlicher Gesellschaften weist auf eine neue internationale, geschlechtsspezifische Arbeitsteilung hin, wobei eine solche Formulierung häufig die zunehmende Anzahl Männer mit Migrationshintergrund, die sich in der weiblich konnotierten Care-Arbeit im Norden wiederfinden, verdeckt (Manalansan 2004).

Vor diesem Hintergrund weisen insbesondere *Queer Diaspora*-Studien darauf hin, dass die Gefühle von Verbundenheit, Zugehörigkeit und Verpflichtung nicht (mehr) einzig einem Nationalstaat gelten (Manalansan 2004). So mag sich ein homosexueller New Yorker sowohl als Philippino als auch als Amerikaner fühlen, sich gleichzeitig aber auch als Teil einer globalen schwulen Gemeinschaft betrachten. Ort, Identität und Zugehörigkeit können nicht (mehr) zwingend voneinander abgeleitet werden. Auch ist die Vorstellung des typischen Migranten, der von der Tradition in die Modernität zieht, nicht mehr haltbar. Dies legt Manalansan (2004) an der philippinischen USA-Diaspora dar: Aufgrund der kolonialen und postkolonialen Präsenz der USA sind Philippinos bereits in ihrem Herkunftsland auf intime Weise mit der mächtigeren Kultur verbunden. Es erstaunt demnach kaum, dass sich schwule Philippinos auch in New York an nordamerikanischen Normen des Schwulseins orientieren. Doch verbinden sie diese Normen auf eigenwillige Weise mit philippinischen Geschlechter- und Sexualitätsvorstellungen. Auf den Philippinen wird die homosexuelle Orientierung als wandelbare Praxis betrachtet. Der Begriff ›Bakla‹ meint sowohl Homosexualität, Intersexualität, Transvestismus als auch Effeminiertheit. Im Unterschied dazu betrachten große Teile des liberalen, ›modernen‹ Nordamerikas sexuelle Orientierung als unveränderliche Identität. Die gängige Analogie zwischen männlicher Homosexualität und femininem Aussehen und Verhalten, wie sie der Begriff ›Bakla‹ suggeriert, wird als Überbleibsel einer überholten, traditionellen Konzeption von Homosexualität gesehen. Wenn also New Yorker Bakla-Gemeinschaften sich als Teil einer *global gay community* verstehen, Schwul*sein* aber mit philippinischen Vorstellungen von wandelbarer, häufig femininer Geschlechterinszenierung verbinden, dann ist das weder als passives Übernehmen westlicher Identitätskonzepte zu lesen, noch als Festhalten an überkommenen Traditionen. Vielmehr ist der Rückgriff auf die Tradition des Herkunftslandes als Strategie zu betrachten, um die hegemoniale Kultur anzufechten und sie sich eigenwillig anzueignen.

So besehen führen neue Erkenntnisse über die Komplexität von Identität und Zugehörigkeit, Tradition und Moderne dazu, Staatsbürgerschaft nicht mehr lediglich als politischen, sondern auch als kulturellen Prozess zu verstehen. Diese kulturelle Staatsbürgerschaft beinhaltet sowohl das Erfüllen der Rechte und Pflichten eines Staatsbürgers als auch die Inszenierung und Aushandlung von Verhaltensweisen, Ideen und Bildern des ›richtigen‹ Bürgers. Migrant/innen wird in diesem Verständnis von Staatsbürgerschaft ein hohes Bewusstsein über die kulturellen Regeln von Nationalstaaten, auch was angemessene geschlechtsspezifische Verhaltensweisen anbelangt, zugesprochen.

Forschungsdesiderate

Ein derzeit boomendes Forschungsfeld sind die *Global Men's Studies* (vgl. Connell 2005). Dafür sind transnationale Studien, die systematisch beide Geschlechter in ihrer Verzahnung mit anderen Differenzkategorien berücksichtigen, immer noch Mangelware. Eine Perspektive, die konsequent beide Geschlechter einbezieht, würde beispielsweise wichtige Anhaltspunkte über den Zusammenhang zwischen der *Feminisierung von Arbeitsbedingungen* und der *Maskulinierung weiblicher Lebensentwürfe* eines Großteils der Weltbevölkerung und der sich herausbildenden globalen Business-Männlichkeit geben.

Literatur

Anzaldua, Gloria: *Borderlands/La Frontera: The New Mestiza*. San Francisco 1987.

Basu, Amrita: Globalisation of the Local/Localisation of the Global. Mapping Transnational Women's Movements. In: *Meridians: Feminism, Race, Transnationalism* 1. Jg., 1 (2000), 68–84.

Boserup, Ester: *Woman's Role in Economic Development*. London 1970.

Connell, Robert W.: Globalization, Imperialism, and Masculinities. In: Michael Kimmel/Jeff Hearn/Ders. (Hg.): *Handbook of Studies on Men and Masculinities*. London 2005, 71–89.

Davis, Angela Y.: *Women, Race and Class*. New York ²1983.

Ehrenreich, Barbara/Hochschild, Arlie: *Global Woman: Nannies, Maids and Sex Workers in the New Economy*. New York 2004.

Enloe, Cynthia: *Bananas, Beaches and Bases: Making Feminist Sense of International Politics*. London 1989.

FeMigra: Wir, die Seiltänzerinnen. In: Cornelia Eichhorn/Sabine Grimm (Hg.): *Gender Killer. Texte zu Feminismus und Politik*. Berlin/Amsterdam 1994, 49–63.

Freeman, Carla: Is Local: Global as Feminine: Masculine? Rethinking the Gender of Globalisation. In: *Signs: Journal of Women and Culture and Society* 26. Jg., 4 (2001), 1007–1037.

Gibson-Graham, J.K.: *The End of Capitalism (as We Knew it). A Feminist Critique of Political Economy.* Cambridge, MA 1996.

Grewal, Inderpal/Kaplan, Caren: *Scattered Hegemonies: Postmodernity and Transnational Feminist Practices.* Minneapolis 1994.

Gutiérrez Rodríguez, Encarnación: *Intellektuelle Migrantinnen – Subjektivitäten im Zeitalter von Globalisierung. Eine postkoloniale dekonstruktive Analyse von Biographien im Spannungsverhältnis von Ethnisierung und Vergeschlechtlichung.* Opladen 1999.

Harzig, Christiane et al. (Hg.): *Peasant Maids, City Women: From the European Countryside to Urban America.* Ithaka/London 1997.

Hess, Sabine/Lenz, Ramona: Kulturelle Globalisierung und Geschlecht – ein Buchprojekt. In: Dies. (Hg.): *Geschlecht und Globalisierung. Ein kulturwissenschaftlicher Streifzug durch transnationale Räume.* Königstein i.Ts. 2001, 10–33.

Lutz, Helma: *Vom Weltmarkt in den Privathaushalt. Die neuen Dienstmädchen im Zeitalter der Globalisierung.* London 2007.

Manalansan, Martin: *Global Divas. Filipino Gay Men in the Diaspora.* Durham, NC 2004.

Massey, Dorin: *Space, Place and Gender.* Minneapolis 1994.

Mies, Maria: *Patriarchy and Accumulation on a World Scale: Women in the International Division of Labour.* London 1986.

Mohanty, Chandra Talpade: Under Western Eyes: Feminist Scholarship and Colonial Discourses. In: Dies./Ann Russo/Lourdes Torres (Hg.): *Third World Women and the Politics of Feminism.* Bloomington, IN 1991, 51–80.

Mountz, Alison/Hyndman, Jennifer: Feminist Approaches to the Global Intimate. In: *Women's Studies Quarterly* 34. Jg., 1–2 (2006), 446–463.

Nagar, Richa et al.: Locating Globalization: Feminist (Re-) readings of the Subjects and Spaces of Globalization. In: *Economic Geography* 78. Jg., 3 (2002), 257–284.

Pühl, Katharina: Zur Ent-Sicherung von Geschlechterverhältnissen, Wohlfahrtsstaat und Sozialpolitik. Gouvernementalität der Entgarantisierung und Prekarisierung. In: Patricia Purtschert/Kathrin Meyer/Yves Winter (Hg.): *Gouvernementalität und Sicherheit. Zeitdiagnostische Beiträge im Anschluss an Foucault.* Bielefeld 2008, 103–126.

Osterhammel, Jürgen/Petersson, Niels P.: *Geschichte der Globalisierung: Dimensionen, Prozesse, Epochen.* München 2006.

Sassen, Saskia: *Globalization and its Discontents.* New York 1998.

Standing, Guy: Global Feminization through Flexible Labor. In: *World Development* 17. Jg., 7 (1989), 1077–1095.

Thürmer-Rohr, Christina: *Vagabundinnen – Feministische Essays.* Frankfurt a.M. 1999.

Wright, Melissa W.: *Disposable Women and Other Myths of Global Capitalism.* New York/London 2006.

Dominique Grisard

12. Ethnologie

Relevanz der Globalisierungsfrage für die Ethnologie

Unter ›Globalisierung‹ wird im Folgenden mit Erhard Schüttpelz die »weltweite Mobilisierung von Personen, Zeichen und Dingen« verstanden, die sich in der Menschheitsgeschichte in fünf jeweils unterschiedlich langen Zeitschichten oder Schüben verdichtet (Schüttpelz 2009, 340), zu deren Erforschung die verschiedenen Ausrichtungen und Subdisziplinen der Ethnologie beitragen:

1. Die weltweite Ausbreitung der Menschheit ›out of Africa‹, zu deren Rekonstruktion die in diesem Artikel nicht weiter thematisierten, in den USA aber zur *Anthropology* gezählten Disziplinen Physische Anthropologie und Archäologie beitragen. Für die vornehmlich an kulturellen und sozialen Fragen der Gegenwart und jüngeren Vergangenheit interessierte Ethnologie ergeben sich hieraus vielfältige Debatten um anthropologische Konstanten und das allen Menschen gemeinsame Erbe.

2. Das Entstehen von ›Teilweltsystemen‹ oder ›Ökumenen‹ unterschiedlichster Art (z.B. Seidenstraße, Hellenismus, Römisches Reich, eurasiatische Expansion von Reiternomaden, Chinesisches Reich) bis 1500: Diese Teilweltsysteme machten weite Reisen in entfernte Gebiete der Welt überhaupt erst möglich. Aus diesem langen Zeitraum stammen die ersten Berichte von Reisenden, die zu den Vorläufern der modernen Ethnologie gezählt werden (Herodot, Marco Polo, Wilhelm v. Rubruk u.a.).

3. Die ›europäische Globalisierung‹ mit der Etablierung eines weltweiten Viereckhandels zwischen Europa, Asien, Amerika und Afrika. In diesem Zusammenhang entstehen erste Werke, in denen Kultur und Kulturvergleich thematisiert werden (Joseph-François Lafitau, Lewis Henry Morgan, Edward Burnett Tylor).

4. Die Epoche des Imperialismus insbesondere zwischen 1880 und dem Ersten Weltkrieg: In diesem Zeitraum entwickeln sich wissenschaftlich fundierte Kulturtheorien, die ethnographische Methode und die akademische Verankerung der Ethnologie. Auf der Suche nach dem Anderen, nicht-Modernen an den Rändern des globalen Kolonialsystems in Ozeanien, Afrika und Amerika entstand in der deutsch-amerikanischen Fachtradition unter dem maßgebli-

chen Einfluss von Franz Boas der Fokus auf Kultur. In der Tradition des britischen Empirizismus erarbeiteten Ethnologen seit Bronislaw Malinowski und Alfred Reginald Radcliffe-Brown induktiv aus detailreichem Material klassische Monographien fremder, holistisch, d.h. funktional und strukturell integrierter Lebensweisen, in denen Verwandtschaft, Wirtschaft und Religion keine voneinander getrennt zu denkenden gesellschaftlichen Bereiche darstellen, sondern durch verbindende Prinzipien des Tauschs geregelt sind. Diese Lebensweisen wurden in den über sie veröffentlichten Monographien als Kulturen oder Gesellschaften (im Plural!) voneinander sowie von der Kultur des/der Forschenden abgegrenzt. Damit einher ging eine implizite Reifizierung der Trennung zwischen *modernen* und *nichtmodernen* Gesellschaften, die je nach Fachperspektive auch als Trennung von literalen und oralen Kulturen, von industriellen und Subsistenzökonomien u.a.m. erscheint. Als Gegenbewegung hierzu können die marxistisch beeinflussten Arbeiten von Sidney Mintz, Michael Taussig und Eric Wolf gesehen werden, die heute neben ihrer eigenständigen Rezeption auch als wichtigste Wegbereiter der späteren Ethnologie der Globalisierung gesehen werden. Sie erarbeiteten in den 1980er Jahren brillante und komplexe Analysen der globalen politischen Ökonomie von Kultur im Zeitalter der europäischen Globalisierung und des Imperialismus, deren Verflechtungen die Kontinente und Jahrhunderte überspannen.

5. Der gegenwärtige Globalisierungsschub ab Ende der 1980er Jahre: Mit dem Zusammenbruch des Kolonialismus und dem Aufschwung der USA zur globalen Supermacht im Kalten Krieg waren in der Ethnologie deutliche Gewichtungsverschiebungen zugunsten der amerikanischen Fachtradition einhergegangen, und innerhalb dieser Tradition wiederum verschob sich das Gewicht im Verlauf der *Writing Culture*-Debatte zugunsten symbolischer, hermeneutischer und sprachwissenschaftlicher Ansätze.

Wie in anderen Fächern auch tauchte in der Ethnologie die Frage auf, ob die gegenwärtige Globalisierung etwas grundsätzlich Neues darstellt. Die zumeist vorranging an sozialen und politischen Fragen interessierten Globalisierungskritiker in der Ethnologie bezeichnen diese neue Phase eher als Kapitalismus in der *neoliberalen Ära*. Andere weisen auf die lange Geschichte transregionaler Zirkulationssphären, z.B. im Pazifik oder im Indischen Ozean hin, die

Behauptungen von der Niedagewesenheit heutiger globaler Verbindungen relativieren. Übereinstimmung herrscht allgemein darüber, dass sich die gegenwärtige Phase, trotz ihrer vielfältigen Wiederauflagen von Eigenarten der älteren Weltsysteme (Schüttpelz 2009), durch einige neuartige Besonderheiten charakterisieren lässt, die für die traditionellen Prämissen und Methoden der Ethnologie eine echte Herausforderung darstellen: Der Zusammenbruch des Sozialismus und das Ende des Kalten Krieges schufen die Voraussetzungen für einen deregulierten globalen Wirtschaftsraum; die digitale Revolution und das Internet beschleunigten Kommunikation und Vernetzung; und eine neue Form von Interessenkonflikt (*identity politics*) begann nach dem Ende der Systemkonfrontation den politischen Diskurs weltweit zu dominieren (Eriksen 2007, 3–4).

Die Ethnologie als ›Wissenschaft vom kulturell Fremden‹ erkundet seit der Mitte des 19. Jahrhunderts die außereuropäische Welt im Fahrwasser der europäischen Expansion, d. h. sie ist wie kaum eine andere Wissenschaft zugleich Phänomen der Globalisierung, Mittel zu ihrer Erforschung und Medium ihrer Kritik. Die Ethnologie als im doppelten Wortsinn ›blinder‹ Passagier des Kolonialismus befindet sich dabei aber seit ihren frühesten Anfängen in einer schwierigen Doppelrolle. Als Nutznießerin dieser weltweiten Ausbreitungsbewegungen ist sie zugleich auch Zeugin der damit einhergehenden Modernisierungs- und Standardisierungsprozesse, die ihren traditionellen Wissensschatz und ihre singuläre Erfahrung der ethnographischen Feldforschung an der Grenze zwischen Moderne und Nichtmoderne gefährden. Ihre Selbstkonstruktion beruht auf dem Auftrag eines Kulturheroen, die eigene Gesellschaft durch das auf Reisen in fremde Welten gewonnene Wissen zu erneuern: »daß die anderen Gesellschaften über Lebens- und Kunstformen, Weltbilder und Erfahrungsweisen verfügen, *die wir* [Modernen] *nicht hätten erfinden können*« (Kramer 1981, 8; Hervorh. im Original), ist eine simple, aber das Selbstverständnis der Moderne – omnipotent und ubiquitär weil unendlich erfinderisch – immer wieder erschütternde Botschaft. Wo diese Unterschiede eingeebnet werden, ist der Auftrag der Ethnologie gefährdet; daher rührt die ihr eingeschriebene »Angst vor einem Verlust [ihres] Gegenstandes« (Kohl 2000, 171), die immer wieder auch von Globalisierungsphänomenen mobilisiert wird (vgl. auch Hauser-Schäublin/Braukämper 2002). Hierbei

geht es vor allem um drei Komplexe: erstens die Auflösung der von der Ethnologie kartographierten kulturellen Grenzen, zweitens die Auflösung der durch Verwandtschaft und direkte Interaktion, z. B. im Ritual, bestimmten Untersuchungseinheit der Ethnologie, und drittens um Technologie (im weitesten Sinne) als Agent dieser Veränderungen.

Die ethnologischen Forschungen der letzten 20 Jahre haben jedoch gezeigt, dass die Ethnologie gerade in jenen Feldern, die ihren traditionellen Auftrag zu gefährden scheinen, die interessantesten Entdeckungen macht und die fruchtbarsten Auseinandersetzungen führen kann. Seit Beginn der 1990er Jahre ist daher eine schier unüberschaubare Anzahl vielfältigster Themen rund um Globalisierung bearbeitet worden. Einschlägige Datenbanken listen für die Jahre 1985 bis 2010 ca. 2500 Beiträge zur Ethnologie der Globalisierung auf. Eine Schwierigkeit bei der Eingrenzung von Namen, Themen und Tendenzen liegt darin, dass die Ethnologie sich in dieser Zeit massiv mit benachbarten Disziplinen auseinanderzusetzen begann, so dass einige ihrer disziplinären Charakteristika unscharf wurden, während sich gleichzeitig die Spaltung zwischen szientistischen, sozialwissenschaftlichen und symbolisch-hermeneutischen Ansätzen vertiefte. Der Austausch mit den Literaturwissenschaften sowie die Rezeption der Cultural Studies äußerte sich u. a. in der Wahl ähnlich gelagerter Forschungsfelder und in der interdisziplinären Zirkulation neuer Begrifflichkeiten, wie vor allem *Kreolisierung* und *Hybridität*.

Die Auflösung kultureller Grenzen zwischen Moderne und Nicht-Moderne in der Globalisierung – Kreolisierung und Hybridität

Kulturelle Grenzen, soziale Klassifikationen und gestochen scharfe Genredefinitionen gehörten über einhundert Jahre lang zum Kerngeschäft der Ethnologie und ihr verwandter Fächer wie Soziologie und Volkskunde (Kapchan/Strong 1999, 244). Kulturelle Entwicklungen, die diese Schemata unterliefen, wurden von einzelnen Forschern schon früh thematisiert, doch nicht in der Breite des Faches. So kam in den 1970er Jahren aus der Linguistik erstmals der Begriff der *creolization* als Bezeichnung für kulturelle Mixturen vornehmlich sprachlicher Art in die amerikanische Ethnologie (Dell Hymes). Der Boas-

Schüler Melville Herskovits, der bei Afroamerika-
nern forschte, wandte um die gleiche Zeit erstmals
den Begriff des *syncretism* auf religiöse Formen wie
Vodou an, die afrikanische und amerikanisch-christ-
liche Elemente miteinander kombinieren. Popularisiert wurde *creolization* als Zustandsbeschreibung
der Welt im Zeitalter der gegenwärtigen Globalisierung jedoch erst durch den einflussreichen schwedi-
schen Stadtethnologen Ulf Hannerz, der ihn erstmals in seinem Aufsatz über die neue Kultur postkolonialer Staaten in Afrika am Beispiel Nigerias
erprobte. Hannerz nimmt zum Ausgangspunkt seine
Verwunderung über einen offensichtlichen Widerspruch zwischen beobachtbarer Realität und den
von Ethnologen aufgegriffenen Themen:»Contemporary Nigerian culture […] is of a kind that practi-
cally every anthropologist […] is acquainted with.
Most of us, on the other hand, seem to choose not to
write about it […]. Or at least not in cultural terms.«
(Hannerz 1987, 546 f.)

Damit diese neuen Kulturen mit ihren vielfältigen
Mixturen und Amalgamierungen einheimischer und
importierter Elemente als Thema kulturtheoreti-
scher Erörterungen den ihr zustehenden Platz einnehmen konnten, musste wahrscheinlich erst eine
andere kulturelle Grenze eingerissen werden: die
zwischen Ethnologe und Informant. Entscheidende
Impulse hierfür erhielt das Fach aus der politischen
Kritik des Feminismus und der späteren Gender-
Debatte, sowie vonseiten der Beforschten selbst, deren postkoloniale Eliten im Zuge ihrer eigenen politischen Emanzipation auch die Repräsentationsstra-
tegien der Ethnologie zu hinterfragen begannen und
damit mehr oder weniger direkt auslösten, was später die ›Krise der ethnographischen Repräsentation‹
genannt wurde.

Im Zuge dieser rigorosen Selbstkritik wurde die
Rezeption des französischen Poststrukturalismus,
von Antonio Gramsci und der Frankfurter Schule
möglich. Sie verlief zuerst hauptsächlich über die
amerikanische Ethnologie, von wo aus sie in die verschiedenen europäischen Nationalethnologien re-
importiert wurde. Damit gelangten weitere, neue
Begrifflichkeiten wie Diskurs, Macht, Hegemonie,
Öffentlichkeit, Habitus und Differenz in den Werk-
zeugkasten der Ethnologie. Zwischen 1989 und 1991
gelang dem Fach unter dem Eindruck des Mauerfalls
und der Beendigung der Systemkonfrontation die
Öffnung zur allgemeinen Globalisierungsdebatte in
den Sozial- und Kulturwissenschaften (Featherstone

1990). Nach der tiefgreifenden epistemischen Verunsicherung im Zusammenhang mit der *Writing
Culture-Debatte* wiesen Globalization Studies unter
dem Stichwort ›production of locality‹ (Appadurai
1996; 2000) der Ethnologie einen gangbaren Weg aus
der literaturwissenschaftlichen Selbstkritik zurück
in die ethnographische Feldforschung. Als Ergebnis
dieser fruchtbaren Auseinandersetzungen, die im
Fach durchaus als existenzbedrohende Krise verhandelt wurden, unterzog man Fachgeschichte, Methode
und den Kulturbegriff einer fundamentalen Neube-
wertung, die das Fach vor anderen auszeichnet. Die
Forschungspartner der Ethnologie vor Ort werden
seither viel stärker als eigenständige Akteure gesehen, deren Agency und Kreativität sie zu lokalen Ge-
genspielern und auch Nutznießern bestimmter Globalisierungstendenzen macht. Damit verlagerte das
Fach aber die Aufgabe der (Selbst-)Verortung zurück
auf die Schultern der Informanten, so die Kritik von
Mazzarella (2004).

Der Begriff, der sich schließlich als Bezeichnung
für kulturelle Mischphänomene durchsetzen konnte,
ist ›Hybridität‹ (Weißköppel 2005). Die gemischte,
d. h. interdisziplinäre Herkunft des Begriffes, der immer auch Diskurse um Reinheit und Authentizität
evoziert, hat viel Anlass zu Kritik gegeben; manche
plädieren dafür, ihn vollständig abzuschaffen. Dies
scheint insbesondere angesichts seiner Adaption in
den populären Sprachgebrauch (Hybridmotoren
u.Ä.) nicht mehr realistisch. Seit der Mitte des 19.
Jahrhunderts vor allem in der physischen Anthropologie und Rassenkunde im Gebrauch, taucht er in
seiner heute geläufigen Bedeutung zum ersten Mal
in der Chicagoer Stadtsoziologie auf. In der Ethnologie erscheint er erstmals 1941 außerhalb von physio-
logischen Diskursen in einem Artikel über »Native
Songs of Two Hybrid Ceremonies among the American Indians« von Frances Densmore. Bis in die frühen 1980er Jahre wird er sowohl von Kulturanthro-
pologen als auch von Physischen Anthropologen
verwendet, die in Grenzregionen forschen, vor allem
in der Karibik und Lateinamerika. Popularisiert
wurde er in den Kultur- und Sozialwissenschaften
vor allem durch Nestor García Canclinis Studie der
lateinamerikanischen Moderne als *culturas híbridas*
(García Canclini 1989): *Modernidad* ist der hybride
Effekt von vier komplexen Prozessen (Emanzipation,
Expansion, Erneuerung und Demokratisierung).
Diese verlaufen immer konflikthaft. In Lateinamerika bestehen die Brüche zwischen einem überbor-

denden ideologischen Modernismus, einer mangelhaft entwickelten infrastrukturellen Modernisierung und dem Ausschluss aller nicht der Elite zugehörigen gesellschaftlichen Gruppen von den Benefits der Marktexpansion und Demokratisierung. Hybridität ist für García Canclini nicht gleichzusetzen mit einem bloß als lokale Besonderheit konstatierten synkretistischen Befund. Vielmehr verläuft Hybridisierung in zwei Prozessen, als Fragmentierung und als *mestizaje*, die jeweils durch Machtkämpfe charakterisiert sind und in der Herstellung neuer Ungleichheiten kulminieren, wie er am Beispiel der nationalen Folklorisierung handwerklicher Kunst darlegt. Das folkloristische Kunsthandwerk ist ein Hybrid, nicht weil es aus zwei authentischen Kulturtraditionen eine dritte, unechte oder gemischte herstellt, sondern weil sich in ihm die Verknüpfung lokaler und globaler Machtkonstellationen offenbart.

Für Bruno Latour (1991) sind Hybride Mixturen aus Natur und Kultur, die die verschiedenen Domänen wissenschaftlicher Erkenntnis überschneiden. So sind das Aids-Virus und das Ozonloch komplexe Netzwerke, die nicht durch eines der drei Standardverfahren der Wissenschaft (*naturalization, socialization, deconstruction*) zu erfassen sind: »tidy compartments where you will find only science, only economy, only social phenomena […]« (Latour 1991, 2). Als Gegenmodell zur wissenschaftlichen Kompartmentalisierung dient ihm die holistische Auffassung der klassischen Ethnologie mit ihren netzwerkartigen Gegenständen, die exakt so aussehen wie die »sociotechnical embroglios that we outline when we pursue microbes, missiles or fuel cells in our own Western societies« (ebd., 7). Doch erst eine Ethnologie, die sich traut, die Proliferation der Hybride *und* die beständige Reinigungsarbeit der Moderne gleichzeitig in Blick zu nehmen, entkommt der Moderne und der Krise der modernen Kritik angesichts der menschheitsgefährdenden Probleme der Globalisierung, so Latour (vgl. auch Krauss 2006).

Vom ›Stamm‹ zur *imagined community*? Die Auflösung und Veränderung ethnologischer Forschungsfelder in der Globalisierung

Im subjektiven Empfinden vieler ist die Erde seit 1989 ein gefährlicherer Ort geworden. Im Zeitalter der sog. *new wars* (Reyna 2009) wagen junge Forscherinnen und Forscher sich nicht mehr so einfach nach Zentralasien oder Südamerika wie noch vor dreißig Jahren. Zugleich aber ist das breite Interesse an fremden Kulturen im selben Zeitraum exponentiell gewachsen. Die Ethnologie hat sich vom Orchideenfach zu einer auch öffentlich als relevant wahrgenommenen Kulturwissenschaft gemausert. Das liegt, neben Faktoren wie Forschungsfinanzierung etc., vor allem an der Tatsache, dass der durch globale Migration, Tourismus und Medien beeinflusste Alltag der meisten Menschen sehr viel mehr fremdkulturelle Erfahrungen bereithält als früher. Diesen Entwicklungen gerecht zu werden, erfordert von der Ethnologie eine tiefgreifende Revision ihrer Rolle nicht nur vor Ort, in Kontakt mit den Beforschten, sondern auch daheim, in ihrer Herkunftsgesellschaft, ein Prozess, der in verschiedenen Ländern unterschiedlich verläuft und noch keineswegs abgeschlossen ist. Ethnologische Museen beispielsweise, einst stille, für das gehobene Bürgertum reservierte Bildungsinseln am Rande der akademischen Debatte, sehen sich in den vergangenen Jahren zunehmend an den Fronten der Kulturpolitik globaler Metropolen tätig, wie die öffentlichen Diskurse um das Musée Quai Branly (Paris) und das Museum of the American Indian (Washington, DC) zeigen: In der multikulturellen Gesellschaft sei der Auftrag, Probleme kultureller Vielfalt in fundierter und zugleich konstruktiver Weise anzugehen, »entscheidend für das Schicksal der Welt«, wie der Wiener Museumsdirektor Christian Feest auf einer Tagung formulierte. Dabei geraten die beiden Aufträge, ›fundiert‹ und zugleich ›konstruktiv‹, d. h. den lösungsorientierten Erwartungen der beteiligten politischen Interessen gemäß, Aussagen über den Umgang mit kultureller Vielfalt zu machen, oft genug in Konflikt miteinander, wie sich am Beispiel der von Politik und Institutionen häufig immer noch ignorierten ethnologischen Migrationsforschung unschwer zeigen ließe.

Neue Felder ethnologischer Forschung in der Globalisierung

Das Weltsystem: Um Globalisierung wahrnehmen zu können, musste das Fach zuerst über den Tellerrand synchron angelegter Lokalstudien hinauszuschauen lernen und die Verflechtung seiner Forschungsfelder in globale Systeme begreifen. Bis Anfang der 1990er Jahre wurden Globalisierungsphänomene vor allem unter den Stichwörtern *complex society* (vor allem

Stadtethnologie sowie die Forschungen in der Nachfolge der Manchester-Schule über *peasant societies* und *Wanderarbeiter*) und *world system* behandelt. Themen waren dabei vor allem wirtschaftsethnologischer Art, es ging um Entwicklung, Unterentwicklung, Beziehungen zwischen Metropolis und Satellitenregionen und verschiedene Formen von Dependenz (Nash 1981).

Kennzeichnend für die Debatte in der Ethnologie war dabei weniger die Auseinandersetzung mit Modellen als vielmehr Fragen nach dem Einfluss globaler Prozesse auf die von Ethnologen erforschten lokalen Gesellschaften, ihre Ökonomien und sozialen Systeme. Kritik wurde an der Tendenz der Weltsystemtheorie geübt, regionale kulturelle oder historische Variationen zu ignorieren und somit die Bevölkerungen der ›Peripherie‹ als auf eine passive Rolle reduzierte Opfer zu betrachten – und damit gerade zu jener Vereinheitlichung beizutragen, die durch die Weltsystemtheorie eigentlich entlarvt werden sollte (Sahlins 1988). Auch spielte in dieser Forschung Kultur als Symbolsystem, als Bedeutungsstruktur, mit der Menschen der Welt und ihrem Handeln Sinn geben, kaum eine Rolle. Ulf Hannerz kritisierte, die Ethnologie setze sich zwar mit den Phänomenen einer komplexen Welt auseinander, entwicke aber selber zu wenig Modelle für makroethnologische Analysen komplexer Gesellschaften. In *Cultural Complexity* schlägt er deswegen vier *frameworks* vor, um die Grundfrage der Ethnologie – den paradoxen Aggregatzustand von Kultur als Fluss (*river* oder *flow*) von Bedeutungen, der uns zugleich als feste Form und unaufhörliche Bewegung erscheint – zu untersuchen (Hannerz 1992, 4).

›-scapes‹ *und Phantasieräume:* Wo Hannerz sich noch im Referenzrahmen der Weltsystemtheorie bewegte, vollzog Arjun Appadurai einen vollständigen Bruch: Die charakteristisch neue Situation der Globalisierung bestehe gerade im Wegfallen alter Center-Peripherie-Dualitäten. Stattdessen gelte es, eine globale Welt in ihren verschiedenen Flow-Sphären zu untersuchen, von denen er insgesamt fünf vorschlägt: *ethnoscapes* (»the moving landscape of people«), *mediascapes* (»the distribution of electronic capabilities to disseminate information«), *technoscapes* (»the global configuration of technology«), *financescapes* (»the disposition of global capital«) und *ideoscapes* (»Enlightenment world view«). Appadurai ist mit diesem Modell einer der einflussreichsten

Theoretiker jener Ethnologie, die Globalisierung in ihren vielfältigen neuen, technisch erzeugten Phantasieräumen, wie z.B. Internet, Second Life, Computerspiele etc., untersucht (Appadurai 1996).

Grenzen: Der Grenztopos als »Familiensilber der Disziplin« (Michi Knecht, in Haller 2001, 1) und »Standort der Ethnologie« (Feest 1997) war mit dem Paradigmenwechsel der späten 1980er Jahre nicht erledigt. Ganz im Gegenteil wurde das Thema ›Grenze‹ nach 1989 in der Ethnologie revitalisiert, als mit dem Mauerfall die Vorläufigkeit selbst einer der massivsten Grenzen des 20. Jahrhunderts deutlich wurde. In der Folge entstand nicht nur eine völlig neue ›regionale‹ Subdisziplin der Ethnologie, die ethnologischen *post-socialism studies* (Hann 2002). Auch die Erforschung von Staaten und Nationalismus sowie von Grenzen selbst, insbesondere Staatsgrenzen, bis dahin eher selten Gegenstand der ethnologischen Forschung, eröffnete der ethnographischen Erkundung neue, vornehmlich durch Grenzdiskurse geschaffene Räume wie z.B. die Europäische Union. Die Forschung über Grenzen und Grenzziehungen als anthropologische Konstante ist auch dazu geeignet, die der Globalisierungsdebatte eingeschriebene Metanarration der Vereinheitlichung zu unterminieren, der, so Dieter Haller, »die Ethnologie im Fleisch steckt wie ein Stachel« (Haller 2001, 1).

Mobile Subjekte. Identity und cultural imagination: Woher das starke Interesse der Ethnologie an *identity*-Fragestellungen stammt, darüber herrschen unterschiedliche Ansichten. Globalisierungskritiker in der Ethnologie sehen in *identity politics* hauptsächlich politische Strategien im Zusammenhang mit neuen sozialen Bewegungen in der neoliberalen Ära. Manche interpretieren die Konjunktur von *identity*-bezogener Forschung auch als das Eingeständnis eines politischen Bankrotts: »[It] is in part a reaction to failures of liberal integration; in part a consequence of the state-sponsored destruction of the left; and in part a challenge to apologists of inequality who attribute the cause of increasing poverty to the culture of African Americans […].« (Mullings 1994, 189) *Identity*-Forschung hält dagegen, die Dislokation von Kultur, d.h. die Auflösung des Isomorphismus von Kultur, Territorium und Staat (Gupta/Ferguson 1992) habe in der ethnologischen Forschung seit den 1990er Jahren vollkommen zu Recht zu einem stark anwachsenden Interesse an *identity* geführt. Es ist allerdings interessant, welch deutlichen Bedeutungswandel der Begriff in den vergangenen zwanzig Jahren durchmachte. Seit der *Writing Culture*-Debatte wurde die Vorstellung von ›Kultur‹ als überindividuell fixierbarer Grammatik oder Struktur, die durch eine wie auch immer geartete individuelle Identität komplementär ergänzt werden müsse, fallen gelassen zugunsten eines neuen Konstrukts: *Kulturelle Identität* ist demnach weder Kultur noch Individuum, sondern ein Hybrid, das als ein »fortwährende[r] Prozess multipler, widersprüchlicher und veränderbarer Identifikationen und Abgrenzungen« (Lauser 2004, 21) konzeptualisiert wird. Dieses Hybrid muss »multi-sited« (Marcus 1995) und diskurszentriert erforscht werden. Kultur ist keine überindividuelle Grammatik, sondern ein »›unendliches Gespräch‹, in dem kulturelle Bedeutung durch vielfältige Prozesse des Redens – und Sprechakte sind kulturelle Handlungen und Interaktionen – hervorgebracht wird« (Lauser 2004, 22; vgl. auch Hall/du Gay 1996).

Weiterhin ist durch diese Entwicklungen ein starkes Forschungsinteresse an der Konstitution von Raum (Augé 1992), Zirkulation (Hüwelmeier 2010) und an Migration zu verzeichnen. Neuerdings entsteht hier auch eine Ethnologie der Mobilität, in der es insbesondere um die Bewegungsprinzipien neuer Mittelklassen, z. B. in der Karibik oder in Vietnam, geht. In der ethnologischen Migrationsforschung geht es entgegen den früheren ökonomisch determinierten, an Modernisierungstheorien, Assimilation oder dem politischen Auftrag der Integration orientierten Modellen um die spezifischen Erfahrungswelten von Migranten, Flüchtlingen und Expatriates (Bräunlein/Lauser 1997) und um die vielfältigen Formen von Diaspora (Kokot 2004). Gerade weil unter den Bedingungen der Globalisierung Staat, Kultur und Gesellschaft nicht länger deckungsgleich gedacht werden können, wird Kultur vielfach instrumentalisiert und reifiziert. Sie wird einerseits im Rahmen von nationalstaatlichen Kulturtechniken zum entpersonalisierten Wissen, das institutionell gespeichert, verwaltet und für nationale Folklorisierungen aufbereitet wird; andererseits greifen Angehörige verschiedener Arten imaginierter Gemeinschaften mehr und mehr auf solche Speichervorräte kulturellen Wissens zu, um ihre eigenen Identitäten in der Vergangenheit zu verankern oder neue zu kreieren. Unter diesen Bedingungen kommt der Arbeit

der kulturellen Imagination eine ganz neue Bedeutung zu (Appadurai 1996). Insbesondere für Migranten, aber nicht nur für sie, ist die schöpferische kulturelle Imagination als Vermittlungspraxis zwischen der alten Heimat, dem Aufnahmestaat und der Diaspora-Kommunität existenziell wichtig. Hierzu gehören auch die vielfältigen Rhetoriken des *belonging*. Der Begriff *Transnationalismus* wurde eingeführt, um Dimensionen von Migration über eine oder mehrere nationale Grenzen hinweg zu beschreiben (Glick-Schiller/Basch/Szanton Blanc 1992). Transnationale Migration löst die Identifizierung von Staat und Territorium sowie von Kommunität und Territorium noch weiter auf: Transnationale Migrantenkommunitäten bilden sich nicht mehr nur in kompartmentalisierten Stadtvierteln, sondern z. B. im Internet.

Tourismus und andere Inszenierungen: In der Europäischen Ethnologie (der ehemaligen Volkskunde) ist die Forschung zu Reisen und Tourismus weiter entwickelt als in der Ethnologie, was möglicherweise daran liegt, dass ethnologische Tourismusforschung – nicht nur im deutschsprachigen Raum – lange im Bann einer undifferenzierten Exotismuskritik stand (vgl. Bruner 2005). Antweiler plädiert ebenfalls für eine ethnologische Tourismusforschung, die Reisende – auch Sextouristen – wie Zielbevölkerung als Subjekte ernstnimmt und die vielfältigen Lokalisierungs- und Ethnisierungsprozesse im Zusammenhang mit einem der umsatzstärksten Wirtschaftszweige weltweit interdisziplinär untersucht (Reuter/Neudorfer/Antweiler 2006). Strände, Bars und andere Orte kultureller Inszenierungen wie z. B. die Expo, Museen, Festivals und Karneval werden zunehmend als Orte verstanden, wo die Zirkulation von Dingen, Geld, Bildern, Krankheiten und Technologien einsetzt und ihre verschiedenen Übersetzungen mithilfe ethnographischer Methoden studiert werden können.

Medien und Technologie als Agenten der Globalisierung

Wie eng das Entstehen neuer Felder in der Globalisierung mit Medien und Technologie zusammenhängt, wird am Beispiel des Konzepts der *network society* deutlich, die mit ihrer bipolaren Opposition »between the Net and the Self« (Castells 1996, 3) die neue soziale Morphologie der Gegenwart darstellt.

Netzwerke sind interpersonal, transnational und transitorisch, Macht kommt nicht durch Hierarchie sondern durch intensive Verknüpfung zustande. Die Zirkulation von Dingen, Bildern und komplexen Konzepten sagt also nicht nur etwas über den kulturspezifischen Gebrauch und die Übersetzungsleistungen in der transkulturellen Diffusion dieser Entitäten aus, sondern auch über die Netzwerke selbst, die zu einem großen Teil technisch und vor allem digital konstituiert sind.

Die Zirkulation von Dingen, Zeichen und Menschen wird in der klassischen Ethnologie vor allem als Tausch konzeptionalisiert, mit dem in vormodernen Gesellschaften gewisse soziale und moralische Verpflichtungen etabliert werden, vor allem verschiedene Formen von Reziprozität (Marcel Mauss; Claude Lévi-Strauss). Die Ethnologie der Globalisierung hingegen nimmt sich der Zirkulation insbesondere unter dem Gesichtspunkt der Konsumtion an. Nachdem Arjun Appadurai 1986 den bahnbrechenden Aufsatzband *The Social Life of Things* veröffentlicht hatte, legte der schwedische Ethnologe Jonathan Friedman 1991 die erste umfassende Arbeit über Konsumtion und Identität vor; seither sind zahllose weitere erschienen (Appadurai 1986; Friedman 1991). Dies hatte u. a. eine dauerhafte Revitalisierung der ethnologischen Sachkulturforschung und vielfach auch der Ausstellungspraxis ethnologischer Museen zur Folge. Die wählerische Aneignung globaler Güter vor Ort und ihre Einfügung in lokale Systeme bieten die besten Beispiele dafür, dass lokale Kulturen keineswegs dem Ansturm der Globalisierung erliegen, sondern sich *aktiv handelnd* verändern. Damit werden auch alte Gegenüberstellungen von ›Tradition‹ und ›Moderne‹ aufgegeben zugunsten einer Sichtweise von Moderne als Konglomerat verschiedener Modernen (Geschiere/Meyer/Pels 2008).

Die Beschäftigung mit Medien war in der Ethnologie bis in die 1990er Jahre keine zentrale Fragestellung, aber auch nicht völlig ausgeblendet. Der Zweite Weltkrieg als zentrales ›globales Ereignis‹ des 20. Jahrhunderts beeinflusste vor allem in der amerikanischen Ethnologie die Beschäftigung mit Medien. Hier entstanden auf der Grundlage von Medien- und Literaturanalysen erste Studien komplexer Gesellschaften, nämlich der Kriegsfeinde Japan und Deutschland (Gregory Bateson, Ruth Benedict, Margaret Mead und Rhoda Metraux). Mit ihrem kommunikativen, auf Völkerverständigung orientierten Habitus machte sich die amerikanische Nachkriegs-

ethnologie gezielt neue Medien zunutze (Margaret Mead); zur gleichen Zeit dokumentierten die epochemachenden Filme des französischen Ethnologen Jean Rouch erstmals transafrikanische Arbeitsmigration sowie eigenständige Aneignungen kolonialer Machtsymbole durch afrikanische Kulte (Rouch 1954). Rouch entwickelte auch die Grundzüge einer neuen postkolonialen *anthropologie partagée* als gemeinsames Projekt von Forschern und Beforschten, die später von der Medienethnologie aufgegriffen wurde.

Ähnlich wie die Allgegenwart globaler Waren hat auch die Allgegenwart von Medien in der Feldforschungssituation zur Wahrnehmung von Forschungsthemen rund um Globalisierung beigetragen. Im Falle der Medien führte dies zur Formierung einer neuen Subdisziplin, der Medienethnologie bzw. *media anthropology* (Dracklé 1999). Der ethnologische Zugang zu Medien zeichnet sich durch einen lokalen Zugang zu einem globalen Phänomen aus und durch den Fokus auf die sozialen Akteure. Dieser Blick enthüllt auch nichtkontrollierbare Tendenzen eines selbstbestimmten und dezentral ausgehandelten Umgangs von Bevölkerungen der sog. Dritten Welt, von indigenen Gesellschaften und alternativen Gruppen in den Zentren vor allem mit erschwinglicher digitaler Medientechnologie, kleinen Zeitungsprojekten, Lokalradio u. Ä. *Produktion* wurde neben Konsum in einem umfassenderen Sinn zur Analysekategorie für die kulturellen Hervorbringungen dieser professionellen Akteure, die erst seit den 1990er Jahren in größerem Umfang mit den Mitteln der teilnehmenden Beobachtung untersucht werden: Kulturbürokraten, Gesundheitsorganisationen, NGOs, Firmen, PR-Agenturen, Journalisten, Künstler, Filmemacher u. Ä. (Ginsburg et al. 2002).

In den vergangenen Jahren ist die Notwendigkeit deutlich geworden, Medien als *Technologie* zu studieren, um von der Inhaltsanalyse von Medien stärker zu einer Auffassung von Medien als komplexen sozialen Gebilden zu kommen. Die technikethnographische Studie *Laboratory Life* (Latour/Woolgar 1979) wirkte dabei als »Startpunkt einer neuen Wissensforschung« modellbildend: Hier geht es nicht bloß um die soziale Dimension von Technologien oder im weiteren Sinne um Faktenproduktion, »sondern um eine genaue Rekonstruktion der Übersetzungsleistungen, Transformationen, Kontrollapparate in ihrer Verfertigung durch Wissenschaftler« (Krauss 2006, 433).

Explizit *ethnologische* Technologiestudien erweiterten den Ansatz der *laboratory studies* um Fragen erstens nach dem Wandel fundamentaler kultureller Kategorien, zweitens nach dem Einfluss von Wissenschaft und Technik auf Kategorien der kulturellen Diversität und Differenz. Vorstellungen von Leben und Tod, von Blut, Verwandtschaft, Schwangerschaft und Ich-Identität wurden vor allem durch die neuen Biowissenschaften und Techniken wie Organtransplantation und medizinisch assistierte Reproduktion de-naturalisiert. Die Konzentration auf die Biowissenschaften erschwert allerdings bislang noch den Austausch mit ethnologischen Forschungen über andere Technologien, z. B. bei Computeringenieuren, Mathematikern und Rüstungstechnikern sowie in Technikmuseen. Hess fordert aus diesem Grund die Eröffnung einer dritten Linie der Forschung, die Technologie und Wissenschaft im Zusammenhang mit sozialen Bewegungen – ein in der Ethnologie der Globalisierung ebenfalls wichtiges Thema – studiert (Hess 2010).

Dass Technik nicht allein als *action on matter* sondern, wie von Bruno Latour vorgeschlagen, als Teil komplexer Hybride zu studieren ist, wird besonders deutlich anhand der transnationalen Verbreitung dessen, was sonst eher in den Bereich der Ideologie oder, seit Foucault, der *gouvernementalité* gerechnet wird. Technologien im Zusammenhang mit Entwicklungshilfeprojekten oder militärischen Interventionen werden immer im Paket mit bestimmten Apparaten, Werten, politischen Konzepten und Rechtssystemen implementiert, die Appadurai unter dem Schlagwort *Enlightenment worldview* zusammenfasst: »*freedom, welfare, rights, sovereignty, representation*, and the master term, *democracy*« (Appadurai 1996, 37, Hervorh. im Original). Fragen um die globale Rechtsverfassung, z. B. wie universell Menschenrechte sind, werden dabei besonders heftig in der amerikanischen Ethnologie diskutiert. Ähnliche Beobachtungen können im Zusammenhang mit Schrift und Schreiben als Technologie und mit medizinischen Diskursen gemacht werden, z. B. wo kulturspezifische Krankheitskonzepte und Heilungspraxen unter den Dominanzanspruch marktorientierter, technokratischer Gesundheitssysteme geraten.

Geht es im Zusammenhang mit Entwicklungshilfe, Medizin und Militärtechnologie in der Forschung momentan noch hauptsächlich um Fragen der Kontrolle, Dominanz und Ignoranz gegenüber lokalem Wissen, ist die Verbreitung neuer Kommunikationstechnologien häufig begleitet von der Neuentstehung und Verbreitung religiöser Bewegungen (obwohl neueste Publikationen darauf hinweisen, dass neue Kulte auch im Zusammenhang mit Entwicklungshilfeprojekten entstehen). Hierunter fallen insbesondere die Revitalisierung von Religion in den postsozialistischen Staaten, das exponentielle Anwachsen charismatischer christlicher Bewegungen, des Hindu-Nationalismus, verschiedener transnationaler Formen des Islam sowie zahlreicher Besessenheitskulte (Hüwelmeier/Krause 2010; Zillinger 2010).

Offene Probleme und Desiderate der Disziplin

Die Beschäftigung mit Phänomenen der Globalisierung hat die Ethnologie entgegen ihrer anfänglichen Befürchtungen weder abgeschafft noch in eine allgemeine Kulturwissenschaft hinein amalgamiert. Im Gegenteil: Die Disziplin hat sich in der Auseinandersetzung mit diesen Themen in ihrer kulturtheoretischen Debatte, ihrem Verständnis ihrer Felder und Gegenstände und in ihrem Methodenbaukasten fundamental erneuert und fundamental wichtige Aspekte zum sozialwissenschaftlichen Verständnis der Rolle von Kultur in der Globalisierung beigetragen. Die Streitpunkte zwischen Globalisierungskritikern und solchen, die in der Globalisierung eine spezifisch neue Situation sehen, die alle älteren Modelle obsolet macht, sind nicht beigelegt und werden die Disziplin noch lange beschäftigen. Einige Fragen, die weiterhin zur Diskussion stehen werden, sind in Kürze:

1. Wie konzeptualisiert man in der Ethnologie die Veränderungs- und Wanderungsprozesse im Zusammenhang mit der Globalisierung, ohne das Schreckgespenst alter Modelle zu evozieren? Hierbei geht es besonders um das Modell des Evolutionismus (Globalisierung als die Krone der bisherigen menschlichen Entwicklung), und um das des Diffusionismus (Veränderungsprozesse als *flows* zu entpersonalisieren und damit auch zu dehumanisieren).

2. Ist die Ethnologie der Globalisierung zu Stellungnahmen bereit, nicht nur in politischen Fragen, sondern auch im Zusammenhang mit ihren Gegenständen, oder verleiht sie, provokant gefragt, durch ihre Fixierung auf Aneignungsprozesse (letztlich ja: *consumption*) dem Kapitalismus in der neoliberalen

Ära ein menschlicheres Antlitz, als er es eigentlich verdient (Graeber 2002)?

3. Was ist von dem Begriffspaar *global/lokal* zu halten, ohne das immer noch die wenigsten Ethnographien der Globalisierung auskommen, obwohl viele diese alte Dichotomie spätestens seit dem *spatial turn* der Kulturwissenschaften für erledigt halten? Diese Anschauung nimmt das Lokale immer noch als dem Globalen vorgängig an, woraus sich wiederum essentialistische Kulturkonzeptionen ableiten lassen (Mazzarella 2004).

4. Welche von den Globalisierungsphänomenen, mit denen die Ethnologie sich beschäftigt, sind einem *social science globalism* geschuldet, einem sozialwissenschaftlichen Hype um Figuren des Globalen? In ihrem bekannten kritischen Essay »The Global Situation« warnt Anna Tsing: »The task of understanding planet-wide interconnections requires locating and specifying globalist projects and dreams. [...] Globalization draws our enthusiasm because it helps us to imagine interconnection, travel, and sudden information. Yet it also draws us inside its rhetoric until we take its claims for true descriptions.« (Tsing 2000, 330) Die Aufgabe, so Tsing, besteht darin, bei aller nachvollziehbaren Begeisterung für die neue planetare Perspektive die eigene kritische Haltung nicht gegen globalistische Wunschträume und Fantasien einzuhandeln.

Literatur

Appadurai, Arjun (Hg.): *The Social Life of Things.* Cambridge 1986.
–: *Modernity at Large. Cultural Dimensions of Globalization.* Minneapolis 1996.
–: *Globalization.* Durham 2000.
Augé, Marc: *Non-lieux. Introduction à une anthropologie de la surmodernité.* Paris 1992.
Bräunlein, Peter/Lauser, Andrea (Hg.): *Ethnologie der Migration (Kea – Zeitschrift für Kulturwissenschaften Bd. 10).* Bremen 1997.
Bruner, Edward M.: *Culture on Tour. Ethnographies of Travel.* Chicago 2005.
Castells, Manuel: *The Rise of the Network Society.* Oxford 1996.
Densmore, Frances: Native Songs of Two Hybrid Ceremonies Among the American Indians. In: *American Anthropologist* 43. Jg., 1 (1941), 77–82.
Dracklé, Dorle: Medienethnologie. Eine Option auf die Zukunft. In: Waltraud Kokot/Dorle Dracklé (Hg.): *Wozu Ethnologie?* Berlin 1999, 261–290.

Edelman, Marc/Haugerud, Angelique (Hg.): *The Anthropology of Development and Globalization. From Classical Political Economy to Contemporary Neoliberalism.* Oxford 2005.
Eriksen, Thomas H. (Hg.): *Globalisation. Studies in Anthropology.* London 2003.
–: *Globalization. The Key Concepts.* Oxford 2007.
Featherstone, Michael (Hg.): *Global Culture. Nationalism, Globalization, and Modernity.* London 1990.
Feest, Christian F.: Die Grenze als Standort der Ethnologie. In: *Zeitschrift für Ethnologie* 122. Jg. (1997), 121–130.
Friedman, Jonathan: Consuming Desires. Strategies of Selfhood and Appropriation. In: *Cultural Anthropology* 6. Jg., 2 (1991), 154–163.
Garcia Canclini, Nestor: *Culturas híbridas. Estrategias para entrar y salir de la modernidad.* Mexico, D.F. 1989 (engl. *Hybrid Cultures. Strategies for Entering and Leaving Modernity.* Minneapolis 1995).
Geschiere, Peter/Meyer, Birgit/Pels, Peter (Hg.): *Readings in Modernity in Africa.* Edinburgh 2008.
Ginsburg, Faye/Abu-Lughod, Lila/Larkin, Brian (Hg.): *Media Worlds. Anthropology on New Terrain.* Berkeley 2002.
Glick-Schiller, Nina/Basch, Linda/Szanton Blanc, Cristina (Hg.): *Towards a Transnational Perspective on Migration. Race, Class, Ethnicity, and Nationalism Reconsidered.* New York 1992.
Graeber, David: The Anthropology of Globalization (with Notes on Neomedievalism, and the End of the Chinese Model of the Nation-State). In: *American Anthropologist* 104. Jg., 4 (2002), 1222–1227.
Gupta, Akhil/Ferguson, James: Beyond ›Culture‹. Space, Identity, and the Politics of Difference. In: *Cultural Anthropology* 7. Jg., 1 (1992), 6–23.
Hall, Stuart/du Gay, Paul (Hg.): *Questions of Cultural Identity.* London 1996.
Haller, Dieter: *Entwurf einer Ethnologie der Grenze. Vortrag auf der Europa-Konferenz ›Moderne Zeiten, Europäische Räume – Grenzfragen‹ der Grünen Akademie, 23.–25. Februar 2001.* Unpubl. Manuskript 2001.
Hann, Chris (Hg.): *Postsocialism. Ideals, Ideologies and Practices in Eurasia.* London 2002.
Hannerz, Ulf: The World in Creolization. In: *Africa* 57. Jg. (1987), 546–559.
–: *Cultural Complexity. Studies in the Social Organization of Meaning.* New York 1992.
Hauser-Schäublin, Brigitta/Braukämper, Ulrich (Hg.): *Ethnologie der Globalisierung.* Berlin 2002.
Hess, David J.: Crosscurrents. Social Movements and the Anthropology of Science and Technology. In: *American Anthropologist* 109. Jg., 3 (2010), 463–472.

Hüwelmeier, Gertrud/Krause, Kristine: *Traveling Spirits. Migrants, Markets and Mobilities*. London 2010.

Inda, Jonathan X./Rosaldo, Renato (Hg.): *The Anthropology of Globalization. A Reader*. Oxford 2002.

Kapchan, Deborah A./Strong, Pauline Turner: Theorizing the Hybrid. In: *Journal of American Folklore* 112. Jg., 445 (1999), 239–253.

Kohl, Karl-Heinz: *Ethnologie – die Wissenschaft vom kulturell Fremden*. München 2000.

Kokot, Waltraud (Hg.): *Diaspora, Identity, and Religion. New Directions in Theory and Research*. London 2004.

Kramer, Fritz: *Verkehrte Welten*. Frankfurt 1981.

Krauss, Werner: Bruno Latour: Making Things Public. In: Stephan Moebius/Dirk Quadflieg (Hg.): *Kultur*. Wiesbaden 2006, 430–444.

Latour, Bruno: *We Have Never Been Modern*. Cambridge 1991.

– /Woolgar, Steve: *Laboratory Life*. Beverly Hills 1979.

Lauser, Andrea: *›Ein guter Mann ist harte Arbeit‹. Eine ethnographische Studie zu philippinischen Heiratsmigrantinnen*. Bielefeld 2004.

Marcus, George: Ethnography in/of the World System. The Emergence of Multi-Sited Ethnography. In: *Annual Review of Anthropology* 24. Jg. (1995), 95–114.

Mazzarella, William: Culture, Globalization, Mediation. In: *Annual Review of Anthropology* 33. Jg. (2004), 345–367.

Mullings, Leith: *On Our Own Terms. Race, Class, and Gender in the Lives of African American Women*. New York 1994.

Nash, June: Ethnographic Aspects of the World Capitalist System. In: *Annual Review of Anthropology* 10. Jg. (1981), 393–423.

Reuter, Julia/Neudorfer, Corinne/Antweiler, Christoph: *Strand – Bar – Internet. Neue Orte der Globalisierung*. Berlin 2006.

Reyna, Stephen P.: Taking Place: ›New Wars‹ versus Global Wars. In: *Social Anthropology* 17. Jg., 3 (2009), 291–317.

Rouch, Jean: *Les Maîtres fous*. Film, 54 Min. 1954.

Sahlins, Marshall: Cosmologies of Capitalism. The Trans-Pacific Sector of the World System. In: *Proceedings of the British Academy* 74. Jg. (1988), 1–51.

Schüttpelz, Erhard: Weltliteratur in der Perspektive einer Longue Durée: Die fünf Zeitschichten der Globalisierung. In: Özkan Ezli/Dorothee Kimmich/Annette Werberger (Hg.): *Wider den Kulturzwang. Migration, Kulturalisierung und Weltliteratur*. Bielefeld 2009, 339–360.

Tsing, Anna: The Global Situation. In: *Cultural Anthropology* 15. Jg., 3 (2000), 327–360.

Weißköppel, Cordula: ›Hybridität‹ – die ethnografische Annäherung an ein theoretisches Konzept. In: Roman Loimeier/Dieter Neubert/Cordula Weißköppel (Hg.): *Globalisierung im lokalen Kontext. Perspektiven und Konzepte von Handeln in Afrika*. Münster 2005, 311–347.

Zillinger, Martin: *Die Trance, das Blut, die Kamera. Trance-Medien und neue Medien im marokkanischen Sufismus*. Bielefeld 2010.

Cora Bender

III. Kernthemen der Globalisierungsdiskussion

III.1 Allgemeine Kontroversen

1. Genese der ökonomischen Globalisierung

Die Globalisierung ist ein Megatrend, der häufig als alternativlos dargestellt wird. Dabei bleibt zumeist dessen Entstehungsgeschichte im Dunkeln. Ein besseres Verständnis der Herkünfte dieses komplexen Phänomens könnte am Bild seiner Unausweichlichkeit kratzen. Dazu wird im Folgenden eine Auseinandersetzung mit gängigen Vorstellungen zur Genese der ökonomischen Globalisierung beitragen. Dies betrifft sowohl ihren zeitlichen Horizont als auch ihre Ursachen. In den einzelnen Abschnitten werden jeweils, ausgehend von einem charakteristischen Zitat, in der Politik häufig vorfindbare Positionen analysiert.

Ist die Globalisierung wirklich neu?

»Im Zeichen der Globalisierung fallen die Grenzen weltweit in atemberaubendem Tempo: Die Grenzen für Waren, für Kapital, für Wissen. Moderne Technologien haben ein allumfassendes Netzwerk geschaffen. Das Weltsozialprodukt wird bereits zu einem Fünftel global produziert und konsumiert.« (Stoiber 2001) Aber wird mit Globalisierung tatsächlich ein qualitativ neuer Abschnitt gesellschaftlicher Entwicklung beschrieben oder unterscheidet sich die heutige Periode allein quantitativ von der bisherigen Entwicklung? Der Globalisierungsgrad der Wirtschaft hat in den letzten Jahrzehnten deutlich zugenommen. Doch im Vergleich zu der Zeit vor dem Ersten Weltkrieg ist das heutige Ausmaß an globaler Arbeitsteilung kaum weniger weitreichend. Auch technologische Errungenschaften überschritten damals recht rasch nationale Grenzen. Ein gutes Beispiel ist das Telefon, das fast zeitgleich auf beiden Seiten des Nordatlantiks erfunden wurde und dessen weitere Entwicklung durch technologischen Austausch vorangetrieben wurde (König/Weber 1997, 492–510). Nicht nur der Warenhandel, son-

dern auch der Kapitalverkehr war schon international entwickelt: Direktinvestitionen wurden ebenso grenzüberschreitend getätigt wie der Kauf von Staats- und Unternehmensanleihen (Portfolio-Investitionen). Auf einem Markt war die Internationalität sogar wesentlich ausgeprägter als heute, nämlich auf dem Arbeitsmarkt. Die internationale Mobilität der Arbeitskräfte nahm damals verhältnismäßig einen wesentlich größeren Umfang ein. Durch die großen Kolonialreiche der europäischen Mächte, allen voran Großbritannien, wurden außerdem politische Entscheidungen für weltweit verstreute Gebiete getroffen (Held et al. 1999).

Wieso kam es im 20. Jahrhundert zu einer Unterbrechung der Globalisierung? Beginnend mit dem Ersten Weltkrieg in den Jahren 1914–18 und verschärft durch die Weltwirtschaftskrise ab 1929 brach der Weltmarkt im Zweiten Weltkrieg vollends zusammen. In der Nachkriegszeit entstand zwar der Weltmarkt langsam wieder von neuem, doch für das hohe Wirtschaftswachstum dieser Zeit blieb er nachrangig. Aus den Problemen der Zwischenkriegszeit lernend, gaben die USA der Entwicklung ihres eigenen, sehr großen Binnenmarkts Vorrang. Dabei bedienten sie sich der Ideen des englischen Ökonomen Lord Maynard Keynes (Keynesianismus). Steigende Staatsausgaben, eine starke Gewerkschaftsbewegung und die Einführung von Sozialkassen sicherten die Binnennachfrage (Scherrer 1992).

Diese Art der Stärkung der Binnennachfrage wird auch als ›Fordismus‹ bezeichnet, als eine spezifische Entwicklungsphase, die auf der relativ gleichläufigen Entwicklung von industrieller Massenproduktion und standardisiertem Massenkonsum der Lohnabhängigen basierte. Die Massenproduktion von Konsumgütern erfolgte auf der Grundlage des tayloristisch-fordistischen Produktionsmodells. Dieses beruhte zum einen auf der Rationalisierung der Produktion durch eine feingliedrige Arbeitsteilung sowie durch eine rigide Trennung von Arbeitsausführung und -kontrolle (Frederick Taylor); zum anderen auf einer weitestgehenden Standardisierung von Produkten und Fertigungsprozessen, die den maschinen- oder fließbandgesteuerten Produktionstakt (Henry Ford) zur Basis der Arbeits- und Leistungsregulierung machten. Zu den gesellschaftlichen Institutionen, die zur Entfaltung der Massenkonsumtion erforderlich waren, gehörte vor allem die Koppelung der Reallohnsteigerungen (Lohnsteigerungen nach Abzug der Preissteigerungen) an das Wachstum der Arbeitsproduktivität. Dies wurde direkt durch Tarifverträge, die sich am gesamtwirtschaftlichen Produktivitätsfortschritt orientierten, gewährleistet, indirekt durch Sozialversicherungen, die Vermachtung einzelner Branchen durch wenige Konzerne (Oligopolisierung) oder staatliche Regulierung wichtiger Märkte, die staatliche Geldpolitik und eine antizyklische Konjunktursteuerung, d.h. eine Wirtschaftspolitik, die in Boomphasen bremst und in Abschwungsphasen Wachstum fördert (Aglietta 1979).

Wird somit die Globalisierung als ein Prozess der Vertiefung und Verbreitung gesellschaftlicher Arbeitsteilung betrachtet, dann verlieren die Globalisierungsdebatten viel von ihrem Neuigkeitscharme. Denn über Nutzen und Gefahren der Arbeitsteilung wird spätestens seit Adam Smiths detailgenauer Beschreibung der Stecknadelproduktion im 18. Jahrhundert gestritten. Bezogen auf die grenzüberschreitende Arbeitsteilung haben sich bereits im 19. Jahrhundert drei noch heute wirksame Paradigmen entwickelt: die liberale, die wirtschaftsnationalistische und die marxistische ›Schule‹. Die erste begrüßt die grenzüberschreitende Arbeitsteilung, die zweite macht deren Nutzen von der Erfüllung bestimmter Voraussetzungen abhängig und die dritte lehnt den Modus der Arbeitsteilung ab (Scherrer 2006).

Antriebskräfte der Globalisierung

»Katalysator und Triebkräfte hinter den Prozessen der vielschichtigen Globalisierung sind die Menschen. Sie möchten die Wohlstandseffekte, die durch größere Märkte und eine stärkere internationale Arbeitsteilung entstehen, für sich und ihre Länder nutzen.« (CDU/CSU Arbeitsgruppe 2002, 459) Wie durch den Hinweis auf die internationalen wirtschaftlichen Verbindungen vor dem Ersten Weltkrieg angedeutet, ist Globalisierung ein Phänomen, das durchaus in die Jahrhunderte zurückreicht und eng mit der Herausbildung der kapitalistischen Wirtschaftsordnung verbunden ist. Wenngleich Handel schon seit Menschengedenken betrieben wurde, entwickelte er sich erst im großen Stil, als sich ab dem

16. Jahrhundert (dem Beginn der Globalisierung) einerseits das Privateigentum an Produktionsmitteln durchsetzte und andererseits ein Teil der Bauernschaft von den vielfältigen Bindungen an die Scholle ›freigesetzt‹ wurde. Zuvor hatten politische Motive der Entfaltung des Handels immer wieder Grenzen gesetzt, sei es, dass dieser durch eine zu hohe Steuerlast gebremst wurde, sei es aus Neid auf den aus dem Fernhandel gewonnenen Reichtum, oder sei es aufgrund überlieferter Vorstellungen von gerechten Preisen und standesgemäßen Einkommen (Wallerstein 1974).

Zudem hätte sich ohne Arbeitskräfte, die relativ flexibel für die Produktion von Exportwaren eingesetzt werden können, eine über den Warentausch zusammenhängende internationale Arbeitsteilung nicht auf breiter Basis durchsetzen können. Diese Arbeitskräfte waren entweder Sklaven in den Kolonien der westeuropäischen Mächte oder – in zunehmendem Maße – die sogenannten doppelt freien Lohnarbeiter, die zwar nicht mehr an die Grundherren gebunden waren, aber auch nicht über eigene Produktionsmittel verfügten, so dass sie gezwungen waren, ihre Arbeitskraft frei zu verkaufen (Braudel 1986).

Allgemein kann davon ausgegangen werden, dass die kapitalistische Wirtschaftsordnung, die auf Privateigentum und freier Lohnarbeit basiert, zur Internationalisierung tendiert. Für Kaufentscheidungen ist (im Prinzip) nicht die Herkunft oder die Hautfarbe der jeweiligen Warenbesitzerin ausschlaggebend, sondern das Preis-Leistungs-Verhältnis ihrer Waren im Vergleich zur Konkurrenz. Die Aussicht auf Profit und der Konkurrenzdruck schaffen Anreize, Unterschiede zwischen einzelnen Wirtschaftsräumen auszunutzen, sei es durch das Angebot von Waren oder durch die Nachfrage von Waren bzw. Arbeitskräften, die im eigenen Wirtschaftsraum entweder gar nicht oder nur zu höheren Preisen angeboten werden.

Der Konkurrenzmechanismus, der die grenzüberschreitende Arbeitsteilung vorantreibt, ist jedoch zugleich auch eine Ursache von Grenzziehungen. Denn diejenigen, die im Wettbewerb nicht mithalten können, werden versucht sein, die Konkurrenz von ihrem angestammten Markt fernzuhalten, und zwar mittels Einfuhrverboten, Zöllen und nationalen technischen Standards (sogenannte nichttarifäre Handelsbarrieren). So hat keines der führenden Industrieländer auf protektionistische Instrumente verzichtet. Selbst England hat sich zu Beginn seiner industriellen Entwicklung gegen die holländischen Textilmanufakturen geschützt. Später hat es die eigenen Kolonien daran gehindert, Industrien zu entwickeln. Schon bald nach ihrer Unabhängigkeit haben die Vereinigten Staaten von Amerika die Entwicklung ihrer eigenen Industrie mittels einer Hochzollpolitik geschützt (Eckes 1995).

Warum hat sich die Globalisierung dennoch meist als stärkere Tendenz erwiesen? Wie im Folgenden ausgeführt wird, darf neben den wirkmächtigen Ideen vom Handel als Wohlfahrtsvermehrer und Friedensstifter, die gewaltsame Durchsetzung von Handelsbeziehungen nicht übersehen werden. Natürlich ist auch die Rolle technischer Entwicklungen zu berücksichtigen.

Die Freihandelsdoktrin

»Ich bin davon überzeugt, dass die unabdingbare Voraussetzung für globales Wachstum die Offenheit der Weltmärkte ist. Die Weltbank hat festgestellt, dass in den Ländern, die aktiv an der Globalisierung teilnehmen, das Wachstum deutlich zugenommen hat. In den abgeschotteten Ländern ist es hingegen gesunken.« (Merkel 2007) Unter den Ökonomen findet David Ricardos Theorie der komparativen Kosten, die auch den Hintergrund der Annahmen Angela Merkels zu bilden scheinen, breite Anerkennung. Diese Theorie besagt, dass internationaler Handel und Arbeitsteilung selbst für solche Länder von Vorteil sind, die alle Güter zu höheren Kosten als die anderen Länder herstellen (wie beispielsweise Entwicklungsländer, die mit der Industrialisierung beginnen). Sie müssen sich nur auf die Produktion jener Güter spezialisieren, die sie vergleichsweise (komparativ) noch am günstigsten herstellen können. Mit anderen Worten, dadurch dass sich die Handelspartner spezialisieren, optimieren sie insgesamt das Verhältnis zwischen Ressourceneinsatz (Arbeit, Maschinen, Land) und ihrem Warenausstoß.

Gleichwohl kann ein einzelnes Land, bevor es sein optimales Spezialisierungsprofil entwickelt hat, in der Konkurrenz mit wettbewerbsstärkeren Ländern durch die Verdrängung seiner eigenen Industrie empfindliche Beschäftigungsverluste erleiden. Aber selbst wenn es seine optimale Spezialisierung entdeckt und umgesetzt hat, kann sich durchaus herausstellen, dass sich diese langfristig ungünstig auswirkt. Denn nicht von jeder Spezialisierung gehen die gleichen positiven Effekte für die gesamte Volkswirt-

schaft aus. Ein signifikantes Beispiel: Ein Land, das sich auf die Kultivierung einiger weniger landwirtschaftlicher Produkte spezialisiert hat, ist nicht nur stärker den Wechselfällen der Witterung ausgesetzt, sondern versäumt durch diese Spezialisierung, wichtige Erfahrungen auf Gebieten des industriellen Fortschritts zu sammeln (List 1841). Trotz dieser berechtigten Kritik an Ricardos Theorie, blieb im Weltmaßstab diese Doktrin sehr erfolgreich, denn sie wurde insbesondere vom in einem historischen Abschnitt jeweils erfolgreichsten und zugleich militärisch stärksten Land propagiert: Holland, England und seit dem Zweiten Weltkrieg von den USA.

Handel als Friedensstifter

»Ich bin jedoch überzeugt: Das, was Globalisierung ausmacht, bietet der Welt heute sehr viel mehr Chancen als Risiken. Sie bietet die große Chance zu mehr Frieden, mehr Freiheit und mehr Wohlstand für die Menschen.« (Merkel 2007) Nicht nur Kanzlerin Merkel spricht dem Handel eine friedensstiftende Funktion zu, sondern auch der klassische Liberalismus. Doch beruhen Handelsbeziehungen nicht immer auf der freiwilligen Zustimmung der Beteiligten. Historisch entwickelten sich Handelsbeziehungen häufig unter Zwang und auch der für einen Handel notwendige Besitz an Gütern kam öfters unter Anwendung direkter Gewalt zustande. So fehlte es in der Frühphase der Globalisierung den europäischen Händlern an attraktiven Gütern, um mit den damals führenden Wirtschaftsregionen, Indien und China, Handel zu treiben. Erst durch die Eroberung Südamerikas und die gewaltsame Aneignung der dortigen Silber- und Goldschätze verfügten sie über eine Ware, Gold oder Silber, die sie gegen fernöstliches Porzellan, Gewürze oder Tuch eintauschen konnten. Mit rücksichtsloser Gewalt drängte sich bald darauf die portugiesische Handelsflotte in den indischen Ozean und übernahm dort den Zwischenhandel. Später führte die britische Marine zwei Kriege gegen China, um es zum Handel mit Opium zu zwingen (Frank 1998). Ein wichtiges Handelsgut im transatlantischen Seeverkehr bis in die ersten Jahrzehnte des 19. Jahrhunderts wurde ebenfalls mit Gewalt angeeignet: Afrikanische Menschen für die Plantagen in der Karibik und in den südlichen britischen Kolonien in Nordamerika bzw. später in den Südstaaten der USA (Braudel 1986).

In neuerer Zeit übten die USA erheblichen Druck

auf lateinamerikanische Länder aus, sich dem Weltmarkt zu öffnen. So unterstützte die Regierung
Nixon 1973 den Putsch gegen den gewählten Präsidenten Chiles, Salvador Allende, der für die Nationalisierung ausländischer Bergbaubetriebe gegen Ent-
schädigung eintrat (Haslam 2005). Die Schuldenkrise Lateinamerikas nutzte die Regierung Reagan
ebenso wie später die Regierung Clinton die Asienkrise, um die betroffenen Länder zur Öffnung ihrer
Märkte und zur Rücknahme von Auflagen für ausländische Konzerne zu bewegen. In Zusammenarbeit mit dem Internationalen Währungsfonds (IWF)
und der Weltbank wurde die Vergabe von Krediten
daran gekoppelt, dass sich diese Länder stärker für
ausländische Anbieter von Gütern und Dienstleistungen öffnen (Stiglitz 2002).

Selbst Länder, die die Doktrin des Wohlstands aufgrund eines freien Handels weniger beherzigten, haben sie selten insgesamt abgelehnt, vielmehr wollten
sie diese lediglich nicht für sich selbst angewendet
wissen. Für die industriell aufholenden Länder gab
es einen einfachen Grund, warum sie sich nicht mit
voller Kraft gegen weitere wirtschaftliche Verflechtungen stellten: Sie profitierten vom praktizierten
Freihandel des erfolgreichsten und stärksten Landes
(auch Hegemon genannt), da sie dort ihre Waren
verkaufen konnten, ohne im gleichen Maße ihren eigenen Markt öffnen zu müssen. Wenn es darüber hinaus dem Freihandelshegemon gelang, die Märkte
anderer Länder zu öffnen, konnte dies ihnen nur
recht sein, da diese ihnen dann ebenso erschließbar
wurden.

Technische Möglichkeiten

»Die technologische Revolution, die die Globalisierung erleichterte, ging von den Industrieländern
aus.« (Weltkommission für die soziale Dimension
der Globalisierung 2004, 56 f.) Ist aber nicht doch die
technische Entwicklung der wahre Grund für die
Globalisierung? Transport- und Kommunikationsmittel sind deutlich leistungsfähiger geworden, so
dass die Kosten pro Transport einer Waren- bezie-
hungsweise Kommunikationseinheit drastisch gesunken sind. Technik lässt die Hindernisse des Raumes überwinden: Die dramatischen Fortschritte in
der Computer- und Informationstechnik erlauben
weltweit verflochtene Produktionstechnik und Logistik, sekundenschnelle weltweite Finanztransaktionen und sofortige weltweite Preisvergleiche.

Der technische Fortschritt ist eine notwendige,
aber keine hinreichende Bedingung der Globalisierung. Geschwindigkeit ist bekanntlich relativ. Zudem
entwickeln sich technische Möglichkeiten nicht fern
von der Politik. Zwar sind viele technische Errungenschaften Produkt des Zufalls und einzelner Ge-
nies, doch deren breite Anwendung bedarf zumeist
politischer Weichenstellungen. Die Entwicklung
wichtiger Schlüsseltechniken wurde aufgrund ihrer
militärischen Anwendungsmöglichkeiten staatlich
gefördert. Die Entwicklung des Flugzeuges wurde
durch die zwei Weltkriege, die öffentliche Post und
mittels staatlicher Hilfen für den Aufbau einer zivilen Luftfahrt gefördert. Das Internet baute einerseits
auf einem militärischen Netz und andererseits auf
einem öffentlich geförderten, universitären Netz auf
(Giesecke 2001; s. Kap. III.3.4.).

Die zweite Globalisierung

»Übrigens, wenn wir über die Globalisierung sprechen, dann müssen wir uns erst einmal darüber im
Klaren sein, dass wir an der Globalisierung nichts
ändern können. Wenn es jetzt draußen regnet, dann
nützt es auch nichts, dass wir schimpfen. Wir müssen
uns einen Regenschirm mitnehmen und nicht nackt
nach draußen laufen und sagen, eigentlich müsste es
warm und trocken sein. Und so ist es bei der Globalisierung auch.« (Henkel 2001) Die genannten Antriebskräfte der Globalisierung haben auch nach der
Weltwirtschaftskrise und dem ihr folgenden Zweiten
Weltkrieg zur Wiederbelebung des Weltmarkts beigetragen. Bereits im Juli 1944, vor dem Ende des
Zweiten Weltkrieges, berieten die USA und Großbritannien in Bretton Woods, über die Grundpfeiler der
künftigen Weltwirtschaftsordnung. Aus den Fehlern
der Zwischenkriegszeit lernend vereinbarten sie, die
Währungskurse nicht dem Markt zu überlassen, sondern politisch zu fixieren. Dadurch sollten die fata-
len Abwertungswettläufe der Zwischenkriegszeit
vermieden und dem zwischenstaatlichen Handel ein
fester Rahmen gesetzt werden. Dies funktionierte
dann auch tatsächlich, das oben beschriebene ›goldene Zeitalter‹ des Fordismus folgte. Mit der Wiederbelebung des Welthandels erstarkten auch die
Kräfte, die eine Liberalisierung des Kapitalverkehrs
forderten und dann auch teilweise durchsetzen
konnten. Diese Liberalisierung ermöglichte dramatische Spekulationswellen gegen den US-amerikanischen Dollar, die zur Aufgabe des Systems der festen

Wechselkurse in den Jahren 1971 bis 1973 führten. Dieser Entscheidung lag vor allem der politische Konsens in den wichtigsten westlichen Industrieländern zugrunde, weder das erreichte Maß an Handelsliberalisierung zurückzunehmen, noch auf dem Weg der Liberalisierung des Kapitalverkehrs umzukehren (Scherrer 1999). In der Folge kam es zu erheblichen Wechselkursschwankungen, gegen die sich die Ex- und Importeure mittels sogenannter Devisentermingeschäfte absichern mussten. Mit diesen Absicherungsgeschäften öffneten sich zugleich aber auch Chancen für Spekulationen und gewagte Finanzmarkt- und Devisenoperationen. Das globale Finanzsystem entstand (Helleiner 1994).

Eine Alternative zu diesen Weichenstellungen in Richtung Globalisierung hatte damals der US-amerikanische Gewerkschaftsdachverband AFL-CIO formuliert. Dieser entwickelte ein sehr umfangreiches Maßnahmenprogramm, das die Verlagerung von Arbeitsplätzen ins Ausland verhindern sollte. Beispielsweise sollten die Gewinne aus ausländischen Operationen von US-Unternehmen besser steuerlich erfasst, der Transfer von Patenten ins Ausland sollte reguliert und die Importe in die USA mengenmäßig beschränkt werden. Auch jene Firmen, die zumindest kurzfristig vom gewerkschaftlichen Gesetzesentwurf profitiert hätten, sahen in dem Entwurf einen Anschlag auf ihre unternehmerischen Freiheiten. Die Unternehmensverbände positionierten sich entsprechend gegen diese Alternative, mit Erfolg (Scherrer 1999).

Eine weitere Weichenstellung erfolgte 1979. Zur Bekämpfung der Inflation und der Verteidigung des Außenwerts des Dollars entschlossen sich die USA zu einer Hochzinspolitik. Für die Weltwirtschaft hatte diese Entscheidung gravierende Folgen. Erstens wurde damit ein Wechsel der Prioritäten vollzogen, und zwar weg von einer Politik des Wirtschaftswachstums (Keynesianismus) hin zu einer der Preisstabilität (Monetarismus). Zweitens führte sie zu einer raschen Internationalisierung der US-Wirtschaft, da die mit der Hochzinspolitik einhergehende Aufwertung des US-Dollars die ausländische Konkurrenz sehr begünstigte und diese somit in vielen Industriezweigen signifikante Marktanteile in den USA erobern konnte. Und drittens, aber nicht weniger bedeutsam, löste die Hochzinspolitik die Schuldenkrise Lateinamerikas aus.

Als erstes Land erklärte Mexiko 1982 seine Zahlungsunfähigkeit. Andere Länder folgten und mussten ebenso den IWF und die Gläubiger bitten, einen Aufschub der Kreditrückzahlungen hinzunehmen. Diese Schwäche nutzte der IWF gemeinsam mit den wichtigsten Industrieländern, um die lateinamerikanischen Länder dazu zu bewegen, ihre Wirtschaft auf den Export auszurichten, Importe zu erleichtern und ausländischem Kapital stärkeren Investitionsschutz zu gewähren. Mit anderen Worten, im Verlauf der Schuldenkrise öffneten sich diese Länder vermehrt gegenüber dem Weltmarkt und trugen damit zur weiteren wirtschaftlichen Globalisierung bei (Boris 2001). In den 1990er Jahren wurden auch Dienstleistungen durch das »General Agreement on Trade in Services« (GATS) von der Globalisierung erfasst.

Die deutsche Rolle bei der Globalisierung

»Die Globalisierung setzt Europa gehörig zu. Ihr prominentestes Opfer ist Deutschland. Der Exportweltmeister bleibt Wachstumsschlusslicht.« (*Salzburger Nachrichten*, 29.4.2005) Sicherlich hat die US-Politik die entscheidenden Anstöße in Richtung Globalisierung gegeben: Gründung zentraler Institutionen des Weltmarkts, wie z.B. Internationaler Währungsfonds, Öffnung des eigenen Marktes, Aufbrechen fremder Märkte, Liberalisierung des Kapitalverkehrs etc. Doch auch die Politik verschiedener deutscher Bundesregierungen förderte gleichfalls die Globalisierungstendenzen. So trug die Bundesbank in den frühen 1970er Jahren entscheidend zum Übergang von fixen zu flexiblen Wechselkursen bei (Emminger 1986): Dies machte Währungssicherungsgeschäfte notwendig, deren Kehrseite Währungsspekulationen sind. Bundeskanzler Helmut Schmidt leistete der neoliberalen Wende in Großbritannien und der Hinwendung zum Monetarismus in den USA Vorschub. 1976 setzte er sich dafür ein, dass Großbritannien keinen weiteren IWF-Kredit erhielt. Damit brachte er die damalige Labour-Regierung in politische Schwierigkeiten, die in den Wahlsieg von Margaret Thatcher mündeten (James 1996). 1979 bestärkte er den damaligen US-Zentralbankchef Paul Volcker in seinem Vorhaben, die Zinsen nachhaltig hoch zu setzen (Volcker/Gyohten 1992). Wenig später löste das neue Zinsniveau die lateinamerikanische Schuldenkrise aus. Helmut Kohls Regierung trat für die Kapitalmarktliberalisierungen insbesondere in Europa ein und unterstützte ein internationales Abkommen zu Investitionen (MAI), das, wäre es nicht am Einspruch Frankreichs gescheitert, Investoren das Recht gegeben hätte, im Falle von Einschränkungen ihrer Handlungsmöglichkeiten gegen Regierungen zu klagen (Mies/Werlhof 1999).

Nicht zuletzt setzen die Exporterfolge der deutschen Wirtschaft die Handelspartner unter Anpassungsdruck. Die hohen Exportüberschüsse sind das sichtbare Zeichen dafür, dass Deutschland nicht im gleichen Umfang aus den anderen Ländern Waren bezieht. Die Wachstumschancen der Handelspartner werden damit begrenzt und zugleich müssen diese Partner ihre Industrien wettbewerbsfähiger machen, sei es durch Effizienzsteigerungen oder Lohnzurückhaltungen (Flassbeck/Spiecker 2005). Schließlich stellen diese Erfolge die Mittel für umfangreiche Direktinvestitionen im Ausland zur Verfügung, die zum Teil zur Erpressung der heimischen Arbeitskräfte dienen (Altvater et al. 1983).

Während der SPD-Parteivorsitzende Franz Müntefering 2004 vor den Wahlen in Nordrhein-Westfalen internationale Finanziers mit Heuschrecken verglich, formulierte sein Parteigenosse im Finanzministerium, Hans Eichel, einen Gesetzesentwurf nach dem anderen zur Lockerung staatlicher Aufsicht auf den Finanzmärkten (Kellermann 2005, 111–132). Damit verlieh dieser der Globalisierung ihr neoliberales Gesicht. Die Rechte der Kapitaleigner werden gegenüber demokratischen Entscheidungen gestärkt, und damit auch gegenüber der Bevölkerung im Allgemeinen und den Beschäftigten im Besonderen. Dies ist nicht unvermeidlich. Wenn die Globalisierung ein politisches Projekt ist, dann kann sie auch entsprechend gestaltet werden. Dies macht aber grenzüberschreitende Absprachen notwendig, die das Gegeneinanderausspielen von einzelnen Steuerstaaten, Sozialversicherungssystemen und Beschäftigten einschränken. Dazu bedarf es aber natürlich des entsprechenden politischen Willens.

IWF, Weltbank, WTO: Dreigestirn der Weltwirtschaftspolitik

»Nicht die Globalisierung ist das Problem, sondern die Art und Weise, wie sie umgesetzt wurde. Und ein Teil des Problems liegt bei den internationalen Wirtschaftsinstitutionen, dem IWF, der Weltbank und der WTO, die die ›Spielregeln‹ der Globalisierung festlegen.« (Stiglitz 2002, 246) Der Internationale Währungsfonds (IWF), die Weltbank und die erst 1995 gegründete Welthandelsorganisation (WTO)

gelten als zentrale Institutionen der heutigen Weltwirtschaftsordnung. In der Tat haben alle drei den sogenannten Washingtoner Konsens organisiert, der bis Ende der 1990er Jahre freiem Kapital- und Warenfluss Vorrang vor allen anderen wirtschaftspolitischen Zielen einräumte (Peet 2003). Der heutige Post-Washingtoner-Konsens setzt zwar nicht mehr ausschließlich auf das freie Spiel der Märkte, doch Good Governance, also mehr Transparenz im Regierungshandeln und Rechtssicherheit insbesondere gegenüber internationalen Investoren, rüttelt nicht am Privileg des privaten Eigentums (Jayasuriya 2001).

Der Fokus auf diese internationalen Organisationen lenkt jedoch leicht von den hinter ihnen stehenden großen früh industrialisierten Ländern ab. Es sind nämlich deren Investoren und Industrielle, die von diesem Dreigestirn der Weltwirtschaftspolitik profitieren. Diese Länder, allen voran die USA, besitzen überproportionale Stimmrechte beim IWF und der Weltbank, die sie zur Lenkung dieser Organisationen einsetzen. Doch selbst in der WTO, wo das Prinzip ›ein Mitglied – eine Stimme‹ gilt, dominieren die großen Handelsmächte. Da es bei den WTO-Verhandlungen vor allem um Marktzugang geht, befinden sich die reichen Länder in einer starken Position, da deren Märkte wesentlich attraktiver für Exportinteressen sind als die von kleinen armen Ländern. Die Verhandlungsmacht hängt somit vom Anteil am Welthandel, der relativen Abhängigkeit vom Außenhandel und von der absoluten Kaufkraft ab (Scherrer 2005, 210–211). Und wenn sich diese Länder dennoch nicht gegenüber der Mehrheit in der WTO durchsetzen können, bleibt ihnen die Option offen, bilateral ihre Handelsinteressen zu verfolgen, nämlich sich die Handelspartner einzeln vorzunehmen, was derzeit auch passiert (Fuchs 2006).

Bilanz der Globalisierung

»Die Globalisierung wird oft als Bedrohung empfunden. Im Gegensatz dazu birgt sie jedoch erhebliche Chancen für das Wachstum der Weltwirtschaft und für mehr Wohlstand. Denn die Globalisierung bietet vor allem auch den Entwicklungs- und Schwellenländern Möglichkeiten zum wirtschaftlichen Aufstieg. Damit erwachsen aber auch den Industrieländern neue lukrative Märkte.« (Initiative Neue Soziale Marktwirtschaft 2007) Eine Vertiefung der internationalen Arbeitsteilung und damit der jeweiligen Spezialisierung sowie der sich daraus ergebende Wettbewerbsdruck steigern die Arbeitsproduktivität. Steigende Arbeitsproduktivität ist die Quelle materiellen Reichtums, sie erhöht Verteilungsspielräume. Wem diese Spielräume jedoch zugute kommen, hängt in komplexer Weise von Macht und Knappheitsgraden ab. Trotz rasanter Industrialisierung hat die Masse des globalen Südens bezüglich des Einkommens noch lange keinen Anschluss an den Norden gefunden (Sengenberger 2006, 16–20).

Zum einen ist die Spreizung zwischen Arm und Reich Folge des Angebotsschocks an Arbeitskräften auf dem Weltmarkt durch die bereits erwähnte Öffnung zuerst Chinas, dann aller Gebiete unter ehemals sowjetischem Einfluss und schließlich Indiens gegenüber dem Weltmarkt (Polaski 2004). Allein in Deutschland setzte die Währungsunion 1990 auf einen Schlag ca. 5 Millionen Arbeitskräfte frei. Somit wuchs der weltweite Pool an Arbeitskräften nicht nur durch die klassische Freisetzung der in der traditionellen Landwirtschaft gebundenen Arbeitskräfte, sondern durch die Einbringung bisher abgeschotteter industrieller Belegschaften in den Weltmarkt. Zum anderen nutzen die alten kapitalistischen Industrieländer ihre Finanzmacht, ihr in Markenartikel eingebrachtes kulturelles Kapital (*branding*), ihren Wissensvorsprung und ihre Regelsetzungsmacht in den weltwirtschaftlichen Foren zur Sicherung des Wohlstandsgefälles (Arrighi et al. 2003). Freilich gelingt einigen Regionen des Südens das Aufholen zumindest in den unteren und mittleren Wertschöpfungssegmenten (Lüthje 2006, 21–27). Zugleich wird die Bevölkerung des Nordens zunehmend weniger an dem aus dem Vorsprung gewonnenen Reichtum beteiligt. Dies ist besonders augenfällig in den angelsächsischen Ländern, aber auch in Deutschland weitet sich mittlerweile die Einkommensschere (Statistisches Bundesamt 2004), die abhängig Beschäftigten mussten in der Zeit von 1980 bis 2005 einen Verlust von 6,9 % des Realeinkommens hinnehmen, dagegen konnte die Kapitalseite real ein Plus von 157,3 % verbuchen (Bontrup 2006). Noch Besorgnis erregender ist ein anderer Trend in Deutschland, nämlich dass die beachtlichen Exporterfolge nicht mehr wie in den unmittelbaren Nachkriegsjahrzehnten die Wirtschaft allgemein wachsen lassen (Beck 2006, 28–34).

Literatur

Aglietta, Michel: *A Theory of Capitalist Regulation. The US Experience*. New York 1979.

Altvater, Elmar/Hübner, Kurt/Stanger, Michael: *Alternative Wirtschaftspolitik jenseits des Keynesianismus*. Opladen 1983.

Altvater, Elmar/Mahnkopf, Birgit: *Grenzen der Globalisierung. Ökonomie, Ökologie und Politik in der Weltgesellschaft*. Münster ⁶2004.

Arrighi, Giovanni/Silver, Beverly J./Brever, Benjamin: Industrial Convergence, Globalization, and the Persistence of the North-South Divide. In: *Studies in Comparative International Development* 38. Jg., 1 (2003), 3–31.

Beck, Stefan: Mit Exporten aus der Wachstumskrise? – Das deutsche Modell in der Globalisierung. In: *WSI Mitteilungen* 59. Jg., 1 (2006), 28–34.

Bontrup, Heinz J.: Mehr Umverteilung geht nicht. In: *Frankfurter Rundschau* 61. Jg., 15. August 2006.

Boris, Dieter: *Zur Politischen Ökonomie Lateinamerikas*. Hamburg 2001.

Braudel, Fernand: *Aufbruch zur Weltwirtschaft*. München 1986.

CDU/CSU Arbeitsgruppe: Minderheitenvotum. In: *Enquete-Kommission Globalisierung der Weltwirtschaft – Herausforderungen und Antworten*. Deutscher Bundestag Drucksache 14/9200 (2002), 457–508.

Eckes, Alfred E., Jr.: *Opening America's Market: U.S. Foreign Trade Policy since 1776*. Chapel Hill 1995.

Emminger, Otmar: *D-Mark, Dollar, Währungskrisen*. Stuttgart 1986.

Flassbeck, Heiner/Spiecker, Friederike: Die deutsche Lohnpolitik sprengt die Europäische Währungsunion. In: *WSI-Mitteilungen* 57. Jg. (2005), 707–713.

Frank, Andre Gunder: *ReOrient: Global Economy in the Asian Age*. Berkeley 1998.

Fuchs, Peter: *The New ›Global Europe‹ Strategy of the EU: Serving Corporations Worldwide and at Home*. Brüssel 2006 (http://www.weed-online.org/show/31 8832.html, 30.6.2007).

Giesecke, Susanne: *Von der Forschung zum Markt. Innovationsstrategien und Forschungspolitik in der Biotechnologie*. Berlin 2001.

Haslam, Jonathan: *The Nixon Administration and the Death of Allende's Chile: A Case of Assisted Suicide*. London 2005.

Held, David/McGrew, Anthony G./Goldblatt, David/Perraton, Jonathan: *Global Transformations. Politics, Economics and Culture*. Cambridge 1999.

Helleiner, Eric: *States and the Reemergence of Global Finance. From Bretton Woods to the 1990s*. Ithaca 1994.

Henkel, Hans-Olaf: Exemplarische Rede zur Antritts-
vorlesung am 6. Februar 2001 an der Universität
Mannheim. In: http://www.cicero-rednerpreis.de/
preistraeger.htm (2.2.2009).

Initiative Neue Soziale Marktwirtschaft – INSM: Stichwort ›Globalisierung‹. In: http://www.insm.de/
Lexikon/G/Globalisierung.html (15.6.2007).

James, Harold: *International Monetary Cooperation
since Bretton Woods.* Washington/New York 1996.

Jayasuriya, Kanishka: *Governance, Post Washington
Consensus and the New Anti Politics.* Southeast Asia
Research Centre, Working Papers Series Nr. 2. Hong
Kong 2001.

Kellermann, Christian: Disentangling Deutschland AG.
In: Stefan Beck/Frank Klobes/Christoph Scherrer
(Hg.): *Surviving Globalization? Perspectives for the
German Economic Model.* Berlin 2005, 111–132.

König, Wolfgang/Weber, Wolfhard: *Netzwerke, Stahl
und Strom, 1840–1914.* Berlin 1997.

List, Friedrich: *Das nationale System der politischen
Ökonomie.* Stuttgart 1841.

Lüthje, Boy: Electronics Contract Manufacturing: Globale Produktion und neue Arbeitsregimes in China.
In: *WSI Mitteilungen* 59. Jg., 1 (2006), 21–27.

Merkel, Angela: Rede anlässlich der Eröffnungsveran-
staltung des Weltwirtschaftsforums am 24. Januar
2007 in Davos. In: http://www.angela-merkel.de/
pdf/070124_rede_merkel_davos_wef_neu.pdf (10.6.
2007).

Mies, Maria/von Werlhof, Claudia: *Lizenz zum Plündern. Das Multilaterale Abkommen über Investitionen
›MAI‹. Globalisierung der Konzernherrschaft – und
was wir dagegen tun können.* Hamburg 1999.

Peet, Richard: *Unholy Trinity. The IMF, World Bank and
WTO.* London 2003.

Polaski, Sandra: *Job Anxiety Is Real – and It's Global.* Policy Brief. Campaign Edition No. 30. Washington, DC
2004.

Scherrer, Christoph: *Im Bann des Fordismus. Die Auto-
und Stahlindustrie der USA im internationalen Konkurrenzkampf.* Berlin 1992.

–: *Globalisierung wider Willen? Die Durchsetzung liberaler Außenwirtschaftspolitik in den USA.* Berlin
1999.

–: WTO. In: Claudia von Braunmühl/Jörg Huffschmid/
Christa Wichterich (Hg.): *Das ABC der Globalisierung.* Hamburg 2005, 210–211.

–: Globalisierung als grenzüberschreitende Restrukturierung der Arbeitsteilung. Theoretische Perspektiven. In: Gerd Steffens (Hg.): *Politische und ökonomische Bildung in Zeiten der Globalisierung.* Münster
2006, 18–34.

Sengenberger, Werner: Was bringt die Globalisierung
den Entwicklungsländern? In: *WSI Mitteilungen* 59.
Jg., 1 (2006), 16–20.

Statistisches Bundesamt: Volkswirtschaftliche Gesamt-
rechnung, 2004. In: http://www.destatis.de/jetspeed/
portal/cms/, http://www.bpb.de/wissen/I1WQ8G,0,
Wirtschaftswachstum_und_Entwicklung_der_Arbeit-
nehmer-einkommen.html (14.5.2007).

Stiglitz, Joseph: *Die Schatten der Globalisierung.* Berlin
2002.

Stoiber, Edmund: *Eckpunkte der europäischen Zukunfts-
debatte.* Vortrag an der Humboldt-Universität zu Berlin am 8. November 2001. In: www.whi-berlin.de/stoi-
ber.htm (2.2.2009).

Volcker, Paul/Gyohten, Toyoo: *Changing Fortunes. The
World's Money and the Threat to American Leadership.* New York 1992.

Wallerstein, Immanuel: *The Modern World System. Capitalist Agriculture and the Origin of the European
World-Economy in the Sixteenth Century.* London
1974.

Weltkommission für die soziale Dimension der Globalisierung: *Eine Faire Globalisierung: Chancen für alle
schaffen.* Genf 2004.

Christoph Scherrer

2. Genese der politischen Globalisierung

Kontinuitäten und Brüche zwischen antiker, mittelalterlicher und neuzeitlicher Globalisierung

Dem Prozess der Globalisierung in der Gegenwart, den die zeitgenössischen Debatten wie eine ›Signatur unserer Zeit‹ diskutieren, liegen vielfältige institutionell-sachliche Voraussetzungen und historisch-rechtliche Konstellationen zugrunde, die z. T. weit in die Geschichte zurückverweisen. So reflektieren sich bereits in den antiken Theorien einer ›kosmopolitischen Ordnung der gesamten Welt‹ bei den griechischen Stoikern, in den biblischen Beschreibungen eines ›messianischen Friedensreichs am Ende der Zeiten‹ oder in den rechtstheoretischen Argumenten Ciceros über das ›Recht der Völker‹ (*ius gentium*) realpolitische Erfahrungen der Menschen dieser Epochen mit Prozessen einer Globalisierung von Politik und Herrschaft im Gefolge des Entstehens und Vergehens der Imperien in der antiken Welt des Mittelmeerraums. Dem sich aus den Trümmern der Antike erhebenden Christentum ist infolge des am Ende des Matthäus-Evangeliums begegnenden universalen Missionsauftrags (Mt 28,19) die Perspektive der Globalität ebenso vertraut wie dem wenig später sich über die Kontinente rasch verbreitenden Islam. So ist es auch nicht überraschend, dass sich in beiden Religionen stets auch Beiträge zu einer politischen Theorie globaler Weltverantwortung und Herrschaftslegitimierung auffinden lassen, neben anderen, nicht weniger universal ausgreifenden Reflexionen zu einer grundlegenden Herrschaftskritik und Differenzierung zwischen Religion und politischer Herrschaft, wie sie beispielhaft im lateinischen Christentum im Anschluss an Augustinus' Schrift *De Civitate Dei* zu finden sind.

Globale Entwicklungen der Politik und deren Reflexion in politisch-philosophischen Theorien kennzeichnen bereits die Welt der Antike, und ein globales politisches Phänomen wie die ›Völkerwanderung‹ trug maßgeblich zum Zusammenbrechen der politischen Ordnung des Römischen Reichs bei, deren Imperatoren für Jahrhunderte den Anspruch einer die Welt als Ganze regierenden Herrschaft erheben konnten. Doch selbst im Blick auf diese Zeiten und Räume überspannenden Ordnungen und Entwicklungen kann noch nicht von einer ›politischen Globalisierung‹ im strengen Sinn gesprochen werden, allenfalls von Ansätzen zu einer Globalisierung der Politik, die durch weitere politische Entwicklungen immer wieder verworfen wurden. Dies gilt auch für die Jahrhunderte nach der Völkerwanderung, die seit der Neuzeit als ›das Mittelalter‹ bezeichnet wurden. Die politischen Ordnungen dieser Epoche sind selbst von einem Anspruch auf universale Geltung geprägt, doch in den inneren und äußeren politischen Konflikten der Vertreter des lateinischen Westens, des byzantinischen Ostens und der islamischen Herrschaft treten die tatsächlichen Grenzen dieser Ansprüche offenkundig hervor. Auch Ereignisse wie die plötzliche militärische Expansion der Mongolen von ihren Stammlanden über China nach Südostasien, nach Indien und Persien bis tief nach Europa hinein oder die Ausbreitung der Pest über Asien, über Teile Afrikas und über ganz Europa hatten zwar eine globale Bedeutung, führten aber nicht zu einer ›politischen Globalisierung‹.

Dies sollte sich mit dem Beginn der Neuzeit ändern: Mit der Suche der europäischen Mächte nach einem Seeweg nach Indien, der anders als der Landweg, über den Europa seit Jahrhunderten mit Asien verbunden war, nicht von fremden Herrschern kontrolliert werden konnte, beginnt eine allmähliche und kontinuierliche Geschichte der Globalisierung der Politik, der Entstehung globaler Institutionen und öffentlicher wie rechtlicher Körperschaften – nicht zuletzt auch deshalb, weil das Interesse an ökonomischer Prosperität häufig direkt im Widerspruch zu den Möglichkeiten der Staaten stand, andere Staaten mit Krieg zu bedrohen (Tuck 1999). Diese Geschichte dauert nicht nur faktisch bis heute an, sondern in ihrem Verlauf bildet sich eine ›politische Globalisierung‹ heraus, d. h. eine Entwicklung, die alle lokalen und regionalen Ordnungen der Politik zu Teilen einer umfassenden, eben globalen politischen Ordnung transformiert. So kann im Blick auf das spanische ›Weltreich‹ unter Karl V. von einer ersten wirklich globalen politischen Ordnung im Sinne einer gleichzeitigen Herrschaft über Territorien in nahezu allen Kontinenten der Erde gesprochen werden, und nicht zuletzt deshalb kommt den Beiträgen der ›Schule von Salamanca‹ auch eine Schlüsselrolle bei der Entstehung einer die politische Globalisierung kritisch begleitenden Theoriegeschichte zu (Cruz Cruz 2010; Lutz-Bachmann 2010).

Die Globalisierung der Politik in der Neuzeit und die Genese des klassischen Völkerrechts

Die Ordnung der Politik durchläuft allerdings mit der Herausbildung des rechtlich verfassten modernen Staatswesens einen Wandel, der dazu führt, dass sich die modernen Staaten in Europa grundlegend von den Polis- und Herrschaftsverbänden der Antike und des Mittelalters unterscheiden. Mit diesem Wandel verändert sich auch der Charakter der in der Neuzeit beobachtbaren Globalisierung der Politik.

Es ist die Institution des Staates, der in der europäischen Neuzeit das Monopol der öffentlichen Gewalt und politischen Autorität für sich reklamiert, und in dem Umfang, in dem die modernen Staaten in ihrem Innern das Politikmonopol durchsetzen, verändern sich auch ihre Außenbeziehungen. Die Beziehungen zwischen den politischen Mächten mit unterschiedlichem Anspruch auf Autonomie und Stellung in einer von allen geteilten politischen Ordnung transformieren sich zu zwischenstaatlichen Beziehungen von im Prinzip gleichberechtigten Rechtssubjekten: den modernen Staaten. Diese definieren sich auf der dreifachen Grundlage (1) einer dauerhaften Wirkungs- und Entscheidungseinheit eines einheitlichen Staatsvolkes, (2) unter Bezugnahme auf ein in seinen Außengrenzen präzise definiertes Territorium, (3) nach Maßgabe einer einheitlichen Staatsgewalt, die sowohl nach innen als auch nach außen für sich Souveränität und oberste Entscheidungsgewalt beansprucht. Dieses Staatskonzept exportieren die europäischen Mächte in die ganze Welt und es liegt der Auffassung der internationalen Politik zugrunde, wie es das klassische Konzept des Völkerrechts zum Ausdruck bringt (Koskenniemi 2001). Das klassisch-moderne Völkerrecht versteht sich als eine internationale Rechtsordnung exklusiv zwischen den Einzelstaaten, basierend auf den beiden Rechtsquellen des Völkergewohnheitsrechts und des Völkervertragsrechts. Da das Völkerrecht für die Regelung der Außenbeziehungen von nach innen geschlossenen, rechtlich autonomen Staaten zuständig ist, kommt ihm auch die Aufgabe zu, den Eintritt der Staaten in den Krieg mit anderen Staaten zu regeln wie auch das Handeln der Staaten im Kriegszustand und zur Beendigung des Kriegs. Im Blick auf dieses Konzept von internationaler Politik kann von einer Normalität des Kriegs oder vom Krieg als einer Fortsetzung der Politik mit anderen Mitteln gesprochen werden.

Politische Globalisierung als Entwicklung des 20. Jahrhunderts

Im 20. Jahrhundert ist ein neues Phänomen in der internationalen Politik zu beobachten, das Phänomen der politischen Globalisierung. Es unterscheidet sich von einer bloßen quantitativen Betrachtung der Zunahme der Bedeutung der internationalen Politik für das Handeln der Staaten darin, dass sich die Grundlagen des klassischen Konzepts moderner Politik, nämlich die Grundlagen des staatlichen Handelns selbst, verändern und komplementär dazu auch die Qualität und rechtliche Verfassung der Außenbeziehungen der Staaten einer Transformation unterworfen sind. So ist beobachtbar, dass die modernen Staaten Veränderungen in ihrem Innern ausgesetzt sind, die die frühere Bedeutung der Bestimmungen von Staatsvolk, Territorialität und Souveränität der Staatsgewalt betreffen – mit der Folge, dass auch der Anspruch einer uneingeschränkten Souveränität staatlichen Handelns in seinen Außenbeziehungen revidiert werden muss (Lutz-Bachmann 1999).

Dieser Prozess hat seine längere Vorgeschichte, die durch die dramatische Geschichte der beiden Weltkriege in der ersten Hälfte des 20. Jahrhunderts überdeckt worden ist. Doch mit der Gründung der Vereinten Nationen im Jahr 1945 und den Bestimmungen von deren Charta geben die modernen Staaten zum ersten Mal in der Geschichte der internationalen Politik den Rechtsanspruch auf, jederzeit nach eigenem Gutdünken souverän über Krieg und Frieden im Verhältnis zu den anderen Staatsmächten entscheiden zu können (Habermas 2004, 160–165; Wolf 2010). Das im überlieferten uneingeschränkten Souveränitätsaxiom den Staaten unbefragt zustehende Recht übertragen sie nun auf ein System der kollektiven Sicherheit, für das sie eine verbindliche, überstaatlich geltende Rechtsordnung schaffen (Dicke 2002). Dieser erste Schritt markiert den Beginn einer politischen Globalisierung im Sinne eines Aufbaus von globalen Politik-, Rechts- und Machtstrukturen, die allmählich und in zunehmender Intensität den Einzelstaaten gegenübertreten, von ihnen Rechtsgehorsam einfordern und sich so als eine Ordnung darstellen, die politisch-rechtlich *über* den Staaten steht. Komplementär hierzu treten *neben* den

Staaten als politischer Handlungsmächte immer mehr auch andere Mächte und verfasste Rechtssubjekte auf, die nicht nur im zwischenstaatlichen, internationalen Raum die Staatsmacht beschränken, sondern auch im innerstaatlichen Bereich. Dies verändert von Grund auf die Rolle und Funktion der Staaten – sowohl in ihrem inneren Rechts- und Machtgefüge als auch in ihren Außenbeziehungen. Verstärkt und angetrieben durch die ökonomischen, technologischen, gesellschaftlich-sozialen und ökologischen Prozesse der Globalisierung führen alle diese Entwicklungen, zumal nach dem Ende des Kalten Krieges durch den Friedensschluss im Vertrag von Paris im November 1990, zu einer tendenziell unaufhaltsamen politischen Globalisierung, die die bisherige internationale Ordnung der Staatenwelt schrittweise verändert.

Es ist absehbar, dass die Einzelstaaten in diesem Prozess nicht verschwinden, aber ihr Monopol zur Gestaltung der Politik aufgeben müssen und nur mehr einen Teil ihrer früheren Gestaltungsmacht und ihrer Souveränität, faktisch wie rechtlich, zurückbehalten. Dabei ist es ein zentrales Moment dieser Entwicklung, dass sie von den Staaten selbst aktiv vorangetrieben wird. Sie selbst sind es, die ehemals einzelstaatliche Aufgaben, Funktionen und Rechtsansprüche auf andere Institutionen übertragen, teils auf globale, überstaatliche Akteure, teils – wie im Fall der Europäischen Union – auf neue, kontinentale Konfigurationen von Staatlichkeit und rechtlichen Mehrebenensystemen, teils aber auch auf private, zugleich global vernetzt agierende Körperschaften und Akteure. Auch letztere müssen jedoch öffentlich-rechtlich kontrolliert werden, damit das System der Politik nicht seine Gestaltungsmacht an die Kräfte des Marktes oder der Privatgesellschaft verliert. Im Zuge dieser komplexen Entwicklungen erwachsen zugleich neue Forderungen nach einer Partizipation an politischer Macht auf allen Ebenen, nach demokratischer Kontrolle und Legitimitätsüberprüfung durch die von den Entscheidungen einer globalisierten Politik Betroffenen, die in der Theorie von Politik und Recht noch nicht zureichend reflektiert worden sind. Diesen Forderungen nach demokratischer Kontrolle der neuen, überstaatlichen Strukturen im Raum der internationalen Politik tragen z.B. diejenigen Überlegungen Rechnung, die eine Reform der Institutionen der Vereinten Nationen und eine Stärkung der Vertretung der Bevölkerung der Welt in Form einer direkten parlamentarischen Vertretung in einem Weltparlament fordern – als einer zweiten Kammer der Vereinten Nationen neben der Generalversammlung der Regierungen und zur besseren Kontrolle der Arbeit des Sicherheitsrats (Held 1995; Höffe 2002; Niederberger 2009).

Literatur

Cruz Cruz, Juan: Ius gentium bei Vitoria: ein eindeutig internationalistischer Ansatz. In: Alexander Fidora/ Matthias Lutz-Bachmann/Andreas Wagner (Hg.): *Lex und Ius*. Stuttgart-Bad Cannstatt 2010, 301–332.

Dicke, Klaus: Die Aufgaben der Vereinten Nationen in der Staaten- und Gesellschaftswelt des 21. Jahrhunderts. In: Lutz-Bachmann/Bohman 2002, 46–64.

Habermas, Jürgen: *Die post-nationale Konstellation*. Frankfurt a.M. 1998.

–: Hat die Konstitutionalisierung des Völkerrechts noch eine Chance? In: Ders.: *Der gespaltene Westen*. Frankfurt a.M. 2004, 113–193.

Held, David: *Democracy and the Global Order: From the Modern State to Cosmopolitan Governance*. Stanford 1995.

Höffe, Otfried: *Demokratie im Zeitalter der Globalisierung*. München 2002.

Koskenniemi, Martti: *The Gentle Civilizer of Nations. The Rise and Fall of International Law 1870–1960*. Cambridge 2001.

Lutz-Bachmann, Matthias: ›Weltstaatlichkeit‹ und Menschenrechte nach dem Ende des überlieferten ›Nationalstaats‹. In: Hauke Brunkhorst/Wolfgang R. Köhler/Matthias Lutz-Bachmann (Hg.): *Recht auf Menschenrechte. Menschenrechte, Demokratie und internationale Politik*. Frankfurt a.M. 1999, 199–215.

–: Kosmopolitische Dynamik im Völkerrecht? Ein Beitrag zur Entwicklung des Völkerrechts und der Stellung der Rechtslehre von Francisco Suárez. In: Ders./ Niederberger/Schink 2010, 146–162.

–/Bohman, James (Hg.): *Weltstaat oder Staatenwelt? Für und wider die Idee einer Weltrepublik*. Frankfurt a.M. 2002.

–/Bohman, James (Hg.): *Frieden durch Recht. Kants Friedensidee und das Problem einer neuen Weltordnung*. Frankfurt a.M. 1996.

–/Niederberger, Andreas/Schink, Philipp (Hg.): *Kosmopolitanismus. Zur Geschichte und Zukunft eines umstrittenen Ideals*. Weilerswist 2010.

Niederberger, Andreas: *Demokratie unter Bedingungen der Weltgesellschaft?* Berlin/New York 2009.

Osterhammel, Jürgen/Petersson, Niels: *Geschichte der Globalisierung. Dimensionen – Prozesse – Epochen*. München 2003.

Tuck, Richard: *The Rights of War and Peace. Political Thought and the International Order from Grotius to Kant.* Oxford 1999.

Wolf, Klaus Dieter: *Die UNO. Geschichte, Aufgaben, Perspektiven.* München 2010.

Matthias Lutz-Bachmann

3. Räume und Reichweiten ökonomischer Globalisierung

In den Globalisierungsdiskurs waren von Beginn an zwei Grundkontroversen eingewoben. Erstens, ob die Globalisierung des Kapitalverhältnisses, die mit dem sprunghaften Anstieg ausländischer Direktinvestitionen in den 1990er Jahren zu beobachten war, eine historische Zäsur in der kapitalistischen Entwicklung markiert, oder nur einen in der Grundstruktur der kapitalistischen Produktionsweise angelegten Pfad fortsetzt. Zweitens, ob Globalisierung einen massiven Prozess politischer Deregulierung der Ökonomie (ihre ›Entbettung‹) bewirkt, also eine Verschiebung in der Gewichtung ökonomischer und politischer Prozesse, oder die Durchsetzung kapitalistischer Globalisierung selbst politisch ermöglicht wurde und ein neues Herrschaftsprojekt konstituiert. Hinter diesen Kontroversen verbargen sich sowohl konkurrierende krisentheoretische Deutungen als auch divergierende Positionen in der Einschätzung des in die Globalisierung verstrickten neoliberalen Umbaus der Gesellschaften: Bezeichnete die Globalisierung eine neue Epoche kapitalistischer Expansion, die die Weltwirtschaftskrise der 1970er Jahre neoliberal überwunden hat, oder musste nach wie vor von einer anhaltenden ›Krise des Fordismus‹ ausgegangen werden? Handelte es sich also bei der kapitalistischen Globalisierung um eine schrankenlose Bewegung, deren Reichweite nicht einzudämmen war, oder existierten ›Grenzen der Globalisierung‹, durch die sie erst konkrete Gestalt erfuhr? Und wie ist auf diesem Hintergrund die ›große Krise‹ des globalen Kapitalismus seit dem Finanzcrash 2008 zu interpretieren?

Globalisierung als neue Phase kapitalistischer Expansion

Vor allem marxistische Deutungen wehrten sich gegen Vorstellungen eines durch die Globalisierung bewirkten Entwicklungsbruchs. Bereits Marx und Engels haben schließlich den Weltmarkt als Voraussetzung und Resultat der kapitalistischen Entwicklung einschlägig analysiert (Marx/Engels 1978, 50–61; Marx 1977, 337–349). Zudem habe das *Manifest der Kommunistischen Partei* viele nun als neu bestimmte Verhältnisse vorweggenommen: eine Bourgeoisie, »die Produktion und Konsumtion aller Länder kosmopolitisch gestaltet« und den »nationalen Industrien« den Boden unter den Füßen entzieht. »Lokale und nationale Selbstgenügsamkeit und Abgeschlossenheit« werde abgelöst durch einen »allseitigen Verkehr, eine allseitige Abhängigkeit der Nationen voneinander« (Marx/Engels 1977, 466).

›Globalisierungsskeptiker‹, die sich solchen Deutungen anschlossen, aber empirisch argumentierten, verwiesen darauf, dass das Niveau grenzüberschreitender Waren- und Kapitalströme bereits zu Beginn des 20. Jahrhunderts ein ähnlich hohes Niveau hatte, wie es sich in den 1990er Jahren durch die ›Globalisierung‹ entfaltete (Hirst/Thompson 1996). Im Unterschied aber zum aufstrebenden ›organisierten Kapitalismus‹ kannte der ›globale Kapitalismus‹ des ausklingenden 20. Jahrhunderts keine weißen Flecken mehr. Die *Reichweite* kapitalistischer Globalisierung hatte deutlich zugenommen: Nicht nur immer neue weltökonomische *Räume* wurden durch die Weltmarktöffnung der Peripherien und die Implosion des sozialistischen Weltsystems in die kapitalistische Weltökonomie integriert; auch wurden Gesellschaften und Politik kapitalistisch penetriert (Altvater/Mahnkopf 1999, 45–68).

Der herausgebildete ›Sachzwang Weltmarkt‹ lässt sich nur als ein Prozess charakterisieren, »wie exogene Strukturen endogenisiert werden«, d.h. sich weltökonomische Entwicklungstendenzen und politische Interventionen in den Nationalstaaten zur hegemonialen Blockbildung artikulieren (Altvater 1987, 87). Zudem wurden neue Formen politischer Regulationen – etwa in den Regionen und den lokalen Staaten – unter seiner waltenden Kraft zu »Subjekten des Wettbewerbs« und »Objekten der Produktion« – zu »Orten, an dem die Ressourcen lokaler Gesellschaftlichkeit mobilisiert und ›verbraucht‹ werden, d.h. umgewandelt und in das Innere der abstrakten Kreisläufe der globalen Ökonomie transferiert werden« (Revelli 1999, 114–116).

Aber auch ökonomische Gründe sprachen für eine Zäsur im kapitalistischen Entwicklungsmodus. Die transnationale Integration der Produktion überwand tradierte Muster konzerninterner Arbeitsteilung und transzendierte klassische Ausprägungen von Zentrum und Peripherie. Gleichzeitig wurden Handlungskorridore, in denen die Gesellschaften ihre ökonomische Entwicklung bestimmen konnten, neoliberal eingehegt. Diese ins Werk gesetzte Dialek-

tik von strukturellen Bedingungen und konkretem politischen Entscheidungsprozess muss historisch immer wieder neu geklärt werden, genauso wie die Frage, wie sich externe und interne Bestimmungsfaktoren des gesellschaftlichen Wandels verschränken. In der Globalisierungsdebatte gelang dies bisher allerdings kaum.

Politik und Ökonomie in der kapitalistischen Globalisierung

Vor allem eine an Polanyis *The Great Transformation* orientierte Globalisierungskritik bestimmte die kapitalistische Globalisierung als Durchbruch zu einer ›entfesselten Marktökonomie‹. Im Kapitalismus kommen in der polanyischen Perspektive zwei Organisationsprinzipien historisch zum Prozess: das »Prinzip des Wirtschaftsliberalismus, das auf die Schaffung eines selbstregulierten Marktes abzielt« und das »Prinzip des Schutzes der Gesellschaft, das auf die Erhaltung des Menschen und der Natur sowie der Produktivkräfte« gerichtet ist. Der erste Mechanismus, die Entfesselung der Ökonomie, zerstört die »alte soziale Ordnung«; der zweite ergibt sich aus einer »Reihe von Maßnahmen, die die Gesellschaft traf, um nicht ihrerseits durch die Auswirkungen des selbstregulierten Marktes vernichtet zu werden« (Polanyi 1995, 185).

Vieles scheint unter den Bedingungen der Krise des globalen Kapitalismus darauf hinzudeuten, dass diese »Doppelbewegung des kapitalistischen Marktes« eine zutreffende Charakterisierung der Entwicklungsphase seit der Weltwirtschaftskrise 1974/75 bezeichnet: in einer ersten Phase gelang es dem Kapital, sich aus dem regulativen Geflecht des fordistischen Klassenkompromisses (in Gestalt des keynesianischen Interventions- und nationalen Sozialstaats) zu befreien; mit der Weltwirtschaftskrise 2008 und der ›Rückkehr des Staates‹ scheint sich nun das Pendel wieder zurückzubewegen: die Gesellschaften versuchen, sich vor der Ausgeburt liberaler Marktentfesselung und der ihr innewohnenden Krisentendenz zu schützen.

Dennoch bleibt die Rede von der sozialen und politischen ›Entbettung‹ des Kapitalismus im Globalisierungsprozess unbefriedigend. Unter der tautologischen Phrase vom Kapitalismus als Marktgesellschaft verschwinden die historisch-konkreten Formen, in denen sich Ökonomie und Politik als wechselseitiges Konstitutionsverhältnis artikulieren.

Tatsächlich begründet Globalisierung einen sozialen und politischen Prozess (Röttger 1997). Neoliberale Globalisierung bezeichnet demnach einen Modus der Kapitalakkumulation, der sich durch Transformation der arbeitspolitischen und staatlichen Regulationsverhältnisse der Ökonomie organisiert und reproduziert. Der zu beobachtende neoliberale Umbau der Gesellschaften vollzog sich also nicht als Gestalt gewordene neoliberale Orthodoxie (als Entstehung eines ›reinen Marktes‹), sondern als ein umfassendes gesellschaftliches Restrukturierungsprojekt, mit dem das Kapital den Ausweg aus der ersten schweren Krise der Nachkriegsordnung, der Weltwirtschaftskrise 1974/75, suchte.

Globalisierung als Resultat der Weltwirtschaftskrise 1974/75

Vor allem regulationstheoretisch inspirierte Arbeiten haben die Bedeutung der Krise des Kapitalismus für die Durchsetzung neuer kapitalistischer Entwicklungsmodi hervorgehoben. Das fordistische Wachstumsmodell der Nachkriegsordnung stieß im Innern der entwickelten kapitalistischen Gesellschaften Ende der 1960er Jahre an Grenzen, weil sich die Produktivitätsreserven tayloristischer Arbeitsorganisation erschöpft hatten. Zudem gelang es der Arbeiter- und Gewerkschaftsbewegung – unter den Bedingungen annähernder Vollbeschäftigung – Lohnzuwächse zu erkämpfen, die deutlich über der abflachenden Produktivitätsentwicklung lagen. Das Kapital wurde in eine Rentabilitätskrise gespült, aus der es sich mit einer beschleunigten Internationalisierung befreien wollte. Die internationale Angleichung der Produktivität in den kapitalistischen Hauptländern unterminierte zudem die im Rahmen der US-Hegemonie durchgesetzte ökonomische Weltordnung. Mit der Aufgabe der Golddeckung des US-Dollars 1971 und schließlich dem Zusammenbruch des Systems fester Wechselkurse 1973 wurde das internationale Regelwerk, das die je nationalen fordistischen Entwicklungsmodi absicherte, in die geschichtlichen Annalen verwiesen.

Von nun an geriet das bisher bewährte System kapitalistischer Regulation unter Druck. Zwar reagierte die Politik auf den Ausbruch der Krise noch mit dem Einsatz keynesianischer Instrumente, musste sie aber in der zweiten Hälfte der 1970er Jahre infolge auftretender ›Stagflation‹ abbrechen. Das Kapital kündigte den sich in der Kopplung von Lohn- und Produkti-

vitätsfortschritten materialisierenden Klassenkompromiss auf. Die Regulationstheorie bestimmte solche prozessierenden Umwälzungen als ›große Krisen‹ des Kapitalismus. Im Unterschied zu konjunkturellen Einbrüchen, die das politische Regulationsgefüge nicht erschüttern, erfolgen hier historische Zäsuren, weil eine Krisenüberwindung innerhalb des einst hegemonialen Paradigmas der Regulation nicht mehr möglich ist.

In dieser Perspektive erscheinen sowohl die *Große Depression* der 1930er Jahre als auch die Weltwirtschaftskrise 1974/75 als große Krisen. Die erste, weil sie den Weg für die Durchsetzung eines verstärkten Staatsinterventionismus, einer *Mixed Economy* und institutioneller Macht der Arbeiterbewegung bereitete – eine Entwicklung, in der sich der »Trend zur Politisierung der Ökonomie voll durchsetzt« (Ziebura 1984, 16); die zweite, weil sie diesem Entwicklungstyp den Garaus bereitete, um den Weg in die neoliberalen Konterrevolutionen und die kapitalistische Globalisierung zu ebnen.

Globalisierung als kapitalistische Penetration

Faktisch hat die Internationalisierung des Kapitals in Gestalt transnationaler Produktionsnetze und Verwertungsketten eine neue Qualität erreicht. Sie findet ihren empirischen Ausdruck in einer erheblichen Ausweitung des Intrakonzernhandels und der Produktivitätsangleichung zwischen sog. zentralen und sog. peripheren Produktionsstandorten. Zudem mündete bereits der Übergang zu flexiblen Wechselkursen in eine massive Ausdehnung von Kurssicherungsgeschäften, Devisenspekulationen und die Nutzung derivativer Finanzinstrumente. Durch das damalige Schaffen erster ›freier Bankzonen‹ konnte ein global integriertes Netzwerk von Banken entstehen, das sich sukzessive zum globalen Finanzmarkt ausdehnen konnte.

Die in der Globalisierung der Kapitalverhältnisse gesetzten ›Produktionsnormen‹ (Sharcholder-Value-Steuerung, Profitmargen etc.) – Normen, in denen sich das weltwirtschaftlich dominierende Kapital verwertet – konnten sich sukzessive in der gesamten Ökonomie verallgemeinern. Sie realisierten sich als lokale Ausbeutungsstrategien, indem sie die bestehenden Regulationen der gesellschaftlichen Arbeit unterminierten und neue Regulationsverhältnisse schufen. Internationalisierung/Globalisierung des

Kapitals markiert in dieser Perspektive einen sozialen und politischen Prozess der Weltökonomie, der untrennbar mit der Neukonstitution betrieblicher Koalitionen (Wettbewerbskorporatismen) und gesellschaftlich-politischer Machtblöcke verwoben ist. Ein einmal erreichter Stand dieser transnationalen Durchdringung aufgrund der Restrukturierung hegemonialer Produktionsnormen kann dann als Prozess der Herausbildung einer ›transnationalen Herrschaftssynthese‹ begriffen werden: Es entsteht eine relativ stabile Konfiguration von Klassenfraktionen mit kompatiblen Interessenlagen, die Mechanismen der internen (Staat) und externen (Weltmarkt) Stabilisierung solcher Koalitionen nutzen kann (Röttger 1997).

Noch bevor die kapitalistische Globalisierung Raum greifen konnte, bauten sich die Klassenverhältnisse des fordistischen Kapitalismus um. Das in den einzelnen Staaten lokalisierte Kapital war bereits in den 1970er Jahren in hohem Maße international zusammengesetzt. Jenseits der Staaten bildete sich eine transnationale Fraktion der Bourgeoisie heraus – eine »transnationale Managerklasse« (Cox 1987, 359), die gegenüber anderen Kapitalfraktionen zunehmend an Macht gewann. Die Globalisierung des Kapitals war das Ergebnis dieser Machtverschiebungen. Die nationalen Staaten, die erst die Konstitution dieses transnationalen Machtblocks über Politiken der Deregulierung von Kapital- und Finanzmärkten ermöglicht hatten, wurden zu ›Getriebenen‹ einer von ihnen ins Werk gesetzten Dynamik. Zum einen erwiesen sich keynesianische Instrumente der Wirtschaftsregulation und starke, mit institutioneller Macht ausgestattete Gewerkschaften zunehmend als ›Standortprobleme‹ für ein globalisiertes Kapital. Zum anderen mussten für das überakkumulierte Kapital neue Verwertungsräume geschaffen werden. Gesellschaftliche Bereiche, die vorher keiner Verwertungslogik unterlagen und/oder staatlich organisiert waren, wurden privatisiert. Eine neue Phase ›kapitalistischer Landnahme‹ begann: »Akkumulation durch Enteignung« (Harvey 2005). Der einstige Sozial- und Wohlfahrtsstaat transformierte sich in einen »nationalen Wettbewerbsstaat« (Hirsch 1995), dem im Rahmen eines Übergangs von ›government‹ zu ›governance‹ neue politische Steuerungsformen zur Seite gestellt wurden. Fortgeschrittene Staaten waren von nun an in ein immer dichteres Geflecht transnationaler und innergesellschaftlicher Abhängigkeiten und Verhandlungszwänge eingebunden.

Sie wurden ihrer Fähigkeit zur hierarchisch-souverän-en Steuerung von Wirtschaft und Gesellschaft beraubt, ohne dass in den neuen politischen Formen die Frage nach der demokratischen Selbstbestimmung schon gelöst worden wäre (»Postdemokratie«, Crouch 2008).

Deutlich wurde das auch in den Krisenüberwindungsstrategien der Regionen. Einst vor allem von starken Gewerkschaften initiierte Formen regionaler Strukturpolitik veränderten ihre politische Konstitution. Die einst geschaffenen Formen der Clusterpolitik sollten den »stummen Zwang ökonomischer Verhältnisse« (Marx) in den Regionen durchbrechen und den industriellen Strukturwandel in die Pfade eines ›koordinierten Kapitalismusmodells‹ balancieren. Gleichzeitig sollten so Organisations- und Politikformen, in denen Gewerkschaften bisher Macht ausüben konnten (Großbetriebe und stellvertretende Interessenpolitik) reproduziert werden bzw. neu geschaffen werden. Mit der Einordnung der Regionen in das dominierende Weltmarktkonzert und die dort herrschenden Produktionsnormen verwandelten sich arbeitsorientierte regionale Clusterpolitikansätze in kapitaldominiertes Clustermanagement der lokalen Staaten, das in »Public-Private-Partnerships« – meist unter Orchestrierung durch fokale Unternehmen der Region – exekutiert wurde. Gewerkschaften, einst treibende Kräfte dieser Formen der »mikrosozialen Regulation« wurden zu subalternen Kräften (Dörre/Röttger 2006).

Die ›große Krise‹ neoliberaler Globalisierung

Mit der Finanz- und Wirtschaftskrise seit 2008 scheint diese Konstellation alternativloser Globalisierung, die sich Gesellschaft und Politik untertan macht, unwiderruflich zu Ende zu gehen. Erste Krisenüberwindungsstrategien deuteten mit der ›Rückkehr des Staates‹ das definitive Ende seiner neoliberalen Ära an. Die Forderungen nach ›Re-Regulierung‹ der Finanzmärkte erweckten den Eindruck, dass das finanzmarktgetriebene Akkumulationsregime seinen Zenith überschritten hätte. Zudem schien innerhalb exportgestützter Wachstumsmodelle keine Krisenüberwindung mehr denkbar. Der Entwicklungstyp müsse, um überhaupt einen Weg aus der Krise ebnen zu können, sozial und ökologisch umgebaut werden.

Ökonomische Notwendigkeiten setzen sich jedoch nicht zwangsläufig in politischen Strategien durch. Vielmehr wechselt die Bourgeoisie lediglich vom ›Fluchtpunkt Ökonomie‹ und ›Globalisierung‹ (mit dem sie sich im Gefolge der Weltwirtschaftskrise 1974/75 aus den Fesseln des fordistischen Klassenkompromisses befreien wollte) zum ›Fluchtpunkt Staat‹ (der sie nun vor den eigenen Kräften der Selbstvernichtung schützen soll). Tatsächlich schreiben sich Finanz- und Industriekapital ihre staatlichen Rettungspakete weitgehend selbst. Alle erdenklichen Machtbastionen werden interessenpolitisch aktiviert, Krisenstrategien restaurativ zum Erhalt der Herrschaft eingehegt. Vorschnelle Endzeiterwartungen der neoliberalen Globalisierung sind inzwischen weitgehend zurückgenommen.

Doch also keine ›große Krise‹ des Kapitalismus? Solche sind immer das Ergebnis historisch-spezifischer Widersprüche, die zum Eklat kommen. Sie sind Resultat einer spezifischen historischen Konstellation im Verhältnis von Kapital, Arbeit und Staat. Ziebura lässt in seiner Analyse der Doppelkrise von Weltökonomie und Weltpolitik zwischen 1922/24 und 1931 (vor dem Hintergrund der waltenden Weltwirtschaftskrise 1974/75, die 1980/82 ihre zweite Welle erlebte) keinen Zweifel, dass »die drei letzten Weltwirtschaftskrisen jedenfalls [...] drei völlig unterschiedliche Erscheinungsbilder [zeigen]. Eine Theorie zu entwickeln, die fähig wäre, ›nur‹ diese drei großen Krisen zu erklären und sich dabei nicht auf den lichten Höhen inhaltsleerer Abstraktionen bewegt, wird für eine historische Sozialwissenschaft sicherlich eine immerwährende Aufgabe bleiben, aber keineswegs unmöglich sein.« (1984, 30)

In einer regulationstheoretischen Perspektive stieß »die extensive Akkumulation im 19. Jahrhundert auf den Mangel an Arbeitskräften (Fall der Profitrate durch Lohnkonflikte). Die Überproduktionskrise von 1930 führte den Widerspruch zwischen intensiver Akkumulation (starken Produktivitätsgewinnen) und Stagnation des Lebenshaltungsniveaus der Arbeiter vor. Die gegenwärtige Krise [die seit 1974/75, B.R.] ist die einer Form, in der die Produktivitätsgewinne von einer Ausweitung des Konsums der Arbeiter begleitet werden. Sie setzt ein mit dem Niedergang der Rentabilität, indem die Politik der ›Austerität‹, die die (durch den hochgehaltenen Ölpreis geschmälerten) Profite wiederherstellen soll, schließlich zu einer Unterkonsumtion führt.« (Lipietz 1986, 715) Damit scheinen die *objektiven* Bedingungen des Krisenprozesses präzise beschrieben.

Im Zentrum des regulationstheoretischen Erkenntnisinteresses stehen jedoch auch die historisch unterschiedlichen Formen der Krisenausgänge. Warum entfalteten sich die der Krise der 1930er Jahre inhärenten Dynamiken zum Geburtshelfer des Staatsinterventionismus und die der 1970er Jahre zu Triebkräften neoliberaler Konterrevolutionen? Die regulationstheoretische Antwort bleibt unbefriedigend. Sie erschöpft sich im empirisch nicht eingelösten Postulat vom Primat der sozialen Kämpfe, die kapitalistische Regulationen als »glückliche Fundsachen« (Lipietz) generieren. *Everything goes* in Krisensituationen also?

Die Realitäten sprechen dagegen. Ziebura konstatiert etwa für die 1930er Jahre, dass die sich in der Krise formierenden Kräfte entweder »die Kraft zu einer alternativen Krisenüberwindungsstrategie (Roosevelts New Deal; Volksfront in Frankreich)« besaßen, oder aber wenigstens »wie in England [...] die Konservativen [...] sich von liebgewordenen Vorstellungen (Pfund-Abwertung)« trennten (1984, 182). Auch die Anhänger des Marktliberalismus mussten sich der ökonomischen Intervention des Staates und der Regulation effektiver Nachfrage infolge aufstrebender Massenproduktion beugen. Der historische Krisenvergleich zeigt so auch, dass die Durchsetzungsfähigkeit bestimmter Interessen an strukturelle Bedingungen geknüpft ist. Wie sollte sonst die tendenzielle Sozialdemokratisierung aller volksdemokratischen Parteien in der sog. Nachkriegsordnung erklärt werden? Und wie ließe sich erklären, dass selbst die eingefleischtesten sozialdemokratischen Keynes-Anhänger zumindest nach der zweiten Welle der Weltwirtschaftskrise der 1970er Jahre (1980/82) zu angebotspolitischen Paradigmen und wettbewerbskorporatistischen Formen politischer Praxis umgeschwenkt sind?

Objektiv deutet für die Finanz- und Wirtschaftskrise seit 2008 vieles auf die Existenz einer großen Krise hin – unabhängig davon, ob sie sich kurzfristig in einem Paradigmenwechsel der Arbeits- und Wirtschaftspolitik manifestiert oder nicht. Die weltökonomische Staubsaugerfunktion der US-Ökonomie infolge des ›privatisierten Keynesianismus‹ ist mit dem Finanzcrash unwiderruflich zu Ende gegangen. Ein neuer ›Staubsauger‹ der Weltökonomie ist nicht in Sicht. Die seit Mitte 2010 wieder anspringenden Gewinne aus Exporten der weltmarktdominierenden Ökonomien basieren darauf, Überakkumulationsprobleme via Handelsbilanzüberschüsse auf weltökonomische Partner abzuwälzen und den Schwächeren des Weltmarkts bedingungslos Anpassungsprogramme aufzuherrschen. Mit dem Bankrott der griechischen Defizitökonomie haben solche ›Krisenlösungen‹ schon die nächste Krise, die des Euros und der europäischen Integration produziert.

Von einer politischen Reorganisation der Weltarbeitsteilung, die wirkliche Krisenursachen bekämpft, ist auch die neue *Global Governance* (G20 u.a.) noch meilenweit entfernt. Objektiv handelt es sich um eine neue keynesianische Konstellation. Der in der Finanzkrise ›im Meer versenkte‹ Reichtum speiste sich nämlich vor allem durch zwei Entwicklungen: einer neokapitalistischen Landnahme durch Privatisierung öffentlicher Güter und sozialer Sicherungssysteme sowie einer gigantischen Umverteilung von unten nach oben. Diese Umverteilung gesellschaftlichen Reichtums setzte die Redistribution sozialer Macht voraus. Sie basierte auf einer Schwächung der Gewerkschaftsbewegung, der es beispielsweise in der BRD in den letzten Dekaden kaum mehr gelang, selbst den verteilungspolitisch neutralen Verhandlungsspielraum in den Tarifauseinandersetzungen auszuschöpfen. Die Erosion tradierter Formen der Gewerkschaftsmacht übersetzte sich seit Mitte der 1990er Jahre in eine Krise ihres Kerngeschäfts: der Betriebs- und Tarifpolitik. Das Tarifvertragssystem mutierte von einer betrieblichen Mindest- zu einer Höchstnorm; Abweichungen vom Flächentarif nach unten können mangels Organisationsmacht in den Betrieben oft nicht verhindert werden. In der Folge verfestigten sich die Strukturen der Exportökonomien, etwa des ›Modells Deutschland‹, das, wie auch andere exportorientierte Ökonomien, von der durch die Implosion des privatisierten Keynesianismus verursachten Krise der Realökonomie besonders getroffen wurde. Zugespitzt ließe sich behaupten, dass es die Krise gewerkschaftlicher Organisation war, die die gegenwärtige Krise des Kapitalismus hervorgerufen hat. Ihr ist es nicht gelungen, den Geldhahn, aus dem sich die spekulativen Blasen speisten, abzudrehen, oder durch tarif- und strukturpolitische Maßnahmen das industrielle Spezialisierungsprofil der exportgestützten Ökonomien zu transformieren.

Bislang gibt es auch kaum Anzeichen, dass sich dies unter den Bedingungen der Krise ändert – das unterscheidet die keynesianische Konstellation der Gegenwart von früheren. Heute stellen Kapitalstrategien verstärkt Löhne, Mitbestimmungsrechte und Arbeitsstandards in Frage und versuchen, die Lasten der Krise über den bürgerlichen Staat zu sozialisieren. Krisenüberwindungsstrategien jenseits kapitalistischer Restauration sind blockiert. Bereits der italienische Marxist Antonio Gramsci kannte in den 1930er Jahren die Situation einer »Krise, die sich manchmal über Jahrzehnte hinzieht. Das bedeutet, dass in der Struktur unheilbare Widersprüche aufgetreten sind, welche die positiv an der Erhaltung der Struktur selbst wirkenden politischen Kräfte jedoch innerhalb gewisser Grenzen zu heilen sich bemühen.« (Gramsci 1991–2002, H. 4, § 38, 493) Gramsci notierte, dass eine solche Situation entsteht, weil gerade in Zeiten der ökonomischen Krise »die verschiedenen Bevölkerungsschichten nicht dieselbe Fähigkeit besitzen, sich rasch zu orientieren und sich mit derselben Schnelligkeit zu reorganisieren« (ebd.). Derart prozessierende Krisen verhindern, »daß die Elemente der Lösung sich mit der nötigen Geschwindigkeit entwickeln; wer herrscht, kann die Krise nicht lösen, hat aber die Macht [zu verhindern], daß andere sie lösen, das heißt, hat nur die Macht, die Krise selbst zu verlängern« (ebd., H. 14, § 58, 1682). Vorerst ist also kein finales Ende der neoliberalen Globalisierung abzusehen.

Literatur

Altvater, Elmar: *Sachzwang Weltmarkt. Verschuldungskrise, blockierte Industrialisierung und ökologische Gefährdung – der Fall Brasilien.* Hamburg 1987.

– /Mahnkopf, Birgit: *Grenzen der Globalisierung. Ökonomie, Ökologie und Politik in der Weltgesellschaft* [1996]. Münster [4]1999.

Cox, Robert W.: *Production, Power and World Order. Social Forces in the Making of History.* New York 1987.

Crouch, Colin: *Postdemokratie.* Frankfurt a.M. 2008 (engl. 2003).

Dörre, Klaus/Röttger, Bernd: *Im Schatten der Globalisierung. Strukturpolitik, Netzwerke und Gewerkschaften in altindustriellen Regionen.* Wiesbaden 2006.

Gramsci, Antonio: *Gefängnishefte.* 10 Bde. Hg. von Klaus Bochmann/Wolfgang Fritz Haug/Peter Jehle. Hamburg 1991–2002.

Harvey, David: *Der neue Imperialismus.* Hamburg 2005 (engl. 2003).

Hirsch, Joachim: *Der nationale Wettbewerbsstaat. Staat, Demokratie und Politik im globalen Kapitalismus.* Berlin 1995.

Hirst, Paul Q./Thompson, Grahame: *Globalization in*

Question. The International Economy and the Possibilities of Governance. Cambridge 1996.

Lipietz, Alain: Krise. In: *Kritisches Wörterbuch des Marxismus.* Bd. 4. Hamburg 1986, 712–719.

Marx, Karl: *Das Kapital. Dritter Band* (MEW 25). Berlin (DDR) 1977.

– /Engels, Friedrich: Manifest der Kommunistischen Partei. In: Dies.: *Marx-Engels-Werke* (MEW). Bd. 4. Berlin (DDR) 1977, 459–493.

– /Engels, Friedrich: Die deutsche Ideologie. In: Dies.: *Marx-Engels-Werke* (MEW). Bd. 3. Berlin (DDR) 1978, 9–530.

Polanyi, Karl: *The Great Transformation. Politische und ökonomische Ursprünge von Gesellschaften und Wirtschaftssystemen.* Frankfurt a.M. ³1995 (engl. 1944).

Revelli, Marco: *Die gesellschaftliche Linke. Jenseits der Zivilisation der Arbeit.* Münster 1999.

Röttger, Bernd: *Neoliberale Globalisierung und eurokapitalistische Regulation. Die politische Konstitution des Marktes.* Münster 1997.

Ziebura, Gilbert: *Weltwirtschaft und Weltpolitik 1922/24–1931. Zwischen Rekonstruktion und Zusammenbruch.* Frankfurt a.M. 1984.

Bernd Röttger

III.2 Ökonomisch-soziale Kontroversen

1. Antriebskräfte ökonomischer Globalisierung

Versteht man unter ökonomischer Globalisierung den zunehmenden Anteil grenzüberschreitend verlaufender Wirtschaftstätigkeiten privater Akteure in den Bereichen Handel, Finanzen, Dienstleistung und Arbeit an der gesamten globalen Wirtschaftsleistung (vgl. Schirm 2006), so entsteht die Frage, aufgrund welcher Kräfte sich wirtschaftliche Globalisierung entwickelt und vertieft. Die Antriebskräfte dieser zunehmend globalisierten Wirtschaftstätigkeit setzen sich aus verschiedenen Faktoren auf nationaler und internationaler oder transnationaler, also grenzüberschreitender Ebene zusammen. Entscheidend sind einerseits nationale, also staatliche Entscheidungen, internationale Institutionen, welche die Umsetzung dieser Entscheidungen vereinfachen, technologischer Fortschritt in den Bereichen Transport, Bildung, Produktion und Kommunikation, sowie schließlich ausländische Direktinvestitionen als eine der Möglichkeiten, diese neuen Technologien zu verbreiten und Entwicklungsprozesse zu unterstützen. Die Beziehung zwischen diesen vier Faktoren und dem Prozess der Globalisierung wird in den folgenden Abschnitten näher erläutert. Inwiefern führen diese vier Faktoren zu einer tiefergehenden und weiter verbreiteten ökonomischen Globalisierung? Mit welchen zusätzlichen Auswirkungen neben einer steigenden ökonomischen Globalisierung ist noch zu rechnen?

Nationale politische und ökonomische Entscheidungen

Die häufigen und oftmals aufgeheizten öffentlichen Debatten über Globalisierung zeigen, dass Globalisierung positive wie auch negative Auswirkungen auf Gesellschaft, Wirtschaft und Politik der einzelnen Staaten haben kann. Einerseits werden zuneh-

mende wirtschaftliche Aktivitäten auf globaler Ebene erreicht, die zu Vorteilen für Industrie- und Entwicklungsländer führen können. Diese Vorteile, welche entweder nur bestimmten Eliten vorbehalten sind, oder auch der gesamten Gesellschaft zugute kommen, können unter anderem größere Gewinnmöglichkeiten für transnationale Unternehmen (TNU), schnellere Wachstumsraten, technologische, finanzielle und wissensbasierte Unterstützung für Entwicklungsprojekte, sowie eine wachsende Stabilität des globalen Wirtschaftssystems bedeuten. Andererseits steigt mit wachsender ökonomischer Verflechtung auch das Risiko einer ›Ansteckung‹ von Finanz-, Banken- oder Währungsstörungen zwischen den vernetzten Ländern – mit den damit verbundenen sozialen und politischen Problemen. Zudem gibt es auch das Problem, dass höhere Gewinnmargen und Profit aus Globalisierungsprozessen häufig nicht gleichmäßig verteilt werden. Deshalb erfüllt die ökonomische Globalisierung einige der gewünschten Ziele – beispielsweise Armutsreduktion und Entwicklungsförderung – nicht. Das Abwägen dieser Kosten und Nutzen von Globalisierung innerhalb verschiedener Staaten wird künftig entscheiden, inwiefern und für wie lange ihre Wirtschaftspolitik den Prozess der ökonomischen Globalisierung unterstützen wird.

Einer der Schwerpunkte der Debatten über Globalisierung liegt in der Frage nach der Beziehung zwischen Staat und Markt, genauer gesagt, nach der Hierarchie innerhalb deren Beziehung untereinander. Führt Globalisierung zu einer Unterordnung von Staaten unter die Kräfte des Marktes, oder kann der Staat seinen Status als Hauptakteur in internationalen, auch wirtschaftlichen, Beziehungen erhalten? Dies impliziert die Frage, ob der Staat den Globalisierungsprozess beschleunigen oder abbremsen kann, oder ob wirtschaftliche Globalisierung unumkehrbar zur Entstehung einer einzigen globalen, ökonomischen Gemeinschaft führen wird. Die Medienberichterstattung über Globalisierung weist der Handelsliberalisierung und den transnationalen Unternehmen eine immer größere Machtstellung in diesem Prozess zu. Der Mainstream der Medien stimmt demnach dem Argument zu, der Markt habe vollkommene Macht über den Staat erlangt. Ein etwas differenzierterer Blick zeigt hingegen, dass der Staat im Zeitalter der Globalisierung sehr wohl noch immer in der Lage ist, eigenständig zu agieren. Globalisierung schwächt den Staat nicht grundsätzlich, sondern verändert lediglich die Anreize für bestimmte wirtschaftspolitische Optionen. Staaten sind sowohl freiwillige Teilnehmer an der Globalisierung als auch eine der Antriebskräfte, welche die Ausweitung dieses Prozesses befördern. Auf den Punkt bringt dies Martin Wolf: »Wenn wir eine bessere Welt haben wollen, so brauchen wir keine andere Ökonomie sondern eine bessere Politik.« (2004, 12; Übers. der Autorinnen)

Die Macht des Staates bezüglich der Gestaltung von Globalisierung wird anhand der Handelsliberalisierung deutlich. Traditionell stellt man Handel als automatischen Mechanismus der fortschreitenden Globalisierung dar. Das heißt, wenn ein Staat mit einem anderen zu handeln beginnt, werden demzufolge als Konsequenz dritte Staaten versuchen, ebenfalls Handelsbeziehungen mit anderen Staaten aufzubauen, um nicht ökonomisch hinter ersteren zurückzubleiben. Obwohl dies logisch erscheint, zeigt sich staatliches Verhalten tatsächlich häufig anders: Staaten entscheiden sich beispielsweise aufgrund von innerem Druck für eine protektionistische Handelspolitik oder blockieren Handelsabkommen aus strategischen Gründen. Laut Bisley (2007, 95) ist zu bedenken, dass Märkte sich nur deshalb öffnen können, weil Staaten ihnen dies erlauben. Schirm (2006, 15) führt dies noch weiter, indem er betont, dass ohne die nationalen Entscheidungen, verschiedene Handelssektoren zu liberalisieren, überhaupt kein globaler Handel existieren würde. Demnach könnte der Prozess ökonomischer Globalisierung nicht nur von Staaten gebremst, sondern sogar zurückgedreht werden, falls Staaten sich plötzlich für eine weniger liberale Handelspolitik entscheiden. Dadurch, dass staatliche Entscheidungen Marktprozesse beeinflussen können, ebenso wie ökonomische und binnenpolitische Faktoren den Spielraum für staatliches Verhalten begrenzen, werden beide untrennbar zu einem gegenseitig abhängigen Gefüge verbunden.

Ein Beispiel soll dies veranschaulichen. In den ersten Jahren der Republik Indiens, zwischen 1947 und 1991, existierte dort ein eher planwirtschaftliches System, in welchem die indische Regierung nationale ökonomische Ziele in fünfjährigen Zeiträumen aufstellte. Aufgrund der Unbeständigkeit des globalen Handels errichtete die indische Regierung höhere Zollschranken mit der Hoffnung, dass durch eine Isolierung der indischen Wirtschaft ein schnelles und stabiles Wachstum gesichert werden könnte. Im Jahr 1991 galt diese Strategie jedoch als gescheitert, da sie Indien durch die daraus resultierenden Zahlungsbilanzprobleme, fehlende Devisen und Geldentwertung (Inflation) in mehrere wirtschaftliche Krisen stürzte und dadurch die indische Regierung zu einer offeneren Handelspolitik gedrängt wurde. Seitdem hat sich Indien zu einer mächtigen Antriebskraft für den globalen Handel entwickelt. Es führt als aktiver Teilnehmer Verhandlungen in der Welthandelsorganisation und ist sowohl Beteiligter als auch Initiator bei diversen bilateralen und regionalen Handelsabkommen, welche den Prozess der ökonomischen Globalisierung weiter vertieften. Interessant hierbei ist nicht nur, dass die indische Regierung bis in die 1990er Jahre, und damit mindestens ein Jahrzehnt länger als die meisten anderen Staaten, eine Politik des stark kontrollierten und beschränkten Außenhandels verfolgte, sondern auch, dass die noch junge Anbindung von Indien an den Welthandel bereits heute tiefgreifende globale Wirtschaftseffekte erzeugt hat. Die Entscheidungen der indischen Regierung haben also eine Beteiligung an der wirtschaftlichen Globalisierung zunächst – durch die Zurückhaltung einer der weltgrößten Bevölkerungen von globalen Produktions- und Konsummärkten – aufgehalten. Aufgrund des internen ökonomischen Drucks sowie durch die aktive Beteiligung an Liberalisierungsverhandlungen auf verschiedenen Ebenen wurde die Integration Indiens in den globalen Markt, und damit ein Teil der ökonomischen Globalisierung, schließlich ermöglicht.

Die Beeinflussung transnationaler Finanzbeziehungen durch nationale Entscheidungen zeigt ebenfalls deren erhebliche Wirkung als Antriebskräfte ökonomischer Globalisierung. TNU und ausländische Investoren werden oft als dominante Faktoren in Globalisierungsprozessen wahrgenommen, da sie durch ihr Profitstreben Staaten zugunsten eines positiven Anlageklimas beeinflussen wollen. Dies wäre ein Argument für eine stärkere Politikkonvergenz durch die Kräfte der Globalisierung. Im Kontext der Politikkonvergenz trat auch die sogenannte ›race to the bottom-These‹ auf, die von einer Angleichung auf dem geringsten Niveau von Unternehmensstandards ausgeht, um Firmen wettbewerbsfähiger zu machen. Diese These wird im vorletzten Teil anhand von Umwelt- und Sozialstandards exemplarisch dargestellt. Jedoch ist das Argument der Politikkonvergenz dominanter privater Akteure, also die Annäherung ihrer Investitionstätigkeiten, zu Zeiten der Globalisierung nicht mehr pauschal anzunehmen. Schließlich sind es häufig *staatliche* Entscheidungen, die die Eigenschaften des innerstaatlichen Investitionsklimas bestimmen. TNU agieren nicht unabhängig von den Staaten, sondern bleiben eng an diese gebunden und erstellen ihre Kosten/Nutzen-Analyse *innerhalb* der verschiedenen rechtlichen Rahmenbedingungen der potentiellen staatlichen Investitionskandidaten. Sollten sich verschiedene staatliche Entscheidungen einander annähern, was bis heute weder eindeutig be- oder widerlegt wurde, so würde dies den Prozess der Globalisierung eher verlangsamen als beschleunigen. Schließlich würden TNU für mehr Profit dann nicht mehr ins Ausland gehen müssen. In diesem Fall würde die grenzüberschreitende Expansion eines Unternehmens der Verbesserung von Produktion und Investitionen innerhalb desjenigen Landes untergeordnet werden, in dem das Unternehmen ohnehin bereits vorhanden ist. Dies zeigt, wie komplex das Wettbewerbsgefüge zwischen den verschiedenen staatlichen und wirtschaftlichen Unternehmen ist.

Tatsächlich ist die Beziehung also nicht als *Einfluss* von TNU auf Staaten zu verstehen, sondern als *Ermöglichung* von transnationalen Wirtschaftsaktivitäten im Ausland durch die Staaten. Die nationale Entscheidung beispielsweise, das Investitionsklima zu verbessern, dient der Anziehung ausländischer TNU, im eigenen Land zu investieren. Durch diese aktive, staatliche Beeinflussung des Wirtschaftsklimas entwickelt sich die Globalisierung von transnationalen Handels- und Finanzbeziehungen weiter (Wolf 2004). Wie sich die Globalisierung im einzelnen Fall darstellt, ergibt sich aus dem komplexen Gefüge der binnenstaatlichen und externen, wirtschaftlichen sowie staatlichen Faktoren.

Internationale Institutionen

Bestehen einmal staatliche Präferenzen, sich an der grenzüberschreitend verlaufenden Wirtschaftstätigkeit zu beteiligen, entstehen Unsicherheiten auf dem internationalen Markt. Diese können aus Problemen wie kurzfristigen Währungsschwankungen, instabilen Wechselkursen, fehlender Kreditwürdigkeit von Staaten oder aus Handelsbarrieren resultieren, die einen transnationalen Handel gar nicht erst ermöglichen.

Eine Lösung für diese Problematik kann in der Einrichtung und Etablierung internationaler Institutionen gesucht werden. Vor allem durch die Erfahrung der Weltwirtschaftskrise von 1929 und den frühen 1930er Jahren und nach dem Ende des Zweiten Weltkrieges entstand der Wunsch nach einer Neuausrichtung der Weltfinanzpolitik und der Errichtung eines stabilen Weltwirtschaftssystems. Als Ergebnis fand im Jahre 1944 die Konferenz von Bretton Woods in New Hampshire, USA statt. Man wollte auf dieser Konferenz den Grundstein für ein System von *Global Governance* legen, um Unsicherheiten auf dem Weltmarkt, wie Inflation oder schwankende Wechselkurse, zu beseitigen. Es wurden schließlich zwei internationale Finanz- und Entwicklungsinstitutionen gegründet, die sowohl den Handel und Devisentransfer erleichtern, die Zahlungsfähigkeit von Ländern stabilisieren als auch die allgemeine Entwicklung eines weltweit funktionalen Handels- und Finanzsystems vorantreiben sollten.

Eine der beiden Zwillingsorganisationen, die in der Folge von Bretton Woods entstanden, ist der Internationale Währungsfonds (IWF), der durch die Vergabe von Krediten an zahlungsunfähige Staaten (*lending*) deren makroökonomische Stabilisierung und den Handel mit anderen Staaten erleichtern soll. Zudem leistet der IWF technische Hilfe (*technical assistance*) und überwacht und stabilisiert die internationalen Finanzmärkte (*surveillance*), um freien Devisenverkehr zu ermöglichen. Der Wandel von einem globalen Finanzsystem mit festen Wechselkursen zu einem System mit flexiblen Wechselkursen, der während der 1970er Jahre stattfand, führte zu einer neuen Bewertung der Aufgaben des IWF: Plötzlich wurde seine bis dahin wichtigste Aufgabe – die Überwachungsfunktion – der Kreditvergabe an hilfsbedürftige Staaten untergeordnet. Seine Kredite band der IWF vor allem seit den 1980er Jahren an Strukturanpassungsprogramme (*structural adjustment programs*), die eine nachhaltig weltmarktorientierte und ›gute‹ Regierungsführung garantieren sollten. Kritik an diesen Programmen während und nach der Asienkrise der 1990er Jahren – die unter anderem in dem Vorwurf bestand, die Anforderungen der Programme seien nicht speziell auf hilfsbedürftige Länder zugeschnitten (u.a. Kapur 1998) – führte zu einer größeren Auswahl verschiedener Arten von Krediten in den letzten Jahrzehnten. Trotz der Reform der Kreditvergabemethoden bleiben die primären Aufgaben des IWF jedoch dieselben: Kreditvergabe an zahlungsunfähige und/oder hoch verschuldete Staaten, technische Hilfe in ihren Fachgebieten (u.a. Finanzpolitik und Geldpolitik) und Überwachung des internationalen Finanzsystems. Die bis heute ziemlich erfolgreiche Umsetzung dieser Aufgaben hat ein weltweites Wirtschaftssystem geschaffen, welches die transnationale wirtschaftliche Kooperation unterstützt.

Die Weltbank (die als Weltbank-Gruppe aus mehreren Unterorganisationen besteht) als zweite der beiden Bretton Woods-Institutionen ist heute speziell den Bedürfnissen der Entwicklungsländer gewidmet und soll deren wirtschaftlichen Fortschritt durch gezielte Kreditvergabe zur Aufbauhilfe fördern. Ihre Aufbaukredite, die ebenfalls zunächst an makroökonomische Anpassungsprogramme im Sinne des marktliberalen Wirtschaftsmodells gekoppelt sind, vergibt sie gleichermaßen an die ärmsten Länder der Welt, an Schwellenländer oder an die sogenannten Newly Industrializing Countries (NICs). Indikatoren, die für die Höhe der Unterstützung maßgeblich sind, beziehen sich beispielsweise auf ›gute‹ Regierungsführung, Kampf gegen Korruption, Rechtsstaatlichkeit oder allgemeine politische Partizipation. Diese Indikatoren ermöglichen der Weltbank ein ›Rating‹, anhand dessen internationale Investoren Informationen – und damit Sicherheit – über die Adressaten ihrer (Finanz-)Anlagen erhalten sollen. Gemeinsam mit dem IWF versucht die Weltbank, globale und innerstaatliche politische und wirtschaftliche Strukturen zu schaffen, welche zugleich stabil und effizient sind. Diese sollen die Vorteile der Beteiligung am Globalisierungsprozess vergrößern und schließlich die Partizipation an der Globalisierung selbst vorantreiben.

Ein weiteres Instrument zur Beschleunigung und Erleichterung des globalen Handels stellte das »General Agreement on Tariffs and Trade« (GATT) und die sich daraus entwickelnde Welthandelsorganisation dar. Das GATT wurde 1948 von dreiundzwanzig Ländern unterschrieben. Es sollte in seinen Handels- und Verhandlungsrunden zu einer weltweiten Verringerung von tarifären (z.B. Zölle) und nichttarifären Handelshemmnissen (z.B. Umwelt- und Sozialstandards) beitragen, um so einen internationalen, möglichst freien Markt zu erwirken. Das GATT wurde um weitere Säulen ergänzt, die auch Handel mit Dienstleistungen (»General Agreement on Trade in Services«, GATS) und dem sogenannten geistigen Eigentum (»Trade Related Intellectual Property Rights«, TRIPS) regulieren sollten. Im Jahre 1995 wurde das GATT in die Welthandelsorganisation (World Trade Organization, WTO) überführt. Diese erfüllt bis heute zwei Aufgaben für ihre Mitglieder: Einerseits werden Verhandlungsrunden zur Reduzierung von Handelsbarrieren durchgeführt, andererseits entstand ein Streitschlichtungsorgan zur Beilegung internationaler Handelsstreitigkeiten. Die Freihandelsgespräche der WTO stehen derzeit an einem schwierigen Punkt, da die Senkung von protektionistischen Barrieren durch staatliche Entscheidungen und innerstaatlichen wirtschaftlichen Druck gehemmt wird. Jedoch scheint das Streitschlichtungsorgan weitgehend als effizient und effektiv bewertet werden zu können (u.a. Davis 2003).

Die WTO vertritt zwei grundlegende Prinzipien, welche die Unsicherheit und Risiken liberalisierter Märkte reduzieren und dadurch ökonomische Globalisierung fördern sollen. Diese beiden Kernprinzipien lauten ›Nichtdiskriminierung‹ und ›Reziprozität‹. Das Prinzip der Nichtdiskriminierung beinhaltet zwei Grundsätze, mit denen Gleichberechtigung unter den heute 153 Mitgliedern der WTO hergestellt werden soll: Keines der Mitgliedsländer darf den Handel mit einem bestimmten Land gegenüber anderen bevorzugen (Meistbegünstigung), ebenso darf keines der Mitgliedsländer die Produkte der eigenen Herstellung gegenüber Importen bevorzugen (Inländerbehandlung). Durch diese Regelungen wird eine Diskriminierung Dritter vermieden, und es werden allen WTO-Mitgliedern gleiche Rechte im Freihandel eingeräumt. Die Reziprozitätsklausel schreibt zusätzlich vor, dass keines der Mitglieder einseitige Handelszugeständnisse machen muss. Die Handelserleichterungen, die ein Land einem anderen Staat gewährt, müssen für diesen Bereich ebenfalls im anderen Land liberalisiert werden. Damit ermutigt die Welthandelsorganisation auch weniger mächtige oder sich entwickelnde Länder, sich am Weltmarkt und damit an der wirtschaftlichen Globalisierung zu beteiligen, da Ungleichgewichte bei den handelnden Staaten prinzipiell vermieden werden sollen.

Gemeinsam sorgen die Welthandelsorganisation und die beiden internationalen Entwicklungs- und

Finanzinstitutionen IWF und Weltbank durch ihre Regulierungsfunktionen für mehr Sicherheit, Effizienz und Information auf dem Weltmarkt. Dadurch versprechen sie schnellere Wachstumsraten für jedes Land, das ökonomisch grenzüberschreitend aktiv ist. Sie sind also globale Governance-Institutionen und sollen eine transparente, anhaltend freie und stabile globale Wirtschaft ermöglichen. Damit erleichtern sie den einzelnen Akteuren ihre Entscheidungen zum Weltmarkt und in der Entwicklungspolitik und helfen dabei, Risiken und Unsicherheiten einzuschätzen und zu vermeiden. Somit können sie die globale Wirtschaftätigkeit erleichtern und die ökonomische Globalisierung fördern. Allerdings entstehen bei der Umsetzung dieser Ziele für alle drei Organisationen noch immer zahlreiche Herausforderungen, welche dazu führen, dass die Reichweite ihrer Politik bisweilen hinter den gewünschten Ergebnissen zurückbleibt.

Innovationen in Technologie und Kommunikation

Eine weitere Erklärung für den fortschreitenden Prozess der Globalisierung bietet die zunehmende Verbreitung moderner, qualitativ hochwertiger Technologien und Kommunikationsmittel zu günstigen Preisen. Die neuen Medien und innovativen Technologien unterstützen Globalisierungsprozesse auf zwei Wegen. Neue Technologien ermöglichen wirtschaftliche Globalisierung indem sie Privatunternehmen ermutigen, ihre Wirtschaftätigkeit grenzüberschreitend zu gestalten und Strukturen dafür zu schaffen. Früher verhinderten die hohen Kosten von Reisen, Transportwegen und Kommunikation, dass grenzüberschreitende Aktivitäten profitabel sein konnten, oder die Kosten die Expansionsmöglichkeiten von Unternehmen stark einschränkten. Um profitabel zu sein, mussten Unternehmen ihr Geschäft auf ein kleines Gebiet begrenzen, innerhalb dessen trotz der Ausgaben für Transport, Kommunikation und Herstellung noch ein Gewinn erzielt werden konnte. Da diese Kosten mit zunehmender Ausweitung von Transportwegen etc. exponentiell anstiegen, zeigten sich diejenigen Aktivitäten eines Unternehmens am profitabelsten, die innerhalb der Grenzen nur *eines* Staates stattfanden. In den letzten dreißig Jahren ereignete sich schließlich eine Revolution der Transport- und Kommunikationstechnologien und änderte dies grundlegend (Bisley 2007,

48). Laut Keohane und Nye (2000, 113–114) unterstützte diese Entwicklung grenzüberschreitende Unternehmensaktivitäten und ermöglichte trotz transnationaler Produktion den Gewinn der Unternehmen. Dadurch verschafften technologische Innovationen, insbesondere im Bereich der Kommunikation, Unternehmen die Möglichkeit, sich international zu vernetzen. So konnte die ökonomische Globalisierung angetrieben werden.

Zudem führen technologische Entwicklungen aufgrund eines weiteren Faktors zu neuen Globalisierungsschüben: Sie verringern die Staatsausgaben für die eigene innenpolitische und ökonomische Entwicklung. Durch institutionelle Unterstützung oder bi- und trilaterale Abkommen erhalten Entwicklungsländer heute Zugang zu neuen Technologien, welche eine rapide wirtschaftliche Entwicklung nach sich ziehen können. Ein Beispiel hierfür ist eine neue Vereinbarung zwischen Brasilien und Indien, der zufolge ein brasilianisches, bewährtes Programm für Nahrungssubventionen auch in Indien etabliert werden soll, um bei der Armutsbekämpfung im indischen Agrarsektor zu helfen. Weil diese Staaten neue Technologien meistens indirekt erhalten (z.B. durch den Technologietransfer transnationaler Unternehmen oder die Aufnahme von Investoren), müssen sie keine Forschungskosten für den technologischen Fortschritt bezahlen und können somit niedrigere Produktpreise erheben. Schwellenländer wie Indien, Brasilien oder China können dadurch nicht nur einfache Industrieerzeugnisse und Agrarprodukte exportieren, sondern sind zunehmend in der Lage, auch hochwertige Dienstleistungen, alternative Energiequellen und andere komplexe Produkte und Entwicklungen auf dem Weltmarkt wettbewersfähig zu machen. Diese Produkte können somit nicht nur mit denen anderer Schwellenländer, sondern auch mit Produkten aus Industrieländern konkurrieren. Mit zunehmender technologischer Entwicklung steigt auch die Wahrscheinlichkeit eines Gewinns aus der tieferen Integration in das globale Finanz- und Handelssystem. Sinkende Kosten und der erleichterte Zugang für Entwicklungs- und Schwellenländer zu neuen Technologien ermöglichen diesen und ihren Firmen den Einstieg in die Weltwirtschaft.

Ausländische Direktinvestitionen

Ausländische Direktinvestitionen (ADI; englisch: Foreign Direct Investment, FDI) sind Vermögensanlagen von Firmen im Ausland, welche Unternehmensprozesse fern des Heimatlandes der Firma ermöglichen sollen. Dies kann in Form von Produktionsstätten, Tochterfirmen, ausgegliederten Sektoren einer Firma etc. geschehen. Die Direktinvestitionen unterscheiden sich von bloßen finanziellen (Portfolio-)Investitionen, da sie die physische Präsenz eines Unternehmens, beispielsweise durch Produktionsstätten, im Ausland beinhalten. Dies kann den Nebeneffekt haben, dass moderne Technologien in die Partnerländer transportiert werden (Herkenrath 2003). Durch eine Firma, die transnational agiert, kann qua Anstellung lokaler Arbeitnehmer technologisches ›Knowhow‹ in ein Land transportiert werden, das für die selbständige Entwicklung neuer Technologien möglicherweise schlecht ausgestattet ist. Regionale und lokale Arbeitnehmer können in einer transnationalen Firma Schulungen und Ausbildungen erhalten, die sonst möglicherweise nicht angeboten würden. Zudem fließen durch transnational agierende Unternehmen neue Devisen in das Gastland. Speziell für Entwicklungsländer spielen Direktinvestitionen transnationaler Unternehmen (TNU) und Banken (TNB) eine wichtige Rolle für Arbeitsplätze, Wettbewerbsfähigkeit und auch Finanzspritzen (Rode 2002). Schließlich wird für die grenzüberschreitende Expansion von großen Firmen nicht selten das Kapital des Ursprungslandes verwendet, das somit als ›frisches‹ Geld in das Gastland fließt. Durch die Arbeit der internationalen Organisationen für eine Regulierung des Weltmarktes und die Stabilisierung der Finanzmärkte und die Regierungsfähigkeit der Gastländer hat sich ein gewisses Maß an Sicherheit gebildet, das Auslandsinvestitionen transnationaler Firmen weniger risikoreich und wirtschaftlich attraktiv gestalten lässt. Dank offener Grenzen beispielsweise für die Produktion von Gütern, können Transportwege verkürzt werden, der Zugang zu Rohstoffen und deren direkte Verarbeitung ermöglicht, sowie günstigere Produktionsbedingungen erreicht werden.

Zusammenfassend kann gesagt werden, dass durch den grenzüberschreitenden Transport moderner Technologien, Finanzspritzen für Entwicklungsprojekte, die Modernisierung von Herstellungsprozessen, und durch den Aufbau von Arbeitsplätzen in neuen Sektoren, ausländische Direktinvestitionen ebenfalls die ökonomische Globalisierung fördern können. Zum einen ermöglichen ADI einen schnellen und stabilen Entwicklungsprozess innerhalb von Entwicklungs- und Schwellenländern, der wiederum diesen Ländern eine größere Leistungsfähigkeit hinsichtlich ihrer Teilnahme an der globalen Wirtschaft verschafft und sie somit auch attraktiver für weitere Auslandsinvestitionen macht. Zum anderen ermöglichen ausländische Direktinvestitionen TNU und TNB günstigere und effizientere Herstellungsoptionen und dadurch die Möglichkeit, mehr Gewinn durch globale Wirtschaftsaktivitäten zu erzielen. Weil Ausländische Direktinvestitionen für jedes Land im Prinzip wirtschaftlich lukrativ sind, entsteht dadurch Druck auf Regierungen, am Prozess der Globalisierung teilzunehmen, z. B. durch Gesetze, die diese Investitionen ermöglichen und unterstützen.

Ausländische Direktinvestitionen sind somit einerseits Antriebskraft und andererseits Ergebnis wirtschaftlicher Globalisierung. Im Bereich der ADI entstand allerdings eine Debatte darüber, ob durch transnationale Wirtschaftstätigkeit nicht etwa lokale Ressourcen, Finanzen und Arbeitskräfte durch die Konzerne ausgebeutet werden. Dies könnte zu einem Herabsenken von Standards, so zum Beispiel im Bereich von Umweltschutzauflagen oder gerechten Arbeitsbedingungen, führen, um die Produktion kostengünstiger und wettbewerbsfähiger gegenüber anderen Staaten zu machen, die auch möglichst viele ADI anziehen wollen (Mosley/Uno 2007). Diese *race to the bottom*-These führte zur Einführung internationaler Regulierungsmechanismen für Umwelt- und Sozialstandards. Die Selbstregulierung der Firmen durch ›Corporate Social Responsibility‹ (CSR), globale Institutionen wie der *Global Compact*, ein Pakt zwischen den Vereinten Nationen und transnationalen Firmen zur Absicherung dieser Standards, verschiedene Institutionen zur Absicherung der sogenannten ›nachhaltigen Entwicklung‹ (*sustainable development*) sollen helfen, einem Herabsenken der Standards durch ADI entgegenzuwirken. Durch diese Effekte können ausländische Direktinvestitionen in Form von transnationaler Unternehmenstätigkeit die ökonomische Globalisierung vorantreiben.

Fazit

Die vier Faktoren, die in diesem Kapitel vorgestellt wurden – nationale Entscheidungen, internationale Institutionen, technologischer Fortschritt und ausländische Direktinvestitionen – bilden in vielerlei Hinsicht die Antriebskräfte ökonomischer Globalisierung. Einzeln genommen ermöglichen sie wirtschaftliche Globalisierungsprozesse durch die Schaffung von günstigen Umständen für wirtschaftliche Akteure, die es diesen erlauben, die Vorteile der globalen Wirtschaftsaktivitäten zu erkennen und auszuschöpfen. Sie reduzieren Risiken und Unsicherheiten dieser Aktivitäten, erleichtern die breitere und tiefere Partizipation durch globale Finanzbeziehungen, Handel und Governance. Interaktion zwischen diesen vier Antriebskräften auf der nationalen und transnationalen Ebene vertieft diese Prozesse zusätzlich.

Literatur

Bisley, Nick: *Rethinking Globalization*. New York 2007.

Davis, Christina L.: *Setting the Negotiation Table: The Choice of Institutions for Trade Disputes*. Aufsatz für das Economic Policy Research Institute Colloquium, The University of Western Ontario, 3–4. Oktober 2003. Unveröffentlichtes Manuskript.

Herkenrath, Mark: Transnationale Konzerne im Spiegel der Entwicklungstheorien. In: Ders. (Hg.): *Transnationale Konzerne im Weltsystem*. Opladen 2003, 43–67.

Kapur, Devesh: The IMF: A Cure or a Curse? In: *Foreign Policy* 111 (1998), 114–129.

Keohane, Robert O./Nye, Jr., Joseph S.: Globalization: What's New? What's Not? (And So What?). In: *Foreign Policy* 118 (2000), 104–119.

Mosley, Layna/Uno, Saika: Racing to the Bottom or Climbing to the Top? Economic Globalization and Collective Labor Rights. In: *Political Studies* 40. Jg., 8 (2007), 923–948.

Rode, Reinhard: Transnationale Unternehmen und Banken. In: Ders. (Hg.): *Internationale Wirtschaftsbeziehungen*. Münster 2002, 236–246.

Schirm, Stefan A.: Analytischer Überblick: Stand und Perspektiven der Globalisierungsforschung. In: Ders. (Hg.): *Globalisierung. Forschungsstand und Perspektiven*. Baden-Baden 2006, 11–34.

Wolf, Martin: *Why Globalization Works*. New Haven 2004.

Laura Carsten/Gitta Lauster

2. Hunger und Armut

Unter denjenigen Phänomenen, die wesentlich zum Prozess der Globalisierung gezählt werden müssen, stechen Armut und Hunger besonders hervor. Sowohl das Wissen über die soziale Lage in den unterschiedlichsten Regionen und Staaten dieser Welt, als auch die kontinuierlichen Appelle, Notleidende und Hilfsbedürftige zu unterstützen, sind ein integraler Bestandteil des Diskurses über Globalisierung, aber natürlich auch einer ihrer Effekte.

Nach einem kurzen Exkurs über Armut wird sich dieser Beitrag vor allem auf die Darstellung und Diskussion des Welthungers konzentrieren. Dies u. a. auch, da sich sowohl an den weltweiten Hungerkrisen der Jahre ab 2005, als auch an der Diskussion über die Ursachen von Hunger in der Forschungsliteratur besonders gut ein Zusammenhang zwischen Hunger und Globalisierung zeigen lässt.

Armut

Schätzungen der Weltbank zufolge lebten im Jahr 2010 ungefähr 1,37 Milliarden Menschen in extremer Armut, d. h. mussten mit $1,25 oder weniger pro Tag auskommen, 2,56 Milliarden lebten in absoluter Armut, d. h. von $2 pro Tag (die Angaben beruhen auf der Kaufkraftparität; vgl. World Bank 2008). Die drastische Verringerung bzw. die Abschaffung von Armut und Hunger sind das erklärte Ziel von politischen Institutionen wie etwa der UN oder der Weltbank und stellen das erste der *Millenium Development Goals* dar.

Armut wird, wie auch Hunger, in zwei unterschiedlichen Hinsichten verstanden. Zunächst als eine Eigenschaft von Individuen: Das heißt eine Person ist arm, wenn sie keinen Zugang zu bestimmten Gütern hat, wenn sie Mangel leidet oder bestimmte Ziele und Vorstellungen nicht erreichen kann. Der Maßstab für Armut ist hier – wie immer er auch genau gefasst sei sollte – durch eine Bestimmung von Gütern, Mitteln, Ressourcen etc. definiert, über die ein Individuum verfügen muss, um ein annehmbares Leben führen zu können. Ob die Bemessungsgrundlage nun auf dem Einkommen oder dem Lebensstandard beruhen sollte, ist Gegenstand starker Kontroversen (vgl. Lister 2004).

Des Weiteren wird Armut jedoch auch als Eigenschaft sozialer Beziehungen, also relativ, verstanden.

Jemand ist dann arm zu nennen, wenn er relativ zu anderen Personen oder einem bestimmten gesellschaftlichen Niveau nicht über bestimmte Güter, Möglichkeiten etc. verfügt. ›Arm‹ wird somit zu einem Prädikat ähnlich ›groß‹ oder ›klein‹ (vgl. Townsend 1993).

In den letzten 30 Jahren wurde in der internationalen Armutsforschung stark um eine adäquate Bestimmungsgrundlage ihres Gegenstandes gestritten. Inzwischen lässt sich beobachten, dass auf der Ebene der internationalen Politik, insbesondere im Bereich der Armutsbekämpfung, ein Verständnis von Armut an Einfluss gewinnt, das diese nicht mehr anhand von Kaufkraft oder Einkommen (wie es über Jahrzehnte hinweg die Weltbank tat), sondern anhand einer *capability-deprivation* (Sen 1999, 20) bestimmt. Dieser Ansatz beansprucht, sowohl absolute als auch relative Elemente in die Bestimmung von Armut aufzunehmen.

Ausgehend von der Annahme, dass das Leben eines Menschen aus sogenannten *beings and doings* besteht, deren vielgestaltige Ausprägungen unter dem Oberbegriff der *functionings* gefasst werden (zu einer möglichen Liste dieser vgl. Nussbaum 2006), wird menschliches Wohlergehen verstanden als konstitutiv bestehend aus den real gegebenen Möglichkeiten und (korrespondierenden) Vermögen, über die jemand verfügt. Diese Möglichkeiten und Vermögen bezeichnet Sen als *capabilities*, was ein Terminus technicus für »*capability* to function« (Sen 1992, 40) ist. Geld, Einkommen oder Grundgüter werden nur zu Mitteln für die Individuen, wenn sie sie in *capabilities* umsetzen (können). Welches Einkommen damit für die Individuen Wohlergehen sichert, hängt davon ab, wie die Individuen dieses Geld in tatsächliche Möglichkeiten und Vermögen zur Erreichung von angestrebten *functionings* umsetzen können. Und dieses Vermögen etc. kann aufgrund personaler Faktoren und Eigenschaften wie Schwangerschaft, Metabolismus, Gesundheit, Behinderung, Alter etc. stark variieren. Neben einer Erweiterung der Merkmale für Armut wird dieser Ansatz als wesentlich aussagekräftiger hinsichtlich der tatsächlichen Lebensbedingungen von armen Menschen angesehen und liegt zum Teil den Berichten der Weltbank oder der UN Food and Agricultural Organisation (FAO) über Weltarmut zugrunde.

Kritisiert wird dieser Ansatz allerdings u. a. dafür, dass er hinsichtlich der Armutsbekämpfung die Rolle einer Einkommens-/Kaufkrafterhöhung herunter-

spiele und somit insgesamt die Funktion und Bedeutung von Geld in heutigen Gesellschaften nicht adäquat reflektiere. Armut sei gerade auch in der Erfahrung der betroffenen Personen an Geldknappheit gebunden und müsse klar von weitergehenden Konzepten wie Wohlergehen, Lebensqualität etc. abgegrenzt werden. Zudem bestehe die Gefahr, dass bei einer definitorischen Entkoppelung von Armut und Einkommen argumentative Unterstützung für eine Politik der Armutsbekämpfung geleistet würde, die zu neuen Formen von Abhängigkeit, Unterdrückung oder staatlicher Bevormundung führt. Die Kritiker problematisieren, dass sich beispielsweise an Strategien der zeitgenössischen sozialdemokratischen Parteien in Europa beobachten lasse, dass vor dem Hintergrund eines moralisierenden Diskurses über die jeweils auch in individuellem Fehlverhalten liegenden Ursachen von Armut dazu übergegangen werde, anstelle von Bargeld-Auszahlungen Gutscheine, etwa für Bildung, zu vergeben oder sanktionsbewehrte Arbeitsangebote zu tätigen (Lister 2004, 19 f.). Die hier angesprochene Problematik spielt auch eine Rolle bei Diskussionen darüber, ob eine Hungerbekämpfung in Ländern der Dritten Welt (insbesondere im Falle von Hungersnöten) anhand von *cash-transfers* oder Nahrungsmittelhilfe an die Betroffenen erfolgen sollte (Oxfam International 2006).

Des Weiteren wird in der Forschung eingewandt, dass der *capability*-Ansatz Armut nicht mehr klar benennen könne: Eine Person, die krank, jedoch reich sei und aufgrund ihrer Krankheit nicht mehr das Vermögen und die realen Möglichkeiten habe, ein ›gutes‹ Leben zu führen, möge unter *capability deprivation* leiden, sei jedoch nicht als arm zu bezeichnen. Zudem erfasse dieser Ansatz (trotz seines Anspruchs) nicht ausreichend die relationale Verfasstheit von Armut und adaptiere insgesamt einen Individualismus, der seine Wurzeln in einer neoklassischen Wirtschaftslehre habe (Townsend 1993, 136).

Eng mit der Definition von Armut hängt auch die Frage zusammen, auf welcher methodologischen Grundlage Aussagen über die Verbreitung von Armut in der Welt getroffen werden können. Insbesondere die Herangehensweise der Weltbank, deren Angaben, wie auch in diesem Beitrag hier, in der Regel die statistische Basis für Aussagen über Weltarmut bilden, wird dabei in der wissenschaftlichen Diskussion stark kritisiert (Pogge 2010). Bemängelt werden dabei u. a. die Art und Weise der Datenerhebung sowie die spezifische Form der Ermittlung der Kaufkraftparität (Reddy/Pogge 2010).

Hunger

Weltweit hängt Hunger eng mit Armut zusammen. Obwohl es nicht unsinnig ist, davon auszugehen, dass auch Menschen, die nicht arm sind, Hunger erleiden (können), so sind arme Menschen faktisch wesentlich anfälliger dafür, in chronische Unterernährung abzurutschen. Diese Einsicht mag trivial erscheinen, sie zeigt jedoch, dass heutzutage selten das Fehlen an sich, sondern vielmehr das Fehlen des Zugangs zu Nahrung zu Hunger führt. Dieser Zugang wird wesentlich durch internationale Wirtschaftsordnungen und Organisationen, nationalstaatliche Regierungen, Großgrundbesitzer und weitere mächtige Privatakteure, wie etwa multinationale Konzerne, reguliert.

So wurde für das Jahr 2010 trotz der massiven Dürre in Russland die drittbeste weltweite Weizenernte der Geschichte vorhergesagt, während zugleich ein erneutes Ausbrechen (bzw. ein Anhalten) von Hungerkrisen, insbesondere in Afrika und Asien, prognostiziert wurde (*Der Freitag*, 9.9.2010). Selbst in Ländern oder Regionen, die von starken Hungerkrisen betroffen sind, ist es nur in Ausnahmefällen so, dass nicht ausreichend Nahrung auf den lokalen Märkten zur Verfügung steht (selbst die ›malthusianischen‹ Positionen, vgl. Davis 2004, gehen davon aus, dass es bei gleichbleibender Agrarproduktivität erst zukünftig – meist wird das Jahr 2050 als Vergleich angenommen – zu einer Nahrungsmittelknappheit kommen wird, vgl. Collier 2008). Viel häufiger sind es die Preise der Grundnahrungsmittel, die einen Zugang erschweren oder faktisch unmöglich machen.

Laut der FAO lag die Zahl der weltweit von chronischer Unterernährung Betroffenen im Jahr 2009 bei ungefähr 1,02 Milliarden Menschen, d. h. ungefähr einem Siebtel der Weltbevölkerung. Als ›hungernd‹ wird eine erwachsene Person dann bezeichnet, wenn sie mit weniger als 1800 Kilokalorien pro Tag auskommen muss (bei Kindern müssen die Angaben relativ zu dem Stadium der Entwicklung gerechnet werden). Schätzungen zufolge liegt die Zahl derjenigen, die zwar nicht chronisch, aber sporadisch Hunger leiden, bei ungefähr 2 Milliarden Menschen weltweit.

Obwohl Hunger auch in Ländern mit einem relativ hohen Bruttosozialprodukt vorkommt (so waren beispielsweise im Jahr 2010 in Folge der Wirtschaftskrise ca. 40 Millionen US-Bürger/innen auf Nahrungsmittelhilfen angewiesen, ungefähr 15 Millionen litten an Hunger, vgl. Feeding America 2010), ist Hunger im ›globalen Süden‹ signifikant stärker verbreitet. Die Haupt-Hungerländer finden sich in Afrika südlich der Sahara (ca. 265 Millionen im Jahr 2009; Oxfam International 2009) und in Asien (ca. 642 Millionen), wobei mit Indien (ca. 230 Millionen) und China (ca. 131 Millionen) auch Länder mit ausgeprägtem Wirtschaftswachstum betroffen sind (FAO 2009). In dem viel beachteten Buch *The Bottom Billion* (2007) weist der ehemalige Leiter der Forschungsabteilung der Weltbank Paul Collier darauf hin, dass sich zwar ein weltweiter Trend der Armuts- und Hungerbewältigung zeigen lasse, es jedoch ungefähr 50 Staaten gebe, bei denen sich dieser Trend nicht feststellen lasse und die stattdessen immer weiter abrutschten.

Weltweit leben ungefähr 80 % der chronisch Unterernährten auf dem Land, ungefähr die Hälfte von ihnen gehört dabei Kleinbauernfamilien an, 22 % sind landlose Landarbeiter. Nur ungefähr 20 % sind Stadtbewohner/innen und verdingen sich wesentlich als Handwerker oder un- bzw. angelernte Hilfs- und Zuarbeiter (FIAN 2005). Die Konzentration der weltweit Hungernden im ländlichen Bereich zeigt die große Bedeutung des Agrarsektors als Wirtschaftsbereich bezüglich der Ursachen bzw. der Bekämpfung von Hunger. Beispielsweise arbeiten in dem stark von chronischer Unterernährung betroffenen Burkina Faso fast 90 % der erwerbstätigen Bevölkerung in der Landwirtschaft (weltweit sind es 56 %).

Zudem ist Hunger keinesfalls geschlechtsneutral, ungefähr 70 % der weltweit Hungernden sind Frauen und Mädchen, was damit korreliert, dass Frauen insbesondere im Subsistenz- und kleinbäuerlichen Bereich einen großen Anteil an der ländlichen Nahrungsmittelproduktion haben. So sind beispielsweise im subsaharischen Afrika Frauen für ungefähr 70 % dieser Produktion zuständig. Schätzungen zufolge starben vor der ab dem Jahr 2006 einsetzenden Hungerkrise durchschnittlich ungefähr 9 Millionen Menschen pro Jahr an Hunger (Paasch 2009), wobei die Mortalitätsrate bei Kindern, insbesondere bei Säuglingen, besonders hoch lag. Aus Gründen, die weiter unten aufgeführt werden, ist davon auszugehen, dass diese Zahl seit 2006 rapide angestiegen ist.

Der Zusammenhang zwischen Armut und Hunger ist evident. Von Armut betroffene Menschen haben in der Regel kaum Bewältigungsstrategien oder Ressourcen, mit denen sie auf eine Verschlechterung ihrer Lage reagieren können, so dass sie in besonderem Maße anfällig dafür sind, in einen Zustand chronischer Unterernährung abzurutschen. Unter den derzeit existierenden weltweiten ökonomischen und politischen Bedingungen sind insbesondere Kleinbauern und vor allem Kleinbäuerinnen, die selten mehr als 1 bis 2 Hektar Land bewirtschaften, gefährdet, in Armut und Hunger abzugleiten: Diese Personen produzieren primär für die eigene Subsistenz oder lokale Märkte und können daher in der Regel weder Kredite finanzieren, noch haben sie finanzielle Rücklagen; gleichzeitig sind sie jedoch abhängig von den über den Weltmarkt vermittelten Preisen von Dünger und Saatgut (FAO 2009).

Globalisierung und Hunger

Die Kernfrage hinsichtlich eines Zusammenhangs zwischen Hunger und Globalisierung lautet, ob und wenn ja inwiefern letztere für die Verursachung oder Verstetigung von weltweitem Hunger verantwortlich zu machen ist, oder ob sich stattdessen zeigen lässt, dass Globalisierung zu einer Reduktion chronischer Unterernährung führt bzw. führen wird. In der entwicklungspolitischen Diskussion wird unter Globalisierung meist die zunehmende Relevanz des Weltmarktes für lokale Ökonomien verstanden und dies sowohl von seinen Kritikern (Bello 2010; Pogge 2010) als auch von seinen Befürwortern (World Bank 2002; Collier 2007). Obwohl der Weltmarkt auch während der Zeit der Ost-West Konfrontation kontinuierlich an Bedeutung gewann, war er durch die weltpolitischen Verhältnisse wesentlich anders strukturiert, d.h. es gab eine ganze Reihe von Handels-, Kooperations- und Entwicklungsoptionen für die von Hunger betroffenen Länder, die in der Folge des Zusammenbruchs der realsozialistischen Länder wegfielen (was zeigt, dass nicht mit dem Bestehen eines Weltmarktes per se schon Hunger verbunden ist, sondern dass es stark auf die spezifische Verfassung des Marktes ankommt). An dieser Stelle sei an die Möglichkeit der Durchführung von Landreformen (d.h. der Enteignung und Umverteilung von privatem Großgrundbesitz) erinnert, wie sie in den 1950er bis 1970er Jahren etwa in China, Südkorea, Taiwan und Kuba erfolgten. Diese Reformen wurden als po-

litisches Instrument jedoch ab den 1980er Jahren aktiv u.a. von den Bretton Woods Institutionen bekämpft. So werfen Kritiker beispielsweise der Weltbank vor, dass diese durch ihre Kreditvergabe-Politik seit den 1980er Jahren, Landreformen, die auf eine Umverteilung des Großgrundbesitzes abzielten, im globalen Süden faktisch unmöglich gemacht habe (FIAN 2005). Die Möglichkeit umfassender Landreformen ist deshalb im Kontext weltweiten Hungers als Entwicklungsoption von großer Bedeutung, da viele Staaten, die von chronischer Unterernährung und Armut besonders betroffen sind, immer noch eine Strukturierung ihrer Agrikultur aufweisen, die mehr oder minder aus der Kolonialzeit vererbt wurde und/oder durch Großgrundbesitz sowie eine stark ungleiche Verteilung von fertilen und infertilen Böden gekennzeichnet ist. Durch die zum Teil mit massivem Druck und wirtschaftlichen Sanktionen der Bretton Woods-Institutionen und der reicheren Länder, aber auch aufgrund des von Großgrundbesitzern vorangetriebenen Anbaus von *cash crops* erfolgte Exportausrichtung der Landwirtschaften des globalen Südens, hat sich jedoch der ungleiche Zugang zu und eine ungleiche Eigentumsverteilung von Wasser, Boden, Saatgut etc. noch verstärkt.

Auch die Bemühungen der internationalen Staatengemeinschaft, in koordinierter Weise den Welthunger zu bekämpfen, müssen bis Anfang der 1990er Jahre im Lichte der Ost-West-Konfrontation gesehen werden, was sich u.a. daran zeigt, dass die sogenannten sozialen Menschenrechte eine prominentere Berücksichtigung auf der internationalen Ebene fanden. Diese Bemühungen führten dazu, dass seit Ende der 1950er Jahre das Problem weltweiten Hungers und globaler Armut einen kontinuierlichen Schwerpunkt der Arbeit internationaler Organisationen sowie der Entwicklungshilfe von reichen Staaten bildet. Dies blieb nicht folgenlos, so lässt sich statistisch zeigen, dass in den 1970er bis 2000er Jahren, auch aufgrund eines rapiden Bevölkerungswachstums (u.a. in Ländern die nicht (oder nur sporadisch) von Hunger betroffen sind), immerhin der *Anteil* der chronisch unterernährten Personen an der Weltbevölkerung sank, wenn auch ihre absolute Zahl anstieg. Dies liegt u.a. daran, dass es ab den 1970er Jahren immer mehr Entwicklungsländern gelang, nicht mehr nur Primärgüter zu exportieren, sondern sukzessive Manufakturen und andere arbeitsintensive Wirtschaftszweige aufzubauen, die volkswirtschaftlich gesehen eine wesentlich stärkere Streuung von Einkommen ermöglichten: »[…] the most dramatic transformation of the size and composition of [international] trade has been during the past twenty-five years. For the first time in history, developing countries have broken into global markets for goods and services other than just primary commodities. Until around 1980 developing countries' role was to export raw materials. Now, 80 percent of developing countries' exports are manufactures, and service exports are also mushrooming.« (Collier 2007, 81)

Auch die weltweite Arbeitsmigration in die wirtschaftlich prosperierenden Länder – seien dies nun die traditionellen westlichen Industrienationen oder auch Länder wie Dubai oder die Vereinigten Arabischen Emirate etc. – hat die Länder des globalen Südens stärker in den Weltmarkt integriert. So hat sich beispielsweise der Anteil der Auslandsüberweisungen von Arbeitsmigranten in ihre Heimatländer an deren Bruttosozialprodukt von 1990 bis 2007 fast verdoppelt.

Insbesondere jedoch für die ärmsten Länder dieser Erde hat sich mitunter die Chance, aus absoluter Armut und Hunger herauszukommen und einen Weg wirtschaftlicher Entwicklung einzuschlagen, durch die Globalisierung noch verschlechtert, da sich schon andere, zum Teil boomende Ökonomien wie Indien oder China als Produktionsstandorte weltweit fest etabliert haben und auch die Konkurrenz um das Angebot an billiger Arbeitskraft erheblich gestiegen ist. Es zeichnet sich somit ab, dass die etwa 50 ärmsten Staaten dieser Welt, in denen im Jahr 2010 ungefähr eine Milliarde Menschen lebte (wobei die UN davon ausgeht, dass sich die Zahl bis zum Jahr 2050 ungefähr verdoppeln wird), von der wirtschaftlichen und gesellschaftlichen Entwicklung vollkommen abgekoppelt werden.

Obwohl die Ursachen von Hunger auch jeweils länder- und regionenspezifisch sind, lassen sich einige Faktoren angeben, die weltweit von Bedeutung sind; wenn auch sicherlich in unterschiedlichem Maße. So lässt sich zeigen, dass die jeweilige Verfassung der politischen Ordnung eines Landes eine große Rolle hinsichtlich der Verursachung und Bekämpfung von Hunger spielt. Sen (1982) weist darauf hin, dass in Staaten, die demokratisch strukturiert sind, bzw. in denen partizipative und deliberative politische Verfahren eine gewisse Rolle spielen, Hungersnöte bzw. chronische Unterernährung wesentlich seltener vorkommen. Zumindest negativ

lässt sich ein deutlicher Zusammenhang zwischen ›schlechten Regierungen‹ und Hunger beobachten. In Ländern mit Regierungen und politischen Strukturen, die durch Willkür, Korruption, Klientelismus, mangelnde Rechtsstaatlichkeit oder Mitsprache- und Einflussmöglichkeiten der Bevölkerung, allgemeine Unfähigkeit und schlechte Organisation gekennzeichnet sind, lässt sich Unterernährung deutlich häufiger feststellen. Dieses Problem tritt im Fall von Diktaturen und Regimen, die ihren Machterhalt auf Grundlage von Bodenschätzen organisieren (der oftmals einem Land insgesamt einen gewissen Wohlstand verschaffen könnte), in verschärfter Form auf und wird in der Fachliteratur auch unter dem Titel des *resource curse* (Lam/Wantchekon 2003; Wenar 2008) oder der *Ressourcen-Falle* (Collier 2007) diskutiert. Insbesondere unter dem letzten Begriff wird das Problem diskutiert, dass sich Reichtum an Bodenschätzen insgesamt stark negativ auf die Entwicklung eines Landes auswirken kann – abgesehen von der Gefahr, dass auf Ausbeutung von Bodenschätzen beruhende Ökonomien anfällig für undemokratische Herrschaftsformen sind. Die Konzentration auf Rohstoffexporte, die schnell Devisen bringen, zieht u.a. oft eine Vernachlässigung anderer Wirtschaftszweige, insbesondere des volkswirtschaftlich wichtigen Manufaktur- und industriellen Sektors nach sich und macht die Volkswirtschaften der Länder insgesamt stark vom Weltmarkt und dessen zunehmend stärkeren Preisschwankungen abhängig (Hogan/Sturzenegger 2010).

Eine wichtige Rolle bei der Verursachung oder Verstetigung von Hunger spielen auch bewaffnete Konflikte, wie z. B. Bürgerkriege (Collier 2007). So beruht ungefähr die Hälfte von Afrikas Hungerkrisen der 2000er Jahre auf bewaffneten Konflikten und den damit zusammenhängenden Flucht- und Vertreibungsbewegungen (Oxfam International 2006). Insbesondere in Afrika hat auch die Verbreitung von HIV/AIDS einen erheblichen Anteil an chronischer Unterernährung. 2007 waren nach Schätzungen der UN Weltgesundheitsorganisation (WHO) 22 Millionen Menschen im Afrika südlich der Sahara an AIDS erkrankt, und die FAO schätzt 2003, dass im Jahr 2020 ungefähr ein Fünftel der in der Landwirtschaft erwerbstätigen Bevölkerung mit dem HIV-Virus infiziert sein wird (FAO 2003).

Eine weitere Konstante, die sich vor allem seit den 1980er Jahren verstärkt beobachten lässt, findet sich in der schlechten ökonomischen Organisation der jeweiligen Landwirtschaften. Dabei sind hier weltweit sowohl die fehlgehenden oder versäumten staatlichen Investitionen in diesen Wirtschaftszweig von Bedeutung, ebenso aber auch ein schlechtes, d.h. mindestens Subsistenzgewährleistung verfehlendes Management der Produktion und Wirtschaftsabläufe. Insbesondere für die ausbleibenden (staatlichen) Investitionen werden in der Fachliteratur auch die sogenannten Strukturanpassungsmaßnahmen des IWF verantwortlich gemacht, die in Reaktion auf die Schuldenkrise der 1980er Jahre, an die Vergabe von Weltbankkrediten für Länder des Trikont gekoppelt waren, und deren Ziel es war, eine wirtschaftliche Entwicklung der Länder zu fördern, auch damit diese ihre Auslandsschulden bedienen konnten.

Besonders problematisch hinsichtlich der Verursachung oder Verstetigung von weltweitem Hunger ist die Tatsache, dass weltweit Grundnahrungsmittel, Saatgut und Düngemittel sowie Pestizide Waren darstellen und entsprechend auf dem Weltmarkt gehandelt werden. Über diesen vermittelt stehen unterschiedlich leistungsfähige Ökonomien in einem Konkurrenzkampf zueinander, was zu Verdrängungsbewegungen und z.T. desaströsen Umstrukturierungsprozessen führt. Der Preis von Waren wird nicht mehr durch die jeweiligen lokalen Wirtschaften, sondern weltweit ermittelt, und die Volatilität von Preisen nimmt noch zusätzlich durch Finanzgeschäfte etc. zu. Zudem ist der Weltmarkt an Grundnahrungsmitteln durch absolut ungleiche Teilnehmer gekennzeichnet und keinesfalls ›frei‹, d.h. insbesondere die Regierungen des globalen Nordens sorgen mit einer massiven Politik von Schutzzöllen, Agrarsubvention und Agrargüterexportsubvention dafür, dass die Landwirtschaft in Ländern der Dritten Welt kaum konkurrenzfähig ist.

Zunehmend wird auch der Klimawandel bei der Verstetigung oder Vermehrung von Hunger auf der Welt relevant werden (World Bank 2010). Die direkten Auswirkungen werden vor allem die Menschen in den vom El-Niño-Wetterphänomen betroffenen Regionen der Welt erleiden, d.h. die mitunter ärmsten Regionen dieser Erde. Daneben ist aber auch davon auszugehen, dass sich die Veränderung des Klimas und die damit einhergehenden drastischen Wetterereignisse auch direkt auf die Volatilität der Preise für Grundnahrungsmittel auf dem Weltmarkt auswirken werden. Zudem wird der Klimawandel – insbesondere in Subsahara-Afrika – neben Dürren und negativen Auswirkungen auf die Fruchtbarkeit der Böden auch eine massive Umstrukturierung und Neuorganisation der Landwirtschaften erfordern. So mahnen Ökonomen der Weltbank und der FAO an, dass dringend neues Saatgut entwickelt werden müsse, das unter den prognostizierten klimatischen Bedingungen stabile Ernten gewährleisten könne.

Schließlich stellt auch das durch das real existierende Völkerrecht sowie das internationale Privatrecht und die internationalen Handelsabkommen hervorgebrachte internationale Regel- und Vertragssystem ein großes Problem hinsichtlich der Entwicklung von Ländern der Dritten Welt und der Hungerbekämpfung dar. Dieses System etabliert gewissermaßen die ›Spielregeln‹, die einen Umgang mit den oben stehenden Ursachen und Problemen des Welthungers prägen (Pogge 2010). Um nur ein Beispiel zu nennen: Das 1995 in Kraft getretene Abkommen der WTO über »handelsbezogene Aspekte der Rechte am geistigen Eigentum« (Trade-Related Aspects of Intellectual Property Rights, TRIPs) hat einen Schub an Patentsicherungen von Saatgut nach sich gezogen, was u.a. der Grund dafür ist, dass Konzerne wie Monsanto oder Pioneer/DuPont gut ein Drittel des weltweiten Marktes für Saatgut in ihrer Hand haben (FIAN 2005) und somit die Preise von Saatgut sowie das Sortenangebot bestimmen können.

Die Hungerkrise seit 2006

Noch 2005 verkündete die von der UN eingerichtete *Task Force on Hunger*, dass in den vorhergehenden zwanzig Jahren der Anteil weltweit Hungernder von einem Fünftel auf ein Sechstel der Weltbevölkerung, d.h. auf 852 Millionen, gesunken und auch die absolute Zahl der chronisch Unterernährten leicht zurückgegangen sei. Das erste der Milleniums-Entwicklungsziele zu erreichen – »[…] to halve, by the year 2015, the proportion of the world's people who suffer from hunger« (UN Millenium Declaration 2000) – wurde als realistisch eingeschätzt, wobei beachtet werden muss, dass laut der UN *Millenium Declaration* keinesfalls die *Zahl* der weltweit Hungernden halbiert werden soll, was noch das Ziel des World Food Summit von 1996 gewesen war, sondern die *Proportion* – ein beträchtlicher Unterschied angesichts der rasch wachsenden Weltbevölkerung (vgl. Pogge 2010).

Diese optimistische Einschätzung des weltweiten Entwicklungstrends wurde jedoch inzwischen revidiert. In ihrem 2009 erschienenen Bericht »The State of Food Insecurity in the World« geht die FAO davon aus, dass sich seit Ende der 1990er Jahre die Zahl der weltweit unterernährten Personen langsam aber kontinuierlich erhöht hat. In nur drei Jahren stieg die Zahl der chronisch Unterernährten um ca. 170 Millionen auf ungefähr 1,02 Milliarden im Jahr 2009. Und auch wenn ein Rückgang auf ca. 925 Millionen für das Jahr 2010 von der FAO prognostiziert wurde, stellt dies dennoch die höchste absolute Zahl chronisch unterernährter Menschen seit 1970 dar.

Ausgelöst durch den drastischen Anstieg der Preise für Agrarrohstoffe wie Mais, Soja, Reis und Weizen kam es ab dem Jahr 2007 zu einer rapiden Verteuerung der täglichen Grundnahrungsmittel in Ländern Lateinamerikas, der Karibik, Afrikas und Asiens. Insbesondere in Ländern, deren Nahrungsmittelversorgung stark auf ausländischen Importen beruhte, kam es z. T. zu einer Verdoppelung der Preise für Grundnahrungsmittel (Paasch 2009).

Es lässt sich eine Reihe von Faktoren benennen, deren Zusammenspiel für das Emporschnellen der Weltmarktpreise verantwortlich gemacht wird. Durch die gestiegene Nachfrage nach Biotreibstoffen werden weltweit zunehmend Agrarrohstoffe wie etwa Mais, Weizen oder Soja für die Herstellung dieser Treibstoffe verwandt; diese Nachfrage führt zudem zu einer Umorientierung der landwirtschaftlichen Produktion, so dass zunehmend Anbauflächen der Produktion von Nahrungsmitteln entzogen werden. Des Weiteren spielt auch der gestiegene Fleischkonsum in den wirtschaftlich aufstrebenden Ländern Asiens eine Rolle (Collier 2008): Da zur Produktion von Fleisch ein starker Futtermitteleinsatz erforderlich ist, werden bei gleichbleibender Gesamtproduktion Weizen, Mais, Soja und andere Agrarrohstoffe zunehmend hierfür verwandt (weltweit werden allein 250 Millionen Tonnen Weizen pro Jahr als Futtermittel eingesetzt).

Ein für die Verursachung der Hungerkrise besonders bedeutsamer Faktor sind Geschäfte an den Warenterminbörsen, die stark dazu beigetragen haben, dass die Weltmarktpreise für Grundnahrungsmittel in die Höhe schossen (Paasch 2009). Zu betonen ist in diesem Kontext, dass trotz weltweit geschrumpfter Lagerbestände keinesfalls ein Mangel an weltweit verfügbaren Grundnahrungsmitteln der Auslöser der hohen Marktpreise war. Es lässt sich also keine ›natürliche‹ Verknappung als Ursache der gestiegenen Preise ausmachen.

Die mehr oder minder seit 2006 in Schüben andauernde Hungerkrise hat insgesamt die Fähigkeit armer Bevölkerungsschichten stark beeinträchtigt, das tägliche Überleben halbwegs unter den ohnehin schon prekären Verhältnissen zu bewältigen. Durch die sich direkt anschließende (und ebenfalls noch andauernde) Weltwirtschaftskrise hat sich diese Entwicklung in dramatischer Weise verstärkt. Durch diese Krise im Finanzsektor gerieten auch die urbanen, von Armut betroffenen oder bedrohten Schichten massiv unter einen Verelendungsdruck, da die drastisch reduzierten Auslandsdirektinvestitionen und die niedrigere Exportrate vor allem in den stärker an den Weltmarkt angebundenen urbanen Regionen des globalen Südens zu einer massiv steigenden Arbeitslosigkeit geführt haben. Diese Entwicklung wird sich mittelbar auch auf die schon von der Hungerkrise stark gezeichneten ländlichen Regionen auswirken, da es aufgrund der fehlenden Arbeitsmöglichkeiten in den urbanen Regionen verstärkt zu einer Rückwanderung in die ländlichen Gebiete kommen wird.

Auch die Entwicklungspolitik und internationale Hilfsprogramme sind durch die Weltwirtschaftskrise stark beeinträchtigt, da Schätzungen von Hilfsorganisationen zufolge mit einem Rückgang der Entwicklungshilfe von weltweit bis zu 25 % zu rechnen ist. Auch ohne die reduzierten Zahlungen von Entwicklungsgeldern wurde die Arbeit von NGOs und internationalen Organisationen durch das Ansteigen der Weltmarktpreise für Nahrungsmittel, aber auch Treibstoffe behindert: »One of the most dramatic stories that emerged in 2008 around the rise in food prices was the challenge to the WFP's [World Food Programme] budget. WFP was confronted with a 35 per cent increase in operational costs due to the higher costs of food and transport, and had to find an additional $ 755 million to maintain its assistance to some 70 million people. However, these beneficiaries only constitute eight per cent of the total number of undernourished people worldwide.« (Oxfam International 2009, 8)

Die internationale Gemeinschaft reagierte auf diese Krisen in einer bis dato einzigartig konzertierten Weise. Im April 2008 wurde die Hochrangige Arbeitsgruppe zur Hungerkrise eingerichtet, welche die Aufgabe hatte, u. a. die Bretton Woods-Institutionen sowie die UN-Organisationen und -Programme zu einem koordinierten Handeln zu bewegen (FIAN 2009). Ein Rahmenaktionsplan sah u. a. vor, dass es einen Ausbau der Nahrungsmittelunterstützung in Notfällen geben sollte, eine verstärkte Förderung kleinbäuerlicher Strukturen und zudem eine Anpassung der Handels- und Steuerpolitik. Des Weiteren sollten soziale Schutzprogramme verstärkt, die internationalen Agrarmärkte verbessert und ein weltweiter Konsens bezüglich der Produktion und Nutzung von Agrartreibstoffen vorbereitet werden. Zumindest im Jahr 2010 lässt sich noch nicht absehen, ob diese Maßnahmen erfolgreich umgesetzt werden.

Ernährungssicherheit und Ernährungssouveränität: In der aktuellen Diskussion zu den Ursachen weltweiten Hungers und zu erfolgversprechenden Strategien zur Hungerbekämpfung, stehen sich zwei Ansätze diametral gegenüber. Der von Ökonomen rund um die Forschungsabteilung der Weltbank, wie beispielsweise Paul Collier, vertretene Weg zielt auf die Schaffung einer weltmarktvermittelten Ernährungssicherheit ab. Ernährungssicherheit ist zunächst ein Begriff, der den gesicherten Zugang und die Verfügung über Nahrung bezeichnet. Im Gegensatz zu dem Begriff der Ernährungssouveränität impliziert er nicht per se eine spezifische Weise, wie diese Sicherheit gewährleistet werden soll. Die von Wirtschaftswissenschaftlern wie Walden Bello, aber auch dem globalen Kleinbauern-Aktivistennetzwerk *Via Campesina* und etlichen NGOs favorisierte Ernährungssouveränität besteht in der Ausrichtung der Landwirtschaften auf kleinbäuerliche Produktion und die tendenzielle Abkoppelung der einzelnen Volkswirtschaften vom Weltmarkt. Angestrebt wird, dass die einzelnen Länder die Versorgung ihrer Bevölkerungen mit Grundnahrungsmitteln vollständig souverän bewerkstelligen, d.h. mittels der eigenen landwirtschaftlichen Produktion, die wesentlich kleinbäuerlich strukturiert sein soll.

Während bei diesem Ansatz die Art und Weise der Gewährleistung eines Zugangs zu Lebensmitteln im Mittelpunkt der Überlegungen steht, bezieht sich der Begriff der Ernährungssicherheit lediglich auf die Fähigkeit eines Landes, den eigenen Nahrungsmittelbedarf zu decken. Auf welche Weise dies geschieht, ist zunächst zweitrangig, wobei Fürsprecher dieses Weges der Hungerbekämpfung in der Regel eine freie Weltmarktwirtschaft sowie eine Industrialisierung der Landwirtschaft und den Einsatz von gentechnisch verändertem Saatgut als Königsweg der Hungerbekämpfung ansehen. Den souveränistischen Positionen werfen sie vor, diese übersähen, dass eine

Industrialisierung der Landwirtschaft wesentlich umweltschonender und produktiver als eine kleinbäuerliche sei. Zudem sei letztere wesentlich anfälliger für Krisen und Missernten. Aufgrund der kleinen Flächen und geringen Erträge sowie der Ausrichtung auf Subsistenz und Belieferung lokaler Märkte böte die Strategie kleinbäuerlicher ›Ent-Globalisierung‹ weder effektive Bewältigungsmöglichkeiten von Preisschwankungen noch eine Grundlage für die Kreditfähigkeit von Agrarbetrieben. Durch die spezifische Verfasstheit der landwirtschaftlichen Produktionsweise sei zudem der Einsatz von neueren technologischen Errungenschaften verstellt, der jedoch zukünftig absolut notwendig sei, um mit zunehmenden Wetterschwankungen umzugehen. Eine Entkopplung vom Weltmarkt böte zudem keine Stabilität der lokalen Märkte, im Gegenteil sei davon auszugehen, dass diese aufgrund des fortschreitenden Klimawandels starken Angebots- und Preisschwankungen ausgesetzt würden. Autoren wie Collier (2008) oder Paarlberg (2008) nehmen an, dass eine umfassende Industrialisierung der Landwirtschaften der Länder der Dritten Welt aufgrund der schlechten staatlichen Strukturen in diesen Ländern wesentlich durch private Akteure betrieben werden müsste. Diese sei angesichts der dramatisch wachsenden Weltbevölkerung notwendig, damit eine weltweite Nahrungsmittelversorgung zukünftig gewährleistet werden könne; eine kleinbäuerliche Produktionsweise würde diesem Problem nicht gerecht und sei insgesamt als romantisch abzutun. Demgegenüber betonen jedoch Vertreter des Paradigmas der Ernährungssouveränität, dass angesichts der schwachen staatlichen Strukturen eine Industrialisierung der Landwirtschaft einen nicht zu rechtfertigenden Machtzuwachs auf Seiten großer Konzerne mit sich bringe, ungleiche Landverteilungen zementiert würden, angesichts mangelnder Alternativen die Landbevölkerungen in Abhängigkeit und/oder Arbeitslosigkeit getrieben werde und Agrarmonopole zunehmen würden (Bello 2010).

Es zeigt sich, dass beide Ansätze die Verbindung zwischen Globalisierung – verstanden hier als Zusammenhang von über den Weltmarkt vermittelten Ökonomien – und Hunger unterschiedlich beurteilen: Zwar gehen beide Positionen davon aus, dass die derzeitige Volatilität der Preise für Grundnahrungsmittel stark für die Hungerkrise(n) seit 2006 verantwortlich zu machen ist, jedoch ziehen sie aufgrund divergierender Vorstellungen von Entwicklungszielen und -probleme andere Schlüsse. So halten die Anhänger des Paradigmas der Ernährungssicherheit rund um die Weltbank die Öffnung zum Weltmarkt für eine Grundbedingung wirtschaftlicher Entwicklungsmöglichkeiten, sehen also in der Globalisierung insgesamt die Chance begründet, nunmehr wirksame Instrumente zur Hand zu haben, mit denen sich der weltweite Hunger effektiv bekämpfen lassen würde. Vertreter des Ansatzes der Ernährungssouveränität hingegen drängen auf eine regionale oder nationalstaatliche kleinbäuerliche Organisation der Landwirtschaften und stehen der Globalisierung entsprechend kritisch gegenüber, bzw. machen sie sogar wesentlich für das Weiterbestehen des weltweiten Hungers verantwortlich.

(Menschen-)Recht auf angemessene Ernährung: Zunehmend lässt sich beobachten, dass Fragen zu Ursachen und zur Bekämpfung von Welthunger aus einer menschenrechtlichen Perspektive angegangen werden. Diese zeichnet sich grundsätzlich durch zwei Eigenschaften aus: Erstens wird hier ein Anspruch benannt, den Menschen ungeachtet ihrer jeweiligen Handlungen oder Unterlassungen haben. Zweitens jedoch wird das Recht auf Nahrung als ein Recht gegenüber denjenigen Regierungen und politischen Institutionen verstanden, denen die vom Hunger Betroffenen unterliegen. Diesen wird somit die *Verantwortung* zugerechnet, dieses Recht zu erfüllen. Ein Vorteil, den insbesondere viele Hilfsorganisationen im Bezug auf die Menschenrechte sehen, liegt also darin, dass diese einerseits (individuelle) Ansprüche generieren, die Menschen unabhängig von ihren konkreten Taten zukommen, andererseits jedoch eine (mehr oder minder) klare Zuschreibung der Verantwortung der Rechtserfüllung gewährleisten. Individuelle Fehlleistungen oder Erfolge sind somit ohne Belang, sehr wohl aber diejenigen politischer (oder politisch-ökonomischer) Institutionen (Nickel 2007).

In der »Allgemeinen Erklärung der Menschenrechte« von 1948 ist ein Menschenrecht auf Nahrung festgehalten, das im Internationalen Pakt über wirtschaftliche, soziale und kulturelle Rechte von 1966 völkerrechtlich verankert wurde. Dieses Recht ist gewährleistet, »wenn jeder Mann, jede Frau und jedes Kind, einzeln oder gemeinsam mit anderen, jederzeit physisch und wirtschaftlich Zugang zu angemessener Nahrung oder Mitteln zu ihrer Beschaffung hat. Das *Recht auf angemessene Nahrung* darf daher nicht

eng oder restriktiv im Sinne einer Mindestration an Kalorien, Proteinen und anderen spezifischen Nährstoffen ausgelegt werden.« (UN Wirtschafts- und Sozialrat 1999, 3)

Das Recht auf Nahrung sollte, wie die Menschenrechte insgesamt (s. Kap. III.3.1), vor allem als Anspruch verstanden werden, den Individuen gegenüber Staaten haben, unter deren Einfluss und Jurisdiktion sie jeweils stehen. Die Gewährleistung von Ernährung aus einer (Menschen-)Rechtsperspektive anzugehen, d.h. im Sinne einer über das Völkerrecht vermittelten *positiven Verrechtlichung*, lässt sich als grundlegende Umorientierung in der Frage nach dem Verständnis und den Ursachen bzw. der Verstetigung von Hunger begreifen. Wenn eine Person gegenüber einer Regierung etc. einen Anspruch auf Nahrung hat, dann lässt sich Hunger, d.h. die Nichterfüllung oder Verwehrung des Anspruchs, nicht mehr im Sinne eines einfachen Fehlens von Nahrung verstehen. Hunger im (menschen-)rechtlichen Sinn ist also nicht der physische Zustand, der aus der Nichtzufuhr von Nahrung resultiert – oder, wie bezüglich der Definitionen von Armut weiter oben ausgeführt, keine Eigenschaft von Individuen –, sondern das *Verhältnis*, in dem eine Person zu den sie betreffenden politischen Institutionen steht, wenn diese ihr keinen Zugriff auf Nahrung gewährleisten, respektive ihr den Zugriff erschweren oder diesen sogar verhindern. Hunger als ein Verhältnis zwischen Individuen und Regierungen/politischen Institutionen aufzufassen bedeutet, dass nicht die An- oder Abwesenheit von Nahrung *simpliciter* das Problem ist, sondern dass aufgrund von Handlungen oder Unterlassungen staatlicher Institutionen Individuen der Zugang zu Nahrung verwehrt ist. Hieran knüpfen u.a. etliche NGOs an: »[T]his approach helps promote an understanding of hunger as more than a lack of food, rather an inability to access available food.« (Oxfam International 2009, 9) Kritisch gegen diese Rechtsperspektive wird eingewandt, dass nach dieser Lesart ›Hunger‹ selbst einem starken Bedeutungswandel unterzogen werde. ›Hunger‹ könne nur mehr im Sinne einer Rechteverletzung verstanden werden, im Kern handele es sich jedoch um einen physischen Zustand von Individuen und keine Eigenschaft politisch-rechtlicher Verhältnisse. Dadurch sei kaum eine Beachtung der Akteurssschaft von Individuen möglich, was letztlich die Ursachen, aber auch die Bekämpfungsmöglichkeiten von Hunger drastisch einschränke.

Mittlerweile lässt sich beobachten, dass diese kritischen Überlegungen durch (konsequentialistische) Ansätze, die Rechte wesentlich als Mittel zur Ermächtigung von Individuen begreifen, in den Menschenrechtsdiskurs integriert werden (UNDP 1997, 73; Luttrell/Quiroz 2007).

Literatur

Bello, Walden: *De-Globalization: Ideas for a New World Economy.* London/New York 2005.

–: *Politik des Hungers.* Berlin/Hamburg 2010.

Collier, Paul: *The Bottom Billion. Why the Poorest Countries are Failing and What Can be Done About It.* Oxford 2007.

–: Politics of Hunger. In: *Foreign Affairs* 87. Jg., 6 (2008), 67–80.

Davis, Mike: *Die Geburt der Dritten Welt. Hungerkatastrophen und Massenvernichtung im imperialistischen Zeitalter.* Berlin/Hamburg/Göttingen 2004.

FAO: *The State of Food Insecurity in the World.* Rom 2003.

–: *The State of Food Insecurity in the World – Economic Crises Impasses and Lessons Learned.* Rom 2009.

Feeding America: *Hunger in America 2010.* Princeton 2010.

FIAN: *Wirtschaft global – Hunger egal?* Hamburg 2005.

–: *Hungerkrise weltweit. Hat die internationale Staatengemeinschaft versagt?* Köln 2009.

Hogan, William/Sturzenegger, Federico (Hg.): *The Natural Resources Trap. Private Investment without Public Commitment.* Cambridge 2010.

Kreide, Regina: Neglected Injustice: Poverty as a Violation of Social Autonomy. In: *Zeitschrift für Menschenrechte* 2. Jg., 2 (2008), 40–59.

Lam, Ricky/Wantchekon, Leonard: Political Dutch Disease. 2003 (http://www.nyu.edu/gsas/dept/politics/faculty/wantchekon/research/lr-04-10.pdf).

Lister, Ruth: *Poverty.* Cambridge 2004.

Luttrell, Cecilia/Quiroz, Sitna: Linkages between Human Rights-based Approaches and Empowerment. Empowerment Note 1. October 2007 (http://www.poverty-wellbeing.net/en/Home/Empowerment/document.php?itemID=1545&langID=1).

Nickel, James: *Making Sense of Human Rights.* Oxford 2007.

Nussbaum, Martha: *Frontiers of Justice.* Cambridge, MA 2006.

Oxfam International: *Causing Hunger. An overview of the food crisis in Africa.* Oxfam Briefing Paper 91. 2006 (http://www.oxfam.ca/sites/default/files/causing-hunger-the-food-crisis-in-africa.pdf).

–: *A Billion Hungry People.* Oxfam Briefing Paper 127. 2009 (http://www.oxfam.org.uk/resources/policy/conflict_disasters/downloads/bp127_billion_hungry.pdf).

Paarlberg, Robert: *Starved for Science: How Biotechnology Is Being Kept Out of Africa.* Cambridge, MA 2008.

Paasch, Armin: Hungerkrise reloaded – die Globalisierung schlägt zurück. In: Michael Bergstreser/Franz-Josef Möllenberg/Gerd Pohl (Hg.): *Globale Hungerkrise. Der Kampf um das Menschenrecht auf Nahrung.* Hamburg 2009, 44–56.

Pogge, Thomas (Hg.): *Freedom from Poverty as a Human Right.* Oxford 2007.

–: *Politics as Usual. What Lies Behind The Pro-Poor Rhetoric.* Cambridge 2010.

Reddy, Sanjay G./Pogge, Thomas: How *Not* to Count the Poor. In: Anand Sudhir/Paul Segal/Joseph E. Stiglitz (Hg.): *Debates on the Measurement of Global Poverty.* Oxford 2010, 42–85.

Sen, Amartya: *Poverty and Famines. An Essay on Entitlement and Deprivation.* Oxford 1982.

–: *Inequality Reexamined.* Oxford 1992.

–: *Development as Freedom.* Oxford 1999.

Townsend, Peter: *The International Analysis of Poverty.* Hemel Hempstead 1993.

UNDP: *Human Development to Eradicate Poverty. Human Development Report 1997.* Oxford 1997.

UN Millenium Project: *Halving Hunger: It Can be Done. Report of the Task Force on Hunger.* London/Sterling 2005.

UN Wirtschafts- und Sozialrat: *Sachfragen im Zusammenhang mit der Durchführung des Internationalen Paktes über wirtschaftliche, soziale und kulturelle Rechte – Das Recht auf angemessene Nahrung (Art. 11). Allgemeiner Kommentar.* 1999 (http://www.un.org/Depts/german/wiso/ec12-1999-5.pdf).

Wenar, Leif: Property Rights and the Resource Curse. In: *Philosophy & Public Affairs* 36. Jg., 1 (2008), 2–32.

World Bank: *Building Institutions for Markets. World Development Report.* Oxford 2002.

–: *Poverty Data – Supplement to World Development Indicators 2008.* Washington 2008.

–: *Development and Climate Change. World Development Report.* Oxford 2010.

Philipp Schink

3. Normative Modelle globaler Gerechtigkeit

Globale Probleme wie die anhaltende Armut und die schädlichen Folgen des Klimawandels stellen Wissenschaft und Politik vor völlig neue Herausforderungen. Geht uns das Leid von Menschen irgendwo auf der Welt etwas an und sind wir verpflichtet, Abhilfe zu schaffen? Und wie sinnvoll ist es, in diesem Zusammenhang von Problemen globaler Gerechtigkeit zu sprechen? In der Politikwissenschaft und der Philosophie findet eine systematische Reflexion auf diese Fragen erst seit kurzem statt. Lange Zeit verstand man unter ›Gerechtigkeit‹ vor allem innerstaatliche Gerechtigkeit und trotz der Verzahnung von ›Innen‹ und ›Außen‹ der Nationalstaaten betonten viele Theorien ausschließlich die Bedeutung nationalstaatlicher Faktoren, um interne und sogar globale Fehlentwicklungen zu erklären (z. B. Mearsheimer 2001; Miller 2007). Dieses Paradigma des »methodischen Nationalismus« (Beck 2004, 33) wurde inzwischen als zu kurzsichtig kritisiert (Pogge 2002, 143–45). Vertreter eines ›methodischen Kosmopolitismus‹ argumentieren, dass Politik und Wissenschaft durch die faktischen Globalisierungsprozesse zu einer globalen Perspektive geradezu gezwungen sind. Doch eignen sich die bisherigen innergesellschaftlichen Werkzeuge für den Umgang mit globalen Problemen? Vor dem Hintergrund der methodischen Frontstellung zwischen Nationalstaatstheoretikern und Kosmopoliten haben sich verschiedene Ansätze globaler Gerechtigkeit herausgebildet: der Ansatz moralischer Hilfspflichten, des Institutionalismus, der Verteilungsgerechtigkeit, der politischen Gerechtigkeit, der Fähigkeiten-Ansatz und der feministischer Gerechtigkeit. Die Darstellung der ideengeschichtlichen Entwicklungen globaler Gerechtigkeit, die der Diskussion der Ansätze vorangestellt wird, fällt angesichts des recht neuen Datums dieses Theoriezweiges knapp aus – was aber nicht bedeutet, dass es eine Reflexion über Gerechtigkeit jenseits des Nationalstaates gar nicht gegeben hätte.

Historische Perspektive

Eine Ausnahme vom ›methodischen Nationalismus‹ in der Ideengeschichte machten Philosophen, die sich mit der Theorie des Kosmopolitismus befassten. Einer der ersten Denker, der sich selbst als Weltbürger (*kosmopolitês*) bezeichnet, ist der Kyniker Diogenes (Diogenes Laertius VI, 63). Er bringt damit vor allem zum Ausdruck, dass er seinem Herkunftsort Sinope und dessen Bürgern keine besonderen Pflichten schulde – eine negative Interpretation der Gerechtigkeit, die dann aber unter anderem von dem Stoiker Zenon von Kition als positive Pflicht gegenüber allen Menschen umgedeutet wurde. In der Philosophie der Aufklärung bei Leibniz, Fichte und Schelling spielte der Kosmopolitismus als normatives Ideal für Moral, Recht und Politik eine wichtige Rolle, jedoch blieben Überlegungen zur Gerechtigkeit der universalen politischen Gemeinschaft bei ihnen ausgespart.

Einem Thema gegenüber, das Aspekte globaler Gerechtigkeit berührt, waren Philosophen aber durchaus aufgeschlossen: dem gerechten Krieg. Thomas von Aquin führt in der *Summa Theologiae* die bis heute gebräuchliche Unterscheidung ein zwischen *ius ad bellum*, der Begründung eines Rechts dafür, warum ein Krieg geführt werden darf, und *ius in bello*, der die Weise bestimmt, wie ein Krieg geführt werden muss. Diese Auseinandersetzung mit der Idee des gerechten Krieges in der internationalen Politik findet später in den Arbeiten von Hugo Grotius und Samuel Pufendorf ihre Fortsetzung. Gegenwärtig beschäftigt sich u. a. Michael Walzer mit diesem Thema (Walzer 1977).

Der einzige klassische Theoretiker, der sich ausführlicher mit der Problematik der Gerechtigkeit jenseits des Nationalstaates befasst hat, ist Immanuel Kant mit seiner Abhandlung *Zum Ewigen Frieden* (1977) und den wichtigen Paragraphen in der *Metaphysik der Sitten* (Kant 1977, §§ 53–62). Für Kant ist der Gedanke einer universalen Friedens- und Rechtsordnung ein durchgängiges Motiv in seiner Arbeit. Die Gerechtigkeitsprinzipien, die innerhalb des Einzelstaates Bestand haben, sollten auch für die Beziehungen zwischen den Staaten gelten, für deren Realisierung es einer Weltrechtsordnung bedarf. Die von der Gerechtigkeit gebotene Weltrepublik nimmt bei Kant bekanntermaßen nicht die Form eines Weltstaates an, sondern die einer Weltföderation, mit zwischenstaatlichen Regeln und Abkommen, die es, in Rechtsform gegossen, auf Dauer vermögen, Frieden zu sichern. Kant ist bis heute sowohl für kosmopolitische Positionen, die den Gedanken der Weltrepublik weiterführen, maßgeblich

(Habermas 2005), wie auch für deren Gegner, die das »negative Surrogat« des Staatenbundes betonen (Maus 2002).

Globale Hilfspflichten

Eine weitergehende Auseinandersetzung mit globaler Gerechtigkeit setzte erst wieder in den 1970er Jahren als Reaktion auf die radikal ungleichen Lebensumstände zwischen verschiedenen Nationen ein. Ökonomen sind sich weitestgehend einig, dass bis ca. 1820 die durchschnittliche Einkommensungleichheit zwischen Staaten sehr gering war und sich diese erst mit der industriellen Revolution spreizte (Klasen 2007; Milanovic 2007). Während einige Theorien die nach dem Zweiten Weltkrieg bewusst geförderten ökonomischen Abhängigkeiten des Südens vom Norden ins Feld führen (Gunder-Frank 1971), betonen andere die nachhaltigen negativen ökonomischen und politischen Auswirkungen der Kolonialisierung für die Armutsentwicklung (Acemoglu et al. 2001). Damit wurde eine philosophische Debatte in Gang gesetzt, die der Frage nach der Verantwortung für weltweite Armut und den Pflichten, die daraus erwachsen, nachgeht.

Maßgeblich hat der australische Philosoph Peter Singer bereits zu Beginn der 1970er Jahre die Diskussion geprägt (Singer 1972). Singer sieht es als moralisches Versagen an, dass vielen Menschen weltweit trotz des Wohlstands in den Industrieländern nicht hinreichend geholfen wird. Das utilitaristische Moralprinzip, das seiner Theorie zugrunde liegt, besagt, dass wenn es in unserer Macht steht, etwas Schlechtes zu verhindern, ohne dabei etwas von gleicher moralischer Bedeutung opfern zu müssen, wir dies tun sollten (Singer 1972). Auf die Situation der Menschen in Entwicklungsländern übertragen, bedeutet dies, dass die Bürger der relativ reichen Industrieländer moralisch falsch handeln, wenn sie nichts unternehmen, obwohl Tausende von Menschen sterben – gleichermaßen so, als würden wir an einem Teich, in dem ein Kind ertrinkt, achtlos vorbeigehen.

Singer hat in späteren Schriften akribisch dargelegt, wie wenig es kosten würde, Kinderleben zu retten; man müsse nur auf ein paar Luxusartikel, wie teure Markenkleidung oder ein Abendessen in einem noblen Restaurant, verzichten, um unseren moralischen Pflichten nachzukommen (Singer 2009). Diese Position wurde von verschiedenen Seiten kritisiert. Eine Moraltheorie, die so umfangreiche Opfer

von jedem Einzelnen fordere, schränke unsere autonome Lebensplanung unzulässig ein, denn sie würde einzig für den Zweck der Hilfe instrumentalisiert (Williams 1982, 1–19; Mieth 2008). Empirisch stellt sich die Frage, wie wirkungsvoll Spenden tatsächlich sind, wenn sich das politische Umfeld (etwa durch Korruption) gegen eine effektive Verwendung der Spenden richtet (Kuper 2005, 260). Auch reagiert die Öffentlichkeit unterschiedlich sensibel auf Katastrophen in den Entwicklungsländern und auf Armutsmeldungen – mit der Folge, dass sehr selektiv gespendet wird und es Überfluss an Geldmitteln bei einigen und eine chronische Unterfinanzierung bei anderen Projekten gibt (Faigle 2008). Eine weitere Kritik stellt die Annahme in Frage, dass als Maßstab für die Hilfe die durchschnittliche Nützlichkeit von Gütern (meist Geld) für das Wohlergehen von Menschen zugrunde gelegt wird. Präferenzen, so der Einwand, der gleichermaßen von Kontraktualisten (Rawls 1971) wie von Bedürfnistheoretikern (Nussbaum 2006) erhoben wird, sind formbar und werden entsprechend der sozialen und politischen Umgebung angepasst. Ökonomen sprechen auch von ›adaptiven Präferenzen‹. Frauen, so zeigen beispielsweise Studien in Entwicklungsländern, äußern Bedürfnisse, die von ihrem tatsächlichen (womöglich schlechten) Gesundheitszustand erheblich abweichen (Chen 1995).

Globaler Institutionalismus

Eine weitreichende Kritik an dieser Variante eines moralischen Kosmopolitismus kommt von Thomas Pogge, der in Anlehnung an John Rawls einen entscheidenden Perspektivenwechsel vornimmt – von der utilitaristischen, *interaktiven Hilfe* zur vertragstheoretischen, *institutionellen Reform*. Die utilitaristische Ethik, so die Kritik, unterlässt es, die Ursachen weltweiter Armut zu untersuchen. Aber erst durch eine Ursachenanalyse gerät in den Blick, dass das internationale Finanz-, Wirtschafts- und Rechtssystem durch internationale Investitionen, Handelsregeln und Kreditvergabepraktiken maßgeblichen Einfluss auf innerstaatliche Verhältnisse und somit auf die Armuts- und Reichtumsentwicklung hat (Pogge 2002; O'Neill 2000). Thomas Pogge steht zwar in der rawlsschen Tradition, die gesellschaftliche Grundstruktur kontraktualistisch zu begründen; für die internationale Ebene hat Pogge jedoch zwei maßgebliche Veränderungen vorgenommen.

Während Rawls davon ausgeht, dass das große Übel für arme Länder vielfach die lokale Kultur und die korrupten Eliten und Regierungen sind (Rawls 1999, 89), analysiert Pogge, ähnlich wie die ›Dependenztheorien‹ in den 1970er Jahren, die Auswirkungen internationaler Abkommen auf das Leben von Menschen. Und während Rawls in seiner »Charta des Rechts der Völker« eine Pflicht aufnimmt, anderen Völkern zu helfen, spricht Pogge von Verpflichtungen, die sich für diejenigen ergeben, die von dem bestehenden Regelsystem profitieren, etwa durch billige Rohstoffe. Für Rawls liegt ein entscheidender Schritt zur Beförderung globaler Gerechtigkeit darin, dass es Ziel jeglicher materieller und technologischer Hilfe sein sollte, gerechte und demokratische Institutionen zu installieren; dazu könnten Bildungsprogramme ebenso beitragen wie Maßnahmen zur Geburtenkontrolle (Rawls 1999). Pogge hingegen setzt auf die schrittweise Reform des internationalen Regelsystems. Alle Bürger, die in irgendeiner Weise von dem bestehenden Regelsystem profitieren, haben die negative Pflicht, diese ungerechten Institutionen nicht weiter aufrechtzuerhalten und Kompensationen zu leisten. Zu den jüngsten Reformvorschlägen gehört die Änderung der bestehenden Patentregelung, die Anreize für die Erforschung und den Vertrieb von Medikamenten bietet, die sich entgegen der bestehenden Praxis auf jene Krankheiten richten, von denen vor allem die Armen betroffen sind (etwa Malaria). Ein *Health Impact Fund* (HIF), der hauptsächlich von Regierungen finanziert wird, soll diese Lücken schließen und die weltweite Versorgung mit neuen Medikamenten verbessern (Pogge 2009).

Kritik an dieser Position ist erst jüngst erhoben worden. So wurde der Einwand laut, dass eine kausale Verknüpfung zwischen globalen Regelungen und innerstaatlichen Auswirkungen auf die Armutsentwicklung weder empirisch nachweisbar noch philosophisch überzeugend ist. Denn dies würde bedeuten, dass gravierende Armut in Ländern wie Kongo oder Simbabwe beendet werden könnte, selbst wenn die innerstaatlichen Verhältnisse unverändert blieben, und genau diese Annahme wird bestritten (Cohen 2010). Auch wurde eingewandt, dass unklar ist, wer eigentlich zu welchen Maßnahmen verpflichtet ist, da es keine genaue Bestimmung dessen gibt, was es heißt, unrechtmäßigerweise zu profitieren (Anwander/Bleisch 2007) und da man, durch die Fixierung auf das anonyme Regelsystem, nicht

diejenigen zur Verantwortung ziehen kann, die durch ihr Handeln die üblen Zustände erst herbeigeführt haben (Miller 2007).

Distributive Gerechtigkeit

Ein weiterer Grund für die lange Abstinenz der politischen Theorie, sich mit globaler Gerechtigkeit zu befassen, mag auch daran gelegen haben, dass unter ›Gerechtigkeit‹ vor allem Verteilungsgerechtigkeit verstanden wurde. Diese setzt üblicherweise eine enge soziale Kooperationen und die Verteilung der gemeinsam erwirtschafteten Güter voraus (Brooks 2008). Die Wurzeln für die Vorherrschaft der Verteilungsgerechtigkeit liegen bei Platon und Aristoteles (Höffe 2004, 20 ff.). Platon versteht Gerechtigkeit als Ordnungsprinzip, das dafür sorgt, dass jedes Seelenheil die ihm angemessene Funktion erfüllt und ›jedem das Seine‹ zugeteilt wird – wobei damit nicht Güter oder Ressourcen gemeint sind, sondern Aufgaben und Tätigkeiten (Platon: *Politeia*). Aristoteles führt die Vorstellung von der Gerechtigkeit als Tätigkeit fort, geht aber dazu über, Gerechtigkeit als Rechtschaffenheit und damit als Tugend zu verstehen. Gerechtigkeit zerfällt in die auch heute noch verwendeten Begriffe der verteilenden Gerechtigkeit, die sich mit der Zuteilung von Ehre, Geld und Mitteln der Selbsterhaltung befasst (*iustitia distributiva*) und in die ordnende Gerechtigkeit, die Tauschgerechtigkeit (*iustitia commutativa*), die für freiwilligen Austausch, d.h. den Handel, das Finanzwesen und das Zivilrecht zuständig ist. Als wiedergutmachende oder korrektive Gerechtigkeit (*iustitia correctiva*) regelt sie den unfreiwilligen Austausch im Strafrecht (Aristoteles: *Nikomachische Ethik*).

Verteilende Gerechtigkeit: Vertreter der zeitgenössischen ›verteilenden Gerechtigkeit‹ stellen die bisherige Annahme in Frage, dass eine ungleiche Verteilung von Gütern (Bruttosozialprodukt, natürliche Ressourcen, Bildungschancen, Gesundheitsversorgung und Umweltlasten) als selbstverständlich angesehen wird oder aber, wie bei utilitaristischen Positionen, durch Hilfeleistungen (ein wenig) ausgeglichen werden kann. Einer der ersten, der ein Modell globaler Umverteilung vorgeschlagen hat, ist der Politikwissenschaftler Charles Beitz (Beitz 1979). Ende der 1970er Jahre entwickelt er, in Anlehnung an John Rawls, ein »globales Differenzprinzip«, das Maßstab für eine transnationale Grundstruktur ist und Auskunft darüber gibt, wann Ungleichheiten zugelassen sind. Rawls selbst hat diesen Vorschlag zurückgewiesen (Rawls 1999). Noch einen Schritt weiter als Beitz geht der Vorschlag von Darrell Moellendorf, der von einem Ideal des globalen Egalitarismus ausgeht (2002, 42), der sich nicht nur auf Grundgüter bezieht, sondern noch umfassender ist. Für Moellendorf drückt sich ein substanzieller Egalitarismus in »fairer Chancengleichheit« mit globaler Reichweite aus. Das hieße beispielsweise, dass ein Kind, das auf dem Land in Mozambique aufwächst, statistisch gesehen die gleiche Chance auf ein gutes Leben besitzt, wie das Kind des geschäftsführenden Direktors einer Schweizer Bank (ebd., 49).

Tauschgerechtigkeit: Demgegenüber hat Otfried Höffe die Vorstellung von Tauschgerechtigkeit, die er in Form der Vertragstheorie präsentiert, auf die globale Ebene übertragen (Höffe 1999). Zentral für seine Theorie globaler Gerechtigkeit ist der transzendentale Tausch, bei dem alle Weltbürger hypothetisch ihre negativen Freiheiten durch einen Vertrag wechselseitiger, allseits vorteilhafter Selbsteinschränkung gegen die Geltung sozialer Regeln tauschen. Transzendental ist dieser Tausch, weil durch ihn die Bedingungen von Handlungsfähigkeit überhaupt gesichert werden, die auf universellen anthropologischen Interessen basieren. Auf Basis dieses Vertrags entwirft Höffe rechtsrealisierende Gerechtigkeitsprinzipien, die sich auf Freiheitsrechte, Gewaltenteilung sowie auf ein universales Demokratie- und Sozialstaatsgebot beziehen und dann in einer kantischen Version der komplementären Weltrepublik mit föderalem Charakter ausbuchstabiert werden.

Korrektive Gerechtigkeit: Schließlich beziehen sich Theorien globaler korrektiver Gerechtigkeit auf die Wiedergutmachung historischen Unrechts (Meyer 2005). Die bestehenden enormen ökonomischen Ungleichheiten können nicht einfach auf geographische und klimatische Besonderheiten zurückgeführt werden (so aber Landes 1998). Entscheidender Faktor für die ungleichzeitigen Entwicklungen ist der Kolonialismus, der zum einen zur Verfestigung imperialer politischer und sozialer Strukturen geführt (Randeria/Eckert 2009), aber auch zur ökonomischen Schädigung der Entwicklungsländer beigetragen hat – vor allem, weil in dieser Zeit wenig getan wurde, um den Kolonien im Bereich Bildung bzw. durch Investitionen in Infrastruktur und In-

dustrialisierung einen Anschluss an die prosperierenden Kolonialmächte zu ermöglichen (Maddison 1995). Studien zu ›transitional justice‹ beziehen sich hingegen weniger auf globale Gerechtigkeit, sondern haben die verschiedenen Formen der nationalen Verarbeitung von historischem Unrecht in Wahrheits- und Versöhnungskommissionen zum Gegenstand (Rotberg/Thompson 2000). Zu einer strafrechtlichen Auseinandersetzung mit dieser Form historischen Unrechts ist es jedoch bislang nicht gekommen.

Eine grundlegende Kritik an Konzeptionen globaler Umverteilung – gleich welcher Variante – stammt u. a. von Wolfgang Kersting. Ein solcher Weltegalitarismus kennt, so Kersting, nur noch bedürftige Erdenmenschen und verwandelt die ganze Weltbevölkerung in die Klientel einer »anonymen globalen Verteilungsagentur« (Kersting 2002), was letztlich zu einem entpolitisierten Weltbürgerethos führt, bei dem jeder Weltbürger so viel zählt wie der andere und es keine besonderen Verpflichtungen der Staaten gegenüber ihren Bürgern mehr gibt. Zudem aber muss bei Fragen der gerechten Verteilung geklärt werden, was eigentlich verteilt wird: Güter, Freiheiten, Rechte? Auch wurde eingewandt, dass eine Fokussierung auf Ungleichverteilung andere Formen der Erniedrigung, der Ausgrenzung und Unterdrückung gar nicht in den Blick geraten lässt (Honneth 2010; Young 1990). Martha Nussbaum und Amartya Sen kritisieren an den vorherrschenden Verteilungsansätzen, dass bei der Ressourcenverteilung ausschließlich darauf geachtet wird, welchen Einfluss diese für das subjektive Wohlbefinden besitzen, das heißt für die Erfüllung von individuellen Wünschen und Verlangen. Dabei scheint es gar nicht plausibel, den Blick nur auf eine mögliche Gleichverteilung von Gütern zu lenken und damit nicht auch die Auswirkungen auf die Verfassung der Individuen einzubeziehen (Nussbaum 2006; Sen 2010).

Fähigkeiten

Nussbaums und Sens Position wurde auch als *Midfare* bezeichnet (Cohen 1993, 18), als Position, die zwischen Wohlfahrt und Ressourcen liegt und die in die Gerechtigkeitsüberlegungen die Auswirkungen von Gütern auf das Wohlergehen von Menschen mit einbezieht. Die Lebensqualität soll, anders als bei Rawls und Höffe, nicht anhand des Besitzes wertvoller Grundgüter oder Ressourcen eingeschätzt, sondern auf Basis von Fähigkeiten beurteilt werden, über die eine Person verfügt. Unter ›Fähigkeit‹ verstehen Nussbaum und Sen das tatsächliche oder potenzielle Vermögen, die als wertvoll eingeschätzten menschlichen Funktionsfähigkeiten erlangen zu können.

Vor allem Nussbaum hat den Fähigkeiten-Ansatz auch für die globale Ebene ausgearbeitet (Nussbaum 2006). Sie wendet sich gegen globale Vertragstheorien, wie die von John Rawls, aber auch diejenigen von Beitz und Pogge, da sie alle von einer Naturzustandssituation ausgehen, in der unterstellt wird, alle Beteiligten seien gleichwertige Vertragspartner, die sich mit rationalen Gründen auf geteilte Gerechtigkeitsprinzipien einigen können. Diese idealisierte Entscheidungssituation blendet jedoch die tatsächlich bestehende Ungleichheit zwischen Nationen und zwischen Menschen völlig aus: weder werden unterschiedliche ökonomische Stärken und Schwächen oder historische und klimatische Bedingungen von Nationen, noch werden Alter, Krankheit oder Behinderung bei Menschen berücksichtigt. Mehr noch, sie wirft den Kontraktualisten vor, dass ihre gesamten Begründungsverfahren einzig dazu dienen, eine bestimmte Moralvorstellung zu begründen, die man viel überzeugender auch anders haben kann: durch einen gehaltvollen Würdebegriff, der eben nicht prozeduralistisch, sondern substantialistisch ist und ganz konkrete Aussagen über universale menschliche Fähigkeiten macht.

Dazu passt, dass sie etwa gegen Onora O'Neill argumentiert, am Anfang von Gerechtigkeitsüberlegungen stünden nicht Pflichten (O'Neill 2000), sondern Ansprüche (*entitlements*) bzw. Interessen. Kantianer wie O'Neill können positive Pflichten als Grundlage von einklagbaren Rechten nicht akzeptieren, da, etwa bei der Pflicht, Menschen in Armut zu helfen, zunächst genauer bestimmt werden müsse, wer eigentlich welche Pflichten übernehmen sollte. Kantianer betonen die negativen Pflichten, beispielsweise jene, Entwicklungsländern keine Verträge aufzuzwingen, die man selbst niemals annehmen würde. Nussbaum setzt dem einen Würde-Ansatz entgegen, der auf der Vorstellung beruht, dass Menschen, da sie biologische Bedürfnisse haben, diese als Grundfähigkeiten und Tätigkeitsformen entwickeln und ausüben wollen. Dazu gehört, körperlich gesund zu sein, Vernunft und Gefühle auszubilden, Beziehungen zu anderen Menschen herzustellen sowie politisch aktiv zu sein. Diese Bedürfnisse können sich in Ansprü-

chen auf eben deren politische Realisierung ausdrücken. Die entscheidende Frage ist natürlich, was all dies für die globale Ebene bedeutet.

Kosmopolitisch ist dieser Ansatz allein schon deshalb, weil er auf das Subjekt zielt und immer Einzelpersonen (und nicht Völker oder Nationen) im Zentrum der Gerechtigkeitsüberlegungen stehen: Die Fähigkeiten und Tätigkeitsfelder sind unabdingbar für ein menschliches Leben in Würde. Interessanterweise argumentiert Nussbaum ähnlich wie liberale Positionen und vertritt einen kosmopolitischen Menschenrechtsansatz – wobei der Fähigkeiten-Ansatz vorpolitisch ist und, so könnte man sagen, Anforderungen an einen Staat stellt, Menschenrechte verfassungsmäßig so zu verankern, dass die Bedingungen zu Entwicklungen der Fähigkeiten durchgesetzt werden können (Nussbaum 2006, 285). Internationale Organisationen haben erst dann eine Verpflichtung, wenn die Nationalstaaten in der Umsetzung versagen; die Institutionen auf globaler Ebene bleiben rar und dezentralisiert (ebd., 314).

Nussbaums Versuch, globale Gerechtigkeit aus naturrechtlicher Sicht zu begründen, ist auf breite Kritik gestoßen. Aus machtrealistischer Perspektive ist die Vorstellung, dass Staatenvertreter aus menschenrechtlicher Verbundenheit die umfangreiche Fähigkeitenliste in ihre Verfassungen integrieren und umsetzen zumindest fraglich. Schwer wiegt auch, dass ihr moralischer Kosmopolitismus ganz losgekoppelt von politischen Verfahren ausbuchstabiert wird und zwischen der moralisch-anthropologischen Begründung der Fähigkeitenliste und der politischen Wirklichkeit keine Verbindung zu bestehen scheint (Hahn 2009, 125–26).

Politische Gerechtigkeit

Diesen moralischen Kurzschluss umgehen Ansätze politischer Gerechtigkeit. In der Tradition der Kritischen Theorie stehend, stellen Seyla Benhabib, Jürgen Habermas, Rainer Forst und Nancy Fraser die Analyse und empirische Diagnose von Ungerechtigkeiten der Begründung von Gerechtigkeitsprinzipien voran (Benhabib 2008; Habermas 2005; Forst 2007; Fraser 2005). Zur diagnostischen Seite gehört beispielsweise die Frage nach den gesellschaftlichen Verhältnissen, unter denen zu verteilende Güter produziert, Ressourcen gefördert oder Fähigkeiten entwickelt werden sollen (auch Honneth 2010; Young 2007). Während die Verteilungsgerechtigkeit nichts darüber sagt, wer über Ressourcen oder Güter verfügt, die verteilt werden, wer die Eigentumsrechte an ihnen besitzt und wie die Eigentümer zu diesen gelangt sind, erörtern Ansätze politscher Gerechtigkeit die ökonomischen, sozialen und politischen Bedingungen der Produktionsverhältnisse, der bestehenden Regelsysteme und Rechtsnormen. Die Analyse der Ungerechtigkeiten aber reicht nicht aus, sie bedarf der Ergänzung von normativen Überlegungen darüber, aus welchen Gründen etwas als ungerecht oder gerecht klassifiziert wird. Die Beantwortung dieser Frage ist auf Verfahren angewiesen, in denen die Rechtfertigungen bestehender Güterversorgungen und Regelsysteme analysiert und unter Einbeziehung der Betroffenen hinterfragt werden können (Forst 2007). Anderenfalls wäre die Bestimmung der Gerechtigkeit ein paternalistisches Unterfangen, bei dem die Personen nicht autonome Subjekte, sondern Objekte einer Verteilungstheorie wären.

Theorien dieses diskurstheoretischen Kosmopolitismus suchen zudem eine Vermittlung zwischen der Begründung universeller und nationalstaatlicher Prinzipien und Rechte (Brunkhorst 2002; Kreide 2008). Die zentrale Frage ist hier, unter welchen Bedingungen eine internationale Verrechtlichung zustande kommen kann, die den Anforderungen prozeduraler Gerechtigkeit entspricht. Für Benhabib liegt der Schlüssel hierfür in einer »demokratischen Iteration« globalen Rechts, das in einem Prozess anhaltender Interpretation an lokale Besonderheiten angepasst und, umgekehrt, in dem lokale Regeln, die das Potential zur Universalisierung besitzen, Einlass ins globale Recht finden (Benhabib 2008). Habermas' Weltgesellschaft besteht aus einem postnationalen Mehrebenensystem, das sich, ebenfalls durch Prozesse der Deliberation, im Prozess der Verrechtlichung befindet, ohne jedoch eine Staatlichkeit auszubilden. Transnationale Gerechtigkeitsprobleme werden, je nach Wirkungsgrad, auf den unterschiedlichen Funktionsebenen bearbeitet (national, transund supranational).

Allen Ansätzen ist gemein, dass eine Gesellschaft, auch die Weltgesellschaft, dann ungerecht ist, wenn sie nicht jedem Mitglied die Chance einräumt, Interessen gegenüber Entscheidungsträgern zu rechtfertigen und an Regelsetzungen zu partizipieren, von denen man betroffen ist – eine Vorstellung, die Thomas Nagel mit der Begründung ablehnt, dass sich Rechtszwang allein mittels innergesellschaftlicher Demokratie legitimieren lasse (Nagel 2005).

Eine Brücke zwischen politischer Gerechtigkeit und Verteilungsgerechtigkeit schlägt Stefan Gosepath, der normativ von einer ursprünglichen Gleichverteilung aller relevanten Güter ausgeht. Ungleichverteilungen müssen explizit begründet werden – was die bestehende Verteilung von Rohstoffen und Umweltgütern als normativ fragwürdig erscheinen lässt (Gosepath 2004). Die Begründung der Ausnahmen von einer ursprünglichen Gleichverteilung verlangt jedoch nach einem Begründungsverfahren, in dem alle Ansprüche gleichermaßen und unter Einbeziehung der unterschiedlichen sozialen, physischen und psychischen Bedingungen der Teilnehmer berücksichtigt werden. Gerechtigkeit kann demnach weder allein auf Gleichverteilung noch allein auf die Rechtfertigung von Regeln reduziert werden. Sie bedarf einerseits Kriterien der Distribution, die in Verfahren genauer bestimmt werden. Und sie bedarf andererseits einer Vorstellung von Gleichheit, die sich letztlich auf die Gleichheit aller Mitglieder in der Begründungssituation, in der alle einen gleichen Anspruch auf alle Güter besitzen, zurückführen lässt. Daher verweisen distributive und politische Gerechtigkeit aufeinander.

Feministische globale Gerechtigkeit

Ein Problem, das sich durch die gesamte Debatte um globale Gerechtigkeit zieht, ist, wie eine feministische globale Gerechtigkeitstheorie aussehen könnte. Auf der einen Seite hieße, von feministischer globaler Gerechtigkeit zu sprechen, den Universalitätsanspruch, der mit Konzeptionen globaler Gerechtigkeit verbunden ist, zu unterlaufen, indem eine spezielle Gerechtigkeit für eine Gruppe von Menschen gefordert wird. Auf der anderen Seite steht die feministische Theorie vor dem Problem, als paternalistisch kritisiert zu werden, wenn sie den Anspruch erhebt, mit universell gültigen Argumenten Lebensweisen in anderen kulturellen Kontexten zu kritisieren (Kerner 2009). Diesem Dilemma sind einige Theoretikerinnen begegnet, indem sie vor allem auf lokale Ungerechtigkeit blicken. Ansonsten sehr unterschiedliche Autorinnen (wie Moller Okin 1999; Nussbaum 2006; Kelek 2006) teilen die These, dass es eine enge Verzahnung von diskriminierenden kulturellen Praktiken und der Unterdrückung von Frauen gibt. Moller Okin vor allem führt eine Parallele zwischen Einwanderungs- und Entwicklungsländern vor Augen, die ihr Anliegen verdeutlichen soll: Das Leiden von Frauen in Entwicklungsländern wird maßgeblich auf kulturell begründete Traditionen und deren Duldung oder sogar Förderung durch nationalstaatliches Recht zurückgeführt. In den Ländern des Nordens werden eben diese autonomieraubenden Praktiken von Immigrantenfamilien ›importiert‹ und dann von staatlicher Seite mit dem Verweis auf kulturellen Respekt ignoriert oder geduldet (Moller Okin 1999). Okin und ihre Mitstreiterinnen setzen dem die Stärkung subjektiver Rechte gegenüber, deren Durchsetzung besonderes Augenmerk für den Autonomieschutz von Frauen, insbesondere Immigrantinnen, verlange. Dieser ›feministische Liberalismus‹ stieß in vielerlei Hinsicht auf Kritik, besonders nachdrücklich wurde der Einwand formuliert, dass es unzureichend ist, die Unterdrückung von Immigrantinnen allein auf neokoloniale kulturelle oder patriarchale Handlungsmuster zurückzuführen und nicht auch auf *ökonomische Systemanforderungen*.

Dabei, so zeigt Alison Jaggar (2005), ähnlich wie Thomas Pogge, aber auf die spezifische Situation von Frauen zugespitzt, dass das internationale Regelsystem Auswirkungen auf das Leben von Frauen hat, die sie im Vergleich zu Männern besonders benachteiligen – was nicht allein durch lokale oder nationale Bedingungen zu erklären ist. So schuf zwar die Öffnung der Märkte zahlreiche Jobs im Niedriglohnbereich, für die bevorzugt Frauen angeworben wurden (B, Young 2003, 108 f.). Andererseits trafen die durch internationale Organisationen verordneten Einschnitte im Erziehungs- und Gesundheitswesen, bei der Transport- und Verkehrssubventionierung sowie der Wasserversorgung vor allem Frauen und Angehörige kultureller Minderheiten, die der umfassenden zeitlichen Kontrolle ihres Arbeitgebers ausgeliefert sind und dennoch die Haus- und Fürsorgearbeit leisten (ebd., 109). Diese Entwicklungen beeinflussen auch die Lebenssituation in den technisch entwickelten Industrieländern. Als Folge davon wächst die Ungleichheit zwischen privilegierten Frauen, die auf eine private und meist eingewanderte Haushalts-, Kinderbetreuungs- und Altenpflegehilfe zurückgreifen können, und jenen Immigrantinnen, die auf dem arbeitsrechtlich unsicheren Gebiet der privatisierten Fürsorge ihre Arbeitskraft anbieten müssen (Lenz/Schwenken 2002, 152). Eine weiterführende Debatte ist in vollem Gange (Whisnant/DesAutels 2010).

Neuere Probleme

Zahlreiche andere, noch offene Probleme auf dem Gebiet der globalen Gerechtigkeit betreffen den Klimawandel und seine Folgen. Wie könnte eine gerechte Verteilung von Kosten und Nutzen aussehen, die auch eine generationenübergreifende Perspektive einnimmt (dazu bereits Caney 2005)? Und wie sähe eine gerechte Lastenverteilung aus, die einerseits den Vorsprung der Industrieländer berücksichtigt, der die Umwelt bereits stark belastet hat, aber andererseits zukünftigen Generationen einen hohen Lebensstandard erlaubt und doch nicht noch mehr Umweltschäden hinterlässt? Die Debatte über globale Gerechtigkeit hat gerade erst begonnen.

Literatur

Acemoglu, Daron/Johnson, Simon/Robinson, James A.: The Colonial Origins of Comparative Development. In: *American Economic Review* 91. Jg. (2001), 1369–1404.

Anwander, Norbert/Bleisch, Barbara: Beitragen und Profitieren. Ungerechte Weltordnung und individuelle Verstrickung. In: Bleisch/Schaber 2007, 171–194.

Aristoteles: *Die Nikomachische Ethik.* München 1995.

Beck, Ulrich: *Der kosmopolitische Blick oder: Krieg ist Frieden.* Frankfurt a. M. 2004.

Beitz, Charles: *Political Theory and International Relations.* Princeton 1979.

Benhabib, Seyla: *Kosmopolitismus und Demokratie. Eine Debatte.* Frankfurt a. M./New York 2008.

Bleisch, Barbara/Schaber, Peter (Hg.): *Weltarmut und Ethik.* Paderborn 2007.

Brooks, Thom: Introduction. In: Ders. (Hg.): *The Global Justice Reader.* Oxford 2008, xii–xxii.

Brunkhorst, Hauke: *Solidarität. Von der Bürgerfreundschaft zur globalen Rechtsgenossenschaft.* Frankfurt a. M. 2002.

Caney, Simon: Cosmopolitan Justice, Responsibility, and Global Climate Change. In: *Leiden Journal of International Law* 18. Jg. (2005), 747–775.

Chen, Martha: A Matter of Survival: Women's Rights to Employment in India and Bangladesh. In: Nussbaum/Glover 1995, 37–57.

Cohen, Gerald A.: Equality of What? In: Martha Nussbaum/Amartya Sen (Hg.): *The Quality of Life.* Oxford 1993, 9–30.

Cohen, Joshua: Philosophy, Social Science, Global Poverty. In: Alison Jaggar (Hg.): *Thomas Pogge and His Critics.* Cambridge 2010, 18–46.

Diogenes Laertius: *Leben und Meinungen berühmter Philosophen*. Hamburg 1998.

Faigle, Philip: Lässt Birma uns kalt? In: *Die Zeit online*, 15.5.2008 (letzter Zugriff: 11.10.2010).

Forst, Rainer: *Das Recht auf Rechtfertigung*. Frankfurt a. M. 2007.

Fraser, Nancy: Reframing Justice in a Globalizing World. In: *New Left Review* 36. Jg. (2005), 69–88.

Gosepath, Stefan: *Gleiche Gerechtigkeit. Grundlagen eines liberalen Egalitarismus*. Frankfurt a. M. 2004.

Gunder-Frank, André: *Capitalism and Underdevelopment in Latin America*. New York 1971.

Habermas, Jürgen: Eine politische Verfassung für die pluralistische Weltgesellschaft? In: Ders.: *Zwischen Naturalismus und Religion*. Frankfurt a. M. 2005, 324–366.

Hahn, Henning: *Globale Gerechtigkeit. Eine Einführung*. Frankfurt a. M./New York 2009.

Höffe, Otfried: *Demokratie im Zeitalter der Globalisierung*. München 1999.

–: *Gerechtigkeit*. München 2004.

Honneth, Axel: Das Gewebe der Gerechtigkeit. Über die Grenzen des zeitgenössischen Prozeduralismus. In: Ders.: *Das Ich im Wir*. Berlin 2010, 51–77.

Jaggar, Alison: ›Saving Amina‹: Global Justice for Women and Intercultural Dialogue. In: Andreas Føllesdal/Thomas Pogge (Hg.): *Real World Justice. Grounds, Principles, and Social Institutions*. Dordrecht 2005, 37–65.

Kant, Immanuel: *Zum ewigen Frieden* [1795]. Werkausgabe Bd. XI. Frankfurt a. M. 1977.

–: *Metaphysik der Sitten* [1798]. Werkausgabe Bd. V. Frankfurt a. M. 1977.

Kelek, Necla: *Die fremde Braut*. München 2006.

Kerner, Ina: *Differenzen und Macht*. Frankfurt a. M. 2009.

Kersting, Wolfgang: *Kritik der Gleichheit. Über die Grenzen der Gerechtigkeit und der Moral*. Weilerswist 2002.

Klasen, Stefan: Armut und Ungleichheit auf globaler Ebene: Niveau, Trends, Ursachen und Herausforderungen. In: Barbara Bleisch/Ursula Renz (Hg.): *Zu wenig: Dimensionen der Armut*. Zürich 2007, 10–29.

Kreide, Regina. *Globale Politik und Menschenrechte. Macht und Ohnmacht eines politischen Instruments*. Frankfurt a. M./New York 2008.

Kuper, Andrew: Global Poverty Relief: More Than Charity. In: Ders. (Hg.): *Global Responsibilities. Who Must Deliver on Human Rights?* London/Oxford 2005, 155–172.

Landes, David S.: *The Wealth and Poverty of Nations: Why Some Are So Rich and Some So Poor*. New York 1998.

Lenz, Ilse/Schwenken, Helen: Feminist and Migrant Networking in a Globalising World. In: Ilse Lenz/Helma Lutz u. a. (Hg.): *Crossing Borders and Shifting Boundaries*. Opladen 2002, 147–179.

Maddison, Angus: *Monitoring the World Economy*. Paris 1995.

Maus, Ingeborg: Vom Nationalstaat zum Globalstaat oder: der Niedergang der Demokratie. In: Matthias Lutz-Bachmann/James Bohman (Hg.): *Weltstaat oder Staatenwelt? Für und wider die Idee einer Weltrepublik*. Frankfurt a. M. 2002, 226–259.

Mearsheimer, John J.: *The Tragedy of Great Power Politics*. New York/London 2001.

Meyer, Lukas H.: *Historische Gerechtigkeit*. Berlin 2005.

Mieth, Corinna: Die Samaritersituation als Modell für Hilfspflichten. In: Helen Bohse/Sven Walter (Hg.): *GAP6. Ausgewählte Sektionsbeiträge*. Paderborn 2008, 707–727 (CD-Rom).

Milanovic, Branko: Globalization and Inequality. In: David Held/Ayse Kaya (Hg.): *Global Inequality*. Cambridge 2007, 26–49.

Miller, David: *National Responsibility and Global Justice*. Oxford 2007.

Moellendorf, Darrell: *Cosmopolitan Justice*. Cambridge 2002.

Moller Okin, Susan: Is Multiculturalism Bad for Women? In: Joshua Cohen/Matthew Howard/Martha Nussbaum (Hg.): *Is Multiculturalism Bad for Women? Susan Moller Okin with Respondents*. Princeton 1999, 7–27.

Nagel, Thomas: The Problem of Global Justice. In: *Philosophy & Public Affairs* 33. Jg., 2 (2005), 113–147.

Nussbaum, Martha: Human Capabilities, Female Human Beings. In: Nussbaum/Glover 1995, 61–104.

–: *Frontiers of Justice*. Harvard 2006.

– /Glover, Jonathan (Hg.): *Women, Culture, and Development. A Study of Human Capabilities*. Oxford 1995.

O'Neill, Onora: *Bounds of Justice*. Cambridge 2000.

Platon: *Politeia/Der Staat*. Werke Bd. IV. Darmstadt 1990.

Pogge, Thomas: *World Poverty and Human Rights*. Oxford 2002.

–: Warum die Menschenrechte die Einrichtung des Health Impact Fund verlangen. In: *Zeitschrift für Menschenrechte* 2. Jg. (2009), 121–157.

Randeria, Shalini/Eckert, Andreas: *Vom Imperialismus zum Empire. Nicht-westliche Perspektiven auf Globalisierung*. Frankfurt a. M. 2009.

Rawls, John: *A Theory of Justice*. Cambridge, MA 1971.

–: *The Law of Peoples*. Cambridge, MA 1999.

Rotberg, Robert I./Thompson, Dennis (Hg.): *Truth v.*

Justice. The Morality of Truth Commissions. Princeton 2000.

Sen, Amartya: *The Idea of Justice.* Cambridge, MA 2010.

Singer, Peter: Famine, Affluence, and Morality. In: *Philosophy & Public Affairs* 1. Jg., 3 (1972), 229–243 (dt.: Hunger, Wohlstand und Moral. In: Bleisch/Schaber 2007, 37–52).

–: *The Life You Can Save.* New York 2009.

Thomas von Aquin: *Summa Theologiae* [1270–1271]. Marburg 2002.

Walzer, Michael: *Just and Unjust Wars.* New York 1977.

Whisnant, Rebecca/DesAutels, Peggy: *Global Feminist Ethics.* Lanham 2010.

Williams, Bernhard: Persons, Character and Morality. In: Ders.: *Moral Luck.* Cambridge 1982, 1–19.

Young, Brigitte: Financial Crises and Social Reproduction: Asia, Argentina and Brazil. In: Isabella Bakker/Stephen Gill (Hg.): *Production and Social Reproduction. Human In/security in the Global Political Economy.* New York 2003, 103–124.

Young, Iris Marion: *Justice and the Politics of Difference.* Princeton 1990.

–: *Global Challenges. War, Self-Determination and Responsibility for Justice.* Cambridge 2007.

Regina Kreide

4. Migration und Flucht

Es liegt auf der Hand, dass wer von Globalisierung spricht, von Migration nicht schweigen kann. Dieser Zusammenhang wird auf unterschiedlichen Ebenen diskutiert: Zum Einen, weil Migrationen sich zunehmend ›globalisieren‹, d. h. nicht mehr ausschließlich zwischen zwei Ländern stattfinden, aber auch, weil die Steuerung von Migrationen immer mehr von globalen Akteuren übernommen wird. Zum Anderen, weil Migrant/innen Akteure einer kulturellen Globalisierung sind, insofern sie neue, jenseits des Nationalstaats angesiedelte, Sozialräume erschaffen.

Der prominenteste Zusammenhang zwischen Migration und Globalisierung wird jedoch als ökonomischer gedacht: Immer wieder wurde in den letzten Jahrzehnten die These aufgestellt, dass Migrationen durch ökonomische Globalisierung ausgelöst worden seien. Die Migranten setzten sich, so ein weitverbreitetes Bild, in Bewegung, weil militärische Interventionen, Auslandsdirektinvestitionen oder andere Formen globalen politischen und ökonomischen Handelns, lokale Ökonomien in den Herkunftsländern der Migrant/innen destabilisierten. Auf den ersten Blick scheint nichts naheliegender zu sein als diese Annahme: Wo sich die kapitalistische Ökonomie globalisiert, werden auch, ganz wie vor einigen Jahrhunderten in Europa, die Menschen ›freigesetzt‹. Die Migranten der Gegenwart wären demnach eine Art globales Proletariat. Ausgehend von einer solchen Perspektive wurden die Migrationsbewegungen der Gegenwart von manchen als eine »Globalisierung von unten« bezeichnet (z. B. Pries 2009). Michael Hardt und Antonio Negri sprechen in ihrem Buch *Empire* (2002) gar davon, dass die Migration – in Analogie zur Arbeiterbewegung des 19. Jahrhunderts – das neue Gespenst sei, das in der Welt umgehe, und das die ›alten Mächte‹ in Angst und Schrecken versetze.

Aus den Reihen der Migrationsforschung wird ein solches Bild schon seit längerem kritisiert. Neuere Forschungsarbeiten zeigen, dass es nicht die ›Ärmsten‹ sind, die migrieren, und dass neben ökonomischen Faktoren eine ganze Reihe weiterer Beweggründe Migrationen auslösen können. Teil dieser kritischen Reflexionen ist auch die Infragestellung einer rigiden Trennung zwischen den Kategorien ›Flucht‹ und ›Migration‹. Das trennende Merkmal zwischen diesen, die Freiwilligkeit der Wanderung, berücksichtigt die individuellen und kollektiven Motivationen von Wanderungen. In einem Leitfaden zum Flüchtlingsrecht des Hohen Flüchtlingskommissars der Vereinten Nationen wird dieser freie Wille als zentrales Unterscheidungskriterium hervorgehoben: »Im Gegensatz zu Migranten verlassen Flüchtlinge ihre Länder nicht aus freiem Willen; sie werden dazu gezwungen. Wirtschaftsmigrant/innen sind Personen, die ihre Herkunftsländer aus rein wirtschaftlichen Überlegungen auf der Suche nach einer materiellen Besserstellung verlassen.« (UNHCR 2003, 52)

Problematisch erscheint dabei jedoch, dass aus lebensweltlicher Perspektive Momente des Zwangs von denen der Entscheidung oft kaum sauber zu trennen sind. Ein westafrikanischer Migrant, dessen Familie Geld gesammelt hat, um eine zusätzliche Einkommensquelle für diese Gruppe zu generieren und ihr Mitglied nach Europa zu schicken, handelt demnach unter ökonomischen Zwängen, die es gerechtfertigt erscheinen lassen, ihn z.B. als Wirtschaftsflüchtling zu bezeichnen. Eine Bezeichnung, die man in statistischen Erhebungen nicht finden wird, da die allermeisten Zahlen, die über Migrationen vorliegen, nur Auskunft über den rechtlichen Status von Wanderern geben. So hat es in der Bundesrepublik Deutschland seit den 1970er Jahren eine steigende Zahl von Asylbewerber/innen gegeben – dies war neben der Familienzusammenführung der einzige legale Weg, einen Aufenthaltstitel zu erwerben. Welche Motive bei diesen als Asylsuchenden registrierten Menschen jeweils ausschlaggebend für die Migration waren, kann aber nicht bestimmt werden.

Migration und Flucht global

Weltweit wurden im Jahr 2005 ca. 190 Mio. Menschen als Migrant/innen erfasst (UN, esa.un.org/migration). Nach der Definition der Vereinten Nationen ist derjenige ein Migrant, der länger als ein Jahr in einem anderen als seinem Geburtsland lebt. Wie jede Definition ist auch diese problematisch, erfasst sie z.B. keine Pendelmigranten, Menschen also, die im Zielland der Migration nicht ihren Lebensmittelpunkt errichten wollen, sondern in kurzfristigen Abständen in das Land der Herkunft reisen. Ebenso werden klandestine, nicht-dokumentierte Migrationen von diesen Erhebungen nicht erfasst. Schließlich findet weiterhin ein nicht geringer Teil von Migrati-

onen innerhalb von Staatsgrenzen statt. Binnenmigrationen, insbesondere vom Land in die Stadt, sind in vielerlei Hinsicht den transnationalen Migrationen verwandt. Sei es, weil die Binnenmigrant/innen ähnliche Erfahrungen von Ausgrenzung und Fremdheit machen, sei es, weil sie oftmals ein vergleichbares Wohlstandsgefälle überqueren. Dies gilt für die ostpreußischen Landarbeiter/innen im 19. Jahrhundert ebenso wie für die süditalienischen Migrant/innen zu Beginn des 20. Jahrhunderts, die in Turin oder Mailand Arbeit suchten, oder für die ca. 200 Millionen chinesischen Wanderarbeiter/innen, die gegenwärtig in den chinesischen Metropolen Beschäftigung suchen.

Auf der Grundlage der UN-Daten lässt sich ein signifikanter Anstieg der Migration seit 1960 nicht belegen (diese erfasst allerdings die o.g. chinesischen Wanderarbeiter/innen nicht), nur ein prozentualer Anstieg bei der Zahl der Flüchtlinge. Unterschieden wird dabei zwischen Flüchtlingen nach der Genfer Flüchtlingskonvention, Staatenlosen und Asylsuchenden. Allen drei ist gemeinsam, dass sie auf die eine oder andere Weise vertrieben wurden und Schutz in einem anderen Land oder innerhalb des nationalen Territoriums suchen. Ihre Gesamtzahl liegt 2008 bei ca. 48 Mio. Menschen. Die Hauptherkunftsländer von Fluchtmigrationen liegen im subsaharischen Afrika, dem indischen Subkontinent, China und den GUS-Staaten. An der Spitze liegen 2008 Afghanistan, Irak und Somalia. Die Hälfte der ca. 11 Mio. Flüchtlinge, die der UNHCR derzeit betreut, stammt aus dem Irak und Afghanistan. Diese Zahlen zeigen, dass es seit dem Jahr 2000 einen Zusammenhang zwischen dem ›Krieg gegen Terrorismus‹, islamistischen Bewegungen und Flüchtlingsströmen gibt. Mehr als 80 % der Flüchtlinge sucht in benachbarten, ebenfalls unterentwickelten, Regionen Schutz. Dies gilt auch für die bei den UN gesondert geführten ca. 5 Mio. palästinensischen Flüchtlinge. Ende der 1970er Jahre erhöhte sich der Anteil der Flüchtlinge an der weltweiten Migration von 2,9 % im Jahre 1960 auf 4,9 % im Jahre 1975 und stieg 1985 auf 11,9 %, um erst im Jahre 2000 wieder auf 8,2 % zu sinken. In den vergangenen zehn Jahren stagnierten die Flüchtlingszahlen, allerdings stieg die Zahl der Binnenvertriebenen, deren Zahl 2008 weltweit bei ca. 26 Mio. lag (für eine detaillierte Aufschlüsselung, siehe www.internal-displacement.org). Der prozentuale Anteil von Migranten an der Weltbevölkerung wächst im gesamten Zeitraum zwischen 1960 und 2005 dagegen nur um 0,5 Prozentpunkte.

Die UN-Statistiken erfassen auch den Anteil von Migrant/innen je Land. Demnach liegen Deutschland, Australien und die USA mit Anteilen zwischen 12 und 20 % noch hinter Saudi-Arabien oder Jordanien mit 25 und 39 %. An diesen Zahlen zeigt sich bereits, wie schwierig die Unterscheidung in distinkte Kategorien von Migrant/innen sein kann. Ein großer Teil der Migrant/innen in Jordanien sind palästinensische Flüchtlinge, während Saudi-Arabien viele ›Gastarbeiter‹ beschäftigt. Das Flüchtlingskommissariat gehört zu den Organisationen, die auch praktisch darüber entscheiden, ob Individuen oder Gruppen als Flüchtlinge eingestuft werden oder nicht. Da das Asyl- und Flüchtlingsrecht oft der einzige legale Weg zur Einreise in das Zielland von Migrant/-innen ist, sind auch anerkannte Flüchtlinge nicht immer solche im Sinne der Genfer Flüchtlingskonvention. Dies gilt auch umgekehrt für die sogenannten Wirtschaftsmigrant/innen: Während der Gastarbeiteranwerbung in den 1960er Jahren kamen viele Migrant/innen aus südeuropäischen Ländern mit autoritären Diktaturen. Anstatt Asyl zu beantragen und zu riskieren, bei einer Ablehnung dem Herkunftsstaat ausgeliefert zu werden, bevorzugten es Menschen aus Spanien, Portugal oder Griechenland oftmals, sich als Gastarbeiter/innen in Deutschland, Frankreich oder Belgien zu bewerben. Die statistischen Kategorien, mit denen staatlicherseits Migrationen erfasst und gesteuert werden, sagen also nicht immer etwas über die Motive und Ursachen von Migration aus.

Worüber diese Zahlen nicht sprechen, sind die politischen und sozialen Dynamiken, die mit Migrationsprozessen verknüpft sein können und die qualitativen Veränderungen von Migration in den vergangenen 50 Jahren. Denn die technologischen Veränderungen, mit denen ökonomische und kulturelle Globalisierung oftmals in Verbindung gebracht wird, haben das Gesicht der Migration mit verändert. Gesunkene Preise für Transport und neue Technologien der Telekommunikation ermöglichen es Migrant/innen heute mehr als früher, Beziehungen in ihre Herkunftsländer und -regionen aufrechtzuerhalten. Die paradigmatische Figur des Migranten im 21. Jahrhundert ist der Transmigrant. Transmigrant/innen zeichnen sich dadurch aus, dass in zunehmendem Maße nicht das Zielland Referenzstruktur der alltäglichen Lebensführung ist, sondern ein sozialer Raum ›zwischen‹ Herkunfts- und Zielland.

Migrationstheorien

Lange Zeit wurden in der Migrationsforschung makrosoziologische Theorien bei der Untersuchung von Wanderungsbewegungen zugrundegelegt. So werden z. B. auf makroökonomischer Ebene Migrationen mit dem Push-and-Pull-Modell erklärt, demzufolge Sogfaktoren auf der Seite des Ziellandes und Druckfaktoren im Herkunftsland existierten. Auf mikroökonomischer Ebene wird dieses Modell anhand z. B. des Lohnniveaus in unterschiedlichen Ländern, der Gesundheitsversorgung oder sozialer Sicherheit im Allgemeinen, expliziert. Der Migrant vergleicht demnach die verschiedenen Merkmale zwischen Herkunfts- und Zielland um eine »rationale Wahl« zu treffen (Lee 1972). Marxistische Migrationstheorien wiederum konzipierten Migrationen als abhängige Variable der Kapitalakkumulation – Migrant/innen sind demnach vor allem »Ware Arbeitskraft« (Castles 1987). Während in den am Theorem der Rational Choice orientierten Ansätzen Migrant/innen als ökonomisch kalkulierende Subjekte konzipiert werden, sind in den marxistisch-strukturalistischen Theorien Migrant/innen so etwas wie willenlose Objekte von ihnen übergeordneten Prozessen. Ansätze wie die ›Neue Migrationsökonomie‹ heben sich von den beiden vorgenannten insofern ab, als an die Stelle des Individuums der Haushalt oder die Gemeinschaft tritt. Die Entscheidungsfindungsprozesse innerhalb dieser Einheit wiederum werden zwar auch von ökonomischen Kalkülen bestimmt, die aber vor allem auf Risikominimierung abzielen (Stark 1991). Die Netzwerktheorien wiederum behandeln die Meso-Ebene der Migrationsprozesse. Demnach sind es persönliche Beziehungen von Migrant/innen mit ihren Freunden, Verwandten und Bekannten zwischen Herkunfts- und Zielregionen, die die Wahrscheinlichkeit von Migration erhöhen (Massey 1990). Hier schließt die Theorie der kumulativen Migration an, nach der sich der Migrationsprozess von den ihn initiierenden ökonomischen Faktoren loslöst und sich selbst erhält (ebd.).

Transnationalismus und neue Bürgerschaft

Eine besondere Bedeutung unter den jüngeren Ansätzen kommt dem Transnationalismus-Paradigma zu, das als methodische Hilfskonstruktion zu verstehen ist, die es ermöglicht, sowohl Entwicklungen auf politischer und konzeptueller Ebene als auch Strategien von Migrant/innen in den Blick zu nehmen, die vom Mainstream der sozial- und kulturwissenschaftlichen Migrationsforschung bislang nicht begrifflich erfasst werden konnten. War und ist dieser doch noch an den vielfach kritisierten ›methodologischen Nationalismus‹ gebunden, d.h. an eine raumgebundene und -bindende Konzeption von Migration. Migration wird diesem Ansatz zufolge als unidirektionaler Ortswechsel, als raum-zeitlich begrenzter Prozess der Aus- und Einwanderung gedacht, vielfach konzeptualisiert in Anlehnung an naturalistische Vorstellungen von Entwurzelung und Wiedereinpflanzung. Dem liegt ein Modell zu Grunde, wonach gesellschaftliche Verhältnisse, Beziehungen und Kommunikationen vor allem innerhalb der Grenzen nationaler Staatlichkeit situiert sind. Studien zur transnationalen Migration zeigen, wie mehrortige Migrationsstrategien im konzeptionellen Sinne neuartige soziale Formationen konstituieren (vgl. Pries 1998, 75). Anstatt den Kohäsionsraum Nationalstaat weiterhin unkritisch zum normativen Maßstab zu machen, reflektiert die Migrationsforschung mit dem Transnationalismusparadigma die Emergenz eines neuen, eben globalisierten Bezugsrahmens für die Interpretation sozialer Tatsachen.

Mit der Kritik am methodologischen Nationalismus ist zugleich eine breite Debatte um eine zentrale Kategorie des modernen demokratischen Nationalstaats verbunden: die Debatte um Bürgerschaft (s. Kap. III.4.3). In jüngerer Vergangenheit hat die Debatte um muslimische Migrant/innen insbesondere in Europa zu einer grundlegenden Krise des Modells der Differenzpolitik der Bürgerrechte geführt. Jürgen Habermas und Yasemin Soysal haben in diesem Kontext für eine postnationale Staatsbürgerschaft plädiert. Ihnen zufolge ist der Nationalstaat aufgrund seiner Tendenz zur Homogenisierung und Unterdrückung minoritärer Kulturen nicht mehr der geeignete Rahmen für Bürgerschaft. Die Einebnung und Nichtanerkennung anderer, nichthegemonialer Kulturen schwächt seine Legitimität. Habermas schlägt stattdessen vor, an die Stelle von Nationalismus Menschenrechte und Rechtsstaatlichkeit in der

Form eines ›Verfassungspatriotismus‹ zur Grundlage von bürgerschaftlicher Identität zu machen.

Hieran schließen sich auch die Diskussionen um Kosmopolitismus an, in dem Autoren wie Ulrich Beck die adäquate konzeptionelle Folie für einen politischen Umgang mit Globalisierung sehen. Dadurch könne jene Kopplung dekonstruiert werden, mit der soziale Sicherheit nur als national(istisch)er Protektionismus, Globalisierung aber nur als enthemmter Kapitalismus gedeutet werde.

Neoliberalismus und Migration

Seit den 1990er Jahren wird darüber diskutiert, ob Staaten das Recht haben, anderen Menschen die Bürgerschaft zu verweigern bzw. Einwanderung zu regulieren. Aus der Perspektive der angelsächsischen liberalen Theorie können ›offene Grenzen‹ eine legitime und moralisch richtige Position sein: Das Prinzip der Gleichheit stehe über der Staatszugehörigkeit, die letztlich zufällig sei. Eine Politik der Grenzen müsse dementsprechend die Beteiligten auf beiden Seiten der Grenze mit einbeziehen, wie dies Joseph Carens (2000) fordert. Michael Walzer und Will Kymlicka dagegen insistieren darauf, dass ohne die sozialintegrative Funktion des Nationalstaats Bürgerschaft entleert werde. Eine transnationale Bürgerschaft, wie sie etwa Habermas (1998), Young (1989), oder David Held (1995) fordern, unterminiere aber vor allem den politischen Charakter von Bürgerschaft.

Im Unterschied zu diesen eher normativen Debatten haben Autor/innen wie Saskia Sassen oder Aiwa Ong gezeigt, welche Transformationen das Zusammenwirken globaler Migrationen im Verein mit der Deterritorialisierung ökonomischer und politischer Räume bereits bewirkt hat. Ökonomische Globalisierung im Sinne einer Aushöhlung nationalstaatlicher Umverteilungsmechanismen und Migration wirken hier ineinander. Die Ethnologin Aiwa Ong (2005) untersucht am Beispiel der familiären und wirtschaftspolitischen Strategien wohlhabender Auslandschines/innen die Entstehung neuer Formen von ›flexibler Staatsbürgerschaft‹. Die Chines/innen verteilen ihre Geschäftsaktivitäten, Wohnsitze und Familien den Erfordernissen des globalen Kapitalismus entsprechend auf unterschiedliche Kontinente und erwerben dabei verschiedene Residenzrechte. Wirtschaftlich leistungsfähigen Migrant/innen werden in der Folge, so Ong, bürgerschaftliche Rechte gewährt, während im Gegenzug Sesshaften ähnliche Rechte zunehmend beschnitten würden. Marktbasierte Normen würden damit zur Grundlage von Normen der Bürgerschaft werden (Ong 2006, 501). Eine Folge davon sei, dass soziale und politische Kämpfe weniger auf formale Bürgerrechte abzielten, sondern immer stärker darauf, der Aushöhlung national verfasster Demokratien durch eine Substanzialisierung von Rechten entgegenzuwirken. Damit ist gemeint, dass zunehmend Rechte gefordert würden, die es ihren Inhabern nicht nur formal, sondern auch sozial und ökonomisch ermöglichen, die damit gewährten Praktiken überhaupt auszuüben.

Die Regionalisierung der Grenzen

Schon seit Mitte der 1970er Jahre wurde in der bundesdeutschen Asyldebatte ein Topos etabliert, demzufolge Fluchtursachen zu bekämpfen seien, um Flüchtlingsbewegungen zu vermeiden. Dieser Ansatz, der auch von Kirchen, Gewerkschaften und Nichtregierungsorganisationen vertreten wurde, entwickelte sich in der Folge zu einem Begründungsrahmen für die Beschränkung der Aufnahme von Flüchtlingen aus der ›Dritten Welt‹, unabhängig von deren rechtlicher Unterteilung in Konventionsflüchtlinge, ›Wirtschaftsflüchtlinge‹ und Asylbewerber/innen. Die Einrichtung von ›Schutzzonen‹ etwa in Kroatien während des Bürgerkriegs in Jugoslawien, mit denen Migrationsbewegungen ›vor Ort‹ abgefangen werden sollten, waren erste Projekte, mit denen im Rahmen der Europäischen Union eine Regionalisierung von Flucht betrieben wurde. Die Regionalisierung stellt einen qualitativen Wandel in der Flüchtlingspolitik dar, insofern der Rahmen der konventionellen Asylpolitik verlassen wird, innerhalb dessen Flüchtlinge erst dann zum Gegenstand politischer Regulation wurden, wenn sie im Aufnahmeland erschienen und als Rechtssubjekte Schutz einforderten. Nun sollen mit präventiven Maßnahmen Fluchtbewegungen dort, wo sie entstehen, verhindert und schon Geflohene in der Region gehalten werden. Humanitäre Sofortmaßnahmen, langfristige Entwicklungshilfe, diplomatischer Druck und die militärische Einrichtung von Schutzzonen sollen als »Querschnittsaufgabe von Außen-, Wirtschafts-, Asyl- und vor allem Entwicklungspolitik« (Schieffer 1998, 32) ineinandergreifen. Die oben beschriebene Zunahme von Binnenflüchtlingen könnte somit als eine erste Folge dieser Regionalisierung interpretiert werden.

Die europäische Flüchtlingspolitik war damit zu einem der ersten Bestandteile einer kohärenten europäischen Außenpolitik geworden. Die früh einsetzende Regionalisierung war durch Aspekte gekennzeichnet, die insgesamt charakteristisch für das Migrationsregime der Ära nach dem Ende des Kalten Krieges sind: Die Einhegung von Migrationsbewegungen in der geographischen Region ihrer Entstehung ist paradoxerweise ein Anzeichen für eine Entgrenzung des Policy-Feldes der Migration. Mit ›Entgrenzung‹ ist gemeint, dass die potenziellen Einwanderungsländer Migrationsbewegungen nicht nur auf anderen Erdteilen steuern, sondern bereits unter Einbeziehung der ›Ursachen‹ von Migration eindämmen wollen. In diesem Kontext sind auch neuerliche Vorschläge innerhalb der Europäischen Union zu verstehen, die Einkommen der Migrant/innen an entwicklungspolitische Programme zu koppeln. Zugleich deutet sich hier auch an, was Franck Düvell die »Globalisierung des Migrationsregimes« (Düvell 2002) genannt hat, nämlich einerseits eine Delegierung von Steuerungsaufgaben an transnationale Akteure, wie den United Nations High Commissioner for Refugees (UNHCR), die Internationale Organisation für Migration (IOM) oder das International Center for Migration Policy Development (ICMPD). Andererseits etabliert sich damit auch zunehmend die Vorstellung eines eigenständigen Problemfeldes ›Migration‹, das, ähnlich wie der Klimawandel, aufgrund seiner globalen Dimension, gemeinsames Handeln erfordere und es zugleich ermöglicht, in weitere Politikfelder zu intervenieren.

Autonomie der Migration und Migration als Werden

Im Anschluss an diese Überlegungen über die generische Kraft der Migration werden insbesondere in der europäischen Debatte seit einiger Zeit Konzepte wie das der ›Autonomie der Migration‹ diskutiert. In Frankreich wurde der Begriff von Cornelius Castoriadis und Claude Lefort entwickelt, die den Begriff der Autonomie in den 1950er Jahren gegen den sowjetischen Bürokratismus in Stellung gebracht hatten. In Italien ist die ›autonome Bewegung‹ eine unmittelbare Folge der wilden Streiks und Arbeitskämpfe, in deren Nachwirkung sich die Kämpfe im Laufe der 1970er Jahre über die Gesellschaft ausbreiteten und zu einer Vervielfältigung der politischen und sozialen Subjekte führten, die man später die Neuen Sozialen Bewegungen nannte.

Im deutschen Kontext hatte Ende der 1990er Jahre die Gruppe »Materialien für einen neuen Antiimperialismus« zum ersten Mal das Konzept der Autonomie auf die Migrationsfrage übertragen. In einem Arbeitspapier (Materialien 1998) stellte die Gruppe die These auf, Migration sei als soziale Bewegung zu fassen, »weil die MigrantInnen, die aus der Peripherie in die deutschen Zentren kommen, das Prinzip des freien Kapitalverkehrs bei begrenzter Freizügigkeit der Menschen, durchkreuzen« (ebd., 1). Diese Überlegungen sind in den letzten Jahren unter dem Namen »Autonomie der Migration« weiter entwickelt (vgl. Bojadžijev/Karakayali 2007; Panagiotidis; Şener 2004; Mezzara 2007) und kontrovers diskutiert worden (vgl. Alabi et al. 2005; Benz/Schwenken 2005). Für eine deleuzianische und radikal asubjektive Interpretation der Kraft der Migration plädieren Papadopoulos/Tsianos (2008). Sie argumentieren, dass auf die Praktiken der gegenwärtigen transnationalen Migration das zutrifft, was Deleuze und Guattari in ihren Arbeiten paradigmatisch als Nomadismus beschrieben haben: das Nicht-Ankommen. Auch hier ist das an den Nationalstaat und seine Territorialisierungsnorm gebundene Verständnis von Migration Ausgangspunkt der Kritik, demzufolge das individualisierte Subjekt aufwendig das Kosten-Nutzen-Verhältnis seiner Reise kalkuliert und sich dann auf einen Weg mit festgelegtem Ausgangs- und Ankunftsort macht. Migration ist demnach nicht das Mittel oder Instrument, zu dem mit sich identische Subjekte greifen, um einen Zweck zu verfolgen, sondern ›Migration ist Weltgestaltung‹. Sie verändert die Subjekte, die Räume und das Soziale: »Die Person, die die Reise antritt, ist an deren Ende nicht dieselbe, der bewohnte Raum ist nicht der angestrebte, die Dokumente verweisen nicht darauf, wer man ist oder war, sondern wer man im Verlauf der Reise wird. Reisen wird das Gesetz, Werden wird der Code.« (ebd.)

Literatur

Alabi, Adebayo Maik/Hess, Sabine/Omwenyeke, Sunny/Panagiotidis, Effi: Eine Frage der Rangordnung. Streitgespräch zwischen Kanak Attak und Karawane über unterschiedliche Ansätze antirassistischer Politik. In: iz3w 284 (2005), 18–37.

Benz, Martina/Schwenken, Helen: Jenseits von Autonomie und Kontrolle: Migration als eigensinnige Praxis. In: Prokla 35. Jg., 3 (2005), 363–377.

Bojadžijev, Manuela/Karakayali, Serhat: Autonomie der Migration. 10 Thesen zu einer Methode. In: Forschungsgruppe Transit Migration (Hg.): Turbulente Ränder. Neue Perspektiven auf Migration an den Grenzen Europas. Bielefeld 2007, 215–227.

Carens, Joseph H.: Culture, Citizenship, and Community. A Contextual Exploration of Justice as Evenhandedness. Oxford 2000.

Castles, Stephen: Migration und Rassismus in Westeuropa. Berlin 1987.

Düvell, Franck: Die Globalisierung des Migrationsregimes. Zur neuen Einwanderungspolitik in Europa. Berlin/Hamburg/Göttingen 2002.

Habermas, Jürgen: Die postnationale Konstellation: Politische Essays. Frankfurt a.M. 1998.

Hardt, Michael/Negri, Antonio: Empire. Die neue Weltordnung. Frankfurt a.M./New York 2002.

Held, David: Democracy and the Global Order. From the Modern State to Cosmopolitan Governance. Stanford 1995.

Karakayali, Serhat: Das Gespenst der Migration. Zur Genealogie illegaler Einwanderung in der Bundesrepublik Deutschland. Bielefeld 2008.

Kymlicka, Will: Multikulturalismus und Demokratie: Über Minderheiten in Staaten und Nationen. Frankfurt a.M. 2000.

Lee, Everett: Eine Theorie der Wanderung. In: György Széll (Hg.): Regionale Mobilität. München 1972, 115–129.

Massey, Douglas S.: Social Structure, Household Strategies, and the Cumulative Causation of Migration. In: Population Index 56. Jg., 1 (1990), 3–26.

Materialien für einen neuen Antiimperialismus: Migration als soziale Bewegung. Vier Thesen [1998]. In: http://www.materialien.org/texte/migration/4thesen.html.

Mezzadra, Sandro: Kapitalismus, Migrationen, Soziale Kämpfe. Vorbemerkungen zu einer Theorie der Autonomie der Migration. In: Thomas Atzert/Serhat Karakayali/Marianne Pieper/Vassilis Tsianos (Hg.): Empire und die biopolitische Wende. Frankfurt a.M./New York 2007, 179 193.

Miller, David: Citizenship and National Identity. Cambridge 2000.

Ong, Aihwa: Flexible Staatsbürgerschaften: Die kulturelle Logik von Transnationalität. Frankfurt a.M. 2005.

–: Mutations in Citizenship. In: Theory, Culture and Society 23. Jg., 2/3 (2006), 499–504.

Panagiotidis, Effi/Şener, Ulaş: Marx' Gespenster in der Debatte um die ›Autonomie der Migration‹. Eine

Erwiderung auf Tobias Pieper. In: *ak* 487 (2004), 34.

Papadopoulos, Dimitris/Tsianos, Vassilis: Die Autonomie der Migration. Die Tiere der undokumentierten Mobilität. In: *translate* 09 (2008), http://translate.eipcp.net/strands/02/papadopoulostsianos-strands01en?lid=papadopoulostsianos-strands01de.

Pries, Ludger: Transnationale Soziale Räume. In: Ulrich Beck (Hg.): *Perspektiven der Weltgesellschaft*. Frankfurt a.M. 1998, 55–86.

– : Migration als Internationalisierung von unten. In: *Edition Le Monde diplomatique* 4 (2009), 20–25.

Rancière, Jacques: *Das Unvernehmen: Politik und Philosophie*. Frankfurt a.M. 2002.

Rawls, John: *Eine Theorie der Gerechtigkeit*. Frankfurt a.M. 2003.

Santel, Bernhard: *Migration in und nach Europa. Erfahrungen, Strukturen, Politik*. Opladen 1995.

Schieffer, Martin: *Die Zusammenarbeit der EU-Mitgliedsstaaten in den Bereichen Asyl und Einwanderung*. Baden-Baden 1998.

Smith, Michael Peter/Guarnizo, Luis Eduardo (Hg.): *Transnationalism from Below*. New Brunswick 1999.

Soysal, Y. Nuhoglu: *Limits of Citizenship. Migrants and Postnational Membership in Europe*. Chicago/London 1994.

Stark, Oded: Labor Migration and Risk Aversion in Less Developed Countries. In: Dies.: *The Migration of Labor*. Oxford u.a. 1991, 46–61.

UNHCR: *Flüchtlingsschutz. Ein Leitfaden zum internationalen Flüchtlingsrecht*. Wien 2003.

Young, Iris Marion: Polity and Group Difference: A Critique of the Ideal of Universal Citizenship. In: *Ethics* 99. Jg. (1989), 250–274.

Serhat Karakayali

III.3 Politische Gestalt und politische Konsequenzen

1. Nationale Souveränität und Menschenrechte

Nationale Souveränität und Menschenrechte verknüpfen sich im Kontext der »Erklärung der Menschen- und der Bürgerrechte« von 1789. Die französische Nation ist die Urheberin der Erklärung und konstituiert den Staat, um diese Rechte zu schützen. ›Nation‹ bezeichnet hier alle politischen Mitglieder einer Gemeinschaft. Im Gegensatz zur königlichen Souveränität weist der Begriff ›Nationale Souveränität‹ darauf hin, dass die ›Nation‹ über sich selbst herrscht. Der Ausdruck ›Nation‹ setzt eine politische Einheit voraus, hat aber noch nicht den im 19. und 20. Jahrhundert erworbenen stark nationalistischen Sinn. Deswegen wird ›Nationale Souveränität‹ heute durch ›Volkssouveränität‹ ersetzt. Von diesen zwei Ausdrücken sind die Begriffe ›Staatssouveränität‹ und ›Nationalstaatssouveränität‹ abzugrenzen, die keinen demokratischen Inhalt haben und bedeuten, dass ein Staat sich unter keinen anderen Staat oder Akteur außerhalb seiner Grenzen unterwirft und über aller anderen Macht innerhalb seiner eigenen Grenzen steht.

Dennoch sind in der »Allgemeinen Erklärung der Menschenrechte« von 1948 nationale Souveränität und die Menschenrechte nicht mehr miteinander vereinbar: Die UNO wird gegründet, um die Menschenrechte des Individuums gegen die Willkür des eigenen Staates zu schützen. Darüber hinaus werden die Menschenrechte nicht mehr als ein Produkt des Volkes gesehen, sondern als Ausdruck einer moralischen Konzeption. Allerdings wird mit der Dekolonisierung nach dem Krieg das Recht zur Selbstbestimmung in der UN-Charta als dritte Generation der Menschenrechte aufgenommen, was dem Begriff ›Souveränität‹ eine andere Bedeutung (Unabhängigkeit) verleiht.

Im Kontext der Globalisierung trägt die Entwicklung neuer Formen politischer Organisation jenseits des Nationalstaates dazu bei, die Beziehung zwischen nationaler Souveränität und Menschenrechten zu lockern. Beide Prinzipien lassen sich nur vereinbaren, wenn das Prinzip der nationalen Souveränität nicht absolut gilt, sondern den Menschenrechten untergeordnet ist. Wie das Spannungsfeld zwischen Interessen nationaler Souveränität und den Menschenrechten und daraus resultierende Konflikte verwaltet werden, ist der Kern der Kontroverse zwischen diesen zwei Prinzipien.

Zu den unterschiedlichen Positionen in der Kontroverse

Nationale bzw. Volkssouveränität im demokratischen Sinn kann Inhalt, Instrument oder Begründung der Menschenrechte sein. Sie ist Inhalt der Menschenrechte im Artikel 21 der Erklärung von 1948, die das Recht, an der Politik seines Landes zu partizipieren, zu einem Menschenrecht erhebt. Sie ist ein Instrument der Menschenrechte, weil sie demokratische Entscheidungen legitimiert, denen eine Auslegung der Menschenrechte zugrunde liegt. Allerdings können Entscheidungen der nationalen bzw. Volkssouveränität den Grundsätzen der Menschenrechte widersprechen. Und sie ist Grundlage der Menschenrechte in der von der französischen Nation verfassten Erklärung, weil die nationale Souveränität den Menschenrechten Legitimation verleiht.

Im Kontext der Französischen Revolution ist die Nation einerseits symbolisch dargestellt als die Grundlage der nationalen Souveränität in der neuen demokratischen Ordnung. Das Konzept der nationalen Souveränität beruht auf der Idee einer nationalen Einheit – das Volk steht über den unterschiedlichen sozialen Interessen. Andererseits erscheint die Nation in der Wirklichkeit als ein Konglomerat unterschiedlicher Gruppen. Das Volk als politisches, legitimierendes Prinzip entspricht nicht seiner soziologischen Wirklichkeit. Die Schwierigkeit, nationale Souveränität und Menschenrechte zu vereinbaren, liegt darin, dass allem, was von der Mehrheit abweicht, die Gefahr droht, als illegitim unterdrückt zu werden. Die nationale Souveränität kann dabei die

Menschenrechte einschränken. Der auf der Einheit beruhende Diskurs muss aber mit einer pluralistischen und offenen Gesellschaft in Einklang gebracht werden. Die Beziehung zwischen nationaler Souveränität und Menschenrechten ist von dieser Spannung zwischen der Kultur des Gemeinsamen und der dynamischen Heterogenität gezeichnet.

Menschenrechtsverletzungen durch Ansprüche auf nationale Souveränität lösen eine Diskussion über deren Grenzen aus. In der liberalen Tradition behauptet John Stuart Mill (1859), inspiriert von Alexis de Tocqueville (1835), dass das Individuum gegen die Gesellschaft gesichert werden solle, da diese letzte gegenüber ihren eigenen Staatsbürgern tyrannisch werden könne. Menschenrechte müssen demnach notfalls auch gegen die nationale Souveränität gesichert werden. Dieses Problem, das damals v.a. religiöse Fragen betraf, weitete sich auf den Bereich sozialer und kultureller Fragen aus. Die konservative Tradition, beispielsweise Gerhard Ritter, sieht die Regierung der ›Masse‹ mit ihrer politischen Uniformität als eine Bedrohung für die Staatsordnung und die Sicherheit des Individuums. Daraus folgt, dass die nationale Volkssouveränität als eine Bedrohung für das Individuum gesehen wird. In der demokratischen Tradition ist die Demokratie aber weder, wie bei Mill, die uneingeschränkte Herrschaft der Mehrheit noch, wie bei Ritter, die Herrschaft einer homogenen Einheit, sondern die Selbstregierung sich gegenseitig anerkennender Individuen.

Die Beziehung zwischen nationaler Souveränität und Menschenrechten steht heute im Zentrum zweier großer Debatten: der Debatte zwischen Liberalismus und Kommunitarismus und derjenigen zwischen nationalistischen Republikanern und kosmopolitischen Republikanern. Hauptfrage ist, wie individuelle und kommunitaristische Freiheit zusammengeführt werden können. Es geht um die Kernfrage des Projekts der Modernität. Kant, dessen Konzept individueller Freiheit als Freiheit des Willens die Begründung der Menschenrechte ist, hat auch eine Konzeption kommunitaristischer Freiheit vorgelegt: Die Freiheit einer autonomen Kollektivität, eines Volks, das über sich selbst herrscht. Diese Freiheit ist grundlegend für die nationale bzw. Volkssouveränität.

Autoren des Liberalismus konzipieren die individuelle Freiheit inhaltslos als Freiheit zu tun, was mit der Freiheit des Anderen nicht inkompatibel ist, was Pluralismus und Multikulturalismus erlauben. Dieses Konzept unterscheidet sich von den inhaltsvollen kommunitaristischen Konzepten von Freiheit, die bei Rousseau (1755) (moralischer Konsens), bei Hegel (1821) (soziales Leben gesichert durch den Staat), bei Tocqueville (1835) (alltägliche Sitten und Praxis) und bei Marx (1844) (soziale Basis) entwickelt werden. In der amerikanischen Debatte zwischen Liberalen und Kommunitaristen wird systematisch nach der Beziehung zwischen Werten und Normen gefragt. Der Liberalismus trennt die öffentlichen Normen, und d.h. v.a. auch die Menschenrechte, von partikularen Werten – ein Prinzip aus der Zeit der Religionskriege, dessen Ziel es war, soziale Konflikte zu vermeiden. Kommunitaristen hingegen leiten die öffentlichen Normen – und dadurch auch die Menschenrechte – aus den Werten einer Gemeinschaft ab, die deswegen zu einem bestimmten Grad als homogen gelten soll. Der Liberale Rawls entwickelte ein individualistisches Modell einer allgemeinen Kompatibilität von partikularer Freiheit, die durch den allgemeinen Menschenverstand in den westlichen Demokratien positiv konnotiert ist, wie z.B. Gedankenfreiheit. Auch wenn beide Freiheitskonzepte miteinander vereinbar sind, sind die methodologischen Prämissen in Rawls' *Theorie der Gerechtigkeit* (1971) dennoch individualistisch und nicht kommunitaristisch. Die Menschenrechte werden nicht an die nationale Souveränität gebunden. Der Appell zum berühmten *veil of ignorance* (d.h. die Frage, wie jemand entscheiden würde, wenn er mit verdeckten Augen seine partikulare Lage und infolgedessen seine jeweiligen Entscheidungsoptionen nicht erkennen könnte) geht von einem Individuum aus, das nicht von einer empirischer Situation bestimmt wird. Dieses Individuum kann im Sozialvertrag nicht im eigenen Interesse handeln. Das Resultat entspricht einer universellen Moral (ohne Kants Naturplan oder Hegels List der Vernunft). Eine rationale Auseinandersetzung oder Anerkennung zwischen Individuen wird nicht gefordert.

Der europäische Republikanismus verzichtet nicht auf die praktische Vernunft und einen möglichen Universalismus, hat aber gleichzeitig ein Konzept der Kollektive (im Gegensatz zum Individualismus) und betrachtet das Individuum in diesem Kollektiv. Menschenrechte werden dadurch in Verbindung mit der nationalen bzw. Volkssouveränität gestellt. Deswegen unterscheidet sich der Kommunitarismus und sein Konzept von nationaler bzw. Volkssouveränität bei Autoren wie Karl-Otto Apel, Jürgen Haber-

mas, Paul Ricœur, Charles Taylor und Albrecht Wellmer von einem Ethnozentrismus und verbindet sich
mit dem Universalismus. Diese Art von Kommunitarismus schließt sich an die aristotelische Idee von
Politik und Praxis an, wurde aber in Deutschland
von der Hermeneutik Schleiermachers, Diltheys und
Gadamers beeinflusst. Für diese Autoren ist Freiheit
keine ahistorische Abstraktion oder ein Fakt der reinen Vernunft, sondern sie hängt davon ab, wie die
Menschen ihre eigenen wechselseitigen Beziehungen interpretieren und gestalten. Im Gegensatz zum
Liberalismus räumt der Republikanismus dem Recht
gegenüber den partikularen Gesetzen und der Gerechtigkeit gegenüber dem allgemeinen Willen Priorität ein; und im Gegensatz zum Kommunitarismus
bevorzugt der Republikanismus das Recht gegenüber kollektiven Identitäten. Das Recht ergibt sich
nicht aus einem empirischen Konsens. Das Feld republikanischer Theorien teilt sich in einen nationalistischen Republikanismus, der an Rousseau anschließt und sich dem Kommunitarismus annähert,
und in einen kosmopolitischen Republikanismus,
der an Kant anschließt und an den Liberalismus
grenzt. Nach dem nationalistischen Republikanismus können abstrakte Prinzipien eine politische
Gemeinschaft nicht stabilisieren. Im Gegensatz dazu kann sich nach dem kosmopolitischen Republikanismus die politische Identität auf universelle
Rechtsprinzipien (Gleichheit, Freiheit, Autonomie,
Reziprozität, Partizipation) stützen. Einige Anhänger des Republikanismus fordern zur Stärkung der
Menschenrechte mehr Repräsentation (Rosanvallon), andere mehr Deliberation (Habermas und
Rawls).

Kosmopolitischer Republikanismus wird repräsentiert durch Habermas Aufgreifen von Kants Idee
eines Weltbürgerrechts, auf die er die Menschenrechte gründet. In Opposition zu Carl Schmitt (1934)
sieht Habermas in der Internationalisierung der
staatsdemokratischen Instrumente die Möglichkeit,
ein Weltbürgerrecht zu begründen, das Verletzungen
der Menschenrechte juristisch verfolgbar macht. Auf
internationaler Ebene impliziert dies die Schaffung
einer rechtlichen Ordnung, die so verpflichtend ist,
wie sich der Staat auf innerer Ebene durchsetzt. Während Kelsen (1952) zufolge die Artikulation zwischen der Staatssouveränität und der internationalen Ordnung ein einheitliches System durch die Sub-
ordination der ersten unter die zweite oder durch die
Koordination dieser zwei Ordnungen bilden kann,

ist für Habermas die Staatssouveränität dagegen das
größte Hindernis für die Sicherung der Menschenrechte. Globalisierung bedeutet für Habermas (2008)
die Überschreitung von Grenzen und damit die
Überwindung der Nationalstaatlichkeit. Die Souveränität des Nationalstaats stellt Habermas in Frage,
da der Staat keine Kontrolle mehr über die nationale
Ökonomie habe. Um das republikanische Erbe zu
retten, müssen laut Habermas die Grenzen der
Staatsnation überwunden und in supra-nationalen
Regimen Lösungen gefunden werden: Eine supranationale rechtliche Macht und eine internationale
Verfassung auf der Grundlage der Menschenrechte
könnten ihm zufolge eine solche neue Ordnung begründen.

Habermas' Überlegungen entsprechen dem ersten
Sinn des Wortes ›Verfassung‹ im 18. Jahrhundert, der
mit dem demokratischem Ideal verbunden ist: Verfassung als ein juristisches Instrument, das die Macht
des Staates zugunsten der Autonomie der Staatsbürger begrenzt. Der Begriff ›Verfassung‹ hat aber auch
eine zweite Bedeutung, die ebenfalls mit dem Begriff
von Demokratie korrespondiert, aber das konstituierende Moment bzw. die konstituierende Macht der
Volkssouveränität betont. Darauf beziehen sich Autoren wie Hardt und Negri (2000). Infolge der ersten
Bedeutung des Wortes ›Verfassung‹, Verfassung als
Norm, koinzidiert Demokratie nicht mit der Volkssouveränität, da die universellen Werte der Menschenrechte die Volkssouveränität nicht brauchen.
Deswegen verliert die Volkssouveränität in Projekten, die die auf die Menschenrechte begründete Demokratie über die Grenzen der Staatsnation hinaus-
tragen, an Bedeutung. Die Herausforderung besteht
darin, das internationale System der Menschenrechte
zu demokratisieren. Diese Demokratisierung sollte
sich sowohl auf die Selbstbehauptung eines politischen Subjekts (Hardt/Negri) als auch auf die universellen Werte der Menschenrechte (Habermas)
gründen. Die konstituierende Macht entspricht dem
Prozess der Selbstemanzipation eines politischen
Subjekts, während der universelle Gehalt der Menschenrechte verhindert, dass das politische Subjekt
andere unterdrückt (nach innen) oder ausschließt
(nach außen). Die Schwierigkeit, Menschenrechte
und Volkssouveränität in einer weltweiten Dimension zu verbinden, liegt darin, dass es noch kein glo-
bal-politisches Subjekt gibt. Lokale Konflikte prädo-
minieren: Sie sind gebunden an unterschiedliche soziale Formationen und konvergieren nur selten.

Eine weitere Frage ist, wie nationale Souveränität und Menschenrechte in einem Staat mit dem Schutz von Minderheiten in Einklang gebracht werden. Das Ernstnehmen der Minderheitenperspektive soll nicht bloß ihre Assimilation an die Mehrheit heißen, denn Liberalismus basiert auf Nicht-Diskriminierung. Dagegen fragt Charles Taylor (1992) in Anlehnung an Hegel nach Anerkennung: Über eine politische Philosophie hinaus, die auf allgemeinen rechtlich-politischen Institutionen basiert, erstrebt Taylors Anerkennungstheorie die Förderung von Partikularitäten. Im Gegensatz zum bloßen prozeduralen Liberalismus, der von jedem Inhalt abstrahiert, stellt sich Taylor in die Tradition des egalitären Liberalismus: Das Verhalten gegenüber stigmatisierten Minderheiten beschränkt sich nicht auf die Nicht-Diskriminierung, sondern impliziert eine aktive und positive Förderung der Diversität und Pluralität.

Die nationale Souveränität als demokratischer Prozess muss über den ›nationalen Charakter‹ hinausgehen und alle Individuen anerkennen – d.h. sie soll nicht die Regierung der Mitglieder einer politischen Gemeinschaft, sondern aller Menschen sein. Um die Unterdrückung eines Individuums durch ›alle‹ zu vermeiden, soll die nationale Souveränität nicht als Ausdruck eines ›Wir‹ verstanden werden, sondern es muss jedes einzelne Individuum als Singularität betrachtet werden. Lefort (1981) versteht den demokratischen Souverän, d.h. das sich selbst regierende Volk, nicht als eine geschlossene Einheit, sondern als heterogene Gruppe unterschiedlicher Individuen, die gegeneinander kämpfen. Auch für Habermas bedeutet Demokratie nicht die Integration eines Individuums in die Einheit eines Volkes, sondern die Anerkennung seiner Teilnahme am politischen Prozess.

Für Balibar (2010) soll die Demokratie über die Menschenrechte eines selbstregierenden Volkes nach dem Prinzip der nationalen Souveränität hinausgehen und sich auf die ganze Menschheit beziehen – im Geist der revolutionären Erklärungen im 18. Jahrhundert. Demokratie bezeichnet mehr als einen Staat, der alle seine Mitglieder gleich behandelt: Demokratie ist ein historischer Prozess, der die Menschenrechte aller Personen sichert. Die Universalisierung ist intensiv und extensiv. Intensiv, weil in der Demokratie die Grundlagen von den demokratisch Selbstregierenden permanent in Frage gestellt und revidiert werden. Es wird gefragt, wer in der ›Selbstregierung‹ das ›Selbst‹ ist – das nicht konstant, sondern historisch veränderbar ist. Die Gruppenmitglieder haben keine besonderen Merkmale, sondern nehmen Teil am demokratischen Prozess als ›Menschen‹. Im Gegensatz zu Carl Schmitts Unterscheidung zwischen dem ›Wir‹ und den ›Anderen‹ betont Balibar, dass die Demokratie sich nicht auf einen Staat beschränke, sondern einen kosmopolitischen Horizont habe. Die demokratische Selbstregierung einer Gruppe nach dem Prinzip der Volkssouveränität solle die ganze Menschheit einbeziehen, um wirklich demokratisch zu sein.

Eine kosmopolitische Konzeption von Menschenrechten, so Menke und Pollmann (2007), hängt weder von einer Weltdemokratie noch von dem Export der Demokratie ab, sondern kann sich in einem sehr begrenzten Territorium verwirklichen. Entscheidend ist, dass eine Demokratie die Bürgerrechte der Mitglieder einer politischen Gemeinschaft (wie z.B. das Wahlrecht), die Grundrechte aller auf ihrem Territorium lebenden Menschen und die Menschenrechte aller Menschen auf der Welt respektiert und es ihnen ermöglicht, als aktive Mitglieder Teil einer Gemeinschaft zu sein.

Offene Punkte in der Kontroverse

1. Die sozialen Menschenrechte: Im Zeitalter der Globalisierung bleibt der Staat für soziale Menschenrechte wie Gesundheit und Erziehung immer noch unmittelbar verantwortlich. In armen Ländern sind diese Rechte jedoch, sogar wenn sie qua Gesetz verbürgt werden, nicht gewährleistet. Es wird diskutiert, inwieweit reiche demokratische Länder wegen Unterlassung dafür verantwortlich zu machen sind. Die Privatisierung des öffentlichen Dienstes, der die Menschenrechte sichern sollte (besonders im Bereich der Gesundheit und der Erziehung), wird ebenfalls in Frage gestellt.

2. Die postnationale Staatsbürgerschaft: Dieses Thema wurde von Hannah Arendt (1951) in Bezug auf Staatenlose behandelt und wird heute bezüglich der Ausländer problematisiert. Theoretisch sind die Menschenrechte für alle Menschen und nicht nur für Staatsbürger gültig. Üblicherweise können aber nur Staatsbürger ihre Menschenrechte einfordern. Darüber hinaus wird in Frage gestellt, ob ein Staat das Recht auf Gesundheit und Erziehung für Ausländer ohne Aufenthaltsgenehmigung verbieten darf. In diesem Zusammenhang wird unter anderem die

Immigrationskontrolle problematisiert. Es wird gefragt, ob ein Staat, in dem die Einhaltung der Menschenrechte gewährleistet ist, die Zuwanderung oder den dauerhaften Aufenthalt von Ausländern auf seinem Territorium verbieten darf, da er in diesem Fall ebenfalls den Zugang zu gesicherten Menschenrechten verweigere.

Der Theorie der postnationalen Staatsbürgerschaft zufolge sollten Immigranten keine Bedingungen (wie Aufenthaltsdauer, Sprachkenntnis usw.) erfüllen, um ihre vollständigen politischen Rechte zu gewinnen. In der Realität geschieht jedoch das Gegenteil. Es gibt kein postnationales Modell von Staatsbürgerschaft, das es einem Individuum erlaubt, in einem fremden Land unabhängig von seiner Staatsbürgerschaft und gegen alle Gesetze, die von Immigranten z.B. eine bestimmte Aufenthaltsdauer und Sprachkenntnis fordern, alle Prärogative der Staatsbürgerschaft zu genießen. Das internationale Menschenrechtssystem bietet bisher kein entsprechendes Modell von Staatsbürgerschaft.

3. Die Interventionen: Einerseits bedürfen die Menschenrechte internationaler Einrichtungen und eines Schutzes, andererseits könnte die Einmischung sich in eine Art neuer Kolonisierung transformieren. Es wird diskutiert, ob im Fall einer massiven Menschenrechtsverletzung, ein Krieg im Namen der Menschenrechte legitim sei. Eine solche interventionistische Politik wird von Habermas jedoch kritisiert, weil sie eine gefährliche Form von Weltpolitik ist, von Menke und Pollmann (2007), weil eine derartige Strategie mögliche Formen einer Weltpolitik in den Bahnen geteilten Rechts und geteilter Politik sogar verneint. Für Menke und Pollmann sollte der jeweilige Einzelstaat demokratisiert werden, was im Verantwortungsbereich einer supranationalen Instanz liegen würde, die keine humanitäre oder militärische Intervention betreiben würde und über ausreichende demokratische Legitimität verfügen würde. Es geht für diese Autoren darum, eine ›Weltinnenpolitik‹ oder ›Global Governance‹ aufzubauen, um die Menschenrechte zu schützen. Ab den 1990er Jahren setzte die UNO ad-hoc Gerichtshöfe ein, wie die Gerichtshöfe für Jugoslawien, Ruanda und Sierra-Leone – allerdings erst nach massiven Menschenrechtsverletzungen. Seit 1998 gibt es den Internationalen Strafgerichtshof in Den Haag, mit einem Mandat für Völkermord (Art. 6), Verbrechen gegen die Menschlichkeit (Art. 7) und Kriegsverbrechen (Art. 8). Das Mandat des Internationalen Strafgerichtshofs beschränkt sich aber auf schwere Verbrechen. Es fehlt ein internationaler Strafgerichtshof für Verbrechen gegen die Menschenrechte.

4. Die global agierenden Konzerne: Die Akteure der Globalisierung sind auch nichtstaatliche Akteure wie multinationale oder transnationale Konzerne. Traditionell haben die Regierungen, die die Beziehung zwischen den Staaten und den Individuen oder Gruppen regulieren, die Verantwortung für die Menschenrechte. Es wird aber im Rahmen der UNO diskutiert, wie auch Korporationen für Missachtungen von Menschenrechten zur Verantwortung zu ziehen sind. Das bereits von tausenden Konzernen unterschriebene Dokument »UN Global Compact«, das auf persönliche Initiative des Generalsekretärs der UNO im Jahr 2000 verfasst wurde, zielt darauf ab, dass die Konzernchefs freiwillig zehn Prinzipien in ihren Firmen durchsetzen, von denen sich die ersten zwei auf die Menschenrechte beziehen. Das erste Prinzip sieht vor, dass der Konzern die international proklamierten Menschenrechte unterstützt und achtet. Dem zweiten Prinzip zufolge soll der Konzern versichern, nicht an Menschenrechtsverletzungen beteiligt zu sein oder diese zu dulden.

5. Die politischen Formen jenseits des Nationalstaats und der nationalen Souveränität: In seiner Schrift *Zum ewigen Frieden* (1795) behauptet Kant, dass der Vernunft nach die Staaten auf ihre Souveränität verzichten und einen Weltstaat bilden sollten. Allerdings wird von Kant realistisch gesehen, dass ein Weltstaat, der Macht und Gewalt in sich konzentrieren würde, einen »seelenlosen Despotismus« bergen könnte. Als pragmatische Alternative schlägt Kant ein negatives »Surrogat« vor, einen Völkerbund, der sich um interstaatliche Probleme kümmern solle. Im Zuge der Entwicklung regionaler Organisationen mit supranationalen Instanzen nach dem Zweiten Weltkrieg verstärkte sich die Idee, dass v.a. die Menschenrechte unter der Kontrolle weltweiter supranationaler Instanzen stehen sollten. Habermas z.B. vertritt die Idee, dass die UNO gestärkt werden sollte, um mit supranationaler Kompetenz für Menschenrechte und Frieden einzustehen. Dies würde keine Schaffung eines Weltstaates bedeuten, da die Kompetenz der UNO auf Fragen der Menschenrechte und des Friedens beschränkt wäre. Es geht nicht um eine Weltrepublik mit einem zentralisierten Staat, sondern um eine Staatengemeinschaft mit föderativem Charakter, mit nationalen, interstaatlichen, supranationalen Instanzen. Auf nationaler Ebene würde das Prinzip der nationalen bzw. Volkssouveränität für politische Fragen der Gemeinschaft, die über sich selbst herrscht, weiterhin gelten. Auf transnationaler Ebene würden regionale Institutionen wie die Europäische Union z. B. in den Themengebieten Ökonomie und Ökologie entscheiden.

Nach Charles Beitz, Thomas Pogge (2002) und Peter Singer sollte eine supranationale UNO breitere Aufgabe haben: Sie sollte sich nicht auf Menschenrechte und Frieden beschränken, sondern auch die sozialen Rechte schützen. Rawls (2002) z. B. behauptet, dass die Frage nach dem Reichtum oder der Armut irrelevant für das Völkerrecht sei, da sie sich von der Verteilung der Naturressourcen (keiner ist direkt dafür verantwortlich zu machen) oder von der Entwicklung der politischen Kultur eines Lands (z. B. wegen einer korrupten Elite, für die das gesamte Land verantwortlich gemacht wird) abhänge. Rawls' Position wird von Beitz, Pogge und Singer kritisiert. Alle Staaten seien abhängig voneinander, hieraus resultieren breite Pflichten, die über die Garantie des Friedens und der Menschenrechte hinausgehen. Diesen Autoren zufolge wurde erstens der Reichtum einiger weniger Staaten auf Kosten der Armut vieler Anderer erworben. Zweitens ist die ungleiche Verteilung der Naturressourcen ein Nachteil, der moralisch kompensiert werden sollte. Drittens verlieren die Individuen ihre Sozialrechte nicht, weil sie sich in korrupten Regimen befinden. Die Menschenrechte sind Rechte für Individuen, nicht für Staaten. Sogar wenn ein ›Schurkenstaat‹ keine Unterstützung verdient, verlieren seine Mitglieder nicht ihre Menschenrechte. Das Ziel ist eine ›weltweite Grundversorgung‹. Die Menschenrechte fordern globale Gerechtigkeit.

Um die Menschenrechte jenseits des Nationalstaates zu schützen, werden auch andere Formen erarbeitet, die keine supranationalen Regierungsinstanzen voraussetzen. Unter dem Begriff ›Governance without Government‹ sind u. a. die stille Diplomatie, der Druck der öffentlichen Meinung auf die Regierungen, Kampagnen der Nicht-Regierungsorganisationen wie Human Rights Watch und Amnesty International, eine internationale Organisation ohne supranationale Organe wie die UNO und die universelle Jurisdiktion zu verstehen. Die UNO selbst kontrolliert v. a. durch die Sonderberichterstatter (*special rapporteurs*), die die Entwicklung der Menschenrechte in einer bestimmten Region analysieren, die Einhaltung einiger Menschenrechte wie z. B. des Folterverbots und des Rechts auf Erziehung und Ernährung. Universelle Jurisdiktion bedeutet, dass ein nationaler Gerichtshof sich das Recht verleiht, eine verdächtige Person untersuchen und verurteilen zu können, unabhängig davon, wo das Verbrechen stattgefunden hat, welche Staatsbürgerschaft der Verdächtige oder das Opfer haben und ob es irgendwelche zwischenstaatlichen Beziehungen gibt.

Literatur

Arendt, Hannah: *The Origins of Totalitarianism* [1951]. Cleveland 1966.

Balibar, Etienne: *Violence et civilité. Wellek Library Lectures et autres essais de philosophie politique*. Paris 2010.

Habermas, Jürgen: *Ach, Europa*. Frankfurt a. M. 2008.

Hardt, Michael/Negri, Antonio: *Empire*. Cambridge, MA 2000.

Hegel, Georg Wilhelm Friedrich: *Grundlinien der Philosophie des Rechts* [1821]. Hamburg 1995.

Kant, Immanuel: *Zum ewigen Frieden* [1795]. Berlin 1923.

Kelsen, Hans: *Principles of International Law*. New York 1952.

Lefort, Claude: *L'invention démocratique* [1981]. Paris 1994.

Marx, Karl: *Zur Kritik der Hegelschen Rechtsphilosophie* [1844]. Berlin 1976.

Menke, Christoph/Pollmann, Arnd: *Philosophie der Menschenrechte. Zur Einführung*. Frankfurt a. M. 2007.

Mill, John Stuart: *On Liberty* [1859]. Cambridge 1989.

Pogge, Thomas: *World Poverty and Human Rights*. Cambridge/Oxford/Malden 2002.

Rawls, John: *A Theory of Justice* [1971]. Cambridge, MA 2005.

–: *The Law of Peoples* [1993]. *With ›The idea of public reason revisited‹*. Cambridge, MA 2002.

Rousseau, Jean-Jacques: *Du contrat social* [1755]. Paris 1943.

Schmitt, Carl: *Der Völkerbund und das politische Problem der Friedenssicherung* [1930]. Leipzig ²1934.

Taylor, Charles: *Multiculturalism and the Politics of Recognition*. Princeton 1992.

Tocqueville, Alexis de: *De la démocratie en Amérique* [1835]. Paris 1981.

Soraya Nour

2. Alte und neue Kriege

Spätestens durch die Anschläge am 11. September 2001 sowie durch die Kriege in Irak und Afghanistan bietet sich für Publikationen zum Thema Krieg ein einzigartiger Resonanzboden. Das ist der eine Hintergrund der Diskussion um ›neue Kriege‹. Ein anderer Hintergrund ist, dass mit der veränderten sicherheitspolitischen Diskussion ein breiteres Informations- und Orientierungsbedürfnis aufgetreten ist, das sich nicht auf sicherheitspolitische Kreise beschränkt, sondern weite Teile der Öffentlichkeit erfasst hat. Das trifft besonders, aber nicht nur, auf Deutschland zu.

Doch nicht weniger als jene Diskussionen über die wieder entdeckte Wirklichkeit und Gegenwart des Krieges, die bereits in den 1990er Jahren einsetzten, leidet die aktuelle Debatte an Vereinfachungen und Zuspitzungen. Zwar gibt es eine schon lange zurückreichende Globalisierung des Krieges in dem Sinne, dass die internationalen Zusammenhänge von lokalen Gewaltkonflikten immer mehr ausgreifen. Von einer Epochenwende zwischen ›alten‹ und ›neuen‹ Kriegen kann aber keine Rede sein. Im Folgenden stehen daher einige der Thesen dieser neueren Beiträge im Mittelpunkt, die aus Sicht der Kriegsursachenforschung und der soziologischen Analyse von Akteuren in zeitgenössischen Kriegen anschließend kritisiert werden sollen. Der dabei vertretene Standpunkt lässt sich wie folgt umreißen:

In der Interpretation des globalen Kriegsgeschehens werden alte binäre Codierungen durch neue ersetzt. Kämpften in den 1950er und 1960er Jahren ›Befreiungsbewegungen‹ gegen den ›Kolonialismus‹, so waren es den gängigen Interpretationen zufolge in den 1980er und 1990er Jahre ›sozialistische‹ Regierungen oder Rebellen gegen ›demokratische‹ Regierungen oder Rebellen. Seit dem Ende des Ost-West-Konflikts hat der Code gewechselt, aber binär ist er geblieben: Entweder subsumieren heutige Autoren alle Kriege einem neuen Paradigma, demzufolge Kriegsparteien sich nach ›Habgier‹ oder ›Sorge‹ als handlungsleitendem Motiv unterscheiden ließen, oder sie behaupten einen Unterschied zwischen ›alten‹ und ›neuen‹ Kriegen.

Mit ›alten‹ Kriegen wird dabei supponiert, dass das bisherige Kriegsgeschehen auf der Welt der Logik des Krieges zwischen Staaten gehorcht hätte, wie es Carl von Clausewitz und andere formuliert hatten.

Dieser Logik zufolge stünden sich im Krieg klar unterscheidbare, staatlich organisierte Akteure gegenüber, die nach politischen Vorgaben von Regierungen handelten. Die Diskussion um ›neue Kriege‹ entzündete sich vor allem an der Frage, ob durch die bisherigen Annahmen über Gestalt und Funktion von Kriegen nicht eine unhistorische Verkürzung der Geschichte und Wirklichkeit des Krieges vorgenommen wurde. Martin van Creveld (1999) und Mary Kaldor (1998) stellten heraus, dass dieses tradierte Bild des Krieges für die Gegenwart unzutreffend sei, und sprachen deshalb von ›neuen Kriegen‹. Dem schloss sich Herfried Münkler (2002) an. Kritiker dieser These haben vor allem darauf hingewiesen, dass, wie in der Forschung seit Langem bekannt, mindestens seit dem Zweiten Weltkrieg das globale Kriegsgeschehen durch innerstaatliche Kriege mit ganz anderen politischen Rahmenbedingungen dominiert wurden, die Rede von ›neuen‹ Kriegen also unsinnig sei.

Im Folgenden werden zunächst die diskursiven Veränderungen beschrieben, die der Debatte um ›neue Kriege‹ zugrunde liegen. Daran anschließend werden drei zentrale Thesen dieser Debatte mit drei Gegenthesen konfrontiert. Im letzten Teil wird es dann um die Frage gehen, was man aus der Debatte lernen kann, und was sie für die weitere Theorie-Entwicklung bedeutet. Dies wird auch mit einem Plädoyer für das Beibehalten alter Thesen verbunden.

Zwei diskursive Strömungen

Zwei Strömungen haben sich in den Diskussionen um die Interpretation des weltweiten Kriegsgeschehens seit Mitte der 1990er Jahre herausgebildet, die die Redeweise von ›neuen Kriegen‹ befördert haben und plausibel erscheinen ließen. Die *erste* dieser Strömungen, der ›pessimistische Kulturalismus‹, wird vor allem von publizistischen Autoren vertreten. Robert Kaplan (1994, 1996) und Hans Magnus Enzensberger (1995) sind typische Vertreter dieser Richtung. In den Wissenschaften findet diese Position jedoch wenig Unterstützung. In ihren Werken wird die Bedrohung des Weltfriedens, aber auch des Friedens im Innenraum bisher friedlicher Gesellschaften, durch eine wachsende Anomie behauptet. Das Bevölkerungswachstum, die Knappheit von ökonomischen Ressourcen und der Zerfall von sozialen und politischen Institutionen verbinden sich in der Wahrnehmung dieser Apokalyptiker zu einer wachsenden Kriminalisierung und Gesetzlosigkeit in den unterschiedlichsten Gegenden der Welt. Vor allem eine zunehmend gewaltbereite Jugend macht dieser Interpretation zufolge die Welt unsicher. In den Kriegen der Gegenwart beobachten die Autoren zudem eine zunehmende Barbarisierung der Gewaltpraktiken. Die pessimistische Einschätzung über die Zukunft vieler Übergangsgesellschaften verbindet sich mit kulturalistischen Ideen, wie sie Samuel Huntington (1996) in der Debatte um Konflikte der Gegenwart entwickelt hat. Diesen Ideen zufolge seien manche Regionen durch spezifische kulturelle Züge besonders gewaltgeneigt.

Die *zweite* Strömung vertritt einen utilitaristischen Ökonomismus (Collier/Hoeffler 2002; Berdal/Malone 1999). Sie konzentriert sich vorwiegend auf die politische Ökonomie von Kriegen. Demnach seien es vor allem sogenannte Rentenstaaten, d.h. Staaten mit leicht abbaubaren Rohstoffen, in denen innerstaatliche Kriege entstünden. Erklärt wird Krieg aus dem Bereicherungsmotiv der Kriegführenden: »Rebellion is large-scale predation of productive economic activity.« (Collier 1999, 170) Die Erklärung für innerstaatliche Kriege besteht hier wesentlich in der These, dass solche Staaten spezifische Handlungsanreize für Gewaltakteure böten, da die Übernahme der Staatsmacht durch Gewalt direkten Zugang zu materiellen Ressourcen eröffne.

Der pessimistische Kulturalismus und der neue Ökonomismus verbinden sich in der These vom neuen Charakter der Kriege der Gegenwart. Übernommen werden darin die Thesen vom unpolitischen Charakter der handlungsleitenden Motive der Kriegsakteure und von der zunehmenden Barbarisierung der Gewaltpraktiken. Hinzu kommt vor allem die Beobachtung des zunehmend nicht-staatlichen Charakters der ›neuen‹ Kriege. Im Folgenden werden diese Thesen näher betrachtet und mit Gegenthesen konfrontiert.

Entstaatlichte Kriege? Einer ersten These zufolge besteht das ›Neue‹ der Kriege in ihrem entstaatlichten Charakter. Nicht mehr der Krieg zwischen Staaten, sondern die Proliferation von nicht-staatlichen Akteuren prägten das Gesicht der kriegerischen Gewalt in der Gegenwart. Gemäß dieser These lässt sich am gegenwärtigen Kriegsgeschehen die Auflösung dessen erkennen, was Martin van Creveld (1999) in Anlehnung an Clausewitz den ›trinitarischen Krieg‹

nennt. Dieser Vorstellung zufolge sind die Regierungen die Souveräne des Krieges, die über ihre Armeen verfügen, welche von dem am Krieg unbeteiligten Volk zu unterscheiden sind. Regierung, Armee, Volk – diese Dreiteilung sei in den laufenden Kriegen immer weniger zu beobachten, stattdessen sei eine »Entstaatlichung des Krieges« (Münkler 2002, 33) erkennbar. All jene Grenzziehungen, die den klassischen Krieg kennzeichneten, wie die zwischen Kombattanten und Zivilisten, zwischen eigenem und fremdem Territorium, zwischen Ökonomie und Politik, und eben auch zwischen Regierung, Armee und Volk oder Bevölkerung, schwänden dahin und seien für die Realität des Krieges immer weniger maßgeblich.

Die Kritik an dieser These stellte vor allem darauf ab, dass die Nicht-Staatlichkeit von Kriegsakteuren kein neues Phänomen sei. Seit dem Zweiten Weltkrieg werde das globale Kriegsgeschehen von innerstaatlichen Kriegen dominiert, bei denen die Zuschreibung des Attributs ›staatlicher Akteur‹ schon in vielen Fällen für keine der Kriegsparteien möglich gewesen sei. Der These von der Entstaatlichung des Krieges sei demnach entgegen zu halten, dass sich zumindest nach dem Zweiten Weltkrieg in den meisten Kriegen keineswegs überwiegend organisierte staatliche Akteure gegenüber gestanden hätten. Vielmehr seien in der größten Zahl der Kriege nach 1945 mindestens auf einer Seite nicht-staatliche Akteure beteiligt gewesen. Das gelte für das Gros des Kriegsgeschehens innerhalb dieses Zeitraums, das zu zwei Dritteln von innerstaatlichen Kriegen in den Regionen der sogenannten Dritten Welt ausgemacht werde.

Nicht nur an der Verbreitung irregulärer Akteure im Zweiten Weltkrieg, an den Konstellationen der Dekolonisationskriege der 1950er und 1960er Jahre und an der Häufigkeit des Auftretens von Paramilitärs und halb-staatlichen Milizen in den Kriegen der letzten fünfzig Jahre lasse sich schnell und eindeutig nachweisen, dass wohl die Mehrzahl der Akteure in den Kriegen nach 1945 keine staatlichen Akteure gewesen seien.

Plausibler erscheine demnach die These *unvollendeter* Staatlichkeit. Nicht der Zerfall staatlicher Strukturen, sondern vor allem die unvollständige Verstaatlichung der Gesellschaften in Afrika, Asien und Lateinamerika bilde den Handlungsrahmen der politischen Gewalt in diesen Kontexten. Aus einer solchen Perspektive relativiert sich der Befund der vermeintlich neuen ›Entstaatlichung‹ des Krieges rasch (Jung 2003). Der historische Längsschnitt zeigt für viele Regionen, für den Balkan und den Kaukasus ebenso wie für den Mittleren Osten und Zentralafrika, lange Kontinuitäten der Konfrontation von staatlichen und nicht-staatlichen Akteuren. Der Krieg der Irregulären gegen staatliche Akteure in Uniform ist so alt wie die Versuche, zentralstaatliche Herrschaft zu errichten.

Ein weiteres Argument gegen die These von der Entstaatlichung des Krieges bezieht sich auf deren impliziten Referenzpunkt, nämlich auf die Annahme, dass in der europäischen Geschichte der vergangenen zwei Jahrhunderte Kriege allein ›gehegte‹ Gewalthandlungen zwischen staatlichen Gewaltakteuren gewesen seien. Das Bild vom ›gehegten Krieg‹ des 18. und 19. Jahrhunderts ist vielleicht eher das Resultat einer idealisierenden Militärgeschichtsschreibung. Die Hinweise, die sich aus der historischen Literatur über die Realität der kriegerischen Gewalt außerhalb Europas ergeben, erwecken jedenfalls Zweifel an der These der Verstaatlichung des Krieges. Jede Kolonialgeschichte ist voll von Geschichten der Gewalt, die in ihren Erscheinungsformen den heute beobachtbaren in vieler Hinsicht sehr ähneln. Der gesamte Prozess der europäischen Expansion sei auch im Zeitalter des vermeintlich gehegten Krieges ein vornehmlich ungeregelt gewaltsamer. Im historischen Längsschnitt ist die staatliche Hegung des Krieges die Ausnahme, und sie scheint auch für die Kriegsgeschichte nach 1945 keineswegs typisch gewesen zu sein (Kalyvas 2004).

So scheint eher als ein jüngerer historischer Wandel eine veränderte *Wahrnehmung* die Ursache für die These von der Entstaatlichung des Krieges zu sein. Vielen Beobachtern ist erst nach dem Ende des Ost-West-Konflikts deutlich geworden, dass die Welt gar nicht in dem Maße verstaatlicht ist, wie die gängigen Weltkarten und Redeweisen dies nahe legen würden (Schlichte 2006). Diese veränderte Wahrnehmung ist vielleicht durch die wachsende Aufmerksamkeit für das Geschehen jenseits der Blockkonfrontation ausgelöst worden, da die alte Rubrizierung, in den Konflikten Afrikas, Asiens und Lateinamerikas nichts anderes zu sehen als ›Stellvertreterkriege‹, nicht mehr zu halten gewesen ist.

Habgier als Motiv: Eine zweite These bezüglich der ›neuen Kriege‹ besagt, dass nicht mehr politische Lehren oder Programme der gesellschaftlichen Umgestaltung die Motive der Kriegsakteure bestimmten, sondern dass diese vor allem vom Motiv der Bereicherung und materiellen Besserstellung geleitet seien. Ökonomisch, so der Kern dieser These, beruhten ›neue Kriege‹ nicht mehr auf der Umstellung der Produktion auf Kriegswirtschaft, wie in großen Staatenkriegen, sondern auf Plünderung bzw. auf der Monopolisierung von Reichtumsquellen, wie etwa Exporteinkünften. Im Dienste der Weltbank haben sich daher in jüngerer Zeit auch Ökonomen des innerstaatlichen Krieges angenommen und versucht, ihre Entstehung und innere Dynamik zu modellieren (Collier 1999). Deren Interpretation ruht dabei auf einem utilitaristischen Individualismus auf – nicht die Sorge um das Wohl der Gesellschaft, sondern das individuelle Bereicherungsinteresse, die Habgier, sei das handlungsleitende Motiv der Akteure. Daraus folgern die Ökonomen der Weltbank, dass Gewaltrisiken dort hoch seien, wo der Export von Primärgütern eine große Rolle spielen würde. Je stärker ein Land vom Export weniger Rohstoffe abhänge und je ärmer die Bevölkerung sei, so die These, desto größer sei die Gefahr eines innerstaatlichen Gewaltkonflikts. Den Herausforderern der staatlichen Macht ginge es nur um die Aneignung von Rohstoffrenten.

Mit dieser These deckt sich eine mittlerweile sehr verbreitete Einschätzung der ›neuen Kriege‹. Auch andere Autoren, in Deutschland etwa Herfried Münkler (2002, 159) und der Ethnologe Georg Elwert (1997), haben in unterschiedlicher Weise die ökonomische Interessiertheit als handlungstreibendes Motiv in zeitgenössischen Kriegen betont. Die international anwachsende Literatur zu dem, was zusammenfassend ›Kriegsökonomien‹ genannt wird, scheint diese Einschätzung zu bestätigen (Ehrke 2002; Le Billon 2000).

Die empirische Analyse von zeitgenössischen Kriegen zeigt jedoch, dass die Antriebe der Kriegführenden so vielfältig sind wie eh und je. Die Motivationen der Akteure in zeitgenössischen Kriegen lassen sich nicht auf ökonomische Interessen reduzieren, ebenso wenig wie das Motiv der materiellen Besserstellung in früheren Kriegen bedeutungslos war. Die Motive der Kriegsakteure sind auch heute noch politisch, aber ihre Politizität fügt sich nicht immer westlichen Schemata. Die Tatsache, dass sich staatliche wie nicht-staatliche Kriegsakteure auch materiell reproduzieren müssen, ist eigentlich ein Gemeinplatz. Die »Bedarfsdeckung des politischen

Verbandes«, wie es bei Max Weber (1985, 152) heißt, ist für alle organisierten Kriegsakteure zu allen Zeiten eine Notwendigkeit gewesen. So verdienstvoll es ist, mit der Betonung der ökonomischen Dimension jedes Krieges die Vereinseitigungen des kulturellen Essentialismus zu überwinden, der etwa in der Interpretation der Kriege im ehemaligen Jugoslawien eine große Rolle gespielt hat, so wenig sollte die Entdeckung dieser Dimension zu neuen Vereinseitigungen führen.

In der Realität sind die Motive der Beteiligten und die Prozesse der Mobilisierung komplex. Die Motivlagen der Kriegsakteure sind Gemengelagen, die Roland Marchal (2000, 174) treffend als »blinden Sprung in eine geträumte Moderne« charakterisiert hat, was meint, dass sich die Kriegsakteure mehr von ihrer Beteiligung am Krieg erhoffen als Geld. Auch hier gilt: Die lokale Geschichte entscheidet über die Motive und Motivationen. Die Tatsache, dass sich viele Konfliktlinien der zeitgenössischen Kriege nicht in den Registern westlicher Politik ausdrücken, erlaubt nicht den Schluss, sie seien deshalb ›unpolitisch‹. Die genaue, heute eher von Ethnologen als von Politologen geleistete Lektüre der Symbolik der Gewalt und der Äußerungen der Gewalttäter macht dies offensichtlich.

Barbarisierung der Gewalt: In den Kriegen der Gegenwart lasse sich, so eine dritte These der Proponenten der ›neuen Kriege‹, eine Entgrenzung der Gewalt beobachten. Nicht mehr die Unterstützung durch die Zivilbevölkerung sei das Ziel der Gewaltstrategien, sondern der rücksichtslose Einsatz massiver Gewalt gegenüber Zivilisten sei das Kennzeichen der neuen Kriege. Zur Unterstützung dieser These werden vor allem Beispiele aus den Kriegen im ehemaligen Jugoslawien und in Westafrika angeführt, die als Belege für eine Entgrenzung der Gewalt dienen sollen. In den dort beobachteten »bestialischen« Praktiken (Heupel/Zangl 2003, 11) seien zwar wenigstens teilweise rationale Strategien erkennbar, die Gewalt sei aber einigen Autoren zufolge tendenziell anomisch. Die Gewalthandlungen richteten sich in den neuen Kriegen nicht mehr gegen den militärischen Gegner, sondern gegen die Zivilbevölkerung, und nur eine »einfache, apolitische Gewalt« sei zu beobachten (Soysa/Gleditsch 1999, 29). Anderen Gewalttaten wird eine Rationalität im Sinne zweckrationalen Handelns ganz abgesprochen. Die Massaker in Algerien und Bosnien, Verstümme-

lungen an Zivilisten in Westafrika seien demnach irrationale Gewaltakte, die auf soziale Anomie und die Abwesenheit jeder Regulierung der Gewalt verweisen würden (Enzensberger 1995, 16).

Auch diese These ist auf starke Kritik gestoßen: Die gleichzeitige Anwesenheit von sehr unterschiedlichen Gewaltpraktiken kennzeichne das Kriegsgeschehen spätestens seit dem Zweiten Weltkrieg. Der empirische Nachweis für einen grundsätzlichen Wandel der Gewaltpraktiken sei nicht nur aus methodischen Gründen schwierig; es würden auch die Voraussetzungen dafür fehlen, den moralischen Charakter von Gewaltpraktiken wissenschaftlich zu bewerten. Eine empirisch gesättigte Bearbeitung dieses Themas stehe zwar noch aus. Die Sammlungen von empirischen Evidenzen, die der These der Entgrenzung der Gewalt entgegenstehen (Kalyvas 2001, 2004), seien jedoch mindestens so überzeugend wie die empirischen Verweise, die die Befürworter dieser These anführten (Heupel/Zangl 2003). Einen hinreichenden empirischen Grund, solch eine starke These zu vertreten, gäbe es deshalb bislang nicht. Das hochsensible Thema der Gewaltpraktiken sei wegen seines moralischen Rangs und der notorischen politischen Instrumentalisierung zur Delegitimierung des Gegners mit äußerster Vorsicht anzugehen. Vielleicht stoße die sozialwissenschaftliche Forschung bei der Behandlung der Semantik von Gewaltpraktiken auch an die Grenzen ihrer Möglichkeiten.

Auffällig ist, dass die Barbarisierungsthese vor allem von Autoren infrage gestellt wird, die sich seit Langem mit spezifischen Kontexten beschäftigen. David Keen (2005), Paul Richards (1996) und John Allcock (2000) etwa heben in ihren Arbeiten hervor, dass die Gewaltpraktiken im ehemaligen Jugoslawien und in Westafrika lange historische Linien haben. Sie seien, wie alle anderen Gewaltpraktiken, auch Kommunikation über die Opfer. Doch diese Codes zu entschlüsseln, setze eine große Kenntnis kultureller Kontexte und umfangreiches Quellenmaterial voraus.

Der Blick auf das, was im Krieg geschieht, offenbart jedenfalls keinen gravierenden Unterschied zwischen vergangenen Zeiten und der Gegenwart. Es lässt sich nicht erkennen, dass sich zeitgenössische Kriege im Hinblick auf die in ihnen eingesetzten Gewaltpraktiken grundsätzlich von früheren unterscheiden. Schon ein kursorischer Vergleich von klassischen Dekolonisationskriegen, etwa in Algerien oder Indochina in den 1950er und 1960er Jahren, oder Berichten über den Krieg der jugoslawischen Partisanen gegen die Wehrmacht (Djilas 1977; Hnilicka 1970) mit gegenwärtigen Kriegen macht dies deutlich.

Empirisch lasse sich für alle Kriege nach 1945 zeigen, dass die Phänomene, die von heutigen Autoren als ›barbarisch‹ von ›normalen‹ Gewaltpraktiken unterschieden werden, gleichzeitig vorkommen. Gewiss besteht ein Unterschied zwischen dem Krieg straff hierarchisch geführter Armeen und den Zusammenstößen von kleinen, nur lose strukturierten Rebellenbewegungen. Doch alle vorliegenden dichten Beschreibungen von kriegerischen Konflikten nach 1945 verdeutlichen nur allzu gut, dass in der Realität die Kriegführung von der Ungleichzeitigkeit von Gewaltformen geprägt ist, zu der der stabsmäßig organisierte und kontrollierte Gewalteinsatz genauso gehört wie Phänomene der Entgrenzung der Gewalt. Im parallelen Auftreten von Bombardements aus der Luft und Raubzügen in Dörfern wird die Gleichzeitigkeit von hochmoderner und traditionaler Kriegführung offensichtlich.

Globalisierung und Krieg

Die Diskussion über neue Kriege verbindet sich vor allem – aber nicht nur – in Deutschland mit einer Diskussion über eine ›Krise der Staatlichkeit‹. In der öffentlichen Debatte um die ›Globalisierung‹ spiegelt sich zum einen die Wahrnehmung einer Veränderung des institutionellen Arrangements wider, das die westlichen Gesellschaften so lange stabil erscheinen ließ (vgl. Genschel 2003). Das Gefühl schwindender Staatlichkeit hat auch die Wohlfahrtsstaaten des Westens erfasst (vgl. Kaufmann 2004). Zum anderen hat sich für die vielgestaltigen Prozesse der Veränderung politischer Herrschaft außerhalb der OECD der Begriff des ›Staatszerfalls‹ eingebürgert. Diesem zufolge würden sich in diesen unkontrollierten Zonen kriminelle und terroristische Netzwerke einnisten, die den Frieden und den Wohlstand in diesen Teilen der Welt, aber auch im Westen bedrohten. Das Ineinanderschieben von gewaltsamen Konflikten um politische Herrschaft, von ›organisierter Kriminalität‹ und von ›globalem‹ Terrorismus droht sich zu einer neuen Problematik zu verdichten, die für die unterschiedlichsten institutionellen Rhetoriken und Diskurse als Legitimierung dient. Sicherheitsexperten, ob universitäre oder solche aus den Regierungsinstitutionen, haben nicht nur Konjunk-

tur, sondern die Rede von Bedrohungen ist selbst schon eigendynamisch geworden. Der Diskurs der Sicherheitsexperten wird zu seinem eigenen Daseinsgrund (Bigo 2002).

Es gibt drei Gründe, gegenüber diesem Diskurs, der sich aus und um die These der ›neuen Kriege‹ entwickelt hat, skeptisch zu sein: Der *erste* betrifft die Frage der gesteigerten Aufmerksamkeit. Den Debatten über ›neue Kriege‹, über Kriegsökonomien und nach dem 11. September 2001 auch über den Terrorismus muss man zugutehalten, dass sie ein Thema wieder entdeckt haben, das in der Politikwissenschaft lange ein Randdasein führte, nämlich den innerstaatlichen Krieg. Doch wo immer neue Aufmerksamkeiten entstehen, ist zu prüfen, ob das behauptete Wachstum tatsächlich vorhanden ist, oder ob es sich nicht allein um ein Produkt eben dieser erhöhten Aufmerksamkeit handelt. Auch für Themen wie Terrorismus oder organisierte Kriminalität gilt, was ein französischer Kollege über seine Arbeit zur Korruption ausgeführt hat: »Le plus on cherche, le plus on trouve.«

Der *zweite* Grund der Skepsis gegenüber diesem Diskurs betrifft die Quellenlage. Bei der Auseinandersetzung mit dem Thema Terrorismus und beim Thema der organisierten Kriminalität ist ähnlich auffällig, wie wenig Quellenkritik in der wissenschaftlichen Arbeit stattfindet. Zeitungsnotizen, journalistische Arbeiten und Äußerungen von staatlichen Sicherheitsexperten werden häufig unhinterfragt als Beleg für empirische Phänomene aufgefasst, gegen die sich die kontextspezifische Forschung nur noch schwer Gehör verschaffen kann.

Der *dritte* Grund der Skepsis schließlich betrifft die These der Barbarisierung. Sie ist nämlich in Wahrheit sehr alt. Jeder Regionalwissenschaftler wird in ihr die langen Kontinuitäten schnell erkennen. Sie reichen vom Bild des Barbaren, das sich das expandierende Europa von der Bevölkerung seiner kolonialen Zielgebiete gemacht hat, bis hin zu den Vorstellungen, die sich noch heute auch die allgemeine Publizistik von ›Stammeskriegern‹ und allzeit gewaltbereiten Horden macht. Edward Said (1990) und Maria Todorova (1997) haben in viel beachteten Werken darauf aufmerksam gemacht, wie tief sich diese Vorstellungen über den Orient und über den Balkan ins westliche Allgemeinbewusstsein eingesenkt haben. Im Diskurs, der sich gegenwärtig in westlichen Gesellschaften über ›den Islam‹ entwickelt, kann man analoge Dichotomisierungen beobachten (Mamdani 2004). Das entsprechende Werk über Afrika ist noch nicht geschrieben, hätte aber wohl noch weniger Materialprobleme.

Die Entrechtlichung und Kriminalisierung des nicht-westlichen Anderen jedenfalls ist eine Konstante, die auch im Völkerrecht erst nach Jahrhunderten überwunden werden konnte (Fisch 1984). Nachkommenden Wissenschaftlern bleibt die interessante Aufgabe, zu untersuchen, inwiefern die Diskussion über ›neue Kriege‹ nicht bloß die Wiederkehr sehr alter Figuren über Politik jenseits des zivilisierten Westens gewesen sein wird. In kritischen ideengeschichtlichen Arbeiten wie von Tzvetan Todorov (1989) zum Diskurs des Westens über ›die Anderen‹ ist deutlich geworden, dass dieser Diskurs auch der Konstituierung des Selbst dient. Vielleicht liegt der Diskussion um ›neue Kriege‹ und besonders der Barbarisierungsthese ein ähnliches Bedürfnis der Selbstvergewisserung zugrunde.

Doch ganz unabhängig von der Frage, ob der Diskurs über die ›neuen Kriege‹ auf tiefer liegende Bedürfnisse verweist, ist offensichtlich, dass er politische Bedeutung erlangt hat. Das Legitimierungsbedürfnis der staatlichen Apparate, die Verunsicherung oder auch nur Nachdenklichkeit der Bevölkerung und die Prämie, die sich Wissenschaftlern bietet, die zum Thema etwas anzubieten haben, treffen sich in diesem Diskurs über die neuen Bedrohungen.

Inwiefern die Debatte über die ›neuen Kriege‹ in erster Linie als Teil einer solchen neuen legitimen Problematik aufzufassen ist, bedarf freilich einer Diskussion, in der blinde Flecken mit bedacht werden sollten. Dazu gehört die Frage nach den Veränderungen in der globalen Sicherheitsordnung, die Frage nach den Eigeninteressen und Legitimierungsstrategien der Sicherheitsapparate und -experten, die Frage nach den Wirkungen westlicher Politik in der Vergangenheit und Gegenwart und schließlich auch die Frage nach der Aufgabe der Sozialwissenschaften in diesem Prozess. Mit diesen Relativierungen der These von den ›neuen Kriegen‹ ist aber die Frage nach dem Formwandel des Krieges noch nicht beantwortet. Es könnte ja sein, dass die Debatte um die ›neuen Kriege‹ auf etwas verweist, das sie nur nicht richtig benennt. Mit einem Blick auf die Resultate der Forschung zu dieser Frage soll der Beitrag abschließen.

Die Forschung zu kriegerischen Konflikten ist älter als viele laufende Diskussionen vermuten lassen. Das gilt mindestens für den Bereich der Kriegsursa-

chenforschung, die in den vergangenen zwanzig Jahren eine ganze Reihe wichtiger empirischer Befunde und kontroverser theoretischer Ansätze hervorgebracht hat (Schlichte 2002). Im Vergleich zu der vermeintlichen Neuartigkeit des Kriegsgeschehens wirken die Thesen aus diesem Forschungsgebiet wenig modisch. Von ihrer erklärenden Kraft haben diese Thesen indes wenig eingebüßt. Eine theoretische Einsicht daraus ist die, dass eine Theorie des Krieges ohne eine Theorie der Gesellschaft nicht zu haben ist. Gerade weil jeder Krieg historisch eingeordnet und kontextualisiert werden muss, kann eine Theorie nur auf der Grundlage einer historisch informierten Theorie der Gesellschaft stehen.

Aus dieser Perspektive wird deutlich, dass sich mit dem Prozess der europäischen Expansion das Kriegsgeschehen zunehmend globalisiert. Die ursächlichen Zusammenhänge keines einzigen Krieges nach 1945 lassen sich auf rein ›nationale‹ Bedingungen reduzieren, denn schon seit der Ära der Dekolonisation stehen diese Kriege in einem engen Verweisungszusammenhang. Aus strukturgeschichtlicher Perspektive ist die globale Durchsetzung bürgerlich-kapitalistischer Vergesellschaftungsformen der große konfliktive Prozess, der sich in unterschiedlicher Form kriegerisch äußert, so sehr auch regionale, historische oder institutionelle Besonderheiten in jedem einzelnen dieser Kriege über Verläufe und Linien entscheiden. Diese allgemeine Einsicht wurde in der empirischen Forschung über die Kriege nach 1945 weiter ausdifferenziert und bezieht sich etwa auf die Logik von Konflikten in neopatrimonialen Staaten, auf die Kriege im Entwicklungsstaat oder auf den sozialrevolutionären Krieg (Schlichte 2006).

Bisher hat sich die Erforschung dieser globalen Zusammenhänge vor allem um die politische Ökonomie von Kriegen gekümmert. Das Wissen über die internationale Einbettung von kriegerischen Konflikten, deren globale Vermittlung lange nicht Gegenstand der Forschung war, ist jedenfalls stark angewachsen (Nordstrom 2004). Beides, die inneren Mechanismen kriegerischer Gewalt und die globalen Zusammenhänge des Krieges, sind miteinander verknüpft, da die Verstetigung von Kriegsökonomien nur über externe Anbindungen gelingt.

Aber auch in politischer Hinsicht sind solche globalen Zusammenhänge stark ausgeprägt. Innerstaatliche Kriege haben natürlich Auswirkungen auf die internationale Politik. Sie stehen auch in einem gegenseitigen Verweisungszusammenhang, der spätestens seit den 1990er Jahren in moralische Diskussionen mündet, die als ›humanitäre Interventionen‹ auf das Kriegsgeschehen zurückwirken. Im Zeitalter der Globalisierung, so lässt sich nicht zuletzt am Erfolg der These von den ›neuen Kriegen‹ ablesen, ist das Kriegsgeschehen der Welt zu einem Kernthema des Selbstverständnisses der Moderne geworden.

Literatur

Allcock, John: *Explaining Yugoslavia*. New York 2000.

Berdal, Mats/Malone, David: *Greed and Grievance. Economic Agendas in Civil Wars*. Boulder, CO 1999.

Bigo, Didier: Security and Immigration: Towards a Critique of the Governmentality of Unease. In: *Alternatives* 27. Jg. (2002), 63–92.

Brühl, Tanja et al. (Hg.): *Die Privatisierung der Weltpolitik*. Bonn 2001.

Collier, Paul: On the Economic Consequences of Civil War. In: *Oxford Economics Papers* 51. Jg., 4 (1999), 168–183.

– /Hoeffler, Anke: *Data Issues in the Study of Conflict* (CSAE Econometric and Data Discussion Paper 2002–01). Oxford 2002.

Creveld, Martin van: *Die Zukunft des Krieges*. München 1999.

Daase, Christopher: *Kleine Kriege, große Wirkung. Wie unkonventionelle Kriegführung die internationale Politik verändert*. Baden-Baden 1999.

Djilas, Milovan: *Der Krieg der Partisanen. Jugoslawien 1941–1945*. Molden 1977.

Ehrke, Michael: Zur politischen Ökonomie post-nationalstaatlicher Konflikte. In: *Internationale Politik und Gesellschaft* 3. Jg. (2002), 135–163.

Elwert, Georg: Gewaltmärkte. Beobachtungen zur Zweckrationalität der Gewalt. In: Trutz von Trotha (Hg.): *Soziologie der Gewalt*. Opladen 1997, 86–100.

Enzensberger, Hans Magnus: *Aussichten auf den Bürgerkrieg*. Frankfurt a. M. 1995.

Fisch, Jörg: *Die europäische Expansion und das Völkerrecht*. Wiesbaden 1984.

Genschel, Philipp: Globalisierung als Problem, als Lösung und als Staffage. In: Gunther Hellmann et al. (Hg.): *Die neuen Internationalen Beziehungen. Forschungsstand und Perspektiven in Deutschland*. Baden-Baden 2003, 429–464.

Heupel, Monika/Zangl, Bernard: *Die empirische Realität des ›neuen Krieges‹ (Arbeitspapiere des InIIS 27)*. Bremen 2003.

Hnilicka, Karl: *Das Ende auf dem Balkan 1944/45. Die militärische Räumung Jugoslawiens durch die deutsche Wehrmacht*. Göttingen 1970.

Huntington, Samuel: *The Clash of Civilizations and the Remaking of World Order*. New York 1996.

Jung, Dietrich (Hg.): *Shadow Globalization, Ethnic Conflict, and New Wars: A Political Economy of Intra-State War*. London 2003.

– /Schlichte, Klaus/Siegelberg, Jens: *Kriege in der Weltgesellschaft. Strukturgeschichtliche Erklärung kriegerischer Gewalt (1945–2002)*. Wiesbaden 2003.

Kaldor, Mary: *New and Old Wars. Organized Violence in a Global Era*. Stanford 1998.

Kalyvas, Stathis: New Wars, Old Wars – Is the Distinction Valid? In: *World Politics* 54. Jg., 1 (2001), 99–118.

–: *The Ontology of ›Political Violence‹: Action and Identity in Civil Wars*. Unveröffentlichtes Manuskript 2004.

Kaplan, Robert: The Coming Anarchy. In: *Atlantic Monthly* 273 (1994), 44–76.

–: *Reisen an die Grenzen der Menschheit. Wie die Zukunft aussehen wird*. München 1996.

Kaufmann, Franz-Xaver: Sozialstaatliche Solidarität und Umverteilung im internationalen Wettbewerb. In: Jens Beckert et al. (Hg.): *Transnationale Solidarität. Chancen und Grenzen*. Frankfurt a. M. 2004, 51–69.

Keen, David: *Conflict and Collusion in Sierra Leone*. Oxford 2005.

Le Billon, Philippe: *The Political Economy of War. An Annotated Bibliography*. London 2000.

Mamdani, Mahmood: *Good Muslim, Bad Muslim. America, the Cold War and the Roots of Terror*. Kampala 2004.

Marchal, Roland: Atomisation des fins et radicalisme des moyens. De quelques conflits africains. In: *Critique internationale* 6. Jg. (2000), 159–175.

Münkler, Herfried: *Die neuen Kriege*. Reinbek 2002.

Nordstrom, Carolyn: *Shadows of War. Violence, Power and International Profiteering in the Twenty-First Century*. Berkeley 2004.

Richards, Paul: *Fighting for the Rain Forest: War, Youth, and Resources in Sierra Leone*. Oxford 1996.

Said, Edward: *Orientalism. Western Conceptions of the Orient*. London 1990.

Schlichte, Klaus: Neues über den Krieg? Einige Anmerkungen zum Stand der Kriegsforschung in den Internationalen Beziehungen. In: *Zeitschrift für Internationale Beziehungen* 9. Jg., 1 (2002), 113–138.

–: Staatsbildung oder Staatszerfall? Zum Formwandel kriegerischer Gewalt in der Weltgesellschaft. In: *Politische Vierteljahresschrift* 47. Jg., 4 (2006), 547–570.

Soysa, Indra de/Gleditsch, Nils Petter: *To Cultivate Peace: Agriculture in a World of Conflict (PRIO-Report 1)*. Oslo 1999.

Todorov, Tzvetan: *Nous et les autres. La réflexion française sur la diversité humaine.* Paris 1989.

Todorova, Maria: *Imagining the Balkan.* Berkeley 1997.

Weber, Max: *Wirtschaft und Gesellschaft. Grundriß der verstehenden Soziologie.* Tübingen ⁵1985.

Zangl, Bernhard/Zürn, Michael: *Frieden und Krieg.* Frankfurt a. M. 2003.

Klaus Schlichte

3. Neue globale Regulierungsformen jenseits von Markt und Staat

Problemaufriss

Der Begriff der Globalisierung kann auf eine beispiellose Erfolgskarriere verweisen, die sich wesentlich der Einsicht in die Unzulänglichkeiten einer klassisch staatenweltlichen Perspektive verdankt. Wenn Umweltverschmutzung und Klimawandel an nationalstaatlichen Grenzen ebenso wenig haltmachen wie globale Finanzströme und transnationaler Terrorismus, scheint es wenig hilfreich, die Möglichkeit, kollektiv bindende Entscheidungen herzustellen, weiterhin exklusiv auf der Ebene des Nationalstaats anzusiedeln. Genau dies kennzeichnet aber die klassische Sicht auf die Staatenwelt, die kollektive Bindungswirkung nur dort verwirklicht sehen kann, wo das staatliche Gewaltmonopol einen verlässlichen ›Schatten der Hierarchie‹ wirft. Jenseits des Nationalstaats bleiben dann, neben den Minimalkompromissen, die in rein konsensualen Verfahren ohne Entscheidungszwang zu erzielen sind, für den Bereich der Sicherheitspolitik nur das Gleichgewicht der Mächte und für den Bereich der Wirtschaftspolitik das Gleichgewicht der Märkte.

Der ›Schatten der Hierarchie‹, das staatliche Gewaltmonopol, kann aber kollektive Bindungswirkung allenfalls im Sinne einer Ausfallbürgschaft absichern, nicht begründen. Kollektiv bindend ist eine Entscheidung vielmehr, wenn sie den oder die Entscheider durch die Entscheidung selbst mit bindet, sich also auf Prozeduren stützt, über die das Zustandekommen wie auch die Änderung von Entscheidungen verfahrensförmig geregelt werden kann. In der klassisch staatenweltlichen Perspektive sind die Kollektive, die sich auf diese Weise selbst binden, nur als staatlich verfasste denkbar. Der Staat wird als Voraussetzung und zugleich als Verkörperung legitimer politischer Ordnung konzipiert, von der sich die anarchische Struktur des internationalen Systems nur noch negativ abgrenzen lässt.

Problematisch wird diese Vorstellung überall dort, wo auch jenseits des Nationalstaats neue Formen politischer Herrschaft entstehen, die der strikten Trennung zwischen nationaler politischer Ordnung und internationaler Anarchie entgegenstehen. Dass es sich dabei nicht um Einzelfälle handelt, machen etwa Andreas Fischer-Lescano und Gunther Teubner (2006, 8) deutlich, wenn sie mit Bezug auf Untersuchungen des *Project on International Courts and Tribunals* davon ausgehen, dass mittlerweile 125 internationale Institutionen bestehen, »in denen unabhängige Spruchkörper verfahrensabschließende Rechtsentscheidungen treffen«. Qualitativ ragen unter den post- und supranationalen Herrschaftsgebilden insbesondere die Europäische Union, die Welthandelsorganisation und der Internationale Strafgerichtshof heraus. Die Europäische Union verfügt über ein hochgradig komplexes und demokratietheoretisch umstrittenes Geflecht von legislativen, exekutiven und judikativen Kompetenzen, die schrittweise über die Europäischen Gemeinschaften der ersten Säule hinaus auch auf die souveränitätssensibleren Bereiche der zweiten und dritten Säule (Gemeinsame Außen- und Sicherheitspolitik sowie polizeiliche und justizielle Zusammenarbeit) ausgeweitet werden. Verordnungen der Europäischen Union werden in den Mitgliedstaaten als unmittelbar geltend anerkannt, der Europäische Gerichtshof stellt die einheitliche Auslegung europäischen Rechts durch nationale Gerichte sicher, und in der Welthandelsorganisation wird die europäische Position durch den Handelskommissar einheitlich vertreten. Die Welthandelsorganisation verfügt wiederum über einen internen Streitbeilegungsmechanismus, in dem ihr Appellationsgericht mit der letztinstanzlichen Entscheidungsbefugnis ausgestattet ist. Der Internationale Strafgerichtshof weitet schließlich den Geltungsbereich des Völkerrechts auf Individuen aus, die für Völkermord, Verbrechen gegen die Menschlichkeit sowie Kriegsverbrechen direkt zur Verantwortung gezogen werden können. Vor diesem Hintergrund weiterhin von einer Abwesenheit politischer und rechtlicher Ordnung jenseits des Nationalstaats zu sprechen, erscheint zunehmend fragwürdig.

Dennoch findet sich diese klassische Semantik der Staatenwelt immer noch am explizitesten in der politikwissenschaftlichen Teildisziplin der Internationalen Beziehungen, sie hat dort auch die heftigsten Kontroversen ausgelöst und die entschiedenste Kritik erfahren. Mindestens implizit wird sie allerdings auch in weiten Teilen der Soziologie und der Politischen Theorie vorausgesetzt. In der soziologischen und sozialwissenschaftlichen Theoriebildung werden staatenweltliche Prämissen etwa überall dort

deutlich, wo Staat und Gesellschaft als deckungsgleich angenommen werden, so dass man von einer deutschen, einer englischen (oder britischen), einer chinesischen oder einer ugandischen Gesellschaft sprechen und aus einer Vogelperspektive die Differenzierung in nationalstaatlich verfasste Gesellschaften beobachten kann. Auch in der Politischen Theorie sind ganz ähnliche Vorannahmen verbreitet, setzen doch etwa die Idee einer wohlgeordneten Gesellschaft als Voraussetzung gerechtigkeitstheoretisch informierter Kritik oder die Vorstellung einer demokratisch organisierten Öffentlichkeit, die politisch wirksamen Druck auf die Exekutive ausüben kann, gleichermaßen nationalstaatliche Handlungskontexte voraus.

Welche Alternativen zu diesem »methodologischen Nationalismus« (Zürn 1998, 68) der staatenweltlichen Semantik sind demgegenüber in Sicht? Aus gesellschaftstheoretischer Perspektive wäre insbesondere die Weltgesellschaftsforschung zu nennen, aus der Perspektive der Politischen Theorie zahlreiche Arbeiten zu globaler und transnationaler Demokratie und Gerechtigkeit. In beiden Fällen ist die Frage nach neuen Formen politischer Regulierung allerdings von bestenfalls sekundärer Bedeutung. Die Versuche, auf Regulierungsdefizite und -dilemmata, die sich ›unter den Bedingungen der Globalisierung‹ ergeben, politisch zu reagieren, werden in erster Linie unter dem Begriff ›Global Governance‹ diskutiert. Der Begriff taucht Anfang der 1990er Jahre parallel in der politikwissenschaftlichen Forschung und in Publikationen der Weltbank auf und setzt rasch zu einem politischen wie akademischen Höhenflug an, der schließlich in die Arbeit der von den Vereinten Nationen eingesetzten Commission on Global Governance mündet. Die englische Bezeichnung ›Global Governance‹ hat sich auch in der deutschsprachigen Diskussion weitgehend durchgesetzt, wobei im Anschluss an eine einflussreiche Studie von Michael Zürn auch vom Regieren jenseits des Nationalstaats die Rede ist (Zürn 1998). In der Substantivierung ›Regieren‹ geht allerdings eine wichtige Konnotation des englischen Governance-Begriffs verloren. Als neu wird hier nämlich gerade die Abwesenheit eines Zentrums behauptet, dem das Regieren als Tätigkeit eindeutig, ursächlich und mit Folgen für die politische Verantwortung zugeordnet werden könnte. Diese »eigentümlich subjektlose« Qualität der neuen Formen des Regierens (Offe 2008, 61) kommt bereits in der folgenreichen

Definition des 1995 publizierten Abschlussberichts der Commission on Global Governance zum Ausdruck: »Governance is the sum of many ways individuals and institutions, public and private, manage their common affairs. It is a continuing process through which conflicting or diverse interests may be accommodated and co-operative action taken. It includes formal institutions and regimes empowered to enforce compliance, as well as informal arrangements that people and institutions either have agreed to or perceive to be in their interest.« (Commission on Global Governance 1995, 4)

An dieser Definition sticht zunächst ins Auge, wie wenig sie ausschließt. Als diffuser Sammelbegriff umfasst ›Governance‹ »das Gesamt aller nebeneinander bestehenden Formen der kollektiven Regelung gesellschaftlicher Sachverhalte« (R. Mayntz, kritisch zitiert in Offe 2008, 63), eröffnet dabei Möglichkeiten der Mitwirkung privater Akteure, und legt das Augenmerk allerdings zugleich deutlich auf das Effektivitätskriterium des *compliance management*, also der Sicherung ordnungsgemäßer Regelbefolgung. Es kann vor diesem Hintergrund nicht überraschen, dass sich die wissenschaftlichen Kontroversen um den Governance-Begriff zum einen mit dem Problem der Grenzziehung, zum anderen mit den demokratietheoretischen Voraussetzungen und Folgen seiner Verwendung befasst haben. Es werden daher im Folgenden einige zentrale Wegmarken und Kritikperspektiven der Governance-Diskussion rekonstruiert und abschließend einige interdisziplinäre Herausforderungen der Debatte über das globale Regieren aufgezeigt.

Kontroversen über das globale Regieren

Aus einer klassisch staatenweltlichen Perspektive heraus scheinen anspruchsvollere Formen der Kooperation und Regulierung jenseits des Nationalstaats zunächst grundsätzlich problematisch. Für die Theorien der internationalen Politik ergibt sich daraus die paradoxe Konstellation, dass eine institutionalistische Perspektive zwar fest etabliert ist (grundlegend Keohane 1984), die Forschung innerhalb dieses Paradigmas sich allerdings überwiegend auf die Frage konzentriert, ob und inwiefern anspruchsvollere Formen der internationalen Kooperation überhaupt möglich sind, Formen und Folgen globaler Regulierungsbemühungen also weitgehend unbeleuchtet bleiben. Auf dieses Defizit reagiert seit den frühen

1990er Jahren die Governance-Forschung. *Governance without Government*, so der Titel einer wichtigen Aufsatzsammlung von James Rosenau und Ernst-Otto Czempiel (1992), wird zum Motto eines neuen Forschungsparadigmas, das seinen Erfolg zunächst wesentlich seiner empirischen Offenheit verdankt, die ein sehr viel breiteres Spektrum an globalen Regulierungsformen in den Blick nehmen kann als eine institutionalistische Perspektive, die im Bannkreis der staatenweltlichen Semantik gefangen bleibt. Der Fokus auf Governance erlaubt dagegen nicht nur einen ergebnisoffenen Blick auf die Regulierungsbemühungen einer Vielzahl von staatlichen und nichtstaatlichen Akteuren, er macht auch die Vielfältigkeit der Ebenen sichtbar, auf denen relevante Regulierungsbemühungen beobachtet werden können. Governance ereignet sich nicht nur auf der im engen Sinne zwischenstaatlichen, sondern auch auf transnationaler, supranationaler und lokaler Ebene, umfasst globale Sicherheitspolitik (*security governance*) ebenso wie Welthandelspolitik oder Umweltpolitik, aber auch die Organisation von Kommunalverwaltungen, die sich mit ›Herausforderungen des globalisierten Wettbewerbs‹ konfrontiert sehen. Die oben genannten Beispiele für die Entstehung suprastaatlicher Regulierungskompetenzen, wie sie sich bei der Europäischen Union, der Welthandelsorganisation oder dem Internationalen Strafgerichtshof zeigen, lassen sich ebenso in den Blick nehmen wie die Autonomisierung privatrechtlicher Regelungsbereiche im Zuge des transnationalen privaten Handelsrechts der *lex mercatoria*, grenzüberschreitende Zusammenschlüsse zur Verbesserung der Wettbewerbsfähigkeit von Regionen (z.B. Saar-Lor-Lux), kleinformatige Detailregelungen im Bereich der industriellen Standardsetzung oder die Regulierung des Internet (ICANN).

Angesichts der überwältigenden Fülle von Regulierungsprojekten ist es verständlich, dass ein Großteil der Forschung zunächst bewusst deskriptiv orientiert war. Mit der Fokussierung auf empirische Einzelfalluntersuchungen geht jedoch die Gefahr einher, dass eine der Kernaussagen der Governance-Forschung, die Diagnose einer Fragmentierung des globalen Regierens, auf sie selbst zurückfällt, die Governance-Forschung selbst also ebenso fragmentiert erscheint wie ihr Gegenstand. Gegen diese Fragmentierungstendenzen opponiert Michael Zürn, wenn er die Governance-Forschung an die globalisierungstheoretische Diskussion zurückbindet. Zürn präzisiert den Begriff der Globalisierung zunächst als »ungleichzeitige Denationalisierung«. Er geht davon aus, dass sich Wirtschaft und Politik mit unterschiedlichen Geschwindigkeiten globalisieren, eine weitgehend denationalisierte Wirtschaft sich also mit einer weiterhin überwiegend nationalisierten Politik konfrontiert sieht. Die neuen Formen des Regierens werden für Zürn erst aus dieser Ungleichzeitigkeit heraus verständlich. Systematisch unterscheidet Zürn (1998, 169 f.) im Anschluss an diese Diagnose drei Formen des Regierens:

1. *Governance by government* beschreibt den aus der nationalstaatlichen Konstellation vertrauten Zustand eines hierarchiegestützten Regierens, das sich auf eine doppelt asymmetrische Relation zwischen Regierung und Regelungsadressaten stützt. Die Regierung bleibt als hierarchisches Zentrum übergeordnet, ist aber zugleich an Gesetzgebungsprozesse gebunden, in denen die Regulierungsadressaten Inhalte und Reichweite des gesetzlich zulässigen Regierungshandelns mindestens mitbestimmen können. Jenseits des Nationalstaats ist diese Form des Regierens insbesondere in der Europäischen Union verwirklicht, allerdings mit oft kritisierten Abstrichen bei der Qualität demokratischer Legitimation.

2. *Governance with government* beschreibt eine kooperative Organisation des Regierens, an der zentralisierte und mit hierarchischen Kompetenzen ausgestattete Instanzen zwar weiterhin beteiligt sind, allerdings nicht länger nach der Logik exekutiver Machtdurchsetzung verfahren. In horizontalen Netzwerkstrukturen werden betroffene Akteure über Verhandlungsprozesse eingebunden, der Staat tritt dabei allenfalls noch als *primus inter pares* auf. Innerhalb nationalstaatlich verfasster Gesellschaften wären etwa Tarifverhandlungen zu nennen. Auch jenseits des Nationalstaats finden sich jedoch Beispiele für korporatistische Organisationsformen, etwa in internationalen Organisationen, in denen staatliche und nichtstaatliche Akteure gleichermaßen beteiligt sind oder in der grenzüberschreitenden Profilierung von Wettbewerbsregionen.

3. *Governance without government* verwendet Zürn schließlich anders als Rosenau und Czempiel (1992) nicht als Oberbegriff für sämtliche Formen des nicht-hierarchischen Regierens, sondern ausschließlich für diejenigen Formen der Selbstregulierung privater Akteure, an denen weder Staaten noch andere hierarchisch übergeordnete Instanzen beteiligt sind. Als prominentestes Beispiel wäre hier wiederum das transnationale private Handelsrecht der *lex mercatoria* zu nennen. Quer zu dieser typologischen Unterscheidung differenziert Zürn zudem zwischen negativen, marktschaffenden und positiven Formen der politischen Integration. Sofern die Herausbildung von internationalen Organisationen auf die Logik negativer Integration beschränkt bleibt, beispielsweise indem sie auf die Beseitigung von protektionistischen Handelshemmnissen hinwirkt, verschärft die Institutionenbildung lediglich die unter dem Begriff der ungleichzeitigen Denationalisierung zusammengefassten Ursachenkomplexe. Denn marktförderliche Institutionen tragen zur Beschleunigung ökonomischer Denationalisierung bei, vergrößern also jene Ungleichzeitigkeiten und Ungleichgewichte zwischen Wirtschaft und Politik, aus denen sich die Problematik des Regierens jenseits des Nationalstaats allererst entwickelt. Dadurch entsteht ein wiederum verschärfter Handlungsdruck zur positiven Integration. Die globalisierungstheoretisch dringend gebotene Proliferation von positiven Integrationsprojekten, von der Umweltpolitik über die Sicherheitspolitik bis hin zu embryonalen Formen einer Weltsozialpolitik, gerät dann allerdings in Widerspruch mit demokratietheoretischen Anforderungen an die Legitimation politischer Herrschaft. Dieses Spannungsverhältnis provoziert zunächst unterschiedliche Strategien der Fragmentierung, die sich, so Zürn (1998, 294–309), grob entlang der klassischen politischen Farbenlehre strukturieren lassen. Eine ›schwarze‹ Fragmentierungsstrategie will im Lichte des Globalisierungsdrucks den Standort sichern und setzt auf eine Kombination von ökonomischer Deregulierung und traditionellen kulturkonservativen Werten, mit denen die sozialintegrativen Kosten einer Auslieferung an Marktkräfte eingedämmt und kompensiert werden sollen; eine ›rote‹ Fragmentierungsstrategie setzt dagegen auf eine Verteidigung des Wohlfahrtsstaates, dessen sozialpolitische Errungenschaften global operierenden Marktkräften nicht geopfert werden sollen; eine ›grüne‹ Fragmentierungsstrategie sorgt sich dagegen um die Erosion von Umweltstandards, die innerhalb von Nationalstaaten so mühsam erkämpft werden mussten, da ihre Übertragung auf die globale Ebene schwierig, wenn nicht unmöglich erscheint. Heute ließe sich vielleicht noch eine ›gelbe‹ Strategie ergänzen, die das Deregulierungsziel der ›schwarzen‹ teilt, allerdings die sozialintegrativen Kosten der Deregulierung dementiert. All diese Fragmentierungsstrate-

gien verstricken sich jedoch, so Zürn, in unauflösliche Widersprüche. Die Wahrung nationalstaatlicher Grenzen sei unter den Bedingungen ungleichzeitiger Denationalisierung nur noch möglich, wenn man sich auf gerade die Formen grenzüberschreitender Regulierung einlasse, gegen die sich die Fragmentierungsstrategien richten würden. Gegen dieses Dilemma setzt Zürn das »Projekt globales Weltregieren«, das politische Handlungsfähigkeit und demokratische Legitimation zu verbinden sucht. Damit wird die entschieden normative Dimension der Governance-Forschung deutlich. Als politische Antwort auf die ungleichzeitige Denationalisierung ist das Regieren jenseits des Nationalstaats selbst ein politisches Projekt.

Zürn (1998, 336–364) unterbreitet daher eine Reihe von konkreten Vorschlägen, die vom Umbau des Steuersystems über die Stärkung des Dienstleistungssektors über die Tobin-Tax bis zur Förderung direkt-deliberativer Organisationsformen auf lokaler Ebene reichen. Während für Zürn dabei die praktische Durchführbarkeit des Projekts ›komplexes Weltregieren‹ im Mittelpunkt steht, hat sich in der weiteren Forschung eine intensive und kontroverse Auseinandersetzung mit normativen Theorien entwickelt. Eine prinzipiell optimistische Position vertritt Thomas Risse (2007), der neben den institutionellen Bedingungen demokratischer Legitimation vor allem »kommunikative Mikromechanismen« des Argumentierens in den Blick nimmt. Mit der verstärkten Einbeziehung nichtstaatlicher Akteure – zivilgesellschaftlicher Nichtregierungsorganisationen, aber auch privater Interessenverbände und Unternehmen – sowie der Konzentration auf ›nicht-hierarchische‹ Formen der Steuerung könne das globale Regieren deliberative Potentiale freisetzen, die, so Risse, zur Sicherung demokratischer Legitimationsstandards wesentlich beitrügen. Jenseits zentralisierter Herrschaftsinstanzen seien ›nichthierarchische Steuerungsformen‹ gezwungen, stärker auf positive Anreize zu setzen und Überzeugungs- und Lernprozesse unter den beteiligten Akteuren anzustoßen. Während positive Anreize instrumentell an der Kosten-Nutzen-Kalkulation kooperationsskeptischer Akteure ansetzen, setzt der Fokus auf Überzeugungs- und Lernprozesse auf anspruchsvollere, argumentativ-deliberative Formen der Koordination. Wenn die Einhaltung von Regeln nicht hierarchisch abgesichert sei, das staatliche Gewaltmonopol also keine Ausfallbürgschaft mehr bereitstellen

könne, gewinne die prinzipielle Akzeptabilität von Regeln und Normen an Bedeutung. Sofern die Akzeptabilität von Regeln und Normen ihrerseits jedoch auf argumentativ strukturierten Lern- und Überzeugungsprozessen beruhe, könnten Institutionen der Global Governance ihre Legitimität durch die Einrichtung argumentativ strukturierter Kommunikationskanäle selbständig stärken.

Risse (2007, 89–91) ist sich der Grenzen einer derart optimistischen Perspektive wohl bewusst. Die Einbeziehung betroffener Akteure erfolgt oft hochgradig selektiv und spiegelt bestehende Machtasymmetrien wider. Internationale Verhandlungsprozesse finden in der Regel unter Ausschluss der Öffentlichkeit statt, tatsächlich gilt gerade der Schutz vor dem kritischen Blick der Öffentlichkeit als argumentationsförderlich. Aus demokratietheoretischer Sicht steht eine Expertendeliberation hinter verschlossenen Türen deliberativ-demokratischer Legitimation jedoch diametral entgegen.

Eine weitere Spannung ergibt sich schließlich zwischen der deliberativen Anforderung an die Lernbereitschaft von Argumentationsteilnehmern und der demokratischen Anforderung, dass Delegierte eines Staates Positionen, die sie im Namen dieses Staates vertreten, nicht beliebig und ohne Rücksicht auf die staatlichen Willensbildungsprozesse ändern können. Trotz dieser Einschränkungen hält Risse eine argumentative Legitimierung von Institutionen der Global Governance jedoch für möglich. Zudem schlägt er eine Globalisierung der Governance-Forschung selbst vor, die nun nicht mehr nur auf Regulierungsprobleme reagiert, die sich aus der Sicht der OECD-Welt ergeben, sondern die Perspektive des Regierens jenseits des demokratischen Rechtsstaats auf Kontexte außerhalb der OECD-Welt überträgt, in denen staatliche Strukturen nicht oder nur eingeschränkt funktionsfähig sind (Risse 2008; Risse/Lehmkuhl 2007). Die Governance-Perspektive wird damit zu einer Folie, auf der sich die Probleme des Regierens in Räumen begrenzter Staatlichkeit als weitgehend analog zu den Problemen des Regierens jenseits des Nationalstaats abbilden lassen. Wo eine demokratische Kultur nicht ausgebildet sei, wäre die formale Einrichtung einer Demokratie ohne Demokraten zum Scheitern verurteilt. Die indirekten Legitimierungsstrategien, die sich im Falle des Regierens jenseits des Nationalstaats bereits bewährt hätten, könnten, so Risse, vor diesem Hintergrund nicht nur die Legitimität bestehender Regelungen stärken, sondern zugleich die Ausbildung einer demokratischen Kultur und damit eine wesentliche Bedingung für die Errichtung rechtsstaatlicher Institutionen befördern.

Es kann nicht verwundern, dass ein empirisch wie normativ so weit ausgreifendes Forschungsprogramm substantielle Kritik auf sich gezogen hat. Dabei lassen sich normativ problematische Dynamiken auch aus der Binnenperspektive der Governance-Forschung heraus aufzeigen. So betont etwa Klaus Dieter Wolf (2000), dass sich Bemühungen um eine Demokratisierung des Regierens jenseits des Staates mit einer ›neuen Staatsräson‹ konfrontiert sähen, die nicht nur die Pluralisierung und Verwässerung von Zuständigkeiten, sondern vielmehr die Regierungen selbst zu einem Demokratieproblem mache. Unter den Bedingungen intensivierter internationaler Kooperation eröffne sich aus der Perspektive der Regierungen, so Wolf, die Option einer Selbstbindung in strategischer Absicht. Indem sie internationale Verpflichtungen eingingen, könnten sich Regierungen nämlich gegenüber den demokratischen Willensbekundungen ihrer Volkssouveräne autonomisieren. Wenig populäre Sparmaßnahmen und Einschnitte in die Sozialsysteme ließen sich beispielsweise mit Verweis auf die ›Kriterien von Maastricht‹ als externe Verpflichtungen legitimieren. Damit würden oppositionelle Stimmen nicht nur ihrer Wirksamkeit beraubt, sie setzten sich zugleich auch dem Verdacht aus, auf der internationalen Bühne unverantwortlich agieren und bestehende Vereinbarungen hintertreiben zu wollen. In der ›neuen Staatsräson‹ blieben also Regierungen die ›zentralen Akteure‹ des Regierens, sie emanzipierten sich aber von Staat und Volkssouverän, indem sie die internationale und die innergesellschaftliche Ebene strategisch gegeneinander ausspielen würden.

Für eine noch grundsätzlichere Kritikperspektive steht exemplarisch Michael Th. Greven (2007), dem die Rede von nichthierarchischen Steuerungsformen grundsätzlich suspekt erscheint. Bereits der Fokus auf neue Formen des Regierens und der Regulierung richte eine tendenziell funktionalistische Perspektive ein, die politische Prozesse wesentlich unter dem Aspekt der Bereitstellung funktional erforderlicher Kollektivgüter betrachte. Die etwa für Habermas noch zentrale demokratietheoretische Pointe, dass jeder politisch folgenreiche Argumentationsprozess praktischen Entscheidungszwängen unterliegt, also mit Mehrheitsbeschluss beendet werden muss, ge-

rate hier systematisch aus dem Blick. Der enge Policy-Fokus auf einzelne Regelungsinhalte führe, so Greven, zu einer fragwürdigen Herrschaftsvergessenheit mit technokratischen und expertokratischen Konnotationen, zudem sei der Zugang zu relevanten Aushandlungsprozessen von vornherein auf einen engen Kreis von Policy-Experten beschränkt: »Die Unterstellung, es ließe sich ein konsensuelles Ergebnis herbeidiskutieren, dem noch dazu die Vermutung der Vernunft zugeschrieben wird, hat mehr oder weniger offen anti-pluralistische Tendenzen, wie sie einerseits für technokratische, andererseits für vor- oder antimoderne homogene Gemeinschaftsvorstellungen typisch sind. Die Verwirklichung dieser immanenten Utopie ist freilich ebenso unwahrscheinlich wie im Falle des platonischen Philosophenkönigtums.« (Greven 2007, 338)

Ähnlich grundlegend, aber mit ganz anderer Stoßrichtung argumentiert Claus Offe in seiner Rekonstruktion der syntaktischen und semantischen Eigenschaften sowie der pragmatischen Verwendungsweisen des Governance-Begriffs. Der Governance-Begriff sei zwar alles andere als klar konturiert, sehr deutlich steche allerdings hervor, dass ein eindeutiger Gegenbegriff sich nicht angeben lasse, begriffliche Oppositionen (etwa Staat/Gesellschaft, Wirtschaft/Politik, privat/öffentlich, empirisch/normativ), vielmehr unterschiedslos in einem harmonisierenden Sprachgebrauch verschwänden, der es tendenziell unmöglich mache, die politische Bedeutung von Opposition überhaupt deutlich zu machen. Globalisierung und Global Governance beschrieben subjektlose Prozesse, eine aktivische Formulierung der politischen Vorgänge werde durch ihre Verwendung praktisch unmöglich. ›Globalisierung‹ erlaube immerhin noch passivische Konstruktionen, wenn etwa ungleichzeitige Denationalisierung das Phänomen beschreibt, dass wirtschaftliche Prozesse schneller globalisiert *werden*, sich also leichter globalisieren lassen als politische Prozesse. Für den Governance-Begriff stehe dann überhaupt keine Verbform mehr zur Verfügung, und auch die deutschsprachige Substantivierung in der Rede vom ›Regieren‹ begnüge sich damit anzugeben, dass eine Vielzahl von Akteuren nur unspezifisch involviert werde. Eine weitere Gemeinsamkeit mit dem Begriff der Globalisierung bestehe darin, dass auch der Governance-Begriff seine politische Wirksamkeit gerade aus seinem unspezifischen Charakter beziehe. In beiden Fällen, so Offe (2008, 62), komme es »zur Ritualisierung und Fetischisierung eines mit der Aura von Aktualität und Modernität behafteten sprachlichen Zeichens [...], das dann für vielfältige und unvereinbare semantische Inhalte und Assoziationen in Anspruch genommen wird«.

In zugespitzter Form findet sich eine ähnlich rekonstruktive, pragmatisch-hermeneutische Forschungshaltung, die auf die praktischen Folgen der Verwendung des Governance-Begriffs hinweist, in Arbeiten, die lose an Michel Foucaults grundlegende Arbeiten zur *Geschichte der Gouvernementalität* anschließen (Foucault 2006). Die unter dem Governance-Begriff zusammengeführten neuen Formen der Regulierung erscheinen aus dieser Perspektive wesentlich als neue Stufe in der ›Kunst des Regierens‹, in der nicht mehr nur die Bevölkerung innerhalb eines nationalstaatlich abgegrenzten Territoriums, sondern der gesamte Globus als regelungsbedürftig erschlossen wird. Die Rede von den neuen Regulierungsformen jenseits von Staat und Markt wäre dann selbst konstitutiver Bestandteil sich neu formierender Herrschaftstechniken, indem sie dazu beiträgt, die Bereiche jenseits von Staat und Markt überhaupt erst als herrschaftsbedürftig zu beschreiben. Bereits 1989 hatte Richard Ashley in diesem Sinne die Durchsetzung der Idee der Zweckmäßigkeit globalen Regierens (»imposing international purpose«) als theoretisches Kernproblem des Governance-Diskurses ausgezeichnet. In ihrem Bemühen, neue Regulierungsformen auf die Grundlage einer stabilen Wissensbasis zu stellen, trage die Governance-Forschung, so Ashley, wesentlich dazu bei, mehr oder weniger plausible Argumente für diese neuen Regulierungsformen zur *doxa* erstarren zu lassen, damit aber zugleich der politischen Auseinandersetzung zu entziehen.

Eine ähnliche Perspektive auf die spezifischen Mechanismen der Legitimation neuer Regulierungsformen eröffnet Jens Bartelson (2006), wenn er den emanzipatorischen Gehalt der Idee einer globalen Zivilgesellschaft bestreitet. Bereits in der historischen Genese der nationalstaatlich eingegrenzten Regierungskunst habe die Figur der Zivilgesellschaft zur faktischen Ermöglichung neuer Herrschaftsformen beigetragen. Auf globaler Ebene trage nun die Idee der globalen Zivilgesellschaft ihrerseits dazu bei, das Globale überhaupt erst als politischen Raum ohne *demos* zu konstituieren, in dem sich dann Regulierungsnotwendigkeiten artikulieren ließen. Auf diese Weise gelänge eine neue, globalisierte Form der Gouvernementalität praktisch zur Durchsetzung, in die so gravierende Machtasymmetrien eingelassen seien, dass selbst humanitäres Engagement zivilgesellschaftlicher Akteure, die sich ernsthaft und aufrichtig um eine Linderung globaler Ungerechtigkeiten bemühten, warenförmig vereinnahmt und über die Kommunikationskanäle der Massenmedien zur Gewissensberuhigung instrumentalisiert werde. Zusätzlich historisch-empirische Rückendeckung bekommt diese Kritikperspektive durch die Arbeiten von Ole Jacob Sending und Iver Neumann (2006), die aufzeigen, wie stark Nichtregierungsorganisationen in staatliche Agenden involviert sind. Als QUANGOs, *Quasi Nongovernmental Organizations*, könnten sie als verlängerte Arm staatlicher Regulierungsinteressen fast überall dort tätig werden, wo Staaten der Zugriff *de jure* oder *de facto* verwehrt bleibe (vgl. dazu auch die Kritik aus der Perspektive neomarxistischer Staatstheorie bei Hirsch 2002, 74–83; vgl. auch Koskenniemi 2009, der die Governance-Forscher als »leidige Tröster« der Gegenwart kritisiert).

Interdisziplinäre Herausforderungen

Die zusammenfassend als Global Governance bezeichneten neuen Formen globaler Regulierung sind sowohl in normativer wie auch in empirischer und methodologischer Hinsicht kontrovers. Sie sind grundlegend umstritten, allerdings kaum Gegenstand einer grundlegenden Kontroverse, denn die skizzierten Positionen stehen eher unvermittelt nebeneinander und sofern sie aufeinander Bezug nehmen, geschieht dies überwiegend in der Form unilateraler Kritik, die nur selten einen wechselseitigen Austausch nach sich zieht. Dieser Befund erscheint weniger überraschend, wenn man sich vor Augen führt, dass hinter den konkurrierenden Positionen mindestens ebenso konkurrierende Wissenschaftsverständnisse stehen. Stark verkürzt und zugespitzt lässt sich sagen, dass optimistische Stimmen und Befürworter der Global Governance von einem faktisch vorhandenen Regulierungsbedarf ausgehen, der sich empirisch konstatieren lässt und dringend nach tragfähigen Antworten verlangt. Skeptiker und Kritiker sehen genau diese Diagnose als Teil des Problems, wenn sie den funktionalistischen Blick auf einen vermeintlichen Regulierungsbedarf im Hinblick auf seine performativen Konsequenzen analysieren und ideologiekritisch als integralen Bestandteil neuer Herrschaftsformen beschreiben. Hinter diesen grundlegenden methodologischen Differenzen verbergen sich wiederum unterschiedliche gesellschaftstheoretische Konzeptionen, Politikbegriffe und Vorstellungen der Formen und Funktionen sozialwissenschaftlicher Kritik. Denn eine sehr ernsthafte kritische Intention findet sich, um für den Moment an der stilisierten Konfrontation festzuhalten, sowohl bei den Befürwortern als auch bei den Kritikern des Governance-Begriffs. Auf einer hinreichend abstrakten Ebene lassen sich sogar die konkurrierenden Kritikperspektiven annähern. Sowohl den Befürwortern als auch den Skeptikern geht es um die Kritik demokratisch nicht legitimierter, willkürlicher Formen politischer Herrschaft. Was das heißen kann und welche forschungsstrategischen Folgerungen daraus zu ziehen sind, ist dann allerdings wieder grundlegend umstritten.

Eine Einigung oder auch nur eine Annäherung der konkurrierenden Positionen ist nicht zu erwarten und im Sinne des akademischen Pluralismus auch nicht erforderlich. Wünschenswert wäre es allerdings, eben im Sinne dieses Pluralismus, dass die Kontroverse als solche zunächst überhaupt ausgetragen wird, die Kommunikation also über Paradigmagrenzen hinweg in Gang kommt. Dabei könnte sich eine Reihe von geteilten grundbegrifflichen Herausforderungen ergeben, die selbst in den unterschiedlichsten globalisierungstheoretischen Entwürfen beständig wiederkehren. An erster Stelle wäre hier der Begriff des Staates zu nennen, denn der Herausforderung ›über den Staat hinauszudenken‹ eignet nicht nur eine historische, sondern auch eine epistemologische Dimension. Die Begriffe, in denen wir über politische Prozesse nachzudenken gelernt haben, verdanken sich ebenso der Erfahrung einer nationalstaatlichen Konstellation wie die normativen Maßstäbe unserer Kritik (dazu grundlegend Bartelson 2001, aus weltgesellschaftstheoretischer Perspektive Albert 2002, Kessler 2009). Vor diesem Hintergrund könnte die Semantik der Staatenwelt sich viel hartnäckiger behaupten als sowohl Befürworter als auch Kritiker der Global Governance in aller Regel unterstellen. Eine breite Diskussion über grundlagentheoretische Herausforderungen dieser Art wäre allerdings nur möglich, wenn es gelingt, der Versuchung zu widerstehen, grundlegend unterschiedliche Wissenschaftsverständnisse polemisch gegeneinander auszuspielen und den geteilten Problembezug in den Mittelpunkt zu stellen. Die Kunst der Forschung

über die neuen Formen des Regierens könnte vor diesem Hintergrund nicht zuletzt darin bestehen, paradigmatisch festgefahrene Frontstellungen zu umschiffen, um eine interdisziplinäre Auseinandersetzung zu ermöglichen, die bislang nur in Ausnahmefällen stattgefunden hat.

Literatur

Albert, Mathias: *Zur Politik der Weltgesellschaft*. Weilerswist 2002.

Ashley, Richard K.: Imposing International Purpose: Notes on a Problematic of Governance. In: Ernst-Otto Czempiel/James N. Rosenau (Hg.): *Global Changes and Theoretical Challenges: Approaches to World Politics for the 1990s*. Lexington, MA 1989, 251–290.

Bartelson, Jens: *Critique of the State*. Cambridge 2001.

– : Making Sense of Global Civil Society. In: *European Journal of International Relations* 12. Jg., 3 (2006), 371–395.

Commission on Global Governance: *Our Global Neighbourhood*. Oxford 1995.

Fischer-Lescano, Andreas/Teubner, Gunther: *Regime-Kollisionen. Zur Fragmentierung des globalen Rechts*. Frankfurt a. M. 2006.

Foucault, Michel: *Sicherheit, Territorium, Bevölkerung. Geschichte der Gouvernementalität I. Vorlesung am Collège de France 1977–1978*. Frankfurt a. M. 2006.

Greven, Michael Th.: ›Politik‹ als Problemlösung und als vernachlässigte Problemursache. Anmerkungen zum Verhältnis zwischen der policy-Forschung und einem veränderten Reformverständnis in Gesellschaft und Politikwissenschaft. In: Klaus Dieter Wolf (Hg.): *Staat und Gesellschaft – fähig zur Reform? 23. wissenschaftlicher Kongress der Deutschen Vereinigung für Politische Wissenschaft*. Baden-Baden 2007, 329–339.

Hirsch, Joachim: *Herrschaft, Hegemonie und politische Alternativen*. Hamburg 2002.

Keohane, Robert O.: *After Hegemony: Cooperation and Discord in the World Political Economy*. Princeton 1984.

Kessler, Oliver: Toward a Sociology of the International? International Relations between Anarchy and World Society. In: *International Political Sociology* 3. Jg., 1 (2009), 87–108.

Koskenniemi, Martti: Miserable Comforters: International Relations as New Natural Law. In: *European Journal of International Relations* 15. Jg., 3 (2009), 395–422.

Offe, Claus: Governance – ›Empty signifier‹ oder sozialwissenschaftliches Forschungsprogramm? In: Gunnar Folke Schuppert/Michael Zürn (Hg.): *Governance in einer sich wandelnden Welt* (Politische Vierteljahresschrift, Sonderheft 41). Wiesbaden 2008, 61–76.

Risse, Thomas: Global Governance und kommunikatives Handeln. In: Peter Niesen/Benjamin Herborth (Hg.): *Anarchie der kommunikativen Freiheit. Jürgen Habermas und die Theorie der internationalen Politik*. Frankfurt a.M. 2007, 62–91.

–: Regieren in ›Räumen begrenzter Staatlichkeit‹. Zur *Reisefähigkeit* des Governance-Konzeptes. In: Gunnar Folke Schuppert/Michael Zürn (Hg.): *Governance in einer sich wandelnden Welt* (Politische Vierteljahresschrift, Sonderheft 41). Wiesbaden 2008, 149–170.

– /Lehmkuhl, Ursula (Hg.): *Regieren ohne Staat? Governance in Räumen begrenzter Staatlichkeit*. Baden-Baden 2007.

Rosenau, James N./Czempiel, Ernst-Otto (Hg.): *Governance withouth Government: Order and Change in World Politics*. Cambridge 1992.

Sending, Ole Jacob/Neumann, Iver: Governance to Governmentality: Analyzing NGOs, States, and Power. In: *International Studies Quarterly* 50. Jg., 3 (2006), 651–672.

Wolf, Klaus Dieter: *Die Neue Staatsräson – Zwischenstaatliche Kooperation als Demokratieproblem in der Weltgesellschaft*. Baden-Baden 2000.

Zürn, Michael: *Regieren jenseits des Nationalstaates*. Frankfurt a.M. 1998.

Benjamin Herborth

4. Internationale Ordnung und Steuerung zwischen Recht und Politik

Staatlichkeit und das Auseinanderfallen von Recht und Politik in der Globalisierung

An nahezu allen Globalisierungsphänomenen sind klassische politische Akteure, wie etwa Staaten, Regierungen oder Parlamente, maßgeblich beteiligt. Ohne die Entscheidungen der Mitgliedstaaten wäre es nicht zur Gründung der *World Trade Organization* (WTO) und zu ihrer Liberalisierungswirkung für den Weltmarkt gekommen und ohne die Finanzierung, Ausbildung und ›Beherbergung‹ von Terroristen durch Geheimdienste oder sogar offen operierende staatliche Akteure, wie die afghanische Taliban-Regierung, würde Al Qaida nicht die prominente Rolle spielen, die diese Organisation heute innehat. Zudem sind für alle diese Phänomene klassische staatliche Strukturen, Verfahren und Institutionen der Regulierung und Sicherung von Räumen sozialen Handelns bzw. der Ermöglichung der entsprechenden Handlungen selbst wesentliche Voraussetzungen, wie u.a. direkte oder indirekte Subventionen oder aber der Einsatz von Militär und Polizei bzw. geheimdienstlichen Methoden genereller Überwachung im sogenannten *War on Terror* belegen. Für viele Autoren ist daher auch die Globalisierung weiter mit den Mitteln der Staatstheorie zu beschreiben, die seit dem 17. Jahrhundert in unterschiedlichen Schulen und Traditionen zunehmend das Paradigma politischen Denkens und politischer Wissenschaft gebildet hat – eventuell unter der weiteren Annahme einer Veränderung des ›Staatsinteresses‹ gegenüber der fordistisch-wohlfahrtsstaatlichen Phase (vgl. Jessop 2002; zur Kontroverse über die Bedeutung klassischer Staatlichkeit für die Globalisierung insgesamt vgl. Zürn 1998, 329–336).

Eine solche Deutung der Phänomene verkennt jedoch deren strukturelle Verschiedenheit von klassischer staatlicher Steuerung: Denn obwohl staatliche Akteure und Strukturen an der Erzeugung der entsprechenden Phänomene beteiligt sind, kennzeichnet Staatlichkeit nicht mehr den Rahmen und die Instanzen, die letztlich autoritativ über die jeweiligen Verhältnisse sozialen Handelns entscheiden (können). Die Entscheidung eines Staates, der WTO beizutreten, ist zweifelsohne ein wichtiger Faktor für die Liberalisierungswirkung in den ökonomischen Verhältnissen, weil dadurch Institutionen programmiert und Regelungen erlassen oder aufgehoben werden. Aber daraus abzuleiten, dass ›der Staat‹ sich grundsätzlich auch gegen einen solchen Beitritt und damit für eine andere Organisation der ökonomischen Verhältnisse hätte entscheiden können, hieße erstens mit einer problematischen voluntaristischen Staatsauffassung zu argumentieren und zweitens zu übersehen, dass die Vorstellung des Staates als eines überwölbenden (und daher einheitlichen) sowie potenziell omnipräsenten Akteurs nie mehr als eine theoretische Fiktion (mit allerdings in der Tat signifikanten realen Konsequenzen) war.

In dieser Staatsidee wurden zumeist zwei Aspekte verbunden: einerseits die Annahme, dass es ein einheitliches Strukturierungsmedium aller sozialen Bereiche gibt, über das Steuerung in unterschiedlichsten Handlungssphären und gegenüber verschiedensten Akteursarten ausgeübt werden kann und das den Zusammenhang der Bereiche sicherstellt. Als dieses Strukturierungsmedium wurde oft das Recht mit seiner formalen Einheitlichkeit und inhaltlichen Offenheit betrachtet. In einer allgemein rechtsförmig strukturierten Wirklichkeit ist es denkbar, dass die Optionen und Handlungen von Akteuren nicht von ihnen selbst abhängen, sondern qua Rechtssetzung etabliert und von Institutionen unter Rekurs auf das geltende Recht auch kontrolliert werden (Weber 1972, 195–198). Andererseits bringt der Rekurs auf den Staat zum Ausdruck, dass der Grund für die Ordnung letztlich diejenigen sind, die sich in ihr bewegen, dass also die Politik bzw. politische Auseinandersetzungen und Kompromissbildungen eigentlich bestimmen, ob und wie die Wirklichkeit strukturiert ist. Die Rede vom Staat unterstreicht folglich, dass sich Ordnung nicht per se, etwa natürlich einstellt und dass sie auch nicht einfach das Resultat von Macht, verstanden als Gewalt-, Droh- oder Zwangspotential, ist. Zu Ordnung kommt es vielmehr erst dann, wenn sich ein Gemeinwesen herausbildet, in das alle auf irgendeiner Ebene (mit ihren – eventuell nicht primären oder v. a. negativen – Interessen) einbezogen sind (bzw. das in mehr oder weniger basaler Hinsicht Ausdruck des Willens aller ist) und das alle in ein wechselseitiges Verhältnis zueinander setzt, das die Bedeutung jeweiliger Einzelwillen relativiert.

In den Phänomenen, die unter dem Begriff ›Globalisierung‹ erfasst werden und für die eine ›Mitwir-

kung‹ klassischer politischer Akteure und Strukturen diagnostiziert wird, zeigt sich jeweils einer der beiden Aspekte. Allerdings stehen die Phänomene gerade nicht mehr für die Verbindung der beiden Aspekte, sondern vielmehr für das Auseinanderfallen derselben. So wird etwa im Fall der WTO eine globale Rechtssicherheit dadurch erreicht, dass der politische Zugriff auf die jeweils leitenden Prinzipien für die ökonomischen Verhältnisse erschwert oder abgeschafft wird, während im Fall des Kriegs gegen den Terror das Völkerrecht ausgesetzt wird, um politische und d. h. kontrollierende und steuernde Handlungsspielräume zu erhalten. Dies führt zu zahlreichen Kontroversen, in denen die Gestalt, die Ziele und der Sinn erstens von Verrechtlichung und zweitens von Politisierung diskutiert werden sowie drittens die Wünsch- und Erreichbarkeit einer staatsanalogen Zusammenführung von Recht und Politik erörtert bzw. Antworten für den Fall dauerhafter Spannungen zwischen Recht und Politik erwogen werden.

Verrechtlichung und ihre Probleme

Erst unter rechtlichen Verhältnissen lassen sich mittel- und längerfristige Ziele und Projekte verfolgen, d. h. z. B. von ökonomischen Akteuren Investitionsentscheidungen bzw. von sicherheitsrelevanten Akteuren Entscheidungen über die Reduktion von Gewaltpotentialen, etwa in Abrüstungsvereinbarungen, sinnvoll treffen. Rechtsverhältnisse versprechen Erwartungssicherheit und damit die Kalkulierbarkeit der Optionen und des Handelns anderer, und sie sind eine Bedingung für die Koordination von Handlungen und Interessen, die nicht zugleich realisiert werden. Vor diesem Hintergrund ist es gut nachvollziehbar, dass die Erschließung neuer Handlungsräume jenseits der Einzelstaaten und zwischen ihnen oder die Nutzung bereits erschlossener Räume durch neue Akteure mit der Verrechtlichung des Handelns und Interagierens in diesen Räumen einhergeht. Dabei unterscheidet sich Verrechtlichung von bloßer Verregelung dadurch, dass es über existierende oder (etwa qua Vertrag) geschaffene Regeln hinaus sekundäre Regeln gibt, die festlegen, wie die Regeln erster Art auszulegen und anzuwenden sind bzw. was im Fall eines Konflikts über Regelauslegungen und -anwendungen geschieht (Zangl/Zürn 2004). Auf diese Weise kommt es in Verrechtlichungsprozessen nicht nur zu neuen Normen für die Interaktionen von Akteuren, sondern es werden auch Instanzen und Verfahren etabliert oder ausgezeichnet, die autoritativ Streitigkeiten über die Normen lösen. Anzeichen solcher Verrechtlichungsprozesse im Zeitalter der Globalisierung sind die Zunahme internationaler Institutionen, in denen verfahrensabschließende Rechtsentscheidungen getroffen werden, auf über 120 (vgl. dazu die Webseiten des Project on International Courts and Tribunals), die wachsende Bedeutung internationaler Anwaltskanzleien sowie die Fokussierung vieler internationaler politischer Konferenzen und Diskussionen, aber auch nicht-staatlicher Akteure, wie z. B. transnational operierender Konzerne oder Nicht-Regierungsorganisationen, auf rechtsverbindliche Dokumente und Strukturen. Insgesamt ist zu konstatieren, dass nicht nur die Menge global geltender Rechtsprinzipien und Dokumente sowie korrespondierender Körperschaften beständig wächst, sondern z. T. auch die Vernetzung und Integration zuvor segmentierter Sphären der Verrechtlichung vorangetrieben wird (Cassese 2005, 45). Globalisierung ist in dieser Perspektive nicht primär durch wachsende Kontingenz gekennzeichnet, die neue Akteurskonstellationen verursachen, sondern vielmehr durch die umfassende, nachhaltige und weltweite rechtliche Durchdringung aller Lebensbereiche. An allen Orten der Welt gibt es bis in die Intimsphäre und die eigene Person hinein kaum noch Objekte, Handlungen oder Beziehungen, die nicht rechtlich bestimmt bzw. bestimmbar sind und damit auch Gegenstand juristischer Auseinandersetzungen werden können.

Dabei sind Prozesse direkter und indirekter Verrechtlichung zu unterscheiden, denn einerseits werden Sphären intentional verrechtlicht, um direkt zulässige, gebotene und verbotene Handlungsweisen auszuzeichnen. Andererseits haben aber solche direkten oder früheren Verrechtlichungen z. T. indirekte Verrechtlichungen zur Folge, die sich etwa dann ergeben, wenn sich herausstellt, dass rechtliche Verpflichtungen bzw. deren Garantie selbst rechtliche Verhältnisse erfordern, die erst noch zu schaffen sind oder qua Direktwirkung mit der direkten Verrechtlichung gegeben sind. So hatte etwa das »Agreement on Trade-Related Aspects of Intellectual Property Rights« (TRIPS-Übereinkommen) zur Folge, dass viele Staaten intern Lebens- und Handlungsbereiche in einer völkerrechtskompatiblen Weise verrechtlichen mussten, die bis dato keinen oder anderen rechtlichen Regelungen unterstanden (Oeter 2008).

Im Fall der Referenden über den Entwurf für eine Verfassung der Europäischen Union hat dagegen die Befürchtung indirekter ökonomischer Verrechtlichungsverpflichtungen im Fall der direkten Konstitutionalisierung der EU zur Ablehnung des Entwurfs in Frankreich und den Niederlanden beigetragen. Dabei ist die europäische Integration insgesamt ein paradigmatisches Beispiel für die herausragende Bedeutung von Verrechtlichungsprozessen und ihrer Direktwirkungen in Einzelstaaten für das Schaffen von Handlungsräumen, die die klassischen Nationalstaaten überschreiten (Alter 2001).

In der Bewertung der Reichweite, Bedeutung und Legitimität dieser Verrechtlichungsprozesse gehen die Auffassungen auseinander: Viele Autoren betonen (z. T. bereits seit den 1950er Jahren) den *fragmentarischen Charakter* des international geltenden Rechts, der aus der Heterogenität und Distinktheit der Rechtsquellen (z. B. durch die Emergenz von *lex specialis*, die im Widerspruch zur *lex generalis* steht, oder aber durch widerstreitende besondere Rechtsbestimmungen), der Vielfältigkeit der Gegenstandsbereiche, Formen und Ebenen von Verrechtlichungen oder der Differenzierung von Interpretationen des allgemein geltenden Völkerrechts resultiert. Im Unterschied zu staatlichem Recht gibt es folglich – trotz aller Integrationsmomente bei einzelnen Gerichten oder Organisationen – keinen kontinuierlichen Rechtsraum mit Normenhierarchien, sondern vielmehr parzellierte Rechtsräume, die sich teilweise überlappen bzw. auf verschiedenen Ebenen dieselben Objekte unterschiedlich erfassen (Koskenniemi 2006). Solche unterschiedlichen Bezüge zeigen sich etwa, wenn ein Sweat Shop in Sri Lanka sowohl unter transnationales Wirtschaftsrecht, die sogenannte *lex mercatoria*, wie auch unter menschen- oder kinderrechtliche Abkommen sowie internationales Arbeitsrecht fällt. Für eine erste Position ergibt sich aus dieser Überlappung fragmentarischer Rechtsräume, dass die Verrechtlichung tendenziell zu willkürlichen und nicht kontrollierbaren Verhältnissen führt. Denn die Konkurrenz zwischen den Rechtsräumen oder das Abwägen zwischen Gütern, die jeweilige Verrechtlichungen zu sichern beanspruchen, haben zur Folge, dass im Konfliktfall rechtsbindende Urteile auf Verkettungen von Entscheidungen zur Einschlägigkeit oder Auslegung von Bestimmungen bzw. von Abwägungen des Gewichts von Gütern aufruhen, die nicht selbst noch einmal Gegenstand rechtlicher Regulierung sind (Brunkhorst 2002, 171–

184). Das globale Recht ist wesentlich *soft law*, das im Gegensatz zum innerstaatlichen *hard law* häufig von moralischen Motivationen relevanter Akteure bzw. von kontingenten Interessenlagen Betroffener abhängig ist – und somit in der Transformation von Recht insgesamt die Bedeutung des Rechts für politische Verhältnisse relativiert.

Andere betonen dagegen, dass die Normenkollisionen, zu denen es unvermeidlich kommt, eine wachsende Bedeutung des Kollisionsrechts mit sich bringen, was wiederum zu einer eigenen, kontext- und differenzsensitiven Form der Rechts- und Bereichsintegration führt (oder wenigstens führen könnte). Unter Kollisionsrecht werden Prinzipien und Regeln verstanden, die dann zur Anwendung kommen, wenn unterschiedliche Rechtsprinzipien bzw. Bestimmungen in verschiedenen Rechtsbereichen zu einander widersprechenden Entscheidungen in einem gegebenen Fall führen. Das Kollisionsrecht kommt dabei überhaupt erst dann zur Geltung, wenn es keine überwölbenden bzw. die unterschiedlichen Rechtsbereiche in eine Hierarchie bringenden Rechtsprinzipien gibt, so dass das Kollisionsrecht Lösungen vorsehen muss, die der *jeweiligen* Berechtigung der Prinzipien in den verschiedenen Bereichen gerecht werden. Auch hierbei ist ein direkter kontrollierender und steuernder Zugriff auf Handlungsräume vermittels des Rechts schwierig, es ist aber wenigstens denkbar, dass auf diese Weise partielle (politische) Bestimmungen in ihren legitimen Ansprüchen berücksichtigt werden. Damit können sich trotz oder gerade unter Verhältnissen der Globalisierung die politischen Handlungsspielräume dadurch erweitern, dass es keinen Gesamtrahmen für die verrechtlichten Bereiche mehr gibt, sondern vielmehr ein beständiges Austarieren und In-Beziehung-Setzen der Pluralität von Rechtsräumen notwendig ist (Fischer-Lescano/Teubner 2006; Joerges 2004). In dieser Perspektive einer pluralistischen Theorie internationalen Rechts bietet die Verrechtlichung also v. a. einen Rahmen, in dem über die Art und Weise von Konfliktlösungen friedlich befunden werden kann, ohne dass die Lösungen selbst bereits festgelegt wären.

Eine dritte Gruppe von Autoren betont schließlich die Ambivalenz der Verrechtlichungsprozesse, die darin liegt, dass auf der einen Seite Personen und sonstige Akteure qua Verrechtlichung von Bereichen, die bislang nicht rechtsförmig strukturiert waren, einen Status erwerben, der ihnen Optionen gegenüber mächtigen Akteuren eröffnet, über die sie zuvor nicht verfügten. Damit wird eine wichtige Fairness oder sogar Gerechtigkeits- oder Demokratievoraussetzung geschaffen. Auf der anderen Seite hat das Absehen von einer inklusiven rechtlichen und politischen Staatsordnung jedoch zur Folge, dass als ›Rückseite‹ der intensivierten Verrechtlichung zahlreiche Räume entrechtlicht werden. Derart werden Personen und Akteuren, die sich in diesen Räumen bewegen, von deren Verrechtlichung niemand etwas erwartet, gerade der Status und die Ansprüche genommen, die ihnen – wenigstens virtuell – als Staatsbürgern bzw. als Menschen zugekommen sind, die völkerrechtlich den Anspruch auf eine Staatlichkeit haben, die grundlegende Rechte garantiert. Solche Entrechtlichungsprozesse zeigen sich etwa in den *favelas* Lateinamerikas oder aber in den Bürgerkriegsregionen Afrikas, wenn rechtlich zunehmend hoch integrierte und gesteuerte Handlungssphären sich gegen unmittelbar angrenzende andere soziale Räume absichern und letztere so sich selbst überlassen bzw. die Personen, die sich darin bewegen, vom Zugang zu rechts- oder rechteverbürgenden Instanzen ausgeschlossen werden (Neves 1992).

Politisierung und ihre Probleme

Die Kritiken am fragmentierten Weltrecht sowie die Diagnosen der Unterbestimmtheit oder Ambivalenz von Verrechtlichungsprozessen führen einige zu der Forderung, dass die globalen Verhältnisse politisiert oder re-politisiert werden müssen. Andere erblicken dagegen gerade in diesen Verrechtlichungsprozessen selbst eine problematische Gestalt der Politisierung von sozialen Handlungsverhältnissen. Die Forderung nach einer Politisierung wird mit dem Ziel vorgebracht, Entscheidungen und Institutionen denjenigen gegenüber verantwortlich zu machen, die von ihnen betroffen sind, und ihnen folglich die Möglichkeit zu nehmen, im Modus vermeintlich notwendiger oder reiner Rechtsanwendung die Interessen ohnehin mächtiger Akteure zu befördern. Dazu soll die ›Neutralität‹ und ›Expertenhaftigkeit‹ rechtlicher Verhandlungen und Verfahren problematisiert werden, um auf der Grundlage gelingender Problematisierung beteiligte Akteure zu zwingen, Entscheidungen zu treffen, die die Interessen und Anliegen aller bzw. auch der schwächsten und bedürftigsten Betroffenen berücksichtigen. Paradigmatische Fälle hierfür sind die Politisierung der Menschenrechte bzw. der Bezugnahme auf sie durch Staaten und Akteure, die darin v.a. einen Mechanismus zur Durchsetzung von Eigentumsrechten oder grundsätzlicher eines Primats des (egoistischen) Individuums gegenüber der (solidarischen) Gemeinschaft sehen, sowie die Auseinandersetzung über die Zulässigkeit der Produktion von Generika in der WTO, die qua Politisierung zu einem Konflikt zwischen den Interessen multinationaler Konzerne an ihrem Profit und der staatlichen Aufgabe, für öffentliche Gesundheit zu sorgen, wurde. Durch diese Politisierung hätte die WTO wesentliche Legitimität eingebüßt, wenn sie nur im Sinn des Schutzes von intellektuellen Eigentumsrechten entschieden hätte.

Hinter den Politisierungsforderungen steht die These, dass Recht nur dann kein illegitimes Instrument der Beherrschung ist, wenn es auf einer politischen Praxis aufruht, bei der betroffene Akteure kooperieren bzw. Kompromisse finden. Erst eine solche Praxis erlaubt es aufgrund der Abwesenheit von Vorteilen, die sich aus der Struktur eines Verfahrens oder der Auszeichnung unterschiedlicher Status ergeben, allen oder wenigstens vielen, sich zur Geltung zu bringen, und das Recht ist der notwendig prekäre Ausdruck eines hegemonialen, ›erkämpften‹ und ›erkämpfbaren‹ Verhältnisses (v.a. im Unterschied zu Handlungsumständen, die durch die bloße Ausübung von Macht gestaltet werden). Die Politisierung richtet sich also nicht per se gegen das Recht als wichtige Form der Gestaltung und Kontrolle sozialer Handlungsräume, sie unterstreicht jedoch die Notwendigkeit eines Primats der Politik gegenüber dem Recht, um dessen Vermachtung und der Reproduktion reiner Machtverhältnisse entgegenzuwirken. Nur so kann die Grundlage für eine weitgehend friedliche Koexistenz von Menschen reproduziert werden, da nur so bewusst gehalten wird, dass es keine natürliche Geltung bestimmter Prinzipien, ebensolches garantiertes Verfügen über bestimmte Güter oder die natürliche Ausstattung mit einem rechtlichen Status gegenüber anderen gibt (Rupert 2003).

Dieser Politisierungsforderung widersprechen Verteidiger eines Primats der Ökonomie oder Vertreter naturrechtlicher Positionen. Aber auch im Kreis derjenigen, die die globalen Verrechtlichungsprozesse als wenigstens teilweise problematisch erachten, gibt es signifikante Kritiken an der Politisierungsforderung. Diese Autoren halten z.T. unter Rekurs auf faktisch erfolgreiche Fälle von Politisierung

fest, dass die geforderte Politisierung die Schwächen der Verrechtlichung nicht ausgleicht, sondern im Gegenteil weiter verschärft. Einige Kritiker konstatieren so, dass die Politisierung von Situationen der Rechtssetzung und -anwendung zwar in einigen Fällen den Missbrauch des Rechts und seiner Institutionen thematisieren und eventuell sogar verhindern mag. Eine Kritik an Menschenrechten kann derart das berechtigte Interesse an einer gerechteren Landverteilung und Wirtschaftsordnung oder an politischer Gerechtigkeit in der Nachfolge von Diktaturen befördern und damit z.B. einzelstaatliche politische Handlungsspielräume sichern. Mittelfristig wird über die Betonung des ›politischen Grundes‹ des Rechts aber gerade die gewünschte Leistung des Rechts unterminiert, nämlich die Ausübung von Herrschaft kontrollier- und steuerbar zu machen. Denn Herrschaft wäre, im vollendeten Zustand der Politisierung, immer von je situativen Konstellationen von Akteuren und ihren Interessen abhängig und somit nur ad hoc zu kontrollieren und zu steuern. Damit würde aber die Politik zum Selbstzweck, da jeder nur dann sicher sein könnte, nicht beherrscht zu werden, wenn er sich faktisch beständig gegenüber Institutionen und Verfahren zur Geltung brächte. Genau dies lässt sich aber auch als Strategie der Firmen und Staaten beschreiben, die die fragmentierte Verrechtlichung bzw. die Transformation von *hard law* in *soft law* – sei es in Wirtschaftsfragen, sei es in Zusammenhängen kollektiver Sicherheit – vorantreiben. Denn aufgrund ihrer Ressourcenausstattung bzw. der Pluralisierung der Instanzen, an denen Interessen in Gerichten, Verhandlungen oder sonstigen ›Koalitionen von Willigen‹ geltend gemacht werden können, haben diese mächtigen Akteure einen wesentlichen Vorteil unter politisierten Rechtsverhältnissen und der damit einhergehenden Möglichkeit, Prinzipien und deren Anwendung je partikular auszuhandeln.

Dieser Aspekt steht auch im Mittelpunkt einer Kritik an Vorschlägen, das Völkerrecht und seine Auslegung stärker an die Bedürfnisse derjenigen zurückzubinden, die von ihm betroffen sind, indem eine politikwissenschaftliche Analyse der Machtverhältnisse bzw. Durchsetzungsvoraussetzungen von Recht oder normative Begründungen rechtlicher Prinzipien in Situationen der Völkerrechtsanwendung hinzugezogen werden. Eine solche Zusammenführung von Völkerrecht und Studien zu seinen empirisch-politischen oder moralischen Bedingungen verfehlt gerade den spezifisch politischen Geltungs- und Verbindlichkeitsanspruch rechtlicher Regeln. Solche Regeln können überhaupt nur als Grenzen des Handelns und d.h. als Werkzeuge begriffen werden, die das Wirken mächtiger Akteure zu begrenzen vermögen, wenn ihre Geltung weder an die moralische Einsicht Betroffener gebunden ist, noch in Abhängigkeit von Voraussetzungen steht, unter denen sie tatsächlich durchgesetzt werden. Wenn das Völker*recht* dem *politischen* Zweck dienen soll, Verhältnisse so zu bestimmen, dass sie nicht durch die faktische Ressourcen- und Interessenverteilung determiniert sind, dann können Analysen dieser Verteilungen auch nicht zur Bestimmung der rechtlichen Geltung dienen (Koskenniemi 2008). Die Politisierung der Völkerrechtswissenschaft kann also möglicherweise auf Machtinteressen in der Genese und Anwendung des internationalen Rechts hinweisen oder allgemeine moralische Interessen, die in ihm zur Geltung kommen sollten, unterstreichen. Indem dies aber geschieht, wird der politische Charakter des Völkerrechts als eines eigenen Instituts in der sozialen Wirklichkeit gerade in seiner Bedeutung relativiert. Die Politisierung löst also tendenziell das Recht und dessen Funktion auf bzw. ab.

Auf dem Weg zum Weltstaat? Zur Zukunft von Recht und Politik in der Globalisierung

Die normativen Schwächen und Ambivalenzen der je einseitigen Prozesse und Situationen von Verrechtlichung und Politisierung, die unter dem Titel der Globalisierung beschreibbar sind, führen für viele Autoren zurück zur *Idee* des Staates als einer Verbindung von Recht und Politik. Wichtig ist dabei aber nicht die Vorstellung des Staates als eines Gemeinwesens, das selbst zu einem Akteur mit eigenem Wesen und Willen wird. Primärer Bezugspunkt sind vielmehr moderne Verfassungen, die einerseits politische Akte sind, durch die sich ein Gemeinwesen konstituiert und in denen eine Form allgemeiner und wechselseitiger Übereinkunft gefunden wird, und andererseits einen rechtlichen Rahmen für die Ausübung von Herrschaft abgeben. Im Rahmen einer Verfassung ist Verrechtlichung dementsprechend wünschenswert, weil mit ihr das politische Ziel verfolgt wird, das verfasste Gemeinwesen im Sinn derjenigen auszugestalten, die in ihm leben und handeln, und Politisierung ist immer gegeben, weil das gesamte Recht an den politischen Grund für die Exis-

tenz des Gemeinwesens gebunden bleibt. Vor diesem Hintergrund wird die Bewältigung der Defizite von Verrechtlichung und Politisierung durch eine Konstitutionalisierung des Völkerrechts angestrebt. Dies bedeutet für einen ersten Kreis von Autoren die Herausbildung eines global einheitlichen (also monistischen) Rechtsraumes z.B. durch das Etablieren einer Normen- und/oder Güterhierarchie (mit den Menschenrechten und dem Frieden als den grundlegendsten Normen), die auch distinkte Verrechtlichungen nicht-willkürlich zu integrieren erlaubt, eine klare Auszeichnung sekundärer Rechtsprinzipien und zugehöriger Instanzen (etwa in der Form einer globalen Gewaltengliederung) und damit verbunden die Einrichtung von Institutionen, die in der Lage sind, auch mächtige Akteure zu kontrollieren, zu steuern und zu sanktionieren (Bryde 2003; Lutz-Bachmann 2009).

Andere wenden gegen diese Konstitutionalisierungsvorschläge, für die es kennzeichnend ist, dass sie den globalen Konstitutionalismus nicht zu einer neuen staatlichen Ordnung ausbauen, sondern wesentlich auf die Sicherung von Frieden und Menschenrechten beschränken wollen, wiederum ein, dass sie genau die ›Säkularisierungs-‹ und ›Positivierungsleistung‹ moderner Staaten verfehlen. Diese Leistung bestand darin, dass das Recht in politischen Verfahren erzeugt und erhalten wurde und nicht in einer letztlich moralischen oder naturrechtlichen Ordnung gründete. Wenn also die Konstitutionalisierung die Spannungen zwischen Verrechtlichung und Politisierung bewältigen und so das Bestehen einer politisch-rechtlichen Ordnung unter Rekurs auf allen verfügbare Gründe rechtfertigen können soll, dann muss ein Äquivalent zu den »im Verfassungsstaat institutionalisierten Verfahren demokratischer Meinungs- und Willensbildung« gefunden werden (Habermas 2004, 139).

Dies führt im Feld normativer politischer Theorie wiederum zu zwei grundlegend verschiedenen Ansätzen: Auf der einen Seite werden Überlegungen zur Entwicklung von demokratischer Weltstaatlichkeit vorgebracht, d.h. zu einer ›Übersetzung‹ der Charakteristika demokratischer Einzelstaatlichkeit auf die Weltebene. Solche Ansätze sehen sich jedoch erheblichen Einwänden hinsichtlich ihrer Realisierbarkeit, aber v.a. auch hinsichtlich ihrer normativen Wünschbarkeit ausgesetzt. In größerer Zahl werden deshalb auf der anderen Seite Vorschläge entwickelt, wie eine Verfassungsordnung ein gestuftes globales

Gefüge einrichten könnte, in dem jeweils Betroffene die politischen Autoren der Rechtsverhältnisse sind, unter denen sie sich bewegen, dies aber durchaus in einer Pluralität heterogener politischer Einheiten realisiert sein kann. Diesen Ansätzen zu Folge hat ein globaler Konstitutionalismus weniger (z. T. aber auch) die Aufgabe, allgemein verbindliche rechtliche Einzelnormen, wie z. B. Menschenrechte zu garantieren, sondern vielmehr niederzulegen, wer wo in welcher Weise an der Generierung rechtlicher Normen und Prinzipien zu beteiligen ist oder nicht (Niederberger 2009).

Solche Vorschläge bewältigen nicht selbst die Spannungen, die die Prozesse und Momente von Verrechtlichung und Politisierung im Kontext der Globalisierung erzeugen. Sie geben allerdings Maßstäbe an die Hand, über die über jeweils verfolgte politische, soziale oder ökonomische Ziele hinaus grundsätzlicher bestimmt werden kann, welche Entwicklungen und Ereignisse begrüßenswert sind und welche nicht. Weder die Verrechtlichung, noch die Politisierung sind an sich wünschenswert, da nicht auszuschließen ist, dass sie partikularen Zwecken und sogar der illegitimen Ausübung von Herrschaft dienen. Gleichzeitig gibt es beobachtbare Tendenzen hin zu einer Konstitutionalisierung des internationalen Rechts, die sich im Unterschied zu den falschen Alternativen Verrechtlichung versus Politisierung als empirischer Ansatzpunkt für eine normative Analyse der Transformation des Verhältnisses von Politik und Recht in der Globalisierung eignen.

Literatur

Alter, Karen: *Establishing the Supremacy of European Law. The Making of an International Rule of Law in Europe.* Oxford 2001.

Brunkhorst, Hauke: *Solidarität. Von der Bürgerfreundschaft zur globalen Rechtsgenossenschaft.* Frankfurt a. M. 2002.

Bryde, Brun-Otto: Konstitutionalisierung des Völkerrechts und Internationalisierung des Verfassungsrechts. In: *Der Staat* 42. Jg. (2003), 62–75.

Cassese, Antonio: *International Law.* Oxford ²2005.

Fischer-Lescano, Andreas/Teubner, Gunther: *Regime-Kollisionen. Zur Fragmentierung des globalen Rechts.* Frankfurt a. M. 2006.

Habermas, Jürgen: Hat die Konstitutionalisierung des Völkerrechts noch eine Chance? In: Ders.: *Der gespaltene Westen.* Frankfurt a. M. 2004, 113–193.

Jessop, Bob: Globalization and the National State. In:

Stanley Aronowitz/Peter Bratsis (Hg.): *Paradigm Lost. State Theory Reconsidered.* Minneapolis 2002, 185–220.

Joerges, Christian: Constitutionalism and Transnational Governance. Exploring a Magic Triangle. In: Ders./Inger Johanne Sand/Gunther Teubner (Hg.): *Transnational Governance and Constitutionalism.* Oxford 2004, 339–375.

Koskenniemi, Martti: *Fragmentation of International Law. Difficulties Arising From the Diversification and Expansion of International Law (Report of the Study Group of the International Law Commission, UN A/CN.4/L.682).* Genf 2006.

–: Formalismus, Fragmentierung, Freiheit – Kantische Themen im heutigen Völkerrecht. In: Kreide/Niederberger 2008, 65–89.

Kreide, Regina/Niederberger, Andreas (Hg.): *Transnationale Verrechtlichung. Nationale Demokratien im Kontext globaler Politik.* Frankfurt a. M./New York 2008.

Lutz-Bachmann, Matthias: Die Androhung und der präventive Einsatz militärischer Gewalt. Herausforderungen für das Internationale Öffentliche Recht. In: Ders./Andreas Niederberger (Hg.): *Krieg und Frieden im Prozess der Globalisierung.* Weilerswist 2009, 127–144.

Neves, Marcelo: *Verfassung und Positivität des Rechts in der peripheren Moderne.* Berlin 1992.

Niederberger, Andreas: *Demokratie unter Bedingungen der Weltgesellschaft? Normative Grundlagen legitimer Herrschaft in einer globalen politischen Ordnung.* Berlin/New York 2009.

Oeter, Stefan: Prekäre Staatlichkeit und die Grenzen internationaler Verrechtlichung. In: Kreide/Niederberger 2008, 90–113.

Rupert, Mark: Globalising Common Sense. A Marxian-Gramscian (Re-)Vision of the Politics of Governance/Resistance. In: *Review of International Studies* 29. Jg., Sonderheft (2003), 181–198.

Weber, Max: *Wirtschaft und Gesellschaft* [1921]. Tübingen ⁵1972.

Zangl, Bernhard/Zürn, Michael: Make Law, Not War. Internationale und transnationale Verrechtlichung als Baustein für Global Governance. In: Dies. (Hg.): *Verrechtlichung. Baustein für Global Governance?* Bonn 2004, 12–45.

Zürn, Michael: *Regieren jenseits des Nationalstaats. Globalisierung und Denationalisierung als Chance.* Frankfurt a. M. 1998.

Andreas Niederberger

5. Demokratie jenseits der Einzelstaaten

Die Dynamik zwischen grenzüberschreitenden Interaktionen und Problemen einerseits, überstaatlichen Institutionalisierungsversuchen andererseits ist in den vergangenen beiden Jahrzehnten zunehmend unter demokratietheoretischen Gesichtspunkten erörtert worden. Die Demokratietheorie reagiert damit auf die nachlassende Wirksamkeit und Angemessenheit einzelstaatlicher Problemlösungen angesichts der Internationalisierung von Kommunikation und Warentausch, von Mobilität und Migration, von Kriegsgefahr und Umweltbelastung, und zugleich auf die vielfältige Herausbildung neuartiger Regulierungsmechanismen. Überstaatliche Organisationen werden planvoll gegründet oder emergieren mehr oder weniger spontan, während sich ein grenzüberschreitender politischer Aktivismus herausbildet, der sowohl die Problembestände als auch die Legitimationsmängel der regulierenden Organisationen aufgreift. Konnte die traditionelle völkerrechtliche Legitimation überstaatlicher Koordinationsleistungen bis in die 1990er Jahre noch weitgehend ohne Rekurs auf den Demokratiebegriff auskommen, da Vereinbarungen in Verhandlungen und intergouvernementalen Organisationen vornehmlich im horizontalen Modus der Vertragsform verblieben, werfen eigenständige vertikale, zunehmend verbindliche Formen staatsübergreifenden Regierens unmittelbar die Frage nach demokratischer Legitimation auf.

Nach einer Vorbemerkung zum Demokratiebegriff und zum Stand der Demokratietheorie soll kurz an die Vorgeschichte der heutigen Diskussion seit den 1990er Jahren erinnert werden, die zunächst eine abstrakte Entgegensetzung von demokratischem Einzel- und Globalstaat ergab. Innerhalb des von diesen Extrempolen abgesteckten Bereichs lassen sich dann vier Konzeptionen von Demokratie jenseits der Einzelstaaten unterscheiden, in ihren Merkmalen schildern und auf ihre Adäquatheit und Leistungsfähigkeit untersuchen.

Demokratie zwischen Einzel- und Globalstaat

Unter Demokratie wird in der Moderne die Form kollektiver Selbsteinwirkung verstanden, die auf den Prinzipien politischer Gleichheit und politischer Autonomie der Angehörigen des Gemeinwesens beruht. Politische Gleichheit soll sicherstellen, dass niemand von der Einflussnahme ausgeschlossen wird und dass die Interessen jeder Person gleichermaßen Berücksichtigung finden, etwa durch die Regel *one person – one vote*. Politische Autonomie wird im modernen Demokratieverständnis als Selbstgesetzgebung eines souveränen *demos* interpretiert, der sich aus den Mitgliedern des Gemeinwesens zusammensetzt. Volkssouveränität besagt zunächst negativ, dass weder innere noch äußere Mächte (Interessenverbände, Verbrechenssyndikate, transnationale Religionsgemeinschaften, Staatenhegemone) kollektiv verbindliche Entscheidungen erzwingen können. Insbesondere die staatlichen Organe und politischen Apparate selbst sollen keine Entscheidungen treffen können, ohne dass diese vom Volk autorisiert sind, und unterliegen seiner Kontrolle. Autonomie bedeutet aber neben der Abwehr von Fremdbestimmung noch etwas anderes: die Vermeidung von überhasteten und uninformierten Entscheidungen, von Täuschung und Intransparenz, kurz: von Irrationalität in der Entscheidungsfindung. Ohne dass die Möglichkeit informierter kollektiver Deliberation über die Entscheidungsmaterien besteht (und dadurch, traditionell gesprochen, ein allgemeiner Wille gebildet werden kann), lässt sich daher nicht von demokratischen Entscheidungen sprechen. Häufig werden weitere institutionelle Kriterien für Demokratie genannt: der Machtkampf zwischen Regierung und Opposition, der Gebrauch der Mehrheitsregel, der gewaltlose Austausch der Funktionseliten (Archibugi 2008) – sie erinnern uns daran, dass auch in einem abstrakteren Demokratieverständnis die polarisierende Bearbeitung von Interessenkonflikten, die Herausbildung von Alternativen sowie formale Entscheidungsverfahren eine zentrale Rolle spielen werden.

Dass der Demokratiebegriff überhaupt angesichts der Herausforderungen der Globalisierung eine Transformation erfahren können soll, die ihn auf Kontexte jenseits des Staates anwendbar erscheinen lässt, ist nicht selbstverständlich. Eine Veränderung des vom Staat her entwickelten Demokratieverständnisses kann als übergroße Variabilität gedeutet werden, die einen semantischen Niedergang des Konzepts erlaube; und es ist zumindest missverständlich, wenn die ›Anpassung‹ des Konzepts an veränderte soziale und institutionelle Realitäten ins Auge gefasst wird. Unter dem Druck der Globalisierung könnte dies den neuen Regulationsmodi eine Legitimation verschaffen, die vor allem aus der Ermäßigung der Maßstäbe, die an demokratisches Entscheiden anzulegen sind, resultiert. Demgegenüber wird betont, dass die Transformation der Demokratie ihrer inneren Logik folgt, nicht in bestehenden Institutionalisierungen aufzugehen und beständig auf Innovation, auf die Gestaltung einer offenen Zukunft zu drängen (Bohman 2007; Niederberger 2009). Historisch und systematisch spricht einiges für die Vermutung, die politische Ordnung der Demokratie sei in funktionaler, normativer und institutioneller Hinsicht wandlungsfähig und nicht auf mittelgroße trockene Territorien eingeschränkt. Die Erörterung von Demokratie jenseits des Staates erfolgt in dem Bewusstsein, dass die Demokratietheorie reflexiv auf sich selbst angewendet werden muss: Nur wenn die Theorie für demokratische Innovationen und Transformationen offen ist, kann sie die Zukunftsoffenheit und Pluralität egalitär-autonomer Entwicklungen selbst spiegeln und Demokratie als nicht-festgestellte Form der Selbsteinwirkung begreifen.

Die aktuelle Diskussion demokratischen Regierens jenseits des Staates beginnt mit der Erprobung neuer Konzeptionen der Weltordnung seit dem Ende des Kalten Krieges, auch wenn sich argumentieren lässt, dass grenzüberschreitende Demokratie der Sache nach seit dem 18. Jahrhundert erörtert wird (s. S. 286). Die erste Phase der Diskussion in den 1990er Jahren lässt sich noch ganz von der Entgegensetzung *Staatenwelt vs. Weltrepublik* her bestimmen, gibt aber der nachfolgenden Debatte bereits die zentralen Streitpunkte vor. Die Vertreter einer internationalistischen Konzeption halten am horizontal-kontraktualistischen Modus der Staatenkoordination fest, ebenso wie am Zusammenhang zwischen Demokratie und überschaubarer Größe des Gemeinwesens, der durch die Kontrollbedürftigkeit des Regierungshandelns abgesteckt sei. Der Tendenz zur Verselbständigung der Exekutivapparate lasse sich in politischen Gemeinwesen jenseits einer bestimmten Größenordnung nicht mehr vom Volk effektiv gegensteuern (Dahl 1999; Maus 2002). Dem Weltstaat wird nicht konzeptuell, wohl aber empirisch die Möglichkeit einer demokratischen Gestalt abgesprochen, während konzeptuell dem Demokratiebegriff die Anwendung auf zwischenstaatliche Verhältnisse versagt bleibt. Demokratischen Maßstäben können internationale Verträge allein über ihre einzelstaatli-

che Ratifizierung durch Parlamente oder Referenden genügen. Auch die Vertreter der weltrepublikanischen Option lassen sich in der ersten Diskussionsrunde stark von der Frage bestimmen, wie die im Nationalstaat verwirklichten und bewährten Normen, Praktiken und Mechanismen sich gleichsam 1:1 auf die globale Ebene übertragen ließen. Überlegungen richteten sich darauf, wie parlamentarische Rechtssetzung, Repräsentation durch Wahlen, föderale Aufstufung sowie ein hierarchisches System der Gerichtsbarkeit auf globaler Ebene zu verwirklichen wäre (Held 1995; Höffe 1999). Zugespitzt lässt sich sagen, dass die Vorstellung, ein Modell föderaler Demokratie im großen Maßstab zu entwickeln, sich nicht vom Modell großer Bundesstaaten emanzipiert hatte und ein zwar bewährtes und kohärentes, im strengen Sinn aber kein neues Demokratiemodell ›jenseits des Staates‹ anbot. So wie der Abbé de St. Pierre sich die Universalmonarchie im 18. Jahrhundert nicht anders vorstellen konnte denn als umfassende Version des absolutistischen Staates, war das Paradigma für die Weltrepublik das einer »globalen BRD« (Günther 2000). Für die erste Generation von Ansätzen kosmopolitischer Demokratie entsprach der globale Institutionenaufbau dem eines mehrfach föderal und subsidiär gegliederten Einzelstaats. Vom Nationalstaat ausgehend sollten sowohl die Kompetenz-Kompetenz, also die Allokation von Entscheidungsmaterien, als auch das Gewaltmonopol in administrativer, polizeilicher und militärischer Hinsicht in zwei Schritten aufgestuft werden: vom Nationalstaat über den Regionalstaat mit kontinentaler Ausdehnung bis hin zum Globalstaat. Nicht allein die weniger offene weltpolitische Lage des beginnenden 21. Jahrhunderts hat den »Traum von der Weltrepublik« (Habermas 2005, 358) zunächst beendet. Auch auf drei normative Fragen, die das Verhältnis von idealer und nicht-idealer Theorie betreffen, hatten die Befürworter eines demokratischen Weltstaates keine nachvollziehbare Antwort gegeben: wie der Weg dorthin auf friedlichem Wege zurückzulegen sei; was mit widerständigen, nicht-demokratischen Einzelstaaten geschehen solle; sowie schließlich, was aus der bereits vorhandenen Pluralität von Regelungsformen werden sollte, die in einer Reihe von Politikfeldern selbständige Problembearbeitungen vornehmen.

Die anschließende Diskussion hat eine Fülle konzeptueller, normativer und institutioneller Vorschläge hervorgebracht, die nicht nur über den Skopus, sondern auch über das Modell der Einzelstaaten hinausgehen. Im Folgenden sind die vier vorgestellten Optionen danach strukturiert, welche Institutionen und Praktiken in ihnen als notwendige und hinreichende Bedingungen für Demokratie jenseits des Staates gelten. Alle vier Typen enthalten ein mehr oder wenig starkes konstruktivistisches oder reformorientiertes Moment, knüpfen aber an empirische Entwicklungen an.

Kosmopolitismus in einem Land

Demokratie innerhalb des Staates besagt, dass die Staatsangehörigen ihre Lebensverhältnisse autonom und als Gleiche regeln. Eine erste, oft übersehene Möglichkeit, über dieses Demokratieverständnis hinauszugehen, liegt in der Beteiligung von Nichtmitgliedern an demokratischen Beratungen und Entscheidungen. Wo Fremde wahlberechtigt oder auf andere Weise teilnahmeberechtigt sind, haben demokratische Praktiken bereits mitgliedschaftliche und oft auch räumliche Beschränktheiten des Einzelstaates überwunden. Die Teilnahmeberechtigung von ortsansässigen EU-Bürgern bei Kommunalwahlen etwa erkennt den wesentlichen Einfluss an, den lokale Entscheidungen auf die Lebenschancen haben, schreckt jedoch vor der folgerichtigen Erweiterung auf alle Ansässigen ebenso zurück wie vor der Ausweitung auf die Länder- und Bundesebene. Beide Erweiterungen sind nicht ohne Beispiel. Bürger- oder Beteiligungshaushalte etwa, in denen nach dem Vorbild der brasilianischen Stadt Porto Alegre kommunale Ausgaben durch direkte Bürgerpartizipation festgelegt werden, fragen nicht nach der Staatsangehörigkeit der Mitwirkenden. In Neuseeland ansässige Ausländer erwerben nach einem Jahr Aufenthalt automatisch das Recht, an Parlamentswahlen teilzunehmen. Umgekehrt verfügen Auswanderer vielfach noch über politische Rechte im Herkunftsland. Aber die Verleihung starker Partizipationsrechte ist nur ein Element transnationaler politischer Beteiligung, zu der eine zunehmende kommunikative Mitwirkung grenzüberschreitender Öffentlichkeiten an einzelstaatlichen Politikprozessen hinzutritt. Der Aktivismus von internationalen Nichtregierungsorganisationen (INGOs) wie Amnesty International oder Human Rights Watch, die etwa defekte Demokratien öffentlich an ihren eigenen Ansprüchen messen, lässt sich weniger als Beitrag zu einer diskursiv verflüssigten globalen Praxis ohne institutionelles Zentrum

verstehen (Dryzek 2006) denn als kosmopolitische Teilnahme an erweiterten, aber dennoch eindeutig auf angebbare staatliche Institutionen bezogenen demokratischen Prozessen.

Die beginnende Universalisierung von Beteiligungsrechten kann bei der aufklärerischen Idee anknüpfen, dass die Partizipation von Fremden einzelstaatliche Borniertheiten überwinden hilft. In der Ideengeschichte des 18. Jahrhunderts hat der Kosmopolitismus in einem Land vielfältige Vorläufer: in Jean-Jacques Rousseaus Vorschlag, dass der Autor der demokratischen Verfassung ein unbeteiligter Fremder sein soll; in Immanuel Kants Idee einer grenzüberschreitenden öffentlichen Debatte und Agitation über die beste Regierungsform; sowie besonders augenfällig in Jeremy Benthams Vorschlag, dass nationale Parlamente einzelne Mitglieder untereinander austauschen sollten, um Antipathien und Befürchtungen abzutragen. Die Motivation für die grenzüberschreitende Öffnung kann auf der Interdependenz der Staaten beruhen, wie im Falle des Parlamentarieraustausches, aber auch auf Gerechtigkeitsmotiven oder epistemischen Kompetenzen der Außenseiter, wie im Fall der grenzüberschreitenden Agitation in Menschenrechtsfragen oder der rechtstechnischen Expertise. Die Öffnung staatlicher Demokratien für kosmopolitische Mitwirkung behält die hergebrachten Institutionen weitgehend bei, sprengt aber das traditionelle Verständnis einer einzelstaatlichen Einbettung der Demokratie, indem sie für Personen und Kommunikationen durchlässig wird. Dies macht es möglich, Modi demokratischer Entscheidungsfindung, wie die Delegation von Repräsentanten, das Wechselspiel von Regierung und Opposition oder einen gewaltlosen Wechsel der Funktionseliten, beizubehalten. Kosmopolitismus in einem Land stellt jedoch keinen neuen institutionellen Fokus für die Bändigung von Globalisierungsprozessen bereit. Externe Effekte demokratischen Entscheidens werden in diesem Modell nicht vollständig absorbiert, weil keine überstaatliche Koordination etabliert wird. Auch die dauerhafte Zurechnung von Entscheidungen, sowie die Kohäsion und Stabilität einzelstaatlicher *demoi* über Zeit mag durch eine stark fluktuierende Mitwirkung von Nichtmitgliedern bedroht werden, so dass die normativen Ziele eines Kosmopolitismus in einem Land sich am ehesten in der Kombination mit anderen trans-staatlichen Formen der Demokratisierung erreichen lassen werden.

Supranationale Demokratie

Die Europäische Union ist der Sonderfall einer regionalen Organisation demokratischer Staaten und ihrer Bürger, deren Integration so weit fortgeschritten ist, dass auch an die Dachorganisation Forderungen nach demokratischer Qualität gerichtet werden. Neben die zwischenstaatlichen Koordinationsformen vertraglicher Weiterentwicklung sind übergreifende demokratische Institutionen und Verfahren getreten, in erster Linie das direkt gewählte Parlament, das an der Gesetzgebung mitwirkt und Kontroll- und Abberufungsbefugnisse gegenüber Mitgliedern einer einheitlichen Exekutive, der europäischen Kommission, wahrnimmt. Erwartungen, Demokratie in der EU ließe sich nach dem Modell großer, wenn auch heterogener Einzelstaaten verstehen, wären aber unterkomplex. Die EU ist ›jenseits des Staates‹ nicht nur im Sinne von ›over and above‹, da sie sich nicht nur aus Einzelstaaten, sondern auch aus deren Bürgern zusammensetzt. Sie versteht sich aber auch als jenseits der Einzelstaaten im Sinne von ›beyond‹, ›darüber hinweg‹.

Die EU ist, auch wenn sie oft als ›sui generis‹ begriffen wird, zum Maßstab supranationalen Regierens geworden. Supranationalismus lässt sich definieren als Ausübung rechtlicher Suprematie ohne Monopolisierung der Gewaltressourcen (Neyer 2010, 920 f.). Für die Aussichten einer Demokratisierung jenseits des Staates (auch außerhalb regionaler Integration) ist dabei nicht unerheblich, dass die EU die Entkopplung von rechtlicher Suprematie und Zwangsgewalt nicht mit nachlassender Befolgungsintensität durch die primären Regelungsadressaten, die Einzelstaaten, bezahlt hat. Dies trifft jedenfalls auf die eingeschränkte, bisher nur in Bezug auf einzelne Politikfelder geltend gemachte Überordnung der EU-Rechtsetzung zu. Tatsächlich besitzt die EU kaum eigene Polizei, keine Armee, keinen Strafvollzug, kein Finanzamt, keine öffentliche Gewalt, mit der die Bürger in Kontakt kämen. Aus der dezentralen Ansiedlung der Zwangsmittel lässt sich jedoch nicht folgern, dass die EU keinem Demokratisierungsdruck unterliegen solle (Neyer 2010, 907). Unter politischer Autonomie wird ja im modernen Demokratieverständnis nicht verstanden, dass die Zwangsausübung, sondern vielmehr, dass die Zwangsallokation von den Mitgliedern des Kollektivs vorgenommen werden soll. Gegenstand politischer Autonomie ist das Treffen kollektiv verbindlicher Entscheidungen, nicht ihre Implementierung oder Erzwingung.

Grob lassen sich drei Strategien unterscheiden, die auf den mangelnden demokratischen Charakter des supranationalen Regierens in der EU reagieren: eine deliberative, eine parlamentarisch-repräsentative und eine partizipative. ›Deliberativer Supranationalismus‹ stützt sich auf die Annahme, dass die konsensualen Entscheidungsmodi in einer Reihe von EU-Gremien sich zuungunsten überlegener Verhandlungsmacht und zugunsten argumentativer Einflussnahme auswirken, die ihrerseits demokratische Legitimitätserwartungen erfüllen könnte. Schwächen dieses Modells liegen in seiner fehlenden Transparenz und der mangelnden Rückbindung der einzelstaatlich legitimierten Entscheidungsträger, aber auch in der mangelnden demokratischen Autorisierung der deliberativen Gremien selbst, in der Abwesenheit einer Verfassungsgebung unter signifikanter Beteiligung der Bürgerschaft (Schmalz-Bruns 1999). Die einfache Addition, der zufolge einzelstaatliche demokratische Delegation in Verbindung mit zwischenstaatlicher Deliberation supranationale Demokratie ergäbe, geht für supranationale Organisationen nicht auf. Kann die zweite Option, eine Vollparlamentarisierung der EU nach einzelstaatlichem Muster, die Übertragung oberster Legislativbefugnisse an ein repräsentatives Parlament, ihr Demokratiedefizit beheben? Manche Autoren mahnen an, dass es unmöglich sei, ohne Voraussetzung einer kollektiven politischen Identität demokratische Verfahren zu installieren, die der Mehrheitsregel unterliegen. Zieht man die schwer überprüfbaren kommunitaristischen Intuitionen ab, die diesem Einwand zugrundeliegen mögen, so ist der rationale Kern des Arguments durchaus nachvollziehbar. ›Identität‹ ist dann ein Platzhalter für die Disposition von Staaten und Bürgern, auch als Umverteilungsverlierer dem politischen System ihre generelle Folgebereitschaft nicht zu versagen (Scharpf 2009, 250). Erst wo diese Folgebereitschaft durchgehend vorausgesetzt werden kann, ließe sich von einem übergreifenden *demos* sprechen. Da die EU-Rechtsetzung bisher nicht in wesentlichem Umfang Umverteilungsaufgaben wahrgenommen hat, steht der Beweis für die skeptische Position, aber auch für die Gegenposition noch aus. Allerdings deutet die bisher ausbleibende majoritäre Polarisierung in EU-Parlamentswahlen darauf hin, dass sich die nationalstaatlichen Politisierungsformen, in denen die Bevölkerung auf Unzufriedenheit mit personeller Abwahl reagieren kann, nicht leicht auf die europäische Ebene übertragen lassen. Die dritte, partizipative Strategie setzt daher auf eine öffentliche Mobilisierung der EU-Bürger mit schwachen und starken Beteiligungsrechten, die in ihrer Polarisierung einen europäischen *demos* jenseits der Einzelstaaten konstituieren soll. Bereits die nationalstaatlichen Referenden über die EU-Verfassung und den Vertrag von Lissabon lassen sich als fragmentierte starke Öffentlichkeiten deuten, die die Weiterentwicklung europäischer Institutionen zum Gegenstand der Selbsteinwirkung machen (Brunkhorst 2007). Die Hoffnungen, die mit starker Mitwirkung verbunden werden (etwa im Vorschlag, europaweite Referenden einzuführen, Zürn 2000, 207), liegen weniger in der direkten Legitimation von Politikergebnissen, sondern in der Herausbildung eines *demos* durch Konfliktaustragung, öffentlich erörterte Alternativen und die Konstituierung von Opposition. So lässt sich auch die projektierte Direktwahl des EU-Ratspräsidenten einerseits als naives Personalplebiszit verstehen, das kaum demokratische Legitimität vermitteln kann. Andererseits könnte sie zum Anlass einer Politisierung von Richtungsentscheidungen werden, die zur Integration eines supranationalen *demos* beitragen können.

Demokratisierung der Global Governance

Zu vielen Einzelthemen globaler Kooperation haben sich internationale Organisationen und Netzwerke herausgebildet, die sich zumeist auf einen sachlichen Problemzusammenhang konzentrieren, in ihrer Funktion klar definiert und in ihrer Autorität ebenso klar begrenzt sind, und die sich häufig zu politikfeldspezifischen Regimen verdichten. Beispiele unterschiedlicher Größenordnung sind die WTO (World Trade Organisation) innerhalb des Weltwirtschaftsregimes sowie die forstwirtschaftliche Regulierungsagentur FSC (Forest Stewardship Council), die im Politikfeld der Nachhaltigkeit eine wichtige Rolle spielt. Manche Organisationen und Netzwerke umfassen, wie die WTO, Staaten als Teilnehmer, während andere, wie das FSC, sich allein aus nichtstaatlichen Akteuren zusammensetzen (*governance with and without government*). Im Gegensatz zur rein zwischenstaatlichen Koordination können beide Typen transnationaler Organisationen flexibler auf Herausforderungen reagieren und die verschiedensten *Stakeholder* (Interessen- und Betroffenengruppen)

in ihre Willensbildung einbeziehen. Wenn über die Demokratisierung transnationaler Entscheidungsstrukturen nachgedacht wird, steht daher nicht die demokratische Delegation durch Vertreter der Einzelstaaten, sondern die unmittelbare Partizipation organisierter *Stakeholder* an der Agendasetzung und Entscheidungsfindung im Mittelpunkt. Daneben spielt auch die kritische Begleitung der Entscheidungsverfahren durch öffentliche Debatten eine Rolle. Das demokratisierende Merkmal zivilgesellschaftlicher Partizipation in Governance-Prozessen wird aber vorrangig in der Kooptation ihres Argumentationspotentials vermutet, weniger in ihrer Fähigkeit zur Skandalisierung, wenngleich ohne die glaubwürdige Drohung mit Skandalisierung die Ernsthaftigkeit der Aufnahme zivilgesellschaftlicher Beiträge in Verhandlungen oft kaum sicherzustellen sein dürfte. Unter partizipativen und deliberativen Gesichtspunkten erscheint die Mitwirkung zivilgesellschaftlicher Akteure vielversprechend, während der Selbstbestimmungsaspekt politischer Autonomie weniger entwickelt ist und der Gesichtspunkt politischer Gleichheit zunehmend problematisiert wird.

Einen Beitrag zur Demokratisierung internationalen Regierens leistet die Mitwirkung zivilgesellschaftlicher Gruppen zu dem Grad, zu dem Institutionen die Kriterien der allgemeinen Zugänglichkeit, der Transparenz, der Responsivität und der gleichen Inklusion erfüllen (Nanz/Steffek 2007). Während der akkreditierte Zugang von NGOs zu Verhandlungen sowie die transparente Dokumentation von Entscheidungsvorschlägen und Ergebnissen in vielen internationalen Organisationen zunehmend zum Standard werden, fällt es schwerer, in Bezug auf ihre Responsivität gegenüber Argumenten der Zivilgesellschaft Fortschritte nachzuweisen. In stark vermachteten Organisationen wie der WTO kann zivilgesellschaftliche Partizipation Erfolge im Agendasetting und in der Distribution von Informationen reklamieren, aber charakteristischerweise werden NGOs an Verhandlungen als Beobachter beteiligt, die mit schwachen Informations- und Argumentationsrechten, nicht aber mit Entscheidungsbefugnissen ausgestattet sind. Eine Ausnahme bilden ohne Mitwirkung von Staaten formierte Organisationen wie das FSC, das seinen *Stakeholdern* aus den Gruppen Kapital (Waldbesitzer), Arbeit (Gewerkschaften) und Umweltschutz (NGOs) Stimmrechte zu gleichen Teilen einräumt. Von demokratischem Regieren lässt sich hier zumindest in der Hinsicht sprechen, dass die Responsivität des Entscheidungsverfahrens durch die Vergabe starker Entscheidungsrechte an alle vertretenen Gruppen sichergestellt ist. Allerdings sind die Entscheidungsbefugnisse des FSC nicht besonders weitreichend – sie erstrecken sich letztlich auf die Vergabe eines Labels für die umweltverträgliche Nutzung von Wäldern. Zwar handelt es sich bei der Vergabe des FSC-Zeichens um kollektiv verbindliches Entscheiden, doch der Grad der kollektiven Selbsteinwirkung ist gering, hat diese doch nur eine schwach verpflichtende, allein symbolisch sanktionierende Kraft. Vermuten lässt sich ein Zusammenhang zwischen der Vergabe von starken Rechten an zivilgesellschaftliche Akteure, dem vergleichsweise marginalen Politikfeld der Nachhaltigkeit und dem sanften Modus der Regulierung.

Die Mitwirkung von zivilgesellschaftlichen Organisationen kann benachteiligte Perspektiven in Verhandlungen geltend machen, aber nicht glaubwürdig Repräsentativität oder gar Autorisierung beanspruchen. Ein weiteres Demokratieproblem in Governance-Zusammenhängen ist daher die mangelnde Gleichheit effektiver Inklusion. Dieses Defizit wird in der Global Governance augenfällig, wenn Verhandlungsanordnungen die deutlichen Vorteile für den ohnehin durchsetzungsfähigeren globalen Norden reproduzieren. Häufig spiegelt der zivilgesellschaftliche Sektor das Übergewicht verhandlungsstarker Delegationen der Staaten des Nordens. Es liegt auf der Hand, dass eine Gleichberücksichtigung von regional unterschiedlichen Perspektiven und Interessen nicht ohne eine Angleichung von Expertise, Finanzausstattung, Organisationsgrad der jeweiligen Delegationen zu haben ist. Wie politische Gleichheit hier genauer zu verstehen wäre, ob etwa Einflussnahme proportional zur Bevölkerungsanzahl erfolgen sollte, ist offen: Am ehesten scheint die Logik zivilgesellschaftlicher Mitwirkung ein Gleichheitsverständnis zu favorisieren, das die Chancengleichheit deliberativer Einflussnahme für identifizierbare Positionen und ihre materiellen Rahmenbedingungen in den Mittelpunkt stellt, wobei für die Operationalisierung von Chancengleichheit auch das Einräumen von Vetopositionen für ansonsten zwangsläufig überstimmte Perspektiven möglich erscheint. Schließlich darf nicht übersehen werden, dass Governance-Strukturen eine Reihe von hochpolitischen Materien, etwa in verteilungsrelevanten Fragen wirtschaftlicher Liberalisierung, der selbstbe

stimmten Bearbeitung in einzelstaatlichen *demoi* entziehen, ohne vergleichbare überstaatliche Mitwirkungsstrukturen zu schaffen.

Pluralistische Globalverfassung

Für die Verabschiedung einheitlicher Globalstaatsmodelle sprach neben den ungeklärten normativen Fragen nicht zuletzt die Einsicht, dass sich globales Regieren funktional und institutionell ausdifferenziert hat, so dass auch die legitimatorischen Fluchtlinien nicht mehr in einem einzigen Punkt zusammenlaufen können, an dem eine einheitliche Demokratietheorie dann ansetzen könnte. Stattdessen drängt sich in Anlehnung an Habermas' Idee einer pluralistischen Weltverfassung eine Kombination unterschiedlicher Strategien auf, die abschließend im Blick auf ihre Demokratiepotentiale beurteilt werden sollen.

Eine supranationale Organisation der Weltpolitik in Bezug auf einige zentrale Politikfelder (Sicherheit, Frieden, Reaktion auf gravierende Menschenrechtsverletzungen) erscheint heute aus funktionalen Gründen denkbaren Alternativen überlegen, und die expansive Neuinterpretation des Völkerrechts seit den 1990er Jahren hat bei allen Ambivalenzen empirische Anhaltspunkte für die Herausbildung eines solchen Teilregimes gegeben. Inzwischen hat sich auch die ›kosmopolitische Demokratie‹, die ursprünglich als Modell der Weltrepublik angetreten war, als supranationale Konzeption neu entworfen. Der Übergang des militärischen Gewaltmonopols an die Weltorganisation, die »permanente Übergabe eines Großteils einzelstaatlicher Zwangsmittel an regionale und globale Organisationen« (Held 1995, 379) wird nun dem Gegenmodell eines globalen Föderalstaats zugeschrieben und für das kosmopolitische Demokratiemodell ausdrücklich abgelehnt (Archibugi 2008, 145). Die Funktionsfähigkeit der supranationalen UN hängt davon ab, inwiefern die Kopplung einer rechtsfortbildenden Friedens- und Menschenrechtspolitik mit dezentralen Zwangsressourcen die regelmäßigen Befolgungserwartungen, die etwa das EU-Vorbild auf ganz anderen Politikfeldern generierte, für sich in Anspruch nehmen kann. Vom Gesichtspunkt der Effektivität unabhängig ist dagegen die Frage, welche demokratischen Maßstäbe supranationale Vereinte Nationen für sich in Anspruch nehmen können. Der ältere Vorschlag, eine zweite Kammer zur Repräsentation nicht der Staa ten, sondern der Weltbürger einzurichten und der bikameralen Weltlegislative einen in seinen Kompetenzen beschnittenen Sicherheitsrat unterzuordnen, der in Entwürfen kosmopolitischer Demokratie nach wie vor seinen festen Platz hat (Archibugi 2008, 138), erscheint konzeptuell weiterhin unverzichtbar; seine Realisierung steht aber nicht absehbar bevor. Die im Staatenkonsens verabschiedete Menschenrechtscharta allein scheint weder inhaltlich noch prozedural als Prüfstein demokratischen Regierens dienen zu können, und auch der internationale Strafgerichtshof leistet keinen offensichtlichen Beitrag zur Steigerung politischer Autonomie. Habermas gewinnt supranationaler Menschenrechtspolitik dennoch einen mehrfachen demokratischen Aspekt ab. Die Menschenrechtsidee stehe nicht nur für einen Staatenkonsens, sondern für die Ergebnisse der revolutionären demokratischen Verfassungsgebungsprozesse der vergangenen Jahrhunderte; sie partizipiere gleichsam anamnetisch an deren Legitimität. Eine dynamische Funktion übernehme die Weltöffentlichkeit, die über die Öffnung von Rechtssetzungsprozessen für zivilgesellschaftliche Mitwirkung beteiligt werden soll. Schließlich verbleibe globale Menschenrechtspolitik unter der Kontrolle politischer Öffentlichkeiten, die Transparenz herstellen sowie ›naming, shaming and blaming‹ betreiben können (Habermas 2005, 335, 357).

Dass schwache Öffentlichkeiten den strukturellen Demokratiemangel der UN teils kompensieren sollen, die UN als Institution aber nicht insgesamt demokratisch legitimationsfähig erscheinen, erklärt, warum Habermas im Gegensatz zu den Vertretern der kosmopolitischen Demokratie keine Kompetenz-Kompetenz über die zu übernehmenden Aufgaben bei den UN selbst ansiedelt. Das supranationale Sicherheitsregime wird vielmehr nicht-hierarchisch mit einer Governance-Perspektive auf andere Teilregime des globalen Regierens verbunden, die ebenfalls öffentlichem Rechtfertigungsdruck zu unterwerfen wären (s. S. 288). Allerdings wird der komplementäre Ansatz aus supranationalen und Governance-Elementen in einem wichtigen Einzelfall zurückgenommen, nämlich auf dem Gebiet der Wirtschafts-, Handels- und Sozialpolitik (Habermas 2005, 365). Wo es um Verteilungsfragen geht, dient der schwache Demokratisierungsdruck, den zivilgesellschaftliche Beteiligung generieren kann, eher der Bemäntelung denn der Legitimierung der Politikergebnisse. Dies liegt nicht daran, dass die globale

Zivilgesellschaft in diesem Gebiet untätig oder ineffektiv wäre, im Gegenteil: Das Weltsozialforum, das sich in fundamentaler Opposition zur WTO herausgebildet hat, gehört zu den avanciertesten Netzwerken eines globalen Aktivismus. Seine Repolitisierung des Weltwirtschaftsregimes zielt aber gerade darauf, verteilungsrelevante Entscheidungen in die Gestaltungsspielräume demokratischer Staaten zurückzuholen und nicht darauf, die Partizipation im letztlich oppositionsfreien Raum einer funktionalen Organisation wie der WTO auszuweiten. Der Modus, der sich zur Konfliktaustragung anbietet, wäre nicht der des kollektiv verbindlichen Entscheidens, sondern der des machtgestützten Aushandelns in Koalitionen gleichgesinnter Staaten. Eine pluralistische Weltverfassung setzte sich somit zusammen aus heterogenen Elementen, von denen der supranationale und der Global Governance-Bestandteil demokratisierenden Prozessen jenseits der Staaten in begrenztem Umfang zugänglich erscheinen. Die Aufgabe des dritten Bestandteils läge darin, unterstützt von einer globalen Öffentlichkeit, entdemokratisierende Prozesse jenseits der Einzelstaaten rückgängig zu machen.

Literatur

Archibugi, Daniele: *The Global Commonwealth of Citizens*. Princeton 2008.

Bohman, James: *Democracy across Borders. From Demos to Demoi*. Cambridge, MA 2007.

Brunkhorst, Hauke: Zwischen transnationaler Klassenherrschaft und egalitärer Konstitutionalisierung. Europas zweite Chance. In: Niesen/Herborth 2007, 321–349.

Dahl, Robert: Can International Organizations be Democratic? A Skeptical View. In: Ian Shapiro/Casiano Hacker-Cordòn (Hg.): *Democracy's Edges*. Cambridge 1999, 19–36.

Dryzek, John S.: *Deliberative Global Politics. Discourse and Democracy in a Divided World*. Oxford 2006.

Günther, Klaus: Alles richtig! Otfried Höffes Entwurf einer subsidiären und föderalen Weltrepublik auf der Basis des Allgemeinmenschlichen. In: *Rechtshistorisches Journal* 19. Jg. (2000), 232–252.

Habermas, Jürgen: Eine politische Verfassung für die pluralistische Weltgesellschaft. In: Ders.: *Zwischen Naturalismus und Religion*. Frankfurt a. M. 2005, 324–365.

Held, David: *Democracy and the Global Order*. Oxford 1995.

Höffe, Otfried: *Demokratie im Zeitalter der Globalisierung*. München 1999.

Maus, Ingeborg: Vom Nationalstaat zum Globalstaat oder: der Niedergang der Demokratie. In: Matthias Lutz-Bachmann/James Bohman (Hg.): *Weltstaat oder Staatenwelt? Für und wider die Idee einer Weltrepublik*. Frankfurt a. M. 2002, 226–259.

Nanz, Patrizia/Steffek, Jens: Zivilgesellschaftliche Partizipation und die Demokratisierung internationalen Regierens. In: Niesen/Herborth 2007, 87–110.

Neyer, Jürgen: Justice, not Democracy: Legitimacy in the European Union. In: *Journal of Common Market Studies* 48. Jg., 4 (2010), 905–923.

Niederberger, Andreas: *Demokratie unter den Bedingungen der Weltgesellschaft?* Berlin/New York 2009.

Niesen, Peter/Herborth, Benjamin (Hg.): *Anarchie der kommunikativen Freiheit. Jürgen Habermas und die Theorie der internationalen Politik*. Frankfurt a. M. 2007.

Scharpf, Fritz: Legitimität im europäischen Mehrebenensystem. In: *Leviathan* 37. Jg. (2009), 244–280.

Schmalz-Bruns, Rainer: Deliberativer Supranationalismus. Demokratisches Regieren jenseits des Nationalstaats. In: *Zeitschrift für Internationale Beziehungen* 6. Jg., 2 (1999), 185–244.

Zürn, Michael: Democratic Governance Beyond the Nation-State: The EU and Other International Institutions. In: *European Journal of International Relations* 6. Jg., 2 (2000), 183–221.

Peter Niesen

6. Globales Strafrecht

Rechtlicher Gegenstand

Traditionellerweise waren Individuen der Rechtsetzung und der Rechtsprechung des Landes unterworfen, auf dessen Gebiet sie lebten. Verstießen Individuen gegen internationale Rechtsregeln, konnten sie durch den Staat, auf dessen Staatsgebiet die Straftat stattfand, strafrechtlich verfolgt werden. Ihre strafrechtliche Verfolgung hing damit zum einen davon ab, ob die Rechtsordnung des jeweiligen Staates die Strafbarkeit der jeweiligen Handlungen vorsah, und zum anderen von der Bereitschaft dieses Staats, die Tat auch tatsächlich zu verfolgen. Auch der Nationalstaat, dem der Täter oder die Täterin angehörten, war berechtigt, sie vor Gericht zu stellen. Die Möglichkeit hierzu hatte er jedoch nur, sofern sie in ihren Heimatstaat zurückkehrten oder dorthin ausgeliefert wurden. Andere Staaten, auch jene, die von der Handlung betroffen waren, weil etwa ihre Staatsbürger/innen zu den Opfern zählten, konnten nicht direkt gegen den Täter oder die Täterin vorgehen. Diesen Staaten blieb nur die Möglichkeit, den jeweiligen territorial zuständigen Staat zur strafrechtlichen Verfolgung aufzufordern bzw. Schadensersatz zu fordern. Ausschlaggebend für diese limitierten Möglichkeiten strafrechtlicher Verfolgung war zunächst, dass in den internationalen Beziehungen ausschließlich Staaten Verantwortung trugen. Internationale Abkommen und Gewohnheitsrecht verboten gewisse Handlungen, machten für Verstöße jedoch nur Staaten und nicht Individuen verantwortlich.

Demgegenüber hat mit der Herausbildung eines globalen Strafrechts eine fortdauernde Entwicklung eingesetzt, die man als Globalisierung des Strafrechts beschreiben könnte, sowohl weil es eine eigene Kategorie des *internationalen* Verbrechens einführt, als auch weil es die Zuständigkeit für die strafrechtliche Verfolgung dieser Verbrechen der internationalen Gemeinschaft zugesteht. Es ist schwierig, diese Entwicklung an einzelnen Aspekten einer generellen Globalisierung festzumachen. Sicherlich ist sie jedoch Ausdruck von Globalisierung insofern, als ihr die weltweite Ablehnung bestimmter Handlungen zugrunde liegt und sie die gewachsene Bereitschaft ausdrückt, diese international zu ahnden. Globales Strafrecht, das einen Teil des Völkerrechts darstellt, wird dabei gängigerweise unter dem Begriff ›internationales Strafrecht‹ diskutiert. Es besteht aus internationalen Regelungen, die spezifische Taten zu internationalen Verbrechen und die an solchen Verbrechen beteiligten Personen strafrechtlich verantwortlich machen. Bezogen auf diese internationalen Verbrechen berechtigt bzw. verpflichtet es die Staaten der internationalen Gemeinschaft sowie mit spezifischen Regeln internationale Tribunale und Gerichtshöfe, die jeweiligen Verbrechen zu ahnden. Internationales Strafrecht zeichnet sich folglich gegenüber anderen Bereichen des Völkerrechts insbesondere dadurch aus, dass es Individuen und nicht Staaten verantwortlich macht. Anders als nationales Strafrecht hat es internationale und nicht nationale Verbrechen zum Gegenstand, und die verantwortlichen Individuen dürfen prinzipiell von jedem Staat vor Gericht gestellt und bestraft werden. Gleichwohl ist das internationale Strafrecht nicht als kohärentes rechtliches Gebilde zu betrachten. So stützt es sich etwa nach wie vor auf gewohnheitsrechtliche und nicht schriftlich festgehaltene Regelungen und generelle Rechtsprinzipien. Den Statuten der internationalen Tribunale und Gerichte kommt Bedeutung zu hinsichtlich der Interpretation und Spezifizierung gewohnheitsrechtlicher Regeln. Sie regeln aber zunächst die Zuständigkeit der jeweiligen Gerichte, legen die Verbrechen fest, die in die Gerichtsbarkeit des jeweiligen Gerichts oder Tribunals fallen, und definieren den Tatbestand der Verbrechen sowie weitere Rechtsgrundsätze und Verfahrensregeln für die jeweilige Institution. Nicht zuletzt sind spezifische Verfahrensregeln oftmals nicht völkergewohnheitsrechtlich erfasst, sondern werden vom jeweiligen Staat für die Verfolgung internationaler Verbrechen gemäß der eigenen Rechtsordnung festgelegt (vgl. Cassese 2008, 3–13, 27–31).

Historische Entwicklung

Die Entstehung eines internationalen Strafrechts ist ein relativ neues Phänomen. Seine fortdauernde und schnelle Weiterentwicklung lässt sich an der Erweiterung der Liste anerkannter internationaler Verbrechen sowie der Entstehung internationaler Tribunale und Gerichtshöfe aufzeigen. Diese wiederum tragen nicht nur zur Anerkennung neuer internationaler Verbrechen und ihrer Spezifizierung bei, sondern spielen auch bei der Fortentwicklung von für die Verfolgung internationaler Verbrechen entscheidenden Begriffen, rechtlichen Grundsätzen oder Verfah-

rensregeln eine wichtige Rolle. Auch die in den 1990er Jahren erfolgte, erweiterte Anwendung des Universalitätsprinzips kann im Zusammenhang mit der Fortentwicklung des internationalen Strafrechts genannt werden. Das Prinzip besagt, dass internationale Verbrechen, unabhängig von der Staatsbürgerschaft des Opfers oder des Täters und unabhängig von dem Ort, an dem die Verbrechen stattgefunden haben, von staatlichen Gerichten verfolgt werden dürfen, und war etwa Grundlage für die von einem spanischen Gericht geforderte Festnahme des früheren chilenischen Diktators Augusto Pinochet 1998 in London.

Internationale Verbrechen sind Verstöße gegen gewisse völkergewohnheitsrechtlich anerkannte und zum Teil vertraglich ratifizierte Regelungen. Als erster Schritt zur Etablierung eines internationalen Strafrechts gilt die Herausbildung von Kriegsverbrechen als internationale Verbrechen in der zweiten Hälfte des 19. Jahrhunderts. Mit den seit 1945 errichteten internationalen Tribunalen und Gerichten (besondere Bedeutung kommt hier den Militärtribunalen von Nürnberg (1945) und Tokio (1946), den Tribunalen für Ex-Jugoslawien (1993) und Ruanda (1994) und dem Internationalen Strafgerichtshof (2002) zu) und verschiedenen internationalen Abkommen (z. B. die Konvention über die Verhütung und Bestrafung des Völkermords (1948) oder das Übereinkommen gegen Folter und andere grausame, unmenschliche oder erniedrigende Behandlung oder Strafe (1984)) werden heute neben Kriegsverbrechen auch das Verbrechen des Völkermords und Verbrechen gegen die Menschlichkeit zum Kern internationaler Verbrechen gezählt. Darüber hinaus werden etwa das Verbrechen der Aggression, Folter und extreme Formen des internationalen Terrorismus als internationale Verbrechen genannt, wobei gegenwärtig diese Verbrechen normalerweise nicht als eigenständige Verbrechen in die Gerichtsbarkeit eines internationalen Gerichts oder Tribunals fallen. Weitere für das internationale Strafrecht wichtige Entwicklungen betreffen die strafrechtliche Verfolgbarkeit politischer Akteure, welche aufgrund ihrer politischen Position grundsätzlich Immunität genießen, oder die Erweiterung der Kategorie der Kriegsverbrechen. Während sich Kriegsverbrechen zunächst nur auf internationale bewaffnete Konflikte bezogen, umfassen sie heute auch schwere Verletzungen internationaler Regeln in internen bewaffneten Konflikten. Schließlich wird beispielsweise auf die Entwicklung der philosophischen Grundlagen hingewiesen. Hervorzuheben ist z. B. die Entwicklung weg von einem substantiellen Gerechtigkeitsverständnis hin zu einem strikten Rechtmäßigkeitsverständnis. Während ersteres über das Ziel, die Gesellschaft zu schützen, die Verfolgung von Handlungen begründet, die vor der Tat nicht als Verbrechen eingeordnet waren, rückt letzteres die Rechte des Einzelnen in den Mittelpunkt und schließt eine strafrechtliche Verfolgung von Handlungen, die zum Zeitpunkt der Handlung rechtlich nicht als Verbrechen eingeordnet waren, aus (vgl. Cassese 2008, 3–7, 36–41).

Zentrale normative Fragen

Aufgrund der Eigenschaften des internationalen Strafrechts, die es von nationalem Strafrecht wie auch von anderen Bereichen des Völkerrechts unterscheiden, stellen sich hinsichtlich der Verfolgung individueller Taten verschiedene Fragen, die über die Rechtswissenschaft hinaus in andere Disziplinen, wie die Politische Theorie und die Ethik, hineinreichen. Sie ergeben sich nicht zuletzt aus der Globalisierung des Strafrechts. Einigen dieser Fragen, wie etwa ob die international verfolgten Verbrechen bereits vor ihrer Verfolgung als solche rechtlich geregelt waren, ob es gegen den Grundsatz *nullum crimen sine lege* verstößt, Individuen auf der bestehenden rechtlichen Grundlage vor Gericht zu stellen, und ob eine Bestrafung unter diesen Umständen gerechtfertigt werden kann, kommt aufgrund der rechtlichen Fortentwicklung des internationalen Strafrechts heute weniger Gewicht zu als noch im Anschluss an die nach dem Zweiten Weltkrieg errichteten Tribunale (anders z. T. Altman/Wellman 2004, 51–57). Andere Fragen stellen sich heute jedoch in gleicher Weise wie bereits hinsichtlich der Tribunale von Nürnberg und Tokio. Von besonderer Bedeutung sind hier die Begründung der Legitimation, durch internationale Strafverfolgung in die Souveränität der Einzelstaaten einzugreifen – einer Frage, die besondere Beachtung in Bezug auf internationale Institutionen findet – und der Gegenstand internationaler Strafverfolgung sowie seine Begründung.

Den verschiedenen Ansätzen zum Gegenstand internationaler strafrechtlicher Verfolgung ist häufig gemein, dass den international verfolgbaren Verbrechen eine besondere Schwere zugeschrieben wird. Uneinig ist man sich hingegen darüber, welche Ein-

zelverbrechen international strafrechtlich verfolgt werden dürfen oder müssen. Dissens besteht auch in der Frage, ob diese Verbrechen als internationale Verbrechen eine eigene Kategorie des Verbrechens bilden, oder ob lediglich Faktoren, wie etwa der fehlende Wille, diese innerstaatlich zu verfolgen, maßgeblich für die internationale Zuständigkeit sind, die Verbrechen als solche jedoch keinen speziell internationalen Charakter aufweisen. Hinsichtlich der spezifischen Einzelverbrechen bestehen entscheidende Auffassungsunterschiede etwa darin, ob nur von Gruppen und/oder gegen Gruppen verübte Verbrechen als Gegenstand internationaler strafrechtlicher Verfolgung betrachtet werden sowie ob die Menschenrechte den Ausgangspunkt für die verfolgbaren Verbrechen darstellen und welche Menschenrechte dabei einschlägig sind. Der Diskussion des Gegenstands von *crimes against humanity*, Verbrechen, die im Deutschen üblicherweise als ›Verbrechen gegen die Menschlichkeit‹ bezeichnet werden, kommt im Rahmen der Diskussion um den Gegenstand internationaler strafrechtlicher Verfolgung ein besonderer Stellenwert zu. Dies mag zunächst auf den nicht eindeutig definierten Begriff zurückzuführen sein. Es ist aber wohl auch darin begründet, dass diese Verbrechen, anders als etwa internationale Kriegsverbrechen, nicht notwendigerweise unmittelbar andere Staaten betreffen und ihre Verfolgung in besonderem Maße Fragen der staatlichen Souveränität aufwirft. Das Verbrechen des Völkermords, das rechtlich in den internationalen Gerichten und Tribunalen, wie den Militärtribunalen von Nürnberg und Tokio, den Tribunalen für Ex-Jugoslawien und Ruanda oder dem Internationalen Strafgerichtshof, als eigenständiges Verbrechen behandelt wird, wird dabei häufig unter Verbrechen gegen die Menschlichkeit gefasst.

Die Spannung zwischen staatlicher Souveränität und internationaler Strafverfolgung zeigt sich in besonderem Maße dann, wenn Verbrechen international strafrechtlich verfolgt werden, die innerhalb eines Staates an den Bürgern/innen dieses Staates begangen wurden. Während sich die internationale Reichweite von Verbrechen aufdrängt, wenn diese auf fremdem Staatsgebiet stattfinden, werden Handlungen, die auf dem Staatsgebiet des betroffenen Staates verübt werden, insbesondere wenn sie sich darüber hinaus gegen Bürger/innen dieses Staates selbst richten, herkömmlicherweise als interne Angelegenheiten des jeweiligen Staates betrachtet. Dies entspricht dem klassischen, mit dem Westfälischen Frieden etablierten Verständnis staatlicher Souveränität, wie es dem Völkerrecht als Recht zwischen Staaten zugrunde liegt. Ebenso ist nach diesem Verständnis der Umgang mit derartigen Verbrechen eine dem Zugriff anderer Staaten und internationaler Institutionen entzogene, innerstaatliche Angelegenheit. Die Frage der Souveränität ist dann in jenen Fällen unproblematisch, in denen Staaten der internationalen strafrechtlichen Verfolgung ihrer Bürger/-innen für bestimmte Verbrechen zugestimmt haben. Für diese Fälle lässt sich die internationale Strafverfolgung als Ausdruck der souveränen Entscheidung des jeweiligen Staates verstehen. Für alle anderen Fälle muss die Zuständigkeit internationaler Gerichte bzw. anderer Staaten gesondert formuliert werden.

Diese Frage ist deshalb eng mit dem Gegenstand internationaler strafrechtlicher Verfolgung verknüpft, weil jeder Versuch, das Spannungsverhältnis zwischen staatlicher Souveränität und internationaler Strafverfolgung aufzulösen, einen bestimmten Gegenstand der Strafverfolgung festlegt und umgekehrt die nähere Bestimmung des Gegenstandes internationaler strafrechtlicher Verfolgung eine Begründung für die Zuständigkeit der internationalen Gemeinschaft impliziert.

Die Versuche, die Spannung zwischen staatlicher Souveränität und internationaler strafrechtlicher Verfolgung zu lösen, lassen sich im Wesentlichen zwei Ansätzen zurechnen. Die am häufigsten vorgebrachte Argumentation besagt, dass Verbrechen, die international geahndet werden sollen oder müssen, aufgrund ihrer Eigenschaften nicht nur die faktisch angegriffenen Individuen beträfen, sondern über die Staatsgrenzen hinauswiesen. Die diesem Ansatz zuzurechnenden Positionen begründen international zu verfolgende Verbrechen als internationale Verbrechen. Wie die internationale Reichweite dieser Verbrechen begründet wird, kann sich jedoch in wesentlichen Punkten unterscheiden.

Nicht zu überzeugen vermag der Versuch, die internationale Zuständigkeit an eine Verbindung zwischen diesen Verbrechen und Krieg, internationalem Aufruhr oder der Bedrohung des Weltfriedens zu knüpfen und sie folglich über einen Gegenstand zu begründen, der die internationale Gemeinschaft unbestrittenermaßen betrifft. Zwar mag sich in verschiedenen Fällen eine Verbindung zwischen zunächst innerstaatlichen Verbrechen, wie systema-

tischer Verfolgung und Vertreibung bestimmter Gruppen, und internationalen bewaffneten Konflikten feststellen lassen, dies ist jedoch selbst bei besonders schweren Verbrechen keinesfalls zwangsläufig der Fall. Die Zulässigkeit internationaler Strafverfolgung an eine Verbindung zwischen Verbrechen und internationalen Folgen zu knüpfen, führt folglich zu einer zu weitreichenden Begrenzung der international verfolgbaren Straftaten. Die Position spiegelt zudem das Ausmaß, welches das Verbrechen für die betroffenen Individuen hat, sowie die Tatsache, dass sich die verschiedenen Verbrechen, wie z.B. systematische Vertreibung, nicht auf das Führen von Aggressionskriegen bzw. die Gefährdung des Weltfriedens reduzieren lassen, in keiner Weise wider (vgl. Vernon 2002, 239; Altman/Wellman 2004, 41).

Weitere Positionen versuchen, eine in der spezifischen Art internationaler Verbrechen begründete Verletzung der Gemeinschaft aller Individuen zu definieren, und gründen die internationale Zuständigkeit auf diese Form der direkten Betroffenheit. Sie wird dabei häufig entweder in einer in diesen Verbrechen angelegten Verletzung der Menschlichkeit oder in einer darin zum Ausdruck kommenden Verletzung der Menschheit, z.B. eines für die Gemeinschaft der menschlichen Individuen als solche konstituierenden Wertes, gesehen.

Macht man die internationale Betroffenheit am Verstoß gegen die Menschlichkeit im Sinne von unmenschlichem Verhalten fest, so wird die Grausamkeit, die mit internationalen Verbrechen verbunden ist, direkt angesprochen. Das unmenschliche Verhalten allein vermag es jedoch nicht, Handlungen, die etwa aufgrund ihres Ausmaßes international strafrechtlich verfolgt werden sollten, von jenen zu trennen, die – wie dies etwa auf Fälle des Kindesmissbrauchs zutrifft – ebenfalls unmenschlich sind, denen aber aus verschiedenen Gründen eine andere Dimension zukommt (vgl. Vernon 2002, 236 f.; vgl. auch Arendt 1965, 324).

Der Kritik ist nicht schon dadurch zu begegnen, dass die betreffenden Verbrechen als Verletzungen der Menschheit beschrieben werden. Die Überzeugungskraft hängt vielmehr von der Begründung ab, die für die Einordnung eines Verbrechens als Verbrechen gegen die Menschheit herangezogen wird. Nicht unproblematisch scheint es, hier auf Angriffe gegen bestimmte menschliche Eigenschaften abzustellen. Zum einen scheint es schwierig, Eigenschaften zu formulieren, die den Menschen als Wesen und damit allen Menschen eigen sind. Zum anderen scheint es oft nicht zu genügen, die strafrechtliche Zuständigkeit internationaler Gerichte an die Verletzung solcher Merkmale zu knüpfen, da es verschiedene Formen derartiger Verletzungen gibt, die den Umfang an Verbrechen in der Kategorie der internationalen Verbrechen zu sehr ausdehnen und eine Abgrenzung schwierig machen. Hannah Arendt sieht den Grund dafür, dass bestimmte Verbrechen nicht alleine die Gruppe verletzen, gegen die sie gerichtet sind, sondern Verbrechen am »Wesen des Menschengeschlechts« darstellen, darin, dass sie die »menschliche Mannigfaltigkeit« angreifen, ein »Wesensmerkmal des Menschseins, ohne das wir uns Dinge wie Menschheit oder Menschengeschlecht nicht einmal vorstellen können« (Arendt 1965, 318; vgl. auch Ignatieff 2001, 27 f.).

Wer die Gruppenbezogenheit von Verbrechen gegen die Menschlichkeit in den Vordergrund stellt, kann auch argumentieren, dass mit diesen Verbrechen die Menschheit verletzt werde, weil die tatsächlich physisch betroffenen Individuen nicht aufgrund ihrer individuellen Eigenschaften und Handlungen sondern aufgrund ihrer Gruppenzugehörigkeit angegriffen werden. Eine wichtige alternative Position richtet den Fokus auf den Missbrauch hoheitlicher Gewalt. Verbrechen gegen die Menschlichkeit, so wird argumentiert, seien dadurch gekennzeichnet, dass staatliche Gewalt (oder auch die Gewalt einer anderen politisch organisierten Einheit) in einer Weise missbraucht werde, dass sie zu einer systematischen Bedrohung jener pervertiere, zu deren Schutz sie eigentlich verpflichtet sei, einer Bedrohung, die nur aufgrund dieser Gewalt möglich sei. Die Bestrafung könne in solchen Fällen nicht beim Staat selbst bleiben. Internationale Gerichte (oder nationale Gerichte anderer Staaten), so wird auch argumentiert, seien zuständig, weil diese Art des Verbrechens eine Eigenschaft des menschlichen Wesens als solches verletze, nämlich als politisches Wesen auf politische Strukturen angewiesen zu sein (vgl. Fisher 2009, 57; Luban 2004, 116–120, 124–146; Vernon 2002, 241–249).

Unabhängig davon, worauf diese Ansätze die grenzüberschreitende Wirkung international verfolgbarer Verbrechen gründen, werden sie dafür kritisiert, die Einschränkung der Souveränität des betreffenden Einzelstaates auf ein veraltetes Verständnis von Souveränität zu stützen (vgl. Altman/Wellman 2004, 42 f.). Die zweite zentrale Strategie,

die Spannung zwischen internationaler Strafverfolgung und der Souveränität des betroffenen Staates zu lösen, setzt entsprechend bei dem Verständnis staatlicher Souveränität selbst an. In die Souveränität des betroffenen Einzelstaates werde, so die Vertreter dieser Position, durch internationale Strafverfolgung gar nicht eingegriffen, da sie nur so lange bestehe, wie ein Staat seine Bürger vor der Art Verbrechen, die Gegenstand internationaler Strafverfolgung sein sollen, zu schützen fähig sei. Staatliche Souveränität sei an die Bedingung geknüpft, dass der jeweilige Staat seine Verantwortung, die Bürger/innen in ihren Rechten zu schützen, ausreichend erfülle. Erfülle ein Staat diese nicht, indem er selbst die Bürger/innen in ihren Rechten verletze oder eine solche Verletzung zulasse, verliere er sein Recht auf Selbstbestimmung. Internationale strafrechtliche Verfolgung greife in diesen Fällen nicht in die Souveränität des betroffenen Staates ein.

Durch welche Rechtsverletzungen auf staatlichem Territorium die Autor/innen das Recht auf Selbstbestimmung jeweils eingeschränkt oder aufgehoben sehen, hängt davon ab, woran sie die Legitimität von Staaten knüpfen. Altman und Wellman (2004, 43–51) sehen diese gegeben, solange Staaten die Rechte ihrer Bürger/innen *adäquat* schützen und damit ihre politische Funktion erfüllen. Dies sei der Fall, solange Staaten in der Lage und willens seien, *ausgedehnte* oder *systematische* Verletzungen der grundlegenden Rechte ihrer Bürger/innen zu unterlassen und zu verhindern. Dass die Souveränität von Staaten ihre Grenze an *ausgedehnten* und *systematischen* Verletzungen fundamentaler Rechte findet, scheint die historisch gewachsene Überzeugung einzufangen, dass Staaten auch bei gewissen innerstaatlichen Rechtsverletzungen ein gewisser Interpretations- und Handlungsfreiraum zusteht, und nimmt ein völkerrechtliches Verständnis von Verbrechen gegen die Menschlichkeit auf. Die Grenze des adäquaten Menschenrechtsschutzes an dieser Stelle anzusetzen, entbehrt aber nicht einer gewissen Willkür. Diese kann auch nicht durch das pragmatische Argument aufgehoben werden, dass ein System internationaler Strafverfolgung einer Minimierung von Rechtsverletzungen und einer Maximierung strafrechtlicher Verfolgung dienen müsse und dies durch internationale Strafverfolgung erst bei ausgedehnten und systematischen Rechtsverletzungen gegeben sei (Altman/Wellman 2004, 48). Da die Verbindung zwischen dieser pragmatischen Überlegung und der Souveränität des betreffenden Staates offen bleibt, kann dieses Argument die Grenzen von Souveränität kaum begründen. Die Rechtfertigung internationaler Strafverfolgung an den fehlenden Willen bzw. die Unfähigkeit von Staaten zu knüpfen, ihre Bürger/innen zu schützen, ist darüber hinaus der Kritik ausgesetzt, dass dadurch die Schwere von internationalen Verbrechen, die durch die Charakterisierung der Straftaten als Verbrechen gegen die Menschlichkeit bzw. die Menschheit auszudrücken versucht wird, nicht aufgezeigt und das mit ihnen spezifisch verbundene Übel nicht deutlich werde (vgl. Fisher 2009, 46–49). Schließlich entspricht diese Argumentation einer heute mehr und mehr verbreiteten Auffassung von Souveränität, wie sie auch als Begründung für gerechtfertigte humanitäre Intervention häufig formuliert wird. Anders als im Hinblick auf humanitäre Interventionen bleibt jedoch unklar, wie sich aus diesem Verständnis die Berechtigung ergibt, die Verbrechen international strafrechtlich zu verfolgen. Ist der mangelnde Schutz der Bevölkerung der Grund dafür, dass ein Staat seine Souveränität verliert, scheint dies nur solche Handlungen zu rechtfertigen, die zum Schutze der betroffenen Individuen beitragen. Dass internationale Strafverfolgung dies bewirkt, ist jedoch nicht unbestritten.

Gewohnheitsrechtliche Regelungen lassen sich aus den skizzierten Diskussionen nicht ableiten. Vor dem Hintergrund der raschen Fortentwicklung des internationalen Strafrechts und der möglichen Globalisierung von Verbrechen im Sinne einer Erweiterung der Kategorie internationaler Verbrechen kann ihnen als Teil der öffentlichen Debatte dennoch Bedeutung für die rechtliche Entwicklung zukommen. Unterbeleuchtet bleiben jedoch bislang etwa die ebenso einschlägige philosophische Diskussion subjektiver Strafvoraussetzungen für internationale Strafverfolgung und vertretbarer Verfahrensanforderungen sowie die Diskussion zum Verhältnis der Verfolgung internationaler Verbrechen durch internationale Institutionen zu ihrer Verfolgung durch Drittstaaten.

Verschiedene Fragen zum internationalen Strafrecht sind folglich noch umstritten und bedürfen ausführlicherer Diskussion. Allen Positionen scheint jedoch ein gewachsener globaler Konsens bezüglich gewisser Unrechtshandlungen und der Notwendigkeit ihrer internationalen Ahndung zugrunde zu liegen, so dass sich die Idee eines internationalen Straf-rechts als ein wichtiger Aspekt der Globalisierung beschreiben lässt.

Literatur

Altman, Andrew/Wellman, Christopher Heath: A Defense of International Criminal Law. In: *Ethics* 115. Jg., 1 (2004), 35–67.

Arendt, Hannah: *Ein Bericht von der Banalität des Bösen. Eichmann in Jerusalem.* München 1965 (engl. 1963).

Bassiouni, M. Cherif: *Crimes Against Humanity in International Criminal Law* [1992]. The Hague ²1999.

Cassese, Antonio: *International Criminal Law* [2003]. New York ²2008.

Fisher, Kirsten: The Distinct Character of International Crime: Theorizing the Domain. In: *Contemporary Political Theory* 8. Jg., 1 (2009), 44–67.

Ignatieff, Michael: The Danger of a World Without Enemies. Lemkin's Word. In: *The New Republic* 224, 9 (2001), 25–28.

Luban, David: A Theory of Crimes Against Humanity. In: *The Yale Journal of International Law* 29. Jg. (2004), 85–167.

May, Larry: *Crimes against Humanity. A Normative Account.* New York 2005.

Robertson, Geoffrey: *Crimes against Humanity.* New York 2000.

Vernon, Richard: What is Crime against Humanity? In: *The Journal of Political Philosophy* 10. Jg., 3 (2002), 231–249.

Anna Goppel

7. Globalisierungskritik und globalisierungskritische Bewegungen

Formal bezeichnet der Begriff der Globalisierungskritik politische Positionen, die sich dem Prozess der Globalisierung entgegensetzen. Diese richten sich entweder gegen Globalisierung überhaupt oder treten für eine ›andere‹ Globalisierung ein (frz. *alter-mondialisation*, engl. *alter-globalization*). Maßgeblich für beide Grundpositionen ist eine Kritik der als ›neoliberal‹ bezeichneten ›Deregulierung‹ kapitalistischer Ökonomie, sowie der Kommodifizierung und Kommerzialisierung der weltgesellschaftlichen Verhältnisse. Diese lässt sich beispielhaft anhand der Privatisierung öffentlicher Unternehmen, der Rücknahme historisch erkämpfter sozialer Rechte und Sicherheiten zeigen, zudem anhand der rasant voranschreitenden Ökonomisierung von Bereichen des gesellschaftlichen Lebens und der außermenschlichen Natur, die bisher der Verwertung von Kapital entzogen waren.

Zur historischen Bestimmung von Globalisierung und folglich Globalisierungskritik ist festzuhalten, dass beim ersten Auftauchen von Globalisierungskritik in den 1990er Jahren und noch in den ersten Jahren des 21. Jahrhunderts eher ihr bloßes Vorliegen als ihre besonderen Intentionen Aufmerksamkeit erregten, weil Globalisierung zunächst mit der Unabänderlichkeit einer Naturnotwendigkeit hingenommen wurde. Deshalb artikulierte sich Globalisierungskritik anfangs schlicht in dem Satz »Eine andere Welt ist möglich!« und widersprach so Margaret Thatchers Diktum »There is no alternative!«. Tatsächlich schien die Globalisierung auch Folge des Scheiterns jeder realen Alternative zum globalen Kapitalismus und damit jeder grundsätzlichen, erst recht einer radikalen Gesellschaftskritik zu sein. Sie war deshalb nie nur ein Phänomen der Ökonomie, sondern zugleich ein Resultat des Endes der ›Blockkonfrontation‹, die seit dem Ende des Zweiten Weltkriegs und bis zur Auflösung der Sowjetunion 1991 die eine Welt in zwei Gegenwelten getrennt hatte: den kapitalistischen Westen und den realsozialistischen Osten. Das Ende der ›Blockkonfrontation‹ betraf dann alle Segmente der politischen Linken: die verschiedenen Sozialismen des Ostens, die westeuropäischen Sozialdemokratien und schließlich das jüngere Segment einerseits der westlichen ›Neuen Linken‹, andererseits der Befreiungsbewegungen und Dekolonisationsstaaten des Südens. Doch kaum hatte der Politikwissenschaftler Francis Fukuyama das Verlöschen der Spaltungslinien des 20. Jahrhunderts in seinem gleichnamigen Welt-Bestseller (1992) zum ›Ende der Geschichte‹ überhöht, tauchte eine neue Spaltungslinie auf. Diese trennte nicht mehr den geographischen Westen von geographischem Osten und auch nicht den geographischen Norden vom geographischen Süden, sondern den globalen Norden vom globalen Süden. Die Bestimmung ›global‹ zeigt an, dass es sich nicht um Gegenwelten, sondern um integrierte Hälften einer einzigen Welt handelt, die sich als solche sowohl im geographischen Norden als auch im geographischen Süden finden.

Erste Ursprünge der Globalisierungskritik

Der Philosoph Jacques Derrida nahm diese Spaltungslinie 1993 zum Anlass, in erklärtem Widerspruch zu Fukuyama eine Wiederkehr radikaler Gesellschaftskritik einzufordern. Auch er verdichtete den Einsatz seiner Bilanz im Titel: *Marx' Gespenster. Der Staat der Schuld, die Trauerarbeit und die neue Internationale*. Er nahm damit Grundzüge der Globalisierungskritik und der globalisierungskritischen Bewegungen vorweg, nicht zuletzt ihre Formbestimmung, eine »neue Internationale« zu sein und sein zu müssen.

Signifikanter wird dieser erste Anhalt, vergegenwärtigt man die Ambivalenzen zweier sozialer und politischer Prozesse, die sich zunächst weder in den Zug neoliberaler Globalisierung noch in eine globalisierungskritische Alternative einfügen. Es handelt sich zum einen um die Ambivalenzen der Iranischen Revolution des Jahres 1979, die ihren jüngsten und noch auszudeutenden Ausdruck in der Demokratiebewegung des Jahres 2009 fanden, zum anderen um die Ambivalenzen des Sonderwegs der Volksrepublik China, die sich zuerst an den kulturrevolutionär-maoistischen Zügen des Aufstands des Tien'anmen-Platzes (1989) und seither in einer Vielzahl z.T. außerordentlich militanter sozialer Kämpfe artikulieren.

Jenseits dieser beiden Prozesse ist die Geschichte der formal 1980 gegründeten Partido dos Trabalhadores (PT) in Brasilien zu nennen, die sich seit 2002 in einem Regierungsprojekt fortsetzt und mittlerweile zum Ausgangspunkt eines Sonderwegs nahezu kontinentalen Ausmaßes wurde. Zu erwähnen bleibt schließlich der Sonderweg der kommunistischen Bewegung Indiens. Aus deren Spaltung infolge des sowjetisch-chinesischen Konflikts resultierte 1964 die Gründung der heute in drei Bundesstaaten regierenden, längst auch auf nationaler Ebene relevanten Communist Party of India/Marxist (CPI/M) samt im Ansatz verwandter, z. T. konkurrierender Parteien und dem mittlerweile auf das ganze indische Kernland ausgedehnten Guerillakrieg der ebenfalls maoistischen Naxaliten-Bewegung. Die Verkennung dieser beiden im globalen Süden weithin ausstrahlenden Kristallisationskerne alternativer Entwicklung in weiten Teilen der politischen Öffentlichkeit des globalen Nordens enthüllt deren eurozentrische Perspektive. Auch an ihr ist zunächst das bloße Vorliegen interessant: Wird so doch angezeigt, dass die Unterstellung einer im Charakter unabänderlich liberalkapitalistischen Globalisierung nur eine regional spezifische und politisch interessierte Annahme ist.

Vor und nach Seattle

Entscheidend für die ausdrückliche Formation globalisierungskritischer Massenbewegungen waren zunächst die erfolgreichen Proteste gegen das Multilaterale Investitionsschutzabkommen (MAI) des Jahres 1997. Dieses Abkommen, das die Rechte transnationaler Konzerne strukturell erweitern sollte, stieß auf die vereinte Kritik kanadischer, US-amerikanischer und asiatischer Nicht-Regierungs-Organisationen (NGOs), aber auch der französischen Kulturindustrie. Die Kritik der französischen Lobbygruppen führte schließlich zum Ausstieg der französischen Regierung und damit zum Scheitern der Initiative selbst.

Bedeutsamer noch waren dann die Proteste gegen die dritte Konferenz der World Trade Organisation (WTO), die im Dezember 1999 in Seattle stattfanden. Getragen wurden diese Proteste von einem überraschend breiten sozialen und politischen Bündnis, das von NGOs verschiedenster Art, einer Vielzahl kirchlicher Organisationen, politischen Dachverbänden der sozialen Arbeit, über die Gewerkschafts- und andere soziale Bewegungen, bis hin zu überkommenen bzw. neuformierten Strukturen der moderaten und radikalen Linken reichte. Ein wesentliches Bindeglied war dabei die gemeinsame Unterstützung der Kampagnen für eine Streichung der Schulden der Länder des globalen Südens – von Derrida im Begriff des ›Staates der Schuld‹ (mit)angesprochen. Befördert durch massive Polizeirepression erzwangen die Proteste den Abbruch der Konferenz. Damit war die bis heute wichtigste Aktionsform der Globalisierungskritik und zugleich die ihr eigene Organisationsweise geboren: Das im Ansatz antineoliberale, deshalb kapitalismuskritische, aber nicht ausdrücklich antikapitalistische ›Netzwerk‹ ganz unterschiedlicher oppositioneller Kräfte.

Seattle und den Anti-MAI-Protesten sind andere, oft nicht angemessen wahrgenommene Prozesse an die Seite zu stellen: So zum Beispiel die den Aufstieg der PT begleitenden Landbesetzungen des Movimento dos Trabalhadores Rurais Sem Terra (MST) in Brasilien, mit denen bisher für 400.000 Familien in rund 2000 Siedlungen Landtitel erkämpft wurden. Zu nennen sind weiter die von der bereits 1970 entstandenen, doch erst 1999 legalisierten Korean Confederation of Trade Unions (KCTU) getragenen militanten Arbeiter/innenkämpfe Koreas, der ebenfalls in die 1970er Jahre zurückreichende, zunehmend auch der die Form von Aufständen annehmende Widerstand gegen multinationale Konzerne in Nigeria sowie, um diese Reihe abzuschließen, das Ende des Apartheidsystems 1994 und die Gründung der Republik Südafrika. Die Ambivalenz der südafrikanischen Entwicklung liegt in der politischen Verfassung des regierenden Blocks aus African National Congress (ANC), South African Communist Party (SACP) und Congress of South African Trade Unions (COSATU), in dem eine starke neoliberale Tendenz mit einer ebenso starken linken Tendenz gerade um das Verhältnis Südafrikas zu Globalisierung und Globalisierungskritik streitet.

Eigens zu bedenken sind eine ganze Reihe meist plötzlicher Aufstände in großen Städten, von denen exemplarisch der Aufstand in Los Angeles 1992 genannt sei, der 2006 in einer Massendemonstration von über einer Million Menschen wiederauflebte, aber auch die zum Sturz der konservativen Regierung führende Massendemonstration von Madrid (2004) oder jüngst die Erhebung von Teheran (2009). Trotz ihrer erheblichen Unterschiede stimmen alle diese großstädtischen Massenproteste darin überein, die eingeklagte Demokratie schon in der eigenen Form zu artikulieren und so zum Bezugspunkt der globalisierungskritischen Bewegungen geworden zu sein.

Prominent zu nennen ist weiter das Ejército Zapatista de Liberación Nacional (EZLN, Zapatistische Armee der Nationalen Befreiung) in Mexiko. Deren erste weltweit wahrgenommene politisch-militärische Offensive 1994 bezog sich auf einen dem MAI im Ansatz vergleichbaren neoliberalen Vorstoß, das »North American Free Trade Agreement« (NAFTA). An der Politik der EZLN sind wenigstens zwei Momente bemerkenswert. Das erste ist ihre programmatische und ideologische Ausrichtung auf den autonomen Aufbau einer direkten Demokratie zunächst im Chiapas, dann in ganz Mexiko, von dem zugleich unterstellt wird, ähnlichen Prozesse anderswo auf der Welt verbunden zu sein. Mit dieser Neuorientierung markieren die Zapatistas eine bedeutende Differenz nicht nur zu traditionell sozialistischen Strategien der Gesellschaftsveränderung, sondern auch zu klassischen Strategien nationaler Befreiung: Eine neue Weise der Kombination des sozialen, kulturellen, politischen und militärischen Kampfes, die bis heute nicht ausgeschöpft wurde – auch von den Zapatistas nicht.

Das zweite Moment ist die in dem politischen Führer der EZLN, Subcomandante Marcos, personifizierte Nutzung des Internets. Diese verlieh der EZLN eine die Präsenz ›am Boden‹ weit übersteigende symbolische Avantgardefunktion für die gesamte, in ihrem Zusammenhang ebenfalls wesentlich durch die neuen Medien vermittelte Globalisierungskritik. Organisatorisch konkretisiert sich dies in der Beteiligung der EZLN an den vornehmlich von ähnlichen ländlich-kleinbäuerlichen Projekten getragenen globalen Netzwerken Peoples Global Action (PGA) und Via Campesina, weiteren wichtigen ›Säulen‹ der globalisierungskritischen Bewegungen.

Die unter weltweiter Beteiligung stattfindenden ›Intergalaktischen Treffen‹ im mexikanischen Chiapas wurden zum Muster ähnlicher Manifestationen der globalisierungskritischen Bewegung. Mit ihnen fand die Globalisierungskritik die für ihre Sichtbarkeit entscheidende Form der transnational, wenn nicht global initiierten und realisierten Massenzusammenkünfte anlässlich strategisch wichtiger ›Gipfeltreffen‹ der neoliberalen Regierungen und Institutionen. In diesem Kontext ist eine ganze Serie von jeweils mehrtägigen Manifestationen aufzuzählen. Im europäischen Raum waren dies zunächst die Proteste gegen die Tagung von Weltbank und Internationalem Währungsfonds (IWF) in Prag 2000, gegen den Gipfel der EU in Göteborg 2001 und gegen den

Gipfel der G8-Staaten in Genua 2001. Dort provozierte die bürgerkriegsähnliche Besetzung der Stadt durch Zehntausende bewaffneter Polizisten und Carabinieri schwere gewaltsame Auseinandersetzungen, in deren Verlauf der junge Demonstrant Carlo Giuliano von der Polizei getötet wurde.

Die Sozialforen

Ihnen sind Massenzusammenkünfte an die Seite zu stellen, deren Träger die bislang wichtigste institutionelle Erfindung der Bewegungen ist, die der sog. ›Sozialforen‹. Den Anfang machte hier das erstmals 2001 im brasilianischen Porto Alegre zusammengetretene World Social Forum (WSF), das in Form und Ausrichtung ein Gegenstück zu dem seit den 1970er Jahren existierenden Davoser World Economic Forum (WEF) darstellt. Das WSF tagte bisher neun Mal, das nächste findet im Februar 2011 im Senegal statt. Es versteht sich im emphatischen Sinn als Forum der globalisierungskritischen Bewegungen, und war bisher jeweils von mindestens 10.000 Teilnehmer/innen besucht. Sein bestimmendes Moment ist der repräsentationskritische Anspruch auf einen nicht-hegemonialen und deshalb auch nicht abschließbaren Austausch aller Segmente der Bewegungen. Mit dieser prinzipiellen Festlegung auf eine vielfältige, offene und vor allem permanente Debatte und der prinzipiellen Ablehnung selbst der formaldemokratisch legitimierten Abstimmung reflektieren die Bewegungen die Geschichte früherer sozialer Bewegungen und leisten darin auch, was Derrida »Trauerarbeit« genannt hat.

Das Weltsozialforum wurde durch kontinentale, nationale und lokale Sozialforen ergänzt, deren Struktur und Relevanz allerdings extrem unterschiedlich ist. Eines der politisch bedeutendsten kontinentalen Sozialforen war sicherlich das Erste Europäische Sozialforum, das 2002 in Florenz zusammentrat und mit einer Demonstration von 200.000 Teilnehmer/innen dem weltweiten Widerstand gegen den drohenden globalen Krieg im Irak Ausdruck verlieh.

In der Folge bleiben zuletzt die Proteste gegen den G8-Gipfel von Heiligendamm 2007 zu nennen, deren Besonderheit im strategisch-taktischen Geschick ihrer Vorbereitung und Durchführung lag. In eindrucksvoller Weise gelang es den Demonstrant/innen, die bürgerkriegsähnliche militärische Abschirmung des Gipfels zu durchbrechen, eingefangen in

Bildern, die wiederum um die Welt gingen. Allerdings hatten die Bewegungen schon vor Heiligendamm den Höhepunkt ihres bisherigen Zyklus überschritten. Ein nicht unwesentliches Moment dieser Krise liegt darin, dass viele soziale Auseinandersetzungen nach wie vor nur als lokale oder nationale und nicht wenigstens auch als globalisierungskritische geführt werden – vorderhand natürlich eine Überforderung der Proteste, der Sache nach aber unausweichlich. Ein Beispiel für dieses Problem sind die maßgeblich von nationalen Problematiken dominierten Europäischen Sozialforen in Paris 2003 und London 2004.

Sichtbar wird die Krise der Bewegungen schließlich auch im Netzwerk Attac. 1998 in Frankreich als Initiative für eine Tobin Tax gegründet, entwickelte sich Attac mit gegenwärtig etwa knapp 100.000 Mitgliedern in 50 (meist europäischen) Ländern schnell zum Netzwerk einer aktionsorientierten Bildungsarbeit zur Verbreitung und Vertiefung der Globalisierungskritik. Der Name Tobin Tax geht dabei auf den US-amerikanischen Wirtschaftswissenschaftler James Tobin zurück, der zur Einhegung der globalen Finanzspekulationen schon 1972 die Einführung einer Steuer auf internationale Devisentransaktionen vorschlug. In einem Artikel der französischen Monatszeitung *Le Monde diplomatique* griff der spanische Journalist Ignacio Ramonet dieses Konzept 1997 auf und initiierte auf seiner Basis das zunächst auf Frankreich beschränkte, sich dann aber schnell globalisierende Attac-Netzwerk. Zumindest formell ist die Einführung einer Tobin Tax noch heute die Hauptforderung des Netzwerks. Trotz der weiterhin beachtlichen Mitgliederzahl von Attac zeigt allerdings nicht nur das deutlich zurückgegangene Medieninteresse, dass der Elan der ersten Jahre einer gewissen Erschöpfung gewichen ist.

Der Streit zweier Linien

Wie in früheren Epochen sozialer Bewegung lässt sich die aktuelle Krise der globalisierungskritischen Bewegungen auch in einem ›Streit zweier Linien‹ ausmachen. Dabei wirkt neben diesen beiden eine dritte, bislang aber irrelevante Linie: die einer mehr oder minder offenen nationalistischen Regression, in Europa oft mit eurozentrischen Positionen verbunden.

Davon abgesehen verläuft der Richtungsstreit zwischen ›reformistisch‹ und ›revolutionär‹ orientierten Positionen. Die reformistische Position wird maßgeblich von dem Gros der eine Art ›Bewegungsinfrastruktur‹ bildenden NGOs getragen. Die revolutionär ausgerichteten Positionen finden ihren Ausdruck oft in einem diffus verbreiteten, pseudo-anarchistischen ›Movementismus‹. Für die erste Strömung steht auf der Ebene der ideologischen Diskurse ein allgemeiner Linkskeynesianismus, dessen wiederum allgemeines Ziel eine ›Wiedereinbettung‹ des ›global entfesselten‹ Kapitalismus in nationalstaatlich kodifizierte Aus- und Verhandlungsstrukturen ist. Die revolutionäre Position kann in ihrer Reinform im unter jüngeren Aktivist/innen populären Buch des in Mexiko lebenden Philosophen John Holloway gefunden werden, das den programmatischen Titel *Die Welt verändern, ohne die Macht zu übernehmen* trägt (dt. 2002).

Mittlerweile sind die inneren Grenzen beider Positionen offenbar geworden, damit aber auch die Grenzen ihres mehr oder minder zwanglosen Nebeneinanders in der Globalisierungskritik. In prägnanter, ja zwingender Form kenntlich wurde dies 2004 während des 4. Weltsozialforums in Mumbai, als die indische Schriftstellerin Arundhati Roy die Bewegungen anlässlich des Irakkriegs aufforderte, selbst zur zwar nicht notwendig bewaffneten, doch de facto und vor allem effektiv ›kriegführenden‹ Partei, also selbst zur globalen Macht zu werden (*The Hindu*, 18.1.2004). Sie nahm damit Bezug auf den globalen Antikriegstag des 15.2.2003, an dem die Bewegungen in 600 Städten bzw. 50 Ländern bis zu 10 Millionen Demonstrant/innen auf die Straße brachten, das Geschehen im Irak aber nicht beeinflussen konnten. Wie, so die Frage nicht nur Roys, wären global koordinierte Proteste nicht nur im Ausmaß, sondern auch in der Form zu intensivieren? Wesentliches Moment des Dilemmas einer fehlenden Handlungsmacht war und ist dabei, dass der für die Sozialforen wie für Attac konstitutive Anspruch auf eine aus Prinzip unabschließbare Debatte eine handlungsverbindliche Lösung auf den ersten Blick, wenn auch nicht zwingend ausschließt.

Mit der seit 2008 nicht mehr zu verdeckenden Weltwirtschaftskrise tritt dieses Dilemma noch einmal schärfer hervor, auch weil das zwanglose Mit- und Nebeneinander antikapitalistischer und bloß kapitalismuskritischer Positionen jetzt immer schwerer durchzuhalten ist. Doch kann dieses Dilemma auch zur produktiven Herausforderung werden. So muss eine bindende Entscheidung im Mit-

und Nebeneinander ja nicht heißen, einem Entweder-Oder zu folgen. Denkbar wäre, dass die Sozialforen gerade im offenen und offen bleibenden Austausch zu Orten einer strategischen Vermittlung z.B. zwischen kapitalismuskritischen Regierungen und antikapitalistischen Bewegungen werden, in denen bei bleibenden Unterschieden ein jeweils provisorischer gemeinsamer Nenner ausgehandelt werden kann – mit beidseitig anerkanntem offenem Ausgang. Damit solche Überlegungen nicht unverbindlich-spekulativ bleiben, sind sie am konkreten Problem auszuweisen.

Globalisierungskritik an der Regierung

Es gehört zu den grundlegenden Verabredungen der Sozialforen, zwar Aktivist/innen politischer Parteien, doch nicht diesen selbst Mitgliedschaft zu gewähren. De facto schwang hier stets eine Inkonsequenz, wenn nicht ein Selbstbetrug mit. So waren die Weltsozialforen in Brasilien immer nur mit Hilfe der PT und sogar nur mit Hilfe von lokalen und nationalen PT-Regierungen, das Weltsozialforum von Mumbai nur dank der Infrastruktur der CPI/M bzw. mit ihr konkurrierender Parteiformationen, das Europäische Sozialforum von Florenz nur mit Hilfe der Partito Rifondazione Comunista (PRC) als der damals stärksten Oppositionspartei möglich. Wenn es auch nicht zwingend ist, den formellen Ausschluss von Parteien zu revidieren, bleibt deren effektive Beteiligung doch ausdrücklich anzuerkennen und strategisch einzuholen. Dies umso mehr, als nicht wenige Akteure der Bewegungen – ungezählte NGOs, transnationale Kampagnen, kirchliche oder gewerkschaftliche Verbände – sowohl in Sachen Demokratie wie in programmatischer Hinsicht deutlich hinter einigen bewegungsnahen Parteiformationen zurückbleiben.

Dieser Schritt ist umso dringlicher, als es dabei mittlerweile nicht nur um Parteien, sondern wenigstens in Lateinamerika um gleich mehrere linke Regierungen geht. Die Frage ist also, wie die programmatisch staatsferne oder gar antistaatliche Praxis von Globalisierungskritik mit einer ihr wenigstens verwandten nationalen oder auch kontinentalen Regierungspraxis abzustimmen wäre. Wie der strategische Bezug zeigt, den in Brasilien die bereits genannte Landlosenbewegung auf Regierungen der PT und diese selbst nimmt, muss ein solches Verhältnis nicht konfliktfrei sein, um dennoch ein strategisches zu

bleiben und als solches fortentwickelt zu werden. Trotz einer Reihe z.T. mit aller Härte geführter lokaler Auseinandersetzungen bleiben die Landlosen nach wie vor der PT verbunden, und das gerade im Interesse einer prinzipiell staatsfernen, weil autonom-direktdemokratischen Politik. Umgekehrt hat die Weigerung der Zapatist/innen, in den mexikanischen Präsidentschaftswahlen 2006 den ›reformistischen‹ Präsidentschaftskandidaten Andrés Obrador und dessen Koalition ›Por el Bien de Todos‹ (dt. Für das Wohl aller) zu unterstützen, nicht nur dessen möglichen Wahlsieg verhindert, sondern auch der zapatistischen Bewegung bleibenden Schaden zugefügt: schon deshalb, weil die Zapatist/innen keinen Einfluss auf die Obrador stützende Massenbewegung nehmen konnten und von deren Dynamik ausgeschlossen blieben.

Macht man sich allerdings klar, dass sich dieses Problem heute nicht nur im nationalen, sondern wenigstens im transnationalen, wenn nicht im globalen Rahmen stellt, wird man vom nationalen Beispiel wieder an eine nur erst theoretische Antizipation verwiesen. Im kritischen Anschluss auch an liberale Politikkonzeptionen einer ›global governance‹ führen Michael Hardt und Antonio Negri in ihrem in den Bewegungen prominent diskutierten Buch *Empire* (dt. 2002) dazu den Begriff der ›gemischten Verfassung‹ imperialer Macht ein (ebd., 315–360). In seiner Perspektive fassen sie die den Globalisierungsprozess regulierenden ›imperialen‹ Machtverhältnisse nicht in den am Nationalstaat gewonnenen Kategorien von Legislative, Exekutive und Judikative, sondern in Kategorien konfliktiv interagierender ›Ebenen‹ der Politik. Diese umschließen dann auch die Repräsentationen der verschiedenen Kräfte eines globalen *demos* wie deren nicht zu repräsentierenden ›Untergrund‹ und bilden so »ein Raster, das weniger Elemente anordnet als vielmehr Politik und Recht weltweit einen relativ kohärenten Horizont bietet«, nämlich den einer stetig umkämpften »Weltordnung« (ebd., 320).

Was in *Empire* strategischer Entwurf einer politischen Philosophie ist, nimmt in den Stäben mancher NGOs mit allerdings deutlich ermäßigten Ansprüchen konkrete Gestalt an, wenn dort Szenarien diskutiert werden, unter denen die Globalisierung durch einen ›Green New Deal‹ gestaltet werden soll. Relevant können solche Szenarien z.B. dann werden, wenn sie den Bewegungen Einfluss nicht allein auf linke Regierungen des globalen Südens, sondern

auch auf die Obama-Administration der USA einräumen.

Die soziale Basis der Globalisierungskritik

Angesichts solcher Spekulationen stellt sich allerdings die Frage nach der sozialen Basis solcher Szenarien und Spekulationen. Das führt natürlich wieder auf die Frage nach der Einheit in der globalisierungskritischen Vielfalt zurück, für die sich unter
den Aktivist/innen der Begriff einer ›Bewegung der
Bewegungen‹ verbreitet hat. Zu deren Verständnis
haben Hardt/Negri den wiederum in weiten Teilen
der Bewegungen diskutierten Begriff der ›Multitu-
den‹ geprägt, der nach ausdrücklicher Versicherung
Negris als ›Klassenbegriff‹ zu verwenden ist und den
traditionsmarxistischen Begriff des Proletariats neu
bestimmen soll (Negri in Atzert/Müller 2003, 111 f.).
Die Neubestimmung selbst ergibt sich aus der für
den Globalisierungsprozess konstitutiven Entgrenzung der Kapitalverwertung auf nahezu alle Bereiche
des gesellschaftlichen Lebens wie der außermenschlichen Natur. Im Bezug auf diese ›biopolitische Ökonomie‹ soll der Multitudenbegriff umreißen, was
unter solchen Bedingungen als ›Produktivkraft‹ und
folglich als soziale Basis von Gesellschafts-, d. h. Globalisierungskritik bezeichnet werden kann. Wie problematisch die darin ja nur erst begrifflich auf ihren
gemeinsamen Nenner gebrachte Vielfalt produktiv
gemachter Gesellschaft und Natur ist, zeigt dann
aber die politische Konkretion. So soll der Begriff die
sozialen, kulturellen und politischen Ansprüche
eben dieser Vielfalt auch strategisch zusammenbringen.

Von ihren Rändern her gefasst, schließt das einerseits Ansprüche der in ihren Lebensbedingungen
zwar durchgängig prekarisierten, im Weltmaßstab
aber noch immer privilegierten postindustriellen
»Proletarität« (K. H. Roth) des globalen Nordens, andererseits solche des in Megaslums zusammenge-
ballten Massenelends des globalen Südens ein. Nun
ist dies tatsächlich das politische Projekt der globalisierungskritischen Bewegung der Bewegungen, das
Slavoj Žižek, ein weiterer globalisierungskritischer
Theoretiker, wie folgt auf den Punkt bringt: »Wenn
die Hauptaufgabe der emanzipatorischen Politik des
19. Jahrhunderts darin bestand, durch Politisierung
der Arbeiterklasse das Monopol der bürgerlichen Liberalen zu durchbrechen, und die Aufgabe des 20.
Jahrhunderts darin, die riesige Landbevölkerung

Asiens und Afrikas politisch wachzurütteln, so lautet
der Auftrag für das 21. Jahrhundert, die ›destruktu-
rierten‹ Massen der Slumbewohner zu politisieren –
zu organisieren und zu disziplinieren.« (Žižek 2009,
262 f.) Dass eine Lösung hier erst zu finden ist, zeigt
exemplarisch die bewegungsinterne Auseinandersetzung um die Streichung der Schulden des Südens,
die von wichtigen Kampagnen im Süden bedingungslos, von denen des Nordens aber nur konzessi-
oniert eingefordert wird. Wird diesem Projekt seine
offenbare Unwahrscheinlichkeit entgegengehalten,
ist zu antworten, dass sich die ›Internationalen‹ früherer Epochen kaum weniger unwahrscheinliche
Projekte zum Ziel gesetzt hatten. Ob der Versuch
selbst der offenbaren Mühe wert ist, kann verbindlich nur von den Aktivist/innen entschieden werden,
die sich dazu schon bereitgefunden haben.

Literatur

Aguiton, Christophe: *Was bewegt die Kritiker der Globalisierung? Von Attac zu Via Campesina.* Köln 2002.

Altvater, Elmar: *Das Ende des Kapitalismus, wie wir ihn
kennen. Eine radikale Kapitalismuskritik.* Münster
2005.

Amin, Samir: *Die Zukunft des Weltsystems. Herausforderungen der Globalisierung.* Hamburg 1997.

Atzert, Thomas/Müller, Jost (Hg.): *Kritik der Weltordnung. Globalisierung, Imperialismus, Empire.* Berlin
2003.

Bello, Walden: *De-Globalisierung. Widerstand gegen die
neue Weltordnung.* Hamburg 2005.

Brand, Ulrich/Cecena, Ana Esther: *Reflexionen einer
Rebellion. ›Chiapas‹ und ein anderes Politikverständ-
nis.* Münster 2000.

Brink, Tobias ten: *VordenkerInnen in der globalisierungskritischen Bewegung. Pierre Bourdieu, Susan George,
Antonio Negri.* Köln 2004.

Callinicos, Alex: *Ein anti-kapitalistisches Manifest.* Hamburg 2004.

Chomsky, Noam: *Profit Over People. Neoliberalismus
und globale Weltordnung.* Hamburg/Wien 2000.

Chossudovsky, Michel: *Global brutal. Der entfesselte
Welthandel, die Armut, der Krieg.* Frankfurt a. M.
2002.

Derrida, Jacques: *Marx' Gespenster. Der Staat der Schuld,
die Trauerarbeit und die neue Internationale.* Frankfurt a. M. 1995.

Forrester, Viviane: *Der Terror der Ökonomie.* München
1998.

Fukuyama, Francis: *Das Ende der Geschichte.* München
1992.

George, Susan: *Der Lugano-Report. Oder: Ist der Kapitalismus noch zu retten?* Reinbek 2001.

Gindin, Sam/Panitch, Leo: *Globaler Kapitalismus und amerikanisches Imperium.* Hamburg 2009.

Hardt, Michael/Negri, Antonio: *Empire. Die neue Weltordnung.* Frankfurt a. M. 2002.

–/–: *Multitude. Krieg und Demokratie im Empire.* Frankfurt a. M./New York 2004.

Hirsch, Joachim/Roth, Roland: *Das neue Gesicht des Kapitalismus. Vom Fordismus zum Post-Fordismus.* Hamburg 1986.

Holloway, John: *Die Welt verändern, ohne die Macht zu übernehmen.* Münster 2002.

Klein, Naomi: *No Logo!* München 2001.

Kurz, Robert: *Weltordnungskrieg. Das Ende der Souveränität und die Wandlungen des Imperialismus im Zeitalter der Globalisierung.* Bad Honnef 2003.

Mander, Jerry/Goldsmith, Edward: *Schwarzbuch Globalisierung.* München 2002.

Marcos, Subcomandante Insurgente: *Botschaften aus dem Lakandonischen Urwald. Über den zapatistischen Aufstand in Mexiko.* Hamburg 2005.

Rilling, Rainer: *Risse im Empire.* Berlin 2008.

Roth, Karl Heinz: *Der Zustand der Welt. Gegenperspektiven.* Hamburg 2005.

–: *Die globale Krise. Bd. 1 des Projekts Globale Krise – Globale Proletarisierung – Gegenperspektiven.* Hamburg 2009.

Seibert, Thomas: *Krise und Ereignis. Siebenundzwanzig Thesen zum Kommunismus.* Hamburg 2009.

Stiglitz, Joseph E.: *Die Schatten der Globalisierung.* Berlin 2002.

Virno, Paolo: *Die Grammatik der Multitude. Untersuchungen zu gegenwärtigen Lebensformen.* Berlin 2005.

Zeller, Christoph (Hg.): *Die globale Enteignungsökonomie.* Münster 2004.

Ziegler, Jean: *Die neuen Herrscher der Welt und ihre globalen Widersacher.* München 2003.

Žižek, Slavoj: *Auf verlorenem Posten.* Frankfurt a. M. 2009.

Thomas Seibert

III.4 Identität, Gemeinschaft und Religion

1. Religiöser Fundamentalismus

Zur Problematik des Fundamentalismusbegriffs

Der Begriff des Fundamentalismus hat sich seit den 1980er Jahren im Vokabular einer breiten Öffentlichkeit etabliert, wird aber sehr unterschiedlich verwendet. Umgangssprachlich versteht man unter ›Fundamentalismus‹ eine Haltung, die sich durch extreme Rigidität und eine Dramatisierung letzter Werte und Gebote, die keinerlei Kompromisse dulden, auszeichnet. In der Regel bezieht sich der Fundamentalismusbegriff auf religiöse Gruppen, er wird aber gelegentlich auch auf säkulare Bewegungen angewendet, die sich etwa mit Fragen des Umweltschutzes, des Tierschutzes oder der Menschenrechte befassen. Hier ist lediglich von religiösen Gruppen die Rede.

In seiner umgangssprachlichen Verwendung enthält der Fundamentalismusbegriff polemische Töne und wird gelegentlich sogar zum politischen Kampfbegriff. Denn Kompromisslosigkeit wird in der Regel nur bei anderen als Rigidität wahrgenommen, während man sie an sich selbst eher als Prinzipientreue versteht. Insofern sind die Fundamentalisten stets die anderen. Darüber wird die Etikettierung von Gruppen als ›fundamentalistisch‹ gelegentlich zu ihrer Stigmatisierung benutzt, um sie als suspekt oder gar dem Terrorismus nahestehend zu charakterisieren. Staaten sehen sich dann oft in der Bekämpfung des Fundamentalismus zu Mitteln legitimiert, die durch bestehende Gesetze nicht gedeckt sind, oder erlassen Sondergesetze.

Es gibt Einwände gegen den Fundamentalismusbegriff, die sich auf diese diskriminierenden Konnotationen beziehen. Andere lehnen den Begriff ab, weil er dem protestantischen Christentum entlehnt ist und deshalb aus ihrer Sicht nicht auf Bewegungen in anderen religiösen Traditionen übertragen wer-

den dürfe, ohne deren Verständnis zu verfälschen. Ob dies tatsächlich der Fall ist, hängt freilich nicht vom Begriff selbst ab, sondern von seiner Definition. Letztlich ist weniger der Begriff selbst von Interesse als vielmehr die angemessene Konzeptionalisierung einer sozialen Erscheinung. Da sich der Begriff aber einmal eingebürgert hat, spricht viel dafür, ihn nicht aufzugeben, sondern wissenschaftlich zu präzisieren, wie wir dies bei Begriffen wie ›Kommunismus‹ oder ›Faschismus‹ tun, die ja auch häufig nicht analytisch, sondern stigmatisierend verwendet werden.

Zur wissenschaftlichen Eingrenzung des Fundamentalismusbegriffs gibt es eine Reihe von Vorschlägen. Einige Autoren beschränken den Fundamentalismusbegriff auf die abrahamitischen Religionen des Judentums, Christentums und des Islam (Lawrence 1989). Dies geschieht entweder unter Hinweis auf deren Monotheismus oder die literalistische Deutung einer heiligen Schrift. Nicht-monotheistische Religionen, wie der Hinduismus, oder Religionen, deren Berufung auf göttliche Autorität nicht primär auf textlicher Überlieferung und deren ›literalistischer‹ Exegese beruht, wie das katholische Christentum, kennen demnach keinen Fundamentalismus. Solche theologischen Einwände erscheinen aus sozialwissenschaftlicher Sicht jedoch wenig überzeugend, da ihre soziale Bedeutung oft unklar bleibt.

Es ist aus pragmatischen Gründen ratsam, den Fundamentalismusbegriff auf religiöse Bewegungen und Gemeinschaftsbildungen der Moderne zu beschränken. Denn fundamentalistische Bewegungen entstehen dann als Reaktion auf vergleichbare Prozesse sozialen Wandels und in Opposition zu ähnlichen modernistischen Ideologien und Formen der Lebensführung. Da diese Prozesse vergleichbare Generationen von Fundamentalisten in unterschiedlichen Gesellschaften und Kulturen geformt haben, bieten sie einen Bezugsrahmen, in dem generalisierende wie auch partikularisierende Vergleiche erfolgen können.

Geschichte und Ausweitung des Fundamentalismusbegriffs

Historisch hat sich der Fundamentalismusbegriff innerhalb des amerikanischen Protestantismus herausgebildet (Marsden 1980). Dort etablierte er sich zur Bezeichnung einer theologisch konservativen Sammlungsbewegung, die zwar intern weder theologisch noch sozial homogen war, jedoch das gemeinsame Anliegen teilte, die ›Rechtgläubigkeit‹ zu verteidigen. Ein erster Ausdruck dieser Allianz war die Veröffentlichung einer Essay-Sammlung in vier Bänden unter den Titel *Fundamentals. A Testimony to the Truth* im Jahr 1909. Darin ging es vor allem um die Verteidigung einer wörtlichen Bibelinterpretation gegen historisch-kritische Lesarten, die Göttlichkeit Jesu sowie andere traditionelle Dogmen.

Fundamentalisten insistierten speziell auf der biblischen Schöpfungslehre und wollten verhindern, dass Darwins Evolutionstheorie an öffentlichen Schulen gelehrt wird. Daneben übten sie Kritik an Phänomenen wie Prostitution, Wettspiel oder Alkoholkonsum, und machten den Abfall vom Glauben für den Niedergang der öffentlichen Moral verantwortlich. Und so finden sich unter den Feindbildern des Fundamentalismus so unterschiedliche Erscheinungen, wie die Bibelkritik, der Evolutionismus, die Philosophie Friedrich Nietzsches, deutsches Bier, die Frauenemanzipation, der Sozialismus und generell die Kultur moderner Großstädte (Riesebrodt 1990).

Die öffentliche Mobilisierung des Fundamentalismus kulminierte im Scopes-Prozess (Monkey-Trial) von 1925, in dem es um das Verbot des Unterrichtens der Evolutionstheorie an öffentlichen Schulen in Tennessee ging. Obgleich der Lehrer John Scopes für das Verbreiten der Evolutionstheorie zu einer Geldstrafe verurteilt wurde, gelang es seinem Verteidiger Clarence Darrow, den Vertreter des Fundamentalismus, William Jennings Bryan, dem Gespött preiszugeben. Nach dem erlittenen Ansehensverlust zog sich der Fundamentalismus für Jahrzehnte aus der Öffentlichkeit zurück. Dennoch diente der Fundamentalismusbegriff vielen Gruppen noch lange als Selbstbezeichnung. Nach dem Zweiten Weltkrieg wurde der Fundamentalismusbegriff weitgehend vom weniger belasteten Begriff des Evangelikalismus abgelöst, der allerdings weiter gefasst ist.

Seit Anfang der 1980er Jahre erlebte der Fundamentalismusbegriff jedoch eine Renaissance, als konservative evangelikale Strömungen in den USA durch ihr politisches Engagement zu Prominenz gelangten. Sie hatten sich schon seit den 1960er Jahren zunehmend politisiert und der Republikanischen Partei zugewandt. Die überraschende Wahl Ronald Reagans zum amerikanischen Präsidenten im Jahr 1980 wurde ihnen teilweise zugeschrieben. Zu diesem Lager gehörten Prediger, die den Fundamentalismusbegriff zur Selbstbezeichnung benutzten, aber auch andere, die dem Evangelikalismus, der Pfingstbewegung oder allgemein dem charismatischen Protestantismus zuzurechnen sind. In der ›Moral Majority‹ schlossen sich einige dieser Gruppen mit konservativen Katholiken, Juden und Mormonen zusammen.

In Analogie zu diesen Bewegungen im protestantischen Christentum wurde der Fundamentalismusbegriff mangels einer Alternative auch auf radikale islamische Bewegungen übertragen, die sich zur gleichen Zeit politisiert hatten und etwa in der iranischen Revolution (1979), der Besetzung der Großen Moschee in Mekka (1979), dem Widerstand gegen die sowjetische Besatzung in Afghanistan (1979–80) oder der Ermordung Anwar as-Sadats (1981) aktiv waren.

Der Begriff wurde schließlich auch auf Bewegungen in nahezu allen Religionen ausgeweitet. Der Begriff eines jüdischen Fundamentalismus wurde zumeist an der radikalen Siedlerbewegung in Israel festgemacht, wie etwa Gush Emunim (Lustick 1988). Auch mormonische Randgruppen, die an der Polygamie festhalten, werden gerne als fundamentalistisch bezeichnet. Im Hinduismus wurde er etwa auf die 1980 gegründete religiös-nationalistische Bharatiya Janata Party (BJP) angewendet. Im Sikhismus auf die separatische Bewegung unter Jarnail Singh Bindranwale, der sich 1982 im Goldenen Tempel in Amritsar verschanzte und von dort zum bewaffneten Kampf gegen die Regierung und die Hindus aufrief. Selbst im Konfuzianismus fand man fundamentalistische Strömungen (Marty/Appleby 1993–1995).

Ob eine so breite Streuung des Fundamentalismusbegriffs wirklich sinnvoll ist und ob alle diese Gruppen als fundamentalistisch bezeichnet werden sollten, sei dahingestellt. Man machte es sich aber zu leicht, wenn man die Anwendung des Begriffs auf Gruppen in diesen Religionen allein deshalb ablehnt, weil er ursprünglich dem protestantischen Christentum entstammt. Natürlich tragen christliche, islamische oder hinduistische Bewegungen traditionsspezifische Züge. Jedoch bedeutet dies keineswegs, dass diese stets relevanter sein müssen als traditionsübergreifende Strukturmerkmale.

Will man den Fundamentalismusbegriff in ein universales soziologisches Konzept transformieren, muss man ihn freilich von spezifisch protestantischen oder christlichen Besonderheiten befreien. Dabei hat man eine Reihe von Optionen. Man kann den Begriff an seiner Ideologie, seiner Organisationsform, seiner Trägerschaft oder einer Kombination dieser Faktoren festmachen, wobei die Ideologie das stabilste Element darstellt. Gruppierungen, die als Träger einer fundamentalistischen Ideologie auftreten, wechseln im Verlauf ihrer Geschichte und den damit einhergehenden generationsspezifischen Transformationsprozessen sowohl ihre soziale Zusammensetzung wie auch ihre Organisationsform, bleiben ideologisch aber relativ konstant. Soziale Trägerschaft und Organisationsform sollten deshalb nicht selbst als Definitionsmerkmal dienen, sondern besser in einer Typologie des Fundamentalismus berücksichtigt werden. Man kann zudem zwischen einem legalistisch-literalistischen und einem charismatischen Fundamentalismus unterscheiden (vgl. Riesebrodt 1990). Denn viele charismatische Gruppen teilen die strikte Regulierung des Alltagslebens auf der Grundlage religiöser Prinzipien und ritueller Verpflichtungen, gehen jedoch darüber hinaus, indem sie zusätzlich die außeralltägliche, oft ekstatische Gnadenerfahrung zum wichtigen Kriterium religiösen Heils erheben.

Grundstrukturen des Fundamentalismus

Fundamentalismus lässt sich anhand einer Reihe typischer, sich teilweise überschneidender Denkmuster beschreiben, die sich auf sein Verständnis von Geschichte, Politik, Anthropologie und Ethik beziehen. Im Gegensatz zum aufklärerischen Bild der Geschichte als Fortschritt, versteht der Fundamentalismus Geschichte in der Regel als Niedergang. Es ist eine Geschichte des Abfalls von ewig gültigen Ordnungs- und Moralprinzipien, und demzufolge ist die ›Moderne‹ keine positive Errungenschaft, sondern eine Verfallserscheinung. Nur durch Rückgriff auf die Tradition und ihre altehrwürdigen Prinzipien könne man die Krise überwinden.

Fundamentalismus ist stets politisch, aber die Reichweite seines Herrschaftsanspruchs variiert. Er kann sich auf die Gemeinschaft der Auserwählten beschränken oder aber missionarisch die Welt verändern wollen. Beides ist oft gekoppelt mit eschatologischen Vorstellung, nach denen am ›Ende der Zeiten‹ ein Retter erscheint, Gericht hält und eine ideale Ordnung errichtet. Fundamentalismus lehnt den Individualismus ab und vertritt eine organizistische patriarchalische Anthropologie und Moral. Männer und Frauen sind demnach für einander bestimmt und haben unterschiedliche Rechte und Pflichten, die auf einander bezogen sind. Fundamentalismus vertritt in der Regel eine strikte Gesetzesethik oder Ritualethik. Gesetze und Ritualvorschriften gelten absolut und sind nicht umdeutbar als kontextabhängige oder gar metaphorische Aussagen.

Fundamentalismus als radikalisierter Traditionalismus

Fundamentalismus ist innovativ und repräsentiert einen Prozess der Verteidigung, Erneuerung und Erfindung von Tradition. Diese Innovation erwächst aus dem Spannungsverhältnis zwischen Tradition und Moderne und inkorporiert Aspekte beider. Die idealisierte oder imaginierte Sozialordnung des ›Goldenen Zeitalters‹ repräsentiert demzufolge keine ›Rückkehr ins Mittelalter‹, sondern eine eigenartige Mischung von Tradition und Moderne, von erfundener Vergangenheit und imaginierter Zukunft, von selektiver Akzeptanz und Zurückweisung moderner Institutionen und Ideen.

Fundamentalismus entsteht aus der Dynamik neuer Gruppenbildungen hervorgerufen durch Prozesse wie Industrialisierung, Urbanisierung, Bürokratisierung, Säkularisierung und Globalisierung. Er betont deshalb solche Aspekte, die als zentral und bedroht empfunden werden. Dabei werden auch schmerzhafte Veränderungen der Gegenwart, die nichts mit der Tradition zu tun haben, als Verletzung traditionaler Rechte oder Moral gedeutet. So wird ein relativ umfassendes System der Erklärung und Agitation geschaffen, das eine Gesellschaftskritik, den Entwurf einer idealen Sozialordnung sowie eine heilsgeschichtliche Dramatisierung der Gegenwart enthält. Dabei nehmen Fundamentalisten oft Bezug auf konkurrierende Ideologien, wie Nationalismus, Liberalismus und Marxismus. Zugleich werden häufig brachliegende eschatologische und chiliastische Denkmuster aktiviert und dramatisiert.

Fundamentalismus als radikaler Patriarchalismus

Obgleich die Lebensführung und Ideologie verschiedener fundamentalistischer Gruppen und Bewegungen große Variationen aufweisen, tendieren alle zur Propagierung und Idealisierung patriarchalischer Autorität und Moral. Sie stimmen in der Befürwortung eines Geschlechterdualismus überein, nach dem Männer und Frauen von Natur aus unterschiedlich – weil füreinander geschaffen – seien. Die Familie wird als eine ›heilige Institution‹ angesehen, die dieses füreinander Bestimmtsein zum Ausdruck bringe. Die gottgegebene Aufgabe der Frau sei demnach das Gebären und Aufziehen von Kindern, ihre ›natürliche‹ Sphäre die häusliche. Die vorherbestimmte Rolle des Mannes sei das Zeugen von Kindern sowie der Unterhalt und Schutz der Familie, seine ›natürliche‹ Sphäre die außerhäusliche. Diese Rollenerwartungen und die Unterordnung der Frau finden im jeweiligen Habitus symbolischen Ausdruck. So wird etwa der weibliche Körper züchtig bedeckt, damit er nicht die männlichen Leidenschaften errege. In einem islamischen Kontext bezieht sich dies auf die ›Verschleierung‹ der Frau, während in einem christlichen Kontext etwa die Rocklänge oder der Ausschnitt des Kleides zur Debatte steht. Doch, was immer die kulturelle Form sein mag, diese Sicht der Geschlechterdifferenz und die dazugehörige patriarchalische Autorität, Sozial- und Sexualmoral sind zentrale Bestandteile fundamentalistischer Ideologie und Identität.

Trotz dieser strikten patriarchalischen Ideologie motiviert der Fundamentalismus auch Frauen, sich die religiöse Tradition selbst anzueignen. Im Zusammenspiel mit der zunehmenden Einbeziehung von Frauen ins höhere Bildungswesen und in den Arbeitsmarkt findet somit auch innerhalb fundamentalistischer Milieus eine Neuverhandlung der Geschlechterbeziehungen statt. Die grundlegenden patriarchalischen Ordnungsprinzipien gelten auch für Wirtschaft und Politik, die in Analogie zur Familie gedacht werden. Fundamentalisten sehen die Rolle des Staates primär als Wächter der sozialmoralischen Ordnung und als Beschützer der Gläubigen gegenüber den ›Anderen‹.

Typologie fundamentalistischer Organisationsformen

Legt man die vorgeschlagene Definition zugrunde, kommt Fundamentalismus in unterschiedlichen Organisationsformen vor. Fundamentalisten lehnen den Status quo ab, der ihnen als unmoralisch und ungerecht erscheint. Jedoch kann diese Ablehnung entweder zur Weltveränderung oder zur Absonderung von der Welt verpflichten, die beide in einer Vielfalt von Organisationsformen realisiert werden können. Rückzug von der Welt kann etwa als räumliche Trennung in Gestalt einer Kommune oder als symbolische Trennung in Form einer Subkultur praktiziert werden. Weltveränderung kann etwa als soziale Bewegung, als Geheimgesellschaft oder als politische Partei Ausdruck finden. Solche Haltungen und Organisationsformen sind jedoch nicht statisch, sondern können sich im Verlauf der Zeit ändern. Quietismus kann in Aktivismus umschlagen, eine religiöse Bewegung kann sich zu einer Partei entwickeln oder in eine Subkultur verwandeln, eine Kommune kann zu einer Geheimgesellschaft werden. Diese internen Dynamiken legen es nahe, den Fundamentalismusbegriff nicht an eine spezifische Organisationsform zu koppeln.

Trägerschaft

Fundamentalismus ist auch sozial innovativ, indem er Menschen von unterschiedlicher sozialer Herkunft und aus verschiedenen Klassensegmenten in neue Gemeinschaften und Bewegungen auf der Grundlage religiöser Ideale und Praktiken integriert. Fundamentalistische Bewegungen verstehen sich selbst nicht als Klassenbewegungen. Ihre Gruppenidentität und Sicht eines geteilten Schicksals beruht primär auf geteilten Idealen einer sozialmoralischen Ordnung und anderen außerökonomischen Kriterien. Dieses fehlende Klassenbewusstsein ist keineswegs nur ein Effekt sozialer Heterogenität, sondern oft eine programmatische Zurückweisung der ›unbrüderlichen‹, utilitaristischen und materialistischen modernen Marktgesellschaft.

Die fundamentalistische Lebensführung trägt häufig asketische Züge. Sie weist die moderne Konsumkultur zurück und betont stattdessen Nüchternheit und Mäßigung. Freizeit wird in der Familie und in religiösen Vereinigungen verbracht. Zudem beschränkt die strikte Befolgung religiöser Vorschriften den sozialen Verkehr mit Außenstehenden. All dies trennt die Fundamentalisten vom Rest der Gesellschaft und verstärkt ihre partikularistische Identität, die häufig in speziellen Speisevorschriften, Kleidung und Haartracht symbolischen Ausdruck findet. In vielen Fällen schafft sich der Fundamentalismus auch seine eigene Infrastruktur, wie Kindergärten, Schulen, Sozialeinrichtungen, Restaurants und Läden. Dies gibt ihm größere Unabhängigkeit von der Gesellschaft und erhöht somit seine Chancen, seine Ideologie und Lebensführung an die nächste Generation weiterzuvermitteln.

Die Geschichte speziell des christlichen und islamischen Fundamentalismus im 20. Jahrhundert weist interessante Wandlungsprozesse innerhalb seiner sozialen Zusammensetzung auf. Die erste Generation der Fundamentalisten entstammt zumeist der traditionellen Mittelschicht und Arbeiterschaft sowie solchen Teilen der neuen Mittelschicht, die noch starke Bindungen an das traditionalistische Milieu besitzen. Spätere Generationen sind hingegen primär von Angehörigen der neuen Mittelschicht geprägt, wobei der Sitz oft moderne Massenuniversitäten und deren technische Fächer sind (Kepel 1995). Einerseits finden wir hier die Grenzgänger zwischen modernistischem und traditionalistischem Milieu, die zwischen traditionalistischem Elternhaus und moderner Bildung und Lebensführung hin- und hergerissen sind, zum anderen aber auch Neubekehrte, Töchter und Söhne oftmals säkularer Eltern, die sich dem Fundamentalismus als einer Ideologie der Opposition gegen den säkularen Staat und das säkulare Elternhaus zuwenden.

Fundamentalismus als Sozialdisziplinierung

In ihrem Bemühen, die ideale Ordnung der Urgemeinde wiederherzustellen, erweisen sich Fundamentalisten als Reformatoren religiöser Praktiken und Autoritätsstrukturen. Gestützt auf eine bemerkenswerte Mobilisierung religiöser Laien, bildet sich häufig eine neue Schicht von Intellektuellen heraus, welche die speziellen Beschwerden und Forderungen sozialer Gruppen und Personenkategorien artikuliert, die bisher weitgehend von der Teilnahme am öffentlichen Leben ausgeschlossen waren. Jedoch geht es beim Fundamentalismus keineswegs ausschließlich oder auch nur vorherrschend um politische Mobilisierung oder Streben nach wirtschaftli-

chem Aufstieg, sondern in vielen Fällen weit stärker um die Formung der Person durch fromme Lebensführung und die Kultivierung eines spezifischen religiösen Ethos. Fundamentalistische Religiosität definiert vor allem selbst Ziele, die aufgrund des Glaubens an ihren Eigenwert verfolgt werden. Der Fundamentalismus mobilisiert religiöse Laien, motiviert sie dazu, heilige Texte selbst zu lesen und zu interpretieren sowie ihr eigenes Leben bewusst nach ethischen und rituellen Vorschriften auszurichten (Mahmood 2005). Auch hier ist wiederum die Einbeziehung von Frauen von besonderer Bedeutung. Denn aufgrund der zentralen Rolle von Frauen im Sozialisationsprozess formt dieses neue Ethos auch künftige Generationen.

Fundamentalismus, Globalisierung und der ›Kampf der Kulturen‹

Die fundamentalistische Mobilisierung hat viele Ursachen, die stets konkret sind und lokal oder regional beginnen. Globalisierung gehört ohne Zweifel zu diesen Ursachen. Es bedarf aber der Identifizierung der konkreten Auswirkungen von Globalisierungsprozessen auf lokale und regionale Verhältnisse, um diese kausal zuzurechnen. Fundamentalismus kann etwa als Abwehrreaktion gegen die globale Ausweitung westlicher Macht, Kultur, Lebensführung und Verhaltensnormen entstehen, wie dies etwa in vielen islamischen Bewegungen der Fall ist. Er kann aber auch als Anpassung an die wirtschaftliche Herausforderung der Globalisierung entstehen, wie das etwa in der Pfingstbewegung Lateinamerikas zu beobachten ist. Fundamentalistische Bewegungen können aber auch aus ethnischen und nationalen Spannungen hervorgehen, wie etwa in der jüdischen Siedlerbewegung oder der hinduistischen Bharatiya Janata Party (BJP).

Generell kann man sagen, dass sich die Trägerschaft des Fundamentalismus aus sozialen Klassen rekrutiert, die sich entweder in besonderem Maße von sozialem Abstieg bedroht fühlen oder deren Erwartungen eines sozialen Aufstiegs besonders drastisch enttäuscht wurden. Es sind also keineswegs die armen Massen, die fundamentalistisch sind, obgleich sie von fundamentalistischen Intellektuellen gelegentlich mobilisiert werden können.

Die traditionelle Mittelschicht kann fundamentalistisch werden, wenn sie sich bedroht und entfremdet fühlt durch zunehmende kulturelle und wirtschaftliche Marginalisierung und politische Entmündigung. Die Zentralisierung und Säkularisierung des Staates distanziert sie von politischen Entscheidungsprozessen, interveniert in lokale Autonomie und bürokratisiert (und säkularisiert) das Erziehungs- und Rechtsprechungssystem. Moderne Parteien sind oft primär mit den aufsteigenden sozialen Klassen verbunden und deshalb nicht in der Lage oder daran interessiert, größere Segmente der traditionalistischen Mittelschicht zu integrieren und ihre spezifischen wirtschaftlichen und Status-Interessen anzusprechen.

Enttäuschte Aufstiegserwartungen spielen in der Mobilisierung der modernen Mittelschicht eine dominante Rolle, vor allem bei den oben erwähnten ›Grenzgängern‹ und Neubekehrten, zu denen auch viele Migranten gehören. Vielfach scheitern die Erwartungen dieser Gruppen hinsichtlich ihrer Berufsperspektiven, ihres wirtschaftlichen Wohlstandes, sozialen Aufstiegs und Prestiges an der Realität autoritärer Staaten, aufgeblähter Bürokratien und verkrusteter Wirtschaftsstrukturen. Als Reaktion darauf wenden sie sich oft gegen den Staat und projizieren ihre Aufstiegshoffnungen in eine imaginierte gerechte Sozialordnung einer vergangenen Ära, die es zu restaurieren gelte. Für alle, die von solch dramatischen Wandlungsprozessen negativ betroffen sind, die Probleme mit den sich wandelnden Normen und Strukturen sozialer Beziehungen haben oder die glauben, einen zu hohen Preis für den neu erworbenen Status gezahlt zu haben, stellt die Zurückweisung der gegenwärtigen Ordnung und ihrer Repräsentanten eine nachvollziehbare Reaktion dar.

Fundamentalismus ist aber kein zufälliges Sammelbecken von Unzufriedenen. Seine Attraktion besteht darin, dass er Normen und Sinngebungen in chaotisch empfundenen Zeiten bietet. Perioden dramatischen Wandels in Form sozialen Auf- und Abstiegs, horizontaler und demographischer Mobilität machen nicht nur die Definition sozialer Identität und Solidarität, sondern auch wirtschaftlicher Interessenlagen extrem schwierig, die ja auch von der Einbettung in soziale Beziehungen abhängt. Man muss wissen, wer man ist, zu wem man gehört, von wem man Solidarität erwartet und wem man sie schuldet, um seine Interessen definieren zu können. Eine Weltanschauung wie die fundamentalistische überwindet diese Konfusion und bietet eine umfassende Sinngebung (eine Sozialkritik, Ideale einer gerechten Ordnung und ein Geschichtsbild), die die

historischen Umbruchserfahrungen der verschiedenen Trägergruppen anspricht und in einen geordneten Erklärungszusammenhang bringt. Der modernistischen Utopie unaufhaltsamen Fortschritts und individueller Chancen setzen sie das dramatische Szenario einer ungerechten und unmoralischen Gesellschaft entgegen, in der nicht Gegensätze zwischen Interessen bestehen, sondern zwischen Gut und Böse, der Partei Gottes und der Partei Satans.

Fragen patriarchalischer Autorität und Moral dominieren dabei, weil Wandlungen in der Familie und den Geschlechterbeziehungen dramatisch erfahren werden. Obendrein besitzen Fragen der Geschlechterbeziehungen und Sexualmoral einen zentralen symbolischen Stellenwert im Konflikt zwischen Modernisten und Fundamentalisten. Da alle Symptome des Niederganges in der fundamentalistischen Ideologie durch den Abfall vom Glauben erklärt werden, der wiederum engstens an patriarchalische Ordnungsvorstellungen und Moral geknüpft ist, werden selbst politische und ökonomische Konflikte als ›Kulturkampf‹ zwischen Säkularisten und dem Staat einerseits und den Frommen und ihrem Gott andererseits verstanden und ausagiert.

Warum wenden sich Menschen religiösen anstatt säkularen Ideologien zu? Für solche, die sich einer religiösen Tradition verpflichtet fühlen, ist eine religiöse Artikulation ihres Protests sowieso naheliegend. Aber es treten strukturelle Gründe hinzu. Wenn etwa das modernistische Milieu mit einem militanten Säkularismus assoziiert wird, erhöht das die Wahrscheinlichkeit, dass die Opposition sich zur Artikulation ihres Protestes religiöser Sprache, Symbole und Argumente bedient (Juergensmeyer 1993). Religion bietet zudem eine exzellente Grundlage zur Legitimation des Kampfes gegen das modernistische Milieu und seine Lebensführung. Religion gibt dem Kampf eine höhere Weihe und erlaubt breite Koalitionen, indem sie die Opposition jenseits von Klasseninteressen in eine Gemeinschaft der Gerechten und in eine Partei Gottes transformiert.

Zudem bietet Religion eine Infrastruktur. So verfügen religiöse Traditionen über eine lebensstrukturierende und gemeinschaftsbildende Routine religiöser Praktiken. Es bestehen Feiertage, die spezifische Erinnerungen und Symbole pflegen, die auf die jeweilige aktuelle Situation angewendet werden können. Und Religionen verfügen in der Regel über Intellektuelle, die in der Lage sind, Ideologien zu artikulieren und Gruppen zu organisieren. Zudem sprechen Religionen den Menschen tendenziell umfassender an als säkulare Ideologien. Von der Geburt bis zum Tod, von den intimsten zu den öffentlichsten Seiten der menschlichen Existenz stellen Religionen Deutungen und Praktiken bereit, die aufgrund ihrer Tradition und Sakralität oft einen Vertrauensvorsprung vor allen säkularen Alternativen genießen (Riesebrodt 2007).

Samuel Huntington (2006) hat das Szenario einer neuen Weltordnung entworfen, die durch Zivilisationen und ihre Konflikte gekennzeichnet ist. Menschen identifizieren und solidarisieren sich nach ihm zunehmend auf der Basis letzter religiöser Werte. Nicht politische Ideologien oder wirtschaftliche Interessenlagen, sondern religiös geprägte Zivilisationen dominieren die Welt in der Zukunft. Oberflächlich gesehen, klingt die These zunächst plausibel. Es gibt in der Tat Beispiele, die eine solche Deutung zulassen. Aber das Szenario ist letztlich doch selbst fundamentalistisch überzogen. Die verschiedenen religiösen Traditionen sind intern recht vielschichtig und keineswegs mehrheitlich fundamentalistisch orientiert. Obgleich religiöse Traditionen die Grundlage für soziale Identität und Solidarität bilden können, sind in der gegenwärtigen Welt alle Traditionen in eine Vielzahl kultureller Milieus fragmentiert, die unterschiedliche Haltungen gegenüber wesentlichen Zügen des modernen Lebens vertreten. Vergleichbare Milieus in verschiedenen Traditionen ähneln einander oft mehr als ihren Gegenmilieus innerhalb derselben Religion. Zudem bilden Zivilisationen keineswegs territoriale Einheiten, die man voneinander geographisch trennen kann, wie Huntington das tut. Vielmehr tragen alle Zivilisationen durch Migrations- und Diffusionsprozesse einen synkretistischen Charakter.

Insofern muss ein realistisches Szenario möglicher Beziehungen der Solidarität und des Konflikts weitaus komplexer und mobiler sein als das von Huntington vorgeschlagene, das Zivilisationen fundamentalistisch homogenisiert. Fundamentalismus repräsentiert weder den zeitlosen religiösen Kern einer ›Zivilisation‹ noch eine temporäre Verirrung vom prädestinierten Pfad zum Säkularismus, sondern ein sich stets erneuerndes soziales Phänomen innerhalb der modernen Welt.

Literatur

Almond, Gabriel A./Appleby, R. Scott/Sivan, Emmanuel: *Strong Religion. The Rise of Fundamentalisms around the World.* Chicago 2003.

Antoun, Richard: *Understanding Fundamentalism: Christian, Islamic, and Jewish Movements.* Lanham 2008.

Bruce, Steve: *Fundamentalism.* Cambridge 2008.

Heitmeyer, Wilhelm/Müller, Joachim/Schröder, Helmut: *Verlockender Fundamentalismus.* Frankfurt a. M. 1997.

Huntington, Samuel P.: *Kampf der Kulturen. Die Neugestaltung der Weltpolitik im 21. Jahrhundert.* München 2006.

Juergensmeyer, Mark: *The New Cold War? Religious Nationalism Confronts the Secular State.* Berkeley 1993.

Kepel, Gilles: *Der Prophet und der Pharao. Das Beispiel Ägypten: Die Entwicklung des muslimischen Extremismus.* München 1995.

Lawrence, Bruce B.: *Defenders of God: The Fundamentalist Revolt Against the Modern Age.* San Francisco 1989.

Lustick, Ian: *For the Land and the Lord. Jewish Fundamentalism in Israel.* Washington 1988.

Mahmood, Saba: *Politics of Piety: The Islamic Revival and the Feminist Subject.* Princeton 2005.

Marsden, George: *Fundamentalism and American Culture: The Shaping of Twentieth Century Evangelicalism 1870–1925.* New York 1980.

Marty, Martin E./Appleby, R. Scott: *Fundamentalisms and Society.* Chicago 1993.

–/–: *Fundamentalisms and the State.* Chicago 1993.

–/–: *Fundamentalisms Observed.* Chicago 1994.

–/–: *Accounting for Fundamentalisms.* Chicago 1994.

–/–: *Fundamentalisms Comprehended.* Chicago 1995.

Riesebrodt, Martin: *Fundamentalismus als patriarchalische Protestbewegung.* Tübingen 1990.

–: *Die Rückkehr der Religionen.* München 2001.

–: *Cultus und Heilsversprechen.* München 2007.

Six, Clemens/Riesebrodt, Martin/Haas, Siegfried (Hg.): *Religiöser Fundamentalismus. Vom Kolonialismus zur Globalisierung.* Innsbruck/Wien/München 2005.

Martin Riesebrodt

2. Politischer Islamismus

Allgemeine Abgrenzung

Fundamentalismus und Islamismus: ›Fundamentalismus‹ wird häufig als gleichbedeutend mit Radikalismus betrachtet (s. Kap. III.4.1). Im Islam ähnlich wie in anderen Religionen bezeichnet der Fundamentalismus eine geistige Haltung, die durch kompromissloses Festhalten an religiösen Grundsätzen gekennzeichnet ist. Fundamentalismus ist an sich weder politisch radikal noch revolutionär, er wird es erst, wenn seine Anhänger Forderungen nach einer Reform der Gesellschaft in einer politischen Sprache zum Ausdruck bringen (vgl. Roy 2001, 29). Der islamische Fundamentalismus wird oft mit dem protestantischen verglichen, obwohl beide von ihrer historischen und kulturellen Entwicklung her deutlich voneinander zu unterscheiden sind (vgl. Gemein/Redmer 2005, 11–13; Heine 2003, 9; Riesebrodt 1990; 2000, 50–52; Steinbach 1992, 81). Beiden ist allerdings gemein, dass ihre Anhänger in der europäischen Moderne eine Gefahr für ihren Glauben sehen (vgl. Metzger 2000, 9 f.; Sfeir 2009, 9). Der Fundamentalismus beansprucht immer eine Rückkehr zu den grundlegenden Texten der Religion, ohne jedoch etwaigen historischen, gesellschaftspolitischen und wissenschaftlich-technischen Entwicklungen gerecht zu werden. Diese Haltung kann sowohl zu extremem Konservatismus als auch zu einer Neubegründung sozialer und politischer Ordnungen führen (vgl. Roy 2001, 29).

Historisch betrachtet ist die Ideologisierung und Politisierung des Fundamentalismus in den muslimischen Ländern erst in den 1920er und 1930er Jahren entstanden. Dabei war die Konfrontation mit den Kolonialmächten ausschlaggebend. In diesem historischen Kontext liegt die Wurzel für die Entstehung des politischen Islams bzw. des Islamismus. Nach der Unabhängigkeit der muslimischen Länder forderten die islamischen Fundamentalisten eine Islamisierung der neugegründeten Nationalstaaten nach dem Vorbild einer idealisierten muslimischen Gemeinschaft (vgl. Reissner 1996, 630–632). Roy definiert den Islamismus als eine »politische und radikale Interpretation des Fundamentalismus« (Roy 2001, 30). Somit ist er als eine politisierte Form von Religion und daher als politische Ideologie, die an Dogmen und Idealen orientierte Einstellungen und Wertvorstellungen zur Bewegung der Massen verwendet, einzustufen (vgl. Gemein/Redmer 2005, 16).

Politischer Islam oder Islamismus: Politischer Islam oder Islamismus – wie ihre synonymen Bezeichnungen ›Integrismus‹ oder ›islamistische Bewegung‹ – stellen eine religiös-politisch organisierte Strömung und Ideologie dar, die erst in der ersten Hälfte des 20. Jahrhunderts v. a. in Ägypten und auf dem indischen Subkontinent (Pakistan) entstanden sind. Ihre Wurzeln gehen jedoch bis in die frühe Geschichte des Islam zurück (vgl. Meier 1994, 169–171; Steinbach 1992, 82–84). Daher stelle, so Steinbach, der Islamismus eine späte politische Sonderentwicklung des Islam bzw. der islamischen Religion dar und sollte nicht mit dem Islam verwechselt werden, auch wenn dies immer wieder von den Islamisten, die sich allein als die wahren Vertreter des Islam sehen, behauptet werde. Außerdem unterscheide sich der Islamismus sowohl vom traditionalistischen Islam, dem die große Mehrheit der Muslime überall auf der Welt angehöre, als auch vom Volksislam, der in der Regel Elemente der islamischen Mystik beinhalte (vgl. Steinbach 1992, 81 f.).

Nach seiner Entstehung verbreitete sich der Islamismus als politisches Phänomen in der Form einer religiös-politischen Oppositionsbewegung schnell über die gesamten muslimischen Länder. Seit den 1930er und 1940er Jahren existieren mehrere islamistische Bewegungen in den verschiedenen Teilen der muslimischen Welt. Die bekanntesten sind die Muslimbruderschaft (*Jamʿīyat al-ikhwān al-muslimīn*) in Ägypten und die Islamische Gemeinschaft (*Jamāʿat-i islāmī*) unter indischen Muslimen (vgl. Reissner 1996, 632–639; Roy 2001, 37–69). In einigen Ländern, wie z. B. im Iran 1979, gelang es den Islamisten, die politische Macht zu übernehmen und der ›islamischen Revolution‹ eine globale Geltung zu geben (vgl. Metzger 2000, 66–68).

Als politische Ideologie umfasst der Islamismus alle sozialen Lebensbereiche der Gesellschaft und zielt darauf ab, eine muslimische Gesellschaft und ein islamistisches Staatswesen aufzubauen, die nach dem Vorbild der muslimischen Gemeinde zu Lebzeiten des Propheten Moḥammed und seiner ersten Nachfolger, der ›rechtgeleiteten Kalifen‹ organisiert sind (vgl. Peters 1996, 130). Er versucht somit, die historische ›muslimische Gemeinschaft‹ (*umma*) erneut ins Leben zu rufen.

Islamismus und Neofundamentalismus: Der Islamismus ist seit der zweiten Hälfte des 20. Jahrhunderts zum internationalen Phänomen geworden. Seine Anhänger versuchen, seine politischen Zielsetzungen sowohl mit friedlichen Mitteln als auch mit Gewalt durchzusetzen. Mit der islamischen Revolution 1979 wurde der Iran zur Inspiration für Islamisten weltweit, wobei man den schiitischen Islamismus historisch wie ideologisch vom sunnitischen unterscheiden muss (vgl. Metzger 2000, 48–53; Reissner 1996, 642–644). Beide beziehen sich auf die Dogmen der jeweiligen Glaubensgemeinschaft, die auf ihre unterschiedliche Entstehungs- und Entwicklungsgeschichte im frühen Islam zurückzuführen sind. Der Islamismus hat seit den 1970er Jahren zunehmend eine transnationale Dimension erlangt. Seine Anhänger sind sowohl in den muslimischen als auch in den ›westlichen‹ Gesellschaften aktiv geworden. Diese Entwicklung brachte in einigen Fällen zusätzliches Konfrontationspotential mit sich. Vor allem die Terroranschläge des 11. September 2001 in den USA und die darauf folgenden Anschläge in Bali (2002), Riad (2003/2004), Casablanca (2003), Madrid (2004) und London (2005) haben deutlich gezeigt, dass einige islamistische bzw. *ǧihādistische* Bewegungen wie z. B. Al-Qaida den Weg des Terrors und der Gewalt gewählt haben, um ihre Ziele zu erreichen.

Gerade im Zeitalter der globalen Vernetzung gewinnt der Islamismus wegen seiner Betonung der grenzenlosen Brüderlichkeit und der virtuellen muslimischen Gemeinschaft immer mehr an Aktualität. Diese virtuell grenzenlose Entwicklung des Islamismus und dessen problematische Einbettung in eine nationale und internationale Politik wird von Roy als ›Neofundamentalismus‹ oder ›Post-Islamismus‹ bezeichnet (Roy 2001, 14; 2006, 17). Dieser löse in unserer Zeit den klassischen politischen Islamismus ab, da er – sei es politisch oder apolitisch – der gegenwärtigen Situation der Muslime in einer nach der digitalen Wende global vernetzten Welt und im Spannungsfeld zwischen dem Islam und dem Westen besser gerecht wird (vgl. Roy 2001, 7–14; 2006, 23, 229–284): »Heutzutage findet die Radikalisierung und Re-Islamisierung unter dem Banner des Neofundamentalismus statt, der ebenso eine Folge der Staatskrise in muslimischen Ländern ist wie der Entterritorialisierung des Islam, die sich weitgehend unter dem Einfluss der Migration nach Westen vollzieht.« (Roy 2006, 100)

Entstehung und Entwicklung des Islamismus

Der Islamismus entstand u. a. als Reaktion auf die intellektuelle Reformbewegung der arabischen Renaissance (*nahda*) und auf die im Jahr 1924 abgeschaffte islamische Regierungsform des Kalifats, die seit dem Tod des Propheten Muḥammad im Jahr 632 im muslimischen Raum vorherrschte (vgl. Sfeir 2009, 9; Steinbach 1992, 84 f.). In diesem Zusammenhang stellt er innerhalb der islamischen Kultur eine Art »Gegen-Reformation« (Sfeir 2009, 9) dar, die eine Rückkehr zu den Grundwerten des frühen Islam fordert, wobei ihr ideologisches Ziel – die Errichtung eines ›islamischen Systems‹ – jedoch in dem Wandel der gesellschaftlichen Realität gemäß einer Islamisierung der Moderne besteht (vgl. Meier 1994, 172 f.).

Die islamistischen Bewegungen verstehen den Islam als eine politische Ideologie, die alle sozialen Lebensbereiche umfasst und selbst die Privatsphäre nicht ausspart. Als ablehnende Reaktion auf die europäische Moderne, mit Ausnahme ihrer technischen und industriellen Neuerungen, ebenso wie auf die damit verbundene säkulare Erneuerungsbewegung in der muslimischen Welt, versuchen diese Bewegungen durch die Re-Islamisierung, d.h. durch eine politisierte Interpretation des Koran und der *sunna* sowie eine religiös-politische Lebensführung, den einzigen für sie vorstellbaren Ausweg aus der politischen, ökonomischen und kulturellen Krise der muslimischen Gesellschaften in der ersten Hälfte des 20. Jahrhunderts zu weisen und damit eine ›Verwestlichung‹ der Gesellschaft zu verhindern. Die Krise der muslimischen Gesellschaften resultierte zum einen aus der seit dem 19. Jahrhundert zunehmenden europäischen Übermacht und der daraus folgenden Kolonialisierung bzw. der gegenwärtigen unausgewogenen Globalisierung und zum anderen aus den internen sozial-politischen Strukturen dieser Gesellschaften. Die Islamisten führen diese objektiven Gründe der historischen Krise darauf zurück, dass die heutigen muslimischen Gesellschaften vom Wort Gottes abweichen und den *Koran* nicht als ihre Verfassung wahrnehmen.

Zahlreiche islamistische Theoretiker haben seit den 1920er Jahren an der Systematisierung ihrer Auffassung gearbeitet. Sie beschäftigen sich sowohl mit den Fragen der Errichtung eines ›islamischen Staates‹ und einer islamischen ›Sozialordnung‹ als auch mit den strategischen Aspekten der Machtübernahme. Die Forschung ist sich darüber einig, dass die Lehre von den sunnitischen Islamisten Ḥasan al-Bannā (1906–1949) und Abū l-Aᶜlā al-Maudūdī (1903–1979) gegründet wurde und später von Sayyid Quṭb (1906–1966) weiterentwickelt bzw. radikalisiert worden ist. Daneben entwickelten Theoretiker wie Ruḥallah Musāvī Khomeinī (1902–1989), ᶜAli Šarīᶜatī (1933–1977) und Moḥammad Bāqer aṣ-Ṣadr (1935–1980) eine schiitische Version des Islamismus (vgl. Kepel 2002, 151–171; Metzger 2000, 48–53; Reissner 1996, 642–644; Roy 2001, 38).

Der Volksschullehrer Ḥasan al-Bannā gründete 1928 in der Hafenstadt Ismāʿīlīya/Ägypten die Muslimbruderschaft (zu Ḥasan al-Bannā vgl. Lübben 2004). Diese religiös-soziale Organisation verbreitete sich rasch und ist bis heute im sunnitischen Raum die größte und bedeutendste islamistische Organisation. Sie versteht sich als eine Organisation, die religiöse Erneuerung und soziale Reformen miteinander in Einklang bringen will, um das ›islamische System‹ mittels einer ›Rückkehr zu den Altvorderen‹ (as-salaf aṣ-ṣāliḥ) zu verwirklichen. Zugleich sieht sie sich als die Mutterbewegung aller anderen (sunnitischen) islamistischen Bewegungen – ganz unabhängig davon, ob sich diese unmittelbar auf die frühen Muslimbrüder stützen oder sich bewusst von ihnen distanzieren (vgl. Lübben 2004, 120; Meier 1994, 171 f.; Reissner 1996, 632–636).

Die Muslimbruderschaft ist zwar ihrer Entstehung und ihrem organisatorischen Charakter nach volksnah und hat sich als eine Massenbewegung etabliert, jedoch ist sie im Kontext der Polarisierung der arabischen Länder und der daraus resultierenden Konflikte zwischen den sogenannten progressiven und konservativen Regimen um eine neue Wirkungsebene bereichert worden: Durch die strategische Kooperation mit dem auf quasi-offizieller Ebene institutionalisierten Islam der konservativen Ölstaaten unter dem Dach der Islamischen Weltliga erhielt die Muslimbruderschaft den politischen und finanziellen Rahmen, der es ihr erlaubte, ihre Organisation und deren Ableger regional und international auszubauen und in den Institutionen der islamischen Weltorganisation führende Plätze einzunehmen (vgl. Meier 1994, 171 f.).

Im Vergleich zu Ḥasan al-Bannā, der die ideologischen Strukturen für seine islamistische Bewegung erst nach deren praktischer Umsetzung entwickelte, verfügte der Indomuslim Abū l-Aᶜlā al-Maudūdī schon über eine geschlossene islamistische Ideologie, als er 1941 in Lahore seine Islamische Gemeinschaft ins Leben rief (vgl. Meier 1994, 185 f.). Al-Maudūdī führte die Organisation von 1941 bis 1972. Seine Thesen hinsichtlich des ›islamischen Systems‹ (an-niẓām al-islāmī) und der ›Gottesherrschaft‹ haben in unterschiedlichen Phasen die Entwicklung der Muslimbruderschaft beeinflusst (vgl. Meier 1994, 185–188; Reissner 1996, 636 f.; Sfeir 2009, 303, 315 f.). Daher gilt al-Maudūdī »als der konsequenteste Denker des fundamentalistischen Islams, und die Ideologie der Jamāᶜat ist bei weitem stringenter als die der Muslimbrüder, die von al-Maudūdī selbst stark beeinflußt sind« (Reissner 1996, 637).

Das ›islamische System‹ richtet sich bei al-Maudūdī nach dem Vorbild des klassischen islamischen Kalifats, in dem der Kalif als Nachfolger des Propheten fungiert. Al-Maudūdī versteht den Kalifen jedoch als Stellvertreter Gottes. Seine Neubelebung des Kalifat-Ideals beruht auf dem Konzept der Gottesherrschaft, denn der universale Schöpfer (Gott) sei sowohl auf der Ebene politischer Theologie, als auch auf der Ebene historischer Realität, der einzige Souverän, dem die wahre Herrschaft zusteht. Die politische Herrschaft könnten die Menschen hingegen nur als Stellvertreter dieser göttlichen Souveränität ausüben, da sie von Gott – dessen Wille für den menschlichen Verstand in seinem Gesetz erkennbar ist – hierzu bevollmächtigt werden (vgl. Meier 1994, 187).

Die Muslimbruderschaft und die Islamische Gemeinschaft stellen neu strukturierte, international agierende, religiös-politische Bewegungen in den muslimischen Ländern dar, deren Struktur als Vorbild für die alternative islamische Gesellschaft dienen soll. Sie verbinden die religiöse Verkündung ihrer Botschaft einerseits mit einer sozialen Bewegung und andererseits mit einem politischen Programm.

Ableger beider Organisationen finden sich in den verschiedensten Ländern der Welt. Die Muslimbruderschaft in Syrien (gegründet um 1942) war der erste Zweig der ägyptischen Mutterorganisation. Um 1946 folgte die Gründung der Muslimbruderschaft in Jordanien und 1949 im Sudan. 1954 haben sich Zellen der autochthonen Bewegung der islamischen Befreiung (Ḥarakat at-taḥrīr al-islāmī) mit der sudanesischen Muslimbruderschaft zusammengeschlossen. Auch auf dem indischen Subkontinent besitzt die Islamische Gemeinschaft verschiedene Ableger; sie ist vor allem in Pakistan aktiv und hat sich unter den Migranten in Großbritannien und Südafrika verbreitet.

Durch die Gründung der Partei der Nationalen Ordnung (*Milli Nizam Partisi*) entstand 1970 eine politische islamistische Bewegung in der Türkei. Mit ihrer Nachfolgepartei – der Nationalen Heilspartei (*Milli Selamet Partisi*) – gelang Necemettin Erbakan (geb. 1926) 1973 der Einzug ins Parlament. Im Jahr 1983 wurde die Wohlfahrtspartei (*Refah Pertisi*) gegründet, die 1991 unter der Führung von Erbakan ins Parlament einzog. Die Ideologie der islamistischen Wohlfahrtspartei weist zwar Ähnlichkeiten zur Muslimbruderschaft auf, wie die Politisierung des Islam und die Re-Islamisierung der Gesellschaft, unterscheidet sich jedoch in einigen Punkten: Während die Muslimbruderschaft zum Beispiel als unterdrückte Oppositionsbewegung innerhalb eines Einparteienstaates entstand und eine Islamisierung von unten verfolgte, etablierte sich die Wohlfahrtspartei innerhalb eines Mehrparteiensystems und betreibt eine Islamisierung von oben (vgl. Dufner 1998).

Leitlinien und Grundbegriffe des Islamismus

Im Islamismus wird die Trennung zwischen Glauben und Politik aufgehoben, da Islamisten die Religion ›Islam‹ als politischen Lösungsweg aus der Krise der islamischen Gesellschaften verstehen. Der Islam bleibt somit nicht auf den Bereich des Glaubens und des Sakralen beschränkt, sondern umfasst auch den Bereich des Alltags und des Weltlichen (vgl. Meier 1994, 169–171). Diese beiden Dimensionen – der Glaube an Gott und die Durchsetzung seiner Herrschaft über die wortwörtliche Anwendung der *šarīʿa* (oft *Scharia*), d.h. des religiösen Gesetzes – sind in der Vorstellung der Islamisten nicht voneinander zu trennen (vgl. Steinbach 1992, 79–81). Der Islam wird von ihnen eher als eine Einheit von Glaube und Politik wahrgenommen. Daher sind die islamistischen Bewegungen viel stärker politische und ideologische als religiöse Bewegungen: Die Religion bezieht sich lediglich auf das Verhältnis des Menschen zu Gott und somit auf das Jenseitige; die politische Ideologie aber bietet ein Ideengebäude, das den Menschen verspricht, auch im Diesseitigen zu einem besseren Leben zu gelangen (vgl. Gemein/Redmer 2005, 16).

Die islamistische Ideologie von Sayyid Quṭb ist als eine radikalisierte Form der Vorstellungen von Ḥasan al-Bannā und Abū l-Aʿlā al-Maudūdī zu verstehen (zu Sayyid Quṭb vgl. Damir-Geilsdorf 2003; Kepel 1995). Vor allem in seinem Buch *Wegzeichen* (1964), das eher ein politisches Manifest als eine religiöse Studie darstellt, werden das Konzept der ›Gottesherrschaft‹ (*Ḥākimiyāt Allāh*) und die damit verbundenen Ausdrücke der ›heidnischen Unwissenheit‹ (*ğāhilīya*/engl. *Jahiliya*) sowie des ›heiligen Krieges‹ (*ğihād*/oft *Dschihad*/engl. *Jihad*) verschärft und radikalisiert (vgl. Farschid 2003, 58 f.). So lehnt er zum Beispiel die zeitgenössischen Gesellschaften radikal ab und orientiert sich stark an einer gewaltvollen Durchsetzung seiner politischen Ziele. Die selektive und opportunistische Bezugnahme auf den Korantext und die *sunna* seitens der Islamisten zeugt nicht nur von ihrer strengen Schriftgläubigkeit, sondern gleichzeitig auch von ihrer Ignoranz gegenüber den Leistungen der klassischen islamischen Theologie und Rechtswissenschaft (*fiqh*). Somit werden die historische Dimension, die Vielschichtigkeit und die Bedeutungsvielfalt der im *Koran* und in der islamischen Theologie verwendeten Ausdrücke preisgegeben (vgl. Farschid 2003, 48 f.; Abu Zaid 1996, 63–81).

Gottesherrschaft: Mit dem Konzept ›Gottesherrschaft‹ oder ›Gottessouveränität‹ beabsichtigen die Islamisten »die Souveränität Gottes […] zu betonen, die zeitgenössischen muslimischen Gesellschaften durch Exkommunizierung (*takfir*) für ungläubig zu erklären und im Namen des *Jihad* zur Bekämpfung von Tyrannei und *Jahiliya* (Unkenntnis bzw. Leugnung des Islam) aufzurufen. Nach islamistischem Verständnis schließt das Konzept des *Jihad* auch die Anwendung militärischer Gewalt ein und soll gegen nicht-systemkonforme Muslime und gegen sog. ›Ungläubige‹ eingesetzt werden.« (Farschid 2003, 48)

Obwohl das Konzept ›Gottesherrschaft‹ auf das historische Ereignis der Schlacht von Siffin (657) zurückgeht, bei dem Koranexemplare an den Lanzen der Speere befestigt wurden mit der Aufforderung, »das Buch Gottes zum Schiedsrichter« zu machen, lassen die Islamisten diesen historischen und realen Kontext außer Acht (vgl. Abu Zaid 1996, 63 f.). Über das Konzept der Gottesherrschaft wollen die islamistischen Bewegungen die autokratischen Herrschaftssysteme in den muslimischen Ländern als ungläubig erklären und beseitigen, die *šarīʿa* buchstäblich anwenden und somit einen islamistischen Staat nach dem Vorbild der muslimischen Gemeinschaft errichten (vgl. Farschid 2003, 46). Daher schreiben sie dem Gottesherrschaftskonzept eine ideologische und politische Bedeutung zu, die eine Lösung aus der Krise bzw. der *ǧāhilīya*, in der sich die muslimischen wie die nicht-muslimischen Gesellschaften aus ihrer Sicht derzeit befinden, bieten soll.

Heidnische Unwissenheit bzw. ǧāhilīya: Im Allgemeinen wird unter dem *Ǧāhilīya*-Konzept die vorislamische Zeit verstanden. In der islamistischen Vorstellung charakterisiert es jedoch alle Gesellschaften, die nicht die Gottesherrschaft anerkennen, sondern einen Herrscher verehren, sei er eine Person oder eine Partei. Sayyid Quṭb bezeichnet mit dem *Ǧāhilīya*-Konzept »ein Stadium der Unwissenheit, der Ignoranz, des Heidentums und der Verstocktheit, da die Menschen wider besseres Wissen in einem Zustand der Unwissenheit verharrten. Dies sei umso schändlicher für Muslime, da sie die Herrschaft Gottes missachteten.« (Farschid 2003, 59) So gibt es für ihn lediglich zwei Arten von Gesellschaften, die ›muslimische Gesellschaft‹ und die ›heidnische Gesellschaft‹. Diese radikale Auffassung, die in der Gottesherrschaft den einzigen Weg zur Errichtung eines islamistischen Staates sieht, steht im Widerspruch zur Pluralität und führt zu einer unwiderruflichen Spaltung zwischen ›Gläubigen‹ und ›Ungläubigen‹ sowie zu ideologisch motivierter Gewalt (vgl. Meier 1994, 196 ff., 203 f.; Roy 2001, 46 f.).

Heiliger Krieg bzw. ǧihād: ›Heiliger Krieg‹ stellt eine weit verbreitete Übersetzung des arabischen Wortes ǧihād dar, das ursprünglich soviel wie Bemühung oder auf ein bestimmtes Ziel gerichtete Anstrengung bedeutet. Das *Ǧihād*-Konzept erfuhr in der islamischen Jurisprudenz verschiedene Umdeutungen, die sowohl dem Aufruf zum Krieg als auch zum Frieden mit nichtmuslimischen Staaten dienten. Islamisten wie Quṭb verstehen unter *ǧihād* »sowohl ein ›Sich-Mühen auf dem Wege Gottes‹, im Sinne einer vorbildlichen Lebensführung, als auch den Kampf im kriegerischen Sinne gegen vermeintliche ›Ungläubige‹« (Farschid 2003, 60; vgl. ausführlicher Kepel 2002, 51–53; Meier 1994, 198–200). Dieser Kampf richtet sich aus Sicht von z.B. al-Maudūdī und Quṭb, sowohl gegen die nicht-muslimischen als auch gegen die vorherrschenden muslimischen Staaten mit dem Ziel, einen islamistischen Staat zu errichten.

Islamismus in der Zeit der Globalisierung

Der Globalisierungsbegriff bezeichnet laut Nützenadel (2010, 924 f.) die zunehmende internationale Verflechtung aller Bereiche des menschlichen Lebens. Charakteristisch seien in diesem Kontext die Herausbildung global integrierter Arbeits-, Kapital- und Gütermärkte sowie die grenzüberschreitende Mobilität von Menschen, Technologien und Ideen, die zu einer Erosion nationaler Grenzen und staatlicher Souveränität führen. Dabei ersetzen in zunehmendem Maße transnationale Akteure und Handlungsräume die vorherigen territorial gebundenen Steuerungssysteme. Somit besteht die Möglichkeit, dass sich Ereignisse und Entwicklungen, die sich in einem bestimmten Teil der Welt zugetragen haben, unmittelbar auf andere Regionen der Welt auswirken. Der technologische und informationelle Wandel, die Liberalisierung der Märkte und die wachsenden Aktivitäten global tätiger Unternehmen begünstigen die Globalisierung.

Obwohl einige Historiker der Meinung sind, dass bereits in früheren Jahrhunderten Phasen intensiver globaler Vernetzung mit dramatischen Auswirkungen existierten, wie das Römische Imperium, die spätantike Völkerwanderung, der mittelalterliche Fernhandel Venedigs oder das mongolische Weltreich des 13. Jahrhunderts, verstehen die meisten heutigen Sozialwissenschaftler und Ökonomen unter ›Globalisierung‹ eine relativ neue Entwicklung seit dem Ende der 1980er Jahre, die mit der Revolutionierung weltweiter Kommunikation durch neue Medien und Informationstechnologien sowie dem Ende des Kalten Krieges und der daraus folgenden Dynamisierung globaler Finanzmärkte einsetzte. Sie führte zu einer dramatischen Verschärfung des globalen wirtschaftlichen Wettbewerbs sowie zu einer Auflösung der traditionellen, engen Bindungen von Territorialität, Staatlichkeit und Politik.

Die islamistischen Bewegungen erweiterten ihren Handlungsspielraum v.a. durch Migration sowie digitale Vernetzung. Denn innerhalb der Dynamiken grenzloser Märkte und den dadurch ausgelösten gesellschaftlichen, politischen und kulturellen Prozessen hat der Islamismus bzw. der Post-Islamismus oder Neofundamentalismus im Zeitalter der Globalisierung eine weltumspannende Dimension erlangt, die sich durch eine Entterritorialisierung und eine Individualisierung des Islam kennzeichnen lässt (vgl. Roy 2001, 11–14; 2006, 16–18).

Mit der Globalisierung erscheint eine neue Form des Islamismus bzw. des islamischen Radikalismus, die sowohl den Nationalismus als auch die auf ein einzelnes Land begrenzte Idee eines islamischen Staates ablehnt. Die virtuellen islamistischen Gruppierungen sind entterritorialisiert und von einem nationalen Kontext entwurzelt. Im Vergleich zu den islamistischen Bewegungen der 1980er Jahre, die überwiegend in nationale politische Kontexte eingebettet waren, vertreten zahlreiche islamistische Bewegungen in der jetzigen Phase der Globalisierung eine Rekonstruktion des islamischen Kalifats jenseits aller nationalen Grenzen. Dadurch erlebt man gegenwärtig die Aufspaltung in einen nationalen bzw. einen nationalistischen Islam und einen globalisierten und entterritorialisierten, der sich keinem klassischen staatlichen Raum zuordnen lässt (vgl. Roy 2001, 11 f.).

Die globale Vernetzung bzw. die digitale Wende ermöglicht der neuen Form des Islamismus eine enge virtuelle Zusammenarbeit, eine »Islamisierung der Globalisierung« (Roy 2001, 11). Somit erscheinen die entterritorialisierten islamistischen Bewegungen als Vertreter einer mythischen und imaginären muslimischen Gemeinschaft, die über nationale Sprachen und lokale Gemeinden hinausgehen will bzw. soll. Roy bezeichnet diese globale, abstrakte Gemeinschaft der Gläubigen, die unabhängig von territorialen und realen Gesellschaften besteht, als virtuelle *umma*. Sie bietet vielen entwurzelten oder entrechteten jungen Muslimen über das Internet die Möglichkeit, realer Teil dieser virtuellen *umma* zu werden (vgl. Roy 2006, 10).

Die Individualisierung oder die Privatisierung des Glaubens bildet einen wichtigen Aspekt des aktuellen Post-Islamismus; sie führt zu einer Distanzierung von der Dominanz des Politischen und einer Suche nach neuen Formen der religiösen Erneuerung, die den Akzent eher auf das spirituelle Leben des Individuums setzt. Im Gegensatz zum klassischen Islamismus, der politische Ziele im Staat verfolgt, wirkt diese aktuelle religiöse Erneuerung auf die Gesellschaft und spricht die spirituellen Bedürfnisse des Einzelnen an. Daraus resultieren vielfältige Ausdrucksformen im religiösen Diskurs sowie in der religiösen Praxis, die zugleich mit gesellschaftlichen Bewegungen und mit Kollektiven- und individuellen Strategien zusammenhängen (vgl. Roy 2006, 17).

Die Schwerpunktverlagerung von der Religion zur Religiösität, von der Politik zur Spiritualität so-

wie das Umgehen oder Übergehen des Staates seien, so Roy, ein neues Zeichen für die Transformation des Islamismus im Zeitalter der Globalisierung, in der muslimische Gruppen zunehmend auch gespaltene oder untereinander wenig kooperative Minderheiten im Staat bilden können, wie in Europa oder Amerika, und es keinen Staat gibt, für den gekämpft werden kann. Die verschiedenen Formen der religiösen Erneuerung in den muslimischen Gesellschaften unterstützen somit die Privatisierung des Glaubens, die Bildung abgeschotteter religiöser Gemeinschaften, den Zusammenschluss pseudo-ethnischer und kultureller Minderheiten sowie die Identifizierung mit westlichen Formen der Religiösität oder mit der Entscheidung für eine neue Form radikaler Gewalt, wie sie Al-Qaida verkörpert (vgl. Roy 2006, 19 f.).

Literatur

Abu Zaid, Nasr Hamid: *Islam und Politik. Kritik des religiösen Diskurses.* Frankfurt a. M. 1996.

Damir-Geilsdorf, Sabine: *Herrschaft und Gesellschaft. Der islamistische Wegbereiter Sayyid Quṭb und seine Rezeption.* Würzburg 2003.

Dufner, Ulrike: *Islam ist nicht gleich Islam. Die türkische Wohlfahrtspartei und die ägyptische Muslimbrüderschaft: ein Vergleich.* Opladen 1998.

Farschid, Olaf: Staat und Gesellschaft in der Ideologie der ägyptischen Muslimbruderschaft. In: Bundesministerium des Innern (Hg.): *Islamismus.* Berlin 2003, 43–82.

Gemein, Gisbert Jörg/Redmer, Hartmut: *Islamischer Fundamentalismus.* Münster 2005.

Heine, Peter: Islamismus – Ein ideologiegeschichtlicher Überblick. In: Bundesministerium des Innern (Hg.): *Islamismus.* Berlin 2003, 7–18.

Kepel, Gilles: *Der Prophet und der Pharao: das Beispiel Ägypten. Die Entwicklung des muslimischen Extremismus.* München/Zürich 1995.

–: *Das Schwarzbuch des Dschihad. Aufstieg und Niedergang des Islamismus.* München 2002.

Lübben, Ivesa: Nationalstaat und islamische umma bei Ḥasan al-Bannā. Gründungsmythos und Annäherung an gesellschaftliche Realität. In: Angelika Hartmann (Hg.): *Geschichte und Erinnerung im Islam.* Göttingen 2004, 117–143.

Meier, Andreas: *Der politische Auftrag des Islam. Programme und Kritik zwischen Fundamentalismus und Reformen. Originalstimmen aus der islamischen Welt.* Wuppertal 1994.

Metzger, Albrecht: *Der Himmel ist für Gott, der Staat für*

uns. *Islamismus zwischen Gewalt und Demokratie.* Göttingen 2000.

Nützenadel, Alexander: Globalisierung/Mondialisierung. In: Hans Jörg Sandkühler (Hg.): *Enzyklopädie Philosophie. Bd. 1.* Hamburg 2010, 924–930.

Peters, Rudolph: Erneuerungsbewegungen im Islam vom 18. bis zum 20. Jahrhundert und die Rolle des Islams in der neuen Geschichte: Antikolonialismus und Nationalismus. In: Werner Ende/Udo Steinbach (Hg.): *Der Islam in der Gegenwart.* München ⁴1996, 90–128.

Reissner, Johannes: Die militant-islamischen Gruppen. In: Werner Ende/Udo Steinbach (Hg.): *Der Islam in der Gegenwart.* München ⁴1996, 630–645.

Riesebrodt, Martin: *Fundamentalismus als patriarchalische Protestbewegung: Amerikanische Protestanten und iranische Schiiten im Vergleich.* Tübingen 1990.

– : *Die Rückkehr der Religionen. Fundamentalismus und der ›Kampf der Kulturen‹.* München 2000.

Roy, Olivier: *Généalogie de l'islamisme.* Paris ²2001.

– : *Der islamische Weg nach Westen. Globalisierung, Entwurzelung und Radikalisierung.* München 2006.

Sfeir, Antoine (Hg.): *Dictionnaire géopolitique de l'islamisme.* Montrouge 2009.

Steinbach, Udo: Flucht in die Geschichte? Zur Genesis und Wirkung islamistischer Strömungen. In: Michael Lüders (Hg.): *Der Islam im Aufbruch? Perspektiven der arabischen Welt.* München 1992, 76–93.

Sarhan Dhouib

3. Transformationen der Bürgerschaft

Das Aufkommen globaler Zusammenhänge hat die Formen individueller politischer Mitgliedschaft und Aktivität in einer Weise verschoben und verändert bzw. neue Formen derselben geschaffen, dass die traditionelle demokratietheoretische Verbindung von Bürgerschaft, nationalem Gemeinwesen und individueller Freiheit fragwürdig wird. Während in den späten 1970er Jahren das akademische Interesse am Begriff der Bürgerschaft nahezu erloschen war, kam er in den 1990er Jahren in der politischen Theorie wieder in Mode und im ersten Jahrzehnt des neuen Jahrtausends wächst das Interesse an Bürgerschaft im gesamten Spektrum der Disziplinen. Untersuchungen zur Demokratie, zu den internationalen Beziehungen, neuen Institutionen, öffentlichem Recht und zur Politik, zu Konstitutionalismus, Gerechtigkeit, Identität, Rassen und Ethnizität beanspruchen, empirische Transformationen von Bürgerschaft zu verstehen und normativ zu analysieren sowie neue Theorien zu deren Wandel vorzubringen.

Zahlreiche jüngere empirische Beobachtungen stellen überkommene Verständnisweisen von Bürgerschaft in Frage: Einige erste Beobachtungen betreffen dabei die umfangreichen transnationalen Migrationsströme. Muster internationaler Migration haben die Grundlage des Bürgerschaftsbegriffs erschüttert, die in der ausschließlichen Loyalität einem einzigen Gemeinwesen gegenüber besteht, das politische und soziale Mitgliedschaft gewährt. Denn Migranten bewahren Bindungen über Grenzen hinweg, was abgebende und aufnehmende Länder durch Geldsendungen, soziale Netzwerke und zunehmend auch politische Entscheidungsfindungen miteinander verbindet. Diese sozialen, ökonomischen und politischen Mitgliedschaften, die Staatsgrenzen überschreiten, erzeugen verschiedene rechtliche Status, die den Begriff der Bürgerschaft in der Form eines Bündels von Rechten und Pflichten unscharf machen und zugleich erweitern. Diese Formen, die unterdessen als ›nomadische‹ oder ›Diaspora‹-Bürgerschaft bezeichnet werden (Balibar 2008), entkoppeln die Verbindung von Gemeinschaft und Raum.

Eine zweite Reihe von Beobachtungen bezieht sich auf Veränderungen im Wesen souveräner Herrschaft.

Die Regulierung transnationaler Güter- und Kapitalflüsse hat durch die Vervielfältigung von quasinationalen und transnationalen Gerichten ein dichtes Netz justiziabler Rechte und juristischer Instanzen erzeugt, die Individuen die Möglichkeit geben, Rechte innerhalb und jenseits von sowie durch Nationalstaaten geltend zu machen. Der Aufstieg supranationaler Körperschaften, wie der Europäischen Union, die Abspaltung von föderierten Staaten oder deren Dezentralisierung in kleinere ethnische Gemeinschaften und Gemeinwesen sowie die Beziehungen zwischen Regionen oder globalen Städten als ökonomischen und politischen Zentren stellen den säkularen Nationalstaat als souveräne Autorität in Frage. Darüber hinaus bilden Netzwerke globaler politischer, ökonomischer und sozialer Akteure derzeit eine globale Zivilgesellschaft, die Einfluss auf die Nationalstaaten nimmt und somit verhindert, dass Bürgerschaft und republikanisches Regieren in der Volkssouveränität zusammenfallen.

Eine dritte Reihe von Beobachtungen verweist auf das Auseinandertreten von globalen Unternehmen, die über private Sicherheitskräfte, Bildungs- und soziale Einrichtungen sowie rechtliche Netzwerke verfügen, die staatliche Verwaltungsstrukturen umgehen, und der globalen Arbeiterschaft, der zunehmend entsprechende öffentliche Dienste versagt werden und die derart vom Staat und der Öffentlichkeit ausgeschlossen wird. Diese dialektischen globalen Kräfte haben traditionelle Verständnisweisen von Bürgerschaft mit Blick auf deren Verortungen und Zugehörigkeiten, aber auch auf Gleichheit und Rechte aus ihren Verankerungen gelöst. Entrechtete und sozial ausgeschlossene Migrantengemeinschaften erfahren die grundlegende Differenz zwischen dem Gewähren von Bürgerschaft als einem formalen Status und dem vollen Mitgliedsstatus, der sich erst durch substantielle Gleichheit und wirkliche Zugehörigkeit zum Gemeinwesen ergibt. All diese verschiedenen Beobachtungen hinsichtlich der globalisierten Welt machen eine Untersuchung der historischen Entwicklung von Bürgerschaft und der normativen Diskussionen über ihren Wandel notwendig.

Die zentrale Überlegung ist dabei, dass die Globalisierung traditionelle Verständnisweisen von exklusiver oder quasi-exklusiver Mitgliedschaft ortlos gemacht hat und es zu einer Ausdehnung von Institutionen und Rechtsstrukturen gekommen ist, die neue Formen von Mitgliedschaft und die Vielfältigkeit derselben ermöglichen und legitimieren, was die nationale Bürgerschaft tendenziell überflüssig macht. Zugleich scheint nationale Bürgerschaft aber als geschätzte politische und soziale Ware an Wert gewonnen zu haben in einer globalisierten Welt mit beschränkten Ressourcen und erhöhter Sicherheitsbedürftigkeit, was die Kosten der Nicht-Mitgliedschaft hat steigen lassen. Hinter beiden Thesen liegt die normative demokratietheoretische Bestimmung von Bürgerschaft, dass es sich bei ihr um die Verwandlung des Individuums in einen politischen Akteur handelt, der über das Vermögen verfügt, gemeinschaftliche Entscheidungen zu treffen und so individuelle Freiheit zu verwirklichen. Die Fragen, die sich dann stellen, sind diejenigen, wie die angeführten Beobachtungen zur globalisierten Welt entweder die genannte Auffassung verändert haben oder ob sie das Erreichen der normativen Ziele von Bürgerschaft auf neue Zentren oder neue Weisen der Zugehörigkeit verschoben haben. Anders gesagt: Wie ist der derzeit stattfindende Wandel von Bürgerschaft zu verstehen und was besagt er über das Wesen politischer Verhältnisse und demokratischer Institutionen, die klassischerweise im Licht der Freiheit gesehen wurden, die die einheitliche Mitgliedschaft und Rechte in einem politischen Gemeinwesen verwirklichen? Im Folgenden wird zunächst kurz die Transformation von Bürgerschaft im historischen Kontext der modernen Nationalstaatsentwicklung betrachtet, um dann die sozialwissenschaftlichen Debatten zu untersuchen, die sich um die Weisen drehen, in denen jüngere globale Trends und Ereignisse traditionelle normative Verständnisse von Bürgerschaft als ›Gut‹ oder als ›Recht‹ verändert haben. Im Schlussabschnitt werden kurz neue Theorien der Bürgerschaft angeführt, die beanspruchen, individuelle Mitgliedschaft und Teilhabe im Rahmen eines globalen Konstitutionalismus oder einer transnationalen Demokratie zu verorten.

Bürgerschaft und moderner Nationalstaat

In der historischen Herausbildung des modernen Nationalstaats hat Bürgerschaft als Gegenstück zu päpstlicher, dynastischer oder monarchischer Herrschaft fungiert. Sie ist deshalb in den frühesten modernen Bürgerschaftstheorien von Hobbes, Locke, Rousseau, Kant und Hegel eng mit spezifischen Machtkämpfen sowie politischen Kontexten und Stufen nationaler Entwicklung verbunden. In der

Entfaltung der politischen Bürgerschaftstheorie vom Beginn des europäischen Westfälischen Staatensystems im 17. Jahrhundert an bis heute ist Bürgerschaft eine Herausforderung für religiöse Autorität, ein Aufbegehren gegen den Etatismus, die Behauptung individueller Rechte, ein Ruf nach Gleichheit, der Ausdruck eines universellen moralischen Imperativs und, in jüngerer Zeit, eine Reformulierung der Bedeutung von Kommunikation und Diversität.

Mit dem Westfälischen Frieden, der 1648 den Dreißigjährigen Krieg beendete, kam das europäische Staatensystem als Flickwerk souveräner nationaler Herrschaft zur Erscheinung. Bürgerschaft trat dagegen als Aspekt der Demokratietheorie ein wenig später auf und florierte im 18. Jahrhundert durch die Aufklärungsphilosophie, die die Vernunft als Grundlage von Herrschaft forderte. Die Prinzipien der Aufklärung, wie individuelle Rechte, Freiheit und Gleichheit führten zum öffentlichen Recht als einer von päpstlicher und monarchischer Herrschaft distinkten Institution und ließen den Verfassungsstaat entstehen, der auf säkularer Rechtsstaatlichkeit und Volkssouveränität aufruht. In Revolutionen und Unabhängigkeitserklärungen, wie der französischen Menschen- und Bürgerrechtserklärung und der amerikanischen Unabhängigkeitserklärung, wurde der Begriff der Bürgerschaft zur Auszeichnung des Individuums als eines freien und moralisch verantwortlichen politischen Akteurs gebraucht. Auch wenn sie zunächst ein begrenzter Status v.a. für männliche Privateigentümer war, veränderte diese Phase die Macht päpstlicher, dynastischer und monarchischer Autorität sehr grundlegend, wobei sie die souveräne Herrschaft gleichermaßen im Status und den Rechten von Individuen und in der Rechtsstaatlichkeit verortete.

In einer zweiten Phase, die wesentlich der industriellen Revolution und der Ausdehnung der Rechte auf Personen über die Eigentum besitzenden weißen Männer hinaus im späten 19. und frühen 20. Jahrhundert entspricht, charakterisierte Bürgerschaft das Individuum als Rechte tragendes Mitglied eines Staates auf einem nationalen Territorium. In dieser Phase kam es zur engen Verknüpfung von Staat, Territorium und Rechten, und während ihr begaben sich die entstehenden industriellen Demokratien in eine Periode imperialistischer Kolonialisierung. Bürgerschaft wurde zum Bestandteil des öffentlichen Rechts, damit nationale Grenzen besser definiert und gesichert werden konnten und um zudem einen

besseren Umgang mit den neuen Kolonialgebieten und zunehmender Migration zu finden. Bürgerschaftsregeln wurden dabei entweder auf ein Geburtsorts- oder Territorialprinzip (*ius soli*), auf ein Abstammungsprinzip (*ius sanguinis*) oder auf eine Kombination der beiden gegründet. Beide Typen von Bürgerschaftsregeln reagierten auf das globale Migrationssystem, das die koloniale Ausdehnung und die Industrialisierung zur Folge hatten. Geburtsortsbürgerschaft führte z.B. zur Integration von Migranten in Ländern, wie den USA, in denen die Industrialisierung und viel leeres Land den Zufluss von Arbeitsmigranten erforderten, oder im Vereinigten Königreich, das koloniale Untertanen im Mutterland brauchte. Abstammungsbasierte Regeln dehnten in arbeitskraftexportierenden Ländern, wie Deutschland, die Mitgliedschaft dauerhaft auf die Nachkommen derjenigen aus, die in andere Länder migrierten. In dieser Phase entwickelten westliche liberale Nationalstaaten, wie das Vereinigte Königreich oder Frankreich, einen ›Nationalitätsstatus‹ im Unterschied zur Bürgerschaft, die sie auch den kolonialen Untertanen verliehen. Während in den USA Nationalität und Bürgerschaft Synonyme waren, blieben in Frankreich die Bürgerschaft, d.h. die Rechte und Pflichten der Mitgliedschaft, verschieden von der Nationalität als der Mitgliedschaft in einem Nationalstaat.

Nach dem Zweiten Weltkrieg begann eine neue Phase als der Kolonialismus einem Recht auf Selbstbestimmung wich, das die »Allgemeine Erklärung der Menschenrechte« von 1948 umfasst, und Bürgerschaft als Recht zur Mitgliedschaft in der je eigenen souveränen Nation verstanden wurde. Bürgerschaft wurde so eng mit einem Territorium, einem Nationalvolk und der Garantie von Rechten verknüpft. Das Staatensystem wurde eingelassen in eine internationale Menschenrechtsordnung, die durch internationale Verträge und institutionelle Strukturen, wie den Internationalen Gerichtshof und den Europäischen Gerichtshof für Menschenrechte, darauf abzielte, individuelle Menschenrechte und Schutz vor Staatenlosigkeit zu garantieren. Im Lauf der 1980er Jahre dehnten nationale und supranationale Gerichte in Europa und den USA die grundlegenden Freiheitsrechte und sozialen Rechte auf diejenigen aus, die sich auf einem Territorium befanden, und verbanden so den längeren Aufenthalt mit Ansprüchen, die dauerhafte Aufenthaltsgenehmigungen an den formalen Bürgerschaftsstatus annäherten. Die ökonomische Expansion nach dem 2. Weltkrieg und die Zunahme in den Arbeitsmigrationsströmen durch Gastarbeiterregelungen hatten eine wachsende Zahl von Nicht-Bürgern als langfristige oder dauerhafte Einwohner in fortgeschrittenen westlich-liberalen Demokratien zur Folge. In einigen Staaten gab es aufgrund restriktiver Bürgerschaftspolitik keine Möglichkeit zur Einbürgerung (z. B. in Deutschland oder Österreich), während sie in anderen Ländern zwar verfügbar war, aber erste Generationen von Einwanderern es bevorzugten, sich nicht einbürgern zu lassen (z. B. im Vereinigten Königreich oder in den USA). In beiden Fällen erhielten Nicht-Bürger den vollen Zugang zu grundlegenden Freiheitsrechten und sozialen Rechten. In der Forschung wurde der wachsende Anteil ›ausländischer‹ Bevölkerungsanteile in westlich-liberalen Demokratien z. T. mit einer ›Abwertung‹ der Bürgerschaft in Verbindung gebracht (Schuck/Smith 1985), während andere die Entwicklung einer Konzeption multikultureller Bürgerschaft in liberalen Demokratien in den Blick nahmen (Taylor 1994; Kymlicka 1995).

Am Ende des 20. Jahrhunderts kam es zum Zusammenbruch des europäischen Kommunismus und zur Fragmentierung nationaler Grenzen in kleinere ethnische Einheiten. Zugleich hatte das internationale Menschenrechtssystem sich dahin entwickelt, dass es eine rechtliche Struktur bot, die es erlaubte, Rechte jenseits nationaler Grenzen zu erwerben. Einige Forscher erklärten daher das Ende des Westfälischen Systems von Nationalstaaten und die Geburt post-nationaler Bürgerschaft (Soysal 1994). Für andere, die den Nationalstaat weiterhin als primäre politische Form der Mitgliedschaft und souveräner Herrschaft ansahen, wurde die Bürgerschaft dagegen aufgespalten oder multipel. Empirische Forschung zeigte in dieser Phase die zunehmende Konvergenz westlich-liberaler Bürgerschaftsregelungen (Weil 2001): Staaten, die bislang an einer abstammungsbasierten Definition von Mitgliedschaft festgehalten hatten, wie Deutschland, Österreich, Griechenland oder die Schweiz, und umfängliche Bevölkerungsteile von Gastarbeitern in den 1960er und 1970er Jahren erworben hatten, veränderten ihre nationalen Gesetze, um Bürgerschaft auf der Grundlage der Geburt auf dem jeweiligen Territorium vergeben zu können. Diejenigen Staaten dagegen, die einen einfachen Zugang zur Bürgerschaft durch die Geburt auf ihrem Territorium hatten und über umfängliche Bevölkerungsteile von ehemaligen kolonialen Unterta-

nen verfügten, veränderten ihre Regelungen, um den Zugang zur Bürgerschaft zu beschränken.

Zwei historische Modelle von Bürgerschaft

Ein Blick auf die historische Entwicklung von Bürgerschaft verschafft eine Grundlage, auf der die Transformationen der beiden zentralen normativen Modelle zu verstehen sind, die in der Diskussion in der westlichen Tradition im Mittelpunkt standen. Das *erste* ist ein ›griechisch-partizipatorisches‹ Modell, das Bürgerschaft als Gut oder Wert erachtet. Im Athen des 5. und 4. Jahrhunderts v. Chr. war Bürgerschaft ein Begriff, der dazu diente, das öffentliche vom privaten Leben zu scheiden. Ein Bürger war frei vom Haushalt oder der Privatsphäre, er war also frei von der Welt der Dinge. Dabei standen die Annahmen im Hintergrund, dass Menschen ihrem Wesen nach politisch sind und Bürgerschaft eine Berufung oder Praxis ist. In vollem Sinn Mensch und frei zu sein, bedeutet, selbst zu herrschen bzw. sich selbst zu beherrschen (Pocock 1998). Diesem Verständnis zufolge erfordert demokratische Bürgerschaft notwendig Bürgertugenden, die eine Voraussetzung für die Teilhabe am politischen Gemeinwesen sind. Das *zweite*, römische Modell aus der Zeit vom 3. Jahrhundert v. Chr. bis zum 1. Jahrhundert n. Chr. sieht das Menschsein dagegen in einem Verhältnis zur Welt der Dinge (der *res*), die das Medium bildet, in der Menschen leben und in Beziehungen zueinander stehen. In dieser Verständnisweise bezeichnet Bürgerschaft rechtliche Handlungsfreiheit sowie die Freiheit, den Schutz des Gesetzes zu fordern und zu erwarten. Beziehungen unter Dingen erzeugen die Notwendigkeit des Rechts. Daher ist Bürgerschaft im römischen Rechtsmodell ein rechtlicher Status oder ein Bündel von Rechten, und der römische Bürger war ein Rechte tragendes Individuum, ein »imperialer Untertan« (Pocock 1998, 38–40). Dieser Begriff des Bürgers passte zum Leben im Römischen Imperium, in dem es notwendig war, Bürger auf einem immensen Territorium Verpflichtungen zu unterwerfen. Das griechische Modell eignete sich dagegen für die griechischen Stadtstaaten, deren Territorium klein war.

Beide Modelle verorten das Individuum im Kernbereich des politischen Lebens, wo die Individuen, entweder als Rechteinhaber oder durch den Status und die Praxis der Mitgliedschaft, eine Gemeinschaft von Bürgern bilden und die Gesellschaft das gemeinsame Recht (Cicero) verkörpert oder das Gemeinwohl erreicht (Aristoteles). Der Unterschied liegt dabei darin, dass im griechischen Modell das ›gute Leben‹ und die Freiheit aus der Teilhabe resultieren, weshalb Bürgerschaft als Aktivität angesehen wird, während das römische Modell das individuelle Vermögen betont, ein ›gutes Leben‹ für sich selbst und ohne Eingriffe von außen oder Beherrschung zu wählen (Pettit). Im 18. Jahrhundert taucht das moderne Verständnis der Bürgerschaft als eines zentralen demokratietheoretischen Begriffs für die individuelle Freiheit auf, die eine rechtmäßige Ordnung gewährleistet, die auf einem Gesellschaftsvertrag und auf Volkssouveränität aufruht, die wiederum Nicht-Interferenz garantieren.

Moderne Verständnisse von Bürgerschaft

Das moderne Verständnis von Bürgerschaft ist auf zahllose Weisen bestimmt worden, die ihren Grund entweder in der griechischen oder der römischen Tradition finden. Einige betrachten Bürgerschaft z.B. als die Mitgliedschaft in einer sozialen Gemeinschaft, die auf diejenigen beschränkt ist, die zugeschriebene, exklusive oder organische Verbindungen miteinander aufweisen. Dieser Auffassung zu Folge ist Bürgerschaft weniger an ein Territorium, sondern vielmehr an eine gemeinsame Ethnizität, Religion, Rasse, Kultur oder an eine geteilte Sprache gebunden. Für andere wird Bürgerschaft als Mitgliedschaft in einer bürgerschaftlich-nationalen Gemeinschaft durch ein ›Volk‹ zusammengehalten, das inklusiv ist, aber dessen Einbeziehung durch Tradition und Assimilation bestimmt ist. Nationale Feiertage, patriotische Lieder, die geteilte Geschichte eines Gründungsmoments, eine gemeinsame Sprache oder der Glaube an ein Gemeinwohl und politische Institutionen verweisen alle auf das Wesen dieses säkularen Verständnisses dessen, was es heißt, ›ein Volk‹ zu sein. Diejenigen dagegen, die Bürgerschaft als Mitgliedschaft in einem politischen Gemeinwesen begreifen, unterstreichen Rechtsstaatlichkeit, Gesellschaftsvertrag und Volkssouveränität als unverzichtbare Bedingungen für Bürgerschaft. Individuelle Freiheit, Reflexion und Wahloptionen sind wiederum zentral bzw. zu garantieren für eine Vorstellung von Bürgerschaft, für die letztere auf der Teilhabe an öffentlichen Entscheidungen, demokratischer Deliberation, individuellen Rechten und Verantwortlichkeiten aufruht. Für wieder andere ergibt sich Bürgerschaft einfach

aus einer Verbindung zu einem Territorium und sie wird mit der Geburt oder durch andauernden Aufenthalt auf dem Territorium eines Staates unabhängig von irgendwelchen Eigenschaften betroffener Personen erworben. Und schließlich gibt es einige, die Bürgerschaft als Voraussetzung für universelle Menschenrechte und eine Personenkonzeption sehen, die Staatsgrenzen überschreiten und in Menschlichkeit und gemeinsamer Zivilisation gründen. Während die ersten drei Auffassungen Bürgerschaft als einen *Status* betrachten, verbinden die beiden anderen Theorien Bürgerschaft mit einem *Bündel an Rechten*. Innerhalb jeder dieser breiten Kategorien hat sich eine Diskussion hinsichtlich der Auswirkungen der Globalisierung auf Bürgerschaft entwickelt.

Unter denjenigen, die sich der griechischen Bürgerschaftstradition als eines Status zuzählen, gibt es ›liberale Nationalisten‹ (Brubaker 1992; Joppke 1999; Miller 2000; Pickus 2005), die sich auf den Wandel des Verhältnisses der Bürger zur Nation unter Bedingungen der Globalisierung konzentrieren, Kommunitaristen (Taylor 1994), Zivilrepublikaner (Oldfield 1998) und ›liberale Multikulturalisten‹ (Kymlicka 1995). Diese Theoretiker teilen die Betrachtung der Bürgerschaft im Licht des Bedürfnisses nach einer gemeinsamen Identität, sozialem Zusammenhalt sowie der Weise, in der internationale Migration, zunehmende Diversität und Globalisierung die gemeinsame Grundlage für Mitgliedschaft und die Übereinkunft über das ›Gemeinwohl‹ in der traditionellen Nationalstaatskonstruktion schwer machen, die eine ›Volksnation‹ mit einem Territorium verbindet. Dieser Ansatz argumentiert, dass es transnationale Rechte und Mitgliedschaftsstrukturen gibt, dass aber die Mitgliedschaft von Individuen selbst in dieser transnationalen Struktur durch die Staatsorganisation vermittelt ist. Auf die globalisierte Welt reagieren sie, indem sie die Gefahr unterstreichen, die ›entwertete‹ Bürgerschaft für die individuelle Mitgliedschaft mit sich bringt, die sich aus der nationalen Mitgliedschaft ergibt (Pickus 2005). Für diejenigen, die Mitgliedschaft als einen Rechtsstatus betrachten, kann es keine globale Bürgerschaft geben, da der Status vom Staat abhängt. Darüber hinaus sehen diejenigen, die diese Auffassung vertreten (Walzer 1998), die Welt als einen Ort knapper Ressourcen und Mitgliedschaft in einer politischen Gemeinschaft als beste Weise, Sicherheit zu erreichen. Nur unter Verhältnissen eines globalen Libertarismus oder globalen Sozialismus würde es nicht zu einer differenzierten Verteilung von Mitgliedschaft kommen (Walzer 1998).

Auf der anderen Seite dieser Debatte finden sich Autoren, die argumentieren, dass das gegenwärtige System souveräner Staaten parallel zu einem zunehmend transnationalen Institutionensystem besteht, wodurch Individuen über vielfältige Mitgliedschaften verfügen (Sassen 2006; Jacobson/Ruffer 2003). Vielfältige Mitgliedschaften nähren eine ›entterritorialisierte‹ Bürgerschaft, die geographisch bestimmte politische und rechtliche Zusammenhänge überschreitet. Diese Betrachtungsweise blickt auf die abgebenden und aufnehmenden Kontexte, den Status von Emigranten und Immigranten im Rahmen der internationalen Bewegungen von Menschen, wobei es auch zu einer Diskussion doppelter Bürgerschaften kommt (Spiro 2004; Hansen/Weil 2002).

Weitere Autoren konzipieren Bürgerschaft vor dem Hintergrund der römischen Tradition als Bündel von Rechten und sie machen geltend, dass die Ausbreitung universeller Freiheitsrechte eine transnationale Bürgerschaft hervorgebracht hat, die in der globalisierten Welt durch ein wachsendes internationales Gerichtsnetz verankert ist. Die Rechte-Bündel-Auffassung schließt oft an die wichtigen Arbeiten T.H. Marshalls über England in der Zeit der Entwicklung des Wohlfahrtsstaates an. Für Marshall ist Bürgerschaft »ein Status, der denjenigen verliehen wird, die volle Mitglieder einer Gemeinschaft sind. Alle, denen dieser Status zukommt, sind gleich hinsichtlich der Rechte und Pflichten, die mit dem Status einhergehen.« (Marshall 1998, 102) Marshall erachtet den Wandel der Bürgerschaft und die Entwicklung einer universellen Bürgerschaft als Resultat des Wachstums des Kapitalismus als eines Ungleichheitssystems und der staatlichen Reaktionen auf diese Ungleichheit. Er untersucht die Beziehung der Bürgerschaft zur Ungleichheit und zu sozialen Klassen und konstatiert, dass Bürgerschaft durch einen Fortschritt von Rechten von bürgerlichen über politische bis hin zu sozialen Rechten ausgeweitet wird. Marshall zu Folge gibt es den Staat in der Feudalgesellschaft des 16. und 17. Jahrhunderts noch nicht, weshalb er auch nicht das Leben verwaltete. Stattdessen kümmerten sich Feudalherren um diejenigen, die jeweils auf ihrem Land lebten. Die Magna Charta, die im 13. Jahrhundert unterzeichnet wurde, gewährte grundlegende Bürgerrechte und nach dem Zusammenbruch der Feudalordnung entwickelten sich die Rechte in unterschiedlichen Phasen: Das 18.

Jahrhundert war durch die Ausweitung der Bürgerrechte gekennzeichnet, das 19. Jahrhundert durch diejenige der politischen Rechte und das 20. Jahrhundert durch die Ausdehnung der sozialen Rechte und die generelle Ausweitung von Bürgerschaft jenseits von Klasse, Rasse und Geschlecht. Für Marshall ist die emergierende globale kapitalistische Welt ein Ort, an dem der Status eines individuellen Rechteinhabers einen Beitrag zur Kapitalentwicklung darstellt, da Bürgerrechte das rechtliche Vermögen verleihen, nach Dingen zu streben, die man besitzen möchte, ohne den Besitz irgendwelcher Dinge zu garantieren. Er hält richtig fest, dass der Rechtsstatus bis zur sozialen Wohlfahrt keine tatsächliche Freiheit garantierte und dass der Beitrag des 20. Jahrhunderts zur Bürgerschaft darin bestand, dass die sozialen Rechte in die Bürgerschaft aufgenommen wurden, der Bereich der gemeinsamen Kultur und Erfahrung erweitert und der universelle Bürgerschaftsstatus angereichert wurde. Zugleich sagt Marshall vorher, dass, solange Bürgerschaft ein Konzept des Nationalstaats bleibt, Ungleichheiten weiter bestehen werden, denn Statusunterschiede erhalten »in Begriffen demokratischer Bürgerschaft den Stempel der Legitimität, wenn sie nicht zu tief gehen, aber in einer Bevölkerung erscheinen, die in einer einzigen Zivilisation vereinigt ist« (Marshall 1998, 110).

Postnationalisten, die sich auf Marshalls Rechtefortschritt bezogen, sagen das Ende des Nationalstaats voraus, da die globale kapitalistische Ökonomie zusammen mit den Menschenrechten und globalen Gerichten das Rechte tragende Individuum von seinen Bindungen an den Nationalstaat befreien würde. Diese post-nationale Schule (Jacobson 1996; Soysal 1994) postuliert, dass supranationale Institutionen und globale Menschenrechtsnormen die staatliche Souveränität obsolet gemacht haben. In einer davon leicht abweichenden Begründung argumentieren Kosmopoliten, dass Rechte nationale Grenzen überwinden sollten. Liberale Nationalisten, die sich ebenfalls auf Marshall beziehen, aber andere Schlussfolgerungen daraus ziehen, wenden dagegen ein, dass Freiheitsrechte zwar eine universalisierende Tendenz aufweisen, dass sie aber nicht einfach vom nationalstaatlichen Verwaltungsapparat zu trennen sind, so dass individuelle Rechte am Besten im Kontext von Nationalstaaten garantiert werden (Bosniak 2006; Joppke/Morawska 2003; Joppke 1999). Liberale Nationalisten befürchten dabei, dass der Bürgerschaftsstatus sich als bedeutsame Unterscheidung zwischen Bürgern und Bewohnern verflüchtigen wird. Eine letzte Gruppe schließlich argumentiert, dass der Liberalismus Bewegungsfreiheit zwischen Staaten entweder als Eigentumsrecht oder, von Rawls her kommend, als Ergebnis globalen Erwägens im Urzustand garantiert (Carens 1995).

Neue Theorien sind unterdessen bestrebt, die demokratietheoretischen Argumentationen entlang der griechischen und römischen Linien zu überwinden und Bürgerschaft in einem globalen Konstitutionalismus bzw. säkularen interkulturellen Dialog zu verorten, der die Verschiedenheit unterschiedlicher religiöser Weltanschauungen ernst nimmt (Habermas 2004). Andere rücken eine kosmopolitische Gastfreundschaft in den Mittelpunkt, die die Durchlässigkeit nationaler Grenzen anerkennt (Benhabib 2004), oder präsentieren eine Theorie der Weltbürgerschaft als Nicht-Beherrschung, die mit der Pluralisierung von Autorität und der Aufspaltung von Souveränität einhergeht (Bohman 2007).

Literatur

Aleinikoff, T. Alexander/Klusmeyer, Douglas (Hg.): *Citizenship Today: Global Perspectives and Practices.* Washington, D.C. 2001.

Balibar, Etienne: Historical Dilemmas of Democracy and Their Contemporary Relevance for Citizenship. In: *Rethinking Marxism* 20. Jg., 4 (2008), 522–538.

Beiner, Ronald (Hg.): *Theorizing Citizenship.* New York 1995.

Benhabib, Seyla: *The Rights of Others: Aliens, Residents and Citizens.* Cambridge 2004.

Bohmann, James: *Democracy Across Borders.* Cambridge 2007.

Bosniak, Linda: *The Citizen and the Alien.* Princeton/Oxford 2006.

Brubaker, Rogers: *Citizenship and Nationhood in France and Germany.* Cambridge 1992.

Carens, Joseph: Aliens and Citizens: The Case for Open Borders. In: Beiner 1995, 229–254.

Habermas, Jürgen: *Der gespaltene Westen.* Frankfurt a.M. 2004.

Hansen, Randall/Weil, Patrick: *Dual Nationality, Social Rights and Federal Citizenship in the US and Europe: The Reinvention of Citizenship.* New York 2002.

Jacobson, David: *Rights Across Borders: Immigration and the Decline of Citizenship.* Baltimore 1996.

– /Ruffer, Galya: Courts Across Borders: The Implications of Judicial Agency for Human Rights and Democracy. In: *Human Rights Quarterly* 25. Jg., 1 (2003), 74–92.

Joppke, Christian: *Immigration and the Nation State: The United States, Germany, and Great Britain.* Oxford 1999.

– /Morawska, Eva (Hg.): *Toward Assimilation and Citizenship: Immigrants in Liberal Nation-States.* New York 2003.

Kymlicka, Will: *Multicultural Citizenship: A Liberal Theory of Minority Rights.* Oxford 1995.

Marshall, T.H.: Citizenship and Social Class. In: Shafir 1998, 93–111.

Miller, David: *Citizenship and National Identity.* Oxford 2000.

Oldfield, Adrian: Citizenship and Community: Civic Republicanism and the Modern World. In: Shafir 1998, 75–89.

Pickus, Noah: *True Faith and Allegiance.* Princeton/Oxford 2005.

Pocock, J.G.A.: The Ideal of Citizenship since Classical Times. In: Shafir 1998, 31–41.

Sassen, Saskia: *Territory Authority Rights.* Princeton 2006.

Schuck, Peter/Smith, Rogers: *Citizenship Without Consent: Illegal Aliens in the American Polity.* New Haven 1985.

Shafir, Gershon (Hg.): *The Citizenship Debates.* Minnesota 1998.

Soysal, Yasemin: *Limits of Citizenship: Migrants and Postnational Membership in Europe.* Chicago 1994.

Spiro, Peter: Mandated Membership, Diluted Identity: Citizenship, Globalization and International Law. In: Alison Brysk/Gershon Shafir (Hg.): *People Out of Place: Globalization, Human Rights and the Citizenship Gap.* New York 2004, 87–108.

Taylor, Charles: The Politics of Recognition. In: Amy Gutmann (Hg.): *Multiculturalism.* Princeton 1994, 25–73.

Walzer, Michael: The Civil Society Argument. In: Shafir 1998, 291–308.

Weil, Patrick: Access to Citizenship: A Comparison of Twenty-Five Nationality Laws. In: Aleinikoff/Klusmeyer 2001, 17–35.

Galya Benarieh Ruffer

4. Urbanisierung und Landflucht

Urbanisierung zur Jahrhundertwende – Einleitung in die Diskussion

Eine geradezu unübersichtliche Anzahl von wissenschaftlichen Arbeiten beschäftigt sich seit Ende des letzten Jahrhunderts mit ›Städten und Globalisierung‹. Dieses stark gewachsene Interesse ist auf verschiedene Motive zurückzuführen, die sich grob drei Strängen zuordnen lassen: Quantitative Grundlegungen fokussieren die Dynamik der globalen Urbanisierungsprozesse seit den 1970er Jahren aus einer demographischen Perspektive und stellen damit einhergehende Probleme der Armut, der Infrastruktur und der Steuerbarkeit ins Zentrum; gesellschaftstheoretische Ansätze gehen von einem maßgeblichen Form- und Funktionswandel und von einer beträchtlichen globalen Ausdifferenzierung und Hierarchisierung von urbanen Agglomerationen aus; demokratietheoretisch ausgerichtete Untersuchungen fragen nach den Dynamiken der sozialen und politischen Auseinandersetzungen, nach der Verteilung des globalen gesellschaftlichen Reichtums und nach der Entscheidungsmacht über Lebensweisen und gesellschaftliche Organisierung auf lokaler, regionaler, nationaler, transnationaler wie globaler Ebene.

Der überwiegende Teil der aktuellen Literatur zu Städten und Globalisierung gehört in dieser Unterscheidung zum ersten Strang. Dies liegt nicht zuletzt an der wachsenden Bedeutung globaler Organisationen wie der UN und ihrer Sonderorganisationen. Diese haben die Berichterstattung über das Wachstum der Städte gleichsam global hegemonialisiert und legen dabei grundsätzlich demographische Daten – und nicht etwa qualitative wie kulturelle, politische, formale oder funktionell analytische – zu Grunde. So unternimmt beispielsweise die UN Population Division seit den späten 1970er Jahren eine permanente Berichterstattung über die demographischen Kräfte, wie Geburtenrate, Sterblichkeitsrate und Migration, und publiziert seit 1988 den *World Urbanization Prospect*. Diesen Berichten lassen sich nicht nur Größe und Wachstum der urbanen Bevölkerung entnehmen und wie sich diese auf Megacities, Millionenstädte und kleinere Städte verteilen. Berechnet wird ebenso, wie dies voraussichtlich im Jahr 2020, 2050 und inzwischen auch 2070 aussehen wird. Literatur, die auf diese Berichtsperspektive inklusive ihrer Prognostik aufbaut und Problembeschreibungen über Armut, Infrastruktur und Steuerbarkeit daraus ableitet, entfaltet demnach ihre Argumente auf der Basis einer Aufzählung von demographischen Zahlen und Größen. Die Wucht der bloßen quantitativen Menge scheint Argument genug dafür, das Thema ›Urbanisierung‹ in den Mittelpunkt des Diskurses zu stellen und als ›größte Herausforderung des 21. Jahrhunderts‹ zu markieren. Formulierungen wie diese oder auch die Rede vom städtischen Übergang (*urban transition*) oder dem urbanen Wachstum (*urban growth*) entstammen unvermittelt dem Vokabular großer UN-Sonderorganisationen wie der Weltbank, der UN Population Division oder der HABITAT (United Nations Human Settlements Programme).

Gleichwohl setzen auch die qualitativ oder analytisch fokussierten, also gesellschafts- oder demokratietheoretisch ausgerichteten Arbeiten, wenn nicht auf den Prognosen so doch auf empirischen Daten der aktuellen Situation auf. Daher soll diese im ersten Abschnitt kurz rekapituliert, der Begriff der Urbanisierung aber auch historisch eingebettet werden.

Urbanisierung als globale Verstädterung

Gab es im Jahr 1950 weltweit 64 Städte mit mehr als einer Million Einwohner, wuchs diese Zahl bis 1970 auf 140, und aktuell existieren (nach Agglomerationen nicht nach Verwaltungseinheiten gezählt) 476 Millionenstädte. Noch 1999 ging Dan Smith im *State of the World Atlas* von einem allgemeinen Zusammenhang zwischen Bruttoinlandsprodukt (BIP) (damals noch Bruttosozialprodukt BSP) und Urbanisierungsgrad aus: je höher das BIP eines Landes, desto höher der Urbanisierungsgrad. Ausnahmen von dieser Regel stellten damals die lateinamerikanischen Länder (insbesondere Argentinien, Brasilien, Chile, Uruguay und Venezuela) dar, die als Schwellenländer bereits einen Urbanisierungsgrad von über 80 Prozent erreicht hatten. Einen so hohen bzw. teilweise erheblich höheren Anteil der städtischen an der Gesamtbevölkerung erreichten global im Jahr 1999 nur Australien (über 90 Prozent), Belgien, Dänemark, Deutschland, Großbritannien, Island, Israel inklusive der besetzten Gebiete Palästinas, Kuwait, der Libanon, Libyen, Neuseeland, die Niederlande

(98 Prozent), Oman, Saudi Arabien und Schweden (Smith 2000, 90 f.). Das Auseinandertreten von BIP und Urbanisierungsgrad eines Landes rief das erste besorgte Interesse der UN-Sonderorganisationen an einer neuen Urbanisierungsdynamik im globalen Kontext hervor. Denn bislang wurde davon ausgegangen, dass es einen direkten Zusammenhang zwischen Industrialisierung und Urbanisierung gibt, der sich aus der historischen Entwicklung erklärt.

Urbanisierungsprozesse fasst die klassische stadthistorische Periodisierung entlang der Funktion, die die prosperierenden Städte in der Moderne jeweils einnehmen. Eine Phase der Handelsstädte im Frühkapitalismus wird historisch überlagert durch die kolonialen Metropolen und die Industriestädte. Mit der Industrialisierung erhielt der Urbanisierungsprozess ab Beginn des 19. Jahrhunderts eine neue Qualität und eine zusätzliche, eigenständige Dynamik. Die gesellschaftlichen Grundwidersprüche dieser Ära zwischen expansionsorientierter Landnahme verbunden mit rassistisch-kolonialer Unterwerfung nach außen und Kapitalakkumulation verbunden mit Pauperisierung im Inneren der Nationen verdichten sich im Städtischen der westlichen Metropolen (inklusive der diversen Rassensegregationspolitiken und auf besondere Weise des Antisemitismus). Demographisch überschritt bisher also der Urbanisierungsgrad einer Gesellschaft mit ihrer Industrialisierung die 80-Prozent-Marke. Soziologisch werden ›soziale Probleme‹ originär mit der Entwicklung des Pauperismus im Zuge der industriellen Urbanisierung zum Thema. Politologisch sind Industriestädte wesentlich für die Entwicklung der kapitalistischen Produktionsweise. Ökonomisch sind Bruttosozialprodukt (BSP) und später Bruttoinlandsprodukt (BIP) an den Industrialisierungsprozess geknüpft, insofern es neben den Handelsbewegungen jene Arbeitsleistungen erfasst, die in einem Lohn- oder Angestelltenverhältnis bezahlt sind. Unentgeltlich verrichtete Arbeiten, seien sie notwendige Arbeiten für die Reproduktion oder ansonsten steuerlich nicht erfasste Arbeiten, finden keinen Eingang in das BSP/BIP. Damit entziehen sie sich leicht nicht nur der ökonomischen, sondern auch der soziologischen und politologischen Analyse.

Die aktuelle Expansion der Metropolen des globalen Südens wirft die Fragen nach diesen Widersprüchen auf allen Ebenen und auf eine gänzlich neue Weise auf. Unter dem Terminus *urban transition*, im Sinne von Urbanisierung als globalem Verstädte-

rungsprozess, sind eine Vielzahl äußerst unterschiedlicher Phänomene, Prozesse und (Bedrohungs-)Szenarien zu fassen. Deren Analyse, theoretische Einordnung und Bedeutung für politische Entscheidungen und die sozialen Bewegungen führt zu einer großen Zahl von Kontroversen, die im Folgenden entlang dreier thematischer Stränge diskutiert werden. Deren Diskussion ist jedoch bei aller epochaler Verschiebung vor dem Hintergrund insbesondere des industriellen Urbanisierungsprozesses zu sehen, da dieser die Folie darstellt, auf die sich einige Ansätze berufen und von der sich andere abgrenzen.

Urbanisierungsprozesse wurden auch im Prozess der Industrialisierung thematisiert und problematisiert, worüber uns nicht nur die, erst in diesem Kontext entstehende, Soziologie bis heute Auskunft gibt, sondern vor allem die Literatur des 19. Jahrhunderts. Die historisch neuen Formen von Pauperisierung legten sich quer zu den zeitgleichen Versprechen der Aufklärung und der Steigerung der gesellschaftlichen Produktivität. Die Ausblendung nichtentlohnter Arbeitsverhältnisse setzten verschiedene feministische Bewegungen auf ihre Agenda. Die Frage nach der Rolle des Staats stellte sich in jener Zeit völlig neu. Der Staat wurde – getrieben von sozialen Kämpfen – in einem Zeitraum von 150 Jahren als Vermittler zwischen ökonomischen und gesellschaftlichen Interessen und Dynamiken auf nationaler Ebene neu konzipiert. Staats- und regulationstheoretisch wurde diese gesellschaftliche Formation mit dem Begriff des Fordismus (mit verschiedenen Präzisierungen und mit Betonung der Ausblendungen aus der Frauenperspektive) gefasst. Es überschneiden sich darüber hinaus aber bereits in jener ›Epoche‹, wie Michel Foucault zeigte, bevölkerungs- bzw. biopolitische Fragen mit dem Diskurs über Urbanisierung, die auch den Diskurs der heutigen globalen Institutionen prägen.

Die Termini ›Urbanisierung‹ und *urban transition* ließen sich also unterschiedlichen ›Epochen‹ des Kapitalismus und den Versuchen seiner politischen Regulierung zuordnen. Die Sorge der zur globalen Steuerung aufgerufenen Instanzen, die sich aus dem Auseinandertreten von BIP und Urbanisierungsgrad heute ergibt, weist aber Parallelen zum historischen Prozess im globalen Norden auf. Im globalen Durchschnitt lebten im Jahr 1980 knapp 40 Prozent der Weltbevölkerung in Städten, im Jahr 2020 können es laut Prognosen bereits 60 Prozent sein. Der *tipping point*, jener historische Moment, in dem der globale Urbanisierungsgrad die Fünfzigprozentmarke überschritt, lag vermutlich im Jahr 2008. Diese Daten machen deutlich, dass mit der ›größten Herausforderung des 21. Jahrhunderts‹ nicht allgemein die Phänomene von Urbanisierung, Metropolisierung und Landflucht gemeint sind. Vielmehr stehen die Metropolisierungsprozesse in den weniger entwickelten Ländern insgesamt im Fokus der Sorge der UN-Institutionen. Da die Staaten des Südens nicht für die notwendige Infrastruktur (Ernährung, Kanalisation, Energie, Gesundheit, Bildung) Sorge tragen könnten, sei Urbanisierung erneut mit der Produktion von elenden Lebensbedingungen verbunden, so die Befürchtung der UN-Institutionen und großteils auch die empirische Realität. Staaten des Südens, die sich politisch anders entscheiden und zugleich auf primäre Ressourcen (etwa Öl) zurückgreifen können (wie die urbanisierten Länder Venezuela und Brasilien, die der Infrastruktur für die Bevölkerung einen hohen Stellenwert einräumen) werden aus diesen Sorge-Szenarien allerdings ausgeklammert.

In Afrika und in Teilen von Asien haben sich jedoch in den letzten drei Dekaden in rasanter Geschwindigkeit Megaagglomerationen herausgebildet, die völlig unabhängig zu sein scheinen von den Kalkulationen, die aus der Industrialisierungsära bekannt sind. Ob sich diese Urbanisierungsprozesse auch von primären ökonomischen Ressourcen (Diamanten, Öl und für die globale Ökonomie auch relevant: illegale Drogen) gelöst haben, ist mit der Frage nach dem Grad der Industrialisierung allerdings nicht gelöst. Kabul hat beispielsweise als Agglomeration gut fünf Millionen Einwohner, während Afghanistan einen Urbanisierungsgrad von knapp über 20 Prozent aufweist. Die Agglomeration Lagos hat die 10-Millionengrenze weit überschritten, der Urbanisierungsgrad in Nigeria liegt dennoch bei ca. 25 Prozent. Auch wenn irgendwann im Jahr 2008 der Zeitpunkt überschritten wurde, zu dem mehr als 50 Prozent der Weltbevölkerung in urbanen Agglomerationen leben, darf im Verhältnis zum globalen Norden nicht vergessen werden, dass dennoch derzeit Afrika einen Urbanisierungsgrad von 38 Prozent aufweist (in Südafrika als kolonial industrialisiertem Land ca. 60 Prozent) und Asien einen von 41 Prozent (UN Population Division 2008, 4). Dass die UN-Organisationen in ihren Prognosen für das Jahr 2020 auf einen globalen Urbanisierungsgrad von über 60 Prozent kommen, gründet zudem nicht allein auf

einer Hochrechnung der aktuellen Empirie. Seit Jahrzehnten findet sich das globale Bevölkerungswachstum in den Ländern des Südens wieder. Doch zentral für jene Prognose ist die Annahme, dass der Urbanisierungsprozess im globalen Süden zunehmend weniger das Ergebnis von Land-Stadt-Migration sein wird, sondern vor allem Ergebnis eines immanenten Wachstums des Städtischen: Der Anteil der Landbevölkerung im Süden wird gegenüber der Gesamtbevölkerung schrumpfen, weil die Stadtbevölkerung aus sich selbst heraus, also ohne Migrationsanteil, zunimmt. Die seit den 1970er Jahren durch Weltbank und Entwicklungsorganisationen betriebene Politik der kapitalgesteuerten Intensivierung von Landwirtschaft hat demnach ihr Potenzial ausgereizt. Die dadurch dynamisierte Stadt-Land-Migration hat sich erschöpft und präsentiert sich im neuen Kleid einer Dynamisierung des Städtischen.

Der Begriff des Städtischen kann hier und im Folgenden also nicht ›die Stadt‹ meinen. ›Das Städtische‹ ist nicht als Folie der mittelalterlichen europäischen Stadt oder der Stadt des 19. Jahrhunderts zu verstehen, auf deren Hintergrund Transformationen zu diskutieren wären und werden. Der Begriff des ›Städtischen‹ soll spezifische Formen der Raumproduktion und der räumlichen Regulation fassen, die weder auf *eine* Raumform begrenzt sind, noch sich über *eine* (historische) Raumform definieren. Diese Formen zeichnen sich vielmehr dadurch aus, dass sie einer Rationalität folgen, die ›Bevölkerung‹ und ökonomische Dynamiken in ein Verhältnis zueinander setzt, woraus Programme und Interventionen des Regierens abgeleitet werden (was auch für das Städtische der Industrialisierung bereits gilt) (Bareis 2007).

Debatten um die Stadt im Zeitalter der Globalisierung

Metropolen – Megacities, Global Cities, World Cities: Begriffe, mit denen urbane Agglomerationen bezeichnet werden, basieren wie alle analytischen Begriffe auf Perspektiven und Grundannahmen und wechseln mit dem Kontext die Bedeutung. Der aktuell häufig gebrauchte Begriff *Megacity* an sich wäre rasch geklärt: Er bezeichnet laut UN-Definition die Größe einer Agglomeration mit über zehn Millionen Einwohnern. Nach dieser Definition existieren derzeit weltweit 26 Megacities. Allerdings werden jene fünf Megastädte, die in Industrieländern liegen – Tokio, New York, Los Angeles, Greater London und Paris (Ile de France) – im westlichen Verständnis eher mit dem Begriff ›Metropole‹ assoziiert. Die Metropole zeichnet sich nicht nur durch ihre Größe aus, sondern ebenso sehr dadurch, dass sie die Funktionen Verwaltung, Politik und Kultur zentralisiert. Schon im antiken Raum ist *metropolis* mehr als die *polis*: Sie ist zugleich Sitz der Verwaltung der Peripherie, die auf Distanz regiert wird. Auch das frühkapitalistische Stadtsystem der imperialen Reiche bildete jeweils Metropolen aus (Timberlake 1985). Gegen Ende des 19. Jahrhunderts erreichten diese imperialen Metropolen verbunden mit einer umfassenden Industrialisierung eine bis dahin unbekannte Größe von bis zu 6,6 Millionen Einwohnern (London). In der Dynamik der Globalisierung verschwimmt allerdings die Grenze zwischen Metropole und Peripherie und die Regierung auf Distanz durchdringt alle gesellschaftlichen Bereiche. Der Terminus *Megacity* wird dagegen mit den großen Städten des Südens verbunden, die weder Sitze global einflussreicher Regierungen oder Organisationen, noch globale Handels- und Finanzplätze beherbergen oder eine global kulturbestimmende Funktion beanspruchen können. Vielmehr entziehen sich die verbleibenden 21 *Megacities* von Seoul (24 Mio.) bis Lagos (11,4 Mio.) der westlichen kollektiven Vorstellung einer Metropole. Sie sind nur mehr unvorstellbar große Städte. Somit steht der Terminus *Megacity* in der Literatur jenseits der formalen Bestimmung über die demographische Größe zumeist für jene Form, die eine global als funktionslos betrachtete Agglomeration annimmt und die mit dem urbanen Alptraum, mit planlosem Wachstum und Chaos, mit fehlender technischer und sozialer Infrastruktur, elenden Lebensbedingungen und einem extremen Gefälle zwischen Armut und Reichtum gleichgesetzt wird.

Nicht die Größe sondern die Funktion einer urbanen Agglomeration in einem transnationalen Kontext stellen die analytischen Begriffe *Global City* und *World City* heraus. *World City* bezieht sich auf einen Stadttypus, der bereits seit Jahrhunderten von Bedeutung ist und den Fernand Braudel die *superville* genannt hatte. *World Cities* bestimmen sich, wie die Metropolen unter ihnen, über ihre historische Zentralität innerhalb einer ›Epoche‹ (des Spätmittelalters oder des noch unbenannten postkolonialen Globalen). Innerhalb dieser Epoche, aber auch innerhalb einer spezifischen Produktionsweise (wie der han-

dels-, industrie- oder finanzkapitalistischen) können *World Cities* als Stadtsysteme und Stadthierarchien analysiert und einzelne Städte hinsichtlich ihres ›Platzes‹ darin untersucht werden (während der Begriff Metropole auf die Singularität einer *World City* verweist). Die Diskussion um und die Forschung zu *World Cities* erhielt 1966 durch Peter Hall und 1982 durch John Friedmann und Goetz Wolff neuen Anschub. Saskia Sassen (1996) hingegen favorisiert im Kontext dieser Debatte den Begriff der *Global City*, um die Funktion dieser städtischen Agglomerationen innerhalb der neoliberalen Globalisierung, gerade im Unterschied zu dem sehr umfassenden und historisch wie kulturell reichen Begriff *World City*, besser zu fassen. Denn die Ballungsräume, die im Zentrum der Analysen zu *Global Cities* stehen, finden sich als Zentren des Finanzkapitalismus im entwickelten globalen Norden (New York, London, Paris, Tokio; umstritten etwa: Toronto, Frankfurt am Main, Zürich). Die postfordistische »Reorganisation des Verhältnisses von Kapital und Arbeit« (Sassen 1996, 142) bringe eine zunehmende Informalisierung und Prekarisierung der Arbeitsverhältnisse und eine verstärkte Polarisierung der Beschäftigungsstrukturen mit sich, die sich insbesondere in den *Global Cities* niederschlage. Damit entwickelten sich die Städte selbst zu einer zentralen Ressource für die neuen Produktionszweige der hoch entwickelten Dienstleistungen, die von der metropolitanen Agglomeration profitierten. Mit dieser Analyse weist Sassen auf eine Neuzusammensetzung des globalen Raums hin und macht zugleich deutlich, dass die kapitalistische Globalisierung auf neuen Formen der Lokalität gründet.

Mit dem Fokus auf die *Global Cities* ist aber – abgesehen von den direkten Migrationsbewegungen in die globalen Finanz- und Dienstleistungszentren – der Blick auf die aus dieser Perspektive peripheren urbanen Agglomerationen des Südens abgeschnitten. Eine Reaktion darauf war, in der Forschung den Begriff der *World City* zu reaktivieren, um den Prozess der Informalisierung und Prekarisierung global zu fassen. Standen zunächst mit den *Global Cities* jene Städte im Mittelpunkt der Untersuchungen, die den Kern der kapitalistischen Globalisierungsprozesse bildeten, kommen weitere *World Cities* in den Blick, die eine bedeutende regionale und globale Rolle spielen. Diese sollten, so fordert Joseph Gugler (2004), als »Weltstädte zweiten Grades« Teil jeder kritischen, gesellschaftstheoretisch orientierten Analyse sein. Zu jenen Städten jenseits der entwickelten Länder, die am deutlichsten als *World Cities* bezeichnet werden können, gehören etwa Bangkok, Kairo, Hongkong, Jakarta, Johannesburg, Mexiko City, Moskau, Mumbai, Sao Paolo, Seoul, Shanghai und Singapur. Auch in diesem Ansatz bestimmen sich die maßgeblichen Parameter also nicht über die demographische Größe, sondern über die Funktion innerhalb sich wandelnder global hierarchisierter Entscheidungszentren und über die Form, die Städte darin annehmen. Die Arbeiten in diesem Kontext machen deutlich, dass verschiedene Prozesse, die zunächst in den *Global Cities* zu beobachten waren, wie beispielsweise die Umwandlung von Stadtzentren in Enklaven der Eliten, kein auf den Westen beschränktes Muster urbaner Transformation darstellen. Und gerade in den Städten des Südens betreiben die staatlichen Kräfte (mit wenigen Ausnahmen vor allem auf dem lateinamerikanischen Kontinent) weitgehend ungebrochen die Umstrukturierung der Metropolen entlang der Anforderungen einer globalisierten Ökonomie. Zugleich stehen diese aber in einem anderen und häufig konfrontativeren Verhältnis zu den gesellschaftlichen Kräften. In die Analyse der *World Cities* (inklusive der *Global Cities*) sollten daher strukturell Globalisierung, Staat und soziale Bewegungen als machtvolle Akteure einfließen.

Informalität – der globale Süden als zukünftiges Städtisches: Der Architekt Rem Koolhaas provozierte in den letzten Jahren die Auseinandersetzung um die Zukunft des Städtischen mit der These, dass die *Megacities* der boomenden Ökonomien, wie London, Los Angeles und Shanghai, im Zuge großer Krisen dem Weg Lagos' folgen werden. Die afrikanische *Megacity* sei emblematisch für das selbstregulierende Chaos zukünftiger Urbanität, eine Entwicklung, die sich der Stadtplanung entziehe und zugleich ein großes Potenzial darstelle. Die Form des zukünftigen Städtischen entwickle sich jenseits großer Entwürfe aus den alltäglichen (Überlebens-)Taktiken der Leute. Demgegenüber betont Mike Davis (2007) die Fortifizierungs- und Verslummungsprozesse in der Topologie der *Megacities*. Diese seien umso ausgeprägter und repressiver, je stärker sich das sozio-ökonomische Gefälle im Agglomerationsraum entwickle. Während sich die globalisierten Eliten in den Zentren abschotteten, würden die Armen durch infrastrukturelle Nichtversorgung dem ökologischen Chaos der Megastädte überlassen und in risikoreiche

Stadtlagen und in die Informalität abgedrängt. Mit Informalität sind, wie bereits bei Sassen festgehalten wurde, jene ökonomischen, politischen und gesellschaftlichen Lebensbereiche gemeint, die ohne oder jenseits der formellen Absicherung (und Kontrolle/ Disziplinierung) praktiziert werden oder werden müssen. Während also gerade der informelle Sektor, der für die Ökonomie wie für den Alltag in *Megacities* ein zentraler Faktor ist, bei Koolhaas die Rolle des Hoffnungsträgers jenseits von Stadtplanung und dem Willen zu politischer Regulierung annimmt, stellt er für Davis einen Ausdruck neuer, brutaler Ausbeutungsverhältnisse dar.

Zwischen diesen beiden zugespitzten Thesen positionieren sich Arbeiten, die zunächst die Frage ins Zentrum stellen, wie größere strukturelle Transformationen in unterschiedlichsten Ökonomien die Praktiken und Erfahrungen der Menschen im Alltag beeinflusst haben. Der Blick von Börsenmaklern auf Kairo oder die Auswirkungen des Niedergangs staatsfinanzierter Beschäftigung in Kairo, die Subjektivitäten globaler Textilarbeiterinnen in Sri Lanka oder das Transportsystem in Bangkok, die gelebte Erfahrung der Bewohner mit der rapiden Urbanisierung von Dhaka oder die Binnenerfahrungen in indischen Slums, bilden die regionalisierte Basis der Forschung, die sich nicht mehr ausschließlich auf die *Megacities* konzentriert. In diesen Arbeiten nehmen die *middle-sized cities* des Südens und das Geschehen an den Rändern der Megastädte eine zunehmend wichtige Rolle in der Analyse der Urbanisierungsprozesse ein. Diese gilt es zugleich einzuordnen in größere Phänomene, wie Migrations- und Fluchtbewegungen, religiöse Megabewegungen, den regionalen Populismus (z.B. den panarabischen Nationalismus), die Rolle oder Erosion von wohlfahrtsstaatlichen Instrumenten und nicht zuletzt die transnationalen Ströme von Gütern, Kapital und Information (exemplarisch Dawson/Edwards 2004; Hewamanne 2008; Jenks et al. 2008).

Anstatt die Forschung auf die Megastädte zu konzentrieren, die häufig als eine Art Pappkamerad zur Kritik von Neoliberalismus und Globalisierung aufgebaut wurden, fragt dieser Strang der Urbanisierungsforschung zugleich nach einer neuen gesellschaftstheoretischen Definition von ›Urbanität‹. Damit stellt sich die Frage nach den Formen, die ›das Städtische‹ historisch wie geographisch und gesellschaftlich annimmt. Unter dem Begriff des ›Städtischen‹ ist in diesem Kontext nicht ›die Stadt‹ zu verstehen. Historisch und in der westlichen Tradition verankert bezieht sich der Begriff auf den Urbanisierungsprozess als Scharnierfunktion in der Herausbildung und in den Transformationen der modernen, kapitalistischen Gesellschaftsform. Der Prozess der Urbanisierung ist aber nicht schlicht als Verräumlichung der, mit Michel Foucault gefassten, Beziehungen zwischen Macht, Wissen und Subjektivierungsprozessen und deren ›Naturalisierung‹ im Raum zu denken. Vielmehr ist die Dynamisierung und Biegung dieser Beziehungen im Raum als Städtisches/Nationales/Globales/Lokales/Postkoloniales/Transnationales und deren jeweiliger gesellschaftlichen Relationen zueinander ein wesentliches Moment. Diese Perspektive ermöglicht zugleich, Vorstellungen von der Ideal-Stadt kritisch zu reflektieren – seien diese ›europäisch‹, ›funktional‹, ›gesund‹, ›demokratisch‹, ›amerikanisch‹, ›chaotisch‹, ›liberal‹, ›unternehmerisch‹ oder ›integrierend‹ (vgl. Bareis 2007, 98 f.). Die prägenden Momente der Geschichtsschreibung der großen strukturellen Transformationen der westlichen Städte – Industrialisierung (und Deindustrialisierung), Kolonialismus, Imperialismus und Globalisierung – sind für die großen und mittelgroßen Städte des Südens nicht oder aus einer völlig anderen Perspektive gegeben. Auch die tradierten analytischen Differenzierungen von gesellschaftlichen Bereichen wie formell/informell oder privat/öffentlich, die im westlichen Diskurs über das Städtische längst geklärt scheinen, seien damit, so die Grundannahme dieses Forschungsstrangs, neu zu diskutieren. Zudem unterschieden sich die Urbanitätsformen zwischen den Regionen und Kontinenten. Daher sei zunächst eine Basis über viele regionalisierte Forschungen zu schaffen. Die Zusammenführung der in diesem Forschungsstrang gewonnenen Erkenntnisse in (möglicherweise mehrere) soziale Geschichtsschreibungen und in (möglicherweise) alternative, dynamische und komplexere Bestimmungen des zeitgenössischen, globalen Städtischen steht allerdings noch aus. Für eine solche Diskussion schlug Gayatri Chakravorty Spivak den Begriff eines »kritischen Regionalismus« (Butler/Spivak 2007) vor.

Gentrifizierung und Pauperisierung zwischen globalen Flüssen, policy making und sozialen Bewegungen: Manuell Castells wies auf die massiven gesellschaftlichen Spaltungsprozesse hin, die den Globus des »Informationszeitalters« überziehen (Castells 2003, 73–170). Diese zeigten sich empirisch darin, dass der »Aufstieg des informationellen Kapitalismus« durch simultane Entwicklung und Unterentwicklung gekennzeichnet sei, also zugleich durch soziale Inklusion und Exklusion. Quantitativ lassen sich, so Castells, die Polarisierung der Reichtumsverteilung auf globaler Ebene wie auch die Einkommensungleichheiten innerhalb einzelner Länder gut nachweisen. Darin zeige sich statistisch auch eine »erhebliche Zunahme von Armut und Elend auf der Welt insgesamt und in den meisten – aber nicht allen – Ländern, in den entwickelten wie in den sich entwickelnden« (ebd., 87). Mit diesen Daten seien die aktuellen Entwicklungen aber noch nicht erklärt. Sie ließen sich zwar auf eine ›systemische‹ Beziehung zwischen den Dynamiken der kapitalistischen Neustrukturierung und den Dynamiken von Segregation und Pauperisierung zurückführen. Doch letztlich könnten diese Zusammenhänge, so Castells, analytisch nur qualitativ bestimmt werden, da sie sich in verschiedenen Ländern, Regionen und Städten höchst unterschiedlich niederschlagen. Für die urbanen Zentren wird diese im globalen Maßstab wachsende Ungleichheit als Prozess der Gentrifizierung und Pauperisierung von Teilen der Stadt gefasst.

Während die Diskussion um urbane Gentrifizierungsprozesse seit den 1980er Jahren zunächst die westlichen Metropolen umfasste, kann mittlerweile von einer Generalisierung von Gentrifizierung als globalen Phänomens gesprochen werden (Smith 2002). So wie jedoch die Aufwertung von Stadtvierteln historisch kein neues Phänomen ist, sondern im postfordistischen Kapitalismus seit den 1980er Jahren eine neue Dynamik entwickelte, ist auch deren globale Verbreitung nicht neu an sich. Neu ist vielmehr erstens deren Verbreitung als globale Kapitalstrategie, die auf der Mobilisierung von städtischen Immobilienmärkten als Vehikeln zur Kapitalakkumulation beruht (ebd., 446). Zweitens beruhen die Dynamiken von Aufwertungsprozessen, sei es durch die Implementierung von *Business Improvement Districts* oder die Umstrukturierung von Wohnvierteln, nicht mehr (ausschließlich) auf der kulturell weiß und westlich geprägten Aneignung von städtischem Raum, wie Atkinson und Bridge (2005) in dem Band *Gentrification in a Global Context* festhalten. Die Dynamiken haben sich multipliziert, da die Deregulierungspraktiken in den ehemaligen kommunistischen Ländern und in den armen Ländern des Südens neue global mobile Akteure hervorbrachten,

die ebenfalls Träger dieser urbanen Landnahme von
oben sind. Gentrifizierung könne sich schwarz und
weiß, schwul und hetero, urban, suburban oder länd-
lich vollziehen. Die Vorstellung von einem Prozess,
der (als Investition und als Bewegung) nur an den
Westen gebunden ist, sei überholt. Gentrifizierungsprozesse generierten dabei ein Netzwerk von Life-
style-Identitäten, durch welches ökonomische und
kulturelle Enklaven auch in neuen regionalen, ländlichen suburbanen und kleinstädtischen Räumen
entstehen. Für alle städtischen Aufwertungsprozesse
gelte aber die Bestimmung, dass sie ökonomisch eine
Kommodifizierung von Raum und kulturell eine
Überformung (und häufig Fortifizierung) von städtischen Arealen bedeuten. Somit seien sie immer an
Prozesse von Segregation, Armut und Kolonisierung
gekoppelt. Eric Clarke insistiert im selben Band darauf, dass die Gentrifzierungsdynamik desto machtvoller und aktiver ist, je polarisierter die ökonomischen, politischen und rechtlichen Machtverhältnisse vor Ort ausgeprägt sind. Insofern spielen die
regionalen und lokalen Kräfteverhältnisse und Konflikte eine maßgebliche Rolle, auch wenn der abstrakte Prozess von Investition und Kapitalakkumulation auf der Ebene der *global flows* anzusiedeln ist.
Entsprechendes lässt sich über die gegen Pauperi-
sierungsprozesse eingeleiteten Maßnahmen auf globaler und regionaler Ebene sagen. Die UN-nahen
Organisationen reagierten auf das rapide Wachstum
der Städte des globalen Südens und insbesondere das
Wachstum von Slums zunächst mit Programmen,
welche die Binnenmigration vom Land in die Städte
steuern und möglichst minimieren sollten. Aktuelle
Forschungen aus diesem Bereich der Policy-Ent-
wicklung fokussieren jedoch nicht mehr den Versuch, Urbanisierung zu verlangsamen, sondern eine
Verbesserung der urbanen Governance. Dieser Kurs-
wechsel gründet auf der durch die Datenbasis der
UN Population Division gewonnenen Erkenntnis,
dass sich das größte urbane Wachstum tatsächlich
weder in der Land-Stadt-Migration noch in den Megacities, sondern in den mittelgroßen Städten des
Südens findet. Die den neueren Governance-Kon-
zepten zugrunde liegende Vorstellung ist, Urbanisierung zu transformieren und in eine positive Kraft
zur Entwicklung zu überführen. Somit soll die *urban
transition* durch gezielte Programme zu einer *urban
transformation* genutzt und die Urbanisierung selbst
als zentraler Faktor in der Bekämpfung von Armut
eingesetzt werden. Die Beziehung zwischen Armut

und Urbanisierung ist jedoch komplex und nicht auf
einfache Ursache-Wirkungs-Relationen zu reduzieren. Damit stehen auch für die UN-basierten Programme die unterschiedlichen Ausprägungen der
urban transition in verschiedenen Regionen der Welt
auf der Suche nach adäquaten Formen der Good
Governance im Mittelpunkt des Interesses (exemplarisch Martine et al. 2008).

Dies spiegelt sich direkt wieder in den sich seit den
1990er Jahren global ausbreitenden Armutsbekämp-
fungsprogrammen (Poverty Reduction Strategy Papers), mit denen die Regierungen den Pauperisie-
rungsprozessen begegnen. In diesen kann die kool-
haassche Begeisterung für die sich selbst regulierende,
chaotische Megacity der Zukunft schnell in eine von
oben verordnete ›Selbstaktivierung‹ und ›Selbstorganisation‹ umschlagen, die zu einer »Tyrannei der
Partizipation« (Cooke/Kothari 2001) und zu einer
Art Verordnung von Informalität ›von oben‹ führt.
Dabei werden die in den 1980er Jahren als Aneignungsprozesse ›von unten‹ entwickelten Diskurse
von Partizipation und Stärkung des Gemeinwesens
in den Ländern des Südens durch große Entwicklungsorganisationen und die Weltbank adaptiert und
zu Governance-Strategien umgeformt. Um etwa von
der Weltbank Schuldenerlasse oder Kredite zu erwirken, müssen die Entwicklungsländer Strategiepa-
piere zur Armutsreduktion vorlegen, in denen explizit die Einbindung von lokalen Gruppen und NGOs
gefordert wird. Die Schuld für ein Scheitern der Programme kann damit bei den Armen und den lokalen
NGOs gesucht werden, die nicht in der Lage waren,
sich selbst zu organisieren oder bei den Regierungen,
die nicht in der Lage waren, diese einzubinden. Diese
Kooptation brachte eine neue Kontroverse in der aktuellen Literatur hervor (Hickey/Mohan 2004). Umstritten ist, ob und unter welchen Bedingungen es
sich bei dieser Strategie der *global governance* um
schlichte Symbolpolitik ohne maßgebliche Effekte
handelt, sie als neokolonialistische und gouverne-
mentale Kontrollstrategie zu desavouieren ist oder
die von den globalen Organisationen verordnete
Partizipation armer Bevölkerungsschichten unter
bestimmten Bedingungen auch Emanzipationspro-
zesse befördern könnte. Auch diese Frage wird quantitativ und empirisch sehr unterschiedlich zu beantworten sein, insofern auch hier die regionalen und
lokalen Kräfteverhältnisse und Konflikte eine maßgebliche Rolle spielen, obwohl – in diesem Fall – das
policy making auf der globalen Ebene angelegt ist.

Offene Enden der globalen Urbanisierung

Auf globaler Ebene setzten seit den 1980er Jahren neoliberale Doktrinen eine neue Runde der *enclosure of the commons* in Gang, indem sie kollektives Land und kollektive Güter in privates Eigentum umwandelte. Diese Politik des ›neoliberalen Staats‹ hatte weitreichende Auswirkungen auf die Dynamik von Urbanisierungsprozessen. Dies schlug sich insbesondere in den Ländern des Südens nieder, wo die durch Weltbank und IWF im Zuge der Schuldenkrise implementierten Strukturanpassungsprogramme die Staaten in Instrumente verwandelte, um diese Privatisierungsdynamik auszuweiten. Damit einher gingen meist radikale Kürzungen der Ausgaben für Bildung, Gesundheit, Wohnungsbau, öffentlichen Nahverkehr, die städtische Infrastruktur und die Agrarproduktion. Diese »Akkumulation durch Enteignung« (Harvey 2007) brachte neben Ungleichheit und politischer Instabilität einen massiven Exodus in Richtung der urbanen Regionen hervor. Damit gingen ein massives Anwachsen von Landbesetzungen einerseits und irregulären Siedlungen und eine globale Ausbreitung von urbanen Elendsbedingungen andererseits einher. So finden sich in den urbanen Agglomerationen des globalen Südens inzwischen die extremsten Beispiele ökonomischer Ungleichheit, ökologischer Gewalt (Verkehrsüberlastung, Mülldeponien, verschmutztes Wasser, fehlende Kanalisation etc.) und räumlicher Segregation, mit denen die Menschheit jemals konfrontiert war (Davis 2007). Nichtsdestotrotz lassen sich die Motive für Landbesetzungen, Migration und das Betreiben informeller Ökonomien nicht ausschließlich auf neoliberale, kapitalorientierte Politikstrategien zurückführen. Und auch die Formen, die Urbanisierung in den Städten des Südens, den Städten der ehemaligen Industrienationen und der ehemaligen kommunistischen Länder jeweils annimmt, sind nicht ausschließlich durch die Kapitaldynamik determiniert. Sie sind eingebettet in ein Akteursverhältnis von Kapital, Staat und sozialen Bewegungen und im Kontext höchst unterschiedlicher historischer Konstellationen zu sehen.

Zur Weiterentwicklung eines kritischen Urbanismus, der Urbanisierung auf globaler Ebene umfasst, ohne diese auf die Kapitaldynamiken zu reduzieren, obwohl er auf der Kritik des globalen Kapitalismus beruht, bedarf es des Einbezugs und der Weiterentwicklung verschiedener theoretischer Konzeptionen, wie bislang anhand der Diskussion um die Begriffe Urbanisierung, Gentrifizierung und um die Armutsbekämpfungsprogramme (Poverty Reduction Strategy Papers) deutlich gemacht wurde. Dazu gehören die postkoloniale Entwicklung eines Verständnisses von *citizenship* auf einem globalen Level (Ong 2006), wie die Frage nach Subjektivierungsprozessen nicht nur in den Formen globaler Ungleichheit und urbaner Macht- und Herrschaftsverhältnisse, sondern auch der Subjektivierungsprozesse in der binnenorientierten wie transnationalen Migration (Butler/Spivak 2007). Weiterführende Diskussionen, die die Perspektive der urbanen Kämpfe ins Zentrum stellen, entspinnen sich aktuell um den Begriff ›Recht auf die Stadt‹ (etwa David Harvey 2008; Margit Mayer 2009; Peter Marcuse 2009) sowie – unter der theoretischen Annahme, die Metropole sei unter dem biopolitischen Paradigma für die Multitude das geworden, was für die Arbeiterklasse die Fabrik war – dem Begriff des ›Metropolenstreiks‹ (Hardt/Negri 2009). Ob es einer kritischen Theoriebildung zu den aktuellen globalen Dynamiken der Urbanisierung gelingt, über die mit der westlichen, modernen Tradition tief verbundenen Vorstellungen von linearer gesellschaftlicher Entwicklung und politischer Repräsentation hinauszukommen, wird sich jedoch nicht zuletzt daran entscheiden, ob es gelingt, auch jene urbanen Bewegungen in die Analyse einzubinden, die Étienne Balibar (2007) mit dem Begriff der Anti-Politik fasst und die sich als (nicht immer emanzipatorische) Aufstände, Erhebungen und Ausschreitungen artikulieren. Auch für diese ›Anti-Politik‹, die nicht-repräsentierbare Formen des Aufstands und der Empörung annimmt, gibt es historische Vorläufer (nicht nur in der frühen Moderne des Westens). Das zukünftige Städtische, verstanden als historisch-geographisch spezifisches Kräfteverhältnis von Kapital, Staat und sozialen Bewegungen, wird sich eigene Wege bahnen, phänomenologisch-alltägliche Fragen, wie die nach dem Zusammenleben auf engem Raum und mit beschränkten Ressourcen, und theoretische Fragen, wie die nach dem Verhältnis von Repräsentation und Artikulation in urbaner Praxis, zu beantworten. Diese Wege können grausam oder emanzipativ ausfallen. Insofern das Städtische zum Paradigma des Globalen geworden ist, werden diese Auseinandersetzungen auch auf diesem Terrain stattfinden.

Literatur

Atkinson, Rowland/Bridge, Gary (Hg.): *Gentrification in a Global Context. The New Urban Colonialism.* London 2005.

Balibar, Étienne: Uprisings in the Banlieues. In: *Constellations* 14. Jg., 1 (2007), 47–71.

Bareis, Ellen: *Verkaufsschlager. Urbane Shoppingmalls – Orte des Alltags zwischen Nutzung und Kontrolle.* Münster 2007.

Butler, Judith/Spivak, Gayatri Chakravorty: *Sprache, Politik, Zugehörigkeit.* Zürich 2007 (engl. 2007).

Castells, Manuel: *Jahrtausendwende.* Opladen 2003 (engl. 2000).

Cooke, Bill/Kothari, Uma: *Participation. The New Tyranny?* London/New York 2001.

Dawson, Ashley/Edwards, Brent Hayes: Global Cities of the South. In: *Social Text 81* 22. Jg., 4 (2004), 1–7.

Davis, Mike: *Planet der Slums.* Berlin 2007 (engl. 2006).

Gugler, Josef (Hg.): *World Cities Beyond the West. Globalization, Development, and Inequality.* Cambridge 2004.

Friedmann, John/Wolff, Goetz: World City Formation: An Agenda for Research and Action. In: *International Journal of Urban and Regional Research* 6. Jg. (1982), 309–344.

Hall, Peter: *The World Cities.* London 1966.

Hardt, Michael/Negri, Antonio: *Commonwealth.* Cambridge, MA 2009.

Harvey, David: *Räume der Neoliberalisierung. Zur Theorie der ungleichen Entwicklung.* Hamburg 2007.

–: The Right to the City. In: *New Left Review* 53. Jg. (2008), 23–40.

Hewamanne, Sandya: ›City of Whores‹: Nationalism, Development, and Global Garment Workers in Sri Lanka. In: *Social Text 95* 26. Jg., 2 (2008), 35–59.

Hickey, Samuel/Mohan, Giles (Hg.): *Participation, from Tyranny to Transformation? Exploring New Approaches to Participation in Development.* London 2004.

Jenks, Michael/Kozak, Daniel/Takkanon, Pattaranan (Hg.): *World Cities and Urban Form. Fragmented, Polycentric, Sustainable?* London 2008.

Marcuse, Peter: From Critical Urban Theory to the Right to the City. In: *CITY. Special Issue. ›Cities for People, not for Profit‹* 13. Jg., 2–3 (2009), 185–197.

Martine, George/McGranahan, Gordon/Montgomery, Mark/Fernández-Castilla, Rogelio (Hg.): *The New Global Frontier. Urbanization, Poverty and Environment in the 21st Century.* London 2008.

Mayer, Margit: Das ›Recht auf die Stadt‹ – Slogans und Bewegungen. In: *Forum Wissenschaft* 26. Jg., 1 (2009), 14–18.

Ong, Aihwa: *Neoliberalism as Exception. Mutations in Citizenship and Sovereignty.* Durham 2006.

Sassen, Saskia: *Metropolen des Weltmarkts. Die neue Rolle der Global Cities.* Frankfurt a. M. 1996 (engl. 2001).

Smith, Dan: *Der Fischer Atlas zur Lage der Welt. Fakten, Trends, Zusammenhänge.* Frankfurt a. M. 2000 (engl. 1999).

Smith, Neil: New Globalism, New Urbanism: Gentrification as Global Urban Strategy. In: *Antipode* 34. Jg., 3 (2002), 428–450.

Timberlake, Michael (Hg.): *Urbanization in the World-Economy.* Orlando 1985.

UN Population Division: *World Urbanization Prospects: The 2007 Revision. United Nations Department of Economic and Social Affairs/Population Division* (2008). In: http://www.un.org/esa/population/publications/wup2007/2007WUP_ExecSum_web.pdf (06.12.2009).

Ellen Bareis

III.5 Neue Technologien und Ökologie

1. Naturverhältnisse

Unser Globus existiert seit Jahrmilliarden. Doch erst in jüngerer Zeit kommen Phänomene oder Prozesse ins Blickfeld, die sich auf den ganzen Erdball beziehen und als ›global‹ bezeichnet werden. Von ›Globalisierung‹ sprechen wir dann, wenn bisher lokal, regional oder national Bestehendes in die Dynamik weltweit verlaufender ökonomischer und politischer Prozesse hineingezogen und eingebunden wird. In Globalisierungsprozessen werden die noch bestehenden Barrieren gegen den weltweiten Fluss von Kapital, Ressourcen und Informationen immer niedriger, und über den ganzen Erdball hinweg breiten sich enge und dichte Netze gesellschaftlicher und materieller Abhängigkeiten aus. Eine regional unbegrenzte ›Weltgesellschaft‹ mit staatenübergreifenden Funktionsdifferenzierungen und Institutionen, Kommunikationsmöglichkeiten und sozialen Ungleichheiten bildet den Hintergrund für lokale und regionale Besonderheiten. In diesem Sinne ist ›Globalisierung‹ eine Chiffre für etwas historisch Neues.

Seit etwa 12.000 Jahren befindet sich die Erde im Holozän, inzwischen hat nach Auffassung vieler Geowissenschaftler ein neues geologisches Zeitalter begonnen, das *Anthropozän*. Einer Naturgewalt gleich, sind menschliche Aktivitäten zu einem zentralen Antriebsfaktor globaler biophysischer Veränderungen geworden. Zwar haben Menschen ihre lokale natürliche Umwelt schon immer geprägt; durch Migration, Handel und kriegerische Eroberungen veränderten sie auch in der Vergangenheit die Natur weit über einzelne Regionen hinaus. Doch erst mit der Industrialisierung der Produktion, der Ausdehnung des Welthandels und dem rapiden Bevölkerungswachstum untergraben menschliche Aktivitäten die Fähigkeit des Erdsystems zur Selbstregulation. Da sämtliche lokale und regionale Ökosysteme in anthropogen beeinflusste globale biochemische und geophysikalische Prozesse eingebunden sind, gilt inzwischen nicht nur das Klima, sondern auch die gesamte Biosphäre als menschenabhängig. Gestritten wird nur noch über das Ausmaß, die Beziehungen zwischen regionalen und globalen Veränderungen und deren Kombinationen.

Es geht dabei auch um eine neue wissenschaftliche Weltsicht, die den Erdball als Ganzes in das wissenschaftliche und gesellschaftliche Blickfeld rückt. Raumfahrt und Satellitentechnik, Tiefbohrungen und immer leistungsfähigere Computer haben die technischen Voraussetzungen für eine *Globalökologie* geschaffen, die auch frühere Erdzeitalter umfasst. In computerbasierten Modellen der globalen Ökologie lassen sich ungeheure Datenmengen verdichten und systemische Zusammenhänge analysieren. Ohne diese Modelle wäre es wohl kaum zu einem weltweiten wissenschaftlichen und gesellschaftlichen Diskurs über bedrohliche globale Umweltveränderungen gekommen. Sachlich handelt es sich bei der Globalökologie nicht um etwas historisch Neues; als wissenschaftliche Konstruktion ist sie vielmehr das Resultat einer neuen globalen Sichtweise, einer großräumigen Beschreibung des Erdballs als biophysisches System. Durch den planetarischen Blick und die Konstruktion immer neuer Generationen globalökologischer Systemmodelle ist zugleich ein neuer wissenschaftlicher Gegenstand hervorgetreten: die dynamischen Verflechtungen von Weltgesellschaft und Globalökologie.

In diesen Verflechtungen zeigen sich historisch neue Beziehungen zwischen Gesellschaft und Natur: Jede Gesellschaft muss versuchen, ihre Beziehungen zur Natur so zu gestalten, dass die Menschen ihre lebensnotwendigen Bedürfnisse befriedigen können und der gesellschaftliche Lebensprozess sich von Generation zu Generation fortsetzen lässt. Wissen und kulturelle Praktiken, Institutionen und Technologien, Geld und Macht verändern historisch und kulturell nicht nur die Gesellschaft, sondern auch die Formen der Naturaneignung und Naturanschauung. Auf diese Weise entstehen dynamische Beziehungsmuster zwischen Individuen, Gesellschaft und Natur, die *gesellschaftlichen Naturverhältnisse*. Arbeit, Produktion und Güteraustausch schaffen die gesellschaftlichen Voraussetzungen dafür, dass Menschen zumindest potentiell über die für sie lebensnotwendigen Ressourcen verfügen können (Becker/Jahn/Hummel 2006). Den Zugang und die Nutzung von Nahrung, Wasser, Energie und Rohstoffen regulieren lokale und regionale *Versorgungssysteme*. Sie sind abhängig von funktionierenden Verkehrsnetzen und Informationssystemen, und sie sind in ökonomische Strukturen und Prozesse, Macht- und Eigentumsverhältnisse sowie in Geschlechterordnungen eingebunden (Hummel 2008). Durch diese Einbindungen werden sie von Globalisierungsprozessen erfasst. Globalisierte gesellschaftliche Naturverhältnisse sind daher in erster Linie durch die Globalisierung der Ressourcennutzung und die Entwicklung globaler Versorgungssysteme bestimmt. Globalisiert werden also nicht nur die Waren-, Geld- und Informationsflüsse, auch die lokale und regionale Nahrungs-, Wasser- und Energieversorgung wird in weltweite Austauschbeziehungen eingebunden.

Das Konzept der gesellschaftlichen Naturverhältnisse konzentriert den wissenschaftlichen Blick auf Beziehungsformen und symbolisch vermittelte materiell-energetische Regulationsmuster. Es zeichnet dadurch eine spezifische sozial-ökologische Perspektive auf Globalisierungsprozesse vor: Wie interagieren gesellschaftliche und natürliche Prozesse auf unterschiedlichen zeitlichen und räumlichen Skalen miteinander, wie werden diese Interaktionen von Globalisierungen geprägt und welche Risiken und Probleme entstehen dadurch für die Versorgung und das Wohlbefinden der Menschen in verschiedenen Regionen und unterschiedlichen sozialen Kontexten?

Gesellschaftliche Naturverhältnisse in der Globalökologie

Neben den gesellschaftlichen Globalisierungsprozessen bilden anthropogene globale Umweltveränderungen zentrale Themen wissenschaftlicher Programme und auch öffentlicher Debatten. Im Zentrum der Forschungen zum globalen Wandel (*Global Change*) steht die Frage, wie das Zusammenwirken globaler und regionaler Umweltveränderungen konzeptionell zu erfassen und modellhaft darzustellen ist. Doch erst dann, wenn das komplexe Zusammenwirken gesellschaftlicher und ökologischer Prozesse auf unterschiedlichen räumlichen und zeitlichen Skalen untersucht wird, kommt jene bedrohliche sozial-ökologische Krisendynamik ins Blickfeld, wie

sie beispielsweise im internationalen Klimadiskurs beschrieben und beschworen wird. Das Zentrum des Diskurses verschiebt sich, wenn die Frage gestellt wird, wie lokale, regionale und globale Umweltveränderungen über die gesellschaftlichen Naturverhältnisse mit ökonomischen, politischen, kulturellen und technologischen Globalisierungsprozessen verbunden sind. Aus diesen Verbindungen entsteht ein kompliziertes Geflecht von Problemen, aus denen Krisen der gesellschaftlichen Naturverhältnisse hervorgehen können, die sich dann beispielsweise in der Nahrungs-, Wasser- oder Energieversorgung zeigen.

Es gibt ohne Zweifel lokal eingrenzbare Umweltprobleme, die auch zukünftig lokal gelöst werden können. Doch Umweltveränderungen, die den Charakter des Systems Erde zum Teil irreversibel modifizieren und deshalb die natürlichen Lebensgrundlagen für einen Großteil der Menschheit spürbar beeinflussen, sind globale Probleme (WBGU 1993). In der Wissenschaft herrscht weitgehende Einigkeit darüber, dass der Klimawandel das erste wirklich globale Umweltproblem in der Menschheitsgeschichte ist. Mit ihm verbunden sind steigende Durchschnittstemperaturen von Atmosphäre und Ozeanen, das Abschmelzen von Polkappen und Gletschern, ein Anstieg des Meeresspiegels und ein Rückgang der Artenvielfalt. Eine weltweit immer noch wachsende Bevölkerungszahl und deren ungleiche räumliche und soziale Verteilung, die fortschreitende Übernutzung der Wasser- und Rohstoffvorräte, sowie die politisch nur schwer einzudämmenden Emissionen von Treibhausgasen treiben den Klimawandel an.

Die Phänomenologie globaler Trends wird seit Jahrzehnten detailreich beschrieben und in alarmierenden Berichten internationaler Organisationen zusammengefasst (Myers 2009; UNFPA 2009). Doch das systemische Zusammenwirken einzelner Trends lässt sich nur durch computerbasierte Modelle und Szenarien ermitteln, mit denen die raum-zeitlichen Wechselbeziehungen zwischen natürlichen und anthropogenen Faktoren dargestellt werden können. Dadurch wird der Diskurs über globale Trends an eine szientische Modellwelt angeschlossen, in der allerdings die Phänomenologie der Gefährdungen nur verkürzt, global und selektiv aufgenommen werden kann. Die abstrakte Welt mathematischer Systemmodelle und der daran angeschlossenen Szenarien wird geprägt von einer Serie von *Weltmodellen*, die mit der berühmten, aber auch umstrittenen Szenario-Studie über *Die Grenzen des Wachstums* (Meadows et al. 1972) beginnt und (vorläufig) mit Klima- und Erdsystemmodellen endet, die nur auf den derzeit größten und leistungsfähigsten Computern zu implementieren sind.

Es lohnt sich, den Beginn dieser Serie etwas genauer zu betrachten und auf ihr vorläufiges Ende wenigstens einen kurzen Blick zu werfen. In der Meadows-Studie von 1972 werden die funktionalen Beziehungen zwischen fünf globalen sozio-ökonomischen Größen in einem aus Differential- und Differenzengleichungen aufgebauten Modell untersucht: Weltbevölkerung, Nahrungsmittelerzeugung, Industrieproduktion, Umweltschädigung und Ressourcenausbeutung. Mit diesem Modell können Szenarien errechnet werden, die den Zustand und die Dynamik des modellierten Weltsystems beschreiben. Die globalen Größen sind allerdings weder räumlich noch sozio-ökonomisch disaggregiert, und die Unterschiede zwischen natürlichen und gesellschaftlichen Prozessen werden weitgehend eingeebnet. Dadurch kommen gesellschaftliche Naturverhältnisse nur noch in reduzierter Form als Stoff- und Energieströme in den Blick. Regionale und kulturelle Differenzen, Unterschiede zwischen reich und arm, Demokratie und Diktatur, Stadt und Land gehen in den hochaggregierten Datensätzen unter. Gesellschaft existiert in der Modellwelt nur in ihrer materiell-energetischen, nicht aber in ihrer kulturell-politischen Dimension.

In dieser Welt zeigt die Bevölkerungszahl die demographische Produktivität der Menschheit an, die ökonomische Produktivität wird durch das Industriekapital repräsentiert. Der Wachstumsprozess wird aufrechterhalten und vorangetrieben durch den stetigen Fluss von Stoffen und Energie im industriellen Metabolismus. Grenzen des Wachstums ergeben sich einerseits aus den endlichen natürlichen Ressourcen, andererseits aus der Aufnahmefähigkeit der natürlichen Systeme für Abfälle und Schadstoffe. In der Modellwelt der Meadows-Studie werden die dynamischen Verflechtungen von Globalökologie und Weltgesellschaft durch aggregierte Stoff- und Energieströme repräsentiert, die gesellschaftlichen Naturverhältnisse sind als *Metabolismus* gefasst. Obwohl diese Definition die gesellschaftlichen Naturverhältnisse auf stofflich-energetische Austauschbeziehungen reduziert, wird sie bis heute in der Umweltforschung auch von zahlreichen avancierten Ansätzen übernommen und in quantifizierbare Konzepte übersetzt (›Ökobilanz‹, ›ökologischer Fußabdruck‹

etc.) – so beispielsweise in der Ökologischen Ökonomie (Martinez-Alier/Røpke 2008) und in der Wiener Sozialen Ökologie (Fischer-Kowalski et al. 1997).

Verfolgt man dagegen die globalen sozio-ökonomischen Größen des Meadows-Modells zurück zu den lokalen gesellschaftlichen Praktiken, aus denen sie hervorgehen, dann stößt man einerseits auf basale gesellschaftliche Naturverhältnisse (wie Ernährung, Wohnen und Fortbewegung, Sexualität und Fortpflanzung), die eng mit der Befriedigung menschlicher Grundbedürfnisse zusammenhängen; andererseits kommen Versorgungssysteme für Nahrung, Wasser und Energie ins Blickfeld, die wiederum in gesellschaftliche Besitz- und Machtverhältnisse eingebettet sind und auf die Bevölkerungsdynamik (Wachstum, Migration) reagieren müssen (Hummel 2008). Sichtbar wird dadurch, dass die globalen sozio-ökonomischen Größen sich verändern, wenn die lokalen Regulationspraktiken der gesellschaftlichen Naturverhältnisse verändert werden – und mit ihnen die Versorgungssysteme und die sie prägenden strukturellen gesellschaftlichen Bedingungen. Umgekehrt greifen Prozesse von der globalen Ebene auf die lokale durch. Eine Umwelt- und Klimapolitik, welche die Ebene lokaler Praktiken aus dem Auge verliert, wird daher auch auf der globalen Ebene versagen.

In einer neueren Szenario-Studie erweitert ein internationales Team renommierter Klima- und Umweltforscher die enge ressourcenökonomische Sichtweise der Meadows-Studie, indem sie den ›Handlungsraum der Menschheit‹ im Rahmen einer umfassenden Analyse des Systems ›Erde‹ neu vermessen (Rockström et al. 2009). Es geht dabei nicht um Grenzen des ökonomischen Wachstums, sondern um Belastungsgrenzen des globalen biophysischen Systems. Im komplexen Erdsystem ist die Atmosphäre mit der Hydro-, Kryo-, Geo- und Biosphäre verkoppelt. Beim Überschreiten bestimmter Schwellen (*threshold levels*) und Kipp-Punkten (*tipping points*) ändern sich die jeweiligen Zustandsvariablen plötzlich und sprunghaft – ähnlich wie bei einem Phasenübergang von Wasser zu Eis. Werden die Grenzwerte bei zentralen Größen überschritten, dann kann das gesamte Erdsystem auf irreversible Weise in einen neuen Zustand umkippen – mit verheerenden Folgen für die Menschen.

In der Szenario-Studie werden Variablen für neun globale Prozesse identifiziert, die das menschliche Handeln begrenzen: Klimawandel, Rückgang der

biologischen Vielfalt, Eingriffe in die globalen Stick-
stoff- und Phosphorkreisläufe, Zerstörung der stra-
tosphärischen Ozonschicht, globale Frischwasser-
nutzung, Versauerung der Ozeane, Veränderung der
Landnutzung, chemische Verunreinigungen, Belas-
tung der Atmosphäre durch Aerosole. Von drei Bereichen wird behauptet, bei ihnen seien die Schwellenwerte bereits überschritten: Klimawandel, biologische Vielfalt und Stickstoffeintrag in die Biosphäre.
Wegen der engen Verknüpfung der verschiedenen
Variablen und der zahlreichen Rückkopplungs-
schleifen sind auch die jeweiligen Grenzwerte voneinander abhängig: Wird die Grenze bei einer Variablen überschritten, dann kann es erheblich schwieriger werden, in anderen Bereichen weiterhin innerhalb des sicheren Bereiches zu agieren.

Der Szenario-Studie liegt die plausible Vorstellung
zu Grunde, dass sich gesellschaftliches Handeln immer in einem natürlichen Kontext vollzieht. Behauptet wird, dieses Handeln sei nur dann ›nachhaltig‹,
wenn es innerhalb wissenschaftlich zu definierender
Grenzen verbleibt. Gesellschaftliche Aktivitäten werden dabei nur insoweit berücksichtigt, wie sie kausal
auf die verschiedenen Kontrollvariablen einwirken
und deren Werte verändern. Wie diese Kontrollvariablen als Resultat gelingender oder misslingender
Regulationen gesellschaftlicher Naturverhältnisse zu
rekonstruieren wären, ist eine interessante aber offene Frage.

Sozial-ökologische Systeme

Der Verlauf und die Auswirkungen der Globalisierung werden bestimmt von den Interaktionen gesellschaftlicher und natürlicher Elemente, d.h. von
Strukturen und Prozessen auf unterschiedlichen
räumlichen und zeitlichen Skalen. Eine Globalisierungsforschung, die ihren Blick nicht sozialwissenschaftlich verengt, müsste diese Interaktionen konzeptionell erfassen, empirisch untersuchen und
durch Modelle darstellen. Dafür sind seit den 1990er
Jahren zahlreiche Ansätze entwickelt worden. Die
Theorie gesellschaftlicher Naturverhältnisse könnte
dafür einen allgemeinen konzeptionellen Rahmen
liefern.

In mehreren systemtheoretisch orientierten internationalen Forschungsprogrammen wurden ähnliche integrative Rahmenkonzepte für die Analyse der
Beziehungen zwischen Gesellschaft und Natur entwickelt. Dabei spielt das Konzept ›gekoppelter

Mensch-Natur-Systeme‹ eine besondere Rolle: Gesellschaft und Natur werden hier nicht mehr als getrennte Entitäten angesehen, sondern als eng miteinander verbunden und in komplexe Interaktionsnetze
eingebettet (Liu et al. 2007). Die Forschungen konzentrieren sich auf Muster und Prozesse, die gesellschaftliche und natürliche Systeme auf unterschiedlichen Ebenen miteinander zu neuen Einheiten verknüpfen und ineinander verschachteln. Solche
Systeme zeigen emergente Eigenschaften, die sich
nicht auf die Eigenschaften voneinander unabhängiger Systeme zurückführen lassen, vielmehr aus deren Interaktionen hervorgehen. Nicht-Linearitäten,
Schwellenwerte (*thresholds*), irreversible Übergänge
zu neuen Systemzuständen und Evolution sind dafür
charakteristisch.

Um gekoppelte Mensch-Natur-Systeme zu begreifen und zu modellieren, steht inzwischen ein breites
Spektrum theoretischer Konzepte und empirischer
Methoden zur Verfügung: in dem UNESCO-Pro-
gramm *Man and the Biosphere* und der darin koordinierten Ökosystemforschung, den Studien der *Resilience Alliance* über das adaptive Management von
Ökosystemen (Folke 2006*)*, in den internationalen
Verbundprojekten über *Human Dimensions of Global Change* (Glaser 2006), in den Forschungen zur
Earth System Analysis (Schellnhuber/Wenzel 1998),
in den sich weltweit formierenden *Sustainability Sciences* (Kates et al. 2001), im *Millennium Ecosystem
Assessment* (MEA 2005). Für die Konzepte wurden
zwar unterschiedliche Namen geprägt, doch konzeptionell sind die Unterschiede nicht allzu groß: Die
einzelnen Konzepte heben verschiedene Probleme
und Aspekte hervor, konzentrieren sich auf unterschiedliche räumliche Ebenen und haben verschiedene disziplinäre Ursprünge. Das Konzept der so-
zial-ökologischen Systeme hat sich inzwischen als
das umfassendste erwiesen (Folke 2006). Mit ihm
werden allerdings in erster Linie lokale und regionale Problemzusammenhänge erfasst. In welcher
Weise Globalisierungsprozesse das Verhalten sozial-
ökologischer Systeme auf verschiedenen räumlichen
und zeitlichen Skalen beeinflussen, ist eine bisher
weitgehend ungeklärte Frage (Young et al. 2006).

Eine Theorie, die den gesamten Erdball zu ihrem
Objekt machen will, sollte wenigstens zwei allgemeinen Prinzipien genügen (Becker 2011):

1. Der Planet Erde ist ein offenes nicht-lineares
komplexes System, das sich selbst organisiert und
sich aus der Perspektive der auf der Erde lebenden

Menschen krisenhaft verhält. Die Dynamik dieses Systems ist nur begrenzt vorhersagbar, daher ist auch das Wissen über die Folgen menschlicher Eingriffe prinzipiell unsicher.

2. Die Menschheit mit all ihren Aktivitäten ist ein integrierter Bestandteil und eine mächtige Triebkraft für die Dynamik dieses Systems. Die wissenschaftlichen Beobachter samt ihrer Beschreibungen und Theorien gehören diesem System an, es ist also nur von Innen beobachtbar und beschreibbar.

Wer diesen Prinzipien folgen will, der gerät in eine vertrackte epistemische Konstellation. In der Theorie gesellschaftlicher Naturverhältnisse wird versucht, dem Rechnung zu tragen: Erstens dadurch, dass das allgemeine Konzept der gesellschaftlichen Naturverhältnisse durch raum-zeitlich begrenzte *Modelle sozial-ökologischer Systeme* konkretisiert wird. Zweitens durch die Konzentration der Forschungen auf lokale und regionale sozial-ökologische *Problemlagen* (wie Wasserknappheit, Nahrungsmangel etc.). Drittens dadurch, dass sie *Versorgungssysteme* als wichtigen Anwendungsfall für die Modellierung sozial-ökologischer Systeme hervorhebt (Hummel 2011). Von Problemlagen ausgehend, richtet sich der Blick auf konkrete Beziehungen und Beziehungsmuster zwischen ›gesellschaftlichen‹ und ›natürlichen‹ Systembestandteilen. Sie werden in ihrer materiellen und symbolischen Dimension, ihrer raum-zeitlichen Ausprägung und als Formen der Aneignung und der Regulation beschrieben.

Wie dies im Einzelnen geschehen soll, ist in der einschlägigen Forschung umstritten. So wird beispielsweise in der Wiener Sozialen Ökologie ein Überlappungsbereich zwischen den kausalen Wirkungszusammenhängen einer biophysischen ›Natur‹ und denen einer symbolisch strukturierten ›Kultur‹ definiert, in dem die materielle Ebene der Gesellschaft verortet wird. Dort verlaufen die gesellschaftlichen Metabolismen (Stoff- und Energieaustausch) sowie die »Kolonisierung der Natur« (Fischer-Kowalski et al. 1997). Dagegen entwickelt Görg (2003) die Beziehungen zwischen Gesellschaft und Natur als dialektische Struktur im Rahmen einer von Marx und Adorno/Horkheimer ausgehenden Gesellschaftstheorie. Gesellschaftliche Naturverhältnisse sind in dieser Konzeption nicht auf Stoff- und Energieflüsse reduziert, sie werden vielmehr durch die Dynamik der kapitalistischen Ökonomie ›in Wert gesetzt‹.

Kontrovers wird diskutiert, mit welchen begrifflichen Mitteln die Beziehungen zwischen Gesellschaft und Natur zu denken sind. Je nachdem, welche Position hier eingenommen wird, kommt es zu ganz unterschiedlichen Beschreibungen der global-ökologischen Gefährdungen und deren Abhängigkeit von gesellschaftlichen Strukturen und Prozessen. Diese Kontroversen sind stark geprägt von der Aufspaltung des Globalisierungsdiskurses und der *Global Change*-Forschung in einen naturwissenschaftlichen und in einen sozialwissenschaftlichen Zweig. Gestritten wird darüber, ob die gesellschaftlichen Naturverhältnisse von der ›Naturseite‹ her und mit naturwissenschaftlichen Mitteln als Kausalbeziehungen gedacht werden sollen – oder ob sie umgekehrt von der Seite der Gesellschaft und mit sozialwissenschaftlichen Mitteln als Resultate gesellschaftlicher Konflikte und Aushandlungsprozesse zu begreifen sind (Kropp 2002). Aus der Perspektive einer Theorie gesellschaftlicher Naturverhältnisse handelt es sich bei beiden hier einander entgegengesetzten Positionen um reduktionistische Sichtweisen.

Betrachtet man die basalen gesellschaftlichen Naturverhältnisse als Resultat menschlicher Aktivitäten zur Befriedigung von Grundbedürfnissen, dann richtet sich der analytische Blick sowohl auf individuelles Handeln als auch auf gesellschaftliche Praktiken in raum-zeitlich begrenzten Problemkontexten. Die sich dadurch herausbildenden Beziehungsmuster lassen sich als ein entsprechend begrenztes sozial-ökologisches System darstellen. Die allgemeine Frage nach der Globalisierung gesellschaftlicher Naturverhältnisse kann dann als Frage nach der Globalisierung sozial-ökologischer Systeme (Young et al. 2006) und speziell als Frage nach der Globalisierung von Versorgungssystemen umformuliert werden. Diese Frage wirft das schon erwähnte schwierige Skalenproblem auf: Wie sind die Systembestandteile auf verschiedenen räumlichen und zeitlichen Skalen gekoppelt?

Kontroversen

Bei der Analyse gesellschaftlicher Naturverhältnisse und sozial-ökologischer Systeme müssen Beziehungen zwischen lokaler, regionaler, nationaler und globaler Ebene gesehen und konzipiert werden (Köhler 2008). In einem Zweig der Forschung wird von globalen Problemen (wie beispielsweise dem Klimawandel) ausgegangen, die dann (wie in der Meadows-Studie von 1972) in Modellen der Erde als Ganzes bearbeitet werden. In einem anderen Zweig bilden lokale und regionale Problemlagen den Ausgangspunkt, entsprechend werden dafür raum-zeitlich begrenzte Modelle sozial-ökologischer Systeme entworfen und deren Globalisierung diskutiert. Zahlreiche Beispiele dafür finden sich in den Studien über die *Resilience*, d.h. die Elastizität und Widerstandsfähigkeit, sozial-ökologischer Systeme (Folke 2006).

In einer Reihe wissenschaftlicher Arbeiten werden ökonomische Globalisierungsprozesse und gesellschaftliche Naturverhältnisse in ein direktes Abhängigkeitsverhältnis gesetzt. Ein Beispiel dafür sind kapitalismuskritische öko-feministische Theorien, die aufzeigen, wie ein hegemonial gewordener neoliberaler Globalisierungsprozess die gesellschaftlichen Naturverhältnisse tendenziell auf männlich geprägte utilitaristische Rationalitätsmuster und instrumentelle Praktiken der Beherrschung und Ausbeutung einer zur Ressource degradierten Natur reduziert. Zugleich wird Partei für solche lokalen Lebensformen und Kulturen ergriffen, die sich der Rationalität der Markt- und Warenlogik widersetzen, lokale Produktionsweisen und Märkte funktionsfähig halten wollen und für Selbstbestimmung und Demokratie kämpfen (Katz/Müller/von Winterfeld 2004). Ähnlich wird in zahlreichen marxistisch orientierten Studien eine direkte Verbindungslinie zwischen der Krise des Kapitalismus und der Krise seiner Naturverhältnisse gezogen. Globalisierung bedeutet aus dieser Perspektive, dass weltweit »neokapitalistische Naturverhältnisse« dominieren, in denen der »Stoffwechsel zwischen Gesellschaft und Natur« den sich verändernden Verwertungsbedingungen des Geld- und Produktionskapitals unterworfen wird (Haug 2008, 792).

Umstritten ist, ob allgemeine kapitalismuskritische Gesellschaftstheorien überhaupt als Rahmenkonzepte für eine Analyse der Globalisierung gesellschaftlicher Naturverhältnisse tauglich sind. Soviel ist auf jeden Fall sicher: Wo allgemeine Kapitalismuskritik mit einer pauschalen Kritik der Naturbeherrschung kurzgeschlossen wird, dort dienen die empirisch zu beobachtenden Veränderungen gesellschaftlicher Naturverhältnisse nur noch als illustrierende Beispiele, und alle Katzen werden grau.

Literatur

Becker, Egon: Social-ecological Systems as Epistemic Objects. In: Marion Glaser et al. (Hg.): *Human-Nature Interactions in the Anthropocene – Potentials of Social Ecological Systems Analysis*. London 2011 (im Erscheinen).

– /Jahn, Thomas/Hummel, Diana: Gesellschaftliche Naturverhältnisse. In: Egon Becker/Thomas Jahn (Hg.): *Soziale Ökologie. Grundzüge einer Wissenschaft von den gesellschaftlichen Naturverhältnissen*. Frankfurt a.M./New York 2006, 174–197.

Fischer-Kowalski, Marina et al.: *Gesellschaftlicher Stoffwechsel und Kolonisierung von Natur. Ein Versuch in Sozialer Ökologie*. Amsterdam 1997.

Folke, Carl: Resilience: The Emergence of a Perspective for Social-ecological Systems Analysis. In: *Global Environmental Change* 16. Jg. (2006), 253–267.

Glaser, Marion: The Social Dimension in Ecosystem Management: Strength and Weaknesses of Human-Nature Mind Maps. In: *Human Ecology Review* 13. Jg., 2 (2006), 122–144.

Görg, Christoph: *Regulation der Naturverhältnisse. Zu einer kritischen Theorie der ökologischen Krise*. Münster 2003.

Haug, Wolfgang Fritz: Krise des Kapitalismus – Krise seiner Naturverhältnisse (Editorial). In: *Das Argument* 50. Jg., 6 (2008), 785–795.

Hummel, Diana (Hg.): *Population Dynamics and Supply Systems. A Transdisciplinary Approach*. Frankfurt a.M./New York 2008.

–: Adaptive Capacity and Regulation of Supply Systems. In: Marion Glaser et al. (Hg.): *Human-Nature Interactions in the Anthropocene – Potentials of Social Ecological Systems Analysis*. London 2011 (im Erscheinen).

Kates, Robert W. et al.: Sustainability Science. In: *Science* 292, 5517 (2001), 641–642.

Katz, Christine/Müller, Christa/von Winterfeld, Uta: *Globalisierung und gesellschaftliche Naturverhältnisse*. Wuppertal Paper Nr. 143. Wuppertal 2004.

Köhler, Bettina: Die Materialität von Rescaling-Prozessen. Zum Verhältnis von Politics of Scale und Political Ecology. In: Markus Wissen et al. (Hg.): *Politics of Scale. Räume der Globalisierung und Perspektiven emanzipatorischer Politik*. Münster 2008, 208–223.

Kropp, Cordula: ›Natur‹. *Soziologische Konzepte – politische Konsequenzen*. Opladen 2002.

Liu, Jianguao et al.: Coupled Human and Natural Systems. In: *Ambio* 36. Jg., 8 (2007), 639–649.

Martinez-Alier, Juan/Røpke, Inge (Hg.): *Recent Developments in Ecological Economics*. Cheltenham 2008.

MEA (Millennium Ecosystem Assessment): *Ecosystems and Human Well-Being. Synthesis.* Washington 2005.

Meadows, Dennis et al.: *Die Grenzen des Wachstums.* Stuttgart 1972 (engl. 1972).

Myers, Samuel S. (Hg.): *Worldwatch Report 181: Global Environmental Change: The Threat to Human Health.* New York/London 2009.

Rockström, Johan et al.: Planetary Boundaries: Exploring the Safe Operating Space for Humanity. In: *Ecology and Society* 14. Jg., 2 (2009), 32–55.

Schellnhuber, Hans-Joachim/Wenzel, Volker (Hg.): *Earth System Analysis. Integrating Science for Sustainability.* Berlin/Heidelberg/New York 1998.

UNFPA (United Nations Population Fund): *Weltbevölkerungsbericht 2009: Eine Welt im Wandel – Frauen, Bevölkerung und Klima* (dt. Kurzfassung). Hannover 2009.

WBGU (Wissenschaftlicher Beirat Globale Umweltveränderung): *Welt im Wandel: Grundstruktur globaler Mensch-Umwelt-Beziehungen.* Bonn 1993.

Young, Oran R. et al.: The Globalization of Socio-ecological Systems: An Agenda for Scientific Research. In: *Global Environmental Change* 16. Jg. (2006), 304–316.

Egon Becker

2. Netzwerke

Einer geläufigen Formulierung folgend bedeutet Globalisierung eine »Intensivierung weltweiter sozialer Beziehungen« (Giddens 1995, 85). Globalisierung im Sinne zunehmender Vernetzung hat gewisse technische Voraussetzungen: Die Weiterentwicklung von Transport- und Kommunikationstechnologien bringt zuvor isolierte soziale Einheiten oder geografische Regionen miteinander in Kontakt; und je enger die Beziehungen zwischen ihnen werden, desto abhängiger werden sie auch voneinander. Die technologische Infrastruktur allein erklärt jedoch nicht, warum sie auch intensiv genutzt und immer weiter ausgebaut und verfeinert wird. Es müssen gesellschaftliche Bedingungen hinzukommen, die Kommunikation und Austausch über große Distanzen hinweg nicht nur dulden oder ermöglichen, sondern durch entsprechende Strukturen und Anreize selbst befördern.

Wenn nicht mehr in erster Linie physische Nähe darüber entscheidet, wer als Kommunikationspartner in Frage kommt, gewinnen ›Netzwerke‹ als Muster selektiver Kontakte ein eigenständiges Profil. Bereits Burton (1972, 35 f.) weist darauf hin, dass die soziale Wirklichkeit der Weltgesellschaft nicht der physischen Topologie von Landkarten entspricht. Sie ähnelt eher einem ›Spinngewebe‹ (*cobweb*), das sich aus zahlreichen grenzüberschreitenden Transaktionen und Beziehungen zusammensetzt. Eine ähnliche Unterscheidung hat Castells (2000, Kap. 6) vor Augen: Für ihn besteht das wesentliche Kennzeichen der zeitgenössischen ›Netzwerkgesellschaft‹ darin, dass sie auf einem neuartigen *space of flows* beruhe, der den *space of places* zunehmend ersetze.

Auch andere Globalisierungsforscher stellen Netzwerke ins Zentrum ihrer Überlegungen. Osterhammel/Petersson (2003, 24) beispielsweise definieren Globalisierung als »den Aufbau, die Verdichtung und die zunehmende Bedeutung weltweiter Vernetzung«. Und ganz ähnlich verstehen auch Held et al. (1999, 16) darunter »eine Transformation der räumlichen Organisation sozialer Beziehungen und Transaktionen […], die zu transkontinentalen oder interregionalen Bewegungen und Netzwerken von Aktivitäten, Interaktionen und Machtbeziehungen führt«. Im Zuge von Globalisierung erweitert sich die *Reichweite* (Extensivität) sozialer Netzwerke, aber nicht notwendigerweise die *Intensität* der durch sie hergestellten Vernetzung. Der frühe Imperialismus westlicher Großmächte und antike Handelsrouten beispielsweise brachten zwar eine geographische Ausweitung sozialer Beziehungen mit sich, aber nur eine geringe Intensivierung. Globalisierungsprozesse blieben auf Expansion beschränkt und dementsprechend ›dünn‹. Der Wandel zu einer vielschichtigen und intensiven Globalisierung wird meist auf die von Europa ausgehende Ausbreitung einer kapitalistischen Wirtschaftsordnung seit dem 16. Jahrhundert zurückgeführt. Diese schuf in der Tat neue Möglichkeiten für die Expansion und Intensivierung weltweiter Kontakte, die sich in der Folgezeit aber keineswegs auf den wirtschaftlichen Bereich beschränkten. Neue Transporttechnologien und verbesserte Verkehrswege senkten die zeitlichen und finanziellen Kosten weltweiter Beziehungen. Doch mindestens ebenso wichtig waren die neuen gesellschaftlichen Motive, den Kreis möglicher Kommunikationspartner zu erweitern – für wirtschaftlichen Austausch, aber auch für politische Bündnisse, religiöse Vergemeinschaftung, wissenschaftliche Debatten und andere Anlässe.

Netzwerke: technische und soziale Voraussetzungen

Mit dem Umbruch zur Moderne in Europa und ihrer Ausbreitung über den Globus haben sich die Möglichkeiten und auch die Anlässe, soziale Kontakte über größere Distanzen hinweg zu etablieren und zu pflegen, enorm vermehrt. Der Handel mit seltenen Gütern sorgte bereits in der Antike dafür, dass sich über vereinzelte Kontakte hinaus relativ stabile überregionale Handelsrouten etablierten, wie beispielsweise die Seidenstraße. Schon allein aufgrund der zur Verfügung stehenden Transportmittel handelte es sich jedoch nicht um direkte und verlässliche Verbindungen. Die vielen Zwischenstationen und langen Transportzeiten verhinderten eine Intensivierung des Austauschs und der damit verbundenen Beziehungen. Auch wenn die Seidenstraße im Mittelalter eine viel benutzte transkontinentale Reiseroute war, lag ihre Bedeutung nicht darin, Ostasien und den Mittelmeerraum direkt miteinander zu verbinden. Mit den zur Verfügung stehenden Transportmitteln hätte man ein Jahr oder länger für die gesamte Strecke gebraucht. Doch die meisten Karawanen bewegten sich ohnehin nur von einem Handelsplatz zum nächsten, so dass zwischen den Kontinenten nur ein vielfach vermittelter Kontakt gestiftet wurde. Der Ausbau von Schifffahrtswegen bedeutete demgegenüber schon eine gewisse Intensivierung. Doch insofern die sozialen Motive zur Nutzung verbesserter Transportmöglichkeiten auf Luxus- und Spezialinteressen beschränkt blieben, konnte es sich auch hierbei nur um relativ sporadische Kontakte handeln.

Erst mit der Entwicklung einer modernen, kapitalistischen Wirtschaft wurden die Motive und technischen Voraussetzungen dafür geschaffen, Handels- und Geschäftsbeziehungen stets neu zu suchen und auszubauen: »Das Bedürfnis nach einem stets ausgedehnteren Absatz für ihre Produkte jagt die Bourgeoisie über die ganze Erdkugel. Überall muß sie sich einnisten, überall anbauen, überall Verbindungen herstellen.« (Marx/Engels 1969, 465) Im Anschluss an Marx und Engels gehen auch zeitgenössische Globalisierungstheorien von einem engen Zusammenhang zwischen wirtschaftlicher Entwicklung und der Globalisierung sozialer Beziehungen aus. Dies gilt vor allem für die Weltsystemtheorie: Sie beschreibt Globalisierung als Folge der Entstehung der modernen Weltwirtschaft in Europa und ihrer weltweiten Expansion (Wallerstein 1974/1980/1989). Aus einer solchen Perspektive ist Vernetzung gleichzusetzen mit wirtschaftlicher Interdependenz, die sich verschieden manifestieren kann: erstens als Warentausch, d.h. in Form von internationalen Handelsbeziehungen und Güterströmen, deren Wachstum man dann als Indikator von Globalisierung interpretiert (Hirst/Thompson 1996); zweitens als internationale Arbeitsteilung, d.h. als Produktionsorganisation, die verschiedene Standorte und Produktionsschritte durch sogenannte *commodity chains* grenzüberschreitend miteinander vernetzt. Und drittens schließlich als Finanzmarktglobalisierung, durch die Preise von Waren und Währungen international voneinander abhängig werden.

Am Beispiel wirtschaftlicher Globalisierung wird aber gleichzeitig deutlich, dass es einer doppelten Perspektive bedarf, um Globalisierung als Vernetzung zu beschreiben: Einerseits muss die Entwicklung und Beschleunigung von Transporttechnologien und die dadurch ermöglichte Ausweitung und Verdichtung von Verkehrsnetzen berücksichtigt werden, andererseits müssen die gesellschaftlichen Bedingungen einbezogen werden, unter denen diese erst zur Grundlage von sozialen Beziehungen werden können. Es gibt also nicht nur *technische*, son-

dern auch *soziale* Voraussetzungen globaler Vernetzung. Einem geläufigen Schema folgend, neigen wir
jedoch oft dazu, einseitig die technologische Infrastruktur der Moderne – z. B. unter dem Titel ›Industrialisierung‹ – zu betonen. Doch auch in sozialer
Hinsicht gibt es Bedingungen der Möglichkeit globaler Vernetzung, die erst mit der modernen Gesellschaft zur Entfaltung kommen. Diese bestehen in
erster Linie darin, dass soziale Hindernisse und
Schranken der Kontaktierbarkeit verringert oder
gänzlich beseitigt werden.

Die moderne (Welt-)Gesellschaft ist – im Gegensatz zu früheren Gesellschaften – gekennzeichnet
durch das Prinzip universeller Inklusion: Die Teilhabe an Gesellschaft steht allen offen und somit
kommt jede(r) als Adressat (und Quelle) von Kommunikation in Betracht. In dieser Hinsicht ist die
moderne Gesellschaft einzigartig. Archaische Gesellschaften schränkten den Kreis der für Kommunikation in Frage kommenden Personen sehr viel stärker
ein. Und noch im antiken Griechenland und in Welt-
reichen wie China konnten die Äußerungen von
›Barbaren‹ als unverständlich gewertet werden
(Stichweh 1994). In der modernen Gesellschaft hingegen gibt es Verständigungsschwierigkeiten, aber
keine prinzipiellen Verständigungsverbote. Eine Ein-
teilung der sozialen Welt in solche Menschen, die wir
verstehen, und jene, die wir nicht nur akzidentell,
sondern *prinzipiell* nicht verstehen, ist nicht vorgesehen. Dagegen spricht auch nicht die Aufteilung der
Welt in Nationen. Ganz im Gegenteil: Es gehört zum
Bedeutungsgehalt der Nation, dass sie begrenzt ist,
und das heißt: abgegrenzt gegenüber anderen. Keine
Nation sieht vor, selbst deckungsgleich mit der
Menschheit zu sein (Anderson 1991, 7). Die Aufmerksamkeit für die ›Probleme‹ interkultureller
Kommunikation zeigt vielmehr, dass diese für lösbar
und lösenswert gehalten werden. Es mag zeitliche
und andere Beschränkungen dafür geben, mit wem
eine soziale Beziehung möglich ist. Diese sind aber
keine spezifisch *gesellschaftlichen* Beschränkungen
der möglichen Reichweite sozialer Beziehungen.

Erst vor diesem Hintergrund kann auch der Abbau *technologischer* Beschränkungen für grenzüberschreitende soziale Beziehungen richtig begriffen
werden. In Kombination mit der Universalisierung
sozialer Kontaktfähigkeit sorgen sie für eine Deterritorialisierung sozialer Beziehungen. Dies kann man
sich zunächst durchaus im Sinne einer zunehmenden Interaktionsdichte vorstellen: Räumliche Mobi-

lität wird technologisch ermöglicht und durch wirtschaftliche, aber natürlich auch durch politische,
religiöse und andere Motive gefördert. Es griffe allerdings bereits für frühe Stadien der gesellschaftlichen
Entwicklung zu kurz, Vernetzung derart auf *face-to-
face*-Begegnungen zu reduzieren. Sicherlich spielten
diese gerade in der Zeit der großen Entdeckungen
eine wichtige Rolle, um die Möglichkeit weltumspannender Kontakte überhaupt plausibel zu machen. Mindestens ebenso folgenreich für die Erweiterung und Verdichtung weltweiter Beziehungen waren jene neuen Kommunikationstechnologien,
welche die Bewegung von Personen mehr oder weniger überflüssig machten.

Entkopplung von Verkehrs-
und Kommunikationsnetzen

In langfristiger Perspektive bedeutet die Fortentwicklung der Transporttechnologien seit Beginn der
Industrialisierung einen wichtigen historischen Einschnitt: Sie führen zur Kompression oder gar ›Vernichtung‹ des Raumes (Harvey 1989). Doch nicht
die Bewegung von Personen, sondern die Übermittlung von Kommunikation ist letztlich das entscheidende Vehikel für globale Vernetzung. Kontakte über
den Kreis regelmäßig persönlich angetroffener Personen hinaus können nur aufrechterhalten werden,
wenn verlässliche Möglichkeiten der Kommunikation unter *Verzicht* auf Anwesenheit vorhanden sind.
Über räumliche und auch zeitliche Distanzen hinweg kommunizieren zu können, ist natürlich keine
Errungenschaft der jüngsten Geschichte. Schriftliche
Botschaften sind keine Erfindung der Moderne. Boten waren bereits in der Antike zwischen den Städten
Griechenlands unterwegs. Und die Internationalisierung des Briefverkehrs begann in Europa im 16.
Jahrhundert. Doch diese Formen der schriftlichen
Kommunikation unterschieden sich noch in einem
wesentlichen Punkt von den für Globalisierungsprozesse deutlich folgenreicheren Kommunikationstechnologien des 19. und 20. Jahrhunderts, an deren
Anfang die elektrische Telegraphie stand. Während
Kommunikation lange Zeit noch an physische Bewegung und damit an die Transporttechnologie und
die Verkehrsnetze gebunden war, wurde sie mit
neuen Kommunikationstechnologien davon unabhängig.

Die Ablösung der Kommunikations- von den Verkehrsnetzen macht Kommunikationsmöglichkeiten

von der Erfordernis physischer Kopräsenz unabhängig; deshalb ist sie ein entscheidendes Moment für die Verdichtung globaler Netzwerke (Lübbe 1996; 2005, 122 f.). Sie ermöglicht eine Netzwerkverdichtung, die über sporadische und stets prekäre Kontakte hinausgeht. Denn dazu ist es unerlässlich, dass man verlässlich und kostengünstig unter Absehung von räumlichen Distanzen oder Grenzen kommunizieren kann. Erst unter dieser Voraussetzung kann sich die kommunikative von nicht-sozialen – zum Beispiel geographischen – Kriterien emanzipieren. Als eine eigenständige Dimension gewinnt Vernetzung deshalb dann an Bedeutung, wenn der Transport materieller Güter und die Übermittlung von Informationen nicht mehr über gemeinsame Wege laufen. Die physische Nähe ist kein Kriterium mehr für die kommunikative Relevanz und die Einbindung in Kommunikationssysteme, und umgekehrt bedeutet auch physische Ferne nicht mehr, dass Andere schwer erreichbar oder irrelevant wären (Meyrowitz 1998, 189). Im Gegenteil: In dem Maße, in dem sich die Kommunikationsmöglichkeiten von den physischen Transportnetzen entkoppeln, wird die Kontaktaufnahme mit weit entfernten Menschen mitunter einfacher als mit den eigenen Nachbarn.

Diese ›Entbettung‹, das Herauslösen sozialer Beziehungen aus interaktionsnahen Kontexten, ist ein zentraler Mechanismus der Globalisierung (Giddens 1995, 33–43). Man kann sie auch als ›Dekontextualisierung‹ bezeichnen, insofern interaktionsnahe, in der Regel räumlich verankerte und diffuse Beziehungen durch spezifisch orientierte und von der unmittelbaren sozialräumlichen Umgebung absehende ergänzt und teilweise ersetzt werden (Stichweh 2000, 17 f., 258 f.). Die räumliche Ordnung ist dann nur einer unter vielen Gesichtspunkten, die bei der Wahl von Kommunikationspartnern eine Rolle spielen. Kommunikationsmedien wie Schrift und Buchdruck, aber natürlich auch die Telekommunikation, ermöglichen es, »sich aus Interaktionssystemen zurückzuziehen und trotzdem mit weitreichenden Folgen gesellschaftlich zu kommunizieren« (Luhmann 1984, 581). Wir hatten die paradigmatische Rolle wirtschaftlicher Kontakte und Transaktionen für die ›Entbettung‹ sozialer Beziehungen bereits erwähnt. Die Logik wirtschaftlichen Tauschs, die Unterschiede voraussetzt und ausnutzt, und die schon früh universalisierte Sprache des Geldmediums sind günstige Voraussetzungen dafür, dass Verbindungen mit sehr spezifischen Interessen gesucht werden, auch wenn

sie durchaus riskant und fern sein mögen. Die Wirtschaft ist allerdings nur ein Beispiel für eine Dynamik, die auch andere Gesellschaftsbereiche betrifft.

Vernetzung und Differenzierung

Globalisierung und Netzverdichtung sind Folgen einer gesellschaftlichen Differenzierungsdynamik, die sich in der Wirtschaft, aber auch in anderen gesellschaftlichen Teilbereichen an einer deutlichen Steigerung mitunter sehr spezifischer Anlässe für soziale Kontakte ablesen lässt. Insofern Differenzierung nicht nur mit einer Vervielfältigung von Einheiten verbunden ist, sondern auch mit deren Spezialisierung, führt sie zu neuen Vernetzungsstrukturen. Die Rolle räumlicher Nähe für die Kontaktaufnahme sinkt in dem Maße, in dem Differenzierung »das Band mit den Nächsten (lockert), um dafür ein neues – reales und ideales – zu den Entfernteren zu spinnen« (Simmel 1908, 530). Aus kommunikationstheoretischer Perspektive heißt das: Die Themen *sachlich* orientierter Kommunikation mögen es erfordern, sich nach passenden *sozialen* Adressaten umzusehen. Gerade die Spezialisierung von Kommunikation, beispielsweise innerhalb von Funktionssystemen wie der Wirtschaft, aber auch der Religion oder der Wissenschaft, führt dazu, dass ferne Kontakte gesucht werden müssen. Zwischen der funktionalen Spezialisierung von Kommunikation in gesellschaftlichen Teilbereichen und der Globalisierung von Netzwerken besteht also ein Steigerungszusammenhang: Gerade die sachliche Spezifikation von Kommunikationsanlässen führt dazu, dass ganz bestimmte Kommunikationspartner interessant werden, deren räumliche Nähe an Bedeutung verliert.

Gesellschaftliche Teilsysteme wie Wirtschaft, Wissenschaft, Religion und Politik begünstigen Globalisierungs- und Vernetzungsprozesse, indem sie eigene Grenzen der kommunikativen Relevanz etablieren, die nicht mit physischer Nähe korrelieren müssen. Dies gilt wieder einmal vor allem für die Wirtschaft, wo die Indifferenz gegenüber territorialen Grenzen sich im internationalen Handelsverkehr und der internationalen Arbeitsteilung ausdrückt, aber auch, wie bereits Marx/Engels (1969, 466) bemerkten, in der Globalisierung des Konsums: »An die Stelle der alten, durch Landeserzeugnisse befriedigten Bedürfnisse treten neue, welche die Produkte der entferntesten Länder und Klimate zu ihrer Befriedigung erheischen.« Die Präferenz für Nähe (und

das heißt in der Regel auch: für Bekanntes und Bewährtes) wird also ersetzt durch das Interesse am
Fernen, oft Unbekannten und Neuen. Doch das Nahe
ist zunächst auch im übertragenen Sinne oft das Na-
heliegende. Erst Differenzierung und Spezialisierung
machen systematische Interessen am Fernen wahr-
scheinlicher, weil sie spezifische und damit eben
auch mobile Interessen fördern. Der Kaufmann, der
ein ganz bestimmtes Produkt zu erwerben sucht,
muss ebenso wie die Wissenschaftlerin, die sich auf
ein bestimmtes Forschungsgebiet spezialisiert hat,
auch entfernte Kontakte berücksichtigen, um überhaupt Tausch- oder Kommunikationspartner zu finden. Man kann in dieser Hinsicht von ›globalen
Relevanzräumen‹ sprechen, die unter jeweils sehr
spezifischen Vorzeichen die Suche nach ähnlich interessierten oder kompetenten Adressaten motivieren und anleiten (Stichweh 2004).

In bestimmten Feldern, wie beispielsweise in der
Wissenschaft oder der Kunst, ist es vorstellbar, dass
globale Netzwerke vor allem Personen verbinden.
Die Telekommunikation und vor allem das Internet
ermöglichen es auch Individuen, sich global nach
Kommunikationspartnern umzusehen. Die entscheidenden Träger weit reichender – und vor allem:
dauerhafter – Netzwerke aber sind Organisationen.
Dies gilt für Netzwerke *zwischen* Organisationen,
aber auch für Netzwerke, durch die Einheiten *innerhalb* einer Organisation koordiniert werden. In dem
Maße, in dem sich Transport und Kommunikation
voneinander entkoppeln, vergrößern sich die Möglichkeiten, eine einheitliche und synchronisierte Organisationsstruktur über Grenzen und Zeitzonen
hinweg einzurichten. Insofern z. B. Teile eines transnationalen Unternehmens oft relativ selbständig
agieren, verschwimmt die Unterscheidung zwischen
internen und externen Kontakten. Ob Tochterunter-
nehmen oder gar Franchisenehmer, also eigenständige Unternehmen, die als Lizenznehmer einer globalen Marke auftreten, eine gemeinsame Organisation oder vielmehr einen Verbund selbständiger
Unternehmen darstellen, lässt sich oft nur anhand
der konkreten Eigentums- und Kontrollstrukturen
entscheiden. An der Ausbreitung und Vervielfältigung solcher Organisationsformen setzen Diagnosen an, die in der horizontalen bzw. heterarchischen
Koordination durch Netzwerke eine Alternative zum
klassischen, vertikalen bzw. hierarchischen Organi-
sationsmodell erkennen (so z. B. Castells 2000, 176).
Die heutigen Telekommunikations- und Informati-

onstechnologien ermöglichen es in der Tat, Ge-
schäfts- und Produktionsabläufe flexibler und mehr
oder weniger ortsunabhängig zu koordinieren. Doch
an der Entwicklung einzelner Unternehmen ebenso
wie am Schicksal ganzer Wirtschaftssektoren (wie
beispielsweise der *New Economy*) kann man ablesen,
dass ›Netzwerkunternehmen‹ nicht überall erfolgreich sind. Auch scheint es, dass die Grenzen zwischen dem vermeintlich neuen und dem klassischen
Modell der Organisation keineswegs eindeutig sind.
Vielmehr kombinieren gerade größere Konzerne
beide miteinander, etwa indem sie nationale Tochterfirmen in vertikale Wertschöpfungsketten innerhalb global koordinierter Geschäftsfelder integrieren. Dies gilt erst recht für Organisationen außerhalb der Wirtschaft, z. B. für Kirchen und
Universitäten, die keineswegs ihre internen Hierarchien aufgeben, auch wenn sie sich in globalen Netzwerken engagieren.

Von extensiven zu intensiven Netzwerken

Die globalen Relevanzräume differenzierter und
spezialisierter Handlungsbereiche einerseits und die
technische und soziale Infrastruktur der modernen
Transport- und Kommunikationsnetze andererseits
stecken den gesellschaftlichen Rahmen ab, innerhalb
dessen eine lange gewachsene, extensive Vernetzung
von einer beschleunigten intensiven globalen Vernetzung überlagert und teilweise abgelöst wird. Netzwerke wirtschaftlicher, politischer und kultureller
Kontakte verbanden bereits früh die Zivilisationen
Asiens und Europas. Diese, vom Globalhistoriker C.
A. Bayly als ›archaisch‹ bezeichnete Globalisierung
legte in vielerlei Hinsicht die Grundlage für spätere
Entwicklungen (Bayly 2004, 41 f.). Doch sie blieb in
der Regel beschränkt auf eher sporadische Kontakte,
den Austausch seltener Güter und ein – in mancher-
lei Hinsicht durchaus aktuell anmutendes – Interesse
an Differenz. Darin liegt ein wesentlicher Unterschied zur modernen Globalisierung und der Art
und Weise, in der globale Netzwerke heute geknüpft
werden: Einerseits höchst spezifische, andererseits
aber sehr abstrakt und universell konzipierte Ideen
und Vorstellungen über Individualität, Organisation
und zentrale Institutionen der modernen Gesellschaft schaffen ganz andere Anschlussmöglichkeiten
und -notwendigkeiten. Sowohl für Individuen und
Organisationen im allgemeinen als auch für spezifische Kategorien wie Lehrer, Wissenschaftler, Auto-

mobilproduzenten oder Sportvereine gilt, dass sie sich immer schon an global verfügbaren Vorbildern oder ›Skripts‹ orientieren können – in aller Regel sogar müssen (Strang/Meyer 1993). Jedes Feld von der Politik über die Wirtschaft bis zur Wissenschaft bietet reichhaltiges Anschauungsmaterial dafür, wie sich Ideen darüber, wie Staaten, Firmen oder Universitäten und ihr Personal sich zu verhalten haben, inzwischen global verbreitet und institutionalisiert haben. Dazu gehören insbesondere auch Vorstellungen darüber, welche Referenzgruppen, *peers* und Konkurrenten zu beachten sind. Es stehen nicht so sehr Unterschiede im Vordergrund als vielmehr Ähnlichkeiten, Vergleichs- und Konkurrenzverhältnisse. Erst auf dieser Grundlage wird Vernetzung soweit intensiviert, dass sie nicht mehr nur auf der gelegentlichen Neugier für entfernte Kontakte basiert, sondern auf einer systematischen Realisierung von Kommunikationsmöglichkeiten, die von räumlichen Beschränkungen weitgehend entkoppelt sind.

Literatur

Anderson, Benedict: *Imagined Communities*. London ²1991.

Bayly, Christopher A.: *The Birth of the Modern World, 1780–1914*. Malden, MA 2004.

Burton, John W.: *World Society*. Cambridge 1972.

Castells, Manuel: *The Rise of the Network Society* (The Information Age, Bd. I). Oxford ²2000.

Giddens, Anthony: *Konsequenzen der Moderne*. Frankfurt a. M. 1995.

Harvey, David: *The Condition of Postmodernity*. Oxford 1989.

Held, David/McGrew, Anthony/Goldblatt, David/Perraton, Jonathan: *Global Transformations. Politics, Economics and Culture*. Stanford 1999.

Hirst, Paul Q./Thompson, Grahame: *Globalization in Question. The International Economy and the Possibilities of Governance*. Cambridge 1996.

Lübbe, Hermann: Netzverdichtung. Zur Philosophie industriegesellschaftlicher Entwicklungen. In: *Zeitschrift für philosophische Forschung* 50. Jg., 1–2 (1996), 133–150.

–: *Die Zivilisationsökumene*. München 2005.

Luhmann, Niklas: *Soziale Systeme. Grundriß einer allgemeinen Theorie*. Frankfurt a. M. 1984.

Marx, Karl/Engels, Friedrich: Manifest der Kommunistischen Partei [1848]. In: Dies. (Hg.): *Werke* (MEW). Bd. 4. Berlin 1969, 459–493.

Meyrowitz, Joshua: Das generalisierte Anderswo. In:

Ulrich Beck (Hg.): *Perspektiven der Weltgesellschaft*. Frankfurt a. M. 1998, 176–191.

Osterhammel, Jürgen/Petersson, Niels P.: *Geschichte der Globalisierung*. München 2003.

Simmel, Georg: *Soziologie. Untersuchungen über die Formen der Vergesellschaftung*. Leipzig 1908.

Stichweh, Rudolf: Fremde, Barbaren und Menschen. Vorüberlegungen zu einer Soziologie der ›Menschheit‹. In: Peter Fuchs/Andreas Göbel (Hg.): *Der Mensch – das Medium der Gesellschaft?* Frankfurt a. M. 1994, 57–71.

–: *Die Weltgesellschaft. Soziologische Analysen*. Frankfurt a. M. 2000.

–: Kulturelle Produktion in der Weltgesellschaft. In: Kassimira Kruschkova/Nele Lipp (Hg.): *Tanz anderswo: intra- und interkulturell* (Jahrbuch Tanzforschung, Bd. 14). Münster 2004, 189–204.

Strang, David/Meyer, John W.: Institutional Conditions for Diffusion. In: *Theory and Society* 22. Jg., 4 (1993), 487–511.

Wallerstein, Immanuel: *The Modern World System*. Bde. I, II, III. Cambridge 1974/1980/1989.

Boris Holzer

3. Internet

Bei der weltweiten Vernetzung von elektronischen Informations- und Kommunikationsprozessen handelt es sich um ein vielschichtiges, sich schnell entwickelndes Phänomen. Nur noch schwierig lassen sich die inneren Differenzierungen (etwa zwischen Hard- und Software oder zwischen Programm und Daten) oder die äußeren Grenzen (etwa zwischen ›virtueller‹ und ›erweiterter‹ Realität) aufrechterhalten. Dies führt zu Problemen bei der wissenschaftlichen, gar theoretischen Betrachtung des Phänomens. Der Begriff ›Internet‹ soll hier explizit auf das Ganze dieses diffusen Komplexes bezogen sein. Wie andere Kommunikationsmedien lässt es sich nicht nur hinsichtlich seiner Entstehungsgeschichte und seiner eigenen Voraussetzungen befragen, sondern ebenfalls hinsichtlich seiner Konsequenzen auf die durch es vermittelten Kommunikationen. Nach einem kurzen historischen Abriss sollen einige technische, aber über die Technik hinaus strukturbildende Besonderheiten vorgestellt und schließlich wichtige Kontroversen der gegenwärtigen Forschung über die politische und soziale Bedeutung des Internets erörtert werden.

Geschichte

Im Allgemeinen wird als Geburtsstunde des Internets das Jahr 1969 angegeben, in dem das von Anbeginn an als Forschungsinstrument entworfene und realisierte Langstrecken-Netzwerk ARPANET mit 4 Knotenpunkten an Universitäten in Kalifornien und Utah in Betrieb genommen wurde (zu diesem Abschnitt vgl. insgesamt Abbate 1999). Der unzuverlässigen Verbindungen wegen war es durch dezentrale Organisation, redundante Verbindungen und die sog. Paketvermittlungstechnik gekennzeichnet. Erst 1983 konnte es auf die unter europäischer Beteiligung entwickelten Netzprotokolle TCP/IP, und damit auf die auch heute noch maßgebliche Technologie umgestellt werden. Dies ermöglichte dann, Verbindungen zu zahlreichen anderen Netzwerken herzustellen – vor allem zu den Universitäts-Netzwerken mit ihren UNIX-Workstations, die dort in den späten 1970er Jahren die Technologie der zentralen Großrechner abgelöst hatten. Im Laufe der 1980er Jahre wurden unzählige heterogen strukturierte, teils öffentliche, teils private und mitunter ih-

rerseits bereits globale Netze angeschlossen. Spätestens als Ende der 1980er und Anfang der 1990er Jahre der Betrieb zentraler Segmente und die Bereitstellung von Zugangsmöglichkeiten privatisiert wurde, verlor sich der militärische und akademische Exklusivitätsanspruch, und kommerzielle Interessen verschafften sich ebenso Gewicht wie kommunale Bürgerplattformen und private Liebhaberei. 1991 beschleunigte sich diese Entwicklung in der Folge der Einführung des World Wide Web und es begann ein regelrechter Internet-Boom. Die immense staatliche Unterstützung, etwa durch das 1993 vom US-amerikanischen Kongress verabschiedete Gesetz zur Schaffung einer »National Information Infrastructure« (die von Nam June Paik und später von Al Gore ›Information Superhighway‹ bzw. ›Datenautobahn‹ genannt wurde), beließ wesentliche Aspekte der Organisation weitgehend in privater Hand.

Wegen der einfachen Verfügbarkeit der klassischen Anwendungen Mail, Newsgroups, Dateiübertragung und WWW und wegen der guten Skalierbarkeit von Netzen auf der Basis der Internet-Kommunikationsprotokolle haben diese sich im Laufe der 1990er Jahre beinahe universell durchgesetzt, und die meisten Computernetzwerke funktionieren heute wie Teile des Internets – und sind auch tatsächlich an dieses angeschlossen oder könnten ohne große Umstellung angeschlossen werden. Aber auch ganz andere Kommunikationen (wie Telefonie oder Fernsehen) werden auf die Basis der Internet-Technologie umgestellt und so zu neuen Produkten weiterentwickelt. Gegenwärtig sind auf der technischen Ebene u.a. Bemühungen um die Einführung einer neuen Generation der Protokolle und um die Entwicklung drahtloser Breitband-Verbindungen über mittlere und große Distanz, auf der Anwendungsebene eine Erweiterung der vorhandenen Anwendungen um interaktive, kollaborative Elemente (z.B. Wikis, Folksonomies und Soziale Netzwerke wie *Facebook*, *MySpace* usw.) und auf der Ebene der Datenstrukturen eine Anreicherung um sog. maschineninterpretierbare Metainformationen zu beobachten. Diese Entwicklungen werden mitunter mit ›Web 2.0‹ (oder gar ›3.0‹) bzw. ›Semantic Web‹ bezeichnet.

Eigenschaften von struktureller Bedeutung

Die drei strukturell wichtigsten technischen Eigenschaften der Internet-Architektur sind erstens die Modularisierung, d.h. das Aufbrechen integrierter

Anwendungen und die Standardisierung abstrakter, offener Protokolle zwischen den Teilprozessen, so dass einzelne Netzwerkknoten Dienstfunktionen für das Netzwerk anbieten, selbst aber autonom und für die anderen intransparent arbeiten; zweitens die Redundanz, die nicht nur die Verbindungen selbst betrifft, sondern auch bedeutet, dass bestimmte Netzwerkfunktionen jeweils von etlichen Knoten übernommen werden können; und drittens die dynamische Selbst-Rekonfiguration des Netzes, also die Verlagerung von Funktionen wie der Integration von neuen Verbindungen, Knoten und Diensten, der Isolation defekter Knoten, der störungs- oder anforderungsbedingten Änderung der Netzwerkrouten usw. sowohl aus der Hardware als auch aus den Händen einer hierarchisch organisierten Netzwerkadministration in die Protokolle selbst. Zusammengenommen führt dies dazu, dass die Leistung des Netzes *in der Kommunikation* der autonomen Stationen, aus der Kumulation der vielfältigen Potenziale gleichsam spontan emergiert. John Gage brachte dies und die Auswirkungen auf die Rechnerarchitektur 1984 mit dem Satz »das Netzwerk ist der Computer« zum Ausdruck, einem Satz, der zum *corporate slogan* seiner Firma (Sun Microsystems) wurde und der auch von Ergebnissen der sog. ›Schwarmintelligenz‹-Forschung der Biologie, der Soziologie und der Informatik bestätigt wird.

Was die bereits ins Politische hineinreichende Verwaltung des Internets angeht, sind zwei Punkte wesentlich und folgenreich: Sie geschieht erstens nicht auf hierarchische oder sonst verbindliche Weise, sondern funktioniert im Großen und Ganzen auf der Basis von freiwilligen Absprachen und öffentlich diskutierten Standards und Empfehlungen. Zweitens werden diejenigen administrativen Entscheidungen, die doch notwendig zentral und verbindlich getroffen werden müssen (z.B. die Vergabe von Adressräumen an Internet-Provider oder die Festlegung der Domain-Namen der obersten Ebene, also ›.com‹, ›.de‹, ›.net‹ usw.), von international offenen, durch freiwillige Teilnahme und transparente, demokratische und konsensuelle Verfahren gekennzeichneten Organisationen wahrgenommen. Es muss allerdings darauf hingewiesen werden, dass die damit vermeintlich bedienten Anforderungen der Repräsentativität, der Verantwortlichkeit und der Legitimität in solchen Verfahren und Institutionen nur in einem deutlich modifizierten Verständnis in Anschlag gebracht oder umgesetzt werden können. Dies kann ei-

nerseits, etwa aufgrund des sehr begrenzten, eher technischen Mandats jener Instanzen, zu einer Abschwächung solcher Anforderungen führen, andererseits aber auch zu weiterreichenden Überlegungen, ob sich hier eine neue Struktur »postdemokratischer Gouvernementalität« (Dean/Anderson/Lovink 2006a, xvi) auszeichnen lässt – und zur Frage, wie eine solche Gouvernementalität normativ einzuschätzen wäre.

Diese zweite Überlegung ist für den hier thematischen Zusammenhang der Globalisierung von größter Relevanz. Denn das Internet hat einerseits die Netzwerkstruktur als eine Gestalt von Kommunikations- und Ordnungszusammenhängen, die für die Globalisierung prägend ist, vorgebildet (vgl. Castells 2005), es ist aber andererseits auch eine materiale Möglichkeitsbedingung für viele Globalisierungsphänomene, etwa für die Restrukturierung des Wirtschaftens (vgl. ebd.), des globalen politischen Aktivismus (vgl. Dean/Anderson/Lovink 2006), der Bildungsprozesse (vgl. Bonk/Graham 2006), der organisierten Kriminalität und des Terrorismus, aber ebenso auch des Militärs, wo es neben der vermeintlich neuen informationellen auch die konventionelle Kriegsführung zu revolutionieren im Begriff ist (vgl. Adams 2000; zu allen drei Bereichen vgl. Arquilla/Ronfeldt 2001) – und nicht zuletzt der Unterhaltung (vgl. Cronin/Davenport 2001; Tancer 2008). Hier sollen beispielhaft zwei Dimensionen dieser Umstellung von Organisationsleistungen auf den ›Netzwerk-Modus‹, die eine praktische Inanspruchnahme der technischen Infrastruktur des Internets im engeren Sinne mit sich bringen, herausgegriffen werden: Die Konstruktion einer fortan ›gemischten‹ Realität und die Organisation politischer Öffentlichkeit.

Konstruktion der Realität

Das Internet ist seit jeher – auch durch den kulturellen Hintergrund seiner Erfinder und weiter Teile der Hacker-Kultur – ein Laboratorium für die Rezeption, Fortentwicklung und dann auch praktische Fruchtbarmachung von utopischen Visionen, die sich mit der Relation natürlicher, idealer und künstlicher Wirklichkeiten befassen. Viele der heute alltäglichen Konzepte wurden zunächst im Rahmen von Science-Fiction-Literatur eingeführt – man denke etwa an den von William Gibson in den frühen 1980er Jahren geprägten Begriff des Cyberspace –, und einschlägige Begriffe und Problemstellungen gehen zurück auf Stanisław Lem, Philip K. Dick oder gar auf Pierre Teilhard de Chardin oder Antonin Artaud. Diese Fiktionalität oder metaphysische Abstraktion darf aber nicht über die konkreten technologischen Überlegungen und die praktische Relevanz der Konzepte hinwegtäuschen: Bereits in den 1940er Jahren entwickelte Vannevar Bush in einem Aufsatz mit dem Titel »As We May Think« die Idee der Hypermedien *und* die Idee eines Apparates, der diese, damals unter Benutzung von Microfiches, realisieren können sollte; und schon 1962 präsentierte der Computerpionier Doug Engelbart unter dem Titel *Augmenting Human Intellect* eine systematische Auslotung der Möglichkeiten einer Erweiterung der kognitiven Ressourcen der Menschen durch technische Hilfsmittel, dies vor allem durch Computer- und Netzwerk-Technologie.

Vor diesem Hintergrund ist einerseits die Entwicklung der Technologie ›virtueller Realität‹ zu nennen, mittels derer die Benutzer in simulierte Umgebungen einblicken und eingreifen können, in denen neben der Reproduktion wichtiger natürlicher Anhaltspunkte und Gesetzmäßigkeiten entscheidende Parameter von den Vorgaben der natürlichen Welt abweichen können. Dadurch werden neuartige Handlungsräume und Wissensprozesse ermöglicht, und die Wahrnehmung von sowie der praktische Umgang mit Raum und Zeit sind signifikanten Wandlungen unterworfen. Die sog. ›Telechirurgie‹ lässt sich beispielsweise ohne Internet und ohne die teilweise Virtualisierung von Realität nicht denken. Für die Reichhaltigkeit, die solche virtuellen Welten mittlerweile erreicht haben, steht aber paradigmatisch die seit 2002 existierende Welt ›Second Life‹, die zur Zeit etwa 900.000 aktive Teilnehmer/innen haben dürfte, davon ca. 50.000 jeweils gleichzeitig online. Der besondere illustrative Wert dieses Beispiels ergibt sich daraus, dass ›Second Life‹ von seinen Benutzern interaktiv selbst *programmiert* und für die verschiedensten Zwecke in Anspruch genommen werden kann; es verfügt über eine eigene Wirtschaftsordnung, ermöglicht verschiedenste Handlungsformen – von Seminaren über Konzerte und Theaterstücke bis zu sexuellen Praktiken – und beherbergt zahlreiche virtuelle Niederlassungen ›realer‹ ökonomischer, sozialer und politischer Organisationen. Weiterhin wird die durch das Internet gewährleistete globale Dimension jener Räume deutlich, die häufig genug wie in dem genannten Beispiel aktuell spürbar, immer aber zumindest als mögliche

Erweiterung gegenwärtig ist. Das Agieren in solchen Räumen ist wesentlich für unsere Erfahrung der Globalisierung in der Alltagspraxis.

Andererseits führen die Miniaturisierung der Elektronik und die universelle Erreichbarkeit (etwa per Funk) der Informations-, Kommunikations-, Speicher- und Rechen-Kapazität des weltweiten Internets dazu, dass Computer- und Internet-Technologie in die verschiedensten alltäglichen Gegenstände oder mindestens in den alltäglichen Umgang mit den Dingen einwandert. Nicht selten wird die den menschlichen Akteuren vollkommen äußerliche, dingliche Realität *selbst* mit kognitiven Leistungen und verfügbaren Informationen angereichert. Die hinreichend bekannten Beispiele reichen von Einpark- und ›Sehhilfen‹ in Kraftfahrzeugen über die Einblendung der Freistoß-Torentfernung bei Fußball-Fernsehübertragungen bis zu selbstständig Vorräte und Verfallsdaten kontrollierenden Kühlschränken und die inzwischen ›live‹ mögliche Verfolgung von postalischen Paketsendungen (vgl. Mattern/Langheinrich 2008). Während die Globalisierungsrelevanz dieser Entwicklungen bei Heim- und Unterhaltungselektronik noch nicht unbedingt deutlich sein mag, so liegt ihre Bedeutung etwa für die globale Warenwirtschaft und Logistik auf der Hand und wenn man an die zu den verschiedensten Zwecken gebrauchten unbemannten Drohnen denkt, auch die Relevanz für die neuen Militärtechniken und -strategien.

Die beiden genannten Aspekte lassen sich als Extreme eines Kontinuums ›gemischter Realität‹ verstehen, auf dem sich in vielfältiger Weise unterschiedliche Konstellationen anordnen lassen – und das untilgbar durch seine globale Reichweite geprägt ist. Für die weitreichenden Veränderungen, die unsere Selbst-, Welt- und Sozialverhältnisse durch unsere unmittelbaren Interaktionen mit diesen Technologien erfahren, sind konzeptuell die von Packer/Jordan (2000) für multimediale Kommunikation herausgearbeiteten Dimensionen wesentlich. Allgemein wird auch in dieser Hinsicht erneut deutlich, dass einerseits die *Netzstruktur selbst* als Ermöglichungsbedingung und Instrumentierung der neuen Zusammenhänge von Wirklichkeit überhaupt verstanden werden muss: Denn diese multimediale Kommunikation und Konstruktion von Wirklichkeit setzt voraus, dass die unterschiedlichen, dezentral gepflegten Datenbestände und vernetzten Dienste füreinander offen, flexibel und schnell an-

sprechbar sind und sogenannte *mashups* ermöglichen, also die dynamische Kombination und Integration von Informationen und Prozessen unterschiedlicher Herkunft – z. B. von Satellitenaufnahmen
der Erdoberfläche, von Flugverkehrsdaten, Sehens-
würdigkeiten und ihren Wikipedia-Einträgen, Geo-
koordinaten und Staumeldungen. Andererseits sorgt
gerade die Vernetzung der Praxis und die teilweise
dynamische Komprimierung von Distanzen für eine
Wandlung des Verhältnisses der Akteure zum physischen Raum (vgl. Castells 2005, 221 f.; Rogers 2008).

In diesem Zusammenhang omnipräsenter, offener, die vielfältigsten Datenquellen und -arten inte-
grierenden Netze muss jedoch schließlich auch auf
die Herausforderungen der Zensur einerseits und
des Datenschutzes sowie des Schutzes der Privatsphäre andererseits hingewiesen werden, deren
enorme, ständig wachsende Bedeutung auf der Hand
liegen dürfte, aber immer noch häufig unterschätzt
wird (vgl. dazu unten und Langheinrich 2007). Dies
zeigt bereits die politische Bedeutung nicht nur des
strukturellen, sondern auch des vermeintlich bloß
technischen Aspekts des Internets an.

Organisation politischer Öffentlichkeit

Die Frage nach den Konsequenzen der ›digitalen Revolution‹ für politische Zusammenhänge erfuhr erst
gegen Ende der 1990er Jahre eine ernstzunehmende
Bearbeitung. Häufig unter Rückgriff auf medienthe-
oretische Arbeiten bildete sich – neben dem wegen
der technischen Machbarkeit direkter Partizipation
in großen, räumlich verteilten Gemeinschaften enthusiastischen Diskurs über ›elektronische Rathäu-
ser‹ – ein optimistischer Diskurs heraus, der in der
Polydirektionalität, Dezentralität, Konnektivität und
Virtualität des Internets (vgl. z. B. Flusser 1998) eine
Verflüssigung von Machtpositionen und Hierarchien identifizierte, die von politischer Kommunikation einen letzten ideologischen Rest abschälen können sollte. Dagegen kann darauf verwiesen werden,
dass die Bandbreite der Anschlüsse, die Repräsentativität der Gruppe online aktiver Menschen, die Verbindung der netzbasierten Kommunikation zur tatsächlichen Lebenspraxis und schließlich vor allem
die Möglichkeiten der Netzbenutzer/innen, aus dem
Übermaß an verfügbaren Informationen sinnvollen
Nutzen zu ziehen, begrenzt sind, und dass das Internet als Medium eher die Haltung eines passiven Konsumismus als die eines politischen Aktivismus beför-

dert. Als weitere, die Tendenz zu Individualisierung
und Entpolitisierung befördernde Faktoren werden
(zu) leichte Exit-Optionen, das Fehlen von Ressourcenknappheit und der häufige Fokus auf sehr spezifische Interaktionsziele genannt. Zudem wird die politische Leistungsfähigkeit des Internets auch von
Mechanismen der Zensur in erheblichem Maße beeinträchtigt, wenn nicht gar ins Negative verkehrt
(vgl. Deibert et al. 2008). Mit dem zentrumslastigen
Netz der faktisch aktualisierten Verweise ergibt sich
de facto ein extrem starkes Sichtbarkeitsgefälle und
eine neuartige Form von politischer Ungleichheit –
jedoch resultiert diese aus der ständig aktualisierten
Praxis der ›Netzbevölkerung‹ und ist nicht mit Autorität und Expertise traditioneller Öffentlichkeiten zu
verwechseln (vgl. weiterführend Rogers 2008).

Überhaupt muss bei aller Kritik in Rechnung gestellt werden, dass das Internet keine öffentliche
Sphäre im traditionellen Sinn, sondern eine öffentliche politische Handlungssphäre *eigener Art* darstellt,
und dass es mit Leistungen eigener Art zur Erhaltung und zum Ausbau anderweitig verankerter demokratischer Verhältnisse beitragen könnte (Dean
2003). Als theoretisch produktiv erweisen sich so
letztlich vor allem Diskussionen, die weniger auf die
Einflüsse der Internet-Technologie auf die Konstitution von individuellen oder kollektiven Identitäten abheben, sondern auf diejenigen faktischen Prozesse, in denen sich *anderweitig* konstituierte und interessierte Akteure die Möglichkeiten der neuen
Technologien *aneignen*. Die spannende Frage ist mithin nicht, ob das Internet die Bürger/innen passiv
oder aktiv macht, sondern was aktive Bürger/innen
mit dem Internet machen. Diese Frage rückt die Kategorie der *issue networks* als die einer eminent politischen, flexibel und intern durchaus auch antago-
nistisch verfassten Struktur neben die Kategorie der
social networks (die kooperative Verbindungen soli-
darischer Akteure bezeichnet) und neben diejenige
der *informational networks* (die publizitäts- und pu-
blikationsorientierte Verhältnisse zwischen praktisch desinteressierten Akteuren betont) ins Zentrum der Analyse dieser neuen Form von Öffentlichkeit (Marres 2006). Paradigmatische Beispiele
solcher politischen Prozesse, deren Organisation wesentlich von der Kommunikation über das Internet
abhängt, sind der *Zapatista*-Aufstand von 1994, die
Unruhen um die WTO-Konferenz in Seattle 1999
und zuletzt die hauptsächlich über das Internet (und
an der staatlichen Zensur des Netzes vorbei) organi-

sierte und weltweit publik gemachte, wochenlang andauernde Volkserhebung im Iran im Anschluss an die dortigen Präsidentenwahlen 2009. Mittlerweile hat sich die Praxis sehr weit entfaltet, ebenso wie die Forschung darüber, die unterdessen selbst in innovativer Weise auf die technologischen Mittel des Internets zurückgreift (vgl. Chadwick 2006; Rogers 2004). In diesem Sinn sind die Vorbehalte der Passivierung und des Konsumismus zwar nicht direkt widerlegt, gehen aber doch an Entwicklungen von höchster Relevanz deutlich vorbei.

Die Kritik an fehlender Repräsentativität der Internet-Nutzer jedoch steht auch im engen Zusammenhang mit der allgemein als Problem anerkannten sog. *digital divide*. Die im engeren Sinne demokratietheoretische Kritik hatte schon darauf hingewiesen, dass die Internet-Nutzer eine Gruppe mit demographischen Spezifika sind und dass dadurch viele Anliegen von einer Thematisierung über das Medium Internet strukturell ausgeschlossen seien. Inzwischen hat jedoch die Internet-Nutzung nicht nur eine gesellschaftlich und politisch relevante Größenordnung erreicht (knapp 75 % der Bevölkerung in Nordamerika und in der Regel deutlich über 60 % in West- und Nordeuropa im März 2009), auch die Asymmetrie nach Geschlecht, Alter oder Einkommen ging im Laufe der Entwicklung signifikant zurück, wie Castells (2005, 261 f. – übrigens mit wichtigen Präzisierungen und bereichsspezifischen Relativierungen) gezeigt hat. Von einer Selektivität des Mediums kann also nur noch bedingt ausgegangen werden.

Viel dramatischer bleibt jedoch die Problematik einer ungleichen *weltweiten* Verteilung der Zugangsmöglichkeiten und -qualitäten. Aktuell sind über eine Milliarde Menschen online, aber in einigen Regionen ist die Verfügbarkeit des Internets sehr gering. So sind etwa gegenwärtig im Schnitt nur 5 % der Einwohner afrikanischer Länder online – mit einigen Ländern wie Ägypten, Südafrika, Tunesien oder Marokko mit ca. 10 % und den anderen entsprechend viel niedriger (vgl. dazu Acacia 2005). Zudem müssen neben den Anschlusszahlen auch die Bandbreite der Verbindungen und die relativen Kosten für die Nutzer beachtet werden, wodurch die festzustellenden Ungleichheiten noch größer werden (ebd.). Zwei Punkte verkomplizieren dieses Bild: Erstens die spektakuläre Geschwindigkeit, mit der einige asiatische Gesellschaften wie Indien und China ihren Anteil an Internet-Nutzern entwickeln

konnten: Asien stellt aktuell 40 % der Internet-Nutzer weltweit und China allein besitzt mehr als 300 Millionen ›Netizens‹. Zweitens ist für die Entwicklungsperspektiven die Tatsache relevant, dass viele der durch mangelnde Internet-Konnektivität gekennzeichneten Regionen auch hinsichtlich Strom und Telefonie eine sehr spärliche Kabel-Infrastruktur aufweisen. Da die Bevölkerung etwa für Telefonverbindungen dort zumeist auf Mobiltelefone zurückgreift, liegt die Vermutung nahe, ein Ausbau der Internet-Infrastruktur könnte sich ebenfalls auf drahtlose Technologie stützen. Diese als *leapfrogging* bezeichnete Entwicklungsmöglichkeit könnte durch neue (seit 2006) drahtlose Internet-Technologien hoher Reichweite (und zugleich hoher Bandbreite) wie WiMAX an Plausibilität gewinnen. Diese technischen Neuerungen, die wichtige Nachteile der Mobiltelefon-Netze für die Internet-Verbindungen vermeiden, und die im Vergleich zum Ausbau kabelbasierter Telefonie höhere Adoptionsrate lassen auf positive Entwicklungen zwar zumindest hoffen. Betrachtet man allerdings die weltweite Versorgung mit mobiler Telefonie, so muss man dieselbe enorme Ungleichheit erneut feststellen. Da in den weniger gut versorgten Ländern die Einrichtung von drahtlosen Internet-Zugängen zumeist privaten Investoren überlassen wird, und da die Adoptionsrate der Informations- und Kommunikationstechnologien stärker an das Einkommen geknüpft ist als diejenige anderer Technologien, ist schlussendlich immer noch fraglich, ob es in absehbarer Zeit zu einer akzeptablen Versorgung von mehr als nur wenigen metropolen Regionen kommen kann, in denen der Nachfrage auch eine relativ finanzstarke Wirtschaft entspricht. Denn die Erfahrung zeigt, dass für die Herstellung einer gesellschaftsweiten Versorgung mit hochwertiger Netzleistung, etwa bei der Überwindung der eingangs genannten demographischen Faktoren, die Rolle staatlicher Regulierung und Förderung doch von zentraler Bedeutung zu sein scheint (Milner 2006). Vielleicht verringert sich in Zukunft die digitale Kluft zwischen den globalen Regionen, sie besteht aber wohl in unverminderter Weise zwischen urbanen und ruralen Gebieten fort (so bereits Castells 2005, 270 f.).

Es ist nicht überraschend, dass sich auch die positiv zu bewertenden strukturellen Eigenschaften des Internets hinsichtlich seiner mittelbaren wie unmittelbaren politischen, sozialen und kulturellen Relevanz zwar empirisch belegen lassen, dass die tatsächlichen Erfahrungen mit dem in gesellschaftliche und politische Verhältnisse eingebetteten neuen Medium insgesamt aber sehr ambivalent sind. So bleibt abzuwarten, in welcher Weise sich die Nutzer/innen und die verschiedenen Institutionen das Internet und seine technische Weiterentwicklung aneignen – über das Internet selbst, aber ebenso über Verfahren der politischen Einflussnahme, die nicht notwendig an das Internet als Medium gebunden sind. Eine emanzipatorische Verbreitung, Indienstnahme und interne Reformierung des Mediums ist mit seiner Existenz und seiner Struktur alleine jedenfalls noch nicht gewährleistet und wird uns als praktische Herausforderung der Globalisierung noch einige Zeit begleiten.

Literatur

Abbate, Jane: *Inventing the Internet*. Cambridge, MA 1999.

Acacia Initiative (Hg.): *The Acacia Atlas 2005. Mapping African ICT Growth*. Nairobi/Dakar/Kairo/Ottawa 2005. In: http://www.idrc.ca/uploads/user-S/1183649 5021Acacia_Atlas_2005.pdf (21.5.2009).

Adams, Thomas K.: The Real Military Revolution. In: *Parameters. US Army War College Quarterly* 30. Jg. (2000), 54–65.

Arquilla, John/Ronfeldt, David: *Networks and Netwars. The Future of Terror, Crime, and Militancy*. Santa Monica 2001.

Bonk, Curtis Jay/Graham, Charles Ray: *The Handbook of Blended Learning. Global Perspectives, Local Designs*. San Francisco 2006.

Bush, Vannevar: As We May Think. In: *The Atlantic Magazine*, Juli 1945. In: http://www.theatlantic.com/doc/194507/bush (21.5.2009).

Castells, Manuel: *Die Internet-Galaxie. Internet, Wirtschaft und Gesellschaft*. Wiesbaden 2005 (engl. 2001).

Chadwick, Andrew: *Internet Politics. States, Citizens, and New Communication Technologies*. Oxford 2006.

Cronin, Blaise/Davenport, Elisabeth: E-Rogenous Zones. Positioning Pornography in the Digital Economy. In: *Information Society* 17. Jg., 1 (2001), 33–48.

Dean, Jodi: Why the Net is not a Public Sphere. In: *Constellations* 10. Jg., 1 (2003), 95–112.

– /Anderson, Jon W./Lovink, Geert: Introduction. The Postdemocratic Governmentality of Networked Societies. In: Dean/Anderson/Lovink 2006, xv–xxix [2006a].

– /Anderson, Jon W./Lovink, Geert (Hg.): *Reformatting Politics. Information Technology and Global Civil Society*. New York 2006.

Deibert, Ronald J./Palfrey, John G./Rohozinski, Rafal/Zittrain, Jonathan (Hg.): *Access Denied. The Practice and Policy of Global Internet Filtering*. Cambridge, MA 2008.

Engelbart, Doug: *Augmenting Human Intellect. A Conceptual Framework*. Menlo Park 1962.

Flusser, Villem: *Kommunikologie*. Frankfurt a. M. 1998.

Langheinrich, Marc: Gibt es in einer total informatisierten Welt noch eine Privatsphäre? In: Friedemann Mattern (Hg.): *Die Informatisierung des Alltags. Leben in smarten Umgebungen*. Berlin 2007, 233–264. In: http://www.vs.inf.ethz.ch/publ/papers/langhein-comp 21-2007.pdf (21.5.2009).

Marres, Noortje: Net-Work is Format-Work. Issue Networks and the Sites of Civil Society Politics. In: Dean/Anderson/Lovink 2006, 3–17.

Mattern, Friedemann/Langheinrich, Marc: Eingebettete, vernetzte und autonom handelnde Computersysteme. Szenarien und Visionen. In: Albert Kündig/Danielle Bütschi (Hg.): *Die Verselbständigung des Computers*. Zürich 2008, 55–75, auch: http://www.vs. inf.ethz.ch/publ/papers/mattern-taswiss-szenarien. pdf (21.5.2009).

Milner, Helen V.: The Digital Divide. The Role of Political Institutions in Technology Diffusion. In: *Comparative Political Studies* 39. Jg., 2 (2006), 176–199. In: http://www.princeton.edu/~hmilner/forthcoming% 20papers/The%20Digital%20Divide_CPS.pdf (21.5. 2009).

Packer, Randall/Jordan, Ken: *Multimedia. From Wagner to Virtual Reality* [2000]. In: http://www.artmuseum. net/w2vr/ (21.5.2009).

Rogers, Richard: *Information Politics on the Web*. Cambridge, MA 2004.

–: The Politics of Webspace, 2008. In: http://govcom. org/publications/full_list/rogers_politics_web_space _2008_pre.pdf (21.5.2009).

Tancer, Bill: *Click. What Millions of People are Doing Online and Why it Matters*. New York 2008.

Andreas Wagner

4. Gentechnologie

Anwendungsfelder der Gentechnologie und ihre öffentliche Diskussion

Mit dem Begriff ›Gentechnik‹ wird die Veränderung und Neuzusammensetzung von DNA-Sequenzen im Reagenzglas bezeichnet, die anschließend über geeignete Transfersysteme (z.b. genetisch veränderte Viren und Bakterien als ›Transportmittel‹ oder ›Beschießen‹ mit Edelmetallkügelchen) in Organismen – Mikroorganismen, Pflanzen und Tiere – geschleust werden sollen. Dabei können die Artgrenzen überschritten werden.

Seit den Anfängen der Gentechnik werden auch ihr Missbrauchspotential und die Verantwortung der Wissenschaftler für die Forschungsfolgen diskutiert (Weiner 1999). Als 1973 das erste genmanipulierte Bakterium vorgestellt wurde, entstand eine kontroverse Debatte über die Gentechnik zunächst in den USA, die dann 1975 zur Konferenz von Asilomar über Sicherheitsfragen der Gentechnik führte. Die öffentliche Diskussion konzentrierte sich zunächst auf zwei Themen: die Gefahren, die von gentechnisch veränderten Organismen (GVO) für Gesundheit und Umwelt ausgehen, und die Gefahren einer genetischen Manipulation des Menschen (Rifkin 1986; Hubbard/Wald 1993). Heute ist die globale wirtschaftliche Verwertung der GVO in den Mittelpunkt gerückt und es werden zunehmend auch ethische Grundwerte-, Menschenrechts- und Gerechtigkeitsfragen diskutiert (vgl. Riewenherm 2000; Andrioli/Fuchs 2007; Bühl 2009).

Gentechnisch veränderte Bakterien werden zur Herstellung von Pharmazeutika, in der Nahrungsmittelverarbeitung (z.B. zur Käseherstellung) und in der Landwirtschaft (z.B. zur Schädlingsbekämpfung) eingesetzt. Die Risiken sind mögliche Umwelt- und Gesundheitsschäden durch beabsichtigt oder unbeabsichtigt freigesetzte transgene Mikroorganismen, sowie mögliche gesundheitliche Gefahren für die Verbraucher (Schell 1994; Potthast/Baumgartner/Engels 2005).

Genetisch veränderte Pflanzen (GVP) werden erzeugt, um höhere Erträge oder eine bessere Qualität von Agrarprodukten zu erzielen bzw. um eine höhere Widerstandsfähigkeit von Nutzpflanzen gegen Krankheiten, Schädlinge sowie ungünstige Klima- und Bodenbedingungen zu bewirken (Kempken/

Kempken 2006). Die erste Generation der GVP weist meist nur einzelne genetische Veränderung auf und ist heute marktreif. Dazu gehören Sorten, die unempfindlich gegen ein bestimmtes Pflanzengift sind, das dann flächendeckend als Unkrautvertilgungsmittel eingesetzt werden kann (z.B. HR-Soja, d.h. Herbizid-resistentes Soja), und Sorten, die resistent gegen Insekten sind (z.B. Bt-Mais und Bt-Baumwolle, d.h. Mais und Baumwolle, auf die der Bacillus thuringiensis übertragen wurde). Die zweite und dritte Generation der GVP befindet sich in der Forschungs- oder Entwicklungsphase. Dazu gehören GVP mit Veränderungen komplexerer genetischer Eigenschaften wie der Inhaltsstoffzusammensetzung von Nahrungs- und Futtermittelpflanzen (z.B. gesündere Fett- oder Aminosäurenzusammensetzung) sowie von Nutzpflanzen für die industrielle Stoffproduktion (z.B. geringerer Ligninanteil in Holz für die Papierproduktion), aber auch Nutzpflanzen für die Produktion pharmazeutischer Wirkstoffe. Besonders umstritten ist die ›Terminator-Technologie‹, mit der Pflanzen gezüchtet werden sollen, deren Samen nicht mehr als Saatgut verwendet werden können (Hill et. al. 2007). Im weltweiten Anbau spielen GVP der zweiten und dritten Generation noch kaum eine Rolle. Angesichts des Stands der GVP-Entwicklung wird sich der Anbau voraussichtlich auch zukünftig auf Herbizid- und Insekten-resistente Pflanzen konzentrieren (Sprenger 2008). Kontrovers diskutiert werden Umwelt- und Gesundheitsgefahren sowie sozioökonomische Risiken insbesondere für die Entwicklungs- und Schwellenländer (Sauter/Husing 2005).

Transgene Tiere werden als Krankheitsmodelle für die Forschung (›Knockout-Mäuse‹) und als Nutztiere erzeugt, um eine Verbesserung von Wachstum, Futterverwertung oder der Milchleistung zu erreichen, die Resistenz gegen Krankheiten zu steigern oder menschliche Proteine für die Arzneimittelherstellung zu gewinnen. Bisher wurde allerdings noch kein solches Arzneimittel zugelassen. Neben den Gesundheitsrisiken für die Verbraucher werden tierethische Fragen kontrovers diskutiert. Tierschützer kritisieren beabsichtigte und unbeabsichtigte Gesundheitsschäden, wodurch den transgenen Tieren Leid zugefügt werde. Vielfach wird aber auch eine derartige Instrumentalisierung von Tieren grundsätzlich abgelehnt (Müller 1995).

Theoretisch wäre es auch möglich, *genetisch manipulierte Menschen* zu erzeugen. Gedacht wird dabei sowohl an therapeutische Zielsetzungen, als auch an die Steigerung von Eigenschaften. Beides wird heute schon, obwohl es sich nur um Zukunftsszenarien handelt, unter Bioethikern kontrovers diskutiert (Buchanan et. al. 2000). Von den Forschern selbst werden Keimbahnmanipulationen am Menschen überwiegend grundsätzlich abgelehnt, zum einen, weil keine sinnvolle Anwendung denkbar erscheint, und zum anderen, weil die Folgen für die so erzeugten Menschen für nicht beherrschbar eingeschätzt werden (Graumann 1999). In vielen Staaten sind Keimbahneingriffe am Menschen gesetzlich verboten. Oft wird aber die Befürchtung geäußert, Forscher könnten in Länder ausweichen, in denen entsprechende Regelungen fehlen. Aus denselben Gründen wurde in den Vereinten Nationen für ein ähnliches Forschungsfeld, das Klonen von Menschen, vor einigen Jahren eine internationale Konvention, die solche Experimente völkerrechtlich verbindlich verbieten sollte, angestrebt. Die Staaten konnten sich jedoch nur auf eine unverbindliche Deklaration einigen (Graumann/Poltermann 2005).

Die Einstellungen der Bürger zur Gentechnik sind ambivalent (vgl. Busch/Prütz 2008). In der europäischen Öffentlichkeit werden die Potenziale der Gentechnik in der Medizin eher positiv gesehen, während wenig Akzeptanz für die Agrogentechnik und vor allem für genetisch veränderte Lebensmittel zu verzeichnen ist (Europäische Kommission 2002). In fast allen Ländern, in denen GVP angebaut werden, gibt es erheblichen politischen Widerstand von Umweltverbänden, lokalen Bürgerinitiativen, indigenen Gruppen und Bauernorganisationen. Auch auf der internationalen politischen Bühne wird vor allem über die Agrogentechnik insbesondere in Entwicklungs- und Schwellenländern kontrovers diskutiert. An diesen Diskussionen sind nationale Regierungen, internationale Konzerne, aber auch viele Nichtregierungsorganisation mit großem Engagement beteiligt.

Ökologische und gesundheitliche Gefahren der Gentechnik

Die ökologischen Gefahren der Freisetzung von GVO bestehen zum einen in deren potenziell unkontrollierter Ausbreitung vor allem in empfindlichen Ökosystemen und zum anderen in der möglichen Übertragung des Transfergens auf nicht genetisch veränderte Nutz- oder Wildpflanzen (ho-

rizontaler Gentransfer). Dass diese Gefahren bestehen, wird heute nicht mehr bestritten. Die Befürworter der Agrogentechnik argumentieren, dass größere Schäden bisher nicht belegt wurden. Allerdings dürften sich irreversible Schäden in Ökosystemen auch erst langfristig zeigen. Außerdem könnte eine Wahlfreiheit für die Verbraucher vereitelt sein, wenn es unmöglich ist, garantiert ›gentechnikfreie‹ Nahrungsmittel herzustellen. Das würde auch dann gelten, wenn sich eine allgemeine Kennzeichnungspflicht für gentechnisch veränderte Nahrungsmittel zuverlässig durchsetzen lassen sollte (vgl. Weirich 2007).

Heute werden überwiegend Herbizid- und Insekten-resistente GVP angebaut. In Bezug auf diese hat sich eine differenzierte Diskussion ökologischer Risiken entwickelt: Die Hersteller Herbizid-resistenter Pflanzen, die auch die zugehörigen Herbizide vertreiben, behaupten, damit Erträge erhöhen und den Herbizideinsatz einschränken zu können. Die aktuellen Zahlen des Landwirtschaftsministeriums der USA weisen aber auf eine erhöhte Herbizidnutzung hin (Benbrook 2009). Außerdem wurde von den Herstellern lange angeführt, die verwendeten Herbizide mit dem Wirkstoff Glyphosat seien vergleichsweise umweltfreundlich. Auch dagegen sprechen neue Studien (Benachour/Séralini 2009). Insektenresistente Pflanzen produzieren selbst ein Insektizid, dessen genetische Information aus dem Bodenbakterium B. thuringiensis (Bt) übertragen wurde. Das natürlich vorkommende Bt-Toxin wird auch in der biologischen Landwirtschaft eingesetzt. Die Hersteller argumentieren, mit Bt-Nutzpflanzen könnte der Einsatz chemischer Insektizide vermindert werden. Kritiker verweisen darauf, dass sich dadurch resistente Insekten entwickeln werden, was nicht nur die Bt-Nutzpflanzen wertlos macht, sondern auch die biologische Landwirtschaft schädigen wird. Sie beziehen sich auf Studien, die zeigen, dass das Toxin auch auf Nützlinge wirkt und dadurch Ökosysteme schädigt (Mertens 2006).

Gentechnisch veränderte Nahrungsmittel enthalten GVP bzw. deren Produkte oder gentechnisch hergestellte Enzyme und Zusatzstoffe, bzw. werden mit Hilfe von gentechnisch veränderten Mikroorganismen verarbeitet. Problematisch können schädliche Effekte für die Gesundheit der Verbraucher sein, insbesondere für besonders empfindliche Personen, etwa durch Allergien gegen veränderte Inhaltsstoffe. Außerdem könnten sich Resistenzen gegen Antibiotika, die für Gentransferverfahren eingesetzt werden, entwickeln (vgl. Potthast/Baumgartner/Engels 2005).

Durch vergleichsweise strenge Zulassungsverfahren sowohl für GVP als auch für gentechnisch veränderte Lebensmittel in den Industrieländern, lassen sich die ökologischen und gesundheitlichen Gefahren zumindest einschränken. In den meisten Entwicklungs- und Schwellenländern fehlen aber die wissenschaftlichen Kapazitäten für die Risikoabschätzung und eine effektive Risikoregulierung (Sauter 2008).

Aus wissenschaftlich-methodischen Gründen sind den Möglichkeiten, die Folgen der Freisetzung von GVO in komplexen Systemen wie Ökosystemen oder dem menschlichen Organismus sicher zu prognostizieren, Grenzen gesetzt. Bonss, Hohlfeld und Kollek (1992) bezeichnen diese Problematik als »Dekontextualisierung«: Auf der Ebene des Forschungshandelns findet eine Idealisierung und Abstraktion von der vorwissenschaftlichen Erfahrung statt, die zu einer bewussten Grenzziehung zwischen definierten zu untersuchenden Phänomenen und deren Umgebung führt. Die ausgeblendeten »Kontextbeziehungen« werden als abgespalten wahrgenommen. In ihnen sind aber die Risiken von GVO zu suchen, die spätestens nach Verlassen der Labormauern zeitlich und räumlich entgrenzt sind und sich einer vollständigen wissenschaftlichen Überprüfung entziehen. Die Aktivität eines Gens wird von seiner neuen genetischen, zellulären und extrazellulären Umgebung beeinflusst, wodurch vorher nicht vorhandene und nicht vorhersehbare Effekte auftreten können.

Weltwirtschaftliche Bedeutung, sozioökonomische Risiken und internationale Regulierung der Gentechnik

Weltwirtschaftlich spielt Gentechnik in der Pharmaindustrie die größte Rolle (Rajan 2009); die größten sozioökonomischen Risiken aber gehen von der Agrogentechnik aus, insbesondere für ärmere Länder (IAAST Report 2009). Die wirtschaftliche Nutzung von GVP wird von den Befürwortern mit der Erwartung verbunden, einen Beitrag zur Wirtschaftsentwicklung und zur Ernährungssicherheit und -souveränität armer Länder leisten zu können. Der kommerzielle Anbau von GVP außerhalb der Industrieländer beschränkt sich allerdings weitgehend

auf Schwellenländer in Asien und Lateinamerika und den Anbau von GVP der ersten Generation. Dabei sind vor allem vier Länder wichtig: In Indien und China wird BT-Baumwolle und in Argentinien und Brasilien HR-Soja in großem Stil angebaut. Für die Kritiker sind GVP eine unangepasste Technologie, die die lokalen, tradierten, teils indigenen Wirtschaftsweisen zerstören. So kam es z. B. in Indien zu einer großen Zahl von Selbstmorden unter Kleinbauern, die u. a. auf die zunehmende Verarmung in Folge der Einführung von genetisch verändertem Saatgut zurückgeführt wird (Amnesty International 2008). Ein Großteil der sozioökonomischen Probleme der GVP liegt daran, dass Verfahren und Produkte durch Patentinhaber und damit internationale Konzerne kontrolliert werden. Sollte sich Terminator-Saatgut durchsetzen, wäre eine noch größere Abhängigkeit der Bauern zu befürchten.

Politische Initiativen zur internationalen Regulierung der Gentechnik stehen im Spannungsfeld zwischen einerseits dem Anspruch auf Durchsetzung wirtschaftlicher Interessen der Konzerne mit Hilfe von Schutz- und Lizenzansprüchen und andererseits dem Ziel der Etablierung von einheitlichen Sicherheits- und Ethikstandards sowie der Durchsetzung kollektiver Menschenrechte auf Gesundheit, auf eine intakte Umwelt und auf Verfügung über die lokalen biologischen Ressourcen.

Die wirtschaftliche Nutzung von GVO ist über WTO-Abkommen geregelt. So verpflichtet das TRIPS-Abkommen, Rechtssysteme zum Schutz geistigen Eigentums zu etablieren. Damit werden auch transgene Pflanzen und Tiere unter Patentschutz gestellt, was für konventionell gezüchtete Sorten und Arten nicht möglich ist. Die ›Biopatentierung‹ aber ist höchst umstritten (vgl. Baumgartner/Mieth 2003; Schneider 2010). In Schwellenländern erweist sich die Durchsetzung des Abkommens als schwierig. In Argentinien z. B. verlangt Monsanto seit Jahren von der Regierung, ein Patentgesetz zu erlassen. Diese konnte sich aber bislang nicht gegen den Widerstand der Bauern durchsetzen, die weiterhin einen Teil ihrer HR-Soja-Ernte wieder aussähen wollen.

Die Biodiversitäts-Konvention von 1992 stellt genetische Ressourcen unter nationalstaatliche Souveränität und sieht einen Vorteilsausgleich bei deren Nutzung vor. Allerdings haben viele Vertragsstaaten noch keine Biodiversitätsstrategie vorgelegt. Das Biosafety-Protokoll von 2003 regelt den grenzüberschreitenden Transport, die Handhabung und den

Umgang mit GVO. Die wichtigsten Anbauländer wie die USA, Kanada und Argentinien sind jedoch bislang nicht beigetreten. Derzeitiges Verhandlungsthema ist die Haftung und Wiedergutmachung bei Schäden der Biodiversität. Allerdings konnte auf der Biodiversitäts-Konferenz 2008 in Bonn nur eine Absichtserklärung erzielt werden, dass verbindliche Regelungen aufgestellt werden sollen.

Ausblick

Die weltwirtschaftliche Bedeutung der Gentechnik wird mit Sicherheit zunehmen. Damit aber werden sich vermutlich auch die gesellschaftlichen und politischen Konflikte weiter zuspitzen. Das wird die internationalen Regulierungsbemühungen vor neue und noch größere Herausforderungen stellen als bisher.

Literatur

Amnesty International: *Amnesty International Report 2008 – India, 28 May 2008*. In: http://www.unhcr.org/refworld/docid/483e2792c.html (15.3.2010).

Andrioli, Antonio Inácio/Fuchs, Richard (Hg.): *Agro-Gentechnik: Die Saat des Bösen. Die schleichende Vergiftung von Böden und Nahrung.* Lahnstein 2007.

Baumgartner, Christoph/Mieth, Dietmar (Hg.): *Patente am Leben? Ethische, rechtliche und politische Aspekte der Biopatentierung.* Paderborn 2003.

Benachour, Nora/Séralini, Gilles-Eric: Glyphosate Formulations Induce Apoptosis and Necrosis in Human Umbilical, Embryonic, and Placental Cells. In: *Chemical Research in Toxicology* 22. Jg., 1 (2009), 97–105.

Benbrook, Charles: *Impacts of Genetically Engineered Crops on Pesticide Use: The First Thirteen Years*, November 2009. In: http://www.organic-center.org/science.pest.php?action=view&report_id=159 (15.03. 2010).

Bonss, Werner/Hohlfeld, Reiner/Kollek, Regine: Risiko und Kontext. Zur Unsicherheit der Gentechnologie. In: Gotthard Bechmann/Werner Rammert (Hg.): *Technik und Gesellschaft. Jahrbuch 6.* Frankfurt a.M. 1992, 141–174.

Buchanan, Allen/Brock, Dan W./Daniels, Norman/Wikler, Daniel: *From Chance to Choice. Genetics & Justice.* Cambridge 2000.

Bühl, Achim (Hg.): *Auf dem Weg zur biomächtigen Gesellschaft? Chancen und Risiken der Gentechnik.* Wiesbaden 2009.

Busch, Roger J./Prütz, Gernot (Hg.): *Biotechnologie in gesellschaftlicher Deutung.* München 2008.

Europäische Kommission: *Eurobarometer 58.0 – Europeans and Biotechnology.* Brüssel 2002.

Graumann, Sigrid: Germ Line Gene Therapy – Public Opinions with regard to Eugenics. In: Elisabeth Hildt/Sigrid Graumann (Hg.): *Genetics in Human Reproduction.* Aldershot 1999, 175–184.

– /Poltermann, Andreas: No End in Sight to Cloning Debate. In: *Law and the Human Genome Review* 22. Jg. (2005), 209–227.

Hill, J.M./Hall, L./Arnison, P.G./Good, A.G.: Genetic Use Restriction Technologies (GURT): Strategies to Impede Transgene Movement. In: *Trends in Plant Science* 12. Jg., 4 (2007), 177–183.

Hubbard, Ruth/Wald, Elijah: *Exploding the gene myth.* Boston 1993.

IAAST Report: *Agriculture at a Crossroad. Global Report 2009.* In: http://www.weltagrarbericht.de/reports/Global_Report/Global_vii.html (15.3.2010).

Kempken, Frank/Kempken, Renate: *Gentechnik bei Pflanzen. Chancen und Risiken.* Berlin 2006.

Mertens, Martha: Gutachten zu neuen wissenschaftlichen Erkenntnissen hinsichtlich ökologischer und gesundheitlicher Risiken seit der EU-rechtlichen Zulassung der gentechnisch veränderten Maislinie MON810 im Jahr 1998. Erstellt im Auftrag der Bundestagsfraktion Bündnis 90/Die Grünen, Berlin 2006, http://db.zs-intern.de/uploads/1163592334-060801_Mertens_Gutachten_MON810.pdf (13.02.2011).

Müller, Albrecht: *Ethische Aspekte der Erzeugung und Haltung transgener Nutztiere.* Stuttgart 1995.

Potthast, Thomas/Baumgartner, Christoph/Engels, Eve-Marie (Hg.): *Die richtigen Maße für die Nahrung: Biotechnologie, Landwirtschaft und Lebensmittel in ethischer Perspektive.* Tübingen 2005.

Rajan, Kaushik Sunder: *Biokapitalismus. Werte im postgenomischen Zeitalter.* Frankfurt a.M. 2009.

Riewenherm, Sabine: *Gentechnologie.* Hamburg 2000.

Rifkin, Jeremy: *Genesis zwei: Biotechnik, Schöpfung nach Maß.* Reinbek bei Hamburg 1986.

Robin, Marie-Monique: *Mit Gift und Genen. Wie der Biotech-Konzern Monsanto unsere Welt verändert.* München 2009.

Sauter, Arnold: *Transgenes Saatgut in Entwicklungsländern – Erfahrungen, Herausforderungen, Perspektiven.* Arbeitsbericht 128. Büro für Technikfolgenabschätzung beim Deutschen Bundestag. Berlin 2008.

– /Husing, Bärbel: *TA-Projekt Grüne Gentechnik – Transgene Pflanzen der 2. und 3. Generation.* Arbeitsbericht 104. Büro für Technikfolgenabschätzung beim Deutschen Bundestag. Berlin 2005.

Schell, Thomas von: *Die Freisetzung gentechnisch verän-*

derter Mikroorganismen: ein Versuch interdisziplinärer Urteilsbildung. Tübingen 1994.

Schneider, Ingrid: *Das europäische Patentsystem. Wandel von Governance durch Parlamente und Zivilgesellschaft.* Frankfurt a.M. 2010.

Sprenger, Uta: *Die Heilsversprechen der Gentechnikin-
dustrie – ein Realitätscheck.* Studie im Auftrag des
BUND. Berlin 2008.

Weiner, Charles: Social responsibility in Genetic Engineering: historical perspectives. In: Anders Nordgren
(Hg.): *Gene Therapy and Ethics. Acta universitatis up-
saliensis.* Uppsala 1999, 51–64.

Weirich, Paul (Hg.): *Labeling Genetically Modified Food:
The Philosophical and Legal Debate.* Oxford 2007.

World Bank: *The World Development Report, Agriculture for Development.* Washington, DC 2008.

Sigrid Graumann

5. Klimawandel

Naturwissenschaftliche Klimadaten und Umgang mit Unsicherheiten

Der Klimawandel (ausführlich und mit weiteren
Nachweisen zu allen Aspekten dieses Beitrags vgl.
Ekardt 2009; 2010; 2010a), also die durch bestimmte
anthropogene Treibhausgase (mit-)verursachte globale Erwärmung, stellt die Menschheit möglicherweise vor Probleme, die es in diesen Dimensionen
noch nie gab. Ausgelöst wird er vor allem durch den
hohen Verbrauch fossiler Brennstoffe seit der Industriellen Revolution. Bis zum Jahr 2100 wird, bei un-
veränderter Entwicklung, eine globale Erwärmung
von 3 bis 6 Grad gegenüber vorindustriellen Ver-
gleichswerten prognostiziert, eventuell auch mehr,
insbesondere dann, wenn die Schwellenländer wie
China oder Indien den westlichen Lebensstil zunehmend erfolgreich imitieren. Im Gefolge des Klimawandels drohen der Welt drastische ökonomische
Schäden, Verluste an Menschenleben in hohem Ausmaß und Kriege um knapper werdende Ressourcen,
wie Wasser, Öl oder fruchtbares Land. Dabei besteht
ein erheblicher globaler und intergenerationeller
Konflikt: Trotz der in Europa und Deutschland oft
beanspruchten Rolle als ›Klimavorreiter‹ emittiert
ein Deutscher immer noch etwa die dreifache Treib-
hausgasmenge eines Chinesen und das etwa Zwan-
zigfache eines Afrikaners; gleichzeitig werden die
Entwicklungsländer vom Klimawandel vergleichsweise stärker betroffen sein. Gleiches gilt für künftige Generationen: Sie sind die Geschädigten des
Klimawandels, ohne ihn verursacht zu haben. Insgesamt sind die weltweiten Emissionen trotz einset-
zender Klimaschutzbemühungen seit 1990 um 40 %
gestiegen. Auch in den westlichen Ländern sind die
Emissionen im Kern (nur) konstant geblieben, und
selbst dies fast ausschließlich auf ›Umwegen‹, indem
man den Industriezusammenbruch Osteuropas
1990 und die (unbeabsichtigte) Verlagerung von
Produktionsstätten in Schwellenländer statistisch
als ›einheimische Klimapolitik‹ verbucht.

Das bei der UN angesiedelte Intergovernmental
Panel on Climate Change (vgl. IPCC 2007), das regelmäßig den klimanaturwissenschaftlichen Er-
kenntnisstand zusammenfasst, spricht in seinem Bericht von 2007 von 50 bis 85 % Treibhausgasreduk-
tion weltweit (!) von 2000 bis 2050, wenn man nicht

mehr als 2 bis 2,4 Grad globale Erwärmung hinnehmen und die eben skizzierten Folgen vermeiden
wolle, und bezeichnet dies (wegen der nicht erfassten Rückkopplungseffekte) als wohl noch zu zurück-
haltend. Bei einer von heute 6,6 auf etwa 9 Milliarden Menschen anwachsenden Weltbevölkerung ergäbe allein schon diese IPCC-Zahl bei heute weltweit
jährlich 4,6 – in Deutschland rund 11 – Tonnen CO_2
(ohne Entwaldung) pro Kopf eine Absenkungsnot-
wendigkeit auf etwa 0,5 bis 1 Tonne CO_2 pro Kopf.
Für Industriestaaten ergäbe dies deutlich über 90 %
Emissionsreduktionen bis 2050. Dabei sind (1) die
Rückkopplungseffekte eines einmal in Gang gekom-
menen Klimawandels noch nicht einmal berücksichtigt, und (2) 2 bis 2,4 Grad globale Erwärmung können bereits substanzielle Bedrohungsszenarien implizieren. Zudem zeigen (3) neuere Forschungen im
Umkreis des IPCC, dass die IPCC-Prognosen zum
Klimawandel von 2007 von der Realität überholt
werden. Damit ist aus Sicht der Klimatologie für
2050 im Grunde im Okzident eine (nahezu) Null-
Emissions-Gesellschaft nötig, will man katastrophale
Schäden vermeiden.

Die (nie aus der Klimatologie selbst stammenden,
im politischen und gesellschaftlichen Raum aber –
verdeckt – relativ präsenten) Klimaskeptiker übersehen nicht nur (1), dass das IPCC also eher zu vorsichtig ist. Sie übertreiben außerdem den Grad der Unsicherheit in den Klimavorhersagen und untertreiben
die prognostizierten Schäden. Zudem entgeht ihnen
regelmäßig, dass (2) allein schon wegen der zur Neige
gehenden fossilen Brennstoffe deutlicher Handlungsbedarf selbst dann besteht, wenn die weniger dramatischen unter den Klimaprognosen am Ende der
Wahrheit am nächsten kommen sollten. Zudem wird
von ›klimaskeptischer‹ Seite meist (3) der Vorsorge-
gedanke vernachlässigt: Nimmt man an, dass möglicherweise eine drastische Gefährdung schützenswer-
ter Belange droht, und weiß man, dass es im Moment
des Eintritts der Gefahr für eine Abhilfe wohl zu spät
sein wird, liegt es nahe, heute zu handeln.

Klimastrategien, Klimasozialwissen-
schaften und ökonomische Bezüge

Übergreifende Pfade einer möglichen Reaktion auf
den Klimawandel sind theoretisch Treibhausgasreduktionsziele, mehr Energieeffizienz, mehr erneuerbare Energien – die theoretisch weitgehend treib-
hausgasfrei sind –, vielleicht allerdings auch ein ge-

wisses Quantum an Suffizienz. Damit gerät allerdings
ein Zivilisationsmodell auf den Prüfstand, das in den
letzten 200 Jahren maßgeblich auf einem hohen Verbrauch fossiler Brennstoffe aufbaute. Nicht nur in
Benzin und Strom, auch in Heizenergie, in Dünger,
in nahezu jedem Produkt, in Kunststoffen, im Transport von Waren sind fossile Brennstoffe omniprä-
sent. Hoher Fleischkonsum, Autofahrten und Fern-
urlaube als Normalfall, reichlich geheizte Wohnun-
gen, Unterhaltungselektronik u. a. m. werden deshalb
durch den Klimawandel zu gesellschaftlichen Themen. Allerdings sind 80 % globale (!) Klimagasre-
duktion bei 40 % globaler Emissionssteigerung (!) in
den letzten 20 Jahren momentan weit entfernt – mit,
wie angedeutet, möglicherweise katastrophalen Folgen größten Ausmaßes.

Die daraus entstehenden Fragen führen dazu, dass
es neben einer Klimanaturwissenschaft auch einer
Klimasozialwissenschaft bedarf. Sie befindet sich
nach wie vor eher im Entstehungsstadium und betrifft die Disziplinen Jura, Ökonomik, Ethik/Philoso-
phie, Soziologie, Politologie, Psychologie, Kulturwissenschaft, ggf. auch weitere Fächer wie Theologie,
Ethnologie und Religionswissenschaft, wobei die
Grenzen ausgesprochen fließend sind (vgl. im Überblick Voss 2010). Einige wesentliche Fragestellungen
werden im Folgenden kurz skizziert, etwa: Was kos-
tet der Klimawandel ökonomisch? Welches sind die
sozialen/psychischen/ökonomischen/kulturellen
Ursachen der bisher schwachen Reaktion auf das
›Jahrhundertproblem Klimawandel‹? Ist ethisch/
rechtsprinzipiell ein Recht auf ein stabiles Klima und
ein neues, stärker intergenerationell und global an-
gelegtes Freiheitsverständnis nötig? (oder zugespitzt:
muss das ›natürliche‹ Geschehen Klimawandel sozial überhaupt als ›Problem‹ rubriziert werden, jenseits der von jedem selbst zu beantwortenden Frage
nach seinem Eigennutzen?) Wie sind dabei rechtlich,
ethisch und ökonomisch die ›Klimabelange‹ mit Gegenwartsinteressen abzuwägen, und welche Institutionen wären hierfür zuständig? Welches sind schließlich juristisch, politologisch und ökonomisch die effektiven Governance- bzw. Steuerungsansätze, um
auf den Klimawandel zu reagieren? Weitere insbesondere soziologische und politologische Fragestellungen, etwa die reine Beschreibung der faktischen
Wahrnehmung des Klimawandels, der Klimapolitik-
beratungsprozesse, der klimawandelinduzierten gesellschaftlichen Veränderungs- und Politikprozesse
wären hier zu nennen.

Die gesellschaftliche Dimension des Klimawandels offenbart nicht zuletzt seine ›Kostenseite‹. Die klimaökonomische Forschung (vgl. etwa Stern 2009) hat aufgezeigt, dass ein Klimawandel mit Ernteausfällen, Naturkatastrophen, Überschwemmungen, mit Wasserknappheit, Ernährungsproblemen, unbewohnbar werdenden Landstrichen und ganzen Ländern sowie unüberschaubaren Migrationsströmen um ein Vielfaches teurer werden dürfte als wirksame – selbst einschneidende – Klimaschutzmaßnahmen. Ein energischer Klimaschutz hätte auch schon kurz- und mittelfristig ökonomische Vorteile; denn er könnte gerade dauerhaft die Versorgung mit Strom, Wärme und Treibstoff langfristig zu akzeptablen Preisen sichern angesichts der Knappheit fossiler Ressourcen und der Instabilität einiger Lieferantenstaaten, ebenso wie schon kurzfristig eingesparte Energiekosten (etwa durch bessere Wärmedämmung) und die Chancen auf neue Arbeitsplätze und Märkte durch neue Technologien schaffen. Klimaökonomische Berechnungen sind dabei sogar noch zu vorsichtig, lassen sie den möglichen Hauptkostenfaktor (drohende Ressourcenkriege) doch unbeachtet. Der Klimawandel ist allerdings in seinen konkreten Verläufen und in seinen wirtschaftlichen Folgewirkungen aufgrund seiner hohen Komplexität nicht exakt zu prognostizieren, also durch ein hohes Maß an Unsicherheit gekennzeichnet. Klimaökonomische Berechnungen sind deshalb letztlich nur vage Schätzungen, die aber immerhin deutlich machen, wie wenig sinnvoll ein ›Zurückstellen des Klimaschutzes in Zeiten der Finanzkrise‹ o.Ä. wäre.

Klimawandel als Ende des Wachstumsparadigmas

Dass eine wirksame Klimapolitik langfristig, nach einer zwischenzeitlichen wirtschaftlichen Belebung etwa durch die Förderung neuer Technologien und nach der (nötigen) Bekämpfung der oft bitteren Armut in Teilen der Welt, indes eher eine kritische Revision des Wachstumsgedankens als Leitidee okzidentaler Gesellschaften erfordern könnte, ist indes in der klimasozialwissenschaftlichen Diskussion bisher nur am Rande ein Thema. Die Ursache des Klimaproblems ist jedoch, kurz gesagt, der Reichtum der industrialisierten Welt. Strebt man weiteres Wachstum an, werden auch der Energieverbrauch und damit der Verbrauch an fossilen Brennstoffen tendenziell immer größer. Obwohl Klimaschutz über Energieeffizienz und erneuerbare Energien diesen Zusammenhang teilweise entkoppelt (und damit nicht nur langfristig, sondern auch kurzfristig Gewinnchancen eröffnet), wird das Wachstumsparadigma indes früher oder später wohl an ein Ende gelangen:

1. Wächst man ökonomisch immer weiter, frisst der Wohlstandszuwachs die technisch realisierbaren Energieeffizienz- und Erneuerbare-Energien-Treibhausgaseinsparungen ganz oder teilweise auf (›Rebound-Effekt‹).

2. Will man den globalen Klimawandel auf ein nicht-katastrophales Ausmaß begrenzen, sind drastische Treibhausgasreduktionsziele zwingend nötig. Sie sind mit weiterem Wachstum jedoch kaum erreichbar.

3. Wachstum stößt in einer endlichen Welt physikalisch irgendwann an Grenzen (es sei denn, man meint Wachstum an Bildung, Klavierspielfertigkeit u.Ä.). Es kann nicht die gesamte Welt – also auch alle Inder, Chinesen oder Indonesier, die sukzessive den okzidentalen Lebens- und Wachstumsstil übernehmen – unendlich immer reicher werden. Auch wenn die Menschheit von fossilen Brennstoffen auf Sonnenenergie umsteigt, bleiben die sonstigen Rohstoffe dieser Welt endlich.

Wachstumsraten besagen überdies nichts über die Wohlstandsverteilung: Einige können immer reicher werden und die, die Wachstum am nötigsten brauchen, werden sogar ärmer. Außerdem blendet der Wachstumsbegriff vieles aus. Private soziale Arbeiten wie private Kinderbetreuung beispielsweise; und die ökologischen Schäden des momentan für alternativlos gehaltenen Wachstumspfades. Ebenso fehlt es an einer empirischen Bestätigung, dass Wachstum per se menschliches Glück vergrößert. Dass eine Abkehr vom Wachstumsideal Folgeprobleme auslöst, ist dabei unbestritten (auch wenn Wachstum letztlich historisch ein Sonderfall der letzten 200 Jahre ist, gebunden an das Auftreten der fossilen Brennstoffe). Wesentlich ist gleichwohl, nicht länger, wie das IPCC und große Teile der Forschung, allein auf »neue Technologien« zu schauen, sondern (gerade in den Industrieländern) die Möglichkeit der Suffizienz hinsichtlich bestimmter Lebensgewohnheiten stärker in Betracht zu ziehen. Ebenso wäre ein verstärktes Nachdenken und Forschen über die Folgeprobleme eines langfristigen ›Endes des Wachstumsgedankens‹ angezeigt.

Anthropologie: Ursachen des scheiternden Klimaschutzes

Wie aber kommt es überhaupt zu der bisherigen desaströsen Klima(politik)bilanz? Die *Handlungstheorie* oder Anthropologie (oder ›Menschenbildlehre‹), zu der verschiedene Disziplinen arbeiten, beschreibt das rein faktische Verhalten von Menschen, anders als die normative gerechtigkeitstheoretische (moralische oder rechtliche) Betrachtung, die davon handelt, wie Menschen und Gesellschaften sich verhalten bzw. sich ordnen *sollten*. Beides wird praktisch und wissenschaftlich leider ständig vermischt. Es lässt sich insoweit analysieren, wie Unternehmen, Wähler/Konsumenten und Politiker in Teufelskreisen aneinander gekoppelt sind – und wie Faktoren wie Konformität, emotionale Wahrnehmungsprobleme mit raumzeitlichen Fernfolgen eigener Handlungen, Eigennutzen, tradierte (falsche) Werthaltungen, technisch-ökonomische Pfadabhängigkeiten und Kollektivgutstrukturen (= das Klima kann niemand allein retten) bei all diesen sozialen Gruppen bisher wirklich einschneidende Klimaschutzbemühungen vereitelt haben. Die Teufelskreise mit wechselseitiger Bestätigung der Akteure deuten dabei an, dass es (mindestens) eine offene Frage sein dürfte, ob ein gesellschaftlicher Wandel hin zu mehr Nachhaltigkeit rechtzeitig gelingen wird.

Klimaethik/Klimagerechtigkeit und neues Freiheitsverständnis

Man gelangt damit zu einer weiteren nicht naturwissenschaftlichen, sondern diesmal normwissenschaftlichen Frage, also einer Sollens- bzw. Wertungsfrage: Inwieweit sollen bestimmte (unsichere, ggf. aber drastische) negative und irreversible Folgen, ggf. nach einer Abwägung mit Gegenwartsinteressen, abgewendet oder hingenommen werden? Denn aus einer Naturbeobachtung als solcher folgt nicht logisch, dass diese Beobachtung zu begrüßen oder zu kritisieren ist. Damit ist man im Bereich der Ethik oder (synonym) Gerechtigkeitstheorie. Die Klimadebatte hat hier Anteil an deren (jahrtausendealten) Grundproblemen; sie bringt zugleich die Debatte darüber mit sich, ob die Ethik einen Paradigmenwechsel hin zu stärker raum- und zeitübergreifenden Ansätzen benötigt.

Gerechtigkeit meint hier ganz allgemein die Richtigkeit einer gesellschaftlichen Ordnung. Jedwede Vorstellung davon, wie eine Gesellschaft sein soll, ist per se ein Gerechtigkeitskonzept, ob nun ein richtiges oder ein falsches. Auch die Klimaökonomik handelt damit von einer (hobbesianischen oder utilitaristischen) ›Effizienz-Ethik‹, wenn sie jedwede Vor- und Nachteile von Klimawandel und Klimapolitik in Geldwerte übersetzen und dann verrechnen möchte (wobei dieser Ansatz unhaltbar sein dürfte). ›Effizienz versus Ethik/Gerechtigkeit‹ ist damit eine zwar gängige, aber falsche Gegenüberstellung. Es wurde andernorts (Ekardt 2009; 2010; 2010a) gezeigt, dass es entgegen landläufiger naturwissenschaftlicher und oft auch soziologischer und politologischer Lehrmeinung sehr wohl rationale und damit objektive Normen gibt und dass die Freiheit dabei das Grundprinzip ist. Ob es objektiv gültige (also rationale) Normen und Tatsachen gibt, hat dabei *nichts* mit der – zutreffenden – Beobachtung zu tun, dass uns Menschen rein faktisch bei der Tatsachen- und Normerkenntnis immer wieder unsere subjektiven Sichtweisen in die Quere kommen oder was rein faktisch von jemandem für richtig gehalten wird.

Gerecht ist eine Gesellschaft dann, wenn in ihr jeder nach eigenen Vorstellungen leben kann und alle anderen das auch können – wenn also jeder gleichermaßen ein so bezeichenbares Recht auf Freiheit hat und Freiheitskonflikte gewaltenteilig-demokratisch gelöst werden. Gerecht wäre menschliches Zusammenleben dann, wenn es die Freiheit (aufspaltbar in verschiedene Menschenrechte) einschließlich der elementaren Freiheitsvoraussetzungen sowie bestimmte die Freiheit unterstützende sonstige Arrangements (›weitere Freiheitsvoraussetzungen‹) optimal verwirklicht, einschließlich der ständig nötigen abwägenden Konfliktlösung zwischen den kollidierenden Freiheitssphären. Es kann hier nicht weiter erläutert werden, dass dies rechtlich und ethisch gleichermaßen gilt und dass dies (und alles daraus Ableitbare, z.B. die gewaltenteilige Demokratie mit festen Abwägungsregeln) das einzige – und zwar universale – Gerechtigkeitskriterium darstellt. Dabei wird indes der Schutz der elementaren Freiheitsvoraussetzungen wie Leben, Gesundheit und Existenzminimum (und damit z.B. eines basalen Zugangs zu Energie, aber auch eines hinreichend stabilen Globalklimas) ebenso wie die Freiheit auch der künftigen Generationen und der Menschen in anderen Erdteilen in der liberal-demokratischen Tradition meist nur am Rande oder sogar gar nicht berücksichtigt. Jedoch besteht ein starkes Argument dafür, den Schutz der elementaren Freiheitsvoraussetzungen als bereits im Freiheitsbegriff selbst logisch enthalten anzusehen: Denn ohne die elementaren Freiheitsvoraussetzungen – wozu auch ein hinreichend stabiles Globalklima und eine minimale Energieverfügbarkeit gehören – kann es niemals Freiheit geben. Auch die nötige Erweiterung der Freiheitsgarantien auf künftige Generationen (intergenerationell) und nicht mehr nur überall (universal), sondern auch grenzüberschreitend als Schutz gegen Schädigungen aus dem Bereich anderer Länder (global), lässt sich ethisch und rechtlich streng begründen, u.a. durch Hinweis darauf, dass man Freiheit dort schützen muss, wo ihr die Gefährdungen drohen – und diese drohen in einer globalisierten, technisierten Welt raum- und zeitübergreifend. Ein Recht auf Klimaschutz besteht damit, und zwar nicht nur hier und heute.

Abwägungen, Demokratie, Effizienz und soziale Verteilungsfragen

Auch universale Normen, also die kollidierenden Freiheiten der Menschen, sind keine absoluten Normen, sondern unterliegen notwendigerweise Abwägungen. Den generationenübergreifenden und globalen Konflikt zwischen vielen kollidierenden Freiheiten zu lösen, also das richtige Ausmaß an Klimapolitik zu bestimmen, ist nicht einfach. Erst dies ergibt aber, wie viel Klimaschutz ethisch und grundrechtlich zwingend geboten ist. Sowohl das normative Wägen selbst als auch die relevanten Tatsachen (s.o.), anhand derer sich erkennen lässt, inwieweit eine bestimmte Freiheitssphäre tatsächlich beeinträchtigt ist, sind von Unsicherheiten geprägt. Es lassen sich aus dem Freiheitsprinzip zwar ethisch und juristisch Abwägungsregeln herleiten. ›Genau ein‹ richtiges Abwägungsergebnis, was z. B. von der wirtschaftlichen Freiheit der heute Lebenden einerseits und dem Recht auf die elementaren Freiheitsvoraussetzungen künftiger Generationen andererseits nach der Abwägung bleiben muss, gibt es aber nicht. Es lässt sich ferner aus der Freiheit national und transnational als Institutionenregel ableiten, dass ein wähl- und abwählbarer Entscheider (möglichst ein Parlament) die Abwägungsentscheidungen zu treffen hat, deren ggf. nötige Konkretisierung dann gewaltenteilig durch Behörden und Gerichte erfolgen muss – ebenso wie es Verfassungsgerichte zur Überprüfung der Einhaltung der Abwägungsregeln geben muss.

Dabei werden bisher einige Abwägungsregeln verletzt, so dass eine einklagbare Pflicht zu einem intensiveren Klimaschutz (weltweit) grundrechtlich – juristisch und ethisch – hergeleitet werden kann. Das elementare Freiheitsvoraussetzungsrecht auf das Existenzminimum (der hier und heute Lebenden, aber auch intergenerationell und global) ist, da Freiheit ohne diese physische Grundlage witzlos wird, allenfalls in Randbereichen durch Abwägung überwindbar. Jenes Recht schließt aber auch einen basalen Energiezugang und eine wenigstens einigermaßen zu wahrende Stabilität des Globalklimas ein. Dies wiederum erfordert einschneidende klimapolitische Maßnahmen. Auch dies haben die Entscheider national und transnational bisher nicht zugrunde gelegt. Ebenso wenig wurde berücksichtigt, dass das knappe verbleibende Emissionsbudget wohl egalitär zu verteilen wäre angesichts (a) seiner Knappheit und (b) der Unabdingbarkeit zumindest geringer Emissionen für das menschliche Überleben (›one human, one emission right‹).

Dies markiert zugleich, dass die Klimapolitik, aber auch der Klimawandel selbst national und noch mehr global auch eine massive soziale Verteilungsproblematik herbeiführt (wobei wie erwähnt die Hauptopfer voraussichtlich nicht die Hauptverursacher sein werden). Zudem lenken die bei der Anthropologie beschriebenen Teufelskreise den Blick darauf, dass der Klimawandel zu Debatten über die Zukunft der Demokratie führen kann.

Ökonomen – mit massivem Einfluss auf das IPCC – versuchen den beschriebenen Abwägungsspielraum einzuengen und das ›richtige‹ Maß an Klimaschutz durch Monetarisierung aller Vor- und Nachteile von Klimawandel und Klimapolitik – einschließlich der Schäden für Leben und Gesundheit – auszurechnen. Dies klingt zwar nach ›klaren Zahlen‹, führt jedoch nur zu einer Scheinrationalität. *Erstens* ist die dahinterstehende Effizienz-Ethik als solche nicht überzeugend. *Zweitens* fehlt es (siehe oben) bereits für Nutzen und Schäden, die einen Marktpreis haben, an hinreichend präzisen Fakten, wenn wie beim Klimawandel die gesamte Weltwirtschaft mit unüberschaubar vielen Einzelhandlungen und zudem Zeiträume von mehr als 100 Jahren involviert sind. *Drittens* lassen sich wesentliche Dinge nicht in Geldeinheiten quantifizieren, etwa (massive) Schäden an Leben und Gesundheit. Der Wert eines Lebens lässt sich auch nicht anhand der fiktiven Frage nach der ›Zahlungsbereitschaft‹ von Menschen beantworten (im Ergebnis wäre das Leben von Bill Gates vielleicht 10 Mrd. Dollar wert, das Leben eines Bangladeschis dagegen vielleicht 1 Dollar, weil die Zahlungsfähigkeit extrem differiert).

Ein weiteres Problem der Klimaökonomik ist das Diskontieren: Künftige Schäden sollen demnach weniger als heutige zählen. Das klingt zwar vordergründig verständlich, wenn es sich beim Schadensopfer heute und in zehn Jahren um die gleiche Person handelt. Doch warum sollte der Schaden des Bangladeschis in 50 Jahren (1) per se weniger wichtig sein als mein Schaden heute? Auch durch (2) das pauschale Erwarten von ›ewigem Wachstum‹ kann die Diskontierung nicht gerechtfertigt werden, egal ob bei heute schon Lebenden oder gegenüber künftigen Generationen; dazu sei an die Grenzen des Wachstums erinnert. Auch (3) die empirische Beobachtung realer Preisverhältnisse am Markt, die nach Meinung vieler Ökonomen ein Präferieren der Gegenwart gegenüber der Zukunft ausdrücken, rechtfertigt keine Diskontierung. Und auch (4) die unsichere Eintrittswahrscheinlichkeit künftiger Schadensereignisse lässt sich nicht in eine präzise prozentuale Reduzierung des Gewichts von Zukunftsbelangen übersetzen, u. a. angesichts der Ungewissheit der Schadenswahrscheinlichkeiten.

Governance, Corporate Social Responsibility, ›top down‹ und ›bottom up‹

Zu erwähnen ist ferner die Frage nach den effektiven (= wirksamen) Steuerungsinstrumenten. Die Vorstellung eines weltweiten Emissionshandels wurde andernorts im Einzelnen ausgearbeitet, allerdings (im Vergleich zu anderen derartigen Vorschlägen) mit strengeren Klimazielen und mit einer doppelten sozialen Komponente innerhalb der Industrieländer und gegenüber den Entwicklungsländern als Kompensation für strenge Klimaziele weltweit und die Verursachungsanteile am Klimawandel. Dass dieser Ansatz global greifen muss, folgte dabei (1) aus der Globalität des ›Klimaproblems‹ und (2) aus der für Klimaschutz und Wettbewerbsfähigkeit gleichermaßen verheerenden Gefahr einer schlichten Verlagerung der in einem Land mit anspruchsvoller Klimapolitik eingesparten Emissionen in ein anderes Land (*carbon leakage*) – wenn beispielsweise Stahlunternehmen ihren Sitz aus Europa nach China verlagern.

Es gibt indes auch Ansätze, die statt politischer Vorgaben stärker auf Ansätze des ›bottom up‹ im

Klimaschutz zu setzen scheinen. Nun ist zweifellos jedwedes freiwillige unternehmerische Engagement in puncto Klimaschutz (oder allgemein Nachhaltigkeit) grundsätzlich zu begrüßen. Auch für die Unternehmen selbst dürfte dies häufig attraktiv sein, sei es als Mittel der Kundengewinnung, sei es als Weg der Mitarbeitermotivation, sei es schlicht zur Kostenersparnis (etwa beim Ressourcenverbrauch). Dennoch können Appelle an einzelne Unternehmen oder Bürger und ein Vertrauen auf deren freiwillige Initiative, unreglementierten Freihandel und Selbstregulierung der Wirtschaft klimapolitische Vorgaben nicht ersetzen.

Erstens ist der einzelne Bürger oder Unternehmer nicht die geeignete Instanz, um die in der Ethik stets nötige komplexe Abwägung verschiedener Belange vorzunehmen. Die Vornahme dieser Abwägung ist vielmehr hauptsächlich die Aufgabe der in eine Rechtsform gebrachten Politik, also des Gesetzgebers. Das damit angesprochene Problem ›zu geringe Konkretheit‹ ist ein Standardproblem rein ethischer Appelle, wenn sie nicht in eine Rechtsform gebracht und damit konkretisiert werden.

Zweitens reicht die freiwillige Wandlungsbereitschaft bei Unternehmen und Konsumenten nur so weit wie der jeweilige Eigennutzen – und damit nicht weit genug, um das Ziel ›Emissionssenkung fast auf Null‹ zu implementieren. Kann man ernstlich erwarten, dass beispielsweise die Autoindustrie ›freiwillig‹ (also ohne ökonomische Anreizinstrumente wie den Emissionshandel) gewissermaßen das gesellschaftliche Modell ›nur noch Car-Sharing‹ adaptiert und deshalb die Autoproduktion auf Fahrradproduktion umstellt? Und wie sollen Rebound-Effekte durch privates Wachstumsstreben von Unternehmen – und entsprechende Konsumenten – verschwinden, wenn diese zwar vielleicht ressourceneffizientere Produkte herzustellen bemüht sind, gleichzeitig aber im Zweifel mehr Produkte als bisher verkaufen möchten? Zumal die am schwersten von einem Klimawandel Betroffenen, die weltweit und künftig Armen, die geringste Kaufkraft haben, um am Markt Druck auf Unternehmen durch ihre Kaufentscheidungen auszuüben? Letztlich bleibt ein (hauptsächliches) Setzen auf unternehmerische Eigeninitiative außerdem immer eine Variante des Wachstumsparadigmas.

Insoweit ist auf der Instrumenten- bzw. Governance-Ebene an den anthropologischen Einsichten vieler ›Klima-Volkswirte‹ im Gegensatz zu CSR-orientierten ›Klima-Betriebswirten‹ festzuhalten: Das

Klima erscheint am Markt vordergründig als ›kostenloses‹ Gut und wird deshalb zu stark genutzt. Und es gibt viele andere menschliche Eigenschaften wie Kurzzeitdenken, Neigung zu Bequemlichkeit und Gewohnheit, emotionale Nichtwahrnehmung raumzeitlich entfernter Schäden usw., die dieses Problem weiter vertiefen. Deshalb sind politische Vorgaben nötig. Man kann auch nicht sagen, dies sei freiheitsfeindlich. Klare politische Vorgaben schützen vielmehr die Freiheit künftiger Generationen und der Menschen in den Entwicklungsländern, die nur wenig zum Klimawandel beigetragen haben.

Klimawandel und Glücksforschung

Der Klimawandel führt zuletzt auch zu einer Infragestellung bisheriger Glücksvorstellungen, sofern diese ressourcenintensiv sind. Für eine Theorie des glücklichen Lebens fehlen unter dem Vorzeichen des Freiheitsprinzips zwar allgemeine Maßstäbe. Ob ›wirtschaftliches Gewinnstreben und Konsum‹ (so einige Ökonomen) oder das Ausleben eines ›wahren menschlichen Bedürfnisses nach Solidarität usw.‹ (so einige linke Kritiker) als Weg zum Glück vorzuziehen ist, kann deshalb normativ nicht entschieden werden. Insoweit macht ein liberal-demokratischer Rahmen keine Vorgabe. Gleichwohl hat die psychologische Glücksforschung gezeigt, dass Wohlstandsmehrung nicht unbedingt Glücksmehrung bedeutet. Zudem würde es ein weniger ressourcenintensives

Glücksideal erleichtern einzusehen, dass in Zeiten des Klimawandels die eigene Freiheit um der intergenerationellen und globalen Freiheit willen beschränkt werden darf und muss: Der innere Wunsch nach einem Teneriffa-Flug darf (und kann wohl auch) nicht verboten werden, der Flug selbst, der anderen schadet, aber schon.

Literatur

Ekardt, Felix: *Cool Down. 50 Irrtümer über unsere Klima-Zukunft – Klimaschutz neu denken.* Freiburg i. Br. 2009.

–: *Theorie der Nachhaltigkeit. Rechtliche, ethische und politische Zugänge.* Baden-Baden 2010.

–: Climate Change, Climate Economics, and Social Distributive Justice. In: Pan Jiahua (Hg.): *Climate Change and Budget Approach.* Beijing 2010a (im Erscheinen).

– /Heitmann, Christian/Hennig, Bettina: *Soziale Gerechtigkeit in der Klimapolitik.* Düsseldorf 2010.

Hänggi, Marcel: *Wir Schwätzer im Treibhaus. Warum die Klimapolitik versagt.* Zürich 2008.

IPCC: *Climate Change 2007. Mitigation of Climate Change.* Genf 2007.

Stern, Nicholas: *A Blueprint for a Safer Planet: How to Manage Climate Change and Create a new Era of Progress and Prosperity.* London 2009.

Voss, Martin (Hg.): *Der Klimawandel. Sozialwissenschaftliche Perspektiven.* Wiesbaden 2010.

Felix Ekardt

III.6 Globalisierungskritik

1. Zivilgesellschaft und Öffentlichkeit

›Zivilgesellschaft‹ und ›Öffentlichkeit‹ sind eng miteinander verschränkte und für das Selbstverständnis liberaler Gesellschaften zentrale Begriffe, denen allerdings weder im wissenschaftlichen noch im politischen Diskurs eine exakte Bedeutung zugewiesen werden kann. Da ihre deskriptiv-analytischen und normativ-evaluativen Bedeutungsgehalte kaum voneinander zu trennen sind, ist auch die Verwendung dieser beiden Begriffe potentiell immer und faktisch häufig umstritten. Zumindest aber scheint Einigkeit darüber zu bestehen, dass die Zivilgesellschaft notwendig öffentlich und die Öffentlichkeit notwendig zivilgesellschaftlich verfasst ist sowie dass beide Begriffe angesichts der unter dem Terminus ›Globalisierung‹ zusammengefassten Tendenzen aus ihrem nationalstaatlichen Rahmen herausgelöst und neu bestimmt werden müssen: Zivilgesellschaft und Öffentlichkeit können nicht länger als an nationalstaatlich organisierte Gesellschaften gebunden verstanden werden, da sie sich in zunehmendem Maße von territorialen Eingrenzungen lösen. Ob es indes sinnvoll ist, von einer internationalen, supranationalen oder gar globalen Zivilgesellschaft und Öffentlichkeit zu sprechen, die sich als Effekt der Globalisierung und in Reaktion auf sie herausgebildet habe oder momentan herausbilde, stellt in den gegenwärtigen Debatten um diese Begriffe die am heftigsten umstrittene Frage dar.

Als ›Zivilgesellschaft‹ (manchmal auch ›Bürgergesellschaft‹) bezeichnet man die Sphäre innerhalb einer (nationalen, inter- bzw. supranationalen oder globalen) Gemeinschaft, die zwischen Staat und Markt angesiedelt ist und demnach weder staatlichen (oder inter- bzw. supranationalen) Institutionen noch dem privatwirtschaftlichen Sektor zugeordnet werden kann, zudem auch nicht mit der Privatsphäre (also etwa der Familie) zusammenfällt (vgl. Adloff 2005, Einleitung). Zu den Hauptakteuren der – wesentlich

pluralistischen – Zivilgesellschaft gehören Gewerkschaften, Vereine, religiöse Gruppierungen, Bürgerinitiativen und Nichtregierungsorganisationen (NGOs). Diese können etwa der Verfolgung gemeinsamer Interessen oder Werte oder der Verbreitung bestimmter Sichtweisen und Prinzipien dienen und weisen einen äußerst unterschiedlichen Organisationsgrad auf, wobei ihnen gemeinsam ist, dass sie auf freiwilligem Zusammenschluss der Beteiligten beruhen. Der Umstand, dass die Grenzen zwischen Zivilgesellschaft und Staat (etwa aufgrund der staatlichen Setzung rechtlicher Rahmenbedingungen und der Einbeziehung zivilgesellschaftlicher Akteure in institutionalisierte Entscheidungsverfahren) ebenso unscharf und politisch umstritten sind wie diejenigen zwischen Zivilgesellschaft und Ökonomie (etwa aufgrund des Einflusses ökonomisch mächtiger Akteure in der Zivilgesellschaft und der Einflussnahme zivilgesellschaftlicher Akteure auf wirtschaftspolitische und Konsumentscheidungen), macht eine präzise Begriffsbestimmung nicht gerade leichter.

Unter dem Begriff der Öffentlichkeit wird zweierlei verstanden, nämlich sowohl eine Sphäre, in der sich die öffentliche Meinung im Medium öffentlicher Deliberationen und Diskurse bildet, als auch die Gesamtheit der an diesem Prozess mehr oder weniger direkt beteiligten Akteure, also die Gesamtheit von ›Sprechern‹ und ›Publikum‹ (im Englischen werden diese beiden Dimensionen als *public sphere* und *public* unterschieden; vgl. Peters 2007, Kap. 2). Vor allem in normativ gehaltvollen und nicht primär deskriptiven Verwendungsweisen wird mit dem Begriff das Ideal des gewaltfreien (›zivilen‹) und nicht durch soziale, ökonomische und politische Machtasymmetrien beschränkten Austauschs von Argumenten sowie der freien Zirkulation von Informationen über Sachverhalte und Problemlagen verbunden. In der Öffentlichkeit geht es um die Identifikation und Behandlung von Fragen, die ›alle‹ angehen (sollten). Diese sind nicht unbedingt auf politische Themen im engeren Sinne beschränkt, sondern können auch die kulturelle Selbstverständigung im weiteren Sinne umfassen. ›Öffentlichkeit‹ in der Bedeutung von Transparenz und

Publizität gilt im Unterschied zu Geheimhaltung und ›Hinterzimmerpolitik‹ als eines der Prinzipien demokratischen Regierens. Ob der Einfluss der Öffentlichkeit auf die politischen Entscheidungsträger in Legislative und Exekutive bzw. in internationalen Organisationen allerdings mehr als nur vermittelt sein kann oder über eine Kontrollfunktion hinausgehen soll, ist zwischen liberalen, republikanischen und deliberativen Ansätzen bereits umstritten. Zumindest in Konzeptionen der deliberativen Demokratie wird die Rolle der Öffentlichkeit – als Publikum der Bürger – so verstanden, dass über sie relevante Problemlagen, Informationen und Argumente aus der Gesellschaft in das politische System eingespeist werden. Zivilgesellschaft und Öffentlichkeit stehen in einem füreinander konstitutiven Verhältnis: Während die Öffentlichkeit immer nur so vital sein kann wie die Zivilgesellschaft, in der sie verankert ist, kann die Zivilgesellschaft politische Wirkung nur entfalten, insofern es eine funktionierende Öffentlichkeit gibt.

Zivilgesellschaft und Öffentlichkeit zwischen Ideal und Realität

Die gegenwärtigen Debatten drehen sich neben definitorischen Fragen zum einen um eine adäquate Beschreibung des Zustands von Zivilgesellschaft und Öffentlichkeit, zum anderen um die normative Rolle, die beiden zugewiesen wird. Unterscheiden lassen sich in diesem Rahmen deskriptive Ansätze, wie sie in der politischen Soziologie vorherrschen, von normativen Ansätzen, wie sie in der politischen Philosophie und der Demokratietheorie gängig sind; in beiden Feldern finden sich zudem optimistische und pessimistische bzw. skeptische Einschätzungen. Diese Vielfalt der Positionen spiegelt sich auch in der Theorie- und Begriffsgeschichte (vgl. umfassend Cohen/Arato 1992).

Begriffsgeschichtlich ist ›Zivilgesellschaft‹ älter und prominenter als ›Öffentlichkeit‹, auch wenn erstere meist als genuin öffentliche Sphäre verstanden wird. So grenzt schon Aristoteles die politische Gemeinschaft der Bürger, die er noch nicht vom Staat unterscheidet, von der privaten Welt des Hauses (*oikos*) ab. Im Anschluss an Aristoteles wird vom Mittelalter bis in die Neuzeit die *societas civilis* der privaten Sphäre gegenübergestellt. Die für die heutige Begriffsverwendung zentrale Unterscheidung von ›Zivilgesellschaft‹ und ›Staat‹ bildet sich erst mit der Entstehung moderner kapitalistischer Gesellschaften und des Liberalis-

mus heraus, in dessen Rahmen, etwa bei Immanuel Kant und John Stuart Mill, dann auch der Öffentlichkeit eine eigenständige und prominente Rolle zugewiesen wird. Für Hegel ist die bürgerliche Gesellschaft, wie die Zivilgesellschaft nun genannt wird, der Bereich der über den Markt vermittelten Befriedigung individueller Bedürfnisse und der Verfolgung privater Interessen sowie der sozialen Integration durch intermediäre Korporationen, wie etwa Berufsorganisationen. Darin unterscheidet diese sich strukturell vom Staat als Sachwalter des Allgemeinen. Alexis de Tocqueville erkennt in freien gesellschaftlichen und politischen Assoziationen ein die bürgerliche Aktivität förderndes und für funktionierende Demokratien unter Bedingungen der Massengesellschaft unverzichtbares Element. Für Karl Marx hingegen ist die bürgerliche Gesellschaft ökonomisch bestimmt als durch den Klassenkonflikt geprägtes gesellschaftliches Kräfteverhältnis, dessen Ausdruck der Staat ist. Antonio Gramsci betont wiederum die relative Autonomie der Zivilgesellschaft von den ökonomischen Kräfteverhältnissen und ihre Bedeutung für den politischen und kulturellen Kampf um Hegemonie und kollektive Identität, der sich nicht allein auf die staatlichen Institutionen und die Sphäre der Produktion konzentrieren dürfe.

In der politischen Praxis wächst dem Begriff in den 1970er und 1980er Jahren in den Oppositionsbewegungen gegen diktatorische und totalitäre Regime in Lateinamerika und den ehemaligen Ostblockstaaten ebenso wie in den Neuen Sozialen Bewegungen (also etwa der Frauen-, der Friedens- und der Umweltbewegung) im Westen eine enorme mobilisierende Kraft zu. Zivilgesellschaft bezeichnet nun die unabhängig von den bestehenden politischen Institutionen (auch den auf der Seite des Staates verorteten Parteien) etablierten Orte der autonomen gesellschaftlichen Selbstorganisation und der alternativen Öffentlichkeit. Damit tritt als weiteres Unterscheidungsmerkmal die jeweilige Staatsnähe bzw. -ferne der verschiedenen Konzeptionen hervor.

Für die gegenwärtigen theoretischen Debatten um Zivilgesellschaft und Öffentlichkeit sind die Arbeiten von Jürgen Habermas grundlegend – sowohl die frühe historisch orientierte Untersuchung zum *Strukturwandel der Öffentlichkeit* (1962) als auch die normativ ausgerichteten jüngeren Arbeiten zur deliberativen Demokratie (Habermas 1992; ders. 2008). Habermas' frühe Analyse zeichnet den Wandel von der literarischen Öffentlichkeit des gebildeten Bürgertums zu einer genuin politischen Arena des öffentlichen Räsonierens und der Kritik nach, vor der sich die Staatsmacht zu legitimieren hatte. Da sich diese Legitimation der ›Kraft des besseren Arguments‹ bedienen musste, hatte die Bindung politischer Herrschaft an die öffentliche Meinung rationalisierende Effekte. Bedingt durch den Siegeszug von Massenmedien und Massenkultur wurde aus dem räsonierenden Publikum Habermas zufolge jedoch schon bald eine Masse passiver Konsumenten, die den Prozess der Depolitisierung und damit den Verfall der bürgerlichen Öffentlichkeit nicht aufzuhalten vermochte. Kommerzialisierung, politische Manipulation mit dem Ziel der Beschaffung von Massenloyalität (etwa durch ›Öffentlichkeitsarbeit‹) und ›Refeudalisierung‹ durch organisierte Partikularinteressen hätten zur Entstehung einer bloßen Scheinöffentlichkeit unter nur mehr passiver Beteiligung des Publikums geführt.

Auch wenn Habermas selbst auf den ideologischen Charakter der bürgerlichen Öffentlichkeit hingewiesen und deren widersprüchliche Institutionalisierung im Rahmen des durch Klassenkonflikte geprägten ›bürgerlichen Rechtsstaates‹ herausgestellt hat, ist seine Konzeption der Öffentlichkeit vielfach als zu idealisierend kritisiert worden. Die Kritik hat sich dabei insbesondere gegen die vermeintliche Naturalisierung der politisch umstrittenen Unterscheidung von Öffentlichkeit und Privatsphäre, die Annahme der (relativen) Immunität öffentlicher Diskurse gegen Machtasymmetrien und hegemoniale Deutungsmuster sowie die Vernachlässigung subalterner (etwa proletarischer und subkultureller) Gegenöffentlichkeiten und nur scheinbar egalitärer Formen der Inklusion durch Assimilation und der Exklusion aufgrund von Geschlecht, sozialem Status oder ethnischer Zugehörigkeit gewendet (vgl. die Debatte in Calhoun 1993).

In der Zwischenzeit hatte Habermas selbst einen anderen Weg eingeschlagen und statt der historischen Transformation sowie der sozialistisch-radikaldemokratischen Überwindung des bürgerlichen Modells den normativen Sinn von Öffentlichkeit und Zivilgesellschaft im Kontext des demokratischen Rechtsstaates diskurstheoretisch zu fassen versucht (vgl. Habermas 1992, Kap. VIII; Ders. 2008). Als ›Zivilgesellschaft‹ bezeichnet Habermas nun jene nicht-staatlichen und nicht-ökonomischen Zusammenschlüsse und Assoziationen, über die die Kommunikationsstrukturen der Öffentlichkeit in der Lebenswelt verankert sind. Die grundrechtliche Absicherung soll willkürliche Exklusionen verhindern

und das Potential vernünftiger Kommunikation auch in vermachteten politischen Öffentlichkeiten zu entfesseln helfen. Die sich aus der Gesamtheit der Bürger zusammensetzende politische Öffentlichkeit diene zumindest im offiziellen demokratischen Machtkreislauf als – mit der rationalitätssteigernden Kraft einer »diskursiven Kläranlage« (Habermas 2008, 144) ausgestattete – Mittlerin zwischen den demokratisch und rechtsförmig verfassten staatlichen Institutionen und den spontanen Formen der Willens- und Meinungsbildung in der nicht institutionalisierten Lebenswelt. Dieser von Habermas vorgenommenen Trennung liegt dessen Unterscheidung zwischen *kommunikativ erzeugter* und *administrativ verwendeter* Macht zugrunde. Erstere mache sich gegenüber einem ungenügend responsiven politischen System »im Modus der Belagerung« bemerkbar, aber »ohne Eroberungsabsicht«, denn »Diskurse herrschen nicht« (Habermas 1992, 629; ders. 1990, 44). Da Politik im demokratischen Rechtsstaat sowohl funktional als auch normativ auf die lebensweltlichen Quellen kommunikativer Macht verwiesen sei, komme Öffentlichkeit und Zivilgesellschaft für die Generierung von politischer Legitimität und Loyalität eine zentrale Bedeutung zu. Vermittelt über die Öffentlichkeit könnten zivilgesellschaftliche Akteure Probleme und mögliche Lösungen kommunizieren sowie politische Einflusspotentiale mobilisieren. Dieser Einfluss müsse jedoch durch die Filter demokratischer Verfahren hindurch, um in legitime politische Macht und kollektiv bindende Entscheidungen verwandelt zu werden, die dann administrativ umgesetzt werden könnten. Dieser Konzeption zufolge sollen die ›schwachen‹ Öffentlichkeiten der Zivilgesellschaft, in denen es zwar zur öffentlichen Meinungsbildung, nicht aber zur Entscheidungsfindung kommt, auf die ›starken‹ Öffentlichkeiten staatlicher Institutionen (insbesondere der Parlamente) einwirken, deren Deliberationsprozesse zur bindenden Beschlussfassung führten; nur auf diesem Wege könne sich sowohl die normative Legitimität als auch die politische Effektivität der kommunikativen Macht entfalten (Fraser 2007). Es ist leicht zu sehen, dass sich diese Ansprüche auf internationaler und globaler Ebene noch schwieriger einlösen lassen als im Rahmen nationalstaatlicher Demokratien.

Weniger anspruchsvoll als in einem solchen Modell der deliberativen Demokratie fällt die Rolle von Zivilgesellschaft und Öffentlichkeit in liberalen Modellen aus, in denen ihnen neben dem Input von Interessen und Meinungen und der Aushandlung von Kompromissen primär eine Kontrollfunktion zukommt. Auch für die deliberative Demokratie stellt sich allerdings die Frage, ob es primär um die Qualität der Diskussion, um individuelle und kollektive Lernprozesse sowie um die Aufspürung von als relevant erachteten Themen, Interessen und Ideen gehen soll oder – wie radikaldemokratische Ansätze insistieren – um die Partizipation der Betroffenen an der kollektiven Selbstregierung.

Die Entstehung wie auch die Reproduktion von Zivilgesellschaft und Öffentlichkeit haben – das gestehen alle Modelle zu – Voraussetzungen institutioneller, rechtlicher und kultureller Art. Dabei handelt es sich insbesondere um subjektive Rechte, Meinungs-, Presse- und Vereinigungsfreiheit, gesellschaftlichen Pluralismus und Medienvielfalt, Möglichkeiten der Artikulation auch marginaler Sichtweisen sowie Verständigungsbereitschaft und -kompetenz. Umstritten ist jedoch, wie anspruchsvoll diese Voraussetzungen jeweils zu verstehen sind und in welchem Maße sie faktisch vorliegen. Diese Kontroverse wird vor allem in den Diskussionen um die Notwendigkeit einer gemeinsamen Sprache oder gar einer geteilten (politischen) Kultur und Identität geführt. So wird etwa das oft konstatierte Demokratie- und Legitimitätsdefizit der Europäischen Union häufig mit dem Fehlen einer europäischen Öffentlichkeit (sowie der für eine solche Öffentlichkeit als notwendig angenommenen sozio-kulturellen Voraussetzungen) in Verbindung gebracht, die als Forum einer gemeinsamen, die nationalstaatlichen Grenzen überschreitenden Meinungs- und Willensbildung dienen könnte.

Real existierende Zivilgesellschaften und Öffentlichkeiten sind stets nicht nur in Teilgesellschaften und -öffentlichkeiten sowie Foren und Arenen unterschiedlichster Art ausdifferenziert, sondern auch von Lagerbildungen geprägt. Zudem sind sie unter anderem deshalb sozial stratifiziert, da sich etwa Engagement und Einfluss(-chancen) der Teilnehmer erheblich unterscheiden können (Peters 2007, Kap. 2.2). Das Idealbild der an einem vernünftigen Austausch von Argumenten ausgerichteten, inklusiven und egalitären Öffentlichkeit wird außer mit faktischen Asymmetrien und Machtverhältnissen auch mit irrationalen Dynamiken wie Moden, Kaskaden und Polarisierungen sowie der Anfälligkeit für populistische Manipulation und regressive Tendenzen (›Stammtisch‹) kontrastiert, die in sozialen Gemeinschaften jeglicher Größe auftreten könnten. Als am-

bivalent werden zudem die Effekte der massenmedialen Vermittlung der Kommunikation eingeschätzt, die nicht mehr nach dem Modell der face-to-face-Interaktion auf der Agora verstanden werden könne. So habe etwa das Internet neben der vermuteten weiteren Zersplitterung der Öffentlichkeit auch neue Formen der Vernetzung von Gegenöffentlichkeiten und zivilgesellschaftlichen Akteuren ermöglicht und damit erweiterte Handlungs- und Einflussmöglichkeiten geschaffen (s. Kap. III.5.3). Schließlich ist umstritten, ob die historisch meist als territorial begrenzt verstandenen und auf Europa fokussierten Konzeptionen von Zivilgesellschaft und Öffentlichkeit aufgrund einer inhärenten egalitären und universalistischen Tendenz schon über diese Grenzen hinausweisen oder doch an ihre lokalen (etwa kulturellen) Kontexte gebunden bleiben (Stichweh 2005).

Zivilgesellschaft und Öffentlichkeit in der ›postnationalen Konstellation‹

Angesichts der unter dem Begriff ›Globalisierung‹ zusammengefassten Tendenzen sieht sich der theoretische und praktische Diskurs der Zivilgesellschaft und der Öffentlichkeit mit der doppelten Nachfrage konfrontiert, ob er die politische Realität und das anzustrebende politische Projekt adäquat zu erfassen vermag. Diesen kritischen Fragen geht es sowohl um die normative Legitimität als auch um die faktische Effektivität von Zivilgesellschaft und Öffentlichkeit unter den veränderten Bedingungen der postnationalen Konstellation (Fraser 2007): Können diese auch weiterhin ihre kritische und für die Demokratie wichtige Rolle spielen, wenn ihre bisherigen Adressaten – die nationalstaatlichen Exekutiven und Legislativen – nicht länger die alleinigen oder auch nur primären Instanzen der Regulierung und Rechtssetzung sind, wenn sie selbst nicht länger als in der Gemeinschaft der Staatsbürger verwurzelt verstanden werden können und wenn sich zwischen den von einer politischen Entscheidung Betroffenen und den an ihr – wie indirekt auch immer – Beteiligten eine immer größere Lücke auftut?

Auf diese Fragen finden sich in den gegenwärtigen Debatten einander teils ergänzende, teils widersprechende Antworten. Einer weit verbreiteten Sichtweise zufolge hat die Globalisierung zur Erosion der Steuerungsfähigkeit und des Einflusses nationalstaatlicher Regierungen geführt. Da es zugleich zur Intensivierung globaler Interaktionen und Problemlagen kam,

ist auf globaler Ebene ein erheblicher Regulierungsbedarf entstanden, auf den durch neue Formen der Global Governance reagiert wird. Da dieses ›Regieren jenseits des Nationalstaats‹ nicht oder nur partiell rechts-
staatlich und demokratisch verfasst ist und da
transnationale Unternehmen, aber auch Einzelstaaten
die immer noch bestehenden Regulierungslücken ausnutzen, kommt es zu massiven Defiziten sowohl im
Bereich des Schutzes der Interessen und Rechte der
Betroffenen als auch ihrer Einbeziehung in die Entscheidungsfindung. Die Aufgabe einer sich etwa um
Fragen der Menschenrechte, des Umweltschutzes und
der globalen Armut herauskristallisierenden globalen
Zivilgesellschaft wird vor diesem Hintergrund dann
häufig darin gesehen, diese Defizite zu kompensieren.
Die Akteure der globalen Zivilgesellschaft – an erster
Stelle transnationale NGOs wie Greenpeace und Amnesty International – sollen die Sache der Betroffenen
vor der Weltöffentlichkeit vertreten und als deren Repräsentanten in die Entscheidungsfindung einbezogen werden.

Die Anhänger einer liberal-kosmopolitischen Position (prominent Kaldor 2003 und Keane 2003) vertreten die Auffassung, dass die globale Zivilgesellschaft
nach dem Ende des Kalten Krieges eine zu begrü-
ßende Transformation der internationalen Beziehungen von einer Domäne der Machtpolitik einzelner Nationalstaaten in eine Sphäre der moralisch und rechtlich geregelten Interaktion diverser Akteure eingeleitet
habe. Das zeige sich insbesondere an der Ausdehnung
bürgerschaftlichen Engagements sowie der moralischen und politischen Solidargemeinschaft über die
Grenzen der Nationalstaaten hinaus. Als Beispiele
hierfür werden häufig internationale Proteste gegen
Menschenrechtsverstöße in autoritären Regimen angeführt, etwa gegen die Militärherrschaft in Myanmar
oder Einschränkungen der Pressefreiheit in Russland
und China. Kritiker wenden gegen dieses ihres Erach-
tens zu positive Bild ein, dass die vermeintlich globale
Zivilgesellschaft in der Realität aus selbsternannten
transnationalen Elitennetzwerken von Missionaren,
Moralunternehmern und Lobbyisten bestehe, die weder besonders demokratisch noch repräsentativ, niemandem rechenschaftspflichtig, meist westeuropäisch
dominiert und häufig nicht besonders progressiv seien
(vgl. Anderson/Rieff 2004). Der demokratische Kontext, in dem zivilgesellschaftliche Akteure in Nationalstaaten als Vertreter bestimmter Interessen, Werte
oder Prinzipien eine durchaus legitime Rolle spielen
könnten, fehle schlicht auf globaler Ebene. In Abwe-

senheit eines solchen Kontextes könne die advokatori-
sche Rolle von NGOs die Beteiligung der Betroffenen
am Entscheidungsprozess aber nicht einfach ersetzen.
Das Ausspielen von Menschenrechten gegen das Prinzip der Volkssouveränität – letztlich von Moral gegen
Politik – drohe zudem sogar, die Tendenz der Entde-
mokratisierung zu verschärfen (Baker/Chandler
2005, Kap. 7; Chandler 2004, Kap. 7). Dieser skepti-
schen Sichtweise zufolge maskiert die Rede von der
globalen Zivilgesellschaft und der Weltöffentlichkeit
gerade den undemokratischen Charakter eines vom
Westen und von oben durchgesetzten Systems der
Global Governance.

Auf diese Kritik ist außer mit der liberal-kosmopolitischen Insistenz auf einer weniger pessimisti-
schen Einschätzung von radikaldemokratischer Seite
mit der Unterscheidung zwischen zwei Formen der
Zivilgesellschaft reagiert worden: Während es
stimme, dass NGOs häufig als Legitimitätsbeschaffer
nicht demokratisch legitimierter Formen des Herr-
schens instrumentalisiert würden, gebe es auch globale Formen des direkten politischen Handelns
sowie informelle Vernetzungen etwa innerhalb der
Antiglobalisierungsbewegung, die auf eine Demokratisierung der Weltordnung oder gar eine ›Globalisierung von unten‹ zielten (Falk 1999; Feher 2007). Auch
liberale Autoren räumen inzwischen ein, dass es durch
Institutionalisierung, Professionalisierung und Einbeziehung in Verhandlungsnetzwerke zu einer ›Zähmung‹ transnationaler sozialer Bewegungen kommen
könne, die mit der Gefahr eines Verfalls der ›aktivisti-
schen‹ Vision einer selbstorganisierten Zivilgesellschaft zu ihrer ›neoliberalen‹ Schrumpfform einher-
gehe, in der NGOs die sozialen und politischen Fol-
geschäden der Globalisierung lindern, ohne ihre
grundlegend verfehlte Struktur zu problematisieren
(Kaldor 2003, 8 f., 86). Die Frage, ob eine globale Zivilgesellschaft und Öffentlichkeit besteht und welche
Rolle sie gegebenenfalls spielt oder spielen sollte – ob
die eines Motors, eines Ausgleichs oder eines Gegen-
spielers der Globalisierung –, ist zwischen diesen
verschiedenen Ansätzen auch weiterhin umstritten
(vgl. die Debatte in Baker/Chandler 2005).

Auch wenn man die Idee einer globalen Zivilgesellschaft und Öffentlichkeit als Zustandsbeschreibung
für unrealistisch und als Projekt für politisch problematisch halten mag, lässt sich jedoch kaum bestreiten,
dass es in jüngerer Vergangenheit zu einer – zum Teil
freilich recht zögerlichen – Transnationalisierung von
lokalen und nationalen Öffentlichkeiten und Zivilge-

sellschaften gekommen ist. Es existieren zahlreiche transnationale Akteure, die mit einer globalen Öffentlichkeit zwar nicht zusammenfallen, diese aber zum Teil erfolgreich durch Adressierung zu erzeugen versuchen bzw. in Anspruch nehmen (Stichweh 2005). Zudem ist eine Internationalisierung der öffentlichen Kommunikationsnetze und -flüsse (wenn auch nicht unbedingt der Inhalte der Berichterstattung in den Massenmedien) sowie die Herausbildung internationaler thematisch spezifischer Teilöffentlichkeiten (etwa in Umweltfragen) zu konstatieren, die ein gewisses Gegengewicht zum »Beharrungsvermögen nationaler Öffentlichkeiten« darstellen (Peters 2007, Kap. 7). Die jüngsten Protestbewegungen in Iran, Tunesien und Ägypten sowie ihre Begleitung und Unterstützung durch eine transnational, etwa über *online communities* wie Twitter, vernetzte Öffentlichkeit, veranschaulicht allerdings sowohl die Möglichkeiten als auch die Grenzen solcher Interaktionsformen. Eine *globale* Öffentlichkeit hätte jedenfalls nicht nur ein globales System der Massenmedien und der Kommunikation und untereinander vernetzte transnationale und lokale Öffentlichkeiten zur Voraussetzung, sondern zudem den institutionellen und organisatorischen Unterbau einer funktionierenden globalen Zivilgesellschaft. Von einer solchen kann jedoch nur in Ansätzen die Rede sein – sinnvoller scheint es deshalb, statt von einer globalen Öffentlichkeit von einem Prozess der Transnationalisierung nationaler und regionaler Öffentlichkeiten durch die allmähliche Entstehung einer grenzüberschreitenden Zivilgesellschaft auszugehen (Bohman 1998). Eine solche prozessuale Perspektive hat den weiteren Vorteil, dass sie den Verdacht der Unterkomplexität und Vereinfachung zu vermeiden vermag, dem sich die Kollektivsingulare ›die Zivilgesellschaft‹ und ›die Öffentlichkeit‹ angesichts der Pluralität und Heterogenität der damit angesprochenen Phänomenbereiche zumal auf globaler Ebene unvermeidlich ausgesetzt sehen.

Ob die sich im Prozess der Transnationalisierung befindlichen Öffentlichkeiten die ihnen zugewiesene Aufgabe, die administrative Macht staatlicher und suprastaatlicher Institutionen an die kommunikative Macht der Betroffenen zu binden, wirklich erfüllen können, erscheint fraglich. Solange diese Bindung nicht gewährleistet ist, muss an ihre Stelle die Erschwerung undemokratischer Formen des Regierens durch nicht-staatliche Formen des Handelns und der zivilgesellschaftlichen Organisation auch jenseits des Nationalstaats treten (Brunkhorst 2002, Kap. III.2;

Feher 2007). Auch die im Entstehen begriffene transnationale Zivilgesellschaft und Öffentlichkeit ist kein machtfreier Raum, sondern von hegemonialen ebenso wie von gegenhegemonialen Strömungen durchzogen. Schon aus diesem Grund sollte man Öffentlichkeit und Zivilgesellschaft nicht mit überzogenen normativen Erwartungen und Emanzipationsversprechen überlasten – ebenso wenig sollte man aber unterschätzen, wie zentral die Idee der gesellschaftlichen Selbstorganisation als normativer Bezugspunkt für die sozialen und politischen Kämpfe um Selbstbestimmung auch im Zeitalter der Globalisierung ist (Tully i.E.). Insofern bleiben Zivilgesellschaft und Öffentlichkeit notwendige Gegenpole zu den einseitig ökonomistischen oder sozialtechnologischen Vorstellungen einer ›Globalisierung von oben‹. Der Strukturwandel von Öffentlichkeit und Zivilgesellschaft ist jedenfalls keineswegs abgeschlossen, sondern – wie eh und je – ein politisch umkämpfter Prozess.

Literatur

Adloff, Frank: *Zivilgesellschaft*. Frankfurt a.M. 2005.

Anderson, Kenneth/Rieff, David: Global Civil Society. In: Helmut Anheier/Marlies Glasius/Mary Kaldor (Hg.): *Global Civil Society 2004/5*. London 2004, 26–39.

Baker, Gideon/Chandler, David (Hg.): *Global Civil Society*. London 2005.

Bohman, James: The Globalization of the Public Sphere. In: *Philosophy and Social Criticism* 24. Jg. (1998), 199–216.

Brunkhorst, Hauke: *Solidarität*. Frankfurt a.M. 2002.

Calhoun, Craig (Hg.): *Habermas and the Public Sphere*. Cambridge, MA 1993.

Centre for the Study of Global Governance: *Global Civil Society Yearbook*. London 2001 ff.

Chandler, David: *Constructing Global Civil Society*. New York 2004.

Cohen, Jean L./Arato, Andrew: *Civil Society and Political Theory*. Cambridge, MA 1992.

Falk, Richard: *Predatory Globalization*. Cambridge 1999.

Feher, Michel (Hg.): *Nongovernmental Politics*. New York 2007.

Fraser, Nancy: Die Transnationalisierung der Öffentlichkeit. In: Peter Niesen/Benjamin Herborth (Hg.): *Anarchie der kommunikativen Freiheit*. Frankfurt a.M. 2007, 224–253.

Habermas, Jürgen: *Strukturwandel der Öffentlichkeit* [1962]. Frankfurt a.M. 1990.

–: *Faktizität und Geltung*. Frankfurt a. M. 1992.

–: Hat die Demokratie noch eine epistemische Dimension? In: Ders.: *Ach, Europa*. Frankfurt a. M. 2008, 138–191.

Kaldor, Mary: *Global Civil Society*. Cambridge 2003.

Keane, John: *Global Civil Society?* Cambridge 2003.

Peters, Bernhard: *Der Sinn von Öffentlichkeit*. Frankfurt a. M. 2007.

Stichweh, Rudolf: Die Entstehung einer Weltöffentlichkeit. In: Ders.: *Inklusion und Exklusion*. Bielefeld 2005, 83–94.

Tully, James: On the Global Multiplicity of Public Spheres. In: David Midgley/Christian Emden (Hg.): *Changing Perspectives of the Public Sphere*. New York (im Erscheinen).

Robin Celikates

2. Kritische Theorie der Globalisierung

Eine ›kritische Theorie‹ der Globalisierung gibt es nicht. Jedenfalls handelt es sich dabei um keine etablierte Bezeichnung für eine bestimmte globalisierungstheoretische Konzeption. Allerdings existieren gleich mehrere Ansätze, die diese Bezeichnung entweder für sich selbst beanspruchen oder aber als kritische Theorien der Vermehrung und Verdichtung weltweiter sozialer Beziehungen wahrgenommen werden. Gemeinsam ist ihnen zunächst allein die Zurückweisung der Politik des Washington Consensus und allgemeiner der neoliberalen Vision, der zufolge die Ausweitung des Weltmarktes und der Abbau von Handelshemmnissen den Weg für eine befriedete, im Prinzip machtfreie und durch allgemeinen Wohlstand gekennzeichnete Welt bereiten.

Im Gegensatz zu jener defensiven Globalisierungskritik politischer Akteure, die dieser Entwicklung entweder von links durch borniert protektionistische Maßnahmen oder von rechts durch den Chauvinismus staatlicher Machtpolitik oder einen sei es ethnisch codierten oder aber kulturalistisch überhöhten Regionalismus zu wehren trachten, zielen kritisch-theoretische Ansätze zunächst auf ein besseres Verständnis sozialer Prozesse in einer global interdependenten Welt. Ganz im Sinne der Überlegung, dass kritische Theorie in der Aufklärung umkämpfter gesellschaftlicher Problemlagen in emanzipatorischer Absicht besteht (so im Anschluss an Marx z. B. Fraser 1994, 173), verbindet sich mit der theoretischen Analyse freilich, wie z. B. von Pierre Bourdieu (1998, 118) mit seinen gegen den Neoliberalismus gerichteten Interventionen für einen supranationalen europäischen Staat vorgeführt, der praktische Zweck, Anhaltspunkte für eine Korrektur von Globalisierungsprozessen mit Blick auf die Inklusion aller Menschen als Freie und Gleiche in eine faire Gesellschaftsordnung zu erschließen.

Zu einer kritischen Theorie im Sinne der Frankfurter Tradition des westlichen Marxismus verbinden sich die verschiedenen kritischen Ansätze freilich erst im Rahmen einer komplexen dreigliedrigen Theoriearchitektonik (Strecker 2011): In einem ersten Schritt geht es aus der objektivierenden Perspektive des sozialwissenschaftlichen Beobachters darum, Wirkungszusammenhänge zu beleuchten, die sich ›hinter dem Rücken‹ bzw. ›über den Köpfen‹ der Betroffenen abspielen und die dem Bewusstsein der in das soziale Geschehen verstrickten Akteure folglich zunächst unzugänglich bleiben. Weil solche Zusammenhänge letztlich aber nur aus der Teilnehmerperspektive der Gesellschaftsmitglieder angemessen beurteilt und bewertet werden können, muss in einem zweiten Schritt diese performative Perspektive näher bestimmt werden. Auf dieser Grundlage ist schließlich in einem dritten Schritt das institutionelle Setting zu konturieren, das es den Gesellschaftsmitgliedern ermöglicht, ihre gemeinsamen Belange demokratisch zu regeln.

Analyse globaler Zusammenhänge

Der Glaube daran, dass die Welt sich den Bedürfnissen der Menschen dynamisch anpassen werde, sobald diese im Zuge politischer Deregulierung als Konsumenten souverän geworden seien, ein Glaube, der seinen wohl wirkmächtigsten Propheten in dem ehemaligen McKinsey Direktor Kenichi Ohmae (1990; 1995) gefunden hatte, blieb blind für die sozialen, kulturellen und ökologischen Kosten der ökonomischen Globalisierung. Die Analyse dieser unberücksichtigten, teils verdeckten, teils unverstandenen Kosten bildet einen Schwerpunkt kritischer globalisierungstheoretischer Ansätze. Zum einen geht es in diesem Zusammenhang darum, die Kosten überhaupt kenntlich zu machen, zum anderen darum, ihre Verursachung aufzuhellen. Schon früh ist dabei herausgestellt worden, dass ein zentraler Effekt der ökonomischen Globalisierung in der Schwächung der politischen Handlungsfähigkeit des Nationalstaats besteht (Strange 1988), also gerade derjenigen Instanz, der in der institutionellen Ordnung der entwickelten Moderne für die Bewältigung allgemeiner gesellschaftlicher Problemlagen letztlich die Verantwortung zugeschrieben wird. Gegen das neoliberale Narrativ eines sich gleichsam naturgesetzlich entfaltenden kapitalistischen Weltmarktes haben kritische Ansätze zudem gezeigt, dass es sich hierbei um ein Projekt handelt, das mittels umfangreicher Staatstätigkeit politisch aktiv vorangetrieben worden ist (Hirsch 1995). Die Vorstellung, dass der Staat dabei seine eigene Entmachtung herbeigeführt habe, ist mittlerweile differenzierteren Auffassungen gewichen: Nicht in allen, wohl aber in einigen Politikfeldern lässt sich tatsächlich eine Machtverlagerung hin zu privaten Unternehmen feststellen; doch auch dort verbleiben häufig Handlungsspielräume (Grande/Risse 2000).

Die bleibende Bedeutung staatlicher Macht in einer global vernetzten Welt hat insbesondere aufgrund der veränderten Außen- und Sicherheitspolitik der USA nach den Terroranschlägen vom 11. September 2001 Beachtung gefunden. Seitdem richtet sich die kritische globalisierungstheoretische Auseinandersetzung nicht mehr nur gegen neoliberale, sondern auch und gerade gegen neokonservative Konzeptionen eines hegemonialen und mit militärischer Gewalt durchgesetzten Liberalismus. Dass diese Politik allerdings gerade nicht als Ausdruck eines souveränen Staatswillens verstanden werden kann, ist die These des ebenso vielbeachteten wie hochgradig kontroversen Ansatzes von Michael Hardt und Antonio Negri (2000). Ihnen zufolge fungierte der amerikanische Imperialismus lediglich als Geburtshelfer für eine neue, unmerklichere Form dezentralisierter Herrschaft, die sich als völkerrechtlich verankerte aktive Menschenrechtspolitik nicht zuletzt in Gestalt humanitärer Interventionen äußert und insgesamt in Kategorien der Biopolitik analysiert werden muss.

Der für die globalisierungstheoretische Debatte zunächst weitgehend exklusive Fokus auf ökonomische Faktoren wird heute folglich nicht nur durch eine stärkere Gewichtung politischer Faktoren bei der Erklärung von Globalisierungsprozessen relativiert; auch kulturelle Faktoren finden mehr Berücksichtigung. Besonders deutlich wird dies in den neogramscianischen Ansätzen innerhalb der Disziplin der Internationalen Politischen Ökonomie (Cox 1987). Die globale Ökonomie bedarf aus dieser hegemonietheoretischen Perspektive der Absicherung und Flankierung durch Überzeugungen – und kann folglich als kontingent und im Prinzip veränderbar demaskiert werden. Derzeit allerdings festige sich die gegenwärtige Ordnung mit der Entstehung einer transnationalen Klasse eher (Gill 1990). Das bedeutet aber nicht, dass die kulturelle Globalisierung auf den Fluchtpunkt einer Verwestlichung oder Amerikanisierung zustrebt. An die Stelle von Homogenisierungstheoremen (Tomlinson 1991) sind schnell Positionen getreten, die betonen, dass die Wahrnehmung solcher Tendenzen Gegenreaktionen auslöst (Barber 1996) und Prozesse globaler kultureller Dispersion ohnehin in lokalen Praxen der Aneignung gebrochen werden und zu einer neuen, hybriden Vielfalt führen (Robertson 1992; Miller 1995). Um

eine theoretische Integration der ökonomischen, politischen und kulturellen Perspektiven bemüht sich
etwa der Jenaer Ansatz, der Globalisierung mittels
der Begriffe der (ökonomischen) Landnahme, der
politischen Aktivierung und der (kulturellen) Beschleunigung interpretiert (Dörre et al. 2009).

Insgesamt betonen kritische sozialtheoretische
Konzeptualisierungen von Globalisierungsprozessen mithin die Kosten, die in neoliberalen und neo-
konservativen Ansätzen ausgeblendet bleiben, und
bringen die Diversität menschlicher Praktiken und
die Differenz der Perspektiven ins Spiel. Nicht alle
dieser Ansätze brechen dabei freilich mit der Annahme, dass Gesellschaften im Prinzip als Nationalgesellschaften zu verstehen sind. Das trifft auch noch
auf die Dependenztheorie und deren kritische Weiterentwicklung zur Weltsystemtheorie (Wallerstein
1974) zu, welche die strukturellen Hindernisse beleuchtet, die das allgemeine Fortschritts- und Wohl-
standsversprechen der klassischen Modernisierungstheorie unterminieren. Denn im Zentrum stehen hier weiterhin die internationalen ökonomischen
Abhängigkeitsverhältnisse; Staaten bleiben die zentralen Einheiten im Weltsystem. Gegen diesen ›methodologischen Nationalismus‹ richtet sich Ulrich
Becks »Kritische Theorie der Weltrisikogesellschaft«
(2007, 334–374). Anstatt Wirkungszusammenhänge,
wie in den Nationalsoziologien üblich, willkürlich
auf den Binnenraum von Nationalstaaten zu beschränken, müssten soziale Zusammenhänge im
Rahmen einer global angelegten Kausalanalyse
durchsichtig gemacht werden. So komme erst aus
dieser Perspektive in den Blick, dass die funktionale
Differenzierung der Weltgesellschaft zur Folge habe,
dass heutzutage keine Instanz zur Bearbeitung allgemeiner Risiken, z. B. ökologischer Art, existiere. Auch
ein angemessenes Bild sozialer Ungleichheiten er-
schließe sich erst dem kosmopolitischen Blick (Beck
2002, 19–69). Becks ›neue kritische Theorie‹ zielt
freilich nicht nur auf eine veränderte analytische
Perspektive, sondern verfolgt auch die praktische
Absicht, ein kosmopolitisches Bewusstsein zu verbreiten, das kollektives Handeln auf globaler Ebene
ermöglichen soll. Kritische globalisierungstheoretische Ansätze zeichnen sich auf der sozialtheoreti-
schen Ebene der Analyse gesellschaftlicher Phänomene mithin dadurch aus, »›Strukturwissen‹ emanzipativen Handelns« (Brand 2005, 24) zu generieren.

Multiperspektivität in einer globalen Welt

Aus der objektivierenden Perspektive des sozialwissenschaftlichen Beobachters lässt sich allerdings nur
›Strukturwissen‹ produzieren, Wissen über soziale
Regelmäßigkeiten und Wirkungszusammenhänge.
Kriterien ›emanzipativen Handelns‹, d. h. Maßstäbe
zur Beantwortung der Fragen, welche gesellschaftlichen Strukturen in welcher Weise umzugestalten
sind, um unverstandene Zwänge und Fremdbestimmung zu überwinden und sein Leben gemäß den eigenen Überzeugungen verwirklichen zu können,
bleiben dem objektivierenden Blick, also aus der Perspektive der 3. Person, unzugänglich. Konzepte wie
›Befreiung‹ und ›Verpflichtung‹ sind konstitutiv mit
der Sicht der in das soziale Geschehen verstrickten
Akteure verkoppelt, also mit jenen performativen
Perspektiven der Gesellschaftsmitglieder, die sich
grammatisch als 1. und 2. Person ausdifferenziert haben. Insofern kritische sozialtheoretische Ansätze
mit ihren Analysen eine praktische Absicht verbinden, weisen sie folglich über sich hinaus. Anders als
für den orthodoxen Marxismus, der mit seinen
Avantgardekonzeptionen dem Gesellschaftstheore-
tiker nicht nur hinsichtlich der fachlichen Kausalanalyse, sondern auch in normativen Fragen ein
überlegenes Wissen zugesprochen hat, anders aber
auch als in technokratischen Konzeptionen ist diese
Einsicht für die Tradition der kritischen Theorie gerade konstitutiv. Der sozialtheoretische Beobachter
vermag Wirkungszusammenhänge zu explizieren
und so die Verursachung von Zuständen aufzudecken; letztlich sind jedoch nur die betroffenen Gesellschaftsmitglieder in der Lage, diese Zustände angesichts ihrer Wünsche und Bedürfnisse als Kosten,
jedenfalls als problematische und zu vermeidende
Kosten, zu bewerten. Vorrangig bleibt in dieser Hinsicht die Teilnehmerperspektive. Doch wie ist diese
Perspektive zu beschreiben?

Gesellschaftsmitglieder mit ihren je eigenen, unterschiedlichen Identitäten differieren in ihrer Sicht
auf die soziale Welt. Diese Pluralität der Perspektiven
erscheint angesichts von Globalisierungsprozessen
in einem besonders scharfen Licht. Hier zeigt sich
eindringlich, wie leichtfertig kulturell spezifische
Vorstellungen vorschnell verallgemeinert und regionale Sonderentwicklungen irrtümlich generalisiert
werden können. Das trifft auch auf die Tradition der
kritischen Theorie zu. Karl Marx, Max Horkheimer,
Theodor W. Adorno, Jürgen Habermas und andere

haben ihre Entwicklungsmodelle an sozialen Vorgängen abgelesen, die sie im ›Westen‹ beobachtet haben. Ihre Modernisierungskonzeptionen weisen ausnahmslos einen eurozentrischen Bias auf. Der Industriekapitalismus des europäischen 19. Jahrhunderts bzw. die bürokratischen Apparate der westlichen Staaten des 20. Jahrhunderts prägten den Kontext, in dem die Ausbeutung des Lohnarbeiters oder der Freiheitsverlust der total verwalteten Bürger als zentrales Übel der Zeit dechiffriert wurde. Autochthone Entwicklungen in anderen Weltregionen, vor allem aber die Rolle des europäischen Kolonialismus bleiben dabei weitgehend unberücksichtigt.

Dagegen müsste eine kritische Theorie, so Oliver Kozlarek (2001), ein Resonanzmedium für alle Erfahrungen sein, die Anlass zu sozialen Kämpfen geben. Deswegen habe die kritische Theorie sich für alle Erfahrungen von Leid zu öffnen; alle Erfahrungen von Gewalt und Unterdrückung, Erniedrigung und Demütigung, die von Akteuren in der sozialen Praxis artikuliert werden, sollen in das vielstimmige Projekt einer kritischen Theorie der Globalisierung einfließen. Dieser Ansatz läuft freilich Gefahr, die kritische Theorie kriterienlos in der Praxis aufgehen zu lassen. Schließlich können nicht alle sozialen Bewegungen als emanzipatorisch gelten. Aus Leid und Versagung erwachsen bekanntlich ebenso leicht Feindbildprojektionen und Exklusionsforderungen. Nun mag es für ein Theorieprojekt in emanzipatorischer Absicht angeraten sein, sich auch gegenüber diesen Stimmen nicht einfach taub zu stellen. Um aber in der Lage zu sein, sie angemessen zu bewerten, braucht es Maßstäbe der Gerechtigkeit, der Inklusion bzw. der Gleichheit. Der ideologiekritische Verdacht, mit solchen Kriterien schlichen sich falsche, eurozentrische Generalisierungen in die Theorie ein, darf folglich nicht dazu führen, es bei einem Plädoyer für die Offenheit gegenüber der Diversität von Erfahrungen bewenden zu lassen.

An dieser Einsicht orientieren sich die Überlegungen zu einer kritischen Theorie der Globalisierung von James Bohman (2004). Auch Bohman ist an einer Deflationierung des Expertenwissens gelegen. Dessen Demokratisierung soll falschen Verallgemeinerungen und der Verschleierung partikularer Wertungen vorbeugen helfen. Diese Demokratisierung bestehe indes nicht allein darin, den zahllosen subjektiven Perspektiven Gehör zu verschaffen. Entscheidend sei vielmehr der gegenseitige Rollenwechsel der Akteure in demokratischen Foren. Schon aus

pragmatischen Gründen könnten für komplexe Probleme, wie sie sich mit der Globalisierung stellen, nur in einem Prozess der wechselseitigen Perspektivenübernahme Lösungen gefunden und tragfähige Entscheidungen getroffen werden. Betont werden also die Bedeutung jeder einzelnen Perspektive als auch die Forderung, diese reziprok zu relativieren, und zwar unter Berücksichtigung der chancengleichen Beteiligung aller Betroffenen. Eine kritische Theorie der Globalisierung zielt mithin auf die Formen demokratischer Willensbildung und Entscheidungsfindung, die diesen Kriterien jenseits des Nationalstaates angemessen sind.

Nancy Fraser (2009) hat in diesem Sinne argumentiert, das Problem der Gerechtigkeit verlagere sich unter Bedingungen der Globalisierung vom ›Was‹ auf das ›Wer‹ und das ›Wie‹: Nachdem die mehr oder weniger seit Mitte des 17. Jahrhunderts geltende westfälische Ordnung, die den Territorialstaat als Rahmen für Gerechtigkeitsfragen etabliert hatte, nun aus den Fugen geraten ist, geht es nicht mehr ausschließlich darum, wie viel bzw. was den Gesellschaftsmitgliedern jeweils zukommt, sondern des Weiteren gerade auch darum, wer dazugehört, also wer überhaupt anspruchsberechtigt ist, und schließlich vor allem darum, wie über diese Fragen zu entscheiden ist. Gerechtigkeitsprobleme in einer sich globalisierenden Welt stellen sich somit in den Dimensionen der Verteilung, der Anerkennung und der Repräsentation in demokratischen Prozeduren.

Globale Demokratie

All die erwähnten Ansätze laufen folglich auf die Schlussfolgerung hinaus, dass die Perspektiven der Gesellschaftsmitglieder allein im Rahmen demokratischer Verfahren zur Geltung kommen können. Doch wie hat man sich die demokratische Repräsentation aller Perspektiven in Zeiten der Globalisierung im Einzelnen vorzustellen? In welchem den Nationalstaat transzendierenden institutionellen Rahmen sollen die Betroffenen, unter Berücksichtigung sozialwissenschaftlicher Analysen, ihre Selbst- und Weltinterpretationen diskursiv klären und in verbindliche Entscheidungen überführen können? Die Alternativen zur Entwicklung demokratischer Beteiligungs- und Einflussmöglichkeiten jenseits der etablierten nationalstaatlichen Ordnung lassen sich im Prinzip auf einem Spektrum abtragen, an dessen einem Ende das Gewicht auf den mehr oder weniger informellen Bereich zivilgesellschaftlicher Akteure gelegt wird und an dessen anderem Ende die Betonung auf den Kerninstitutionen des politischen Systems liegt. Im ersten Fall geht es primär um Nichtregierungsorganisationen und die Stärkung der Weltöffentlichkeit, im zweiten gleichsam um die Übertragung etablierter politischer Institutionen auf die globale Ebene mit dem Fluchtpunkt eines Weltstaates. Alle Konzeptionen, die dagegen von der Überlegung ausgehen, auf globaler Ebene sei eine grundlegende Transformation von Demokratie und Staatlichkeit geboten, müssen jedenfalls solange als Zwischenpositionen gelten, wie nicht gezeigt ist, dass sich mit ihnen ein dem überkommenen Modell vergleichbares Maß an politischer Handlungsfähigkeit und demokratischer Legitimität verbindet.

Mittlerweile hat sich der Begriff der globalen Zivilgesellschaft etabliert (Baker/Chandler 2005). Angesichts der quantitativen Zunahme und des qualitativen Bedeutungswachstums transnationaler Akteure, insbesondere nichtökonomischer Organisationen, hat sich unterdessen zweifellos eine gesellschaftliche Sphäre herausgebildet, in der politische Einflussnahme jenseits des Nationalstaates möglich geworden ist. Internationale Nichtregierungsorganisationen vermögen heute, insbesondere in der Rolle moralischer Advokaten, vermittelt über die nicht zuletzt von den neuen Kommunikationsmedien getragene Weltöffentlichkeit durchaus politischen Druck auszuüben. Eine nicht in erster Linie von kontingenten Kontextfaktoren abhängige, sondern systematische Verkopplung dieses Drucks mit bindenden politischen Entscheidungen und effektivem politischen Handeln besteht aber nicht. Eine engere Verkopplung wäre unter demokratietheoretischen Gesichtspunkten zudem nicht nur deswegen kaum begründbar, weil diese Nichtregierungsorganisationen selbst nicht formal legitimiert sind, sondern auch aus dem Grund, dass die globale Zivilgesellschaft derzeit in weiten Bereichen intransparent bleibt und privater sozialer Macht damit ein Einfallstor bietet.

Am entgegengesetzten Ende des Spektrums der Konzeptionen zur Stärkung globaler Demokratie liegen Vorschläge, die sich weiterhin an dem im territorialstaatlichen Rahmen etablierten Institutionengefüge orientieren. Dabei ragt das Modell der kosmopolitischen Demokratie von David Held (2007; s.a. Held/McGrew 2002; Archibugi 2008) heraus. Diesem zufolge sollen die drei Gewalten der Legislative, der Exekutive und der Judikative auf globaler Ebene in-

stitutionalisiert werden. Dabei soll der Status von Weltbürgern geschaffen werden, die auf der Grundlage eines globalen Parteiensystems durch Repräsentanten in einem Weltparlament vertreten werden. Sowohl die Exekutive als auch die Judikative sollen mit weitreichenden Kompetenzen ausgestattet werden. Zu diesem Zweck sollen nicht nur neue Institutionen geschaffen, sondern in erster Linie bestehende reformiert werden, vor allem zentrale Organe der UNO.

Gegen solche Vorschläge wird regelmäßig eingewendet, dass sie erstens den naturwüchsigen Charakter überschaubarer nationalstaatlicher Gemeinschaften verkennen, der für eine effektive staatliche und erst recht eine demokratische Ordnung unabdingbar ist, und dass sie zweitens für den Umstand blind sind, dass die Identität einer politischen Gemeinschaft schon aus logischen Gründen die Abgrenzung gegenüber anderen Gemeinschaften voraussetzt. Auf den ersten Einwand ist zu erwidern, dass es sich schon bei nationalstaatlichen Bürgerschaften nicht mehr um *face-to-face*-Gemeinschaften handelt, so dass der Unterschied nicht kategorial, sondern lediglich graduell ist. Zudem sind auch nationale Gemeinschaften in vielen Fällen alles andere als naturwüchsig entstanden. Häufig sind sie gewaltförmig und immer auch mit kulturpolitischen Mitteln hervorgebracht bzw. stabilisiert worden. Auch der zweite Einwand geht fehl. Zwar kann eine Gemeinschaft nur existieren, sofern ihr Zusammenhang nicht beliebig ist und sie sich also gegen etwas abgrenzt; doch muss es sich dabei keineswegs um die Differenz zu anderen Gruppen handeln. Wie der Stellenwert von Auschwitz für das deutsche Selbstverständnis belegt, kann es sich dabei auch um die Abgrenzung gegen die eigene Vergangenheit handeln. Und es gibt keinen Anlass auszuschließen, dass die Abgrenzung gegen ein Bild bzw. eine Vorstellung von dem, was man kollektiv nicht sein möchte, nicht auch ausreicht. Ein Selbstverständnis als inklusive und zivile Gemeinschaft von Freien und Gleichen ist alles andere als beliebig und identitätslos, ganz unabhängig davon, ob eine andere Gemeinschaft tatsächlich existiert. Welches Maß an Solidarität solch eine liberale Weltbürgergemeinschaft zu generieren vermag, bleibt dabei eine ganz und gar empirische Frage, die vermutlich von unzähligen durchaus beeinflussbaren Faktoren abhängt.

Gleichwohl ist zu konzedieren, dass die kosmopolitische Demokratie einstweilen keine realistische Perspektive darstellt. Ein Schwerpunkt der Ansätze zu einer kritischen Theorie globaler Demokratie liegt derzeit somit auf Mehrebenenmodellen. Solche Abweichungen von der Konzeption eines einfachen und transparenten politischen Machtkreislaufs mit klarer demokratischer Verantwortlichkeit mögen sich aus demokratietheoretischer Perspektive zwar als defizitär darstellen, finden sich im Prinzip aber auch im territorialstaatlichen Rahmen in Gestalt föderaler Systeme. Alles kommt mithin auf ihre konkrete Ausgestaltung an.

Besonders prominent ist hier gegenwärtig das von Jürgen Habermas (1998; 2004) skizzierte 3-Ebenen-Modell einer ›Weltinnenpolitik ohne Weltregierung‹. Auf einer unteren Ebene siedelt er die internen Belange bestehender Staaten an. Diese hätten im Laufe ihrer Geschichte eine eigene Identität ausgebildet, die nicht einfach übergangen werden könne; zudem sei die demokratische Legitimationskette hier noch am dichtesten geknüpft. Um den ruinösen Wettbewerb der unter Bedingungen eines globalisierten Kapitalismus zu Standortkonkurrenten degradierten Nationalstaaten zu mildern, setzt er auch auf dieser Ebene freilich auf die Entwicklung kontinentaler Regime, für die die EU momentan den fortgeschrittensten Versuch darstellt. Die Zähmung des entgrenzten Kapitalismus und die Bewältigung globaler ökologischer Gefährdungen überfordere jedoch auch die Handlungsfähigkeit kontinentaler Regime. Für solche globalen politischen Gestaltungsaufgaben setzt Habermas auf ein Forum dieser kontinentalen Regime, wobei er hofft, dass dessen Institutionalisierung in Gestalt eines dauerhaften Verhandlungssystems schließlich dazu führt, dass der Verhandlungsmodus gegenüber der deliberativen Ermittlung von Problemlösungen zurücktritt. Auf der obersten globalen Ebene tritt auch Habermas für eine Fortentwicklung bestehender Institutionen zu Organen ein, die die legislative, die exekutive und die judikative Gewalt auf globaler Ebene verankern. Weil einstweilen jedoch keine hinreichend starke Identität und Solidarität aller Menschen existiere, müssen ihm zufolge die Kompetenzen dieser Organe auf absehbare Zeit auf reaktive Aufgaben der Friedenssicherung und der Menschenrechtspolitik beschränkt bleiben.

Überlegungen, die an dieses Modell anschließen, hätten somit mindestens auszuloten, wie die Übertragung nationalstaatlicher Kompetenzen auf kontinentale Regime bewerkstelligt werden kann, auf welche Weise die Konferenzen der UN-Organe und anderer Institutionen zusammengebunden und verstetigt werden können und inwiefern sich globale supranationale Institutionen mit bindender Wirkung gegenüber den nachgelagerten Ebenen im Rahmen eines Weltbürgerrechts schaffen lassen. Ob aber dieses oder ein anderes Modell, eine Konzeption globaler Demokratie stellt einen ersten Baustein einer jeden umfassenden kritischen Theorie der Globalisierung dar. Dessen genaue Gestalt wird nicht zuletzt davon abhängen, wie zweitens die performative Perspektive beschrieben wird, aus der die Gesellschaftsmitglieder ihre Wünsche, Werte, Ziele und Bedürfnisse interpretieren und reziprok rechtfertigen. Kritisch sind solche Selbstinterpretationen freilich nur in dem Maße, wie sie die Teilnehmerperspektive nicht unvermittelt zur Geltung kommen lassen, sondern dabei objektivierende Beschreibungen gesellschaftlicher Wirkungszusammenhänge zur Kenntnis nehmen. Der dritte Baustein einer kritischen Theorie der Globalisierung besteht mithin in den entsprechenden Analysen unverstandener, ›bewusstseinsferner‹ sozialer Kausalitäten. Mit der Aufgabe, institutionelle Vorschläge für die Einspeisung dieses sozialwissenschaftlichen Wissens in die politische Öffentlichkeit zu entwickeln, Vorschläge, die freilich in der Lage sein müssen, der Gefahr expertokratischer Vereinnahmungen standzuhalten, schließt sich der Kreis hin zur Demokratietheorie.

Literatur

Archibugi, Daniele: *The Global Commonwealth of Citizens*. Princeton 2008.

Baker, Gideon/Chandler, David: *Global Civil Society. Contested Futures*. New York 2005.

Barber, Benjamin R.: *Jihad vs. McWorld. How Globalism and Tribalism are Reshaping the World*. New York 1996.

Beck, Ulrich: *Macht und Gegenmacht im globalen Zeitalter. Neue weltpolitische Ökonomie*. Frankfurt a.M. 2002.

–: *Weltrisikogesellschaft. Auf der Suche nach der verlorenen Sicherheit*. Frankfurt a.M. 2007.

Bohman, James: Toward a Critical Theory of Globalization. Democratic Practice and Multiperspectival Inquiry. In: *Concepts and Transformation* 9. Jg. (2004), 121–146.

Bourdieu, Pierre: Der Neoliberalismus. Eine Utopie grenzenloser Ausbeutung wird Realität. In: Ders.: *Gegenfeuer. Wortmeldungen im Dienste des Widerstands gegen die neoliberale Invasion*. Konstanz 1998, 109–118.

Brand, Ulrich: *Gegen-Hegemonie. Perspektiven globalisierungskritischer Strategien*. Hamburg 2005.

Cox, Robert W.: *Power, Production, and World Order*. New York 1987.

Dörre, Klaus/Lessenich, Stephan/Rosa, Hartmut: *Soziologie – Kapitalismus – Kritik. Eine Debatte*. Frankfurt a. M. 2009.

Fraser, Nancy: *Widerspenstige Praktiken. Macht, Diskurs, Geschlecht*. Frankfurt a.M. 1994 (engl. 1989).

–: *Scales of Justice. Reimagining Political Space in a Globalizing World*. New York 2009.

Gill, Stephen: *American Hegemony and the Trilateral Commission*. Cambridge 1990.

Grande, Edgar/Risse, Thomas: Bridging the Gap. Konzeptionelle Anforderungen an die politikwissenschaftliche Analyse von Globalisierungsprozessen. In: *Zeitschrift für Internationale Beziehungen 2. Jg.* (2000), 235–267.

Habermas, Jürgen: Die postnationale Konstellation und die Zukunft der Demokratie. In: Ders.: *Die postnationale Konstellation. Politische Essays*. Frankfurt a.M. 1998, 91–169.

–: Hat die Konstitutionalisierung des Völkerrechts noch eine Chance? In: Ders.: *Der gespaltene Westen. Kleine Politische Schriften X*. Frankfurt a.M. 2004, 113–193.

Hardt, Michael/Negri, Antonio: *Empire*. Cambridge, MA/London 2000.

Held, David: *Soziale Demokratie im globalen Zeitalter*. Frankfurt a.M. 2007 (engl. 2004).

– /McGrew, Anthony: *Globalization/Anti-Globalization*. Cambridge 2002.

Hirsch, Joachim: *Der nationale Wettbewerbsstaat*. Berlin 1995.

Kozlarek, Oliver: Critical Theory and the Challenge of Globalization. In: *International Sociology 16. Jg.* (2001), 607–622.

Miller, Daniel (Hg.): *Worlds Apart. Modernity through the Prism of the Local*. London 1995.

Ohmae, Kenichi: *The Borderless World. Power and Strategy in the Interlinked Economy*. New York 1990.

–: *The End of the Nation State. The Rise of Regional Economies*. New York 1995.

Robertson, Roland: *Globalization. Social Theory and Global Culture*. London 1992.

Strange, Susan: *States and Markets*. Oxford 1988.

Strecker, David: *Logik der Macht. Zum Ort der Kritik zwischen Theorie und Praxis*. Weilerswist 2011.

Tomlinson, John: *Cultural Imperialism. A Critical Introduction*. London 1991.

Wallerstein, Immanuel: *The Modern World System*. Bd. I. New York 1974.

David Strecker

3. Postkolonialismus

Einleitung in die Kontroverse

Im Zentrum des interdisziplinär angelegten und kulturwissenschaftlich geprägten Postkolonialismus steht die Frage: Welche Rolle spielen die ungleichen Machtverhältnisse im Zeitalter des Kolonialismus und der nachkolonialen Zeit bei der Herstellung und Reproduktion von Ungleichheiten zwischen europäischen und außereuropäischen Gesellschaften? Vor diesem Hintergrund wurde eine einflussreiche Kritik an einem Globalisierungsbegriff entwickelt, der die Wirkmächtigkeit kolonialer Machtverhältnisse und ihren Anteil an der Entstehung der modernen Welt unterschätzt oder gar negiert.

Ein postkolonialer Blick auf die Globalisierung geht folglich von zwei Voraussetzungen aus: Die Kolonien werden erstens als gleichzeitig konstitutives und verdrängtes Moment der globalisierten Moderne ausgewiesen. Das heißt: Die Globalisierung ist ohne den Kolonialismus, und das bedeutet, ohne grundlegend asymmetrische Machtverhältnisse, nicht denkbar. So wird gezeigt, wie die Kolonien als ›Laboratorien der Moderne‹ fungierten, in denen sozialtechnologische Experimente durchgeführt, Herrschaftssysteme eingerichtet oder die Ökonomisierung menschlicher Ausbeutung erprobt wurden, welche später auch in Europa wirksam geworden sind. Insbesondere mit Blick auf das Zeitalter der Menschenrechte (ab dem ausgehenden 18. Jahrhundert) zeigen die postkolonialen Studien die Paradoxien moderner Macht auf, die sich universellen Menschenrechten verschreibt, während diese in den Kolonien systematisch missachtet wurden (Fanon 1966; Mbembe 2002).

Auf diesem Hintergrund entwickelt der Postkolonialismus zweitens eine grundlegende Kritik an den aktuellen Globalisierungsnarrativen und -verständnissen. Den eurozentrischen ›Meistererzählungen‹, welche die Geschichte der Moderne als eine einseitige Ausbreitung europäischer ›Errungenschaften‹ in die Welt verstehen, wird auf diese Weise eine andere Genealogie entgegengestellt. Diese versteht die Moderne als Effekt von interdependenten, raumübergreifenden Konstellationen, in denen europäische und außereuropäische Akteure und Akteurinnen miteinander interagieren. So hat etwa Paul Gilroy mit dem Begriff des *Black Atlantic* die konstitutive

Bedeutung der Interaktionen zwischen Amerika, Europa und Afrika für die Entstehung der modernen Welt aufgezeigt (Gilroy 1993). Damit wendet er sich gegen die Vorstellung Europas als einsamen Höhepunkts des entwickelten menschlichen Geistes, wie sie etwa in G.W.F. Hegels Geschichtsvorlesungen artikuliert worden ist. Gilroy setzt sich aber auch von jenen Theorien ab, die nur die ökonomische Bedeutung des Dreieckshandels für die europäische Industrialisierung anerkennen und betont stattdessen die Zirkulation von Ideen, Konzepten, Wissen und Kunst im interkontinentalen Raum. Damit wird deutlich, dass außereuropäische Regionen nicht nur materielle Ressourcen und Arbeitskräfte zur Entstehung einer globalisierten Welt beigesteuert haben. Auch deren intellektuelle und ästhetische Ausgestaltung gehen auf außereuropäische Einflüsse und interkulturelle Austauschverhältnisse zurück. Mittlerweile sind zahlreiche Forschungsarbeiten erschienen, die neben dem *Black Atlantic* die Bedeutung kultureller Interaktionskontexte wie des Mittelmeers, asiatisch-europäischer Handelsachsen oder Süd-Süd-Verbindungen (z.B. zwischen Indonesien, Indien und Südafrika oder zwischen Brasilien und Westafrika) für die Entstehung einer modernen globalisierten Welt aufzeigen.

Postkoloniale Rekonstruktionen der Moderne

Aus dieser Perspektive rekonstruiert eine postkoloniale Historiographie die Geschichte der Moderne, indem sie die historischen Erfahrungen, Interaktionen und Austauschbeziehungen von Menschen und Gesellschaften in den Blick nimmt, die innerhalb von zeitlich und räumlich abgrenzbaren imperialen Herrschaftssystemen miteinander verbunden waren. Der Fokus liegt dabei auf den europäischen Imperialmächten und damit auf einem Zeitraum, der sich grob mit Kolumbus' ›Entdeckung‹ Amerikas 1492 und der Auflösung der letzten europäischen Kolonien in Afrika um 1970 umreißen lässt. Während dieser rund fünf Jahrhunderte besaßen vorübergehend oder dauerhaft Belgien, Dänemark, Deutschland, Frankreich, Großbritannien, die Niederlande, Italien, Spanien und Portugal Kolonien in Asien, Afrika, Amerika und im Pazifik. Hinzu kamen die ehemaligen europäischen Siedlerkolonien, die nach ihrer Unabhängigkeit selbst imperiale Herrschaft ausübten: Australien, Kanada, Neuseeland und die

USA. Zudem haben auch Russland, die Türkei und Japan parallel zu den europäischen Mächten Imperien gebildet. Der Hauptfokus der bisherigen postkolonialen Forschung lag auf dem britischen Empire, das meist – aber nur punktuell – mit Frankreich verglichen wird (Young 2001). In jüngerer Zeit wird auch der Kolonialbesitz des deutschen Kaiserreichs genauer erforscht.

Das ›lange 19. Jahrhundert‹ von der Französischen Revolution 1789 bis zum Ausbruch des Ersten Weltkriegs 1914 gilt als konstitutive Phase für die europäische bürgerliche Moderne: In diese Zeit fallen die Aufklärung, die Industrielle Revolution, der Schutz von Privateigentum und das Versprechen auf demokratische Mitbestimmung innerhalb der neu gegründeten Nationalstaaten auf der einen Seite. Auf der anderen Seite vergrößerten sich die Ungleichheiten und die Beschneidungen von Freiheitsrechten entlang von neu geschaffenen Klassengrenzen sowie (zumeist biologisch begründeten) Unterschieden des Geschlechts, der sexuellen Orientierung, der Hautfarbe, der Rasse oder der Religion. Dieser Entwicklung war auch die moderne Geschichtsschreibung unterworfen, die die Geschichte der modernen Welt als eine Geschichte von großen Ideen und großen weißen, bürgerlichen und christlichen Männern erzählte, in der Frauen, nicht-bürgerliche Gruppen, Homosexuelle, Juden und nicht-weiße Menschen nicht vorkamen. Die postkoloniale Forschung teilt daher mit der marxistischen, der feministischen, *queeren* und anderen emanzipatorischen Geschichtsschreibungen ein dreifaches Ziel: Erstens die Stimme und die Erfahrungen jener in die Geschichte zu integrieren, die in der herkömmlichen Historiographie ausgeblendet wurden, zweitens die damaligen Herrschaftsbeziehungen sichtbar und damit kritisierbar zu machen und ihre Nachwirkungen bis in die Gegenwart hinein zu untersuchen sowie drittens eine relationale Perspektive. Ähnlich wie die *Gender Studies* Männer und Frauen nicht als naturgegeben erachten, sondern ›Geschlecht‹ als Effekt sozio-kultureller Praktiken verstehen, deuten auch die *Postcolonial Studies* die Beziehung zwischen den Menschen in den Metropolen und den Menschen in den Kolonien als Folge einer Interaktionspraxis, in der sich europäische Kolonisierende und außereuropäische Kolonisierte wechselseitig hervorbringen. Der europäische Imperialismus bildet also den Rahmen, in dem die »Verwobenheit der europäischen und außereuropäischen Welt« untersucht wird, um so der

»wechselseitigen Konstitution von Metropole und Kolonien« auf die Spur zu kommen (Conrad/Randeria 2002, 10). Damit wird die analytische Trennung zwischen «the West and the rest« (Stuart Hall) zugunsten einer Geschichtsschreibung überwunden, welche die Metropolen und Kolonien in einem gemeinsamen analytischen und durch hierarchische Herrschaftsbeziehungen konstituierten Feld betrachtet.

Anhand einiger Forschungsergebnisse aus der postkolonialen Historiographie lässt sich dies wie folgt veranschaulichen:

1. Die militärische Eroberung Südamerikas und der damit einhergehende Zusammenbruch des Azteken- und Inkareichs stellte die spanische Krone im 16. Jahrhundert vor die Herausforderung, Territorien und Gesellschaftsordnungen verwalten zu müssen, für deren Größe und Komplexität keine Erfahrungsbasis bestand. In der Folge baute Spanien eine Kolonialverwaltung auf, für die es in Europa bislang keine Vorbilder gab. Die Wurzeln der Rationalisierung und Bürokratisierung von staatlicher Herrschaft, die als Kennzeichen der europäischen Moderne gelten, lassen sich damit auch in Peru oder Mexiko verorten (Elliot 1989).

2. Auch die Anfänge des Kapitalismus lassen sich außerhalb Europas – in der karibischen Plantagenwirtschaft – verorten: Im 17. und 18. Jahrhundert entwickelten Holländer, Briten, Franzosen und Spanier auf den Zuckerplantagen durch Ausbeutung von ca. 3,3 Millionen deportierten afrikanischen Sklavinnen und Sklaven großbetriebliche und nach ›Effizienz‹ gesteuerte Produktionsmechanismen. Das dabei akkumulierte betriebswirtschaftliche Wissen, aber auch das dabei generierte ökonomische Kapital floss im 19. Jahrhundert in die Industrielle Revolution in Europa ein. Die sozialtechnologischen Kenntnisse hingegen, die für die Durchsetzung und Aufrechterhaltung von Herrschaft in komplexen Plantagengesellschaften gesammelt wurden, wurden zur Disziplinierung der europäischen Arbeiterschaft eingesetzt. Gleichzeitig wurde der massenhaft importierte und billige Zucker zu einem wichtigen Kalorien- und Energielieferanten für die unterernährte europäische Arbeiterschaft. Die kulturellen Praktiken des Zuckerkonsums – in den gegenüber Arbeitgebern erstrittenen Teepausen, im klassenspezifischen Genuss von Süßspeisen usw. – formten die Herausbildung eines proletarischen Klassenbewusstseins in Großbritannien mit (Williams 1944; Mintz 1987).

3. Der Hauptfokus postkolonialer Forschung lag jedoch nicht so sehr auf den politischen, sozio-strukturellen und ökonomischen Verbindungen zwischen Kolonien und Metropolen, als vielmehr auf der Kultur und somit auf der Entstehung und Durchsetzung kolonialer Repräsentationsverhältnisse und einer eurozentrischen symbolischen Ordnung. Zentral ist dabei die Frage, wie die kulturelle Differenz zwischen dem ›zivilisierten Selbst‹ und dem ›primitiven Anderen‹ hergestellt und aufrecht erhalten wurde. Damit rücken Wissenschaftsdisziplinen wie Anthropologie oder Geographie, Literaturwissenschaft oder Museologie ebenso ins Blickfeld der postkolonialen Forschung wie die Zurschaustellung von ›Wilden‹ in Völkerschauen, die Demonstration des europäischen Machtanspruchs in den Kolonien und andere kulturelle Praktiken.

Intersektionalitäten

Als eigentliches Gründungsmanifest dieser Art der kulturwissenschaftlich ausgerichteten *Postcolonial Studies* gilt Edward Saids Studie über den *Orientalismus* (1978). Er argumentiert darin, dass das Wissen, das die westlichen Orientalisten über die Gesellschaften des ›Orients‹ produzierten, nichts über eine ›Wirklichkeit‹ aussage. Es sei vielmehr Herrschaftswissen, mit welchem europäische Gesellschaften sich ihrer Überlegenheit über die ›Anderen‹ versicherten und damit ihr Recht auf Kolonialherrschaft legitimierten. Im Anschluss an Said haben zahlreiche Autorinnen und Autoren dargelegt, dass weite Teile moderner europäischer Diskurse – von den Wissenschaften bis zur Populärkultur – in die ungleichen Machtverhältnisse des Imperialismus eingelassen sind und diese reproduzieren und stabilisieren. So zeigt etwa V.Y. Mudimbe, dass die Vorstellung eines Afrikas, das trotz einzelner Binnendifferenzierungen aus eurozentrischer Sicht als geographische, kulturelle und historische Einheit gedacht wird, auf moderne westliche Wissenspraktiken zurückgeht (Mudimbe 1988). Über Said hinausgehend wurde auch analysiert, wie der Rassismus – als zentrales Merkmal kolonialer Kultur – nicht nur zum Aufbau des Selbstverständnisses der bürgerlichen Mittelschichten beitrug, sondern auch mit der Deutung von innereuropäischen ›Anderen‹ – der Arbeiterklasse, den Juden, Prostituierten, Frauenrechtlerinnen, Homosexuellen – verschränkt war und damit den repressiven Ausschluss dieser Minderheiten aus der bürgerlichen Gesellschaft begünstigte (McClintock 1995). An der Schnittstelle von *Queer* und *Postcolonial Studies* sind in jüngerer Zeit wichtige Forschungen darüber entstanden, wie sich ›Geschlecht‹, ›Sexualität‹ und ›Rasse‹ gegenseitig konstituieren. So funktioniert die rassistische Herabsetzung des asiatischen Mannes in den USA wesentlich durch dessen Feminisierung, wodurch gleichzeitig die sexistische Diffamierung von Frauen wiederholt und die homophobe Ablehnung ›weiblicher‹ Männer bestärkt sowie im Gegenzug dazu die Virilität des heterosexuellen weißen Mannes bekräftigt werden (Eng 2001).

Diese ›intersektionalen‹ Scharnierstellen moderner Macht wurden insbesondere vom postkolonialen Feminismus in den Blick genommen. So macht Gayatri Chakravorty Spivak in ihren wegweisenden Reflexionen über die Subalternen deutlich, wie widerstreitende Machtblöcke im Namen kolonialisierter Frauen agiert haben, ohne dass deren Stimmen dabei zur Sprache kommen konnten. Anhand der Debatte zur Witwenverbrennung im kolonialen Indien zeigt Spivak, wie die britische Kolonialmacht als Vertreterin einer geschlechtergerechten Ordnung auftritt, die gegen patriarchale Bräuche angeht. Die ›Befreiung‹ einheimischer Frauen wird derart zu einer Strategie, durch welche die Kolonialmacht ihre Herrschaft legitimieren und ihr ein humanitäres Gepräge verleihen kann. Die kolonialisierte Frau wird allerdings nicht als Akteurin in ihrem ›Befreiungsprozess‹ einbezogen, sondern als wehrloses und passives Opfer ihrer Kultur dargestellt, die der Rettung durch die westlichen Kolonisatoren bedarf. Gleichzeitig wird die Hierarchie zwischen dem kolonialisierenden und dem kolonialisierten Mann verfestigt: Ersterer tritt – ungeachtet der vielfältigen patriarchalen und sexistischen Praktiken seiner eigenen (westlichen) Tradition – als Vertreter einer modernen egalitären Ordnung auf, die den archaischen Patriarchen mit Gewalt zur Vernunft bringen muss. Spivak fasst diesen kolonialen Paternalismus in der berühmten Formel zusammen: »Weiße Männer retten braune Frauen vor braunen Männern« (Spivak 2008, 78). Gegenüber den englischen Kolonialisten betonen die ebenfalls männlich dominierten lokalen Autoritäten hingegen die Entschiedenheit der Frauen, ihre Traditionen auch um den Preis ihres Lebens beibehalten zu wollen. Das Dilemma einer solchen doppelten Instrumentalisierung kennzeichnet die Situation vieler Feministinnen des Südens sowie in den westlichen Migrationsgesellschaften bis heute:

Sie werden einerseits gezwungen, gegen jene rassistischen und homogenisierenden Vorstellungen zu kämpfen, die sie als unterdrückte und hilflose Opfer einer archaisch-patriarchalen Kultur darstellen. Andererseits werden ihre Forderungen nach Verbesserung der Frauenrechte nicht selten mit dem Vorwurf quittiert, Produkt westlicher Propaganda zu sein, welche die eigene authentische Kultur zerstören würde.

Dass koloniale Bilder auch in emanzipativen Projekten wie der westlichen Frauenbewegung nachwirken, zeigt Chandra Talpade Mohanty in ihrem einflussreichen Aufsatz »Under Western Eyes«. Darin zeichnet sie nach, wie westliche Feministinnen monolithische und statische Bilder der ›Dritte-Welt-Frau‹ entwerfen und behaupten, diese müssten mit westlicher Hilfe und nach deren Vorgaben befreit werden (Mohanty 2004). Einen anderen Aspekt des ›vergeschlechtlichten Kolonialismus‹ bearbeitet Ann Laura Stoler, wenn sie darauf hinweist, dass sich zentrale Aushandlungs- und Durchsetzungsprozesse kolonialer Macht gerade im Bereich des Intimen und sogenannt Privaten ereignet haben (Stoler 2002). Durch diese Forschungsperspektive kommen Akteure zum Vorschein, die in einer klassischen Kolonialgeschichtsschreibung unsichtbar bleiben: etwa die lokalen Hausangestellten, die Frauen und (oftmals einheimischen) Lebenspartnerinnen oder die Kinder europäischer Kolonialisten.

Macht und Handlungsfähigkeit

Saids Arbeit hat auch Kontroversen darüber losgetreten, wie umfassend und total die westliche Definitionsmacht (gewesen) sei. Seinem Konzept des Orientalismus wurde vorgeworfen, mit einem deterministischen Verständnis westlicher Hegemonie zu operieren, das dieser erneut eine immense Macht zusprechen und ihre zahlreichen Widersprüche, Brüche und Zäsuren negieren würde. Die an diese Kritik anschließende Herausforderung, den Eurozentrismus zu kritisieren, ohne ihn erneut zu privilegieren, beschreibt Dipesh Chakrabarty als Versuch, »Europa zu provinzialisieren« – eine Aufgabe, die gleichzeitig bedeutsam und nie gänzlich einlösbar sei (Chakrabarty 2000). Homi Bhabha hingegen kontrastiert die Vorstellung einer deterministischen Macht mit dem Konzept der Hybridität. Demnach war die koloniale Macht nicht so uniform und wirkmächtig, wie sie sich selbst dargestellt hat. Die von den Kolonialmächten intendierten Botschaften trafen in den Kolonien vielmehr auf Differenzen kultureller, symbolischer und sprachlicher Art, durch die sie ›hybridisiert‹ wurden. Zwischen der kolonialen Vorgabe und ihren Einsätzen im kolonialen Kontext täte sich ein reichlich genützter Spielraum für Umdeutungen und Übersetzungen auf. Bhabha zeichnet mit seinem Ansatz derart die vielfach bestehenden Spiel-, Subversions- und Verhandlungsräume in den Kolonien nach, ohne dabei die Machtasymmetrien außer Acht zu lassen (Bhabha 2000). Andere Studien haben die Aufmerksamkeit auf Formen des Widerstands gerichtet – sei es von kolonialisierten Subjekten in der Peripherie (Preseley 1992) oder von marginalisierten Subjekten, die ihre Emanzipationsforderungen innerhalb und mithilfe des imperialen Kontextes artikulieren und organisieren konnten (so am Beispiel der britischen Frauenbewegung, vgl. Midgley 2000).

Bezogen auf das Phänomen der Globalisierung betont die postkoloniale Forschung somit die konstitutive und bis heute anhaltende Bedeutung, welche die ungleichen Machtverhältnisse zwischen den europäischen Metropolen und den Kolonien bei der Herausbildung der modernen Welt hatten und weiterhin haben. Sie erforscht die historischen Erfahrungen und Erinnerungen von Gesellschaften auf beiden Seiten des kolonialen Herrschaftsverhältnisses sowie deren Verflechtungen, und legt Strategien des Widerstands und der Subversion gegenüber imperialer Herrschaft dar. Innerhalb dieses weit verzweigten Feldes finden sich zahlreiche Kontroversen, die sich methodisch um die Frage drehen, wie disziplinenübergreifende Forschung geleistet und wie die in der wissenschaftlichen Tradition weitgehend getrennt behandelten Sphären der Ökonomie, des Sozialen, des Religiösen, des Politischen und des Symbolischen als interdependent gedacht werden können. Inhaltlich fokussieren viele aktuelle Auseinandersetzungen auf die Intersektionalität und damit auf die Frage, wie unterschiedliche Herrschaftskategorien der Moderne, wie ›Rasse‹, ›Klasse‹, ›Geschlecht‹, ›Sexualität‹, ›Nationalität‹ oder ›Religion‹ zueinander in Bezug gesetzt werden und wie sie einander explizieren können. Dabei wird ein Machtkonzept ausgearbeitet, das nicht binär-repressiver Art, sondern vielmehr flächig, komplex und dynamisch ist. In einem solchen Netzwerk der Macht können unzählige Schaltstellen ausgemacht werden, die differenzierte, kontextabhängige Analysen erforderlich machen. Inspiriert von der anti-deterministischen Machttheorie Michel Foucaults, des *différance*-Gedankens von Jacques Derrida und von der psychoanalytischen Theorie wurden deshalb Ansätze entwickelt, die auch in einem von eklatanten Ungleichheiten gezeichneten Machtkontext beschränkte Formen von Handlungsfähigkeit, Subversion, Widerstand und auch Kollaboration denkbar machen.

Gegnerinnen und Gegner des Postkolonialismus werfen diesem vor, unzulässige Verallgemeinerungen zu machen, unscharfe Begriffe zu verwenden oder die Unterscheidung zwischen Opfern und Tätern zu verwischen. Mit seinem ›Kulturalismus‹ privilegiere der Postkolonialismus die diskursiv-symbolische Ebene auf Kosten strukturell-ökonomischer Zusammenhänge, so heißt es weiter. Zudem würde er durch seine massive Kritik am Eurozentrismus dessen Prämissen erneut bekräftigen und privilegieren. Diese kritischen Einwände verweisen teilweise berechtigt auf Schwachstellen und Grenzen der postkolonialen Analyse. In einer Zeit allerdings, in der Modelle wie Samuel Huntingtons »Kampf der Kulturen« einflussreiche Erklärungsmodelle für globale Phänomene abgeben, scheint das Beharren des Postkolonialismus auf einer historisch reflektierten, machtkritischen und transkulturellen Rekonstruktion der Globalisierung an Bedeutung nichts eingebüßt zu haben. Denn das Postkoloniale, so hält Stuart Hall fest, »verpflichtet uns, die binären Oppositionen als Formen der Transkulturation, der kulturellen Übersetzung neu zu lesen, die unweigerlich dazu führen, die kulturelle Dichotomie von hier und dort permanent in Frage zu stellen« (Hall 2002, 226).

Literatur

Bhabha, Homi: *Die Verortung der Kultur.* Tübingen 2000.

Chakrabarty, Dipesh: *Provincializing Europe: Postcolonial Thought and Historical Difference.* Princeton 2000.

Conrad, Sebastian/Randeria, Shalini: Einleitung. Geteilte Geschichten – Europa in einer postkolonialen Welt. In: Dies. (Hg.): *Jenseits des Eurozentrismus. Postkoloniale Perspektiven in den Geschichts- und Kulturwissenschaften.* Frankfurt a. M. 2002, 9–49.

Cooper, Frederick: Was nützt der Begriff der Globalisierung? Aus der Perspektive eines Afrikahistorikers. In: Sebastian Conrad/Andreas Eckert/Ulrike Freitag (Hg.): *Globalgeschichte. Theorien, Ansätze, Themen.* Frankfurt a. M. 2007, 131–161.

Elliot, John H.: *Spain and Its World 1500–1700: Selected Essays*. New Haven 1989.

Eng, David L.: *Racial Castration: Changing Masculinity in Asian America*. Durham 2001.

Fanon, Frantz: *Die Verdammten dieser Erde*. Frankfurt a.M. 1966.

Gilroy, Paul: *The Black Atlantic. Modernity and Double Consciousness*. London 1993.

Hall, Stuart: Wann gab es ›das Postkoloniale‹. Denken an der Grenze. In: Sebastian Conrad/Shalini Randeria (Hg.): *Jenseits des Eurozentrismus. Postkoloniale Perspektiven in den Geschichts- und Kulturwissenschaften*. Frankfurt a.M. 2002, 219–46.

Mbembe, Achille: *On the Postcolony*. Berkeley 2002.

McClintock, Anne: *Imperial Leather. Race, Gender and Sexuality in the Colonial Contest*. New York 1995.

Midgley, Clare: Female Emancipation in an Imperial Frame: English Women and the Campaign against Sati (Widow-burning) in India, 1813–30. In: *Women's History Review* 9. Jg., 1 (2000), 95–121.

Mintz, Sidney: *Die süße Macht. Kulturgeschichte des Zuckers*. Frankfurt a.M. 1987.

Mohanty, Chandra Talpade: Under Western Eyes: Feminist Scholarship and Colonial Discourse. In: Dies.: *Feminism without Borders: Decolonizing Theory, Practicing Solidarity*. Durham 2004, 17–42.

Mudimbe, Valentin Y.: *The Invention of Africa: Gnosis, Philosophy, and the Order of Knowledge*. Bloomington 1988.

Preseley, Cora Ann: *Kikuyu Women, the Mau Mau Rebellion, and Social Change in Kenya*. Boulder 1992.

Said, Edward: *Orientalism*. New York 1978.

Spivak, Gayatri Chakravorty: *Can the Subaltern Speak? Postkolonialität und subalterne Artikulation*. Wien 2008.

Stoler, Ann Laura: *Carnal Knowledge and Imperial Power: Race and the Intimate in Colonial Rule*. Berkeley 2002.

Williams, Eric: *Capitalism and Slavery*. Chapel Hill 1944.

Young, Robert J. C.: *Postcolonialism. An Historical Introduction*. Oxford 2001.

Patricia Purtschert/Bernhard C. Schär

4. Kultur

Anachronistische Dichotomien

›Das ist deren *Kultur*…‹ Der Satz ist oft zu hören, irritiert oder um Verständnis bittend, wenn Gespräche zwischen Personen verschiedener Herkunft und anderen Glaubens ins Stocken geraten. In dichotomischer Strenge gilt Kultur als das jeweils Eigene respektive – im Kulturkontakt – als das immerzu Fremde; sie dient als *Reservoir* von Wir-Gefühlen der Selbstbehauptung und zugleich als *Reservat* vermeintlich unantastbarer Identitäten. Vielfalt erscheint per se als ein hohes Gut, das man vor Standardisierung (alias ›Amerikanisierung‹ oder ›Mc Donaldisierung‹) und generell vor kulturellem Imperialismus zu bewahren habe. Seit dem Vordringen der westlichen Moderne, die bekanntlich mit militärischer Eroberung, religiöser Mission und ökonomischer Durchdringung einherging, stehen kulturelle Institutionen und Imaginationen aus dem Westen notorisch unter Imperialismusverdacht. Exemplarisch ist hier Edward Saids Kritik am ›Orientalismus‹ (Said 1981).

In der Gegenbewegung gilt der Multikulturalismus als Einfallstor für kulturellen Partikularismus und erscheint kultureller Pluralismus als Generalangriff auf mühsam etablierte universalistische Normen und Verfassungsprinzipien. Kritiker beklagen spiegelbildlich den ›Okzidentalismus‹ der Peripherie und möchten westliche Werte als globale Leitkultur verankern. 1996 legte Samuel P. Huntington mit großem und weltweitem Aplomb das Konzept eines intra- und internationalen Kulturkonflikts dar, das in Begegnungen von Kulturen überwiegend Konfliktstoff erblickt. Während Nationalstaaten in der multipolaren Welt als Subjekte globaler Konflikte abdanken, lautet seine Prognose, treten acht Kulturagglomerationen als neue Konfliktakteure hervor: Außer der ›westlichen‹ Zivilisation (und oftmals gegen sie) identifizierte er die slawisch-orthodoxe, die islamische, die lateinamerikanische, die ›sinische‹, die indische, die japanische und die afrikanische Zivilisation. Richtig war und bleibt, dass es zwischen Zivilisationen erhebliche normative Differenzen gibt und die durch Globalisierung intensivierte Berührung kulturidentitäre Diskurse an Brisanz gewinnen lässt. Aber Huntington klärte diese weniger auf, als dass er sie selbst beschwor und stärkte, letztlich hoffte er auf eine Stärkung der christlich imprägnierten anglo-amerikanischen Kultur in den USA und in der ganzen Welt.

Das Huntington eher zugeschriebene als von im selbst geschriebene Szenario eines globalen Kulturkampfes ist (vor allem im Blick auf »die blutigen Ränder des Islam«) falsifiziert und als propagandaanfällig zurückgewiesen worden, doch wirkte der *Clash of Civilizations* fast wie eine selbsterfüllende Prophezeiung. Kritik kam dabei nicht nur von links, auch der konservative Ideenhistoriker Panajotis Kondylis wandte sich gegen die kulturalistische Vereinnahmung von Politik: »Wären Kulturen irreduzible Substanzen und Konflikte das notwendige Ergebnis davon, so müssten die Trennungslinien zwischen den Kulturen unverrückbar, also Freundschaften und Feindschaften ewig sein. Auch müsste ihr Selbstverständnis den Wandel von Außen- und Innenwelt überdauern. Die geschichtliche Erfahrung lehrt indes anderes. Die Einstellung einer Kultur zu den anderen und zu sich selbst kann sich langsam oder rasch ändern, durch Stellungswechsel in der Konstellation der geschichtlichen Subjekte.« (zitiert nach der *Frankfurter Allgemeinen Zeitung* vom 29.12.2008)

Ein fernes Echo fand der auch von ihm selbst relativierte Ansatz Huntingtons in diversen ›anti-okzidentalen‹ und ›anti-imperialen‹ Strömungen kultureller Selbstvergewisserung, die vom post-sowjetischen Russland und post-maoistischen China über den radikal-politischen Islamismus bis zum Neosozialismus in Südamerika reichen. In dieser Fronde verbinden sich altlinke Theorien des Kulturimperialismus mit einer neulinken ›Empire‹-Kritik, eine gegen die Metropolen des Nordens gerichtete Dritte-Welt-Ideologie mit einem religiösen Revival. Der verbindende Aspekt ist die politisch-kulturelle Frontstellung gegen den Westen und solche Entwicklungstheorien, die Modernisierung mit Verwestlichung gleichsetzen.

Die Opposition von kulturellem Relativismus, der Vielfalt an und für sich schätzt, und einem rigiden Universalismus, der kulturelle Differenz als Auslöser von Identitätskämpfen und politisierten Religionskriegen fürchtet, könnte intellektuell längst überwunden sein. Im Grund setzen beide bei regressiven und reduzierten Vorstellungen von Kultur an, die kultursoziologisch unhaltbar sind. In dieser Sicht ist (seit Max Weber, Georg Simmel und vielen anderen) Kultur keine unveränderbare Substanz,

ihre Überwindung geschieht vielmehr durch Selbstüberwindung – und gerade damit überlebt sie. Konflikte haben – das hätte gerade einem so herausragenden Politologen wie Huntington klar gewesen sein müssen – politische und soziale Ursachen, das Kulturelle ist nur ihre Präsentationsform, aber in ihr bringen Konflikte Wandel und Innovation hervor. In der Kulturanthropologie und Kultursoziologie werden interkulturelle Kontakte ›cooler‹ und selbstverständlicher betrachtet, und sie werden auch nicht, wie in Huntingtons ›Nachschlag‹ gegen die hispanische Immigration (Huntington 2004), an Einwanderung oder speziellen Einwandergemeinschaften festgemacht. ›Interkulturelle Kontaktzonen‹ (Soeffner/Zifonun 2008) gibt es auch in ethnisch und religiös ›homogenen‹ Gesellschaften, wo sich Arme und Reiche, Männer und Frauen, Katholiken und Atheisten begegnen. Kulturelle – und das heißt vor allem: ethnische oder religiöse – Differenz speist sich nicht aus präexistenten Merkmalen von Gemeinschaften, sie wird erst im Kontakt erzeugt und in konflikthaften Auseinandersetzungen hergestellt. Identität und Alterität sind Resultate menschlicher Selbstherstellungsprozesse. Anders gesagt: Wer ich bin und wer wir sind, ist nicht durch die Natur vorgegeben, sondern kulturell hergestellt und auf die (oftmals verweigerte) Anerkennung durch andere angewiesen. So wird uns die Kulturwelt zur zweiten Natur, aber eben nicht zur ersten. Sie ist gemacht und in ihrer Gemachtheit reflexiv zugänglich, sie ist veränderbar und bedarf der ständigen Aktualisierung. Auch Identität und Alterität sind also soziale Konstruktionen, die im gesellschaftlichen Wissensvorrat gespeichert und situativ zu aktualisieren sind. Dabei bleiben kulturelle Identitäten nicht statisch, sondern immerwährend äußeren Anstößen der Imitation und Verarbeitung ausgesetzt. Kulturelle Diversität anerkennen und in den Grenzen der allgemeinen Menschenrechte respektieren, aber den Individuen kein Treuegebot zu ›Herkunftskulturen‹ aufzuerlegen – so könnte ein Programm lauten, das die Fallstricke des »Gruppismus« (Brubaker 2007) vermeidet und Exzesse des Multikulturalismus wie eine Dogmatisierung des Universalismus vermeiden hilft. Paul Gilroy hat diese Gratwanderung folgendermaßen beschrieben: »Identity can be understood neither as a fixed essence nor as a vague and utterly contingent construction to be reinvented by the will and whim of aesthetes, symbolists, and language gamers.« Das gilt auch für ethnische Identität: »Though it is often felt to be natural and spontaneous, it remains the outcome of practical activity: language, gesture, bodily significations, desires.« (Gilroy 1993, 102)

Ein pragmatistisches Verständnis von Interkulturalität

Die Soziologie bietet zum Thema ›Interkulturalität‹ eine weite Perspektive, indem sie grundsätzlich davon ausgeht, dass Menschen als Handelnde in ihrem Alltag die Wirklichkeit stets als interkulturell erfahren. Sie machen nämlich die Erfahrung, dass die (bzw. ihre) Welt nicht ›von vorne herein‹ kulturell eindeutig ist. In ihrer Erfahrung überlagern und kreuzen sich vielmehr unterschiedliche Sinnsysteme, und sie sind mit der Gleichzeitigkeit verwirrend widersprüchlicher Wissensbestände konfrontiert. Die strukturellen ›Randbedingungen‹ dieser per se interkulturellen Erfahrung sind heute globale Migration und Transnationalisierung. D.h. wenn es im Zeitalter des Nationalstaats noch gelingen mochte, Räume kultureller Eindeutigkeit zu postulieren und zu institutionalisieren – d.h. Staaten mit ihren die Nationalkultur verbürgenden Institutionen (Sprache, Schule, Literatur, Armee) – und dadurch die (faktisch schon gegebene) Weltgesellschaft aus der Alltagserfahrung zu bannen und zum Grenzphänomen zu machen, gelingt dies heute nicht mehr. Das gilt umso mehr (und personalisiert) durch grenzüberschreitende Wanderung, die massenhaft ›Fremde‹ in die Nationalstaaten versetzt.

Alfred Schütz ging davon aus, dass im menschlichen Leben vier Grundannahmen in aller Regel Gültigkeit besitzen: Dass alles bleibt, wie es ist; dass wir uns auf das überlieferte Wissen verlassen können; dass Wissen über den allgemeinen Typus von Ereignissen ausreichend ist; schließlich, dass ein von allen geteiltes Allgemeinwissen existiert, das die zuvor genannten Grundannahmen einschließt (Schütz 1972, 58 f.). Die Lage des Fremden sah Schütz dadurch definiert, dass diese vier Grundannahmen für ihn als ›Außenseiter‹ keine Gültigkeit besitzen – dies war die durchaus existenzielle Paria-Erfahrung der Exilanten und Asylsuchenden im 20. Jahrhundert und bereits zuvor der Juden in Europa. Moderne ›interkulturelle‹ Gesellschaften scheinen das schützsche Konzept zu sprengen und geradezu durch eine »Generalisierung der Fremdheit« (Hahn 1994, 162) gekennzeichnet zu sein.

Im Blick auf die vier Grundannahmen bedeutet das: Der Bestand an gemeinsamem Wissen, mit dessen Hilfe Interaktion routinemäßig bewältigt werden könnte, wird für alle Gesellschaftsmitglieder zunehmend prekär; es treten ›Wissensasymmetrien‹ auf, deren Überwindung sich zusehends schwierig gestaltet (Günthner/Luckmann 2002); es kommt zu einer Ausdehnung der Zonen, über die man nichts weiß, bei gleichzeitig gegebenen (zumindest potentiellen) vielfältigen Abhängigkeiten und Verflechtungen; und man sucht immer öfter vergebens im gesellschaftlichen Wissensvorrat nach Lösungen für Probleme und findet dabei widersprüchliche Lösungen. Anders gesagt: Einem Individuum wird zunehmend unklar, was ›seine Gesellschaft‹ eigentlich ist, das ›Normale‹ erweist sich zusehends als krisenhaft.

Da dies eine ›lebensweltliche‹ Normalerfahrung ist, gibt es dafür keine theoretischen Lösungen. Stattdessen sind Kulturwissenschaftler aufgefordert, nach den ›Lösungen‹ zu fahnden, an denen sich ›Jedermann‹ und ›Jedefrau‹ unter der *intercultural condition* orientieren – der *Conditio humana* unserer Tage. Die Frage ist also, welche Gestalten die kulturelle Wirklichkeit im post-nationalen Zeitalter annimmt, also welche neuen Formen der Normalität sich etablieren, mit denen die Krisenerfahrung im Alltag bewältigt wird. Man kann sagen, dass sich die Gültigkeit kultureller Werte nicht abstrakt bemessen lässt, sondern stets in dieser interkulturellen Gemengelage rekonstruiert werden kann. Wenn man sich die soziologische Mühe macht, dies zu tun, so wird man feststellen, dass jenseits des Kulturstereotyps vom ›Westen‹ Interkulturalität nach Formprinzipien organisiert ist, die der westlichen Moderne entspringen (vgl. Zifonun 2008). Analytisch lassen sich diese Formen des Managements kultureller Ambivalenz drei unterschiedlichen Ebenen zuordnen: der Interaktionsebene, der Ebene sozialer Welten und Milieus und der Ebene öffentlicher Diskurse.

Akkulturation und Transkulturation

Zur notwendigen Differenzierung im Begriff ›Kultur‹ hat ihre Transnationalisierung beigetragen, die konzeptionelle und praktische Dekonstruktion des Nationalen. Eine homogen gedachte Nationalkultur war in der Regel fixiert auf ein nationalstaatliches Territorium in festen Grenzen; Zugehörigkeit wurde nicht allein durch Rechtstitel (wie Staatsangehörigkeit, Wahlrecht etc.) verbürgt, sondern auch durch eine Bindung an kulturell Gleichartige, die als Loyalitätsquelle für Solidaritätsleistungen im Sozialstaat und für den Militärdienst im Konfliktfall postuliert und herangezogen wurde. Die Ambivalenz der Konstruktion nationaler Kulturcontainer erweist sich am Begriff der Kulturnation, die vorstaatliche Quellen ethnisch-nationalen Gemeinsamkeitsglaubens unterstellt, möglicherweise aber auch Personen außerhalb der nationalen Grenzen anvisiert, zu denen eine sprachlich-kulturelle Gemeinsamkeit behauptet wird.

Multilinguale und polykulturelle Nationen (wie die Schweiz und Kanada), kosmopolitisch angelegte »Transnationen« (Randolph Bourne), wie die Vereinigten Staaten, oder offene Räume, wie das mexikanisch-amerikanische Grenzgebiet, lassen sich dieser Konstruktion kaum subsumieren. kultureller Pluralismus ist keine prinzipielle Barriere gegen Nationsbildung. Den Heiratsmustern Endogamie und Exogamie korrespondieren im kulturellen Bereich Öffnungen und Schließungen, wobei der Grad der Penetration variiert. Nationalkulturen geraten durch Einwanderung und kulturelle Diffusion unter Druck, überall vermehren grenzüberschreitende Massenkommunikation, populäre Unterhaltung, Tourismus, multinationale Unternehmens-Belegschaften und dergleichen die interkulturellen Kontaktzonen und Konfliktarenen. Institutionen der Nationalkultur (Offizialsprache, Schule, Selbstbild, Integrationspolitiken etc.) unterbreiten Assimilationsangebote, die teils aus pragmatischen Gründen, teils aus Überzeugung akzeptiert, aus den gleichen Gründen aber auch zurückgewiesen werden. Das Angebot, sich einer (meist durchaus inklusiv definierten) ›Leitkultur‹ zuzuordnen, kann als Zumutung zurückgewiesen werden; der Rückzug in eine ›Parallelgesellschaft‹ kann zum Aufbau und Schutz kulturellen und ökonomischen Kapitals dienen, aber auch vom allgemeinen Ressourcenfluss abschneiden.

In diesem Zusammenhang ist die Entstehung und Verbreitung globaler Sprachen bemerkenswert; vor allem das Englisch-Amerikanische demonstriert den in der kulturellen Globalisierung angelegten Zusammenhang von globaler Diffusion und lokalen Nischen. Die Ausbreitung des Englischen, zuerst über formelle und informelle Imperialexpansion, dann über die Effekte des weltweiten Transports (vor allem im Massentourismus) und Massenkommunikationswesens gilt vielen als Ausdruck eines angloamerikanischen Kulturimperialismus, der lokale

Sprachen gefährdet oder zum Verschwinden bringt und der hegemonialen Kultur zahlreiche Distinktions- und Wettbewerbsvorteile verschafft. Diese Sichtweise ist nicht falsch, aber sie übersieht die Kehrseiten und Seiteneffekte: Kulturpolitische Institutionen anderer Sprachgemeinschaften betreiben die globale Promotion nicht-anglophoner Sprachen, auf lokaler Ebene werden Sprachtraditionen unter besonderen Schutz gestellt (Beispiel: das frankophone Quebec), und nicht zuletzt werden lokale Kulturinhalte in Englisch transportiert und verbreitet.

Phänomene wie diese stützen das auch in der populären Massenkultur verbreitete Theorem der Hybridität bzw. der Kreolisierung. Gestützt auf die Evidenz vielfältiger Diffusionsprozesse in der transnationalen Massen- und Elitenkultur, geht es von einer wechselseitigen, wenn auch stets asymmetrischen Durchdringung aus, die Nomaden und Kosmopoliten nicht auf eine Position ›zwischen den Stühlen‹ festlegt, also auf die krude Alternative: Marginalisierung oder Anpassung, sondern ihnen eine ›dritte Position‹ zubilligt, in der kulturelle Avantgarden gedeihen können. Dabei muss man gewiss stets die ökonomischen, (urheber-)rechtlichen und politischen Realitäten einbeziehen, die von privat-kommerziellen Medienoligopolen, Nutzungsabkommen (wie dem GATS) sowie kontrollbemühten und zensurfähigen Staatsapparaten ausgehen. Auch von dieser Seite her entgrenzen sich die Nationalkulturen. Wie Kulturmärkte einer globalen Wettbewerbsordnung unterworfen sind, die kulturelle Arbeit animiert, aber auch einschränkt, soll nun ein umstrittenes Terrain kultureller Konflikte demonstrieren – die Weltmusik.

Appropriation und Expropriation – am Beispiel der Weltmusik

Der ›Clash of Civilizations‹ folgt, wie dargelegt, einem holistischen Verständnis von Kulturen resp. Zivilisationen als Ganzheiten, die dabei im Übrigen seltsam kulturlos erscheinen, indem sie sich nur auf abstrakte Wertehimmel, nicht aber auf konkrete Manifestationen des Kulturellen beziehen wie Sprache, Dichtung, Küche, Mode, Gebrauchsgegenstände, Rituale – oder Musik. Musik ist ein besonders affektiv besetztes Medium menschlicher Kommunikation, und sie ist ein auf der Hand liegendes Beispiel für die Gleichläufigkeit kultureller Differenzierungen und Standardisierungen, ein Demonstrationsobjekt für die damit verbundene Auflösung der Dichotomie von Eigenem und Fremden in hybriden Formen. Das gilt für Musik im Allgemeinen und für Weltmusik im Besonderen. *World Music* kann zweierlei bezeichnen: eine Residualkategorie für alle erdenkbaren Stilrichtungen und Regionalursprünge nicht-westlicher Musik, die man bislang als *Ethno-* oder *Folk Music* rubriziert hat, oder eine hybride Mischung diverser Stile, die traditionelle Musik mit westlicher Populärmusik fusioniert. Spielarten dieser Sortierung findet man in jedem beliebigen Musik-Laden, der sein Sortiment an Tonträgern – jenseits der etablierten Unterteilung in U- und E-Musik – den Kunden ausstellt.

Schematisch lassen sich vier Dimensionen musikalischer Globalisierung unterscheiden: (1) die Verbreitung und Dominanz westlicher, vor allem angloamerikanischer Stile, Interpreten und Labels auf dem Weltmarkt, (2) die Aneignung nicht-westlicher Musik durch die westliche Musik- und Unterhaltungsindustrie, (3) die Förderung lokaler Nischen und (4) die Entstehung ›kreolisierter‹ Musik verschiedenster Provenienz. Die ersten beiden Varianten bringen die Vorherrschaft westlicher Musik(industrie) zur Geltung, die beiden anderen erhöhen, stets in Wechselwirkung mit den westlichen Weltmarktführern, Eigensinn und Autonomie nicht-westlicher Genres, Produzenten und Hörer. World Music, über die unter Musikern und ihren Fans ebenso wie in den Kulturwissenschaften gestritten wird, lotet also die Chancen von Akkulturation aus: ob darin eher Wechselwirkung oder Spuren von Enteignung und Ausbeutung erkennbar sind.

Kulturelle Appropriation ist nicht per se einseitig oder gar ein Gewaltakt, ist doch gerade in der Musik die Übernahme von Themen und Techniken, Instrumenten und Arrangements aus anderen Quellen an der Tagesordnung. Die vielfältigen Anleihen der Klassik bei der Volksmusik kommen in Bezeichnungen wie Pavane oder Polka zum Ausdruck, exemplarisch auch in Mozarts Klaviersonate *Rondo alla Turca*. Schon diese Adaptation wies auf ein Zentrum-Peripherie-Verhältnis hin, in dem technisch elaborierte Musikschaffende, die an städtischen Höfen angestellt waren, Volkstraditionen aus dem Hinterland erkundeten und sich, mit oder ohne Angabe der Quelle, aneigneten. Den populären Einflüssen verdankten sie viel, aber sie verfeinerten und reproduzierten sie zugleich in einer Weise, dass daraus originale Kunstwerke wurden, die erneut Anschlüsse

boten für die weitere musikalische Entwicklung und nicht zuletzt via Musikunterricht das Hinterland befruchteten.

Dieser uralte Prozess der Inkorporation und Formalisierung wurde mit der ›Entdeckung der Welt‹ in alle möglichen Richtungen der Erdkugel ausgeweitet. Hauptakteure blieben die Musiker und Komponisten, die das auf Reisen Vernommene memorierten und in Noten setzten, sodann Ethnographen, die am Brauchtum nicht-europäischer Völker interessiert waren und hierbei der musikalischen Tradition (dem ›Volkslied‹) besondere Aufmerksamkeit schenkten. Hinzu kamen Musikverleger und -pädagogen, welche die im Europa des 19. Jahrhunderts in vielen Bereichen ausgeprägte Sammel- und Klassifikationstätigkeit aufs Welterbe Musik ausdehnten, und auch der frühe Tourismus beflügelte eine mit Fern- und Heimweh korrespondierende Auswahl von Musik. Die Entwicklung von Aufnahmetechniken erlaubte nach 1900 und verstärkt nach 1950 die Systematisierung der Erkundung und Aufzeichnung nicht-europäischer Musik, worin nun auch die Unterhaltungsindustrie eine profitable Quelle entdeckte. Appropriation und Expropriation setzten auf breiter Front ein, nach innen wie nach außen: In den USA wurden afro-amerikanische Gospel, Ragtime und Rhythm & Blues adaptiert, Musik aus Hawaii und Puerto Rico, aus der Karibik (Kuba, Jamaika), aus ganz Mittel- und Südamerika. Aufgegriffen wurde der Tango aus Argentinien, die Bossa Nova-Kreationen aus Brasilien oder die Calpyso-Welle in der Karibik.

Ein viel zitiertes Beispiel dafür, wie sich die populäre Massenkultur seit den 1950er Jahren auch für afrikanische Quellen interessierte, ist der Fall des bis heute gern gespielten Titels *The Lion Sleeps Tonight*. Die Gruppe *The Tokens* konnte damit 1961 die Spitze der US-Hitparade erklimmen, ohne die Herkunft vom Song *Mbube* zu erwähnen, den der Zulu-Sänger Solomon Linda bereits 1939 mit seiner Gruppe *The Evening Birds* erfolgreich auf dem südafrikanischen Heimatmarkt herausgebracht hatte. Den Weg in die USA hatte das Lied über den amerikanischen Sammler Alan Lomax und die Leitfigur des Folk Rock, Pete Seeger, gefunden, der es 1952 mit seiner Gruppe *The Weavers* unter dem verballhornten Refrain-Titel *Wimoweh* in die US-Hitparade brachte und Solomon Linda immerhin als Koautor würdigte. Bekannt ist eine Live-Version aus der Carnegie Hall und eine Cover-Version des *Kingston Trios*. Geld machte mit

dem Titel weder Linda, der verarmt in Südafrika ge-
storben ist, noch Seegers, sondern die Plattenfirma
der *Tokens*, RCA, und im Anschluss daran diverse
Interpreten bis heute zum Disney-Film *The Lion
King* von 2000.

Der Fall versammelt so gut wie alle Elemente kultureller Appropriation. Es wäre falsch, ihn allein als
Geschichte der US-imperialistischen Aneignung authentischen Materials aus Afrika zu lesen, weil er Teil
eines immer asymmetrischen, aber doch wechselseitigen Akkulturationsprozesses zwischen Amerika
und Afrika war, seit den ersten Sklaventransporten,
Handelskontakten und Migrationsprozessen über
den Atlantik, in dessen Verlauf auch ein Solomon
Linda aus Quellen jenseits des Atlantiks schöpfen
konnte. Afro-amerikanische Musik ist von ihren Ursprüngen bis zum HipHop heutiger Tage ein Mus-
terbeispiel kultureller Hybridisierung, die vor allem
mit der elektrisch verstärkten Rock-Musik auf
schwarze Amerikaner und Musikproduzenten in
Afrika zurückgewirkt und von da aus wiederum bis
dato schräg erscheinende Bezüge erlaubte, wie zwischen Dakar und Dublin, also westafrikanischer und
irisch-keltischer ›Volksmusik‹ im Afro-Celtic Sound-
system.

Das wirft die Frage auf, ob Musik überhaupt einen
geographischen Ort hat oder haben soll, oder selbst
einen ›dritten Ort‹ bildet, den Josh Kun *audiotopia*
genannt hat. In diesem virtuellen Raum sind die
Wurzeln eines Klangs weit weniger interessant als
die Routen seines Transfers. Dagegen Authentizität
zu reklamieren, wirkt im kulturellen Feld seltsam –
als könnte man Melodien, Komponisten und Interpreten einem Territorium zurechnen und ein Kunstwerk jeweils auf einen Ursprungsnullpunkt zurückführen. Dem ebenso spontanen wie unordentlichen
musikalischen Austausch lassen sich schwerlich politische Ambitionen unterschieben, weder ein Aus-
beutungs- noch ein Subversionsszenario. Das heißt
nicht, dass man Weltmusik romantisieren sollte,
denn wie generell im Handel mit Rohstoffen hat man
es mit einer Wertschöpfungskette zu tun, die den
Kreativen regelmäßig weniger übrig lässt als den primären und sekundären Verwertern. Dazu gehört ein
Patronagesystem, das nicht-westliche Musik oft
durch Pop-Kuratoren wie Paul Simon, Ry Cooder
und Peter Gabriel veredeln lässt und in den Mainstream des westlichen Publikums einpasst. ›Kul-
turimperialistische‹ Züge weisen vor allem die Unterhaltungsindustrie und das ihr eigentümliche Star-

system auf, es sind wirtschaftliche, politisch-rechtliche
und mediale Rahmenbedingungen, die nicht-westliche Musiker beim Wettbewerb um Aufmerksamkeit
und Anerkennung benachteiligen. Und dennoch: in
der affektiv-kommunikativen Atmosphäre des globalen Jamming bewährt sich trotz allem die osmoti-
sche Kraft der Musik, die Völker verbinden und ihre
Abgrenzungsbedürfnisse überwinden kann.

Vom kulturellen zum religiösen Pluralismus

Die Huntington zugeschriebene Kulturkampfthese
hat seit 2001 noch eine Schlagseite gewonnen, die
von ethnischen und kulturellen Unterscheidungen
zu religiösen Fundamenten führt. Säkularisierung
und Sakralisierung schreiten in der heutigen Weltgesellschaft parallel voran – und genau darin liegt ein
Konfliktpotenzial. Religiös begründete Konflikte
nehmen mit der Ausbreitung und dem Aufeinandertreffen fundamentalistischer Strömungen oder allgemeiner ›politischer Religionen‹ zu. Die Bandbreite
religiöser Motive in der internationalen Politik verwundert kaum, stellt man den immer schon grenzüberschreitenden Charakter der großen Weltreligionen in Rechnung. Geld und (Heiliger) Geist sind
grenzüberschreitende Medien, und Religionen waren, genau wie Unternehmen auf den Weltmärkten,
die frühesten Motoren der Globalisierung. Sie haben
dabei den Vorzug, in der lokalen Lebenswelt geerdet
zu sein und gleichwohl für die ganze Menschheit
sprechen zu können. Dieser per se transnationale
Grundzug der Weltreligionen, der sich in weltweit
verstreuten Diaspora-Gemeinschaften niederschlägt,
ist heute wieder eine Quelle von Konflikten: Nachdem der Westfälische Frieden von 1648 Religionen
exemplarisch entpolitisiert hatte und auf der Grundlage der friedlichen Koexistenz der Konfessionen die
moderne Staatenordnung errichtete, treten nunmehr
Religionsgemeinschaften wieder ›postwestfälisch‹
als politische Religionen auf – gegen Staaten, neben
Staaten, mit Staaten.

Religiöse Pluralisierung ist eine wichtige Tendenz
seit dem Teilerfolg der ›islamischen Revolution‹ im
Iran und dem Teilerfolg der Taliban in Afghanistan
(beide 1979). Nicht allein metropolitane Ballungsge-
biete, auch ländliche Regionen weisen eine wachsende religiöse Heterogenität auf, was vom Eindruck
einer nicht allein, aber erheblich durch Immigration
bedingten ›Renaissance des Religiösen‹ begleitet

wird. In manchen Teilen der zweiten und dritten Einwanderer-Generation werden religiöse Bekenntnisse, Einstellungen und Verhaltensmuster wieder bedeutsamer; aber auch die wachsende Irritation und Provokation der säkularen Gesellschaft durch politisch-religiöse Phänomene wie den Islamismus und andere weltpolitische Einflüsse bewirkte eine Art Umtaufung sozialstruktureller und sozio-kultureller Dimensionen der Einwanderung. Aus ›Gastarbeitern‹ wurden erst ›Türken‹ und dann ›Muslime‹ – auch das reflektiert die Entkoppelung von Territorialstaat und Religionszugehörigkeit.

Die Diasporasituation wird zu einem transnationalen Normalfall, so dass auch entfernte, religionsbezogene Ereignisse sich lokal niederschlagen. Gerade daran, dass Säkularisierung und Sakralisierung in der öffentlichen und privaten Sphäre parallel voranschreiten, entzünden sich religiös motivierte oder gerahmte Konflikte, die eine neue, vielen unheimliche Herausforderung für Integrationspolitik darstellen. Religionskonflikte erscheinen, anders als kulturelle Amalgamierungen, als unteilbar und unverhandelbar; religiöses Engagement legt gerade in säkularen Gesellschaften seine ganze Intransigenz an den Tag. Auf diese Weise kann es Hemmnis, aber auch Medium der Konfliktbearbeitung sein, und die genaue Analyse lokaler Religionsstreitigkeiten in Städten und Gemeinden belegt, dass lokale Integration nicht zuletzt über die formelle oder informelle Mediation dieser Konflikte verläuft. Ihr Erfolg hängt vor allem davon ab, wie sie lokale religiöse Identitäten einerseits respektiert, andererseits auch für politische Kompromisse und Konsense disponibel macht. Auch hier zeigt sich, dass es den Religionsgemeinschaften schwer fällt, die gerade auf offenen Religionsmärkten blühende Neigung zur Konversion und zum Synkretismus durch Reinheitspostulate zu unterdrücken.

Globalisierung und ›Ambivalenzmanagement‹

Zygmunt Bauman (1991) hat die Moderne als Zeitalter charakterisiert, das sich durch das Ausschalten von Ambivalenz, durch Dichotomisierung und Vernichtung des Unentscheidbaren auszeichnet. Damit ist allerdings nur die halbe Wahrheit gesagt. Das stimmt, wenn man sich die Selbstbeschreibungen der Moderne und ihre ideologischen Programme anschaut. Zwischen diesen und der lebensweltlichen Wirklichkeit besteht aber nicht notwendigerweise Übereinstimmung. Ein pragmatistisches Verständnis von Interkulturalität offenbart, dass moderne Gesellschaften widersprüchliche Einheiten bilden, die mit ihren Widersprüchen und durch ihre Widersprüche leben und deren Angehörige diese Widersprüche selbst bewältigen. Das Miteinander von Differenzierung und Integration verweigert sich einer Vereindeutigung. Die Ambivalenzbewältigungsstrategien konstituieren ein Sowohl-als-auch, das Differenz nicht auflöst, sondern die zueinander in Spannung stehenden Bereiche aufeinander bezieht, statt sie voneinander zu trennen. Aus dieser Perspektive kann damit auch die soziologische Frage nach der Integration in Frage gestellt werden, die sich nicht als Alternative zwischen Assimilation und ›Parallelgesellschaft‹, zwischen Teilhabe und Segregation stellt, sondern als unentscheidbar erweist, als Gleichzeitigkeit und Doppelheit.

Eine pragmatistische Perspektive auf Interkulturalität reagiert konzeptionell auf die Fragmentierung und Konnektivität moderner Individuen wie moderner Gesellschaften. Sie attestiert, dass Integration fraglich und erklärungsbedürftig ist und gibt Antworten darauf, wie die Entstehung von Einheit und von Zonen der Konkordanz dennoch möglich ist. Soziale Welten basieren darauf, dass Menschen Dinge gemeinsam tun. Dies setzt ein gewisses Maß an geteiltem Wissen voraus, so wie in diesem Tun wiederum Wissen produziert wird. Bei aller Heterogenität der Interessen und Orientierungen ihrer Angehörigen sind soziale Welten nur dann einigermaßen dauerhaft und funktional (hinsichtlich der Ermöglichung und Durchführung ihrer Kernaktivitäten), wenn sie diesen Grundbestand an Wissen garantieren. Dieses in der Interaktion immer wieder aufgefrischte Wissen dient als gemeinsamer symbolischer Referenzrahmen. Es umfasst einen Bestand an geteilten Routinen, Erfahrungen und Erinnerungen, die den sozialen Raum als einen gemeinsamen erscheinen lassen, selbst dann, wenn man nur routiniert improvisiert, Erfahrungen divergent interpretiert und unterschiedlich erinnert.

Literatur

Bauman, Zygmunt: Moderne und Ambivalenz. In: Ulrich Bielefeld (Hg.): *Das Eigene und das Fremde. Neuer Rassismus in der Alten Welt?* Hamburg 1991, 23–49.

Brubaker, Rogers: *Ethnizität ohne Gruppen.* Hamburg 2007.

Dorfman, Ariel/Mattelart, Armand: *Para leer al Pato Donald. Comunicación de masas y colonialismo.* Mexico 1972.

Gilroy, Paul: *The Black Atlantic. Modernity and Double Consciousness.* New York 1993.

Günthner, Susanne/Luckmann, Thomas: Wissensasymmetrien in interkultureller Kommunikation. In: Helga Kotthoff (Hg.): *Kultur(en) im Gespräch.* Tübingen 2002, 213–243.

Hahn, Alois: Die soziale Konstruktion des Fremden. In: Walter M. Sprondel (Hg.): *Die Objektivität der Ordnungen und ihre kommunikative Konstruktion.* Frankfurt a.M. 1994, 140–166.

Huntington, Samuel P.: *Kampf der Kulturen. Die Neugestaltung der Weltpolitik im 21. Jahrhundert.* München 1996.

–: *Who Are We? Die Krise der amerikanischen Identität.* Hamburg 2004.

Said, Edward: *Orientalismus.* Frankfurt a.M. 1981.

–: *Kultur und Imperialismus. Einbildungskraft und Politik im Zeitalter der Macht.* Frankfurt a.M. 1994.

Schütz, Alfred: Der Fremde. In: Ders.: *Gesammelte Aufsätze II: Studien zur soziologischen Theorie.* Den Haag 1972, 53–69.

Soeffner, Hans-Georg/Zifonun, Dariuš: Integration – An Outline from the Perspective of the Sociology of Knowledge. In: *Qualitative Sociology Review* 4. Jg., 2 (2008) (http://www.qualitativesociologyreview.org/ENG/volume10.php).

Zifonun, Dariuš: Widersprüchlichen Wissens. Elemente einer soziologischen Theorie des Ambivalenzmanagements. In: Jürgen Raab u.a. (Hg.): *Phänomenologie und Soziologie. Theoretische Positionen, aktuelle Problemfelder und empirische Umsetzungen.* Wiesbaden 2008, 307–316.

Claus Leggewie/Dariuš Zifonun

IV. Glossar: Kernbegriffe der Globalisierungs-diskussion[*]

Afrikanische Union (African Union, AU)

Die Afrikanische Union wurde 2002 als Nachfolge-organisation der Organisation für afrikanische Ein-heit (Organisation of African Unity, OAU) und in Anlehnung an das Vorbild der Europäischen Union gegründet. Sitz der AU ist in Addis Abeba, und Mit-glieder sind alle afrikanischen Staaten mit der Aus-nahme von Marokko. Primäres Ziel der AU ist es, die Nationalökonomien in einen gemeinsamen Markt mit einer geteilten Währung zu integrieren, um auf diese Weise den Anteil Afrikas an der Weltwirtschaft zu erhöhen bzw. ein größeres Gewicht in Verhand-lungen über deren Ausgestaltung zu gewinnen. Da-neben wurde eine eigene militärische Eingreiftruppe geschaffen und Truppen für friedensüberwachende Maßnahmen, wie etwa in Darfur/Sudan, zusammen-gestellt. Zudem wird die Kooperation in anderen Be-reichen, wie etwa der Wissenschaft, unterstützt.

Al-Qaida

Al-Qaida ist die Selbstbezeichnung eines 1988 an der Grenze zwischen Afghanistan und Pakistan gegrün-deten losen Netzwerks von Terrorgruppen, die ihre Mitglieder v. a. aus dem Umfeld des sunnitischen Is-lamismus rekrutieren. Wörtlich bedeutet der arabi-sche Ausdruck ›Basis‹ oder ›Stützpunkt‹ (gewählt mit Bezug auf sowjetische Stützpunkte in Afghanis-tan oder Ausbildungslager des Netzwerkes oder aber auch unter Referenz auf den Titel der Computerda-tei, die die Namen der von der CIA ausgebildeten Mudschaheddin enthielt, die gegen die UdSSR kämp-fen sollten). Weltweit bekannt wurde Al-Qaida durch den Bombenanschlag auf das World Trade Center 1993. Danach kam es zu weiteren Anschlägen v. a. auf amerikanische Einrichtungen und als herausragen-des ›Ereignis‹ am 11. September 2001 zu den Angrif-fen auf das World Trade Center in New York sowie das Pentagon und das Kapitol in Washington, DC. Seitdem gilt Al-Qaida (und insbesondere ihr ›An-

führer‹ Osama Bin-Laden) als Hauptgegner im soge-nannten ›Krieg gegen den Terror‹. So gaben die USA als einen der wichtigsten Gründe für den Krieg in Afghanistan die Bekämpfung des Al-Qaida-Netz-werkes an.

Während des Irak-Krieges bildete Abu Mussab al-Sarkawi eine eigene Al-Qaida-Einheit und trug da-mit wesentlich zu den bürgerkriegsartigen Verhält-nissen zwischen 2004 und 2007 im Irak bei. Seitdem hat die Bedeutung dieser Gruppe im Irak aufgrund der inner-irakischen Bekämpfung ihrer Aktivitäten stark abgenommen.

Allgemeine Erklärung der Menschenrechte

Am 10. Dezember 1948 verabschiedete die UN-Voll-versammlung die Allgemeine Erklärung der Men-schenrechte. Mit dieser Erklärung wurde die Arbeit der Menschenrechtskommission abgeschlossen, die im Rahmen der ursprünglichen Verhandlungen über die Schaffung der Vereinten Nationen 1944/45 ein-gesetzt worden war. Die Erklärung ist kein völker-rechtlich bindendes Dokument, was der Preis dafür war, dass es überhaupt zu ihr gekommen ist. Sie ist jedoch sowohl in wesentlichen inhaltlichen Bestim-mungen einzelner Rechte, wie auch in der Ordnung der Rechte zum Vorbild und wesentlichen Bezugs-punkt für zahlreiche weitere, völkerrechtlich ver-bindliche Menschenrechtserklärungen und -abkom-men geworden.

Die Erklärung umfasst 30 Artikel, die so unter-schiedliche individuelle, politische und soziale Rechte enthalten, wie diejenigen auf Leben und Si-cherheit der Person, auf Gleichbehandlung vor dem Gesetz, auf den Schutz der Familie oder auf ange-messene Lebensverhältnisse. Kritiker der Allge-meinen Erklärung haben jedoch dennoch bemän-gelt, dass sie das Individuum zu unabhängig von seinem sozialen und kulturellen Umfeld als Träger von Rechten betrachtet oder dass die politische Stellung von Bürgern nicht hinreichend geschützt wird.

Zu einer völkerrechtlich verbindlichen Sicherung

[*] (Pfeile verweisen auf im Glossar erläuterte Begriffe)

von Menschenrechte im UN-System ist es 1966 (bzw. mit deren Ratifizierung 1976) durch die Pakte über wirtschaftliche, soziale und kulturelle Rechte sowie über bürgerliche und politische Rechte gekommen.

Amnesty International (AI)

AI wurde 1961 in England gegründet und ist heute die größte internationale Nichtregierungsorganisation, die weltweit für die Achtung von Menschenrechten kämpft. Derzeit sind bei AI Gruppen aus mehr als 100 Ländern zusammengeschlossen. AI konzentriert sich v. a. auf Folter, die Behandlung von Flüchtlingen sowie Frauenrechte und beschäftigt sich mit der allgemeinen Menschenrechtslage in einzelnen Ländern. In diesem Kontext werden regelmäßige Länderberichte herausgegeben, die mitunter große Bedeutung für die Politik mancher Länder, aber auch in Gerichtsverfahren haben, in denen es um Asyl und Abschiebungen geht. Daneben konzentriert sich die Organisation auf Einzelfälle, bei denen lange Zeit v. a. gewaltlose politische Häftlinge und inhaftierte Journalisten unterstützt wurden.

In den ersten Jahrzehnten ihrer Existenz wurde AI insbesondere dafür kritisiert, durch die Betonung von Menschenrechten einen problematischen Individualismus zu verteidigen und jeweilige politische und soziale Bedingungen zu vernachlässigen. Seit den 1990er Jahren richtet sich die Kritik an AI dagegen darauf, dass der Fokus auf soziale und kulturelle Rechte sowie auf ein Recht auf Abtreibung ausgedehnt wurde. Zudem wird AI vorgeworfen, zu einseitig Israel und die USA zum Gegenstand ihrer Kritik zu wählen.

Antiglobalisierungsbewegung

Unter dem Titel der Antiglobalisierungsbewegung (Anti-Globalization Movement) werden nationale und internationale Nichtregierungsorganisationen (NGOs) verstanden, die sich gegen die Globalisierung bzw. einzelne (vermeintliche) Auswirkungen derselben richten oder für eine andere, weniger ökonomiezentrierte Gestalt der Globalisierung eintreten (Bewegung der *alter-mondialisation* oder *alter-globalization*). Zur Antiglobalisierungsbewegung werden einerseits umfassende Aktivisten-Netzwerke, wie Attac oder Via Campesina, aber auch prominente Einzelpersonen, wie Arundhati Roy oder Naomi Klein, gezählt, die v. a. darauf setzen, die ›klas-

sischen‹ politischen Akteure und Gremien zu beeinflussen. Andererseits – und häufig mit einer größeren öffentlichen Sichtbarkeit verbunden – gehören zu ihr aber auch größere oder kleinere Initiativen bzw. sogar revolutionäre Bewegungen, die z. T. direkt Parteien in lokalen Konflikten sind und in einigen Fällen ihren Ursprung bereits in antikolonialistischen Bewegungen hatten. Wichtiger Ausdruck der Antiglobalisierungsbewegung sind die Weltsozialforen, die seit 2001 in jährlichem Turnus stattfinden (s. Kap. III.3.7).

Arabische Liga

Die Arabische Liga ist eine 1945 in Kairo (wo heute auch ihr Sitz ist) gegründete Vereinigung arabischer Staaten, die derzeit 22 Mitglieder umfasst, nämlich 21 afrikanische und asiatische Staaten sowie die palästinensische Autonomiebehörde. Hauptgremium ist der Rat der Arabischen Liga, der in halbjährlichen Konferenzen zusammentritt und dessen Entscheidungen nur für die Länder jeweils verbindlich sind, die den Entscheidungen zugestimmt haben. Daneben gibt es eine Reihe von weiteren Ministerräten, unter denen der Gemeinsame Arabische Verteidigungsrat und der Arabische Wirtschafts- und Sozialrat herausragen. 2003 haben der Jemen und Libyen einen Vorschlag eingebracht, die Arabische Liga in eine Arabische Union umzuwandeln, aber dieses Vorhaben ist bislang nicht weiterverfolgt worden.

2008 trat die Arabische Menschenrechtscharta in Kraft, die von der Arabischen Liga 2004 verabschiedet wurde. Im Gegensatz zu anderen regionalen Menschenrechtsabkommen sieht diese Charta allerdings keine Instanzen und Verfahren vor, in denen Menschenrechtsverletzungen verfolgt werden können.

Attac

Vereinigung für eine Besteuerung von Finanztransaktionen zum Nutzen der Bürger (Association pour une taxation des transactions financières pour l'aide aux citoyens), die in der Folge eines Artikels von Ignacio Ramonet 1998 zunächst in Frankreich gegründet wurde und sich seitdem zu einer v. a. europäischen und südamerikanischen Vereinigung von Antiglobalisierungsorganisationen und Einzelpersonen entwickelt hat. Im Zentrum stand zu Beginn die Forderung nach der Einführung der sogenannten ↗ Tobin-Steuer, was unterdessen um zahlreiche andere Themen, insbesondere aus den Bereichen der Regulierung der globalen Finanzpolitik (›Demokratisierung der Finanzmärkte‹) sowie des Abbaus bzw. der Sicherung von sozialen Rechten, ergänzt wurde. Attac versteht sich selbst als Lobby-Organisation und wirkt dementsprechend gerade in der EU als Interessenvertreterin der ↗Antiglobalisierungsbewegung.

Auslandsüberweisungen

Hierbei handelt es sich um Überweisungen, mit denen Geld aus einem Land in ein anderes Land transferiert wird. Im Kontext der Globalisierung sind Auslandsüberweisungen in zweierlei Hinsicht relevant: erstens weil die Vereinfachung von Finanztransaktionen über Grenzen hinweg auch ökonomische Aktivitäten etwa multinationaler Konzerne entscheidend vereinfacht hat. Und zweitens sind Auslandsüberweisungen ein wesentlicher Modus, über den Migranten zu den Volkswirtschaften ihrer Herkunftsländer beitragen. So wurden 2008 auf diesem Weg 316 Mrd. US-Dollar von den reichen in die ärmeren Länder transferiert. In einigen Staaten machen diese Überweisungen bis zu 50 % des Bruttoinlandsproduktes aus (etwa in Tadschikistan), den höchsten Anteil am Empfang von Auslandsüberweisungen haben Bangladesch und die Philippinen.

Billiglohnländer (Niedriglohnländer)

Mit diesem Begriff werden Länder bezeichnet, in denen das Bruttoinlandsprodukt in hohem Maß von niedrig entlohnter Arbeit erbracht wird. Die pauschalisierende Rede von ›Billig-‹ oder ›Niedriglohnländern‹ verdeckt mitunter, dass die geringe Lohnhöhe sich nicht in allen Bereichen der betreffenden Volkswirtschaft finden muss. Umgekehrt gibt es auch in Nicht-Niedriglohnländern, wie etwa den USA, wirtschaftliche Sektoren, in denen Billiglöhne gezahlt werden. Gerade multinational operierende Unternehmen versuchen, die Lohnunterschiede zwischen einzelnen Ländern auszunutzen, um so ihre Produktionskosten zu senken und ihren Profit zu steigern. Dabei sind mitunter die niedrigen Löhne für Firmen nur dann interessant, wenn es ausgebildetes Fachpersonal gibt, weshalb der Ausdruck v.a. für asiatische Staaten gebraucht wird. Für die entsprechenden Volkswirtschaften hat dieses Interesse multinationaler Konzerne zur Folge, dass sie einer-

seits von ausländischen Direktinvestitionen und damit einhergehendem höheren Wirtschaftswachstum und verbesserten Staatseinnahmen profitieren können. Andererseits fordern die Konzerne von den Staaten die Bereitstellung einer bestimmten Infrastruktur, so dass die Staaten höhere Ausgaben haben. Diese Bereitstellung erschöpft sich aber nicht in einmaligen Aufwendungen oder Maßnahmen, die eng an die jeweiligen Produktionsvorgänge geknüpft sind. Über sie kommt es vielmehr in einigen Bereichen zu einer grundlegenden Veränderung der Staatsaufgaben oder sogar von Rechtsverhältnissen, was die Staaten auch über die ursprünglichen Anlässe hinaus bindet oder sogar in einer dramatischen Weise davon abhängig macht, dass die ausländischen Investitionen fortbestehen. Zugleich sind diese Investitionen jedoch durch die niedrigen Löhne bedingt, so dass ein zu großer ›Erfolg‹ gerade zur Konsequenz haben kann, dass die Produktion in andere Niedriglohnländer weiterwandert. Allgemein wird zudem an Unternehmen, die in Billiglohnländern produzieren lassen, kritisiert, dass diese in der Regel davon profitieren, dass arbeitsrechtlicher Schutz fehlt und die Arbeitsbedingungen signifikant schlechter sind als in Hochlohnländern.

Biopiraterie

Unter Biopiraterie wird (v.a. von Kritikern multinationaler Konzerne und westlicher, industrieorientierter Forschungspolitik) die privatrechtliche Aneignung von Leben, genetischen Codes und Wissen von Pflanzen und Tieren verstanden – in der Regel mit dem Ziel der ökonomischen Verwertung. Zur Herstellung von landwirtschaftlich genutzten Produkten, wie etwa Saatgut, zum Gebrauch von pflanzlichen Wirkstoffen in Medikamenten oder zur Reproduktion ›leistungsfähigerer‹ Nutztiere werden Pflanzen- und Tierarten bzw. deren Genome erforscht, z.T. manipuliert und schließlich patentiert (↗Patentierung). Mit sogenannten Biopatenten lassen sich nicht nur eigene Erfindungen als geistiges Eigentum schützen, sondern auch gewonnenes Wissen über Funktionen von Gensequenzen oder insgesamt über Pflanzen oder Tieren. Über die Patentierung wird ausgeschlossen, dass Dritte die entsprechenden Pflanzen und Tiere ohne Erlaubnis (bzw. Zahlung von Lizenzgebühren) nutzen können, selbst wenn es sich um Pflanzen oder Tiere handelt, die bislang für alle frei verfügbar waren. Gerade in der

Dritten Welt wird auf diese Weise das Wissen indigener Bevölkerungen bzw. die lokale Biodiversität häufig unter geringer oder fehlender bzw. pauschaler und einmaliger Bezahlung ›abgeschöpft‹, um einerseits innovative und teure Produkte auf dem westlichen Markt anbieten zu können, andererseits aber auch die Produktions- oder Forschungskosten durch ›Rückverkauf‹ an die entsprechenden Staaten bzw. Bauern etc. zu amortisieren.

Biopolitik

Der Begriff der Biopolitik wurde prominent über das Spätwerk des französischen Philosophen Michel Foucault eingeführt und dient unterdessen sehr unterschiedlichen politischen Positionen dazu, den Zugriff der Politik auf die biologischen Grundlagen v. a. des Menschen zu fordern, zu thematisieren oder zu kritisieren. Aus der Perspektive der Biopolitik-Diagnose hat sich seit dem 18. Jahrhundert eine fundamentale Veränderung in der Politik gegenüber früheren Verständnissen derselben herausgebildet. Politik zielt nun nicht mehr nur auf die ›äußere‹ Koordination von Handlungen bzw. die Unterdrückung von unerwünschten Handlungen ab, sondern greift auf die Produktion und Reproduktion des Lebens selbst zu. Dies wird einerseits, gerade von rechten oder sogar extrem rechten Positionen, als Notwendigkeit dargestellt, um das Überleben oder die Optimierung der Menschheit angesichts ökologischer Gefahren und biotechnologischer Innovationen zu gewährleisten. Andererseits wird die Biopolitik von linken bzw. kritischen Theorien als Form des Totalitarismus begriffen, die durch die politische Regulierung und Kontrolle der individuellen Körper selbst in ihren biologischen Funktionen jeglichen (politischen) Freiheitsraum nimmt. Vor diesem Hintergrund der vollkommenen Durchdringung des individuellen Lebens werden dann, so die kritischen Ansätze, die Vernichtungspolitiken des 20. Jahrhunderts, aber auch die Entwicklung des Kapitalismus auf neue Weise erklärbar.

Biotreibstoff (Biokraftstoff)

Als Biotreibstoffe werden Kraft- und Treibstoffe verstanden, die aus Biomasse, wie Ölpflanzen, Zuckerrüben, Holz oder Getreide, hergestellt werden. Dadurch dass sie aus nachwachsenden Rohstoffen erzeugt werden, gelten sie als wichtiges Substitut für fossile Brennstoffe, wie Öl oder Kohle. Es werden Biotreibstoffe der ersten und der zweiten Generation unterschieden: Biotreibstoffe der ersten Generation, wie Ethanol, Biodiesel und Biogas, werden relativ direkt aus den Ausgangsmaterialien gewonnen – und haben daher u. a. den Nachteil, dass Pflanzen nur teilweise genutzt werden und mitunter die Kohlendioxidemissionen recht hoch sind. Bei Biotreibstoffen der zweiten Generation wird in bestimmten Verfahren der Ertrag aus klassischen Treibstoffpflanzen erhöht oder Treibstoff aus Pflanzen gewonnen, die bislang nicht dazu genutzt werden konnten. Biotreibstoff ist v. a. deshalb problematisch, da für seine Gewinnung zunehmend Agrarflächen der Nahrungsmittelproduktion entzogen werden und dadurch sowohl die Weltmarktpreise für Getreide, Reis und Mais steigen, als auch die Gefahr zunimmt, dass zukünftig ihre weltweite Nachfrage nicht mehr gedeckt werden kann. Zudem sind die Monokulturen der Treibstoffpflanzen in hohem Maße schädlingsanfällig, was u. a. auch den verstärkten Einsatz von Schädlingsbekämpfungsmitteln nach sich zieht.

Bretton Woods-System

In Bretton Woods, New Hampshire/USA, fand 1944 eine Konferenz zur Schaffung eines internationalen Währungssystems statt. Ziel war es, ein relativ fixes System von Wechselkursen zu etablieren mit dem Zweck, die Weltwirtschaft dadurch zu stabilisieren, dass die Kosten durch Währungsschwankungen minimiert werden. Dazu wurde der US-amerikanische Dollar über einen Goldstandard als Leitwährung festgelegt. Zudem wurden in der Folge dieser Konferenz das ↗ GATT getroffen und der IWF (↗ Internationaler Währungsfonds) sowie die ↗ Weltbank-Gruppe gegründet. 1973 wurden die Bretton Woods-Übereinkünfte außer Kraft gesetzt.

Bruttoinlandsprodukt (BIP)

Das BIP misst den Wert der Waren und Dienstleistungen, die innerhalb eines Landes hergestellt werden, soweit diese nicht als Vorleistungen für die Produktion anderer Waren und Dienstleistungen verwendet werden, also die Wertschöpfung in einem Land. Das BIP ist gegenwärtig das wichtigste Maß der gesamtwirtschaftlichen Produktion und hat in dieser Funktion das Bruttosozialprodukt weitgehend ersetzt. Es wird in Preisen (nominal) und preisbereinigt (real) bestimmt, wobei die Berechnung sowohl auf der Produktionsseite, wie auf der Nachfrageseite vorgenommen werden kann. Die Veränderungsrate des preisbereinigten BIP dient als Bemessungsgröße für die Wirtschaftentwicklung eines Landes.

Im Kontext der Globalisierungsforschung ist der Vergleich von realen BIP und BIP-Entwicklungen wichtig, um regionale Differenzen und Parallelen einzuschätzen. Zudem wird, etwa von der UN-Konferenz für Handel und Entwicklung (UNCTAD), ein Welt-Bruttoinlandsprodukt errechnet. Hierbei zeigt sich z. B., dass die zehn Länder mit den höchsten BIP nahezu 70 % des Welt-BIP beisteuern.

Bürgerkrieg

Ein Bürgerkrieg ist eine gewaltsame Auseinandersetzung zwischen verschiedenen inländischen Gruppen (weitgehend) auf dem Territorium eines einzigen Staates (wobei der Einfluss und die Unterstützung anderer Staaten bzw. ausländischer Gruppen nicht ausgeschlossen sind). Lange Zeit wurden in der Kriegsforschung v. a. Bürgerkriege und zwischenstaatliche Kriege gegenübergestellt, was gerade in den 1990er Jahren zu dem Befund führte, dass seit 1945 ein wesentlicher Rückgang bei der Zahl der zwischenstaatlichen Kriege und eine wenigstens relative Zunahme bei den Bürgerkriegen zu verzeichnen ist. Die jüngere Fokussierung auf die Bürgerkriege führte dazu, dass deren Unterschiede stärker in den Blick traten, weshalb der Begriff der ↗ ›Neuen Kriege‹ eingeführt wurde, um eine Klasse von Bürgerkriegen zu kennzeichnen, die wesentlich von der Globalisierung abhängen, etwa qua Finanzierung, Waffenlieferungen, öffentlicher Unterstützung etc.

Dekolonisierung

Unter Dekolonisierung oder Dekolonisation wird der Prozess verstanden, in dem Kolonien unabhängig werden und eigene Staatlichkeit etablieren. Der Begriff wird dabei v. a. mit Blick auf die afrikanischen und asiatischen Länder gebraucht, die seit dem Zweiten Weltkrieg unabhängig wurden, und bezieht sich nicht nur auf die Schritte, mit denen eine eigene politische Ordnung aufgebaut wird, sondern auch auf den Abbau oder die Transformation von territorialen, sozialen und kulturellen Strukturen, die im Kontext der Kolonialherrschaft eingerichtet und erhalten wurden. Die Dekolonisierung ist in Asien und Afrika zeitlich versetzt verlaufen und hat z. T. auch andere Formen angenommen. Die Schwierigkeiten in der Vorstellung einer vollständigen Überwindung der Kolonialzeit haben zur Theorie des Post-Kolonialismus geführt; und im Zusammenhang der Globalisierungsforschung wird oft von einer Re-Kolonisierung geredet.

Dependenztheorien

Dependenztheorien wurden seit den 1960er Jahren v. a. in Lateinamerika (z. T. unter Rückgriff auf marxistisch-leninistische Imperialismustheorien) entwickelt. In ihnen werden ungleiche wirtschaftliche Entwicklungsstände durch Abhängigkeiten auf dem Weltmarkt erklärt, d. h. durch Handelsverhältnisse, in denen einige Länder Rohstoffe exportieren und fertige Güter importieren (und daher durch den tendenziellen Fall von Rohstoffpreisen bei gleichzeitigem Anstieg der Preise von fertigen Gütern in ihrer Entwicklung gehemmt werden), während andere Rohstoffe importieren und fertige Güter exportieren (und dabei von den fallenden Rohstoffpreisen und den steigenden Preisen für fertige Güter profitieren).

Kritiker an diesen Theorien haben einerseits darauf hingewiesen, dass die Diagnose einer zunehmenden Kluft zwischen armen und reichen Ländern, die sich in einer wachsenden Ungleichheit der ↗ Terms of Trade ausdrückt, nicht der Wirklichkeit entspricht. Andererseits wurde eingewandt, dass die Erklärung ökonomisch-politisch-sozialen Erfolgs oder Misserfolgs allein über Außenhandelsbedingungen der Bedeutung von innerstaatlichen Strukturen nicht gerecht wird.

Direktinvestitionen, Internationale (Foreign Direct Investments, FDI)

Im Unterschied zu einer Portfolioinvestition, d. h. einer Investition, in der rein Finanzkapital zur Verfügung gestellt wird, bestehen Internationale Direktinvestitionen in einer direkten Beteiligung am Auf- und/oder Ausbau ausländischer Produktionsstätten. Dabei wird nicht nur Finanzkapital transferiert, sondern auch Fachpersonal, Technologie und Wissen. Die Menge und die Höhe von Internationalen Direktinvestitionen sind ein wichtiger Indikator für das Maß an Globalisierung, da hierüber direkte Verflechtungen und Vernetzungen von Konzernen, Personen und Produktionsabläufen über Grenzen hinweg bestehen.

Doha-Runde/Doha-Entwicklungsagenda

Die Doha-Runde bezeichnet Verhandlungen innerhalb der ↗ WTO, die den Zugang von Entwicklungsländern zum Weltmarkt verbessern sollen. Auf der Doha-Entwicklungsagenda standen dabei eine Reihe von Programmen und Prinzipien, über die die WTO-Wirtschaftsminister zunächst 2001 in Doha (Katar) beraten und entscheiden sollten. Ziel war es, die Beratungen bis 2005, dann bis 2010 abzuschließen. Beide Ziele wurden aufgegeben, da bei den unterschiedlichen Konferenzen (zuletzt 2008) – trotz eines Teilerfolgs durch Zugeständnisse der EU 2004 – kein Kompromiss zwischen den beteiligten und zunehmend stark organisierten Interessengruppen gefunden werden konnte. Wesentliche Streitpunkte sind die Agrarsubventionen in den USA und der EU sowie die Zölle auf Industrieprodukte in den Entwicklungsländern bzw. die Ausgestaltung des ›speziellen Schutzmechanismus‹, mit dem Entwicklungs- und Schwellenländer ihre Wirtschaften z.T. vom Weltmarkt ausnehmen dürfen.

Die Doha-Runde ist eines der wenigen WTO-Vorhaben, bei dem selbst Globalisierungskritiker überzeugt sind, dass die mit ihr verfolgten Ziele zum Vorteil der ansonsten von der Globalisierung wenig Begünstigten wären.

Empire/Imperium

Für viele Beobachter lassen sich die gegenwärtigen politischen Verhältnisse nicht mehr adäquat mit den klassisch-modernen Begriffen souveräner Staatlichkeit und Zwischenstaatlichkeit bzw. Intergouvernementalität erfassen. Ein alternativer Vorschlag besteht darin, den Begriff des Imperiums oder des Empire zu re-aktualisieren, wobei dieser Begriff vom eng mit der modernen Nationalstaatsentwicklung verbundenen Imperialismus und v. a. von der Vorstellung einer Konkurrenz zwischen verschiedenen imperialistischen Mächten abgelöst wird. Referiert wird dagegen auf das antike Römische Imperium und dessen Anspruch, qua Recht und politisch-ökonomischer Infrastruktur eine einzige, Frieden etablierende Gesamtordnung zu bilden. Kennzeichnend für das Empire ist dabei eine netzwerkartige Struktur, die unterschiedliche Kontexte zusammenhält, ohne sie in eine hierarchische Ordnung mit einem einzigen klaren Zentrum zu integrieren. Herrschaft wird darüber ausgeübt, dass sich nichts dem Empire entzieht und selbst widerstreitende Tendenzen zur Stabilisierung desselben genutzt werden können.

Unter Globalisierungskritikern ist die Bezugnahme auf die Idee des Empire, insbesondere in der Interpretation von Michael Hardt/Antonio Negri, weit verbreitet. Umstritten ist dabei v. a., ob die USA als eigentlicher Träger des Empire zu sehen sind oder ob es sich tatsächlich um eine globale, zentrumslose Struktur handelt, in der auch die USA nur ein Element sind. Kritiker an dieser Referenz auf die Vorstellung eines Empire haben darauf hingewiesen, dass gerade die Ereignisse seit dem 11. September 2001 gezeigt hätten, dass die globalen politischen Verhältnisse doch weiterhin in hohem Maß von wenigstens einigen mächtigen Nationalstaaten und ihren partikularen Interessen abhingen, wogegen globale Einrichtungen und auch das Völkerrecht eher machtlos seien.

Entwicklungshilfe (Official Development Aid, ODA)/Entwicklungszusammenarbeit

Der Begriff der Entwicklungshilfe wurde in den 1960er Jahren im Umfeld der OECD-Gründung (↗ OECD) eingeführt. Unter der Annahme einer eindeutigen Entwicklungsrichtung aller ökonomischen Systeme bezog er sich zunächst auf Maßnahmen, die über die bis dahin v. a. übliche Kreditvergabe hinausgingen (etwa in der Form einer Bereitstellung von Personal oder eines Aufbaus von Infrastruktur oder Industrieanlagen) und mit denen v. a. westliche bzw. ›entwickelte‹ staatliche Akteure dazu beitragen wollten, dass weniger ›entwickelte‹ Kontexte in ihrer Entwicklung voranschreiten (oder sich wenigstens nicht ›zurückentwickeln‹). In diesem Zusammenhang wurden auch 1965 das Entwicklungsprogramm der UN (United Nations Development Programme/UNDP) sowie schon 1964 die Gruppe der 77 als gemeinsame Interessenvertretung der Entwicklungsländer gegründet.

Aufgrund der Probleme, die der paternalistische und einseitige Ansatz der Entwicklungshilfe mit sich brachte, wird seit den 1990er Jahren von Entwicklungszusammenarbeit gesprochen, um so den kooperativen Charakter entsprechender Maßnahmen zu betonen. Wichtige Felder der Entwicklungszusammenarbeit sind heute die Armutsbekämpfung, das Etablieren von demokratischer Verantwortlichkeit offizieller Akteure, Präventionsmaßnahmen vor gravierenden ökologischen und ökonomischen Krisen sowie der Umgang mit HIV/AIDS.

Entwicklungsländer

Unter Entwicklungsländern versteht man Länder, die eine geringe Entwicklung in sozialen, ökonomischen oder politischen Bereichen aufweisen und allgemein als arm gelten. Gemeinsame Merkmale dieser Länder sind eine autoritäre politische Ordnung und korrupte Regierungen, hoher Analphabetismus, ein schlechtes Gesundheitssystem und kaum medizinische Versorgung, Hunger und schlechte Ernährung, Schatzbildung der Reichen, geringe durchschnittliche Lebenserwartung und hohe Geburtenrate. Zudem kommt allgemein eine starke wirtschaftliche Ausrichtung an Landwirtschaft und der Ausbeutung von Bodenschätzen hinzu sowie eine hohe Auslandsverschuldung. Weltbank und UN haben zwei unterschiedliche Indizes zur Bemessung von Entwicklung vorgelegt. Erstere bemisst die Entwicklung und Kreditwürdigkeit eines Landes anhand des Pro-Kopf-Einkommens sowie der Verschuldung eines Landes, letztere fakturieren in ihren »Human Development Index« zusätzlich noch Lebenserwartung und Bildungsgrad hinein. Anstatt von Entwicklungsländern zu sprechen, wird alternativ auch vom ›globalen Süden‹ oder von der ›Dritten Welt‹ gesprochen. Letzterer Begriff wurde im entwicklungspolitischen Kontext analog dem ›Dritten Stand‹ gebraucht und sollte somit auf die Unterdrückungs- und Ausbeutungsbeziehungen zwischen reichen und armen Ländern hinweisen. Damit drückte dieser Begriff auch immer die These aus, dass Armut und Elend in Entwicklungsländern zu einem großen Teil das Resultat politischen und wirtschaftlichen Handelns der reichen Länder sind. ›Dritte Welt‹ bezeichnet aber auch eine Gruppe afrikanischer und asiatischer blockfreier Staaten, die sich 1955 auf der Bandung-Konferenz ›Dritte Welt‹ nannten, um damit ihre Distanz sowohl zum westlich-kapitalistischen als auch zum real-sozialistischen Modell zum Ausdruck zu bringen. Da die meisten Entwicklungsländer auf der südlichen Halbkugel liegen, hat sich auch die Rede vom ›globalen Süden‹ ergeben. Da dieser Begriff primär eine geographische Grundlage hat und zugleich das weltweite Ungleichgewicht reflektiert, wird er oftmals von NGOs und politischen Aktivisten verwandt, die die vorherrschende Bestimmung von ›Entwicklung‹ als eurozentrisch und kapi-

talistisch geprägt ablehnen und die Rede von der ›Dritten Welt‹ als pejorativ ansehen.

Entwicklungspolitik

Unter Entwicklungspolitik werden sowohl die programmatischen Grundlinien oder allgemeinen Zwecke begriffen, auf die die Entwicklungshilfe von Geberländern oder internationalen Organisationen ausgerichtet ist, als auch die konkrete Praxis, die z. T. von den Grundlinien und Zwecken aufgrund jeweiliger lokaler Gegebenheiten oder aufgrund von Umsetzungsproblemen abweicht. Über Hilfe in Katastrophenfällen hinausgehend, soll die Entwicklungspolitik sicherstellen, dass Maßnahmen in Entwicklungsländern erstens nicht in Widerspruch zu anderen Hilfeleistungen oder Aufbaumaßnahmen geraten und sie zweitens grundsätzlicheren Zielen der Empfänger- oder aber auch der Geberländer dienen. Die Präzisierung einer Entwicklungspolitik ist damit ein wichtiger Beitrag zur Kohärenz und Transparenz (und d. h. auch zur Kritisierbarkeit und zur Bewertung von deren Effizienz) von Entwicklungshilfemaßnahmen und auf diese Weise auch eine Voraussetzung für die Koordination der Entwicklungshilfe innerhalb von Staaten bzw. internationalen Organisationen und zwischen ihnen. Seit ca. 1990 wird die Entwicklungszusammenarbeit dementsprechend mit einer Reihe von allgemeinen entwicklungspolitischen Zielen verbunden, wie der Hilfe zur Selbsthilfe, der strukturellen Armutsbekämpfung, der Etablierung von Good Governance, der Friedenssicherung, aber auch mit der Liberalisierung von Märkten. In der jüngeren Diskussion wird allerdings darauf hingewiesen, dass durch die Bestimmung der Entwicklungszusammenarbeit über diese allgemeinen Ziele z. T. das Hauptziel von Entwicklungshilfe, nämlich Personen zu helfen, die in extremer Armut leben, aus dem Blick gerät und die Entwicklungshilfe zu einer politischen Maßnahme der Global Governance unter vielen wird.

Europäische Menschenrechtskonvention (EMRK)

Die Konvention zum Schutze der Menschenrechte und Grundfreiheiten wurde 1950 vom Europarat unterzeichnet und trat 1953 in Kraft. Sie gilt weltweit als der beste völkerrechtliche Mechanismus zum Menschenrechtsschutz, v. a. da ihre Unterzeichnung

zu einer Vorbedingung für die Mitgliedschaft im Europarat geworden ist und mit dem Europäischen Gerichtshof für Menschenrechte eine Instanz existiert,
deren Urteile in den allermeisten Fällen in den nationalen politischen Systemen der Mitgliedstaaten des
Europarats direkt Geltung finden. Die EMRK umfasst 59 Artikel, von denen 18 Artikel die Menschenrechte und die Bedingungen für ihre Einschränkung
niederlegen, während die übrigen Artikel v.a. der
Einrichtung und den Verfahrensbedingungen des
EuGHMR (↗Europäischer Gerichtshof für Menschenrechte) gewidmet sind. Kennzeichnend für die
Menschenrechte, die von der EMRK gesichert werden, ist, dass sie kaum politische oder ökonomische
Ansprüche betreffen, sondern sich insbesondere auf
individuelle Freiheitsräume richten. Dies wiederum
ist ein wesentlicher Grund für die wachsende Kritik
an der Rechtsprechung des EuGHMR, der vorgeworfen wird, die politischen Kontexte und Bedingungen für die Gewährleistung und Ausgestaltung
von individuellen Handlungsräumen innerhalb der
von Klagen betroffenen Länder nicht hinreichend zu
berücksichtigen.

Europäische Union (EU)

Die Europäische Union ist ein aus derzeit 27 Staaten bestehendes ↗Mehrebenensystem europäischer
Staaten. In den 1950er Jahren wurden verschiedene
Gemeinschaftsmodelle von den Beneluxstaaten,
Frankreich, Italien und der Bundesrepublik Deutschland im Bereich der Wirtschafts- und Energiepolitik
(Montanunion 1951, Europäische Wirtschafts- sowie
Atomgemeinschaft jeweils 1957) gegründet, die über
die Aufnahme von weiteren Mitgliedern ab 1973 zunächst darauf abzielten, einen gemeinsamen Wirtschaftsraum, d.h. Binnenmarkt, zu schaffen. Neben
diesem Schwerpunkt ist die EU aber ebenfalls ein supranationales politisches Projekt, in dem zwar die
Souveränität der Einzelstaaten nicht aufgehoben
wird, diese sich aber durch eine Reihe von Verträgen
auf die Etablierung eines gemeinsamen politischen
Systems verständigt haben. Die EU hat daher in einigen Bereichen unterdessen quasi Souveränitätsrechte
und kann für die Einzelstaaten bindende Beschlüsse
treffen. Die zentralen Verträge für die Schaffung dieses politischen Systems sind der 1992 geschlossene
und seitdem mehrfach geänderte Vertrag über die
Europäische Union (der sogenannte Vertrag von
Maastricht) und der Vertrag über die Arbeitsweise

der Europäischen Union, der auf den Vertrag zur
Gründung der Europäischen Wirtschaftsgemein-
schaft zurückgeht und seine aktuelle Fassung 2009
mit dem Vertrag von Lissabon gefunden hat. Beide
Verträge bilden die zentralen Rechtsquellen im Europarecht – womit das überstaatliche Recht bezeichnet wird, das in der EU gilt –, in erstem werden die
demokratischen Verfahrensgrundsätze der EU, deren politische Verfassung sowie Eckpunkte einer gemeinsamen Sicherheits- und Außenpolitik festgelegt.
Der zweite Vertrag ergänzt und spezifiziert in wesentlichen Bereichen diese Punkte, wobei er u.a. den
Status der Unionsbürgerschaft definiert, die Errichtung eines Binnenmarktes festlegt, eine einheitliche
Beschäftigungspolitik umreißt, Haushaltsvorgaben
für die Mitgliedstaaten formuliert und Eckpunkte
einer EU-Außenhandelspolitik vorstellt. Die politischen Organe der EU sind zunächst der Rat der EU,
in dem die Regierungen der Mitgliedstaaten vertreten sind und der zusammen mit dem EU-Parlament,
in das bei den Europawahlen die Unionsbürger ihre
Vertreter wählen, die Legislative bildet, dann die Europäische Kommission, die mit exekutiven Angelegenheiten betraut ist, sowie die Gerichte der Europäischen Union (↗Europäischer Gerichtshof). Weitere
Organe sind u.a. der Europäische Rechnungshof, der
die Finanzen der EU-Institutionen überprüft, sowie
die Europäische Zentralbank, die die gemeinsame
Währungspolitik der EU betreibt.

Die EU stellt einen der bedeutendsten Wirtschaftsräume der Welt dar, ihr Anteil am Welt-Außenhan-
del beträgt rund 20 % im Jahr 2010.

Europäischer Gerichtshof (EuGH)

Der Europäische Gerichtshof wurde 1952 mit Sitz in
Luxemburg eingerichtet und ist die höchste Recht-
sprechungsinstanz der Europäischen Union. 1988
wurde zu seiner Entlastung das Gericht erster Instanz geschaffen (das seit dem Vertrag von Lissabon
nur noch als Europäisches Gericht bezeichnet wird).
2004 wurde zudem das Gericht für den Öffentlichen
Dienst etabliert. Der EuGH hat drei wesentliche
Funktionen: Er überprüft erstens, ob sich die Organe
der EU an das geltende europäische Recht halten,
und zweitens, ob sich die Mitgliedsländer im entsprechenden Rechtsrahmen bewegen und die Verpflichtungen erfüllen, die ihnen die europäischen
Verträge auferlegen. Drittens wirkt es auf Anfrage
von nationalen Gerichten als höchste Interpretati-

onsstelle für das europäische Recht und dessen Auswirkungen auf die nationalen Rechtsordnungen.
Durch die rechtliche Geltung der Grundrechtecharta
der EU nach der Ratifizierung des Vertrags von Lissabon ist zu erwarten, dass der EuGH in Zukunft
auch stärker Urteile mit Blick auf Grundrechtsfragen
fällen wird.

Daneben ist der Gerichtshof seit dem sogenannten ›Krieg gegen den Terror‹ auch eine zunehmend
wichtige Stelle für die Umsetzung bzw. Bewertung
völkerrechtlicher Verpflichtungen für das europä-
sche und nationale Recht auf dem Territorium der
EU. So wurde in einigen Entscheidungen festgestellt,
dass gerade Sicherheitsratsentscheidungen und ihre
Umsetzungen, die Einzelpersonen betreffen (etwa in
Fällen von ↗ Targeted Sanctions), nicht den Erwartungen an effektiven gerichtlichen Rechtsschutz entsprechen und daher tendenziell mit europäischem
Recht in Konflikt liegen.

Europäischer Gerichtshof für Menschen-rechte (EuGHMR)

Der EuGHMR ist ein 1959 konstituiertes und seit
1998 ständig tagendes Gericht mit Sitz in Straßburg,
das auf der Grundlage der ↗ Europäischen Menschenrechtskonvention eingerichtet wurde. Verfahren können sowohl durch Individual-, wie auch
durch Staatenbeschwerden initiiert werden, wobei
die Individualklagen erst zugelassen werden, wenn
der Instanzenweg in dem Staat, der beklagt wird, bereits vollständig durchschritten wurde. Grundsätzlich haben sich die Staaten selbst verpflichtet, Urteile
des EuGHMR als verbindlich anzuerkennen, aber
der Status dieser Anerkennung variiert zwischen den
einzelnen Ländern. Und da der EuGHMR keine eigenen Exekutivmittel hat, verbleibt die Umsetzung
der Urteile letztlich in der Hoheit der einzelnen Staaten. Kritiken hat es in den letzten Jahren an der (vermeintlich) zu individualistischen und v.a. zu wenig
politischen Auslegung der Menschenrechte und
Grundfreiheiten gegeben.

Europarat

Der Europarat ist eine 1949 gegründete internationale Organisation mit Sitz in Straßburg, die zunächst
einen Rahmen für den Austausch von ausschließlich
west-europäischen Staaten bot, seit dem Ende des
Ost-West-Konfliktes jedoch zu einer gesamteuropäi-

schen Organisation weiterentwickelt wurde. Wirkmächtig ist der Europarat v.a. über die Europäische
Menschenrechtskonvention und den auf deren Basis
gegründeten Europäischen Gerichtshof für Menschenrechte geworden. Insbesondere im Kontext der
Restrukturierung Europas nach 1989 hat der Europarat eine wichtige Rolle bei der Förderung der Demokratisierung und beim Schutz von Menschen-
und Minderheitenrechten in Osteuropa gespielt.

Eurozentrismus

Mit dem Begriff des Eurozentrismus werden Auffassungen, Beschreibungen oder Theorien kritisiert, denen vorgeworfen wird, außereuropäische Verhältnisse und Überzeugungen nach Maßstäben zu
bewerten, die sich den Eigentümlichkeiten der europäischen historischen und kulturellen Entwicklung
verdanken. Der Eurozentrismus bietet sich somit als
eine Variante des sogenannten Ethnozentrismus dar,
wird aber häufig darüber hinaus mit der Vorstellung
eines europäischen Exzeptionalismus verbunden
(d.h. Europa ist nicht nur die Avantgarde, sondern
hat eine Form der Kultur und Ordnung entwickelt,
die von anderen grundsätzlich nicht erreichbar ist).
Obwohl die Kritik an dem entsprechenden Phänomen bereits älter ist (und v.a. im Kontext der ↗ Dekolonisierung immer wieder auftauchte), wird der Ausdruck des Eurozentrismus erst seit dem Ende der
1980er Jahre gebraucht.

FAO (Food and Agriculture Organization)

Die FAO ist eine 1945 gegründete UN-Unterorgani-
sation mit Sitz in Rom. Ihre wesentliche Aufgabe ist
die globale Bekämpfung von Hunger, wozu sie einerseits einen Rahmen für Verhandlungen und andererseits Expertise bieten soll, die in Krisensituationen,
aber auch zur Prävention und insgesamt zur Gestaltung der Nahrungsmittelproduktion und -distribu-
tion abgerufen werden kann. Seit der Mitte der
1990er Jahren streben die Aktivitäten der FAO v.a.
an, Nahrungsmittelsicherheit (*food security*) zu erreichen, womit unterschiedliche Maßnahmen von
der Sicherung des Zugangs zu Nahrungsmitteln,
über die Verhinderung der Ausbreitung von Schäd-
lingen und tierischen Krankheitserregern bis hin zur
Entwicklung produktiverer Pflanzen- und Tierarten
verbunden werden.

Von vielen wird die FAO als ineffiziente Organisation kritisiert, die weder wesentliche Beiträge zur Bewältigung des Hungers noch zur Beseitigung seiner Ursachen leistet. Als Konsequenz wurden zahlreiche andere internationale, teils rein zivilgesellschaftliche, teils staatliche und nicht-staatliche Akteure verbindende Organisationen gegründet.

Finanzkrise

Als Finanzkrise werden Wirtschaftskrisen im Finanzsystem bezeichnet. Diese sind durch Zahlungsunfähigkeit finanzwirtschaftlicher Unternehmen und ein Absacken ihrer Vermögenswerte charakterisiert. Seit 2007 befindet sich das weltweite Finanzsystem in einer Krise, die ihren Ausgang in der Immobilienkrise in den USA nahm. Nachdem zuerst vor allem Banken betroffen waren, wirkt sich die Krise seit 2008 auch auf die übrige Wirtschaft aus. Nach und nach wurden auch die Banksysteme und die Volkswirtschaften anderer Länder in Mitleidenschaft gezogen. Während sich die nationalstaatlichen Gegenmaßnahmen zum Teil erheblich unterscheiden, ähneln sich die internationalen Interventionen: Durch eine Koordinierung der Zentralbanken z.B. in der EU und durch massive Staatshilfen für in ihrer Existenz gefährdete Kreditinstitute sollte ein Rahmen geschaffen werden, der sowohl die kurzfristigen Gefahren abwehren hilft, als auch die kreditfinanzierte Spekulation langfristig reguliert. Auf der Ebene der ↗ G20 Staaten wurde bei einem Treffen im November 2008 eine stärkere Regulierung der Finanzmärkte avisiert. Diese sollte u.a. in den Bereichen der Hedgefonds, des Einflusses von Rating-Agenturen und der Bewertungsmaßstäbe von komplexen Finanzprodukten erfolgen. Die schweren Bankkrisen in Griechenland und Irland im Jahr 2010 machen deutlich, dass ein Ende der weltweiten Finanzkrise noch nicht absehbar ist (s. Kap. I.1, II.1, III.1.3).

Frieden (negativ, positiv)

In vielen Verwendungsweisen ist Frieden ein Begriff, der durch ein jeweiliges Gegenüber definiert wird, etwa dadurch, dass Krieg oder Gewalt abwesend sind bzw. bestimmte Gegebenheiten akzeptiert werden (›seinen Frieden mit etwas schließen‹). Auch in diesem negativen Friedensbegriff (›negativ‹ aufgrund der Definition über etwas, das negiert wird) gibt es unterschiedliche Abstufungen. So werden z.B. in der

Friedensforschung Zustände, in denen keine militärische bzw. ›direkte‹ Gewalt eingesetzt wird, von solchen unterschieden, in denen auch strukturelle oder andere ›indirekte‹ Formen der Gewalt wie kulturelle Ausgrenzung, ökonomische Ausbeutung o.Ä. abwesend sind.

Diesen negativen Friedensbegriffen steht ein positiver Gebrauch des Begriffs gegenüber, der beansprucht, Kriterien anzugeben, die einen friedlichen Zustand an sich kennzeichnen. Ein wichtiger Referenzpunkt für einen solchen positiven Friedensbegriff ist das ›Zivilisatorische Hexagon‹ von Dieter Senghaas, dem gemäß Frieden durch ein Gewaltmonopol, Verfassungsstaatlichkeit, Affektkontrolle, Demokratie, soziale Gerechtigkeit und eine konstruktive Konfliktkultur etabliert wird. Der Gebrauch eines positiven Friedensbegriffs erlaubt es wiederum, den Kriegs- oder Gewaltbegriff auszudehnen, wenn letztere negativ über den Friedensbegriff bestimmt werden. In einigen Friedens- oder Kriegstheorien wird eine solche Betrachtung von Krieg und Gewalt im Licht eines positiven Friedensbegriffs als wesentlicher Erklärungsansatz für das Ent- und Fortbestehen von gewalttätigen Konflikten herangezogen. Andere wiederum betonen, dass Kriege und kollektive Gewalt an sich Probleme darstellen und als solche einen wichtigen Gegenstand internationaler und innerstaatlicher Regulation bilden, was nicht über einen umfassenderen, positiven Friedensbegriff relativiert werden sollte.

FTAA (Gesamtamerikanisches Freihandelsabkommen)

Die Free Trade Area of the Americas soll eine Freihandelszone werden, die die beiden amerikanischen Subkontinente umfasst. Planungen, eine solche Freihandelszone einzurichten, gibt es seit 1991, zunächst mit dem Ziel, sie bis 2005 zu etablieren – bislang wurden jedoch nur Zonen geschaffen, die sich auf Abkommen zwischen einzelnen Ländern beschränken. Kritiker am FTAA-Projekt beklagen, dass sich die ökonomisch entwickelten Staaten nahezu ausschließlich darauf fokussieren, Zölle abzubauen. Sie fordern demgegenüber einen Primat von gemeinsamen Infrastrukturmaßnahmen und von kooperativen wirtschaftlichen Unternehmungen sowie die Berücksichtigung von ökologischen Belangen und den Aufbau von gemeinsamen politischen Strukturen, um erst auf der Grundlage einer befriedigenden Gestaltung der gesamtamerikanischen Verhältnisse in diesen Dimensionen die ökonomische Integration weiter voranzutreiben.

G8

Die Gruppe der Acht, G8, ist die Bezeichnung eines informellen Zusammenschlusses acht wichtiger Industriestaaten. Auf den jährlichen Gipfeltreffen werden v.a. wirtschaftspolitische Fragen erörtert. Die Gruppe wurde 1975 zunächst als G6 (BRD, Frankreich, Großbritannien, Italien, Japan, USA) gegründet. 1976 kam Kanada hinzu, 1998 Russland, das allerdings an währungs- und finanzpolitischen Beratungen weiterhin nicht teilnehmen darf. Die G8 repräsentiert ca. 13 % der Weltbevölkerung und 60 % des globalen BIP (↗ Bruttoinlandsprodukt).

Seit den 1990er Jahren sind die Gipfeltreffen der G8 wesentliche Anlässe für medienwirksame Aktionen von Globalisierungskritikern. Dabei werden nicht nur die jeweiligen wirtschaftspolitischen Ziele sowie die Nichtberücksichtigung von sozialen und kulturellen Belangen problematisiert, sondern es wird v.a. auch die Selbstdarstellung der G8 als einer Weltwirtschaftsregierung zurückgewiesen und die Rückbindung der wichtigen Entscheidungen wenigstens an das UN-System gefordert. Auch in Reaktion auf diese Kritiken ist es geplant, dass die Gipfeltreffen zu Fragen der Wirtschafts- und Finanzpolitik ab 2011 nur noch im Rahmen der ↗ G20 stattfinden sollen, wohingegen die G8 lediglich als Rahmen für Sicherheitsberatungen beibehalten werden soll.

G20

Die Gruppe der zwanzig wichtigsten Industrie- und Schwellenländer, G20, wurde 1999 als informeller Konsultations- und Koordinationsrahmen auf der Ebene von Finanzministern und Zentralbankvorständen der ↗ G8 sowie von elf weiteren Ländern und der EU gegründet. Vorweggegangen ist der G20 die G22, die in Reaktion auf die asiatische Finanzkrise gegründet wurde, sowie Anfang 1999 kurzfristig die G33. Die G20 repräsentiert in ihrer heutigen Zusammensetzung und z.T. vermittelt über die EU gut 65 % der Weltbevölkerung, ca. 90 % des globalen BIP und ca. 80 % des Welthandels. Ihr Hauptziel ist es, die globale Finanzwirtschaft zu ordnen, indem finanz- und wirtschaftspolitische Maßnahmen abgestimmt werden, sowie gemeinsame Regulationen

von Finanzmärkten zu entwickeln. Bis 2008 fanden v.a. regelmäßige Treffen der Finanzminister und Zentralbanken statt, seit dem Beginn der Finanz- und Wirtschaftskrise 2008 kommt es zu halbjährlichen Gipfeltreffen auf der Ebene der Staats- und Regierungschefs. Zudem hat die G8 beschlossen, dass ab 2011 die wirtschafts- und finanzpolitische Fragen betreffenden Gipfeltreffen ausschließlich im Rahmen der G20 stattfinden sollen. Diese wachsende Bedeutung der G20 hat zur Folge, dass sich die Globalisierungskritik nun vornehmlich gegen diesen Zusammenschluss und seine Zusammenkünfte richtet.

GATS

1995 mit der Gründung der WTO in Kraft getretenes Dienstleistungsabkommen (General Agreement on Trade in Services). Das Abkommen zielt durch die Liberalisierung von Dienstleistungssektoren, wie z.B. der Müllentsorgung, der Post, der Telekommunikation sowie des Transports und Handels, auf Wettbewerbsgleichheit zwischen in- und ausländischen Anbietern ab. Zudem soll ein gleicher Zugang von privaten und öffentlichen Marktteilnehmern sichergestellt werden.

GATT

Allgemeines Zoll- und Handelsabkommen (General Agreement on Tariffs and Trade), das am 1. Januar 1948 als Ersatz für eine internationale Handelsorganisation (die im US-amerikanischen Senat nicht ratifiziert wurde) als Provisorium in Kraft trat. Lange Zeit war dieses Abkommen der einzige multilaterale Rahmen für die Entwicklung der Weltwirtschaftspolitik. 1995 wurde es nach der sogenannten Uruguay-Runde (1986–1994) von der ↗ WTO abgelöst. Zwei wichtige Grundprinzipien, auf denen das Abkommen aufruhte, waren die Meistbegünstigungsklausel (Vorteile gegenüber einem Handelspartner müssen auch allen anderen GATT-Mitgliedern eingeräumt werden) sowie das Prinzip der Inländerbehandlung (legal eingeführte Produkte müssen auf dem Binnenmarkt genauso behandelt werden, wie inländische Produkte). Auf der Basis des GATT wurde in acht Runden über den Abbau von Zoll- und Handelsbeschränkungen zwischen den Staaten verhandelt, wobei v.a. die Reduktion von Zöllen und der Versuch im Zentrum standen, Dumpinglöhne und

-preise zu verhindern. Kritiker wandten schon früh ein, dass das Abkommen v. a. ein Instrument der reichen Staaten sei, nach dem Zweiten Weltkrieg ihre Ökonomien möglichst vorteilhaft auf dem Weltmarkt in Stellung zu bringen bzw. für diese Ökonomien neue Märkte zu erschließen, denen nicht dieselben Entwicklungsmöglichkeiten gewährt werden sollten.

Genozid/Völkermord

Unter Genozid oder Völkermord werden im Völkerstrafrecht Handlungen verstanden, die in der Absicht begangen werden, eine nationale, ethnische, rassische oder religiöse Gruppe als solche ganz oder teilweise zu zerstören. Der Ausdruck ›Genozid‹ wird dabei seit 1944 gebraucht und wurde schon 1948 in der Konvention über die Verhütung und Bestrafung des Völkermordes aufgegriffen und auch im Römischen Statut des Internationalen Strafgerichtshofs als ein Straftatbestand genannt. Einige Sozialwissenschaftler und Historiker lehnen die (zu) enge juristische Definition von Völkermord ab und bezeichnen auch andere Prozesse als Genozid, wobei insbesondere auf Situationen hingewiesen wird, in denen politische Gruppen (bis hin zu ihrer Eliminierung) exkludiert werden oder mehr oder minder gezielte Verdrängungen kultureller Minderheiten ohne direkte Zerstörungsabsicht zu beobachten sind.

Gentechnologie

Unter Gentechnologie wird der Einsatz von chemischen, biologischen oder auch physikalischen Methoden verstanden, über die das Erbgut von Pflanzen, Tieren oder Menschen analysiert und isoliert wird und/oder das Erbmaterial gezielt verändert oder neu kombiniert wird. Qua Gentechnologie kann dabei auch das Erbgut von Organismen ausgetauscht werden. Eingesetzt wird die Gentechnologie v. a. in der Medizin (›rote Gentechnologie‹), bei der Herstellung von Medikamenten, in der Landwirtschaft (›grüne Gentechnologie‹), bei der Lebensmittel- und Industriegüterproduktion (›weiße Gentechnologie‹), im Umweltschutz und bei der Verfolgung von Verbrechen. Kritiker an der Gentechnologie bemängeln u. a. das fehlende Wissen über Auswirkungen von deren Einsatz auf andere Organismen und Ökosysteme (bzw. Gefährdungen derselben) sowie

die Industrialisierung des Lebens und der Lebenserhaltung und -produktion, zu der es vermittelt über die Gentechnologie kommt (s. Kap. III.5.4).

Geopolitik

Mit Geopolitik wird seit dem Beginn des 20. Jahrhunderts die Ausrichtung der Politik, v. a. der Militär- und Sicherheitspolitik, aber auch der Bevölkerungspolitik, auf geographische Faktoren bzw. die Analyse politischen Handelns gerade in den internationalen Beziehungen mit Blick auf solche Faktoren bezeichnet. Dabei sind die geographischen Faktoren, wie Berge, Ackerland, Flüsse oder auch Klima, zumeist nicht an sich relevant, sondern sie erhalten ihre Bedeutung im Horizont von gesellschaftlichen, strategischen oder wirtschaftlichen Erwägungen, die mit den jeweiligen geographischen Gegebenheiten verbunden werden. Der Begriff der Geopolitik steht damit einerseits für das (hegemoniale) Streben von Mächten, die politisch und/oder militärisch die Sicherung des Zugangs zu natürlichen Ressourcen oder die Möglichkeiten zur Kontrolle anderer Staaten bzw. Gruppen durch natürliche Gegebenheiten betreiben. Andererseits ist er ein Indikator für ein breiteres materialistisch-sozialwissenschaftliches Verständnis politischen Handelns, weshalb die Geopolitik etwa in sogenannten Critical Geopolitics-Studien insgesamt als Ausdruck eines spätmodernen allumfassenden Steuerungs- und Kontrollanspruchs der Politik rekonstruiert und kritisiert wird.

Gescheiterte Staaten (Failed States)

Ab den 1990er Jahren zunehmend in der öffentlichen wie auch fachlichen Diskussion verwendet, bezeichnet der Begriff des Gescheiterten Staates den Fall, dass ein Staat seine grundlegenden Funktionen nicht mehr erfüllen kann und eine politische Ordnung nicht mehr zu erkennen ist. Da umstritten ist, was genau als wesentliche Staatsfunktionen gezählt werden sollte, variiert die Diagnose, welche Staaten als *failed states* angesehen werden müssen, stark. So ist völkerrechtlich gesehen ein Staat ein territorialer Herrschaftsverband, und seine primäre Funktion besteht in der Organisation der Staatsgewalt. Sollte diese nicht mehr gegeben sein und ein Staat nicht mehr über eine funktionierende Regierung und Administration verfügen, dann könnte aus völkerrechtlicher Perspektive von einem Gescheiterten Staat gesprochen werden. Politikwissenschaftler rechnen zu den zentralen Staatsfunktionen auch Sicherheit, Rechtsstaatlichkeit und die Gewährleistung von Grundbedürfnissen der Bürger. Sollten diese Leistungen nicht mehr erbracht werden, handelt es sich aus politikwissenschaftlicher Perspektive um einen *failed state*. Die Beurteilung, wann es sich um einen Gescheiterten Staat handelt, ist schwierig, da die Bestimmungskriterien selbst schwierig zu definieren und anzuwenden sind. Beispiele für Staaten, die häufig als gescheitert beschrieben werden, sind Nigeria, Haiti, Kongo, Somalia, Sierra Leone und der Tschad.

Gini-Koeffizient

Unter dem Gini-Koeffizienten versteht man ein durch den Italiener Corrado Gini entwickeltes statistisches Maß, das es ermöglicht, Ungleichverteilungen darzustellen. Verwandt wird diese Methode insbesondere in der Wohlfahrtsökonomie, z. B. bei der Bestimmung des Verhältnisses zwischen Reichen und Armen in einer Gesellschaft, dem Einkommen etc. Je niedriger der Gini-Koeffizient, desto egalitärer ist eine Verteilung, wobei 0 eine gleiche Distribution bezeichnet und 1 eine maximal ungleiche. Kritisiert wird diese Berechnungsmethode, da sie komplexe Daten auf eine einfache Zahl reduziert, was zu Fehlinterpretationen einlädt. Im Kontext der Diskussion um Globalisierung ist der Gini-Koeffizient ein unerlässliches Mittel geworden, um die weltweite Verteilung von Vermögen oder Einkommen zu ermitteln.

Global Governance

Der Begriff der Global Governance wird gebraucht, um globale Regulations- und politische Koordinationsweisen erfassen zu können, die diesseits der Existenz einer Weltregierung zu beobachten sind, wobei es deskriptive und normative Verwendungsweisen des Begriffes gibt. In deskriptiver Hinsicht wird mit dem Begriff die spezifische Form des Wirkens globaler Abkommen und Institutionen beschrieben, die weitgehend von der Zustimmung betroffener Staaten abhängig sind und daher oft auf einer informellen Gemengelage von Anreizen und Sanktionsdrohungen aufruhen. Normativ bedienen sich Autoren der ›Global Governance‹, um die Notwendigkeit einer staatsförmigen Entwicklung der globalen politischen Ordnung zurückzuweisen oder zu problematisieren und stattdessen die Möglichkeit von kom-

plexen Koordinationsverfahren und -mechanismen in ↗ Mehrebenensystemen zu unterstreichen. Diese Perspektive wird von einigen als Überwindung der Schwierigkeiten einzelstaatlicher politischer Systeme und Demokratien geschätzt, während andere befürchten, dass derart zu gravierende ›Zugeständnisse‹ an nicht-ideale Verhältnisse gemacht werden und die normativen Ansprüche an politische Ordnungen in unzulässiger Art reduziert werden (s. Kap. III.3.3).

Globalisierungskritik

Globalisierungskritik bezeichnet unterschiedliche Formen der Problematisierung und Zurückweisung der Globalisierung und ihrer Effekte (s. Kap. III.3.7).

Glokalisierung

Der bereits in den 1980er Jahren geschaffene Begriff der Glokalisierung verbindet die Begriffe der Globalisierung und der Lokalisierung. Der Begriff erlangte in den 1990er Jahren zunehmende Prominenz im Zug der wachsenden Einsicht in die differenzierten Formen und Auswirkungen, in denen sich Globalisierung in jeweiligen lokalen Kontexten manifestiert. Der Begriff Glokalisierung betont v. a. die spezifische Bedeutung von regionaler Integration und Verdichtung für die Globalisierung insgesamt und weist auf Phänomene hin, in denen es zur Herausbildung spezifischer lokaler Strukturen durch Globalisierungsprozesse kommt.

Good Governance

›Good Governance‹ bzw. ›gute Regierungsführung‹ wurde insbesondere von der Weltbank am Ende der 1980er Jahre als Kriterium zur Bewertung von Empfängerländern von Entwicklungskrediten und -förderungen eingeführt. Mit diesem Kriterium wurde eine politische Voraussetzung in die ↗ Entwicklungshilfe eingeführt, was gerade aufgrund der Bestimmung von Good Governance über die Orientierung an marktwirtschaftlichen Demokratien (obwohl Demokratie selbst gewöhnlich nicht als Bedingung für Good Governance aufgefasst wird) auch als Ausdruck hegemonialer Bestrebungen des Westens kritisiert wurde. Das Kriterium der Good Governance bezieht sich v. a. auf zwei Ebenen politischer Strukturen, nämlich erstens auf die Existenz stabiler Institu-

tionen und insgesamt politischer, sozialer und ökonomischer Ordnung sowie zweitens auf die Weise, in
der die Institutionen und die Ordnung(en) gesteuert
und kontrolliert werden bzw. Amtsinhaber transparent agieren und zur Verantwortung gezogen werden
können. Die wichtigsten Schlagworte, unter denen
Good Governance aktuell verhandelt wird, sind daher Teilhabe, Marktwirtschaft, Transparenz der Verwaltung, Rechtsstaatlichkeit und Verantwortlichkeit.

Governance

Der Begriff der Governance bezieht sich einerseits
insgesamt auf die Weise, in der Regierungstätigkeit
ausgeübt wird, während er andererseits als Gegenbegriff zu Government und d.h. klassischen Formen
staatlicher Regierungsorganisation und -ausübung
verwandt wird (↗ Global Governance). In beiden Varianten ist Governance erst in den 1980er und
1990er Jahren zu einem Schlüsselbegriff der politischen Theorie und Praxis geworden. In der ersten
Gebrauchsweise wird die jeweilige Art und Qualität
der Governance daran bemessen, in welchen Wei-
sungs- und Verantwortungsverhältnissen die unterschiedlichen Regierungs- und Verwaltungsakteure
stehen, welche Formen von Regeln und Verfahren
zur Ausübung von Regierung genutzt werden und
v.a. auch, inwiefern sich eine Regierungstätigkeit
über Kriterien kontrollieren lässt, die unabhängig
von den Interessen der jeweils Regierenden sind
(weshalb u.a. die Frage nach der Transparenz der
Grundlagen und der Ausführung des Regierungshandelns unter dem Titel der Governance erörtert
wird).

In der zweiten Gebrauchsweise dient der Begriff
der Governance dazu, Formen zu bezeichnen, in denen Gesellschaften und andere soziale bzw. ökonomische Handlungssysteme gesteuert und kontrolliert werden, die sich von staatlicher Regulation
signifikant unterscheiden. Hierzu gehören etwa
Steuerungsmodelle, die sich durch die Kooperation
von staatlichen und nicht-staatlichen (und d.h. etwa
ökonomischen oder zivilgesellschaftlichen) Akteuren ergeben oder die supranationale Organisationen
bzw. politische ↗ Mehrebenensysteme kennzeichnen,
die über eine Mischung von direkten Eingriffen, informellen Absprachen und Anreizmechanismen das
Verhalten relevanter Akteure steuern. Mit Blick auf
diese Gebrauchsweise des Begriffs Governance wurden zahlreiche Kritiken geäußert, deren Kern häufig

darin besteht, dass denjenigen, die mit dem Begriff
operieren, vorgeworfen wird, die problematische
und partikularistische Seite der damit erfassten
Praktiken und Strukturen zu verdecken (s. Kap.
II.2).

Handelsbilanz

Unter Handelsbilanz wird volkswirtschaftlich die
rechnerische Gegenüberstellung von Warenimpor-
ten und -exporten eines Landes verstanden. Dabei
wird von einer ausgeglichenen Bilanz dann geredet,
wenn Importe und Exporte den gleichen Umfang
haben, während eine positive Bilanz besteht, wenn
die Exporte gegenüber den Importen überwiegen
(was auch als ›Handelsbilanzüberschuss‹ oder als
›aktive Handelsbilanz‹ bezeichnet wird), oder eine
negative Bilanz, wenn die Importe höher als die Exporte sind (was auch ›Handelsbilanzdefizit‹ oder
›passive Handelsbilanz‹ genannt wird). Die Handelsbilanz geht in die Leistungs- und in die Zahlungsbi-
lanz eines Staates ein.

Hegemonie

In der allgemeinsten Bedeutung wird unter Hegemonie die Vorherrschaft eines Akteurs (Hegemon)
gegenüber einem anderen in einer oder mehreren
Dimensionen verstanden. Hegemonie kann dabei
sowohl in politischer oder militärischer, wie auch in
kultureller oder ökonomischer Hinsicht bestehen. In
hegemonialen Verhältnissen haben andere Akteure
nur beschränkte Möglichkeiten, eigene oder gar gegen den Hegemon gerichtete Ziele oder Interessen
zu verfolgen.

In der jüngeren politischen Theorie und in der politikwissenschaftlichen Disziplin der Internationalen
Beziehungen wird der Begriff der Hegemonie allerdings im Anschluss an Antonio Gramsci zumeist
spezifischer verstanden (etwa bei Ernesto Laclau,
Chantal Mouffe oder Robert W. Cox und Stephen
Gill): Hegemonie wird hier durch die diskursiv-kul-
turelle Präsentation eines jeweiligen Partikularinter-
esses einer gesellschaftlichen Gruppe oder Klasse als
eines Allgemeininteresses erzeugt. Auf diese Weise
werden einerseits Grenzen der hegemonialen Position aufgezeigt, da diese auf die ›Anerkennung‹ als
einer allgemein wünschenswerten Position (bzw. auf
die Anerkennung der Äquivalenz des fraglichen Interesses zu anderen relevanten Interessen) durch die-

jenigen angewiesen ist, die ihr unterworfen sind bzw. sein sollen. Andererseits wird unterstrichen, dass hegemoniale Verhältnisse nicht mit bloßen Machtverhältnissen (d.h. Ressourcen- oder Kraftdifferentialen) zu verwechseln sind, sondern die Bedingungen für das Artikulieren von Interessen und Absichten und damit die Handlungswelt insgesamt sehr viel grundlegender strukturieren.

In der globalisierungskritischen Bewegung wird dieser Hegemoniebegriff aufgegriffen und mit dem Ziel, eine Gegen-Hegemonie herauszubilden, zur Grundlage der politischen Strategie gemacht. Im Kern dieser Strategie steht das Vorhaben, die Vielfalt globalisierungskritischer Proteste zu einem eigenen hegemonialen Block zusammenzuschließen, der mächtig genug ist, um das (vermeintlich) vorherrschende hegemoniale Projekt ›Neoliberalismus‹ abzulösen.

Humanitäre Interventionen

Unter humanitären Interventionen werden militärische Aktionen auf dem Territorium eines anderen Staates begriffen, die dem Ziel dienen, gravierende Menschenrechtsverletzungen, wie v.a. ↗ Genozide, zu verhindern oder zu beenden. Die Idee solcher menschenrechtlich begründeter Eingriffe findet sich bereits mindestens seit dem 16. Jahrhundert in Theorien, die Krieg nur unter sehr weitgehend eingeschränkten Voraussetzungen zulassen wollen. Allerdings ist erst in der Zeit nach dem Zweiten Weltkrieg und dann verstärkt seit den 1990er Jahren das Konzept ›humanitärer Interventionen‹ entwickelt worden. Mit diesem Konzept soll begründet werden, dass kollektive Gewalt zwischen Staaten bzw. durch internationale Organisationen in spezifischen Situationen zulässig sein kann, ohne dass dazu das Verbot der Gewalt in den zwischenstaatlichen Beziehungen aufgehoben wird, wie es die UN-Charta gebietet. Humanitäre Interventionen werden dementsprechend als Polizeiaktionen (im Unterschied zu militärischer Kriegsführung) verstanden und durch die enge Bindung an den Zweck des Menschenrechtsschutzes so bestimmt, dass sie eine grundsätzliche Legitimitätsbedingung staatlicher Herrschaft sichern und daher nicht gegen das Gebot der Nichtintervention verstoßen.

Kritiken an der Vorstellung ›humanitärer Interventionen‹ bestreiten, dass es unmöglich ist, in solchen Eingriffen den völkerrechtlich verbindlichen Frieden nicht zu verletzen. Humanitäre Interventionen stellen in dieser Perspektive einen Rückschritt hinter erreichte Rechtsverhältnisse dar und dienen daher v. a. der Sicherung von hegemonialen Verhältnissen.

Humanitäres Völkerrecht

Das Humanitäre Völkerrecht (das früher unter dem Titel des Kriegsvölkerrechts firmierte) hat seinen Ursprung im 19. Jahrhundert und bezeichnet den Teil des ↗ Völkerrechts, der sich mit dem Verhalten von kriegführenden Parteien in bewaffneten Konflikten befasst (*ius in bello*). Es ist nicht mit den Elementen des Völkerrechts zu verwechseln, die auf ↗ Menschenrechte und Menschenrechtsschutz ausgerichtet sind. Das Humanitäre Völkerrecht besteht heute wesentlich aus den sogenannten Genfer Konventionen und Haager Abkommen, die festlegen, wie gefangene oder verletzte Kombattanten, Zivilbevölkerungen, aber auch Ökosysteme oder kulturelles Erbe in Kriegen oder bei militärischen Besetzungen von Gebieten zu behandeln sind. Daneben gibt es zahlreiche Regelungen des Völkergewohnheitsrechtes, die zum Humanitären Völkerrecht zählen. Seit der Existenz der UN-Charta gibt es einen tendenziellen Konflikt zwischen dem Humanitären Völkerrecht und dem Allgemeinen Völkerrecht, da die UN-Charta ein striktes Verbot von Handlungen ausspricht, die den Weltfrieden gefährden könnten, so dass Kriege grundsätzlich unzulässig sind (es also kein *ius ad bellum* gibt) und damit in gewissem Sinn auch keine Regelungen für Kriegssituationen notwendig sind. Etwa seit dem Jahr 2000 ist es zudem zu wachsenden Auseinandersetzungen über die Frage gekommen, inwiefern das Humanitäre Völkerrecht auch auf die ›Neuen Kriege‹ bzw. asymmetrischen Konflikte (↗ Neue Kriege) Anwendung findet, in denen es keine klaren Grenzen zwischen Kombattanten und Nicht-Kombattanten etc. gibt.

Imperialismus

Unter dem Begriff Imperialismus wird zweierlei verstanden: Zunächst wird damit eine historische Epoche zwischen 1870 und 1918 bezeichnet, in der die Mächte Europas den afrikanischen Kontinent untereinander aufteilten. Dann wird er allgemein für das Streben eines Staates nach Hegemonie über andere Länder und Staaten oder deren Einverleibung ver-

wandt, wobei der entsprechende Staat das Ziel verfolgt, ein Imperium auszubilden. Imperialistische
Politik ist als eine Politik zu verstehen, die, wenn sie
nicht schon den direkten Aufbau eines Weltreichs
anzielt, die jeweilige einzelstaatliche Machtpolitik in
weltpolitischer Perspektive ausrichtet. Innerhalb der
marxistisch-leninistischen Denkrichtung gewann
der Begriff Imperialismus eine zentrale Bedeutung
im 20. Jahrhundert, da durch ihn ein spezifisches
Entwicklungsstadium des Kapitalismus erfasst und
seine gewalttätige und auf Expansion drängende innere Logik aufgezeigt werden sollte. Es ist umstritten, ob der Imperialismus tatsächlich als ein notwen-
diges Stadium innerhalb der geschichtlichen Entwicklung kapitalistischer Wirtschaften angesehen
werden muss oder ob nicht primär politische Erklärungen und zwischenstaatliche Konkurrenz, die
nicht allein ökonomisch rekonstruierbar ist, eine an-
gemessenere Einsicht in dieses Phänomen gewähren.
In wirtschaftsbezogener Hinsicht hat der Begriff der
Globalisierung weitgehend denjenigen des Imperialismus abgelöst, da überwiegend die Meinung besteht, dieser erfasse wesentlich prägnanter die neue
polyzentrische und sich zunehmend vom Staat
emanzipierende Wirtschaftsform, in der Verwer-
tungsmöglichkeiten nicht mehr mittels militärischer
oder anderer staatlicher Gewalt erzwungen werden.
Um jedoch einzelne aggressive Handlungen oder
Strategien von Staaten (insbesondere von Groß-
mächten wie den USA) gegenüber schwächeren
Ländern anzuprangern, wird immer noch auf den
Begriff des Imperialismus zurückgegriffen. Ver-
schiedentlich gibt es Überschneidungen mit dem
Terminus des ↗ Kolonialismus, der auch in der Gestalt des Neo-Kolonialismus heute noch gebräuchlich ist, um die Politik einzelner Staaten insbesondere gegenüber Ländern der ↗ Dritten Welt zu kritisieren.

Informationstechnologien

Informationstechnologien (IT) umfassen all jene
technischen Geräte und Verfahren, die der Daten-
und Informationsverarbeitung dienen. Der IT-Be-
reich umfasst die Unterhaltungsindustrie, die Kom-
munikationsbranche sowie industrielle Fertigungs-
und Zulieferungsprozesse, und besondere Bedeutung
haben Informationstechnologien in der globalen Finanzwirtschaft. Die Entwicklung der Informationstechnologie wird oft als Bedingung wie Ausdruck

der Globalisierung gesehen (s. Kap. I.7, III.5.2,
III.5.3).

Intergovernmental Panel on Climate Change (IPCC)

Das IPCC (deutsch z. T. auch Weltklimarat genannt)
wurde 1988 vom UN-Umweltprogramm und der
Weltorganisation für Meteorologie als wissenschaftliches Zentrum geschaffen, um Erkenntnisse zur Kli-
maentwicklung und ihrer sozialen, wirtschaftlichen
und politischen Bedeutung zu sammeln und auszu-
werten. In allgemeinen Berichten, die in fünf- bis
sechsjährigen Abständen erscheinen, werden Daten
zusammengetragen und Szenarien vorgestellt, die als
Grundlage für politische Beratungen über Klimaab-
kommen sowie globale, regionale und einzelstaatliche Maßnahmen zum Umgang mit dem Klimawandel dienen sollen. Daneben werden Sonderberichte
verfasst, in denen es insbesondere um Möglichkeiten
der Bewältigung von Folgen des Klimawandels sowie den Wert von Alternativen zu klimafeindlichen
Technologien und problematischen Rohstoffnut-
zungen geht.

Aufgrund der wichtigen Bedeutung der IPCC-Be-
richte für die politische Diskussion des Klimawandels gibt es zahlreiche Kritiken, die sich einerseits
gegen die ›zu politische‹ Redaktion der Berichte
richten und andererseits dem IPCC entweder Ver-
harmlosung oder Dramatisierung vorwerfen. Zu
Auseinandersetzungen führt dabei immer wieder
die Frage, wie mit der relativen Ungewissheit von
Prognosen umzugehen ist und welche Faktoren mit
berücksichtigt werden müssen/können, um die Prognosen ›besser‹ oder ›schlechter‹ ausfallen zu lassen.

Internationale Arbeitsorganisation, IAO (International Labour Organization, ILO)

Die Internationale Arbeitsorganisation (International Labour Organization) wurde 1919, v. a. nach
Forderungen sozialdemokratischer Gewerkschafts-
organisationen, im Rahmen der Versailler Friedens-
verhandlungen als ständige Einrichtung des Völkerbundes gegründet und 1946 als Sonderorganisation
in die UN eingegliedert. Sie hat ihren Sitz in Genf.
Ihr Ziel ist es, den Weltfrieden dadurch zu befördern,
dass die Arbeits- und Lebensbedingungen weltweit
verbessert werden. Dazu werden völkerrechtlich verbindliche Normen ausgearbeitet, die nach Zustim-

mung der Einzelstaaten jeweils in nationales Recht überführt werden sollen. Auch hierbei ist die ILO beratend und unterstützend tätig. Herausragende Abkommen betreffen die Verbote von Zwangsarbeit (1957), Diskriminierung (1958) und schlimmen Formen von Kinderarbeit (1999).

Internationale Beziehungen

Unter internationalen Beziehungen versteht man zunächst einfach die Beziehungen unter Staaten, die dann den Gegenstand der politikwissenschaftlichen Forschungsdisziplin der Internationalen Beziehungen (IB) bilden, wobei diese zunehmend auch die Bedeutung von ↗ NGOs, Transnationalen Unternehmen (↗ Multinationale/Transnationale Konzerne) und vor allem Internationalen Organisationen (z. B. UNO, EU) und Militärzusammenschlüssen (z. B. NATO, OSZE) untersucht. Ein Hauptgegenstand der IB bildet die Friedens- und Konfliktforschung, weitere Themengebiete sind z. B. ↗ Entwicklungspolitik, Globalisierung, Internationale Umweltpolitik, Außenpolitik etc. Die dabei verwandten Forschungsmethoden reichen von einer Analyse der empirischen politischen Vorgänge bis hin zu einer Reflexion auf normative Prinzipien, die die Rechtfertigungsgrundlage einer inter- oder transnationalen Ordnung darstellen sollten (s. Kap. II.2, III.1.2, III.3.3–5).

Internationale Organisationen

In allgemeinster Hinsicht werden unter internationalen Organisationen (IO) sowohl Organisationen verstanden, die von mindestens zwei Staaten oder Regierungen etabliert werden, als auch Zusammenschlüsse ökonomischer, politischer, sozialer und anderer Art, die von nicht-staatlichen oder nicht von politisch-offiziellen Akteuren getragen werden. Zumeist wird jedoch bei Organisationen der zweiten Art von Internationalen Nichtregierungsorganisationen (↗ NGO) bzw. von internationalen Korporationen oder multinationalen Konzernen geredet, während der Ausdruck der internationalen Organisationen für Organisationen der ersten Art vorbehalten wird. Daneben ist es üblich, inter-, supra- und transnationale IO zu unterscheiden: In inter-nationalen IO sind souveräne Einzelstaaten die wesentlichen Akteure und Entscheidungsträger, so dass die IO eine spezielle Fassung zwischenstaatlicher Verhandlungen und Abkommen sind. Supra-nationale IO, wie v. a. die EU, verfügen darüber hinaus über eigene Kompetenzen, mit denen sie spezifische Felder jenseits der einzelstaatlichen Regulationsreichweiten abdecken und z. T. sogar in die Kompetenzen der Einzelstaaten eingreifen können. Trans-nationale IO sind demgegenüber dadurch gekennzeichnet, dass sie neben Einzelstaaten auch substaatliche politische Instanzen oder andere IO oder NGOs als (Mit-)Entscheidungsberechtigte umfassen.

Internationaler Gerichtshof (International Court of Justice, ICJ)

Der Internationale Gerichtshof (IGH) ist die 1945 gegründete Nachfolgeeinrichtung des Ständigen Internationalen Gerichtshofs, der 1922 vom Völkerbund etabliert wurde. Der IGH ist das höchste Rechtsprechungsorgan der UN mit Sitz in Den Haag. Er wird von 15 Richtern gebildet (zu denen die Streitparteien, wenn keine Richter aus ihrem Land dem IGH angehören, je einen weiteren ad hoc-Richter hinzufügen können), die jeweils im Sicherheitsrat und in der Generalversammlung mit absoluter Mehrheit gewählt werden müssen. Streitparteien in Verfahren am IGH können nur Staaten sein, und zwar nur Staaten, die die Zuständigkeit des Gerichts für die Streitmaterie explizit (etwa in bi- oder multilateralen Verträgen) oder implizit (etwa durch wechselseitige Verweise von Verträgen aufeinander oder durch allgemeine Rechtsprinzipien) anerkannt haben. Dabei ist in Verfahren die Zuständigkeit des IGH oft äußerst umstritten, zumal das Gericht in einigen Fällen, wie etwa im für das ↗ ius cogens wichtigen Streit zwischen Nicaragua und den USA 1984, seine eigene Kompetenz in kontroversen Konstruktionen begründet hat. Neben der Lösung von Rechtsstreitigkeiten zwischen einzelnen Staaten kann der IGH von den Organen und Unterorganisationen der UN auch gebeten werden, Rechtsgutachten zu erstellen. Mit beiden Tätigkeiten hat der IGH, obwohl er zahlenmäßig in seiner bisherigen Geschichte sehr viel weniger Urteile gefällt hat als die allermeisten innerstaatlichen Gerichte (nämlich nur in 149 Fällen von 1947–2010), wesentlich zur Fortbildung des Völkerrechts beigetragen.

Unter Völkerrechtlern gibt es unterschiedliche Auffassungen über den Wert der Entscheidungen des IGH, die sich insbesondere daran festmachen, inwiefern die Stimmen der einzelnen Richter von den politischen Positionen ihres Herkunftsstaates zu Streitparteien bzw. -gegenständen abhängen. Für einige ist daher der IGH Ausdruck politischer Mehrheitsverhältnisse und nicht einer unabhängigen globalen Judikative.

Internationaler Strafgerichtshof (International Criminal Court, ICC)

Der Internationale Strafgerichtshof (IStGH) wurde 1998 durch das Rom-Statut gegründet und nahm im Jahr 2002 seine Arbeit auf. Er hat seinen Sitz in Den Haag und die Aufgabe, die nationalen Strafgerichtsbarkeiten in Fällen zu ergänzen, in denen diese gravierende Straftaten nicht verfolgen können oder wollen. Der IStGH konzentriert sich auf vier Arten von Verbrechen (Völkermord, Verbrechen gegen die Menschlichkeit, Kriegsverbrechen und Aggression), bei denen er jedoch nur aktiv wird, wenn erstens die Anschuldigungen eine gewisse quantitative und qualitative Schwelle überschreiten und zweitens die Strafverfolgungsbehörden der Länder, in denen die Beschuldigten leben bzw. sich aufhalten, nicht selbst die Untersuchung unternehmen. Der Gerichtshof operiert dabei, wie alle Strafgerichte, nach einem individuellen und direkten Verschuldungsprinzip natürlicher Personen. Um einen Beschuldigten verurteilen zu können, muss daher nachgewiesen werden, dass die Person selbst (unabhängig von ihren Amtsfunktionen) eine völkerstrafrechtlich relevante Tat begangen hat. Mit dem ständigen IStGH soll die seit dem Zweiten Weltkrieg mit den Nürnberger und Tokioter Prozessen etablierte Praxis von ad-hoc-Tribunalen abgelöst und auf ein neues rechtliches Fundament gestellt werden. Der IStGH hat daher auch nicht nur die Funktion, Urteile zu sprechen, sondern er soll auch die Fortentwicklung des Völkerstrafrechts betreiben.

Internationaler Währungsfond (IWF)

Der Internationale Währungsfond (International Monetary Fund, IMF) wurde 1944 in Bretton Woods gegründet und wirkt seit 1946 als Sonderorganisation der UN mit Sitz in Washington, DC. Zu seinen Aufgaben gehören die Stabilisierung von Wechselkursen, die Ausweitung des Welthandels sowie die Vergabe von Krediten an Staaten. Umstritten sind v.a. die Strukturanpassungsprogramme, die als Bedingung für die Vergabe von Krediten Empfänger-

ländern auferlegt werden und z. T. gravierende Konsequenzen für das Erfüllen nicht-ökonomischer Staatsaufgaben haben. In jüngerer Zeit wurde zudem das Kriterium der ↗ Good Governance für die Vergabe von Krediten eingeführt, was nicht-ökonomische, politische Anforderungen, wie Wahlen, Korruptionsabbau und Rechtssicherheit, etabliert. Für Kritiker reichen diese Anforderung aber nicht hin, da sie weiterhin v.a. funktional für das reibungslose Bestehen von Märkten sind. Obwohl der IMF Teil des UN-Systems ist, ist er nicht den Hauptinstanzen der UN untergeordnet, und bei den Entscheidungen ist der Einfluss der Länder nach ihrer weltwirtschaftlichen Bedeutung und Kreditgeberschaft gewichtet.

Internet

Als (globales) Internet wird die weltweite Verknüpfung von Computernetzwerken (Inter-Net) bezeichnet, die eine Daten- und Befehlskommunikation von Rechnern über das Protokoll TCP/IP und in der Regel öffentlich definierte und angebotene ›Dienste‹ (E-Mail, WWW, FTP etc.) ermöglicht. Die Empfänger und Anbieter (*client/server*) dieser Dienste stehen dabei zumeist nicht direkt miteinander in Verbindung, sondern über Zwischenstationen, so dass sich oft sogar mehrere mögliche ›Routen‹ für die Kommunikation ergeben. Da die Kommunikation in einzelne Pakete aufgespalten wird, kann jedes Paket den aktuell günstigsten Weg nehmen, bevor der Datenstrom am Ziel wieder zusammengesetzt wird. Da bestimmte Knotenpunkte für das Internet insgesamt (*Backbone*) bzw. für den jeweiligen Benutzer (*Provider/Gateway*) und bestimmte Dienste (wie die Namensauflösung oder bestimmte Suchmaschinen) von zentraler Bedeutung sind, ergeben sich faktisch durchaus hierarchische Strukturen. Durch deren Kontrolle wird eine Steuerung des Datenflusses nach Herkunft, Ziel, Dienstart oder mitunter sogar Inhalt möglich. Der Zugriff auf das Internet ist daher nicht einfach für alle in gleicher Weise offen, sondern vielmehr enorm differenziert, was zu Kontroversen über die Bedeutung des Internets im Prozess der Globalisierung führt (s. Kap. III.5.3).

Islamismus

Unter Islamismus versteht man die auf einer spezifischen Interpretation des Islam beruhende politische Überzeugung, dass der Islam die einzige Rechtfertigungsquelle für politische und rechtliche Strukturen zu sein hat. Je nach der spezifischen Auslegung des Koran oder anderer religiöser Texte kann der Islamismus unterschiedliche Gestalt annehmen, so z. B. als Fundamentalismus oder Salafismus (eine Strömung, die sich an der Frühphase des Islam orientiert und sich in ihrer modernen Ausprägung stark gegen einen vermeintlichen westlichen Imperialismus richtet). All diese Strömungen sind gekennzeichnet durch eine Ablehnung sogenannter westlicher Werte, durch ein bestimmtes Verständnis der Geschlechterverhältnisse (die primäre Rolle der Frau liegt im Bereich der Hauswirtschaft) und durch eine Politik der Toleranz gegenüber nicht-islamischen religiösen Minderheiten, solange diese nicht beanspruchen, sich in öffentlichen Angelegenheiten zu äußern. Gefordert wird eine Rückkehr zum ›wahren Islam‹, keine Trennung von weltlichen und religiösen öffentlichen Angelegenheiten, die Geltung des islamischen Rechts bzw. der Scharia in privat- und strafrechtlich relevanten Bereichen sowie Widerstand gegen nicht-muslimische Fremdherrschaft. Der Islamismus muss somit als explizit politische Bewegung verstanden werden, die sich in der zweiten Hälfte des 20. Jahrhunderts v. a. auch anhand des Israel-Palästina-Konflikts und der Golfkriege (insbesondere 1990/91 und 2003) herausgebildet und zunehmend den panarabischen Nationalismus abgelöst hat. Dabei gibt es sowohl gemäßigte als auch extremistisch-militante Strömungen. Zum Islamismus werden u. a. folgende Gruppen gezählt Hamas (Palästinensische Autonomiegebiete), Hizbollah (Libanon), Muslimbruderschaft (Ägypten, Syrien), Partei für Gerechtigkeit und Aufschwung (AKP) (Türkei), Taliban (Afghanistan, Pakistan) und ↗ Al-Qaida (s. Kap. III.4.2).

ius cogens

Mit *ius cogens* werden im Völkerrecht (z. T. aber auch im Privatrecht) Rechtssätze bezeichnet, von denen weder in Verträgen noch unter Rekurs auf Gewohnheiten abgewichen werden darf und die daher ›zwingendes Völkerrecht‹ bilden. Es ist unter Völkerrechtlern zwar immer noch umstritten, ob es *ius cogens* überhaupt geben kann. Allerdings wurde 1969 im Wiener Übereinkommen über das Recht der Verträge eine Kodifizierung dieses Rechtsbestands vorgenommen, indem dort die Nichtigkeit von Verträgen festgehalten wurde, die im Widerspruch zum *ius cogens* stehen (Art. 53, 64). Zu den Rechtssätzen des

ius cogens werden v. a. die Verbote von Angriffskriegen, des militärischen Etablierens und Aufrechterhaltens von Kolonialverhältnissen, von Sklaverei, Völkermord und Apartheid verstanden. Für einige Kommentatoren zählen auch die Grundsätze des Humanitären Völkerrechts zu den *ius cogens*-Normen.

Klimawandel

Allgemein bezeichnet ›Klimawandel‹ jede Art der Veränderung des Klimas (wobei Klima sich auf die mittel- und langfristig statistisch erwartbaren allgemeinen Wetterbedingungen bezieht und nicht auf jeweils besondere Wetterphänomene), die sich durch natürliche, teil-natürliche oder nicht-natürliche Faktoren ergibt. In der aktuellen Diskussion wird der Ausdruck jedoch nahezu ausschließlich auf die von Menschen seit dem Beginn der industriellen Revolution erzeugten klimatischen Veränderungen und v. a. auf die damit einhergehende Erwärmung der Erde angewandt. Nachdem zunächst insbesondere der Begriff der globalen Erwärmung Verwendung fand, wurde dieser unterdessen durch den allgemeineren des Klimawandels ersetzt, um auf diese Weise den jeweils lokal unterschiedlichen Auswirkungen Rechnung zu tragen, die nur z. T. in Erwärmung bestehen und auch längere Trockenperioden, größere Regenmengen oder die Migration von Tieren und Menschen umfassen können. Als entscheidende Faktoren für diesen, von Menschen induzierten Klimawandel werden die Zunahme von Treibhausgasemissionen, die Rodung von Wäldern, die Urbanisierung menschlichen Lebens sowie Veränderungen in der Landwirtschaft identifiziert. Wichtigstes internationales Gremium zur Bestimmung des Klimawandels ist seit 1988 das ↗ Intergovernmental Panel on Climate Change.

Kolonialismus

Erstens bezeichnet der Begriff des Kolonialismus eine geschichtliche Epoche, die Ende des 15., Anfang des 16. Jahrhunderts begann und letztlich bis zu der ↗ Dekolonisierung in Folge der Neustrukturierung weltweiter Herrschaftsbeziehungen nach dem Zweiten Weltkrieg dauerte. Diese Epoche war dadurch geprägt, dass die europäischen Mächte andere Länder, insbesondere in Amerika, Afrika und Asien, oftmals in extrem gewalttätiger Weise unter ihre unmittelbare politische und wirtschaftliche Herrschaft brachten und in Folge dessen ausbeuteten und -plünderten. Zweitens, mit dem ersten Aspekt eng zusammenhängend, bezeichnet Kolonialismus allgemeiner eine spezifische Herrschaftsbeziehung, in der ein Staat oder staatsähnlicher Herrschaftskontext über die Bevölkerung eines anderen Landes oder einer anderen Region unmittelbare Gewalt ausübt. In dieser Hinsicht wird der Begriff auch heute noch verwendet, um das Verhalten einzelner Staaten zu kritisieren.

Kosmopolitismus/Kosmopolitanismus

Unter Kosmopolitismus (von *cosmopolites*: Weltbürger) werden seit der Antike (und dort v. a. seit der philosophischen Schule der Stoa) Theorien verstanden, die den einzelnen Menschen primär über seine Stellung im Kosmos bzw. in einer übergreifenden politischen Ordnung begreifen und seiner Zugehörigkeit zu einer jeweiligen partikularen Gemeinschaft nur sekundäre Bedeutung beimessen. In der Moderne treten insbesondere zwei Fassungen des Kosmopolitismus auf: einerseits eine ethische Theorie des Weltbürgertums, die die Weltbürger durch eine Bindungslosigkeit charakterisiert, die es ihnen erlaubt, die kulturellen und intellektuellen Grenzen einzelner Gemeinwesen zu überschreiten, und andererseits Theorien, die nach globalen oder übergreifenden rechtlichen und politischen Strukturen suchen, in die die Einzelstaaten eingebettet sind und die deren friedliche Koexistenz sichern. Zur Differenzierung zwischen den beiden Strömungen der Diskussion wird unterdessen von einigen der ›Kosmopolitismus‹ als Bezeichnung der ethischen Position vom ›Kosmopolitanismus‹ als Ausdruck der politisch-rechtlichen Position unterschieden.

Liberaler Frieden/Demokratischer Frieden

Unter den Titeln des ›Liberalen‹ oder ›Demokratischen Friedens‹ wird die These diskutiert oder vertreten, dass (liberale) Demokratien (untereinander) keinen Krieg führen. In ihrer deskriptiv-empirischen Fassung besagt die These, dass sich statistisch nachweisen oder durch die spezifische Verfassung von liberalen Staaten bzw. Demokratien erklären lässt, dass sich in den betreffenden Staaten keine oder nur in Ausnahmesituationen Mehrheiten für Kriege bzw. für Kriege gegen andere Demokratien finden. Allerdings legen zahlreiche Studien nahe, dass nicht nur die allgemeine These eines ›Pazifismus‹ von Demokratien schlechthin der Realität kaum entspricht, sondern auch die engere These des Friedenszustands zwischen den Demokratien nicht aufrechtzuerhalten ist – und zwar deshalb, weil der Erklärungsgrund für faktische Friedenszustände möglicherweise nicht in der demokratisch-liberalen Verfassung der betroffenen Staaten liegt.

In einer normativen Fassung wird über die These v. a. der Zusammenhang von demokratisch-liberaler Freiheitssicherung und der Abwehr von kriegerischen Aktivitäten analysiert, die als gravierende Freiheitsbedrohung begriffen werden. Hier stehen sich insbesondere ›utilitaristische‹ und rechts- oder freiheitstheoretische Varianten der These gegenüber: In utilitaristischen Varianten wird festgehalten, dass Demokratien zur Friedfertigkeit neigen, weil in Kriegen allen bzw. einer Mehrheit der Bürger größerer Schaden an ihren (grundlegenden) Interessen droht, als sie Vorteile davon zu erwarten haben. In den rechts- bzw. freiheitstheoretischen Versionen wird dagegen argumentiert, dass die Friedfertigkeit aus der Prekarität der Freiheitssicherung und Rechtsstaatlichkeit in Demokratien resultiert, die in Kriegsfällen kaum aufrechtzuerhalten ist und dann zu einem substantiellen Freiheits- und Rechtssicherheitsverlust führt.

Liberalisierung

Als Liberalisierung (lat. *libertas*: Freiheit) wird allgemein erstens der Rückbau staatlicher Leistungen und Regulierung verstanden und zweitens jener der gesellschaftlichen Kontrolle von moralisch relevantem Verhalten. Der Begriff suggeriert, dass durch den Abbau regulativer Eingriffe die individuelle Freiheit vergrößert wird. So plausibel dies im Bereich der gesellschaftlichen Liberalisierung mitunter sein mag, mit der häufig ein lebensanschaulicher Pluralismus gemeint ist, der in ethischen Fragen mindestens eine starke Zurückhaltung, wenn nicht gar Neutralität in Fragen von Werte-basierten Handlungs- und Lebensentscheidungen postuliert, so ideologisch ist dies im Bereich wirtschaftlicher Liberalisierung. Hier bedeutet Liberalisierung v. a. den Abbau staatlicher Eingriffe in Eigentumsrechte, indem Märkte dereguliert und öffentliches Eigentum privatisiert werden. Eine Reduzierung staatlicher Kontrolle und staatlichen Handelns fördert also nur hochspezifische Freiheiten, nicht aber Freiheit an sich. Der Begriff der Liberalisierung hängt eng mit dem des ↗Neoliberalismus zusammen, da der Abbau staatlicher Leistungen und Ordnungsfunktionen einen Kernbestand der wirtschaftspolitischen Empfehlungen des Neoliberalismus bildet.

Mehrebenensystem

Unter einem Mehrebenensystem wird eine politische Ordnung verstanden, die aus unterschiedlichen Ebenen oder Einheiten besteht und nicht hierarchisch strukturiert ist (d.h. ein Mehrebenensystem ist auch von einem föderalen System zu unterscheiden, wenn dies so verstanden wird, dass in ihm ebenfalls distinkte Ebenen existieren, diese aber in einer hierarchischen (Staats-)Ordnung jeweils exklusive oder vor- bzw. nachrangige Funktionen haben). Der Begriff des Mehrebenensystems wird gebraucht, um transnationale politische Verflechtungen zu beschreiben, bei denen Gegenstände und Regulationen in unterschiedlichen staatlichen, zwischen-staatlichen, teil-staatlichen und überstaatlichen Einrichtungen und Organisationen verhandelt werden, ohne dass es eindeutige Kompetenzzuordnungen gibt, sondern diese selbst im politischen Prozess immer thematisch sind und wesentlich über die jeweiligen Gegenstände und Regulationsoptionen erworben oder verweigert werden. Als herausragendes Beispiel für ein Mehrebenensystem gilt die Europäische Union.

Die Analyse von Mehrebenensystemen wirft Fragen nach der Möglichkeit von demokratischer Steuerung und Kontrolle, Politikkoordination sowie Verantwortungsverteilung in solchen Systemen auf, was sich u.a. in Debatten über die Verfassung dieser Systeme und die Arten der Entscheidungsbildung in ihnen niederschlägt. Einige sehen im Aufkommen von Mehrebenensystemen einen Rückfall hinter demokratische Standards und die Rationalität politischer Steuerung, die in Einzelstaaten erreicht wurden. Während andere betonen, dass Mehrebenensysteme, indem sie Ebenen und Instanzen pluralisieren, kognitive Vorteile haben und darüber vermittelt auch neue Partizipationsoptionen für diejenigen eröffnen, die von politischen Entscheidungen betroffen sind, und zudem zu erwarten ist, dass die Effizienz politischer Regulation gesteigert wird.

Menschenrechte

Als Menschenrechte werden diejenigen Rechte verstanden, die jedem Menschen ungeachtet seiner Handlungen zukommen und d.h. ihm auch nicht aufgrund eines bestimmten Verhaltens entzogen werden können. Menschenrechte gelten als universelle Ansprüche und stellen politische Rechte dar, d.h. sie sind Ansprüche jedes Menschen gegenüber staatlicher Gewalt. Umstritten ist, ob Menschenrechte nur im Sinne von Abwehrrechten gegenüber staatlichem Handeln zu verstehen sind oder ob sie nicht auch Ansprüche auf bestimmte positive Leistungen umfassen. Die letztere Frage taucht insbesondere im Zusammenhang mit den sogenannten sozialen Menschenrechten auf, die Ansprüche auf materielle Grundversorgung umfassen. Eine weitere Kontroverse betrifft die Frage, ob die Adressaten der Menschenrechte ausschließlich Staaten oder sonstige politische Organisationen sind oder ob sie auch direkt zwischen Menschen bzw. zwischen Einzelnen und zivilgesellschaftlichen Verbänden, wie Unternehmen oder NGOs gelten (sog. ›Drittwirkung‹).

1948 verabschiedeten die ↗UN die ↗Allgemeine Erklärung der Menschenrechte, die vielen anderen kontinentalen Menschenrechtsabkommen sowie den beiden UN-Menschenrechtspakten aus dem Jahr 1966 als Orientierungspunkt diente. Im 21. Jahrhundert stellen Menschenrechte so etwas wie die globale politische *lingua franca* dar. Dabei werden sowohl unterschiedliche Interpretationen der Idee der Menschenrechte gegeneinandergestellt, als auch unterschiedliche Ausdeutungen einzelner Rechte. In einzelnen Staaten oder Zusammenschlüssen von Staaten sind die Menschenrechte in der Form von Grundrechten als fester Bestandteil von Verfassungen oder Verträgen verankert worden, was zu einer positiven Verrechtlichung der Menschenrechte auf der internationalen Ebene beiträgt (↗Europäischer Gerichtshof für Menschenrechte).

Mercosur (Mercado Común del Sur)

Mercosur, ›Gemeinsamer Markt des Südens‹, ist die Bezeichnung des 1991 etablierten Binnenmarktes in Mittel- und Südamerika. Vollmitglieder sind Argentinien, Brasilien, Paraguay und Uruguay sowie Venezuela, dessen Status jedoch von den anderen Mitgliedern noch nicht bestätigt ist. Daneben gibt es fünf weitere assoziierte Volkswirtschaften und Gespräche mit weiteren Staaten, insbesondere mit Mexiko, über eine Assoziation. Ziele von Mercosur sind die wirtschaftliche und die politische Integration der Mitgliedsländer. Über einen gemeinsamen Markt bzw. dessen gemeinsame Regulierung soll dabei auch das Gewicht in der Weltwirtschaft und für sie relevanten Organisationen, wie der WTO, erhöht werden. Mitgliedsländern ist es daher verboten, mit Drittstaaten eigene bilaterale Freihandelsabkommen abzuschließen.

Wesentliche Spannungen ergeben sich durch die gravierenden Größenunterschiede innerhalb des Mercosur sowie durch die unterschiedlichen Beziehungen zu den USA. Eine Maßnahme, um die Streitigkeiten zu entpolitisieren, war 2004 die Schaffung eines ständigen Schiedsgerichtes (Tribunal Permanente de Revisión) mit Sitz in Asunción (Paraguay), das für die Auslegung des Mercosur-Rechts zuständig ist.

Mikrokredit

Unter einem Mikrokredit wird ein Kleinstkredit verstanden, der gewöhnlich € 1.000 nicht übersteigt und v.a. in Entwicklungsländern vergeben wird. Mikrokredite sollen Personen die Möglichkeit eröffnen, Kleinbetriebe zu gründen, um sich auf diesem Weg aus ihren eigenen prekären sozialen Situationen zu befreien, und zugleich dazu beitragen, dass die ökonomische Grundstruktur armer Länder stabilisiert wird. Obwohl Mikrokredite weiterhin als wichtiges Element zur Erreichung der Milleniumsziele angesehen werden, mehrt sich unterdessen auch die Kritik an ihnen. Diese Kritik richtet sich einerseits darauf, dass Hilfe von den Ärmsten abgezogen wird, da diese keinen Tätigkeiten nachgehen, die es ihnen erlauben würden, die Kredite zurück zu zahlen, während andererseits bemängelt wird, dass die Kleinstunternehmer aufgrund der Höhe der geforderten Zinsen kaum Gelegenheit haben, Rücklagen zu bilden, und daher Gefahr laufen, sich dauerhaft zu verschulden.

Milleniumsziele

Die Milleniumsziele sind acht Vorhaben, die von einer UN-Arbeitsgruppe im Jahr 2000 formuliert wurden und deren Realisierung ursprünglich für das Jahr 2015 angestrebt wurde. Sie umfassen (1) die Bekämpfung von extremer Armut und Hunger, (2) weltweite Primärschulbildung, (3) die Gleichstellung der Geschlechter, (4) die Reduzierung der Kindersterblichkeit, (5) eine verbesserte Gesundheitsversorgung für Mütter, (6) die Zurückdrängung schwerer Krankheiten, wie HIV/AIDS oder Malaria, (7) ökologische Nachhaltigkeit, (8) den Aufbau einer globalen Partnerschaft für Entwicklung. Während die ersten sieben Ziele insbesondere die Entwicklungsländer adressieren, richtet sich das achte Ziel vor allem an die reicheren Länder. Breite Kritik wurde an den Bemessungsmaßstäben geäußert, wobei v.a. die Grundlage zur Bemessung von Armut problematisiert wurde.

Bislang werden die Ziele nicht nur nicht erreicht, sondern es lassen sich sogar massive Rückschritte (insbesondere beim globalen Hunger und der Zurückdrängung schwerer Krankheiten) feststellen. Um den Zeitrahmen beibehalten zu können, wurden daher die Ziele selbst reduziert.

Mindestlohn

Mindestlöhne bezeichnen gesetzlich oder tarifvertraglich festgelegte Entgelte, die für bestimmte Arbeiten oder Tätigkeiten auf jeden Fall gezahlt werden müssen. Über Mindestlöhne soll sowohl gewährleistet werden, dass Personen für ihre Arbeit eine Entlohnung erhalten, die für die Lebensführung hinreicht, als auch (eng damit zusammenhängend), dass im Kontext eines Überangebots an Arbeitskraft innerhalb von Staaten oder in staatenübergreifenden Zonen mit wechselseitig offenen Arbeitsmärkten, wie etwa in der EU, verhindert wird, dass durch ein Ausnutzen der Lohnkonkurrenz Dumping- oder Niedriglöhne gezahlt werden. In der ökonomischen und politischen Diskussion sind die Effekte von Mindestlöhnen umstritten, da keine eindeutigen Aussagen über deren Wirkungen in Arbeitsmärkten und für die Überwindung von Armut zu treffen sind. Zudem ist umstritten, inwieweit Mindestlöhne tatsächlich zu einer besseren Kontrolle der Arbeitsbedingungen und Lohnverhältnisse beitragen. Angesichts einer Konkurrenz um das Angebot von Arbeitskraft kann eine Mindestlohnpolitik auch als ein protektionistisches Mittel (↗ Protektionismus) eingesetzt werden, um die Arbeitskräfte einer bestimmten Region oder eines jeweiligen Landes zu privilegieren, indem es für Unternehmen weniger attraktiv wird, Arbeitskräfte aus ökonomisch geringer entwickelten Staaten einzustellen.

Multilateralismus

Multilateralismus bezieht sich v.a. auf die Außenpolitik von Staaten und bezeichnet im Unterschied zum Unilateralismus (d.h. zum Handeln eines Staates ohne Berücksichtigung anderer) sowie zum Bilateralismus (d.h. zum koordinierten Handeln bzw. Abstimmen von zwei gleichberechtigten Staaten) Verhandlungen, Abkommen und Handlungsweisen, bei denen mehr als zwei Staaten gleichberechtigt beteiligt sind und ihre Interessen zur Geltung bringen. Die meisten internationalen Organisationen sind Ausdruck multilateraler Verträge und Strukturen, und insgesamt nimmt die Anzahl multilateraler Handlungs- und Verhandlungssysteme zu. Zugleich beschränken einige Staaten weiterhin die Effekte solcher multilateraler Zusammenhänge, um größere Kontrolle über die zwischenstaatlichen Beziehungen und deren rechtsverbindliche Gestaltung ausüben zu können. Die USA lehnen derart die Anwendung multilateraler Abkommen, wie etwa der UN-Charta, in internationalen Gerichten ab (und halten dies in Rechtsvorbehalten bei Ratifizierungen auch fest).

Multinationale/Transnationale Konzerne (Global Players)

Als Multi- oder Transnationale Konzerne werden Firmen(konglomerate) bezeichnet, die neben ihrem Hauptsitz in einem Land signifikante ↗ Direktinvestitionen in mindestens einem anderen Land tätigen. Dabei ist der Grad der diversifizierten internationalen Direktinvestitionen so hoch, dass keine Zuordnung zu einer Volkswirtschaft allein mehr sinnvoll ist. Diese Konzerne sind allgemein so verfasst, dass sie sich durch ihre internationalen Investitionen, die Kombination von Produktionsstandorten in verschiedenen Staaten sowie den Aufbau von internen, grenzüberschreitenden Netzwerken zum Güter-, Daten- und Finanzaustausch der einzelstaatlichen Regulation und Kontrolle wenigstens teilweise entziehen – was sie in den Augen von Globalisierungskritikern zu einem zentralen Problem für die Bewältigung der Schwierigkeiten macht, die mit der Globalisierung einhergehen.

Nachhaltigkeit

Nachhaltigkeit zielt auf einen Ressourcenerhalt ab. Der ursprünglich aus der Forstwirtschaft stammende Begriff bezeichnet den spezifischen Gebrauch regenerierbarer Rohstoffe, so dass diese beständig zur Verfügung stehen. Die von den Vereinten Nationen eingesetzte Weltkommission für Umwelt und Entwicklung bestimmte in ihrem Abschlussbericht von 1987 Nachhaltigkeit als zukunftsfähige Entwicklung, die die Bedürfnisse gegenwärtiger Generationen befriedigt, »ohne die Fähigkeit der zukünftigen Generation zu gefährden, ihre eigenen Bedürfnisse befriedigen zu können«. Der Begriff hat eine große Bedeutung innerhalb der Globalisierung gewonnen, da diese vor Augen geführt hat, dass bestimmte Wirtschaftsweisen dazu führen, dass Rohstoffe derart ausgebeutet werden, dass auf lange Sicht gesehen ihre Verfügung gefährdet ist. Insbesondere bei der Frage ökologischer und klimatischer Verträglichkeit hat das Konzept der Nachhaltigkeit große Bedeutung erlangt.

NAFTA (North American Free Trade Agreement, Nordamerikanisches Freihandelsabkommen)

Mit NAFTA wird seit 1994 (und mit dem Ziel der Vollendung derselben 2014) eine Freihandelszone zwischen Kanada, Mexiko und den USA geschaffen. Dabei gab es zahlreiche Widerstände in allen beteiligten Staaten, allerdings jeweils in anderen Wirtschaftszweigen, nämlich denjenigen, die jeweils befürchteten, dass Produkte aus den je anderen Ländern ihre Marktanteile mindern könnten oder zu einer vollständigen Verdrängung führen könnten. Besonders umstritten war in diesem Kontext die Gestaltung des gemeinsamen Marktes für landwirtschaftliche Produkte. Einige Kritiker führen etwa die Verminderung der Zahl von Kleinbauern und die Bedrohung von Mexiko durch Hunger auf Effekte von NAFTA zurück, da die mexikanische Agrarwirtschaft durch dieses Abkommen und den darin geforderten Abbau protektionistischer Maßnahmen (↗ Protektionismus) bei der Produktion von Grundnahrungsmitteln nicht mehr konkurrenzfähig ist und so Mexiko auf Maisimporte zu Weltmarktpreisen angewiesen ist. Vor diesem Hintergrund ist NAFTA eine der Hauptzielscheiben für Globalisierungs- und Neoliberalismuskritiken geworden. In anderen Wirtschaftszweigen, wie z.B. der Textilindustrie war dagegen eine Abwanderung nach Mexiko zu beobachten – und es kam insgesamt zu einer

Zunahme der sogenannten *maquiladoras*, d.h. von Fertigungsstätten, an denen aus anderen Ländern importierte Ausgangsmaterialien zu fertigen Produkten zusammengefügt werden. Daneben hat das Abkommen Auswirkungen auf die jeweiligen Rechtssysteme, was sich v.a. in den USA zeigt, wo aufgrund von NAFTA zum ersten Mal Klagen von Parteien vor Bundesgerichten zugelassen wurden, die sich weder persönlich, noch mit Firmensitzen auf dem Boden der USA befinden.

Nationalstaat

Unter Nationalstaat wird einerseits ungefähr seit dem Ende des 18. Jahrhunderts das Ideal einer Identität von territorialer politischer Herrschaft und ›ethnischer‹ Gemeinschaft verstanden. Der Nationalstaat wird so zum Ausdruck der Idee einer Selbstbestimmung der Völker. Andererseits wird der Begriff Nationalstaat oft verwendet, um die historisch-politische Realität staatlicher Gebilde, insbesondere in Europa, zu bezeichnen. Damit wird auch zum Ausdruck gebracht, dass im 19. und 20. Jahrhundert in starkem Maß ein *nation-building* in einzelnen Staaten betrieben wurde. Die Fest- und Durchsetzung von Nationalsprachen, die Etablierung einer gemeinsamen politischen und kulturellen Tradition, haben bis zum Ende des 20. Jahrhunderts zu einer ›ethnischen‹ und politischen Vereinheitlichung beigetragen. Die Geschichte der Realisierungsbemühungen des Ideals der Souveränität einer Nation ist stark von Gewalt gegenüber Minderheiten und separatistischen Strömungen geprägt, zudem ging sie oft mit der Annahme der Überlegenheit der jeweils eigenen Nation gegenüber anderen einher. Im Kontext der Globalisierung wird oftmals vom Ende des Nationalstaats gesprochen. Dies wird dabei darauf bezogen, dass einerseits die politische Steuerungskraft des Staates insgesamt nachlässt, andererseits jedoch auch durch Migration und intensiven globalen kulturellen Austausch die Rede von (Volks-)Nationen – die in der Regel sowieso nur politisch-kulturelle Konstruktionen sind – ihr *fundamentum in re* verlieren.

Neoliberalismus

Unter Neoliberalismus wird zunächst eine historische Schule innerhalb des Liberalismus verstanden. Vor allem eine Denkrichtung in der Ökonomie, vertritt der Neoliberalismus einen freien, auf vollen Privateigentumsrechten beruhenden Markt, bei dem der Staat allerdings (im Unterschied zum sogenannten laissez-faire-Liberalismus) nicht vollends auf Regulation verzichtet. Er beschränkt sich aber darauf, ›gleiche Marktzugangsbedingungen‹ zu gewährleisten, indem er Kartell- und Monopolbildung untersagt. Der Neoliberalismus hat ab den 1970er Jahren zunehmend an politischer Relevanz gewonnen, da im Rekurs auf ihn massive Privatisierungen, der Abbau wohlfahrtsstaatlicher Elemente und die Einschränkung gewerkschaftlicher Organisierung und Arbeitnehmerrechte erfolgten. Auch wird er innerhalb des IWF (↗ Internationaler Währungsfonds) und der Weltbank (↗ Weltbank-Gruppe) als eine Leitideologie angesehen, zumindest bis in die 2000er Jahre hinein. So werden oft die sogenannten ↗ Strukturanpassungsmaßnahmen des IWF als Ausdruck neoliberalen Denkens interpretiert. Begründer bzw. einflussreiche Autoren waren Walter Eucken, Milton Friedman und Friedrich August Hayek.

Netzwerk

Ein Netzwerk ist durch den Zusammenschluss und die Kooperation verschiedener Subeinheiten gekennzeichnet, die dabei nicht hierarchisch integriert werden. Der Begriff des Netzwerks wird auf sehr verschiedenartige Organisationsformen angewandt, die v.a. verbindet, dass ihnen keine eindeutigen Strukturierungen, Ordnungen und/oder Geschlossenheiten zu eigen sind. Ein wesentliches Verwendungsfeld dieses Begriffs bieten neue Technologien, in denen autonome oder teil-autonome Komponenten miteinander verbunden werden und gemeinsam Leistungen erbringen, ohne einer einzelnen Maschine oder einem einzelnen Rechner zuzugehören. Einen weiteren Kontext bilden ›soziale Netzwerke‹, die entweder virtuell, etwa im Internet existieren (z.B. Facebook) oder durch Berufsorganisationen oder sonstige Akteure koordiniert werden. Im Bereich der politik- und rechtswissenschaftlichen Globalisierungsforschung werden unter Netzwerken v.a. politische und rechtliche Ordnungen verstanden, in denen Einheiten, wie Staaten, aber auch andere Arten von Akteuren, wie NGOs, multinationale Konzerne oder Instanzen internationaler Organisationen, in ihrem Handeln aufeinander einwirken bzw. sie sogar zusammenwirken, um bestimmte Zwecke zu verfolgen, ohne dass die jeweiligen Kompetenzen oder Grenzen von wechselseitigen Eingriffen eindeutig festgelegt wären.

Neue Kriege

Der Ausdruck der ›Neuen Kriege‹ dient zur Bezeichnung von Bürgerkriegen oder internationalen bewaffneten Konflikten, die noch nicht die Schwelle eines expliziten zwischenstaatlichen Krieges überschreiten, und für die insgesamt kennzeichnend ist, dass sie auf vielfältige Weise von der Globalisierung abhängig sind. Mit diesem Ausdruck belegt werden u.a. asymmetrische Konflikte, in denen etwa staatliche oder gar internationale Armeen privaten oder semi-öffentlichen Akteuren gegenüberstehen, die mit Guerilla- oder Terrortaktiken operieren, aber auch innerstaatliche Konflikte, bei denen andere Motive als der Erwerb oder die Kontrolle der Staatsmacht bzw. die Bildung von (eigener) Staatlichkeit verfolgt werden. Zum Teil sind mit Neuen Kriegen gerade Staatszerfallskriege gemeint. Wichtige Antriebskräfte sind – wiederum im Unterschied zu oberflächlich gesehen naheliegenden religiösen oder ethnisch-kulturellen Zielen – v.a. ökonomische Interessen bzw. Profit, der durch die Kontrolle rohstoffreicher Gegenden o.Ä. erreicht werden kann.

Kritiker an Theorien der ›Neuen Kriege‹ wenden ein, dass die Begriffswahl irreführend ist und vornehmlich wissenschaftspolitischen Zwecken dient. In ihren Augen zeigten auch viele frühere Kriege und Bürgerkriege bereits die Charakteristika, die nun als Kennzeichen des ›Neuen‹ der ›Neuen Kriege‹ aufgefasst werden (s. Kap. III.3.2).

NGO (Nicht-Regierungsorganisationen)

Als Nicht-Regierungsorganisationen (Non-Governmental Organisations, NGO) werden Interessensvertretungen aus dem zivilgesellschaftlichen Bereich bezeichnet (↗ Zivilgesellschaft). Eingeführt von der UN, um diese Verbände von staatlichen Organisationen abzugrenzen, umfasst dieser Ausdruck heute ein breites Spektrum von entwicklungs-, umwelt- oder sozialpolitischen Gruppierungen. Obwohl der Ausdruck umgangssprachlich sehr allgemein verwandt wird, werden Organisationen von internationalen Institutionen nur dann als NGO anerkannt, wenn sie intern demokratisch strukturiert sind, nicht gewinnorientiert arbeiten und von Privatpersonen gegründet wurden. NGOs finanzieren sich zum größten Teil

aus Spenden, aber auch aus staatlichen Zuwendungen. Die Globalisierung hat die Bedeutung und den Einfluss von Nicht-Regierungsorganisationen zunehmend vergrößert, dabei gibt es sehr verschiedene Typen von NGOs mit stark divergierenden Tätigkeitsbereichen. Diese reichen von der Lobby- oder Menschenrechtspolitik bis hin zu Katastrophen- und Entwicklungshilfe. Zudem werden vornehmlich in einzelnen Staaten verankerte NGOs von NGOs unterschieden, die Suborganisationen in mehr als einem Staat haben (International Non-Governmental Organisation, INGO). Als wichtige NGOs zählen u.a. Amnesty International, Oxfam, medico international und Human Rights Watch.

OECD (Organisation for Economic Co-operation and Development, Organisation für wirtschaftliche Zusammenarbeit und Entwicklung)

Die OECD wurde 1961 gegründet und hat ihren Sitz in Paris. Sie führt die Arbeit der Organisation für europäische wirtschaftliche Zusammenarbeit fort, die 1948 im Zusammenhang des Marshallplans geschaffen wurde, und hat derzeit 33, v.a. reichere und ökonomisch entwickelte Mitgliedsstaaten. Die Ziele der OECD sind insbesondere die Sicherung von Wirtschaftswachstum und finanzieller Stabilität, womit zugleich der Wohlstand in den Mitgliedsländern bewahrt und ausgebaut sowie Armut bekämpft werden sollen. Die OECD kann sich im Prinzip mit allen Themengebieten staatlichen Handelns (außer der Sicherheitspolitik) befassen, und sie wirkt wesentlich durch den Vergleich der Staaten, Empfehlungen auf der Basis dieses Vergleichs und durch wechselseitigen Druck, der durch den Vergleich und die Veröffentlichung von Studien erzeugt wird. Auf der Basis dieser Vergleichsanalysen werden auch Standards entwickelt, an denen jeweilige Entwicklungsstände in den Mitgliedsländern, aber auch in Drittländern bemessen werden können. Hauptgebiete, auf denen die OECD in den letzten Jahren Analysen erstellt hat, sind die Bildung (u.a. PISA-Studien), Beschäftigungspolitik, Migration und Nachhaltigkeit.

Off-Shoring

Off-Shoring bezeichnet die Verlagerung von Teilen oder Funktionen von Unternehmen ins Ausland, etwa weil dort Löhne oder sonstige Kosten geringer sind, eine Infrastruktur vorhanden ist, Staaten entsprechende Ansiedlungen subventionieren bzw. anderweitig unterstützen oder aber auf diesem Weg neue Märkte erschlossen werden können. Off-Shoring ist dabei von ↗Outsourcing zu unterscheiden, da beim Off-Shoring Leistungen nicht einfach bei anderen Unternehmen erworben werden (wie beim Outsourcing), sondern innerhalb des Unternehmens verbleibende Teile oder Funktionen geographisch ins Ausland verlagert werden. Gewerkschaften in den reicheren Ländern beklagen, dass über Off-Shoring oder die Drohung damit Löhne und Arbeitsstandards gesenkt werden (sollen).

OPEC (Organization of Petroleum Exporting Countries, Organisation erdölexportierender Länder)

Die OPEC ist eine 1960 zunächst von Irak, Iran, Kuwait, Saudi-Arabien und Venezuela gegründete Organisation mit Sitz in Wien. Sie hat derzeit 12 Mitglieder (die gut 40 % des exportierten Öls und ca. 70 % der Ölvorkommen abdecken) und verfolgt das Ziel, ein Ölkartell zu bilden und damit einen Ölmarkt zu erzeugen, der von den Förderländern gesteuert wird. Dazu soll die Ölförderpolitik der Mitgliedsländer (und idealerweise aller erdölexportierenden Länder) koordiniert werden, um durch die Bereitstellung oder Verknappung von Öl dessen Preis auf dem Weltmarkt zu stabilisieren. So sollen die Gewinne der Erdölexporteure maximiert, aber auch die Stabilität der Menge verfügbaren Öls auf dem Weltmarkt gewährleistet werden (womit auch die Anreize, Öl jenseits der Vorgaben des Kartells zu verkaufen, verschwinden würden). Die Koordination war gerade in den ersten beiden Jahrzehnten sehr erfolgreich, wie etwa die Ölkrise von 1973 beweist, während der die OPEC als Reaktion auf den Ausgang des Yom-Kippur-Kriegs zwischen Ägypten, Syrien und Israel die Lieferung von Öl an die USA und die Niederlande verweigerte. Seit den 1980er Jahren ist die OPEC in ihrer Politik jedoch zumeist nur teilweise erfolgreich, da sich die Mitgliedsländer oft nicht an die Fördervorgaben halten.

Organisation amerikanischer Staaten (Organization of American States, OAS)

Die OAS ist eine 1948 gegründete Organisation, die den Vorgängerverbund der International Union of American Republics ablöste (entstanden 1889/1890). Sie hat heute 35 Mitgliedstaaten und ihren Hauptsitz in Washington, DC. Hauptzweck der Organisation ist es, politische Mechanismen zur Sicherung von Frieden und Sicherheit auf den amerikanischen Teilkontinenten zu etablieren. Darüber hinaus wurde bereits 1948 die Amerikanische Erklärung der Menschenrechte und -pflichten beschlossen, auf deren Basis 1959 die Interamerikanische Kommission für Menschenrechte eingesetzt und mit der Aufgabe der Stellungnahme zu individuellen Klagen betraut wurde. Dies führte 1969 zur Amerikanischen Menschenrechtskonvention und 1979 zur Schaffung des Interamerikanischen Menschenrechtsgerichtshofes.

Organisation der Islamischen Konferenz (Organization of the Islamic Conference, OIC)

Diese Organisation wurde 1969 gegründet und hat ihren Sitz in Dschidda (Saudi Arabien). 57 Staaten, in denen der Islam Staatsreligion, Religion der Mehrheit oder eines großen Bevölkerungsteils ist, bilden aktuell ihre Mitglieder. Die Organisation verfolgt primär den Zweck, die wirtschaftliche und politische Koordination ihrer Mitgliedsländer zu unterstützen, und unterstreicht dabei v.a. die Souveränität der Einzelstaaten. Auf diesem Weg wird auch versucht, ein Bild des Islam zu präsentieren, der mit der völkerrechtlichen Ordnung nicht nur vereinbar ist, sondern als eine seiner wesentlichen Stützen fungieren kann. 1990 hat die Organisation die Kairoer Erklärung der Menschenrechte im Islam verabschiedet, die in einigen Aspekten substanziell von der Allgemeinen Menschenrechtserklärung von 1948 abweicht. Als eigenständiger Akteur tritt die Organisation wenig auf – zumal die Interessen ihrer Mitgliedsländer, die sich über vier Kontinente erstrecken, sehr heterogen sind. Sie ist eher als Gesprächs- und Verhandlungsforum jenseits der UN und der Arabischen Liga zu verstehen.

Outsourcing

Unter Outsourcing wird die Auslagerung von Produktionsschritten oder Dienstleistungen von einem Unternehmen zu einem anderen Unternehmen verstanden, d.h. das erste Unternehmen beauftragt für einen begrenzten Zeitraum andere Unternehmen mit der Durchführung bisher zu seiner Produktion gehörender Schritte bzw. mit der Gewährleistung der zu einem Produkt gehörenden Dienstleistungen. Unternehmen nutzen auf diese Weise den Wettbewerb zwischen Drittanbietern aus und senken so ihre eigenen Produktionskosten. Outsourcing wird als Form ökonomischer Rationalisierung seit den 1990er Jahren zunehmend genutzt, oftmals in der Form eines Erwerbs von Produkten und Dienstleistungen in Niedriglohnländern. Globalisierungskritiker sehen im Outsourcing sowohl in den Ausgangs- wie auch in den Zulieferbetrieben einen wesentlichen Faktor für den Abbau von Löhnen und die Verschlechterung der Arbeitsbedingungen.

Patentierung

Unter einem Patent versteht man ein gewerbliches Schutzrecht für eine Erfindung. Dieses verleiht dem Patenteigentümer Kontrollrechte über die Nutzung der Erfindung, wobei die Reichweite dieser Rechte unterschiedlich sein kann. Patentrechte werden – von Land zu Land verschieden – für einen bestimmten Zeitraum erteilt, in der BRD sind es beispielsweise 20 Jahre. International sind Patentrechte in einem völkerrechtlichen Vertrag von 1970 – dem Patent Cooperation Treaty (PCT) – niedergelegt, der wiederum mit dem Europäischen Patentübereinkommen verbunden ist. Nicht alle Staaten dieser Welt sind dem PCT beigetreten. Daneben werden durch das Agreement on Trade Related Aspects of Intellectual Property Rights von 1995 (↗ TRIPS) weitere Aspekte geistigen Eigentums international geregelt. Im Kontext der Globalisierung ist die Patentierung einerseits als rechtliche Grundlage relevant für ↗ Biopiraterie, dann allgemein im Bereich der Vergabe von Nutzungsrechten. Die Patentierung von Erfindungen, insbesondere wenn diese einen gesundheitlichen oder humanitären Nutzen haben (können), ist stark umstritten. Konfliktfälle sind z.B. die Rechtmäßigkeit der Patentierung von Aids-Medikamenten oder von Saatgut.

Piraterie

Das Völkerrecht versteht unter Piraterie »jede rechtswidrige Gewalttat oder Freiheitsberaubung oder jede Plünderung, welche die Besatzung oder die Fahrgäste eines privaten Schiffes oder Luftfahrzeugs [auf Hoher See oder an einem Ort, der keiner staatlichen Hoheitsgewalt untersteht] zu privaten Zwecken begehen« (Seerechtsübereinkommen der UN [1982], § 101). Piraterie ist damit vollständig geächtet, und alle Staaten haben die Pflicht, Piraterie an jedem Ort der Welt zu verhindern und zu verfolgen. Im Kontext der zunehmenden Globalisierung ist es auch zu einem neuen Anwachsen von Piraterie gekommen, was durch die prekären Lebensverhältnisse und die politischen Bedingungen v.a. in Ostafrika, aber auch durch die Intensivierung des globalen Warentransports erklärt wird.

Pluralismus

Pluralismus bezeichnet grundsätzlich das gleichberechtigte Nebeneinanderstehen mehrerer Werte, Lebensweisen, politischer oder religiöser Überzeugungen. In wesentlich zwei Hinsichten wird der Begriff verwendet: Einmal um den faktischen Zustand bestimmter Gesellschaften zu charakterisieren – z.B. wird oft festgestellt ›westliche‹ Gesellschaften seien pluralistisch –, dann aber auch um eine bestimmte moralische Position selbst zu beschreiben, die im Rückgang auf den Wert individueller Freiheit allgemeine Toleranz gegenüber divergierenden Überzeugungen und Lebensstilen postuliert. Da mitunter unklar und umstritten ist, wo der Bereich individueller Freiheit endet und die Allgemeinheit wesentlich tangiert wird, kann der Pluralismus selbst nicht in den Traditionsbestand einer Gesellschaft überführt werden, und pluralistische Gesellschaften sind auch keineswegs konfliktfrei. Im Kontext der Globalisierung wird Pluralismus mitunter als polemischer Begriff innerhalb eines angenommenen ›Kampfes der Kulturen‹ verwendet, um stärker traditionell oder religiös geprägte Gesellschaften als per se anti-freiheitlich zu denunzieren.

Daneben ist im Bereich des Völkerrechts von Pluralismus die Rede, um eine Position auszuzeichnen, die davon ausgeht, dass das globale Recht (d.h. einzelstaatliches Recht und völkerrechtliche Rechtsabkommen bzw. Völkergewohnheitsrecht) weder einen einzigen und einheitlichen Rechtsraum bildet (Mo-

nismus), noch in eine Vielheit distinkter einzelstaatlicher Rechtssysteme zerfällt, in denen jeweils entschieden wird, wie internationales Recht in ihnen
zur Geltung kommt (Dualismus). Für den Pluralismus geht das Weltrecht vielmehr auf eine Vielzahl
von Organisations- und Geltungsprinzipien zurück,
die nicht auf je andere Prinzipien anderer Rechtsbereiche reduziert werden können. In einigen Fällen
(die sich bisher v. a. bei Verhandlungen des *dispute
settlement body* der WTO gezeigt haben) muss daher
zunächst bestimmt werden, wie unterschiedliche
Rechtsregeln in ein Verhältnis gesetzt werden können bzw. müssen, um sie auf den entsprechenden
Fall anzuwenden.

Postkolonialismus

Zunächst wird mit Postkolonialismus eine weltpolitische Konstellation bezeichnet, die nach dem Ende
des Kolonialismus eingetreten ist. Mit dem Begriff
soll (in durchaus kritischer Hinsicht) ausgedrückt
werden, dass auch nach der ↗ Dekolonisierung Beziehungen zwischen den ehemalig kolonisierten
Ländern und den Kolonialmächten weiterhin bestehen sowie dass durch die Kolonialzeit eine wechselseitige starke Prägung stattgefunden hat. Des Weiteren versteht man unter Postkolonialismus eine Theo-
rieströmung (insbesondere in den Literatur- und
Sozialwissenschaften), die sich wesentlich darauf
konzentriert, binäre Identitäts- und Kulturkonzepte,
die sich in der Zeit des Kolonialismus herausgebildet
haben, zu erfassen und zu dekonstruieren. Dabei
wird die These vertreten, dass diese Konzepte die
Grundelemente gesellschaftlicher und politischer
Prozesse bilden bzw. starken Einfluss auf diese haben. Einflussreiche Autor/innen sind u. a. Edward
Said, Gayatri Chakravorty Spivak, Frantz Fanon,
Homi K. Bhabha (s. Kap. III.6.3).

Protektionismus

Als Protektionismus bezeichnet man die staatliche
Regulation von Importen und Außenhandel oder direkte bzw. indirekte Unterstützungen inländischer
Produzenten mit dem Ziel, letzte zu schützen oder
ihnen Vorteile gegenüber Anbietern aus anderen
Staaten zu verschaffen. Typische Beispiele von Protektionismus sind Schutzzölle, Einfuhrverbote oder
-beschränkungen sowie ↗ Subventionen. Der Protektionismus wird als Widerpart eines freien Welthan-

dels betrachtet und ist als wirtschaftspolitische Maßnahme stark umstritten. Ein klassisches Beispiel für
eine stark protektionistische Wirtschaftspolitik stellt
die EU-Agrarpolitik dar. Diese sorgt qua Schutzzöllen, Exportsubventionen und anderen starken ökonomischen Beihilfen für die Produzenten dafür, dass
landwirtschaftliche Waren aus EU-Ländern sowohl
auf dem EU-Binnen- als auch auf dem Weltmarkt
konkurrenzfähig bzw. bevorteilt sind. Zudem versucht die EU, andere Volkswirtschaften durch verschiedene Maßnahmen dazu zu bewegen, dass diese
selbst keine protektionistische Handelspolitik betreiben, sondern ihre Märkte für EU-Agrarprodukte öffnen. So kritisch der Protektionismus hinsichtlich
starker Volkswirtschaften oder Weltmarktteilneh-
mer beurteilt wird, als so berechtigt wird er oftmals
im Falle schwacher Volkswirtschaften angesehen.

Public Private Partnerships

Öffentlich-private Partnerschaften stellen Kooperationen zwischen öffentlich-rechtlichen Trägern und
privatwirtschaftlichen Akteuren dar. Diese können
unterschiedliche Formen annehmen, denen gemeinsam ist, dass Gewinne und Verluste wie auch Investi-
tionskosten aufgeteilt werden. Aufgrund der veränderten Rolle des Staates bzw. der öffentlichen Auffassung über diese nehmen diese Partnerschaften seit
den 1970er Jahren weltweit zu. So werden zunehmend vormalig öffentliche Aufgaben teilweise an
Privatakteure abgegeben, was zur Folge hat, dass die
Trennung zwischen öffentlichen und privaten Angelegenheiten und Motiven aufgehoben wird. In diesem Kontext wird kritisiert, dass in dem Moment, in
dem private Akteure an ehemals öffentlichen Aufgaben beteiligt sind, diese zunehmend nach privatwirtschaftlichen Kriterien organisiert werden, d. h. nach
Profitorientierung etc.

Regionalisierung

Der Begriff der Regionalisierung wird v. a. gebraucht,
um der mit dem Begriff der Globalisierung einhergehenden Vorstellung entgegenzutreten, dass die zunehmende Integration von ökonomischen Märkten
und Transfers sich auf den Globus insgesamt (in gleicher Weise) bezieht. Dagegen lässt sich konstatieren,
dass die höchsten Zuwächse an Integration gerade in
bestimmten Regionen bzw. Kontinenten zu beobachten sind, verstärkt durch dort existierende regio-

nale Zusammenschlüsse und internationale Organisationen (wogegen in anderen staatenüberschreitenden wirtschaftlichen Austauschbeziehungen sogar Rückgänge zu verzeichnen sind). Herausragendes Beispiel für eine hochgradige regionale Integration ist der europäische Binnenmarkt, in dessen Kontext sogar eine gemeinsame Währung etabliert wurde. Parallele Zunahmen an regionaler wirtschaftlicher Verflechtung lassen sich aber auch im Rahmen von ↗NAFTA oder ↗Mercosur feststellen. Es wird daher über die Regionalisierung von einer ›polyzentrischen‹ Globalisierung gesprochen.

Daneben wird mit ›Regionalisierung‹ auch die binnenstaatliche und sektorale Differenzierung von (z. T. dann auch Grenzen zu Nachbarstaaten überschreitenden) Regionen erfasst, die sich im Zusammenhang der Globalisierung durch unterschiedliche Infrastrukturen, Ressourcen oder Kompetenzen ergibt. Hieran zeigt sich, dass die Globalisierung nicht nur in der Makroperspektive kein einheitliches, den Globus insgesamt integrierendes Phänomen ist, sondern dass auch auf der Mikroebene die Globalisierung nicht notwendig zur Vereinheitlichung führt, sondern durchaus mit unterschiedlichen Effekten in unterschiedlichen Räumen einhergehen kann. Qua Regionalisierung transformiert und differenziert die Globalisierung so auch vorher einheitlich(er) gestaltete Räume.

Regulierung

Unter Regulierung oder auch dem Anglizismus ›Regulation‹ werden staatliche Eingriff in Wirtschaftsprozesse bezeichnet, mit dem Ziel, diese in spezifischer Weise zu lenken. Damit wird eine ökonomische Regulierung von der Ordnung der Wirtschaft unterschieden, da letztere den Rahmen einer Wirtschaft meint (z. B. Eigentums- oder Tarifordnung) und nicht die in ihm sich vollziehenden Prozesse. Typische Beispiele für die Regulierung von Marktvorgängen sind Preis- oder Mengenpolitik. Erstere bezeichnet die politische Festsetzung der Preise bestimmter Waren, unabhängig von den auf dem Markt für sie erzielbaren Preisen. Letztere bezieht sich demgegenüber auf die politische Festsetzung der Menge an Marktteilnehmern oder gehandelten Waren.

Ressourcenfluch

Unter dem Terminus Ressourcenfluch werden allgemein die ökonomisch und politisch negativen Folgen verstanden, die einem Land entstehen können, das über Reichtum an natürlichen Rohstoffen verfügt. In den 1970er Jahren prägten Ökonomen den Begriff der ›Holländischen Krankheit‹, die eine Grundform des Ressourcenfluchs darstellt. Nachdem die Niederlande begannen, in der Nordsee gelegene große Erdgasfelder ab Ende der 1950er Jahre auszubeuten, kam es zu einem starken Niedergang der holländischen verarbeitenden Industrie, was sich volkswirtschaftlich stark negativ auswirkte. Durch die Einkünfte aus Rohstoffexporten erhöhte sich der reale Wechselkurs der Landeswährung, was einen starken Wettbewerbsnachteil für das verarbeitende Gewerbe auf dem Weltmarkt nach sich zog. Durch den korrespondierenden Niedergang anderer Industriezweige wurde die Binnenökonomie noch abhängiger vom Weltmarkt und war stärker durch Preisschwankungen von Rohstoffen betroffen. Ähnliche wirtschaftliche Entwicklungen lassen sich heute anhand einer Reihe von Länderstudien nachweisen, wobei insbesondere bei Subsahara-Staaten in Afrika der Aspekt hinzukommt, dass eine Konzentration der Wirtschaft auf den Rohstoffexport nicht eine schon bestehende gewerbliche Struktur zerstört, sondern den volkswirtschaftlich bedeutenden Aufbau von verarbeitender Industrie erschwert oder verhindert. Beispiele hierfür sind etwa Liberia, Ghana, Sudan oder Sierra Leone.

Als *political dutch disease* wird das Phänomen bezeichnet, dass Volkswirtschaften, die stark auf der Ausbeutung von Rohstoffen beruhen, oft diktatorische oder autoritäre Regierungen aufweisen. Dies hängt stark mit der für die Ausbeutung von Rohstoffen benötigten Organisation der Wirtschaft zusammen. Relativ einfache Arbeitsorganisation, die oft auf der Ausbeutung unqualifizierter Arbeitskraft beruht, ermöglicht es autoritären Regimes unter Einsatz starker Repression, die Rohstoffe auf dem Weltmarkt anzubieten. Auffällig ist, dass in Ländern, in denen die Rohstoffe durch eine Industrie verarbeitet werden, häufig Regierungen an der Macht sind, die weniger autoritär sind. Rohstoffreiche Entwicklungsländer sind darüber hinaus oftmals von Bürgerkriegen betroffen. So finanzierten sich die Kriegsparteien in Angola über den Verkauf von Ölförderungskonzessionen (Regierung) und Diamanten (UNITA).

Schuldenkrise

Unter dem Begriff der Schuldenkrise versteht man grundsätzlich die ökonomisch prekäre Situation, in die ein Staat gerät, wenn er seine Auslandsschulden nicht mehr bedienen kann. Weltweit gerieten in den 1970er und Anfang der 1980er Jahre viele Staaten der Dritten Welt in Schuldenkrisen, die durch Kredite der Weltbank bekämpft wurden. IWF und Weltbank knüpften die Kreditvergabe an Strukturanpassungsmaßnahmen, welche gravierende Auswirkungen auf die Binnenökonomie und die Erfüllung nicht direkt wirtschaftlicher Staatsaufgaben hatten. Zwar führten die von Weltbank und IWF geforderten Maßnahmen dazu, dass die Auslandsschulden wieder bedient werden konnten. Kritiker wandten jedoch ein, dass mit diesen Maßnahmen ausschließlich die Bevölkerungen erneut die Kosten zu tragen hätten, nachdem bereits von den Krediten häufig Diktatoren und lokale Eliten gemeinsam mit den kreditgebenden Staaten profitiert hatten. Sie forderten daher einen Schuldenerlass, zu dem es dann auch 2005 für die 19 ärmsten Länder kam.

Schwellenländer

Als Schwellenländer (*Newly Industrializing Economies*) werden Staaten aus der Gruppe der Entwicklungsländer bezeichnet, die eine höhere wirtschaftliche Entwicklung aufweisen, die meist auf einer stärkeren Industrialisierung beruht. Diese Volkswirtschaften verfügen über eine relativ hohe Arbeitsproduktivität, haben ein deutlich niedrigeres Lohnniveau als die OECD-Staaten und investieren stark in Infrastruktur und Bildungsbereich. Dennoch werden sie oft autoritär regiert, weisen eine niedrige Alphabetisierung und Lebenserwartung auf sowie schwache zivilgesellschaftliche Strukturen. Es ist umstritten, anhand welcher Kriterien genau ein Schwellenland von einem Entwicklungsland oder einem entwickelten Land unterschieden werden sollte. So rechnete 2009 der Internationale Währungsfond weltweit 149 Ländern zu der Gruppe der Schwellenländer, die Weltbank hingegen nur 46. Beide Institutionen zählen u.a. Südafrika, Brasilien, die Türkei, Mexiko und Russland zu dieser Gruppe.

Sklaverei/Zwangsarbeit

Es gibt einen engen und weiteren Begriff der Sklaverei. Der erste bezeichnet ein rechtliches Verhältnis in dem eine Person das Eigentum einer anderen ist. Welche Zugriffsrechte damit genau verbunden sind, hängt von der jeweiligen Rechtsordnung ab. In der Geschichte lassen sich sowohl Beispiele für eingeschränkte wie auch volle Eigentumsrechte an Menschen finden. Seitdem Saudi-Arabien 1968 die Sklaverei abschaffte, gibt es weltweit kein Land mehr, in dem man legal Eigentumsrechte an Menschen erwerben kann. Das heißt jedoch nicht, dass es nicht auch heute noch Menschen gibt, die faktisch der vollen Kontrolle anderer Personen unterliegen. So geht UNICEF davon aus, dass in Westafrika ungefähr 200.000 Kinder ›Haussklaven‹ sind. Der weitere Begriff der Sklaverei umfasst diese Fälle, da er Sklaverei anhand der tatsächlichen umfassenden Kontrollmöglichkeiten einer Person über eine andere bestimmt. Es wird geschätzt, dass weltweit ungefähr 12 Millionen Menschen dieser Definition zufolge als Sklaven beschrieben werden müssten, wobei die meisten von ihnen Haus- oder Sex-Sklaven sind. Der weite Begriff der Sklaverei überschneidet sich mit demjenigen der Zwangsarbeit, der laut Völkerrecht und der ↗ Internationalen Arbeitsorganisation jene Fälle umfasst, in denen Personen gegen ihren Willen unter Androhung von Strafen zur Arbeit gezwungen werden. Wenn ein sinnvoller Unterschied zwischen Sklaverei im weiten Verständnis und Zwangsarbeit gemacht werden kann, dann hinsichtlich der Dauer des Zugriffs und der tatsächlichen Reichweite der Kontrolle von Personen durch andere. Von den weiter oben genannten ca. 12 Millionen Menschen leisten ungefähr 2,4 Millionen aktuell aufgrund von Menschenhandel Zwangsarbeit, 2,5 Millionen werden vom Staat oder von Bürgerkriegsgruppen zu Leistungen gezwungen, 9,8 Millionen von Privatakteuren. Da umstritten ist, was konkret unter ›Zwang‹ zu verstehen ist, variiert der Gebrauch des Begriffs der Zwangsarbeit stark. So werden mitunter alternativlose Arbeitsangebote schon als Form der Zwangsarbeit deklariert, auch wenn nicht spezifische Akteure, sondern allgemeine ökonomische Abläufe für das reduzierte Angebot verantwortlich zu machen sind.

Slow Food-Bewegung

Diese Bewegung wurde 1989 in Reaktion auf die globale Ausbreitung von Fast Food-Restaurants (v. a. nach zahlreichen Protesten gegen entsprechende Restaurants in Italien) in Paris gegründet und richtet sich insgesamt gegen einen Lebensstil, der sich vollständig ökonomischen Diktaten unterordnet. Alternativ dazu wird gerade das Essen und Trinken kultiviert, wobei der Schwerpunkt jeweils auf regionalen Gerichten und Produkten liegt. Unterdessen umfasst die Bewegung Organisationen in mehr als 130 Ländern.

Souveränität

Souveränität bezeichnet innerhalb eines Staates die Position eines Herrschers, der über den Gesetzen steht und niemanden über sich hat, der ihn für seine Handlungen zur Rechenschaft ziehen kann, bzw. in den internationalen Beziehungen einen Staat insgesamt, der unabhängig von anderen Staaten ist und daher sowohl über seine Binnenverhältnisse wie über seine Relationen zu anderen Staaten oder internationalen Organisationen allein entscheidet. In der politischen Theorie wurde Souveränität zunächst im 16. und 17. Jahrhundert v. a. bei Jean Bodin und Thomas Hobbes zu einem wichtigen Kennzeichen des Machthabers, wogegen nachfolgende Autoren zunehmend von der Volkssouveränität als der Quelle politischer Autorität und Legitimität sprachen. Mit der Ausbildung des Westfälischen Paradigmas des klassischen Völkerrechts von 1648 bis ins 20. Jahrhundert wurde die Annahme der Souveränität von Staaten zum entscheidenden Bezugspunkt für die völkerrechtliche Ordnung. Souveräne Staaten und ihre Vertragsschlüsse bzw. Gewohnheiten in ihrem Umgang miteinander wurden als primäre Quelle des Völkerrechts betrachtet, und während einige aus der Souveränität der Staaten ihr Recht ableiteten, über das Führen von Kriegen zu entscheiden, sahen andere im Schutz der Souveränität von Staaten den Hauptzweck des Völkerrechts.

Gerade letzteres Ziel steht im Zentrum der UN-Charta und des kollektiven Sicherheitssystems, das die UN-Struktur anbietet. Mit der UN-Menschenrechtserklärung wird dieses Ziel durch die Referenz auf das Selbstbestimmungsrecht der Völker einerseits bestärkt, andererseits wird durch die Erwartung, dass die Staaten intern Menschenrechte garantieren, die Unabhängigkeit der Staaten auf eine Weise qualifiziert, die für viele als wesentlicher Grund für das Ende des Paradigmas der Souveränität gilt. Das Prinzip der Nicht-Einmischung in die inneren Angelegenheiten eines Staates wird nun der Pflicht der Staaten untergeordnet, zu überwachen und notfalls auch sicherzustellen, dass Staaten die grundlegenden ⁊ Menschenrechte nicht verletzen. Für einige wird auf diese Weise der anti-imperialistische Zweck der souveränen Gleichheit aller Staaten ausgehöhlt, während andere hierin die richtige Konsequenz aus den universellen Ansprüchen aller Menschen sehen.

Strukturanpassungsmaßnahmen

Hierunter werden Maßnahmen verstanden, die den Staat, die ökonomischen Strukturen und Abläufe in einer Weise umbauen, dass die Staatsausgaben gesenkt werden und über eine starke Öffnung zum Weltmarkt die lokale Wirtschaft (vermeintlich) konkurrenzfähig wird. Insbesondere in der Dritten Welt und in Schwellenländern hatten die Strukturanpassungsmaßnahmen, die Weltbank (⁊ Weltbank-Gruppe) und IWF (⁊ Internationaler Währungsfonds) in Folge der Schuldenkrisen der 1980er Jahren an die Kreditvergabe banden, zur Folge, dass der Staat sich aus wesentlichen Bereichen wie der öffentlichen Sicherheit, dem Bildungssystem, Wirtschaftsinvestitionen oder Marktregulierung zurückzog. Es ist insgesamt umstritten, ob die Strukturanpassungsmaßnahmen ökonomisch sinnvoll gewesen sind. Kritiker machen darauf aufmerksam, dass deren Umsetzung zu der Verelendung von Bevölkerungsschichten geführt hat, Rechte und Einfluss von Gewerkschaften und Arbeiter/innen eingeschränkt und die Volkswirtschaften zunehmend von der Volatilität der Weltmarktpreise abhängig wurden.

Subsidiarität

Subsidiarität bezeichnet allgemein Verhältnisse, in denen Lösungen für Probleme oder Regulationen auf der niedrigstmöglichen Ebene entwickelt werden. Der Begriff ist sowohl für trans- und internationale politische Strukturen, wie auch für die internationale politische Theorie von Bedeutung. In transnationalen politischen Organisationen, wie etwa der EU, die das Prinzip der Subsidiarität in ihren Verträgen explizit vorsieht, ist es ein wichtiges Instrument, um Kompetenzen zwischen der nationalen (z. T. sogar subnationalen) und der internationalen Ebene zu verteilen. Im Fall der EU bedeutet dies, dass die Gemeinschaftsorgane erst dann aktiv werden dürfen, wenn offensichtlich ist, dass eine Regelung auf der europäischen Ebene effizienter ist als eine nationale Lösung (wobei die Frage, wie diese ›Effizienz‹ bemessen wird, selbst Gegenstand politischer Auseinandersetzungen werden kann). In politischen Strukturen ist die Subsidiarität gewöhnlich eng mit einer föderalistischen Ordnung verbunden. In der politischen Theorie wird auf Subsidiarität v. a. in der Demokratietheorie referiert (und damit Subsidiarität auch teilweise vom Effizienzkriterium abgelöst), um anzugeben, wie sich jeweilige Kreise derjenigen konstituieren, die von Entscheidungen betroffen und folglich in die Entscheidungsfindung einzubeziehen sind.

Subsistenz/Subsistenzwirtschaft

Unter Subsistenzwirtschaft versteht man allgemein eine ökonomische Selbstversorgung, die unabhängig von anderen Personen, Institutionen oder Volkswirtschaften erbracht werden kann. Damit ist zugleich immer auch die Unabhängigkeit von Märkten gemeint, eine Implikation, die dem Begriff im Kontext der Globalisierung neue Prominenz beschert hat. Da viele Volkswirtschaften nicht auf dem Niveau des Weltmarktes konkurrenzfähig sind, aber zugleich von ihm abhängen, ist für diese Länder die Idee, zumindest einen Teil ihrer Wirtschaft auf Subsistenz umzustellen, oftmals attraktiv. Da in der Regel ein wirtschaftlicher Schwerpunkt im Primärsektor, insbesondere der Landwirtschaft, liegt, ist strukturell eine Abkopplung vom Weltmarkt zugleich wünschenswert und schwer. Insbesondere Ökonomen wie Walden Bello oder das weltweite Kleinbauern-Netzwerk *Via Campesina* postulieren als Lösung für Hunger in der Dritten Welt eine landwirtschaftliche Subsistenz, die eine Ernährungssouveränität gewährleisten soll. Hiergegen steht die These, dass nur umfassende und weltmarktvermittelte Industrialisierung es einer Volkswirtschaft ermöglichen, eine langfristige Ernährungssicherheit zu gewährleisten. Die Idee einer Subsistenzwirtschaft ist letztlich als ein Plädoyer für eine starke Deglobalisierung der Weltökonomie zu verstehen und wird oft als Romantizismus abgetan.

Subventionen

Mit Subventionen werden finanzielle Unterstützungen bezeichnet, die Staaten oder internationale Organisationen Wirtschaftsbetrieben oder -zweigen ohne Gegenleistungen, die diesen Unterstützungen unmittelbar korrespondieren, zukommen lassen. Subventionen können in direkten Zuwendungen bestehen, wie Finanzhilfen oder Krediten, die zu marktunüblichen Konditionen vergeben werden, sie können aber auch indirekt geleistet werden, etwa qua Steuerbegünstigung oder Erstattung von Zoll- oder sonstigen Betriebskosten. Auf der einen Seite sind Subventionen wichtige Maßnahmen zur wirtschaftlichen Entwicklung bzw. zur Gewährleistung der Fortexistenz einzelner Wirtschaftszweige (inklusive der damit verbundenen Arbeitsplätze bzw. des relativ unmittelbareren Zugriffs auf entsprechende Produkte) und zur Absicherung von deren Stellung auf dem Weltmarkt. Auf der anderen Seite können Subventionen gerade von starken Volkswirtschaften dazu genutzt werden, um bestehende Ungleichgewichte etwa zwischen ›Erster Welt‹ und Schwellenländern zu perpetuieren oder sogar zu verschärfen (↗ Protektionismus). Und in ökologischer Perspektive verringern Subventionen z. T. Anreize, Produktionsstätten u. Ä. zu modernisieren. Die Frage der Bedingungen, unter denen Subventionen zulässig sind, ist immer wieder ein zentraler Streitpunkt in den Verhandlungen der WTO.

Targeted Sanctions (Individualsanktionen, Smart Sanctions)

Eines der wichtigsten politischen Instrumente des UN-Sicherheitsrats sind Sanktionen. Die Sanktionen wurden bis in die 1990er Jahre hinein nahezu ausschließlich gegen Staaten gerichtet, d. h. Staaten wurde der Im- oder Export bestimmter Güter verboten, oder es konnte auf Kapital von Staaten im Ausland zugegriffen werden. Gerade die Sanktionen gegen den Irak in den 1990er Jahren führten jedoch vor Augen, dass solche Sanktionen fast ausschließlich die ärmsten Teile der Bevölkerungen treffen und daher kaum (direkte) politische Wirkungen entfalten bzw. sogar selbst als Menschenrechtsverletzungen zu verstehen sind. Als Konsequenz wurden v. a. in der Folge der Anschläge vom 11.9.2001 sogenannte *Targeted Sanctions* vorgesehen, d. h. Sanktionen, die direkt Individuen betreffen, denen die Beteiligung an internationalen Verbrechen vorgeworfen wird. Diese Sanktionen nehmen insbesondere die Form von Kontosperrungen und Einschränkungen der Bewegungsfreiheit an.

Auch diese Individualsanktionen sind jedoch, etwa von Seiten des ↗ Europäischen Gerichtshofs, in die Kritik geraten, da es im UN-System kaum Möglichkeiten gibt zu erwirken, dass das Auferlegen der Sanktionen überprüft wird. Individuen sind damit der Gefahr ausgesetzt, global von Maßnahmen betroffen zu sein, die ihren Handlungsrahmen in starkem Maß einschränken, ohne dass diese Maßnahmen ihnen gegenüber gerechtfertigt werden müssten oder sie zeigen könnten, dass sie zu Unrecht den Sanktionen unterliegen. Es wird daher die Forderung erhoben, Beschwerdemöglichkeiten von Individuen gegenüber Sicherheitsratsentscheidungen zu verbessern (was bislang nur Staaten können) oder sogar eine gerichtliche Überprüfung der Entscheidungen zuzulassen.

Terms of Trade

Unter den Terms of Trade wird das Verhältnis der Preise von Exportgütern zu denjenigen von Importgütern verstanden. Die Veränderung dieses Verhältnisses über die Zeit kann Auskunft darüber geben, wie sich die Preise für einheimische Güter auf dem Weltmarkt verändern, d.h. ob für die eigenen Güter mehr oder weniger ausländische Güter erworben werden können. Die Terms of Trade sind damit ein Indikator für die Stellung von Volkswirtschaften auf dem Weltmarkt, wobei gerade deren Verschlechterung als Hinweis auf eine nachteilige Position von Staaten gedeutet wird. Viele verweisen jedoch darauf, dass die Auskunft, die die Terms of Trade geben, nur von relativem Wert ist, da z.B. der Anstieg von Exportpreisen nicht notwendig einen Anstieg im Export bedeutet (sondern etwa auch auf Währungsschwankungen zurückgehen kann), womit ein solcher Anstieg nicht notwendig eine reale Kaufkrafterhöhung bzw. Verbesserung von Lebensverhältnissen bezeichnet.

Terrorismus

Unter Terrorismus versteht man ganz allgemein gewalttätiges Handeln, das oftmals politisch motiviert ist und qua Bedrohung Angst und Schrecken (lat. *terror*: Schrecken) bei denjenigen hervorruft, die sich im öffentlichen Raum bewegen. Der Begriff wird in der Regel wertend gebraucht, da er nahezu ausschließlich zur Kennzeichnung einer Form nicht gerechtfertigter politischer Gewalt gebraucht wird. Daher ist eine Definition des Terrorismus notorisch schwer. Dies zeigt sich auch darin, dass die juristische Bestimmung des Terrorismus von Staat zu Staat erheblich variiert, und auch die 2004 in der Resolution 1566 des UN-Sicherheitsrates vorgenommene völkerrechtlich verbindliche Definition ist äußerst vage. Dieser Resolution zufolge umfasst Terrorismus Straftaten wie Geiselnahmen, Tod oder Körperverletzungen, »die mit dem Ziel begangen werden, die ganze Bevölkerung, eine Gruppe von Personen oder einzelne Personen in Angst und Schrecken zu versetzen, […] einzuschüchtern oder eine Regierung oder eine internationale Organisation zu einem Tun oder Unterlassen zu nötigen«, wobei die Motivation für die Straftaten in politischen, ethnischen oder religiösen etc. Überzeugungen bestehen muss.

Terrorismus wird oft als eine Strategie der ›Propaganda der Tat‹ verstanden, d.h. mit terroristischen Akten wird darauf abgezielt, bestimmte politische, religiöse etc. Inhalte zu kommunizieren. Seit dem Ende des Zweiten Weltkriegs hat sich im Rahmen von antikolonialen oder nationalen Befreiungskämpfen sowie sozialrevolutionären Bewegungen in den westlichen Industriestaaten ein internationaler Terrorismus herausgebildet (z.B. die ›Carlos-Gruppe‹ oder die Zusammenarbeit zwischen Roter Armee Fraktion in Deutschland und Volksfront zur Befreiung Palästinas [PFLP]). Der überwiegende Anteil der internationalen terroristischen Anschläge stand im Kontext des Nahost-Konflikts. In gewisser Weise beerbt der islamistisch geprägte internationale Terrorismus seit den 1990er Jahren diese Tradition, wobei ein Großteil der Anschläge gegen US-amerikanische Einrichtungen durchgeführt wurde. Am 9.11.2001 verübte die ↗ Al-Qaida-Gruppe mit dem Anschlag auf das World-Trade-Center in New York ein Attentat, das Anlass für den *war on terror* gewesen ist und zum Afghanistan-Krieg führte. Verbreitete Anschlagsform im islamistischen Terrorismus ist das sogenannte Selbstmordattentat. Obwohl sich auch islamistische Terroristen mitunter in festen Gruppen organisieren, nimmt die Bedeutung von losen dezentralen, netzwerkartigen Strukturen, wie auch diejenige von Einzeltätern stark zu.

Tobin-Steuer

Als Tobin-Steuer wird eine 1972 von dem US-amerikanischen Wirtschaftswissenschaftler James Tobin vorgeschlagene Finanztransaktionssteuer bezeichnet. Diese Steuer sollte auf sämtliche weltweite Devisentransaktionen erhoben werden und hatte zum Ziel, auf diesem Wege kurzfristige Spekulationen auf Währungsschwankungen unattraktiv zu machen. Die Idee der Tobin-Steuer wurde stark von globalisierungskritischen Organisationen wie z.B. Attac aufgegriffen, wobei neben dem Aspekt der finanzpolitischen Regulation weltweiter Devisengeschäfte auch propagiert wurde, die Steuereinnahmen für entwicklungspolitische Ziele zu verwenden.

Tourismus

Der Begriff Tourismus bezeichnet Reisen, Hotelgewerbe und Reisebranche; die Touristikbranche stellt heute einen der weltweit größten Wirtschaftsbereiche dar. Global sind ungefähr 100 Millionen Menschen in der Touristikbranche tätig, und grenzüberschreitendes Reisen macht bis zu 30 Prozent des Welthandels im Dienstleistungsbereich aus. Wie jeder andere Wirtschaftszweig auch, führt der Auf- oder Ausbau des Tourismus zu einer Verdrängung anderer Erwerbszweige. Dies führt in Entwicklungsländern oftmals zu einem rapiden Wandel der gesellschaftlichen Verhältnisse, da tradierte Wirtschaftsformen insbesondere in der Landwirtschaft rapide an Bedeutung verlieren. Auch wenn u.a. aufgrund der Zunahme sogenannter All-Inclusive-Angebote ein Austausch zwischen Touristen und der örtlichen Bevölkerung mitunter stark eingeschränkt ist, wirkt sich der Fremdenverkehr auf das kulturelle Leben eines Landes aus – aber auch umgekehrt ermöglicht der Tourismus Zugang zu Ländern, die sich von der Weltöffentlichkeit abschotten, womit es auf diesem Weg zur Verbreitung von Informationen kommen kann. Da in Ländern, die sich von der Weltöffentlichkeit abschotten, oftmals massive Menschenrechtsverletzungen stattfinden, kann der Tourismus so indirekt dazu beitragen, dass die Weltöffentlichkeit hiervon Kenntnis erlangt und möglicherweise politischer Druck auf diese Länder ausgeübt wird.

Der Tourismus nimmt auch starken Einfluss auf die Umwelt, so dass zunehmend das Konzept eines sanften oder nachhaltigen Tourismus Beachtung findet. In Folge des ↗GATS-Abkommens 1995 setzte weltweit eine Liberalisierung von Reisedienstleistungen ein, die die weltweite Konkurrenz in der Touristikbranche deutlich verschärft und dadurch den Fremdenverkehr weiter hat anwachsen lassen. Insgesamt lässt sich sagen, dass infolge der verbesserten Verkehrsmittel und aufgrund der verbilligten Reisekosten der Tourismus vor allem bei Fernreisen zugenommen hat.

Transparency International

Transparency International ist eine global operierende NGO, die 1993 gegründet wurde und ihren Sitz in Berlin hat. Ihr Hauptziel ist es, Korruption in Verwaltungen und wirtschaftlichen Unternehmen aufzudecken und öffentlich zu machen, um auf diese Weise Entscheidungsprozesse nationaler und internationaler Einrichtungen transparenter zu machen bzw. es zu ermöglichen, Entscheidungen auch nach dem Kriterium der Korruptionsgefahr zu treffen, und v.a. die Bewilligung von Projekten in Entwicklungsländern an realen Bedürfnissen auszurichten. In jährlichen Berichten werden Staaten in einem Korruptionsindex bewertet, und mit Vorschlägen für Regelungen wird z.B. auf die OECD und darüber auf Standards für die ökonomische und soziale Kooperation zwischen Staaten bzw. zwischen Staaten und der Wirtschaft eingewirkt.

TRIPS (Agreement on Trade-Related Aspects of Intellectual Property Rights, Übereinkommen über handelsbezogene Aspekte der Rechte an geistigem Eigentum)

Dieses Abkommen beinhaltet Mindeststandards für den Schutz u.a. von Urheberrechten, Markenrechten und Patenten. Es wurde im Rahmen der ↗WTO ausgehandelt und trat 1995 in Kraft. Wesentliche Kontroversen über die Auslegung des Abkommens ergaben sich v.a. bezüglich des Zugangs zu wichtigen Medikamenten (so z.B. zu AIDS-Medikamenten), mit Blick auf Patente (↗Patentierung) im Agrarbereich sowie hinsichtlich der Grenzen von Software-Patenten.

UN (Vereinte Nationen)

Die United Nations Organization (UNO, UN) wurde 1945 als Nachfolgeorganisation des Völkerbundes gegründet. Ihre Mitglieder sind aktuell 192 Staaten, und sie hat ihren Hauptsitz in New York. Die wichtigsten Organe der UN sind die Generalversammlung, das Sekretariat (mit dem UN-Generalsekretär an der Spitze), der Sicherheitsrat, der Wirtschafts- und Sozialrat sowie der Internationale Gerichtshof. Daneben gibt es zahlreiche Nebenorgane und Sonderorganisationen, wozu u.a. die ↗WHO, die UNESCO, aber auch der IWF (↗Internationaler Währungsfond) oder die Weltbankgruppe gehören. Laut ihrer Charta besteht die Hauptaufgabe der UN in der Wahrung des Weltfriedens und der Gewährleistung der internationalen Sicherheit, wozu einerseits ein Rahmen zur friedlichen Weiterentwicklung der internationalen Beziehungen und der internationalen Kooperation geboten werden soll. Andererseits wird mit dem Kapitel VII der UN-Charta ein Mechanismus etabliert, der es dem Sicherheitsrat erlaubt, notfalls auch gegen den Willen von Mitgliedsstaaten zivile oder militärische Maßnahmen zu ergreifen, die den Frieden sichern oder wiederherstellen. In den 1990er Jahren wurde diese Kompetenz in Sicherheitsratsresolutionen so erweitert, dass auch der Schutz grundlegender Menschenrechte vom Kapitel VII abgedeckt ist.

Gerade in der Zusammensetzung des Sicherheitsrates und dem Veto-Recht der fünf ständigen Sicherheitsratsmitglieder ist die UN ein Ausdruck der globalen Machtverhältnisse am Ende des Zweiten Weltkriegs. Im Kontext der Auflösung des Ost-West-Konflikts und der vollendeten ↗Dekolonisierung ist es daher immer mehr zu Forderungen nach einer Reform der UN gekommen, was seit 2003 zu expliziten Vorschlägen und Verhandlungen über mögliche Reformen geführt hat. Hierbei stehen sich neben präzisen Interessen einzelner Staaten oder Regionen v.a. Erwartungen gegenüber, die die UN einerseits im Sinn einer globalen politischen Ordnung effizienter und wirkmächtiger machen wollen, während andere eher anregen, sie als Instanz zu stärken, die die Abwehr von Übergriffen gerade reicher und mächtiger Staaten auf kleinere und abhängige Staaten unterstützt.

UNEP (United Nations Environment Programme, Umweltprogramm der Vereinten Nationen)

Das UNEP wurde 1972 geschaffen und hat seinen Sitz in Nairobi (Kenia). Seine Hauptaufgabe besteht darin, Daten und Erkenntnisse zu Entwicklungen mit Blick auf die Umwelt zu sammeln und auf der Basis dieser Sammlung politische Empfehlungen abzugeben bzw. multilaterale Abkommen zum Umweltschutz zu initiieren. Das Programm befasst sich im Schwerpunkt mit dem Klimawandel sowie mit der globalen Trinkwasserversorgung. Da die unterschiedlichen Aufgaben der UN mit Blick auf ökologische Fragen über unterschiedliche Programme und Organisationen verteilt sind, wird seit 2002 der Plan verfolgt, das UNEP zu einer Weltumweltorganisation auszubauen, die die unterschiedlichen Kompetenzen in sich vereinigt.

UNHCR (United Nations High Commissioner for Refugees, Hoher Flüchtlingskommissar der Vereinten Nationen)

Das Flüchtlingskommissariat der UN ist auf der Grundlage der Genfer Flüchtlingskonvention von 1951 weltweit zuständig für den Schutz und die Unterstützung von Flüchtlingen. Dabei verfolgt der UNHCR v.a. drei Ziele: erstens den Schutz und die Betreuung von Flüchtlingen in akuten Krisen- und Katastrophensituationen, zweitens die mittel- und langfristige Verbesserung der Lage von Flüchtlingen durch deren Integration in die aufnehmenden Länder, Repatriierung oder dauerhafte Ansiedlung in Drittländern sowie drittens die Förderung des Asylrechts in allen Länder der Erde. Um den Schutz von Flüchtlingen effektiv leisten zu können, ohne selbst Konfliktpartei zu werden, enthält sich der UNHCR gewöhnlich politischer Stellungnahmen, selbst wenn es klare Verursacher von Flucht und Flüchtlingselend gibt. Dies führt, bei aller allgemeinen Wertschätzung, die der UNHCR durchweg für seine Arbeit erfährt, auch immer wieder zu Kritiken an dieser Institution.

Verbrechen gegen die Menschlichkeit

Von Verbrechen gegen die Menschlichkeit (*crimes against humanity*) ist erstmals in der Folge des Völkermords der Türkei an den Armeniern 1915/16 die Rede. Juristisch relevant wird diese Straftat 1945 durch den Artikel 6c des Londoner Statuts für die Nürnberger Prozesse. Definiert werden die Verbrechen gegen die Menschlichkeit dabei als »Mord, Vernichtung, Versklavung, Deportation oder andere unmenschliche Handlungen, die vor oder während eines Krieges an einer Zivilbevölkerung begangen werden, oder die Verfolgung auf der Basis von politischen, rassischen oder religiösen Gründen«, die mit der Ausführung anderer internationaler Verbrechen einhergehen und unabhängig davon, ob sie im jeweiligen nationalen Recht eine Straftat darstellen. Nach den Nürnberger Prozessen wurde der Straftatbestand in zahlreiche nationale Verfassungen aufgenommen. 1998 wurde diese Kategorie von Verbrechen als einer von vier Straftatbeständen in das Rom-Statut des ↗ Internationalen Strafgerichtshofs aufgenommen. Hierbei wurden zur Definition im Londoner Statut auch willkürliches Einsperren, Folter, Vergewaltigung und Apartheid als Bedingungen für das Vorliegen von Verbrechen gegen die Menschlichkeit hinzugefügt.

Völkerrecht (International Law)

Der deutsche Ausdruck ›Völkerrecht‹ übersetzt das lateinische *ius gentium*. Im englischen und französischen Sprachraum existieren zwar auch Ausdrücke, die die lateinische Bezeichnung aufnehmen, nämlich *law of peoples* bzw. *law of nations* sowie *droit des gens* bzw. *droit des nations*. Für das aktuelle Völkerrecht haben sich jedoch seit dem 19. Jahrhundert die Termini *international law* und *droit international* durchgesetzt. Im aktuellen Völkerrecht wird von vier Rechtsquellen ausgegangen: (1) Gewohnheiten, die sich im Verkehr zwischen den Staaten herausgebildet haben bzw. innerhalb der verschiedenen Staaten gleich sind (Völkergewohnheitsrecht), (2) Verträge und Abkommen zwischen Staaten, (3) allgemeine Rechtsprinzipien und (4) frühere Urteile und rechtswissenschaftliche Schriften. Wesentliche Kontroversen in der aktuellen Völkerrechtsdiskussion drehen sich insbesondere um die Hierarchie der erst- und zweitgenannten Quellen, z.B. um die Frage, ob die Bindungskraft einer gewohnheitlich etablierten Norm qua Vertrag aufgehoben werden kann.

Autoren und Adressaten des Völkerrechts sind wesentlich die Staaten, allerdings gibt es seit der Gründung der UN zunehmende Tendenzen auch weitere

Völkerrechtssubjekte von Individuen über Firmen bis hin zu überstaatlichen Organisationen anzuerkennen und zu berücksichtigen. Eine besondere Rolle spielt dabei die Herausbildung des ↗ *ius cogens*, d.h. von Rechtsprinzipien deren Geltung unabhängig von jeweiliger staatlicher Zustimmung ist.

Währungsreserven

Währungsreserven sind Finanzmittel, über die Zentral- oder Notenbanken in Guthaben, international verwendbaren Devisen, Edelmetallen oder Sonderziehungsrechten verfügen und die dazu genutzt werden, um die Zahlungs- bzw. Wettbewerbsfähigkeit eines Landes (etwa im Fall einer signifikanten Ab- oder Aufwertung der je eigenen oder einer wichtigen Referenzwährung) sicherzustellen oder bei Wechselkursschwankungen oder Kursspekulationen zu intervenieren. Insgesamt wird die Bonität eines Landes auch daran gemessen, wie hoch seine Währungsreserven sind, da diese z.T. auf Außenhandelsüberschüsse zurückgehen. Im Kontext der Globalisierung ist es zu massiven Anstiegen der Währungsreserven von einigen Schwellenländern gekommen, da die Wechselkurse z.T. stark unterbewertet sind und die genannten Schwellenländer ihre Handelsbilanzüberschüsse v.a. in Staatsanleihen anderer Länder angelegt haben. Diese umfassenden Währungsreserven gelten als wichtiger Risikofaktor für die weltwirtschaftliche Stabilität, und sie tragen dazu bei, dass der Binnenwohlstand sich in einzelnen Schwellenländern nicht parallel zur weltwirtschaftlichen Bedeutung bzw. Produktivität verbessert.

Washington Konsens

Der Begriff des Washington Konsenses wurde 1990 von John Williamson geprägt, und er bezeichnet zehn Strukturanpassungsmaßnahmen, die IWF (↗ Internationaler Währungsfonds) und Weltbank (↗ Weltbank-Gruppe) ausschließlich von Schwellen- und Entwicklungsländern zur Sicherung von deren makroökonomischer Situation erwarten. Die Maßnahmen umfassen u.a. Handelsliberalisierung, Haushaltsdisziplin, Abbau von Subventionen und Ausrichtung der staatlichen Investitionen auf Bildung, Gesundheit und Infrastruktur, Privatisierungen, Stärkung von Eigentumsrechten und Steuerreformen (v.a. mit dem Ziel von Steuersenkungen). Von vielen Globalisierungskritikern werden die Maßnahmen des Washington Konsenses als herausragender Ausdruck neoliberaler Wirtschaftspolitik verstanden, d. h. ausschließlich so, dass die Maßnahmen darauf abzielen, die Volkswirtschaften von Schwellen- und Entwicklungsländern für die Interessen der mächtigen Staaten zu öffnen, ohne dass es zu reziproken Leistungen bei letzteren käme. In der Nachfolge der globalen Finanzkrise sprechen viele unterdessen vom Scheitern des Washington Konsenses.

Weltbank-Gruppe

Unter der Weltbank-Gruppe versteht man eine Reihe von Banken, die, 1945 gegründet, in Washington, DC angesiedelt sind und Sonderorganisationen der UN bilden. In ihrem Zentrum steht die Internationale Bank für Wiederaufbau und Entwicklung (International Bank for Reconstruction and Development). Wichtigste Aufgabe dieser Bankengruppe ist die wirtschaftliche Entwicklung von ökonomisch schwächeren Mitgliedstaaten durch die Vergabe von Krediten und insgesamt die Begleitung von politischen, sozialen und ökonomischen Maßnahmen in den entsprechenden Ländern. Die Weltbank-Gruppe veröffentlicht jedes Jahr einen Weltentwicklungsbericht (»World Development Report«) und wird von den UN als wichtiges Instrument zum Erreichen der Milleniumsziele gesehen. Kritiker werfen der Bankengruppe vor, unter dem Deckmantel der Hilfe die Interessen der mächtigen Staaten und globalen ökonomischen Akteure zu befördern.

Weltmarkt

Unter Weltmarkt wird der globale Markt verstanden, an dem weltweit gehandelte Waren einen einheitlichen Preis haben. Der Weltmarktpreis von Gütern oder Dienstleistungen kann von lokalen oder nationalen Preisen aufgrund von Transportkosten, staatlichen Regulationen wie Zöllen, ↗ Subventionen oder anderen Außenhandelsbeschränkungen deutlich abweichen. Die Industrienationen, insbesondere die EU mit einem Anteil von einem Drittel, beherrschen den weltweiten Handel, während beispielsweise die afrikanischen Staaten zusammengenommen nur einen Anteil von maximal 3 % haben.

Weltsozialforum

Seit 2001 finden parallel zu den Gipfeln von G8, WTO etc. Weltsozialforen als Gegenveranstaltungen von Globalisierungskritikern statt. Unter dem Motto »Eine andere Welt ist möglich« dienen diese Treffen dazu, die verschiedenen Kritiken und lokalen Globalisierungsproteste auszutauschen und zu diskutieren. Des Weiteren haben sie den Zweck, die Kritik einer breiten Öffentlichkeit zu präsentieren und Aktionen über lokale Kontexte hinaus zu vernetzen. Unterdessen haben sich zahlreiche regionale Sozialforen gegründet, die als dauerhafte Kritik- und Vernetzungseinrichtungen wirken wollen.

WHO (World Health Organization, Weltgesundheitsorganisation)

Die WHO ist eine 1948 gegründete Sonderorganisationen der UN, die ihren Sitz in Genf hat. Bis auf Liechtenstein sind alle Mitglieder der UN auch Mitglieder der WHO. Ihre Ziele umfassen das Setzen und Überprüfen von Gesundheits- und Gesundheitsversorgungsstandards in allen Mitgliedsländern, das Initiieren und Fördern von Forschungsschwerpunkten in der Medizin und in der Pharmakologie sowie die Koordination von nationalen und internationalen Maßnahmen gegen Krankheiten, die eine regionale oder sogar globale Bedrohung darstellen (wie etwa SARS oder die sogenannte Schweinegrippe). Die WHO konzentriert sich dabei v. a. auf den Kampf gegen Infektionskrankheiten und die Entwicklung von Impfprogrammen für die ärmsten Länder. Kritiken an der WHO betonen die z. T. engen Verflechtungen von deren Entscheidungsträgern mit der Pharmaindustrie, die bei globalen gesundheitspolitischen Empfehlungen hohe Gewinne erwarten kann.

WTO (World Trade Organization, Welthandelsorganisation)

Die zum 1. Januar 1995 in der Uruguay-Runde als Nachfolgerin von ↗ GATT gegründete WTO, deren Sitz in Genf ist, reguliert bzw. liberalisiert den weltweiten Handel mit Waren, Dienstleistungen und Eigentumsrechten. Sie überwacht die Einhaltung der Abkommen, wie z. B. GATS oder TRIPS, zwischen Mitgliedstaaten. Bei Streitigkeiten, die sich nicht in intergouvernementalen Verhandlungen lösen lassen, werden Schiedsverfahren einberufen, wozu als ständiges Gremium der Dispute Settlement Body dient. In den bisherigen Schiedssprüchen dieser Instanz sehen einige einen Ansatzpunkt für eine privatrechtlich grundierte Konstitutionalisierung des Weltrechts, die die Koordination der im Streit liegenden politischen und rechtlichen Räume zum Ziel hat (↗ Pluralismus).

Zivilgesellschaft

Die Zivilgesellschaft firmierte in der deutschsprachigen Gesellschaftstheorie und politischen Philosophie zunächst (z. B. bei Hegel oder Marx) unter dem Ausdruck ›bürgerliche Gesellschaft‹, womit jedoch (z. T. im Unterschied zu den Ausdrücken in anderen Sprachen, wie *civil society* oder *société civile*) sowohl der Bereich des sozialen Lebens bezeichnet werden konnte, den die Bürger im ökonomisch-sozialen Sinn (*bourgeois*) bestimmen, wie auch derjenige, den die Bürger im politischen Sinn (*citoyens*) gestalten. In den 1920er und 1930er Jahren referierte Antonio Gramsci auf diesen doppelten Sinn des Ausdrucks und erklärte auf dieser Grundlage die unterschiedlichen Erfolge marxistischer Bewegungen in verschiedenen Ländern durch die jeweiligen Konstellationen von Staatlichkeit und Zivilgesellschaftlichkeit, wobei

die Zivilgesellschaft ihr politisches Gewicht gerade durch ihre ökonomische Absicherung erhielt.

In den 1980er Jahren entwickelte sich eine Diskussion über die Politik diesseits und jenseits staatlicher Institutionen, d. h. über die Möglichkeit gesellschaftlicher Selbstorganisation bzw. die Notwendigkeit, staatliche Eingriffe in autonom funktionierende soziale Kontexte abzuwehren. In diesem Kontext wurde, z. T. im Anschluss an Gramsci, auch in der deutschsprachigen Forschung der Ausdruck ›Zivilgesellschaft‹ geprägt, um den dezidiert politischen und v. a. egalitären (d. h. anti-bürgerlichen) Anspruch der entsprechenden Selbstorganisation zu betonen. Zivilgesellschaft bezeichnet so diejenigen Akteure, die nicht als Teile oder Repräsentanten des Staatsapparates zu verstehen sind, aber dennoch das politische Leben mitbestimmen (wollen), wie Bürgerinitiativen, Gewerkschaften, Kirchen oder auch herausragende Einzelpersonen oder Gruppen. Von der ›globalen Zivilgesellschaft‹ ist heute insbesondere mit Blick auf NGOs und die globalisierungskritischen Bewegungen und Foren die Rede, noch allgemeiner sogar mit Bezug auf den Diskurs einer ›globalen Öffentlichkeit‹.

Andreas Niederberger/Philipp Schink

V. Anhang

1. Auswahlbibliographie

Acker, Joan: Gender, Capitalism and Globalization. In: *Critical Sociology* 30. Jg., 1 (2004), 17–41.

Aglietta, Michel/Berrebi, Laurent: *Désordres dans le capitalisme mondial.* Paris 2007.

Aguiton, Christophe: *Was bewegt die Kritiker der Globalisierung? Von Attac zu Via Campesina.* Köln 2002.

Albert, Mathias: *Zur Politik der Weltgesellschaft.* Weilerswist 2002.

– /Jacobson, David/Lapid, Yosef (Hg.): *Identities, Borders, Orders: Rethinking International Relations Theory.* Minneapolis 2001.

Albrow, Martin: *Abschied vom Nationalstaat. Staat und Gesellschaft im globalen Zeitalter.* Frankfurt a. M. 1998 (engl. 1996).

–: *Das Globale Zeitalter.* Frankfurt a. M. 2007 (engl. 1996).

Aleinikoff, T. Alexander/Klusmeyer, Douglas (Hg.): *Citizenship Today: Global Perspectives and Practices.* Washington, D.C. 2001.

Almond, Gabriel A./Appleby, R. Scott/Sivan, Emmanuel: *Strong Religion. The Rise of Fundamentalisms around the World.* Chicago 2003.

Alter, Karen: *Establishing the Supremacy of European Law. The Making of an International Rule of Law in Europe.* Oxford 2001.

Altvater, Elmar/Mahnkopf, Birgit: *Grenzen der Globalisierung. Ökonomie, Ökologie und Politik in der Weltgesellschaft* [1996]. Münster ⁶2004.

Amin, Samir: *Die Zukunft des Weltsystems. Herausforderungen der Globalisierung.* Hamburg 1997.

Anderheiden, Michael/Huster, Stefan/Kirste, Stephan (Hg.): *Globalisierung als Problem von Gerechtigkeit und Steuerungsfähigkeit des Rechts.* Stuttgart 2001.

Anghie, Antony: *Imperialism, Sovereignty and the Making of International Law.* Cambridge 2004.

Appadurai, Arjun: *Modernity at Large: Cultural Dimensions of Globalization.* Minneapolis 1996.

–: *Globalization.* Durham 2000.

Appiah, Kwame Anthony: *Cosmopolitanism: Ethics in a World of Strangers.* Princeton 2006.

Archibugi, Daniele: *The Global Commonwealth of Citizens. Toward Cosmopolitan Democracy.* Princeton 2008.

Arrighi, Giovanni: *The Long Twentieth Century. Money, Power, and the Origins of Our Times.* London/New York 1994.

–: *Adam Smith in Beijing. Die Genealogie des 21. Jahrhunderts.* Hamburg 2008.

– /Silver, Beverly J./Brever, Benjamin: Industrial Convergence, Globalization, and the Persistence of the North-South Divide. In: *Studies in Comparative International Development* 38. Jg., 1 (2003), 3–31.

Atkinson, Rowland/Bridge, Gary (Hg.): *Gentrification in a Global Context. The New Urban Colonialism.* London 2005.

Atlas der Globalisierung. Berlin 2009.

ATTAC (Hg.): *Die geheimen Spielregeln des Welthandels.* Wien 2004.

Atzert, Thomas/Müller, Jost (Hg.): *Kritik der Weltordnung. Globalisierung, Imperialismus, Empire.* Berlin 2003.

Axelrod, Regina S./Downie, David Leonard/Vig, Norman (Hg.): *The Global Environment. Institutions, Law, and Policy.* Washington 2005.

Badura, Jens (Hg.): *Mondialisierungen. ›Globalisierung‹ im Lichte transdisziplinärer Reflexionen.* Bielefeld 2006.

Baker, Gideon/Chandler, David (Hg.): *Global Civil Society.* London 2005.

Barber, Benjamin R.: *Jihad vs. McWorld. How Globalism and Tribalism are Reshaping the World.* New York 1996.

Bardo, Michael D./Taylor, Alan M./Williamson, Jeffrey G. (Hg.): *Globalization in Historical Perspective.* Chicago 2003.

Bartelson, Jens: *Critique of the State.* Cambridge 2001.

–: Making Sense of Global Civil Society. In: *European Journal of International Relations* 12. Jg., 3 (2006), 371–395.

Bassiouni, M. Cherif: *Crimes Against Humanity in International Criminal Law* [1992]. The Hague ²1999.

Basu, Amrita: Globalisation of the Local/Localisation of the Global. Mapping Transnational Women's Movements. In: *Meridians: Feminism, Race, Transnationalism* 1. Jg., 1 (2000), 68–84.

Bauman, Zygmunt: Glokalisierung oder Was für den einen die Globalisierung, ist für den anderen die Lokalisierung. In: *Das Argument* 217 (1996), 653–664.

Bayly, Christopher A.: *Die Geburt der modernen Welt. Eine Globalgeschichte 1780–1914*. Frankfurt a.M. 2006.

Beck, Stefan/Klobes, Frank/Scherrer, Christoph (Hg.): *Surviving Globalization? Perspectives for the German Economic Model*. Berlin 2005.

Beck, Stefan: Mit Exporten aus der Wachstumskrise? – Das deutsche Modell in der Globalisierung. In: *WSI Mitteilungen* 59. Jg., 1 (2006), 28–34.

Beck, Ulrich: *Was ist Globalisierung? Irrtümer des Globalismus – Antworten auf Globalisierung*. Frankfurt a.M. 1997.

– (Hg.): *Perspektiven der Weltgesellschaft*. Frankfurt a.M. 1998.

–: *Macht und Gegenmacht im globalen Zeitalter. Neue weltpolitische Ökonomie*. Frankfurt a.M. 2002.

–: *Der kosmopolitische Blick oder: Krieg ist Frieden*. Frankfurt a.M. 2004.

–: *Weltrisikogesellschaft. Auf der Suche nach der verlorenen Sicherheit*. Frankfurt a.M. 2007.

– /Grande, Edgar: *Das kosmopolitische Europa*. Frankfurt a.M. 2004.

Becker, Joachim/Imhof, Karen/Jäger, Johannes/Staritz, Cornelia (Hg.): *Kapitalistische Entwicklung in Nord und Süd*. Wien 2007.

Becker, Maren/John, Stefanie/Schirm, Stefan: *Globalisierung und Global Governance*. Paderborn 2007.

Becker, Steffen/Sablowski, Thomas/Schumm, Wilhelm (Hg.): *Jenseits der Nationalökonomie? Weltwirtschaft und Nationalstaat zwischen Globalisierung und Regionalisierung*. Hamburg 1997.

Beckert, Jens et al. (Hg.): *Transnationale Solidarität. Chancen und Grenzen*. Frankfurt a.M. 2004.

Behrens, Maria (Hg.): *Globalisierung als politische Herausforderung. Global Governance zwischen Utopie und Realität*. Wiesbaden 2005.

Beiner, Ronald (Hg.): *Theorizing Citizenship*. New York 1995.

Beitz, Charles: *Political Theory and International Relations* [1979]. Princeton 1999.

Bello, Walden: *De-Globalisierung. Widerstand gegen die neue Weltordnung*. Hamburg 2005.

Benhabib, Seyla: *The Rights of Others: Aliens, Residents and Citizens*. Cambridge 2004.

–: *Kosmopolitismus und Demokratie. Eine Debatte*. Frankfurt a.M./New York 2008 (engl. 2006).

Berger, Suzanne: Globalization and Politics. In: *Annual Review of Political Science* 3. Jg. (2000), 43–62.

Berking, Helmuth (Hg.): *Die Macht des Lokalen in einer Welt ohne Grenzen*. Frankfurt a.M. 2006.

Berking, Helmuth/Faber, Richard (Hg.): *Städte im Globalisierungsdiskurs*. Würzburg 2002.

Beyer, Peter (Hg.): *Religion im Prozeß der Globalisierung*. Würzburg 2001.

Bhabha, Homi: *Die Verortung der Kultur*. Tübingen 2000.

Bhagwati, Jagdish: *In Defense of Globalization*. Oxford 2007.

Bisley, Nick: *Rethinking Globalization*. New York 2007.

Bleisch, Barbara/Schaber, Peter (Hg.): *Weltarmut und Ethik*. Paderborn 2007.

Bogdandy, Armin von: Demokratie, Globalisierung, Zukunft des Völkerrechts – eine Bestandsaufnahme. In: *Zeitschrift für ausländisches öffentliches Recht und Völkerrecht* 63. Jg. (2003), 853–877.

–: Globalization and Europe: How to Square Democracy. In: *European Journal of International Law* 15. Jg. (2004), 885–906.

Bohman, James: The Globalization of the Public Sphere. In: *Philosophy and Social Criticism* 24. Jg. (1998), 199–216.

–: Toward a Critical Theory of Globalization. Democratic Practice and Multiperspectival Inquiry. In: *Concepts and Transformation* 9. Jg. (2004), 121–146.

–: *Democracy across Borders. From Demos to Demoi*. Cambridge, MA 2007.

Boris, Dieter: *Zur Politischen Ökonomie Lateinamerikas*. Hamburg 2001.

Bothe, Michael: Wandel des Völkerrechts – Herausforderungen an die Steuerungsfähigkeit des Rechts im Zeitalter der Globalisierung. In: *Kritische Vierteljahresschrift für Gesetzgebung und Rechtswissenschaft* 3. Jg. (2008), 235–246.

Boyer, Robert/Drache, Daniele (Hg.): *States Against Markets. The Limits of Globalization*. London/New York 1996.

Boyer, Robert et al.: *La mondialisation au-delà des mythes*. Paris 1997.

Brabandt, Heike/Roß, Bettina/Zwingel, Susanne (Hg.): *Mehrheit am Rand? Geschlechterverhältnisse, globale Ungleichheit und transnationale Handlungsansätze*. Wiesbaden 2008.

Brady, David/Beckfield, Jason /Zhao, Wei: The Consequences of Economic Globalization for Affluent Democracies. In: *Annual Review of Sociology* 33. Jg. (2007), 313–334.

Brand, Ulrich: *Gegen-Hegemonie. Perspektiven globalisierungskritischer Strategien*. Hamburg 2005.

– /Görg, Christoph/Hirsch, Joachim/Wissen, Markus: *Conflicts in Environmental Regulation and the Internationalisation of the State. Contested Terrains*. London/New York 2008.

Braunmühl, Claudia von/Huffschmid, Jörg/Wichterich,

Christa (Hg.): *Das ABC der Globalisierung.* Hamburg 2005.

Brink, Tobias ten: *VordenkerInnen in der globalisierungskritischen Bewegung. Pierre Bourdieu, Susan George, Antonio Negri.* Köln 2004.

Brooks, Thom (Hg.): *The Global Justice Reader.* Oxford 2008.

Brühl, Tanja et al. (Hg.): *Die Privatisierung der Weltpolitik.* Bonn 2001.

Brunkhorst, Hauke: *Solidarität. Von der Bürgerfreundschaft zur globalen Rechtsgenossenschaft.* Frankfurt a. M. 2002.

Brunkhorst, Hauke (Hg.): *Demokratie in der Weltgesellschaft (Sonderheft Soziale Welt).* Baden-Baden 2009.

– /Costa, Sergio (Hg.): *Jenseits von Zentrum und Peripherie. Zur Verfassung der fragmentierten Weltgesellschaft.* München/Mering 2005.

Bryant, Raymond L./Bailey, Sinéad: *Third World Political Ecology.* London/New York 1997.

Bryde, Brun-Otto: Konstitutionalisierung des Völkerrechts und Internationalisierung des Verfassungsrechts. In: *Der Staat* 42. Jg. (2003), 62–75.

Brysk, Alison (Hg.): *Globalization and Human Rights.* Berkeley/Los Angeles 2002.

– /Shafir, Gershon (Hg.): *People Out of Place: Globalization, Human Rights and the Citizenship Gap.* New York 2004.

Burton, John W.: *World Society.* Cambridge 1972.

Busche, Hubertus (Hg.): *Philosophische Aspekte der Globalisierung.* Würzburg 2009.

Butler, Judith/Spivak, Gayatri Chakravorty: *Sprache, Politik, Zugehörigkeit.* Zürich 2007 (engl. 2007).

Çaglar, Gülay: *Engendering der Makroökonomie und Handelspolitik. Potenziale transnationaler Wissensnetzwerke.* Wiesbaden 2009.

Candeias, Mario: *Neoliberalismus – Hochtechnologie – Hegemonie: Grundrisse einer transnationalen kapitalistischen Produktions- und Lebensweise. Eine Kritik.* Hamburg 2004.

Caney, Simon: Cosmopolitan Justice, Responsibility, and Global Climate Change. In: *Leiden Journal of International Law* 18. Jg. (2005), 747–775.

–: *Justice Beyond Borders. A Global Political Theory.* Oxford 2005.

Carr, Marilyn/Chen, Martha Alter: Globalization and Home-Based Workers. In: *Feminist Economics* 6. Jg., 3 (2000), 123–142.

Castells, Manuel: *Das Informationszeitalter I. Der Aufstieg der Netzwerkgesellschaft.* Opladen 2003 (engl. 1996).

–: *Jahrtausendwende.* Opladen 2003 (engl. 2000).

–: *Die Internet-Galaxie. Internet, Wirtschaft und Gesellschaft.* Wiesbaden 2005 (engl. 2001).

Cerny, Philip G. (Hg.): *Finance and World Politics.* Aldershot 1993.

Cerutti, Furio: *Global Challenges for Leviathan. A Political Philosophy of Nuclear Weapons and Global Warming.* Lanham 2007.

Chadwick, Andrew: *Internet Politics. States, Citizens, and New Communication Technologies.* Oxford 2006.

Chakrabarty, Dipesh: *Provincializing Europe: Postcolonial Thought and Historical Difference.* Princeton 2000.

Chandler, David: *Constructing Global Civil Society.* New York 2004.

Cheneval, Francis: *Philosophie in weltbürgerlicher Bedeutung. Über die Entstehung und die philosophischen Grundlagen des supranationalen und kosmopolitischen Denkens der Moderne.* Basel 2002.

Chomsky, Noam: *Profit Over People. Neoliberalismus und globale Weltordnung.* Hamburg/Wien 2000.

Chossudovsky, Michel: *Global brutal. Der entfesselte Welthandel, die Armut, der Krieg.* Frankfurt a. M. 2002.

Coleman, John A. (Hg.): *Globalization and Catholic Social Thought.* New York 2005.

Conca, Ken/Finger, Matthias/Park, Jacob (Hg.): *The Crisis of Global Environmental Governance: Towards a New Political Economy of Sustainability.* London 2008.

Conert, Hansgeorg: *Vom Handelskapital zur Globalisierung. Entwicklung und Kritik der kapitalistischen Ökonomie.* Münster 1998.

Conrad, Sebastian/Eckert, Andreas/Freitag, Ulrike (Hg.): *Globalgeschichte. Theorien, Ansätze, Themen.* Frankfurt a. M. 2007.

Conrad, Sebastian/Randeria, Shalini (Hg.): *Jenseits des Eurozentrismus. Postkoloniale Perspektiven in den Geschichts- und Kulturwissenschaften.* Frankfurt a. M. 2002.

Conrad, Sebastian/Sachsenmaier, Dominic (Hg.): *Competing Visions of World Order: Global Moments and Movements, 1880s–1930s.* New York 2007.

Cornia, Giovanni A. (Hg.): *Inequality, Growth, and Poverty in an Era of Liberalisation and Globalization.* New York 2004.

Creveld, Martin van: *Die Zukunft des Krieges.* München 1999.

Crouch, Colin: *Postdemokratie.* Frankfurt a. M. 2008 (ital. 1999).

Czempiel, Ernst-Otto/Rosenau, James N. (Hg.): *Global Changes and Theoretical Challenges: Approaches to World Politics for the 1990s.* Lexington, MA 1989.

Daase, Christopher: *Kleine Kriege, große Wirkung. Wie unkonventionelle Kriegführung die internationale Politik verändert.* Baden-Baden 1999.

Dahl, Robert: Can International Organizations be Democratic? A Skeptical View. In: Ian Shapiro/Casiano Hacker-Cordòn (Hg.): *Democracy's Edges.* Cambridge 1999, 19–36.

Davis, Mike: *Planet der Slums.* Berlin 2007 (engl. 2006).

Dawson, Ashley/Edwards, Brent Hayes: Global Cities of the South. In: *Social Text 81* 22. Jg., 4 (2004), 1–7.

Dean, Jodi/Anderson, Jon W./Lovink, Geert (Hg.): *Reformatting Politics. Information Technology and Global Civil Society.* New York 2006.

Deibert, Ronald J./Palfrey, John G./Rohozinski, Rafal/Zittrain, Jonathan (Hg.): *Access Denied. The Practice and Policy of Global Internet Filtering.* Cambridge, MA 2008.

Delanty, Gerard: *Citizenship in a global age. Society, culture, politics.* Buckingham 2000.

Derrida, Jacques: *Marx' Gespenster. Der Staat der Schuld, die Trauerarbeit und die neue Internationale.* Frankfurt a. M. 1995.

Dittrich, Christoph: *Bangalore; Globalisierung und Überlebenssicherung in Indiens Hightech-Kapitale.* Saarbrücken 2004.

Dörre, Klaus/Röttger, Bernd: *Im Schatten der Globalisierung. Strukturpolitik, Netzwerke und Gewerkschaften in altindustriellen Regionen.* Wiesbaden 1996.

Drezner, Daniel W.: Globalization and Policy Convergence. In: *International Studies Review* 3. Jg., 2 (2001), 53–78.

Drori, Gili. S. et al.: *Science in the Modern World Polity. Institutionalization and Globalization.* Stanford 2003.

Dryzek, John S.: *Deliberative Global Politics. Discourse and Democracy in a Divided World.* Oxford 2006.

Duffield, Mark: *Global Governance and the New Wars.* London 2001.

Duffy, Helen: *The › War on Terror‹ and the Framework of International Law.* Cambridge 2005.

Dunning, John/Lundan, Sarianna: *Multinational Enterprises and the Global Economy.* Cheltenham ²2008.

Düvell, Frank: *Die Globalisierung des Migrationsregimes. Zur neuen Einwanderungspolitik in Europa,* Berlin/Hamburg/Göttingen 2002.

Eckert, Andreas: *Kolonialismus.* Frankfurt a. M. 2006.

Eckes, Alfred E., Jr.: *Opening America's Market: U.S. Foreign Trade Policy since 1776.* Chapel Hill 1995.

Edelman, Marc/Haugerud, Angelique (Hg.): *The Anthropology of Development and Globalization. From Classical Political Economy to Contemporary Neoliberalism.* Oxford 2005.

Ehrenreich, Barbara/Hochschild, Arlie: *Global Woman: Nannies, Maids and Sex Workers in the New Economy.* New York 2004.

Eichengreen, Barry: *Vom Goldstandard zum Euro. Die Geschichte des internationalen Währungssystems.* Berlin 2000 (amerik. 1996).

Ekardt, Felix: *Theorie der Nachhaltigkeit. Rechtliche, ethische und politische Zugänge.* Baden-Baden 2010.

– /Heitmann, Christian/Hennig, Bettina: *Soziale Gerechtigkeit in der Klimapolitik.* Düsseldorf 2010.

Emmerich-Fritsche, Angelika: *Vom Völkerrecht zum Weltrecht.* Berlin 2007.

Engels, Anita/Ruschenburg, Tina: Die Ausweitung kommunikativer Räume: Reichweite, Mechanismen und Theorien der Globalisierung der Wissenschaft. In: *Soziale Welt* 57. Jg., 1 (2006), 5–29.

– –, Tina: The Uneven Spread of Global Science: Patterns of International Collaboration in Global Environmental Change Research. In: *Science and Public Policy* 35. Jg., 5 (2008), 347–360.

Epstein, Gerald A. (Hg.): *Financialization and the World Economy.* Cheltenham/Northampton, MA 2005.

Eriksen, Thomas H. (Hg.): *Globalisation. Studies in Anthropology.* London 2003.

–: *Globalization. The Key Concepts.* Oxford 2007.

Ezli, Özkan/Kimmich, Dorothee/Werberger, Annette (Hg.): *Wider den Kulturenzwang. Migration, Kulturalisierung und Weltliteratur.* Bielefeld 2009.

Falk, Richard: *Predatory Globalization.* Cambridge 1999.

Featherstone, Michael (Hg.): *Global Culture. Nationalism, Globalization, and Modernity.* London 1990.

Feher, Michel (Hg.): *Nongovernmental Politics.* New York 2007.

Finke, Barbara: *Legitimation globaler Politik durch NGOs. Frauenrechte, Deliberation und Öffentlichkeit in der UNO.* Wiesbaden 2005.

Fischer, Wolfram: *Expansion, Integration, Globalisierung. Studien zur Geschichte der Weltwirtschaft.* Göttingen 1998.

Fischer-Lescano, Andreas: *Globalverfassung: Die Geltungsbegründung der Menschenrechte.* Weilerswist 2005.

– /Teubner, Gunther: *Regime-Kollisionen. Zur Fragmentierung des globalen Rechts.* Frankfurt a. M. 2006.

Flassbeck, Heiner: Das Ende von Bretton Woods, oder: Gibt es nationale Politik in einer internationalisierten Welt? In: *Jahrbuch für Wirtschaftsgeschichte. Wirtschaftspolitik nach dem Ende der Bretton-Woods-Ära.* Berlin 2002, 31–48.

Føllesdal, Andreas/Pogge, Thomas (Hg.): *Real World*

Justice. Grounds, Principles, and Social Institutions. Dordrecht 2005.

Forrester, Viviane: *Der Terror der Ökonomie.* München 1998.

Forschungsgruppe Transit Migration (Hg.): *Turbulente Ränder. Neue Perspektiven auf Migration an den Grenzen Europas.* Bielefeld 2007.

Franck, Thomas: *Fairness in International Law and Institutions.* Oxford 1995.

Frank, Andre Gunder: *ReOrient: Global Economy in the Asian Age.* Berkeley 1998.

Fraser, Nancy: Reframing Justice in a Globalizing World. in: *New Left Review* 36. Jg. (2005), 69–88.

–: *Scales of Justice. Reimagining Political Space in a Globalizing World.* New York 2009.

Friedmann, John/Wolff, Goetz: World City Formation: An Agenda for Research and Action. In: *International Journal of Urban and Regional Research* 6. Jg. (1982), 309–344.

Fukuyama, Francis: *The End of History and the Last Man.* London 1992.

Gabriel, Karl (Hg.): *Technik, Globalisierung und Religion. Gegenmodelle zum Kampf der Kulturen.* Freiburg i. Br. 2008.

Gardiner, Stephen M.: Ethics and Global Climate Change. In: *Ethics* 114. Jg., 3 (2004), 555–600.

Garrett, Geoffrey: The Causes of Globalization. In: *Comparative Political Studies* 33. Jg., 6/7 (2000), 941–991.

Geis, Anna/Brock, Lothar/Müller, Harald (Hg.): *Democratic Wars.* Houndmills 2006.

Gemein, Gisbert Jörg/Redmer, Hartmut: *Islamischer Fundamentalismus.* Münster 2005.

Gibson-Graham, J.K.: *The End of Capitalism (as We Knew it). A Feminist Critique of Political Economy.* Cambridge, MA 1996.

Giddens, Anthony: *Die Konsequenzen der Moderne.* Frankfurt a. M. 1995 (engl. 1990).

–: *Runaway World: How Globalisation is Reshaping our Lives.* London 1999.

Gill, Stephen: *American Hegemony and the Trilateral Commission.* Cambridge 1990.

Gindin, Sam/Panitch, Leo: *Globaler Kapitalismus und amerikanisches Imperium.* Hamburg 2009.

Giulianotti, Richard/Robertson, Roland: The Globalization of Football. A Study of the Glocalization of the ›Serious Life‹. In: *British Journal of Sociology* 55. Jg., 4 (2004), 545–568.

Glick-Schiller, Nina/Basch, Linda/Szanton Blanc, Cristina (Hg.): *Towards a Transnational Perspective on Migration. Race, Class, Ethnicity, and Nationalism Reconsidered.* New York 1992.

Görg, Christoph: *Regulation der Naturverhältnisse. Zu einer kritischen Theorie der ökologischen Krise.* Münster 2003.

– /Brand, Ulrich (Hg.): *Mythen globalen Umweltmanagements. ›Rio+10‹ und die Sackgassen nachhaltiger Entwicklung.* Münster 2002.

Gosepath, Stefan/Lohmann, Georg (Hg.): *Philosophie der Menschenrechte.* Frankfurt a. M. 1998.

Gould, Colin: *Globalizing Democracy and Human Rights.* Cambridge 2004.

Gradner, Margarete/Rothermund, Dietmar/Schwentker, Wolfgang (Hg.): *Globalisierung und Globalgeschichte.* Wien 2005.

Graeber, David: The Anthropology of Globalization (with Notes on Neomedievalism, and the End of the Chinese Model of the Nation-State). In: *American Anthropologist* 104. Jg., 4 (2002), 1222–1227.

Grande, Edgar: Cosmopolitan Political Science. In: *British Journal of Sociology* 57. Jg., 1 (2006), 87–111.

– /Risse, Thomas: Bridging the Gap. Konzeptionelle Anforderungen an die politikwissenschaftliche Analyse von Globalisierungsprozessen. In: *Zeitschrift für Internationale Beziehungen* 2. Jg. (2000), 235–267.

Grant, Ruth W./Keohane, Robert O.: Accountability and Abuses of Power in World Politics. In: *American Political Science Review* 99. Jg. (2005), 29–43.

Greven, Thomas/Scherrer, Christoph: *Globalisierung gestalten. Weltökonomie und soziale Standards.* Bonn 2005.

Grewal, David Singh: *Network Power. The Social Dynamics of Globalization.* New Haven 2008.

Gugler, Josef (Hg.): *World Cities Beyond the West. Globalization, Development, and Inequality.* Cambridge 2004.

Haas, Peter M./Hird, John A./McBratney, Beth (Hg.): *Controversies in Globalization. Contending Approaches to International Relations.* Washington, DC 2009.

Haas, Peter M./Keohane, Robert O./Levy, Marc A. (Hg.): *Institutions for the Earth. Sources of Effective International Environmental Protection.* Cambridge, MA/London 1993.

Habermas, Jürgen: *Die postnationale Konstellation. Politische Essays.* Frankfurt a. M. 1998.

–: *Der gespaltene Westen. Kleine Politische Schriften X.* Frankfurt a. M. 2004.

–: Eine politische Verfassung für die pluralistische Weltgesellschaft? In: Ders.: *Zwischen Naturalismus und Religion.* Frankfurt a. M. 2005, 324–366.

–: *Ach, Europa.* Frankfurt a. M. 2008.

Hahn, Henning: *Globale Gerechtigkeit. Eine Einführung.* Frankfurt a. M./New York 2009.

Hall, Peter: *The World Cities.* London 1966.

Hannerz, Ulf: *Transnational Connections: Culture, People, Places.* London 1998.

Hardt, Michael/Negri, Antonio: *Empire. Die neue Weltordnung.* Frankfurt a. M. 2002 (engl. 2000).

–/–: *Multitude. Krieg und Demokratie im Empire.* Frankfurt a. M./New York 2004 (engl. 2004).

–/–: *Common Wealth: Das Ende des Eigentums.* Frankfurt a. M./New York 2010.

Harris, Erroll: World Government and Universalism. In: *Dialogue and Universalism* 1. Jg. (1995), 87–96.

Härtel, Ines: Globalisierung des Rechts als Chance? Zum Spannungsverhältnis von Umweltvölkerrecht und Welthandelsrecht. In: *Jahrbuch des Umwelt- und Technikrechts* 98 (2008), 185–224.

Harvey, David: *Der neue Imperialismus.* Hamburg 2005 (engl. 2003).

Harvey, David: *Räume der Neoliberalisierung. Zur Theorie der ungleichen Entwicklung.* Hamburg 2007.

Hauser-Schäublin, Brigitta/Braukämper, Ulrich (Hg.): *Ethnologie der Globalisierung.* Berlin 2002.

Hawkesworth, Mary E.: *Globalization and Feminist Activism.* Lanham/Boulder/New York/Toronto/Oxford 2006.

Hay, Colin: *Globalization and the State. Myth and Reality.* New York 2010.

Heintz, Bettina/Münch, Richard/Tyrell, Hartmann (Hg.): *Zeitschrift für Soziologie. Sonderheft Weltgesellschaft.* Wiesbaden 2005.

Held, David: *Democracy and the Global Order. From the Modern State to Cosmopolitan Governance.* Stanford 1995.

–: *Soziale Demokratie im globalen Zeitalter.* Frankfurt a. M. 2007 (engl. 2004).

– /Kaya, Ayse (Hg.): *Global Inequality.* Cambridge 2007.

– /McGrew, Anthony (Hg.): *Governing Globalization. Power, Authority and Global Governance.* Cambridge 2002.

– /McGrew, Anthony: *Globalization/Anti-Globalization.* Cambridge 2002.

– /McGrew, Anthony (Hg.): *The Global Transformations Reader: An Introduction to the Globalization Debate.* Cambridge 2003.

– /McGrew, Anthony (Hg.): *Globalization Theory. Approaches and Controversies.* Cambridge 2007.

– /McGrew, Anthony G./Goldblatt, David/Perraton, Jonathan: *Global Transformations. Politics, Economics and Culture.* Cambridge 1999.

Helleiner, Eric: *States and the Reemergence of Global Finance. From Bretton Woods to the 1990s.* Ithaca 1994.

Hellmann, Gunther/Wolf, Klaus Dieter/Zürn, Michael (Hg.): *Die neuen Internationalen Beziehungen.* Baden-Baden 2003.

Herkenrath, Mark (Hg.): *Transnationale Konzerne im Weltsystem.* Opladen 2003.

Hess, Sabine/Lenz, Ramona (Hg.): *Geschlecht und Globalisierung. Ein kulturwissenschaftlicher Streifzug durch transnationale Räume.* Königstein im Taunus 2001.

Heupel, Monika: *Friedenskonsolidierung im Zeitalter der ›neuen Kriege‹.* Wiesbaden 2005.

– /Zangl, Bernard: *Die empirische Realität des ›neuen Krieges‹.* Bremen 2003.

Hirsch, Joachim: *Der nationale Wettbewerbsstaat. Staat, Demokratie und Politik im globalen Kapitalismus.* Berlin 1995.

–: *Herrschaft, Hegemonie und politische Alternativen.* Hamburg 2002.

Hirst, Paul: Globalization, Nation State, and Political Theory. In: Noel O'Sullivan (Hg.): *Political Theory in Transition.* London 2000, 172–189.

–/ Thompson, Grahame/Bromley, Simon: *Globalization in Question.* Cambridge ³2009.

Hödl, Hans Gerald: Religion als ›Global Player‹, Globalisierung als ›Religion‹. In: Gerald Faschingeder/Clemens Six (Hg.): *Religion und Entwicklung. Wechselwirkungen in Staat und Gesellschaft.* Wien 2007, 265–277.

Hoerder, Dirk: *Cultures in Contact. World Migrations in the Second Millennium.* Durham, NC 2002.

Höffe, Otfried: *Demokratie im Zeitalter der Globalisierung.* München 1999.

Holden, Barry (Hg.): *Global Democracy: Key Debates.* London 2000.

Homer-Dixon, Thomas: *Environment, Scarcity, and Violence.* Princeton, NJ 1999.

Hopkins, Anthony G. (Hg.): *Globalization in World History.* London 2002.

Hübner, Kurt: *Der Globalisierungskomplex. Grenzenlose Ökonomie – grenzenlose Politik?* Berlin 1999.

Huffschmid, Jörg: *Politische Ökonomie der Finanzmärkte.* Hamburg 2002.

Hugill, Peter J.: *Global Communications since 1844. Geopolitics and Technology.* Baltimore/London 1999.

Hummels, David: Transportation Costs and International Trade in the Second Era of Globalization. In: *Journal of Economic Perspectives* 21. Jg., 3 (2007), 131–154.

Huntington, Samuel P.: *Kampf der Kulturen. Die Neugestaltung der Weltpolitik im 21. Jahrhundert.* München 2002 (amerik. 1996).

Hüwelmeier, Gertrud/Krause, Kristine: *Traveling Spirits. Migrants, Markets and Mobilities*. London 2010.

Inda, Jonathan X./Rosaldo, Renato (Hg.): *The Anthropology of Globalization. A Reader*. Oxford 2002.

Inglehart, Ronald/Welzel, Christian: *Modernization, Cultural Change, and Democracy: The Human Development Sequence*. Cambridge 2005.

IPCC: *Climate Change 2007. Mitigation of Climate Change*. Genf 2007.

Jacobson, David: *Rights Across Borders: Immigration and the Decline of Citizenship*. Baltimore 1996.

– /Ruffer, Galya: Courts Across Borders: The Implications of Judicial Agency for Human Rights and Democracy. In: *Human Rights Quarterly* 25. Jg., 1 (2003), 74–93.

James, Harold: *International Monetary Cooperation since Bretton Woods*. Washington/New York 1996.

James, Paul: Arguing Globalizations: Propositions towards an Investigation of Global Formation. In: *Globalizations* 2. Jg., 2 (2005), 193–209.

Jänicke, Martin: Die Rolle des Nationalstaats in der globalen Umweltpolitik. Zehn Thesen. In: *Aus Politik und Zeitgeschichte* B27 (2003), 6–11.

Jenks, Michael/Kozak, Daniel/Takkanon, Pattaranan (Hg.): *World Cities and Urban Form. Fragmented, Polycentric, Sustainable?* London 2008.

Jessop, Bob: Globalization and the National State. In: Stanley Aronowitz/Peter Bratsis (Hg.): *Paradigm Lost. State Theory Reconsidered*. Minneapolis 2002, 185–220.

Joas, Hans/Wiegandt, Klaus (Hg.): *Säkularisierung und die Weltreligionen*. Frankfurt a. M. 2007.

Joerges, Christian/Sand, Inger Johanne/Teubner, Gunther (Hg.): *Transnational Governance and Constitutionalism*. Oxford 2004.

Johnston, Ron (Hg.): *The Challenge for Geography. A Changing World, a Changing Discipline*. Oxford 1993.

Juergensmeyer, Mark (Hg.): *Religion in Global Civil Society*. Oxford 2005.

Jung, Dietrich (Hg.): *Shadow Globalization, Ethnic Conflict, and New Wars: A Political Economy of Intra-State War*. London 2003.

– /Schlichte, Klaus/Siegelberg, Jens: *Kriege in der Weltgesellschaft. Strukturgeschichtliche Erklärung kriegerischer Gewalt (1945–2002)*. Wiesbaden 2003.

Kaldor, Mary: *Global Civil Society*. Cambridge 2003.

–: *New and Old Wars. Organized Violence in a Global Era* [1999]. Cambridge ²2006.

Kalyvas, Stathis: New Wars, Old Wars – Is the Distinc-

tion Valid? In: *World Politics* 54. Jg., 1 (2001), 99–118.

Kapur, Devesh: The IMF: A Cure or a Curse? In: *Foreign Policy* 111 (1998), 114–129.

Karakayali, Serhat: *Das Gespenst der Migration. Zur Genealogie illegaler Einwanderung in der Bundesrepublik Deutschland*. Bielefeld 2008.

Katz, Christine/Müller, Christa/von Winterfeld, Uta: *Globalisierung und gesellschaftliche Naturverhältnisse*. Wuppertal Papers 143, Wuppertal 2004.

Kaufmann, Stefan/Müller, Tadzio: *Grüner Kapitalismus. Krise, Klimawandel und kein Ende des Wachstums*. Berlin 2009.

Kavalski, Emilian: The Complexity of Global Security Governance. In: *Global Society* 22. Jg., 4 (2008), 423–443.

Keane, John: *Global Civil Society?* Cambridge 2003.

Kenwood, Albert Georg/Lougheed, Alan L.: *The Growth of the International Economy 1820–2000*. London/New York ⁴1999.

Keohane, Robert O.: *After Hegemony: Cooperation and Discord in the World Political Economy*. Princeton 1984.

–: Governance in a Partially Globalized World. In: *American Political Science Review* 95. Jg., 1 (2001), 1–13.

– /Nye, Jr., Joseph S.: Globalization: What's New? What's Not? (And So What?). In: *Foreign Policy* 118 (2000), 104–119.

Kepel, Gilles: *Das Schwarzbuch des Dschihad. Aufstieg und Niedergang des Islamismus*. München 2002.

Kerner, Ina: Globalisierung. In: Gerhard Göhler/Mattias Iser/Ina Kerner (Hg.): *Politische Theorie*. Wiesbaden 2004, 190–208.

Kessler, Oliver: Toward a Sociology of the International? International Relations between Anarchy and World Society. In: *International Political Sociology* 3. Jg., 1 (2009), 87–108.

Kingsbury, Benedict/Krisch, Nico/Stewart, Richard: The Emergence of Global Administrative Law. In: *Law and Contemporary Problems* 68. Jg. (2005), 15–61.

Kippenberg, Hans G.: *Gewalt als Gottesdienst. Religionskriege im Zeitalter der Globalisierung*. München 2008.

Klasen, Stefan: Armut und Ungleichheit auf globaler Ebene: Niveau, Trends, Ursachen und Herausforderungen. In: Barbara Bleisch/Ursula Renz (Hg.): *Zu wenig: Dimensionen der Armut*. Zürich 2007, 10–29.

Klein, Naomi: *No Logo!* München 2001.

Koggel, Christine M.: Globalization and Women's Paid Work: Expanding Freedom? In: *Feminist Economics* 9. Jg., 2/3 (2003), 163–183.

Komlosy, Andrea/Parnreiter, Christof/Stacher, Irene/Zimmermann, Susan (Hg.): *Ungeregelt und unterbe-*

zahlt. *Der informelle Sektor in der Weltwirtschaft.* Frankfurt a.M./Wien 1997.

Koskenniemi, Martti: *The Gentle Civilizer of Nations.* Cambridge 2004.

–: Miserable Comforters: International Relations as New Natural Law. In: *European Journal of International Relations* 15. Jg., 3 (2009), 395–422.

Koslowski, Peter (Hg.): *Philosophischer Dialog der Religionen statt Zusammenstoß der Kulturen im Prozeß der Globalisierung.* München 2002.

Kozlarek, Oliver: Critical Theory and the Challenge of Globalization. In: *International Sociology* 16. Jg. (2001), 607–622.

Kraas, Frauke/Mertins, Günter: Megastädte in der Dritten Welt. Vulnerabilität und Regierbarkeit. In: *Geographische Rundschau* 60. Jg., 11 (2008), 4–10.

Kreide, Regina: *Globale Politik und Menschenrechte. Macht und Ohnmacht eines politischen Instruments.* Frankfurt a.M./New York 2008.

– /Niederberger, Andreas (Hg.): *Transnationale Verrechtlichung. Nationale Demokratien im Kontext globaler Politik.* Frankfurt a.M./New York 2008.

Kriesi, Hans-Peter et al.: *West European Politics in the Age of Globalization.* Cambridge 2008.

Krisch, Nico: The Pluralism of Global Administrative Law. In: *European Journal of International Law* 17. Jg. (2006), 247–278.

Küng, Hans: *Weltethos für Weltpolitik und Weltwirtschaft.* München 1997.

–: *Wozu Weltethos? Religion und Ethik in Zeiten der Globalisierung. Gespräch mit Jürgen Hoeren.* Freiburg i.Br. 2002.

Kuper, Andrew (Hg.): *Global Responsibilities. Who Must Deliver on Human Rights?* London/Oxford 2005.

Kütting, Gabriela/Lipschutz, Ronnie D. (Hg.): *Environmental governance, power and knowledge in a local-global world.* London/New York 2009.

Kymlicka, Will: Citizenship in an Era of Globalization: A Response to Held. In: Ian Shapiro/Casiano Hacker-Cordon (Hg.): *Democracy's Edges.* Cambridge 1999, 112–126.

Kymlicka, Will: *Multikulturalismus und Demokratie: Über Minderheiten in Staaten und Nationen.* Frankfurt a.M. 2000.

Landes, David S.: *The Wealth and Poverty of Nations: Why Some Are So Rich and Some So Poor.* New York 1998.

Lane, Jan-Erik: *Globalization and Politics: Promises and Dangers.* Aldershot 2006.

Laqueur, Walter: *Die globale Bedrohung. Neue Gefahren des Terrorismus.* München 2001.

Leclerc, M./Gagné, J.: International Scientific Cooperation: The Continentalization of Science. In: *Scientometrics* 31, 3 (1994), 261–292.

Leggewie, Claus: *Die Globalisierung und ihre Gegner.* München 2003.

Lenz, Ilse/Lutz, Helma u.a. (Hg.): *Crossing Borders and Shifting Boundaries.* Opladen 2002.

Leydesdorff, Loet/Wagner, Caroline: Is the United States Losing Ground in Science? A Global Perspective on the World Science System. In: *Scientometrics* 78, 1 (2009), 23–36.

Loimeier, Roman/Neubert, Dieter/Weißköppel, Cordula (Hg.): *Globalisierung im lokalen Kontext. Perspektiven und Konzepte von Handeln in Afrika.* Münster 2005.

Loth, Jürgen/Osterhammel, Jürgen (Hg.): *Internationale Geschichte. Themen – Ergebnisse – Aussichten.* München 2000.

Lübbe, Hermann: *Die Zivilisationsökumene: Globalisierung technisch, ökonomisch und politisch.* München 2005.

Luhmann, Niklas: Die Weltgesellschaft. In: *Archiv für Rechts- und Sozialphilosophie* 57. Jg. (1971), 1–35.

–: Weltgesellschaft. In: Ders.: *Die Gesellschaft der Gesellschaft.* Frankfurt a.M. 1997, 145–170.

Luke, Timothy W.: Environmentality as Green Governmentality. In: Eric Darier (Hg.): *Discourses of the Environment.* Oxford 1999, 121–151.

Lutz, Helma: *Vom Weltmarkt in den Privathaushalt. Die neuen Dienstmädchen im Zeitalter der Globalisierung.* London 2007.

Lutz-Bachmann, Matthias/Bohman, James (Hg.): *Weltstaat oder Staatenwelt? Für und wider die Idee einer Weltrepublik.* Frankfurt a.M. 2002.

Lutz-Bachmann, Matthias/Niederberger, Andreas (Hg.): *Krieg und Frieden im Prozess der Globalisierung.* Weilerswist 2009.

Lutz-Bachmann, Matthias/Niederberger, Andreas/Schink, Philipp (Hg.): *Kosmopolitanismus. Geschichte und Zukunft eines umstrittenen Ideals.* Weilerswist 2010.

Maddison, Angus: *Monitoring the World Economy.* Paris 1995.

–: *The World Economy – A Millennial Perspective* [2001]. Paris 2006.

Mandaville, Peter: *Transnational Muslim Politics. Reimagining the Umma.* London 2001.

Mander, Jerry/Goldsmith, Edward: *Schwarzbuch Globalisierung.* München 2002.

Manela, Erez: *The Wilsonian Moment. Self-Determination and the International Origins of Anticolonial Nationalism.* New York/Oxford 2007.

Marchand, Marianne H./Runyan, Anne Sisson (Hg.): *Gender and Global Restructuring. Sightings, Sites and Resistance.* London/New York 2000.

Marcus, George: Ethnography in/of the World System. The Emergence of Multi-Sited Ethnography. In: *Annual Review of Anthropology* 24. Jg. (1995), 95–114.

Marcuse, Peter: From Critical Urban Theory to the Right to the City. In: *CITY. Special Issue. ›Cities for People, not for Profit‹* 13. Jg., 2–3 (2009), 185–197.

Markovits, Andrei S./Rensmann, Lars: *Gaming the World.* Princeton 2010.

Martell, Luke: *The Sociology of Globalization.* Cambridge 2010.

Martens, Jens/Schultheis, Antje: *Die globale Entwicklungskrise. Auswirkungen – Reaktionen – Konsequenzen.* Bonn 2010.

Martine, George/McGranahan, Gordon/Montgomery, Mark/Fernández-Castilla, Rogelio (Hg.): *The New Global Frontier. Urbanization, Poverty and Environment in the 21st Century.* London 2008.

Martinez-Alier, Juan/Røpke, Inge (Hg.): *Recent Developments in Ecological Economics.* Cheltenham, UK 2008.

Marty, Martin E./Appleby, R. Scott: *Fundamentalisms and Society.* Chicago 1993.

–/–: *Fundamentalisms and the State.* Chicago 1993.

–/–: *Accounting for Fundamentalisms.* Chicago 1994.

–/–: *Fundamentalisms Observed.* Chicago 1994.

–/–: *Fundamentalisms Comprehended.* Chicago 1995.

May, Larry: *Crimes against Humanity. A Normative Account.* New York 2005.

Mazlish, Bruce/Iriye, Akira (Hg.): *The Global History Reader.* New York 2005.

Mazzarella, William: Culture, Globalization, Mediation. In: *Annual Review of Anthropology* 33. Jg. (2004), 345–367.

Mbembe, Achille: *On the Postcolony.* Berkeley 2002.

MEA (Millennium Ecosystem Assessment): *Ecosystems and Human Well-Being. Synthesis.* Washington, DC 2005.

Meadows, Dennis et al.: *Die Grenzen des Wachstums.* Stuttgart 1972 (engl. 1972).

Mearsheimer, John J.: *The Tragedy of Great Power Politics.* New York/London 2001.

Meier, Klaus/Wittich, Evelin (Hg.): *Theoretische Grundlagen nachhaltiger Entwicklung.* Berlin 2007.

Mencinger, Jože: Does Foreign Direct Investment Enhance Economic Growth? In: *Kyklos* 56. Jg., 4 (2003), 491–508.

Menke, Christoph/Pollmann, Arnd: *Philosophie der Menschenrechte. Zur Einführung.* Frankfurt a. M. 2007.

Menzel, Ulrich: *Globalisierung versus Fragmentierung.* Frankfurt a. M. 1998.

Meyer, John W.: World Society and the Nation-State. In: *American Journal of Sociology* 103. Jg., 1 (1997), 144–181.

Meyer, Lukas H.: *Historische Gerechtigkeit.* Berlin 2005.

Meyer, Mary K./Prügl, Elisabeth: *Gender Politics in Global Governance.* Lanham/Boulder/New York/Oxford 1999.

Mies, Maria/von Werlhof, Claudia: *Lizenz zum Plündern. Das Multilaterale Abkommen über Investitionen ›MAI‹. Globalisierung der Konzernherrschaft – und was wir dagegen tun können.* Hamburg 1999.

Mieth, Corinna: Die Samaritersituation als Modell für Hilfspflichten. In: Helen Bohse/Sven Walter (Hg.): *GAP6. Ausgewählte Sektionsbeiträge.* Paderborn 2008, 707–727 (CD-Rom).

Miller, Daniel (Hg.): *Worlds Apart. Modernity through the Prism of the Local.* London 1995.

Miller, David: *Citizenship and National Identity.* Cambridge 2000.

–: *National Responsibility and Global Justice.* Oxford 2007.

Mitias, Michael: The Possibility of World Community. In: *Coexistence* 27. Jg. (1990), 199–214.

Moellendorf, Darrell: *Cosmopolitan Justice.* Cambridge 2002.

Moghadam, Valentine M.: *Globalizing Women. Transnational Feminist Networks.* Baltimore, London 2005.

Mohanty, Chandra Talpade: Under Western Eyes: Feminist Scholarship and Colonial Discourse. In: Dies.: *Feminism without Borders: Decolonizing Theory, Practicing Solidarity.* Durham 2004, 17–42.

Möllers, Christoph: Das EuG konstitutionalisiert die Vereinten Nationen. In: Ders./Jörg Philipp Terhechte (Hg.): *Europarecht 3.* Baden-Baden 2006, 426–431.

Mosley, Layna: Room to Move. International Financial Markets and National Welfare States. In: *International Organization* 54. Jg., 4 (2000), 737–773.

– /Uno, Saika: Racing to the Bottom or Climbing to the Top? Economic Globalization and Collective Labor Rights. In: *Political Studies* 40. Jg., 8 (2007), 923–948.

Mountz, Alison/Hyndman, Jennifer: Feminist Approaches to the Global Intimate. In: *Women's Studies Quarterly* 34. Jg., 1–2 (2006), 446–463.

Müller, Johannes/Reder, Michael/Graf, Friedrich Wilhelm (Hg.): *Religionen und Globalisierung.* Stuttgart 2007.

Münkler, Herfried: *Die neuen Kriege.* Reinbek 2002.

Nagel, Thomas: The Problem of Global Justice. In: *Philosophy & Public Affairs* 33. Jg., 2 (2005), 113–147.

Nancy, Jean-Luc: *Die Erschaffung der Welt oder Die Globalisierung*. Berlin 2002.

Nash, June: Ethnographic Aspects of the World Capitalist System. In: *Annual Review of Anthropology* 10. Jg. (1981), 393–423.

Nayyar, Deepak: Globalisation, History and Development: a Tale of Two Centuries. In: *Cambridge Journal of Economics* 30. Jg. (2006), 137–159.

– (Hg.): *Governing Globalisation. Issues and Institutions*. New York 2007.

Neves, Marcelo: *Verfassung und Positivität des Rechts in der peripheren Moderne*. Berlin 1992.

Niederberger, Andreas: *Demokratie unter Bedingungen der Weltgesellschaft? Normative Grundlagen legitimer Herrschaft in einer globalen politischen Ordnung*. Berlin/New York 2009.

Niesen, Peter/Herborth, Benjamin (Hg.): *Anarchie der kommunikativen Freiheit. Jürgen Habermas und die Theorie der internationalen Politik*. Frankfurt a.M. 2007.

Nordstrom, Carolyn: *Shadows of War. Violence, Power and International Profiteering in the Twenty-First Century*. Berkeley 2004.

Norris, Pippa/Inglehart, Ronald: *Cosmopolitan Communications. Cultural Diversity in a Globalized World*. Cambridge 2009.

Nussbaum, Martha: *Women and Human Development: The Capabilities Approach*. Cambridge 2000.

– /Glover, Jonathan (Hg.): *Women, Culture, and Development. A Study of Human Capabilities*. Oxford 1995.

Nützenadel, Alexander: Globalisierung/Mondialisierung. In: Hans Jörg Sandkühler (Hg.): *Enzyklopädie Philosophie*. Bd. 1. Hamburg 2010, 924–930.

O'Rourke, Kevin H./Williamson, Jeffrey G.: *Globalization and History. The Evolution of a Nineteenth-Century Atlantic Economy*. Cambridge, MA/London 1999.

Oels, Angela: Rendering Climate Change Governable: From Biopower to Advanced Liberal Government? In: *Journal of Environmental Policy and Planning* 7. Jg., 3 (2005), 185–208.

Ohmae, Kenichi: *The End of the Nation State. The Rise of Regional Economies*. New York 1995.

Ong, Aihwa: *Flexible Staatsbürgerschaften: Die kulturelle Logik von Transnationalität*. Frankfurt a.M. 2005.

–: *Neoliberalism as Exception. Mutations in Citizenship and Sovereignty*. Durham 2006.

O'Rourke, Kevin H./Williamson, Jeffrey G.: *Globalization and History. The Evolution of a Nineteenth-Century Atlantic Economy*. Cambridge, MA 1999.

Ossenbrügge, Jürgen/Reh, Mechthild: *Transnational Social Spaces of African Societies*. Münster u. a. 2004.

Osterhammel, Jürgen: *Kolonialismus*. München 2009.

–: *Die Verwandlung der Welt. Eine Geschichte des 19. Jahrhunderts*. München 2010.

– /Petersson, Niels P.: *Geschichte der Globalisierung*. München 2007.

Pagden, Anthony: *Lords of all the Worlds. Ideologies of Empire in Spain, Britain and France 1500–1800*. New Haven 1995.

Pailer, Ulrike: *Die Globalisierung als große Erzählung des 21. Jahrhunderts: Philosophische Betrachtung eines globalen Phänomens*. München 2008.

Parsons, Talcott: Order and Community in the International Social System. In: James N. Rosenau (Hg.): *International Politics and Foreign Policy*. Glencoe, IL 1961.

Pauwelyn, Joost: *Conflict of Norms in Public International Law. How WTO Law Relates to Other Rules of International Law*. Cambridge 2003.

Peet, Richard: *Unholy Trinity. The IMF, World Bank and WTO*. London 2003.

Petersson, Niels: *Anarchie und Weltrecht. Das Deutsche Reich und die Institutionen der Weltwirtschaft 1890–1930*. Göttingen 2009.

Pieterse, Jan Nederveen: Globalisation as Hybridisation. In: *International Sociology* 9. Jg., 2 (1994), 161–184.

Pizer, John: *The Idea of World Literature. History and Pedagogical Practice*. Baton Rouge 2006.

Pogge, Thomas: *Realizing Rawls*. Ithaca 1989.

–: Cosmopolitanism and sovereignty. In: *Ethics* 103. Jg. (1992), 48–75.

–: *World Poverty and Human Rights*. Cambridge/Oxford/Malden 2002.

Ponds, Roderik: The limits to internationalization of scientific research collaboration. In: *Journal of Technology Transfer* 34. Jg., 1 (2009), 76–94.

Prien, Thore: *Fragmentierte Volkssouveränität – Recht, Gerechtigkeit und der demokratische Einspruch in der Weltgesellschaft*. Baden-Baden 2010.

Pries, Ludger: *Die Transnationalisierung der sozialen Welt: Sozialräume jenseits der Nationalgesellschaft*. Frankfurt a.M. 2007.

Ptak, Ralf: Grundlagen des Neoliberalismus. In: Christoph Butterwegge/Bettina Lösch/Ralf Ptak: *Kritik des Neoliberalismus*. Wiesbaden ²2008, 13–86.

Pyle, Jean L./Ward, Kathryn B.: Recasting our Understanding of Gender and Work During Global Restructuring. In: *International Sociology* 18. Jg., 3 (2003), 461–489.

Rai, Shirin/Waylen, Georgina (Hg.): *Global Governance. Feminist Perspectives*. Houndsmill/New York 2008.

Rajan, Kaushik Sunder: *Biokapitalismus. Werte im post-genomischen Zeitalter*. Frankfurt a.M. 2009.

Randeria, Shalini/Eckert, Andreas: *Vom Imperialismus zum Empire. Nicht-westliche Perspektiven auf Globalisierung*. Frankfurt a.M. 2009.

Ratzinger, Joseph: *Glaube – Wahrheit – Toleranz. Das Christentum und die Weltreligionen* [2003]. Freiburg i.Br. ⁴2005.

Rawls, John: *The Law of Peoples. With ›The idea of public reason revisited‹*. Cambridge, MA 2002.

Reder, Michael: *Globalisierung und Philosophie*. Darmstadt 2009.

Reinhard, Wolfgang: *Globalisierung des Christentums?* Heidelberg 2007.

Rensmann, Lars: Menschenrechtsregime zwischen Kosmopolitanismus und staatlicher Souveränität: Zur politischen Theorie einer Global Good Governance. In: *Zeitschrift für Genozidforschung* 8. Jg., 1 (2007), 131–160.

Reuter, Julia/Neudorfer, Corinne/Antweiler, Christoph: *Strand – Bar – Internet. Neue Orte der Globalisierung*. Berlin 2006.

Reyna, Stephen P.: Taking Place: ›New Wars‹ versus Global Wars. In: *Social Anthropology* 17. Jg., 3 (2009), 291–317.

Reynolds, David: *One World Divisible: A Global History Since 1945*. New York 2000.

Richard Devetak/Christopher Hughes (Hg.): *The Globalization of Political Violence*. London 2008.

Riesebrodt, Martin: *Die Rückkehr der Religionen. Fundamentalismus und der ›Kampf der Kulturen‹*. München 2000.

–: *Cultus und Heilsversprechen*. München 2007.

Rilling, Rainer: *Risse im Empire*. Berlin 2008.

Risse, Thomas: Let's Argue! Communicative Action in World Politics. In: *International Organization* 54. Jg., 1 (2000), 1–40.

Risse, Thomas/Lehmkuhl, Ursula (Hg.): *Regieren ohne Staat? Governance in Räumen begrenzter Staatlichkeit*. Baden-Baden 2007.

Risse, Thomas/Ropp, Stephen C./Sikkink, Kathryn (Hg.): *The Power of Human Rights*. Cambridge 1999.

Ritzer, George: *Globalization. A Basic Text*. Oxford 2010.

Robertson, Geoffrey: *Crimes against Humanity*. New York 2000.

Robertson, Roland: *Globalization. Social Theory and Global Culture*. London 1992.

–: Glokalisierung: Homogenität und Heterogenität in Raum und Zeit. In: Ulrich Beck (Hg.): *Perspektiven der Weltgesellschaft*. Frankfurt a.M. 1998, 192–220 (engl. 1995).

–: Globalization Theory 2000+: Major Problematics. In: Georg Ritzer/Barry Smart (Hg.): *Handbook of Social Theory*. London 2001, 458–471.

Robertson-von Trotha, Caroline Y. et al. (Hg.): *Mobilität in der globalisierten Welt*. Karlsruhe 2005.

Rockström, Johan et al.: Planetary Boundaries: Exploring the Safe Operating Space for Humanity. In: *Ecology and Society* 14. Jg., 2 (2009), 32–55.

Rode, Reinhard (Hg.): *Internationale Wirtschaftsbeziehungen*. Münster 2002.

Rodrik, Dani: *Grenzen der Globalisierung. Ökonomische Integration und soziale Desintegration*. Frankfurt a.M. 2000 (engl. 1997).

Rogers, Paul: *Why We're Losing the War on Terror*. London 2007.

Rogers, Richard: *Information Politics on the Web*. Cambridge, MA 2004.

Rosenau, James N./Czempiel, Ernst-Otto (Hg.): *Governance withouth Government: Order and Change in World Politics*. Cambridge 1992.

Rosenberg, Justin: Globalization Theory: A Post Mortem. In: *International Politics* 42. Jg. (2005), 2–74.

Rosenkranz, Rolf: Der Wandel der materiellen Grundlagen des Rechts im Zeitalter der Globalisierung. In: Dirk Fischer (Hg.): *Transformation des Rechts in Ost und West*. Berlin 2006, 611–633.

Rossi, Ino (Hg.): *Frontiers of Globalization Research: Theoretical and Methodological Approaches*. New York 2008.

Roth, Karl Heinz: *Der Zustand der Welt. Gegenperspektiven*. Hamburg 2005.

–: *Die globale Krise. Bd. 1 des Projekts Globale Krise – Globale Proletarisierung – Gegenperspektiven*. Hamburg 2009.

Röttger, Bernd: *Neoliberale Globalisierung und eurokapitalistische Regulation. Die politische Konstitution des Marktes*. Münster 1997.

Roy, Olivier: *Der islamische Weg nach Westen. Globalisierung, Entwurzelung und Radikalisierung*. München 2006.

Ruf, Werner (Hg.): *Politische Ökonomie der Gewalt*. Opladen 2003.

Ruppert, Uta: FrauenMenschenrechte: Konzepte und Strategien im Kontext transnationaler Frauenbewegungspolitik. In: Ruth Becker/Beate Kortendiek (Hg.): *Handbuch Frauen- und Geschlechterforschung. Theorie, Methoden, Empirie*. Wiesbaden 2004, 704–711.

Sablowski, Thomas: Globalisierung. In: *Historisch-kritisches Wörterbuch des Marxismus*, Bd. 5. Hamburg 2001, 869–881.

–: Die Ursachen der neuen Weltwirtschaftskrise. In: *Kritische Justiz* 42. Jg., 2 (2009), 116–131.

Said, Edward: *Orientalism*. New York 1978.

Sassen, Saskia: *Metropolen des Weltmarkts. Die neue Rolle der Global Cities.* Frankfurt a.M. 1996 (engl. 1994).

–: *Globalization and its Discontents.* New York 1998.

–: *The Global City. New York, London, Tokyo.* Princeton ²2001.

–: *A Sociology of Globalization.* New York/London 2007.

–: *Territory – Authority – Rights. From Medieval to Global Assemblages (Updated Edition).* Princeton/Oxford 2008.

Saul, John Ralston: *The Collapse of Globalism and the Reinvention of the World.* London 2005.

Scharpf, Fritz: Legitimität im europäischen Mehrebenensystem. In: *Leviathan* 37. Jg. (2009), 244–280.

Scherrer, Christoph: *Globalisierung wider Willen? Die Durchsetzung liberaler Außenwirtschaftspolitik in den USA.* Berlin 1999.

Schirm, Stefan A. (Hg.): *Globalisierung. Forschungsstand und Perspektiven.* Baden-Baden 2006.

Schlichte, Klaus: Neues über den Krieg? Einige Anmerkungen zum Stand der Kriegsforschung in den Internationalen Beziehungen. In: *Zeitschrift für Internationale Beziehungen* 9. Jg., 1 (2002), 113–138.

–: Staatsbildung oder Staatszerfall? Zum Formwandel kriegerischer Gewalt in der Weltgesellschaft. In: *Politische Vierteljahresschrift* 47. Jg., 4 (2006), 547–570.

Schmalz-Bruns, Rainer: Deliberativer Supranationalismus. Demokratisches Regieren jenseits des Nationalstaats. In: *Zeitschrift für Internationale Beziehungen* 6. Jg., 2 (1999), 185–244.

Schneckener, Ulrich: *Transnationaler Terrorismus.* Frankfurt a.M. 2006.

Scholte, Jan Aart: *Globalization. A Critical Introduction.* Houndmills/Basingstoke 2000.

Schönberger, Christoph: *Unionsbürger.* Tübingen 2005.

Schott, Thomas: World Science: Globalization of Institutions and Participation. In: *Science, Technology & Human Values* 18. Jg., 2 (1993), 196–208.

Schuppert, Gunnar Folke/Zürn, Michael (Hg.): *Governance in einer sich wandelnden Welt (Politische Vierteljahresschrift, Sonderheft 41).* Wiesbaden 2008.

Seibert, Thomas: *Krise und Ereignis. Siebenundzwanzig Thesen zum Kommunismus.* Hamburg 2009.

Sending, Ole Jacob/Neumann, Iver: Governance to Governmentality: Analyzing NGOs, States, and Power. In: *International Studies Quarterly* 50. Jg., 3 (2006), 651–672.

Sengenberger, Werner: Was bringt die Globalisierung den Entwicklungsländern? In: *WSI Mitteilungen* 59. Jg., 1 (2006), 16–20.

Sfeir, Antoine (Hg.): *Dictionnaire géopolitique de l'islamisme.* Montrouge 2009.

Simmons, Beth: *Mobilizing for Human Rights. International Law in Domestic Politics.* Cambridge 2009.

Singer, Peter: *One World. The Ethics of Globalization.* New Haven 2002.

–: *The Life You Can Save.* New York 2009.

Six, Clemens/Riesebrodt, Martin/Haas, Siegfried (Hg.): *Religiöser Fundamentalismus. Vom Kolonialismus zur Globalisierung.* Innsbruck/Wien/München 2005.

Slaughter, Ann-Marie: International Law and International Relations Theory: A Dual Agenda. In: *American Journal of International Law* 87. Jg. (1993), 205–239.

Smith, Michael Peter/Guarnizo, Luis Eduardo (Hg.): *Transnationalism from Below.* New Brunswick 1999.

Smith, Neil: New Globalism, New Urbanism: Gentrification as Global Urban Strategy. In: *Antipode* 34. Jg., 3 (2002), 428–450.

Soysal, Y. Nuhoglu: *Limits of Citizenship. Migrants and Postnational Membership in Europe.* Chicago/London 1994.

Spangenberg, Joachim H. (Hg.): *Sustainable Development – Past Conflicts and Future Challenges. Taking Stock of the Sustainability Discourse.* Münster 2008.

Spivak, Gayatri Chakravorty: *Death of a Discipline.* New York 2003.

–: *Can the Subaltern Speak? Postkolonialität und subalterne Artikulation.* Wien 2008.

Standing, Guy: Global Feminization through Flexible Labor. In: *World Development* 17. Jg., 7 (1989), 1077–1095.

Steffens, Gerd (Hg.): *Politische und ökonomische Bildung in Zeiten der Globalisierung.* Münster 2006.

Steger, Manfred: *Globalization. A Very Short Introduction.* Oxford 2009.

Stern, Nicholas: *A Blueprint for a Safer Planet: How to manage Climate Change and create a new Era of Progress and Prosperity.* London 2009.

Stichweh, Rudolf: *Die Weltgesellschaft. Soziologische Analysen.* Frankfurt a.M. 2000.

: Die Entstehung einer Weltöffentlichkeit. In: Ders.: *Inklusion und Exklusion.* Bielefeld 2005, 83–94.

Stiglitz, Joseph E.: *Die Schatten der Globalisierung.* Berlin 2002.

–: *Making Globalization Work.* New York 2007.

Stober, Rolf: *Globales Wirtschaftsverwaltungsrecht. Eine wirtschaftsrechtsprinzipielle Antwort auf die Globalisierung der Wirtschaft.* Köln/Berlin/Bonn/München 2001.

Sturm, Andreas/Wackernagel, Mathias/Müller, Kaspar:

The Winners and Losers in Global Competition. Why Eco-Efficiency Reinforces Competitiveness: A Study of 44 Nations. Chur/Zürich 2000.

Teubner, Gunther (Hg.): *Global Law without a State.* Aldershot, UK/Brookfield, USA 1997.
–: Globale Zivilverfassungen: Alternativen zur staatszentrierten Verfassungstheorie. In: *Zeitschrift für ausländisches öffentliches Recht und Völkerrecht* 63. Jg. (2003), 1–28.
Tijssen, Robert J.W. et al.: How Relevant are Local Scholarly Journals in Global Science? A Case Study of South Africa. In: *Research Evaluation* 15. Jg., 3 (2006), 163–174.
Tilly, Charles: *European Revolutions 1492–1992.* Oxford 1995.
Tomuschat, Christian: International Law – Ensuring the Survival of Mankind on the Eve of a New Century. In: *Recueil des Cours* 281. Bd. (1999), 9–438.
Torp, Cornelius: *Die Herausforderung der Globalisierung. Wirtschaft und Politik in Deutschland 1860–1914.* Göttingen 2005.
Tsing, Anna: The Global Situation. In: *Cultural Anthropology* 15. Jg., 3 (2000), 327–360.

Urry, John: *Global Complexity.* Cambridge 2003.

Voigt, Rüdiger (Hg.): *Globalisierung des Rechts.* Baden-Baden 1999/2000.
Voss, Martin (Hg.): *Der Klimawandel. Sozialwissenschaftliche Perspektiven.* Wiesbaden 2010.

Wallerstein, Immanuel: *The Modern World-System.* San Diego 1974–1988.
–: *The Politics of the World Economy: the States, the Movements and the Civilizations.* Cambridge 1987.
Walzer, Michael: *Just and Unjust Wars.* New York 1977.
Weinstein, Michael (Hg.): *Globalization. What's New?* New York 2005.
Weiss, Stefani/Schmierer, Joscha (Hg.): *Prekäre Staatlichkeit und Internationale Ordnung.* Wiesbaden 2007.
Werlen, Benno: *Sozialgeographie alltäglicher Regionalisierungen. Band 2: Globalisierung, Region und Regionalisierung.* Stuttgart 1997.
Wiener, Antje: *The Invisible Constitution of Politics.* Cambridge 2008.
Wilkinson, Rorden: *Multilateralism and the World Trade Organisation.* London 2000.
Wissen, Markus et al. (Hg.): *Politics of Scale. Räume der Globalisierung und Perspektiven emanzipatorischer Politik.* Münster 2008.

Wolf, Klaus Dieter: *Die Neue Staatsräson – Zwischenstaatliche Kooperation als Demokratieproblem in der Weltgesellschaft.* Baden-Baden 2000.
Wolf, Martin: *Why Globalization Works. The Case for the Global Market Economy.* New Haven 2004.
–: *Fixing Global Finance.* Baltimore 2008.
Wright, Melissa W.: *Disposable Women and Other Myths of Global Capitalism.* New York/London 2006.

Young, Iris Marion: *Global Challenges. War, Self-Determination and Responsibility for Justice.* Cambridge 2007.
Young, Oran R. et al.: The Globalization of Socio-ecological Systems: An Agenda for Scientific Research. In: *Global Environmental Change* 16. Jg. (2006), 304–316.
– /Schroeder, Heike/King, Leslie A. (Hg.): *Institutions and Environmental Change: Principal Findings, Applications, and Research Frontiers.* Cambridge 2008.
Young, Robert J.C.: *Postcolonialism. An Historical Introduction.* Oxford 2001.

Zangl, Bernhard/Zürn, Michael: *Frieden und Krieg.* Frankfurt a.M. 2003.
–/– (Hg.): *Verrechtlichung. Baustein für Global Governance?* Bonn 2004.
Zeller, Christoph (Hg.): *Die globale Enteignungsökonomie.* Münster 2004.
Ziegler, Jean: *Die neuen Herrscher der Welt und ihre globalen Widersacher.* München 2003.
Zürn, Michael: *Regieren jenseits des Nationalstaates. Globalisierung und De-Nationalisierung als Chance.* Frankfurt a.M. 1998.
–: Democratic Governance Beyond the Nation-State: The EU and Other International Institutions. In: *European Journal of International Relations* 6. Jg., 2 (2000), 183–221.
Zysman, John/Newman, Abraham (Hg.): *How Revolutionary Was the Digital Revolution? National Responses, Market Transitions, and Global Technology.* Princeton 2006.

2. Die Autorinnen und Autoren

Rodolfo Arango Rivadeneira, Dr., Associate Professor of Moral and Political Philosophy an der Universidad de los Andes (Bogotá/Kolumbien) und Forschungsmitglied am Max-Planck-Institut für ausländisches öffentliches Recht und Völkerrecht in Heidelberg (I.3 Recht).

Friedrich Balke, Dr., Professor für Geschichte und Theorie künstlicher Welten und Sprecher des Graduiertenkollegs »Mediale Historiographien« an der Bauhaus-Universität Weimar (II.9 Medien- und Kulturwissenschaft).

Ellen Bareis, Dr., wissenschaftliche Mitarbeiterin am Institut für Sozialpädagogik und Erwachsenenbildung an der Goethe-Universität Frankfurt a.M., derzeit Vertretungsprofessorin für gesellschaftliche Ausschließung und Partizipation am Fachbereich Sozial- und Gesundheitswesen an der Fachhochschule Ludwigshafen am Rhein (III.4.4 Urbanisierung und Landflucht).

Egon Becker, Dr., pens. Professor für Wissenschafts- und Hochschulforschung an der Goethe-Universität Frankfurt a.M., Mitbegründer und Mitarbeiter des Instituts für sozial-ökologische Forschung (ISOE) in Frankfurt a.M. (III.5.1 Naturverhältnisse).

Joachim Becker, Dr., a.o. Professor für Volkswirtschaft am Institut für Außenwirtschaft und Entwicklung an der Wirtschaftsuniversität Wien (II.1 Wirtschaftswissenschaft).

Cora Bender, Dr., wissenschaftliche Mitarbeiterin am Institut für Ethnologie und Kulturwissenschaften an der Universität Bremen (II.12 Ethnologie).

Ulrich Brand, Dr., Professor für Internationale Politik am Institut für Politikwissenschaft der Universität Wien, (sachverständiges) Mitglied der Enquete-Kommission »Wachstum, Wohlstand, Lebensqualität« des Deutschen Bundestages, Mitglied im wissenschaftlichen Beirat von Attac Deutschland und in der Bundeskoordination Internationalismus (I.6 Natur).

Hauke Brunkhorst, Dr., Professor für Soziologie am Institut für Soziologie an der Universität Flensburg (I.2 Politik).

Kirstin Bunge, M.A., wissenschaftliche Mitarbeiterin am Exzellenzcluster »Die Herausbildung normativer Ordnungen« an der Goethe-Universität Frankfurt a.M. (II.6 Religionswissenschaft).

Gülay Çağlar, Dr., wissenschaftliche Mitarbeiterin am Fachgebiet »Gender und Globalisierung« der Land-wirtschaftlich-Gärtnerischen Fakultät an der Humboldt-Universität zu Berlin (I.10 Geschlechterverhältnisse).

Laura Carsten, M.A., wissenschaftliche Mitarbeiterin am Lehrstuhl für Internationale Politik an der Ruhr-Universität Bochum (III.2.1 Antriebskräfte ökonomischer Globalisierung).

Robin Celikates, Dr., Associate Professor of Social and Political Philosophy an der Universiteit van Amsterdam (III.6.1 Zivilgesellschaft und Öffentlichkeit).

Francis Cheneval, Dr., Professor für Politische Philosophie an der Universität Zürich (II.5 Philosophie).

Alex Demirović, Dr., Gastprofessor für Politikwissenschaften mit den Schwerpunkten Politische Theorie und Politisches System der Bundesrepublik Deutschland an der Technischen Universität Berlin, Mitglied im wissenschaftlichen Beirat von Attac Deutschland und Redakteur der Zeitschrift Prokla (I.4 Sozialverhältnisse).

Sarhan Dhouib, Dr., wissenschaftlicher Mitarbeiter am Institut für Philosophie an der Universität Kassel (III.4.2 Politischer Islamismus).

Christoph Dittrich, Dr., Professor für Humangeographie am Geographischen Institut der Universität Göttingen (II.10 Geographie).

Jörg Dürrschmidt, Dr., derzeit Fellow am Internationalen Forschungszentrum Kulturwissenschaften (IFK), Wien (II.4 Soziologie).

Andreas Eckert, Dr., Professor für die Geschichte Afrikas an der Humboldt-Universität Berlin, Direktor des Internationalen Geisteswissenschaftlichen Kollegs »Work and Human Life Cycle in Global History« (II.7 Geschichtswissenschaft).

Felix Ekardt, Dr., LL.M., M.A., Professor am Ostseeinstitut für Seerecht, Umweltrecht und Infrastrukturrecht an der Universität Rostock und Leiter der Forschungsgruppe Nachhaltigkeit und Klimapolitik, Gastdozent an der Philosophischen Fakultät der Universität Leipzig (III.5.5 Klimawandel).

Anita Engels, Dr., Professorin für Soziologie mit den Schwerpunkten Globalisierung sowie Umwelt und Gesellschaft an der Universität Hamburg, Principal Investigator und Mitglied im Scientific Steering Committee des Exzellenzclusters »Integrated Climate Systems Analysis and Prediction« (CliSAP) sowie Mitglied des Direktoriums des Centrums für Globalisierung und Governance (I.9 Wissenschaft).

Alexander Fidora, Dr., ICREA Research Professor an der Universitat Autònoma de Barcelona mit den Schwerpunkten Philosophie des Mittelalters und Religionsphilosophie, Leiter des ERC-Projektes »Latin Philosophy into Hebrew« (I.8 Religion[en]).

Karin Fischer, Ökonomin im Bundesministerium für Finanzen in Wien (II.1 Wirtschaftswissenschaft).

Anna Geis, Dr., wissenschaftliche Mitarbeiterin am Exzellenzcluster »Die Herausbildung normativer Ordnungen« an der Goethe-Universität Frankfurt a.M. (I.5 Kollektive Gewalt).

Anna Goppel, Dr. des., Oberassistentin an der Arbeits- und Forschungsstelle für Ethik am Philosophischen Seminar der Universität Zürich (III.3.6 Globales Strafrecht).

Sigrid Graumann, Dr. Dr., akademische Rätin an der Universität Oldenburg sowie Mitarbeiterin in der Arbeitsgruppe Soziologische Theorie (III.5.4 Gentechnologie).

Dominique Grisard, Dr., wissenschaftliche Assistentin am Zentrum Gender Studies der Universität Basel (II.11 Gender Studies).

Benjamin Herborth, M.A., wissenschaftlicher Mitarbeiter am Exzellenzcluster »Die Herausbildung normativer Ordnungen« an der Goethe-Universität Frankfurt a.M. (III.3.3 Neue globale Regulierungsformen jenseits von Markt und Staat).

Boris Holzer, Ph. D., Professor für Politische Soziologie an der Fakultät für Soziologie der Universität Bielefeld (III.5.2 Netzwerke).

Serhat Karakayali, Dr., wissenschaftlicher Mitarbeiter am Institut für Soziologie an der Universität Halle-Wittenberg (III.2.4 Migration und Flucht).

Regina Kreide, Dr., Professorin für Politische Theorie und Ideengeschichte am Institut für Politikwissenschaft an der Justus-Liebig Universität Gießen (III.2.3 Normative Modelle globaler Gerechtigkeit).

Jörg Kreienbrock, Dr., Assistant Professor am Department of German and Critical Thought an der Northwestern University (Evanston/USA) (II.8 Literaturwissenschaft).

Gitta Lauster, M.A., M.A., Forschungsassistentin im Forschungsschwerpunkt »Konkurrenz um knappe Ressourcen« der Stiftung Wissenschaft und Politik (SWP) in Berlin (III.2.1 Antriebskräfte ökonomischer Globalisierung).

Claus Leggewie, Dr., Professor für Politikwissenschaft an der Universität Gießen sowie Mitglied des Wissenschaftlichen Beirats der Bundesregierung zu Globalen Umweltveränderungen (WBGU), Direktor des Kulturwissenschaftlichen Instituts Essen (III.6.4 Kultur).

Matthias Lutz-Bachmann, Dr. Dr., Professor für Philosophie unter besonderer Berücksichtigung der Philosophie des Mittelalters, der Praktischen Philosophie und der Religionsphilosophie am Institut für Philosophie der Goethe-Universität Frankfurt a.M. (III.1.2 Genese der politischen Globalisierung).

Andreas Niederberger, Dr., Außerplanmäßiger Professor am Institut für Philosophie der Goethe-Universität Frankfurt a.M. (I.7 Technik und technische Prozesse, III.3.4 Internationale Ordnung und Steuerung zwischen Recht und Politik, IV. Glossar).

Peter Niesen, Dr., Professor für Politische Theorie und Ideengeschichte an der Technischen Universität Darmstadt (III.3.5 Demokratie jenseits der Einzelstaaten).

Soraya Nour, Dr., leitet die Arbeitsgruppe »Philosophie und Kulturwissenschaft« am Centre Marc Bloch an der Humboldt-Universität zu Berlin (III.3.1 Nationale Souveränität und Menschenrechte).

Niels Petersen, Dr., Wissenschaftlicher Referent am Max-Planck-Institut zur Erforschung von Gemeinschaftsgütern in Bonn (II.3 Rechtswissenschaft).

Ralf Ptak, Dr., Vertretungsprofessor für Ökonomische Bildung an der Universität Köln, Mitglied der Gruppe Alternative Wirtschaftspolitik und des Wissenschaftlichen Beirats von Attac Deutschland (I.1 Ökonomie).

Patricia Purtschert, Dr., Philosophin, Leiterin eines Forschungsprojekts zur »Postkolonialen Schweiz« am Departement Geistes-, Sozial- und Staatswissenschaften der ETH Zürich (III.6.3 Postkolonialismus).

Lars Rensmann, Dr., DAAD Assistant Professor am Department of Political Science an der University of Michigan (Ann Arbor/USA) (II.2 Politikwissenschaft).

Martin Riesebrodt, Dr., Professor für Religionssoziologie an der Divinity School sowie am Institut für Soziologie an der University of Chicago (Chicago/USA) (III.4.1 Religiöser Fundamentalismus).

Bernd Röttger, Dr., freier Sozialwissenschaftler, Lehrbeauftragter an der Universität Wien und Redakteur von Das Argument. Zeitschrift für Philosophie und Sozialwissenschaften (III.1.3 Räume und Reichweiten ökonomischer Globalisierung).

Galya Benarieh Ruffer, Dr., Professorin am Department of Political Science und Direktorin des International Studies Program an der Northwestern University (Evanston/USA) (III.4.3 Transformation der Bürgerschaft).

Bernhard C. Schär, lic. phil., Visiting Student am Historischen Institut der Universität Leiden im Schwerpunkt »European Expansion and Globalisation« sowie Doktorand am Historischen Institut der Universität Bern (III.6.3 Postkolonialismus).

Christoph Scherrer, Dr., Professor für Globalisierung und Politik an der Universität Kassel, Direktor des International Centers for Development and Decent Work (III.1.1 Genese der ökonomischen Globalisierung).

Philipp Schink, M.A., wissenschaftlicher Mitarbeiter am Institut für Philosophie der Goethe-Universität Frankfurt a.M. (III.2.1 Hunger und Armut, IV. Glossar).

Klaus Schlichte, Dr., Professor für Internationale Beziehungen an der Universität Bremen (III.3.2 Alte und neue Kriege).

Oliver Schwank, Dr., wissenschaftlicher Mitarbeiter am Institut für Außenwirtschaft und Entwicklung an der Wirtschaftsuniversität Wien (II.1 Wirtschaftswissenschaft).

Thomas Seibert, Dr., Philosoph, Aktivist in Attac und der Interventionistischen Linken, Mitglied im Wissenschaftlichen Beirat der Rosa Luxemburg Stiftung, Vorstandssprecher des Instituts Solidarische Moderne (III.3.7 Globalisierungskritik und globalisierungskritische Bewegungen).

David Strecker, Dr., wissenschaftlicher Mitarbeiter am Lehrstuhl für Allgemeine und Theoretische Soziologie an der Universität Jena (III.6.2 Kritische Theorie der Globalisierung).

Andreas Wagner, Dr., wissenschaftlicher Mitarbeiter am Exzellenzcluster »Die Herausbildung normativer Ordnungen« der Goethe-Universität Frankfurt a.M. (I.7 Technik und technische Prozesse, III.5.3 Internet).

Dariuš Zifonun, Dr., Professor für Soziologie an der Alice Salomon Hochschule Berlin und Associate Research Fellow am Kulturwissenschaftlichen Institut Essen (III.6.4 Kultur).

3. Personenregister

Adorno, Theodor W. 337, 370
Albert, Mathias 46
Albrow, Martin 3, 132, 134, 135, 139
Alexander der Große 71
Allcock, John 265
Allende, Salvador 210
Altman, Andrew 295
Altvater, Elmar 68, 95, 96, 102, 104
Ampère, André Marie 164
Ampère, Jean-Jacques 164
Anderson, Jon W. 346
Antweiler, Christoph 201
Apel, Karl-Otto 257
Appadurai, Arjun 135, 200, 202, 203
Arendt, Hannah 25, 259, 295
Aristoteles 243, 321, 363
Arrighi, Giovanni 102
Artaud, Antonin 347
Ashley, Richard 275
Atkinson, Rowland 329
Auerbach, Erich 166, 167
Augustinus, Aurelius 215
Avineri, Shlomo 143

Bachtin, Michael 167, 168
Bairoch, Paul 95
Balibar, Étienne 259, 331
Bannā, Ḥasan al- 313, 314
Bartelson, Jens 275
Bateson, Gregory 172
Bauman, Zygmunt 3, 44, 385
Bayly, Christopher A. 159, 343
Beck, Ulrich 29, 66, 77, 79, 81, 110, 111, 132, 134, 138,
    252, 370
Becker, Claudia 164
Beitz, Charles 143, 243, 244, 245, 261
Bell, Daniel 137, 144
Bello, Walden 238, 418
Benedict, Ruth 202
Benedikt, XVI. 77
Benhabib, Seyla 118, 245, 246
Bentham, Jeremy 286
Bentley, Jeremy 158
Berger, Peter L. 81
Berlusconi, Silvio 56
Berman, Harold 37, 39
Betz, Louis Paul 165
Beyer, Peter 148, 153, 155
Bhabha, Homi 168, 377, 378, 414

Bindranwale, Jarnail Singh 305
Bin-Laden, Osama 387
Birus, Hendrik 163, 164
Bisley, Nick 226
Blotevogel, Hans Heinrich 180
Boas, Franz 196
Bodin, Jean 417
Bohman, James 118, 371
Boileau, Nicolas 162
Bonss, Werner 353
Bopp, Franz 164
Bourdieu, Pierre 368
Bourne, Randolph 382
Brand, Ulrich 370
Braudel, Fernand 327
Bridge, Gary 329
Brück, Michael von 148, 149, 152
Brüning, Heinrich 16
Bryan, William Jennings 305
Burton, John W. 176, 339
Bush, George W. 60, 61, 62
Bush, Vannevar 347
Byron, George Gordon, Lord 163

Campanella, Tommaso 27, 32
Canclini, García 199
Canclini, Nestor García 198
Cardoso, Fernando Henrique 18
Carens, Joseph 252
Carré, Jean-Marie 166
Casanova, José 151, 152
Cassirer, Ernst 24
Castells, Manuel 111, 138, 140, 201, 329, 339, 349
Cerutti, Furio 145
Chakrabarty, Dipesh 377
Chardin, Pierre Teilhard de 347
Churchill, Winston 34
Cicero, Marcus Tullius 215, 321
Clarke, Eric 330
Clausewitz, Carl von 262
Clinton, Bill 210
Collier, Paul 233, 238, 263
Conrad, Joseph 32
Conrad, Sebastian 376
Cooder, Ry 384
Cooper, Frederick 159
Corbineau-Hoffmann, Angelika 165
Cox, Robert W. 400
Creveld, Martin van 262
Curtius, Ernst Robert 166
Cuvier, Franz 164
Czempiel, Ernst-Otto 271, 272

Dante 162
Darrow, Clarence 305
Darwin, Charles 172, 305
Davies, Blodwen 2
Davis, Mike 328
Dean, Jodi 346
Deleuze, Gilles 254
Densmore, Frances 198
Derrida, Jacques 297, 299, 378
Dick, Philip K. 347
Dilthey, Wilhelm 258
Durkheim, Émile 29, 37, 150
Düvell, Franck 253

Eckermann, Johann Peter 163
Edgerton, Samuel 177
Eichel, Hans 212
Einstein, Albert 177
Elster, Ernst 165
Elwert, Georg 264
Emmer, Pieter 157
Engelbart, Doug 347
Engels, Friedrich 2, 12, 52, 164, 218, 219, 340, 342
Enzensberger, Hans Magnus 262
Erbakan, Necemettin 314
Euripides 163

Fanon, Frantz 414
Featherstone, Mike 136
Feest, Christian 199, 200
Fiore, Quentin 171
Fischer-Lescano, Andreas 270
Fontaine, Jean de la 162
Fontenelle, Bernard le Bovier de 162
Ford, Henry 15, 208
Forst, Rainer 245
Foucault, Michel 26, 66, 167, 203, 275, 325, 329, 378, 390
Fraser, Nancy 245, 368, 371
Freeman, Carla 189, 193
Friedman, Jonathan 202
Friedman, Milton 20
Friedmann, John 327
Fröbel, Folker 95
Fukuyama, Francis 111, 180, 297

Gabriel, Peter 384
Gadamer, Hans-Georg 26, 258
Gage, John 346
Galbraith, John Kenneth 16
Galison, Peter 177
Gallagher, John 13

Gantke, Wolfgang 154, 155
Gaulle, Charles de 34
Gebhardt, Hans 180, 181
Genette, Gérard 167
Gervinus, Georg Gottfried 165
Gibson-Graham, J.K. 189
Gibson, William 346
Giddens, Anthony 3, 132, 133, 134, 135, 140, 339
Gill, Steven 400
Gilroy, Paul 374, 380
Giuliano, Carlo 299
Gleditsch, Nils Petter 265
Goethe, Johann Wolfgang von 162, 163, 164, 165, 167, 168
Gore, Al (d.i. Albert Arnold »Al« Gore Jr.) 345
Görg, Christoph 337
Gosepath, Stefan 246
Gould, Colin 118
Graf, Friedrich Wilhelm 81
Gramsci, Antonio 198, 223, 363, 400, 424
Grande, Edgar 116
Greven, Michael Th. 274
Grewal, David Singh 107, 111, 118
Grotius, Hugo 241
Guattari, Félix 254
Gugler, Joseph 327
Guislain de La Place 165
Gunder-Frank, André 18
Guyard, François 166

Habermas, Jürgen 25, 46, 79, 81, 107, 114, 117, 143, 144, 245, 246, 252, 257, 258, 259, 260, 274, 282, 285, 289, 290, 363, 364, 370, 373
Hall, Peter 327
Hall, Stuart 376, 378
Haller, Dieter 200
Hannerz, Ulf 136, 198, 200
Hardt, Michael 249, 258, 301, 302, 369, 392
Harris, Erroll 143
Harvey, David 108, 132, 133, 134
Havelock, Eric 175
Hegel, Georg Wilhelm Friedrich 26, 29, 143, 257, 318, 363, 375, 424
Heidegger, Martin 24, 25, 176, 177
Heinrichs, Jürgen 95
Heintz, Peter 147
Held, David 10, 58, 108, 113, 117, 252, 339, 372
Herder, Johann Gottfried 163
Herodot 196
Herskovits, Melville 198
Hess, David J. 203
Heupel, Monika 265

Hicks, Steven 143
Hirst, Paul 108, 157
Hobbes, Thomas 28, 29, 145, 318, 417
Hobsbawm, Eric J. 34
Hock, Klaus 152
Hödl, Hans Gerald 155
Höffe, Otfried 142, 143, 244
Hohlfeld, Reiner 353
Holloway, John 300
Homer 163
Homer-Dixon, Thomas F. 65
Hopkins, Anthony 159
Horkheimer, Max 337, 370
Hübner, Kurt 102
Hugill, Peter J. 176
Humboldt, Wilhelm von 26
Huntington, Samuel P. 79, 111, 150, 152, 263, 310, 378,
    379, 380, 384
Husserl, Edmund 24, 25
Hymer, Stephen 98
Hymes, Dell 197

Iannaccone, Laurence 151
Inglehart, Ronald J. 115, 116
Innis, Harold 175, 176

Jacobson, David 110
Jaggar, Alison 247
James, Paul 140
Jellinek, Georg 36

Kaldor, Mary 262
Kant, Immanuel 2, 25, 26, 27, 29, 30, 51, 52, 56, 113, 142,
    143, 241, 257, 258, 260, 286, 318, 363
Kaplan, Robert 65, 262
Kavalski, Emilian 115
Keen, David 265
Kelsen, Hans 29, 37, 258
Keohane, Robert 229
Kersting, Wolfgang 143, 244
Keynes, John Maynard 17, 18, 103, 207, 222
Khomeinī, Ruhallah Musavī 313
Kittler, Friedrich A. 170
Klein, Naomi 388
Klemperer, Victor 165
Knecht, Michi 200
Koch, Max 165
Kohl, Helmut 211
Kohl, Karl-Heinz 197
Kollek, Regine 353
Kolumbus, Christoph 375
Kondylis, Panajotis 380

Koolhaas, Rem 328
Kozlarek, Oliver 371
Kramer, Fritz 197
Kreye, Otto 95
Kriesi, Hanspeter 116
Kristeva, Julia 167
Krugman, Paul 96
Kun, Josh 384
Küng, Hans 80, 152
Kymlicka, Will 252

La Bruyère, Jean de 162
Laclau, Ernesto 31, 400
Lafitau, Joseph-François 196
Lamping, Dieter 167
Latour, Bruno 173, 176, 177, 178, 179, 199, 202, 203
Lauser, Andrea 201
Lefort, Claude 259
Lem, Stanisław 347
Lévi-Strauss, Claude 202
Levitt, Theodore 3
Linda, Solomon 383, 384
Lipietz, Alain 222
Locke, John 318
Lomax, Alan 383
Lordon, Frédéric 102
Lorenzen, Paul 29
Lovink, Geert 346
Lübbe, Hermann 142
Luhmann, Niklas 2, 3, 24, 147, 148, 153, 170, 171
Lukács, Georg 25, 26
Lullus, Raimundus 153

Mahnkopf, Birgit 95, 96
Malinowski, Bronislaw 172, 173, 196
Manalansan, Martin 194
Man, Paul de 166, 167
Manzoni, Alessandro 163
Marchal, Roland 265
Marco Polo 196
Marcos, Ferdinand Edralin 299
Marshall, Thomas H. 322
Marx, Karl 2, 12, 25, 26, 28, 51, 52, 56, 164, 218, 219, 257,
    337, 340, 342, 363, 368, 370, 424
Massey, Dorin 189
Maudūdī, Abū l-Aclā al- 313, 314, 315
Mauss, Marcel 202
Mayntz, Renate 271
Mazzarella, William 198
McGrew, Anthony 10
McLuhan, Marshall 27, 171, 173, 174, 175
Mead, Margaret 202

Meltzl, Hugo 165
Mencinger, Jože 99
Menke, Christoph 259, 260
Menzel, Ulrich 183
Merkel, Angela 209
Metraux, Rhoda 202
Meyer, John W. 27
Mies, Maria 192
Mill, John Stuart 257, 363
Minsky, Hyman 103
Mintz, Sidney 196
Mitias, Michael 143
Moellendorf, Darrell 244
Mohammed 77
Mohanty, Chandra Talpade 188, 377
Mohn, Liz 56
Mohr, Thomas 143
Moller Okin, Susan 246, 247
Moore, Barrington 25, 26
Moore, Robert I. 37, 39
Morgan, Lewis Henry 196
Morhof, Daniel 163
Mouffe, Chantal 400
Mozart, Wolfgang Amadeus 383
Mudimbe, Valentin Y. 376
Müller-Mahn, Detlef 183
Mullings, Leith 200
Münkler, Herfried 262, 263, 264
Müntefering, Franz 212
Murdoch, Robert 56

Nagel, Thomas 246
Napoleon 44
Negri, Antonio 249, 258, 301, 302, 369, 392
Neidhart, Christoph 180
Neumann, Iver 275
Nielsen, Jakob 73
Nietzsche, Friedrich 38, 305
Nixon, Richard 19, 210
Noël, François 165
Norris, Pippa 116
Noyce, Phillip 26
Nussbaum, Martha 244, 245
Nützenadel, Alexander 315
Nye, Joseph S. 229

Obama, Barack 62
Obrador, Andrés 301
Offe, Claus 270, 274
Ohmae, Kenichi 369
O'Neill, Onora 245
Ong, Aiwa 252

O'Rourke, Kevin 160
Ossenbrügge, Jürgen 182
Osterhammel, Jürgen 37, 157, 158, 178, 339

Paarlberg, Robert 238
Panikkar, Raymond 152
Papadopoulos, Dimitris 254
Parsons, Talcott 29, 30, 31, 35
Peperzak, Adrian 143
Perrault, Charles 162
Petersson, Niels P. 157, 158, 178, 339
Pettit, Philip 321
Pinochet, Augusto 292
Pizer, John 168
Platon 243
Pocock, John G.A. 320
Pogge, Thomas 242, 243, 245, 247, 261
Polanyi, Karl 219
Pollmann, Arnd 259, 260
Prebisch, Raúl 18
Pufendorf, Samuel 241

Quṭb, Sayyid 313, 314, 315

Racine, Jean 162
Radcliffe-Brown, Alfred Reginald 196
Ramonet, Ignacio 300, 388
Rancière, Jacques 25, 26
Randeria, Shalini 376
Rawls, John 29, 31, 113, 143, 242, 243, 245, 257, 258,
    261, 323
Reagan, Ronald 210
Reiser, Oliver L. 2
Reuber, Paul 180, 181
Ricardo, David 9, 13, 209
Richards, Paul 265
Ricœur, Paul 258
Riepl, Wolfgang 174
Riesebrodt, Martin 151
Ringer, Fritz K. 170
Risse, Thomas 114, 273
Ritter, Gerhard 257
Robertson, Roland 3, 132, 133, 135, 136, 138
Robinson, Robert 13
Roosevelt, Franklin D. 222
Rorty, Richard 29, 144
Rosanvallon, Pierre 258
Rosenau, James N. 35, 113, 271, 272
Roth, Karl Heinz 302
Rouch, Jean 202
Rousseau, Jean-Jacques 142, 257, 258, 286, 318
Roy, Arundhati 300, 388

Roy, Olivier 311, 312
Rubruk, Wilhelm von 196
Ruggie, John G. 18

Sadat, Anwar as- 305
Ṣadr, Moḥammad Bāqer as- 313
Said, Edward 167, 168, 266, 376, 377, 379, 414
Saint-Pierre, Charles-Iréneé Castel de (Abbé de Saint-Pierre) 285
Sarkawi, Abu Mussab al- 387
Sassen, Saskia 3, 109, 190, 193, 252, 328
Saul, John Ralston 78
Schlegel, August Wilhelm 162, 164
Schleiermacher, Friedrich 258
Schmidt, Helmut 211
Schmitt, Carl 258, 259
Scholz, Fred 183
Schüttpelz, Erhard 170, 176, 196
Schütz, Alfred 381
Scopes, John 305
Seeger, Pete 383, 384
Seitter, Walter 174
Sen, Amartya 232, 235, 244, 245
Sending, Ole Jacob 275
Senghaas, Dieter 18, 396
Shakespeare, William 163
Simmel, Georg 380
Simon, Paul 384
Singer, Hans Wolfgang 18
Singer, Peter 242, 261
Skinner, Burrhus Frederic 28
Smith, Adam 9, 13, 208
Smith, Dan 324
Sobry, Jean-François 165
Soja, Edward 184
Soysa, Indra de 265
Soysal, Yasemin 252
Spitzer, Leo 166
Spivak, Gayatri Chakravorty 168, 329, 377, 414
Springer, Axel 56
Staël, Anne Louise Germaine de 164
Standing, Guy 192
Stanger, Michael 102
Stark, Rodney 151
Steinbach, Udo 311
Stiglitz, Joseph E. 96
Stoiber, Edmund 207
Stoler, Ann Laura 377
Stolz, Fritz 149
Suhartos, Hoyi Mohamed 35
Szondi, Peter 167

Taussig, Michael 196
Taylor, Charles 258
Taylor, Frederick 207
Teubner, Gunther 270
Thatcher, Margaret 211, 297
Thomas von Aquin 241
Thompson, Grahame 157
Thürmer-Rohr, Christina 192
Tieghem, Paul van 166
Tilly, Charles 37
Tobin, James 300, 420
Tocqueville, Alexis de 257, 363
Todorov, Tzvetan 267
Todorova, Maria 266
Touraine, Alain 184
Tsianos, Vassilis 254
Tsing, Anna 204
Tylor, Edward Burnett 196

Verne, Jules 160
Villemain, Abel François 164, 165
Virilio, Paul 180
Voigt, Rüdiger 44

Wais, Kurt 165
Wallerstein, Immanuel 132, 136, 147
Walzer, Michael 144, 241, 252
Warren, Austin 166
Weber, Max 25, 37, 38, 112, 265, 380
Weber, Sam 168
Wehler, Hans Ulrich 37
Weiss, Peter 34
Wellek, René 166, 167
Wellman, Christopher Heath 295
Wellmer, Albrecht 258
Welzel, Christian 115
Wetz, Wilhelm 165
Williamson, Jeffrey 160
Williamson, John 422
Wilpert, Gero von 162
Wolf, Eric 196
Wolf, Klaus Dieter 274
Wolf, Martin 102, 226
Wolff, Goetz 327
Woolgar, Steve 202

Young, Iris Marion 252

Zangl, Bernard 265
Zeller, Christian 98
Ziebura, Gilbert 222
Žižek, Slavoj 25, 302
Zürn, Michael 109, 270, 271, 272, 273

4. Sachregister

(Fett gedruckte Seitenzahlen verweisen auf Einträge im Glossar)

Afrikanische Union **387**

Agrarproduktion 18, 19, 21, 51, 53, 63, 73, 75, 97, 192, 209, 213, 233, 234, 236–239, 326, 351, 352, 389, 390, 398, 409, 414, 418

AIDS (HIV) 199, 235, 393, 408, 413, 420

Allgemeine Erklärung der Menschenrechte 27, 43, 123, 143, 239, 256, 319, **387**, 407, 412, 417

Al-Qaida 60, 61, 312, 316, **387**, 405, 419

Amnesty International 53, 261, 286, 353, 366, **388**, 411

Anarchie 30, 107, 112, 269

Antiglobalisierungsbewegung 78, 366, **388**

Arabische Liga **388**, 413

Arbeiterbewegung 220, 249

Arbeitslosigkeit 16, 17, 18, 51, 54, 55, 237, 238

Arbeitsmigration (s. a. Migration) 10, 13, 14, 21, 54, 75, 99, 109, 139, 200, 202, 235, 250, 251, 319, 320, 389

Armut 4, 45, 51, 55, 58, 91, 100, 101, 115, 181, 183, 225, 229, 231–235, 237, 239, 241–243, 245, 324, 327, 329–331, 357, 366, 392, 393, 408, 411

ASEAN 109

Asienkrise 227

Asylbewerber (s. a. Flüchtlinge) 250, 251, 253, 381, 388, 421

Atomwaffen 56, 145

Attac 5, 300, **388–389**, 420

Ausbeutung 2, 25, 26, 52, 55, 60, 63, 164, 188, 192, 220, 235, 328, 335, 338, 371, 373, 374, 376, 383, 384, 393, 396, 406, 415

Ausländer 259, 260, 286

Auslandsüberweisungen 21, 54, 138, 235, **389**

Auslandsverschuldung 102, 393

Außenhandel 12, 13, 52, 96, 97, 103, 109, 212, 226, 391, 394, 414, 422, 423

Bildung 7, 18, 52, 53, 56, 57, 74, 83, 85, 116, 119, 171, 182, 199, 230, 232, 243, 244, 277, 300, 307, 308, 318, 331, 357, 393, 408, 412, 416, 417, 422

Billiglohnländer 22, 96, 247, **389**, 408, 413

Biopiraterie **389**, 413

Biopolitik 369, **390**

Biotechnologie 73, 75, 390

Biotreibstoff 237, **390**

Bretton-Woods 17–21, 33, 210, 227, 228, 234, 237, **390**, 404

Brundtland-Kommission 64

Bruttoinlandsprodukt (BIP) 16, 20, 21, 49, 53, 84, 96, 98, 99, 108, 109, 233, 235, 243, 324, 325, 389, **390–391**, 397

Bürgerkrieg 1, 34, 59–61, 235, 253, 280, 299, 387, **391**, 411, 415, 416

Dekolonisierung 32, 34, 35, 256, 263, 265, 267, 297, **391**, 395, 406, 414, 421

Demokratie 13, 15, 31, 33–38, 40, 45, 46, 52, 56, 66, 75, 97, 106, 107, 109, 111–113, 115–119, 123, 125, 144, 145, 212, 217, 221, 222, 232, 235, 242, 244, 246, 252, 253, 256–260, 263, 270–274, 276, 280, 282, 284–290, 297–299, 301, 317–321, 323, 324, 329, 335, 338, 346, 348, 349, 358, 359, 361, 363–367, 369, 371–373, 375, 392, 394, 396, 399, 402, 406, 407, 411, 418

Demokratischer Frieden s. Liberaler Frieden

De-Nationalisierung 5, 58, 109, 116, 118, 272–274

Dependenztheorie 18, 19, 241, 370, 391

Depression (s. a. Weltwirtschaftskrise) 14–16, 18, 32, 220

Deregulierung 19, 20, 22, 68, 75, 89, 101, 109, 139, 218, 221, 272, 297, 329, 369

Dezentralisierung 44, 61, 104, 111, 113, 126, 128, 175, 202, 245, 287, 289, 318, 345, 347, 348, 369, 419

Dienstleistungssektor 98, 273, 397

Direktinvestitionen, Internationale 13, 16, 18, 20, 21, 53, 96, 98, 99, 207, 212, 218, 225, 229, 230, 237, 249, 389, **391**, 409

Diskriminierung 92, 187–189, 192, 228, 259, 403

Diversifizierung 73

Doha-Entwicklungsagenda 97, **392**

Dritte Welt s. Entwicklungsländer

Dutch Disease (s. a. Ressourcenfluch) 415

Eigentum (s. a. TRIPS) 21, 28, 48, 51, 208, 212, 228, 234, 236, 246, 270, 281, 319, 323, 331, 334, 343, 353, 375, 359, 407, 410, 413, 415, 416, 420, 422, 423

Einwanderung s. Arbeitsmigration, s. Migration

Emissionen 45, 56, 66, 104, 185, 334, 355, 356, 359, 360, 390, 405

Empire 31, 34, 168, 175, 301, 315, 320, 375, 380, **392**, 402

Energie 19, 21, 55, 64, 65, 67, 73, 75, 104, 176, 229, 326, 334, 335, 337, 356–359, 376, 394

Entkolonialisierung s. Dekolonisierung

Entwicklungshilfe/Entwicklungszusammenarbeit 21, 84, 203, 234, 237, 253, **392–393**, 399, 411

Entwicklungsländer 19, 21, 49, 59, 65, 68, 83–86, 90, 97–100, 180, 183, 187–190, 209, 213, 225, 228–230, 233–235, 237, 242, 244–247, 297, 298, 302, 325, 326, 328, 330, 331, 335, 360, 361, 377, 380, 392, **393**, 408, 415, 416, 420, 422, 423

Entwicklungspolitik 229, 237, 253, **393**, 403

Etatismus 319
Europäische Gemeinschaft s. Europäische Union
Europäische Kommission 43, 287, 352
Europäische Menschenrechtskonvention 43, 45,
    393–394, 395
Europäische Union 34, 36–39, 51, 53–55, 84, 86, 93,
    97–99, 106, 107, 109, 110, 112, 115, 117, 119, 126, 151,
    193, 200, 217, 253, 261, 270–272, 279, 286–289, 299,
    318, 365, 373, 387, 389, 392, **394**, 395–397, 403, 407,
    408, 414, 417, 418, 423
Europäischer Gerichtshof **394–395**, 419
Europäischer Gerichtshof für Menschenrechte 43, 45,
    124, 129, 319, 394, **395**, 407
Europarat 43, 393–394, **395**
Eurozentrismus 33, 149, 154, 163, 167, 298, 300, 370,
    371, 374, 376–378, 393, **395**
Externe Effekte 126, 286

Failed States s. Gescheiterte Staaten
FAO (Food and Agriculture Organization) 232–237,
    395
Finanzkrise 51, 54, 64, 91, 101–103, 223, 357, **396**, 397,
    423
Finanzmarkt 16, 20, 22, 74, 95, 96, 101–104, 109, 124,
    135, 139, 160, 193, 211, 212, 213, 220, 221, 227, 230,
    315, 340, 389, 396, 397, 422
Finanzpolitik 20, 92, 93, 227, 228, 389, 397
Flüchtlinge (s.a. Asylbewerber) 112, 201, 250, 251, 253,
    388, 421
Foreign direct investment (FDI) s. Direktinvestitionen,
    Internationale
Fragmentierung 4, 21, 46, 99, 108, 122, 127–130, 168,
    182–184, 199, 271, 272
Freihandel 13, 14, 17, 22, 32, 49, 53, 97, 116, 209, 210,
    228, 360, 396, 408, 409
Freiheitsrechte 34, 244, 319, 320, 322, 375, 393, 395,
    407
Frieden (s.a. Liberaler Frieden) 2, 16, 29, 33, 42, 46, 47,
    58, 60, 78, 80, 83, 100, 122, 127, 142, 143, 209,
    215–217, 241, 260–262, 266, 282, 289, 294, 309, 315,
    319, 363, 373, 384, 387, 392, 393, **396**, 401–403, 412,
    421
Frieden, Demokratischer s. Liberaler Frieden
FTAA (Gesamtamerikanisches Freihandelsabkommen)
    396
Fundamentalismus 148, 150, 304–310, 311, 312, 315,
    405

G20 53, 223, 396, **397**
G8 53, 299, **397**, 423
GATS 21, 22, 211, 228, 382, **397**, 420, 423
GATT 17, 18, 21, 33, 45, 97, 105, 228, 390, **397**, 423

Gender 92, 93, 187–195, 198, 375
Genozid 1, 30, 38, 43, 56, 260, 270, 292, 293, **398**, 401,
    404, 405, 421
Gentechnologie 228, 351–354, **398**
Geopolitik 83, 176, 188, 189, **398**
Gerechtigkeit, Globale s. Globale Gerechtigkeit
Gerechtigkeit, Verteilungs- s. Verteilungsgerechtigkeit
Gerichtshof für Menschenrechte, Europäischer
    s. Europäischer Gerichtshof für Menschenrechte
Gerichtshof, Europäischer s. Europäischer Gerichtshof
Gerichtshof, Internationaler s. Internationaler Gerichts-
    hof
Gescheiterte Staaten 34, 37, **398–399**
Gesellschaftstheorie 3, 48, 270, 276, 324, 327, 328, 337,
    338, 370, 424
Gesundheitsversorgung 203, 243, 251, 393, 408, 423
Gewaltmonopol 269, 273, 285, 289, 396
Gewerkschaften 55, 89, 91, 111, 189, 191, 207, 211, 220,
    221, 223, 253, 288, 298, 301, 362, 402, 410, 412, 417,
    424
Gewohnheitsrecht, Internationales s. Völkergewohn-
    heitsrecht
Gini-Koeffizient 399
Global Governance 91, 106, 107, 111–114, 118, 119, 223,
    227, 260, 270, 271, 273–276, 288, 289, 290, 301, 330,
    366, 393, **399**, 400
Global Player (s.a. multinationale Konzerne) 43, 78–80,
    409
Globale Gerechtigkeit 241–247, 261
Globaler Süden s. Entwicklungsländer
Globalisierungskritik 5, 78, 80, 110, 116, 117, 143, 190,
    196, 200, 203, 219, 297–302, 362, 368, 370, 372, 374,
    376, 378, 380, 382, 384, 392, 397, **399**, 401, 409, 413,
    420, 422–424
Glokalisierung 3, 44, 46, 79, 118, 119, 133, 138, 140, 181,
    339, **399**
Good Governance 212, 330, 393, **399–400**, 404
Governance (s.a. Global Governance, Good Gover-
    nance) 53, 65, 108, 112, 113, 137, 221, 231, 261,
    270–276, 288–290, 330, 356, 360, **400**
Greenpeace 53, 366

Handel s. Außenhandel, s. Freihandel, s. Welthandel
Handelsbilanz 222, **400**, 422
Hegemonie 1, 9, 26, 67, 103, 112, 128, 129, 133, 167, 176,
    190, 194, 198, 219–221, 252, 281, 299, 324, 338, 363,
    364, 367, 369, 377, 382, 398–399, **400–401**
Hoher Flüchtlingskommissar der Vereinten Nationen
    s. UNHCR
Humanitäre Interventionen 32, 46, 58, 113, 203, 260,
    268, 296, 369, **401**
Humanitäres Völkerrecht 241, **401**, 405

Identität 3, 5, 26, 60, 77, 79, 88, 112–114, 116, 117, 119,
    134–136, 139, 151, 152, 162, 171, 172, 180, 183, 191,
    193, 194, 201–203, 252, 258, 287, 307–310, 317, 321,
    330, 348, 363, 365, 370, 372, 373, 379–381, 385, 410,
    414
Imperialismus 13, 16, 31, 33, 123, 124, 158, 167, 177, 187,
    196, 253, 319, 329, 340, 369, 375, 376, 379, 380, 382,
    384, 391, 392, **401–402**, 405, 417
Imperium s. Empire
Import 12–14, 19–21, 53, 54, 67, 96, 99, 102–104, 198,
    211, 228, 237, 247, 376, 391, 400, 410, 414, 419
Industrialisierung 11–13, 15, 22, 96, 116, 124, 157, 174,
    181, 183, 209, 212, 213, 238, 244, 306, 319, 325–327,
    329, 333, 341, 357, 376, 398, 416, 418
Industrielle Revolution 11, 12, 72, 242, 319, 355, 375,
    376, 405
Informationstechnologie 174, 315, 343, **402**
Intergovernmental Panel on Climate Change (IPCC)
    356, 357, 359, **402**, 405
International Labour Organization (ILO) s. Internatio-
    nale Arbeitsorganisation
Internationale Arbeitsorganisation 45, 50, **402–403**, 416
Internationale Beziehungen 3, 30, 47, 65, 107, 110, 111,
    125, 127, 160, 270, 291, 317, 366, 398, 400, **403**, 417, 421
Internationale Organisationen 1, 21, 30, 31, 35, 46, 62,
    92, 93, 109, 111, 112, 122, 124, 127, 133, 185, 191, 212,
    230, 234, 237, 245, 247, 272, 288, 334, 363, 393, 401,
    403, 409, 411, 415, 417, 418
Internationaler Gerichtshof 46, 319, **403–404**, 421
Internationaler Strafgerichtshof 43, 45, 46, 260, 270,
    271, 290, 293, 398, **404**, 422
Internationaler Währungsfond (IWF) 17, 20, 21, 45, 53,
    89, 102, 106, 109, 127, 128, 210–212, 227, 228, 236,
    299, 331, 390, **404**, 410, 416, 417, 421, 422
Internet 35, 56, 61, 73, 75, 133, 155, 173, 191, 197, 200,
    201, 210, 271, 299, 316, 343, 345–350, 365, **404**, 410
Interventionen, Humanitäre s. Humanitäre Inter-
    ventionen
Investitionen, Portfolio s. Portfolio-Investitionen
Islamismus 60, 61, 250, 311–316, 380, 385, 387,
    404–405, 419
Ius cogens 403, **405**, 422

Kapitalakkumulation 183, 220, 221, 222, 251, 325, 329,
    330, 331
Kirche 31, 32, 38, 39, 77, 151, 153, 253, 298, 301, 343, 424
Klimaschutz 128, 355, 357–360
Klimawandel 6, 64, 65, 68, 75, 181, 236, 238, 241, 247,
    253, 269, 334–337, 355–361, 402, **405**, 421
Kolonialismus 26, 31, 83, 158, 167, 188, 196, 197, 242,
    244, 262, 312, 319, 329, 330, 371, 374, 377, 378, 388,
    402, **405**, 414

Kommunikationstechnologie 20, 73, 88, 175, 176, 191,
    203, 229, 339, 341, 349
Konflikte, Kulturelle s. Kulturelle Konflikte
Konzerne, Multinationale s. Multinationale Konzerne
Korruption 228, 235, 242, 261, 266, 393, 404, 420
Kosmopolitismus 2, 29, 31, 32, 36–40, 47, 107, 110, 111,
    113, 115–119, 138, 139, 142–145, 164, 165, 215, 219,
    241, 242, 245, 246, 252, 257–259, 285, 286, 289, 290,
    322, 323, 366, 370, 372, 382, **406**
Kriege, Neue s. Neue Kriege
Kriminalität 38, 52, 59–61, 266, 343
Kritische Theorie 368–373
Kulturelle Konflikte 382
Kyoto-Protokoll 45, 46

Landflucht 324–331
Landwirtschaft s. Agrarproduktion
Legitimationsdefizit 17, 117, 182
Liberaler Frieden **406**
Liberalisierung 18–22, 68, 89, 93, 97, 101, 106, 109, 192,
    210, 211, 225, 226, 228, 277, 278, 289, 393, 397, 406,
    407, 420, 422, 423
Liberalismus 10, 12, 14–16, 22, 28, 36, 58, 66, 68, 96, 109,
    113, 117, 118, 144, 194, 208, 209, 219, 222, 226, 228,
    245, 247, 252, 257–259, 301, 302, 306, 319–323,
    362–364, 366, 369, 372, 406, 410

Maastricht Vertrag 274, 394
Mehrebenensystem 45, 181, 217, 246, 372, 394, 399, 400,
    407
Menschenrechte (s.a. Allgemeine Erklärung der
    Menschenrechte) 27, 30, 32–35, 38, 40, 43, 45–47, 52,
    92, 111, 118, 119, 122–124, 126, 128, 130, 144, 155,
    203, 234, 239, 245, 252, 256–261, 280–283, 293, 304,
    319, 321, 322, 353, 358, 366, 374, 380, 387, 388,
    393–395, 401, **407**, 412, 417, 421
Menschenrechtskonvention, Europäische
    s. Europäische Menschenrechtskonvention
Mercosur 53, **407–408**, 415
Migration (s.a. Arbeitsmigration) 11, 13, 14, 32, 47, 55,
    56, 69, 77, 78, 90, 91, 96, 99, 100, 108, 115, 116, 119,
    138, 144, 154, 155, 158–160, 166, 182–184, 186, 190,
    191, 193, 194, 199, 201–203, 237, 246, 247, 249–254,
    260, 284, 286, 309, 310, 312, 314, 315, 317–322, 324,
    326–328, 330, 331, 333, 335, 347, 357, 377, 380–382,
    384, 385, 405, 410, 412
Mikrokredit **408**
Milleniumsziele 231, 236, **408**, 423
Mindestlohn **408–409**
Mitbestimmung 193, 223, 375
Mobilität 13, 74, 99, 100, 104, 123, 134, 138–140, 144,
    160, 176, 178, 191, 201, 207, 284, 309, 315, 341

Multilateralismus 91, 93, 97, 99, 109, 397, **409**
Multinationale Konzerne 15, 18, 95, 98, 183, 188,
  193, 233, 260, 281, 298, 382, 389, 403, **409**,
  411

Nachhaltigkeit 64, 66, 68, 69, 181, 184, 185, 203, 288,
  289, 358, 360, 408, **409**, 412, 420
NAFTA 93, 299, **409–410**, 415
Nationalstaat 1, 6, 10, 12, 14, 17, 18, 25, 26, 29, 33, 34,
  36–39, 42–45, 47, 52, 53, 56, 58, 63, 65, 88, 95, 96, 99,
  102, 103, 107–109, 112, 113, 117, 118, 124–126, 128,
  130, 132–134, 136–139, 144, 147, 158, 159, 170, 172,
  184, 188, 190, 191, 193, 194, 201, 219, 233, 239, 241,
  245–247, 249, 252, 254, 256, 258, 260, 261, 269–273,
  275, 276, 279, 285, 287, 288, 291, 300, 301, 311,
  318–322, 353, 362, 364–367, 369–373, 375, 379, 381,
  392, 396, **410**
NATO 46, 61, 164, 403
Neoliberalismus 9, 10, 19–22, 31, 33, 66, 68, 69, 182, 183,
  192, 193, 196, 200, 211, 212, 218–223, 252, 297–299,
  327, 328, 331, 338, 366, 368–370, 373, 401, 407, **410**,
  423
Netzwerk 11, 16, 20, 22, 37, 47, 49, 60, 61, 71, 73, 74, 82,
  85, 86, 91–93, 106, 108, 111, 114, 119, 124, 137, 138,
  140, 158, 159, 170, 176–178, 180, 184, 193, 199, 202,
  220, 238, 251, 266, 272, 288, 290, 298–300, 317, 318,
  330, 339–347, 366, 378, 387, 388, 392, 404, 409,
  410–411, 418, 419
Neue Kriege 58–60, 262–267, 391, 401, **411**
NGO 91, 111, 261, 275, 279, 298, 403, **411**, 420
Nicht-Regierungsorganisationen s. NGO
Niedriglohnländer s. Billiglohnländer

OECD 18, 20, 22, 49, 83, 84, 99, 105, 190, 266, 273, 392,
  411–412, 416, 420
Off-Shoring 19, **412**
Ökologie 63–69, 103, 104, 115, 134, 181, 182, 183,
  333–340, 342, 352, 353, 408, 409, 421
OPEC 19, **412**
Organisation Amerikanischer Staaten **412**
Organisation der Islamischen Konferenz **412**
Organisierte Kriminalität 52, 266, 346
Outsourcing **412–413**

Parlamentarismus 31, 41, 217, 285–287
Patentierung 73, 75, 211, 236, 243, 353, 389, **413**,
  420
Piraterie 75, **413**
Pluralismus 4, 39, 43, 77, 115, 128, 129, 148, 150, 151,
  153, 155, 168, 257, 274, 276, 280, 289, 362, 365, 379,
  382, 384, 406, 407, **413–414**, 424
Portfolio-Investitionen 10, 18, 98, 207, 230, 391

Postkolonialismus 154, 159, 167, 168, 194, 195, 198, 202,
  327, 329, 331, 374–378, 391, **414**
Proliferation 3, 178, 199, 263, 272
Protektionismus 14, 16, 96, 106, 116, 119, 208, 226, 228,
  252, 272, 368, 409, **414**
Public-Private Partnership 30, 221, **414**

Race to the Bottom 65, 109, 226, 230
Regionalisierung 1, 86, 180, 253, 328, 329, **414–415**
Regulierung 16–19, 22, 45, 56, 67, 75, 94–97, 99,
  102–104, 110–112, 114, 115, 117, 124, 125, 134, 172,
  182, 184, 208, 219–222, 229, 230, 253, 265, 269–275,
  277, 279, 284, 285, 288, 289, 306, 318, 325, 326, 328,
  333–337, 349, 353, 354, 360, 365, 366, 390, 396,
  397, 399, 400, 403, 406–410, 414, **415**, 417, 420,
  423
Religion 4, 31, 37, 38, 55, 77–81, 147–156, 172, 173, 196,
  203, 215, 304–312, 314, 316, 327, 342, 384, 385
Ressourcenfluch **415**

Säkularisierung 116, 147, 148, 150–152, 282, 306, 309,
  384, 385
Sanktionen (s.a. Targeted Sanctions) 113, 234
Schuldenkrise 21, 210, 211, 236, 331, **416**, 417
Schwellenländer 21, 22, 64, 74, 96–98, 124, 212,
  228–230, 324, 351–353, 355, 392, 397, **416**, 417–418,
  422
Selbstbestimmung 32–34, 40, 52, 66, 118, 123, 124, 144,
  221, 256, 288, 295, 319, 338, 367, 410, 417
Shareholder-Value 102, 222
Sicherheit 17, 26, 27, 40, 50, 58, 59, 61, 62, 65, 68, 75, 115,
  116, 127, 137, 143, 145, 155, 182, 184, 186, 195, 212,
  216, 227–231, 238, 239, 251, 252, 257, 262, 266, 267,
  269–272, 278, 281, 289, 290, 297, 318, 321, 351,
  353–357, 359, 369, 387, 394, 395, 397–399, 404, 406,
  411, 412, 417, 418, 421
Sklaverei 48–50, 128, 160, 405, **416**
Slow-Food Bewegung **417**
Solidarität 33, 117, 309, 310, 361, 372, 373, 382
Souveränität 18, 20, 29, 32, 36, 41, 42, 44, 46, 47, 52,
  106–108, 110–114, 116–119, 122, 137, 144, 145, 193,
  216, 217, 221, 238, 239, 256–261, 263, 270, 274, 284,
  293–296, 313–315, 317–322, 353, 363, 369, 392, 394,
  403, 410, 412, **417**, 418
Soziale Sicherung 45, 68, 71, 80, 90, 100, 127, 167, 195,
  198, 208, 211–213, 220, 223, 230, 258, 267, 271, 273,
  277, 282, 328, 364, 369, 387, 389, 395, 398, 401, 411,
  412, 418, 422
Sozialismus 20, 33, 38, 189, 197, 203, 219, 234, 262, 297,
  299, 305, 321, 364, 380, 393
Sozialversicherung s. Soziale Sicherung
Staaten, Gescheiterte s. Gescheiterte Staaten

Strafgerichtshof, Internationaler s. Internationaler Strafgerichtshof

Strukturanpassungsmaßnahmen 21, 89, 92, 93, 227, 236, 331, 404, 410, 416, **417**, 422

Subsidiarität 143, 285, **417–418**

Subsistenz 13, 15, 50, 90, 192, 196, 233, 234, 236, 238, **418**

Subventionen 55, 75, 106, 110, 229, 236, 247, 277, 392, 412, 414, **418**, 422, 423

Targeted Sanctions 395, **418**

Technologie, Informations- s. Informationstechnologie

Technologie, Kommunikations- s. Kommunikationstechnologie

Terms of Trade 19, 391, **419**

Terrorismus 58–62, 68, 111, 115, 124, 138, 155, 250, 266, 269, 277, 292, 304, 346, **419**

Tobin-Steuer 273, 300, 388, **420**

Tourismus 55, 74, 119, 138, 199, 201, 382, 383, **420**

Transaktionskosten 11, 20, 65, 178

Transparency International **420**

TRIPS 22, 75, 228, 236, 279, 353, 413, 420, **423**

Umweltpolitik 63–66, 68, 271, 272

Umweltprogramm der Vereinten Nationen s. UNEP

Umweltschutz 27, 45, 47, 124, 183, 288, 398, 421

UN 19, 32, 34, 58, 61, 62, 83, 91–93, 106, 117, 123, 125–127, 129, 231, 235, 237, 250, 251, 256, 260, 289, 290, 324–326, 330, 355, 373, 387, 391–393, 395, 397, 401–404, 407–409, 411, 413, 417–419, **421**, 422, 423

UNEP 63, 402, **421**

Ungleichheit 12, 15, 19, 22, 38, 45, 49, 50, 55, 84, 86, 88, 96, 100, 101, 119, 158, 180, 182, 183, 189, 192, 199, 242–245, 247, 322, 329, 331, 333, 348, 349, 370, 374, 375, 378

UNHCR 250, 251, 253, **421**

Unterdrückung 25, 26, 55, 187, 188, 232, 244, 246, 247, 252, 259, 371, 390, 393

Urbanisierung 324–331, 405

Utopie 32, 94, 176, 274, 309

Verbrechen gegen die Menschlichkeit 43, 46, 260, 270, 292–296, 404, **421–422**

Vereinte Nationen s. UN

Verteilungsgerechtigkeit 47, 241, 243, 245, 246

Völkerbund 32, 45, 46, 142, 143, 159, 160, 260, 402, 403, 421

Völkergewohnheitsrecht 123, 126, 127, 216, 291, 292, 296, 401, 414, 422

Völkermord s. Genozid

Völkerrecht (s.a. Völkergewohnheitsrecht) 30, 32, 34, 35, 42, 43, 45–47, 52, 59, 61, 62, 64, 117, 122–131, 216, 236, 239, 261, 267, 270, 278–282, 284, 289, 291–296, 352, 369, 387, 392, 393, 395, 398, 401, 403, 405, 412–414, 416, 417, 419, **422**

Völkerrecht, Humanitäres s. Humanitäres Völkerrecht

Wachstum 13, 14, 16, 18–21, 43, 49, 66, 73, 75, 84, 86, 89, 90, 96, 99, 101, 108, 109, 181, 183, 185, 189, 207–209, 211, 212, 220, 221, 225, 226, 229, 233, 234, 262, 266, 322, 324, 326, 327, 330, 333–335, 340, 351, 357, 360, 372, 389, 411

Währungsreserven **422**

Washington Konsens 31, 212, 368, **422–423**

Weltbankgruppe 17, 21, 33, 53, 69, 89, 92, 93, 106, 109, 124, 125, 128, 129, 209, 210, 212, 228, 231–234, 236, 238, 239, 264, 270, 299, 324, 326, 330, 331, 390, 393, 399, 410, 416, 417, 421, 422, 423, **423**

Weltgesellschaft 2, 3, 24, 25, 27, 28, 30, 31, 34, 35, 38, 40, 55–58, 108, 110, 134, 136, 138, 142, 147, 148, 151, 152, 170, 175, 176, 178, 180, 246, 270, 276, 297, 333, 335, 339, 370, 381, 384

Weltgesundheitsorganisation s. WHO

Welthandel 13, 14, 18, 20–22, 54, 64, 68, 96, 109, 110, 122, 128, 129, 132, 212, 226, 271, 333, 397, 404, 414, 420

Welthandelsorganisation s. WTO

Weltmarkt 1, 2, 19, 21, 22, 28, 52, 60, 67, 73, 88, 95, 101, 104, 106, 109, 111, 158, 160, 164, 183, 207, 209–211, 213, 218, 219, 221–223, 227–230, 234–238, 277, 368, 369, 383, 384, 390–392, 398, 410, 412, 414, 415, 417–419, **423**

Weltsozialforum 69, 290, 299–301, 388, **423**

Weltwirtschaftskrise 14, 16, 17, 54, 104, 110, 207, 210, 218–220, 222, 227, 237, 300

Wettbewerb 9, 10, 43, 45, 55, 65, 69, 87–89, 109, 116, 124, 151, 182, 183, 190, 208, 209, 212, 213, 219, 221, 222, 227, 229, 230, 271, 272, 315, 360, 373, 382, 384, 397, 413, 415, 422

WHO 124, 235, 421, **423**

WTO 18, 21, 22, 45, 64, 68, 69, 75, 93, 96–99, 106, 109, 122, 124–126, 128–130, 212, 226, 228, 236, 270, 271, 277, 278, 281, 288, 290, 298, 348, 353, 392, 397, 408, 414, 418, 420, **423**

Zivilgesellschaft 5, 41, 68, 111, 118, 119, 193, 275, 288, 290, 318, 362–367, 372, 411, **424**

Zölle 14, 17, 18, 55, 97, 208, 236, 392, 396, 397, 414, 418, 423

Zwangsarbeit s. Sklaverei